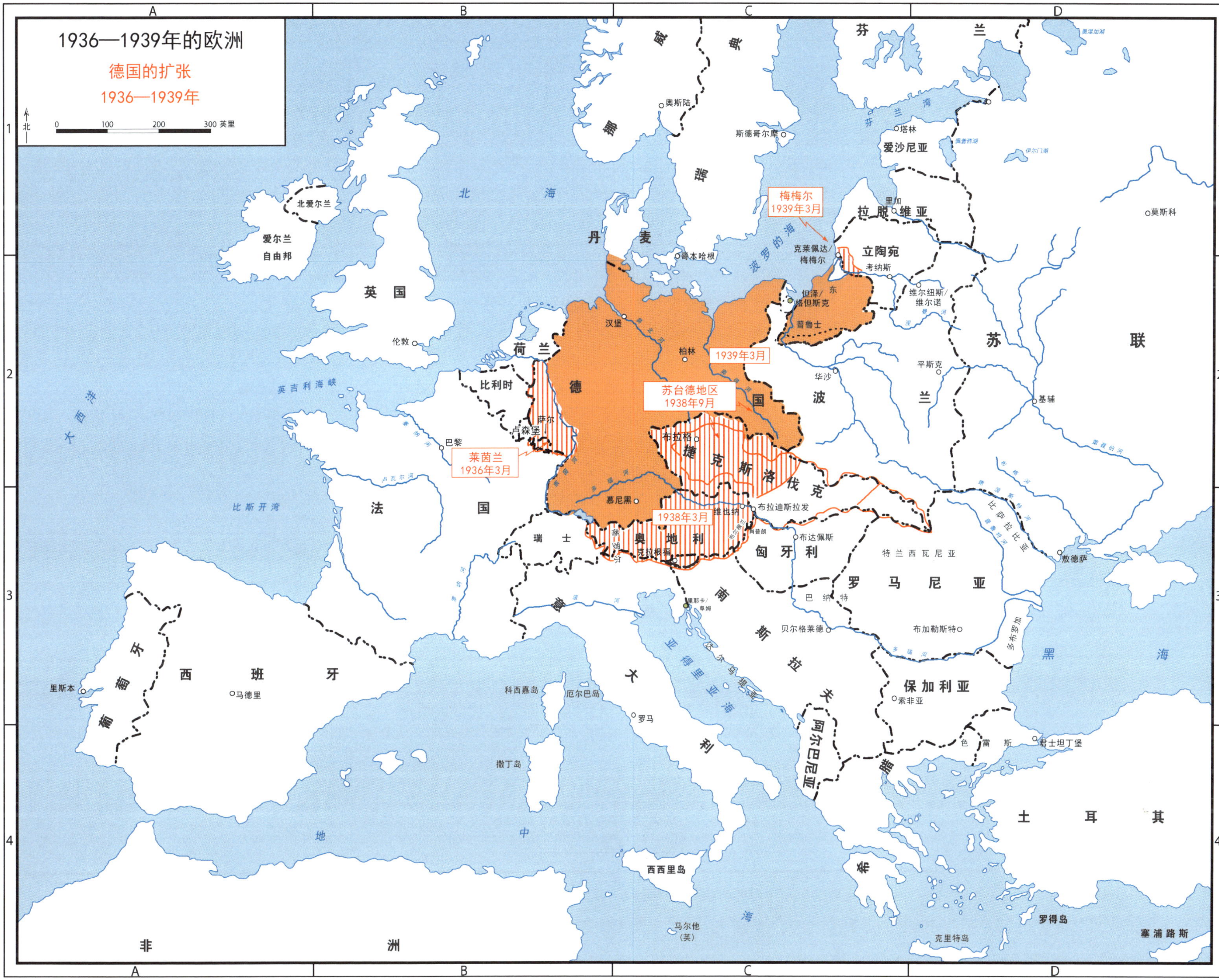
1936—1939年的欧洲
德国的扩张
1936—1939年
0 100 200 300 英里
北
A
B
C
D
1
2
3
4
北爱尔兰
爱尔兰自由邦
英国
伦敦
北海
英吉利海峡
大西洋
比斯开湾
荷兰
比利时
卢森堡
萨尔
巴黎
莱茵兰 1936年3月
法国
瑞士
西班牙
马德里
葡萄牙
里斯本
丹麦
哥本哈根
挪威
奥斯陆
瑞典
斯德哥尔摩
芬兰
芬兰湾
塔林
爱沙尼亚
拉脱维亚
里加
立陶宛
考纳斯
克莱佩达/梅梅尔
梅梅尔 1939年3月
波罗的海
但泽/格但斯克
东普鲁士
维尔纽斯/维尔诺
德国
汉堡
柏林
慕尼黑
1939年3月
苏台德地区 1938年9月
布拉格
捷克斯洛伐克
布拉迪斯拉发
维也纳
1938年3月
奥地利
克拉根福
波兰
华沙
平斯克
苏联
莫斯科
基辅
敖德萨
比萨拉比亚
匈牙利
布达佩斯
特兰西瓦尼亚
罗马尼亚
布加勒斯特
多布罗加
黑海
南斯拉夫
贝尔格莱德
巴纳特
里耶卡/阜姆
保加利亚
索非亚
色雷斯
君士坦丁堡
阿尔巴尼亚
希腊
土耳其
意大利
罗马
科西嘉岛
厄尔巴岛
撒丁岛
西西里岛
亚得里亚海
地中海
马尔他（英）
克里特岛
罗得岛
塞浦路斯
非洲

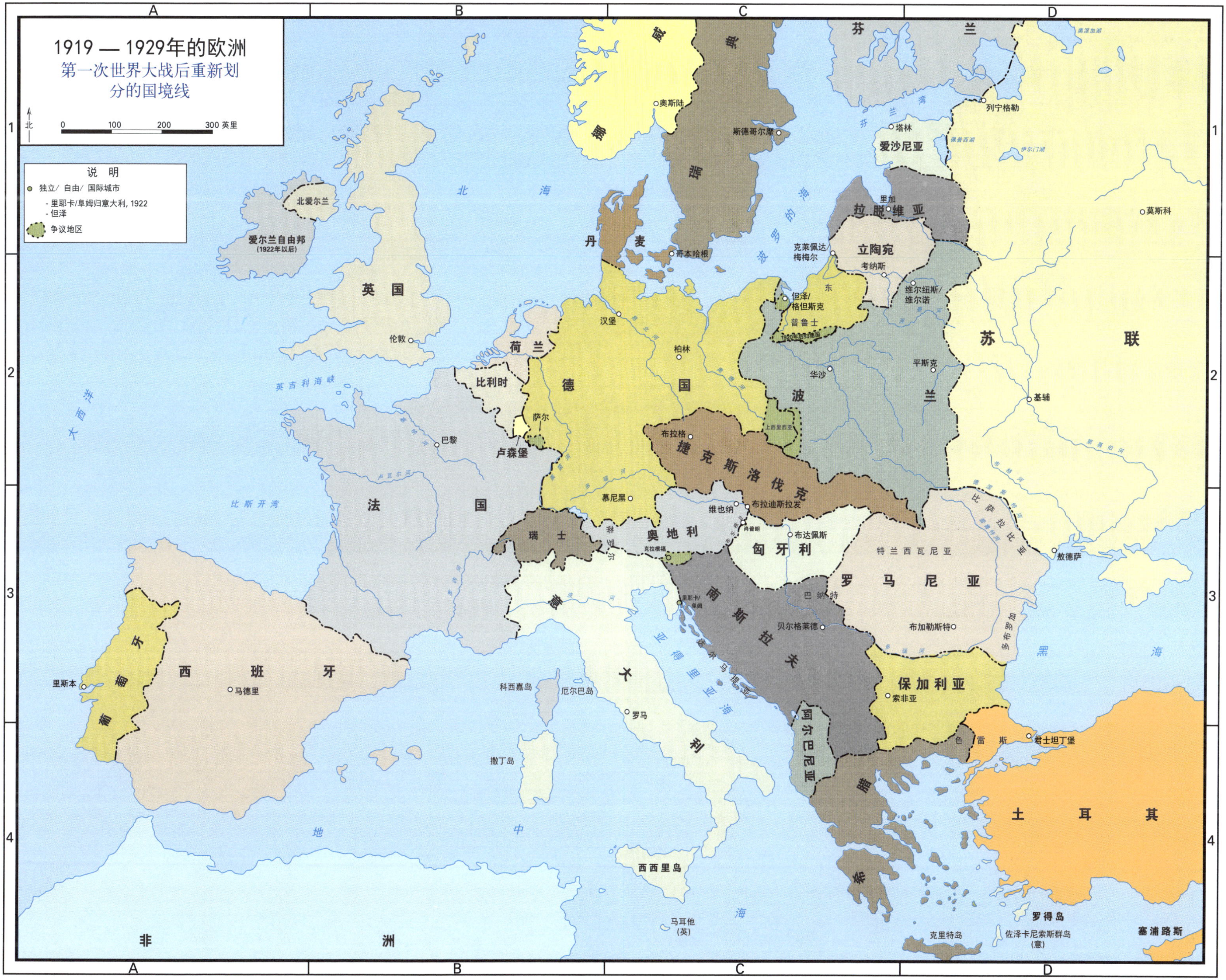

1919 — 1929年的欧洲
第一次世界大战后重新划分的国境线
北
0 100 200 300 英里
说 明
独立/ 自由/ 国际城市
- 里耶卡/阜姆归意大利, 1922
- 但泽
争议地区
A
B
C
D
1
2
3
4
北爱尔兰
爱尔兰自由邦
(1922年以后)
英 国
伦敦
北 海
大 西 洋
英 吉 利 海 峡
比 斯 开 湾
荷 兰
比利时
卢森堡
萨尔
巴黎
法 国
西 班 牙
马德里
葡 萄 牙
里斯本
挪 威
奥斯陆
瑞 典
斯德哥尔摩
丹 麦
哥本哈根
芬 兰
芬 兰 湾
塔林
爱沙尼亚
列宁格勒
里加
拉 脱 维 亚
立陶宛
考纳斯
克莱佩达/梅梅尔
维尔纽斯/维尔诺
但泽/格但斯克
东
普鲁士
波 罗 的 海
德 国
汉堡
柏林
慕尼黑
波 兰
华沙
平斯克
上西里西亚
捷 克 斯 洛 伐 克
布拉格
布拉迪斯拉发
维也纳
奥 地 利
瑞 士
匈 牙 利
布达佩斯
罗 马 尼 亚
特 兰 西 瓦 尼 亚
比 萨 拉 比 亚
布加勒斯特
多布罗加
苏 联
莫斯科
基辅
敖德萨
黑 海
南 斯 拉 夫
里耶卡/阜姆
贝尔格莱德
巴 纳 特
阿尔巴尼亚
保 加 利 亚
索非亚
希 腊
土 耳 其
君士坦丁堡
色 雷 斯
意 大 利
罗马
科西嘉岛
厄尔巴岛
撒丁岛
西西里岛
亚 得 里 亚 海
地 中 海
马耳他
(英)
克里特岛
罗得岛
佐泽卡尼索斯群岛
(意)
塞浦路斯
非 洲

威廉 · 夏伊勒

William L. Shirer

（1904—1993）

美国作家、记者、历史学家。曾供职于《芝加哥论坛报》、《先驱论坛报》、环球通讯社、哥伦比亚广播公司等知名媒体。他曾在欧洲工作、生活了十几年，目睹纳粹德国兴起和衰亡的全过程。战后，夏伊勒结合亲身经历与大量第三帝国原始档案，创作出《第三帝国的兴亡：纳粹德国史》《柏林日记》《第三共和国的崩溃》等十余部历史作品。

William L. Shirer

第三帝国的兴亡

纳粹德国史（上）

增订版

THE RISE AND FALL OF THE THIRD REICH

[美国]
威廉·夏伊勒 著

董乐山 等 译

译林出版社

一想到德国人民，我常常不免黯然神伤，他们作为个人来说，个个可贵，作为整体来说，却又那么可怜……

——歌德

希特勒是德国的劫数，这是无法逃脱的。

——瓦尔特·冯·布劳希奇陆军元帅

1938—1941年德军总司令

千年易过，而纳粹德国的罪孽难消。

——驻波兰总督汉斯·弗兰克

在纽伦堡就刑前

忘记过去的人注定要重蹈覆辙。

——桑塔亚那

目　录

前　言

在第三帝国短促的生命的前半期，我曾在那里生活和工作过，亲眼看到阿道夫·希特勒怎样巩固他作为这一伟大而又茫然不知所从的民族的独裁者的权力，后来又怎样引导这一民族走向战争和进行征服，但是，如果不是在第二次世界大战结束的时候发生了一件历史上绝无仅有的事情，我的这种个人经历还不会诱使我尝试写这本书。

这件绝无仅有的事情，就是缴获了德国政府及其所有各部门的大多数机密档案，其中包括外交部、陆海军、纳粹党以及海因里希·希姆莱的秘密警察的机密档案。我相信，这样大批的珍贵材料落入当代历史学家手中的事情，过去是从来没有发生过的。在此以前，一个大国，即使战败了，它的政府被革命推翻了，像德国和俄国在1918年所遇到的情况那样，它的档案也总是由它自己保管的，只有那些对后来的统治集团有利的文件，最后才会公布。

1945年春，第三帝国迅速崩溃，因此人们不仅缴获了它的大量秘密文件，而且也缴获了其他许多非常宝贵的材料，诸如私人日记、极度秘密的发言记录、会议报告和通信，甚至还有纳粹领导人电话中谈话的记录，这是赫尔曼·戈林在航空部设立的一个特别机构所窃听收录的。

例如，弗朗茨·哈尔德将军写日记一直没有断过，他用加贝尔斯贝格速记法不仅记下了逐日的事件，而且也记下了当天每小时的发展。要了解1939年8月14日到1942年9月24日这一段时期的确切情况，这就是一个很难得的材料来源。当时他担任陆军参谋总长一职，同希特勒和纳粹德国其他领导人每天都有联系。他的日记是德国人日记中提供情况最多的一部。但是也有其他日记具有极大价值，包括宣传部长、希特勒在党内的亲密同事约瑟夫·戈培尔博士的日记和武装部队最高统帅部（OKW）作战局局长阿尔弗雷德·约德尔将军的日
xxv 记。还有最高统帅部自己的和海军总司令部的日记。比如，在科堡附近的坦巴赫城堡缴获的6万卷德国海军档案，就几乎包括了从1945年4月缴获之日起一直回溯到1868年现代化德国海军建立之时止的全部德国海军的信号、舰只的航海日志、个人日记、备忘录等。

德国外交部的485吨档案藏在哈尔茨山脉的各个古堡和矿井里，在奉柏林方面的命令正要烧毁的时候，为美国第一军团所缴获。这批档案不仅包括第三帝国时期，而且还包括魏玛共和国时期，并一直追溯到俾斯麦的第二帝国创建的时候。战后许多年来，成吨的纳粹文件被封存在弗吉尼亚州亚历山德里亚的一个美国陆军大仓库里，美国政府没有表示有什么兴趣要想打开木箱，看看里面可能有些什么有历史价值的东西。最后到1955年，在这些文件被缴获后十年，由于美国历史学会的创议和一些私人基金会的资助，藏在亚历山德里亚的文件才被启封，数目少得可怜的一批学者，在人手和工具缺少的情况下，趁政府迫不及待地要把这些文件送还给德国之前，进行了翻阅和摄影的工作。结果证明这是一次丰富的收获。

其他的一些文件也是如此，例如希特勒大本营每天研究和讨论军事形势的51次“元首会议”部分速记记录，以及这个纳粹战争元凶在战时同他党内老伙伴和秘书们饭后酒余谈话的比较完整的记录。前者是美军第一〇一空运师一名谍报军官在贝希特斯加登从一些焚毁的希

特勒文件余烬中抢救出来的，后者是在马丁·鲍曼的文件中找到的。

纽伦堡举行纳粹主要战犯审讯的时候，曾经匆匆忙忙集中了数十万件缴获的纳粹文件作为证据。我在采访那次审讯的前半期时，曾经收集了成捆的油印副本和后来出版的42卷证词和文件，还有许多重要文件的10卷英译本。关于纽伦堡后来又举行的12次审讯所出版的15卷材料中，也有一些其他文件是很有价值的，虽然有许多文件和证词被节略了。

除了这些前所未有的丰富文件以外，最后还有德国军官和党政官员的详尽提审记录以及他们后来在战后各次审讯时起誓画押的证词，其中所提供的材料，我相信是以前历次战争结束后从来没有从同样的这类来源得到过的。

当然，我没有全部读遍这些数量惊人的文献——这是单独一个人力所不及的事情。不过，我努力翻阅了其中相当大的一部分，只是由于缺乏适当的索引而不免进度缓慢，在这样一片丰富的园地中工作，这样的事在所难免。

我们在纳粹时期驻在德国的人，不论是新闻记者还是外交官，对于第三帝国堂皇的外表后面发生的事情，所知道的真实情况，可谓微 xxvi
乎其微。一个极权主义的独裁政权，由于它的性质所决定，必然是在极度秘密的情况下进行活动的。它也知道如何保守这种秘密，以防外人的窥探。把第三帝国内部所发生的赤裸裸的、怵目惊心的、往往是令人作呕的事实——希特勒的上台，德国国会纵火案，对罗姆的血腥清洗，德奥合并，张伯伦在慕尼黑的投降，对捷克斯洛伐克的占领，对波兰、斯堪的纳维亚、西方、巴尔干各国和俄国[*]的进攻，纳粹占领下和集中营中的恐怖，消灭犹太人的暴行，等等——一一记录下来或做一番描述并不困难。但是秘密做出的重大决定、阴谋诡计、背信

* 作者常以“俄国”指代“苏联”，中译文保留原文用法。——编者

弃义、其动机成因、主要角色在幕后起的作用、他们所造成的恐怖的程度以及他们制造这种恐怖的伎俩——所有这一切，还有许多其他情况，在德国秘密文件出现之前，大部分是我们所无法获悉的。

有些人可能认为，现在要想写一部第三帝国史，为时尚嫌过早，这样一个任务应该留给后代的作家去完成，因为时间会使他们具有历史的眼光。我到法国去从事一些研究工作的时候，发现这种看法在那里特别流行。有人对我说，历史学家能写的材料最近不应超过拿破仑时代。

这种看法是颇有它的道理的。大多数历史学家往往等了五十年或者一百年，甚至一百年以上，才敢着手写作一个国家、一个帝国、一个时代的历史。但是，这主要的原因难道不是他们要经过这么长的时间才能得到有关的文件，掌握所需要的确凿材料吗？虽然时间使他们具有了历史的眼光，但是由于他们对他们所要写的时代的生活和气氛、对他们所要写的历史人物必然缺乏亲身的了解，总不免有所欠缺。

在第三帝国这个具体问题上，绝无仅有的是，几乎所有的文件材料都在它覆亡的时候公之于世，而且由于所有活了下来的领导人——不论是军人还是文官——的证词，而更加丰富充实了（有些证词还是在就刑前提供的）。有了这样迅速获得的、这样无可比拟的材料来源，加之我对于纳粹德国的生活，对于统治这个国家的人们，特别是阿道夫·希特勒的表现、行为和本性又记忆犹新、刻骨难忘，因此我决定，无论如何要做一番尝试，把第三帝国的兴亡史记载下来。

修昔底德在其《伯罗奔尼撒战争史》这部历史巨著中曾说："我经历了整个战争，当时的年龄已经能够理解事态的发展，同时为了了解其确切的真相，我也注意了当时事态的发展。"

要了解希特勒德国的确切真相，我发现是极其困难的，而且是不一定能够做得到的。固然由于有了大批文件材料而能够比二十年以前
xxvii 能做到的更接近于了解真相，但是这些材料浩如烟海，也往往会使人

感到迷乱。何况在一切凡人提供的记录和证词中，必然会有令人难以弄清楚的矛盾。

毫无疑问，本书不时掺杂着我本人的偏见，这是我的个人经历和人生观所必然产生的。我在原则上憎恶极权主义的独裁政权，而对于这个独裁政权尤其感到憎恶，因为我曾经经历过、亲眼看到过它对人类精神所做的丑恶的进攻。尽管如此，我在本书中还是努力保持严格的客观态度，让事实自己说话，而仅仅注明每一事实的出处。本书所列举的任何事件、场面或引语，无一出诸作者的想象，全部根据文件、目击者的证词或者我个人的观察。有五六处地方，由于事实阙如，不免有所猜测，但是也做了坦率声明。

对于我的看法，不少人将会提出异议，我对此毫无怀疑。这是不可避免的事情，因为没有一个人的见解是绝对不会出错的。为了使本书的叙述更加清楚和有深度，我冒昧提出的一些看法，不过是我尽力根据事实和根据我的了解和经验得出的东西而已。

阿道夫·希特勒也许是属于亚历山大、恺撒、拿破仑这一传统的大冒险家兼征服者中最后的一个，第三帝国也许是走上以前法国、罗马帝国、马其顿所走过的道路的帝国中最后的一个。至少由于氢弹的突然发明，由于弹道导弹和能够击中月球的火箭的突然发明，那一阶段的历史已经闭幕了。

在我们不断有新的可怕的杀人玩意儿补充原有的杀人玩意儿的新时代中，大规模的侵略战争如果竟然爆发的话，那么第一场这样的战争一定是一个自取灭亡的疯子按一下电钮所发动的。这样一场战争不会历时很久，也不会再有后继的战争。这种战争的结果不会有征服者也不会有被征服者，而只有烧成焦炭的尸骨堆在一个渺无人迹的
星球上。 xxviii

第一编

阿道夫·希特勒的崛起

第一章
第三帝国的诞生

第三帝国诞生的前夕，一种病态的紧张气氛笼罩着柏林。几乎人人都看得很清楚，魏玛共和国即将寿终正寝。一年多以来，它一直在迅速崩溃之中。库尔特·冯·施莱谢尔将军，像他的前任弗朗茨·冯·巴本一样，一点也不喜欢共和国，更谈不上喜欢共和国的民主了，而且他也像他的前任一样，未经议会授权，是靠总统命令担任总理一职的。在执政57天之后，他就已到了山穷水尽、走投无路的地步。

1933年1月28日，星期六，年迈的共和国总统冯·兴登堡元帅突然免去了他的职务。当时，德国最大的政党纳粹党领袖阿道夫·希特勒要求担任他原来立誓要加以摧毁的民主共和国的总理一职。

在那个命运攸关的冬天的周末，关于未来局势，首都谣诼纷纭，而照后来的情况来看，这些荒诞不经的谣言中最令人吃惊的谣言不是一点没有根据的。有的谣言说，施莱谢尔同陆军总司令库尔特·冯·哈默施坦因将军相勾结，打算在波茨坦卫戍部队的支持下举行政变，逮捕总统，建立军人独裁政权。有的谣言说，纳粹党人要举行政变。在警察系统中纳粹党的同情者协助下，柏林冲锋队要占领威廉街，那是总统府和大多数政府部门的所在地。也有谣言说要举行总罢工。1月29日，星期日，有10万名工人拥进了柏林市中心的游乐公园举行示威，反对任命希特勒为总理。他们的领袖之一企图同冯·哈默施坦因将军联系，如果希特勒被任命来领导新政府，陆军和有组织的工人就采取联合行动。[1] 以前有过一次，在1920年发生卡普政变时，政府逃出首都以后，曾经发生过总罢工，拯救了共和国。

3 从星期日到星期一的那个夜里，希特勒几乎通宵不寐，在距离总理府不远的总理广场上恺撒霍夫饭店的房间中来回踱步。[2] 他尽管神经紧张，但是极有自信，深知他的时刻已经来到。将近一个月来，他一直在同巴本和其他保守的右派领袖进行秘密谈判。他不得不做出一些妥协。他没有办法组织一个清一色的纳粹党政府。不过，他可以担任一个联合政府的总理，虽然这个政府的11名成员中有8名不是纳粹党人，但是他们同意他废除民主的魏玛政体。现在似乎只有年迈固执的总统还在作梗。就在1月26日，即这个命运攸关的周末前两天，这位老态龙钟的元帅告诉冯·哈默施坦因将军，他“丝毫无意任命那个奥地利下士担任国防部长或国家总理”。[3]

但是，在他的儿子奥斯卡·冯·兴登堡少校、总统国务秘书奥托·冯·迈斯纳、巴本和总统府其他亲信的影响下，总统终于软化了。他已86岁高龄，精力日益衰退。1月29日星期日那天下午，希特勒正在同戈培尔和其他助手喝咖啡吃蛋糕，纳粹党内地位仅次于希特勒的德国国会议长赫尔曼·戈林突然冲进来明确地告诉他们，明天就要任命希特勒为总理了。[4]

1933年1月30日，星期一，午前不久，希特勒驱车前往总理府晋见兴登堡，这次晋见对他本人、对德国、对整个世界来说，后来都证明是一件命运攸关的事情。戈培尔、罗姆和纳粹党的其他头子在恺撒霍夫饭店的窗口，焦急地翘望着总理府的大门，他们的元首不久就要从这扇大门里出来。戈培尔记下了这么一句话：“我们从他脸上可以看出他是否已获成功。”因为即使到这个时候，他们还没有十分把握。戈培尔在他的日记中写道：“我们内心的各种情绪此起彼伏，有时感到怀疑，有时感到希望，有时欢欣，有时失望。我们过去失望的次数太多了，这使我们不敢真的相信会发生伟大的奇迹。”[5]

几分钟之后，他们亲眼看到了这个奇迹。那个留着查理·卓别林式的胡子的人，那个年轻时候在维也纳做过一事无成的流浪汉、第一次世界大战中当过无名小卒的人，那个在战后最初那些黯淡的日子里在慕尼黑无人闻问的倒霉蛋，那个啤酒馆政变中有点滑稽的领袖，那个根本不是德国人而是奥地利人的煽动家，而且他才43岁，已经宣誓就任德国总理了。

他驱车到数百码以外的恺撒霍夫饭店，马上就回到他的老伙伴戈培尔、戈林、罗姆，以及在这条取得政权的崎岖道路上帮助过他的其他褐衫队员中间。戈培尔的日记上写着：“他一言不发，我们也一言不发，可是他的眼中满含着泪水。”[6]

那天晚上，从黄昏直到午夜过后很久，乐极忘形的纳粹冲锋队员
在街头举行盛大的火炬游行，庆祝胜利。他们成千上万的人，排成整 4
齐的队形，从动物园出来，经过勃兰登堡凯旋门，到威廉街，他们的乐队在震天的鼓声伴奏下吹奏着军乐，他们的嘴里高唱着新编的《霍斯特·威塞尔之歌》和其他一些同德国一样古老的歌曲，他们的长统皮靴在马路上咔嚓咔嚓踩出了有力的节奏，他们的火炬高举着，成了一片火海，照亮了夜空，使聚集在人行道上观看的人们的欢呼声变得分外热烈。兴登堡站在他的府邸的一个窗台前，看着下面游行的人群过去，他的手杖随着军事进行曲的拍子击着地板，他显然很高兴，终于选了一个能够按德国传统方式唤起人民的总理。这位老人，在年老昏聩之中，对于他在那一天放出了什么样的凶神恶煞是否有一丝一毫的感觉，这一点是颇可怀疑的。柏林不久就流传一种很可能是靠不住的传说，说在游行进行的中途，他回过头来对一位老将军说：“我没有

想到我们逮住了这么多的俄国俘虏。”

在威廉街另一头只有一箭之遥的地方，阿道夫·希特勒站在总理府一扇打开的窗户前，乐极忘形，手舞足蹈，不断地举起手臂致纳粹党的敬礼，他时而微笑，时而大笑，高兴得眼睛里又充满了泪水。

有一位外国观察家那天晚上怀着另一种感情观看游行。安德烈·弗朗索瓦-庞赛大使写道：“火海流过了法国大使馆，我怀着沉重的心情和不祥的预感看着它过去。”[7]

1933年1月30日，夜间庆祝希特勒当选总理的游行。

戈培尔那天回家已是凌晨3点了，虽然很疲劳，但是很快活。他就寝前在日记中写道：“这几乎如同梦境一般……如同童话故事一般……新帝国诞生了。十四年的辛勤工作终于得到了胜利的结果。德国革命已经开始了！”[8]

希特勒吹嘘说，1933年1月30日诞生的第三帝国将历经千年而不衰，[9]在纳粹党的语言中，它常常被称为“千秋帝国”。它一共存在了十二年零四个月，但是在这历史的一瞬之中，它在地球上造成了震撼一切的火山爆发，其强烈程度为前所未有；把德国人民送上权力的顶峰，那是他们一千多年以来从来没有达到过的；使他们一度成为从大西洋到伏尔加河、从北角到地中海的欧洲的主人；接着又在世界大战结束的时候，把他们投入毁灭和破坏的深渊。这场世界大战是他们的国家残酷无情地挑起来的，在这场世界大战期间，他们的国家对被征服的各国人民实行了一种恐怖统治，蓄意屠杀生命和摧残心灵，其程度超过了以前历代所有的野蛮压迫。

创建第三帝国的那个人，无情地而且有时常常是以一种异乎寻常的精明狡猾手段统治第三帝国的那个人，把它送上这样令人目眩的高度后又把它投入这样可悲的下场的那个人，肯定是个有天才的人，哪怕这种天才是邪恶的天才。不错，他在德国人民——神秘的天意和千年的经历把他们陶冶成当时那个样子——身上找到了一种自然的工具，他能够把它用来实现自己的邪恶目的。然而，如果没有阿道 5
夫·希特勒，那就几乎可以肯定绝不会有第三帝国。因为阿道夫·希特勒有着恶魔般的性格、花岗石般的意志、不可思议的本能、无情的冷酷、杰出的智力、驰骋的奇想以及惊人的判断人和局势的本领。只有到最后由于权力和胜利冲昏了头脑，他才做出了不自量力的事情。

1933年，冯·兴登堡（左）与当选总理之后的希特勒。

正如著名德国历史学家弗里德里希·梅尼克所说："这是一个很好的例子，说明在历史生活中，个人具有突出的和不可估计的力量。"[10]

在有些德国人看来，而且无疑地，在大多数外国人看来，当时的情况似乎是，一个江湖骗子在柏林取得了政权。但是对大多数德国人来说，希特勒具有或者不久就会具有一个真正天生的领袖的气质。在以后的暴风雨般的十二年中，他们要盲目地追随他，好似他具有出自天授的英明睿断。

阿道夫·希特勒的出世

这个与众不同的奥地利农民后裔于1889年4月20日晚上6点半出生于巴伐利亚边境对面、茵河畔的布劳瑙小镇一家名叫波麦客店的小客栈里。考虑到他的出身和早年的生涯，很难想象有比他更不相称的人来承继俾斯麦、霍亨索伦家族皇帝和兴登堡总统的衣钵了。

诞生的地点是在德奥边境，这一点后来证明是有重要意义的，因为希特勒早在青年时期就怀有这样的思想：这两个德语民族之间不应当有边界隔开，它们应该属于一个国家。他的这种感觉非常强烈而且经久不衰，到他35岁蹲在德国一所监牢里口授那本日后要成为第三帝国的蓝图的著作时，他的头几句话就同他的出生地的象征性意义有关。《我的奋斗》是以这几句话开始的：

> 今天在我看来，命运竟然选择茵河畔的布劳瑙作为我的出生地，似乎是一种天意。因为这个小小的城镇坐落在两个日耳曼国家的边境上，而我们年轻一代的人至少已把竭尽全力统一两国作为我们毕生的工作……在我看来，这个边境上的小城市成了一项伟大使命的象征。[11]

阿道夫·希特勒是一个奥地利海关小职员的第三次婚姻中所生的

第三个孩子。这个奥地利海关小职员是个私生子，39岁以前一直袭用他母亲的姓氏施克尔格鲁勃。希特勒这个姓在母系和父系祖先方面都出现过。希特勒的外祖母和祖父都姓希特勒，或者音同字不同，因为这个姓的拼法常常不同，有时拼成希德勒（Hiedler），有时是休特勒（Huetler，Huettler），有时是希特勒（Hitler）。阿道夫的母亲是他父亲 6
的堂甥女，近亲结婚，当时还得征求教会的许可。

这个德国未来元首的父系和母系祖先都是祖祖辈辈住在瓦尔德维尔特尔的，这是位于多瑙河和波希米亚-摩拉维亚边界之间下奥地利的一个县。在我逗留于维也纳的那些岁月里，我有时路过那里到布拉格或德国去。这是一个森林茂盛的丘陵地区，有不少农家村庄和小块的农田。虽然距离维也纳只有50英里左右，它却有着一种穷乡僻壤的景象，就像奥地利生活的主流没有经过这里一样。这里的居民性格都很执拗，颇像北边的捷克农民。近亲通婚很普遍，希特勒的父母就是，私生子也很多。

在母系祖先方面，情况比较稳定。克拉拉·波尔兹尔一家四代都在施皮塔尔村庄第37号那块农田上务农为生。[12]而希特勒父系祖先方面的情况却颇为不同了。我们已经知道，这一家姓氏的拼法经常变化，居处也不固定。希特勒这一家人有一种不能安定下来的气质，总是想从这个村庄搬到另外一个村庄，从这个行业改做另外一个行业，不愿有紧密的亲属关系，而在同女人的关系上喜欢过一种波希米亚式的生活。

阿道夫的祖父约翰·格奥尔格·希德勒是个到处打短工的磨坊工人，在下奥地利的各个村子里窜来窜去。1824年，他在第一次结婚后五个月就有了个儿子，不过母子都在产后死了。十八年后，他在杜伦绍尔工作的时候，娶了一个47岁的农妇，名叫玛丽亚·安娜·施克尔格鲁勃，她是施特罗尼斯村子的人。在结婚前五年，1837年6月7日，玛丽亚就生了一个私生子，名叫阿洛伊斯，后来就是阿道夫·希特勒的父亲。极有可能，阿洛伊斯的父亲是约翰·希德勒，虽然我们弄不到确凿的证据。无论如何，约翰在后来娶了这个女人，但是同当时这种情况下的通常习惯相反，他没有想到在结婚后把这个儿子正式登记。这个孩子一直到长大都叫阿洛伊斯·施克尔格鲁勃。

安娜在1847年去世，此后三十年约翰·希德勒销声匿迹，不知到哪里去了。后来到84岁那一年，他才在瓦尔德维尔特尔的维特拉镇出现，这时他的姓氏已改为希特勒，他在三个旁证面前，向一位公证人宣誓，他就是阿洛伊斯·施克尔格鲁勃的父亲。从可以弄到的记录来看，这个老人为什么隔了这么多年才采取这个步骤，他为什么终于采取了这个步骤，这一点是不清楚的。根据海登的说法，阿洛伊斯后来告诉他的一个朋友说，这样做是为了帮助他能够从他的一个叔父、那个磨坊工人的弟弟那里弄到一份继承权，他就是由那个叔父抚养长大的。[13]总而言之，在1876年6月6日这么晚才承认了这个儿子以后，11月23日那天，多勒斯海姆教区牧师在接到了有公证人证明的声明后，就在洗礼登记册上画去了阿洛伊斯·施克尔格鲁勃的姓名而改为阿洛伊斯·希特勒。

从此以后，阿道夫父亲的合法姓名就叫阿洛伊斯·希特勒，这个
7 姓氏也就自然地传给了他的儿子，直到1930年代，才有维也纳的好奇的记者查阅了教区的档案，发现了关于希特勒祖先的事实，不去理会老约翰·格奥尔格·希德勒过迟承认私生子这一点，而想要把阿道夫·施克尔格鲁勃这个姓名加在纳粹党领袖的头上。

阿道夫·希特勒奇怪的一生之中，有过许多次命运的奇怪的转折，然而却没有比他出生前十三年那一次更加奇怪的了。如果这个84岁的流浪磨坊工人在他妻子去世快三十年以后没有突然出现，承认自己是他年已39岁的儿子的父亲的话，阿道夫·希特勒的姓名就成了阿道夫·施克尔格鲁勃。当然，区区姓名是不至于有多大作用的，但是我也听到一些德国人在猜测，要是希特勒以施克尔格鲁勃闻名于世

阿洛伊斯·希特勒（1837—1903），阿道夫·希特勒的父亲。

的话，他是不是还会成为德国的统治者。这个姓氏由德国南部人读起来，声音是有点滑稽可笑的。我们能够想象狂热的德国群众对施克尔格鲁勃这个名字高呼“万岁”吗？“施克尔格鲁勃万岁！”？要知道“希特勒万岁！”不仅在纳粹党人盛大的群众大会上已成为群众齐声呼喊的瓦格纳式、偶像崇拜的口号，而且已成为第三帝国时代德国人之间相互打招呼时必须采用的形式，甚至在电话中也是这样，用来代替过去的“哈罗”。“施克尔格鲁勃万岁！”？这可真有点难以想象了。*

阿洛伊斯的父母即使在婚后显然也很少居住在一起，因此，未来的阿道夫·希特勒的父亲是由他叔父抚养成人的，他叔父虽然是约翰·格奥尔格·希德勒的兄弟，却有自己的姓氏拼法，他叫约翰·冯·内波穆克·休特勒。由于纳粹党元首从少年时代起就对捷克人形成了刻骨的仇恨（他最后还是征服了这个国家），这个教名是值得附带一提的。约翰·冯·内波穆克是捷克人民的民族圣徒，有些历史学家认为希特勒一家有这个名字，说明他们有捷克血统。

阿洛伊斯起初在施皮塔尔村学做鞋匠，但是他像他父亲一样没有定性，不久就到维也纳去谋发展了。18岁的时候，他在萨尔茨堡附近做了奥地利海关的边境警察，九年后提升为海关税吏，当时就娶了一个海关官员的过继女儿安娜·格拉斯尔-霍雷尔为妻。她给他带来了一份小嫁妆和社会地位，在前奥匈帝国小官吏中间，这种情况是很平常的。但是这次婚姻并不美满。她的年龄比他大十四岁，身体又虚弱，一直没有生育。十六年后两人就分居了，再隔三年，在1883年，她就去世了。

8 在分居以前，阿洛伊斯（现在已正式姓希特勒了）就与一个年轻

* 希特勒本人似乎曾承认这一点。在他年轻的时候，他告诉他少年时代唯一的密友，没有比他父亲改姓更使他高兴的了。他对奥古斯特·库比泽克说，施克尔格鲁勃这个姓氏“在他看来非常粗鄙俗气，且不说累赘拗口了。他又觉得‘希德勒’……的声音太软了；但是‘希特勒’就很好听，而且也容易记住”（见奥古斯特·库比泽克：《我所认识的少年希特勒》［*The Young Hitler I Knew*］，第40页）。

的旅馆厨娘弗兰齐斯卡·马茨尔斯贝格尔同居，她在1882年为他生了一个儿子，名叫阿洛伊斯。在他发妻去世一个月后，他就同厨娘正式结婚，三个月后，生了一个女儿，名叫安吉拉。第二次婚姻历时也不久。弗兰齐斯卡在一年之内因肺结核去世。六个月后，阿洛伊斯·希特勒第三次，也是最后一次结婚。

不久即将成为阿道夫·希特勒的母亲的新嫁娘名叫克拉拉·波尔兹尔，年方25岁，她的丈夫48岁。他们相识已经很久了。克拉拉老家也是希特勒这一族的老家施皮塔尔。她的外祖父约翰·冯·内波穆克·休特勒就是把侄子阿洛伊斯·施克尔格鲁勃-希特勒抚养长大的人。因此，阿洛伊斯是克拉拉的堂舅，他们要结婚，必须申请教会批准。

这位海关税吏在第一个妻子在世时，因为膝下空虚，就把克拉拉领来做过继女儿，当时他就存了同她结合的念头。克拉拉在布劳瑙同施克尔格鲁勃夫妇一起生活了好几年，阿洛伊斯在他发妻病倒后似乎就打算等她一死就娶克拉拉为妻。到这个姑娘满16岁可以合法结婚的年龄时，就发生了他正式改姓和继承叔父（克拉拉的外祖父）遗产的事。但是他的妻子在分居后还拖着没有死，此外，也许因为阿洛伊斯在这时与厨娘弗兰齐斯卡·马茨尔斯贝格尔同居，年已20岁的克拉拉就离开了他家到维也纳去当女佣了。

四年以后她又回来给她堂舅当家，因为弗兰齐斯卡在她临死前最后几个月也搬出了她丈夫的家。阿洛伊斯·希特勒同克拉拉·波尔兹尔在1885年1月7日结婚，大约四个月零十天以后就生了头一个儿子古斯塔夫。古斯塔夫在襁褓中就夭折了，1886年生的第二个孩子伊达也是如此。阿道夫是第三次婚姻中的第三个孩子。后来又在1894年有了一个弟弟埃德蒙，只活了六岁。第五个也是最后一个孩子保拉生于1896年，寿命比她出名的哥哥还长。

阿道夫的同父异母哥哥阿洛伊斯和姐姐安吉拉（弗兰齐斯卡·马

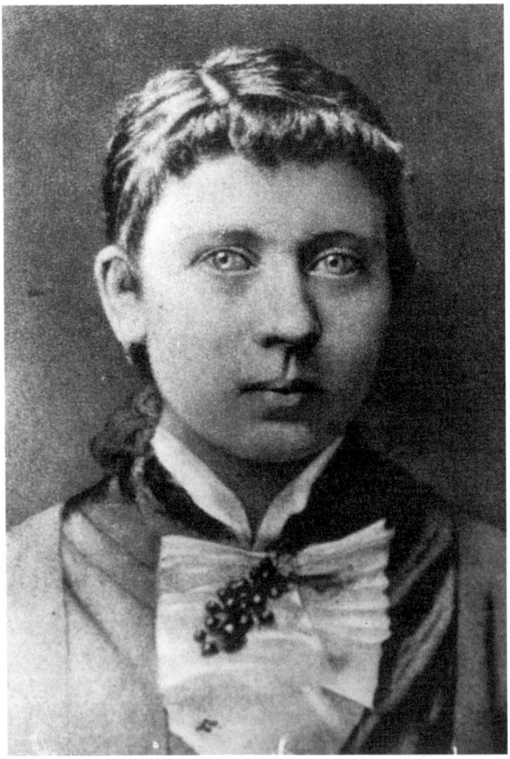

克拉拉·波尔兹尔（1860—1908），阿道夫·希特勒的母亲。

茨尔斯贝格尔生的两个孩子）也活着长大了。安吉拉是个漂亮的姑娘，嫁给了税吏拉包尔，在拉包尔死后在维也纳当管家，如果海登的材料是正确的话，她有一个时期在犹太人办的施粥站做厨娘。[14] 1928年希特勒把她接到贝希特斯加登给他当管家，此后一个时期，在纳粹党人圈子里就常常听到他们谈起她为希特勒做的他非常爱吃的美味维也纳点心和甜食。她于1936年离开了他，嫁给德累斯顿的一位建筑学教授，希特勒当时已是总理兼独裁者，对她的离去很不高兴，连结婚礼物也不肯送。她是他一家人中唯一在他一生后期来往密切的人，不过还有一个例外，那就是安吉拉的女儿吉莉·拉包尔，一个美丽的金 9
发姑娘，我们不久就会看到，希特勒在他一生之中只同她发生过真正的爱情。

阿道夫·希特勒一向不喜欢有人向他提起他的同父异母哥哥。阿洛伊斯·马茨尔斯贝格尔（后来正式改名为阿洛伊斯·希特勒）当了饭馆跑堂的，他的一生之中有好多年一直在吃官司。根据海登的记载，他在18岁时因偷窃而被判五个月徒刑，20岁时又因为同一罪名被判八个月徒刑。他最后搬到德国住，结果却又继续出事。1924年，阿道夫·希特勒因为在慕尼黑举行政变而身系囹圄，阿洛伊斯·希特勒则在汉堡因为重婚而被判六个月徒刑。据海登记载，此后他就去了英国，居然很快地建立了一个家庭，但是不久又弃家出走。[15]

纳粹党当权后，阿洛伊斯·希特勒的境况好过了一些。他在柏林郊区开了一家小啤酒店，在战争爆发前不久搬到了首都繁华的西区的维滕贝格广场。一些纳粹官员是座上常客，在战争初期食物恐慌的时候，这家啤酒店的供应却非常充裕。当时我偶尔也曾进去憩足过。阿洛伊斯这时已快60岁了，身体肥胖，心地单纯，脾气随和，同他著名的同父异母兄弟在外表上很少有什么相像之处，事实上，你在德国和奥地利许多小酒店老板中间，是很难把他分辨出来的。酒店生意很好，不管他过去如何，就当时而论，他的境况显然很顺遂。他只有一

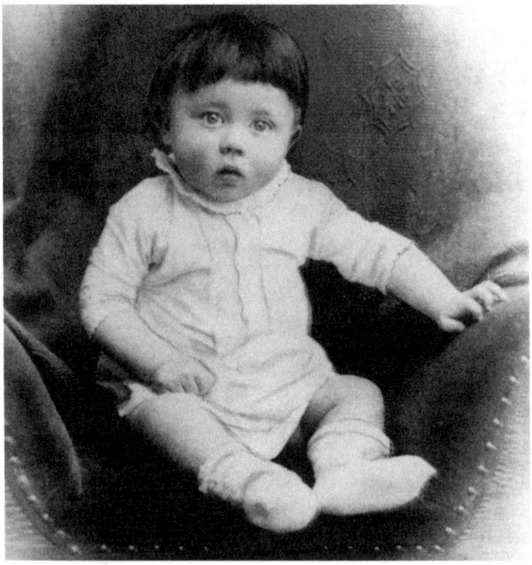

阿道夫·希特勒（1889—1945）幼年的照片，约摄于1889—1890年。

件事情叫他担心，那就是他的兄弟一时生气或感到厌憎，可能吊销他的营业执照。在这家小酒店里，有时就有人在谈论，说国家元首兼总理很不高兴这个使人想起希特勒一家出身寒微的人。据我所记得的，阿洛伊斯本人是不愿参加关于他的兄弟的谈论的，他这么谨慎自然是明哲保身之道，但是对于我们这些想要尽量了解那个当时已开始要征服欧洲的人的出身背景的人来说，自然感到很失望。

除了在《我的奋斗》中以外，希特勒很少谈到——也很少允许人家在他面前谈到——他的家庭出身和早年生活。而在《我的奋斗》中出现的零星传记材料也是常常令人产生误解的，而且许多事情都被略去不谈。关于他的家庭出身，我们已经知道了一些情况。那么他的早年生活如何呢？

阿道夫·希特勒的早年生活

他父亲58岁那年从海关退休的时候，年满6岁的阿道夫进了林茨西南不远的菲施尔哈姆村子的公立学校。那是1895年。在此后四五年中，这个按捺不下心来的靠养老金为生的人在林茨附近的许多村子里搬来搬去。到他儿子15岁的时候，已搬了7个地方，换了5所学校。
他在兰巴赫附近的本笃派修道院上了两年学，因为他父亲在那里附近 10
买了一块田地。他参加了唱诗班，选了唱歌课，据他自己的记载，[16]他梦想将来做牧师。最后，退休的海关职员在林茨南郊的莱昂丁定居下来，一家人在那里住的是一所朴素的房子和花园。

11岁的时候，阿道夫被送到林茨去上中学。这需要他父亲破费一点钱财，也说明他父亲有志让儿子走自己的道路——做个公务员。但这却是做儿子的最不想做的事。

希特勒后来回忆说："当时我才11岁就不得不第一次违抗（我父亲的意愿）……我不想当公务员。"[17]

1899年，希特勒（最后一排中间）与同学、教师的合照。

希特勒在《我的奋斗》一书中以显然诚恳的态度详尽而如实地记载的传记性事实并不多，他在10岁刚出头的时候顽强地同他冷酷刚愎的父亲的坚决斗争则是其中之一。这场斗争第一次表现了他的坚强不屈的意志，这种意志日后终于使他克服了看来是无法克服的重重障碍和困难而达到了他那样的成就，而且使反对他的人目瞪口呆的是，这种意志给德国和欧洲盖上了一个无法抹去的烙印。

> 我不要当公务员，不，不。我父亲为了要使我热爱这个职业，对我讲了些他自己一生经历中的故事，但是这一切努力的结果适得其反。我……一想到坐在一间办公室里，被剥夺了自由，不能再自由支配我的时间，不得不把我的一生花在填写各种各样的表格上面，心中就感到作呕……
>
> 有一天，我终于决定要做个画家，做个艺术家……我的父亲听了吃了一惊，张口结舌说不出话来。

> “画家？艺术家？”
>
> 他疑心我发疯了，也很可能他以为听错了或者理解错了我的话。但是一等到他弄清楚了以后，特别是他意识到我不是开玩笑以后，他极其坚决地反对这个打算……
>
> “艺术家？不行！只要我还剩一口气，我绝不答应！”……我父亲绝不改变他的“绝不！”，而我却加强了我的“决心！”。[18]

希特勒后来说，这次冲突的一个结果是，他在学校里就不再好好学习了。“我想，我父亲发现我在中学里成绩不好以后，就会让我实现我的梦想，不管他是否愿意。”[19]

三十四年以后写的这一段话，可能有一半是在为他学习成绩不好辩解。他在小学里成绩一贯良好，但在林茨中学里却坏得异乎寻常，终于在没有得到应有的证书的情况下，不得不转学到距林茨相当远的施泰尔州立中学。他在那里待了不久，没有毕业就离开了。 11

希特勒在学习上的失败，使他后来耿耿于怀，常常嘲笑读书“先生”，嘲笑他们的学位、文凭、学究气。甚至在他临死前三四年在最高统帅部里忙于军事战略、战术和指挥上的安排的时候，他也常常抽一个晚上，同他党内的老伙伴回忆他年轻时候碰到的教员怎样愚蠢。这个疯狂的天才这时已是亲自指挥部署在伏尔加河到英吉利海峡的大军的最高统帅了，他的这种聊天内容还保存了一部分下来。

> 想到担任过我的教师的那些人，我就觉得他们大多数都有点疯癫。称得上好教师的人是例外。这种人居然有权阻挡一个青年的道路，使人觉得真是可悲。——1942年3月3日。[20]

> 我回想起教过我书的教师来就很不愉快。他们的外表极其不

> 洁；衣领不整……他们是没有个人独立思想、无知之至的无产阶级的产物，非常适合充当一种腐朽的政府制度的支柱，这种制度，谢谢上帝，现在已经成为过去了。——1942年4月12日。[21]

> 一想到我上学时的教师，我就觉得他们之中有一半人是不正常的……我们旧奥地利的学生受到要尊敬老人和妇女的教育。但是对于我们的教师，我们毫不客气；他们是我们天生的敌人。他们大多数人都有点神经错乱，不少人后来真的发了疯！……我同教师的关系特别不好。我对外文一点也没有天赋——也许可能有，要不是那个教员是个天生白痴的话。我一看见他就感到憎恶。——1942年8月29日。[22]

> 我们的教师都是专制魔王。他们一点也不同情年轻人；他们的唯一目的是要填塞我们的脑袋，把我们变成像他们那样的博学人猿，如果有学生显出一丝一毫独创性，他们就要无情地折磨他，我所认识的一些模范学生后来在社会上都失败了。——1942年9月7日。[23]

很明显，希特勒直到临死的时候还不能原谅也不能忘掉他的教师给了他坏分数。但是他却能够把实际情况歪曲到可笑程度。他的教员在他成了世界名人以后回忆起当时对他的印象，也有简短的记载。希特勒似乎还喜欢的少数教员中，有一个是教过他科学的特奥多尔·吉辛格老师。吉辛格后来回忆说："就我来说，希特勒在林茨中学既没有留下好印象也没有留下坏印象。他在班里肯定不是出类拔萃的，他身
12 材细长挺直，面孔苍白瘦削，几乎像是一个生肺病的人，他的眼睛常常睁得大大的，闪闪发光。"[24]

爱德华·许默老师显然是希特勒上面提到的"天生白痴"，因为他教的是法文。他在1923年到慕尼黑去，为他以前的学生做证，当

时希特勒正因为啤酒馆政变而以叛国罪受审。他虽然赞扬希特勒的志愿，说从心底里祝愿他完成他的理想，但是他对当时那个年轻的中学生做了如下的简短描绘：

> 希特勒肯定是有天资的，虽然只是在某些学科方面，但是他缺乏自制力，说得客气一些，他好强辩，刚愎自用，自以为是，脾气暴躁，不能遵守学校纪律。他也不用功，否则以他这样的天赋，他会有好得多的成绩。[25]

林茨中学有一个教员对少年时代的阿道夫·希特勒起了一种强有力的、后来证明是有决定性的影响。他是历史教员利奥波德·珀奇博士。他的家乡在南部同南斯拉夫人地区接壤的德语边疆地区，他在那里遇到种族纠纷的经历使他成了一个狂热的日耳曼民族主义者。他在来林茨之前，曾在马尔堡教过书。马尔堡后来在第一次世界大战后划归南斯拉夫时改名为马里波尔。

虽然珀奇博士给他的这个学生的历史分数只是“中”，他却是在《我的奋斗》中受到热烈赞扬的唯一教员。希特勒非常愿意承认受到这个人的教益。

> 我有幸得到了一位懂得很少人懂得的……去芜存菁的原则的历史教员，这对我后来的生涯也许起了决定性的作用……在林茨中学我的教师利奥波德·珀奇博士的身上，这个条件得到了真正理想的满足。他是个温和但严格的长者，不仅能够以其滔滔不绝的口才吸引我们的注意，而且也能够使我们听得出神。即使到今天，我还怀着真正的感情怀念这位头发斑白的人，他的激烈言辞有时能使我们忘记现在，好像变魔术一般把我们带到了过去的时代，穿过重重的时间之雾，使枯燥的历史事实变成生动的现实

生活。我们坐在那里，心里常常燃烧着热情，有时甚至感动得落泪……他利用我们萌芽状态的民族热情作为教育我们的手段，常常唤醒我们的民族荣誉感。

这位教员使历史成了我最喜爱的课目。

事实的确是这样，虽然他并无此意，我却正是在这个时候变成了一个年轻的革命者。[26]

大约三十五年以后，即1938年，希特勒总理在强迫奥地利并入第三帝国后到奥地利各地进行胜利的巡视，他特地在克拉根福停下来探
13 视当时已经退休的老教师。他很高兴地发现，这位老先生是在奥地利独立时期被取缔的地下纳粹党冲锋队的队员。他同这位老先生单独谈了一个小时的话，后来告诉党内同志说："你们想象不出我得益于这位老人有多么大。"[27]

阿洛伊斯·希特勒于1903年1月3日因肺出血逝世，享年65岁。他的病是在早晨散步时发作的，几分钟以后就在附近一家酒店里死在一个邻居的怀里。当他的13岁儿子看到他父亲的遗体时，不禁痛哭失声。[28]

他的母亲当时42岁，搬到了林茨郊外乌尔法尔一所简陋的公寓去住，靠不多的积蓄和养老金抚养两个遗孤阿道夫和保拉。正如希特勒在他的《我的奋斗》中所说，她觉得有义务按照丈夫的愿望继续让他儿子上学——"换句话说（用希特勒的话），要我学习做公务员的行业"。不过，虽然年轻的寡妇很溺爱她的儿子，而且他似乎也很爱她，他却"比以前更加坚定地下定决心不愿干这个行业"。因此，尽管母子之间感情深厚，却还是存在着矛盾，阿道夫继续荒废他的学业。

"接着一场疾病突然帮了我的忙，在几个星期之内决定了我的前途，结束了永无休止的家庭争吵。"[29]

希特勒快满16岁的时候得了肺病，至少不得不停学一年。他被送到施皮塔尔故乡，在他姨母家里休养了一段时期。他的姨母特

雷莎·施密特是一个农家妇女。病好后，他暂时回到施泰尔州立中学。他的最终成绩单（1905年9月16日）上的记分是：德语、化学、物理、几何、几何画是“及格”，地理和历史是“良”，自由绘画是“优”。由于能够从此离开学校，他兴奋之余，终于喝醉了酒，这是他一生之中第一次也是最后一次喝醉酒。据他后来回忆，一个挤奶姑娘在天明的时候看到他卧倒在施泰尔镇外乡下大路旁边，她扶他回到镇里，他发誓以后绝不再犯。* 至少在这件事上，他是遵守他的诺言的，他以后不仅不喝酒吸烟，而且还食素，开始是因为在维也纳和慕尼黑做流浪汉时囊无分文不得不如此，后来却完全出于自觉。

希特勒常常说此后的两三年是他一生中最快活的日子。† 虽然他母
亲劝他——他的亲戚催促他——去做工，学一个行业，他却陶醉在将 14
来做艺术家的美梦里，在多瑙河畔逍遥闲荡。他永远忘不了16岁到19岁这一段年月里“懒洋洋的日子”，做“妈妈的心肝宝贝”，享受“空虚的舒服生活”。[30] 虽然体弱多病的母亲靠微薄收入很难维持生计，年轻的阿道夫却拒绝出外谋生来帮助母亲。用任何正当职业来维持哪怕是他个人的生活，对他来说都是想也不愿想的，而且毕生如此。

希特勒觉得快成年的这最后几年这么快活，其原因显然是因为可以不必工作，这就使他有时间去沉思梦想，白昼在城市街头或乡间田野闲荡，向同伴畅谈社会流弊和纠正办法，夜晚埋头读书，或者在林茨或者在维也纳歌剧院的后排座位后，站立着出神地谛听理查德·瓦格纳的神秘的异教音乐。

一个少年时代的友人后来回忆说他是个面容苍白、身材瘦弱的少

---

* 1942年1月8—9日晚上在最高统帅部里他回忆过去时讲了这个故事（见《希特勒秘密谈话录》[*Hitler's Secret Conversations*]，第160页）。

† “这些日子是我一生中最快活的日子，好像梦幻一般……”（《我的奋斗》第18页）。希特勒担任总理后六个月在1933年8月4日写给他童年时代的友人奥古斯特·库比泽克说：“我很乐意……与你重温我一生中最美好的年月中的那些旧事。”（库比泽克：《我所认识的少年希特勒》，第273页）

年，平时羞怯怕生，沉默寡言，但是对于不同意他的意见的人，有时也会突然发出神经质的怒言。有四年之久，他自以为深深地爱上了一位漂亮的金发少女，名叫斯蒂芬妮，虽然他常常在她同她母亲在林茨的兰德大街散步的时候爱慕地凝视着她，但是他从来没有做丝毫努力来同她结识，而像许多其他东西一般，宁愿把她保留在他幻想驰骋的梦幻世界里。他给她写了许多爱情诗，虽然从来没有寄出过（其中一首题为《献给心爱的人的赞歌》），但是却硬要读给他耐心的少年友人奥古斯特·库比泽克*听。在这些爱情诗里，斯蒂芬妮成了《女武神》†中的少女，身穿一件随风飘扬的深蓝色天鹅绒长袍，骑着一匹白马，驰骋在百花盛开的草地上。[31]

希特勒虽然下定决心要做艺术家，最好是做画家，否则至少也要做个建筑家，但是他在16岁的时候已经热衷于政治了。当时他对哈布斯堡王朝和哈布斯堡王朝所统治的多民族奥匈帝国境内所有非日耳曼民族已经有了强烈的憎恨，对于凡是日耳曼的一切，都有着同样强烈的热爱。16岁的时候，他已经成了一个至死不改的狂热的日耳曼民族主义者。‡

尽管过了这么久的闲荡生活，他却似乎很少有一般少年所有的无忧无虑的心情。世界大事压得他透不过气来。库比泽克后来回忆说："他处处只看到障碍和敌意……他总是碰到什么东西同他作对，总是同世界闹别扭……我从来没有看到过他把什么事情看得很开的……"[32]

就在这个时候，这个厌恶学校的青年人忽然喜欢起读书来，参加

---

* 库比泽克似乎是希特勒少年时代的唯一友人，他在《我所认识的少年希特勒》一书中，对他这个同伴在19岁去维也纳过流浪生活前四年的情况做了一番很有趣味的叙述。这番描绘不仅填补了德国元首一生传记的空隙，而且也纠正了在此以前在一般人中间流行的对他早年性格的印象。库比泽克本人的情况与希特勒截然不同。他在林茨有个幸福家庭，承继父业，做了一个家具商，工作孜孜不倦，同时又学习音乐，在维也纳音乐学院毕业，成绩优异，后来当了指挥家和作曲家，不幸他的前途光明远大的职业生涯却被第一次世界大战粉碎了。

† 瓦格纳的歌剧《尼伯龙人的指环》中的一折。——译者

‡ 英语称德意志为日耳曼，同时代表民族、国家、地理概念，本书约定俗成，凡遇民族概念译为日耳曼，国家、地理概念译为德意志，以示区别。——译者

了林茨成年教育图书馆和博物馆学会，大批大批地借阅图书。据他的少年友人回忆，他总是埋首在书堆里，最喜欢阅读的是关于德国历史和德国神话的著作。[33]

林茨只是一个外省城市，不久之后，金碧辉煌的巴洛克式的帝国首都维也纳就开始向这个雄心勃勃、幻想驰骋的青年招手了。在1906年过了17岁生日以后，希特勒带着他母亲和别的亲戚给他的一些钱，动身到这个大都会去住了两个月。虽然维也纳日后成了他度过他一生中最惨淡岁月的地方，惨到几乎流落街头，但是在他第一次到那里的时候，维也纳却使他目眩神迷。他成天在街头闲逛，兴奋地瞻仰环城路附近的宏伟建筑，在博物馆、歌剧院、剧场中所看到的景象使他眼花缭乱、如醉如狂。

他也去打听了维也纳美术学院的入学手续，一年以后，1907年10月，他又回到首都来参加入学考试，这是他要实现做画家的梦想的第一个实际步骤。他当时年方18岁，充满希望，但是这种希望马上化为了泡影。看了维也纳美术学院的甄别名单上的记载就可知道。

> 下列诸生考试成绩不良，不予录取……阿道夫·希特勒。籍贯：茵河畔的布劳瑙。生日：1889年4月20日。民族：日耳曼。宗教：天主教。父亲职业：公务员。学历：中学四年。考题：人头像。评语：试画成绩不够满意。[34]

次年希特勒又试了一次，这次他的绘画太差，根本没有让他参加正式考试。对于这个雄心勃勃的青年来说，正如他后来所说，这仿佛是晴天霹雳。因为他原来有绝对自信，以为一定会成功的。据他自己在《我的奋斗》中的记述，他要求院长说明原因。

> 那位先生告诉我，我交的几张画肯定地说明我不适合学绘

希特勒的画作。

> 画，我的才能显然在建筑方面；他说，对我来说，维也纳美术学院的绘画系是肯定不合适的，合适的地方是建筑系。[35]

年轻的阿道夫愿意同意这一点，但是他又立刻发觉，遗憾的是，他中学没有毕业，这很可能妨碍他进建筑系。

这时，他的母亲又患了致命的乳癌，于是他就回到林茨。自从阿道夫离开学校以来，克拉拉·希特勒和她的亲戚凑钱供养他有三年之
16 久，结果却一点成绩也没有。1908年12月21日，林茨开始披上圣诞节的盛装时，阿道夫·希特勒的母亲溘然长逝了，两天后她安葬在莱昂丁丈夫的墓边。对于这个19岁的青年来说，

> 这是一个可怕的打击……我敬畏父亲，却爱母亲……［她的］去世使我的宏愿突然不能实现……贫困和残酷的现实迫使我

做出一个迅速的决定……我面临着想办法谋生的问题。[36]

想办法！他并无一技之长，又一向轻视体力劳动，从来没有想靠自己的力量赚一分钱。但是他并不气馁。他向亲戚告别，宣布他若不得志，绝不回乡。

> 我手中提着一只装换洗衣衫的衣箱，心中怀着坚定的意志，动身到维也纳去。我也希望从命运手中夺取我父亲在五十年以前取得的东西；我也希望"有所成就"——但是绝不做公务员。[37]

"我一生最悲哀的时期"

此后四年（从1909年到1913年）对这个林茨来的闯世界的青年来说，是一段极其悲惨和贫困的时期。在哈布斯堡王朝还没有覆亡，维也纳还是拥有5 200万人民的帝国在欧洲心脏的首都的最后短短几年里，维也纳有着一种世界各国首都所没有的独特的快活气氛和迷人魅力。不仅在建筑、雕塑、音乐方面，而且在人民的无忧无虑、喜欢享乐、爱慕文化、追求风雅的精神生活方面，维也纳都可以呼吸到西方任何其他城市所没有的那种纷华靡丽的巴洛克和洛可可式空气。

维也纳位于维纳瓦尔德树木葱郁的山脚下，蓝色的多瑙河畔，山坡上到处点缀着黄绿色的葡萄园，这是一个富有天然美景的地方，外来的游客固然为之心迷神醉，维也纳本地人也自以为得天独厚。空气中充满了音乐，那是当地的天才子弟、欧洲最伟大的音乐家海顿、莫扎特、贝多芬、舒伯特的高尚优美的音乐，而且在最后那几年回光返照的升平岁月里，还有维也纳自己钟爱的约翰·施特劳斯的欢乐迷人的华尔兹圆舞曲。对于这样幸运和过惯了巴洛克式生活的人们来说，生活就像是一场美梦，因此快活的维也纳人都过着纸醉金迷的生活，跳华尔兹，喝葡萄酒，在咖啡馆里谈心，在歌场舞榭听曲看戏，打情骂俏，寻欢作乐，把一生之中大部分时间消磨在享受和梦想之中。

当然，也需要治理一个帝国，维持一支陆军和海军，管理交通，进行贸易，从事劳动。但是在维也纳，很少有人需要在这些事情上加班工作，甚至用不着全天工作。

17 当然，也有阴暗的一面。这个城市像所有其他城市一样，也有穷人，他们营养不良，衣衫褴褛，住在贫民窟里。但是作为帝国的首都，而且作为中欧最大的工业中心，维也纳是繁荣的，这种繁荣比较普遍，人人都有一份。下层中产阶级人数众多，在政治上控制了这个城市；工人们不仅在组织工会，而且也在组织自己的强大政党——社会民主党。全市人口这时已增加到200万，生活之中有着一种沸腾的景象。民主的势力正在排挤哈布斯堡王朝悠久的专制的势力，教育和文化已向群众开放，因此到1909年希特勒到维也纳来的时候，一个囊无分文的青年也有机会受高等教育，或者谋得一份相当体面的差使，同其他为数约100万的职工一样，生活在笼罩着首都居民的文明气氛中。他的唯一友人，同他一样微贱和默默无闻的库比泽克不是已经在音乐学院中初露头角了吗？

不过年轻的阿道夫并没有去实现进建筑系的抱负。尽管他没有中学毕业文凭，他仍有可能进建筑系——凡是有“特别才能”的青年，即使没有这种证件也能入学——但是从目前所知道的情况来看，他没有申请入学。他也不想学什么手艺行业，或者从事任何正常的职业。相反，他宁愿干些杂七杂八的零活——扫雪，拍打地毯，在铁路西站外面扛行李，有时候干几天工地小工的零活。1909年11月，他到维也纳“掌握命运”后不到一年，他不得不放弃在西蒙·丹克胡同租赁的房间，在以后的四年中一直住在只有铺位的鸡毛店里，或者在多瑙河畔维也纳第二十区默尔德曼街几乎同样简陋的单身宿舍里栖身，靠光顾施粥站打发饥饿的日子。

难怪在将近二十年后他这么写道：

> 对许多人来说，维也纳是个尽情享受的天堂、寻欢作乐的场所，但是对我来说——恕我直言——它却是我一生最悲哀的时期的活生生的记忆。
>
> 即使到今天，这个城市在我的心中也只能引起不愉快的想法。对我来说，这个逍遥自在的城市的名字所代表的就是五年艰苦贫困的生活。在这五年中我被迫求职糊口，开始当小工，后来当小画家。收入之微薄，不足以填充我每日辘辘的饥肠。[38]

他说到那些日子时，总不免要提起饥饿。

> 当时饥饿是我忠实的伴侣，它同我形影不离，有福同享……我的生活就是同这个无情的友人进行的一场长期搏斗。[39]

但是，饥饿却从来没有逼得他设法寻找一个固定的职业。他在
《我的奋斗》中说得很清楚，他有着一种小资产阶级的入骨的恐惧，18
生怕又掉到无产者的队伍中去，掉到体力劳动者的队伍中去——他后来就利用这种恐惧心理在缺乏领导、薪金低微、无人重视的白领阶层的广大基础上建立了纳粹党。这个阶层的千百万人都有这样一种错觉，以为自己在社会地位上比起“工人”来至少略胜一筹。

希特勒固然说过，他至少有一阵子靠当个“小画家”糊口，但是他在自传中没有详细说明这个工作的情况，只不过说了这么一句，在1909年和1910年，他的情况略有改善，可以不必再当普通小工了。

他说：“这时，我已开始独立工作，做个小素描画家和水彩画家。”[40]

这句话是有些容易令人误解的，《我的奋斗》中许多其他具有传记性质的段落也是如此。虽然当时认识他的人所提供的材料也并不比

他自己更加可靠，但是拼凑起来的情况可以说肯定是比较完整的，也可能比较确实。[*]

有一点是相当肯定的，阿道夫·希特勒从来没有像他的政敌所嘲笑的那样当过房屋油漆匠。至少没有材料证明他干过这个行当。他当时干过的事是绘制一些拙劣的维也纳画片，内容常常是一些著名的景物，例如圣斯蒂芬大教堂、歌剧院、城堡剧院、美泉宫或者美泉公园中罗马时代的遗迹。据他相识的人说，他是从别人作品上临摹下来的；显然他没有写生的能力。这些画片是矫揉造作、没有生气的，很像一个初学建筑的人所画的粗糙草率的速写，他有时添上一些人物，也画得非常拙劣，好像连环画一样。我有一次看到希特勒的原作速写后曾经记下过这么一些话："几个人面画像。拙劣。有一个几乎像食尸鬼。"在海登看来，"它们像巍峨庄严的宫殿外的小沙包"。[41]

这种可怜的玩意儿，希特勒也许画了几百张，卖给小贩装饰墙头，卖给商人嵌在陈列出售的画框里，卖给家具商把这种画片钉在廉价的沙发和椅子靠背上，当时在维也纳，这是一种流行风气。希特勒也能够画一些比较商业性的东西。他常常为小铺子老板画招贴，给泰迪狐臭粉这种商品做广告。有一张画后来也许在圣诞节的时候赚过一些钱，画的是圣诞老人在叫卖色彩鲜艳的蜡烛，还有一张画的是圣斯蒂芬大教堂的哥特式尖顶，高耸在一堆肥皂上。圣斯蒂芬大教堂的尖
19 顶是希特勒百画不厌的东西。

希特勒的"艺术"成就仅止于此，但是他至死都认为自己是个"艺术家"。

---

* 见约瑟夫·格雷纳：《希特勒神话的结束》（*Das Ende des Hitler-Mythos*）。格雷纳在希特勒在维也纳的时代同他相识。又见鲁道夫·奥尔登：《小卒希特勒》（*Hitler the Pawn*）。奥尔登所著书中载有赖因霍尔德·哈尼施的谈话，后者是苏台德的一个流浪汉，一度曾与希特勒在小客店里同室居住，贩卖他的一些画片。康拉德·海登在《元首》（*Der Führer*）一书中也引用了哈尼施的材料，包括希特勒控告这个流浪汉的案件的法院记录。希特勒控告哈尼施卖了他的一张画后没有把收入分给他。

在维也纳这些流浪的年代中，他的外表肯定是波希米亚式的流浪汉。当时认识他的人后来追忆，他穿一件破旧的黑大衣，长至足踝，很像一件土耳其长袍，这是一个匈牙利籍犹太旧衣商送给他的，这个旧衣商也住在那所简陋的单身宿舍里，同他颇为友好。这些人还记得他头戴一顶油腻发光的黑呢帽，四季不换。他一头乱发，前额斜梳，像他日后那样，颈后的头发乱糟糟地盖住了肮脏的衣领，因为他很少理发修面，两颊和下巴颏往往胡髭丛生。如果日后成了艺术家的哈尼施的话可信的话，希特勒像“一个基督徒中间很少出现的鬼怪”。[42]

不像同住在一起的一些潦倒的青年人，他毫无青年的恶习。他既不抽烟，也不喝酒。他同女人没有来往——根据已知情况，不是因为任何不正常的心理或生理，而完全是因为他特别怕羞。

希特勒后来在《我的奋斗》中难得幽默地说：“我相信，当时我认识的人都把我当作一个怪物。”[43]

像他的教师一样，这些人也记得他的炯炯有神的目光，这是他脸部的突出特点，反映出性格中同这个一身肮脏的流浪汉的贫困生活很不协调的某种东西。他们还记得，这个青年人尽管在体力劳动上极其懒惰，读起书来却废寝忘食，夜以继日。

> 当时我用心读了大量的书。工作之余全部时间都花在读书上。这样在几年之内我就打下了知识的基础，到今天我还从这里吸收营养。[44]

在《我的奋斗》中，希特勒详尽地谈到了读书的艺术。

> 所谓“读书”，当然，我的意思也许同所谓“知识界”的一般人有所不同。
>
> 我也认识一些大量“读书”的人……但是我并不认为他们是

> “博学”的人。不错，他们有大量“知识”，但是他们的头脑不能组织和整理他们所吸收的知识……另外一方面，一个掌握正确读书艺术的人……从本能上立刻就能辨别出什么东西是他认为值得永远记住的，或者因为这些东西符合他的需要，或者因为一般值得知道……读书的艺术，求知的艺术是：……**去芜存菁***……只有这样的读书才有意义，才有目的性……由此看来，我在维也纳的
> 20 日子特别有意义，特别有价值。[45]

有什么价值？希特勒的答复是：从他读的书中，从他在维也纳穷人中间的生活中，他学到了日后需要知道的一切。

> 维也纳过去是，而且现在仍旧是我一生中条件最艰苦的学校，虽然也是最彻底的学校。我刚踏进这座城市时还是一个孩子，离开时却已成人，性格也变得沉静严肃了。
>
> 在这段时期中，我形成了一种世界观，一种人生哲学，日后成了我一切行动的巩固基础。除了我当时打下的基础之外，我后来很少需要学习什么东西，也不需要改变什么东西。[46]

那么，他在维也纳这所慷慨给予他狠狠的打击的学校里究竟学到了一些什么？他在那里的经历和阅读中究竟学到了一些什么思想？照他的说法，这些思想一直保持到最后，基本上没有什么改变。这些思想大部分是空虚陈腐的思想，有时往往荒唐可笑，而且受到粗暴的偏见的影响。在对这些思想稍加考察之后，这一点就是很明显的事了。但同样明显的是，这些思想对这部历史很重要，正如这些思想对世界曾经是很重要的一样，因为这些思想将成为这个有书呆子气的流浪汉

---

* 着重体是希特勒原来用的。

不久要建立的第三帝国的基础的一部分。

阿道夫·希特勒的萌芽思想

除了一个例外，这些思想都不是什么独创之见，而是从20世纪初叶奥地利政治和生活的奔腾的大旋涡中原封不动地拣来的东西。这个多瑙河畔的帝国当时由于消化不良正处在奄奄一息的状态中。好几个世纪以来，在人口中占少数地位的日耳曼奥地利人统治着一个拥有十多个民族的多语言帝国，把自己的语言和文化强加在它之上。但是从1848年以来，他们的控制地位就在削弱之中。他们不能同化少数民族。奥地利不是一个熔炉。1860年代，意大利人分裂了出去，1867年，匈牙利人在所谓双重王室的制度下赢得了与日耳曼人平等的地位。现在，在20世纪开始的时候，各个斯拉夫民族——捷克人、斯洛伐克人、塞尔维亚人、克罗地亚人等——都要求有平等待遇并且至少要求民族自治。各民族间的激烈争吵成了奥地利政治斗争的中心问题。

不仅如此，还有社会动荡，而这往往掩盖了民族冲突。没有选举权的下层阶级要求享有选举权，工人们坚决要求有权组织工会和举行罢工——不仅是为了要求增加工资和改善工作条件，也是为了要实现他们的民主的政治目标。后来事实也确是如此，在举行一次总罢工后，成人都普遍享有了选举权，而奥地利籍的日耳曼人在政治上的统治地位也因此告终，因为他们在奥匈帝国奥地利这一半中只占三分之一的人口。

对于这些情况，希特勒这个从林茨来的年轻而狂热的日耳曼-奥
地利民族主义者是坚决反对的。在他看来，帝国正在陷入“危险的泥 21
淖”中去。只有日耳曼人这个主宰种族恢复原来的绝对权威才能拯救。非日耳曼人，特别是斯拉夫人，而其中尤其是捷克人，都是劣等民族。必须要由日耳曼人用铁腕来统治他们。议会必须废除，所有民

主的“胡闹”必须结束。

虽然希特勒没有参与政治，但他非常关心地注意着奥地利三大政党的活动：社会民主党、基督教社会党、泛日耳曼民族党。一种政治上的狡猾见识现在已开始在这个不修边幅的施粥站常客的心中萌芽，使他能够极其清晰地看到当代各个政党的力量与弱点，而在成熟以后，使他成了德国的第一号奸雄。

他同社会民主党一接触后，就对该党有了一种强烈的憎恨。“最使我憎恶的是，”他说，“它对维护日耳曼主义的斗争持敌对态度，它对斯拉夫‘同志’不要脸地讨好卖乖……在几个月之内，我就得到了在其他情况下可能需要几十年才能得到的东西：看透了一个假装成社会美德和兄弟友爱的化身的有毒的妓女*。”[47]

但是他这时已经相当聪明，知道为了要仔细研究社会民主党在群众中间得到成功的原因，必须抑制自己对这个工人阶级政党的反感。他最后认为他们成功的原因有好几个，他牢记了这些原因，后来还利用它们来建立德国的纳粹党。

有一天——他在《我的奋斗》中写道——他看到维也纳工人举行群众示威。“我屏息凝神地看着人群组成的巨龙慢慢地游过去，几乎有两个小时之久。我最后离开那个地方漫步回家时，心中极感焦虑。”[48]

回家后他开始阅读社会民主党的报刊，分析该党领导人的演讲，研究它的组织，思考它的心理和政治手段，估计它的成绩。他最后得出社会民主党获得成功的三个原因：他们知道如何建立一个群众运动，任何政党如果没有群众运动就一无用处；他们掌握了在群众中进行宣传的艺术；最后一点是，他们知道利用他所说的“精神上和肉体上恐怖”的价值。

这第三个教训引起了年轻的希特勒的好奇心，虽然这肯定是以错

---

*《我的奋斗》第二版以及以后各版删去了“有毒的妓女”，改用“毒病”这个名词。

误的观察为基础的，其中掺杂他个人的大量偏见。十年以后他将充分利用它来实现自己的目标。

> 我了解这个运动——特别对资产阶级——所造成的恶劣的精神恐怖，从思想上和心理上来说，资产阶级都不是这种进攻的对手；信号一发，只要看来是最危险的敌人，它就对之发动谎言和诽谤的真正大攻击，一直到被攻击者的精神不能支持时为止……
> 这种策略所根据的是对一切人性弱点的精确估计，它的结果能导 22
> 致必然的胜利，其必然程度几乎同数学一样精确……
>
> 我同样也了解肉体恐怖对个人和群众的重要性……因为在支持者中间，所取得的胜利似乎是他们本身事业的正义性的胜利，而被击败的对手在大多数情况下都对继续进行抵抗不存任何胜利的希望。[49]

关于希特勒日后要加以发展的纳粹策略，再也没有比这段话分析得更加精确的了。

在维也纳，有两个政党强烈地吸引着成长中的希特勒的注意，他对它们都应用了他正在提高的狡猾冷静的分析能力。他说，他最初拥护由格奥尔格·冯·舍内雷尔骑士建立的泛日耳曼民族党，冯·舍内雷尔也是希特勒老家下奥地利施皮塔尔附近一州的人。泛日耳曼党当时正在为日耳曼民族在这个多民族帝国中的统治地位进行最后的奋斗。虽然希特勒认为舍内雷尔是个“深刻的思想家”，而且热情地拥护他的强烈民族主义、反犹主义、反社会主义、主张同德国合并、反对哈布斯堡王朝和教廷的基本纲领，但他很快就发现了该党失败的原因：

“这个运动未能充分了解社会问题的重要性，使它失去了真正有战斗性的人民群众；它参加了议会，这就使它丧失了重要的推动力量，而沾上了议会所特有的一切弱点；反对天主教会……又使它丧失了我国民族足以自豪的无数最优秀的分子。”[50]

希特勒在维也纳时代得到了一个教训，虽然他日后在德国取得政权时还是把它忘记了，可是他在《我的奋斗》中竭力强调过，那就是，一个政党要想反对教会是没有用的。他在解释舍内雷尔的“脱离罗马”运动为什么是个策略错误时说：“不管一个宗教派别有多大值得批评的地方，一个政党在任何时候都不应忽视这样一个事实：在以往的全部历史经验中，一个纯粹政治性的党派要进行宗教改革是从来没有成功过的。”[51]

不过在希特勒看来，泛日耳曼党最严重的错误还是在于它未能唤起群众，甚至未能了解普通人民的心理。从他重复说明他年纪刚过21岁就开始在心中出现的思想的话中，我们可以看到，在他看来，这是一个最严重的错误。他在建立自己的政治运动时不能犯这个错误。

泛日耳曼党还有一个希特勒不想犯的错误。那就是它未能争取到国内有势力的、地位确立不移的机构当中至少某些机构的支持——如果不是教会的话，至少也是陆军，或者内阁，或者国家元首。这个青
23 年明白，除非得到这种支持，否则，任何政治运动都很难——如果不是不可能的话——取得政权。希特勒在1933年决定大局的1月里狡猾地骗取到的，正是这种支持，而且也完全靠这种支持，他和他的纳粹党才有可能接掌一个伟大国家的统治权。

在希特勒的维也纳时代，只有一个政治领袖，除了了解在群众基础上建党的必要性之外，也了解这一点。那个人就是维也纳市长、基督教社会党的领袖卡尔·卢格博士，他成了希特勒的最有影响的政治导师，虽然两人从来没有碰过面。希特勒一直把他看成是“历代最伟大的日耳曼市长……比所有当代的所谓‘外交家’都更伟大的政治家……如果卡尔·卢格博士当初活在德国，他就会置身于我国人民伟大的思想家之列”。[52]

当然，日后的希特勒同维也纳下层中产阶级的这个身材魁梧、性

格率直、态度温和的偶像很少相似之处。不错，卢格作为一个在心怀不满的小资产阶级中间进行活动，并且像希特勒后来那样利用高涨的反犹情绪作为政治资本的政党的领袖，当时成了奥地利最有势力的政客。但是出身低微、靠了半工半读才读到大学毕业的卢格，却是一个在学识上有相当造诣的人。他的敌人，包括犹太人在内，都愿意承认，他秉性高尚侠义、慷慨大度。当时在维也纳成长的奥地利犹太作家斯蒂芬·茨威格也证明，卢格从来没有由于他在公开场合的反犹态度而不肯帮助犹太人或者对他们态度不友好。茨威格追述说："他的市政管理非常公正，甚至是民主的典型……在这个反犹政党取得胜利的时候曾经心惊胆战的犹太人继续过着像过去一样享有权利和受到尊重的日子。"[53]

这却不是年轻的希特勒所喜欢的。他认为卢格太大度了，不够重视犹太人这个种族问题，他对于市长未能拥护泛日耳曼主义感到不满，对于他的罗马天主教教权主义和他忠于哈布斯堡王朝的态度是否得当感到怀疑。老皇帝弗朗茨-约瑟夫不是两次拒绝批准卢格当选为市长吗？

但是最后希特勒还是不得不承认这个人的天才，这个人知道怎样赢得群众的支持，了解现代社会问题和宣传与口才在左右群众时的重要性。对于卢格对付有势力的教会的手腕，希特勒只有佩服的份儿——"他的政策定得极其精明狡猾"。最后还有一点，卢格"善于利用一切现有手段来争取地位已确立不移的机构的支持，以便能够为他的运动从这些既有的权力来源方面取得最最有利的条件"。[54]

这一段话简单扼要地总结了希特勒日后用来组织自己的政党和引导它在德国取得政权的思想和手段。他的独到之处在于他是右派政客中唯一把这种思想和手段应用于第一次世界大战后的德国政局的人。 24
就是在那个时候，纳粹运动（在所有民族主义和保守的政党中就只有它）取得了广泛的群众的拥护，在这以后，又取得了陆军、共和国总统和大企业联合会这三个有很大权力的“地位已确立不移的机构”的支持，终于取得了德国总理的职位。在维也纳汲取的教训，结果证明的确是很有用处的。

卡尔·卢格博士是位杰出的演说家，泛日耳曼党却没有善于辞令的演说家。希特勒注意到了这一点，在《我的奋斗》中大大强调了演讲术在政治中的重要作用。

> 在历史上推动最伟大的宗教运动和政治运动的力量，从远古时候起，一直是说话的神奇力量，而且也仅仅是说话的神奇力量。
>
> 只有靠说话的力量才能打动广大的人民群众。所有伟大的运动都是人民运动，都是人类热情和感情的火山迸发，它们不是由残酷的穷困女神就是由投在群众中的语言的火把所触发的；它们不是辞章学家和客厅英雄的柠檬水似的清谈。[55]

年轻的希特勒虽然没有实际参与奥地利的政治，但是已经开始在维也纳的穷客栈、施粥站、街头巷尾的听众面前练习他的演讲术了。这种技巧后来发展成为（作者可以做证，他后来听了希特勒好几十次最重要的演讲）一种在两次大战之间德国无人能望其项背的才能，而且对他的惊人成功起了很大的作用。

希特勒在维也纳的经历中，最后一个方面是犹太人。他说，在林茨，犹太人很少。“在家乡，我不记得在我父亲活着的时候提起过这个字眼。”在中学里，有一个犹太儿童——“但是我们很少去想这件事……我甚至把他们［犹太人］当作是日耳曼人”。[56]

但是根据希特勒童年时代友人的材料，这不是实际情况。奥古斯特·库比泽克回忆两人一起在林茨的日子的时候说：“当我初次认识阿道夫·希特勒的时候，他的反犹情绪就已经表露出来了……希特勒去维也纳的时候已经是一个坚定的反犹主义者。他在维也纳的经历可能加深了这种情绪。但是可以肯定不是产生这种情绪的原因。”[57]

“于是，”希特勒说，“我来到了维也纳。”

> 我初到一地，种种新奇景象使我目不暇接……心中又想着自
> 己命途多舛，因此未能深入了解这个庞大城市的人民中间的内部
> 阶层。尽管在当时维也纳200万居民中间几乎有20万犹太人，我 25
> 却看不出犹太人来……在我看来，犹太人的特点仍旧是他们的宗
> 教，因此，基于人类的相互容忍精神，在这个问题上同其他问题
> 上一样，我仍旧反对宗教攻击。因此，维也纳反犹主义的报纸的
> 语调使我觉得有负一个伟大民族的文化传统。[58]

有一次——希特勒记述道——他在内城漫步。“我突然遇到一个身穿黑色长袍、两鬓留着黑色鬈发的怪物。我的第一个念头就是：这是一个犹太人吗？因为，在林茨，犹太人不是这等模样的。我偷偷地谨慎地看着那个人，但是我看着这张奇怪的脸庞越久，越是逐一研究它的每一特点，我的头一个问题就越是具有一个新的形式：这是一个日耳曼人吗？”[59]

希特勒的答案是很容易猜到的。虽然他说，在做出回答以前他决定“用书本来解决我的疑窦”。他埋首阅读反犹书籍，当时这种书籍在维也纳很有销路。然后他到街头去更加仔细地观察“现象”。“我所到之处，”他说，“我都开始看出有犹太人，我看到的越多，他们在我的眼中也就越明显地同其他人有区别……后来我常常一闻到这种穿长袍的人的气味，就感到心中作呕。”[60]

他说，接着，他发现了“这一‘上帝的选民’的道德污点……任何放荡淫秽的事情，特别是在文化生活方面，有连一个犹太人也不牵涉到的吗？如果你再小心地解剖这种脓疮，你就会发现——像在腐烂的尸体中突然见到亮光而受惊的蛆虫一样——其中有一个犹太鬼！”

他说他发现，卖淫和贩卖妇女大部分是犹太人干的。“当第一次，”他记述道，“我认识到犹太人是这个大城市中的渣滓堆里进行这种令人恶心的罪恶交易的心肠冷酷、恬不知耻、孜孜为利的主使者的时候，我不免感到一阵寒噤。”[61]

希特勒关于犹太人的一些狂言乱语中，有很大的病态的性心理成分。这也是当时维也纳反犹主义报纸的特点，后来也成了纽伦堡黄色的《冲锋队员》周刊的特点，这家周刊是由希特勒最得宠的助手之一尤利乌斯·施特莱彻出版的，他是弗朗科尼亚纳粹党头子，一个著名的性欲变态者，也是第三帝国名声最臭的人之一。《我的奋斗》中不乏明白的暗示，提到粗野的犹太人诱奸天真纯洁的基督教女郎，从而玷污了她们的血统的话。希特勒居然写出“可厌的长着罗圈腿的犹太狗杂种诱奸数十万女郎的可怕景象”。正如鲁道夫·奥尔登所指出的，希特勒反犹主义的根源之一可能是他在性方面的压抑妒忌心理。虽然他已经20岁出头，但根据已知的材料，他在维也纳的时期从来没有同女人发生过任何关系。

“慢慢地，”希特勒写道，“我开始憎恨他们……对我来说，这是我曾经不得不经历的精神上最大震荡的时刻。我不再是个优柔寡断的世界主义者，而成了一个反犹主义者。”[62]

26 他至死都要成为一个盲目狂热的反犹主义者，他在临死前几个小时写的最后遗嘱中还对犹太人做了一次最后攻击，说他所发动的战争是他们引起的，现在断送了他和第三帝国。这种强烈的仇恨在那个帝国里后来竟会影响到这么多的德国人，最后导致了一场景象这么可怕、规模这么庞大的屠杀，以致在文明史上留下了一个极其丑恶的创痕，只要地球上还存在着人类，这一创痕就肯定会永远存在。

1913年春天，希特勒离开了维也纳，到德国去住，据他说，他的心过去一直向往着德国。他当时24岁，除了他自己以外，在任何人看来，他从各方面来说都失败了。他没有成为画家，也没有当上建筑师。人人都可以看出，他一事无成，只不过是个流浪汉——而且是个古怪的、有书呆子气的流浪汉。他没有朋友，没有家庭，没有工作，没有居处。不过，他有一样东西：对自己的不可抑止的信心和深刻的炽热的使命感。

他离开奥地利也许是为了逃避军役。* 不是因为他是个胆小鬼，而是因为他不愿同犹太人、斯拉夫人以及帝国的其他少数民族一起在军中服役。在《我的奋斗》中，希特勒写道，他在1912年春天到了慕尼黑。不过，这一点他弄错了，警察局登记册中载明，他在维也纳一直待到1913年5月。

他自己说的离开奥地利的原因是相当夸张的。

> 我对哈布斯堡国家的内心憎恶越来越强烈了……我在首都看到的民族杂居现象，捷克人、波兰人、匈牙利人、卢西尼亚人、塞尔维亚人、克罗地亚人的大混杂，还有到处像蘑菇一样生长的犹太人——犹太人，没完没了的犹太人，都使我感到憎厌。这个大城市使我觉得是人种退化的象征……我在这个城市待得越久，我越是憎厌异族混杂，因为这种混杂已经开始腐蚀这一日耳曼文化的古址……为了上述种种原因，我越来越渴望到我童年时代就暗暗想望和热爱的地方去。[63] 27

---

* 1910年他年满21岁后，就该服军役。据海登的说法，奥地利当局在他住在维也纳的时候没有能找到他。他们最后在慕尼黑找到了他，命他回林茨报到，进行体格检查。约瑟夫·格雷纳在他的《希特勒神话的结束》中刊载了希特勒和奥地利军事当局的一些来往信件，希特勒在信件中否认他去德国是为了逃避奥地利军役。他以缺少旅费为由，要求让他在距离慕尼黑较近的萨尔茨堡进行体格检查。他于1914年2月5日在那里进行了体格检查，结果断定由于健康不好而不适合服役。甚至连辅助役也不适合——显然他当时还患着肺病。他一直到当局最后在他年已24岁的时候找到他后才去报到这件事，在他后来在德国开始走运的时候，一定使他感到很不安。格雷纳证实了我在柏林的时候反纳粹人士中间流传极广的一个传说，即当德军在1938年占领奥地利时，希特勒命令秘密警察寻找有关他的军役的官方文件。在林茨的记录没有找到——这使希特勒非常恼火。这些文件被当地政府的一个人员转移了，他后来在战后给格雷纳看了这些文件。

他后来在那个他这样热爱的国家里的命运是他当时无论如何也想象不到的。他当时从法律上来说还是侨居德国境内的一个外国人，一个奥地利人，这种情况一直保持到他担任总理前不久。要了解希特勒，就必须把他当作一个奥地利人，这个奥地利人在哈布斯堡帝国崩溃之前的最后十年中才成年，他没有在这个帝国的文明首都扎下根，他怀有当时讲德语的极端分子中间极为流行的一切荒谬偏见和憎恨，他不能了解他的极大多数同胞的正直、诚实、可敬的品格，不论他们是捷克人，还是犹太人，还是日耳曼人，不论他们是穷人，还是富人，不论他们是艺术家，还是手艺工人。很可怀疑，是否会有一个来自北方，或者来自西方的莱茵兰，或者东方的东普鲁士，或者甚至南方的巴伐利亚的德国人，由于本人任何可能的经历，也会在自己的血液中和思想中具有那些把阿道夫·希特勒推上他最后达到的高峰的同样的种种混合成分，当然，除此之外，希特勒还有不少的不可预测的天才成分。

但是在1913年春季的时候，他的天才还没有显露出来。在慕尼黑，同在维也纳一样，他仍旧囊空如洗，举目无亲，也没有正式职业。接着1914年夏天爆发了战争，把他像千百万其他人一样卷了进去。8月3日，他上书巴伐利亚国王路德维希三世，申请志愿参加巴伐利亚步兵团，结果获准。

这是个天赐良机。现在这个年轻的流浪汉不仅能够满足在一场他认为是生死存亡的斗争中为他所热爱的第二祖国服务的愿望，而且也能够逃避他个人生活中的一切失意和烦恼了。

“对我来说，”他在《我的奋斗》中写道，“这仿佛是把我从年轻时代压在我身上的穷困下拯救出来。我很坦率地承认，在热情冲动之下，我跪了下来，衷心感谢上天赐给我这个能够活在这样一个时代的幸福机会……对我来说，对所有德国人来说都是一样，现在我的生命中最值得纪念的时期开始了。同这场巨大的斗争相形之下，过去的一切都成了过眼烟云了。”[64]

对希特勒来说，过去的一切——贫困、寂寞和失意——都要退居次要地位，虽然这些以后还是永远影响着他的思想和性格。现在，将要为千百万人带来死亡的战争，却为这个25岁的青年带来了生命中新的一页。 28

注　释

1. 哈默施坦因备忘录，惠勒-本内特在其所著《权力的报应》第285页上曾加以引用。这个备忘录是哈默施坦因将军的儿子孔拉特·冯·哈默施坦因博士根据他父亲的笔记和日记专门为惠勒-本内特写的。题目是《施莱谢尔、哈默施坦因和攫取权力》。

2. 约瑟夫·戈培尔：《从恺撒霍夫饭店到总理府》（以下简称《恺撒霍夫》——译者），第251页。

3. 哈默施坦因备忘录，惠勒-本内特引用。《权力的报应》，第280页。

4. 戈培尔：《恺撒霍夫》，第250页。

5. 同上，第252页。

6. 同上。

7. 安德烈·弗朗索瓦-庞赛：《决定命运的年代》，第48页。他在1930—1938年任法国驻柏林大使。

8. 戈培尔：《恺撒霍夫》，第251—254页。

9. 1934年9月5日在纽伦堡说的话。

10. 弗里德里希·梅尼克：《德国的浩劫》，第96页。

11. 阿道夫·希特勒：《我的奋斗》，美国版（1943年波士顿），第3页。我在引用此书时曾将英译文略加修改，俾能比较贴近德文原文。

12. 康拉德·海登：《元首》，第36页。凡是从事有关第三帝国的写作的人，在希特勒早年生活方面的材料，无不得益于海登。

13. 同上，第41页。

14. 同上，第43页。

15. 同上。

16.《我的奋斗》，第6页。

17. 同上，第8页。

18. 同上，第8—10页。

19. 同上，第10页。

20.《希特勒秘密谈话录，1941—1944年》，第287页。

21. 同上，第346页。

22. 同上，第547页。

23. 同上，第566—567页。

24. 奥古斯特·库比泽克：《我所认识的少年希特勒》，第50页。

25. 同上，第49页。

26.《我的奋斗》，第14—15页。

27. 库比泽克：《我所认识的少年希特勒》，第52页。另见《希特勒秘密谈话录》，第567页。

28. 库比泽克:《我所认识的少年希特勒》，第44页。
29.《我的奋斗》，第18页。
30. 同上，第21页。
31. 库比泽克:《我所认识的少年希特勒》，第59页。
32. 同上，第76页。
33. 同上，第54—55页。
34. 海登:《元首》，第52页。
35.《我的奋斗》，第20页。
36. 同上，第18页。
37. 同上。
38. 同上，第21页。
39. 同上，第21—22页。
40. 同上，第34页。
41. 海登:《元首》，第54页。
42. 同上，第68页。
43.《我的奋斗》，第34页。
44. 同上，第22页。
45. 同上，第35—37页。
46. 同上，第22，125页。
47. 同上，第38—39页。
48. 同上，第41页。
49. 同上，第43—44页。
50. 同上，第116—117页。
51. 同上，第118页。
52. 同上，第55，69，122页。
53. 斯蒂芬·茨威格:《昨日的世界》，第63页。
54.《我的奋斗》，第100页。
55. 同上，第107页。
56. 同上，第52页。
57. 库比泽克:《我所认识的少年希特勒》，第79页。
58.《我的奋斗》，第52页。
59. 同上，第56页。
60. 同上，第56—57页。
61. 同上，第59页。
62. 同上，第63—64页。
63. 同上，第123—124页。
64. 同上，第161，163页。

第二章

纳粹党的诞生

1918年11月10日，一个阴暗的秋天的星期日，阿道夫·希特勒尝到了他出于深刻的仇恨和失望而称之为本世纪最最卑劣的事情*的滋味。一个牧师到柏林东北波美拉尼亚小镇帕瑟瓦尔克军事医院来对伤兵宣布一个简直令人不能相信的消息。希特勒当时正在那个医院休养，他一个月以前在伊普尔中了英国毒气，双目暂时失明。

那个牧师告诉他们，那个星期日上午德皇已经退位，逃到荷兰去了。在那天的前一天，柏林已经宣布成立共和国。次日，11月11日，将在法国的贡比涅签订停战协定。战争已经打败了。德国要听任胜利的协约国摆布。那个牧师说着说着就哽咽起来。

"我忍不下去了，"希特勒追述当时的情景说，"我的眼前突然又是一片昏黑；我跌跌撞撞地摸索着回到病房，投身到床上，把发烧的脑袋埋在毯子和枕头下……这样，一切都白费了。一切牺牲和困苦都白费了……我们尽管心中怀着死亡的恐惧，还是尽了我们的天职，但是这样的时刻都白费了；200万阵亡烈士的牺牲也白费了……但是他们是为了这样的结局才牺牲的吗？……我们经受这种种遭遇，难道只

*《我的奋斗》德文第一版用的是这个字眼，但以后各版改为"革命"。

1918年11月11日，停战协定在法国贡比涅签订，前排右二为法军统帅福熙将军。

是为了让一帮卑鄙的罪犯能够欺凌我们的祖国吗？”[1]

自从他站在他母亲墓边以来，他第一次——据他自己说——痛哭失声。“我禁不住哭了。”像当时和以后的千百万同胞一样，他不能接受这个铁一般无情的事实：德国在战场上已经战败，打输了这场战争。

也像其他千百万德国人一样，希特勒是个勇敢无畏的士兵。后来 29
有些政治敌人攻击他在战斗中表现胆怯，但是应该说句公道话，在他的记录中没有一丝一毫证据，可以证明这种攻击是有根据的。他经过了不到三个月的训练后，于1914年10月底到达前线，担任巴伐利亚后备步兵第十六团第一营的传令兵。第一次伊普尔战役，英军阻住了德军向英吉利海峡方面的挺进。就在这次战役的四天激战中，希特勒所属的部队伤亡惨重。根据希特勒写给他在慕尼黑的房东、一个名叫波普的裁缝的信，他的团一共3 500人在四天激战后只剩下600人了，军官只剩下30名，四个连的番号不得不撤销。

第一次世界大战中的希特勒（前排左一）与战友。

在战争中他一共受伤两次，一次是1916年10月7日在索姆河战役中腿部受伤。在德国医治复原后，他于1917年3月回到以该团原来团长的名字命名的利斯特团，这时他已被提升为下士，同年夏天参加了阿拉斯战役和第三次伊普尔战役。在1918年春、夏德军最后一次全面攻势中，他那一团处在战斗最激烈的地方。最后一次伊普尔战役中，在10月13日的晚上，英军向瓦尔维克以南的一个小山头大放毒气，他当时中了毒气。“我跌跌撞撞地回来，眼睛感到火辣辣的一阵痛，”他叙述道，“身边带着我所传递的最后一份战况报告。几个小时后，我的眼睛烧得像通红的煤块一样；周围一片漆黑。”[2]

他因为作战英勇曾两次受奖。1914年12月他得了一枚二级铁十字奖章，1918年8月又得了一枚一级铁十字奖章，在前帝国军队中，后一种奖章是很少授予普通士兵的。同他在一个团里的一个战友说，他得到这个令人羡慕的奖章是因为他只身俘获了15名英军；还有一个战友说是法军。利斯特团正式团史中并没有提到任何这样的功勋，它对于许多获得奖章的成员的个人功绩都没有提到。不论原因是什么，有一点是毫无疑问的，那就是希特勒下士获得了一枚一级铁十字奖章。他一直自豪地佩着这枚奖章，直到临死。

然而，作为士兵来看，他仍是个奇怪的家伙，他的不止一个战友都这么说。不像别的士兵，他从来没有后方寄来的信件和礼物。他从来不要求休假，甚至连一般战士对女人的兴趣也没有。对于前线的肮脏、虱子、泥泞、恶臭，他从来不抱怨诉苦，而最勇敢的军人对这些也难免有怨言。他是个热情的战士，对于战争的目的和德国的明显的使命始终极其认真。

“我们都咒骂他，觉得不能容忍他，”他所属那个连中一个士兵后来追忆说，“当我们都诅咒战争的时候，我们中间就有这个白乌鸦不同意我们咒骂。”[3] 另外一个人说他“坐在我们食堂的角落里，双手抱头，默默沉思。他会突然跳起来，兴奋地走来走去，说我们尽管有大

炮，还是得不到胜利，因为德国人民的无形敌人比敌人的最大大炮还
要危险”。[4]接着他就会对这些“无形敌人”，犹太人和马克思主义者，30
进行一场狠毒的攻击，他不是在维也纳知道了他们是万恶之源吗？

的确，当他在战争中途养腿伤的时候，不是亲眼在德国本土看到过这一点吗？他在柏林附近的贝利茨伤愈出院后，曾到首都去观光，然后又去慕尼黑，他到处都看到“恶棍无赖”诅咒战争，希望战争早些结束。怠工的人遍地皆是，除了犹太人之外还有谁？他发现：“办公室里犹太人充斥。几乎每一个办事员都是犹太人，每一个犹太人都成了办事员……在1916—1917年间，几乎全部生产工作都是在犹太人的财政控制之下……犹太人掠夺了整个国家，把它置于自己的统治之下……我怀着恐惧的心情眼看着灾祸临头……”[5]他看到的情况，使他不能忍受，据他说，他对又回到前线感到很高兴。

1918年11月他心爱的祖国所遭到的灾难，使他更加不能忍受。在他看来，正如在几乎所有德国人看来一样，这场灾难是“极其荒谬的”和平白无故的。德军并没有在战场上被打败。它是中了国内卖国贼的背后一刀。

这样，希特勒和许多德国人一样，对于“刀刺在背”的传说，慢慢形成了一种执迷不悟的信仰。这一传说日后在破坏魏玛共和国和为希特勒的最后胜利铺平道路方面比任何其他事情都起了更大的作用。这一传说纯属子虚乌有。总司令部实际首脑鲁登道夫将军在1918年9月28日坚决主张“立即”停火，他的名义上的上级冯·兴登堡陆军元帅支持他的主张。10月2日在柏林由德皇威廉二世主持的御前会议上，兴登堡重申总司令部关于立即停火的要求。他说：“军队不能再等待48小时。”兴登堡在同日写的一封信中断然声称，**军事**形势要求“立即停止战斗”。根本没有提到“刀刺在背”。这位德国伟大的战争英雄表示相信这个荒诞说法是后来的事。在战争结束一年后，1919年11月18日在国民议会调查委员会的一次调查会上，兴登堡宣称：“一位英国

31 将军说得很不错，德军是‘中了背后一刀’。”*

事实上，由巴登的马克斯亲王领导的政府不顾鲁登道夫的停战要求，坚持了好几个星期之久，因为在9月底以前，总司令部一直没有把恶化中的军事形势告诉政府。

只有在两次大战之间在德国待过的人才知道德国人民相信这个令人不能置信的传说的普遍程度。能够揭露这一传说不确的事实遍地皆是。但是右派的德国人不愿正视这些事实。他们从来没有停止叫喊过，有罪过的是“十一月罪人”——这是希特勒深深地打入人民心坎中的一个称呼。在他们看来，德国军方狡猾地、卑怯地诱使共和国政府签订军事领袖坚决主张签订的停战协定，后来又劝告政府接受《凡尔赛和约》，这些事实都是无关紧要的。而社会民主党在1918年接掌政权是十分勉强的，而且完全是为了要保全国家，使它不致陷入势将导致布尔什维主义的极度混乱状态，这一点似乎也是不重要的。德国的崩溃不是社会民主党的过错。责任完全在于掌握政权的旧秩序。† 但是千百万德国人都不愿承认这一点。他们要为战败、为他们的耻辱和悲惨处境寻找替罪羊。他们很容易使自己相信，替罪羊就是签订了投降协定和建立民主政府并废除原来专制政体的“十一月罪人”。德国

---

* 把这一说法归诸一位英国将军之口是一点也不符合事实的。惠勒-本内特在《木制巨人：兴登堡》（*Wooden Titan: Hindenburg*）一书中解释说，巧的是，有两位英国将军的确无意中做了使得这个没有根据的传说继续流传的事情。“一位将军是少将弗雷德里克·莫里斯爵士，他在1919年出版的《最后四个月》（*The Last Four Months*）一书在德国报纸上被书评家大大地讹传了，竟被用来证明德军是在国内被社会民主党出卖的，而不是在战场上战败的。”这位将军否认德国报纸的这种理解，但是没有什么效果。鲁登道夫利用了这些书评去说服兴登堡。据惠勒-本内特说：“还有一位军官是英国驻柏林军事使团团长马尔科姆少将。鲁登道夫有一天晚上同这位将军一起吃饭，像往常一样，他又用夸张的口气谈到总司令部总是得不到政府的支持，谈到革命出卖了军队。为了用一句话来弄明白鲁登道夫啰啰唆唆的话的意义，马尔科姆问道：‘将军，你是不是说你们在背后中了一刀？’鲁登道夫眼睛一亮，像一只饿狗扑向一块骨头一样抓住了这句话。‘背后中了一刀？’他重复说。‘不错，正是这样。我们是背后中了一刀。’”

† 只有少数将军有足够的勇气这么说。1924年8月23日《法兰克福日报》刊载了男爵冯·舍纳赫将军的一篇文章，分析了德国战败的原因。他做出了“不可避免的结论：我国毁灭的原因是由于我国军事当局的地位超越民事当局的地位……事实上，这是德国军国主义方面自寻死路”（特尔福德·泰勒曾在《剑与卐字》［*Sword and Swastika*］一书第16页引用过这段话）。

人容易受骗是希特勒在《我的奋斗》中常常讲到的一个题目。他不久后就要充分利用这一点。

1918年11月10日那天晚上，那位牧师离开帕瑟瓦尔克以后，阿道夫·希特勒“接着过着可怕的日子，甚至更加可怕的夜晚”。“我知道，”他说，“一切都完了。只有傻子、骗子、罪人才希望敌人能发慈悲。在这些夜晚，我的心中滋长了仇恨，对那些干出这件事来的人的仇恨……卑鄙的堕落的罪人！我越是想在这个时刻弄清楚这件荒谬的事情，我越是感到愤慨和羞辱。同这种悲惨境遇比较起来，我的眼痛算得了什么呢？”

于是：“我终于看清了我自己的前途。我决定投身政治。”[6]

结果证明，不仅对希特勒，而且对整个世界，这都是一个命运攸关的决定。 32

纳粹党的发端

这个30岁的奥地利人，无亲无故，无产无业，既无一技之长，也从无正常职业，在政治方面更无任何经验，他要在德国谋政治方面的发展，前途是一点也不光明的。在开始的时候，有一个短短的时期，希特勒也明白这一点。“好多天以来，”他说，“我一直在考虑应该怎么办，每次考虑的结果总是让我清醒地认识到，像我这样一个无名之辈，要采取任何有益的行动，连最起码的基础也不具备。”[7]

他在1918年11月底回到慕尼黑，发现这个寄寓的城市几乎面目全非了。这里也发生了革命，维特尔斯巴赫王朝的国王也已经退位。巴伐利亚现在落在社会民主党的手中，他们成立了一个巴伐利亚“人民国”，以库尔特·艾斯纳为首，他是生于柏林的一位颇受欢迎的犹太作家。艾斯纳在慕尼黑是个家喻户晓的人物，长着一脸灰白色的大胡子，戴着夹鼻眼镜，头上是一顶黑色的大帽子，个子却特别矮小。他在11月7日那天带领了几百个人，大摇大摆地经过街头，不发一枪就占领了议会和政府的所在地，宣布成立共和国。三个月后他被一个年轻的右派军官安东·阿尔科–凡雷伯爵暗杀。工人们于是成立了一个苏维埃共和国，但是寿命不长。1919年5月1日，柏林派来的正规军和巴伐利亚“自由军团”义勇军开进了慕尼黑，推翻了共产党政权。为了报复苏维埃枪杀十几名人质，他们屠杀了好几百人，其中也有许多非共产党人。虽然在名义上暂时恢复了一个以约翰内斯·霍夫曼为首的温和的社会民主党政府，巴伐利亚政治中的真正权力却已转入右派之手。

在这个混乱的时候，巴伐利亚右派是哪些人？他们是正规国防军；他们是希望维特尔斯巴赫王室复辟的保皇派；他们是一批看不起柏林民主共和国的保守派。而随着时间的推移，他们的成分也逐渐起了变化，主要成分已是为数众多的一批复员军人，他们的世界在1918年发生了天翻地覆的变化；也是那些无处扎根的人，他们找不到工作，也找不到回到他们在1914年离开的那种和平社会中去的道路；也是那些在战争中变得心肠狠辣、性格粗暴的人，他们摆脱不了这种根深蒂固的恶习，像希特勒（他有一段很短的时期曾经是他们之中的一个）后来说的那样，他们“变成了为革命而革命的革命派，希望革命成为一种永久存在的状态”。

武装的自由军团在德国各地纷纷建立，由国防军秘密提供装备。起初他们只是被用来在发生纠纷的东部边境同波兰人和波罗的海一带的人殴斗，但是不久就开始支持推翻共和政体的阴谋了。1920年3月，自由军团中的一个声名狼藉的埃尔哈特旅在一个叫作埃尔哈特上尉的冒险家率领下占领了柏林，让一个极右派的庸碌无能的政客沃尔
33 夫冈·卡普博士[*]担任总理。正规军在冯·塞克特将军率领下按兵不动，共和国总统和政府则仓皇逃向德国西部。只是靠各工会举行了一次总罢工，才恢复了共和政府。

与此同时，在慕尼黑举行的另外一种军事政变却比较成功。1920

---

* 卡普1868年7月24日生于纽约。

年3月14日，国防军推翻了霍夫曼的社会民主党政府，成立了一个以古斯塔夫·冯·卡尔为首的右翼政权。现在这个巴伐利亚首府已经成了德国国内各种决心要推翻共和国、建立一个极权主义的政体、否认《凡尔赛和约》的束缚的一切势力的磁力中心；在这里，自由军团的雇佣兵，包括埃尔哈特旅的成员，得到了庇护，受到了欢迎。在这里，鲁登道夫将军同一批心怀不满的退伍军官定居下来。* 在这里，策动了多次政治暗杀，其中包括对马蒂亚斯·埃茨贝格尔和瓦尔特·拉特瑙的暗杀。埃茨贝格尔是个温和派的天主教政治家，他有勇气在将军们打退堂鼓的时候出来签订停战协定；拉特瑙是当时才华出众、颇有学识的外交部长，极端派痛恨他，因为他是个犹太人，同时因为他执行了全国政府的政策，设法至少履行《凡尔赛和约》中的一部分条款。

正是在慕尼黑的肥沃的土壤上，阿道夫·希特勒开始了他的活动。

当他在1918年11月底回到慕尼黑时，他发现他所属的那一个营处在"士兵委员会"的掌握中。这种情况使他十分反感——他说——于是他决定"立刻尽快离开"。这年冬天他在奥地利边境附近的特劳恩施泰因的一个战俘营担任警卫，次年春天又回到慕尼黑。他在《我的奋斗》中谈到，他招惹了左翼政府的"不满"，完全靠用马枪对准三个来捉他的"恶棍"才免于被捕。在共产党政权被推翻后不久，希特勒立刻开始他所谓的"第一次多少有点政治性质的活动"。这就是向第二步兵团调查委员会提供情报，这个调查委员会是为了调查慕尼黑出现为时短暂的苏维埃政权的责任属谁而成立的。

---

* 战争结束时，鲁登道夫装了假胡子，戴了黑眼镜，逃到瑞典。他于1919年2月回到德国，写信给他的妻子说："革命派让我们都活了下来，这真是愚蠢至极。因为，我一旦再掌权的话，就会毫不宽恕。那时我要把埃伯特、谢德曼等一伙绞死，看他们的尸体挂在空中摇晃，心中毫无内疚。"（玛格丽特·鲁登道夫：《当我是鲁登道夫的夫人时》[*Als ich Ludendorffs Frau war*]，第229页）埃伯特是魏玛共和国的第一任总统，谢德曼是第一任总理。鲁登道夫虽然位居兴登堡之下，在最后两年战争中却是德国的实际独裁者。

显然，希特勒在这件事上出的力是被认为有价值的，因此陆军继
34 续雇用他，派他在当地军区司令部政治部新闻局工作。德国陆军一反过去传统，现在热衷于政治，特别是在巴伐利亚，它在那里终于建立了一个合乎自己口味的政府。为了扩大它的保守的影响，它给士兵开了“政治训练”班，阿道夫·希特勒也参加了其中的一个班，而且是一个注意听讲的学员。据他自己的叙述，有一天，在听讲时，有人为犹太人说了一句好话，他就忍不住插嘴进去。他的反犹宏论显然使他的上级军官听了很高兴，不久就被派到慕尼黑一个团里担任教官。其主要任务就是同危险的思想——和平主义、社会主义、民主主义——做斗争；在陆军心目中，这就是它在这个曾经对之宣誓要效忠的民主共和国中的作用。

对希特勒来说，这是一个重要的转机，在他想进入的政治领域中，这是他第一次得到承认。特别是，这给了他一个机会来试验和锻炼他的演讲本领——正如他一向所认为的那样，这是要做一个成功的政治家必须具备的第一个先决条件。他说：“一下子，我得到了在大庭广众说话的机会，过去我完全无意识地靠直觉而认为具有的东西，现在得到了证实，那就是：我是能够‘演讲’的。”这个发现使他非常高兴，虽然这件事并不特别奇怪。他过去一直担心他的嗓子可能由于在前线中了毒气而永远给毁了，现在他发现已经复原，足以使“至少在一个班的小房间里每个角落”都能够听到。[8] 这一才能日后使他很轻易地成为德国最富于口才的演说家。他在电台上演讲时，几乎有一种神奇的力量能够用他的声音来左右千百万听众。

1919年9月的某一天，希特勒接到陆军政治部的一项命令，要他调查一下慕尼黑一个自称“德国工人党”的小小政治团体。军方对工人的政党一直都很疑忌，因为这些政党都是由社会民主党和共产党控制的，但是这个政党却被认为可能有所不同。希特勒说，他“完全不知道”这个政党。但是在他要调查的该党会议上预定要发言的一个

人，却是他所认识的。

原来在几个星期以前，他在陆军训练班上听到戈特弗里德·费德尔的一次讲课。费德尔是个土木工程师，经济学方面的怪人，他坚决相信，除了“创造性”和“生产性”的资本之外，还有一种“投机性”的资本，这种“投机性”资本就是德国大多数经济问题的原因。他主张禁止这种资本。1917年，他组织了一个团体来实现这个目标，这个团体的名称叫作“德国打破利息奴役制度战斗联盟”。对经济学一窍不通的希特勒听了费德尔的演讲后很受影响。他认为费德尔的“打破利息奴役制度”的要求是“建立一个新政党的基础的基本先决条件”之一。他说，在费德尔的演讲中，“我感到有一个可以用于这场未来斗争的有力口号”。[9]

但是在开始的时候，他并没有感觉到德国工人党有什么重要意
义。他去参加该党集会是奉命而去的。这次集会参加的一共只有25 35
人，地点是在施特恩内克勃劳啤酒馆的一间阴暗的房间里。希特勒从开始一直坐到散场，觉得会议开得很沉闷，一点也没有什么好印象。他说，这是“一个与其他许多新组织没有什么不同的新组织，当时的时代是这样一个时代：任何人都对现状不满，都觉得有必要组织一个新党。这种新组织遍地皆是，过不了很久又无声无息地消失了。我觉得德国工人党没有什么不同”。[10]在费德尔发言结束后，希特勒正要离开时，一个“教授”站了起来，反驳费德尔的论点，并且建议巴伐利亚同普鲁士脱离关系，另外同奥地利组织一个南德意志国家。这在当时的维也纳是个很流行的主张，但是它却引起了希特勒的狂怒，据后来他自己说，此事使他站起身来对“这位有学问的先生”加以一番痛斥。话显然说得十分尖锐，据希特勒说，那位“教授”“像只落水狗般”夹着尾巴溜走了，而其余的听众则“目瞪口呆地”看着这个无名小子。有一个人——据希特勒说当时没有听清他的姓名——在后面追上来，把一本小册子塞在他手里。

这个人是安东·德莱克斯勒，锁匠出身，他可以说是民族社会主义的真正奠基人。德莱克斯勒是个面有病容、目戴眼镜的人，没有受过正式教育，能够独立思考，但是头脑褊狭，思想混乱，文章固然写得不好，演讲更是糟糕，他当时在慕尼黑铁路工厂工作。1918年3月7日他组织了一个“独立工人委员会”同自由的工会中的马克思主义做斗争，鼓吹为德国争取“公正的”和平。实际上，这是在北德建立的“根据工人阶级路线促进和平协会”这个运动的一个分支机构（德国当时和后来一直到1933年都有不少这种名字起得十分堂皇的压力集团）。

德莱克斯勒所拉到的会员从来没有超出40个。1919年1月，他的委员会同一个叫作“政治工人集团”的差不多的团体合并，后者原来是由一个名叫卡尔·哈勒的报社记者领导的。新组织的成员不到100个，名叫德国工人党，由哈勒担任第一任主席。希特勒在《我的奋斗》中很少提到他的一些后来无声无息的早期同志，但是却恭维哈勒是个“正直的”和“确实很有教养的”人，不过对于他缺乏“演讲天才”表示惋惜。也许哈勒之所以有此一笔带过的光荣，主要是因为他顽固地认为希特勒演讲拙劣，这种看法使这个纳粹党的领袖一直很恼火，他在自传中一点也没有隐讳这一点。无论如何，德莱克斯勒似乎是这个规模很小、默默无闻的德国工人党的主要推动力。

第二天早上，希特勒仔细阅读了德莱克斯勒塞在他手中的小册子。他把当时的情况详细地写入了《我的奋斗》。当时是清晨5点，希特勒醒了，按照他所说的习惯，躺在第二步兵团营房里的床铺上，看
36 着耗子啃啮他总是在前一天晚上撒在地上的面包屑。“我一生尝够了贫困的滋味，”他沉思道，“因此我很能够想象小生物的饥饿和快乐。”他记起了那本小册子，就取出来阅读。小册子的书名叫《我的政治觉悟》。叫希特勒惊异的是，它反映了他本人在过去几年中确立起来的很多思想。德莱克斯勒的主要目标是建立一个以工人阶级群众为基

础，然而不像社会民主党，却要保持强烈民族主义的政党。德莱克斯勒曾经参加过爱国主义的祖国阵线，但是不久就对它那似乎与群众毫无联系的中产阶级倾向感到幻灭。我们前面已经说过，在维也纳的时候，希特勒也为了同样的原因瞧不起资产阶级——他们完全不关心工人阶级家庭和他们的社会问题。因此，德莱克斯勒的主张肯定引起了他的兴趣。

那一天，希特勒后来又惊异地接到一张明信片，通知他，他已被接受参加了德国工人党。"我真觉得又好气又好笑，"他后来回忆说，"我丝毫无意参加一个现成的政党，我要自己组织一个。他们对我的要求未免太自作主张了，根本不能考虑。"[11]他正要这么写信作复，但是"好奇心又占了上风"，他决定去参加他们邀请他出席的委员会会议，亲自说明他不参加"这个荒唐可笑的小团体"的原因。

> 举行会议的酒馆是一家开设在赫伦街、名叫老罗森巴德的下等酒店……我穿过灯光昏暗、阒无一人的餐厅，打开门到后面的一间屋子里，同委员会打了一个照面。在一盏昏暗的煤气灯下，围着桌子坐着四个青年，其中就有小册子的作者，他一见我进去就马上非常高兴地招呼我，欢迎我这个德国工人党新党员。
>
> 说真的，我非常吃惊。他们先读了上次会议的记录，对秘书投了信任票。接着司库做了账目报告——这个组织一共只有7马克50芬尼的经费——也对司库投了信任票。这也记入了会议记录。接着第一主席读了给基尔、杜塞尔多夫和柏林的来信的答复，人人都表示同意，接着是就收到的来信做了一个报告……
>
> 讨厌啊，讨厌！这是最糟糕不过的俱乐部生活！难道我要参加这个组织吗？[12]

但是坐在这间灯光昏暗的后室里的这些小人物身上却有什么东西

吸引住他，那就是“渴望组织一个不仅仅是通常意义的政党的新的运动”。那天晚上，他回到营房，“考虑我一生中最难回答的问题：我是否应该参加？”他承认，理智告诉他要推辞。但是正因为这个组织无足轻重，一个有精力和思想的青年人就有机会“进行真正个人的活
37 动”。希特勒再三思考他能够“为这个任务”干些什么。

> 我不名一文，没有收入，这一点在我看来倒是最可以忍受的，而比较困难的则是，我是个无名之辈，侥幸活着或者死去，连最近的邻人也不会加以注意。此外，还有由于我缺乏教育而必然引起的困难。
>
> 经过了两天伤尽脑筋的思考以后，我终于决定我必须采取这一步骤。
>
> 这是我一生中最有关键意义的一个决定。跨出了这一步以后，就再也没有退路，也不可能有退路了。[13]

阿道夫·希特勒就这样成了德国工人党委员会的第七名委员。

这个微不足道的政党有两个成员值得在这里一提。他们日后证明对希特勒的崛起是很重要的。在慕尼黑陆军第七军区参谋部工作的恩斯特·罗姆上尉在希特勒之前加入了这个党。他是一个体格魁梧的职业军人，脖子粗壮像头公牛，眼睛细小像只肥猪，脸上疤痕斑斑，上半截鼻子在1914年给子弹打掉了。他生性爱好政治，有天赋组织能力，像希特勒一样，他对民主共和国和他认为应该对之负责的“十一月罪人”怀有强烈的憎恨。他的目标是重建一个强大的民族主义的德国，他同希特勒一样认为只有靠一个以下层阶级为基础的政党才能做到这一点，不像大多数正规军官，他本人就是来自这个阶级。他是一个狠毒、无情、猛干的人，不过也像许多早期纳粹党人一样，是个同

性恋者。他参与建立了第一批纳粹党打手，后来扩建成为冲锋队，一直由他领导，直到1934年他被希特勒处决为止。罗姆不仅给这个新党带来了大批退伍军人和自由军团义勇军，成了该党初期的骨干，而且由于他是控制着巴伐利亚的陆军的一名军官，也为希特勒和他的运动取得了当局的保护，有时甚至是支持。没有这种帮助，希特勒要想煽动人民推翻共和国的运动，也许是永远不能够得到真正开展的。可以肯定，没有巴伐利亚政府和警察的容忍，他是不可能安然无事地采取他的恐怖和恫吓手段的。

迪特里希·埃卡特比希特勒大21岁，常常被称为是民族社会主义的精神上的奠基人。他是一个机智的新闻记者，同时又是一个平庸的诗人和剧作家。他翻译过易卜生的《培尔·金特》，写过一些从未上演过的剧本。在柏林，他曾经像希特勒在维也纳一样，过了一阵子波希米亚式的流浪生活，成了一个酒鬼，吸过吗啡，据海登的材料，还进过精神病院，在那里，他才总算能把自己的剧本上演，让病人来当
演员。他在战争结束时回到故乡巴伐利亚，在慕尼黑的艺术家汇集的 38
施瓦宾区的布伦纳赛尔酒馆里，在一群钦慕者面前，宣传雅利安人的优越性，主张消灭犹太人，推翻柏林的“猪猡”。

“我们需要一个头子，”当时在慕尼黑工作的新闻记者海登引述埃卡特1919年对布伦纳赛尔酒馆的常客做的演讲说：“他要能够吃得消机枪的声音。群众是需要吓一吓的。我们不能用军官，因为大家现在不再尊重他们了。最好是一个能说会道的工人……他不需要什么脑筋……他必须是个单身汉，这样我们就能吸引妇女。”[14]

这个酗酒的诗人*发现阿道夫·希特勒就是他一直在寻找的人。难道还有比这更自然的事情吗？他在德国工人党内成了这个新起的年轻人的亲密顾问，借书给他阅读，帮助他提高他的德文水平——文字的

---

* 埃卡特于1923年12月由于饮酒过度而死。

和口头的——把他介绍给自己的广大朋友，其中不仅有愿意出钱捐助该党经费和维持希特勒生活的阔佬，而且有像鲁道夫·赫斯和阿尔弗雷德·罗森贝格这样的未来助手。希特勒对埃卡特的仰慕之情一直没有减退过，《我的奋斗》中最后一句话就是在表示对这位古怪的导师的感激：他是——希特勒在该书的结尾中说——“最优秀的人，在他的著作中，在他的思想中，最后在他的行动中，一生致力于唤起我国人民”。[15]

创建纳粹党的人就是这么一批无奇不有的失常的怪物，他们自己也不知道他们是在开始形成一个在十三年内将席卷欧洲最强大的国家而且为德国建立第三帝国的运动。思想混乱的锁匠德莱克斯勒提供了一个核心，酗酒的诗人埃卡特提供了一部分“精神上的”基础，经济学怪人费德尔提供了可以算是意识形态的东西，同性恋者罗姆提供了陆军和退伍军人的支持，至于将一个原来不过是酒馆小房间里的辩论会的组织建设成为一个势力强大的政党，这项工作的领导责任现在就落在这个年纪不满31岁、以前完全默默无闻的流浪汉阿道夫·希特勒的身上了。

自从在维也纳挨饿的日子以来在他心中沸腾的各种各样思想现在都找到了一个发泄的出路，迄今为止他的性格上的一直看不出来的内在精力现在开始迸发出来了。他促使他们原先缩手缩脚的委员会开始组织规模较大的集会。他亲手在打字机上打请帖，发请帖。后来他说起，有一次，他发出了80份请帖以后，“我们坐着等待客人们来临。一个小时后，‘主席’不得不宣布‘开会’。一共仍旧只有7个人，我们自己的7个人”。[16]但是他并不气馁。他用油印的办法增加了请帖的数目。他筹到了一些钱在本地报纸上刊登了一则开会的通知。他说：“这次成功简直是惊人的。出席的有111个人。”原来预定希特勒在一
39 位“慕尼黑教授”发表了主要讲话后做第一次“公开”演说，但是该

党名义上的首脑哈勒表示反对。“这位先生为人肯定是正直的，”希特勒后来说，“但是他却认为，搞别的名堂，我也许还行，演讲却绝对不行。我一共讲了30分钟，在此以前，我只是自己直觉地感到而一点也没有把握的事情，现在却为具体事实所证实了：我是能够演讲的！”[17]据希特勒自称，他的滔滔雄辩使听众像“过电”一样激动，其反应之热烈，从会后大家捐献了300马克这件事可以得到证明，这暂时减轻了他们党在经济上的困难。

1920年初，希特勒把党的宣传工作接了过来，自从他在维也纳社会党和基督教社会党的活动中看到宣传工作的重要性以来，他一直对之非常下功夫。他立刻开始组织这个小得可怜的党做梦也想不到的最大规模的集会。时间定在1920年2月24日，会场设在著名的霍夫勃劳豪斯啤酒馆的宴会厅，其大可容近2 000人。希特勒在委员会中的同伴们都认为他这样做是发疯了。哈勒辞职表示抗议，由德莱克斯勒继任，后者也仍然表示怀疑。* 希特勒强调说，准备工作是他个人负责进行的。他对这次集会非常重视，因此在《我的奋斗》第一卷结束时还把这次集会做了一番介绍。他解释说，这是因为，从这次集会开始，“党摆脱了小俱乐部的狭隘束缚，第一次对我们时代的最有力因素——舆论——发生了决定性的影响”。

希特勒甚至没有预定要当主要演讲人。这个角色保留给一个名叫约翰内斯·丁费尔德博士的推行顺势疗法的医生，他是一个用“日耳曼纳斯·阿格里科拉”的假名向报上投寄经济学文章的怪物，没有多久就变得默默无闻了。他的演讲结束后，台下毫无反应，接着希特勒开始演讲。据他的描写，当时情况如下：

大厅里有喊叫声、猛烈的撞击声，一些最忠实的战友和其他拥

* 哈勒也反对希特勒的激烈反犹态度，他认为希特勒这样做会疏远工人阶级群众。这是他辞职的真正原因。

> 护者同捣乱分子打了起来……后者是共产党人和社会民主党人……秩序过了好一会儿才慢慢恢复。我又能继续讲下去了。半个小时以后，鼓掌声慢慢地开始压倒了叫喊声……将近四个小时以后，大会已散，大厅渐空的时候，我知道，现在我们的运动的原则已经跟着德国人民一起走了出去，这些原则不可能再被遗忘了。[18]

在演讲的时候，希特勒第一次阐明了德国工人党的二十五点纲领。这个纲领是德莱克斯勒、费德尔和希特勒三人匆匆忙忙地拟出来
40 的。会上的嘘叫声大部分是针对他宣读的纲领内容而发的，但他还是认为纲领已全部得到通过，在1920年4月1日改名为民族社会主义德国工人党的时候，这个纲领成了该党的正式纲领。后来，为了策略上的原因，希特勒在1926年还宣布这个纲领是“不能改动的”。

这个纲领当然是骗骗工人、下层中产阶级和农民的大杂烩，到纳粹党执政的时候，大部分都被抛到九霄云外去了。许多对德国问题写文章的人都嘲笑过它，而且这个纳粹党领袖后来听到有人提到其中的某些内容时也颇为难堪，下不来台。但是，正如《我的奋斗》中所提出的重要原则一样，这个纲领中最重要的部分，第三帝国是执行了的，对德国国内外千百万人民造成了灾难深重的后果。

纲领第一点要求所有日耳曼人在一个大德意志国家内统一起来。希特勒担任总理后并吞奥地利及其600万日耳曼人的时候，侵占苏台德区及其300万日耳曼人的时候，他所坚决要求的和得到的不正是这一点吗？他要求归还但泽和波兰境内一些主要由日耳曼人居住的地区，以致造成德国对波兰的进攻和引起第二次世界大战，不正是为了这一点吗？在两次世界大战之间，有这么许多人对于希特勒不厌其烦地用书面写下来的纳粹目标，不是漫不在意，就是一笑置之，难道不可以说是世界上最不幸的事吗？1920年2月24日晚上在慕尼黑的啤酒馆里宣布的纲领中的一些反犹项目，肯定是个不祥的预告。其中

规定：在德国，犹太人不能担任公职，甚至不能享有公民权利，不能参加新闻工作；1914年8月2日以后到德国的犹太人一律都要驱逐出境。

党纲中不少段落显然仅仅是投合下层阶级的情绪的骗人玩意儿。当时下层阶级处境极为困难，激进的甚至社会主义的口号是很容易打动他们的。例如：第十一点要求取消不是靠工作而得到的收入；第十二点要求将托拉斯收归国有；第十三点要求国家分享大工业的利润；第十四点要求取消地租和禁止土地投机；第十八点要求对卖国贼、高利贷者、投机分子判处死刑；第十六点要求保持“一个健全的中产阶级”，坚决主张将垄断性的大百货商店收归公有，廉价租给小商人。这些要求都是在德莱克斯勒和费德尔的坚持下列入的，他们两人显然真的相信民族社会主义的“社会主义”。后来当大工业家和大地主开始大批捐款给纳粹党的时候，这些要求颇使希特勒感到难堪，当然，根本谈不上执行了。

最后，纲领中有两点是希特勒一当总理后就马上加以执行的。第二点要求废除《凡尔赛和约》和《圣日耳曼条约》。最后一点，也就是第二十五点，坚决主张“建立一个强大的中央集权的国家”。这一点，同要求所有日耳曼人统一在德国之内的第一点和废除和约的第二
点一样，是在希特勒坚持下列入纲领的。这一点说明，即使在他的党 41
除了在慕尼黑以外很少为人所知的时候，他也已经不惜冒失去本地群众支持的危险而开始把眼光放到更远的地方去了。

因为当时在巴伐利亚，分离主义的倾向很强烈。巴伐利亚人经常同柏林的中央政府发生冲突，他们要求减少——而不是增加——中央集权，以便巴伐利亚能够实行自治。事实上，当时的实际情况确实也是如此，柏林的命令在各邦没有什么权威性。而希特勒想要得到的则不仅是在巴伐利亚的权力，而且是最后在全国取得权力，为了要掌握和行使这一权力，就需要一个像他已经设想到的那种独裁政权来作为

高度集中的权力机构，取消各邦的半自治地位；而在魏玛共和国政体下，就像在霍亨索伦帝国政体下一样，各邦都有自己的议会和政府。他在1933年1月30日一上台以后首先采取的行动之一就是迅速实行该党党纲中很少人注意到，或者说很少人认真对待的这最后一点。我们不能怪他言之不预，因为他是一开始就用书面方式提出了充分的警告的。

煽动人心的演讲能力和态度激进、面面俱到的纲领，对于一个努力想要吸引人们注意和取得群众支持的新成立的政党来说，固然是很重要的，但是，仅仅这些条件还是不够的。希特勒现在就在开始注意提供更多的条件——多得多的条件，他的奇特的天才开始露出了苗头，发生了作用。他觉得，群众所需要的不仅仅是一些主张——那是使他能够不断地打入他们心坎的一些简单的主张——而且也需要标志和象征，那样才能够取得他们的信任；需要有声有色的大场面，那样才能够唤起他们的热情；需要暴力和恐怖的行动，这种行动如果成功的话，就能够吸引追随者并且使他们感到有压倒弱者的力量。（大多数德国人不都是崇拜强者的吗？）

我们上面已经说过，在维也纳的时候，他认为社会民主党对他们的政治敌人实行了“可耻的精神上和肉体上的恐怖手段”。*他对于他所说的这种“恐怖手段”很感兴趣。现在他就在自己的反社会主义的党内充分利用了这种恐怖手段。在开始的时候，退伍军人在集会上的任务是压制捣乱分子，必要的话，把他们轰出去。1920年夏天，在该党的“德国工人党”的名字前添上了“民族社会主义”而成了民族社会主义德国工人党（缩写为N.S.D.A.P.，简称纳粹†党，这是大家现在所熟知的名称）。以后不久，希特勒就把一批拳大臂粗的退伍军人组成“纠察队”（Ordnertruppe），由曾经坐过牢的钟表匠埃米尔·莫里

---

* 见本书原文（即本书边码，下同。——编者）第22—23页。

† 纳粹（Nazi）是德文national（民族的）和sozialistisch（社会主义的）两字缩写的音译。——译者

斯指挥。为了逃避柏林政府的镇压，他们有一个时期曾伪装为该党的
“体育运动部”，但是隔不了多久，在1921年10月5日，他们正式定名
为冲锋队（Sturmabteilung，缩写为S. A.）。冲锋队员穿褐色制服，他
们大部分是自由军团中的冒险家，负责指挥的是约翰·乌尔里希·克 42
林茨希，他是声名狼藉的埃尔哈特上尉的一名下手，后者曾因谋杀埃
茨贝格尔案被判徒刑，最近才被释放出狱。

这些穿制服的无赖后来已不能满足于在纳粹党的集会上维持秩序了，不久就开始去其他党的集会捣乱。1921年曾有一次希特勒亲自率领冲锋队去袭击一个名叫巴勒施泰特的巴伐利亚联邦主义者预定要发表演讲的集会，使巴勒施泰特挨了一顿揍。希特勒因此被判处三个月徒刑，结果只关了一个月。这是他第一次尝到铁窗滋味。出狱以后，他仿佛成了一个志士，反而比以前更加受人拥护了。“那没有关系，”希特勒对警察当局吹嘘说，“我们的目的已经达到了。巴勒施泰特没有能讲成话。”正如希特勒几个月以前对一批听众所说的一样，“民族社会主义运动在将来要毫不客气地防止——如果必要的话，用武力来防止——一切可能涣散我国同胞思想的集会和讲演”。[19]

希特勒要做艺术家没有成功，做宣传家却成了一个大师，他在1920年夏天触动了一个灵机，不能不叫人认为是天才的表现。他看到，纳粹党所缺少的是一个能够表达这个新组织的主张、打动群众的心灵的徽号，一面旗帜，一种象征，希特勒认为，群众必须要有一面明显的旗帜来随之前进，为之斗争。他在多方考虑和试了不少图样以后，想出了这样一面旗帜：红底白圆心，中间嵌个黑卐字。带钩十字的卐字虽然是袭用古代的，日后却成了纳粹党有力的和吓人的标记，最后也成了纳粹德国有力的和吓人的标记。希特勒从哪里得到这个念头，用卐字来做党旗和党徽，他在《我的奋斗》中并没有提到，虽然他曾就这件事写了很长的一段话。

卐字的历史同人类一样悠久。在特洛伊的废墟中，在埃及和中国

的废墟中，都有人发现过卐字。我自己也曾在印度古代印度教和佛教的遗物中看到过它。在近代，爱沙尼亚和芬兰这样一些波罗的海国家的国徽中也出现过它，德国自由军团人员在1918年至1919年的战斗中曾在那里看到过。埃尔哈特旅在1920年卡普政变期间开进柏林时曾经把它漆在钢盔上。希特勒在奥地利的时候无疑在某个反犹政党的党徽中看到过它，也可能是埃尔哈特旅来慕尼黑的时候加深了他的印象。他说，许多党员向他提出的图样不约而同地都有一个卐字，而且有一个“来自施滕贝格的牙医师”确实提出了一个“一点也不坏而且同我的图样很相像的”旗帜的图样。

至于颜色，希特勒当然不要他痛恨的魏玛共和国的黑红黄三色。他不想采用前帝国的红白黑三色旗，但是他喜欢这三种颜色，不仅因为——据他说——这三种颜色是“现有色彩最协调的颜色”，而且因为这三种颜色是他曾经为之战斗的德国军旗的颜色。不过它们得换个
43 形式，于是便加了一个卐字。

希特勒对他的独特创造感到非常喜欢。“**这是一个真正的象征！**”他在《我的奋斗》中惊叹说，“**红色**象征我们这个运动的社会意义，**白色**象征民族主义思想，**卐字**象征争取雅利安人胜利的斗争的使命。”[20]

不久又给冲锋队员和党员的制服设计了卐字臂章。两年后，希特勒设计了纳粹的锦旗，供在群众游行时使用和在群众集会的主席台上装饰。这种锦旗模仿古代罗马的图样，上面是个黑色的金属卐字，有一只鹰踩在一个银色的花环上，下面是个长方形金属框，刻有纳粹党的缩写字母，挂着有流苏的绳子，整个锦旗就是一面方形的卐字旗，上面写着：“觉醒吧，德意志！”

这也许谈不上是“艺术”，然而却是最高超的宣传。纳粹党现在有了一个任何其他政党所不能比拟的标记，带钩的十字仿佛具有一种神秘的力量，吸引着在战后初期混乱的年代中一直彷徨无依、生活没有保障的下层中产阶级，鼓舞他们朝着一个新的方向采取行动。他们

开始在它的旗帜底下聚集起来了。

“元首”的出现

1921年夏天，这个冉冉升起的煽动家，在表现出不仅作为一个演讲家，而且作为一个组织家和宣传家方面的惊人才能之后，无可争辩地掌握了党的领导权。他立刻让他的同志第一次尝到了他的冷酷无情、机智狡猾的手段的滋味，而依靠这种无情和狡猾的手段，他以后将在许多更加重要的危机中取得许多成功。

在夏初的时候，希特勒到了柏林，同北德民族主义分子联系，并且到他们精神上的大本营国民俱乐部去演讲。他此去是想要掂量一下把他自己的运动扩大到巴伐利亚一邦的境外、扩大到整个德国的可能性。也许他能够为了这个目的结下一些有用的联盟。就在他外出的时候，纳粹党委员会的其他委员认为，推翻他的领导的时机已经来到。因为他对他们太独断独行了。他们打算同南德有同样思想的团体结成联盟，特别是同德国社会党结成联盟，这个党是希特勒的死敌和竞争者、一个著名的反犹主义者尤利乌斯·施特莱彻在纽伦堡组织的。委员会的成员们都认为，如果这些团体和它们的野心勃勃的领袖能够同纳粹党合并，希特勒的地位就会降低了。

希特勒发现自己的地位受到威胁后，就立刻赶回慕尼黑，来收拾这些“愚蠢的疯子”——他在《我的奋斗》中是这么称呼他们的——的阴谋。他表示愿意退出党。这是党所吃不消的，因为委员会其他成员马上认识到，希特勒不仅是他们最能演讲的人，而且也是他们最优 44
秀的组织家和宣传家。此外，他们的大部分经费现在也靠他募集，来源除了他发表演讲的群众性集会上的捐款以外，还有其他方面，其中包括军队方面。如果他走了，襁褓中的纳粹党肯定要夭折。委员会不让他辞职。希特勒在地位巩固了以后，就迫使其他领袖全面投降。他要求让他当党的唯一领袖，拥有独裁权力，取消委员会，停止同其他团体，诸如同施特莱彻的团体的勾勾搭搭。

这些要求在其他委员看来是太过分了。他们在党的创建人安东·德莱克斯勒领导之下，起草了一份攻击这个未来的独裁者的罪状，印成小册子散发。这是希特勒受到的他自己党内最激烈的一次攻击，攻击他的这些人对于他的性格和他的作风都有亲身的体会。

> 权力欲和个人野心使阿道夫·希特勒先生在柏林逗留六周后回到他的岗位上来了，而他的柏林之行的目的至今没有透露。他以为时机已经成熟，可以借他背后暧昧不明的人之手，在我们队伍中间制造分裂和不和，从而促进犹太人和他们朋友的利益。越来越清楚的是，他的目的完全是利用民族社会主义政党作为跳板，来实现他自己的不道德目的，篡夺领导权，以便在这个重要关头，迫使党走上另外一条轨道。他在数天前发给党的领导人的一份最后通牒，非常清楚地说明了这一点，在这份最后通牒里，他提出了种种要求，其中最主要的是他要对党拥有唯一的和绝对的独裁权力，而委员会，包括党的创建人和领袖、锁匠安东·德莱克斯勒，应该退隐……
>
> 他是怎样进行他的活动的呢？完全像个犹太人。他歪曲每一桩事实……民族社会主义者们！对于这种角色，快打定主意吧！千万不要做出错误的决定来。希特勒是个奸雄……他认为他能够用……各种各样假话来欺骗你们。[21]

这些指责基本上都是正确的，虽然由于还有一点可笑的反犹成分（希特勒的行为像个犹太人！）而减弱了力量。但是把这些指责公开，并没有给反叛者带来他们可能预期的结果。希特勒马上控告小册子起草人对他诽谤中伤，而德莱克斯勒本人在一次公开集会上不得不否认这本小册子与他有关。在党内两次特别会议上，希特勒强使对方接受他的和解条件，修改了党章，撤销委员会，由他担任主席，拥有独裁权力。失败受辱的德莱克斯勒当名誉主席，这是明升暗降，不久就销声匿迹了。[*] 正如海登所说，这是保王党对圆头党的胜利。[†] 但是它的意义还不仅如此。就在当时当地，在1921年7月，确立了“领袖原则”， 45
这个原则始而作为纳粹党的党纪，继而成了第三帝国的国法。“元首”在德国舞台上出现了。[‡]

“元首”现在开始改组纳粹党。施特恩内克勃劳啤酒馆后面阴暗的酒室，在希特勒看来简直是“一个停尸间，而不是一个办公室”，现在已弃置不用了，另外在科尼利斯街的一家酒店里设立了新的办公室。这里地方比较宽敞，光线比较明亮。办公室先赊购了一架艾德勒牌的旧打字机，后来又逐步添置了保险箱、文件柜、家具，安装了电话，聘请了专职秘书。

金钱也开始源源不断地来了。将近一年以前，在1920年12月，纳粹党买下了一家负债累累的亏本报纸，名叫《人民观察家报》。这是一张每周出版两次的反犹小报。收买这家报纸的6万马克究竟是从哪里弄来的，希特勒严守秘密，但是据说，这是靠埃卡特和罗姆劝诱冯·埃普少将筹集来的。埃普少将在国防军中是罗姆的指挥官，本人也是纳粹党员。这笔钱很可能来自军方的秘密经费。在1923年初，《人民观察家报》改为日报。这样，希特勒就有了所有德国政党所必备的条件——一家报纸——来宣传党的主张。办一家政治性日报，需要更多的钱，现在这些钱的来源，在党内某些比较无产阶级化的粗人看来，一定是有些奇怪的。富有的钢琴制造商的妻子海伦·贝希施坦因太太是来源之

---

* 他在1923年脱党，在1924年到1928年间担任巴伐利亚议会副主席。1930年他与希特勒重释前嫌，但是没有恢复实际政治活动。正如海登所说，德莱克斯勒遭到了一切发现人才的人都免不了的命运。

† 保王党是英国查理一世时代拥护查理的一派。圆头党是当时在议会中反对保王党的一派，因党员头发剪短故名。——译者

‡“元首”与“领袖原则”中的“领袖”是一个词，德文为Führer，等于英文的leader，中文应译“领袖”，但旧译“元首”，故此处移用。——译者

一。她第一次同这个年轻的煽动家碰面后，就对他产生了好感，当他在柏林的时候，邀他到贝希施坦因家中下榻，为他举行招待会，让他会见有钱的人，还对他的运动捐助了数量可观的款项。资助这家新办日报经费的，还有一部分来自一位格特鲁德·冯·塞德立茨太太，她是个波罗的海沿岸的人，在芬兰几家赚钱的造纸厂里拥有股份。

1923年3月，一个名叫恩斯特（普茨）·汉夫施丹格尔的哈佛大
46 学毕业生以《人民观察家报》为抵押品，借给纳粹党1 000美元，恩斯特·汉夫施丹格尔的母亲是个美国人，他的讲究风雅的家里很有钱，在慕尼黑开设一家艺术出版公司。* 在通货膨胀的日子里，这笔钱

---

* 汉夫施丹格尔在他的回忆录《未出庭的证人》（*Unheard Witness*）中说，他当初是由于一个美国人的指引才认识希特勒的。这个美国人是柏林美国大使馆副武官杜鲁门·史密斯上尉。1922年11月史密斯奉大使馆之命去慕尼黑调查一个名叫阿道夫·希特勒的无名政治煽动家和他所新建的民族社会主义德国工人党。作为美国陆军一名年轻的职业军官，史密斯上尉在政治分析方面有特殊的才能。他在慕尼黑从11月15日到22日一共才逗留了一个星期，却会见了鲁登道夫、鲁普雷希特太子和巴伐利亚十多名政界领袖。他们之中大多数人告诉他说，希特勒是个初升的明星，他的运动是个迅速发展的政治力量。史密斯毫不错过时机，参加了纳粹党的一次户外集会，希特勒在会上讲了话。史密斯后来马上在日记中写道："我一生中从来没有看到过这种景象！""见到了希特勒，"他写道，"他答应星期一接见我，向我阐明他的宗旨。"星期一那天，史密斯到了希特勒的居处——据他描写，那是"在一所破房子的二层楼上一间小小的简单卧室"——同这位在慕尼黑之外很少为人所知的未来独裁者做了长时间的谈话。"一个杰出的煽动家！"这位美国副武官那天晚上在日记中一开始就写道，"很少听到过这样言之成理而又狂热入迷的人讲话。"那天日期是1922年11月22日。

那天晚上动身返回柏林之前，史密斯碰到了汉夫施丹格尔，把他与希特勒会见的事告诉了他，并且劝他去看一看希特勒。这个纳粹党领袖那天晚上要在一次群众集会上讲话，史密斯把自己的记者入场券给了汉夫施丹格尔。后者像许多其他人一样，对希特勒的滔滔雄辩极为倾倒，会后马上去找他，立刻就开始信仰起纳粹主义来了。

史密斯上尉回到当时没有把希特勒放在眼里的柏林以后，写了一份长篇报告，由大使馆于1922年11月25日发给华盛顿。如果考虑到写它的时间的话，这确是一份杰出的报告。

> 目前巴伐利亚最活跃的政治力量［史密斯写道］是民族社会主义德国工人党。它与其说是个政党，不如说是个群众性运动，我们必须把它视为意大利的法西斯运动在巴伐利亚的再版……它最近取得的政治影响同它实际的党员人数是完全不成比例的……
>
> 阿道夫·希特勒从一开始就是这个运动的支配力量，这个人的性格对于这个运动的成功一定是最重要的因素……他左右一个群众集会的能力是不可思议的。在私下谈话中，他显出是个言辞锋利、逻辑分明的人，再加上他那种狂热的认真态度，能够使一个抱中立态度的听众获有非常深刻的印象。

在纳粹执政的初期在柏林担任美国武官的史密斯（这时已是上校了）把他的日记和那次慕尼黑之行的笔记慷慨借给作者使用。这些材料对撰写这一章是很有价值的。

折成马克是一笔惊人巨款，它给纳粹党和它的报纸帮了很大的忙。汉夫施丹格尔一家的友谊还不止限于金钱上的帮助。他们是慕尼黑第一个向这个喧闹滋事的年轻政客打开大门的富有望族。普茨成了希特勒的好友，希特勒后来任命他担任该党外国报纸部负责人。汉夫施丹格尔是个古怪的、瘦长得出奇的人，他那刺人的机智稍许补救了他那浅薄的头脑。他是个钢琴家，晚上与我们在一起的时候，曾有多次，甚至在他的朋友在柏林执政了以后，常常中途告退，奉召去见元首。据说，他的钢琴弹奏——他猛击琴键——和他的俏皮话对于希特勒在忙碌了一天之后颇起安定精神甚至振作精神的作用。后来这个脾气古怪然而性情和蔼的哈佛大学毕业生，像希特勒其他一些早期伙伴一样，也不得不离开德国逃命。[*]

希特勒日后最亲信的下属在这个时候大多数已经入党，或者不久就要入党。鲁道夫·赫斯是在1920年加入的。他是一个居住在埃及的德国批发商人的儿子，14岁以前是在埃及度过的，14岁后回莱茵兰上学。战争期间他一度同希特勒一起在利斯特团服役，虽然当时并不相识。两 47
次受伤后，他做了飞行员。战后他在慕尼黑大学学习经济学，但是大部分时间似乎在散发反犹小册子和同巴伐利亚当时极为猖獗的各色各样武装团体殴斗。1919年5月1日慕尼黑苏维埃政权被推翻的时候，他正处在枪火密集的地方，腿部受了伤。一年后有一个傍晚，他去听希特勒演讲，对他的口才佩服得五体投地，就入了党，成了这位领袖的亲密朋友、忠实信徒、私人秘书。也就是他，向希特勒介绍了当时慕尼黑大学地缘政治学教授卡尔·豪斯霍费尔将军的地缘政治思想。

赫斯写了一篇得奖学术论文，很受希特勒赏识，题目是《领导德国恢复旧日光荣地位的人应当是怎样一个人？》。

---

* 汉夫施丹格尔在第二次世界大战中有一个时期住在华盛顿，表面上是被拘敌侨，实际上担任美国政府的纳粹德国问题“顾问”。他一生最后所担任的这个职务，在了解他也了解纳粹德国的人看来，是颇为荒唐可笑的，然而他本人一定觉得很好玩。

在一切权威荡然无存的时候，只有一个来自人民的人才能确立权威……独裁者在广大群众中间扎根越深，他就越能了解在心理上应该怎样对待他们，工人们也就越不会不信任他，他在最活跃的人民阶层中也就会得到越多的支持。他本人同群众并无共同之处；像一切伟人一样，他有伟大的人格……必要时他不会怕流血而退缩。重大问题总是由血和铁来决定的……为了达到他的目标，他不惜践踏他最亲密的友人……立法者必须严酷无情……必要时，他可以用他的军靴踩着他们［人民］前进……[22]

难怪希特勒喜欢这个青年人。赫斯所描绘的领袖，也许不是希特勒在当时的肖像，却是希特勒所想要实现的——而且后来确实实现了的——肖像。赫斯虽然为人严肃，刻苦好学，但他仍是个才力有限的人，对于想入非非的意见很容易听得进去，而且会极其狂热地去执行。几乎一直到最后，他都是希特勒的最忠诚和最受信任的追随者之一，是少数几个没有个人野心的人之一。

1920年代的希特勒（左一）、鲁道夫·赫斯（右二）及其他纳粹领导人。

阿尔弗雷德·罗森贝格虽然常常被称为纳粹党的“思想领袖”，而且也的确是纳粹党的“哲学家”，但他也是个才力平庸的人。有人把罗森贝格当作俄罗斯人，也许是有些根据的。像许多俄罗斯“知识分子”一样，他是波罗的海沿岸日耳曼人的后裔。他是一个鞋匠的儿子，1893年1月12日生于爱沙尼亚的列巴尔（现在叫塔林），1721年以来爱沙尼亚一直是沙皇帝国的一部分。他选了到俄国而不是到德国去上学，1917年在莫斯科大学得了一张建筑学的毕业证书。在布尔什维克革命的时候，他一直待在莫斯科，很可能，像他在纳粹党内有些仇人后来所说的那样，他当时曾有过做个年轻的布尔什维克革命者的念头。1918年2月，他回到列巴尔，自愿参加当时开到那个城市的德国军队，但因为是个“俄罗斯人”而被拒绝了。他于1918年年底终于 48
到了慕尼黑，最初是在流亡当地的白俄罗斯人当中活跃起来的。

罗森贝格在这个时候认识了迪特里希·埃卡特，通过埃卡特又认识了希特勒。罗森贝格在1919年年底参加了纳粹党。一个拥有一张建筑学毕业证书的人，对于连建筑系也考不进的人来说，不可避免地产生了深刻的印象。罗森贝格的“学识”也使希特勒深为心折。他也赏识这个年轻的波罗的海人对犹太人和布尔什维克的憎恨。就在1923年年底埃卡特死前不久，希特勒派罗森贝格担任《人民观察家报》的主编，在以后许多年内，他继续吹捧这个头脑完全糊涂的人，这个思想混乱浅薄的“哲学家”，把他当作纳粹运动的思想导师、外交政策的权威人士之一。

像鲁道夫·赫斯一样，赫尔曼·戈林也是在战争结束以后一些时候到慕尼黑大学来，名义上是来学经济学的。他也拜倒于阿道夫·希特勒个人的魅力之下。戈林是德国著名的战时英雄之一，著名的里希特霍芬战斗机中队最后一任队长，德国战时最高奖章功勋奖章的获得者，他要回到和平时期单调的平民生活中间来，比大多数退伍军人更觉困难。他开始在丹麦，后来在瑞典做了一个时期的运输机驾驶员。有一天，他驾驶飞机送埃里克·冯·罗森伯爵到斯德哥尔摩附近后者的宅邸里去，在那里做客的时候，同罗森伯爵夫人的妹妹卡琳·冯·坎措夫人（娘家的姓是福克女男爵）坠入了情网，她是瑞典有名的美人。困难是，卡琳·冯·坎措夫人患有癫痫病，结过婚，有个8岁的儿子。但她还是设法解除了婚姻关系，同这个英俊的年轻飞行员结了婚。她的财产不少，同新丈夫一起到了慕尼黑，过着豪华的生活，一面让他在大学里鬼混。

这种日子过得并不长久。他在1921年就认识了希特勒，入了党，对党（和希特勒个人）慷慨捐献，并且用他过人的精力帮助罗姆组织了冲锋队。一年后，1922年，他担任了冲锋队队长。

在纳粹党独裁者周围的圈子里还有一大批不那么有名气，但大多数是名气比较臭的人。希特勒在利斯特团中的上士马克斯·阿曼是个粗鲁暴戾的角色，但是做组织工作很能干，他被派担任党的总务主任和《人民观察家报》的经理后，两方面的财务情况就很快得到了整顿。希特勒选了一个名叫乌尔里希·格拉夫的做他的私人卫士。格拉夫是业余摔跤家、屠夫的下手、有名的爱吵架滋事的人。“宫廷摄影师”是瘸腿的海因里希·霍夫曼，他是许多年来唯一可以为希特勒拍照的特许的摄影师。他对主人像狗一样忠诚，最后这终于使他发了财，成了百万富翁。另一个亲信是克里斯蒂安·韦伯，他是个马贩子，原来在慕尼黑一家酒馆当保镖，爱喝啤酒，嗜之若命。在这些日子里接近希特勒的还有赫尔曼·埃塞尔，他的演讲能力不输于领袖，他在《人民观察家报》上的反犹文章是党报的一个主要特色。他毫不
49 隐讳，有一段时期，他靠几个情妇的倒贴过着舒服的生活。他是个出名的敲诈能手，甚至他自己党内的同志如果触犯了他，他也会“揭露”他们，因此使党内一些年纪较大、为人比较正派的人非常反感，都要求把他开除出党。“我知道埃塞尔是个无赖，”希特勒有一次在公开场合回答说，“但是只要他对我有一天的用处，我就留他一天。”[23]他对待他的亲信几乎都是用这个态度，不论这些人的来历——甚至现

在的情况——是多么暧昧。杀人凶手、拉皮条的、性欲倒错的、吸毒犯或者寻常的无赖，在他看来都没有什么关系，只要对他有用。

例如，他对尤利乌斯·施特莱彻几乎是自始至终容忍的。这个道德败坏的虐待狂原来是个小学教员，从1922年起是希特勒周围声名最为不堪的人之一，到1939年他的红运才终于结束。他自己吹嘘是个出名的私通能手，甚至能敲诈他情妇的丈夫。他的盲目狂热的反犹活动不仅使他臭名远扬，而且还搜刮到大批钱财。他办的一份著名黄色周刊《冲锋队员》专门靠刊载关于犹太人的性罪行和犹太人的“祭祀杀人”的恐怖故事卖钱，其内容之淫秽猥亵，甚至使许多纳粹党人也感到恶心。施特莱彻也是个著名的色情文学提倡者。他的外号叫“弗朗科尼亚的无冕国王”，他的老巢设在纽伦堡，在这里，他说的话就是法律，任何人得罪了他，就免不了下监牢或者受酷刑。直到我最后在纽伦堡看到他精神委顿地坐在被告席上受审判之前，我每次看到他时，他总是有一根皮鞭执在手中或者插在腰带上，他常常大笑着自夸抽过别人无数鞭子。

这些人就是希特勒开始想要当曾经为世界贡献过路德、康德、歌德、席勒、巴赫、贝多芬、勃拉姆斯的民族的独裁者的时候纠集在他周围的角色。

1920年4月1日，在德国工人党改名为民族社会主义德国工人党——“纳粹”简称由此而来——的那一天，希特勒正式脱离了军队。从此以后，他要把他的全部时间用在纳粹党上。不论当时或者以后，他都不从党里支取任何薪水。

因此，可能有人会问，他靠什么生活呢？党内同他一起工作的人有时也不免纳闷。1921年7月党委员会一些反叛的委员起草的罪状中直率地提出了这个问题：“如果有任何党员问他靠什么为生，原来的职业是什么，他就不免狂怒起来。迄今为止，他没有做出过答复。因此，他的良心不能是无愧的，特别是鉴于他同女人们来往频繁，花费不赀。他在女人们面前还自称为‘慕尼黑之王’。”

希特勒后来控告这本小册子的作者犯了诽谤罪，在审讯时答复了这个问题。法院问他靠什么为生，他回答说：“我为民族社会主义党讲演时，不取分文。但是我也为其他团体讲演……在这种情况下，我当
50 然收取一定的费用。我的午饭是轮流同党内同志一起吃的。此外，还有一些党内同志给了我一些为数不大的资助。”[24]

这大概是比较符合实际情况的。像迪特里希·埃卡特、戈林、汉夫施丹格尔这样境况较好的朋友无疑会“借”钱给他付房租、买衣服、备膳食的。他的需要也很简单。在1929年以前，他一直住在伊萨河附近提尔契街下层中产阶级区一套共有两个房间的公寓里。冬天他穿一件旧军大衣——后来由于许多照片，德国国内几乎人人都很熟悉这件大衣。夏天他常常穿“莱德霍森”，这是大多数巴伐利亚人在宜人的气候中喜欢穿的皮短裤。1923年埃卡特和埃塞尔为希特勒及其友人在贝希特斯加登附近弄到了一所名叫普拉特霍夫的旅馆作为夏季避暑的地方。希特勒很喜欢这个美丽的山间乡下风光，后来就在这个地方盖了宽敞的别墅伯格霍夫*，在战争爆发之前，这就成了他的家，他的很大一部分时间就是在这里度过的。

不过在1921—1923年的动荡年代中，很少有时间供他休息玩乐。他有一个党要建设，要在一批同他一样不讲信义、不择手段的人的激烈竞争下保持控制。而且，巴伐利亚邦中争取公众注意和支持的右翼运动不止一个，纳粹党不过是其中之一；再扩大些说，在整个德国，这种右翼运动还有好些。

一个从事政治的人，需要观察、分析和加以利用的事件和不断变化的局面，真是接二连三，令人目眩头晕。1921年4月，协约国向德国提出了赔偿要求——为数达1 320亿金马克，折合330亿美元。德国

---

* 意为“山间别墅”。——译者

人马上嚷嚷他们无法偿付。马克原来对美元的比价是4：1，现在开始下跌，到1921年夏天，已跌到75：1，一年后跌到400：1。埃茨贝格尔在1921年8月被暗杀。1922年6月发生谋刺当初宣布成立共和国的社会民主党人菲利普·谢德曼事件。同月24日，外交部长拉特瑙在街头被刺殒命。在这三起案件中，凶手都是极右翼的人。摇摇欲坠的柏林全国政府为了对付这一挑战，终于宣布了一项特别规定的《共和国保护法》，其中对政治恐怖行动规定了严厉的惩治办法。柏林方面要求解散许多武装团体和结束政治上的无赖行为。但是，巴伐利亚政府即使在温和派的莱兴费尔德伯爵（他于1921年接替极端派的卡尔）领导下，也发现要遵守柏林全国政府的决定是很困难的。当它企图实行取缔恐怖活动的法律时，巴伐利亚右派（现在希特勒已是他们公认的年轻领袖之一）组织了一个推翻莱兴费尔德和进军柏林、颠覆共和国的阴谋。

襁褓中的民主的魏玛共和国陷于重重困难之中，它的生存不仅经常受到来自极右方面的威胁，而且也经常受到来自极左方面的威胁。 51

注　释

1.《我的奋斗》，第204—205页。
2. 同上，第202页。
3. 海登：《元首》，第84页。
4. 鲁道夫·奥尔登：《小卒希特勒》，第70页。
5.《我的奋斗》，第193页。
6. 同上，第205—206页。
7. 同上，第207页。
8. 同上，第215—216页。
9. 同上，第210，213页。
10. 同上，第218—219页。
11. 同上，第220页。
12. 同上，第221—222页。
13. 同上，第224页。
14. 同上，第687页注释。
15. 同上，第687页。

16. 同上，第354页。

17. 同上，第355页。

18. 同上，第369—370页。

19. 康拉德·海登：《民族社会主义史》，第36页。

20.《我的奋斗》，第496—497页。着重体是希特勒原来用的。

21. 海登：《民族社会主义史》，第51—52页。

22. 海登：《元首》，第98—99页。

23. 海登：《民族社会主义史》，第52页。

24. 海登：《希特勒》，第90—91页。

第三章

凡尔赛、魏玛和啤酒馆政变

在胜利的西方协约国中的大多数人看来，1918年11月9日柏林宣告成立共和国，似乎标志着德国人民和他们国家的新时代的来临。伍德罗·威尔逊在停战以前交换的照会中，坚决主张废除霍亨索伦王朝军国主义的专制政体，看来德国人似乎是遵从他的要求的，虽然有些勉强。德皇已经被迫宣布退位，逃亡国外，君主政体已经废除，德国各地所有小王朝也都立刻解体，共和政府已经宣告成立了。

但是宣告共和完全是个偶然的事件！11月9日那天下午，在帝国总理、巴登的马克斯亲王辞职以后，所谓多数派的社会民主党人在弗里德里希·埃伯特和菲利普·谢德曼领导下，在柏林的国会大厦开会，他们对于下一步应该怎么办，完全茫然不知所措。马克斯亲王刚刚宣布了德皇的退位。马鞍工人出身的埃伯特认为德皇威廉的儿子之一——随便哪个都行，只要不是那个放荡成性的太子——可以继承皇位，因为他主张按照英国方式成立君主立宪政体。埃伯特虽然是社会民主党人的领袖，却惧怕社会革命。他有一次曾经说过，对社会革命，“我恨之入骨”。

但是革命却在柏林酝酿中。总罢工使首都陷于瘫痪状态。在宽阔的菩提树下大街，距离国会几个街区的地方，左翼社会民主党人罗

1918年11月9日，菲利普·谢德曼站在总理府的窗边宣布共和国成立。

莎·卢森堡和卡尔·李卜克内西领导下的斯巴达克团准备在他们设在德皇皇宫的总部中宣布成立苏维埃共和国。这个消息传到国会里的社会民主党人耳中时，他们大吃一惊。得马上采取行动来制止斯巴达克团。谢德曼灵机一动想出了一个主意。他也没有同他的同志们商量，就冲到俯瞰国王广场的窗台上，当时下面正聚集着大批人群，他伸出脑袋，自作主张，好像这个念头刚刚在他心中出现一样，向群众宣布共和国成立了！马鞍工人埃伯特气得要跳起来。他原来还是想要挽救霍亨索伦君主政体的。 52

德意志共和国就是这样侥幸诞生的。社会民主党人既然不是坚决的共和派，那就更难希望保守分子是坚决的共和派了。但是后者已经推卸了他们的责任。他们同陆军领袖鲁登道夫和兴登堡一起把政治权力塞到勉强从命的社会民主党人的手中。这样，他们就把签订投降协定和后来签订和约的明显责任推到工人阶级的这些民主领袖身上，德国的战败和德国人民如果由于战败及片面决定的和约而遭受悲惨的命运，罪名就落到他们身上了。这是一个很拙劣的诡计，就是小孩子也能看穿，但是在德国，它居然奏效了。这个诡计从一开始起就注定了共和国的厄运。

也许，这种厄运本来是可以避免的。拥有绝对权力的社会民主党人在1918年11月本来可以迅速奠定持久的民主共和国的基础。但是要达到这个目的，他们必须先要一劳永逸地镇压——或者说至少要一劳永逸地钳制——那些过去一直支持霍亨索伦帝国、将来也不会老老实实地接受民主制度的势力：封建容克地主和其他上层阶级，控制着大工业卡特尔的巨头，到处流窜的自由军团雇佣兵，帝国文官系统中的高级官员，最后，尤其是，军官阶层和参谋总部的人员。他们必须拆分许多在经营上是浪费的和不经济的大庄园，拆分工业方面的垄断企业和卡特尔，在官僚系统中、司法系统中、警察系统中、大学里、军队里肃清那些不会忠诚老实地为新的民主政体服务的一切分子。

但这却是社会民主党人所不敢做的事情。他们大多数人是用心良好的工会活动家，有着德国其他阶级的人都固有的那种向既有的、地位已确立不移的权威鞠躬低头的劣根性。他们不但没有这么做，反而把权力让给了在现代德国一直占支配地位的势力——陆军。因为，陆军在战场上虽然战败了，但是在国内维持原有地位和挫败革命却仍旧是有把握的。为了实现这个目的，它迅速采取了大胆的行动。

1918年11月9日晚上，在“宣告”成立共和国以后没有几个小时，柏林总理府内埃伯特的书房里的电话铃响了。这是一架特别的电话机，由一条秘密的线路通到设在斯帕的最高统帅部。埃伯特当时是单独一个人在书房里。他拿起电话耳机。“我是格勒纳。”那边说。这个前马鞍工人由于白天的事件突然把正在垮台中的德国的残余政治权力塞入他毫无准备的手中还有点感到晕头转向，听到这声音不禁肃然起敬。威廉·格勒纳将军是继鲁登道夫担任军需总监的人。就在当天早些时候，在施巴，当冯·兴登堡元帅临阵犹豫的时候，就由他直率地面告德皇，军队已经不再效忠于他，他必须下台——这个大胆的行动，是军官阶层永远不会原谅他的。埃伯特和格勒纳自从1916年以来
53 就有了一种相互尊重的关系，当时这位将军负责军工生产，曾与这位社会民主党领袖一起紧密合作过。11月初——仅仅几天以前——他们就在柏林商谈过如何挽救君主政体和祖国。

现在，正当祖国命运危在旦夕的时候，一条秘密电话线路又把他们联系在一起了。就在当时当地，这位社会民主党领袖和德国陆军的第二号人物订了一个秘密协议，这个协议虽然过了很多年才为世人所知，当时却要决定这个国家的命运。埃伯特答应要结束无政府状态，镇压布尔什维主义，按原有传统维持陆军。格勒纳则保证陆军支持新政府巩固自己的地位和实现它的目标。

“陆军元帅（兴登堡）仍旧愿意担任总司令吗？”埃伯特问。

格勒纳将军回答说他仍旧愿意。

“请你向元帅转达政府的谢意。”埃伯特说。[1]

德国军队得救了，但是共和国却在诞生的头一天就没有救了。将军们，除了格勒纳自己是光荣的例外和其他少数人以外，是绝不会向共和国效忠的。最后，他们在兴登堡率领下，把共和国出卖给了纳粹党人。

但是，在当时，可以肯定，不久之前俄国发生的情况，使埃伯特和他的社会民主党的同志惶惶不安。他们不想变成德国的克伦斯基。他们不想被布尔什维分子代替。在德国各地，正如在俄国一样，士兵和工人委员会纷纷成立，掌握了权力。正是这些委员会在11月10日选举出来一个人民代表委员会，由埃伯特为首，负责暂时管理德国。12月，德国第一届苏维埃代表大会在柏林召开。代表大会的成员是全国各地士兵和工人委员会派出的代表，它要求把兴登堡撤职，废除正规军，代之以一支民防队，其军官由士兵选出，归人民代表委员会管辖。

对兴登堡和格勒纳来说，这太过分了。他们拒绝承认苏维埃代表大会的权力。埃伯特本人并没有采取任何行动来贯彻代表大会的要求。但是陆军为了保持自己的生命，要求它原来同意支持的政府采取比较积极的行动，在圣诞节前两天，在共产党的斯巴达克团控制下的人民海军陆战队师占领了威廉街，冲入总理府，割断了电话线。但是通向陆军司令部的秘密线路仍旧畅通，埃伯特通过这条线路求援。陆军答应派波茨坦卫戍部队前来援救，但是在它到达以前，哗变的水兵们已经退到他们设在当时仍由斯巴达克团据守的皇宫马厩的营房中去了。

斯巴达克团，在德国两个最有本领的鼓动者卡尔·李卜克内西和罗莎·卢森堡的领导下，继续争取成立苏维埃共和国。他们在柏林的 54
武装力量日益壮大。在圣诞节前夕，海军陆战队师轻而易举地击退了从波茨坦开来的企图把他们驱出皇宫马厩的正规军。兴登堡和格勒纳催促埃伯特履行诺言，镇压布尔什维分子。对这件事，这个社会民主党领袖太乐意做了。圣诞节后两天，他任命古斯塔夫·诺斯克为国防部长，从这项任命开始，事态就按照凡是知道这位新任部长的人都能预料得到的逻辑发展了。

诺斯克是屠夫出身，在工会运动和社会民主党内一步步向上爬，1906年成了国会议员，被认为是党内军事专家。他也被认为是激烈的民族主义者和铁腕人物。巴登的马克斯亲王派他去平定11月初在基尔发生的海军哗变，他完成了这项使命。诺斯克身躯魁伟，面目凶狠，体力过人，然而智力低下，正如他的敌人所说，这是他的行业的特点。他在被任命为国防部长那一天就宣布“总得有人当警犬”。

早在1919年1月，他就开始下手，在1月10日到17日之间——后来在柏林有一个时期称这七天为“血腥的一周”——正规军和自由军团在诺斯克指示下和冯·吕特维茨将军[*]的指挥下击溃了斯巴达克团。罗莎·卢森堡和卡尔·李卜克内西被近卫骑兵师的军官俘获杀害。

柏林战事结束后，德国全国马上举行国民议会选举，这届国民议会的任务是起草新宪法。这次选举是在1919年1月19日举行的，选举结果表明，中产阶级和上层阶级在发生“革命”后两个多月的时间内已经恢复了一些勇气。过去由于没有任何其他集团愿意分担责任而单独执政的社会民主党（多数派和独立社会党）在3 000万张选票中获得了1 380万张选票，在国民议会421个议席中赢得了185个议席，但是距多数席位相差还很远。显然，新的德国是不能单靠工人阶级来建立的。两个中产阶级政党——代表罗马天主教的政治运动的中央党和12
55 月间由原来的进步党同国家自由党左翼合并的民主党一共得了1 150万张选票，在议会中占166个议席。两党都声称拥护一个温和的、民主的共和国，虽然当时相当一部分舆论是主张君主政体最后复辟的。

---

* 一年以后，旧派反动军官男爵瓦尔特·冯·吕特维茨将军率领自由军团军队占领了柏林，支持卡普政变，这件事说明了他对共和国，特别是对诺斯克到底有多少忠诚。埃伯特、诺斯克和政府其他官员被迫在1920年3月13日清晨5点仓皇逃出柏林。名义上隶属于国防部长诺斯克的陆军参谋长冯·塞克特将军拒绝让陆军保卫共和国抵抗吕特维茨和卡普。“这一夜的经过说明了我全部政策的破产，”诺斯克叫道，“我对军官团的信任粉碎了。你们都背叛了我。”（引语见惠勒-本内特：《权力的报应》[*The Nemesis of Power*]，第77页）

至于保守派，他们当中有些领袖在11月藏匿了起来，另外一些领袖如冯·韦斯塔普伯爵则乞求埃伯特的保护。他们的选票虽然有所减少，但是却表明他们绝没有被消灭。他们改名为德国国家人民党，获得了300万张选票，44个议席；他们的右翼盟友国家自由党（也已改名为德国人民党）得到近150万张选票，19个议席。这两个保守党派虽然肯定处于少数党地位，但在国民议会中赢得了足够的议席来发表政见。事实也确实是如此，国民议会刚刚于1919年2月6日在魏玛开会，这两个政党的领袖就起来为德皇威廉二世以及他和他的将领们领导战争的情况辩护。人民党领袖古斯塔夫·施特雷泽曼当时还没有像后来许多人所认为的那样变心转意。在1919年，他仍旧被认为曾经是最高统帅部在国会中的喉舌——像大家所称的那样，是“鲁登道夫的青年人”——是激烈地拥护采取并吞政策的人，是狂热地主张进行无限制的潜艇作战的人。

国民议会经过六个月的辩论后于1919年7月31日通过宪法，总统于8月31日批准了这一宪法。从纸面上来说，这是20世纪所曾经见过的这种文件中最自由和最民主的一个，结构之严密几乎到了完善的程度，其中不乏设想巧妙、令人钦佩的条文，看来似乎足以保证一种几乎完善无疵的民主制度的实行。内阁制政府是取法英国和法国的，拥有实权的民选总统仿效美国，人民复决制则借镜瑞士。实行构思严密、办法复杂的比例代表制和选票名单制，是为了防止选票的浪费，并且使得人数不多的少数派也有权利在议会中享有席位。* 56

* 瑕疵肯定是有的，而且在最后，有些瑕疵被证明极为有害。比例代表制和选票名单制固然可能防止选票的浪费，但是也造成了为数众多的分裂小党派，最后使得国会中不可能出现一个稳定的多数派，以致政府不断更迭。在1930年选举中，列入竞选名单的有28个政党。

如果宪法的主要起草人胡戈·普罗伊斯教授的有些主张当初没有被否决的话，共和国本来也许可以有比较大的稳定性。他在魏玛建议，将德国建成一个中央集权的国家，解散普鲁士和其他单独的邦，把它们改为行省。但是国民议会否决了他的建议。

最后，宪法第四十八条授予总统在紧急状态下有独裁权。布吕宁、冯·巴本、冯·施莱谢尔几位总理在兴登堡总统同意下应用这一条款，使得他们能够未经国会授权就执行政权，这样，甚至在希特勒上台以前就结束了德国的民主议会政府制度。

魏玛宪法的措辞，在任何有民主思想的人听来都是动人而有力的。宪法宣布人民是一国之主："政治权力来自人民。"凡年满20岁，不分男女，均享有选举权。"所有德国人在法律面前一律平等……个人自由不可侵犯……所有德国人都有权……自由表达意见……所有德国人都有结社或集会的权利……全国居民都享有信仰和良心自由……"世界上没有任何人可能比德国人更加自由，没有任何国家政府比德国人的政府更加民主和自由。至少在纸面上是如此。

凡尔赛的阴影

在魏玛宪法的起草工作结束之前，发生了一件不可避免的事，使得魏玛宪法和它所要建立的共和国蒙上了一层阴影。那就是《凡尔赛和约》的起草。在战后初期动乱不已的和平日子里，甚至在国民议会在魏玛开会以后，德国人民对于他们战败的后果似乎都还很少考虑。即使考虑了的话，他们看来也颇有自信，在按照协约国的要求驱逐了霍亨索伦王室、平定了布尔什维分子、着手建立了一个民主的共和国政府之后，他们有权得到一个公正的和约，不是以他们战败为基础，而是以威尔逊总统的著名十四点为基础的和约。

德国人似乎很健忘，连一年前的事也记不起来了；在1918年3月3日，当时尚处在胜利中的德国最高统帅部曾经在布列斯特-立托夫斯克强迫战败的俄国接受一个"在现代历史上没有先例和无可比拟的羞辱的"[2]和约，这还是一个英国历史学家在战争所引起的情绪冷却了二十年以后发表的看法。这个和约剥夺的俄国领土几乎有奥匈帝国和土耳其加起来一般大，居民5 600万，亦即其全部人口的32%；三分之一的铁路线，73%的铁矿，89%的煤产量，5 000多个工厂。此外，俄国还得付给德国60亿马克的赔款。

1919年晚春的时候，德国人受报应的日子终于来到了。协约国未经与德国协商片面规定的《凡尔赛和约》条件于5月7日在柏林发表。
对于一个到最后一刻还耽溺在幻想中的国家的人民来说，这是个惊人
的打击。全国纷纷举行愤怒的群众集会，对和约表示抗议，要求德国
拒绝签字。在魏玛议会期间担任总理的谢德曼叫嚷道：“谁在这个和约
上签字，就让谁的手烂掉吧！”5月8日，临时总统埃伯特和政府公开声
称，和约条款是“不能实现和不能负担的”。第二天，在凡尔赛的德国 57
代表团照会固执的克列孟梭说，这种和约是“任何国家所不能容忍的”。

它有什么地方是这么不能容忍的呢？它把阿尔萨斯-洛林归还给法国，一小块领土归还给比利时，石勒苏益格邦一小块领土在经过公民投票后归还给丹麦，而这是俾斯麦在上世纪同丹麦作战胜利后从丹麦那里割取的。它也把德国人在瓜分波兰时夺去的领土归还给波兰，其中一部分还要经过公民投票。这是使德国人最为恼怒的规定之一。他们不满，不仅是因为给了波兰一条通向海路的走廊使得东普鲁士同祖国隔绝，还因为他们瞧不起波兰人，认为波兰人是劣等民族。同样使德国人恼怒的是，和约强迫他们接受发动战争的责任，要求他们把德皇威廉二世和800名左右其他“战争罪犯”交给协约国。

赔款数目以后再规定，但是1919年到1921年之间要先付一笔价值折合50亿美元的金马克，如无现款，可以付某些实物，如煤、船只、木材、牛羊等。

不过最伤害德国人自尊心的是，《凡尔赛和约》实际上解除了德国的武装*，从而，至少暂时，排除了德国在欧洲称霸的可能性。尽管如此，受到痛恨的《凡尔赛和约》，不像德国强使俄国接受的和约，在地理方面和经济方面基本上并没有触动德国，保持了它作为一个大国的政治统一和潜在力量。

魏玛临时政府，除了埃茨贝格尔一人例外（他主张接受和约，理

---

* 它限制陆军不得有超过10万名长期志愿入伍者，不许拥有飞机和坦克。参谋总部亦被禁止设立。海军减少到仅有象征意义的程度，不许建造潜艇和1万吨以上的舰只。

签订《凡尔赛和约》的（由左至右）英国首相劳合·乔治、意大利首相维托里奥·埃马努埃莱·奥兰多、法国总理克列孟梭和美国总统托马斯·伍德罗·威尔逊。

由是它的条件是能够轻易规避的），都坚决反对接受凡尔赛命令——现在大家这样来称呼和约了。站在政府背后作为后盾的是全国绝大多数人民，从左派到右派。

陆军怎么样呢？如果拒绝接受和约，陆军能够抵抗协约国不可避免要从西方发动的进攻吗？埃伯特向最高统帅部提出了这个问题。最高统帅部这时已迁到波美拉尼亚的科尔贝格。6月17日，陆军元帅冯·兴登堡在认为德国军事抵抗不会有什么结果的格勒纳将军推动下答复称：

> 一旦战端重启，我们能够重克波兹南省［在波兰］，守住东部边境，但是在西部，很难指望我们能够抵抗敌军的重大攻

势，因为协约国在人力上占优势，而且他们有能力在两翼包抄我们。

因此，总的来说，军事行动是否能成功，是颇可怀疑的，但是作为一个军人，我不能不感到，与其接受耻辱的和平，不如光荣地战死沙场。 58

这位受人尊敬的总司令的最后一句话是完全符合最优秀的德国军事传统的，但是其诚意却大可怀疑，因为我们现在知道了德国人民当时并不知道的一个事实：兴登堡同意格勒纳的看法，这个时候抵抗协约国不仅是没有希望的，而且有造成陆军珍贵的军官团的消灭，甚至造成德国本身灭亡的可能。

但是协约国现在要求德国给出明确的答复。在6月16日，即兴登堡书面回答埃伯特的前一天，协约国向德国提出了一项最后通牒：必须在6月24日以前接受和约，否则停战协定即告失效，协约国将“采取它们认为为实现它们的条件所必需的步骤”。

埃伯特再一次求救于格勒纳。如果最高统帅部认为军事上抵抗协约国有些微的成功可能，埃伯特将答应设法使议会拒绝接受和约。但是他必须立刻得到一个答复。最后通牒规定的限期6月24日来到了。下午4点30分的时候，内阁还在开会以求做出最后的决定。兴登堡和格勒纳再一次商量。“你同我一样明白，武装抵抗是不可能的事。”年迈力衰的陆军元帅说。但是，正如1918年11月9日在斯帕一样，他当时没有勇气把无情的真相面告德皇，而把这件不愉快的任务交给了格勒纳，这一次他也不愿亲自把真相告诉共和国临时总统。他对格勒纳说：“你可以把答复告诉总统，同我去告诉没有什么两样。”[3] 再一次，这位将军义不容辞地担当了原来属于元帅的最后责任。虽然他也一定知道，他这样做最后将加倍地肯定在军官团面前成为替罪羊，他还是把最高统帅部的意见在电话中告诉了总统。

既然军队的领导人承担了责任——但是这一点在德国马上被忘怀了——国民议会就松了一口气，终于以绝大多数通过签订和约，这个决定通知克列孟梭时，距离协约国最后通牒的限期只差19分钟。四天以后，1919年6月28日，和约在凡尔赛宫的镜厅签了字。

一个不和睦的家庭

从那一天起，德国成了一个不和睦的家庭。

保守派既不接受和约，也不接受批准和约的共和国。从长远来说，陆军也不会接受——格勒纳将军是例外——虽然它曾宣誓要支持新的民主政体，而且签订《凡尔赛和约》的最后决定也是它自己做出的。尽管发生了11月“革命”，保守派仍旧掌握着经济实权。他们拥有工
59 业、大庄园和全国大部分资本，他们的财富可以用来，而且实际上也的确是用来资助各个政党和从今起努力败坏共和国声誉的政治报纸。

和约的墨迹未干，陆军就已经开始规避和约的军事限制。由于社会民主党领袖的胆怯和短视，军官团不仅能够按照普鲁士原来的传统保持陆军——这一点已见上述——而且还能够成为新德国的真正政治力量中心。直到寿命不长的共和国的最后几天为止，陆军一直没有把它的命运押在任何一个政治运动上面。但是在10万新国防军的杰出创建者汉斯·冯·塞克特将军的领导下，陆军为数虽少，却成了一个国中之国，对德国的内外政策有越来越大的影响，最后终于达到了共和国的继续存在要取决于军官团的意志的地步。

作为国中之国，它对全国政府保持独立地位。按照魏玛宪法，像其他西方民主国家的军队那样，陆军应该从属于内阁和议会。但是它却没有如此。军官团也没有清洗掉它的保皇反共和的思想情绪。少数社会民主党领袖如谢德曼和格尔兹辛斯基主张将陆军“民主化”。他们看到了将陆军交还给有着极权主义、帝国主义老传统的军官的危

险。但是他们不仅受到了将军们的有效反对，而且也受到了他们自己的、以国防部长诺斯克为首的社会民主党同志的有效反对。这位无产阶级出身的共和国部长公然大言不惭地说，他要恢复“军人对世界大战的骄傲记忆”。合法选出的政府没有能够建立一支忠于它自己的民主精神、服从内阁和国会的新陆军，这是共和国的一个致命错误。时间后来证明了这一点。

没有清洗司法系统是另一个致命错误。司法当局成了反革命的中心之一，滥用法律来为反动的政治目的服务。“不可能逃避这样的结论，”历史学家弗朗茨·L. 诺伊曼说，“政治审判是德意志共和国生命史上最黑暗的一页。”[4] 1920年发生卡普政变后，政府对705人提出叛国罪起诉，只有一个人即柏林警察局长受到了判决——五年“光荣监禁”。普鲁士邦不发给他年金时，最高法院还下令照旧发给。德国某地的一个法院在1926年12月裁决，要发给卡普政变军事首脑冯·吕特维茨将军积欠的年金，包括他在反叛政府的时期和他逃匿在匈牙利躲避法律制裁的五年期间的年金。

而另外一方面，成百上千的德国自由主义者却以叛国罪被判长
期徒刑，只是因为他们在报上或演讲中揭露了或谴责了陆军不断违反
《凡尔赛和约》的行为。对于共和国支持者，无情地应用了叛国罪法
律，但是对于那些企图推翻共和国的右派，却不是无罪释放，就是只
判以最轻的刑罚，这一点，阿道夫·希特勒很快地就看到了。甚至暗 60
杀的凶犯，只要他属于右派，而被杀者属于民主分子，也得到法院的
宽大对待，或者得到陆军军官和右翼极端分子的帮助，逃出法院的拘
押，这种情况是屡见不鲜的。

因此，只剩下温和的社会民主党人，在民主分子和天主教中央党人的协助下，独力支撑这个诞生以后就摇摇欲坠的共和国。他们受到了反对者的痛恨、咒骂，有时是子弹的袭击，这些反对者为数日众，决心日坚。“在人民的心中，”以《西方的没落》一书声名鼓噪一时的

1919年6月，在柏林举行的抗议《凡尔赛和约》的游行。

奥斯瓦尔德·斯宾格勒叫嚷道，“魏玛宪法已注定要死亡了。”在南部的巴伐利亚，年轻的煽动家阿道夫·希特勒认识到民族主义的、反民主的、反共和的新浪潮的力量。他开始驾驭这一力量。

时局给他帮了很大的忙，特别是这两件事：马克贬值和法国占领鲁尔。我们前面已经谈到，马克在1921年开始贬值，和美元的比价跌到75∶1，次年跌到400∶1，1923年初跌到7 000∶1。在1922年秋天，德国政府已经向协约国请求暂缓偿还赔款。法国的普恩加莱政府断然拒绝。当德国不能交付木材时，在战时曾任法国总统的这位头脑死硬的总理命令法国军队占领鲁尔。在上西里西亚割让给了波兰以后，德国的这一煤钢产量占全国五分之四的工业心脏，如今就同德国其他部分隔绝了。

这个使德国经济瘫痪的打击使德国人民暂时团结起来，而自从1914年以来，他们还从来没有这样团结过。鲁尔的工人宣布举行总罢工，并且得到柏林政府的经济支援，后者号召进行消极抵抗。在陆军的帮助下，他们组织了破坏活动和游击战争。法国以逮捕、驱逐出境甚至死刑来对付。但是在鲁尔，没有一架机器的轮子转动。

对德国经济的扼杀，加速了马克的最后崩溃。1923年1月占领鲁尔的那一天，马克对美元比价跌到了18 000：1，到7月1日，跌到了160 000：1，到8月1日跌到了1000 000：1，到11月，希特勒认为他的时刻来到时，马克跌到了40亿比1美元，此后，数字就以兆计了。德国货币成了毫无价值的废纸。工资薪水的购买力等于零。中产阶级和工人阶级的一生积蓄都荡然无存。但是遭到毁灭的还有更加重要的东西，那就是德国人民对德国社会的经济结构的信任。德国社会历来竭力鼓励储蓄和投资，并且庄严地保证这种储蓄和投资能够得到万无一失的报偿，结果却自食其言，这样一个社会的标准和行为还值得相信吗？这不是对人民布下的大骗局吗？

这场灾祸不是应该怪那个向敌人投降和接受赔款重担的民主共和国吗？对其本身的生存颇为不幸的是，共和国的确要负一份责任。通 61
货膨胀本来是可以靠平衡预算来制止的，尽管平衡预算不是一件容易的事，但也不是办不到的。适当增税本来可以实现预算平衡，但是新政府却不敢适当地增税。说到底，1 640亿马克的战争费用也一点不是靠直接征税来筹措的，其中930亿马克靠发行战时公债，290亿马克靠金库券，其余靠增发纸币。共和国政府不但没有对有力量的人大大增加税额，反而在1921年削减了他们的税额。

从此以后，在大工业家和大地主的教唆下，政府有意让马克崩溃，为了使国家能够逃避公债，免付赔款，在鲁尔跟法国捣蛋。这样做，对大工业家和大地主肯定是有好处的，而人民群众却在经济上遭到了毁灭。此外，货币贬值也使德国重工业能够用毫无价值的马克偿清债务。参谋总部为了逃避和约中取缔其存在的条款，这时已伪装为军队办公室（Truppenamt），它也注意到，马克的贬值扫清了战争债务，这样就可以使德国在财政上毫无牵累，可以从事一场新的战争。

但是人民群众并不知道工业巨头、陆军和国家从货币的贬值中得到多少好处。他们所知道的只是，大笔银行存款还买不到一把胡萝

德国马克贬值，购买日常用品也需要上万马克。

卜、几个马铃薯、几盎司糖、一磅面粉。他们知道，作为个人，他们是破产了。他们也知道饥肠辘辘的滋味，因为这是每天尝到的。他们在痛苦和绝望之余，把共和国当作这一切罪过的替罪羊。

这样的时候正是阿道夫·希特勒的天赐良机。

巴伐利亚发生的反叛

“政府镇定沉着地继续印发这些废纸，因为，如果停止印发的话，政府就完蛋了，”他叫嚷道，“因为一旦印刷机停止转动——而这是稳定马克的先决条件——骗局马上就会暴露在光天化日之下……请相信我，我们的痛苦只会增加，而坏蛋们却安然无事。原因是：国家本身已经成了最大的骗子和恶棍。这是个强盗的国家！……如果受惊的人民注意到，他们即使有几十亿马克，也只有挨饿的份儿，那他们一定会得出这个结论：我们不能再听命于一个建筑在骗人的多数决定的玩意儿上面的国家了。我们需要独裁……”[5]

毫无疑问，通货漫天膨胀所带来的困难和动荡不定迫使千百万德国人民得出了这个结论，而希特勒是非常乐意把他们引导上这条道路的。事实上，他早已开始相信，1923年的混乱局面已经造成了一个时不再来的推翻共和国的机会。但是，如果他本人要来领导这场反革命活动的话，他的道路上还有一定的困难。而如果不是由他来领导，他 62
就没有多大兴趣了。

这些困难首先是，纳粹党虽然党员人数日增，却还远不是巴伐利亚最重要的一个政治运动，而在巴伐利亚境外，它更是默默无闻。这样一个小党怎么能够推翻共和国呢？希特勒不是个能轻易被困难吓倒的人，他认为他想出了一个办法。他可以把巴伐利亚所有反共和的民族主义势力团结在他的领导之下。然后，在巴伐利亚政府、武装团体和驻扎在巴伐利亚的国防军支援之下，他可以领导一次向柏林的进军——像一年前墨索里尼向罗马进军一样——推翻魏玛共和国，显然，墨索里尼轻易取得的胜利触发了他的灵机。

法国占领鲁尔虽然重新燃起了德国对传统敌人的仇恨，从而使民族主义精神复活，却使希特勒的计划变得困难了。法国这样做，使得德国人民团结在抵抗法国的柏林共和政府的背后。这是希特勒所最不愿意看到的事情。他的目标是摧毁共和国。至于法国，德国可以在实现了自己的民族主义革命和建立了独裁政权以后，再来收拾它。希特勒在有力的舆论潮流面前居然敢冒大不韪，采取一个不得人心的方针：“不——不要打倒法国，而是要打倒祖国的叛徒！打倒十一月罪人！这才是我们的口号。”[6]

在1923年的头几个月里，希特勒就致力于实现这个口号。2月间，主要是由于罗姆在组织工作上的本领，巴伐利亚有四个武装的“爱国团体”同纳粹党联合组成所谓“祖国战斗团体工作联盟”，而以希特勒为政治领导。9月间组织了一个名叫“德意志战斗联盟”的更强有力的团体，希特勒担任三个领导人之一。这一组织是9月2日在纽伦堡举行群众大会庆祝德国1870年在色当战败法国的五十三周年纪念时产生的。南德大部分具有法西斯思想的团体都有代表参加，希特勒在会上发表了一篇激烈的反对中央政府的演说后，受到了全场起立的欢呼。新成立的战斗联盟公开声称它的目标是：推翻共和国，撕毁《凡尔赛和约》。

在纽伦堡开会期间，检阅示威群众游行的时候，希特勒在检阅台上站在鲁登道夫将军的旁边。这并不是件偶然的事。若干时候以来，这个年轻的纳粹党头子就一直在拉拢这位战时英雄。鲁登道夫曾经让柏林卡普政变的策动者利用他的声名，现在既然他继续鼓励右翼的反革命，也就有可能诱使他来支持希特勒心中开始萌芽的那种行动。这位老将军是一点也没有政治头脑的；他现在定居在慕尼黑郊外，毫不掩饰他对巴伐利亚人、对巴伐利亚王位可能的继承人鲁普雷希特太
63 子、对德国天主教会势力最大的一邦中的天主教会的蔑视。这一切，希特勒都知道，但是，这正合他的心意。他并不想要鲁登道夫来担任民族主义反革命运动的政治领袖——虽然人人皆知，这位战时英雄颇有雄心担当这个角色。希特勒要把这个角色留给自己。但是鲁登道夫的名字，他在军官团和整个德国保守派中间的声望，对这个在巴伐利亚境外还是默默无闻的地方政客来说，却是个本钱。于是，希特勒开始把鲁登道夫包括到他的计划里面。

1923年秋，德意志共和国和巴伐利亚邦之间的危机达到了顶点。9月26日那天，古斯塔夫·施特雷泽曼总理宣布结束在鲁尔的消极抵抗，德国恢复支付赔款。这个前兴登堡和鲁登道夫的喉舌是个坚决的保守派，而且从骨子里来说，还是个保皇派，他已认定，如果德国要得救，要统一，要恢复强大，那就必须——至少在目前——同意共和

国的存在，同协约国妥协，取得喘息的时间来恢复经济力量。如果再放任自流的话，只会造成内战，也许最后会导致国家的毁灭。

在鲁尔放弃对法国的抵抗和恢复赔款负担这两件事，使德国民族主义者和共产党人群情激愤。德国共产党的势力这时也有了增长，他们同民族主义者一起，猛烈谴责共和国。施特雷泽曼面临着来自极右和极左两方面的严重反叛。关于这一点，他是预见到的，他在宣布改变鲁尔和赔款问题政策的那一天就请总统埃伯特宣布了紧急状态。从1923年9月26日一直到1924年2月，根据紧急状态法，德国的行政权给了国防部长奥托·格斯勒和陆军司令冯·塞克特将军。实际上，这就使得冯·塞克特将军和他的陆军成了全国的实际独裁者。

巴伐利亚根本无意接受这样一个解决办法。欧根·冯·克尼林领导的巴伐利亚内阁9月26日在本邦宣布了紧急状态，任命右翼保皇派、前邦总理古斯塔夫·冯·卡尔为拥有独裁权力的邦长官。在柏林方面，有人担心巴伐利亚可能退出德国，拥护维特尔斯巴赫王室复辟，也许还会同奥地利组织一个南德意志联邦。于是埃伯特总统就匆匆忙忙地召开了一次内阁会议，并且邀请冯·塞克特将军参加。埃伯特想要知道陆军站在哪一方面。塞克特直率地告诉他："总统先生，陆军站在我的背后。"[7]

这位夹着单片眼镜、面无表情的普鲁士籍总司令的冷冰冰的话，不出所料，并没有使德国总统或者总理感到惊异。他们早已认识到陆军那种不服从任何方面的国中之国的地位。我们前面已经谈到，三年以前，当柏林被卡普的部队占领的时候，曾向塞克特提出过类似的呼 64
吁，当时陆军就站在这位将军的背后，而没有站在共和国的背后。现在1923年的唯一问题是，塞克特站在哪里。

共和国真是幸运，他这次是站在共和国的背后。这不是因为他相信共和民主的原则，而是因为他看到，就目前来说，要保全本身受到巴伐利亚和北方的反叛威胁的陆军，要防止德国陷于灾难深重的内战，支持现政权是必要的。塞克特知道，驻扎在慕尼黑的那个师里的有些领导军官站在巴伐利亚分离主义者一边。他也知道有个“黑色国防军”的阴谋，其首领是前参谋总部军官布赫鲁克少校，其目的是要占领柏林和推翻共和政府。他现在就按经过深思熟虑的计划和坚强的决心着手行动，来整顿陆军和结束内战威胁。

1923年9月30日晚上，“黑色国防军”部队在布赫鲁克少校指挥下占领了柏林东面的三个炮台。塞克特命令正规军去包围他们，两天后，布赫鲁克投降了。他以叛国罪被起诉，后来真的判了十年的炮台禁闭。原来是由塞克特本人用“劳动突击队”名义建立起来为10万名国防军提供秘密后备人员的“黑色国防军”就此解散了。*

塞克特接着把他的注意力转移到萨克森、图林根、汉堡和鲁尔方面共产党暴动的威胁上去。在镇压左派方面，陆军的忠诚是毫无问题的。在萨克森，当地国防军司令逮捕了社会民主党-共产党联合政府人员，并且任命了一名国家长官执掌政权。在汉堡和其他地方，德国共产党很快受到严厉的镇压。柏林现在认为，比较轻易地镇压了布尔什维分子以后，已经剥夺了巴伐利亚阴谋分子声称他们的真正目的是要从共产主义手中拯救共和国的借口，并且认为他们现在总该会承认全国政府的权威了。但是事情的结果却不是如此。

巴伐利亚仍旧违抗柏林。它现在处在三巨头的独裁控制之下，三巨头是邦长官卡尔、驻在巴伐利亚的国防军司令奥托·冯·洛索将军
65 和邦警察局长汉斯·冯·赛瑟尔上校。卡尔拒绝承认埃伯特总统宣布德国处于紧急状态的命令适用于巴伐利亚。他拒绝执行柏林方面的任

---

*“黑色国防军”为数大约2万人，在1920—1923年动荡的年代中，原驻在东部边境，以协助防备波兰人。这个秘密组织之所以出名是由于它恢复了中世纪秘密法庭的恐怖行为。这种秘密法庭对于那些把“黑色国防军”活动报告给协约国管制委员会的德国人任意判处死刑。这类残忍杀人事件有好几起告到了法院。在一次审讯时，继诺斯克担任国防部长的奥托·格斯勒表示，他不知道这个组织的存在并坚决声称它并不存在。当一个审问者表示不相信的时候，格斯勒就叫嚷道：“谁谈到‘黑色国防军’，谁就犯了叛国罪！”

何命令。全国政府要求取缔希特勒的报纸《人民观察家报》，因为它恶毒攻击共和国，尤其针对塞克特、施特雷泽曼和格斯勒，但是卡尔却轻蔑地加以拒绝了。

柏林方面的第二道命令是：逮捕巴伐利亚一些武装团体的三个臭名远扬的首脑：海斯上尉、卡普政变中的“英雄”埃尔哈特上尉和罗姆的男宠罗斯巴赫中尉。卡尔也置之不理。塞克特不能再忍耐了，他命令冯·洛索将军取缔纳粹党党报和逮捕这三个自由军团人员。但是这位将军却迟迟没有遵命，因为他自己也是巴伐利亚人，而且思想混乱，性格软弱，希特勒的雄辩和卡尔的劝说已使他上了钩。10月24日，塞克特撤换了他，另派克莱斯·冯·克莱森施坦因将军接替。但是，卡尔不肯接受柏林方面的片面决定。他宣称，洛索将继续担任驻在巴伐利亚的国防军司令，并且强迫陆军军官和士兵举行特别宣誓，效忠巴伐利亚政府。这不仅是违抗塞克特，而且是藐视宪法。

在柏林方面看来，这不仅是政治反叛，还是军事反叛。冯·塞克特将军现在决心要平定这次双重反叛。[8]

他向巴伐利亚三巨头，向希特勒和武装团体发出了一个明白的警告：他们方面的任何反叛都将受到武力的对付。但是对这名纳粹党领袖来说，这时要再后退已经太晚了。他的激烈的党羽都要求行动起来。他的冲锋队队长之一威廉·布吕克纳中尉则要求他马上采取行动。“时候到了，”他提醒说，“我已约束不住弟兄们了。如果现在再不采取行动，他们就要离开我们了。”

希特勒也认识到，如果施特雷泽曼赢得更多的时间，并且成功恢复国内平静的话，他自己的机会就会丧失。因此他要求卡尔和洛索趁现在柏林方面还没有向慕尼黑进军就向柏林进军。他开始怀疑，三巨头不是胆怯了，就是打算在没有他参加的情况下搞政变，闹分离，要巴伐利亚脱离德国。希特勒狂热地主张建立一个强大的民族主义的统一的德国，对于这种政变他是绝对反对的。

在塞克特提出警告后，卡尔、洛索、赛瑟尔的确开始丧胆了。他们没有兴趣做无益的姿态而自毁前途。11月6日，他们告诉战斗联盟：不能催促他们采取轻率行动；究竟在什么时候、用什么方式采取行动，只有他们才有权决定。希特勒是战斗联盟的主要政治人物，因此这等于告诉希特勒，他必须自己掌握主动。他如果要单独举行政变，还没有足够的后盾。他必须得到巴伐利亚邦、军队和警察的支持，这是他在维也纳流浪的日子里学到的教训。他总得想个办法使卡
66 尔、洛索、赛瑟尔处在不得不与他一起行动而且没有退步余地的地位。这需要大胆，甚至冒险，现在希特勒用事实证明他是有这种魄力的。他决定劫持三巨头，强迫他们按照他的要求行使他们的权力。

这个主意最初是罗森贝格和施勃纳-里希特这两个从俄国逃出来的人向希特勒建议的。后者借他妻子的姓充起贵族来，自称为马克斯·埃尔温·冯·施勃纳-里希特。他是个来历可疑的角色，像罗森贝格一样，一生大部分时间是在波罗的海沿岸的俄国省份里度过的，战后同其他难民一起从苏联逃到慕尼黑，在这里加入了纳粹党，成了希特勒的亲信之一。

11月4日是德国阵亡将士纪念日（Totengedenktag），慕尼黑市中心要举行阅兵，报上已经宣布，在一条通向英烈祠的狭窄街道上设立的检阅台上，接受军队敬礼的，除了众望所归的鲁普雷希特太子之外，还有卡尔、洛索和赛瑟尔。施勃纳-里希特和罗森贝格向希特勒建议，用卡车装运几百名冲锋队员，在受检阅的军队来到之前包围这条小街道，用机枪加以封锁。然后希特勒登上检阅台，宣布革命，在手枪威胁下劝说这些权贵参加革命，帮助他领导革命。这个计划很中希特勒的意，他表示热烈赞成。但是在约定的那天，当罗森贝格提前赶到这个地方做侦察时，他颇为沮丧地发现，这条狭窄的街道被一大批全副武装的警察完全警戒起来了。这个计划，也就是“革命”，不得不因此放弃。

事实上，这只不过是推迟了而已。他们又想出了第二个计划，这一次，即使有警察把守要冲，也不能阻挠其实现。在11月10日到11日的夜间，冲锋队和战斗联盟的其他武装团体将集中在慕尼黑正北方向的弗罗特曼宁格荒地，在11日可恨又可耻的停战纪念日上午就开入市内，占据战略要地，宣布全国革命，使踌躇不前的卡尔、洛索、赛瑟尔面临既成事实。

就在这个时候，一个并不是十分重要的公告使希特勒放弃了这个计划而另想办法。原来报上有一条简短的通告说，应慕尼黑某些企业团体之请，卡尔将在慕尼黑东南郊一家名叫“贝格勃劳凯勒”的大啤酒馆举行的一次集会上讲话。日期是11月8日晚上。通告说，这位长官的演讲内容是关于巴伐利亚政府的施政纲领的。冯·洛索将军和冯·赛瑟尔上校以及其他显贵也将列席。

有两点考虑使希特勒做出了迅速的决定。第一点考虑是，他怀疑卡尔可能利用这次集会来宣布巴伐利亚独立和维特尔斯巴赫王朝在巴伐利亚复辟。11月8日一整天，希特勒一直在设法会见卡尔，然而没有如愿，卡尔要到9日才肯见他。这只是增加了这位纳粹党领袖的怀疑。
他必须先发制人。而且——这是第二点考虑——贝格勃劳凯勒酒馆的 67
集会提供了11月4日所错过的机会：把三巨头一网打尽，在手枪威胁下强迫他们同纳粹党一起进行革命。希特勒决定立即采取行动。11月10日的动员计划取消了，冲锋队临时改派到这家大啤酒馆执行任务。

啤酒馆政变

1923年11月8日晚上9点差一刻的时候，卡尔对3 000名左右坐在粗木桌子边、以巴伐利亚方式用石缸子咕噜咕噜大口喝着啤酒的市民已经讲了半个小时的话，这时候冲锋队包围了贝格勃劳凯勒啤酒馆，希特勒排开人群走进了大厅。正好在他手下的人在门口架起了一挺机枪的时候，希特勒跳上一张桌子，为了吸引注意，拿出手枪对着天花板开了一枪。卡尔马上停止了讲话。听众转过身来看这是怎么回事。希特勒在赫斯和乌尔里希·格拉夫——前屠夫、业余摔跤家、打手，现在是领袖的卫士——的簇拥下走向讲台。一名警察少校想要阻拦他，可是希特勒用手枪对着他，继续前进。据目击者说，卡尔这时吓得“面如土色，手足无措”，从讲台上退了下来。希特勒占据了他的位置。

“全国革命已经开始了！”希特勒叫喊道，“这个地方已经由六百名武装人员占领。任何人都不许离开大厅。大家必须肃静，否则我就在楼厅上架起机枪。巴伐利亚政府和全国政府已经被推翻，临时全国政府已经成立。国防军营房和警察营房已被占领。军队和警察已在卐字旗下向市内挺进。”

最后一点是假的，纯属虚声恫吓。但是在混乱中谁也没有把握。而希特勒的手枪却是实实在在的东西。它已经开过一枪。冲锋队和他们的步枪及机枪也是实实在在的东西。希特勒现在命令卡尔、洛索、赛瑟尔跟他到台后一间私室里去。在冲锋队员的推搡下，巴伐利亚的这三个最高级官员乖乖地听从希特勒的吩咐，而群众则目瞪口呆地看着。

但是他们也怀着越来越不满的情绪。许多企业家仍旧认为希特勒是个刚刚蹿上来的暴发户。他们之中有一个人向警察叫道：“别像1918年那样胆小，快开枪！”但是警察看到自己的局长都那么驯服，而且冲锋队已经占领了整个大厅，一动都不敢动。希特勒早已在警察局安插了一个纳粹党的坐探威廉·弗里克，要他打电话给啤酒馆值勤的警察不要插手干预，只需报告情况就行。人群开始越来越愤懑，以至于戈林认为有必要走上讲台，叫他们安静点。“没有什么可以害怕的，”
68 他大声叫道，“我们没有恶意。因此，你们没有不满的理由，喝你们的啤酒吧！”他还告诉他们，在隔壁房间里正在组织新政府。

的确是在组织新政府，不过，这是在希特勒的手枪胁迫之下进行的。他一等到把三个人赶进隔壁房间之后，就告诉他们:“没有我的许可，谁都别想活着走出这个房间。”他接着又告诉他们，他们三个人都可以在巴伐利亚政府中或者在他与鲁登道夫一起组织的全国政府中保有重要的职位。同鲁登道夫一起？那天傍晚，希特勒已派了施勃纳-里希特到路德维希斯霍伊去接这位对纳粹党政变毫不知情的著名将军前来啤酒馆。

这三个人起先连话也不愿同希特勒说，但是他却继续向他们发表宏论。他们三个人都必须同他一起宣布实行革命，参加新政府；他们都必须接受他——希特勒——派给他们的职位，谁要不干“谁就别想活”。卡尔将担任巴伐利亚摄政者；洛索将担任国防军部长；赛瑟尔将担任国家警察局长。可是这三个人一个也没有被这种高官显爵所打动。他们根本没有搭理。

他们继续保持沉默，这使希特勒焦躁起来。最后他向他们挥动着手枪说:“我的手枪里有四颗子弹！如果你们不肯跟我合作，三颗留给你们。最后一颗就留给我自己！”他举着手枪对准自己的前额嚷道：“如果明天下午我还没有成功，我就不要这条命了！”

卡尔虽然不是个很聪明的人，胆子却很壮。“希特勒先生，”他答复道，“你尽管吩咐他们把我枪毙，或者你亲自动手也行。我死不死没有什么了不起。”

赛瑟尔也说了话。他谴责希特勒没有遵守他保证不对警察举行政变的诺言。

“不错，我自食其言，”希特勒答复说，“请原谅我，但是为了祖国的缘故，我不得不如此。”

冯·洛索将军轻蔑地保持沉默。但是当卡尔在他耳旁开始低语时，希特勒马上说:“住嘴！没有我的许可不许交谈！”

可是他自己的讲话没有收到什么效果。这三个掌握巴伐利亚政权的人，即使是枪口对着胸膛，也没有一个同意跟他走。政变没有能按预期计划实现。这时希特勒忽然心血来潮，他一言未发就冲到外面大厅里去，走上讲台，对着愤愤不满的人群宣布，隔壁房间里的三巨头已经同他一起组成了一个新的全国政府。

“巴伐利亚政府，”他叫道，“已经撤换……十一月罪人的政府和总统也已经被宣布撤换。新政府将于今天在慕尼黑这个地方宣布成立。德国国防军将立刻组成……我建议，在同十一月罪人算清总账以前，由我接管全国政府的政策指导工作。鲁登道夫将担任德国国防军
69 的领导工作……德国全国临时政府的任务是组织对罪恶的渊薮柏林的进军和拯救德国人民……要是明天还不能成立一个德国全国政府，我们就都杀身成仁！”

希特勒说了巧妙的谎话，这既不是第一次，也肯定不是最后一次。他的谎话居然奏效了。当人群听到卡尔、冯·洛索将军和警察局长冯·赛瑟尔已经同希特勒合作的时候，他们的情绪马上转变了。有人高声欢呼，这些欢呼声打动了仍旧被关在隔壁的三个人。

这时好像变戏法一般，施勃纳-里希特接来了鲁登道夫将军。这位战时英雄对于希特勒在这件事上完全把他蒙在鼓里随便摆弄很是生气，一等到进了后室，知道要担任德国独裁者的竟是这个前陆军下士，而不是他自己时，他就更加不满了。他对这个鲁莽无礼的小子一句话也不愿说。但是希特勒并不在乎，他只要鲁登道夫肯把他的大名借给他干这件冒险勾当，使这三个迄今为止没有被他的劝说和威胁所打动的巴伐利亚领袖回心转意就行了。这个要求，鲁登道夫是答应的，他说，现在这已成了一个重大的民族的事业，他奉劝这三位先生予以合作。看到这位老将军也这么热心，这三个人就有些退让了，虽然后来洛索否认他曾同意听命于鲁登道夫。卡尔在他念念不忘的维特尔斯巴赫王室复辟问题上嘀咕了一阵，最后还是说，他愿意作为“国王的代表”一起合作。

鲁登道夫的及时到来救了希特勒。这样一个幸运的转机使希特

勒喜不自胜，他马上率领众人回到讲台上，每个人都讲了几句简短的话，并且宣誓互相效忠和忠于新政权。大厅里的人群兴奋得都跳上了椅子和桌子。希特勒高兴得合不拢嘴。“他有着一种我永远不会忘掉的孩子气的坦率的快活表情。”当时在场的一个著名的历史学家后来这样说。[9]

希特勒再次登上讲台，向在场的人们说了他最后的几句话：

> 我现在要履行我五年前在军事医院里一时成了瞎子时所立下的誓言：要不倦不休地努力奋斗，直到十一月罪人被推翻，直到在今天德国的悲惨废墟上建立起一个强大、自由、光荣的德国。

会议至此宣告散会。在出口处，赫斯在冲锋队员的协助下，扣留了一些企图混在人群里溜出去的巴伐利亚内阁成员和其他要人。希特勒自己则监视着卡尔、洛索和赛瑟尔。这时消息传来，一个名叫高地联盟的武装团体的打手们在陆军工兵队营房同正规军发生了冲突。希特勒决定驱车前往出事地点，亲自解决争端，把啤酒馆里的事交给鲁登道夫处理。

这个决定后来证明是个致命的错误。洛索是第一个想溜走的人。 70
他告诉鲁登道夫，他必须到陆军司令部去，发出必要的命令。当施勃纳-里希特表示反对时，鲁登道夫绷着脸说：“我不许你怀疑一个德国军官的话。”接着，卡尔和赛瑟尔也一个个溜了。

希特勒兴高采烈地回到贝格勃劳酒馆时发现，鸟儿已飞出了笼子。这是这个晚上的第一个打击，他不禁目瞪口呆。他满以为他的“部长们”正在忙于他们的新任务，鲁登道夫和洛索也已经拟出了进军柏林的计划了。但是结果是几乎什么事情也没有做，甚至连慕尼黑也没有被革命军占领。只有罗姆带领了另一个武装团体“德国战旗”

的冲锋队占领了舍恩菲尔德街陆军部的办公处，除此之外，任何战略要地都没有占领，甚至连电报局也没有占领，政变的消息就从这里传到了柏林，冯·塞克特将军要巴伐利亚军队镇压政变的命令也经过这里发了回来。

虽然下级军官和一些士兵中间，有些人同情希特勒和罗姆，但是高级军官在慕尼黑卫戍司令冯·丹纳将军的领导下，不仅准备执行塞克特的命令，而且对于冯·洛索将军所受到的待遇极为不满。按照陆军的惯例，一个平民竟敢以手枪对着一位将军，就应该当场格杀勿论。洛索到了第十九步兵师的营房以后，就同丹纳会商，立即发出命令，要郊外的驻军赶到城里来增援。到清晨时分，正规军已在陆军部四周布置了封锁线，包围了罗姆的部下。

在此以前，希特勒和鲁登道夫到了陆军部来见罗姆，估计一下整个局势。罗姆出乎意料地发现，除了他以外，没有任何人采取军事行动，占领关键性的地点。希特勒竭力想同洛索、卡尔和赛瑟尔恢复联系，但是以鲁登道夫名义派到第十九步兵师营房去的信使却没有一个回来。前慕尼黑警察局长珀纳现在是希特勒的拥护者，他被派同许恩莱因少校和一队冲锋队员去占领警察局，但是他们一到那里就被逮捕了。

这时巴伐利亚政府首脑古斯塔夫·冯·卡尔在干什么呢？原来他离开了贝格勃劳凯勒以后，立刻恢复了理智和勇气。他不想再冒当希特勒和他的打手的俘虏的危险，因此把政府迁到了雷根斯堡。但是在此以前，他已在慕尼黑到处贴了如下的告示：

> 一些野心勃勃的同志的背信弃义和欺骗行为，已经把一次符合民族觉醒利益的表示变成了一场个人作呕的暴行。我、冯·洛
> 71 索将军和赛瑟尔上校在枪口威胁之下被迫发表的声明一概无效。
> 民族社会主义德国工人党以及高地联盟和德国战旗这两个武装团

体即刻解散。

邦长官　冯·卡尔

这天晚上在希特勒看来是唾手可得的胜利，入夜以后都迅速化成泡影了。他一直坚持的政治革命要成功所必须具备的基础——诸如陆军、警察执政的政治集团这种地位确立的机构的支持——现在已经垮了。事情很清楚，甚至鲁登道夫的大名也不能把巴伐利亚邦的军队争取过来。希特勒建议他同老将军一起退到罗森海姆附近乡间，动员农民支持武装团体袭击慕尼黑，局势也许还可以挽救。但是鲁登道夫立即拒绝了这个建议。

也许还有办法，至少可以避免发生不利的结局。鲁登道夫的私人死敌鲁普雷希特太子在听到了政变消息之后，马上发表了一个简短的声明，要求立即加以镇压。现在希特勒决定要求鲁普雷希特出来向洛索和卡尔斡旋，谋求一个体面的、和平的解决。希特勒和鲁普雷希特的共同友人，一个名叫诺恩策特的中尉担起这个困难使命，在黎明时分被派到贝希特斯加登附近的维特尔斯巴赫城堡。他由于找不到汽车，只好等火车，因此到中午的时候才到达目的地，这时，局势已经急转直下，这是希特勒所始料不及的，也是鲁登道夫做梦也没有想到的。

希特勒打算做的事是一场政变，不是一场内战，尽管他情绪极为激动，但他还是完全控制住了自己，认识到他没有力量对付警察和陆军。他原来的打算是同陆军一起进行革命，而不是对陆军进行革命。尽管他在最近的演说中和用枪口对着巴伐利亚三巨头的时候显得杀气腾腾，但是他并不想让共同憎恨共和国的人自相残杀。

鲁登道夫也是如此。正如他对他妻子所说的一样，他很希望把埃伯特总统和他那一帮人捆起来，高兴地看着他们吊死在绞刑架上。但是他并不想杀害警察和士兵，他们——至少慕尼黑的警察和士兵——是同他一样都主张全国反革命行动的。

鲁登道夫现在向彷徨的年轻纳粹党领袖提出了他自己想出来的一个计划，这个计划也许还能够为他们带来胜利而不致流血。他相信，德国士兵，甚至德国警察——他们大多数是退伍军人——是不敢对他这个曾经在东线和西线领导他们取得了伟大胜利的传奇人物一样的司令官开火的。因此他建议由他和希特勒带领他们的支持者游行到市中心去，随后加以占领。他完全有把握的是：警察和军队不但不敢阻挠他，甚至还会跟着他走，听他的命令作战。希特勒开始时将信将疑，
72 但是最后还是同意了。当时看来也没有别的出路。他也注意到，太子并没有答复他的调停请求。

11月9日德意志共和国成立纪念日上午快到11点钟的时候，希特勒和鲁登道夫率领大约3 000人的一队冲锋队员，从贝格勃劳凯勒酒馆的花园里出发，向慕尼黑市中心前进。同他们并肩走在行列前面的，有冲锋队长戈林、施勃纳-里希特、罗森贝格、希特勒的卫士乌尔里希·格拉夫以及六七个纳粹党的其他头目和战斗联盟的领袖。一幅卐字旗和高地联盟的旗帜在队伍前面迎风招展。在头几排行列后面跟着一辆卡车，架着机枪，载着机枪手。冲锋队员们肩上挂着马枪，有的还上了刺刀。希特勒手中握着手枪。这并不是一支什么了不起的军队，但是曾经统率德国百万雄师的鲁登道夫显然认为，要实现他的目的，这已经够用了。

这些反叛分子离开啤酒馆往北，刚走了几百码，就遇到了第一重障碍。在横跨伊萨河通往市中心的路德维希桥上，有一队武装警察把守着，不让他们通过。戈林一跃向前，对警察队长说，如果警察向他们开枪，他就要把据他说押在队伍后面的人质枪毙。在前一天夜里，赫斯等人已经搜捕了一些人质，其中包括两个内阁部长，目的就是为了应付这种万一情况。不管戈林是不是虚声恫吓，反正那个警察队长显然相信了他的话，不再阻挠就让队伍过了桥。

在海军广场，纳粹党队伍遇到了正在听纽伦堡来的反犹主义者尤

利乌斯·施特莱彻讲话的一大群人。施特莱彻是一听到政变消息后就马上赶到慕尼黑来的。他不想被抛在革命之外，就中断了演讲，加入了反叛分子的行列，紧紧地跟在希特勒的后面。

中午过后不久，游行队伍走近了他们的目的地：罗姆和他的冲锋队员们被国防军包围的陆军部。到这个时候为止，被围者和包围者都还没有发过一枪。罗姆和他的手下人员都是行伍出身，在铁丝网的另一边有不少战时伙伴。双方都无心杀人。

为了到陆军部去救罗姆出险，希特勒和鲁登道夫现在领导他们的队伍穿过狭窄的府邸街，这条街在英烈祠旁边，通向开阔的音乐厅广场。就在这条狭窄的街道尽头，有大约100名荷枪实弹的警察把守着，不准队伍通过。他们位居战略要冲，这一次，他们不再退让了。

但是纳粹党人又想用计骗过去。他们中间那个忠实的卫士乌尔里希·格拉夫一步跳上前，大声向带队的警官叫道："别开枪！带队的是鲁登道夫阁下！"即使在这个千钧一发的时刻，一个德国革命者，甚 73
至一个业余摔跤家和职业打手，也还没有忘记应该怎样称呼一个贵人。希特勒也叫了起来："投降吧！投降吧！"但是那个不知名的警官并不投降。显然，鲁登道夫的名字对他并不能起魔术般的作用。他们是警察，不是军队。

究竟哪一方面先开的枪，这一点后来一直没有查明。双方都把责任往对方身上推。有一个旁观者后来做证说，是希特勒先用他的手枪开头一枪的。另一个人认为是施特莱彻。不止一个纳粹党人后来告诉本书作者说，就是因为施特莱彻的这一个行动，而并不是因为任何其他行动，才使得他长期受到希特勒的眷顾。*

---

* 几年以后，希特勒不顾党内许多同志的反对，任命施特莱彻为弗朗科尼亚纳粹党领袖，他说："也许有一两个人不喜欢施特莱彻同志的鼻子的形状，但是当他那一天在英烈祠附近同我一起卧倒时，我就暗自对天发誓，只要他不背弃我，我也绝不背弃他。"（海登：《希特勒传》[*Hitler: A Biography*]，第157页）

不管怎么样，反正有人开了一枪，接着就是一阵双方互击，顿时使希特勒的希望化为泡影。施勃纳-里希特倒了下来，受了致命的重伤。戈林大腿上中了一枪，伤势甚重，也倒了下来。在60秒钟之内，枪声就停止了，但是已经有不少人躺在街上——总共16名纳粹党人和3名警察，有的已经毙命，有的奄奄一息，另外还有不少人受伤。其余的人，包括希特勒在内，都卧倒在地躲避子弹。

但是有一个人例外，而如果大家效法他的榜样的话，这一天的结局可能就不同了。鲁登道夫并没有卧倒。他以最优秀的军人传统，傲然挺立，在副官施特雷克少校的跟随下，面对着警察的枪口，泰然自若地继续前进，一直到达音乐厅广场。当时看来，他一定是个孤单的、奇怪的人。没有一个纳粹党人跟着他，甚至连他们的最高领袖阿道夫·希特勒也没有跟着他。

未来的第三帝国总理是第一个飞奔逃命的人。当游行队伍走近警察的封锁线的时候，他原来是用左臂挽着施勃纳-里希特的右臂的（这是一种奇怪的但也许是意味深长的姿势），后者倒地的时候把希特勒也拉了下去。可能希特勒以为自己受了伤，他感到一阵剧痛，后来才发现是肩膀脱了臼。但是事实仍旧是，据当时也参加游行的他自己党内的追随者瓦尔特·舒尔茨医生的证词（并且得到其他证人的证明），希特勒“是第一个跳起来向后跑的人”，把他那些躺在街上的死伤同志抛下不顾。他登上一辆候在附近的汽车，马上开向汉夫施丹格尔在乌芬的乡间别墅，在那里，他得到普茨的妻子和妹妹的护理，也是在那里，两天以后，他被捕了。

鲁登道夫是当场被捕的。对于没有勇气同他并肩前进的反叛者，他只有蔑视的份儿，对于陆军没有投向他的一边，他感到非常怨恨，
74 因此他宣布，他从今以后不再同任何德国军官打招呼，他自己也不再穿军官制服。受伤的戈林被抬到附近的一家银行里，由那家银行的犹太老板给他进行了急救，然后由他妻子陪着，偷偷越过边境到了奥

地利，进了因斯布鲁克的一家医院。赫斯也逃到了奥地利。罗姆在英烈祠前面的队伍溃败以后两个小时在陆军部投降了。过了没几天，除了戈林和赫斯以外，所有反叛的领袖都被捕入狱。纳粹党政变以失败收场。其党被勒令解散。从表面上来看，民族社会主义运动已经完蛋了。它的独裁领袖听到枪声一响就飞奔逃命，名誉似乎已经完全扫地，他的彗星似的政治生涯已经告终。

叛国罪审判

但是根据后来的实际情况来看，他的政治生涯只不过暂时中断了一些时候，而且时间也不太长。希特勒是个很精明的人，他看到受审判不仅不会断送他的前程，反而能为他提供一个新的讲坛，他不仅能够在这个讲坛上败坏本身也不清白却把他逮捕起来的当局的名誉，而且，更重要的是，也能够第一次使自己名震巴伐利亚一邦之外而传到整个德国。他完全知道，除了德国各大报以外，世界各国的报纸都派了记者前来慕尼黑采访这次审判。这次审判将在1924年2月26日开始，由一个特别法庭，假布鲁滕堡大街步兵学校旧址举行。到24天后审判结束时，希特勒已经转败为胜，毁了卡尔、洛索和赛瑟尔的前程，使他们在公众的心目中同他一样有罪，以他的滔滔雄辩和民族主义热情打动了德国人民，使得世界各国报纸都在第一版上登载了他的大名。

虽然鲁登道夫是被告席上十个囚徒中最有名的人，但是希特勒马上使得公众的注意力转移到他自己身上。他自始至终都主导着法庭。巴伐利亚司法部长弗朗茨·居特纳是这个纳粹党领袖的老友和保护者，他尽量做到让法官保持满不在乎和宽大为怀的情绪。希特勒可以任意打断证人的话，对他们反诘盘问，可以随时为自己辩护，时间不受限制——他的第一次发言花了四个小时，而这不过是他许多次长篇发言的第一次。

叛国罪审判之前，希特勒（右四）站在鲁登道夫将军（右五）和恩斯特·罗姆（右二）之间。

他并不打算重蹈卡普政变参加者的覆辙，据他后来说，这些人曾经声辩，“他们并不知情，没有打算，也没有野心。这就是资产阶级世界的致命伤——他们没有勇气承认自己的行为走到法官面前说，‘是的，这就是我们**想要**做的事；我们想要摧毁国家’”。

现在面对着法官和世界报界的代表，希特勒在慕尼黑傲然声称：
75 “我一个人负全部责任。但是我并不因此而成了罪犯。如果我今天以
一个革命者的身份站在这里，我是一个反对革命的革命者。反对1918
年的卖国贼，是根本谈不上叛国罪的。”

如果是叛国罪的话，那么领导巴伐利亚的政府、军队和警察的三个人，同他一起共谋反对全国政府的三个人，也一样有罪，也应该同他一起站在被告席上，而不应该作为主要控告者站在证人席上。他非常狡猾地把形势倒转了过来，使做贼心虚、坐立不安的三巨头处在不利地位：

有一件事情是肯定的，洛索、卡尔和赛瑟尔的目标与我们

相同——推翻全国政府……如果我们的事业确实是叛国的话，那么在整个时期，洛索、卡尔和赛瑟尔也必然一直同我们在一起叛国，因为在这些星期里，我们所谈论的除了我们目前因之受审的目标以外，别无其他。

这三个人很难否认这一点，因为这是实际情况。若论话里带刺的本领，卡尔和赛瑟尔不是希特勒的对手。只有冯·洛索将军昂然为自己辩护。“我不是个亡命之徒，”他对法庭说，“我在邦政府里占有很高的地位。”这位将军接着把一个老军官对这个以前的下士，这个在狂妄的野心驱使下竟想牵着陆军和邦的鼻子走的失意政客的全部轻蔑都发泄了出来。他说，这个寡廉鲜耻的煽动家的野心发展得多么快，没有多少日子以前还表示愿意在爱国运动中仅仅充当一名“鼓手”呢！

仅仅充当一名鼓手？希特勒知道如何回答：

小人的眼界是多么狭窄！请相信我，我认为谋得一个部长官职并不是什么值得努力争取的目标。我认为以部长身份载入历史，并不是值得一个伟大人物努力争取的事。假使真是如此，你很有同其他部长葬在一起的危险。我的目标从一开始起就比做部长高出一千倍。我要做马克思主义的摧毁者。我要完成这个任务。一旦我完成了这个任务，部长头衔对我来说就只是一个荒唐的称号罢了。

他援引了瓦格纳的例子。

当我第一次站在理查德·瓦格纳的墓前时，我对他不禁肃然起敬，因为他不许墓碑上刻写“枢密顾问、音乐指挥理查

> 德·冯·瓦格纳男爵阁下之墓”。我尊敬他，因为他和德国历史上许多别的人都对历史贡献了他们的名字而不愿有任何头衔。我在那些日子里愿意充当一名鼓手并不是出于谦虚。这是最高的愿望——其余都是不足道的。

别人攻击他想要从一名鼓手一跃而成为一个独裁者。他并不想否认。命运已经这样决定了。

> 天生要做独裁者的人不是被迫的。他的愿望就是如此。他不是被别人驱使向前的，而是自己驱使自己向前的。这并没有什
> 76 么骄傲自大的地方。难道一个努力从事繁重劳动的工人是骄傲的吗？难道一个有着思想家的大脑，夜夜思考，为世界发明创造的人是自大的吗？凡是觉得自己有天赋义务治理一国人民的人没有权利这么说，“如蒙召唤，我愿从命”。不！他应该责无旁贷地站出来。

虽然他站在被告席上，很有可能由于叛国大罪而被判处长期徒刑，但是他对自己的信心，他对“治理一国人民”的天赋义务的信心，并没有丝毫减弱。在监牢里静候审判的时候，他已经分析了政变失败的原因，并且立誓要在将来不再犯同样的错误。在他实现了他的目标以后回想到这些思想时，他对聚集在贝格勃劳凯勒酒馆纪念政变十三周年的老部下说：“我可以平心静气地说，这是我一生中最轻率鲁莽的决定。今天回想起来，不禁还捏一把汗……要是今天你看到我们1923年时的那一小队人走过，你会问：‘他们是从哪个劳动感化院里逃出来的？’……但是命运没有为难我们。它并没有让那个行动成功，因为那个行动如果成功的话，也必然会由于当时运动内部的不够成熟和组织及思想基础上的缺陷而以惨败收场……我们认识到，推翻

旧国家是不够的，必须在事前先建立起新国家，并且随时准备好……在1933年，问题已不再是用暴力行动来推翻国家的问题；在这期间，新国家已经建立起来，留下来要做的不过是摧毁旧国家的最后残余了——这只要几个小时就行了。”

当他在审判期间同法官和检察官唇枪舌剑的时候，他已在考虑如何建立一个新的纳粹国家了。举一端来说，下一次，他就要争取德国陆军**赞成**他，而不是反对他。他在最后发言时，就表现了同陆军修好的想法。他没有片言只字谴责陆军。

> 我相信，时候总会到来，今天在街上站在卐字旗下的群众到那时就会同向他们开过枪的人团结在一起……我听说开枪的是绿衣警察，不禁感到高兴，因为玷污清白历史的不是国防军；国防军仍一如既往，白壁无瑕。总有一天，国防军不分官兵，都将站在我们一边。

这是个准确的预言，但是说到这里，主持审讯的法官打断了他。“希特勒先生，你刚才说绿衣警察玷污了清白历史。我不许你这么说。”

这个被告一点也不去理会庭上的训斥。在使旁听者都听得入迷的最后一段话中，希特勒说：

> 我们的队伍日益壮大……我感到十分自豪，相信总有一天，
> 这些坚强的队伍会从连扩大到营，营扩大到团，团扩大到师，原 77
> 来的帽章会从污泥中捡起，原来的旗帜会在空中招展，我们准备面对上苍最后伟大的判决，到那个时候，我们又将和好如初。

他那闪闪发亮的目光咄咄逼人地盯着法官们。

因为可以审判我们的不是你们诸君。审判我们的应该是永恒的历史法庭。你们会做出什么判决，我是完全知道的。但是那个法庭不会问我们："你们到底犯了叛国罪，还是没有犯叛国罪?"那个法庭会判定我们，前陆军军需总监［鲁登道夫］，他的官兵，都是一心为了他们的同胞和祖国，愿意奋斗牺牲的德国人。你们可以不止千次地宣布我们有罪，但是永恒的历史法庭的女神会一笑置之，把邦检察官的诉状和这个法庭的判决书撕得粉碎。因为她会宣判我们无罪。[10]

实际进行判决的法官所决定的刑罚——如果不是所定的罪——正如康拉德·海登所说，同历史的判决相距也不太远。鲁登道夫无罪释放。希特勒和其他被告被判定有罪。但是，尽管法律——德国刑法第八十一条——规定"凡企图以武力改变德国宪法或任何一邦宪法者应一概处以无期徒刑"，希特勒却仅仅被判在兰茨贝格旧堡垒监狱服五年徒刑。即使在当时，陪审法官也表示判得过严，但是主审法官向他

1924年12月20日，希特勒从兰茨贝格监狱出狱。

们保证，该犯在服刑六个月后就有资格申请假释。警察局方面想把希特勒作为外国人——他仍拥有奥地利国籍——驱逐出境的尝试毫无结果。判决是在1924年4月1日做出的。不到九个月以后，在12月20日那天，希特勒就获释出狱，继续从事推翻民主国家的活动。法律归法律，如果你是极右派的人的话，叛国罪的后果是并不过分严重的，许多反共和分子都看到了这一点。

政变虽然是场大失败，可是却使希特勒成了全国著名的人物，而且在许多人的心目中，成了一个爱国志士和英雄。纳粹党的宣传立刻把这次政变说成是他们运动中的伟大传奇之一。每年，甚至在他当政以后，甚至在第二次世界大战爆发以后，希特勒都要在11月8日晚上回到慕尼黑的啤酒馆里来，同那些跟着元首参加了当时看来是一场滑稽戏的失败政变的老战友叙旧。1935年，希特勒已经当了总理，他命令把在那次短时间交火中毙命的16名纳粹党徒的尸体挖掘出来，改葬在英烈祠的墓室中，这地方就成了一个国家圣地。关于这些人，希特勒在纪念碑落成典礼上说：“他们现在已是德国永垂不朽的人。他们站在这里捍卫德国，监护我国人民。他们躺在这里，是我们运动的真正证人。”他没有补充一句，而且似乎也没有德国人记 78
得，他们也是希特勒从地上爬起来逃命时丢下不顾、听其死去的那些人。

1924年那个夏天，在俯瞰莱希河的兰茨贝格旧堡垒监狱中，阿道夫·希特勒得到贵宾待遇，独处一室，窗外景色动人。他婉辞了源源不断来向他问候致敬、馈送礼物的访客，召来了最后终于回到慕尼黑而被判处徒刑的忠实的鲁道夫·赫斯，一章接着一章开始口授一本书。* 79

* 在赫斯还没有来之前，由以前坐过牢的钟表匠、纳粹党“铁臂”队第一任队长埃米尔·莫里斯担任了一些初步的笔录工作。

注 释

1. 惠勒-本内特：《木制巨人：兴登堡》，第207—208页。
2. 同上，第131页。
3. 惠勒-本内特：《权力的报应》，第58页。
4. 弗朗茨·L. 诺伊曼：《巨兽》，第23页。
5. 海登：《元首》，第131—133页。
6. 同上，第164页。
7. 弗里德里希·冯·拉贝瑙中将：《塞克特的一生事迹》，第2卷，第342页。
8. 同上，第371页。
9. 系卡尔·亚历山大·冯·米勒说的话，海登在《元首》中加以引用，第190页。
10. 法院审讯记录收在《希特勒案件》中。

第四章
希特勒的思想和第三帝国的根源

希特勒想把他的书题名为《四年半来对谎言、愚蠢和胆怯的斗争》，但是负责出版这本书的纳粹党出版社有实际头脑的经理马克斯·阿曼不喜欢这个累赘而没有生意眼的书名，把它改成简短的《我的奋斗》。阿曼对这本书的内容大感失望。他原来以为这是一本有趣的个人故事，希特勒会详细记述他怎么样从一个维也纳的默默无闻的“工人”一跃而成为世界闻名的人物。而我们已经知道，这本书里自传的成分很少。那个纳粹党出版社经理原来也指望这是一本描写啤酒馆政变的内幕书，他相信，其中的精彩场面和钩心斗角的情况，读起来一定使人很感兴趣。但是当时正是党最不走运的时候，希特勒这个精明狡猾的人深知不能再去翻老账。*《我的奋斗》中几乎一句话也没有提到失败的政变。

第1卷是在1925年秋天出版的。全书约400页，售价12马克（折合3美元），大约比当时德国出版的大多数书籍定价贵一倍。它在当时

* “重挖刚刚收口的疮疤，”他在第2卷的结尾处写道，“是没有好处的；……重提那些在心底里也许都同样热爱国家而仅仅不了解共同道路的人的过错，是没有好处的。”希特勒是个极其记仇的人，他居然这样宽容那些粉碎他的叛乱和监禁他的人，是完全出人意料的。从后来卡尔和其他妨碍他的人的下场来看，这也许仅仅是表现一种坚强的意志力——为了策略缘故而暂时抑制自己。不管怎么样，他没有在书中攻击他们。

并没有立即成为一本畅销书。阿曼吹嘘说，第一年售出了23 000本，以后销售量继续上升，这种说法，在反纳粹人士中间没有人轻易置信。

由于盟国在1945年缴获了纳粹党的埃耶出版社的版税清单，《我的奋斗》实际销量现在已经弄清楚了。1925年销了9 473本，此后三
80 年中，销量逐年下降。上下卷算在一起，1926年跌到6 913本，1927年跌到5 607本，1928年只有3 015本。1929年稍许增加一点，为7 664本。1930年纳粹党走运后，销量也随之增加，当时出版了一卷装的廉价本，只售8马克，销量达54 086本，次年稍有下降，为50 808本，1932年增至90 351本。

头七年平均来算，希特勒的版税已是相当可观了，从1925年起，这就成了他主要的收入来源。但是比起他在1933年担任总理那一年收入的版税来，上述几年就简直算不得什么了。希特勒担任总理的头一年，《我的奋斗》销了100万本，他的版税收入（1933年1月1日起他的版税率从10%增至15%）达100多万马克（折合约30万美元），使他成了德国最流行的作家，也第一次成了百万富翁。* 除了《圣经》以外，在纳粹政权下，没有别的书有这么好的销路，当时家家户户的桌子上都有这本书，否则就会感到不太安全。在一对青年男女结婚的时候，向新郎新娘送一本《我的奋斗》，几乎是一种义务——当然也是很得体的。而且学童们不论从什么学校毕业，也几乎人人会得到一本。到1940年，即第二次世界大战爆发后一年，这本纳粹党圣经在德国已经销售了600万本。[1]

并不是每一个买了一本《我的奋斗》的德国人都一定读过这本书。我听到过不少纳粹党的忠实信徒表示，这本书读起来太枯燥乏味了，也有不少人私下承认，他们从来没有读完这本臃肿冗长、共有782页的厚书。但是可以这样说，要是在1933年之前德国有更多的非

* 像大多数的作家一样，希特勒同他的所得税征收员也有纠葛，至少——我们不久就会谈到——在他成为德国的独裁者之前是如此。

Mein Kampf

Eine Abrechnung

von

Adolf Hitler

1. Band

1925

Verlag Franz Eher Nachfolger G.m.b.H.

München NO 2

1925年第一版《我的奋斗》扉页。

纳粹党人读了这本书，要是外国政治家在还不太晚的时候仔细读了这本书，德国和全世界本来是可以免于一场灾祸的。因为，不论你对阿道夫·希特勒可能提出什么其他的谴责，你绝不能谴责他没有精确地写下，如果他掌权的话他要把德国变成怎样的一个国家，他要用德国的武力征服把世界变成怎样的一个世界。在这本富有启示性的书里，他极其详尽地描绘了第三帝国的蓝图，特别是描绘了他在1939年到1945年的胜利年代里强加给被征服的欧洲的野蛮新秩序的蓝图，其露骨率直，令人毛骨悚然。

我们前面已经谈到，希特勒的基本思想是他在20岁刚出头的时候在维也纳形成的，这有他自己的话为证，他说，在这以后，他没有学到什么新的东西，他的思想一点也没有什么改变。[*] 当他在1913年24岁时离开奥地利去德国的时候，他心中充满了德国民族主义的激烈热情，充满了对民主主义、马克思主义和犹太人的刻骨仇恨，并且确信
81 上帝选择了雅利安人，特别是日耳曼人，做主宰种族。

在《我的奋斗》中，他发展了他的看法，并把这些看法具体应用到这样一个问题上去：不仅要使战败的混乱不堪的德国在太阳底下占有比以前伟大的地位，而且要建立一个新式的国家，这个国家要以人种为基础，要包括所有当时住在德国境外的日耳曼人，在这个国家里要确立元首——他本人——的绝对独裁权力，在元首身边的是一批承上启下的较为次要的领袖。因此，这本书的内容首先是未来的德意志国家和它有朝一日能成为——作者在最后一页所说的——“地球主人”所依靠的手段的轮廓概述，其次是一种看法，一种人生观，或者用希特勒最喜欢说的德文词儿，一种世界观（Weltanschauung）。在20世纪一个正常人看来，这种人生观一望而知是一个一知半解、没有教

---

* 见本书原文第21页。

养的精神病人所想出来的荒诞可笑的大杂烩。但是重要的是，竟然有成百万的德国人狂热地信奉它，而且如果说它给他们——事实证明的确如此——带来了最终毁灭的话，它也给住在德国境内，特别是住在德国境外的成百万无辜的、善良的人带来了毁灭。

那么，新帝国如何恢复它的世界大国地位，如何接着走向世界霸权呢？希特勒在第1卷中考虑到了这个问题，该卷大部分是1924年他在监牢里写的。在1926年完成的第2卷中，他又更加详尽地谈到了这个问题。

首先，必须同“德国人民的不共戴天的死敌”法国算账。希特勒说，法国的目的总是要造成一个“肢解的破碎的德国……一些拼凑起来的小国家”。这一点是十分明显的，希特勒补充说“……如果我是一个法国人……我的行动同克列孟梭不能也不会有什么两样”。因此，必须“对法国来一次最后的算总账……一场最后的决战……只有到那个时候，我们才能结束我们自己同法国的永无休止的、基本上没有任何结果的斗争；当然首先要假定，德国实际上不过是把灭亡法国当作一种手段而已，其目的是在将来能够为我国人民在其他地方进行扩张”。[2]

在其他地方进行扩张，什么地方？希特勒由此就谈到了他对于他担任德国的统治者以后要忠实执行的德国外交政策的一些想法的核心。**他直率地说，德国必须在东方进行扩张——主要牺牲俄国。**

在《我的奋斗》第1卷中，希特勒详尽地谈到了这个生存空间（Lebensraum）的问题，这是一个至死还萦绕在他脑子里的问题。他宣称，霍亨索伦帝国在非洲猎取殖民地是个错误。“领土（扩张）政策是不能在喀麦隆实现的，今天几乎完全只能在欧洲实现。”但是欧洲的土地都已被占有了。不错，希特勒承认这一点，“但是大自然并没有为任何民族或种族保留这片土地的未来占有权；相反，这片土地是为有力量占有它的人民而存在的”。要是目前的占有者反对，怎么 82
办呢？“那么，自保的法则就要起作用。不能用和平的方法取得的东西，就用拳头来取。”[3]

希特勒继续分析德国战前外交政策的盲目性。他说，要取得新土地“只有在东方才有可能……如果要在欧洲取得领土，只有在主要是牺牲俄国的情况下才有可能，这就是说，新帝国必须再一次沿着古代条顿武士的道路向前进军，用德国的剑为德国的犁取得土地，为德国人民取得每天的面包”。[4]

希特勒就像在第1卷中还没有把自己的意思完全说明白一样，在第2卷中又谈到了这个问题。

> 只有在这个地球上有足够大的空间，才能保证一个民族的生存自由……［民族社会主义运动］不考虑“传统”和偏见，必须敢于团结我国人民及其力量走上这条能够引导我国人民从目前有限的生存空间走向新土地的道路……民族社会主义运动必须努力消灭我国人口与我国面积之间的不平衡状态，把后者不仅视为强权政治的基础，并且也视为粮食的来源……我们必须毫不退缩地坚持自己的目标……为德国人民取得他们有权享有的土地……[5]

德国人民有权享有多少土地？希特勒轻蔑地说，“对于将来一点也没有创造性政治思想”的资产阶级，一直在要求恢复1914年德国的疆界。

> 要求恢复1914年的疆界，在政治上是一件荒谬可笑的事，其荒谬的程度和后果的严重性，使这种要求几乎成为一种罪行。且不谈1914年的德国疆界是一点也不合理的。因为在实际上，当时的疆界并没有把所有日耳曼人民都包括在内，从这一点来说，它是不完全的，同时在军事地理的考虑方面它也是不合理的。当时的疆界不是经过深思熟虑后采取的政治行动的结果，而是在一场

政治斗争中的暂时疆界，这场政治斗争目前还谈不上结束……我们完全有理由，而且在某些情况下更有理由，可以在德国历史上挑选某个其他年代作为标准，宣布以恢复当时的情况作为外交政策的目标。[6]

希特勒的“标准年代”要回到六个世纪以前日耳曼人正在把斯拉夫人赶回东方去的年代，必须恢复东进。“今天我们在欧洲有8 000万日耳曼人！只有在过了一百年以后，这个大陆上有2.5亿日耳曼人的时候，这一外交政策才会被承认是正确的。”[7] 而且这2.5亿日耳曼人都是在扩张了的新帝国的版图之内。 83

显然，还有一些其他民族也得为这么多日耳曼人腾出地方来。他们是哪些民族呢？

> 因此，我们民族社会主义者……要继承我们在六百年以前中断了的事业。我们要中止日耳曼人不断向南和向西的移动，而把我们的目光转向东方的土地。
>
> **今天我们来谈欧洲的土地，我们指的首先只能是俄国和它的藩国。**[*8]

希特勒说，在这方面，命运待德国不薄，它把俄国交给了布尔什维主义，而在他看来，这实际上意味着把俄国交给了犹太人。他高兴地说道：“这个东方大帝国崩溃在即。犹太人在俄国的统治的结束，也是俄国作为一个国家的末日。”因此希特勒言下之意是，东方的大草原可以在俄国崩溃的时候轻而易举地取过来，而不需要德国人流很多的血。

---

* 着重体是本书作者用的。

有人能说这里画出的蓝图是不清楚、不明确的吗？法国将要灭亡，但是同德国向东挺进比起来，这是次要的。首先要把日耳曼人占居民中大多数的东方邻近疆土取过来，这些疆土是哪些地方，显然是奥地利、捷克斯洛伐克境内的苏台德区、波兰的西部，包括但泽市。然后是俄国。既然如此，那么过不了几年，当了总理的希特勒着手开始实现这些目标的时候，全世界为什么那么惊异呢？

关于未来纳粹国家的性质，希特勒的思想在《我的奋斗》中没有那么明确。不过他很清楚地表明，不会允许有“民主政治那种无聊玩意儿”，第三帝国将用领袖原则（Führerprinzip）来统治，也就是说，将实行独裁统治。书中几乎没有谈到经济问题。希特勒对这个问题不感兴趣，除了那个反对“利息奴役”的怪物戈特弗里德·费德尔的一些怪念头以外，他从来不想了解什么关于经济学的问题。

希特勒感兴趣的是政治权力，经济学可以由它去。

> 国家同任何固定的经济概念或经济发展都没有一点关系……国家是个种族有机体，而不是个经济组织……一个国家的内在力量只有在极偶然的情况下才同所谓经济繁荣同时出现；后者，在大多数情况下，似乎只表明一个国家的接近衰亡……普鲁士的经验极其鲜明地表明，只有靠思想力量，而不是靠物质因素，才有可能组成一个国家。只有在思想力量的保护下，经济生活才能繁荣。在德国，往往是在政治力量高涨的时候，经济情况才开始改
> 84 善；反过来，往往在经济成了我国人民生活中的唯一内容，窒息了思想力量的时候，国家就趋于崩溃，而且在很短时间内，把经济生活也拖着一起崩溃……从来没有一个国家是靠和平的经济手段建立的……[9]

因此，正如希特勒1923年在慕尼黑发表的演讲中所说的一样，“没有剑，就不可能有经济政策，没有权力，就不可能有工业化”。除了这种含含糊糊、幼稚浅薄的看法和在《我的奋斗》中偶然提到各地成立“经济协会”和“庄园协会”，全国成立一个“中央经济议会”来“管理国民经济”之外，希特勒没有对第三帝国的经济基础表示过什么意见。

纳粹党的名字固然以“社会主义”相标榜，但是他为新德国设计的究竟是何等样的“社会主义”，希特勒在这个问题上就更加含糊不清了。鉴于他在1922年7月28日发表的演讲中对“社会主义者”所下的定义，这倒一点也都不使人觉得奇怪。他说：

> 任何人只要准备以民族事业为己任，再没有高出于民族福利之上的理想；只要了解我国伟大的国歌《德意志高于一切》的意思是，在自己心目中世界上再没有任何东西高出于德国、德国人民和德国土地之上——这样的人就是社会主义者。[10]

虽然至少有三个帮手从编辑的角度提供了相当多的意见，甚至进行删改，但是这并不能防止希特勒在《我的奋斗》中信笔所至，从一个问题忽而转到另一个问题。大部分笔录工作是鲁道夫·赫斯先在兰茨贝格监狱，后来在贝希特斯加登附近的瓦亨菲尔德别墅担任的，他整理原稿尽了最大努力，但是他没有胆量敢同领袖争论。在这方面比较成功的是伯恩哈德·施丹佛勒神父，他原来是耶柔米派天主教*神父，后来成了巴伐利亚出名的反犹新闻记者。关于这个奇特的教士，本书以后还要谈到。他纠正了希特勒的一些语法错误，润色了他的文章，并且删去了一些他使作者相信在政治上是不合宜的章节。第

---

* 以耶柔米（Hieronymos）教父命名的天主教一派别，耶柔米生卒年约在公元347—420年之间，是拉丁教会《圣经》学者，曾译有《圣经武加大译本》。——译者

三个顾问是约瑟夫·捷尔内，他有捷克血统，在纳粹党报《人民观察家报》工作，他的反犹诗很得希特勒的赏识。在《我的奋斗》第1卷再版时，捷尔内帮了很大的忙，删去了或修改了一些不是很得体的字句，他还仔细校阅了第2卷的清样。

尽管如此，大多数海阔天空的胡扯仍旧原封未动。希特勒坚持要对几乎凡是能够想到的一切问题随心所欲地发表他的高见，这些问题包括文化、教育、戏剧、电影、漫画、艺术、文学、历史、性、婚
85 姻、卖淫制度、梅毒等。说真的，在梅毒问题上，希特勒居然用了足足10页的篇幅，宣称消灭梅毒是“国家的**重要**任务，而不仅仅是**又一个**任务”。* 为了消灭这种可怕的疾病，希特勒要求动员全国一切宣传力量。他说：“一切取决于这个问题的解决。”他说，还必须提倡早婚来解决梅毒和卖淫问题，他坚持“结婚本身不应该是目的，它必须为一个更高的目标服务：保种保族并且使之增殖扩大。这才是结婚的意义，才是结婚的任务”。[11] 这里已经显露了第三帝国的优生学的苗头。

从《我的奋斗》中提到保种保族的这句话，我们再来谈谈第二个主要的考虑：希特勒的Weltanschauung，他的人生观。有的历史学家，特别是英国的历史学家，认为他的人生观是一种不成熟的达尔文主义，但是实际上，我们可以看到，他的人生观在德国人历史和思想中是有其深刻的根源的。像达尔文一样，同时也像一大批德国哲学家、历史学家、帝王、将军、政治家一样，希特勒认为一切生命都是一场永恒的斗争，世界不过是个适者生存、强者统治的丛林，一个“弱肉强食、优胜劣汰的世界”。

《我的奋斗》中处处不乏这样的话：“最终只有自保的要求才能得胜……人类在永恒的斗争中壮大，而在永恒的和平中它只会灭亡……

---

* 着重体是希特勒原来用的。

大自然……在地球上产生了生物，听任各种力量自由活动，然后她把主宰的权利授予她的宠儿——最勇敢和最勤劳的强者……强者必须统治弱者，不能与弱者混杂，从而影响了自己的伟大。只有天生的弱种才会认为这是残酷的……”希特勒认为保存文化“同严格的必然法则和世界上最优、最强者得胜的权利有紧密联系。凡是想生存的，必须奋斗，不想奋斗的，就不配生存在这个永恒斗争的世界里。即使残酷，却是客观现实！”[12]

那么谁是上苍赋予“主宰的权利”的“大自然的宠儿，最勇敢和最勤劳的强者”呢？是雅利安人。在《我的奋斗》的这一部分中我们接触到了纳粹党的种族优越论的真髓，第三帝国和希特勒在欧洲的新秩序就是以此为基础的。

> 我们今天所看到的一切人类文化，一切艺术、科学和技术的果实，几乎完全是雅利安人的创造性产物。这一事实本身证明这样的推论不是没有根据的：只有雅利安人才是一切高级人类的创始者，因此是我们所谓的“人”这个名称的典型代表。他是人类
> 的普罗米修斯，从他的光芒四射的额头，永远飞迸出神圣的天才 86
> 的火星，永远燃点着知识的火焰，照亮了默默的神秘的黑夜，推动人类走上征服地球上其他生物的道路……就是他，为人类文化中每一伟大建筑物奠下基础，竖起墙垣。[13]

雅利安人怎么会有这么大的成就，怎么会变得这么优越的呢？希特勒的答复是：靠践踏别人。正像许多19世纪德国的思想家一样，希特勒有着一种虐待狂（反过来也有一种被虐待狂），这是研究日耳曼精神的外国人一直感到很难理解的。

> 因此，对于创造高级文化来说，低级人类的存在是最基本

的先决条件之一……人类初创的文化肯定是建立在对低级人类的利用上而不是建立在驯服的动物上，只有在奴役了被征服种族以后，同样的命运才降到兽类身上。首先让被征服的战士拉犁——只有在这以后，才用马拉犁。因此，最初的文化产生于雅利安人在遇到低级民族后征服低级民族并且迫使他们服从自己的意志的地方，就不是什么偶然的事情了……只要他继续无情地维持他的主人态度，他就不但可以继续当主人，而且也可以继续做文化的保存者和发展者。[14]

接着发生了一件事情，希特勒认为这是对日耳曼人的警告。

一旦被征服民族开始提高自己，因而接近征服者的水平——其中一个方面可能是使用征服者的语言——以后，主奴之间的壁垒就倒塌了。

但是还有别的事情甚至比使用主人的语言还要糟糕。

雅利安人放弃了血统的纯洁性，因此丧失了他在天堂为自己创造的地位。他因为人种的混杂而沉沦，逐渐丧失了文化上的创造性。

在这个年轻的纳粹党领袖看来，这是个莫大的错误。

血统的混杂和由此而来的人种水平的下降，是旧文化衰亡的唯一原因；因为人类并不会由于战争失败而灭亡，却会由于抵抗力的丧失而灭亡，而这种抵抗力只有在纯粹血统中才能继续保持。世界上凡是不属于优良种族的人都是些糟粕。[15]

糟粕就是犹太人和斯拉夫人，而到一定时候，当希特勒成为独裁者和征服者时，他就会禁止日耳曼人同这些种族的任何人通婚，虽然小学四年级的女教师都能够告诉他，日耳曼人中有不少斯拉夫血统， 87
特别是在那些住在东部省份的日耳曼人中。我们也必须再一次承认，希特勒在实现他的种族思想方面也是言出必行的。在战时，他开始在东方对斯拉夫人实行的新秩序中，捷克人、波兰人、俄罗斯人曾经是为日耳曼主人伐木、提水的奴仆，而且如果这种荒诞的新秩序继续下去的话，他们还会继续处于这种地位。

一个像希特勒那样在历史和人类学方面全然无知的人，把日耳曼人作为现代的雅利安人，从而作为主宰种族，是很容易做出来的事。在希特勒看来，日耳曼人是“地球上最高级的人种”，而且将继续是如此，如果他们“不仅注意狗、马、猫的培育，而且也关心他们自己的血统的纯洁的话”。[16]

希特勒念念不忘种族问题的结果是提倡所谓“民族的”国家。这究竟是怎么一种国家，或者打算成为怎么一种国家，我从来没有弄清楚过，虽然我读了好几遍《我的奋斗》，也听了元首本人关于这个问题的几十次演讲，而且我不止一次地听到这个独裁者宣称，这是他全部思想的中心之点。德文“Volk”一词很难确切地译成英文。一般把它译为“民族”或“人民”，但是这个词在德文中有一种更加深刻的和有些不同的意义，它有一种以血统和乡土为基础的原始部族社团的意思。在《我的奋斗》中希特勒也没有很好地解释清楚“民族的国家”的定义，例如他在第379页上宣布，他要澄清“‘民族的’这一概念”，但是结果却一点也没有澄清，反而花了好几页篇幅，信笔写到一些其他问题。最后他这么试了一下：

> ［同资产阶级和马克思主义-犹太人的世界］相反，民族的哲学认为人类的重要性在于它的基本人种因素，它认为国家只不过

是达到目的的手段，而目的则是保种保族。因此，它绝不相信种族的平等，而是根据种族的不同，承认各种不同种族的价值有高有低，认为有义务促进优者和强者的胜利，要求劣者和弱者按照支配宇宙上一切事物的永恒意志服从优者和强者。因此，在原则上，它服务于大自然的根本的等级思想，相信这个法则对每一个人都适用。它不仅看到各个种族的不同价值，也看到个人的不同价值。它从群众中间归结出个别人物的重要性，因此……它有一种组织的作用。它相信人类理想化的必要性，它认为只有这样才是人类存在的前提。但是，哪怕仅仅是一种伦理观念，如果它危及更高级伦理的持有者的种族生活，也不能允许其存在；因为在一个杂种化和黑鬼化的世界里，所有关于人性美和崇高的思想，以及所有关于人类理想化前途的思想，都将永远丧失……

因此，民族的人生观同大自然的内在意志是一致的，因为它恢复了各种力量的自由活动，这必然导致品种继续不断地进行相
88 互提高，一直到最后，最优秀的人类在占有了这个地球以后，得
到一条自由的途径，可以在地球上面和地球以外的领域中进行活动。

我们大家都觉得，在遥远的将来，人类将面临的问题，只有最高级的种族在成为主宰民族以后，以整个地球的力量和资源为后盾，才有条件加以克服。[17]

“因此，”希特勒在后面宣称，“一个民族的国家的最高目标是，努力保持那些产生文化和创造高级人类的美与尊严的原来种族成分。”[18] 这又引起他大谈优生学：

民族的国家……必须把种族放在一切生活的中心。它必须注意保持其纯洁……它必须努力做到，只有健康的人才能生儿育

女；只有一种可耻的事情：自己有病有缺陷还要生育；只有一种最高的荣誉：避免这样做。反过来，不给国家生养健康子女，必须认为是不可宽恕的。在这一点上，［民族的］国家必须充当千秋事业的监护人，在这种事业面前，个人不能有自己的愿望和自私心，而只有绝对服从……因此，一个民族的国家必须一开始就把婚配的水平提高，使它脱离原来那种不断损害种族纯洁性的水平，而使它具有一种制度的神圣性，必须复制上帝的形象而不是复制人和猿之间的怪物。[19]

希特勒从他的关于民族的国家的异想天开的观念出发，又啰啰唆唆地谈到了其他许多考虑，据他说，如果注意这些考虑，就可以使日耳曼人成为地球的主宰——日耳曼人独霸世界已成为他念念不忘的事情。他在一个地方谈到，由于没有能够维持日耳曼种族的纯洁性，“我们被剥夺了称霸世界的机会。如果日耳曼民族也有其他民族兽群般的统一，德国今天无疑已成了地球的主人”。[20] 由于民族的国家必须以种族为基础，“德国必须包括所有的日耳曼人”——这是他的论点中的关键一点，也是他当政以后所没有忘记而努力做到的一点。

既然民族的国家要以“大自然的等级思想”为基础，结论必然是，民主是根本谈不上的，必须由领袖原则来代替。第三帝国要采用普鲁士军队的极权主义：“每个领袖对下必须有权威，对上必须负责任。”

绝不能实行多数决定的制度，只能由负责的人做决定……当然每个人身边都要有顾问，但**必须要由一个人单独来做出决定***……只有他才有权威，才有指挥权力……要取消议会是不大

* 着重体是希特勒原来用的。

可能的。但是议会中的议员届时实际上将只提供建议……不论上
89 院下院，都不进行表决。它们是工作机构而不是表决机器。这一
原则是绝对责任与绝对权威的无条件结合，它将会逐渐培养出一
批在今天这种不负责任的议会制度时代中根本不能想象的领袖
人才。[21]

这就是阿道夫·希特勒坐在兰茨贝格监狱里凝视着窗外莱希河那边鲜花盛开的果园*，或者后来在1925—1926年躺在贝希特斯加登一所舒服的别墅的阳台上眺望着高耸的阿尔卑斯山那边他的家乡奥地利，一边向忠实的鲁道夫·赫斯滔滔不绝地进行口授，一边梦想着他要在上述荒唐的基础上建立而且要以铁腕来统治的第三帝国的时候，令人毛骨悚然地赤裸裸记录下来的思想。总有一天，他将建立和统治这一第三帝国，关于这一点，他是没有任何怀疑的，因为他有着一种强烈的使命感，这是有史以来许许多多表面看来似乎出身低贱的天才人物所特有的。他要把过去在政治上从来没有统一过的一个精选民族统一起来。他要纯洁他们的种族。他要使他们强大。他要使他们成为地球的主人。

这是一种不成熟的达尔文主义吗？一种虐待狂的幻想吗？一种不负责任的自我中心思想吗？一种狂妄自大的心理吗？这些成分都有。但还不仅仅是这些。因为希特勒的思想和情绪，支配他狂热的脑子的一切错乱神经，在德国历史和思想中是有其深刻的根源的。纳粹主义和第三帝国，事实上，不过是德国历史的合乎逻辑的延续。

---

* 希特勒很久以后说："我如果不坐监牢，《我的奋斗》就不会写出来。坐监牢的这段时间使我原来只有一种本能感觉的许多思想有机会得到深刻的发展……我认为，我们不能单靠武力取得政权的信念也是从那个时候开始形成的——这是我的许多拥护者从来不能理解的一件事情。国家早已有时间来巩固自己，而且它也有武器。"（《希特勒秘密谈话录》，第235页）这话是1942年2月3—4日夜里他在俄国前线司令部对一些老部下说的。

第三帝国的历史根源

纳粹党每年9月初在纽伦堡举行大会，在那些情绪兴奋、如醉如狂的日子里，我常常遇到一大群小贩在叫卖一种明信片，上面印着腓特烈大王、俾斯麦、兴登堡和希特勒的肖像。文字说明是："国王所征服的，由亲王建成，元帅保卫，士兵拯救和统一。"* 因此希特勒这个士兵不仅被描绘为德国的拯救者和统一者，而且是过去这些把德国造成一个伟大国家的杰出人物的继承者。希特勒的统治是德国历史的延续的结果，这一点暗示对群众不是没有作用的。"第三帝国"这个名称也有助于加强这种概念。第一帝国是中世纪的神圣罗马帝国，第二帝 90
国是普鲁士击败法国后，俾斯麦在1871年建立的帝国。这两个帝国都为德国带来了荣誉，而魏玛共和国——据纳粹的宣传——却玷污了德国的令名。第三帝国如希特勒当初所保证的一样，恢复了这种名誉。因此，希特勒的德国被说成是过去一切——至少是过去的荣誉——的合乎逻辑的发展。

但是这个前维也纳的流浪汉，不论他的思想多么混乱，也有一些起码的历史知识，知道德国过去也有失败的时候，与这些失败相对的则是法国和英国的胜利。他从来没有忘记过，到中世纪末叶，英国和法国都成了统一的民族国家，而德国仍处于300个左右小国割据的四分五裂状态。就是这种缺乏民族发展的结果，在很大程度上决定了中世纪末期到19世纪中叶德国历史的发展，使得德国历史同西欧其他大国的历史有很大的不同。

除了缺乏政治的和君权上的统一之外，在16世纪和17世纪里，还有宗教改革以后发生的宗教分歧这个祸害。本书没有篇幅来充分叙

---

* 国王指腓特烈，亲王指俾斯麦，元帅指兴登堡，士兵指希特勒。——译者

纳粹宣传明信片，文字意为“国王所征服的，由亲王建成，元帅保卫，士兵拯救和统一”。

述马丁·路德这个做了奥古斯丁教团僧侣、发动德国宗教改革的萨克森农民对德国人和他们以后的历史的巨大影响。但是可以顺便提一下，这个伟大而古怪的天才人物，这个野蛮的反犹主义者和痛恨罗马的人，这个暴烈的性格中既有日耳曼人的许多最优秀品质又有日耳曼人的许多最恶劣品质的人（他既粗野、嚣张、狂热、褊狭、强暴，又诚实、单纯、律己严格，对于求知、对于音乐、对于诗歌、对于良心的正直都有强烈的要求），对德国人的生活的影响，不论从好的方面或坏的方面来说，其深刻的程度和决定性的作用，都是前无古人，后无来者的。马丁·路德通过他的讲道和出色的《圣经》翻译，创造了现代德语，在人民中间，不仅造成了对基督教教义的新教理解，而且也形成了一种热烈的日耳曼民族主义，最后还教导他们——至少在宗教方面——个人良心的至高无上地位。但是不幸的是，在主要是由于他的宣教而引起的农民暴动中，路德站在王公贵族一边，而且他热烈拥护政治上的专制政体，这造成了政治上愚昧的、乡土的极权主义，使得绝大多数德国人民陷于贫困的境地，知觉惊人地迟钝，性格特别地驯顺。更糟糕的也许是，这种情况使得不仅阶级之间，而且日耳曼民族的各个王室和政治集团之间的无法消弭的分裂永久存在，甚至尖锐化。这种情况使得德国在好几个世纪内不能实现统一。

三十年战争和该战争于1648年结束时的《威斯特伐利亚和约》给德国带来了最后一场奇灾大祸，这次打击之甚，使得德国以后一直没有能完全恢复过来。这次战争是欧洲最后一场宗教大战，它开始的时候是一场新教和天主教两派之间的冲突，到快结束时已变成一边是天 91
主教的奥地利哈布斯堡王室，另一边是天主教的法国波旁王室和新教的瑞典王室之间的一场混乱的王室冲突。德国全境受到了野蛮的战争的洗劫，市廛萧条，田野荒芜，生灵涂炭，十室九空。据估计，在这场野蛮的战争中，德国人死了三分之一。

而《威斯特伐利亚和约》对德国未来的为害之甚几乎不亚于战争本身。站在法国和瑞典一边的德国王公诸侯成了他们小小领域内的绝对统治者，他们为数约有350个，而对这些王公诸侯而言，皇帝不过是个名义上的傀儡而已。15世纪末和16世纪初席卷德国全国的要求改革和启蒙的浪潮这时受到了压制。而在那个时期里，大一些的自由城市都享有实际上的独立地位；封建主义在那里已经消亡，艺术和商业非常发达。即使在农村里，德国农民也取得了比英法农民更多的自由。的确，在16世纪初，德国可以说是欧洲文明的源泉之一。

可是现在，在签订了《威斯特伐利亚和约》以后，德国又陷于莫斯科公国式的野蛮落后状态。农奴制度又恢复了，甚至扩大到了以前从来没有实行过这个制度的地方。城市丧失了自治的权利。农民们，工人们，甚至中产阶级的城市居民都遭到了王公诸侯的穷凶极恶的剥削，处于令人屈辱的奴役地位。对学问和艺术的探索完全陷于停顿。贪婪的统治者对日耳曼民族主义和爱国主义是毫无感情的，他们彻底扑灭了臣民中间这种情绪的任何表现。文明在德国停止了发展。正如一个历史学家所说，德国“被人为地固定在一个中世纪式的混乱和软弱的水平上”。[22]

经过这次挫折，德国一直没有彻底恢复元气。接受专制统治，盲目顺从像小暴君那样统治的王公诸侯，这种心理已深入德国人的思想中。而在17世纪和18世纪在英国取得迅速进展、在1789年在法国爆发为大革命的民主思想、议会统治思想，在德国却根本没有萌芽。德国人在政治上的这种落后状态，使德国隔绝于西方其他国家，也落后于西方其他国家。之所以如此，是因为他们被分裂为这么多小国家，同欧洲的思想和发展的潮流完全隔绝，因此就不可能自然地形成一个民族国家。我们要了解德国人民以后走上的自取灭亡的道路和决定这条道路的不正常的思想状态，必须记住这一点。最后，德意志民族国家是靠赤裸裸的武力来形成的，是靠赤裸裸的侵略来维持的。

普鲁士位于易北河之东。随着19世纪的消逝——在这个世纪里，法兰克福一些思想混乱、性格怯懦的自由主义者曾经企图在1848—1849年建立一个有点民主的、统一的德国，可惜失败了——普鲁士开
92 始掌握德国的命运。好几个世纪以来，这个日耳曼人的国家一直置身于德国历史发展和文化的主流之外。它几乎好像是个历史的畸形儿。普鲁士原来是易北河以东多沙的荒地上一个边疆国家勃兰登堡。这些荒地都是11世纪以后逐步从斯拉夫人手里夺取过来的。统治勃兰登堡的是霍亨索伦家族，他们不过是些军事冒险家。在他们的统治下，斯拉夫人（其中主要是波兰人）沿着波罗的海逐步往回退，敢于起来反抗的，不是被消灭了，就是成了无地的农奴。德意志帝国法律原来禁止诸侯称王，但是在1701年，皇帝默许了选侯腓特烈三世在柯尼斯堡加冕为普鲁士境内的国王。

这时，普鲁士已经靠自己的武功成了欧洲主要的军事强国之一。它没有其他国家那样的财源。它的土地贫瘠，缺乏矿藏。它的人口稀

少。它没有大城市，也没有工业，文化很落后，甚至贵族也很穷。无地农民的生活同牲口差不多。然而靠着坚毅的意志和组织的天才，霍亨索伦王室终于建立了一个斯巴达式的军事国家，它的军队训练有素，每战必胜。它总是同当时最强的国家结成暂时的同盟，运用这种权术外交不断扩大自己的领土。

这样就完全人为地出现了一个国家，它不是人民力量的产物，也不是一种思想（除非是征服思想）的产物，它之所以能够维持，是靠统治者的绝对权力，是靠一批忠实执行命令的思想褊狭的官僚，是靠一支纪律严明的军队。国家岁收有三分之二——有时多达六分之五——花在军队上，军队在国王统率下成了国家本身。米拉波曾说："普鲁士不是一个有军队的国家，而是一支有国家的军队。"用管理一个工厂那样的效率和残酷无情的方式统治的国家成了至高无上的一切，人民不过是一部大机器中的小齿轮。不仅国王和领操的班长这样教导个人，哲学家也这样教导个人：他们在生活中要起的作用是顺从、工作、牺牲、义务。甚至康德也宣传，义务要求压制人情，而普鲁士诗人维利巴尔德·亚历克西斯就歌颂人民在霍亨索伦王室统治下受奴役。在不喜欢这种情况的莱辛看来，"普鲁士是欧洲最奴化的国家"。

在现代德国要起很重要的作用的容克地主也是普鲁士的特有产物。正如他们所说，他们是一种主宰种族。他们占据了从斯拉夫人手里征服的土地，建立了大庄园，经营农业，在庄园里干活的就是这些斯拉夫人，后者成了同西方农奴完全不同的一种无地农奴。普鲁士的土地制度同西德及西欧的土地制度有着本质上的不同。在西德或西欧，占有大多数土地的贵族从农民那里收取地租或者封建的贡品，农民虽然常常处于农奴的地位，但是仍旧享有一定的权利，可以——而且事实上也如此——逐步赎回土地和人身自由。在西方，农民是社会
中一个很可靠的部分；而地主，虽然有他们的种种缺点，在养尊处优 93
的条件下，也慢慢有了一种教养，从而形成了一种文明的生活方式，

这可以从他们优雅的举止、思想和艺术中看到。

而普鲁士的容克却不是养尊处优的人。他们经营规模很大的庄园，工作极其辛勤，很像今天的工厂主。他们对待无地农民完全像奴隶一般。在他们的大庄园里，他们是绝对的主人。当时普鲁士也没有西方的那种大城市或人数相当多的中产阶级，因此容克受不到他们的文明影响。同西方有教养的贵族相反，普鲁士容克变成了一种粗野、专横、傲慢的人，没有教养，没有文化，侵略成性，目空一切，残酷无情，心胸狭隘，斤斤计较，喜欢占小便宜，这最后一点，有些德国历史学家在最成功的容克地主奥托·冯·俾斯麦的私生活中都看到了。

就是这个政治天才，这个宣传“铁和血”的人，在1866年与1871年之间结束了为时几达千年之久的德国分裂状态，而用武力建立了大普鲁士国家，或者可以称为普鲁士德国。我们时代的德国，就是俾斯麦一手创造的，它是近百年来欧洲和世界的一个“问题儿童”，是一个人民天赋优异、精力充沛的国家。就是在这个国家里，先是俾斯麦这个杰出人物，以后是德皇威廉二世，最后是希特勒，在军官阶层和许多古怪的知识分子的帮助下，培养出了一种对权力和统治的野心，对横行无忌的军国主义的热情，对民主和个人自由的轻视，对权威和极权主义的欲望。在这种情绪的蛊惑之下，这个民族突然兴起，达到登峰造极的高度，然后又跌落下来，如此起起伏伏，几经盛衰，一直到1945年春季希特勒的覆亡，才看来似乎已经完蛋。但是，要有把握地这么说，现在恐怕为时尚嫌过早。

“当前的重大问题，”俾斯麦在1862年担任普鲁士首相时宣称，“是不能用决议和多数表决来解决的——1848和1849年的人们的错误就在这里——而是要用铁和血来解决。”他着手解决这些问题时所采取的就是这种方法。不过话得说回来，除了铁和血以外，他还辅之以一种巧妙的外交手腕，往往极尽诡诈之能事。俾斯麦的目的是要扼杀自由主义，扶植保守主义的力量，也就是容克、军队、王室的力量，使得德国能与奥地利相抗衡，不仅成为日耳曼人中间的支配力量，如果可能的话，也要成为欧洲的支配力量。“德国所仰望于普鲁士的，不是它的自由主义，”他在普鲁士议会对议员们说，“而是它的武力。”

俾斯麦的第一项工作便是加强普鲁士军队；在议会拒绝增加军队拨款以后，他就自己设法筹钱，最后解散了议会。军队加强了以后，他就进行了连续三次的战争。第一次战争是1864年进攻丹麦，结果使石勒苏益格和荷尔斯泰因两个公国归德国统治。第二次战争是1866年同奥地利的战争，它的后果非常深远。奥地利几百年来一直是日耳曼人国家中领袖群伦的国家，经此一战，就再也不能过问日耳曼人的事情了。俾斯麦不许它参加他现在着手建立的北德意志邦联。 94

“在1866年，”著名的德国政治学者威廉·勒普克曾经写道，“德意志不再存在了。”普鲁士干脆兼并了美因河以北曾经同它作战过的所有日耳曼人国家，唯一例外是萨克森。这些国家包括汉诺威、黑森、拿骚、法兰克福以及易北河沿岸的一些公国。至于美因河以北的所有其他国家，则都被迫参加了北德意志邦联。现在版图已从莱茵河一直到柯尼斯堡的普鲁士，完全占统治地位，而且在五年之后，由于拿破仑三世法国的战败，以较大的巴伐利亚王国为首的南德意志各国也将被并入普鲁士德意志。[23]

俾斯麦的最高成就是1871年1月18日建立第二帝国，当时普鲁士国王威廉一世在凡尔赛宫的镜厅登基为德国皇帝。德国被普鲁士的武装力量统一后，成为大陆上最强大的国家；它在欧洲的唯一对手只剩下英国了。

但是有一桩缺陷却是个致命伤。正如特赖奇克所说，德意志帝国在实际上不过是普鲁士的扩大。他强调说：“普鲁士是支配因素。帝国的意志不过是普鲁士国的意志。”这说的是实情，而且它对德国人自己后来产生了不堪设想的后果。因此，从1871年到1933年，而且可以说到1945年希特勒的覆亡为止，德国历史的进程，除了魏玛共和国一段时期而外，是完全按照一条直线，按照必然的逻辑发展的。

尽管装起了民主的外表，成立了帝国议会，议员由成年公民普选产生，但是德意志帝国在实际上是身兼皇帝的普鲁士国王统治下的一个军事专制国家。帝国议会权力很少，它不过是个人民代表在这里发泄牢骚不满和为他们所代表的阶级争取一些细微利益的辩论场所。权力掌握在君主手里，这是神授给他的。近至1910年，威廉二世居然还能够宣称，皇冠“完全是上帝所赐，而不是由议会、人民议会或人民的决定所授予的……鉴于我是上帝的工具”，他补充说，“我将独行其是。”

他不受议会的牵制。他所任命的首相只对他负责，而不对议会负责。议会既不能罢免也不能挽留。这完全是君主的特权。因此，与西方其他国家的情况完全不同，民主的思想，人民主权的思想，议会权力至高无上的思想，从来没有在德国站稳过脚跟，甚至在20世纪开始以后也是如此。不错，社会民主党历经俾斯麦和皇帝的多年迫害，在1912年终于成为帝国议会中第一大党。他们大声疾呼要求实行议会民主，但他们是不起什么作用的。他们尽管是第一大党，但仍是一
95 个少数派。工业革命来得虽然晚了一些，但是发展却很惊人，中产阶级因此兴旺起来，他们给俾斯麦的武力和战争政策的胜利弄得眼花缭乱，终于为了物质上的利益而出卖了他们可能有的任何政治自由的想望。* 他们接受了霍亨索伦王室的专制统治。他们心甘情愿地服从容克官僚，他们热烈地拥护普鲁士军国主义。德国走运的时刻已经来了，

---

* 在某种意义上，德国工人阶级也做了同样的交易。俾斯麦为了扑灭社会主义的潮流，在1883年到1889年之间，实行了一项规模远远超过任何其他国家的社会保险计划，其内容包括对工人进行强制性的老年、疾病、事故和残废的保险。这项计划由国家主持，经费却由雇主和职工共同负担。我们虽不能说它制止住了社会民主党或工会的兴起，但是它对工人阶级的确有深刻的影响，因为它逐渐地使他们把经济保障看得重于政治自由，使他们把国家看成一个恩赐者和保护人，不论这个国家多么保守。我们不久就会看到，希特勒充分利用了这种心理状态。在这一点上，像在其他问题上一样，他从俾斯麦那里学到了不少东西。“我研究了俾斯麦的社会主义立法，”希特勒在《我的奋斗》中（第155页）说，“研究了这种立法的用意、斗争和成就。”

为了使它继续走运，他们——而且几乎包括全体人民——都很愿意按照主人的吩咐行事。

在这些人中间，在最末的一代中，就有希特勒这个奥地利人。在他看来，俾斯麦的第二帝国虽然有错误和“可怕的腐朽势力”，却是一种显赫的丰功伟业，德国人终于有了自己应有的地位。

> 德国不是所有国家中唯一建立在纯粹力量的政策基础上的帝国的杰出榜样吗？帝国的胚种细胞普鲁士是由于赫赫的武功，而不是由于金融的操纵和商业的买卖而建立起来的，而帝国本身又完全是积极进取的政治领导和视死如归的军人气概的光荣结果……
>
> ［第二］帝国的创建本身好像被一件振奋全国人心的事件的魔力增添了光辉。经过了一系列无可比拟的胜利以后，诞生了一个留传给后代子孙的帝国——这是对不朽的英雄主义的酬报……这一帝国的存在不是由于议会各派别的钩心斗角，它的建国的崇高方式，使它超绝于其他国家之上；因为宣布我们的意志，宣布德国人，不论贵族平民，都决心要在将来建立一个帝国，再次把帝国的地位升高到无上的高度，这个庄严的行动，不是在议会的舌战的唠叨声中，而是在巴黎郊外前线的隆隆炮声之中完成的……俾斯麦国家的创建者不是逃避兵役的胆小鬼，而是置身前线的将士。
>
> 这种独特的诞生方式和炮火的洗礼为帝国增添了只有最古老的国家——但是为数稀少——才能自夸的历史性的光辉。
>
> 现在开始了步步上升的历程！
>
> 外部的行动自由为内部提供了每日的面包。国家在人口和物产方面都富饶起来。国家的荣誉和全国人民的荣誉受到了一支可 96
> 以极其明显地表现出与以前德意志联邦不同的军队的保护。[24]

这就是希特勒决心要恢复的德国。在《我的奋斗》中，他详尽地讨论了他心目中的德国覆亡的原因：对犹太人和马克思主义者的容忍，中产阶级贪图物质享受和自私自利的思想，霍亨索伦王室周围“阿谀奉承之徒”的恶劣影响，同腐化堕落的哈布斯堡王室和不可信任的意大利人结盟而不同英国结盟的“为害极大的德国结盟政策”，根本的“社会的”和种族的政策的缺失。他保证，这些错误是民族社会主义一定要纠正的。

第三帝国的思想根源

但是除了历史以外，希特勒还从哪里得到了思想上的启发呢？他在德国国内外的反对者不是太忙，就是太笨，没有在尚不太晚的时候注意到这一点，但是他却像许多德国人一样，兼收并蓄地汲取了19世纪德国思想家各种各样不负责任和狂妄自大的思想。这些乱七八糟的思想，希特勒都是从阿尔弗雷德·罗森贝格这样糊涂的冒牌哲学家或者他那醉醺醺的诗人朋友迪特里希·埃卡特那里拾来的牙慧，却以一个初入门者的满腔热情来奉为至宝。更糟糕的是，他决心只要一有机会就把这些思想付诸实行。

我们前面已经谈到，萦绕在希特勒脑际的这些思想是些什么思想：对战争和征服的歌颂，极权主义国家的绝对权力；认为雅利安人即日耳曼人是主宰种族的信念，对犹太人和斯拉夫人的仇视；对民主主义和人道主义的蔑视。这些思想都不是希特勒独创之见——虽然实行这种思想的方式后来证明是他的独创。这些思想来自在希特勒出生前一个世纪内支配德国思想界的一批无奇不有的学问渊博然而头脑有失平衡的哲学家、历史学家和教育家。后来事实证明，这些思想不仅对德国人，而且对很大一部分人类也带来了极其严重的后果。

毫无问题，在德国人中间，曾经出过西方世界在思想和精神方面最崇高的一些人物——诸如莱布尼兹、康德、赫尔德、洪堡、莱辛、歌德、席勒、巴赫和贝多芬等——而且他们对西方文明都做出了独特的贡献。但是，正好与从俾斯麦一直传到希特勒手中的普鲁士德国的兴起同时，在19世纪开始占优势的德国文化的主要支柱首先是费希特和黑格尔，后来是特赖奇克、尼采、理查德·瓦格纳，以及一批较为次要的人物，奇怪的是，在后者这些人物中占重要地位的还有一个古怪的法国人和古怪的英国人。这些人终于造成了德国在精神上与西方的分裂，这种分裂状态至今还没有弥补过来。 97

1807年，普鲁士在耶拿屈辱地被拿破仑击败以后，约翰·戈特利布·费希特开始在他担任哲学教授职位的柏林大学的讲坛上发表他著名的《告日耳曼民族书》。这些演讲深深地激动了和鼓舞了一个陷于四分五裂的战败国家的人民，它们的响亮回声即使到了第三帝国时代仍旧隐约可闻。对于战败国的意气沮丧的人民来说，费希特的教导是一种醉人的烈酒。在他看来，拉丁民族——特别是法国人——和犹太人都是腐朽种族。只有日耳曼人才有中兴的可能。他们的语言是最纯洁、最与众不同的。只有在他们的影响下，历史才能展开一个新的纪元。这个新纪元将反映宇宙的法则。它将由一批为数不多的社会精华来领导，他们没有任何“个人”性质的道德观念的约束。这些思想就是我们上面已经看到的希特勒写在他的《我的奋斗》中的一部分思想。

费希特1814年逝世后，他在柏林大学的讲座由格奥尔格·威廉·弗里德里希·黑格尔继任。黑格尔是一个思想敏锐、观察深刻的人，他的辩证法启发了马克思和列宁，因此对共产主义思想的确立做出了很大的贡献，他把国家颂扬为人类生活中至高无上的主宰的思想，为俾斯麦的第二帝国和希特勒的第三帝国铺平了道路。在黑格尔看来，国家就是一切，或者几乎就是一切。他认为国家是“世界精神”的最高表现；它是“道德的宇宙”；它是“伦理概念……伦理思想……认识和思维本身的体现”；国家“对个人有至高无上的权力，个人的至高无上的责任是做国家的一分子……因为世界精神的权利是超越一切个人特殊权利的……”。

那么个人在世界上的幸福在哪里呢？黑格尔答复说：“世界历史不是幸福的帝国。”他宣称：“幸福的时期是历史上空白的篇页，因为这些时期是和谐一致、没有冲突的时期。”战争是最伟大的纯洁剂。在黑格尔看来，它有益于“为长期和平所腐化的各国人民的伦理健康，正如刮风使海洋去除长期平静所造成的污秽一样”。

任何传统的道德和伦理观念都不得影响至高无上的国家或领导国家的“英雄”。“世界历史占有一个更高的地位……不相干的道德要求绝不能与世界性-历史性的功业及其实现发生冲突。绝不能以喃喃连祷的那些个人品德——谦虚、仁爱、宽容——来反对它们……这样强大的一种形式［国家］必须践踏许多无辜的花草——压碎它的前进道路上的许多东西。”

黑格尔预料德国在恢复了它的天赋才能以后就会建立这样一个国家。他预言，“德国的时刻”将会来到，它的使命将是振兴世界。谁如果读过黑格尔的著作，就不难了解希特勒像马克思一样从他那里得到了多少灵感的启发，哪怕这是经别人之手而得来的。尤其是，黑格尔在他关于“英雄”——那些由于神秘的天意而命中注定要执行“世界精神的意志”的伟大人物——的理论中似乎就以他自己的强烈的使
98 命感启发了希特勒，这一点我们在本章结尾时就会谈到。

海因里希·冯·特赖奇克是稍后来到柏林大学的。从1874年起一直到他在1896年去世时为止，他一直在那里担任历史学教授，很受学生欢迎，讲课时座无虚席，热情的听众中不仅有学生，也有参谋总部的军官和容克官僚。他在19世纪末期对德国思想界的影响很大，这种影响一直存在到威廉二世的时代，甚至一直到希特勒的时代。他虽然是萨克森人，却是个竭力主张普鲁士化的人。他比普鲁士人更加普鲁

士化。像黑格尔一样，他也颂扬国家，视之为至高无上，但是他的态度更加粗暴：人民，臣民，在一个国家里不过是奴隶而已。“只要你服从，”他宣称，“不用管你怎么想。”

在宣称战争是人类的最高自我表现方面，比起黑格尔来，特赖奇克有过之无不及。在他看来：“军事荣誉是一切政治价值的基础；而在德国的丰富的荣誉宝库中，普鲁士的军事荣誉是一颗明珠，其价值之高，不亚于我们的诗人和思想家的杰作。”他认为：“盲目追求和平……已经成了我们时代的思想和道德的耻辱。”

> 战争不仅仅是一种实际上的必要，它也是一种理论上的必要，一种逻辑的要求。国家这一概念意味着战争的概念，因为国家的本质是权力……要在这个世界上永远消灭战争不仅是一种荒谬可笑的希望，而且也是极其不道德的希望。这将造成人类灵魂的许多基本的和崇高的力量的萎缩……一个国家的人民，如果执迷于永久和平的幻想，就必然要因为在超然孤立中衰败而不可救药地灭亡。

尼采像歌德一样对德国人民评价不高*，而且在其他方面，这个狂妄自大的天才的一些言论也与19世纪德国沙文主义思想家有所不同。的确，他认为，包括费希特和黑格尔在内的大多数德国哲学家都是“不自觉的骗子”。他嘲笑“康德老头儿的塔杜夫†作风”。他在《瞧，这个人》中写道，德国人“一点也不知道他们多么卑鄙”。他的结论

---

*“一想到德国人民，”歌德曾经说过，“我常常不免黯然神伤，他们作为个人来说，个个可贵，作为整体来说，却又那么可怜。把德国人民同其他国家人民做一比较，就会产生一种痛苦的感情，我是尽一切可能办法来克服这种感情的。”（1813年12月13日与H. 鲁登的谈话，刊《歌德谈话录》[*Goethes Gespräche*]，奥斯瓦尔・皮德曼书店出版；威廉・勒普克曾在《德国问题的解决办法》[*The Solution of the German Problem*] 第131页加以引用）

† 莫里哀名剧《伪君子》中的主人公。——译者

是，“凡是德国力量所到的地方，它都要破坏文化”。他认为，世界上所以存在“奴隶道德”，基督徒同犹太教徒同样要负责；他从来不是一个反犹主义者。他有时担心普鲁士的前途，在他晚年发疯之前，甚
99 至怀有欧洲联邦和世界政府的思想。

但是我认为，在第三帝国生活过的人，没有一个不对尼采的影响有深刻的印象。正如桑塔亚那所说，他的著作中可能充满了“愉快的蠢话”和“孩子气的咒骂”。但是纳粹文人还是乐此不疲地颂扬他。希特勒常常到魏玛去参观尼采博物馆，大事宣传他对这个哲学家的尊敬，让记者拍他出神地瞻仰这个伟人半身像的照片。

把尼采当作纳粹世界观的创始者之一是不无理由的。这个哲学家不是曾经用尽其精辟的警句格言，来大力反对民主和议会制度，宣传权力意志，赞美战争，宣布主宰种族和超人的来临吗？几乎在任何想象得到的问题上，一个纳粹党人都可以得意地引用他的话，而且事实也确实如此。关于基督教教义：“是最大的不幸，是最重大的根本错误……我称它为人类无法洗雪的污点……这种基督教教义不过是社会主义者的典型说教。”关于国家、权力和人类的丛林世界：“社会一向认为美德不过是取得力量、权力和秩序的手段。国家［是］有组织的不道德……［是］打仗、征服、报复的意志……社会无权仅仅为其本身的缘故而存在，它只能充当下层建筑和脚手架，为让精选的种族得以借之上升，担负更高的责任……所谓生活权利、工作权利、幸福权利这种东西是根本没有的：在这一方面，人类同最低贱的蛆虫没有区别。”* 他颂扬超人是肉食猛兽，“杰出的金发碧眼野兽，虎视眈眈地等

* 尼采从来没有接触过女人，他把女人列于显然次等的地位，正如纳粹党人一样，他们规定女人应该回到厨房去，她们在生活中的主要作用是为德国战士生男育女。尼采是这样提出这个思想的：“男子应受战争的训练，女子应受再创造战士的训练。其他一切都是愚蠢的行为。”他甚至更进一步。在《查拉图斯特拉如是说》（*Thus Spake Zarathustra*）中，他说：“你到女人那里去吗？别忘了带你的鞭子！”——这使伯特兰·罗素禁不住说俏皮话道：“十个女人有九个会使他把他的鞭子丢掉，他知道这一点，因此他避开女人……”

待扑向猎获物和胜利”。

那么战争呢？在这个问题上，尼采采取了19世纪大多数其他德国思想家的观点。这位哲学家用《旧约》那种洪亮的语言来写作《查拉图斯特拉如是说》。他在书里面喊道：“你们爱和平应以它作为新战争的手段，爱短期和平应胜过长期和平。我劝告你们不要工作，要去作战。我劝告你们不要和平，而要胜利……你们说，和平是甚至使战争也变成神圣的事业？我对你们说：只有战争才使一切事业变成神圣。战争与勇气所做出的丰功伟绩，大大超过慈悲。”

最后，尼采还预言未来的社会精华人物将统治世界，超人将由此产生。在《权力意志》一书中，他宣称：“一个大胆的统治者种族正在
加强自己……目的应该是为在智力和意志方面天赋最厚的一种特别强 100
壮的人准备根据新的原则估计价值标准。这种人和他周围的精华人物应该成为地球的主人。”

德国最有独创之见的一位思想家的这种狂言大语，在希特勒的混乱的头脑中一定引起了强烈的共鸣。总而言之，他把这些狂言大语——不仅是这种思想，而且连这位哲学家的过分夸张的癖好，甚至他的措辞——都据为己有。“地球的主人”是《我的奋斗》中常见的话。希特勒最后认为自己就是尼采所预言的超人，这一点是无可怀疑的。

“凡是要想了解民族社会主义的德国的人必须了解瓦格纳。”希特勒常常这么说。* 这可能是基于对这位伟大的作曲家的某种误解，因为，虽然理查德·瓦格纳像希特勒一样对犹太人怀有一种疯狂的仇恨，深信他们要用金钱来统治全世界，虽然他蔑视议会制度、民主主义、资产阶级的追求物质利益和庸俗习气，他也热烈地希望德国人能

---

* 我自己的记忆，得到了奥托·托利舒斯所著的《他们要战争》（*They Wanted War*）一书第11页的证实。

够“以他们特殊的天赋”“成为世界的改造者，而不是统治者”。

不过，促成产生现代德国的神话，使得现代德国有了一种日耳曼式世界观，以致希特勒和纳粹党不无理由把它接过来据为己有的，不是瓦格纳的政治著作，而是他的伟大的歌剧。这些歌剧生动地再现了日耳曼人的远古世界，它那英雄式的神话，它那战争的神和勇士，它那恶魔和巨龙，它那流血格斗和原始的部族礼法，它那宿命观念，它那以爱情与生命为光荣、以死亡为高贵的观念。

希特勒从早年时代起就崇拜瓦格纳，甚至在他濒死的时候，在俄国前线附近大本营的阴暗潮湿的地下室里，在他的天下开始崩溃和他的雄图化为泡影的时候，他还喜欢回忆他听到瓦格纳的伟大作品时的一切情景，回忆这些作品对他的影响，回忆他从拜罗伊特音乐节、从无数次访问这位作曲家的故居幻想和平之屋时所得到的灵感。在这所故居中，作曲家的儿子齐格菲·瓦格纳和他的英国出生的妻子温尼弗雷德仍住在那里，她有一个时期曾是希特勒所敬重的朋友。

“瓦格纳的每一部作品都给我带来莫大的愉快！”1942年1月24—25日夜里，在德军第一次在俄国遭到惨重失败后不久，希特勒在东普鲁士拉斯滕堡的“狼穴”地下防空洞中同他手下的将领和党内助手（其中有希姆莱）谈话的时候曾经感叹地说过这么一句话。在防空洞外面，遍地白雪皑皑，寒冷彻骨，这是他最痛恨和害怕的两个因素，也是造成这次战争中德国第一次军事失利的两个因素。但是在暖和的地下防空洞中，至少在这个晚上，他脑子里想到的是他的生命的伟大灵感泉源之一。“我还记得，”他说，“我第一次踏进幻想和平之屋时
101 的感情。说我受到了感动，还不足以表达我的感情于万一！在我最困难的时候，他们从来总是支持我的，甚至齐格菲·瓦格纳。我同他们都很熟，相互直呼名字。我爱他们一家人，我也爱幻想和平之屋这所房子……拜罗伊特音乐节的那十天永远是我生命中最幸福的日子。一想到我将来总有一次重访这个圣地，我就非常高兴……在拜罗伊特音

乐节结束后那一天……我感到非常悲哀，就像你把圣诞树上的装饰卸下来的时候一样。”[25]

虽然希特勒在那个冬夜的独白中一再说，在他看来，《特里斯坦和伊索尔德》是“瓦格纳的杰作”，但是为德国，特别是为第三帝国提供这么多的原始日耳曼神话的，还是那部了不起的《尼伯龙人的指环》，这是连续性的四部歌剧，取材于日耳曼民族伟大的史诗《尼伯龙人之歌》，作曲家为了这部作品花了二十五年的心血。一个民族的神话往往是那个民族精神和文化的最高级和最真实的表现，这种情况在德国是再确实不过了。谢林甚至认为：“一个民族是有了神话以后才开始存在的……它的思想的一致性——亦即集体的哲学，表现在它的神话里面；因此，它的神话包含了民族的命运。”曾经用现代语言写过《尼伯龙人之歌》的当代诗人马克斯·梅尔宣称：“人本主义希望希腊诸神对我们的文化发生深刻影响，现在这种影响已经很少了……但是齐格菲和克里姆希尔德却永远活在人们的心灵中！”

齐格菲和克里姆希尔德、布伦希尔德和哈根都是许多现代德国人喜欢引以自喻的古代神话中的男女英雄人物。就是同他们一起，同这个野蛮的、多神的尼伯龙人的世界一起，一个尔虞我诈、暴力横行、血流成河，最后以诸神的黄昏（Götterdämmerung）告终的非理性的、英雄式的、神秘主义的世界，在沃坦历经盛衰之后纵火焚烧瓦尔哈拉时，在一场自我毁灭的狂乱中化为烈焰，同归于尽。这种毁灭，一直使德国人的心灵着迷，一直使他们在精神上满足了某种渴望。这些英雄人物，这个原始的巨人的世界，用梅尔的话来说，一直活在“人民的心灵中”。在这种德国人的心灵中，我们可以感觉到文明的精神与尼伯龙人的精神的斗争，而在本书所涉的时期里，后者的精神似乎占了上风。1945年，希特勒企图与沃坦媲美，一手造成了德国的毁灭，想使德国同他一起在一场大火中化为烈焰，这是一点也不奇怪的。

瓦格纳是个有惊人天才的人，是个气魄雄伟的艺术家，他的成就远远超出了上述几点。《指环》歌剧中的冲突，常常围绕着贪图黄金这个主题，作曲家把这一点同“现代资本主义悲剧”相比，并且怀着恐惧的心情，眼看着它消灭了自古以来传下来的一些美德。尽管他的主人翁都是异教徒，但是他并没有像尼采那样，对基督教教义感到绝望。他对犯了错误的自相残杀的人类还有着悲天悯人的胸怀。但是希特勒说，要了解纳粹主义，必须先了解瓦格纳。这话并不完全是
102 错的。

瓦格纳曾先后与叔本华和尼采相识，并受到他们的影响，虽然尼采后来与瓦格纳发生了争吵，因为尼采认为瓦格纳的歌剧，特别是在《帕西法尔》中，表现了太多的基督徒的克制。瓦格纳在他长寿多事的一生中，结识了另外两个人，一个是法国人，一个是英国人，这两个人对本书所叙述的历史之所以有重要意义，与其说是由于他们对他个人的影响（固然其中一个人的影响是很大的），不如说是由于他们对德国人思想的影响，因为正是他们的影响，使德国人的思想导向第三帝国的出现。

这两个人，一个名叫约瑟夫·阿蒂尔·德·戈比诺伯爵，是个法国文人兼外交官，一个名叫休斯顿·斯图尔特·张伯伦，是有史以来英国最大的怪人之一。

不过话得说在头里，他们两个人都不是江湖骗子。他们两个人都是博学多闻、游踪极广之士。但是他们两人都创造了极为荒唐的种族理论。这种理论，除了德国人是唯一例外，没有人（甚至他们本国的人）加以认真对待过。但是在纳粹党人看来，他们的颇成问题的理论却成了福音书。说张伯伦是第三帝国的精神上的创建人，也许并不过分夸张，因为我曾听到不止一个希特勒的追随者这么说。这个古怪的英国人把日耳曼人看成是主宰种族，是未来的希望。他崇拜理查德·瓦格纳，最后娶了瓦格纳的一个女儿为妻。他起初拥戴威廉二

世，继而拥戴希特勒，他是他们两个人精神上的导师。在他的怪诞的生命快结束的时候，他竟认为，这个奥地利下士是上帝派来领导德国人民走出荒野的人。这件事发生在希特勒上台之前，或者说有任何上台希望之前很久的时候。因此希特勒把张伯伦看成一个先知并非偶然，后来事实证明张伯伦的确是个先知。

在这两个人的著作中，究竟有些什么东西在种族问题和德国的命运问题上把一种疯狂思想灌输到德国人心中呢？

戈比诺的主要贡献是1853年到1855年在巴黎出版的四卷集《人种不平等论》。说也奇怪，这个法国贵族在皇家禁卫军当过军官以后，却以亚历克西·德·托克维尔内阁的秘书长身份开始了他的政治生涯。托克维尔是《论美国的民主》一书的著名作者，曾在1848年担任过很短一个时期的总理职务。戈比诺后来到汉诺威和法兰克福去当外交官，他的种族不平等理论是从他同德国人的接触中，而不是从他同托克维尔的接触中形成的，不过他曾经承认，他写这部著作，部分原因是为了要证明他自己的贵族祖先的优越性。

根据戈比诺在这部作品中给汉诺威国王所写的献词，在他看来，
历史和文明的关键是种族。“历史上一切其他问题都受种族问题的支
配……各种族的不平等足以说明各国人民的命运的整个情况。”主要
人种有三个，白种、黄种、黑种，其中以白种为最优越。他认为：“历
史证明，所有文明都起源于白种人，没有白种人的合作，任何文明
都不能存在。”而雅利安人是白种人中间的明珠，“这一光芒四射的 103
种族，是白种人中间最高贵的种族”。他们的起源，他一直追溯到中
亚细亚。不幸的是，据戈比诺说，当代的雅利安人同一些劣等种族
混血通婚，这在当时的南欧就可以看到。但是，在西北方面，大致上
沿着塞纳河向东到瑞士的一条线以北，雅利安人虽然远远谈不上非常
纯粹，但仍旧是一个优秀的种族。他们包括一部分法国人，全部英国
人和爱尔兰人，低地国家的人民，莱茵河流域和汉诺威的人民，以

及斯堪的纳维亚半岛的人民。戈比诺似乎把住在这条线以东和东南的大部分日耳曼人排除在外了，这一点，在纳粹党人提倡他的学说的时候，马马虎虎地掩饰过去了。

即使如此，在戈比诺的心目中，日耳曼人，至少是西部日耳曼人，也许仍然是雅利安人中最优秀的，这一点纳粹党人并没有加以掩饰。他发现，凡是日耳曼人足迹所到之处，都带来了进步。甚至在罗马帝国中也是如此。征服了罗马人和击溃了他们帝国的所谓野蛮的日耳曼部落，对文明做出了一个杰出的贡献，因为到4世纪的时候，罗马人比退化的杂种好不了多少，而日耳曼人相对来说，却是血统纯粹的雅利安人。他宣称："雅利安种日耳曼人是强大的种族……因此，他们的思想、言论和行为有着很大的重要性。"

戈比诺的思想，在德国很快被接受过去。1876年，瓦格纳在这个法国人已届晚年（他于1882年去世）的时候认识了他，热情地提倡他的学说，不久之后，德国各地纷纷成立了戈比诺协会。*

休·斯·张伯伦的奇异的一生和著作

德国戈比诺协会的热心会员中有一个休斯顿·斯图尔特·张伯伦，他的一生和著作，是导致第三帝国的兴起和覆亡的无情的历史进程中最令人莫测的奇怪事件之一。

张伯伦于1855年生于朴次茅斯，他的父亲是一名英国海军上将，他的叔伯之中，有一个是英国陆军元帅内维尔·张伯伦爵士†，有两个是英国陆军将军。他最后成了理查德·瓦格纳的女婿。本来他是要被送去参加英国海军或陆军的，但是因为体弱多病而放弃了这个打算，家里送他到法国和日内瓦受教育，法语就成了他的第一语言。在15岁

* 虽然在法国并没有成立这种团体。

† 与慕尼黑时代的英国首相内维尔·张伯伦是两个人。——译者

到19岁之间，命运使他结识了两个德国人，从此之后，他就对德国一往情深，最后成了德国公民和德国最杰出的思想家之一。他写了许多著作，全部都是用德语写作的，其中有好几部著作对威廉二世、阿道夫·希特勒以及其他无数较次要的德国人发生了一种几乎是头晕眼花的影响。 104

1870年，张伯伦15岁的时候落在一个名叫奥托·孔策的杰出家庭教师的手里，孔策是个最最普鲁士化的普鲁士人，在他担任家庭教师的四年中，他把英勇尚武、战无不胜的普鲁士式的武功和——显然没有想到两方面的尖锐对照——贝多芬、歌德、席勒、瓦格纳那样的艺术家和诗人的杰作深深地打入了张伯伦敏悟的心灵。张伯伦19岁的时候疯狂地爱上了安娜·霍尔斯特，她也是个普鲁士人，年纪比他大10岁，同他一样，也极其神经质。1882年他27岁的时候，离开了在那里曾经埋头三年，研读过哲学、自然史、物理、化学、医学的日内瓦，到了拜罗伊特。在那里，他遇见了瓦格纳，据他说，后者成了他生命中的太阳。他还遇见了作曲家的妻子柯西玛，他在此后一生之中，一直对她保持了热情的、奴隶般的忠诚。1885年，他同当时已成了他的妻子的安娜·霍尔斯特一起，到德累斯顿去住了四年，从这一年起，他在思想上和语言上成了一个德国人。1889年他到维也纳，在那里住了十年，最后在1909年又回到拜罗伊特，一直住到1927年去世。他在1905年同他原来崇拜备至的普鲁士妻子离了婚：当时她已60岁了，在精神上和体质上都比他病得更严重（据他说，他因为不得不分居而极感痛苦，几乎发疯）。三年后，他娶了埃娃·瓦格纳为妻，在幻想和平之屋附近定居下来，因为在那里他可以就近照顾他的岳母，受尊敬的和意志坚强的柯西玛。

张伯伦是个非常敏感的神经质的人，神经官能症常常发作，据说他能看到恶魔，这些恶魔往往无情地驱使他从事新的方面的研究和继续不断的写作。一个接一个的幻象驱使他从研究生物学改为研究植物学，又改为研究艺术、音乐、哲学、传记、历史。有一次，在1896年，他从意大利回来，在一个恶魔的驱使之下，他中途在加尔多内下了火车，租了一间旅馆房间，关起门来有八天之久，放弃了他原来想写的关于音乐的文章，而紧张地写了一篇生物学论文，终于得到了从此以后贯穿在他的全部著作中的中心思想的萌芽：种族和历史。

不论他有什么样的缺点，他的思想的天地确实极为广阔：文学、音乐、生物学、植物学、宗教、历史、政治，无所不通。正如让·雷亚尔[26]所指出的，在他的全部著作中，有一种深刻的灵感的一致，这些著作的前后一贯性极为突出。由于他自己觉得受恶魔的驱使，他的有关论述瓦格纳、歌德、康德、基督教义和种族的著作，都是在一种可怕的热病袭击下，一种真正的神志昏迷的状态中，一种自我陶醉的境界中写成的，因此，据他自己在自传《生活的道路》中所说，他常常认不出这些东西是他自己的作品，因为它们超过了他所预期的程度。神经比他正常的人后来推翻了他的种族理论和他的许多历史见解，而且在埃德蒙·韦尔梅伊这样一位法国日耳曼学家看来，张伯伦的思想基本上是“粗制滥造”，但是在希特勒的传记作者、反纳粹的德国作家康拉德·海登看来，虽然张伯伦的种族学说所造成的影响使
105 他深感遗憾，张伯伦仍然“是德国思想史上具有最惊人的才华的人之一，是知识和深刻思想的一个宝库”。

影响德国思想最深刻的作品，使得威廉二世大喜若狂和为纳粹党人提供了种族谬论的作品，是张伯伦1897年4月1日到1898年10月31日之间的19个月时间中在维也纳，在他的一个“恶魔”驱使下写的一部长达1 200页的巨著《19世纪的基础》。这部著作是在1899年出版的。

同张伯伦所钦佩的戈比诺一样，张伯伦发现，历史的关键，的确也可以说文明的基础，在于种族。要了解19世纪，也就是说当代世界的现象，人们必须首先要考虑一下古代的遗产。张伯伦认为，古代的遗产有三：希腊的哲学和艺术、罗马的法律、基督的人格。遗产的承

受人也有三个："两个血统纯粹的种族"犹太人和日耳曼人，以及地中海一带的杂种拉丁人——张伯伦称他们为"各种民族的大混杂"。只有日耳曼人才配继承这份光辉的遗产。不错，他们在历史上出现得很迟，到13世纪时才出现。但是就在这以前，他们已灭亡了罗马帝国，这就证明了他们的价值。他说："有人说，野蛮的条顿人造成了所谓'中世纪的黑夜'，这种说法是不确实的。相反，这个黑夜是垂死的罗马帝国所造成的人类不讲种族的大混杂在思想上和精神上破产以后降临的。要不是条顿人，全世界就会笼罩着永恒的黑夜。"在他写作的时候，他把条顿人看成是世界的唯一希望。

张伯伦把凯尔特人和斯拉夫人都包括在"条顿人"中间，不过条顿人是最重要的成分。但是，他的定义是相当含糊的，有一次他说："凡是行为像条顿人者，即条顿人，不论其原来种族是什么。"也许他说这句话是因为他想到自己的非日耳曼血统。无论如何，根据张伯伦的说法，条顿人是"我们文化的灵魂。每个民族今天作为一种活着的力量，其重要性取决于它的人口中纯正条顿血液的比例……只有在条顿人用他的灵巧的手掌握了古代遗产的时候，真正的历史才开始"。

那么犹太人呢？《19世纪的基础》中最长的一章论述了犹太人。我们已经看到，张伯伦声称，犹太人和条顿人是西方仅有的血统纯粹的两个种族。在这一章中，他谴责"愚蠢的令人反感的反犹主义"。他说，犹太人并不"次"于条顿人，仅仅是"不同"而已。他们有他们自己的伟大之处。他们认识到，人类的"神圣职责"是保持种族的纯洁。但是在他进而分析犹太人的时候，张伯伦也陷入了他谴责别人持有的非常庸俗的反犹主义中，这种庸俗的反犹主义最后发展到希特勒时代尤利乌斯·施特莱彻在《冲锋队员》中丑化犹太人时所用的淫猥粗鄙的谩骂。的确可以说，纳粹党的反犹主义的"哲学"基础有很
大一部分是从这一章来的。 106

张伯伦的见解一望而知是荒谬绝伦的。他宣称，基督的人格是古

代传给现代文明的三大遗产之一。他接着着手证明耶稣不是犹太人。张伯伦认为，耶稣出生于加利利，他不能正确地发出阿拉姆语中的喉音字母，这些“明显的迹象”，都说明了耶稣有“很大比例的非闪族血统”。他接着说了一句典型直截了当的话：“凡是说耶稣是犹太人的人，不是傻子，就是说谎……耶稣不是犹太人。”

那么他是什么种族的人呢？张伯伦答复道：很可能是个雅利安人！如果不是由于血统的话，那么也毫无疑问地由于他的道德上和宗教上的说教，因为这种说教同犹太教的“唯物主义和抽象形式主义”截然相反。因此，很自然地——至少在张伯伦看来——基督应该成为“生命力旺盛的年轻的印欧民族的神”，特别是条顿人的神，因为“任何其他民族都没有具备像条顿人那么好的条件能够听到这神明的召唤”。

接着他写了他所谓的犹太种族的详细历史，从闪族或者说沙漠中的贝都因人与圆头的长着“犹太鼻子”的赫梯人混血开始，最后到与属于雅利安人的亚摩利人混血为止。不幸的是，雅利安混血种——亚摩利人，据他说是金发碧眼、体格魁梧、仪表堂堂的——来得太晚了，不能对改进“腐化的”希伯来血统起什么真正的作用。从此以后，这个英国人——与他的犹太种族血统纯粹的理论自相矛盾——发现犹太人成了一种“消极的”种族，是“杂种”，因此，雅利安人“否认”以色列是有理由的。他甚至责怪雅利安人，不该把“实际不存在的荣誉”给予犹太人，他接着发现犹太人“没有真正的宗教信仰到了可悲的程度”。

最后，在张伯伦看来，救星在于条顿人和他们的文化，而在条顿人中间，日耳曼人是最有天赋的，因为他们继承了希腊人和印度-雅利安人的最优秀的品质。因此他们有权做世界的主人。“上帝今天完全指望日耳曼人，”他在另外一个地方写道，“这是我的心中蕴藏了多年的认识，肯定的真理。”

《19世纪的基础》一书出版后轰动一时，使这个古怪的英国人在德国一举成名。尽管因为张伯伦是个刻意求功的艺术家，这本书有它的独特风格，而且不乏滔滔的雄辩，但是读起来却很费劲。但是它不久之后就在上层阶级人士中间很为流行，因为他们似乎在这本书里发现了他们愿意相信的东西。十年之内，它再版了8次，销了6万册，到1914年第一次世界大战爆发时，销量已达10万册。在纳粹党统治时期，它又行销一时，我还记得，在1938年时曾经宣布它印行第24版，当时已销了25万册以上了。

这本书最初和最热情的读者之一是德皇威廉二世。他请张伯伦到
波茨坦宫中见面，一见之下就互相倾倒，两人的友谊一直维持到张伯 107
伦在1927年死去。他们两人在第一次会晤后就一直通信。张伯伦给德皇一共写了43封信，德皇回了其中23封，其中有一部分信简直就是长篇文章，德皇在他的一些激烈演讲和声明中曾经加以采用。“上帝把你的书送给了德国人民，把你送给了我。”德皇在头几封信中曾经这么说。张伯伦在这些信中竭尽其阿谀谄媚之能事，到了令人作呕的程度。“陛下和陛下的臣民，”他写道，“是生在神圣殿堂的。”他还告诉威廉，他在书房里把威廉的肖像放在达芬奇画的基督肖像对面，他工作的时候，就可以常常在他的救主和他的君王之间来回踱步。

但是张伯伦的奴才气并不妨碍他向这个性格暴烈、刚愎自用的皇帝不断进言。1908年，威廉颇不得民心，以至于帝国议会竟敢责难他过问外交造成不利后果。但是张伯伦劝告德皇说，舆论是白痴和奸贼制造出来的，可以不必去理会它，威廉则答复说，他们两个人将站在一起——“你用你的笔；我用我的口舌和利剑”。

这个英国人一直提醒威廉不要忘记德国的使命和命运。“德国一旦有了力量，”他在第一次世界大战爆发后说，“——我们可以满怀信心地预期它能够得到力量——它就必须立刻执行一种科学的天才的政策。奥古斯都曾经有计划地改造世界，德国也必须如此……有了进攻性和防御性武器的装备，有了像军队一样严密的组织，在艺术、科

学、技术、工业、商业、财政，总而言之，在一切方面都优于任何国家，也就是说，自己成了世界的教导者、舵手、先驱，它的每一个人都坚守岗位，每一个人都为神圣的事业贡献出最大的力量——在这种条件下，德国……必将由于内在的优越性而征服全世界。”

张伯伦在战争中途的1916年归化为德国公民。由于宣传他所归化的国家这样一个光荣的使命，张伯伦从德皇那里得到了一枚铁十字奖章。

但是受到这个英国人影响最大的还是第三帝国。虽然第三帝国到他死后六年才出现，但是他早已预见它的到来。纳粹党人把他奉为他们的一个先知，继承了他的种族理论，继承了他的炽烈的德国人的和德国的使命感。在希特勒统治期间，出版了大批书籍、小册子、文章，颂扬这个民族社会主义德国的“精神创建人”。希特勒的军师之一罗森贝格就经常把他自己钦佩这位英国哲学家的热情灌输给元首。很可能，希特勒在离开维也纳之前就已经知道了张伯伦的著作，因为他的著作在泛日耳曼团体和反犹团体中是很流行的，而这些团体的印
108 刷品又是他在那些日子里废寝忘食地阅读的东西。他也很可能读过张伯伦在战时写的一些沙文主义文章。在《我的奋斗》中，他对于第二帝国没有更多地采纳张伯伦的意见表示遗憾。

张伯伦是首先看到希特勒有伟大前途，因而也看到德国人（如果他们追随希特勒的话）有新的机会的德国知识分子之一。希特勒1923年在拜罗伊特见过他，当时张伯伦虽然身患重病，半身不遂，而且德国的战败和霍亨索伦帝国的覆亡——这是他一切希望和预言的崩溃！——使他感到心灰意冷，但是这个夸夸其谈的年轻奥地利人使他钦佩得五体投地。“你有伟大的事业要完成，”他在第二天写信给希特勒说，“我对日耳曼主义的信念从未有片刻的动摇，虽然我承认，我的希望曾处于低潮。你在顷刻之间却改变了我的精神状态。在德国最迫切需要的时刻，它诞生了一个希特勒，这就证明了它的生命力；他

所产生的感召力量也是如此；因为这两件东西——人格力量和感召力量——是密不可分的……愿上帝保佑你！”

当时阿道夫·希特勒留着卓别林式的小胡子，加上他的无赖作风，他的强暴粗野的极端行为，大多数德国人都把他当作笑话看待。他当时没有几个拥护他的人。但是他的性格中的催眠般的吸引力在这个年老多病的哲学家身上却起了奇迹般的作用，恢复了他对他志愿归化的民族的信心。张伯伦加入了襁褓时期的纳粹党，只要健康许可，还为它的没有什么销路的出版物写文章。1924年发表的一篇文章把当时还关在监狱里的希特勒捧为是上帝派来领导德国人民的。命运召唤过威廉二世，但是他失败了；现在命运又在召唤希特勒了。1925年9月5日的纳粹党《人民观察家报》以五栏篇幅刊登贺词，庆祝这个杰出的英国人的70岁生日，把他的《19世纪的基础》奉为“纳粹运动的福音书”。他在一年零四个月后即1927年1月11日进棺材的时候，心中充满了希望，认为他所宣传和预言的东西在这个德国的新救世主的非凡领导下还是能够实现的。

在张伯伦的葬仪上，除了不能回德国的威廉二世派了一位亲王为代表以外，希特勒是唯一的社会名流。《人民观察家报》在报道这个英国人的死讯时说，德国人民失掉了“一位伟大的武器制造者，他所制造的武器在我们时代里还没有充分应用”。在1927年黯淡的1月里，当纳粹党处在最倒霉的时候，这个半身不遂的垂死老人无法料到——甚至希特勒本人或者德国的任何别人都无法料到，不久之后，这个归化的英国人所制造的武器很快就得到了充分的应用，而且带来了可怕的后果。[27]

但是，阿道夫·希特勒在这些日子里，甚至在此以前，对于他个人在地球上的使命就有着一种神秘的预感。“在千百万个人中间……
必须要有**一个**人站出来，”他在《我的奋斗》中（着重体是他自己用 109
的）写道，“他有着毋庸置疑的力量，能够在摇摆不定的广大群众的思想世界中，形成花岗石般的原则，并且为了这些原则的唯一正确性而进行斗争，直到在自由的思想世界的起伏的波浪中，出现一块信念和意志完全一致的坚固岩石。”[28]

他使读者一点也不怀疑，他已经以那**一个**人自居。《我的奋斗》中不乏一些短小的片段，论述天才人物的作用，这种人物是上帝挑选出来领导伟大的国家的人民摆脱他们的困难、取得进一步伟大成就的，虽然他们可能在开始的时候并不了解他或者知道他的价值。读者知道希特勒这段话指的是他自己和他当时的处境。他是怎样一个人物，他是满有把握的，但是这还没有得到世人的公认，天才人物的命运往往如此——特别在开始的时候。“几乎总是需要一些刺激的因素才能使天才人物登场，”他说，“那时世界上还不肯承认他，不愿意相信这个表面上与世人并无二致的人物竟然是一个完全不同的人物；在人类的每一个杰出儿子身上，这种事情总是一再重演的……天才的火星，”他宣称，“在真正有创造性的人诞生之时起就存在于他的脑袋中。真正的天才总是先天的，从来不需要培养，更谈不上学习了。”[29]

特别是——他认为——创造历史的伟大人物是实际政治家和思想家的结合。“在人类历史上，每隔一段很长时间，偶尔有这样的情况：政治家与理论家结合起来。这种结合越紧密，政治家工作所遇到的障碍也就越大。他不再为普通店主所了解的生活必需品而努力，而是为只有极少数人所了解的目标而努力。因此，他的一生就充满了爱与恨的矛盾。不了解他的现代人反对他，后代子孙——他也为他们工作——则承认他，二者发生了矛盾。因为一个人的工作对将来越有伟大意义，现在的人就越不能了解；他的斗争也就越艰苦……”[30]

这些话是在1924年写的，当时很少有人了解这个因为滑稽戏似的政变失败而名誉扫地、身系囹圄的人心中有什么打算。但是希特勒自己是一点也没有疑问的。他究竟有没有直接读过黑格尔的著作，是一件令人怀疑的事。但是从他的著作和演讲中可以很清楚地看出，他对这个哲学家的思想是有点熟悉的，哪怕只是通过同他早年的军师罗森贝格、埃卡特和赫斯的交谈后才有这点知识。反正通过某种方式，黑格尔在柏林大学的著名讲学内容一定引起了他的注意，正如尼采的许多格言一样。我们已经简单地谈到*，黑格尔发展了一种“英雄人物”的理论，很投合德国人的思想。他在柏林某次讲学时曾经谈道“世界精神的意志”是由“世界性-历史性人物”来贯彻的。

> 他们可以称为英雄人物，因为他们的目标和使命不是从现存秩序下平静无事的正常情况中产生的，而是来自一个隐藏的泉源，来自仍掩盖在表面之下但是像冲击外壳似的冲击表面世界并 110
> 将它迸裂成为碎片的那种内在精神。亚历山大、恺撒、拿破仑就是这样的人。他们是实际的政治人物，但是同时他们又是思想人物，对于时代的要求——什么东西已经成熟到可以发展——有深刻的了解。这就是他们的时代、他们的世界的真理……有责任了解这个初生期的原则，他们的世界要采取的这一必要的直接连续的前进步骤；他们有责任把这当作他们的目标，不遗余力地来实现这一目标。因此必须承认，世界性-历史性人物——一个时代的英雄人物——是时代的眼光远大的人；**他们**的言论，**他们**的行为，是他们的时代最优秀的言行。[31]

请看这段话与前述《我的奋斗》中所引的一段话何等相似。政治家与思想家的结合，就是这种结合，产生了英雄，产生了“世界性-历史性人物”，产生了亚历山大、恺撒和拿破仑，如果希特勒身上也有这种结合——他现在已开始相信这一点——那么他不是也可以跻身于这些英雄人物之列吗？

---

* 见本书原文第98页。

贯穿在希特勒许多言论里的一个中心思想是，最高领袖是超乎普通人的道德标准的。黑格尔和尼采也这样想。我们已经知道，黑格尔认为，“个人美德”和“不相干的道德要求”绝不许妨碍伟大的统治者，如果英雄人物在完成他们的使命时践踏了或“压碎了”许多无辜的花朵，人们也不必大惊小怪。尼采用他古怪的夸张笔法更进一步说：

> 强者，主人，恢复了纯粹食肉动物的意识；他们是兴高采烈的鬼怪，他们在经历了杀人、放火、强奸、苦刑这一连串可怕的暴行以后，心中能够照样感到高兴，精神上能够照样感到满足，就好像参加了学生的恶作剧回来一样……如果一个人能指挥别人，如果他的本性就是一个“主人”，如果他举止和动作暴烈，条约对他来说又有什么重要性呢？……要正确地评判道德，道德就必须用从动物学方面借用来的两个概念来代替：对一头野兽的**驯服**和对一种特殊品种的**培育**。[32]

被尼采发挥到极端程度而且受到一大批名气较小的德国人拥护的这种学说，似乎对希特勒具有一种强烈的吸引力。* 负有使命的天才人物是超乎法律的，不能用“资产阶级”的道德来约束他。因此，在行动时刻来临的时候，希特勒就能够于心无愧地干出最残酷无情的勾当来，镇压个人自由，野蛮地实行奴隶劳动，建立万恶的集中营，在1934年6月屠杀他自己的手下，杀害战俘和大规模杀戮犹太人。

希特勒于1924年圣诞节前五天从兰茨贝格监狱中出来，要是换了任何别人的话，当时的情势，几乎都会使这个人退出政治生活。纳
111 粹党和它的报纸已被取缔；原来的一些头目不是发生了内讧，就是倒

---

*《我的奋斗》的引语见本书原文第86—87页。

戈了。他本人则被禁止在公开场合演讲。更糟糕的是，他面临着被驱逐出境、押解回故乡奥地利的威胁。巴伐利亚邦警察当局在其致内政部的报告中竭力主张这么办。甚至他的不少老同志也同意一般人的看法，认为希特勒已经完蛋了，他以后将销声匿迹，默默无闻，正如许多其他的地方政客在共和国似乎摇摇欲坠的充满明争暗斗的年代中曾经名噪一时而后又很快就归于无声无息一样。*

但是共和国还是熬过了风浪。它开始繁荣起来。在希特勒还关在监狱里的时候，一个名叫亚尔马·霍拉斯·格里利·沙赫特博士的金融奇才被请来稳定货币，结果获得了成功。为害极烈的通货膨胀结束了。赔款负担也由于道威斯计划而减轻了。资本开始从美国流进来。经济迅速恢复。施特雷泽曼的同协约国和解的政策获得了成功。法国人开始撤出鲁尔。当时正在讨论一项安全条约（《洛迦诺公约》），以便为欧洲问题的总解决铺平道路，让德国参加国际联盟。经过了六年之久的紧张、混乱和萧条，德国人民在战后第一次开始过正常的生活。在希特勒从兰茨贝格监狱出来以前两个星期，社会民主党——就是他所称呼的“十一月罪人”——在一次普选中，为维护共和国而进行了斗争，结果所得选票增加了30%，几乎达800万张选票。纳粹党同北方一些种族主义团体联合，用了民族社会主义德国自由运动的名义，参加了12月间的竞选，但是所得选票从1924年5月间原来的将近200万张减到了不到100万张。纳粹主义看来已是一桩垂死的事业了。它在国家倒霉的时候曾经兴盛过一时，现在国家的前途突然光明，它也就很快要消亡了。至少大多数德国人和外国观察家是这样看的。

可是阿道夫·希特勒却并不这样看。他不是个轻易气馁的人。而

* 到1929年，达伯农勋爵的日记的编纂者M. A. 格罗提渥教授在这位大使关于啤酒馆政变的记述后还写了一段脚注，其中在提到希特勒被判徒刑后说：“六个月后他终于获释，在宣誓具结后免除了未满的刑期，从此之后就销声匿迹了。”达伯农勋爵于1920年至1936年任英国驻柏林大使，曾费了不少心机来巩固魏玛共和国。

且他也知道如何等待时机。1925年冬季几个月里，他在慕尼黑提尔契街41号顶层一套两小间的公寓里重理旧业。夏天来了以后，他到贝希特斯加登山上的上萨尔茨山的旅舍中去消夏，他抚今追昔，不久以前的牢狱之灾和目前的时运晦暗只是加强了他的决心。在铁窗后面，他有时间不仅彻头彻尾地回顾了他本人的过去，他的成功和错误，也彻头彻尾地回顾了德国人民的动乱的过去，**他们的**成功和错误。现在，他对这两个方面都看得更加清楚了。他的心中又产生了一
112 种不容存在任何怀疑的炽烈的使命感——不仅是为他自己，也是为了德国。在这种高昂的情绪下，他结束了《我的奋斗》第1卷的口授工作，接着立刻进入第2卷的口授工作。上帝召唤他在这个动乱不已的世界上要做的事情的蓝图和作为这种事业的支持的哲学——世界观（Weltanschauung），都用白纸黑字写了下来，供世人思考。这种哲学，不论如何荒诞不经，在德国人的生活中都是有其深刻根源的，这一点我们已经知道。这个蓝图对于大多20世纪的人来说，甚至对于在德国的人来说，可能看起来是荒唐可笑的。但是它也有一定的逻辑。它展开了一个远景。它为德国历史指出了一个继续的方向，虽然当时很少
113 有人看到这一点。它指出了完成德国光荣使命的道路。

注　释

1. 数字取自奥朗·詹姆斯·哈尔教授发表在《美国历史评论》1955年7月号上一篇关于埃耶出版社版税申报单的分析文章，题为《纳税人阿道夫·希特勒》。
2. 引文取自《我的奋斗》，第619，672，674页。
3. 同上，第138—139页。
4. 同上，第140页。
5. 同上，第643，646，652页。
6. 同上，第649页。
7. 同上，第675页。
8. 同上，第654页。
9. 同上，第150—153页。

10.《希特勒演讲集》，第32页，引自布洛克，《希特勒——暴政的研究》第68页。

11.《我的奋斗》，第247—253页。

12. 同上，第134—135，285，289页。

13. 同上，第290页。

14. 同上，第295—296页。

15. 本段引文及以前两段引文出处同上，第296页。

16. 同上，第646页。

17. 同上，第383—384页。

18. 同上，第394页。

19. 同上，第402—404页。

20. 同上，第396页。

21. 同上，第449—500页。

22. A. J. P. 泰勒，《德国史教程》，第24页。

23. 威廉·勒普克：《德国问题的解决办法》，第153页。

24.《我的奋斗》，第154，225—226页。

25.《希特勒秘密谈话录》，第198页。

26. 见他在《第三帝国》一书中对张伯伦的研究，包蒙、弗里德、韦尔梅伊编。

27. 上述自张伯伦一直推溯到费希特和黑格尔一节，根据各作家的作品和下列各著作中的引文和解释：约翰·杜威：《德国哲学和政治》；弗里德里希·梅尼克：《德国的浩劫》；威廉·勒普克：《德国问题的解决办法》；伯特兰·罗素：《西方哲学史》；W. W. 柯尔和 M. F. 波特尔合编：《德意志如是说》；包蒙、弗里德、韦尔梅伊合编：《第三帝国》；路易·L. 斯奈德：《德国民族主义：一个民族的悲剧》；汉斯·康恩编：《德国史：德国新观点介绍》；T. L. 雅尔曼：《纳粹德国兴亡史》；康拉德·海登：《元首》；A. J. P. 泰勒：《德国史教程》；埃德蒙·韦尔梅伊：《当代德意志》；赫尔曼·平瑙：《德国史》。

E. 艾克著《俾斯麦和德意志帝国》是一部极有价值的作品。

由于本书篇幅所限，对于其他一些德国知识分子对第三帝国的影响只得略而不谈，虽然他们的著作在德国也甚为风行和重要，这些德国知识分子有：施莱格尔、J. 格雷斯、诺瓦利斯、阿恩特、雅恩、拉加德、利斯特、德罗伊森、兰克、蒙森、康斯坦丁·弗朗茨、施托克尔、伯恩哈迪、克劳斯·瓦格纳、朗本、朗格、斯宾格勒。

28.《我的奋斗》，第381页。

29. 同上，第293页。

30. 同上，第212—213页。

31. 黑格尔：《历史哲学》，第31—32页。引自布洛克，《希特勒——暴政的研究》第351页。

32. 引自包蒙等人编《第三帝国》，第204—205页，取材自尼采两部著作《论道德的谱系》和《权力意志》。

第二编

胜利和巩固

第五章
取得政权的道路：1925—1931年

从1925年一直到1929年发生经济恐慌，这几年是阿道夫·希特勒和纳粹运动时运不佳的几年。但是，他仍不屈不挠，从来没有丧失过希望和信心，由此也可以看出他是怎么样的一个人。尽管他的性格容易激动，常常因此发出歇斯底里的狂言乱语，但是他却有耐心等待，而且他也很精明，认识到这些年代中笼罩着德国的物质繁荣的气候和安定宽舒的感觉是不适宜于实现他的目标的。

但是，他相信好景不长。他说过，就德国而论，这种好日子所依靠的不是德国本身的力量，而是别人的力量——尤其是美国的力量，德国的繁荣正是从美国的充裕的金库中借来了大量贷款后造成和维持的。在1924年到1930年之间，德国借了大约70亿美元外债，其中大多数借自美国的投资人，后者很少考虑到德国最后靠什么还债。关于这一点，德国人考虑得更少。

共和国借了外债，用来偿付战争赔款和扩大它的庞大的社会服务，这种社会服务成了全世界的典范。各邦、各大小城市也借了外债，不仅从事必要的建设，也造了飞机场、戏院、运动场和豪华游泳池。在通货膨胀期间轻易偿清了债务的工业部门，也借了数以十亿计的外债来更新装备和把生产过程合理化。工业产量于1923年跌到

1913年的55%，到1927年增加到122%。1928年的失业人数在战后第一次跌到了百万以下——65万人。那一年的零售业业绩较1925年增加了20%，次年的实际工资达到了比四年前高10%的数字。下层中产阶级，也就是希特勒要从那里得到群众支持的千百万小店主和低薪阶层，在这次普遍繁荣中也分得了一杯羹。

我个人对德国的了解也是在这些日子里开始的。我当时驻在巴黎，偶尔也去伦敦；当时美国正处在卡尔文·柯立芝总统治下的令
117 人难以置信的自满和空虚的时代，对于一个能够逃避这种环境而感到欣喜的美国青年来说，这两个首都固然有其令人神往之处，但是同柏林和慕尼黑相比，就不免略为逊色了。当时德国正处在沸腾的气氛之中。那里的生活似乎比我在任何其他地方看到的生活更加自由，更加现代化，更加令人兴奋。没有任何地方的艺术和文化生活像德国那样活跃。在当代写作、绘画、建筑、音乐和戏剧方面，新的潮流不断涌现，优秀人才辈出。到处都是青年人占上风。在人行道边的咖啡座上，在华丽的酒吧间里，在夏令营里，在莱茵河上的汽船里，或者在烟雾腾腾的艺术家的工作室里，你与青年人坐在一起，通宵达旦，无休无止地谈论着生活。他们是身心健康、无忧无虑、崇拜阳光的一些人，他们对生活充满了热情，一点没有忌讳和拘束。从前压制人的普鲁士精神似乎已经死了，被埋葬了。你遇到的大多数德国人——政治家、作家、编辑、艺术家、教授、学生、企业家、劳工领袖——都使你认为他们是爱好民主，崇尚自由，甚至是主张非战的。

你很少听到人们谈到希特勒或纳粹党，除非是作为笑料——通常是在谈到当时已以啤酒馆政变闻名的那次事件的时候才提起的。在1928年5月20日的那次选举中，在全部3 100万张投出的选票中，纳粹党只得到81万张，在国会491个席位中只占了12个席位。保守的民族党也丧失了很多选票，从1924年的600万张跌到了400万张，议席从103席减少到73席。另一方面，社会民主党在1928年的选举中增加

1926年的德绍包豪斯学校，由于德绍离柏林更近，创始人沃尔特·格罗佩斯将新校址搬到此处，并正式定名为“包豪斯设计学院”。

1926年，由包豪斯艺术家奥斯卡·施莱默设计的“三元芭蕾”服装，其芭蕾舞剧在柏林大都会剧院上演。

了125万张选票，总数达900多万张，在国会中占153个席位，一跃而成为德国第一大党。战争结束以后，经过了十年工夫，德意志共和国似乎终于站稳脚跟了。

在1928年那一年，纳粹党的党员人数是108 000人。数目虽少，却在慢慢增加。希特勒在1924年底出狱后两个星期，就马上去见巴伐利亚总理、天主教巴伐利亚人民党领导人海因里希·赫尔德博士。在希特勒保证以后行动一定要循规蹈矩（他当时仍算是假释在外）之后，赫尔德撤销了对纳粹党及其报纸的取缔。“这头野兽已经制服了，”赫尔德对他的司法部长居特纳说，“我们现在不怕放松铁链了。”犯了这个致命的判断错误的德国政治家有不少，这个巴伐利亚总理是第一批（但绝不是最后一批）中间的一个。

《人民观察家报》于1925年2月26日复刊，发表了希特勒写的长篇社论，题目是《新的开端》。第二天，复活后的纳粹党在贝格勃劳凯勒酒馆举行第一次群众集会，他在会上发表演讲，这个地方就是一年半以前在11月9日早上他和他的忠实信徒出发举行他们归于惨败的游行的地方。这些信徒中间有很多人这一次没有在场。埃卡特和施勃纳-里希特已经死了。戈林在流亡中。鲁登道夫和罗姆已同元首决裂。罗森贝格同施特莱彻和埃塞尔发生了内讧，心怀不满，有意避开。格雷戈尔·施特拉塞尔也是如此。他同鲁登道夫在希特勒身系囹圄而纳粹党遭
118 禁的时候曾经领导民族社会主义德国自由运动。希特勒请安东·德莱克斯勒主持这次集会，但是这个老锁匠、党的创始人叫他见鬼去。尽管如此，啤酒馆里还是聚集了4 000名左右的信徒来听希特勒的演讲，他没有使他们失望。他像以前一样口若悬河，讲了两个小时。在演讲结束时，群众掌声雷动。尽管有不少人开了小差，尽管前途颇为黯淡，但是希特勒表明，他仍认为自己是党的独裁领袖。他宣称："我单独负责领导我们的运动，只要我单独负责一天，就没有人能对我强加条件。”他又补充说："我再一次负起我们的运动所发生的一切事情的全部责任。”

复活后的纳粹党的第一次群众集会，希特勒在慕尼黑的贝格勃劳凯勒酒馆发表演说。他的左手边是格雷戈尔·施特拉塞尔和海因里希·希姆莱，右手边是弗朗茨·克萨维尔·施瓦茨、瓦尔特·布赫和阿尔弗雷德·罗森贝格。

希特勒在去出席这次大会的时候，已经下定决心以后要实现两个目标。一个目标是要把全部权力集中在自己的手中。还有一个目标是要把纳粹党重新建设为一个只通过宪法手段攫取政权的政治组织。他还在监牢里的时候就把这种新策略解释给他的一个部下库尔特·吕德克听："我恢复活动以后，必须采取新的方针。我们将不再企图通过武装政变来取得政权，而是要捏着鼻子进国会同天主教议员和马克思主义者议员打交道。哪怕在选票上要超过他们比在动武上压倒他们所花的时间更长，至少结果能够得到他们自己的宪法的保证。任何合法事情的过程总是缓慢的……迟早我们会得到多数选票——下一步就是得到德国了。"[1] 他在出了兰茨贝格监狱后即向巴伐利亚总理保证，从此以后，纳粹党将在宪法的体制内进行活动。

但是，2月27日他在贝格勃劳凯勒酒馆再次露面时，群众的热烈情绪还是使他感到飘飘然。他并没有怎么隐讳对国家的恫吓。除了马克思主义者和犹太人以外，共和政体也是“敌人”。在发言结束时，他高呼：“我们的斗争只有两种可能的结局：不是敌人踩着我们的尸体过去，就是我们踩着敌人的尸体过去！”

根据这头“野兽”出狱后第一次在公开场合出现的情况来看，他似乎一点也没有被“制服”。他虽然保证以后要循规蹈矩，但还是以暴力来威吓国家。巴伐利亚政府立即禁止他在公开场合演讲，这次禁令的期限是两年。其他各邦也相继效法。对于一个靠三寸不烂之舌达到目前成就的人来说，这是一个很重的打击。一个被剥夺公开发言权利的希特勒就等于是一个失败了的希特勒，正如一个拳师在拳击场上被铐住了双手一样无能为力，至少大多数人是这样想的。

但是他们又弄错了。他们忘记了，希特勒除了是个演说家以外，还是一个组织家。他咽下这口不得在公开场合讲话的怒气，发愤从事民族社会主义德国工人党的建设工作，把它组织成为一个德国以前从来未曾有过的组织。他打算把它组织得像陆军一般——成为一个国中之国。第一项工作是吸收缴党费的党员。到1925年底，党员人数仅为
119 27 000人。吸收新党员的工作进展很慢，但是每年都略有进展：1926年是49 000人，1927年是72 000人，1928年是108 000人，1929年是178 000人。

而更重要的工作是建立一个复杂的党内机构，这个机构相当于德国政府的组织，也的确可以说相当于德国社会的组织。全国划分为若干区，其范围大致相当于德国国会原来的34个选区，每一个区有一个希特勒任命的区领袖。另外还有奥地利、但泽、萨尔、捷克斯洛伐克境内的苏台德等7个区。每个区又分为分区，由分区领袖领导。再底下的党内单位是分部，在城市里各分部又进一步分为街道支部和小组。

纳粹党的政治组织分为两个部，政治组织第一部负责对付和破坏政府，政治组织第二部负责建立一个国中之国。因此第二部下面设有农业、司法、国民经济、内政、劳工等部门，而且考虑到将来情况，还设有种族、文化、工程等部门。政治组织第一部设有外交、工会等部门，还设有一个全国新闻局。宣传部是个单独设立的复杂机构。

虽然党内一些粗人、街头殴斗和酒馆闹事的老手反对吸收妇女和儿童入党，希特勒还是很快地给妇女和儿童也设立了专门的组织。希特勒青年团吸收15岁到18岁的青年，他们有自己的文化、学校、新闻、宣传、“国防体育”等部门，10岁到15岁的少年儿童则参加德国少年团。女孩子有德国少女联盟，妇女有纳粹党妇女会，学生、教员、公务员、医生、律师、法官都各有自己的组织，还有一个纳粹文化联盟来吸引知识分子和艺术家。

在经过了相当的困难之后，冲锋队改组成为一种武装团体，拥有几十万队员，其任务是保护纳粹党举行的集会，捣乱其他政党的集会，以及一般地恫吓那些反对希特勒的人。冲锋队的某些领袖也希望在希特勒上台以后以冲锋队来代替正规军的位置。为了准备实现这个目的，专门设立了一个办公室，由弗朗茨·冯·埃普将军领导，名叫国防政治处。它所设立的五个部门分别负责国内外防御政策、国防部队、民防后备力量等这样的问题。不过身穿褐衫的冲锋队自始至终不过是批杂七杂八的打手。它的许多高级领袖，以冲锋队头子罗姆为首，都是臭名远扬的同性恋者。慕尼黑冲锋队长埃德蒙·海内斯中尉不仅是同性恋，而且是个被判过刑的杀人凶犯。这两个人同其他几十个人一直都在发生争吵和内讧，其恶劣程度，只有患性变态病症和因之而争风吃醋的人才做得出来。

为了有一个比较可靠的武装团体，希特勒又建立了党卫军（S. S.），
成员身穿黑色制服，与意大利法西斯分子相同，并且要特别宣誓效 120
忠于他个人。起初，党卫军不过是元首的卫队。第一任首领是个名叫

伯希托尔德的新闻记者。因为伯希托尔德喜欢在比较安静的《人民观察家报》编辑室，而不想玩当警察和当兵的游戏，希特勒便让一个名叫埃尔哈德·海登的名气甚臭的前警察局密探代替了他。直到1929年，希特勒才找到了理想的党卫军头子，这是一个在慕尼黑附近瓦尔德特鲁德林村里的养鸡场主，态度温文尔雅，人们常常把他弄错（本书作者第一次遇见他时也弄错了），以为他是个小地方的小学教员，此人名叫海因里希·希姆莱。希姆莱把党卫军接过手来时，成员一共只有200名左右。到他结束他的党卫军工作时，党卫军已经统治了整个德国，而在整个欧洲德占区成了一个令人谈虎色变的可怕名称。

高居在这个错综复杂的党组织金字塔顶上的是阿道夫·希特勒本人，他的神气活现的头衔是Partei-und-Oberster-S.A.-Führer，Vorsitzender der N.S.D.A.V.——可以译为“党和冲锋队的最高领袖，民族社会主义德国工人党主席”。直属于他的办公室的有全国指导处（Reichsleitung），组成人员是党的高级领袖和“全国司库”和“全国总务主任”这样有用的人员，在共和国最后几年里，你要是去拜访一下纳粹党设在慕尼黑的全国总部的宏伟的褐色大厦，你得到的印象便是，这里的确是一个国中之国的办公机关。毫无疑问，希特勒要别人得到的就是这样一个印象，因为这种印象有助于破坏他所试图推翻的那个实际的德意志国家在国内外所享有的信任。

但是希特勒一心所追求的东西要比造成一个印象重要得多。在他上台三年后，1936年11月9日晚上，他在贝格勃劳凯勒酒馆向“老战士”谈话时，解释了他要使党组织成为这样一个庞大的无所不包的组织的一个目标。“我们当时认识到，”他追述党在政变后进行改组的日子时说道，“推翻旧国家是不够的，必须在事前先建立起新国家，并且随时准备好……在1933年，问题已不再是用暴力行动来推翻国家的问题，在这期间，新国家已经建立起来，留下来要做的不过是摧毁旧国家的最后残余了——这只要几个小时就行了。”[2]

任何组织，不论多么完善，不论多么有效率，毕竟是由人组成
的，而人不免会犯错误。在希特勒加强他的政党以便掌握德国的命运的
那些年代里，他的一些主要助手使他伤透了脑筋，因为他们不仅相互之
间经常发生争吵，就是同他也经常发生争吵。说也奇怪，他的本性是非
常不能容人的，但是对于人性中间的一个方面——人的品行——却特别
能容忍。德国任何其他政党都没有像纳粹党那样吸收了这么多来历可 121
疑的角色。我们已经谈到，各种各样的皮条客、杀人凶手、同性恋者、
酗酒滋事之徒、讹诈钱财的人都像飞鸟投林一般很自然地来投奔纳粹
党。希特勒一点也不在乎，只要他们对他有一点用处。当他刚刚出狱
时，他发现他们内讧甚烈，吵得不可开交，而那些像罗森贝格和鲁登
道夫那样比较正派和体面的领袖则要求把这些罪犯，特别是一些变态
开除出党。关于这一要求，希特勒坦率地拒绝接受。他在1925年2月
26日《人民观察家报》的社论《新的开端》中写道：“我认为，设法改
进或者甚至融合手头现成的人才不是一个政治领袖的任务。”

但是到1926年，纳粹党头目之间的相互攻击已经到了令人非常难堪的地步，希特勒不得已成立了一个党内法庭来解决这些攻击，防止他的同志把家丑外扬。这个机构名叫USCHLA，是Untersuchung-und-Schlichtungs-Ausschuss（调查解决委员会）的简称。第一任主席是退休将军海涅曼，但是此公不能体会这个法庭的真正目的不是对被控犯有普通罪行的人宣布判决，而是遮盖掩饰这种罪行，务使党的纪律和元首的威信不致受到影响，因此这位将军不能不让位给一个比较能够体会这个目的的退伍军官瓦尔特·布赫少校。布赫有两名助手，一名是曾经担任希特勒卫士的前屠夫乌尔里希·格拉夫，另一名是一个年轻的纳粹党律师汉斯·弗兰克，关于此人的情况，我们在记述他在担任被占波兰的总督期间的血腥暴行时还要详细谈到。这里可以一提的

是，他后来因此在纽伦堡上了绞刑架。由这三个人组成的司法机构完成工作的情况，使元首极感满意。要是党内有一个头目被控犯有极恶劣的罪行，布赫的回答必然是："那又怎么着？"他要知道的只是，这一罪行是否影响党的纪律或触犯元首。

要使得纳粹党这些野心勃勃、竞争激烈的头目的行动不致逾越界限，仅仅这个党内法庭还是不够的，尽管它在许许多多案件上证明很有效。希特勒常常不得不亲自过问，这不仅是为了保持表面上的和谐，也是为了防备自己的咽喉被人割断。

当他还在兰茨贝格饱尝铁窗风味的时候，一个名叫格雷戈尔·施特拉塞尔的青年人在纳粹运动中突然抬了头。他是个药剂师，巴伐利亚人，比希特勒年轻三岁；同希特勒一样，他也得到过一枚一级铁十字奖章，在战争中从一个普通士兵提升为中尉军官。他在1920年加入纳粹党，不久就成了下巴伐利亚的纳粹党区领袖。他的躯干魁梧，精力过人，喜欢讲究吃喝。他慢慢成了一个有才能的演说家，主要是靠了他的突出的个性，而不是靠希特勒所具有的演讲天才。此外，他还是个天生的组织家。施特拉塞尔在精神上和思想上都是极其有独立性的，他拒绝向希特勒低头，也不肯认真对待这个
122 奥地利人要在纳粹运动中成为绝对独裁者的要求。后来事实证明，对他自己来说，这是一个致命的障碍，正如他对民族社会主义学说中"社会主义"部分真正心向往之的热情成了他的一个致命障碍一样。

不顾在狱中的希特勒的反对，施特拉塞尔同鲁登道夫和罗森贝格一起组织了一个纳粹党的人民（Völkisch）运动，参加1924年春天的邦和全国选举。在巴伐利亚，纳粹党得到了足够的选票，成了邦内第二大党；在德国，我们上面已经谈到，它在民族社会主义德国自由运动的名称下得到了200万张选票，在国会中得到了32个席位，其中1个席即归施特拉塞尔。希特勒对这个青年人的活动感到很不高兴，对

他的成功尤其感到不高兴。而施特拉塞尔呢，他也不愿把希特勒当作至高无上的头子，因此在1925年2月27日在慕尼黑举行的恢复纳粹党的大会上，他本有意疏远。

希特勒认识到，如果他的运动要真正成为一个全国性的运动，它必须在北方，在普鲁士，首先是在敌人的堡垒柏林也获得一个立足之地。在1924年的竞选中，施特拉塞尔曾在北方进行活动，同那里的阿尔布雷希特·冯·格雷费和恩斯特·佐·雷文特洛伯爵领导的极端民族主义团体结了盟。因此，他在那里有个人的联系和一定的影响，而且也是纳粹党中唯一有这种联系和影响的领袖。2月27日大会后两个星期，希特勒按捺下他心中的不快，派人去请施特拉塞尔，要他回到队伍中来，到北方去组织纳粹党。施特拉塞尔接受了这个建议。这是一个很好的机会，可以发挥他的才能，而没有妒忌骄横的领袖虎视眈眈地在旁盯着他。

几个月以后，他就在首都创办了一张报纸，名叫《柏林工人日报》，由他的兄弟奥托·施特拉塞尔主编，还有一份双周刊《纳粹党通讯》，供党内工作人员阅读，内容是关于党的方针政策的。此外，他还在普鲁士、萨克森、汉诺威和工业地区莱茵兰奠下了政治组织的基础。施特拉塞尔真可以说像架精力过人的发电机，他在北方到处奔走，发表演讲，指派区领袖，建立党机器。国会议员的身份，使他有了希特勒所没有的两个有利条件：他有铁路的长期免票证，因此旅行对他个人或党都花不了多少钱，同时他又享有议员的豁免权。任何当局都不能禁止他在公开场合演讲。任何法院都不能控诉他进行诽谤或者他想要做的任何事情。正如海登感叹地说过："免费旅行和自由诽谤——施特拉塞尔在开始时比起他的元首占了很大的便宜。"

格雷戈尔·施特拉塞尔选拔了一个名叫保罗·约瑟夫·戈培尔的年方28岁的莱茵兰人做他的秘书兼《纳粹党通讯》主编。

保罗·约瑟夫·戈培尔的出现

这个面容瘦黑、形同侏儒、瘸了一条腿的青年，是一个思想敏捷、心理复杂而有点神经质的人。他不是纳粹运动的新人，早在1922
123 年他就发现了这个运动，当时他第一次在慕尼黑听到希特勒讲话，从此信仰民族社会主义，参加了纳粹党。但是纳粹运动在三年以后才发现他这个人才，当时施特拉塞尔听了他发言后，认为这样一个显然有才华的青年，是他可以利用的人。戈培尔这时年方28岁，已是一个激烈的演说家，狂热的民族主义者，正如施特拉塞尔所发现的一样，他有一支锋利的文笔，而且受过良好的大学教育，而最后这一点在纳粹党领袖中真可谓凤毛麟角，当时海因里希·希姆莱刚刚辞去施特拉塞尔秘书的职务去一心养鸡。施特拉塞尔就派戈培尔接替。这项任命后来证明是具有决定性意义的。

保罗·约瑟夫·戈培尔于1897年10月29日生于莱茵兰一个约有3万居民的纺织中心莱特。他的父亲弗里茨·戈培尔是当地一家纺织厂的工头。他的母亲玛丽亚·卡塔琳娜·奥登豪森是个铁匠的女儿。他的双亲都是虔诚的天主教徒。

约瑟夫·戈培尔的大部分教育是在天主教会里得到的。他先在一个天主教教区小学上学，后来上莱特的文科中学。天主教大阿尔伯特协会给了他一笔奖学金，使他能够继续入大学深造，结果他上了八个大学，先后在波恩大学、弗赖堡大学、维尔茨堡大学、科隆大学、法兰克福大学、慕尼黑大学、柏林大学求学，最后于1921年24岁那一年在海德堡大学得到哲学博士学位。在这些著名大学、德国最优秀的高等学府里，戈培尔专修哲学、历史、文学和艺术，兼修拉丁文和希腊文。

他的志愿是当作家。他在得到博士学位的那一年写了一部自传小说《米夏埃尔》，但是当时没有出版商愿意出版。以后两年他又写了两部剧本，关于耶稣基督事迹的《流浪者》和《孤客》，都是用韵文诗体写成的，但是也没有剧团愿意演出。[*]在新闻工作方面，他的命运也不佳。自由主义的大报《柏林日报》退回了他所投的许多文章，并且回绝了他想要当该报记者的求职申请。

他的个人生活在初期也充满了挫折和失意。他瘸了一条腿，不能参军作战，因此没有能够具有他那一代年轻人认为非常光荣——至少在开始的时候——的战争经历，而这却是要在纳粹党内占据高位的一个必要条件。戈培尔并不是如大多数人所认为的那样是天生瘸腿的。他7岁的时候患了骨髓炎。左大腿开刀不是很顺利，结果左腿比右腿短了一截，而且有点萎缩，走起路来一望而知是个瘸子。这个残疾是使他饮恨终生的憾事，也是他早年心中满怀不平的原因之一。绝望之下，在他的大学时代和煽动反对占领鲁尔的法军的一个短时期里，他 124
常常冒充受伤的退伍军人。

他在恋爱方面的运气也不好，虽然他一生之中都把乱搞女人（在他当权之后越来越弄得尽人皆知了）当作人间至情。他在1925—1926年的日记中到处流露出对他所爱的女人（有时同时有好几个）的思恋。当时他才二十八九岁，刚刚靠施特拉塞尔的提拔参加了纳粹党的政治活动。这些日记有[†]：

1925年8月14日：爱尔玛从巴特哈尔茨堡写了一张明信片给我。这是那天晚上以后第一次得到她的音讯。这个逗人的、迷人的爱尔玛！

接到了艾尔西从瑞士寄出的第一封信。只有亲爱的艾尔西写得出这样的信……我不久要到莱茵去待一个星期，相当孤寂。但

---

*《米夏埃尔》最后于1929年出版，那时，戈培尔已成了全国闻名的纳粹党领导人了。《流浪者》在他就任宣传部长和德国戏剧界的领导人以后被搬上了舞台，但是演出的时间并不长。

† 这些早期日记是盟军谍报人员在战后发现的，是这一时期戈培尔生活的一个很好的情报来源。

艾尔西就会来……等待这次相见，我是多么快活啊！

8月15日：这些日子里，我常常想起安克……同她一起旅行真是愉快极了。这个可爱的姑娘！我想念艾尔西。什么时候我能再把她搂在怀里？

亲爱的艾尔西，什么时候我能再见你？

爱尔玛，你这个可爱的小鸟儿！

安克，我永远忘不了你！

8月27日：到莱茵已有三日……艾尔西音讯全无……她生我的气了？我多么想她！我还是住在上次圣灵降临周同她一起住过的房间里。真令人渴念，想望！她为什么不来？

9月3日：艾尔西来了！她在星期二从瑞士回来——胖胖的，胸脯鼓鼓的，健康，愉快，只是略为晒黑了一点。她很快活，情绪很高。她待我很好，使我感到很快活。

10月14日：安克为什么要离开我？……我别再去想这些事情了。

12月21日：我和这些女人活该倒霉。让爱我的人去受苦吧！

12月29日：昨晚与赫斯同去克利菲尔德。欢度圣诞节。一个来自弗朗科尼亚的可爱而美丽的姑娘。她是我喜欢的那一类型。在暴风雨中同她一起回家。Au revoir（再见）！

艾尔西来了。

1926年2月6日：我渴望一个甜美的女人！唉！真教人难熬！

戈培尔从来没有忘记过“安克”——安克·赫尔霍恩，是他在弗赖堡大学第二学期时遇到的他最初的恋人。他的日记里到处流露出他 125
对这个金发美人的不绝赞叹和她抛弃他以后的悲哀。后来，他当了宣传部长以后，曾以一种典型的虚荣和讥嘲的口气告诉他的朋友，为什么她抛弃了他。“她抛弃了我，因为另外那个家伙比我有钱，能够请她吃饭看戏。她多么愚蠢！要不然，她今天就是宣传部长夫人了！她一定感到很后悔！”安克嫁了“另外那个家伙”，后来又离了婚，1934年来到柏林，戈培尔给她在一家杂志社搞到了一个职位。[3]

吸引年轻戈培尔的是施特拉塞尔的激进态度，是他信奉民族社会主义中“社会主义”的主张。他们两个人都想依靠无产阶级来建设纳粹党。在这个时期，戈培尔的日记中到处都是同情共产主义的表示。“归根结底，”他在1925年10月23日写道，“我们与其在资本主义制度下经受奴役，不如在布尔什维主义制度下结束我们的生存。”1926年1月31日他在日记中写道：“我们（纳粹党人）同共产党人自相残杀，我认为是件可怕的事……我们什么时候、在什么地方能够同共产党领导人聚在一起谈谈呢？”就是在这个时候，他发表了一封致一个共产党领导人的公开信，向后者保证，纳粹主义和共产主义其实是一回事。“你和我，”他宣称，“相互反对，但是我们并不是真正的敌人。”

在阿道夫·希特勒看来，这完全是异端邪说。施特拉塞尔兄弟和戈培尔在北方成功地建立了一个强有力的激进的纳粹党左翼力量，使他感到越来越不安。如果听任他们自由发展下去，他们可能会把整个党都抓过去，实现希特勒所竭力反对的目标。不可避免的摊牌是在1925年秋天和次年2月间发生的。

是格雷戈尔·施特拉塞尔和戈培尔在一个当时在德国引起情绪骚动的问题上迫使希特勒摊牌的。这个问题就是社会民主党和共产党建议共和国征用和接管退位的各王公贵族的大庄园和财产。按照魏玛共和国宪法，这个问题要交付公民投票来决定。施特拉塞尔和戈培尔建议，纳粹党同共产党和社会民主党一起支持这个征用贵族财产的运动。

希特勒闻讯大怒。这些前统治者中有不少人曾经给党捐助了款项。此外，有一些大工业家也开始在经济上对希特勒的新生的运动关心起来，其原因正是因为它很有可能在打击共产党、社会民主党和工会方面起有效的作用。如果施特拉塞尔和戈培尔的计划得逞，希特勒的收入来源就可能马上枯竭。

但是在元首还没有能够采取行动之前，施特拉塞尔于1925年11月22日就在汉诺威召开了一次北方党的区一级领导人会议。这次会议的目的不仅是要使北方的纳粹党支持征用运动，而且要提出一个新的经
126 济纲领，这项纲领将废除以前在1920年通过的“反动的”二十五点纲领。施特拉塞尔兄弟和戈培尔要把大工业和大庄园收归国有，按照意大利法西斯主义的方式组织一个社团院来代替国会。希特勒拒绝出席会议，派了忠实的戈特弗里德·费德尔代表他去镇压反叛者。戈培尔要求把费德尔轰出去——“我们不需要奸细密探！”他叫道。好几个后来在第三帝国占有一点地位的领袖都出席了这次会议——伯恩哈德·鲁斯特、埃里希·科赫、汉斯·凯尔和罗伯特·莱伊——但是只有莱伊这个领导科隆区纳粹党的酗酒化学家支持希特勒。当莱伊博士和费德尔声称，这次会议是不合程序的，没有最高领袖希特勒在场，什么行动都不能采取的时候，戈培尔叫道（根据当时在场的奥托·施特拉塞尔的话）:“我要求把这个小资产阶级分子阿道夫·希特勒开除出纳粹党！”

这个言辞锋利的年轻的戈培尔自从三年前拜倒在希特勒的魅力下以来有了很大的转变——至少在格雷戈尔·施特拉塞尔看来一定是如此。

“那时候我仿佛是再生了！”戈培尔记录1922年6月在慕尼黑皇冠马戏场第一次听希特勒演讲得到的印象时惊叹道，“现在我找到了应该走的道路……这是一个命令！”他对于希特勒在慕尼黑政变案审讯时的表现更加心醉神迷。在判决以后，戈培尔写信给元首道：

> 你像一颗初升的明星，出现在我们惊异的眼前，你所表现的奇迹廓清了我们的思想，而且在一个充满怀疑和绝望情绪的世界里，给了我们信仰。你高高在群众之上，充满信心，掌握未来，有着坚强的意志，要用你对所有相信新德国的人的无限热爱来解放群众。我们有生以来第一次以雪亮的眼睛看到了一个人从那些利欲熏心的人的脸上，从那些庸庸碌碌的议会里的好事之徒脸上，把他们的假面具撕掉……
>
> 在慕尼黑法庭上，你在我们面前表现了元首的伟大。你所说的话是俾斯麦以来德国境内最伟大的话。你所表达的不仅仅是你自己的痛苦……你提出了整整一代人的需要，这一代人在苦苦寻求领袖和任务。你所说的话是新的政治信仰的大纲，这种政治信仰是在一个崩溃的、无神的世界的绝望中产生的……我们都要感谢你。有一天，德国也要感谢你……

但是现在，经过一年半以后，戈培尔所崇拜的偶像倒了下来。他成了一个应该赶出党去的“小资产阶级分子”。在只有莱伊和费德尔的反对下，汉诺威会议通过了施特拉塞尔的新党纲，批准了在要求实行公民投票剥夺前王公贵族的财产的运动中同马克思主义者携手的决定。

希特勒按兵不动，静候时机，终于到1926年2月14日进行了反
击。他在南德的班贝格召开了一次会议，狡猾地选了一个工作日， 127
这样，北方的领袖就不可能离开工作来参加。事实上，只有格雷戈尔·施特拉塞尔和戈培尔可以分身来参加。他们在人数上大大少于希特勒一手挑选的南方领袖。于是在元首的坚持下，他们被迫屈服，放弃了他们的纲领。像海登和奥尔登这样的研究纳粹主义的德国历史学家，以及受到他们影响的非德国作家都记载称，在班贝格会议上，戈培尔公开背弃了施特拉塞尔，倒向希特勒一边。但是在海登和奥尔登

的著作出版后发现的戈培尔日记却透露，他并没有这么突然地背叛施特拉塞尔。这些日记表明，戈培尔虽然同施特拉塞尔一起向希特勒投降，但他还是认为元首是完全错误的，而且还表明——至少在当时——他丝毫无意倒向元首一边。2月15日，班贝格会议的后一天，他在日记中写道：

> 希特勒谈了两个小时。我觉得好像有人揍了我一顿一般，这是怎么样的一个希特勒呀？一个反动派吗？非常笨拙、不稳。在俄国问题上完全错了。居然说意大利和英格兰是我们天然的盟友！可怕呀，可怕！居然说我们必须消灭俄国！……贵族私有财产问题甚至不许碰一碰！真是可怕！我连一句话也说不出来。我觉得好像头上挨了一记闷棍似的……
>
> 这肯定是我一生之中最使我失望的事之一。我对希特勒再也不能完全信任了。这真是件可怕的事：我脚下的支柱都给抽掉了。

为了表明他忠于谁，戈培尔陪着施特拉塞尔一起到火车站，并且想安慰施特拉塞尔。一个星期后，2月23日，他在日记中写道："同施特拉塞尔举行了长谈。结果：我们绝不要嫉妒慕尼黑这批人的代价巨大的胜利。我们必须再次展开我们争取社会主义的斗争。"

但是希特勒比施特拉塞尔更好地估量了这个才华焕发的年轻的莱茵兰人。3月29日，戈培尔记道："今日接到希特勒来信。他要我于4月8日在慕尼黑发表演讲。"他在4月7日到达慕尼黑。"希特勒派了汽车来接我，"他记道，"招待隆重至极！我将在具有历史意义的贝格勃劳凯勒酒馆讲话。"第二天他就在元首所用过的那个讲坛上讲了话。他4月8日在日记里详细写道：

> 希特勒打电话来……在班贝格会议以后他不计前嫌，使我

们感到惭愧……2点钟我们驱车前往贝格勃劳凯勒酒馆。希特勒已经在那里了。我兴奋至极，心快要跳出来了。我进了大厅，欢声震耳……我讲了两个半小时……听众欢叫。最后希特勒拥抱了我。我感到很快活……希特勒一直在我身边。

几天后，戈培尔完全投降了。“4月13日：希特勒讲了三小时。精彩之极。他能够使你怀疑自己的看法。意大利和英格兰是我们的盟 128
友。俄国想要鲸吞我们……我敬爱他……他把什么事情都想过了。他

约瑟夫·戈培尔（1897—1945）在书房办公。

的理想：一种公正的集体主义和个人主义。至于土地——一切属于人民。生产必须是创造性的和个人主义的。托拉斯、运输等要社会化……我现在对他完全放心了……我向这个伟大的人物、政治的天才鞠躬致敬。”

戈培尔4月17日离开慕尼黑时已成了希特勒的人，并且以后至死都是他最忠实的信徒。4月20日他向元首发了一封祝贺生日的短简：“亲爱的和敬爱的阿道夫·希特勒！我从你那里得到了不少教益……你终于使我看到了光明……”那天晚上他在日记中说：“他今天已满37岁。阿道夫·希特勒，我敬爱你，因为你既伟大又单纯。这两者就是天才的特点。”

戈培尔在那年夏天有很大一部分时间是在贝希特斯加登同希特勒一起度过的。他的日记中全是对元首的歌颂之词。8月间，他在《人民观察家报》发表一篇文章，公开同施特拉塞尔决裂。

> 我到现在才认清你们的本来面目：空口革命家［他对施特拉塞尔及其支持者说］而不是行动革命家……不必大谈理想，不必自欺欺人地以为你们是这些理想的创始者和保护者……我们坚决支持元首，并不是忏悔赎罪。我们怀着古代诺斯人傲然挺立在他们日耳曼封建主面前的男子汉的、有骨气的自尊心……向他鞠躬致敬。我们觉得他比我们谁都伟大，比你我都伟大。他是天意的工具，将以生气勃勃的、创造性的热情来创造历史。

1926年10月底，希特勒任命戈培尔为柏林的纳粹党区领袖。他指示戈培尔要肃清那些妨碍纳粹运动在那里发展的互相争吵不休的褐衫队员，把德国首都为民族社会主义运动拿下来。柏林当时是“红色的”。柏林大多数选民都投社会民主党和共产党的票。戈培尔这时刚刚满29岁，在一年之间就从一个无名之辈爬到了纳粹党内领导人之一的地位，他毫无难色地着手完成他在这个巴比伦式大城市中的任务。

阿道夫·希特勒的一段休息和罗曼史的插曲

阿道夫·希特勒在政治上不顺利的几年却是他私人生活中最美好的几年，正如他后来自己说的一样。他当时由于受到了取缔，在1927年以前不得公开演讲，因此他全神贯注地写作《我的奋斗》的最后部分，并在心中策划纳粹党和自己的前途。他的大部分时间都是在巴伐利亚境内阿尔卑斯山间贝希特斯加登这个市集村镇上面的上萨尔茨山度过的。这是个休息养神的好地方。 129

战争期间，希特勒在前线大本营里总爱同他的党内老同志和忠实的女秘书深夜话旧散心，回忆过去的情况，他的这种独白往往充满了关于这个山间胜地在他心中所占地位的怀恋的话，他在那里建立了他一生中唯一的家。“是的，”当1942年1月16—17日夜里进行这样一次谈话时，他感叹地说，“上萨尔茨山同我之间有着千丝万缕的关系。许许多多事情都是在那里产生的……我在那里度过了我一生中最美好的时光……我所有的伟大计划都是在那里构思成熟的。在那些日子里，我有许多闲暇的时间，还有多少可爱的朋友啊！”

在出狱后头三年里，希特勒在上萨尔茨山的各家小旅舍里住过，1942年那次冬季话旧时，他谈到这些旅舍有一个小时之久。他最后在德意志旅舍定居下来，此后两年他大部分时间都是在这里度过的，并且在这里完成了《我的奋斗》的口授工作。他说，他和他的党内老友“非常喜欢去光顾德莱梅德尔旅舍，因为那里总有漂亮的姑娘”。他补充说：“这是我的一种莫大享受。特别是其中有一个姑娘，真是个美人儿。”

那天晚上，在俄罗斯前线的大本营地下室里，希特勒向他的听众谈到的一段话，重提了他当时在贝希特斯加登逍遥自在的日子里所担心的两件事。

> 在这个时期［在上萨尔茨山］，我认识了不少女人。其中有好几个对我很有情。那么，我为什么不结婚？我要撇下一个无依无靠的妻子吗？我稍一不慎就有回到监狱去蹲上六年的危险。因此，结婚对我来说是谈不上的。我只好放弃当时出现的一些机会。[4]

希特勒在1920年代担心再进监狱或者被驱逐出境，这不是没有根据的。他当时仍是假释在外的犯人。要是他公开违反不许他在公开场合演讲的禁令，巴伐利亚政府很可能再叫他锒铛入狱，或者押解出境到他出生的奥地利去。他选择上萨尔茨山做他退隐地的一个原因是这个地方距离奥地利边境很近；一接到通知他就能溜过边境，逃避德国警察的逮捕。但是如果回到奥地利去，不论是自愿回去还是被迫回去，都将断送他的前程。为了减少驱逐出境的危险，他在1925年4月7日正式申请放弃奥地利国籍，这一要求立即为奥地利政府所接受。但是这使他处于无国籍的地位。他虽然放弃了奥地利国籍，但是还没有成为德国公民。在德国，对于一个政客来说，这是个很大的妨碍，比如说，他就不能竞选公职。希特勒曾经公开地宣布过，他永远不会要求共和政府批准他的国籍，他认为，由于他战时在德意志帝国军队中服役，国籍是理所应得的。但是在1920年代后半期，他一直在进行
130 秘密活动，想使巴伐利亚政府批准他为德国公民。不幸，他的一切努力都失败了。

至于女人和结婚，希特勒在1942年那天晚上讲的话中也有一些是符合实际情况的。同一般的看法相反，他很喜欢同女人来往，特别是跟长得漂亮的女人。他在战时最高统帅部饭后酒余谈话时一再谈到这个话题。“世界上有多么可爱的女人啊！”1942年1月25—26日夜里他在同老部下谈天时感叹道。他还举了他个人经历中的好几个例子，并

且吹嘘说："我年轻的时候在维也纳，认识不少可爱的女人！"海登记述了他早年一些罗曼蒂克的渴望。其中一个对象是燕妮·豪格，她的哥哥是希特勒的司机，她在1923年当了他的情人。一个是雍容华贵的埃尔娜·汉夫施丹格尔，也就是普茨的妹妹。一个是温尼弗雷德·瓦格纳，那是理查德·瓦格纳的儿媳。但是希特勒一生中唯一对之有深情厚爱的女人，就现在所知，是他的外甥女。

1928年夏季，希特勒在贝希特斯加登上面的上萨尔茨山以每月100马克（折合25美元）的租金向一个汉堡工业家的寡妻租了瓦亨菲尔德别墅，请了他异母姐姐、孀居的安吉拉·拉包尔从维也纳来替他管家，这是他的第一所可以称为归自己所有的房子。* 拉包尔太太带来了她的两个女儿，吉莉和弗莉德尔。吉莉双十年华，一头金发，面容俊秀，声音悦耳，性格开朗，很讨男人的欢心。[5]

希特勒不久就爱上了她。他到处都带着她，参加集会和会议，在山间散步，在慕尼黑上咖啡馆和戏院。1929年他在慕尼黑最时髦的一条街摄政王大街租了一套有九间房间的豪华公寓，吉莉自己单有一间房间。在慕尼黑和整个南德的纳粹党人士中间不可避免地传开了党的领袖和他美丽的金发外甥女的流言蜚语。一些比较正派的——也许是吃醋的——领袖劝希特勒不要再在公开场合携带他的年轻情人，要不然，就索性结婚。希特勒对这种意见非常生气，有一次因此而发生争吵，他竟解除了符腾堡纳粹党区领袖的职务。

很可能希特勒是打算同他的外甥女结婚的。当时同他接近的一些党内老同志后来告诉作者说，当时看来结婚是不可避免的事。他们毫不怀疑，希特勒深深地爱上了她。至于她本人的感情如何，那外人就只好猜测了。一个业已成名的人居然对她加以青睐，她一定感到受宠若惊，甚至可以说颇为得意，这也是很明显的。不过，她对她的舅父

---

* 后来他把这所房子买了下来，当了总理后又改建得十分豪华，并且把名字从瓦亨菲尔德改为伯格霍夫。

1929年，戈培尔、吉莉与希特勒在上萨尔茨山度假。

的爱情是否有回报，外人不得而知；大概是没有回报，而在最后，肯定是没有回报。他们两人之间存在着深刻的隔阂，其根源和性质一直没有完全弄清楚。虽然传说纷纭，但是证据却很少。显然，两人彼
131 此都很不放心。她对他注意别的女人——尤其是温尼弗雷德·瓦格纳——感到不满。他则怀疑她同他的卫士、以前坐过牢的埃米尔·莫里斯有暧昧关系。她也反抗她舅父对她的专制态度。他不让她同任何别的男人一起在公开场合出现。他禁止她到维也纳去继续学唱歌，使她想登台唱歌剧的打算不能实现。他要她完全为他一个人而存在。

也有人暗示说，她对她的情人的被虐狂倾向感到厌恶，据说，这个政治上的专制魔王愿意受到他所爱的人的奴役，据性心理学家看来，在这种人身上，这不是什么不平常的事。海登谈到希特勒在1929年写给他的外甥女的一封信，其中承认在这方面的深刻感情。这封信后来落到他的房东的儿子之手——结果使不止一个人遭殃。[6]

总而言之，不论究竟是什么原因使舅父和外甥女之间的爱情蒙上了阴影，他们之间的争吵越来越激烈，到1931年夏末，吉莉宣布，她要回维也纳去继续学声乐。希特勒不许她走。1931年9月17日，希特勒离开慕尼黑的公寓去汉堡之前，两人发生了一场激烈争吵，当时邻居都看到了。他们听到这个年轻的姑娘扑在窗口上哭着对她上汽车的舅父叫道："那么你不答应让我去维也纳？"他们听见他回答说："不答应！"

第二天早上发现吉莉·拉包尔被手枪打死在她的房间里。邦检察官经过周密调查后，断定这是自杀。验尸官报告说，一颗子弹射穿了她的左胸，深入心脏；看来没有疑问，这一枪是自己开的。

但是在此后若干年中，慕尼黑一直有暧昧的谣言流传，说吉莉·拉包尔是被谋杀的——有的说是被希特勒在狂怒下枪杀的，有的说是被希姆莱枪杀的，目的是要避免使党感到难堪。但是没有出现可信的证据来支持这种传说。

希特勒本人悲痛至极。格雷戈尔·施特拉塞尔后来记述，在出事以后，他有两天两夜不得不留在希特勒的身边，防备他寻短见。在吉莉安葬在维也纳后一星期，希特勒得到了奥地利政府的特别许可，到维也纳去。他在墓边哭了一个晚上，此后一直郁郁寡欢，有好几个月之久。

吉莉死后三个星期，希特勒第一次谒见兴登堡。这是他想要得到德国总理职位这一肥缺的第一次尝试。他的有些友人说，在谈话时，他似乎神志恍惚，不能自主，这对纳粹党的领袖自然是很不利的。了解他的人认为，他在这个重要的场合失魂落魄的表现是由于他心爱的外甥女去世给他的精神上的打击没有恢复的缘故。

他决定不吃肉食，我认为，是由这个个人生活上的打击所引起的一种清心寡欲的自我克制。至少，他最接近的一些部下是这样想的。他此后一直对他们说，吉莉·拉包尔是他曾经爱过的唯一女人，他谈

132 起她的时候总是以极其敬重的态度——有时候甚至黯然泪下。他的仆人说，她在上萨尔茨山别墅中的房间，即使在希特勒就任总理而加以扩大改建以后，也仍旧保留了原状。在别墅中他自己的房间里，在柏林总理府里，总是挂有这个年轻女人的画像*，每逢她的生辰死忌，画像前总放了鲜花。

希特勒是个似乎不可能爱另外任何一个人的冷酷无情的人，他对年轻的吉莉·拉包尔的爱情，是他奇怪的一生中难解的谜之一。同其他的谜一样，这只能如实叙述，而无法加以合理的解释。几乎可以肯定，从此以后，阿道夫·希特勒从来没有认真地考虑过结婚问题，一直到十四年后他自尽的前一天。

希特勒写给他外甥女的授人以把柄的信，后来通过伯恩哈德·施丹佛勒神父的交涉，从房东的儿子那里弄了回来。施丹佛勒神父就是那个帮助纳粹党领袖整理《我的奋斗》原稿的耶柔米派天主教神父、反犹主义的新闻记者，据海登说，所花的钱是由纳粹党司库弗朗茨·克萨维尔·施瓦茨供给的。这样，施丹佛勒神父就成了少数知道希特勒对吉莉·拉包尔的爱情秘密的人之一。显然，他并没有把这件事情完全秘而不宣。当《我的奋斗》的作者成了德国的独裁者以后，有朝一日同他的一些老朋友算账时，施丹佛勒就得为了泄露内情而付出他的生命。

在个人生活非常舒适的这些年代里，希特勒在上萨尔茨山弄了一所别墅，在慕尼黑租了一套豪华的公寓，出门总是以一辆由司机驾驶的崭新的汽车代步，这辆汽车花了他20 000马克，约折合5 000美元。他在这些年代里的收入来源一直没有弄清楚。但是在战后发现的关于他的所得税的档案，使这个问题得到了一些说明。[7] 在他担任总理一职

* 这像是由希特勒最赏识的画家阿道夫·齐格勒在她死后画的。

而自己决定从此可以免税以前，他一直同税收当局发生纠葛，在1925年到1933年之间，慕尼黑财政局有一大堆关于他的档案。

财政局在1925年5月1日通知他，他没有申报1924年和1925年第一季度的收入。希特勒答复说："我在1924年［当时他在狱中］和1925年第一季度没有任何收入。我是靠向银行贷款维持个人生活开支的。"那么5 000美元的汽车呢？税收官员反驳道。希特勒回答说，这也是借银行贷款买的。希特勒在申报收入时，把自己的职业填为"作家"，这样企图说明他的收入之中有个很大的比例可以列为免税开支——他无疑知道其他地方作家的惯例。他的1925年第一季度的第一次所得税申报单中，开列总收入为11 231德国马克，可免税职业开支 133
6 540马克，贷款利息2 245马克，这样可以征税的纯收入只有2 446马克。

在三页打字纸的说明中，希特勒为他的巨额免税职业开支辩解称，虽然其中大部分似乎是由于他的政治活动，但是这种工作为他提供了作为一个政治作家所需要的素材，也有助于扩大他的书籍的销路。

> 若无政治活动，我就不会出名，也就不会有材料可以出版政治著作……因此，作为政治作家，我的政治活动开支，是我写作职业的必要条件，也是作品在经济上能否成功的保证，不能被认为是可以征税的……
>
> 财政局不难看出，在这个时期内，我的著作收入中只有很小一部分供我个人开支；**我在任何地方都没有可以说是我自己的财产或其他资产**。* 我出于必要而将我个人的需要严加限制，以致完全戒绝烟酒，在最低廉的饭馆中用饭，除了最低限度的公寓房

---

* 这份申报书中的着重体都是希特勒自己原来用的。

> 租外，没有任何开支是出乎政治作家开支范围以外的……**对我来说，汽车也是为了达到这一目的的手段。没有它，我就无法完成我的日常工作。**[8]

财政局同意可免税一半，当希特勒向复查委员会申请再议时，委员会维持原来估定的数目。此后，税收当局只同意，他所申报的职业开支有一半可以免税。他虽然提出异议，但还是遵命照付。

这个纳粹党领袖的所得税报表中所填报的总收入同他得自《我的奋斗》的版税完全相符：1925年19 843马克，1926年15 903马克，1927年11 494马克，1928年11 818马克，1929年15 448马克。由于税务当局有权调查出版社的账簿，希特勒要少报版税是不可能安然无事的。但是其他收入来源又如何呢？其他收入来源可是从来也没有申报过。大家都知道，他在那些日子里曾为经济上一筹莫展的纳粹党报纸写过许多文章，他要求很高的稿酬，结果如愿以偿。党内人士对于希特勒索取这样高的稿酬颇有微词。这些收入他都没有申报。到1920年代末尾的时候，从少数巴伐利亚和莱茵兰的大工业家那里，开始有金钱流到纳粹党中来，这些工业家都是由于希特勒的反对马克思主义者和反对工会的态度而被吸引过来的。德国钢铁托拉斯组织“联合钢铁公司”的老板弗里茨·蒂森和鲁尔煤矿大王埃米尔·基尔多夫捐助了大笔经费。这些钱常常是直接交给希特勒个人的。他到底留了多少给自己用，也许永远弄不清楚了。但是他在担任总理前几年的生活水平
134 说明，他从支持者那里收到的钱并不是全部都交给了党的。

没有疑问，从1925年到1928年，他一直诉苦，说是缴不出所得税；他经常拖欠不缴，总是要求延期。1926年9月，他写信给财政局：“目前我没有能力缴付税款；为了维持生活，我已不得不举债。”后来他谈到那个时期时说：“我多年来靠吃蒂罗尔的苹果充饥。我们不得不撙节度日，几乎到了令人不可置信的程度。省下来的每一个马克

都是献给党的。”他对税收官员说在1925年到1928年，他的债务更重了。1926年他申报收入为15 903马克，支出为31 209马克，并且说，亏空部分是靠向“银行借债”弥补的。

但是，仿佛出现了奇迹一样，在1929年时，虽然他申报的收入低于1925年很多，但是所得税报表中，债务利息或还本一项却消失了，而且以后也一直没有再出现过。正如哈尔教授所说的那样（上述情况都是根据他的调查），“收支上出现了一个奇迹，他的债务从此消失了”。[9]

不过必须说句公道话，只要希特勒有足够的钱能过舒服的生活而不必为工资薪水而劳动，他对于钱财总是不大在乎的。无论如何，从1930年开始，如果说他过去在个人收支上有什么需要担心发愁的话，这种担心从这时候起便永远不存在了，因为这一年他的版税收入比上年突然增加了两倍，达到约12 000美元之数，而且大企业方面的捐款也源源不绝而来。他现在能够把他全部过人的精力和才能用在完成他的使命上了。他最后夺取政权、在一个伟大的国家建立独裁政权的时刻已经来到了。

经济恐慌带来的机会

1929年快结束时，像一场大火一般席卷全世界的经济恐慌给阿道夫·希特勒送来了他的机会，他也充分利用了这个机会。像大多数伟大的革命家一样，他只有在时势困难的时候才能够有用武之地，最初是群众陷入失业、饥饿和绝望之中，后来是他们被战争冲昏头脑的时候。但是在历史上的革命家中间，他也有一点与众不同的独特之处，那就是他打算在取得政治权力以后才实行他的革命。他不打算为夺取国家的控制权而实行革命。这一目标要靠选民的委托，或者靠国家的统治者的认可——总而言之，靠合乎宪法的手段——来实现。为了取得选票，希特勒只有利用时势才行，而时势在1930年代开始的时候又使德国人民陷于绝望之中。为了取得当权者的支持，他必须使他们相信，只有他才能够把德国从多灾多难的困境中拯救出来。在1930年到1933年的动乱年代里，这个狡猾而大胆的纳粹党领袖便重整旗鼓，着手实现这双重目标。现在回顾起来可以看出，当时的时局和那些曾经
135 宣誓要忠诚地保卫他们所统治的民主共和国的少数人的软弱和混乱，都帮了希特勒的忙。但是在1930年开始的时候，这是一点也没有办法预见的。

古斯塔夫·施特雷泽曼在1929年10月3日去世。他在过去的六年中，为使战败的德国回到世界大国的行列，为了指导德国人民走向政治和经济的稳定，在外交部长的任上，由于费尽心力，终于积劳致死。他的成就不可胜计：他使德国参加了国际联盟，他谈判了道威斯计划和扬计划，把赔款减到了德国能够从容偿付的水平，而且在1925年，他曾经是《洛迦诺公约》的主要创始人之一。这个公约为西欧带来了它的饱受刀兵之灾和内争之苦的人民一个世代以来第一次尝到的太平宁静的局面。

在施特雷泽曼去世后三个星期，10月24日那一天，华尔街股票市场突然崩溃了。德国国内马上受到了影响——而且是灾难深重的影响。德国繁荣的基础一直主要是从美国那里借来的外债和对外贸易。一旦新债断绝，旧债到期，德国的金融结构就无法承受这种负担。一旦在总萧条后世界贸易一蹶不振，德国就无法出口足够数量的东西来购买所需要的原料和粮食等必需的进口货。而没有出口，德国的工业就无法开工，它的产量从1929年到1932年几乎跌了一半。成百万的人失了业。成千上万的小企业破了产。1931年5月奥地利最大的一家银行信贷银行宣告破产，接着在7月13日破产的有德国一家大银行达姆施塔特国家银行，这就迫使柏林政府勒令所有银行暂时停业。甚至胡佛总统提出的在7月6日生效的暂停偿付一切战时债务（包括德国

赔款）的创议也不能抑止这个浪潮。整个西方世界受到了一种其领导人所不能理解的、认为不是人力所及的力量的打击。在这么富裕繁荣的中途，怎么可能突然发生这种贫困和痛苦的现象呢？

希特勒曾经预料到这场灾难，但是他同任何其他政治家一样，无法了解这场灾难是什么事情引起的。也许他比别人更不了解，因为他对经济学既没有知识又没有兴趣。可是他对于经济恐慌给他送上门来的大好机会却不是没有兴趣或没有知识的。德国人民的苦难——不到十年以前马克贬值的惨痛经历留在他们生活上的创伤犹在——并没有引起他的同情。相反，在那个时期的最黯淡的日子里，当工厂停工，当失业登记人数超过600万大关，当全国各大城市排队等候配给面包的人长达好几条街的时候，他居然能够在纳粹党报纸上这样写道："我一生之中从来没有像这些日子这么舒坦，内心感到这么满意过。因为残酷的现实打

1926年，德国加入国际联盟成为常任理事国之后，9月10日，古斯塔夫·施特雷泽曼（第一排中不戴礼帽者）与德国代表团在日内瓦参加第一次理事会会议。

开了千百万德国人的眼睛，使他们看清楚欺骗人民的马克思主义者的
136 史无前例的欺骗、撒谎和背叛行为。”[10] 他的同胞的苦难，不是他要浪
费时间来表示同情的事情，而是他要冷酷地立即把它在政治上变成支
持他自己的野心的力量。这就是他在1930年夏末着手要做的事。

德国最后一任社会民主党总理、支持魏玛共和国的各民主党派联合组成的最后一届政府的首脑赫尔曼·米勒，由于各党派在失业保险基金问题上发生的争吵，于1930年3月辞职。继任的是天主教中央党议会领袖海因里希·布吕宁。布吕宁在战时是一个机枪连的上尉，曾获得铁十字奖章，他在国会中表现的头脑冷静、保守稳健的观点颇得陆军，特别是一位名叫库尔特·冯·施莱谢尔的将军的好感。后者在当时还不大为外界所知，是一个爱好虚荣、精明能干、野心勃勃的“办公桌军官”，军界人士早已承认他是一个颇有才华但是寡廉鲜耻的阴谋家。他向冯·兴登堡总统提出了布吕宁的名字，因此新总理是个陆军提出的人选，虽然他本人可能并没有充分意识到。布吕宁为人正直，大公无私，谨慎谦虚，忠诚廉洁，性格上稍许有点严峻；他希望在德国能够恢复稳定的议会制政府，把国家从越来越萧条的经济恐慌和政治混乱中拯救出来。他在这样努力的时候，不知不觉地却为德国民主政治掘了坟墓，从而无意中为阿道夫·希特勒的上台铺平了道路，这是这个用心善良、具有民主思想的爱国者的悲剧。

布吕宁无法争取到国会中多数议员批准他的财政计划中的某些措施。他因此请求兴登堡援引宪法第四十八条，根据这一条规定的紧急权力由总统下令批准他的财政法案。议会的反应是通过了一项要求撤销总统命令的决议。于是正当经济危机迫切需要一个强有力的政府的时候，议会制政府却垮台了。为了找出一条摆脱困境的出路，布吕宁在1930年7月要求总统解散国会，在9月14日举行新的选举。布吕宁怎么会指望在新的选举后可以在国会中得到稳定的多数，这个问题一

直没有找到解答。可是希特勒却认识到，他自己的机会出乎意料地提早出现了。

苦难深重的人民要求摆脱他们的困境。千百万失业者要求工作机会。小店主要求得到帮助。上次选举后达到投票年龄的400万左右的青年人要求至少有个能谋得生活温饱的前途。希特勒在一次旋风式的竞选运动中向这些千百万处境困难、心怀不满的人们提出的保证，在他们看来似乎给他们带来了某种程度的希望。他如果上台，将使德国恢复强大，拒付赔款，撕毁《凡尔赛和约》，肃清贪污，迫使金融
巨头就范（特别是如果他们是犹太人的话），一定要做到使每个德国 137
人都有工作和面包。那些绝望饥饿的人不仅希望得到救济，而且也希望得到新的信仰和新的神祇，对于他们来说，这种保证不是没有效力的。

希特勒抱的希望虽然已经够大的了，但是1930年9月14日晚上揭晓的选举结果，却是他做梦也没有想到的。两年前，他的党得了81万张选票，12个国会议席。这一次，他原来打算选票会增加3倍，议席搞到50个，但是在这一天，纳粹党所得的选票增加到了6 409 600张，可以取得国会中107个席位。这样它就从国会中位居第九的最小党一跃而为第二大党。

在另外一个极端，共产党得票也增加了，从1928年的3 265 000张选票增加到4 592 000票，国会议席从54席增加到77席。温和的中产阶级政党，除了天主教中央党以外，丧失了100多万张选票，社会民主党也是如此，虽然选民总数增加了40万。胡根贝格的右翼民族党的票数从400万降至200万。很明显，纳粹党从其他中产阶级政党那里夺过来数百万拥护者。同样明显的是，从此以后，布吕宁——或其他任何人——要在国会中取得稳定多数比以前更加困难了。但是没有稳定多数，共和国怎么能够存在下去呢？

这是在1930年选举以后国家的两大支柱——陆军和大工业家金融

家集团——越来越关心的一个问题。这两大支柱的领袖从来没有真正接受过共和国，除非是把它当作德国历史上一种暂时的不幸现象。在选举胜利的鼓舞下，希特勒开始转移注意力来争取这两个有势力的集团。我们已经知道，早在维也纳的时候，他从卡尔·卢格市长的政治手腕中，知道了把“有势力的、地位确立不移的机构”争取过来的重要性。

一年以前，1929年3月15日，希特勒在慕尼黑发表过一篇演讲，要求陆军重新考虑它敌视民族社会主义运动和支持共和国的态度。

> 从事破坏的政党是没有前途的，拥有人民的力量、准备而且愿意同陆军联合起来以便有朝一日协助陆军保卫人民利益的政党才有前途。而在另一方面，我们至今仍看到我国陆军的军官还在煞费苦心地考虑能与社会民主主义合作到什么程度。可是，亲爱的先生们，难道你们真的相信，你们同那个以促使陆军赖以存在的一切基础归于解体为宗旨的哲学有任何共同之处吗？

这是想要争取陆军军官支持的一种巧妙的呼吁，他们大多数人都相信，而且希特勒现在也第一百次重复指出：他们现在所支持的，而
138 且对军官阶层及其所代表的一切都毫无感情的共和国在背后戳了陆军一刀，把陆军出卖了。接着他用一种对于他将来要做的事情有预言性的话，警告军官们，如果马克思主义者胜过了纳粹党人，他们会有什么下场。他说，一旦发生这种情况，

> 对于德国陆军，你们就可以写下：“德国陆军的末日”。因为到了那时，先生们，你们就必须成为政治工具……你们到了那时可能成为那个政权和政治委员的刽子手，如果你们不听话，你们

的妻儿将被囚禁。如果你们仍不听话，你们就会被一脚踢开，也许站在墙前就刑……[11]

听到这场演讲的人比较少，但是为了在陆军人士之间广为宣传这篇演讲，《人民观察家报》发行了专门供陆军阅读的特刊，逐字逐句地刊登了这篇演讲。纳粹党最近发行的一家军事月刊《德国国防精神》还发表文章加以详细评述。

在1927年的时候，陆军曾经禁止征募纳粹党人参加10万人组成的国防军，甚至还禁止雇用纳粹党人在军火库、兵站中担任文职工作。但是到1930年年初，事情已经变得很明显，纳粹党的宣传在陆军里，特别是在年轻军官中间颇有进展，许多年轻军官不仅为希特勒的狂热的民族主义情绪所吸引，而且也为他展示的前途所吸引，这个前途就是，陆军将恢复昔日的光荣和规模，那样，他们就有提升的前程，而在目前这样小的规模的一支陆军中，他们是没有这种指望的。

纳粹党打入各军种的情况日趋严重，终于使当时担任国防部长的格勒纳将军于1930年1月22日发布一项命令，其中提到七年前在啤酒馆政变前夕冯·塞克特将军曾经对陆军发出过的一个类似的警告。他宣称，纳粹党一心想夺取政权。“他们因此讨好国防军。他们为了利用国防军来实现他们党的政治目标，企图哄我们［相信］，只有民族社会主义者代表真正的民族力量。”他要求军人不问政治，超然于一切党争之外来“为国家服务”。

有些年轻的国防军军官却过问了政治——至少过问了纳粹党的政治。这一点不久就暴露出来，而且在德国引起了吵嚷，在军官团最高级军官中间引起了分歧，而在纳粹党的阵营中却引起了高兴。1930年春季，乌尔姆卫戍部队有三名年轻的尉官卢丁、舍林格尔和温特被捕，因为他们在军队里宣传纳粹理论，企图劝诱其他军官答应：一旦发生纳粹党武装起事，他们不向起事者开枪。这后面一项罪名是叛国

大罪，但是格勒纳将军不想把军队里有叛国行为这件事声张出去，企
139 图把事情掩饰过去，他安排让被告在军事法庭上只受违犯军纪的审判。可是舍林格尔中尉却满不在乎，他偷偷地向《人民观察家报》投了一篇煽动性的文章，使得格勒纳将军的打算落了空。1930年9月选举中纳粹党获得胜利后一个星期，这三个尉官被解到莱比锡最高法院受叛国罪审判。他们的辩护律师中间有两个刚刚出名的纳粹律师汉斯·弗兰克和卡尔·萨克博士。*

但是在审讯时吸引人们注意的不是律师，也不是被告，而是阿道夫·希特勒。弗兰克召他来做见证人。他的出庭是一种有意的冒险。要是抛弃三个中尉不顾，是相当难堪的事。这三个中尉的活动证明了陆军中纳粹党的影响的增长，而这正是希特勒所不希望予以打击的。但是，纳粹党要篡夺陆军的活动被揭露出来也是相当难堪的事。而且，检察方面控诉纳粹党是个一心一意要用武力推翻政府的革命组织，这件事对于希特勒的当前策略也是不利的。为否认这最后一个指责，希特勒同弗兰克安排好，要出庭为被告做证。但是实际上，元首还有一个更加重要得多的目标。那就是，作为一个刚刚在选举中获得了惊人胜利的政治运动的领袖，他要向陆军，特别是陆军的领导军官保证，民族社会主义运动对国防军来说，不仅不是像这三个纳粹党尉官案件所表示的那样是一种威胁，而且实际上是国防军的救星，也是德国的救星。

证人席成了向全国发言的讲坛。在这里，希特勒充分利用了他的辩论才能和巧妙的政治手腕。如果说他的精彩表现是尽欺骗之能事的话——事实上就是如此——那么在德国似乎很少有人识破，即使在将军们中间也很少有人识破这一点。希特勒巴结地向法庭（和军官们）保证，冲锋队也好，纳粹党也好，都不反对陆军。“我一直抱有这种

---

* 这两个人后来都在绞刑架上送了命。萨克在1944年7月20日因参与反希特勒密谋而被绞死，弗兰克则是因为他代表希特勒在波兰所犯的暴行而被处死的。

看法，”他宣布，“任何想要取代陆军的尝试都是发疯。我们没有一个人想取代陆军……我们将努力做到，在我们执政以后，以目前的国防军为基础，一支伟大的德国人民的军队将会兴起。”

他再三向法庭（和将军们）重申，纳粹党只想通过合乎宪法的手段取得政权，这三个年轻军官如果期望会发生武装叛乱的话，那是他们自己弄错了。

> 我们的运动不需要暴力。总有一天，德国人民会了解我们的理想；到了那时，3 500万德国人将站在我的后面……当我们有了宪法授予的权利以后，我们就将按照我们认为正确的方式组成国家。
>
> 法庭庭长：这也是通过合乎宪法的手段吗？
>
> 希特勒：是的。 140

但是，希特勒讲话的主要对象虽然是陆军和德国国内其他保守分子，他还得考虑一下他自己党徒们的革命要求。他不能使他们失望，像他已经使三个被告失望一样。因此，当法庭庭长提到他在1923年举行政变失败前一个月说的一句话“人头将会落地”的时候，他抓住了这个机会。庭长问，这位纳粹党领袖今天是不是否认这句话了？他马上回答道：

> 我可以向你保证，当民族社会主义运动在这场斗争中取胜的时候，届时将会有一个民族社会主义法庭。那时，1918年11月的革命将会受到报复，人头将会落地！[12]

没有人能够说，希特勒对于一旦他上台以后要做的事情没有事先提出警告，但是当时法庭中的听众显然很欢迎他的这番威胁，他们以热烈和持久的鼓掌来表示欢迎。而且虽然庭长对鼓掌打断审讯的进行提出非难，但是不论庭长还是公共检察官都没有对这句话提出异议。这句话在德国全国各地的报纸上和许多其他国家的报纸上成了轰动一时的头条新闻。在希特勒发言所引起的兴奋刺激情绪中，原来的案件反倒无人注意了。这三个年轻的军官对民族社会主义的热情遭到了民族社会主义运动最高领袖本人的否认，结果被判定犯有叛国阴谋，处以18个月的要塞禁闭。这个判决算是轻的，在共和的德国，对叛国罪的严厉判决是保留给那些支持共和国的人的。*

在德国人不可挽回地走向第三帝国的道路上，1930年9月是一个转折点。纳粹党在全国选举中获得惊人胜利一事，不仅说服了千百万普通人民，也说服了企业界和陆军中的领袖人物：现在也许的确出现了一种无可阻挡的趋势。他们可能不喜欢纳粹党的煽惑人心的做法和它粗鄙下流的作风，但是在另一方面，它却唤起了在共和国头十年中曾经受到这么严重压抑的德国爱国主义和民族主义的传统感情。它答应领导德国人民摆脱共产主义、社会主义、工团主义，摆脱民主政体的软弱无能。最重要的是，它已经在全国造成了燎原之势，影响盛极一时。

由于这一点，也由于希特勒在莱比锡审讯时对陆军方面所做的公开保证，有些将军开始考虑，民族社会主义可能正是他们所需要的东西，可以用来团结人民，恢复德国原来的地位，再一次使德国军队成
141 为一支强大和伟大的军队，使国家摆脱丧权辱国的《凡尔赛和约》的桎梏。最高法庭庭长曾经问希特勒，他不断提到的“德国民族革命”指的究竟是什么意思，希特勒的回答使这些将军们感到很高兴。

---

* 舍林格尔中尉由于希特勒把他出卖而感到愤慨，在狱中就宣布退出纳粹党，而成了一个狂热的共产党人。在1934年6月30日的清洗中，原来是要把他和许多得罪过希特勒的人一样清算掉的。但是结果却不知怎么给他逃过了这次清洗，终于活着一直看到希特勒的覆亡。卢丁中尉仍是个热情的纳粹党人，在1932年当选为国会议员，成了冲锋队和党卫军的高级军官，后来担任德国驻斯洛伐克傀儡国家的公使，在解放时被捕，随即被捷克斯洛伐克人处决。

“这指的仅仅是，”希特勒说，“拯救我们今天的被奴役的德意志民族。德国的手足受到和约的束缚……民族社会主义者并不认为和约是法律，而是用强制办法加在德国身上的东西。我们认为，完全无辜的未来一代不应该承受这种负担。如果我们尽我们一切力量反对这些条约，我们就走上了革命的道路。”

这也是军官团的看法。军官团的一些上层军官曾经激烈地批评过国防部长格勒纳将军，因为他竟让最高法院审判三个尉官。最近卸任的总司令，沙恩霍斯特和格奈泽瑙的当之无愧的继承者，一般公认是战后德国陆军天才将领的冯·塞克特将军曾经对格勒纳表示，这打击了军官团内部的团结精神。不久即将担任参谋总长、以后在这部历史中还要成为更加重要的人物的路德维希·贝克上校，在1930年的时候是这三个尉官所属的驻在乌尔姆的第五炮兵团团长。他不仅激烈地抗议他的上级逮捕这三个尉官，而且还在莱比锡出庭为他们做证。

现在审讯既已结束，希特勒也讲过话了，将军们对于他们原来认为是对陆军的一种威胁的运动，态度也就和善多了。第二次世界大战期间曾任最高统帅部作战局局长的阿尔弗雷德·约德尔将军曾经在纽伦堡军事法庭上谈到，这个纳粹党领袖在莱比锡的发言对军官团有什么意义。他说，在此以前，高级军官们都认为希特勒企图破坏陆军，而在此以后，他们就感到放心了。冯·塞克特将军本人在1930年当选为国会议员后曾经公开与希特勒合作过一阵子，而且在1932年要求他的姐姐在总统选举中投希特勒的票，而不投他的老上司兴登堡的票。

德国陆军军官们在政治上的盲目短见已经开始有所发展和表现，这在最后将证明对他们是个致命伤。

工业界和金融界的巨头们在政治上的愚蠢不亚于将军们，他们错误地以为只要付给希特勒足够的金钱就能把他笼络住，一旦他当权之后，就会按他们的命令办事。他们之中有很多人在1920年代还把他看成是个奥地利的暴发户，但是纳粹党在1930年9月选举中获得惊人胜利后，企业界的领袖人物逐渐意识到，这个暴发户很可能接掌德国的控制权。

据瓦尔特·冯克在纽伦堡做证时说，到1931年的时候，“我的工
142 业界朋友和我相信，在不太遥远的将来，纳粹党就会上台”。

冯克是个油光满面、目无定睛、大腹便便的矮胖子，他的脸总叫本书作者想起一只青蛙来。他在这一年的夏天放弃了德国金融界著名报纸《柏林交易所日报》主编这个好差使，当了纳粹党和一些企业界重要领袖人物之间的牵线人。他在纽伦堡说，他的好几个工业界朋友，特别是那些在莱茵兰大煤矿企业中有地位的朋友，要求他参加纳粹运动“以便说服该党采取私人企业的方针”。

> 在那个时候，党的领导方面在经济政策问题上有着完全自相矛盾的和混乱的看法。我企图这样来完成我的使命：亲自使元首和党相信，应该承认，私人的首创精神、企业家的独立自主、自由企业的创造性力量等是党的基本经济政策。元首本人在同我和我所介绍的工业界领袖人物会谈时一再强调，他是国营经济，即所谓“计划经济”的敌人，他认为，为了争取最高产量，自由企业和自由竞争是绝对必要的。[13]

据希特勒的这位未来国家银行总裁和经济部长说，当时希特勒开始会见德国国内掌握经济命脉的一些人物，并且向他们说了一些多少是他们喜欢听的话。党需要巨额经费来从事竞选，支付大规模的频繁的宣传费用，发给成千上万的专职人员薪水，维持冲锋队和党卫军这些私人军队。冲锋队和党卫军到1930年年底已有10万多人，成

了一支比国防军还要大的部队。企业家和银行家并不是唯一的经费来源，因为党在党费、资产、募捐以及党报书刊的销售方面也能筹到相当可观的款项，但是企业家和银行家是最大的经费来源。他们给纳粹党的钱愈多，他们可以给迄今为止他们所支持的其他保守党派的钱便愈少。

先是担任希特勒纳粹党的新闻发布官，后来担任国家新闻发布官的奥托·迪特里希说："1931 年夏天，元首突然决定有步骤地努力讨好有势力的工业界巨头。"[14]

这些巨头是谁呢？

他们的姓名是个秘密，除了元首周围的核心圈子以外，对谁都得保密。党得耍两面把戏。一方面，它不得不让施特拉塞尔、戈培尔、怪物费德尔用纳粹党人是真正的"社会主义者"、反对金融巨头的叫喊来欺骗群众。另一方面，党的经费得从那些有不竭来源的人那里骗来。据迪特里希说，在 1931 年下半年，希特勒"走遍整个德国，同重要的［企业界］人士私下会谈"。为了保守秘密起见，这些会谈甚至 143
要到"一些人迹不到的森林中去举行"。迪特里希解释道："保守秘密是绝对必要的，绝不能让报界有捣蛋的机会，否则就会影响到会谈的成功。"

因此，在纳粹党的政治中，就出现了一种几乎滑稽可笑的忽左忽右现象。1930 年秋天，施特拉塞尔、费德尔、弗里克在国会中代表纳粹党提出一项法案，要求对所有利率都规定一个 4% 的最高限额，无偿征用"银行和股票交易所巨头"以及所有"东方犹太人"的财产，将大银行收归国有。希特勒大为震怒：因为这不仅是布尔什维主义，而且是党在经济上的自杀行为。他立即命令党撤回这个法案。共产党这时却重新提出这个法案，一字不易。希特勒命令他的党投反对票。

我们从战后在纽伦堡监狱中对冯克的侦讯中知道，希特勒所结交的"有势力的工业界巨头"中至少有一部分人是谁。埃米尔·基尔多夫是个痛恨工会的煤矿大王，负责掌管西德矿业界募集的一笔名叫“鲁尔金库”的政治贿赂基金，他是在1929年纳粹党代表大会上被希特勒拉拢过去的。钢铁托拉斯头子弗里茨·蒂森捐款还要早一些，他后来对他的错误后悔不已，终于写了一本书，名为《我为希特勒出资》。他最初是1923年在慕尼黑遇见这个纳粹党领袖的，初次见面就被后者口若悬河的辩才所征服了，于是通过鲁登道夫第一次向当时还不大为人所知的纳粹党捐了10万金马克（合2.5万美元）。继蒂森之后的是阿尔贝特·福格勒，他也是联合钢铁公司的一个巨头。事实上，煤钢企业是工业界方面帮助希特勒在1930年到1933年期间克服他取得政权的最后障碍的主要经费来源。

但是冯克还提到了其他一些工业和企业，它们的董事不希望在希特勒一旦成功后受到冷淡。这些工业和企业的名单很长，但是远远谈不上完全，因为冯克到纽伦堡审讯时，记忆力已经很差了。这一名单包括伊·格·法本公司这家化学工业大卡特尔的主要董事之一格奥尔格·冯·施尼茨勒、钾碱工业的奥古斯特·罗斯特格和奥古斯特·迪恩（冯克谈到了该工业的“对元首的积极态度”）、汉堡—美洲航运公司的古诺、中德的褐煤工业、康蒂橡胶工业、科隆大工业家奥托·沃尔夫、在扶植希特勒上台的最后活动中将起关键作用的科隆银行家库尔特·冯·施罗德男爵、一些主要银行（其中有德意志银行、商业私营银行、德累斯顿银行、德意志信贷公司）以及德意志的一家最大保险公司安联保险公司。

希特勒的主要经济顾问之一威廉·凯普勒介绍了一些南德工业家，并且组织了一个奇特的企业家团体，来支持党卫军头子希姆莱。
144 这个团体名叫“经济之友会”，后来一般都称为“党卫军领袖［即希姆莱］之友会”，这个团体筹集了好几百万马克专供这个匪徒“研究”雅利安人起源之用。希特勒开始他的政治生涯之初就得到慕尼黑有钱的出版商胡戈·布鲁克曼和钢琴制造商卡尔·贝希施坦因在经济上——以及社会上——的帮助。这两个人的太太对这个初露头角的年轻纳粹党领袖都颇为垂青。希特勒就是在贝希施坦因的柏林宅邸中首次见到这许多企业界和军界的领袖人物的，也就是在那里，他们举行过一些有决定意义的秘密会议，终于导致希特勒当上了总理。

并不是所有的德国企业家在纳粹党1930年选举中获得胜利后都马上支持希特勒的。冯克提到，大电气公司西门子公司和通用电气公司的态度就很冷淡，军火大王克虏伯·冯·波伦-哈尔巴赫也是如此。弗里茨·蒂森在他的忏悔中说，克虏伯是希特勒的"激烈反对者"，到兴登堡任命他为总理之前，克虏伯还向老元帅提出紧急警告，叫他不要犯这种错误。但是，克虏伯不久就看出了苗头，很快就变成了——用忏悔的蒂森的话来说——"一个超级纳粹党人"。[15]

因此，事情很明显，希特勒在最后努力夺取政权的时候，已经得到相当大的一部分德国企业界的大量经济支援。在1933年1月以前的最后三年之中，银行家和企业家们到底向纳粹党捐助了多少款项，这一点从来没有弄清楚过。冯克说，可能不超过"一两百万马克"。蒂森估计一年有200万，他说他本人就给过100万马克。但是从这些日子里党的手头总是不乏大笔款项来看（尽管戈培尔抱怨钱一直不够花），企业界的捐赠总数肯定要比上述这些估计多好几倍。这些捐赠对于这些政治上幼稚无知的企业家究竟有些什么好处，本书以后即将谈到。这些人中间，当时最热心的一个，也就是后来感到幻灭最剧烈的一个，是沙赫特博士，他于1930年因为反对扬计划而辞去了国家银行总裁一职，同年遇见了戈林，1931年会见了希特勒，此后两年就贡献了全部能力来使元首接近他的银行界和工业界的朋友，更进一步靠近总理职位这个大目标。到1932年，这个对于第三帝国的建立和它的初期成就所起的作用后来证明是无限之大的经济奇才写信给希特勒说："目前的情况如果发展下去，只会导致您担任总理，关于这一点，我毫无疑问……您的运动有着一种非常有力的内在真理和必要性，因此您不久必将获得胜利……不论我将来由于工作关系身在何处，即使有朝一日您可能发现我被囚要塞，但是您可以永远把我当作您的忠诚拥护者。”写着这些话的两封信中有一封结尾时用的是“向您高呼‘万岁’”。[16]

145 纳粹运动“非常有力的真理”之一，希特勒是从来不保守秘密的：一旦党控制了德国，它将扼杀德国人的个人自由，包括沙赫特博士和他的企业界朋友的个人自由在内。这个态度温文尔雅的国家银行总裁（在希特勒上台后他再度出任此职）与他在工业界和金融界的朋友过了好久才觉悟到这一点。这部历史正如所有历史一样，自始至终充满了命运的意外播弄，因此过不了很长时候，沙赫特博士就以事实证明，他自己不仅是关于希特勒担任总理一事的先知，而且也是元首把他监禁起来一事的先知——不过不是在要塞中，而是在集中营中，这只有更糟糕；同时他也不是作为希特勒的“忠诚拥护者”（在这一点上他没有说对），而是以相反的身份。

到1931年开始的时候，希特勒在党内已经纠集了一批狂热的不择手段的人，他们将协助他最后取得政权而且（除了一个例外）将在第三帝国的存续期间在他身旁协助他维持政权，虽然其中另一个他最最亲近的，也许是最最能干和残忍的，并没有能活过纳粹政府的第二年。在这个时期里，有五个人的地位超过其余徒众。这五个人是施特拉塞尔、罗姆、戈林、戈培尔和弗里克。

戈林是共产党协助右翼政党在国会通过了一项政治大赦令后，于1927年年底回到德国的。自从1923年政变以来，他的大部分流亡生活是在瑞典度过的。他在瑞典的朗勃罗疗养院戒掉了吸毒的恶习，病愈后在一家瑞典飞机制造公司供职，这个勇敢而英俊的世界大战英雄这时身体已经发胖，但是仍旧精力旺盛，生气勃勃。他在柏林巴登大街租了一套小而精致的单身汉公寓（他所眷爱的患有癫痫症的妻子这时又患上了肺结核，留在瑞典养病），一方面担任一些飞机公司和汉莎航空公司的顾问，一方面建立社会关系。这种关系范围很广，从前黑森王太子菲利普亲王（他娶了意大利国王的女儿玛法尔达公主为妻）到弗里茨·蒂森和其他企业界巨头，其中还包括一些陆军高级军官。

这些关系正是希特勒所缺少和需要的，因此戈林不久就积极介绍纳粹党领袖同他的朋友相识，在上层阶级的圈子中祛除某些褐衫党徒所发出的恶臭。1928年，希特勒选戈林为在国会内代表纳粹党的12名议员之一，在1932年纳粹党成为第一大党时，戈林也就成了国会议长。正是在国会议长官邸中，举行了许多次会谈，策划了许多次阴谋，最后终于导致纳粹党的最后胜利；也正是在这里——稍许说得远一些——策划了一个计划，使得希特勒在当了总理后能够长久坐稳江山，这个计划就是纵火焚毁国会。 146

恩斯特·罗姆在1925年与希特勒闹翻后不久就去加入了玻利维亚军队，当了一名中校。到1930年底时，希特勒请他回来，重新担任冲锋队的领导工作，当时冲锋队已不大听话了。冲锋队员，甚至一些队长，显然相信纳粹党将用暴力来进行革命，因此越来越经常地在街头闹事，同政治敌人捣乱，甚至暗杀他们。每次选举，不论是全国选举，还是邦选举或市选举，没有不发生街头殴斗惨剧的。

这里必须顺便提起一桩这样的殴斗事件，因为它为民族社会主义运动提供了一个最伟大的烈士。柏林冲锋队有一个名叫霍斯特·威塞尔的小队长，他是一个新教牧师的儿子，弃家逃学出走后，在贫民窟中同一个以前的妓女同居，一生为纳粹主义当打手。许多反纳粹分子总是认为这个青年是靠拉皮条为生的，虽然这种说法不免有点夸张。不过他肯定是同皮条客和妓女厮混的人。他在1930年2月间被一些共产党人所暗害，要不是因为他写了一首歌的曲子和歌词，他也会像街头殴斗中双方都有牺牲的好几百人一样，就此默默无闻。这首歌叫《霍斯特·威塞尔之歌》，在他死后马上就成了纳粹党歌，后来成了第三帝国除了《德意志高于一切》以外的第二国歌。霍斯特·威塞尔本人则由于戈培尔博士的巧妙宣传，成了纳粹运动的伟大神话英雄之一，被捧为一个为了事业献出生命的纯粹理想主义者。

1929年，霍斯特·威塞尔在纳粹游行队伍最前方。

在罗姆接管冲锋队时，格雷戈尔·施特拉塞尔无疑是纳粹党内第二号人物。他是一个口若悬河的演说家，一个办事能干的组织家，担任了党内最重要的一个部门即政治组织部门的首脑，这个职务使他在邦和地方党的领袖中间有很大的势力，因为他们的工作都要受他的监督。他有着巴伐利亚人的随和的脾气，除了希特勒以外，他是党内最受爱戴的领袖，而与希特勒不同的是，他得到大多数政敌的个人信任，甚至喜爱。当时在党内外有不少人认为施特拉塞尔很可能代替这个奥地利来的脾气乖戾、性格捉摸不定的领袖。在国防军和总统府中，这种看法特别强烈。

至于格雷戈尔·施特拉塞尔的兄弟奥托，这时已经失势了。他不幸当真相信纳粹党“民族社会主义德国工人党”这块招牌中“社会主义”甚至“工人”这两个字眼，曾经支持社会民主党工会所主持的几次罢工，而且要求纳粹党公开主张工业国有化。在希特勒看来，这当然是异端邪说，他指责奥托·施特拉塞尔犯有“民主主义和自由主义”的大罪。1930年5月21日和22日，元首同他这个违抗命令的下级摊牌，要求他完全服从。奥托拒绝服从后，就被驱逐出党。他试图组织一个真正的民族“社会主义”运动，名叫“革命的民族社会主义 147
者联盟”，后来简称“黑色阵线”，但是在9月选举中，它完全不能从希特勒手里夺过相当数目的选票来。

希特勒身边五员大将中第四号大将戈培尔，自从1926年同格雷戈尔·施特拉塞尔闹翻后一直是后者的敌人和对手。在闹翻两年后，施特拉塞尔升任政治组织部门的首脑，戈培尔继他为宣传工作的负责人。戈培尔仍兼任柏林党组织的区领袖。对他的宣传才能和改组柏林党组织的成绩，希特勒颇为赏识。但是他那一张油滑而刻薄的嘴和灵敏的头脑却讨不到希特勒其他得力部下的欢心，他们都不信任他。不过，纳粹党领袖很愿意他的主要部下之间存在着明争暗斗，哪怕仅仅是因为这是防止他们联合起来篡夺他的领导权的保障。他从来没有完全信任过施特拉塞尔，但是他对戈培尔的忠诚却是完全相信的；此外，这个瘸腿的狂热分子常常有些奇思异想，这对希特勒来说是颇有用处的。最后一点是，戈培尔作为流氓记者的办报才能——他现在有一张自己的报纸（柏林《进攻报》），可以用来发挥他的才能——和善于煽动群众的演讲本领，对党有着无法估计的价值。

这五个人中的最后一个威廉·弗里克是其中最无特色的一个。他是个典型的德国公务员。1923年以前，他在慕尼黑当青年警官，曾经给希特勒在警察局里做过坐探，因此元首一直很感激他。他常常担当吃力不讨好的使命。在希特勒的吩咐下，他是纳粹党人中担任地方公职——在图林根——的第一个人，后来他成了纳粹党的国会党团主席。他忠贞不贰，办事很有效率，而且由于他外貌给人以与世无争、和蔼可亲的印象，在同共和国政府那些左右摇摆的官员打交道时特别有用。

在1930年代早期党内比较次要的人中，有一些后来在第三帝国时代不仅出了名，而且有了吓人的个人权力。戴着一副夹鼻眼镜，很容易被人当作是个态度温文尔雅的平凡的小学教员的养鸡场主海因里希·希姆莱，得过慕尼黑技术学院的一个农艺学位，这时他正在逐步加强希特勒的卫队黑衫党卫军。但他是在冲锋队司令兼党卫军司令罗姆下面工作的，在家乡巴伐利亚境外，即使在党内，他也很少为人所知。还有罗伯特·莱伊博士，他是个酗酒成性的药剂师，当时担任纳粹党组织科隆区领袖。汉斯·弗兰克是个很有能力的年轻律师，任纳粹党法律部的负责人。还有瓦尔特·达里，1895年生于阿根廷，他是个能干的农学家，经赫斯的劝说，信了民族社会主义，他写的《农民是北欧人种生命的源泉》一书引起了希特勒的注意，就此担任党的农业部负责人。鲁道夫·赫斯本人并无野心，对元首忠贞不贰，所居职位仅仅是元首的私人秘书。另一个私人秘书是一个名叫马丁·鲍
148 曼的人，他像一只鼹鼠，喜欢挖掘党内生活的隐秘来进行阴谋活动，一度曾因参与政治谋杀而坐过一年监牢。德国青年团领袖是巴尔杜尔·冯·席拉赫，他是个有浪漫思想的青年人，组织工作的能手，他的母亲是个美国人，他的外曾祖父是个北方联邦军军官，曾在布尔河战役中失掉一条腿。他在纽伦堡对囚禁他的美国人说，他在17岁时读了亨利·福特写的《永恒的犹太人》后成了一个反犹主义者。

最后还有阿尔弗雷德·罗森贝格，这个波罗的海来的笨拙迟钝的冒牌哲学家，我们前面提到过，是希特勒早期的导师之一，自从1923年政变以后，写了大量的书籍和小册子，内容和文风极其混乱。其中最主要的一部是长达700页的著作，书名是《20世纪的神话》。这是

1931年，由右至左为希特勒、罗姆和戈林。

集其关于北欧人优越性的半瓶子醋思想之大成的荒谬绝伦之作，而他的这种半瓶子醋的思想却在纳粹党圈子里被当作学识渊博的东西。希特勒常常在讲笑话时提到，这本书他自己也不忍卒读，而以作家自居的席拉赫有一次曾说，罗森贝格“卖出的没有人读的书比任何其他作家都多”，因为这本书在1930年初版以后的十年中，售出50多万册。希特勒心中自始至终对于这个思想愚蠢迟钝的人很有温情，给他担任党内各种工作，诸如《人民观察家报》和其他党刊主编，并且指定他担任1930年国会纳粹党议员，他还代表纳粹党参加了国会的外交委员会。

这就是聚集在纳粹党领袖周围的人物。在一个正常的社会里，他们在旁人看来无疑是一批乱七八糟的怪物。但是在共和国最后的混乱日子里，他们在千百万迷惑的德国人的心目中却逐渐成了救星。他们有两个有利条件胜过他们的对手：一是他们是由一个目标明确的人领导的；二是他们为了帮助他实现他的目标，是完全愿意不择手段和投机取巧的。

在动乱不安的1931年，有500万职工失业，中产阶级面临着破产的境地，农民们不能偿还抵押借款，议会处于瘫痪状态，政府危机迭出，84岁的总统日益年老昏聩，在这种情况下，纳粹党的一些头目信心日益高涨，他们不必再等待很久了。正如格雷戈尔·施特拉塞尔公开吹嘘的一样："凡是有助于促成危机的……对于我们和我们的德国革
149 命来说，都是好的，都是极好的。"

注　释

1. 库尔特·吕德克：《我认识的希特勒》，第217—218页。

2. 贝恩斯编：《希特勒演讲集》，第1卷，第155—156页。

3. 库尔特·里斯：《约瑟夫·戈培尔》，第8页。

4. 这里引述的和其他地方引述的希特勒在1942年1月16—17日怀念上萨尔茨山的话引自《希特勒秘密谈话录》。

5. 海登和布洛克这些权威人士都说拉包尔一家是在1925年吉莉17岁的时候到瓦亨菲尔德去的。但是希特勒自己却说，他到1928年买了那所别墅后才"打电话给在维也纳的姐姐，请她来帮助管家"。见《希特勒秘密谈话录》，第177页。

6. 海登：《元首》，第384—386页。

7. 见奥朗·詹姆斯·哈尔教授在《美国历史评论》1955年7月号发表的文章对希特勒的所得税所做的有趣分析。

8. 同上。

9. 同上。

10. 海登：《元首》，第419页。

11. 这篇演说没有收到贝恩斯编的《希特勒演讲集》中，也没有收在罗赛·德·萨尔斯编的希特勒演讲选《我的新秩序》中。这篇演说一字未易地刊在1929年3月26日《人民观察家报》（军中专刊）上，1945年6月《华盛顿州立大学研究文集》发表的《纳粹地下运动蓝图》中曾详加引用。

12. 引自1930年9月26日《法兰克福日报》。

13.《纳粹的阴谋与侵略》，附件A，第1194页（纽伦堡文件EC-440）。

14. 奥托·迪特里希：《与希特勒一起执政》。

15. 冯克的证词，《纳粹的阴谋与侵略》，附件A，第1194—1204页（纽伦堡文件EC-440），另见《纳粹的阴谋与侵略》，第5卷，第478—495页（纽伦堡文件2328-PS）。蒂森的话引自他所著《我为希特勒出资》第79—108页。

16.《纳粹的阴谋与侵略》，第7卷，第512—513页（纽伦堡文件EC-456）。

第六章

共和国的末日：1931—1933年

在动荡和混乱的德国政治生活中，现在出现了一个奇怪的异乎寻常的人物，天意注定要由他，而不是别人，来挖掘共和国的坟墓。他将担任共和国最后一任为时不长的总理职务，而且，也可以说是他奇特的一生中最后一次意外的转折，在最后无可挽回的时刻，却拼命想法要拯救共和国。这个人就是库尔特·冯·施莱谢尔。他的姓在德文中的意思是“阴谋家”或“鬼鬼祟祟的人”。

1931年的时候，他是陆军中的一名中将。* 他生于1882年，18岁的时候加入军界，在兴登堡原来所属的第三步兵禁卫团里当尉官，成了这位元帅兼总统的儿子奥斯卡·冯·兴登堡的好友。他的第二个友人后来证明也有同样的宝贵价值。那就是格勒纳将军。后者对于施莱谢尔在军事学院中学习时的成绩甚为赏识，1918年在最高统帅部继任鲁登道夫的职位时就把这个年轻军官带来担任他的副官。施莱谢尔基本上是个“办公桌军官”——他只在俄国前线服役过一段很短的时期——从此以后就一直留在陆军和魏玛共和国权力的中心附近，他机警的头脑、殷勤的态度、政治的嗅觉颇引起将军们和政客们的注

* 相当于美军中的少将。

意。在冯·塞克特将军的领导下，他协助组织非法的自由军团和同样是非法且高度秘密的“黑色国防军”，起过越来越重要的作用。他还是同莫斯科进行秘密谈判、安排在苏俄境内秘密训练德国坦克军官和空军军官并在那里建立由德国人管理的军火厂一事的关键人物。施莱谢尔是个天生的权术家，热衷于阴谋诡计，擅长于暗地活动。在1930年代初期以前，他的名字不大为世人所知，但是已开始在班德勒街和威廉街引起注意，前者是陆军部的所在地，后者是政府各部的所
150 在地。

1928年1月间，他利用他对兴登堡总统的日益增长的影响（他是通过同奥斯卡的友谊而接近总统的），使他的老上司格勒纳将军担任了国防部长的职务，这是在共和国时期第一次由军人担任这个职务。格勒纳把施莱谢尔当作部内最得力的助手，让他负责一个新设立的部门——部务司，处理陆军和海军的政治和新闻事务。格勒纳称他的助手为“我在政治方面的红衣主教”，把陆军同其他各部和政治领袖的关系问题交托给他。施莱谢尔处在这个地位，不仅在军官团中是一个势力，而且在政治方面也开始展现实力。在陆军中，他能够任免高级军官，并且开始实际上这么做了，比如他在1930年施了一个诡计，赶走了陆军第二号人物冯·勃洛姆堡将军，而代之以第三步兵近卫团时代的老朋友冯·哈默施坦因将军。同年春天，我们前已谈到，他第一次尝试要由他来挑选总理，在陆军的支持下，终于说服兴登堡任命海因里希·布吕宁担任此职。

在政治上得到这个胜利以后，施莱谢尔就实现了他想要改造共和国的宏伟计划中的第一步。这个念头在他的机灵的脑袋中已经转了很久了。他很清楚地看到——谁没有清楚地看到呢？——魏玛政体软弱无力的原因。政党数目过多（1930年拥有100万张选票以上的政党有10个），这些政党相互倾轧，只顾它们所代表的那部分经济和社会利益，因此不能消除分歧，不能在国会中形成一个持久的多数派来支持

一个能够对付1930年代开始时国家面临的重大危机的稳定政府。议会制政府成了一桩德国人称之为Kuhhandel——贩牛交易*——的事情，各政党为了他们所代表的群众讨价还价，争取特殊利益，而国家利益却被丢在一旁。无怪乎当布吕宁在1930年3月28日就任总理时，已经不可能在国会中拼凑多数议员来支持任何一项政策了，不论它是左翼的，中间的，还是右翼的。仅仅为了维持政府的日常事务的处理和设法解决经济困境，他也不得不援引宪法第四十八条的规定，根据这一条，在紧急状态下，只要总统批准，他可以不需议会多数支持而仅凭总统紧急法令来行使职权。

施莱谢尔就是希望总理这样来行使职权。这样，在总统的有力控制下会出现一个有力的政府，毕竟（施莱谢尔这样认为）总统是经人民普选选出的，因此代表人民的意志，也得到陆军的支持。如果民主选出的国会不能提供一个稳定的政府，那就必须要由民主选出的总统来提供。施莱谢尔相信，大多数德国人所希望的，是一个能够毅然决 151
然引导他们脱离绝望困境的政府。但是实际上，布吕宁在9月间下令举行的选举表明，大多数德国人所希望的并不是这个。或者说，至少他们并不希望让一个施莱谢尔及其在陆军里和总统府中的友人所选择的那种政府来引导他们走出茫茫的绝境。

可以说，施莱谢尔犯了两个后患无穷的错误。由于选择布吕宁为总理，鼓励他靠总统紧急法令行使职权，他破坏了陆军在国家生活中的力量的基础——它的超然于政治的地位，放弃这种地位将导致它本身和德国的毁灭。其次，他对选民做了一个错误的估计。当1930年9月14日有650万选民投纳粹党的票时（两年前只有81万），这个热衷于政治的将军觉得，他必须改弦易辙。到这一年年底，他已与刚从玻利维亚回来的罗姆以及格雷戈尔·施特拉塞尔保持联系，这是纳粹党

* 贩牛交易在德文中喻讨价还价。——译者

人与共和国中掌握政权的人之间的第一次重要的联系。在恰好两年之内，这种联系的发展结果，将导致阿道夫·希特勒达到他的目标并导致冯·施莱谢尔将军的倒台和最后的被刺。

1931年10月10日，在希特勒的外甥女兼情人吉莉·拉包尔自杀后三个星期，他第一次得到兴登堡总统的接见。这次接见是忙着布置一个新的阴谋的施莱谢尔所安排的。这年秋天早些时候，他曾与希特勒会商，安排希特勒去见总理和总统。在他的心中和布吕宁的心中都一直在考虑，兴登堡七年任期在1932年春天届满时，应该怎么办。届时这位陆军元帅将达85岁高龄，而他头脑清醒的时候已越来越少了。但是，人人都很清楚，如果他不竞选连任的话，希特勒虽然从法律上来说不是德国公民，却很可能取得德国国籍，参加竞选，获得胜利，成为总统。

在这年夏天，颇有学者风度的总理对德国所处的绝境就在日夜忧思。他充分认识到，他的政府已经成了共和国最不得人心的一届政府。为了对付萧条，他除了压低物价以外也压低了薪水和工资，对工商业、金融业、社会服务业实行了严厉的限制。不论纳粹党人和共产党人都叫他“饥饿总理”，但他还是认为，他已经找到了一条出路，最后终能重新建立一个稳定的、自由的、繁荣的德国。他要设法同协约国谈判取消赔款，当时根据胡佛的延期偿付的决定，赔款本来已经暂时停付了。在下一年举行的裁军会议上，他要设法使协约国履行它们在《凡尔赛和约》中的保证，把它们的军队裁减到德国的水平，否则就应该让德国公开实行一个起码的重整军备计划，而在实际上，在
152 他的默许下，德国已经开始在秘密实行这个计划了。这样，和约的最后桎梏就可以卸除，德国将在大国中间作为平等的一员出现。这对共和国来说不仅是一件好事，而且也很可能——布吕宁这么想——在西方世界开辟一个充满信心的新纪元，结束给德国人民带来深重苦难的

经济恐慌。而且这样就可以对纳粹党釜底抽薪，使它无计可施。

在国内方面，布吕宁也打算采取大胆行动，要争取除了共产党以外的各大政党的同意，对德国宪法做一番根本修改。他打算使霍亨索伦王室复辟。即使能够说服兴登堡竞选连任，他年纪已这样大，也不可能期望活满七年任期。如果他在一两年后死去的话，希特勒仍旧有当选为总统的希望。为了防止这一点，为了确保国家元首一职的长久性和稳定性，布吕宁有这样一个打算：取消1932年的选举，由议会两院（即国会和参议院）的三分之二多数表决将兴登堡的任期延长。在这一点做到以后，他就建议议会宣布实行君主政体，由总统摄政。总统死后，就由皇太子的一个儿子重登霍亨索伦王室的宝座。这个行动也能使纳粹党人无计可施；事实上，布吕宁相信，这将意味着他们作为一种政治力量的末日。

但是年迈的总统对此不感兴趣。当初在1918年11月那个秋天的暗淡日子里，在斯帕，他作为帝国军队司令，职责所在，有义务通知德皇必须下台，君主政体必须结束。现在他不愿考虑由霍亨索伦王室的任何人来恢复王位，除非是仍然流亡在荷兰的多尔恩的皇帝本人。布吕宁向他说明，社会民主党和工会方面虽然极其勉强，却也已经对他的计划给予一定的支持，哪怕仅仅是因为这可能是防止希特勒上台的最后一个孤注一掷的机会了，但是他们不赞成威廉本人或他的长子复辟，此外，如果要复辟的话，也必须仿效英国的榜样，实行立宪的民主的君主政体。一听到这番解释，这位白发苍苍的老元帅大为震怒，立即下令逐客，不愿再见这位总理。一个星期后，他又把总理叫来，告诉后者，他不愿竞选连任。

在这期间，先是布吕宁，后是兴登堡，都第一次会见了阿道夫·希特勒。这两次会谈结果，对这位纳粹党领袖都很不利。自从受到吉莉·拉包尔自杀的打击以后，他还没有完全恢复过来；他的思想在开小差，他的心神不由自主。布吕宁要求纳粹党支持兴登堡延长任期，希特勒不加作答，却大谈共和国的缺点，这使人肯定地认为，他不会同意总理的计划。在会见兴登堡时，希特勒显得局促不安。他想以长篇大论的说辞来打动这位老先生，可是却完全失败了。总统在这第一次会见时，对这个“波希米亚下士”（他是这么叫希特勒的）印象
153 一点也不好，他告诉施莱谢尔说，这样一个人也许可以当邮政部长，但是绝对当不了总理——这句话，后来这位陆军元帅不得不自己咽了下去。

希特勒气愤之下，匆匆前往巴特哈尔茨堡。第二天，10月11日，他在那里参加了“全民反对”德国政府和普鲁士政府的大规模示威。这次示威与其说是以纳粹党为代表的激进右翼的示威，不如说是老派的保守的反动势力的示威，这些反动势力是胡根贝格的德意志民族党、右翼退伍军人组织钢盔队、所谓的俾斯麦青年团、容克组织的农业联盟以及各种各样的老将军。不过纳粹党的领袖对这次集会并不热心。他瞧不起这些身穿燕尾服、头戴大礼帽、胸挂金奖章的旧政权遗老，他看到，像他自己的那样一个“革命”运动，同他们来往过密，可能是危险的。他敷衍了事地匆匆讲了一通话，在钢盔队游行之前就离开了会场，而使他生气的是，出席的人中间，钢盔队的人数竟超过了他的冲锋队。那天成立的哈尔茨堡阵线就此夭折了，老式保守派要成立这个阵线是想要同纳粹党人结成统一战线，以便对共和国发动最后一次攻击，他们要求布吕宁立即辞职。希特勒无意给这些先生当配角，他认为他们一心想念着过去，而他很清楚，过去的日子已经一去不复返了。如果他们有助于推翻魏玛政体，向他提供新的经济来源，像实际上确实已经做到的那样，那么他可能会利用他们一下。但是他们却不能反过来也利用他。几天后，哈尔茨堡阵线就面临崩溃；它的各种成分又恢复彼此明争暗斗的状态了。

只有在一个问题上例外。那就是胡根贝格和希特勒两人都拒绝同意布吕宁提出的让兴登堡延长任期的建议。在1932年年初的时候，总

理重新努力争取他们改变初衷。在此以前，他花了很大努力，终于说服总统同意这点，即如果议会延长他的任期，他就继续供职。这样，总统就可以不必从事一场激烈竞选了。现在布吕宁邀请希特勒来柏林重新会商这个问题。电报送来时，元首正在慕尼黑《人民观察家报》编辑部同赫斯和罗森贝格开会。他把电报在他们面前晃着叫道："现在他们已在我的掌握之中了！他们承认我是谈判中的一方了。"[1]

1月7日，希特勒同布吕宁和施莱谢尔会谈，1月10日又举行了一次会议。布吕宁再次提出他的建议：纳粹党同意延长兴登堡的任期。如果做到了这一点，一俟他解决了取消赔款和军备平等问题，他本人就宣布辞职。据某些人士说——不过这是有不同意见的——布吕宁还放出了另外一个钓饵：他表示愿意向总统提出由希特勒继任他为总理。[2]

希特勒并没有立即做出明确的答复。他告辞出来，回到恺撒霍夫
饭店，同他的一些顾问商量。格雷戈尔·施特拉塞尔赞成接受布吕宁 154
的方案，他的理由是，如果纳粹党硬要举行选举，兴登堡必胜无疑。戈培尔和罗姆则主张断然拒绝。戈培尔在他1月7日的日记中写道："总统职位并不是关键所在。布吕宁只不过是想无限期地加强自己的地位……争夺政权的棋局已经开始了……重要的是，我们的力量必须保持强大，而且不做妥协。"前一天晚上，他这样写道："组织里有个无人能信任的人……这个人就是格雷戈尔·施特拉塞尔。"[3]

希特勒本人认为没有理由加强布吕宁的地位，从而使共和国能够延长寿命。但是不像在1月12日断然拒绝这个办法的头脑简单的胡根贝格，希特勒要狡猾得多。他不向总理提出答复，而是越过他直接向总统说，他认为布吕宁的建议是违反宪法的，但是他愿意支持兴登堡竞选连任，只要这位元帅拒绝布吕宁的建议。当时担任总统府国务秘书的是心明眼亮的奥托·冯·迈斯纳，他先后为社会民主党的埃伯特和保守的兴登堡连续热心地当了两任国务秘书，现在正在琢磨是否有可能第三次连任此职，不论上面的总统是谁，也许甚至是希特勒？纳

粹党领袖在恺撒霍夫饭店举行的一次秘密会谈中对这个人表示，愿意支持兴登堡竞选，只要兴登堡肯把布吕宁免职，任命一个“全民的”政府，下令国会和普鲁士议会举行新的选举。

对于这样的要求，兴登堡自然不会同意。由于纳粹党人和民族党人——后者是他的朋友，说起来还是他的拥护者——不同意免除他一场激烈的竞选活动，兴登堡一气之下同意再来一次竞选。但是在他对民族主义各党表示不满之余，他对布吕宁也产生了一层微妙的怨恨，他觉得布吕宁处理此事不当，逼得他要同当初在1925年时拥护他与自由主义-马克思主义候选人竞选总统的民族主义势力发生尖锐的冲突。现在他只有在社会民主党人和工会的支持下才能取胜，而对于他们，他一直是怀着一种毫不掩饰的轻蔑态度的。他在同他的总理的来往中油然产生了一种明显的冷淡态度，而在不久之前，他还说过布吕宁是“俾斯麦以来最杰出的总理”。

把布吕宁捧上总理一职的那位将军也对他冷淡起来。在施莱谢尔看来，这个严峻古板的天主教领袖实在令人失望。他成了共和国最不得人心的一位总理。他在国内无法争取到多数的支持，他未能使纳粹党人就范，也不能把他们争取过来；他弄糟了兴登堡的连任问题。因此，他必须下台，也许施莱谢尔的尊敬的老上司格勒纳将军也应该同他一起下台，格勒纳将军对于施莱谢尔肚中将来的打算似乎一点也不能体会。不过，这个诡计多端的将军并不真的着急。布吕宁和格勒纳是政府中的两个有势力人物，在兴登堡重新当选以前，必须继续执政；没有他们的支持，这位老元帅可能当选不了。而在选举以后，他
155 们的用处也就完了。

希特勒与兴登堡对垒

在阿道夫·希特勒的一生中，当他必须做出困难的决定的时候，

他曾经有好几次似乎拿不定主意。目前这一次就是其中之一。他在1932年1月面临的问题是：究竟竞选总统，还是不竞选总统？兴登堡似乎是不可战胜的。这个神话式的英雄不但受到许多右翼势力的支持，而且也受到民主党派的支持，后者在1925年选举中还是反对他的，但是现在却把他看成共和国的救星。同这位陆军元帅竞选而被击败——几乎肯定是会被击败的——这不是要把纳粹党自从1930年全国选举取得大胜以来在一次接着一次的邦选举中逐渐造成的不可战胜的名誉付诸东流吗？然而，要是不参加竞选的话，那又岂不是自认软弱，岂不是表明对民族社会主义运动快要取得政权这一点缺乏信心吗？除此之外，还有一层考虑。希特勒当时甚至还没有资格参加竞选，因为他不是德国公民。

约瑟夫·戈培尔力促他宣布参加竞选。1月19日，他们两人联袂去慕尼黑，那天晚上，戈培尔在他的日记中记道："与元首讨论了总统职位问题。还未做出决定。我竭力主张他自己参加竞选。"在下一个月内，戈培尔的日记中反映了希特勒思想的起伏不定的情况。1月31日："元首将在星期三做出决定。这一点再无可怀疑了。"2月2日，看来他已做出了决定。戈培尔记道："他决定亲自参加竞选。"但是戈培尔又说，在没有知道社会民主党的行动以前，这项决定暂不公布。次日，党的领袖们在慕尼黑集合，听希特勒宣布决定。"他们白等了一场。"戈培尔嘟囔说。"每个人，"他补充说，"都很紧张不安。"那天晚上，这个身材矮小的宣传头子自己去散心了，他偷偷地溜出去看了一部葛丽泰·嘉宝的影片，颇受这个"现在活在人世的最伟大的女演员"的"感动"。那天深夜，"一些党内老同志来见我。他们对于至今没有做出决定感到沮丧。他们担心元首等待得太长久了"。

希特勒可能等待得太长久了，但是他对最后胜利的信心却并未动摇。据戈培尔的日记记载，有一天晚上在慕尼黑，元首就戈培尔在第三帝国担任什么职务问题，同他进行了一次长谈。戈培尔说，元首已经为他考虑设立一个“国民教育部，处理电影、电台、艺术、文化和宣传事务”。另一天晚上，希特勒就“大规模重建国都”的计划，同他的建筑师特罗斯特教授进行了一次长谈。戈培尔还补充说：“元首早已拟好了他的计划。他的说话、行动、感觉，都好像我们已经执政了一样。”

但是，他的说话还不像他很想同兴登堡打对台参加竞选。2月9日，戈培尔记载道：“元首已回柏林。关于总统选举问题，在恺撒霍夫
156 饭店又举行了辩论。什么都悬而未决。”三天以后，戈培尔同元首算了一下他估计将得到的票数。“这是冒险的事，”他说，“但是必须冒一下险。”希特勒又去慕尼黑做进一步的考虑。

最后，他的主意是由兴登堡来帮助他拿定的。2月15日，年迈的总统正式宣布参加竞选。戈培尔很高兴。“现在我们可以自由行动了。现在我们不再需要隐藏我们的决定了。”但是希特勒却把他的决定隐藏到2月22日。那一天在恺撒霍夫饭店举行的会议上，“元首准许我，”戈培尔兴高采烈地说，“今天晚上在体育馆宣布他参加竞选。”

这次竞选运动是一场激烈而又混乱的竞选运动。戈培尔在国会中攻击兴登堡是“逃兵的党的候选人”，因为这样侮辱总统而被逐出国会。在柏林，原来在1925年选举中支持兴登堡的民族主义的《德意志日报》现在转过来激烈攻击他。这家报纸宣称：“目前的问题是：里通外国的叛徒和主和非战的猪猡在兴登堡的赞许下是不是要给德国带来最后的毁灭。”

在激烈的竞选所造成的一片混乱中，一切原来的阶级和党派界限都打乱了。支持兴登堡这个新教徒、普鲁士人、保守派、保皇派的，是社会民主党人、工会、布吕宁的中央党的天主教徒和自由民主的中产阶级政党的残余分子。支持希特勒这个天主教徒、奥地利人、前流浪汉、“民族社会主义者”、下层中产阶级群众的领袖的，除了他自己的党徒以外，还有北方上层阶级新教徒、保守的容克地主和

一些保皇派，其中在最后一分钟还包括前皇太子。局面由于另外还有两个候选人参加竞选而更加混乱。这两个候选人都没有希望取胜，但是都可能获得足够的选票来妨碍两个主要竞选者取得当选所必要的绝对多数。民族党提出了钢盔队的第二号人物（兴登堡是其名誉队长）特奥多尔·迪斯特贝格为总统候选人。他是一个平平庸庸的前陆军中校，使纳粹党人高兴的是，他们不久便发现他是一个犹太人的曾孙。共产党攻击社会民主党支持兴登堡，“背叛了工人阶级”，因此提出了自己的候选人，共产党领袖恩斯特·台尔曼。共产党根据莫斯科的命令，不惜帮纳粹党人的忙，这不是第一次，也不是最后一次。

竞选运动还没有开始，希特勒就解决了他的国籍问题。2月25日宣布，不伦瑞克邦内政部长，一个纳粹党人，任命了希特勒先生为该邦驻柏林公使馆的随员。通过这种滑稽戏式的手段，这个纳粹党领袖就自动成了不伦瑞克的公民，因而也是德国的公民，因而就有资格竞选德国总统。轻易地克服了这个小障碍以后，希特勒就全力投入竞选运动，周游全国，在好几十次的群众大会上向大批群众演讲，把他们驱入狂热的状态。党的另外两位演讲家戈培尔和施特拉塞尔也安排了
类似的日程。不仅如此，他们还进行了一次德国历史上从未见过的宣 157
传运动。他们在大小城市的墙上贴了100万张彩色的大字招贴画，散发了800万本小册子和1 200万份党报特刊，一天之内举行了3 000个大会，而且在德国选举中第一次充分利用了电影和唱片，唱片是在安了扩音器和喇叭的卡车上巡回放送的。

布吕宁也日夜不停地工作，争取年迈的总统当选。这个一向待人公平的人这一次却毫不客气，把政府控制的电台的全部广播时间都保留给自己一方使用，这一着可气坏了希特勒。兴登堡只讲了一次话，是在投票前夕3月10日的一次录音广播。这次讲话颇为庄严，是这次竞选运动中少数几次庄严的讲话之一，它很起作用。

1932年德国选举期间，纳粹党在街头的竞选宣传海报。

> 选举一个代表片面的极端派观点的党人，将使祖国发生严重的混乱和不安，其后果是无法估计的。因为他必然会遭到大多数人民的反对。我为责任所驱，必须防止这种人当选……如果我竞选失败，我至少可以免于这种指责：在危机的时刻，我自动懈怠了职责……凡是不愿投我票的人，我并不要求他们的选票。

投他票的人比所需要的绝对多数尚少0.4%。1932年3月13日选举结束时，结果是：

兴登堡	18 651 497	49.6%
希特勒	11 339 446	30.1%
台尔曼	4 983 341	13.2%
迪斯特贝格	2 557 729	6.8%

对于双方来说，票数都是令人失望的。老总统比纳粹党煽动家多了700多万张选票，但是尚差一点点而没有能够赢得必要的绝对多数。这就必须举行第二次选举，在第二次选举中，得票最多的候选人就可以当选。比起1930年的选举来，希特勒已使纳粹党多得了近500万张选票——大约多86%——但是他落在兴登堡后面还很远。揭晓那天晚上，戈培尔柏林寓所中笼罩着一片绝望沮丧的气氛，当时有许多纳粹党领袖聚在那里听收音机中关于选举结果的报道。“我们被打败了；可怕的前途，”戈培尔那天晚上在日记中写道，“党内圈子里的人都极感失望和沮丧……只有靠出奇的办法，我们才能拯救自己。”

但是在第二天早晨的《人民观察家报》上，希特勒宣布：“第一次竞选运动结束了。第二次在今天开始。在这次竞选中，我必将领先。”说真的，他一如既往地那样努力竞选。他租了一架容克斯客机，从德国这一头飞到那一头——在当时的竞选中这是一个新花样——一天在三四个城市中的大会上讲话。他很狡猾地改变了策略
以便赢得更多选票。在第一次竞选中，他大谈其人民的苦难、共和 158
国的无能。现在，他描绘了一幅如果他当选每个德国人将能享有的幸福图景：工人有工做，农民的农产品可售得高价，工商业者有更多的生意，军国主义者可以建立一支大军队。在柏林游乐公园的一次演说中，他竟保证：“在第三帝国中，每一个德国女郎都可以找到丈夫！”

民族党的迪斯特贝格退出了竞选，要求支持者投希特勒的票。甚至放荡不羁的前皇太子腓特烈·威廉也表示支持，他宣布：“我将投票赞成希特勒。”

第二次竞选的1932年4月10日是个阴沉多雨的日子，那天投票的选民少了100万人。当天深夜宣布的结果是：

希特勒在集会上发表演说，其左后方站立者为戈培尔。

兴登堡	19 359 983	53%
希特勒	13 418 547	36.8%
台尔曼	3 706 759	10.2%

虽然希特勒的票数增加了200万，而兴登堡只增加了100万，但总统得到了一个明确的绝对多数。这样，一半以上的德国人表示他们拥护民主共和国；他们肯定地反对不论左右的极端派。至少他们是这么想的。

这个结果很值得希特勒本人玩味。他取得了很突出的成绩。在两年之内，他使纳粹党的选票翻了一番。但是他仍旧没有取得多数——和他所追求的政权。他在这条路上是否已经走到尽头了？在4月10日选举后党内举行的会议上，施特拉塞尔坦率地认为，希特勒的处境确实如此。施特拉塞尔要求同那些当权的人，同总统、同布吕宁和格勒纳将军的政府、同陆军妥协。希特勒虽然不信任他的这个主要助手，却不反对他的意见，他没有忘记他在维也纳时代取得的一个教训：要取得政权，你必须赢得一些既有的“有势力机构”的支持。

但是在他还没有打定下一步应该怎么办的主意以前，这些“有势力机构”之一，也就是共和国政府却给了他一个打击。

一年多以来，全国政府和各邦政府都开始掌握一些文件，这些文件表明，纳粹党的一些高级领袖，特别是冲锋队的一些头子，准备用暴力接管德国，实行恐怖统治。在第一次总统选举前夕，队员已达40万人的冲锋队被充分动员了起来，在柏林周围布置了一道警戒线。虽然冲锋队头子罗姆上尉向冯·施莱谢尔将军保证，这仅仅是“预防”措施，但是普鲁士警察在柏林纳粹党总部抄获了文件，其中清楚地表明，冲锋队确实打算在次日晚上实行政变的，如果希特勒当选总统的话——这是罗姆的心意。戈培尔3月11日晚上的日记证实了确有其事
在酝酿中。“同冲锋队和党卫军指挥官们讨论了指示。到处都深感不 159
安。政变这个字眼在流传着。”

因而全国政府和各邦政府都警惕起来。4月5日，以普鲁士和巴伐利亚这两个大邦为首的好几个邦的代表要求中央政府取缔冲锋队，要不然，它们就在各自的境内取缔它。当时总理布吕宁为了选举事宜不在柏林，但是以内政兼国防部长身份接见他们的格勒纳将军答应，一俟布吕宁回京，立即采取行动。布吕宁回来的日期是4月10日，即第二次选举那一天。布吕宁和格勒纳认为他们有充分的理由取缔冲锋队。因为这样就会消除内战的威胁，也可能是预告希特勒在德国政治中作为重要因素的末日的来临。由于确信兴登堡可以得到绝对多数当选总统，他们更是认为，这是选民们给他们的委托，要他们保护共和国，对付纳粹党要用暴力加以推翻的威胁。以暴力对付暴力的时机已经来到。此外，除非他们采取果断措施，否则，政府将失去社会民主

党和工会的支持，而它们为兴登堡提供了大多数选票，而且是布吕宁政府继续得以维持的主要依靠。

内阁在4月10日开会，当时选举还未结束。会上决定立即取缔希特勒的私人军队。要兴登堡在这项命令上签字，曾有一些困难，因为当初赞成这项命令的施莱谢尔开始在总统耳旁低语，促使他反对。但是他最后还是于4月13日在命令上签了字，命令遂于4月14日公布。

这个打击使纳粹党人目瞪口呆。罗姆和党内一些容易冲动的人主张违抗这项命令。但是比他的部下精明狡猾的希特勒却决定必须服从这项命令。现在还不是举行武装叛乱的时候。此外，他还得到了有关施莱谢尔的态度的颇有意思的消息。戈培尔在4月14日那天的日记中写道：“我们获知，施莱谢尔不赞成格勒纳的行动……”后来又写道：“……接到一位著名夫人的电话，她是施莱谢尔将军的好朋友。她说将军打算辞职。”[4]

戈培尔对此很感兴趣，但是抱有怀疑。他说：“这也许仅仅是一种策略。”这个诡计多端、热衷政治的将军是什么背信弃义的勾当都干得出来的，但是其寡廉鲜耻的程度，不论戈培尔也好，希特勒也好，或是任何人也好，都是一点底也没有摸到的，至于布吕宁，肯定也是没有摸到底的，格勒纳就更不用说了，虽然施莱谢尔在军队中和政府中的迅速升迁完全是靠格勒纳的提拔。不过，他们很快就会摸到了。

甚至在取缔冲锋队的禁令还没有宣布之前，施莱谢尔把意志软弱的国防军司令冯·哈默施坦因将军争取过来以后，就已经秘密通知七个军区司令：陆军不同意这项命令。其次，他又劝说兴登堡在4月16日写了一封故意找碴的信给格勒纳，问他为什么不把社会民主党的准军事组织国旗队同冲锋队一起取缔。施莱谢尔还进一步采取了一个行动来破坏他上司的地位。他主使了一场恶意的宣传，诬蔑格勒纳将
160 军，散布谣言说格勒纳将军病得很重，不能继续任职；说他已信了马克思主义，甚至和平主义；宣称国防部长玷污了陆军的名誉，因为他

最近结婚不到五个月就生了个孩子——他还告诉兴登堡，在陆军圈子里，这个孩子的外号叫“诺尔米”，这是在奥林匹克运动会上跑得飞快的芬兰赛跑选手的名字。

与此同时，施莱谢尔恢复了他同冲锋队的联系。他同冲锋队头子罗姆和柏林冲锋队长冯·赫尔多夫伯爵都举行了会谈。戈培尔在4月26日的日记中写道，施莱谢尔通知赫尔多夫，他“想改弦易辙”。两天以后，施莱谢尔见了希特勒，据戈培尔的记载，“会谈进行得很顺利”。

即使在玩弄权术的这个阶段，也已经可以很清楚地看出，在一个问题上，罗姆和施莱谢尔背着希特勒在搞阴谋。他们两个人都希望把冲锋队并入陆军，作为一种民兵，但是元首坚决反对。在这个问题上，希特勒时常同他的冲锋队参谋长发生争吵，后者把冲锋队看作是加强国家的潜在军事力量，而希特勒却认为冲锋队是一种纯政治力量，一种在街头殴打政敌、制造恐怖，在党内保持政治热情的队伍。但是施莱谢尔同纳粹党领袖们会谈时，心中却另有打算。他想使冲锋队归属于陆军，这样他就能够加以控制。但是他也希望希特勒这个唯一有群众拥护的保守的民族主义者参加政府——这样他也就能够控制他了。取缔冲锋队的禁令妨碍了这两个目标的实现。

到1932年5月第一个星期结束的时候，施莱谢尔的阴谋达到了一个高潮。戈培尔在5月4日的日记上写道：“希特勒的地雷快要爆炸了。格勒纳首先得下台，其次是布吕宁。”5月8日，戈培尔在他的日记中写道，希特勒“同施莱谢尔将军和接近总统的一些先生举行了一次有决定意义的会谈。一切都很顺利。布吕宁将在数天内下台。总统将撤回对他的信任”。他接着概述了施莱谢尔和总统亲信同希特勒密谋的计划：先解散国会，然后成立总统内阁，取消对冲锋队和纳粹党的一切禁令。戈培尔又说，为了避免布吕宁生疑，希特勒暂时离开柏林。那天晚上，他陪他的领袖到了梅克伦堡，当真藏匿了起来。

在纳粹党看来，总统内阁只不过是“暂时”的安排，这一点是戈培尔在第二天的日记中说的，他说，这样一种“毫无特色的‘过渡政府’将为我们扫清道路。这个政府越软弱，我们越是容易搞掉它”。当然，施莱谢尔的看法可不是这样，他已经在梦想组织一个新政府，这个政府在宪法修改以前可以不受议会的约束，而他自己又能加以任意支配，很明显，他和希特勒都以为自己能够战胜对方。不过在当
161 时，他却有一张好牌在手。他可以向年迈力衰的总统保证，他能够提供布吕宁所不能提供的东西：一个得到希特勒的支持而又没有非得让这个狂热的煽动家参加不可的这种不方便的政府。

这样，一切都准备妥当了，在5月10日那一天，也就是施莱谢尔同希特勒和兴登堡周围人物会谈后两天，他采取了行动。动手的地方是国会。格勒纳将军站起来为取缔冲锋队的行动辩护，马上受到了戈林的猛烈攻击。这位身患糖尿病的国防部长，对于施莱谢尔的阴谋诡计深感失望，他尽管竭力为自己辩护，但是在纳粹党议员连珠炮般的辱骂前面，他没有还手之力。在精疲力竭、丢脸伤心之余，他正要退席而去，不料却面对面地碰上了冯·施莱谢尔将军，后者冷冰冰地告诉他，他“已不再享有陆军的信任，必须辞职”。格勒纳向兴登堡求救。他曾经两次在关键时刻为兴登堡解过围——并且代兴登堡受过：一次是在1918年，代表兴登堡要德皇退位；一次是在1919年，又代表兴登堡告诉共和国政府在《凡尔赛和约》上签字。但是老元帅这次却回答说，他“感到很遗憾”，对这件事情无能为力，原来兴登堡对于欠了这个比他年轻的军官人情这一点，心中一直是不痛快的。5月13日，格勒纳失望之余，悻然辞职。* 那天晚上，戈培尔的日记记道：

---

* 格勒纳在几个月后（11月29日）写信给施莱谢尔说：“我极为气愤和轻蔑，因为在你的身上，在我的老朋友、门人、继子的身上受了骗。”（见戈登·A. 克雷格著：《国防军和民族社会主义：威廉·格勒纳的政策》［Reichswehr and National Socialism: The Policy of Wilhelm Groener］一文，刊1948年6月号《政治学季刊》）

“从施莱谢尔将军那里得到消息。一切按计划进行。”

计划的下一步是要开布吕宁的刀，过不了多久，这个诡计多端的将军就有了下手的机会。格勒纳的下台，对于摇摇欲坠的共和国来说是个很严重的打击，在军人中间，几乎只有他一个人曾经精明强干、忠心耿耿地为共和国效劳过，陆军里也没有一个具有他那样声望和忠心的人可以代替他。但是，顽强的、努力活动的布吕宁仍是一个势力。他已经为兴登堡的连任，正如他所认为的那样，也就是为共和国的继续存在，争取到了大多数德国人的支持。在外交政策方面，关于取消赔款和德国重整军备的平等权利这两个问题，他似乎正处于取得惊人成功的前夕。但是，我们已经看到，对于这位总理为了使兴登堡竞选连任而做出的超人的努力，老总统不但不表感谢，反而报之以特别冷淡的态度。当布吕宁建议由国家付出优厚的赔偿后接管东普鲁士某些破产的容克庄园、把它们分配给无地农民的时候，兴登堡的态度就更加冷淡了。5月间，兴登堡去诺伊代克度复活节假期。诺伊代克是一个位于东普鲁士的庄园，是那些容克在工业家出钱资助下送给兴登堡的80岁寿礼。他在那里的时候，他的贵族邻居趁此机会在他耳旁进了谗言，要求撤换这个被他们现在称为“农业布尔什维主义者”的总理。

纳粹党人比布吕宁自己还早就知道这位总理即将下台，这无疑是
通过施莱谢尔的途径。5月18日，戈培尔从慕尼黑回到柏林，注意到 162
“复活节气象”依然未消，便在日记中写道：“只有对布吕宁一个人，冬天似乎已经来临。可笑的是，他自己还不知道。他找不到人参加他的内阁。耗子都离开了快要沉没的船。”但是，这样说也许要更确切些，那就是：带头的那只耗子，并没有离开这只要沉的船——国家，不过是在准备为它找个新船长。第二天戈培尔记录道：“施莱谢尔将军拒绝继掌国防部。”这话不错，但是不够精确。布吕宁在责备施莱谢尔搞垮格勒纳以后的确曾经请过施莱谢尔出任国防部长。施莱谢尔的答复是：“我愿意出任，但不是在你的政府中。”[5]

5月19日戈培尔的日记记道:“施莱谢尔那里来的消息。部长名单已经拟定，在过渡时期，这并不太重要。”这样，至少比布吕宁早一个星期，纳粹党已经知道要把他干掉了。5月29日是星期日，兴登堡召见了布吕宁，猝然要他辞职。第二天，布吕宁就向他递了辞呈。

施莱谢尔胜利了。但是倒下去的不仅是布吕宁；民主共和国和他一起倒了下去，虽然临死的痛苦还要延续六个月，最后才加一枪送命。对于共和国的死亡，布吕宁的责任是不小的。他虽然从内心来说是个民主派，但是他却听人摆布，终于在任期的大部分时间中不得不靠总统的紧急法令来行使政府职权，而没有取得议会的同意。采取这种步骤，的确也是出于不得已，这完全是政客们的目光短浅所造成的必然结果。虽然在5月12日的时候，他还能够为他的财政法案在国会中赢得一次信任票。但是在议会不能同意的问题上，他就不得不依靠总统的支持来维持统治。现在，这种支持已经收回去了。从现在开始，从1932年6月到1933年1月，这种支持将给予两个比较次要的人物，这两个人物虽然不是纳粹党人，却一点也不想维护民主共和国，至少是不想维护按目前方式组织的民主共和国。

德国的政治权力现在不再像共和国成立以后那样存在于人民和表达人民意志的机构——国会——手里，它现在集中在一个85岁高龄的衰老的总统和他周围一些思想浅薄、野心勃勃的人的手里，而这些人却左右着他那衰朽倦怠、神思恍惚的精神。这一点，希特勒看得很清楚，这也适合他的目标。他要在议会中赢得多数，看来是极其不可能的。兴登堡的新态度给了他可以取得政权的唯一机会。当然，还不是在目前，但是也不用太久了。

他从奥尔登堡匆匆赶回柏林（在奥尔登堡，纳粹党在5月29日地方议会的选举中赢得了绝对多数）。第二天，兴登堡接见了他，证实了这个纳粹党领袖事前在5月8日同施莱谢尔秘密商定的交易中的几点：取消对冲锋队的禁令、组织由兴登堡自择人选的总统内阁、解

散国会。在这种情况下，希特勒愿不愿意支持新政府？兴登堡这么问 163
他。希特勒回答说，他愿意支持。那天（5月30日）晚上，戈培尔的日记说："希特勒同总统的会谈进行得很顺利……提到冯·巴本为总理人选。但是我们对此不感兴趣。重要的是，国会解散了。选举！选举！直接诉诸人民！我们都很高兴。"[6]

弗朗茨·冯·巴本的大失败

现在舞台的中心暂时出现了一个意想不到的滑稽可笑的人物。由冯·施莱谢尔将军推荐给80多岁总统于1932年6月1日受命出任德国总理的人是53岁的弗朗茨·冯·巴本，他是威斯特伐利亚一家没落贵族的后裔，曾在参谋总部供职，是个跑马能手，但在政治上却是个不成功的天主教中央党外行政客。他靠裙带关系成了一个富有的工业家，在社会上籍籍无名，只是有一次在任驻华盛顿武官时因参与策划炸毁当时尚守中立的美国的桥梁和铁路这种破坏活动而被驱逐出境。

"总统的选择使人感到不可置信，"法国驻柏林大使写道，"凡是听到这个消息的人，莫不感到好笑，有的吃吃偷笑，有的捧腹大笑，因为巴本的特色是，不论友与敌，无人把他当作一回事……他以肤浅愚蠢、虚伪狡猾、爱好虚荣、野心勃勃的阴谋家著称。"[7]弗朗索瓦-庞赛的描写绝无夸大。而兴登堡在施莱谢尔的唆使下竟然把在挣扎中的共和国的命运交托给这样一个人。

巴本毫无任何政治后台。他甚至还不是个国会议员，他在政治方面最高的履历是曾任普鲁士邦议会议员。巴本被任命为总理后，他所属的中央党基于他背叛该党领袖布吕宁，一致把他开除出党。但是总统叮嘱他组织一个超党派政府，而这件事是他能够马上做到的，因为施莱谢尔已经为他准备好了一张部长名单。这张名单后来就以"男爵内阁"著称。其中五个部长是贵族，两个是大公司董事，一个是啤酒馆政变前后动乱时代巴伐利亚政府内庇护希特勒的人，名叫弗朗茨·居特纳，他被任命为司法部长。冯·施莱谢尔被兴登堡所迫，不得不从他喜爱的幕后地位走出来，出任国防部长。全国大部分人民都把“男爵内阁”当作一场笑话，虽然有些阁员如冯·牛赖特男爵、冯·艾尔茨-吕本那赫男爵、什未林·冯·克罗西克伯爵和居特纳博士的政治寿命很长，一直到第三帝国时期开始后很久，他们还留在各自的职位上。

巴本的第一个行动是履行施莱谢尔与希特勒的协议。6月4日，
164 他解散了国会，决定在7月31日举行新选举。在多疑的纳粹党催促了几次后，他在6月15日取消了对冲锋队的禁令。接着马上发生了甚至德国在过去也从未有过的一阵政治暴行和谋杀的浪潮。冲锋队员涌到街上去寻衅闹事，他们的挑战常常受到应战，特别是受到共产党的应战。仅仅在普鲁士一邦，从6月1日到20日，街头就发生了461起斗殴，死了82人，重伤400人。7月间，在殴斗中死亡的共有86人，其中38人是纳粹党人，30人是共产党人。7月10日星期日这一天，街头被殴致死者有18人，下一个星期日，纳粹党人在警察保护下，在汉堡工人阶级郊区阿尔托纳举行游行，当时被打死的有19人，受伤的285人。内战越来越恶化，各方面都要求男爵内阁设法制止这场内战。除了纳粹党和共产党以外，各党派都要求政府采取行动来恢复秩序。

对此，巴本做了两件事情作为答复。他禁止各党派在7月31日选举前14天内举行游行。其次，他采取了一个步骤，其目的不仅要抚慰纳粹党人，而且要摧毁民主共和国残余的支柱之一。他在7月20日撤除了普鲁士政府，自任为普鲁士国家长官。这是走向他企图在整个德国建立的那种极权主义政府的一个大胆步骤。巴本的借口是，阿尔托纳暴乱证明普鲁士政府无力维持治安。他还根据施莱谢尔临时拼凑的“证据”，指责普鲁士当局与共产党人共谋。当社会民主党的部长们表示除非使用武力否则拒绝离职的时候，巴本就很乐意地使用了

巴本内阁，前排从左至右：马格努斯·冯·布劳恩、威廉·冯·盖尔、弗朗茨·冯·巴本、康斯坦丁·冯·牛赖特，后排为弗朗茨·居特纳、赫尔曼·瓦姆博尔特、库尔特·冯·施莱谢尔。

武力。

柏林宣布了戒严令，当地的国防军司令冯·伦德施泰特将军派了一个中尉和十几个士兵，去进行了一些必要的逮捕。这件事情没有逃过取得联邦政权的右派人物的注意，也没有逃过希特勒的注意。现在已不再有必要担心左派势力甚至民主的中间派势力会对推翻民主制度的尝试进行认真的抵抗了。1920年时，一次总罢工曾拯救了共和国，使之免于被推翻。现在工会领袖和社会民主党人中间又讨论了这样一种措施，但是结果却认为太危险而被放弃了。因此，巴本把合乎宪法的普鲁士政府撤换以后，给魏玛共和国的棺材又钉上了一颗钉子。而这一次只用了一个班的士兵就做到了——他就是这样吹嘘的。

至于希特勒和他的助手们，决心要推翻的不仅是共和国，还有巴本和他的男爵们。戈培尔在他6月5日的日记中表示了这个目标:“我们必须尽早同这个资产阶级过渡政府脱离关系。”巴本在6月9日第一次会见希特勒，当时这个纳粹党领袖告诉他:“我认为你的内阁只是一
165 种暂时的解决办法，我将继续努力使我的党成为全国最大的政党。到了那个时候，总理一职就非我莫属了。”[8]

7月31日的国会选举是德国在五个月以内举行的第三次全国性选举。但是纳粹党人非但对这种紧张的竞选活动一点也不感到厌倦，反而比往常更加狂热和卖力地投入进去。尽管希特勒向兴登堡保证，纳粹党将支持巴本政府，戈培尔却对内政部长进行了尖锐的攻击，而且早在7月9日，希特勒就去见了施莱谢尔，对政府的各项政策表示极为不满。从希特勒公开出现场合的群众人数来看，显然，纳粹党的势力有了增长。在7月27日那天，他就在勃兰登堡向6万人讲了话，接着在波茨坦向几乎同样多的人讲了话，晚上又在柏林格鲁纳瓦尔德大运动场向12万人讲了话，场外还有10万人从扩音器听了他的讲话。

在7月31日的选举中，纳粹党取得大胜，一共获得1 374.5万张选票，在国会中占230席，轻而易举地成了国会中的第一大党，虽然在608个席位的国会中，仍远远不足以构成多数。社会民主党无疑是由于他们的领袖在普鲁士的胆小怕事的表现，丧失了10个席位，只有133个席位。工人阶级转向共产党一边，他们增加了12个席位，在国会中共占89个席位，成了第三大党。天主教中央党也稍许增加了力量，从68个席位增加到73个席位，但其他中产阶级政党，甚至胡根贝格的德意志民族党——在选举中支持巴本的唯一政党——却居极少数地位。显然，除了天主教徒以外，中产阶级和上层阶级都转向了纳粹党。

8月2日，希特勒在慕尼黑附近的泰根湖同他党内的领袖们开会，估计他的胜利，自从两年前上一次国会选举以来，纳粹党增加了700万张选票，在国会中的代表从107席增加到230席。而如果从1928年

的选举开始计算，这四年来纳粹党的选票增加了1 300万张左右。但是要取得政权所必需的多数，希特勒还是没有得到。他在全部票数中只赢得了37%。大多数德国人仍旧反对他。他同助手们一直讨论到深夜。戈培尔在8月2日的日记中记载了讨论的结果："元首面临着困难的决定。走合法途径？还是同中央党合作？"同中央党合作，纳粹党就能在国会中取得多数。但是在戈培尔看来，这是"不可想象的"。但是他记道："元首［仍然］没有做出最后决定。局势还需要过一些时候才能成熟。"

但是不用很多时候。尽管希特勒所取得的胜利还谈不上是决定性的，但是在这种胜利的刺激下，希特勒还是忍耐不住了。他在8月4日赶到柏林，不是去见冯·巴本总理，而是去见冯·施莱谢尔将军，据戈培尔记载，是去"提出他的要求"。他还说："这些要求不会太低。"8月5日，在柏林附近的菲尔斯滕贝格兵营，希特勒向冯·施莱 166
谢尔将军提出了他的条件：给他本人的是总理职位，给他的党的是普鲁士总理职位，联邦政府和普鲁士政府的内政部，联邦政府的司法部、经济部、航空部，以及给戈培尔设的一项新职务——国民教育与宣传部。为了给施莱谢尔一点甜头，希特勒答应把国防部给他。此外，希特勒说，他将要求国会通过一个法案，授权他在一个规定的期限内凭特别命令行使政府职权，如果国会拒绝，就把国会"送回老家"。

希特勒在会见后深信，他已经把施莱谢尔拉了过来，赞成他的计划，于是高高兴兴地赶回他在上萨尔茨山的避暑山庄。戈培尔对反对者总是不放心的，而对这个政客将军总是心怀疑惧，不是这么满有把握。他在听到元首关于同施莱谢尔会谈的乐观报告后，在8月6日的日记中记道："对于未来的事情，最好采取怀疑的态度。"不过，在一件事情上，戈培尔是有把握的："我们一旦取得了政权，就绝不放弃。除非他们把我们的尸体抬出政府各部。"

事情并不像希特勒所想象的那么顺利。8月8日，戈培尔写道：

“柏林来了电话。尽是谣言。全党进入准备状态，以便接管政权。冲锋队员们都离开原来的工作岗位，进行准备，党的领袖们在准备这伟大时刻的来到。如果一切顺利，那就太好了。否则，就会有可怕的挫折。”第二天，施特拉塞尔、弗里克和冯克来到上萨尔茨山，带来了并不十分令人鼓舞的消息。施莱谢尔像条蛆虫一样，又转了方向。他现在坚持：如果希特勒当总理，必须在取得国会同意的情况下行使政府职权。冯克报告说，他的企业界朋友对于纳粹党执政的前途感到担忧。沙赫特给他一个口信，证实了这一点。最后，这三个人告诉希特勒说，威廉街方面担心纳粹发动政变。

这种担心不是没有根据的。第二天，8月10日，戈培尔获悉，在柏林，冲锋队已处于“一种武装准备状态……冲锋队包围了柏林，力量越来越大……对于这一点，威廉街方面感到紧张不安。然而这正是我们动员的目的”。第二天，元首不能再等待下去了。他乘汽车去了柏林。戈培尔说，他到那里“不会露面”，但是另外一方面，一有召唤，他随时都有准备。结果没有人召唤他，他只好自己求见总统。但在见总统之前，他先得见施莱谢尔和巴本。

这次会谈是在8月13日中午举行的。过程极为激烈。施莱谢尔已经偷偷地离开了他在一个星期前的原来的立场。他现在支持巴本，认为希特勒至多只能盼望一个副总理的职位。希特勒大为震怒。他非当总理不可，否则就不参加政府。巴本说，他得让兴登堡来做“最后决
167 定”，这样就结束了会谈。*

希特勒悻悻然回到附近的恺撒霍夫饭店休息。下午3点时，总统府来了电话。有人——从戈培尔日记来看，大概是他——接了电话问道：“是不是已经做出了决定？如果是那样，请希特勒去是没有意义的。”但是对方告诉这个纳粹党人说，总统“希望先跟希特勒谈一

* 巴本在他的回忆录中没有提到这次会谈时施莱谢尔也在场，但是从其他材料来看，显然他是在场的。鉴于以后的事件，这一点是很重要的。

谈”。老元帅在他的书房中一手拄着手杖，站着接见希特勒，这样一个姿态事先就为这次接见决定了冷淡的调子。就一个85岁高龄、仅仅在十个月以前还发过一次病、神志完全昏迷达一个多星期的人来说，兴登堡现在的神志惊人地清醒。他耐心地听着希特勒重申他对总理职位和全部权力的要求。当时在场的目击者只有总统府秘书奥托·冯·迈斯纳和陪同希特勒前来的戈林。虽然迈斯纳那里不是一个完全可靠的材料来源，但是他在纽伦堡的供词是关于这次会谈的唯一的第一手材料。他的供词看来是可信的。

> 兴登堡回答说，由于局势紧张，他不能于心无愧地贸然将政府的权力交给像纳粹党那样的一个新党，这个新党没有多数的拥护，而且是心胸褊狭、嚣张闹事、不守纪律的。
>
> 这时，兴登堡表现了一定的激动情绪，提到最近发生的好几起事件——纳粹党人与警察的冲突、希特勒党徒攻击意见不同的人的暴行、对犹太人的殴辱以及其他非法行为。所有这一切事件都加强了他的信念，即在纳粹党内有许多不受驾驭的野性难驯的分子……在恳切地谈了一通之后，兴登堡向希特勒建议，要他宣布愿意同其他政党合作，特别是同右派和中间派的政党合作，他应该放弃片面的独揽大权的想法。兴登堡说，他如果同其他政党合作，就能够表现自己可以取得什么成就，做出什么改进。如果他能够取得成就，他在联合政府内的影响就会增加，甚至能占支配地位。兴登堡说，这也是一种最好的办法，可以消除普遍存在的恐惧。这种恐惧是：纳粹党如果组织政府，它就会滥用政府权力，压制一切其他观点，逐步消灭其他观点。兴登堡说，他愿意接受希特勒和他的运动的代表参加联合政府，至于这个政府的具体组成可以以后再谈，但是他不能承担把全部权力交给希特勒一人的责任……但是希特勒坚决拒绝使自己置身于同其他政党领袖

讨价还价的地位和在这种情况下组织一个联合政府。[9]

因此会谈没有结果，但是老总统在会谈结束以前仍旧站着，严厉地教训了纳粹党领袖一番。根据后来马上发表的官方公报，兴登堡
168 “感到很遗憾，希特勒先生并不认为自己能够按照在国会选举前同意的那样来支持一个取得总统信任的全民政府”。在德高望重的总统看来，希特勒违反了诺言，但是却使总统对未来提高了警惕。公报继续说：“总统严正地告诫希特勒先生，他要以骑士风度来领导纳粹党作为反对党的活动，要记住他对祖国和德国人民的责任。”

公报从兴登堡的视角叙述了会见的经过，并且指出希特勒要求得到“控制国家的全部权力”。它的突然发表，使戈培尔的宣传机器猝不及防，对希特勒的威信造成了很大的损害，不仅在一般公众中间是如此，而且在纳粹党人中间也是如此。这时，希特勒再次答复说，他没有要求得到“全部权力”，他只要求得到总理职位和少数几个部，这已经没有用了。对兴登堡的话，人们一般都是深信不疑的。

与此同时，动员起来的冲锋队员们已经感到焦躁不安。希特勒当天晚上召见了他们的领袖，同他们谈了话。戈培尔在日记里写道：“这是一件困难的任务。谁知道他们是否能够保持原来的阵容。要对胜利在望的军队说，这次胜利已被剥夺，没有比这更困难的事了。”那天深夜，这个矮小的博士阅读腓特烈大王的信札来寻找安慰。第二天，他匆匆赶到波罗的海海滨去度假。他写道：“绝望的情绪弥漫在党内同志中间。”他甚至不愿出自己的房门同他们交谈。“至少在一个星期之内，我不想听到关于政治的谈论。我只要阳光、空气、宁静。”

希特勒也回上萨尔茨山去享受这些东西，考虑未来。正如戈培尔所说的，“第一个大好机会给错过了”。当时但泽的纳粹党领袖赫尔曼·劳施宁发现元首在山顶上愁眉不展，默默沉思。希特勒告诉他，“我们必须毫不留情”，然后大骂了巴本一通。但是他并没有丧

失信心。他说话的口气不时显得仿佛已经当了总理一样，他说："我的任务比俾斯麦的任务还困难。我必须先创建国家，然后才能开始处理我们所面临的国家任务。"但是，要是巴本和施莱谢尔组织军事独裁，镇压纳粹党，那怎么办？希特勒猝然问劳施宁，当时在国际联盟保护下的独立的自由城市但泽是否同德国订有引渡协定？劳施宁起初摸不着头脑，不知这个问题的意思，后来才明白，希特勒是想找个地方，在万一出事以后可以避难。[10] 戈培尔在日记中说："有谣言说要逮捕元首。"但是即使到现在，在遭到共和国总统和巴本-施莱谢尔政府的拒绝以后，并且尽管他担心他的党可能被宣布为非法，他仍旧决心要坚持走他的"合法"道路。他压制了关于冲锋队举行政变的一切谈论。除了偶尔情绪消沉的片刻以外，他仍颇有信心，相信他总能达到目的——不是靠武力，也几乎不可能靠在议会取得多数，而是靠曾经把施莱谢尔和巴本送到最高地位的那种手段：靠幕后诡计，一种两个 169
人就可以玩弄的把戏。

过不了很久，他就做了一个榜样。8月25日，戈培尔在贝希特斯加登同希特勒会谈，然后记道："我们已同中央党进行联系，即使只是为了向我们的对手施加压力也罢。"第二天，戈培尔回到柏林，发现施莱谢尔已经发觉"我们向中央党进行了试探"。次日，他去见这位将军，想弄清楚是不是那样。他觉得施莱谢尔似乎担心希特勒同天主教中央党的联合，因为他们一旦联合，就可以在国会里形成绝对多数。至于施莱谢尔，戈培尔写道："我不知道这个人究竟有多少是真的，有多少是假的。"

正如戈培尔所说，同中央党的联系只不过是作为对巴本政府施加压力的手段，但是结果却大为成功，这表现在国会中发生的一场滑稽戏一般的事件里，这个事件成了这个骑兵出身的总理末日的开端。原来，国会在8月30日开会时，中央党同纳粹党一起选戈林为国会议长。因此，国会在9月12日复会后开始它的工作会议时，将第一次由一个纳粹党人担任主席。戈林充分利用了他的机会。冯·巴本总理事前从总统那里弄来了一项解散国会的命令——在国会还没有开会着手工作以前就签发了它的死刑判决书，这还是第一次。但是在第一次工作会议上，巴本没有把命令带来。他带来的是一篇概述政府工作计划的报告，因为事前获得保证，如果共产党提出弹劾政府的动议，就会有一个民族党议员在大多数其他政党同意下出来反对进行表决。对于这种动议，600多个议员中只要有一个议员反对就可以推迟表决。

但是当共产党议会党团领袖恩斯特·托尔格勒把他的弹劾动议作为程序修正案提出的时候，没有一个民族党议员或任何其他议员起来反对。最后弗里克代表纳粹党要求休会半个小时。

巴本后来在他的回忆录中说:“现在情况变得很严重了，完全出乎我的意料。”他派了一个信差火速前往总理府去取解散令。

这时候，希特勒在国会对面的国会议长府同他的议会党团开会，纳粹党处在进退维谷的境地，他们很感为难。他们觉得民族党不建议推迟表决是欺骗了他们。现在希特勒的党为了推翻巴本政府，不得不在共产党的一个动议上投共产党的票了。希特勒决定硬着头皮这么做，虽然同共产党这样合作不是味儿。他命令他的议员投票赞成共产党的修正案，在巴本还没有来得及解散国会之前就把他推翻掉。当然，为了达到这个目的，戈林作为议长，必须在议会程序上玩弄一些巧妙的诡计和手段。这个前空军英雄是个多才多艺、英勇大胆的人
170 物，这在以后其他更大的场面中也得到了证明，他果然未辱使命。

国会休会半个小时后复会时，巴本夹着那个按照传统装有他匆匆取来的解散令的红色公事皮包来了。但是当他要求发言时，国会议长假装没有看见他，虽然巴本这时已涨红了脸，站起了身子，手中举着那张纸，让全场议员都看到。人人都看到了，就只有戈林一人没有看到。他的微笑着的脸转向另外一边。他宣布立即举行表决。据目击者的叙述，这时巴本的脸色已气得发白，他大步走向议长席，把解散

令扔在他的桌上。但是戈林仍旧装着没看见，宣布进行表决。巴本在部长们（他们都不是议员）的跟随下大步走出会场。议员们进行了表决，结果是以513票对32票，弹劾了政府。到这时戈林才看到了这张愤怒地扔在他桌上的纸。他向国会宣读了上面的内容，随后做出裁决说，由于这是一个被合乎宪法的多数表决撤除职务的总理副签的，它没有任何效力。

由于这场滑稽戏，德国究竟哪些方面得到了胜利，哪些方面遭到了失败，他们的胜败程度如何，在当时都不是很清楚的。花花公子巴本让人给开了一个玩笑，这一点是没有疑问的；但是他当时一直是被人当作笑话来谈的，正如弗朗索瓦-庞赛所说，即使在他的朋友看来也是如此。同样清楚的是，国会这一次行动表明了绝大多数德国人反对兴登堡一手挑选的总统政府。但是采取这种做法，岂不是进一步破坏了人民对议会制度的信任吗？至于纳粹党人，他们岂不是再一次表明他们不仅是随便胡来的，而且为了达到目的，不惜同共产党共谋吗？此外，人民不是已经厌倦了选举，纳粹党在一年以内第四次不可避免的新选举中不是可能丧失选票吗？格雷戈尔·施特拉塞尔，甚至是弗里克，都认为如此，并且认为，丧失选票对党来说可能会带来很严重的后果。

但是，据戈培尔那天晚上的记载，希特勒“乐极忘形。他又一次做了一个明确的、毫不含糊的决定”。

国会后来很快地承认了解散令，新选举定在11月6日举行。对纳粹党来说，新选举造成了一定的困难。因为，戈培尔指出，人民对于政治演说和宣传已经感到厌倦了。他在10月15日的日记里承认，甚至纳粹党内的工作人员也“由于这些永无休止的选举而弄得神经紧张不安。他们疲劳过度……”，另外也有经济上的困难。大企业和大金融转而支持巴本了，因为他对他们做了一定的让步。正如冯克所警告

的一样，他们对于希特勒拒绝同兴登堡合作，对于在他们看来他的日
171 益发展的激进主义和不惜同共产党合作的倾向（国会事件证明了这一点），越来越感到不能信任。戈培尔在他10月15日的日记中提到了这一点："钱非常难弄。有'财产和教养'的先生们都支持政府。"

选举前几天，纳粹党同共产党一起在柏林举行了一次运输工人的罢工，而工会和社会民主党都没有支持这次罢工。正当纳粹党亟须经费在竞选运动的尾声中最后加一把劲的时候，这个行动使得企业界的人士更不愿意慷慨解囊了。戈培尔在11月1日的日记中阴郁地写道："经费短缺成了我们的长期病。我们没有足够的经费来进行一次真正大规模的竞选运动。许多资产阶级人士被我们参加罢工所吓退。甚至我们党内的许多同志也开始有所怀疑了。"11月5日，选举前夕的日记写道："最后的进攻。全党为避免失败，进行了拼命的努力。我们终于在最后一分钟弄到了1万马克。这笔钱星期六下午就要投入竞选运动。我们已经尽了最大的努力。现在让命运来做出决定吧。"

命运，还有德国选民，11月6日在好些事情上做出了决定，但是其中没有一件事情对于崩溃中的共和国前途是有决定意义的。纳粹党丧失了200万张选票，在国会中丧失了34个席位，一共只有196个席位。共产党增加了75万张选票，而社会民主党却丧失了这个数目，结果共产党在国会中的议席从89席增加到了100席，而社会民主党从133席减少到了121席。支持政府的唯一政党德意志民族党增加了将近100万张选票——显然得自纳粹党，议席从37席增加到了52席。纳粹党虽然仍是全国第一大党，但是丧失200万张选票却是个很大的挫折。纳粹狂澜第一次退潮了，而且是从远远不够多数的那一点开始退潮的。不可战胜的神话破灭了。希特勒要争夺政权，现在所处的地位比7月以来的任何时候都要软弱。

巴本意识到这一点，于是撇开他自称的对希特勒的"个人厌憎"，在11月13日写了一封信给他，邀他前来"讨论局势"。但是希特勒在

复信中提出了许多条件，使巴本终于放弃了想要同他达成谅解的一切希望。纳粹党领袖顽固不化的态度并没有使态度随和、庸碌无能的总理感到意外，使他感到意外的是他的朋友和军师施莱谢尔现在提出的一个新建议。原来这个诡计多端的幕后操纵者已经得出这样的结论：巴本像前任布吕宁一样，现在已经不再有什么用处了。他的计谋无穷的头脑中现在酝酿着新的计划。他的好朋友巴本必须下台。总统必须不受任何牵制，可以自由地同各政党，特别是同最大的政党打交道。他要求巴本辞职，巴本和他的内阁就在11月17日辞职了。兴登堡立刻派人去请希特勒。

他们在11月19日的这次会见，气氛就不像8月13日那次那么冷冰冰的了。这次总统请他的客人坐了下来，并且同他谈了一个小时以上。兴登堡向希特勒提出两个办法，供他选择：如果他能够提出一 172
个具体的政纲并能在国会中争取到行得通的多数的支持，就让他当总理，否则就在巴本手下当副总理，而这个内阁又是靠紧急法令维持的总统内阁。希特勒在21日再度晋见了总统，他并且同迈斯纳通了几封信，但是没有达成任何协议。希特勒要在议会中获得行得通的多数是办不到的。虽然中央党同意在他不搞独裁的条件下支持他，但是胡根贝格不让民族党同他合作。因此希特勒只好恢复他原来的要求：担任总统内阁的总理，但是这个要求总统不肯答应。如果要成立一个靠总统命令施政的内阁，兴登堡宁可让他的朋友巴本来领导。他在迈斯纳代表他发出的一封信中说，不能把这样一个职位给希特勒，“因为这样一个内阁一定会发展成为一党独裁……在我的誓言和良心前面，我不能承担这个责任”。[11]

老元帅在前一点上做的预言比后一点更为应验。至于希特勒，他再一次敲了总理府的大门，大门虽然开了一个缝，结果却又砰地关上了，叫他碰了一鼻子灰。

巴本所希望的就是这个结果。他和施莱谢尔在12月1日晚上去见兴登堡时，颇有信心地认为，他仍旧将被任命为总理。他根本没有怀疑到这个诡计多端的将军在玩弄什么把戏。原来施莱谢尔曾同施特拉塞尔联系，他探问如果纳粹党不愿参加巴本内阁，是否愿意参加他本人担任总理的内阁。这位将军请希特勒到柏林来会商，据德国报纸广泛流传的一种说法，也是后来大多数历史学家信以为真的说法，元首真的从慕尼黑搭了夜车前来柏林，但是半夜里在耶拿被戈林接走，到魏玛参加纳粹党高级领导人的会谈去了。纳粹党关于这次事件的说法可能比较确实一些，虽然这一点不免使人感到奇怪。戈培尔11月30日的日记说，柏林来了一封电报，要希特勒赶紧去，但是他决定不妨让施莱谢尔等一等。他要先去魏玛同他的同志们开会，还要在那里主持图林根选举的竞选运动。在这次五大领袖戈林、戈培尔、施特拉塞尔、弗里克和希特勒在12月1日举行的会议上，意见分歧相当大。施特拉塞尔在弗里克的支持下主张，纳粹党至少要容忍施莱谢尔内阁，而他本人是主张参加这个内阁的。戈林和戈培尔竭力反对这个方针，希特勒站在他们一边。第二天，希特勒见了施莱谢尔派来见他的名叫奥特少校的人，叫后者去告诉将军，不要担任总理，但是这已经太迟了。

巴本天真地一直不知道施莱谢尔在他背后玩弄什么把戏。12月1日晋见总统时，他一开始就满有自信地概述了他的计划：由他继续担任总理，根据总统命令施行政府职权，暂时不去理睬国会，等他“修
173 改了宪法”以后再说。事实上，巴本所要做的“修改”，将使德国回到帝国的时代，恢复保守阶级的统治。他在纽伦堡审判和回忆录中都承认，而且他当时向兴登堡也承认，他的建议如果付诸实行，就需要“总统违反现行宪法”，但是他向元帅保证，“他把全国人民的福利放在他维护宪法的誓言之上，可能是有理由的”，因为——他又说——俾斯麦“为了国家的缘故”，一度也曾这样做过。[12]

使巴本惊讶的是，施莱谢尔插言进来表示反对。他利用了老总统显然不愿违反维护宪法的誓言的心情。老总统的态度是，能够避免的

话，最好避免。而这位将军认为是能够避免的。他相信，如果由他来领导，那是有可能组成一个在国会中争取到多数支持的政府的。他有把握能够使施特拉塞尔以及至少另外60名纳粹党议员脱离希特勒。除了这批纳粹党人以外，他还能够取得中产阶级政党和社会民主党的支持。他甚至认为工会也会支持他。

对于这样一个主意，兴登堡大吃一惊，他于是当即回过头来要求巴本着手组织新政府。巴本后来说："施莱谢尔显然呆住了。"他们向总统告辞了以后，发生了长时间的争论，但是没有达成任何协议。分手的时候，施莱谢尔用马丁·路德出发到决定命运的沃尔姆斯议会去的时候别人对路德说的那句有名的话对巴本说："小僧侣，你挑了一条困难的道路。"*

这条道路究竟有多么困难，巴本在第二天早上9点举行内阁会议时就领教到了。

> ［巴本说］施莱谢尔站起来宣称，没有办法执行总统给我的指示。任何这样的尝试都将使国家陷于混乱，一旦发生总罢工，警察和军队不能保证维持交通和供应工作，一旦发生内战，他们也不能确保治安。参谋总部在这方面已经进行了研究，他已经命令奥特少校［报告起草人］等候内阁的指示，以便提出报告。[13]

这时，这位将军就让奥特少校进来。如果说施莱谢尔的发言使巴本感到震惊的话，那么欧根·奥特少校（希特勒后来任命他为驻东京大使）在时机上安排得很巧妙的报告就使巴本完全垮了。奥特说的不过是："守卫边境的任务和对付纳粹党与共产党的治安任务，是联邦政府和各邦政府现有军队力量所不能胜任的。因此建议联邦政府避免宣

---

* 马丁·路德在沃尔姆斯议会上被宣告为异端。——译者

布紧急状态。”[14]

德国陆军一度曾经打发过德皇卷铺盖，最近在施莱谢尔的教唆下把格勒纳将军和布吕宁总理赶下了台，如今开刀开到巴本头上来了，
174 这使他感到又痛心又惊讶。他立刻带了这个消息去见兴登堡，希望总统会撤换国防部长施莱谢尔而挽留他任总理，而且他的确是这么建议的。

“我亲爱的巴本，”态度坚决的老总统答道，“如果我改变主意，你会瞧不起我的。但是我年纪太大了，经历也太多了，我不能承担内战的责任。我们唯一的希望是让施莱谢尔试一试他的运气。”

据巴本说，“两颗大泪珠”滚下了兴登堡的脸颊。几个小时后，下台的总理在清理他的办公桌时，有人送来了总统的一帧相片，上面写着“Ich hatt’ einen Kameraden！”（“你是我的同志！”）。第二天，总统亲笔写信给他，表示免除他的职务，“心情颇为沉重”，并且重申对他的信任“仍未有丝毫动摇”。这倒是真话，不久就会得到证明。

12月2日，库尔特·冯·施莱谢尔担任了总理，这是1890年伯爵格奥尔格·冯·卡普里维·德·卡普拉拉·德·蒙泰库科利将军接替俾斯麦以来第一个将军担任这个职务。施莱谢尔的阴谋诡计终于在他对此是一窍不通的经济萧条达到了顶点的时候，在他竭力破坏的魏玛共和国已经崩溃的时候，在没有人再信任他，甚至他摆布了这么久的总统也不信任他的时候，把他送到了最高的职位。但是除了他以外，几乎人人都很明显地看到，他在这个高峰上的日子是屈指可数的。纳粹党对此深信不疑。戈培尔12月2日的日记中有这么一句话：“施莱谢尔被任命为总理。他不会待得很久。”

巴本也这么想。他由于自尊心受了伤害，深感不快，渴望对他的“朋友和继任人”（他在回忆录里这么称呼施莱谢尔）复仇。施莱谢尔为了要巴本走开，让他担任驻巴黎大使，但是巴本谢绝了。巴本说，总统希望他留在柏林，“近在身边”。要对这个阴谋大师布置他自己的

阴谋网，柏林是个最有战略意义的地方，巴本像蜘蛛一样忙忙碌碌地织起阴谋网来。随着多难的1932年接近尾声，柏林到处都是阴谋集团，而且集团内部还有集团。除了巴本集团和施莱谢尔集团以外，总统府也有一个集团，在那里，兴登堡的儿子奥斯卡和他的国务秘书迈斯纳操纵着幕后的实权。恺撒霍夫饭店也有一个集团，在那里，希特勒和他周围的人不仅在搞阴谋夺取政权，而且在搞阴谋干掉对方。不久，这种阴谋网越来越错综复杂，到1933年元旦时，这些阴谋家已经弄不清楚到底是谁在暗害谁了。不过，过不了很久，他们就会弄清楚的。

施莱谢尔：共和国的最后一任总理

“我执政只有57天，”施莱谢尔有一次在留神倾听的法国大使听得
到的地方说，“而且每一天都给背叛了57次。以后别跟我说什么‘德 175
国式的忠诚’了！”[15]凭他自己的生涯和作为，他当然是这个问题的权威。

他一开始当总理，就邀格雷戈尔·施特拉塞尔当德国副总理兼普鲁士总理。施莱谢尔由于邀希特勒参加他的政府失败，现在打算向施特拉塞尔放下这个钓饵来分裂纳粹党。有理由相信他是可能成功的，施特拉塞尔在党内是第二号人物，在党内左派分子中间，由于他们当真相信民族社会主义，他比希特勒更有人望。他是党的组织部门领导人，同地方各级党领袖有直接联系，看来颇得他们的拥护。他现在相信，希特勒已使他们的运动走到了绝路。比较激进的一些党徒已经开始投向共产党一边。党本身在经费上已陷于破产的境地。11月间，弗里茨·蒂森曾经提出警告说，他已无法为他们的运动募到捐款。现在根本没有经费来付成千上万的党内工作人员的薪水或者维持冲锋队，仅仅后者，一个星期就需要250万马克。纳粹党许多报刊的承印商也

扬言要拒印他们的出版物，除非偿清欠账。戈培尔在11月11日的日记中谈到了这一点："柏林组织的财务情况已经毫无希望。除了债务以外没有别的东西。"12月间，他担心党内工作人员必须减薪。最后，12月3日施莱谢尔会见施特拉塞尔那一天，图林根选举结果显示，纳粹党丢了40%的选票。显然，至少在施特拉塞尔看来是如此，纳粹党要靠选票取得政权，一辈子也休想了。

他因此要求希特勒放弃他的"毫无还价"的政策，能捞到什么就是什么，参加施莱谢尔的联合政府。他担心，否则的话，党会垮台。他这么主张已经有好几个月了，戈培尔的日记从仲夏开始一直到12月为止，充满了不满施特拉塞尔"不忠"于希特勒的话。

12月5日党领袖们在柏林恺撒霍夫饭店开会的时候，终于摊了牌。施特拉塞尔要求纳粹党至少"容忍"施莱谢尔政府，支持他的意见的有弗里克，后者是国会纳粹党团主席，他之所以支持施特拉塞尔是因为议员中间有不少人担心，如果希特勒惹起任何新的选举，他们可能丧失议席和议员薪俸。戈林和戈培尔则坚决反对施特拉塞尔，把希特勒争取到他们一边。希特勒决定不"容忍"施莱谢尔政府，但是后来的情况表明，他仍旧愿意同这个政府"谈判"。不过，他任命戈林来担任这个任务，据戈培尔的日记透露，希特勒已经风闻施特拉塞尔两天前同总理举行了一次秘密谈话。12月7日那一天，希特勒和施特拉塞尔在恺撒霍夫饭店进行了一次谈话，结果发生激烈争吵。希特勒指责他的主要副手背后下他的毒手，要把他轰下党内领导地位，分裂纳粹运动。施特拉塞尔矢口否认，赌咒说他一直是忠心耿耿的，反而指责希特勒把党引向毁灭的道路。显然，他还有一些话没有说，那些话是1925年以来一直哽在他的喉咙中的，但是他回到艾克西尔西
176 亚饭店的房间里以后，把它们都写在一封给希特勒的信中，最后提出辞去党内一切职务的要求。这封信在8日送到希特勒那里，据戈培尔的日记说，"像一颗炸弹"。恺撒霍夫饭店的气氛顿时仿佛墓地一般。

“我们都感到很沮丧失望。”戈培尔这么记载。这是希特勒自1925年重建党以来所遭受的最大打击。现在，正当他快要取得政权之际，他的主要党徒背弃了他，扬言要粉碎他七年以来的一切建树。

> 晚上［戈培尔写道］元首到我们家中来。很难强颜欢笑。我们都很沮丧，尤其是因为整个党有分裂的危险，我们过去的一切努力都要付诸东流了……莱伊博士来电话。党内形势时刻在恶化中。元首必须立刻回恺撒霍夫。

深夜两点钟的时候，希特勒打电话叫戈培尔去见他。施特拉塞尔已向各晨报发表了他的消息，当时街头刚刚开始在叫卖晨报。希特勒的反应，据戈培尔的描述如下：

> 背叛！背叛！背叛！
>
> 元首在旅馆房间内来回踱步，有几个小时之久。这种背叛行为使他深感痛心。最后他停下步来说：如果党垮台，我就用一支手枪在三分钟之内一了百了。

党没有垮台，希特勒也没有自杀。施特拉塞尔本来是可以达到这两重目的的，这样就会大大地改变历史的发展，但是在关键的时刻，他放弃他的努力了。弗里克在希特勒的同意下，在柏林到处找他，因为他们一致认为，为了拯救党不致陷于不可收拾的结局，必须想法补救这次争吵。但是施特拉塞尔尝够了这一切滋味，已经搭火车南下，到阳光明媚的意大利去度假了。希特勒在瞅到敌手的弱点时最有办法，他马上狠狠还击。施特拉塞尔建立起来的政治组织由元首亲自接管，科隆区党组织领袖莱伊博士担任他的主要助手。施特拉塞尔的朋友都遭到清洗，党内各级领导人物都被召到柏林，要在一份向希特勒宣誓效忠的宣言上签名，他们都这么做了。

这个狡猾的奥地利人再一次摆脱了本来很可能会造成极其不利的结局的困境。至于格雷戈尔·施特拉塞尔，过去曾有不少人认为他比希特勒了不起，如今一下子给毁了。“一个死了的人”，戈培尔在12月9日的日记中这么称呼他。两年后希特勒决定清算老账时，这句话分毫不错。

12月10日，也就是被冯·施莱谢尔将军绊到脚跟栽了一个跟头后一个星期，弗朗茨·冯·巴本开始布置他自己的阴谋网。那天晚
177 上，他在贵族俱乐部发表了一篇演讲，他那短命内阁的班子就是从这个俱乐部的有钱贵族里头挑出来的。演讲之后，他同曾经向纳粹党捐款的科隆银行家库尔特·冯·施罗德男爵做了一次密谈。他建议这位银行家给他安排一下，让他秘密会见希特勒。巴本在他的回忆录中说，提出这个建议的是施罗德，但是他承认同意了这个建议。说也凑巧，希特勒的经济顾问，他同企业界的联系人之一威廉·凯普勒，代表纳粹党领袖也提出了同样的建议。

在几个星期之前还是冤家对头的这两个人于1月4日上午在施罗德的科隆寓所会晤，他们希望这次会晤能严守秘密。但是当巴本刚到门口时就有一个摄影记者拍了他一张照，他虽然感到意外，但是直到第二天以前也还没有在意。希特勒由赫斯、希姆莱和凯普勒陪同前来，但是在进入施罗德的书房以前，把他的助手留在客厅里等候。他在书房里同巴本和他们两人的主人密谈了两个钟头。会谈开始时气氛并不太妙，希特勒悻悻地抱怨巴本在当总理时对待纳粹党的做法，但是，不久就有了转折，这个转折后来证明对这两个人来说也好，对他们的国家来说也好，都是有决定性意义的。对于这个纳粹党领袖来说，当时是个关键性的时刻。他做了超人的努力，在施特拉塞尔叛党以后，好不容易仍保持了党的团结。他在全国各地奔走，一天要在

三四次集会上讲话，争取党的领袖们仍旧团结一致支持他。但是纳粹党人的情绪仍旧低落，党在经费上处在破产的境地。许多人说，党已经完蛋了。戈培尔在这一年最后一个星期的日记中反映了这种普遍的感觉："1932年给我们带来了永恒的厄运……过去情况困难，前途黯淡莫测；一切希望都已化为泡影。"

因此，希特勒要取得政权，他的讨价还价地位已不如上一年的夏天和秋天时那么有利。但是巴本也是如此，他已经下了台。两人都处在逆境，因此想法倒一致了。

他们到底在哪些条件上取得了一致意见，各人的说法不一样。巴本在纽伦堡审判中和回忆录中都毫无愧色地说：他一直忠于施莱谢尔，因此仅仅向希特勒建议参加这位将军的内阁。但是鉴于巴本有长期弄虚作假的历史，鉴于他有想在纽伦堡和回忆录中洗雪自己的自然愿望，以及鉴于后来的事实，似乎可以肯定，施罗德在纽伦堡提出的另一种完全不同的说法是比较可信的。这位银行家说，巴本的建议是由一个希特勒-巴本内阁来代替施莱谢尔内阁，在这个内阁中，两人地位平等。但是：

> 希特勒……说，如果他担任总理，他必须是政府的首脑，巴本的支持者可以参加他的政府，担任部长，只要他们同意他的要
> 改变许多情况的政策。这类改变包括：在德国的领导地位上驱 178
> 逐社会民主党人、共产党人和犹太人，恢复社会生活中的秩序。冯·巴本和希特勒在原则上达成了协议……他们同意，必须拟出进一步的细节，这可以在柏林或某个其他方便的地方来进行。[16]

当然，这要在严守秘密的情况下进行。但是使希特勒和巴本大吃一惊的是，柏林的报纸在1月5日早晨以大字标题报道了科隆会谈，并且发表社论攻击巴本对施莱谢尔不忠实。原来这位狡猾的将军真是足智多谋，他早已布置了密探，巴本后来获悉，在他进入施罗德寓所

前给他拍照的记者就是施莱谢尔派出的一个密探。

除了达成同巴本的协议以外，希特勒在科隆会谈中还得到了两件对他来说很有价值的东西。他从前任总理那里获悉，兴登堡没有授权施莱谢尔解散国会。这就是说，纳粹党在共产党协助下可以随时推翻这个将军。其次是，这次会谈中取得了谅解，德国西部的企业界愿意承担纳粹党的债务。科隆会谈后两天，戈培尔的日记中提到了“政治方面的可喜发展”，但是仍旧抱怨“财务情况不好”。十天以后，在1月16日，他谈到党的财务情况“一夜之间有了根本好转”。

另外一方面，施莱谢尔着手努力建立一个稳定的政府，他的乐观态度，退一万步说，也未免太近视了。12月15日，他向全国人民发表了一篇炉边广播演说，要求他的听众忘掉他是一个将军，并且向他们保证，他“既不是资本主义也不是社会主义”的拥护者，在他看来“像私营经济或计划经济之类的概念已经失去了它们的恐怖意义”。他说，他的主要任务是：为失业者找到工作，使国家在经济上能自立。捐税不会再增加，工资不会再降低。事实上，他还取消了巴本宣布的最近一次减低工资和救济金的决定。此外，他还停止实行巴本为了大地主的利益而实行的农产品限额，而实行另外一个计划，从东部破产了的容克庄园中没收了80万英亩的土地，分给25 000户农民。此外，像煤和肉这种必需品的价格也将用严格的管制办法来加以压低。

这无疑是呼吁那些他迄今为止一直反对的和冷落的群众支持他，施莱谢尔继此以后还同工会领袖会谈，给了他们这种印象：在他设想中的将来，有组织的劳工和陆军是国家的两大支柱。但是劳工界并没有相信一个他们极端不信任的人，他们拒绝同他合作。

179 另一方面，工业家和大地主们都起来反对新总理的施政纲领，他们叫嚷说，这个纲领是不折不扣的布尔什维主义。企业家们对于施莱谢尔突然同工会亲善感到十分震惊。大庄园主则对于他取消农业保护感到非常生气，对他没收东部破产庄园的打算感到极为恐惧。1月12日，大庄园主团体“农业联盟”尖锐地攻击了政府，该联盟的领袖（其中有两个人是纳粹党员）晋见总统，并提出抗议。兴登堡自己现在也成了一个容克地主，他召见他的总理，加以责问。施莱谢尔的答复是威胁要公布国会关于“东部救济”贷款的秘密报告，当时人人知道这桩丑闻牵涉好几百户容克世家望族，他们从政府的无偿“贷款”中得到好处，其中甚至间接牵涉到总统本人，因为送给他的东普鲁士庄园的地契在过户时非法地使用了他儿子的名字以逃避遗产税。

1932年12月15日，魏玛共和国最后一任总理施莱谢尔发表广播演说。

尽管工业家和地主们吵吵嚷嚷，而工会的态度又很冷淡，施莱谢尔仍莫名其妙地颇有信心，认为一切都很顺利。1933年元旦那一天，他偕同内阁阁员晋见老总统，后者表示颇为快慰，因为“最严重的困难已经克服，我们的面前已经打开了向上的道路”。1月4日，也就是巴本和希特勒在科隆密谈的那一天，总理安排让从意大利阳光下休假归来的施特拉塞尔晋见兴登堡。这个前纳粹党中第二号人物过了几天第二次见到总统时便表示愿意参加施莱谢尔内阁。这个行动在纳粹党阵营中引起了震惊，当时纳粹党正集中力量在小小的利珀邦进行竞选，希特勒和他所有的主要助手都在那里活动，想在地方选举中取得胜利，以便改善元首同巴本的谈判地位。戈培尔的日记记述戈林在1月13日午夜带来了施特拉塞尔的坏消息，当时党的领袖们都通宵未睡，彻夜讨论这个问题，大家一致认为，如果他就职的话，对党来说将是一个严重挫折。

施莱谢尔也是这么想的，所以1月15日，当时的奥地利司法部长库尔特·冯·许士尼格访问他的时候，他向许士尼格保证："希特勒先生不再成为一个问题了，他的运动已不再成为一种政治上的危险了，整个问题已经解决，这已成为过去的事情了。"[17]

但是施特拉塞尔并没有参加内阁，民族党领袖胡根贝格也没有参加内阁，胡根贝格在前一天（1月14日）本来曾经答应兴登堡参加内阁的。这两个人都投向了希特勒，不过施特拉塞尔遭到了冷淡，而胡根贝格则比较成功。1月15日那天，正当施莱谢尔向许士尼格兴高采烈地谈到希特勒的末日时，纳粹党在利珀的地方选举中取得了胜利。虽然这次胜利谈不上是什么伟大成就。全部选票只有9万张，纳粹党得了3.8万张选票，即占39%，比前一次选举增加了约17%。但是，纳粹党的领袖们在戈培尔的领导下大肆宣传他们的"胜利"，奇怪的
180 是，这似乎给一些保守派人士造成了深刻的印象，其中包括兴登堡幕后的一些人物，主要是国务秘书迈斯纳和总统的儿子奥斯卡。

1月22日晚上，这两位先生偷偷地溜出了总统府，坐上一辆出租汽车（据迈斯纳说，这是为了避免引起注意），到一个迄今为止还默默无闻的纳粹党人郊外的寓所，这个人名叫约阿希姆·冯·里宾特洛甫，是巴本的一个朋友，他们在大战期间曾一起在土耳其战线服役过。迈斯纳和奥斯卡在里宾特洛甫的家中会见了巴本、希特勒、戈林和弗里克。据迈斯纳的说法，在这个命运攸关的晚上以前，奥斯卡·冯·兴登堡一直反对与纳粹党人有什么来往。希特勒可能知道这一点；不管怎么样，他坚持要同奥斯卡举行一次"单独"会谈，而使迈斯纳感到意外的是，小兴登堡居然同意了，同希特勒一起退到另外一间房中，密谈了一个小时。总统的儿子既不以头脑灵敏闻名，也不以性格坚强著称，希特勒究竟同他谈了一些什么，这一点从来没有透

露过。不过纳粹党人士中间一般都认为，希特勒施出了威胁和利诱的手段，威胁方面包括要向公众揭露奥斯卡与东部救济丑闻的不清不白关系以及兴登堡产业上的逃税行为。至于利诱，可以从这个事实中看出：几个月后，兴登堡一家在诺伊代克的产业增加了5 000英亩免税的土地，还有在1934年8月，奥斯卡从上校擢升为陆军少将。

无论如何，毫无疑问，希特勒对总统的儿子起了很大的影响。迈斯纳后来在纽伦堡审讯时的证词中说："在坐出租汽车回总统府时，奥斯卡·冯·兴登堡特别沉默，他所说的唯一一句话是，这是无可奈何的事——必须让纳粹党参加政府。我的印象是，希特勒成功地迷住了他。"

现在只待希特勒迷住做父亲的了。应该承认这是比较困难的，因为老元帅的神志无论如何糊涂，他的花岗石般的性格却并未因年老而有所软化。比较困难，但也不是办不到的。巴本孜孜不倦地每天在对这位老人做工作。可以很容易地看出，施莱谢尔再狡猾也免不了要摔跤了。他既没有能够把纳粹党争取过来，又没有能够分裂他们。他也不能取得民族党、中央党或社会民主党的支持。

因此，在1月23日，施莱谢尔去见兴登堡，承认他不能在国会中争取到多数的支持，要求解散国会，按照宪法第四十八条，授予他紧急权力，根据总统命令行使政府职权。据迈斯纳的说法，这位将军还要求"暂时取消"国会，并且坦率地承认，他将不得不把他的政府转入"军事独裁"。[18] 施莱谢尔施尽了计策，到头来仍回到巴本在12月间所处的地位，但是现在他们两个人所扮演的角色已经颠倒过来了。当时巴本要求授予自己紧急权力，而施莱谢尔加以反对，建议由他自己在纳粹党的支持下组织一个多数派政府。现在坚持要进行独裁统治的
是这位将军了，而狡猾的狐狸巴本却向老元帅保证，他能够拉拢希特 181
勒组织政府，在国会中拥有多数的支持。无赖汉和阴谋家就是这样翻手为云覆手为雨的！

兴登堡提醒施莱谢尔他自己当初在12月2日推翻巴本政府时所提出的理由，并且告诉他说，这些理由现在仍旧有效。他吩咐施莱谢尔回去设法在国会中争取多数的支持。这么一来，施莱谢尔就完了，而且他自己也明白。凡是知道这个内情的人也都知道这一点。戈培尔就是少数知道内情的人之一，他在第二天的日记中说："施莱谢尔这个使许多人垮过台的人，随时都可能垮台。"

他垮台的日子最后在1月28日正式到来了。那一天，他晋见总统，提出他的政府的辞呈。兴登堡对这位感到幻灭的将军说："我一只脚已经踏进了棺材，我不敢说，我将来在天堂中对这个行动不会感到遗憾。"而施莱谢尔的答复是："在这次背信之后，先生，我不敢说您会进天堂。"从此之后，他在德国历史中就很快地销声匿迹了。[19]

同一天中午，巴本受总统之托，探索"在宪法条件的范围内"组织一个以希特勒为首的政府的可能性。一个星期以来，这个狡猾的野心勃勃的人一直想在最后一刻背叛希特勒，再一次担任一个在胡根贝格支持下的总统内阁的总理。戈培尔在1月27日的日记中说："仍有可能，巴本将再度出任总理。"一天以前，施莱谢尔曾派陆军总司令冯·哈默施坦因去见总统，警告他不要选用巴本。在柏林当时弥漫着的迷魂阵般的阴谋网中，施莱谢尔在最后一分钟突然赞成以希特勒来代替他了。兴登堡却向陆军总司令保证，他无意任用"那个奥地利下士"。

第二天，1月29日那个星期天，是个关键性的一天，各个阴谋家都在拼命玩弄最后一手，使得首都充满了各种各样互相矛盾的惊人谣言，不过并非所有谣言都是毫无根据的。施莱谢尔再次派遣忠实的哈默施坦因去兴风作浪。这位陆军总司令找到希特勒，再一次提醒他，巴本可能把他抛弃掉，纳粹党领袖最好还是同已经下台的总理和陆军结盟。希特勒对此不感兴趣。他回到恺撒霍夫饭店，同他的助手们一起喝咖啡吃蛋糕，就是在这时候，戈林带来了消息说，元首明天将被任命为总理。

那天晚上，纳粹党的首领们都在帝国总理广场戈培尔寓所庆祝这个重要的消息，这时施莱谢尔又派了一个使者，带来了惊人的消息。这个使者是维尔纳·冯·阿尔文斯莱本，他对阴谋的兴趣之大竟到了这样的程度：如果一时没有阴谋，他自己就制造一个。他告诉正在庆祝的人们说，施莱谢尔和哈默施坦因已命波茨坦卫戍部队进入戒备状态，准备劫持老总统到诺伊代克去，建立军事独裁。这种说法大大地夸大了实际情况。这两位将军可能有此想法，但是可以肯定他们还没
有采取任何行动。但是，纳粹党人一惊之下，变得歇斯底里起来。戈 182
林急急忙忙拖着他那肥大的身躯，穿过广场，去向总统和巴本报警。至于希特勒做了什么，他自己后来是这么描述的：

> 我对这一［军事］政变计划的第一个反应是：派人去找柏林冲锋队长冯·赫尔多夫伯爵，通过他把柏林的全部冲锋队员都动员起来。同时我指示能够信托的警察局方面的韦克少校，准备派遣六营警察突然占领威廉街……最后，我指示冯·勃洛姆堡将军（他已被选定为未来的国防部长）在1月30日上午8点抵达柏林时立即前去见老头子，向他宣誓就职，这样，就可以处在国防军总司令的地位上去镇压掉任何可能的政变尝试。[20]

维尔纳·冯·勃洛姆堡将军当时正代表德国在日内瓦参加裁军会议，背着施莱谢尔和陆军总司令——在这个疯狂的时期里，一切事情都是背着某一个人做的——把他召回来在希特勒-巴本内阁中担任国防部长的，并不是希特勒，因为他还没有当权，而是兴登堡和巴本。正如希特勒后来所说的，勃洛姆堡将军是早已得到希特勒的信任的一个人，受到他在东普鲁士的参谋长、一个直言不讳的纳粹同情者瓦尔特·冯·赖歇瑙上校的很大影响。当勃洛姆堡在1月30日一早到达柏

林的时候，车站上有两个军官带着两个互相矛盾的命令来接他。一个是冯·孔岑少校，他是哈默施坦因的副官，命令他去向陆军总司令报到。一个是奥斯卡·冯·兴登堡上校，他是自己父亲的副官，命令他去向共和国总统报到。勃洛姆堡给弄得莫名其妙，结果去见了总统，立即宣誓就任国防部长之职，因此不仅有权镇压陆军方面的任何政变尝试，而且有权强使军方支持几个小时后即将任命的新政府。陆军在这个关键性时刻终于接受了希特勒，对于这一点，希特勒一直是感激的。他不久就在一次党的集会上说："要是在革命的日子里，陆军没有站在我们一边，我们就不会有今天了。"在未来的日子里，对于军官团来说，这是一个沉重的责任，到最后，他们将后悔不已。

在1933年1月30日这个冬天的早晨，魏玛共和国的悲剧，德国人十四年来徒劳无益地想要实行民主制度的笨拙努力的悲剧，终于落幕了。但是，在最后一分钟，在闭幕以前，在那些想要埋葬共和政体的形形色色的阴谋家中间，还发生了一出小小的滑稽戏。巴本后来是这样描述的：

> 大约10点半的时候，新内阁人员在我的家中会齐，然后穿过花园到总统府，在迈斯纳的办公室中等着。希特勒马上又提出
> 183 了他对没有被任命为普鲁士长官的不满。他认为这严重地限制了他的权力。我告诉他……这项任命可以放到以后再说。对此，希特勒答称，如果他的权力因此受到限制，他就要坚持国会举行新选举。
>
> 这样一来，形势又完全改变了，讨论又激烈起来。胡根贝格特别反对这个主张，希特勒为了使他安心，便说，不论［选举］结果如何，他不会改变内阁的成分……这时已经早过了11点了，而我们预定要在11点晋见总统。迈斯纳叫我们结束讨论，因为兴登堡不愿久等。

突然发生意见冲突使我担心，新联合政府还没有产生就可能破裂……最后，我们被带去见总统，我做了必要的正式介绍。兴登堡讲了短短的一段话，谈到为了国家利益进行充分合作的必要性，然后就监督我们宣誓就职。希特勒内阁就此成立。[21]

这样，通过走后门，通过同他私下厌憎的老派反动分子在政治上做一笔不能见人的交易的办法，这个从维也纳来的前流浪汉、第一次世界大战的弃儿、激烈的革命分子，就成了这个伟大国家的总理。

毫无疑问，纳粹党在政府中肯定是处于少数的地位；在内阁11个职位中，他们只占了3个，而且除了总理一职以外，他们所占的都不是重要职位。弗里克担任内政部长，但并没有像欧洲大多数国家的内政部长那样控制着警察，德国的警察是由各邦自己控制的。第三个纳粹党阁员是戈林，但是没有适当的部可以给他，于是他就被任命为不管部长，其默契的条件是，一旦德国有了空军后，就任命他为航空部长。很少有人注意到，戈林同时兼任普鲁士的内政部长，这个职务控制着普鲁士的警察；而在当时，大家的注意力都集中在联邦内阁上。使许多人感到奇怪的是，内阁名单中没有戈培尔的名字；他暂时给置于脑后了。

几个重要的部都给了保守分子，他们颇有把握地以为已经把希特勒笼络住，可以为他们的目的服务了：牛赖特继续任外交部长，勃洛姆堡任国防部长，胡根贝格任经济与农业部长，钢盔队头子泽尔特任劳工部长；其他各部仍由巴本在八个月以前任命的非党“专家”担任。巴本本人是联邦副总理兼普鲁士总理，而且兴登堡向巴本保证，除非由副总理伴同前来，他不会接见总理。巴本认为，这种独特的地位，使他能够对激进的纳粹党领袖增加一重牵制。而且还有一层：这个内阁出自巴本的构思，是巴本的产物，他相信，在坚决的老总统（老总统是他的朋友、仰慕者和保护者）的帮助下，在他的保守派同 184

僚（他们在人数上以8对3胜过难以驾驭的纳粹党人）的明确支持下，他能够掌握这个内阁。

但是这个浮夸轻薄、姑息养奸的政客并不了解希特勒——实际上也没有人真正了解希特勒——他也不了解支持他的势力有多大力量。巴本也不了解——除了希特勒以外也没有别人能了解——既有的有势力机构：陆军、教会、工会、政党，或者广大的非纳粹党中产阶级和高度有组织的无产阶级，他们的难以解释的软弱已经到了近乎瘫痪的程度。正如后来巴本悲哀地所说的，他们都会“不经一战就投降”。

对于民主共和国的放弃和阿道夫·希特勒的得势，德国任何阶级、集团、政党都不能逃避其应负的一份责任。所有反对纳粹主义的德国人，他们的致命错误是没有团结起来反对它。纳粹党1932年7月最受群众拥护的时候，也不过赢得了37%的选票。但是，表示反对希特勒的63%的德国人民，当时陷于四分五裂的状态，而且目光也过于短浅，不能联合起来对付共同危险。他们当时一定知道如果他们不团结起来（不论多么暂时）加以扑灭，这个共同危险就会压倒他们。德国共产党在莫斯科的指示下到最后还在坚持这种愚蠢的主张：先要摧毁社会民主党，摧毁社会民主党的工会，摧毁不论什么样的中产阶级民主力量。他们所根据的是这种颇可怀疑的理论：虽然这样做会导致建立纳粹政权，但是这个政权将是暂时的，最后必然会促成资本主义的崩溃，而在资本主义崩溃后，共产党就可以掌握政权，建立无产阶级专政。在布尔什维派马克思主义者看来，法西斯主义是垂死的资本主义的最后阶段；在这个阶段以后，就是共产党的世界了！

社会民主党人则由于十四年来同其他政党分享共和国的政治权力，为了维持联合政府做尽了一切必要的妥协，它的力量和热情已经消耗殆尽；他们的党已经仅仅成了一个机会主义的施加压力集团，只求为他们的力量的主要靠山工会争取到一些让步。有些社会民主党人说，幸运没有降临到他们的头上，因为不择手段和不讲民主的德国共产党分裂了工人阶级；经济萧条进一步打击了社会民主党，削弱了工会，使他们的党失去了几百万失业者的支持，后者在绝望之下不是转向共产党就是转向纳粹党。这话可能不错。但是社会民主党的悲剧是不能仅仅用运气不好来解释的。他们在1918年11月的时候曾经有过掌握德国政权的机会，按照他们一向宣传的社会民主主义来建立一个国家。但是，他们缺乏这么做的果断决心。现在，到了1930年代开始的时候，他们已经成了一个精疲力竭的失败主义的党，占支配地位的是一些心地善良而大多数能力平庸的老人。虽然他们忠于共和国到底，但是在最后过于慌张胆怯，不敢承当为了保卫共和国就必须承当的风险，当巴本派出一班士兵去摧毁普鲁士的合宪政府时，他们没有 185
能够行动起来，这就是一个明证。

在左派与右派之间，德国缺少一个政治上有力量的中产阶级，而这种中产阶级在其他国家如法国、英国、美国已证明是民主制度的中流砥柱。在民主共和国成立后的第一年中，中产阶级政党民主党、人民党、中央党一共获得了1 200万张选票，仅仅比两个社会党派别少200万张选票。但是从这个时候起，由于他们的拥护者转向希特勒和民族党，他们的力量日趋衰退。在1919年，民主党还有74名议员当选参加国会，到1932年时，他们就只剩下两个议席了。人民党的议席在1920年是62个，到1932年只剩下11个。只有天主教中央党自始至终保持了他们的投票实力。在1919年共和国第一次选举中，中央党在国会中获得了71个席位，到1932年仍旧有70个席位。但是中央党从俾斯麦时代起在很大程度上就是一个机会主义的政党，较之社会民主党有过之而无不及，对于任何政府，只要向它的特殊利益有所让步，它就一律加以支持。虽然它似乎是忠于共和国、忠于共和国的民主制度的，但是，我们前面已谈到，它的领导人，在巴本和民族党人还没有抢过他们之前，就已经在同纳粹党谈判要把总理一职送给希特勒了。

如果说，德意志共和国缺少一个政治上走中间路线的阶级的话，它也缺少一个真正保守的政党在许多其他国家所起的稳定作用。德国民族党在1924年最高峰的时候获得了600万张选票，有103人当选国会议员，成了国会中第二大党。但是在当时——在魏玛共和国时期的几乎所有其他时候也是这样——他们不论在朝或在野都不愿担负责任，唯一例外是他们在1920年代所参加过的两次短命内阁。大部分把选票投给民族党的德国右派所希望的是推翻共和国，恢复德意志帝国，恢复他们在帝国中的一切原有特权。事实上，不论作为个人来说也好，还是作为阶级来说也好，共和国对右派是极其宽大的，而且考虑到右派梦寐以求的目的，可以说是格外容忍。我们已经谈到，共和国允许陆军可以保持一个国中之国，企业家和银行家可以牟取巨额利润，容克地主可以用政府贷款来维持他们经营不善的庄园，而这种贷款从来没有偿还过，也很少用来改良他们的土地。然而共和国这样宽大相待，并没有博得他们的感激或忠诚。他们竭力破坏共和国的基础，一直到最后同希特勒结盟把共和国彻底推翻，其心胸之狭隘，偏见之深固，眼光之短浅，即使在今日回顾起来，仍不免使作者感到不可想象。

在这个前维也纳流浪汉身上，保守的阶级认为他们找到了一个能乖乖听话帮助他们实现自己目标的人。毁灭共和国只不过是第一步。他们所希望的目标是建立一个极权主义的德国，这个德国在国内能够不再搞什么民主的“无聊玩意儿”，剥夺工会的权力，对外能够废除
186 1918年的判决，挣脱《凡尔赛和约》的枷锁，重建一支强大的陆军，以其军事力量恢复德国在世界上的地位。这也是希特勒的目标。虽然他有着保守派所缺少的东西——群众的拥护，右派却仍以为他将仍旧在他们的股掌之上。在联邦内阁中他不是居于3对8的劣势吗？保守派有这样优势的地位就能够（至少他们自己这么想）实现自己的目标而又不至于让纳粹党实现其地道纳粹主义的暴政。按照他们的实际情况来说，他们的确是规矩正派、敬畏上帝的一些人。

霍亨索伦帝国是靠普鲁士的军事胜利建立的，而德意志共和国所

赖以建立的基础却是经过一场大战在协约国手中遭到的军事失败。至于第三帝国，既不靠军事的胜负，也不靠外国的影响。它成立于和平时期，是由德国人自己用和平的手段建立的，既产自他们的软弱，也产自他们的力量。把纳粹党的暴政加在自己身上的，是德国人自己。这一点，在1933年1月30日中午，当兴登堡总统按照完全合乎宪法的方式把总理一职的重任委诸阿道夫·希特勒的时候，很多德国人，也许可以说大多数德国人，都是没有意识到的。

但是，他们不久就要体会到这一点了。 187

注　释

1. 参见海登著《元首》一书第433页。
2. 海登：《民族社会主义史》，第166页。
3. 戈培尔：《恺撒霍夫》，第19—20页。
4. 同上，第80—81页。
5. 惠勒-本内特：《权力的报应》，第243页。
6. 上述引文引自戈培尔著《恺撒霍夫》一书第81—104页。
7. 弗朗索瓦-庞赛：《决定命运的年代》，第23页。
8. 弗朗茨·冯·巴本：《回忆录》，第162页。
9.《纳粹的阴谋与侵略》，附件A，第508页（纽伦堡文件3309-PS）。
10. 赫尔曼·劳施宁：《毁灭的声音》。
11. 这一次戈培尔没有像8月13日那次那样没有提防。他立刻把交换的信件给了报界，在11月25日的晨报上发表。信件收在《公法年鉴》第21卷，1933—1940年。
12. 巴本：《回忆录》，第216—217页。
13. 同上，第220页。
14. 同上，第222页。
15. 弗朗索瓦-庞赛：《决定命运的年代》，第43页。他错误地说是“70天”。
16.《纳粹的阴谋与侵略》，第2卷，第922—924页。
17. 库尔特·冯·许士尼格：《再会吧，奥地利》，第165—166页。
18. 迈斯纳供词，《纳粹的阴谋与侵略》，附件A，第511页。
19. 哈默施坦因备忘录，惠勒-本内特：《权力的报应》，第280页。
20.《希特勒秘密谈话录》，第404页。
21. 巴本：《回忆录》，第243—244页。

第七章
德国的纳粹化：1933—1934年

希特勒在维也纳流浪时代所形成而从来没有忘记的理论是：革命运动取得政权的道路是同国家的某些有势力的机构结成联盟，这现在在实践中完全按照他预计的那样实现了。总统在陆军和保守分子的支持下，任命他为总理。他的政治权力虽大，但仍旧是不完全的。同他分享这个政治权力的，有上述三个方面的势力，正是靠这三个方面他才得以上台，而这三个方面却都置身于民族社会主义运动之外，而且在某种程度上对这个运动还是不信任的。

因此，希特勒的当前任务是迅速地剥夺他们的驾驭地位，使自己的党成为国家的唯一主宰，然后以极权主义政府及其警察的力量实行纳粹革命。他上任还没有满二十四个小时，就采取了第一个果断行动，把自以为已经“掌握”他的、老实可欺的保守分子诱进一个圈套，发动了一系列不是由他主使就是由他控制的事件，在六个月之后终于使德国完全纳粹化，他自己也成为德国历史上第一次实现了统一和取消了联邦的一个国家的独裁者。

1933年1月30日下午5点，也就是宣誓就职五个小时后，希特勒召集了他的第一次内阁会议。这次会议的记录，后来在纽伦堡同其他成百上千吨缴获的秘密文件一起出现。它透露了希特勒在狡猾的戈林的帮助下如何马上巧妙地愚弄了他的保守派同僚。*[1] 兴登堡任命希特勒领导的并不是一个总统内阁，而是一个依靠国会内多数支持的内阁。但是参加内阁的纳粹党和民族党在国会583个席位中只占有247个席位，不足以构成多数。为了取得多数，他们需要中央党的70票的支持。在新政府成立后的头几个小时中，希特勒就派了戈林去同中央党领袖谈判，现在戈林回来向内阁报告，中央党坚持要求“一定的让步”。戈林因此建议解散国会，举行新的选举，希特勒立即表示同意。但是在做生意上尽管很成功而头脑仍旧像木头一般的胡根贝格，既不赞成让中央党参加内阁，又反对举行选举，因为他知道，纳粹党有国家力量作为后盾，在选举中可能赢得绝对多数，那样就可以不用他自己和他的保守朋友们的帮忙了。因此他只建议取缔共产党，把他们的100个席位取消后，纳粹党和民族党在国会中就占多数了。但是希特勒暂时还不打算走得这么远，最后，他们商定，由总理本人在第二天上午同中央党领袖会谈，如果谈判没有结果，内阁就要求举行新的选举。 188

希特勒很容易地使谈判没有什么结果。他请中央党领袖卡斯主教提出了一张问题清单作为谈判的基础，结果卡斯主教提出的等于是要求希特勒保证按宪法来进行统治。但是希特勒却蒙骗卡斯和他的内阁成员，向后者伪称，中央党提出了非分的要求，没有达成协议的可能。他因此建议，要求总统解散国会，举行新的选举。这样一来，胡根贝格和巴本就落入了圈套而不能脱身，他们只好同意他，虽然在同

---

* 当然，这次内阁会议是秘密进行的，像希特勒和他的军政领袖在第三帝国时期在极端保密的情况下举行的大多数其他会议一样，在纽伦堡审讯时宣读被缴获的德国文件以前，它的进行情况和决定一直没有为外人所得知。

从本章开始，本书将摘录这些高度机密的会议和会上所做出的很大一部分决定。所有这一切，过去都被视为国家机密。本书自始至终所依据的，大部分是当时记录这些会议的文件。为了注明来源，各页引文后都将添上注解号码，版面不免混乱。但是我相信，没有任何其他国家的某一时期历史如第三帝国那样有充分的文件作为根据，因此作者认为，如果不引证文件，不免大大减少本书作为信史所可能具有的价值。

法西斯分子在1933年1月30日上台后组成内阁，前排从左到右为国家空运专员、普鲁士邦内政部长赫尔曼·戈林，总理阿道夫·希特勒，副总理弗朗茨·冯·巴本；后排站立者为劳工部长弗朗茨·塞尔特，君特·格雷克，财政部长什未林·冯·克罗西克，内政部长威廉·弗里克，国防部长维尔纳·冯·勃洛姆堡，经济与食品部长阿尔弗雷德·胡根贝格。

意之前迫使这个纳粹党领袖做了庄严的保证，不论选举结果如何，内阁组成依旧不变。新的选举定在3月5日举行。

现在纳粹党第一次——也是德国最后一次比较自由的选举——能够利用政府所拥有的一切力量来赢取选票。戈培尔兴高采烈。他在2月3日的日记中记道："现在继续斗争就容易了，因为我们能够利用国家的一切力量。电台和报纸都可供我们使用。我们要给大家看看一个宣传杰作。而且这一次，当然不愁没有经费了。"[2]

大企业界人士对于新政府要叫有组织的劳工安分守己、让资方随心所欲地去管理自己的企业这一点感到很高兴，因此2月20日在戈林的国会议长府举行的一次会议上要他们踊跃输血时，他们很乐意慷慨

解囊。这次会议是由沙赫特博士出面召集的，会上，希特勒和戈林向
二三十个德国工业巨头说明了他们的方针。这些巨头中有一夜之间变 189
成了热烈的纳粹党人的克虏伯·冯·波伦、伊·格·法本企业的博施和施尼茨勒、联合钢铁公司的福格勒。这次秘密会议的记录后来被保存了下来。

希特勒在开始他的长篇讲话的时候，先给工业家尝了一点甜头。他说："私人企业在民主的时代里不可能维持；只有在人民对权威和个人有正确的认识时才有可能……我们今天所有的一切财富物资都是上帝的选民努力的结果……我们绝不能忘记，任何文化的好处，都必须或多或少地用铁拳来传播。"他向企业家们保证，他将"消灭"马克思主义者，恢复国防军。后者同克虏伯、联合钢铁公司和伊·格·法本企业这种工业关系特别大，如果重整军备，它们是肯定有好处的。希特勒最后说："现在我们面临的是最后一次选举了。"他还向他的听众保证："不管［选举的］结果如何，绝不会有任何让步。"如果他在选举中不能获胜，他也要"以其他手段……用其他武器"继续执政。戈林所谈的比较联系实际问题，他强调有必要做出"钱财上的牺牲"，"如果企业界认识到，3月5日的选举将肯定是今后十年中最后一次选举，也很可能甚至是今后一百年中最后一次选举，他们承担［这种牺牲］一定会容易得多了"。

所有这些话，在场的工业家是听得很明白的，对于讨厌透顶的选举、民主和解除武装将告一结束的诺言，他们的反应很热烈。据蒂森的材料，军火大王克虏伯在1月29日曾要求兴登堡不要任命希特勒，这时却马上站了起来，对总理"给我们看到这么清楚的一幅图景"，代表企业家们表示"感激"。沙赫特博士接着就开始请他们认捐。他在纽伦堡回忆说："我募集到了300万马克。"[3]

1933年1月31日，即希特勒被任命为总理的次日，戈培尔在他的

日记中写道："同元首一起开会时，我们定下了对赤色恐怖进行斗争的方针。目前我们暂不采取直接的对抗行动。必须先让布尔什维克的革命尝试爆发出来。在适当的时候，我们就要采取行动。"

在竞选运动逐步展开的时候，尽管纳粹党当局的挑衅行动越来越多，但是仍然没有爆发革命的迹象，不论这一革命是共产党的革命还是社会民主党的革命。到2月初时，希特勒政府已经取缔了共产党的集会，封闭了共产党的报纸。社会民主党的集会不是被禁止举行，就是受到了冲锋队打手的捣乱阻挠。社会民主党的一些主要报纸一次又一次不断被勒令暂停出版，即使天主教中央党也没有逃脱纳粹恐怖。天主教工会领袖施特格瓦尔德想要在一次集会上讲话，遭到了褐衫队员的殴打。在另外一次集会上，冲锋队员打伤了好几个人，布吕宁不
190 得不要求警察保护。在竞选运动中总共有51名反纳粹分子被谋杀，纳粹党方面声称他们也有18人被打死。

戈林兼任普鲁士内政部长一职的重要性现在开始为人所注意到了，他不管他名义上的上级普鲁士总理巴本的约束，解除了普鲁士好几百名共和派官员的职务，而代之以纳粹党人，其中大部分是冲锋队和党卫军的长官。他命令警察要"不惜一切代价"避免同冲锋队、党卫军、钢盔队为难，但是在另一方面却要无情对付那些"敌视国家"的人。他要求警察"使用武器"，并且警告说，违令者将受到惩处。这等于公开号召占德国三分之二面积的一邦（普鲁士）的警察开枪打一切反对希特勒的人。为了保证无情地完成这项工作，戈林在2月22日成立了一支辅助警察部队，总共5万人，其中4万人来自冲锋队和党卫军，1万人来自钢盔队。因此，普鲁士的警察力量就基本上操控在纳粹党打手的手中了。只有没有头脑的德国人才会向这种"警察"要求保护，抵御纳粹恐怖分子。

但是，尽管有这种种恐怖，戈培尔、希特勒和戈林所等待的"布尔什维克革命"却没有"爆发出来"。要是挑衅的办法不能奏效，难

道不能用捏造的办法吗？

2月24日，戈林的警察搜查了共产党在柏林的办事处卡尔·李卜克内西大厦。共产党领袖在几个星期以前已经放弃这个地方了，他们有些人已转入地下，有些人已悄悄地溜到俄国。但是地下室里还有成堆的宣传小册子，这就足够让戈林在一份官方公报中宣称，搜获的“文件”表明共产党要发动一场革命。但是公众的反应，甚至政府中某些保守分子的反应，是持怀疑态度的。看来很明显，在3月5日举行选举之前，必须找到一些更加耸人听闻的东西来惊动一下公众。

国会纵火案

2月27日晚，德国四个最有权势的人分聚在柏林两处晚宴席上。在福斯街的外人不得进入的贵族俱乐部里，副总理冯·巴本在款待总统冯·兴登堡。在郊外戈培尔的家中，总理希特勒来吃便饭。据戈培尔的记载，他们当时没有谈公事，只是听听音乐，聊聊天。“突然，”他后来在日记中说，“汉夫施丹格尔博士来了电话：‘国会起火了！’我想他一定是在说假话，所以连提也没有向元首提起。”[4]

但是在贵族俱乐部进餐的人距离国会却只有一个拐角。 191

> 突然［后来巴本写道］我们看到窗外有一道红光，并且听到街上有人在喊叫。有一个仆人匆匆到我身边低声说：“国会起火了！”我马上转告总统。他站了起来。我们从窗口可以看到国会的圆尖顶，仿佛被探照灯照亮了一般。隔一会就冒出一道火舌和一团浓烟，使你瞧不清轮廓。[5]

副总理用自己的汽车把老总统送回家以后就匆匆赶到起火的国会。与此同时，戈培尔（根据他的日记）对普茨·汉夫施丹格尔的

“假话”又想了一想，觉得有点不妙，打了几个电话以后知道，国会的确起火了。在几秒钟之内，他和元首就“以每小时60英里的速度从夏洛滕堡公路驰赴犯罪地点”。

他们一到火灾地点就马上宣称，这是一件罪行，这是一件共产党犯的罪行。戈林比他们早到了那里，头上冒汗，嘴里喘气，兴奋得有点失常。据巴本后来说，戈林还赌咒发誓地说“这是共产党反对新政府的罪行”。戈林对新任的秘密警察头子鲁道夫·迪尔斯大声说：“共产党的革命开始了！我们一分钟也不能坐待。我们要毫不留情地对付他们。共产党干部一经查获，当场格杀勿论。今天晚上就把共产党议员统统吊死。”[6]

国会纵火案的全部真相究竟如何，也许永远不能见诸天日了。凡是知道真相的人，今天几乎都已死绝了，大多数是在事后几个月中被希特勒害死的。甚至在纽伦堡审讯的时候，这个案件的真相也不能完全大白，虽然有足够的证据可以相当没有疑问地确定，布置纵火以图达到自己政治目的的，正是纳粹党人自己。

在戈林的国会议长府下面，有一条地下暖气管通道，通到国会大厦。一个以前在旅馆中担任过侍者的柏林冲锋队长卡尔·恩斯特在2月27日晚上带领一小队冲锋队员经过这条地下通道到国会大厦，在那里洒了汽油和易燃化学品，然后很快地沿着原路回到议长府。与此同时，一个对纵火有特殊癖好的头脑愚钝的荷兰共产党人马里努斯·范德卢贝也偷偷地潜入了这座黑黝黝的陌生大厦，放了几把火。这个没有头脑的纵火狂真是上帝给纳粹党人送来的。他是在几天以前为冲锋队所发现的，他们听到他在一家酒馆里吹牛，说是曾经在好几座政府大厦中放过火，下一个打算要烧国会了。

纳粹党人居然发现了有一个神经错乱的共产党纵火犯决心要干他们自己决定要干的勾当，这样的巧合似乎是令人难以置信的，但是却有事实为证。放火这个念头，最初肯定是戈培尔和戈林想出来的。当

1933年2月27日，燃烧的国会大厦。

192 时在普鲁士内政部供职的汉斯·吉斯维乌斯在纽纶堡作证说："最初想到放火烧国会的是戈培尔。"秘密警察头子鲁道夫·迪尔斯在供词中还说，"戈林事先完全知道火是怎样起的"，因此命令他"在起火之前就准备好在起火后马上要加以逮捕的一批人的名单"。在第二次世界大战初期担任德军参谋总长的弗朗茨·哈尔德在纽伦堡追述，有一次，戈林曾经吹嘘过他的业绩。

> 在1942年元首生日的午宴上，谈话的话题转到了国会大厦的建筑及其艺术价值。我亲耳听到戈林打断大家的话，大声地说："真正了解国会大厦的，只有我一个人，因为是我放火把它烧了的！"说完，他还用他的手掌拍着大腿。*

看来很清楚，范德卢贝是受纳粹党人利用的。他们鼓励他去国会大厦放火。但是主要的工作是由冲锋队员干的，他当然完全被蒙在鼓里。事实上，后来在莱比锡举行审讯时就确定，这个荷兰傻瓜并没有足够的引火物可以在这么快的时间内把这座这么大的建筑物烧掉。在他潜入大厦以后两分半钟，中央大厅就剧烈地燃烧起来了，而他只有自己的衬衫当作引火物。根据专家们在审讯时提供的证词，几处大火都是大量化学品和汽油所引起的。显然，这些东西不可能由一个人带进大厦，这一个人也不可能在这么短促的时间内分身到这么多的地方，放起这么多处的火来。

范德卢贝当场被捕，据戈林后来在法庭上说，他当时想立即把范德卢贝绞死。第二天，共产党议会党团领袖恩斯特·托尔格勒听说戈林把他株连在内，就自行向警察局投案。几天以后，后来担任了保加利亚总理的一个保加利亚共产党人格奥尔基·季米特洛夫和另外两个

* 戈林在纽伦堡审讯时，矢口否认他同国会纵火案有任何关系。

保加利亚共产党人波波夫和泰涅夫被警察局拘押起来。他们后来在莱比锡最高法院受审，结果使得纳粹党人狼狈不堪，特别是使戈林狼狈不堪。季米特洛夫自任辩护律师，在一连串锋利的反诘中，很轻易地使戈林窘相毕露。根据法庭记录，戈林有一次大声向这个保加利亚人咆哮："滚出去，你这个混蛋！"

> 法官［向警官］：把他带下去。
>
> 季米特洛夫［被警官带下去］：你害怕我的问题吗，总理先生？[*]
>
> 戈林：等我们在法庭外面抓到你，给你点颜色看看，你这个混蛋！

托尔格勒和这三个保加利亚人被判无罪释放，但是这个德国共产党领袖却立即被加以"保护性拘留"，终于在第二次世界大战时瘐死 193 狱中。范德卢贝被判有罪，当即处决。[7]

尽管法庭屈从于纳粹当局，但是这次审讯使戈林和纳粹党人受到了很大的怀疑，只是为时已晚，起不了什么实际作用了。因为希特勒丝毫没有错过时机，已经充分利用了国会纵火案。

在起火后的次日（2月28日），他使兴登堡总统签署了一项"保护人民和国家"法令，这项法令暂时停止执行宪法中保障个人和公民自由的七项条款。这项法令自称是"防止共产党危害国家的暴力行为的预防措施"，它规定：

> 得以超出其他法律限度，允许限制个人自由，限制表达意见的自由，包括出版自由；限制结社和集会自由；对邮件、电报、

* 这时戈林已是普鲁士邦政府总理。——译者

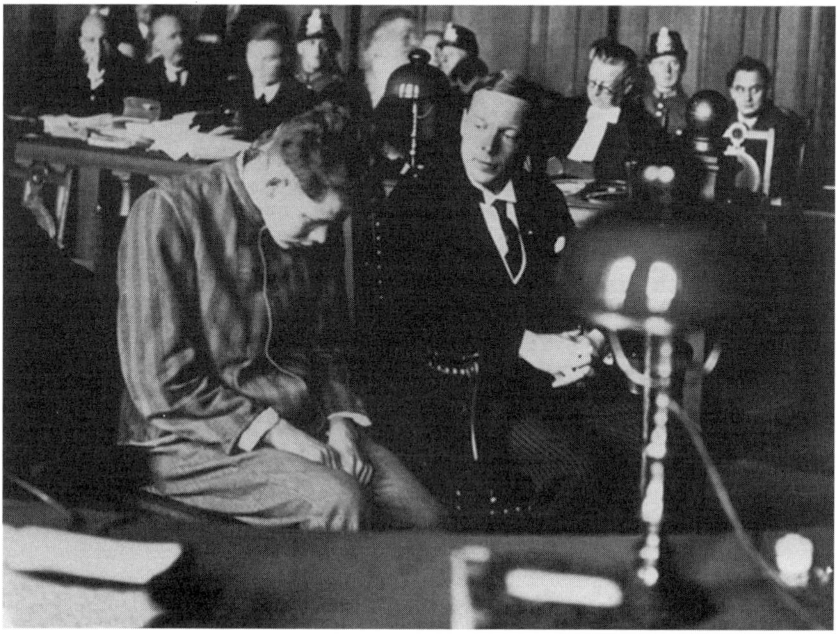

范德卢贝在莱比锡受审。

电话进行检查；对搜查住宅发给许可证件；发出没收以及限制财产的命令。

此外，这项法令还授权全国政府在必要时接管各邦的全部权力，对某些罪行，包括持有武器的人的“严重扰乱治安的行为”判处死刑。[8]

这样一来，希特勒不仅能够合法地任意钳制和逮捕他的反对者，而且由于他捏造的共产党威胁得到“公认”，也能够使千百万德国中产阶级和农民陷于恐惧之中，生怕如果他们在一个星期后的选举中不投纳粹党的票，布尔什维克就可能掌握政权。大约有4 000名共产党干部和许多社会民主党的及自由主义的领袖遭到了逮捕，其中包括一些国会议员，而根据法律，后者有豁免权，是不能逮捕的。这是德国人第一次尝到在政府支持下的纳粹恐怖的滋味。满车满车的冲锋队员在德国各个城市的街道中隆隆驶过，未经许可，破门而入，进行搜查，把受害者带走，投入冲锋队营房中，严刑拷打。共产党报纸和政治集会固然遭到了取缔，社会民主党报纸和许多自由主义报刊也被勒令停刊，民主党派的集会也不是遭到禁止就是遭到破坏。只有纳粹党人和他们的民族党盟友可以毫无阻碍地进行竞选。

纳粹党人现在手头掌握了全国政府和普鲁士政府的一切力量，财库里有着大企业方面来的充分经费，因此他们这次竞选宣传是德国历史上前所未有的。国营电台第一次把希特勒、戈林和戈培尔的声音传送到全国每一角落。装饰着卐字旗的街道上，冲锋队员列队而过的皮靴声不绝于耳。还有数不尽的群众大会，火炬游行，广场里的扩音器 194
叫嚣个不停。广告牌上尽是纳粹党的触目的招贴，入晚山顶上燃起了篝火。对选民威胁利诱，双管齐下，一会儿以德国天堂来引诱，一会儿又以街头的褐色恐怖来威胁，一会儿又以“揭露”共产党“革命”来恐吓。在国会起火后第二天，普鲁士政府发表了一项长篇声明，宣称它搜获的共产党“文件”证明：

> 要焚毁政府大厦、博物馆、宅邸、重要工厂……要把妇女儿童送到恐怖团体面前处死……焚毁国会是流血暴动和内战的信号……已经确定，今天要在德国全国对个人、对私有财产、对和平居民的生活采取恐怖行动，发生全面内战。

它保证发表“证明共产党阴谋的文件”，但是这个诺言从来没有兑现过。不过，普鲁士政府既然保证这种文件确实存在，这一点已经足够使许多德国人深信不疑了。

如果再不相信的话，戈林的威胁也许起了作用。他在3月3日即选举的前夕在法兰克福大声叫嚷说：

> 德国同胞们，任何司法上的考虑，都不能妨碍我的行动……

> 我不必担心法律，我的任务就是斩草除根，别无其他！……当然，我要充分利用国家和警察的力量，因此，亲爱的共产党朋友，不要得出任何错误的结论。而且要明白，我要同台下这些人——褐衫队员——一起领导这场殊死的斗争，在这场斗争中，我要掐住你们的脖子。[9]

前总理布吕宁在那一天也讲了话，但是他的声音几乎没有人听到。布吕宁宣称，他的中央党将反对任何推翻宪法的尝试，要求调查可疑的国会纵火案，呼吁兴登堡总统“保护被压迫者抵抗压迫者”。这一呼吁毫无效果。年老的总统继续保持沉默。人民已经受到了震动，现在是他们出来说话的时候了。

在1933年3月5日，他们在希特勒一生中最后一次民主选举的那天，用他们所投的票说话了。尽管有这种种恐怖和威胁，他们的大多数人仍反对希特勒。纳粹党人在选举中虽然以17 277 180票领先——比上次选举增加了大约550万票，但是在全部选票中仍然只占44%。希特勒仍旧没有能获得绝对多数。过去几个星期的迫害和镇压并不能够阻止中央党的选票得到实际的增加——从原来的4 230 600票增加到4 424 900票；把它的盟友天主教巴伐利亚人民党的票数加在一起，它一共得到550万票。甚至社会民主党也保持了它的第二大党的地位，共得7 181 629票，较前只少了7万票。共产党减少了100万支持者，
195 但是仍有4 848 058票。巴本和胡根贝格领导的民族党的成绩使他们极感失望，一共只得到3 136 760票，在全部票数中只占8%，比以前只增加了20万票不到。

尽管如此，民族党的52席加在纳粹党的288席上面以后，政府在国会中就有了16席的多数。要执行日常的政府工作，这也许已经够了，但是要达到三分之二的多数，那还相差很远，而希特勒为了实现

他那在议会同意下确立他的独裁地位的大胆新计划，是需要三分之二的多数的。

国家的“一体化”

这个计划极其简单，而且有着用合法的外衣掩盖攫夺绝对权力的好处。它的办法是，先要求国会通过一项“授权法”，在四年之内授予希特勒内阁全部立法权。说得再简单一些，也就是要求德国国会把宪法规定的职责移交给希特勒，而国会则开始长期休会。但是，由于这需要修改宪法，因此需要有三分之二的多数才能通过。

怎样取得三分之二的多数，在1933年3月15日的内阁会议上，就成了一个主要的议事项目。这次内阁会议的记录后来在纽伦堡公开了。[10]这个问题可以用国会81个共产党议员“缺席”的办法得到部分解决。戈林认为，余下来的问题就可以用“不让一些社会民主党人入场”的办法轻而易举地处理掉。希特勒情绪很高，自信颇大。因为，根据他在国会起火后第二天诱使兴登堡签署的“2月28日法令”，他可以逮捕任何数量的反对党议员，以保证三分之二的多数。天主教中央党方面还有一些问题，因为他们要求提供某种保证，但是总理相信，这个党是会同意他的。民族党领袖胡根贝格并不想把全部权力交给希特勒一人，他要求授权总统也参与起草内阁根据授权法颁布的法律。但是总统府国务秘书迈斯纳博士已经把自己的前途寄托在纳粹党方面，他答复说：“联邦总统没有必要参加。”他很明白，希特勒不想像过去历任共和国总理那样，受到顽固的老总统的掣肘。

但是在目前，希特勒希望向老元帅，同时也是向陆军方面和民族主义保守派做一个漂亮的姿态，通过这个姿态，把他的流氓革命政权同兴登堡的威望和普鲁士过去的一切军事荣誉联系起来。为了实现这个目的，他和3月13日就任宣传部长的戈培尔想出了一条妙计，由希

1933年3月21日，在波茨坦卫戍部队教堂举行的第三帝国第一届国会开幕式。

196 特勒在波茨坦卫戍部队教堂主持他要摧毁的新国会的开幕式。这个教堂是普鲁士主义的圣地，在许多德国人的心中能够唤起对于帝国的光荣伟大的回忆，因为腓特烈大王的遗体就埋葬在这里，霍亨索伦王朝的历代先王都曾在这里做过礼拜，兴登堡曾在1866年到这里来做过第一次朝圣，当时他还是一个年轻的禁卫军军官，刚参加了给德国带来了第一次统一的奥普战争归来。

第三帝国第一届国会选了3月21日作为隆重的开幕日期是大有深意的，因为这一天正好是俾斯麦在1871年主持第二帝国第一届国会开幕的日子。当身穿金光闪闪的制服的帝国时代遗留下来的老元帅们、海陆军将领们在前王太子和头戴骷髅骠骑兵的头盔、身穿威武制服的冯·马肯森陆军元帅的带领下进入会场时，腓特烈大王和铁血宰相的威灵赫然如临。

兴登堡显然大为感动，布置这次演出并且指导向全国广播的戈培尔在仪式进行时一度注意到——他还记在了日记中——老元帅热泪盈眶。总统身穿灰色军服，胸佩黑鹰绶章，一手捧着尖顶头盔，一手执着元帅节杖，在穿着正式礼服显得有点拘谨的希特勒陪同下慢步进入会场，中途停下来向皇室旁听席上空着的德皇威廉二世的座位敬礼，然后到祭坛前宣读了一篇简短的讲话，表示支持希特勒新政府。

> 愿这个著名圣地的传统精神贯彻到今天的一辈青年中去，愿这种传统精神把我们从自私自利和党争中解脱出来，在民族自觉中团结起来，建立一个自豪的、自由的、统一的德国。

希特勒的答词极其狡猾，旨在打动济济一堂的旧秩序代表的同情心，骗取他们的信任。

> 无论皇帝、政府或人民都不要战争。只是由于国家的崩溃才迫使一个备受凌辱的民族违反它的极其神圣的信念，承担了这次战争的罪过。

说到这里，他转身向巍然坐在前面不远的兴登堡说：

> 由于过去几个星期中发生了一个独特的变化，我国民族荣誉得以恢复，而且由于您，陆军大元帅阁下，往日的伟大的象征和新的力量的象征联合起来了。我们向您致敬。感谢上帝的保佑：我国新的力量能有您领导。[11] 197

希特勒为了表示他对总统——也就是对这位总统，他在这个星期还没有结束之前，就要剥夺其全部政治权力——的敬意，走下讲台，到兴登堡面前深深一鞠躬，紧紧地同他握手。这时，戈培尔布置的照相机、摄影机、录音机都同时活动起来，镁光闪闪，机声轧轧，把德国陆军元帅和奥地利下士象征着新德国和老德国团结的庄严握手场面记录下来，让全国和全世界都能看到听到。

“在希特勒在波茨坦做了令人眼花缭乱的保证以后，”当时在场的法国大使后来写道，“这种人，像兴登堡和他的朋友，容克地主和保皇派贵族，胡根贝格和他的德国民族党人，国防军军官们这种人，怎么还会再有他们当初在看到他的党的违法乱纪行为时所怀有的疑惧呢？他们现在还能够拒绝给予他完全信任，满足他的一切要求，授予他所要求的全部权力吗？”[12]

两天以后，3月23日，当国会在柏林的克罗尔歌剧院复会时，答案就出来了。国会要讨论所谓授权法——正式名称为《消除人民和国家痛苦法》（*Gesetz zur Behebung der Not von Volk und Reich*）。它一共只有短短的五节，把立法权（包括国家预算的控制权）、批准同外国缔结条约权、宪法修正权都从国会手中拿过来移交给内阁，为期四年。此外，这项法律还规定，内阁制定的法律由总理起草，并且“可以不同于宪法”。但是任何法律不得“影响国会的地位”——这肯定是世界上最残酷的嘲弄了——总统的权力依旧“未变”。[13]

希特勒向聚集在这所华丽的歌剧院中的议员们发表了一篇特别有节制的讲话，着重指出了最后这两点。这所歌剧院一向专门演出轻松歌剧，它的旁听席上现在都坐满了身穿褐衫的冲锋队员，他们的满脸横肉和伤疤向人表明，不能允许人民代表在这里胡闹。

> 政府［希特勒保证］将只有在为执行极其必要的措施而必需的范围内使用这种权力。这并不威胁到国会或参议院的存在，总统的地位和权力依然未变……各邦的独立地位也不会改变。教会的权利不会受到限制，它们同国家的关系不会受到影响。非实行

这种法律不可的国内情况是很有限的。

这个脾气暴躁的纳粹党领袖的讲话听起来相当温和，几乎到了谦恭的程度；即使是反对党议员，要在当时第三帝国生命的初期能够充分识破希特勒的保证的价值，为时也还太早。尽管如此，在外面的冲锋队员的“交出全部权力”的鼓噪声中还是有一位反对党议员站了起来，反对这个未来的独裁者。这位议员是社会民主党领袖奥托·威尔斯，他的十几位同僚已被警方“拘留”。他态度镇静，昂然不屈地宣 198
称，政府可以剥夺社会民主党人的权力，但是剥夺不了他们的荣誉。

> 在这有着历史意义的时刻，我们德国社会民主党人庄严地保证要维护人道和正义、自由和社会主义的原则。任何授权法都不能给予你摧毁永恒的、不可摧毁的思想的权力。

希特勒盛怒之下，跳了起来，现在议员们看到了这个人的真正颜色。

> 你们来得晚了，但是你们还是来了！［他叫道］……你们已不再有什么用处了……德国的命运将会上升，而你们的命运将会下降。你们的丧钟已经响了……我不需要你们的投票。德国会得到自由，但不是靠你们！［热烈掌声。］

对共和国的削弱负有沉重责任的社会民主党人虽然将要失败，但是至少这一次，愿意坚持原则并且坚决反抗。但是天主教中央党却不愿意，而他们在政教斗争时却曾经成功地反抗过铁血宰相。该党领袖卡斯主教曾经要求过希特勒书面保证他将尊重总统的否决权。但是希特勒虽然在选举以前答应做出这个保证，却从来没有交出过这个保证。尽管如此，这位中央党领袖还是站起来宣布，他的党将投票赞成授权法。布吕宁继续保持沉默。投票马上举行，结果是441票赞成，84票（全部社会民主党人）反对。纳粹党议员们跳了起来欢呼，兴高采烈地跺着脚，然后同冲锋队员们一起高唱《霍斯特·威塞尔之歌》，这支歌不久就有了同《德意志高于一切》一样的地位，成了德国两首国歌之一：

> 旗帜高高飘扬！队伍整整齐齐。
> 冲锋队员们齐步向前……

这样，议会民主制度在德国终于被埋葬了。除了逮捕共产党人和一些社会民主党议员以外，一切都是在相当合法的情况下做到的，虽然同时也存在着恐怖。议会把它的宪法权力交给了希特勒，从而实行了自杀，虽然如此，它的尸体却抹上了防腐的油膏，一直摆在那里，到第三帝国的末日为止，偶然拿来充当希特勒大声咆哮的传声筒，它的议员以后都是由纳粹党一手挑选出来的，因为以后就再也没有真正的选举了。这一项授权法就是希特勒独裁政权的全部法律基础。从
199 1933年3月23日起，希特勒成了全国的独裁者，不受议会的任何约束，在实际上也不受年老多病的总统的任何约束。当然，要使整个国家和它的全部制度都置于纳粹的铁蹄之下，还有许多工作要做。不过，我们不久就可以看到，这也是在极其迅速的情况下用残酷无情的手段和阴谋诡谲的方法做到的。

“街头流氓，”用艾伦·布洛克的话来说，“攫夺了一个伟大的现代化国家的力量的控制权，流浪汉上台执了政。”不过是——正如希特勒从来没有停止夸口的那样——“合法地”用议会的压倒多数来达到这个目的的。德国人只能怪自己。

德国的最有权势的机构现在一个接着一个向希特勒投降，一声不吭、毫无反抗地自行消失。

在德国历史中始终坚持自己单独权力的各邦被开头刀。在3月9日晚上，也就是通过授权法以前两个星期，冯·埃普将军奉希特勒和弗里克之命，在少数冲锋队员的协助下，赶走了巴伐利亚政府，成立了一个纳粹政权。不到一个星期，希特勒就派出了国家专员去接管其他各邦，只有普鲁士例外，因为在这里戈林早已牢牢地处在控制地位了。3月31日，希特勒和弗里克第一次援用授权法，宣布了一项法律，解散普鲁士以外各邦的议会，命令它们按照最近一次国会选举结果的比例重新组织。共产党的议席则予以虚悬。不过这个办法只实行了一个星期。性急如火的总理在4月7日又颁布一项法律，任命了各邦的邦长，他们有权任命和撤换地方政府，解散议会，任命和撤换各邦的官员和法官。新任的邦长无一不是纳粹党人，他们“必须”执行“国家总理所制定的总政策”。

这样，从国会得到全部权力还不满两个星期，希特勒就完成了俾斯麦、威廉二世和魏玛共和国所从来不敢尝试的事情：他废除了历史上各邦的单独权力，使它们归属于掌握在他自己手中的国家中央权力之下。他在德国历史上第一次真正统一了德国，摧毁了它的历史悠久的联邦性质。在1934年1月30日，希特勒就任总理的一周年纪念日，他颁布了一项《国家重建法》，就正式完成了这个任务。这项法律取消了各邦的“人民议会”，各邦的主权移交给国家，邦政府隶属于全国政府，邦长受全国政府内政部长管辖。[14] 正如内政部长弗里克所说，“邦政府现在不过是国家的行政机构而已”。

1934年1月30日法律的前言宣称，这项法律是“国会一致表决通
过的”。这话并不错，因为到这个时候，除了纳粹党以外，德国的所 200
有政党都已被消灭殆尽了。

不能说它们在被消灭的时候是反抗过的。1933年5月19日，国

会中所有没有被捕或流亡的社会民主党人都毫无异议地一致投票赞成希特勒的外交政策。在此以前九天，戈林的警察还占据了该党的办公楼，没收了它的报纸和财产。但是，社会民主党人还想依顺希特勒。他们谴责在国外攻击元首的同志。6月19日，他们选举出一个新的党委员会，但是三天后，弗里克解散了社会民主党，认为它“颠覆和敌视国家”，这就使他们的妥协尝试告一结束。幸存下来的领袖保罗·洛贝和该党一些国会议员遭到了逮捕。至于共产党人，当然早已遭到镇压了。

剩下来的就只有中产阶级的政党了，但是，它们的寿命也并不长。天主教巴伐利亚人民党政府在3月9日的纳粹党政变中被赶下台，到7月4日就宣布自行解散；它的盟友中央党在过去曾经坚决地反抗过俾斯麦，一向是共和国的中流砥柱，但是在第二天也宣布解散，这样，在德国现代史上第一次没有了天主教的政党——不过，这个事实并没有妨碍梵蒂冈在两个星期后同希特勒政府达成一项协议。施特雷泽曼的老党人民党在7月4日自杀，民主党则在一个星期前就自杀了。

希特勒联合政府中的盟友德国民族党怎样呢？没有民族党的支持，这个前奥地利下士是绝不可能合法地掌握政权的。民族党尽管接近兴登堡、陆军、容克地主和大企业，尽管对希特勒上台有功，它还是同样乖乖地走上了所有其他政党所走过的道路。6月21日，警察和冲锋队占领了它在全国各地的办事处，6月29日，该党在六个月以前还曾经帮助希特勒进入总理府的态度强硬的领袖胡根贝格退出政府，他的手下人员“自动地”解散了民族党。

剩下来的只有纳粹党了，7月14日，一项法律规定：

> 民族社会主义德国工人党是德国的唯一政党。
>
> 凡维持另外一个政党的组织机构或组织一个新政党者，如其罪行不触犯其他规定而须受到更大的惩罚，则处以三年以下的徒

刑，或六个月到三年的拘禁。[15]

这种一党极权的国家，是国会放弃了它的民主职责后四个月内在几乎未受丝毫反抗的情况下建立的。

我们曾经谈到，自由的工会曾经用宣布总罢工这样一个简单办法，一度击溃过法西斯卡普政变，现在它们也像各政党和各邦一样， 201
被轻而易举地结束了生命，虽然在这以前它们还被施了一个巧妙的诡计。半个世纪以来，五一节一直是德国——和欧洲——的工人的传统纪念日。纳粹党政府在下手之前为了麻痹工人和他们的领袖，宣布1933年五一节为全国性纪念日，正式命名为“全国劳动节”，准备空前地大肆庆祝。纳粹党的这种对工人阶级表示特别友好的行动，使工会领袖们上了钩，他们热情地同政府和纳粹党合作来筹备庆祝。各地劳工界领袖都坐飞机到柏林来，成千上万的旗帜上写着纳粹政权同工人团结一致的口号，在柏林郊外的滕珀尔霍夫飞机场，戈培尔准备举行德国有史以来最盛大的一次群众示威。在群众大会之前，希特勒亲自接见工人代表，他宣称：“你们可以看到，说什么革命的对象是工人的说法，是多么不真实和不公正。情况恰好相反。”后来在飞机场对10万工人发表演说时，希特勒宣布了这句口号：“尊重劳动，尊重工人！”并且保证，要“世世代代”庆祝五一节来对德国工人表示敬意。

那天夜里，戈培尔在他的日记中用最华丽的辞藻描述了工人们参加他筹备得极其出色的五一节庆祝活动的热情后，加上了这么一句古怪的话：“明天我们将要占领工会办公处。他们将不会有什么抵抗。”[*16]

事实就是如此。5月2日，全国各地的工会办公处都被占领，工会

* 纽伦堡公布出来的一份文件表明，纳粹党策划摧毁工会已有一个时期了。莱伊博士在4月21日签发的一项秘密命令中有在5月2日使工会“一体化”的详细指示。由冲锋队和党卫军“占领工会产业”，将所有工会领袖“置于保护性拘留下”。工会经费要予以没收。[17]基督教（天主教）工会在5月2日没有受到侵犯。它们的末日是在6月24日。

经费被没收，工会被勒令解散，领袖被逮捕。许多人遭到了毒打，关进了集中营。工会联合会两位主席特奥多尔·莱帕特和彼得·格拉斯曼曾经公开保证同纳粹政权合作，然而也不能幸免。希特勒派去接管工会和建立德国劳工阵线的科隆纳粹党头子、嗜酒如命的罗伯特·莱伊博士这么说：“莱帕特和格拉斯曼之流可以高兴怎么样就怎么样虚伪地宣布他们忠于元首——但他们最好还是去坐牢。”这就是他们被送去的地方。

虽然在开始的时候，希特勒和莱伊企图让工人们放心，他们的权利会得到保护。莱伊在他的第一次宣言中说：“工人们！你们的组织对
202 我们民族社会主义者来说是神圣的。我本人是个贫农的儿子，知道贫困的滋味……我知道无形的资本主义剥削是怎么一回事。工人们！我向你们起誓，我们不仅将保持现有的一切，而且要进一步保护工人，扩大他们的权利。”

三个星期后，纳粹的诺言再一次证明是骗人的空话，那时希特勒颁布了一项法律，停止实行集体谈判的办法，并且规定今后将由他任命的“劳动托事”来“调整劳资合同”和维持“劳资和平”。[18] 由于劳动托事的决定在法律上有约束力，人人必须遵守，这项法律实际上就是取缔罢工，莱伊保证“要把绝对领导权交还给一个工厂的当然领袖——那就是雇主……只有雇主有权决定一切。许多雇主多年来必须到外面去请人来当‘一家之主’。现在他们又恢复做‘一家之主’了”。

暂时来说，企业界感到高兴了。许多雇主对民族社会主义德国工人党所做的慷慨捐助现在收到了效果。但是，企业要繁荣，社会必须要有一定程度的稳定。而在整个春天和初夏，德国的治安情况每况愈下，狂热的褐衫队匪帮在街上横冲直撞，任意逮人、打人，甚至杀人，而警察却站在一边袖手旁观。街头恐怖，并不像在法国大革命时期那样，是国家权威垮台的结果，相反，它是在国家鼓励，甚至常常

是在国家的命令下进行的，而这种国家的权威在德国从未达到过这么强大和集中的地步。法官受到了威胁，他们不敢判处一个冲锋队员，即使他犯了杀人罪行，因为若这样做，自己的性命就要不保。正如戈林所说，如今希特勒就是法律，到1933年5—6月间，元首还在宣布“民族社会主义革命还没有完成”“只有在新德国民族受到了教育以后才会胜利完成”。在纳粹党的辞典里，“教育”意即“恫吓”——到人人都驯顺地接受纳粹党独裁和它的野蛮暴行的程度。在希特勒看来——他已经不止一次地公开宣称过——犹太人不是德国人，虽然他并没有马上就消灭他们（在他上台后头几个月里，只有少数人——那是说，少数几千人——被剥夺了财产，受到了毒打，遭到了杀害），但是他颁布命令，不许他们担任公职、在大学里教书、从事自由职业。1933年4月1日，他下令全国抵制犹太人的商店。

在纳粹党解散讨厌的工会时一度过早感到高兴的企业家们，现在发现纳粹党中左翼分子当真相信该党的社会主义主张，企图控制雇主协会，解散大百货商店，把工业收归国有。成千上万的粗暴的纳粹党官员到过去不支持希特勒的企业登门拜访，有的扬言要没收这些企业，有的要求在企业中担任薪金优厚的职位。经济学怪物戈特弗里德·费德尔博士现在坚持要实现党的纲领——把大企业收归国有、国家分享利润、取消不劳而获的收入和“利息奴役制”。好像这还不足 203
以吓坏企业家似的，刚刚上任的农业部长瓦尔特·达里答应农民把他们所欠的债务本金勾销一大笔并把未勾销部分的利息降低到2%，这使银行家们提心吊胆，惶惶不安。

为什么不这样？希特勒到1933年仲夏时已是全德国的主人。他现在完全可以实行他的纲领。巴本尽管狡诈，这时却已完全无能为力，他原来以为他和胡根贝格以及旧秩序的其他保卫者在内阁中对纳粹党保有8对3的优势，能够控制希特勒，利用他来达到他们自己的保守目的，如今他的打算完全落空了。他自己就被轰下了普鲁士总理的职位，而由戈林来接替。他在全国政府中仍旧担任副总理一职，但是正如他后来悻悻然承认的那样，“这个职位是徒有虚名”。企业界和金融界的辩护士胡根贝格已经辞职，他的党已经解散。纳粹党中第三号人物戈培尔已于3月13日参加内阁，担任国民教育与宣传部长。像戈培尔一样，被认为是个“激进分子”的达里则担任了农业部长。

在德国经济系统中占据关键地位的国家银行总裁、保守分子汉斯·路德博士被希特勒免了职，卷起铺盖到华盛顿去当大使了。认识到纳粹主义的“真理和必要性”的前总裁、希特勒的忠实信徒沙赫特博士趾高气扬地在1933年3月17日继任了这个职位。在建设第三帝国的经济实力和为第二次世界大战准备军备方面，整个德国没有别人比沙赫特对希特勒的功劳更大了。他后来还兼任了经济部长和战时经济全权总代表。不错，在第二次世界大战前不久，他开始反对他所崇拜的偶像，终于辞去了或者说被解除了他的一切职务，甚至参加了那些密谋要暗刺希特勒的人一伙。他悔不该长期输诚效忠，以自己的声望为之助威，把自己的过人才能供其驱策。但是到那个时候，要在纳粹党领袖面前独挽狂澜，为时已经晚了。

“不许有第二次革命！”

希特勒轻而易举地征服了德国，但是当1933年夏天来临的时候，他还是有一些问题需要解决。主要的问题至少有五个：防止出现第二次革命；解决冲锋队与陆军之间令人不安的关系；使国家摆脱经济困境，为600万失业者寻找工作；在日内瓦裁军会议上为德国取得平等的扩军权利和加速德国在共和国末期开始的秘密重整军备工作；最后是决定由谁在年老多病的兴登堡去世后继承他的位置。

204 “第二次革命”这句话是冲锋队头子罗姆造出来的，他坚决主张要实现第二次革命。戈培尔后来也这么主张，他在1933年4月18日的日记中写道：“人民中间个个都在谈论一定要进行的第二次革命。这是说第一次革命没有完，现在我们要同**反动派**算账了。革命绝不能停下来。”[19]

纳粹党摧毁了左派，但是右派仍旧存在：大企业界和金融界，贵族，容克地主，牢牢地控制着陆军的普鲁士将军。罗姆、戈培尔和纳粹运动中的其他“激进分子”要把他们也清算掉。手下冲锋队已达200万人左右——几乎是陆军的20倍——的罗姆在6月间发出警告：

> 德国革命的道路上已经赢得了一个胜利……对推动德国革命起了很大作用的冲锋队和党卫军绝不允许革命在半途被出卖……如果有市侩认为民族革命的时间已经太久了……那么现在的确是应该结束民族革命，转而进行一场民族社会主义革命的时候了……我们将继续斗争——不论有没有他们在一起。而且，如果必要的话，向他们斗争……我们是完成德国革命的不可腐蚀的保证者。[20]

8月间，他又在一次演讲时说：“今天仍有担任官职的人对于革命的精神毫无了解。如果他们胆敢把他们的反动思想付诸实践，我们将要毫不留情地把他们干掉。”

但是，希特勒却有不同的想法。在他看来，纳粹党的社会主义口号只不过是宣传而已，只不过是在取得政权的道路上争取群众的手段而已。现在他既然已经取得了政权，对于这些口号就不再感兴趣了。他现在需要时间来巩固他的地位和国家的地位。至少在目前，必须巴结右派——企业界、陆军和总统。他并不打算使德国陷于破产的境地，从而危及他自己的政权的生存。绝不能有什么第二次革命。

他在7月1日对冲锋队和党卫军领袖的讲话中说明了这一点。他说，德国现在需要的是秩序。“对于任何破坏现有秩序的企图，我将同所谓第二次革命一样加以无情的镇压，因为这只会造成混乱。”7月6日，他在总理府对各邦的纳粹党邦长重新提出了这个警告：

> 革命并不是一种永久不断的事情，绝不能允许它成为这种事情。必须把革命的激流引导到逐步发展的安全的河道里去……因此，我们绝不能排斥一个好企业家，即使他还不是一个民族社会主义者，特别是，如果要接替他的位置的民族社会主义者一点都
> 205 不懂得他的业务。在企业中，唯一的标准必须是能力……
>
> 历史判断我们功过的时候，并不是根据我们撤换和监禁了多少经济专家，而是根据我们是否能够造成就业……我们并不因为纲领中的一些主张就必须干出愚蠢的事情来，把一切都弄得七颠八倒，而是必须明智地和谨慎地实现我们的思想。从长远来说，我们的政权越是有经济上的支持，它越是稳固。因此，各邦邦长必须做到，任何党组织都不得代行政府的职权，撤换或任命官员，这是全国政府的职责，至于企业方面，那是全国政府经济部的职责。[21]

没有比这段话更有权威地说明纳粹革命是政治性的革命，而不是经济性的革命了。为了证明他言之非虚，希特勒撤换了一些企图夺取雇主协会控制权的纳粹“激进分子”。他恢复了克虏伯·冯·波伦和弗里茨·蒂森在这些协会中的领导地位，解散了跟大百货商店捣蛋的中产阶级商人战斗联盟，任命卡尔·施密特继任胡根贝格为经济部长。施密特是企业家中最正统的一个，原任德国最大的保险公司安联保险公司总经理，他毫不迟疑地制止了那些把党纲天真地信以为真的纳粹党员们的打算。

在普通纳粹党员中间，特别是在希特勒的群众运动核心力量冲锋队员中间，失望情绪是很强烈的。他们大多数人属于失业和不满的

大军，由于本身经历，生来就反对资本主义，他们相信，他们在街头斗殴，对革命做了贡献，革命就一定会给他们带来报酬，不管是在企业中，还是在政府中，应该得到优厚差使。他们在春天时由于采取了一阵过火的行动而陶醉了一些时候，如今他们的希望破灭了。原来的人，不管是否党员，仍将保有原来的职位，并且保有任免大权。不过，这还不是冲锋队员中间骚动不安的唯一原因。

希特勒和罗姆过去在冲锋队的地位和宗旨的问题上的争吵，如今又爆发了。纳粹运动一开始的时候，希特勒就主张，冲锋队员应该是一支政治力量而不是军事力量。他们应该提供纳粹党在取得政权的道路上所需要的暴力和恐怖。而在罗姆看来，冲锋队不仅是纳粹革命的骨干力量，而且是未来革命军的核心，这支革命军对希特勒的作用，正如法国大革命后法国义务军对拿破仑的作用一样。现在已是这样的时候了，应该推开反动的普鲁士将军（他轻蔑地称他们为“老傻瓜”），组织一支革命的军队，一支人民的军队，由他和他的那些征服了德国街道的强悍的助手们来领导。

这种想法同希特勒的想法大相径庭。他比罗姆或任何其他纳粹党
人更加清楚，没有陆军将领的支持，或者至少说没有他们的默许，他 206
是不可能取得政权的；至少在目前，如果他要继续执政，在一定程度上就要取决于他们的继续支持，因为他们仍旧有着如果高兴就可以撵走他的实际力量。而且希特勒也预见到，在不会很久的将来，当86岁的总司令兴登堡逝世的时候，他在这个关系重大的时刻，将需要陆军对他个人的忠诚。此外，这个纳粹党领袖还相信，只有军官团才能帮助他实现他那在一个短时期内建立一支强大而纪律严明的军队的目标，因为军官团有着它的军事传统和人才。而冲锋队只不过是一群乌合的暴徒，只能在街头殴斗闹事，很少有现代军队的价值。况且，它的任务现在已经完成了，从今以后，就必须很有策略地使它退出舞台。因此，希特勒的看法和罗姆的看法是不可调和的，从1933

年夏天开始到次年6月30日，这两个又是纳粹运动的元老又是亲密的朋友（恩斯特·罗姆是希特勒以亲密的“你”而不是以客气的“您”相称呼的唯一的人）之间，一直在进行着一场简直是你死我活的斗争。

罗姆于1933年11月5日在柏林体育馆对15 000名冲锋队长发表演讲时，表达了冲锋队员们中间深深失望的情绪。他说:“我们常常听说……冲锋队已经失去了存在的理由。”但是他警告说，事实并非如此。可是，希特勒的态度很坚决。他于8月19日在巴德戈德斯贝格曾经警告说:“冲锋队同陆军的关系必须是同政治领导的关系一样的关系。”9月23日，他在纽伦堡讲话时说得还要清楚：

> 今天，我们应该特别记得我国陆军所起的作用，因为我们大家都很清楚，在我们革命的日子里，要不是陆军站在我们一边，我们今天就不会在这里开会了。我们可以向陆军保证，我们将永远不会忘掉这一点，我们认为，他们是我国军队光荣而历史悠久的传统的继承者，我们将全心全意地、竭尽全力地来支持陆军的这一精神。

在这以前，希特勒曾秘密地向军队做了保证，因此争取到许多高级军官倒向他的一边。在1933年2月2日，即他就职后两天，他在陆军总司令冯·哈默施坦因将军的家中向陆海军高级将领讲了两个小时的话。埃里希·雷德尔海军上将在纽伦堡审讯时透露了纳粹总理同军官团第一次会谈的大意。[22] 他说，希特勒消除了高级将领们原来以为可能要军队从事内战的担心，他还保证，陆军和海军现在可以放手致力于迅速重新武装新德国这项主要任务。雷德尔海军上将承认，他对于建立一支新海军的前景是极为高兴的。冯·勃洛姆堡将军后来在他未出版的回忆录中也说，元首打开了“一个使将来有无穷机会的活动余地”。勃洛姆堡于1933年1月30日匆忙就任国防部长一职，也就消除了陆军方面想要反对希特勒出任总理的任何打算。 207

为了进一步鼓起军方领袖们的热情，希特勒在4月4日设立了国防会议，来加紧执行一项重整军备的秘密新计划。三个月以后，在7月20日那天，总理颁布了一项新的陆军法，废除了民政法庭对军人的司法管辖权，取消了士兵的选举代表制，从而恢复了军官团的历史悠久的军事特权。许多陆海军将领开始从另外一个比较赞成的角度来看待纳粹革命了。

为了给罗姆吃些甜头作为安慰，希特勒在12月1日任命他——与副党魁鲁道夫·赫斯一起——为内阁阁员，在1934年元旦又写了一封友好热情的信给这个冲锋队头子。他一方面重申“陆军有责任保卫国家，抵御境外敌人”，同时又承认“冲锋队的任务是确保民族社会主义革命的胜利和民族社会主义国家的存在”，并且承认，冲锋队的成绩“主要应归功”于罗姆。这封信最后说：

> 因此，在民族社会主义革命头一年结束的时候，我觉得必须向你，我亲爱的恩斯特·罗姆，对你为民族社会主义运动和德国人民所做出的不可磨灭的贡献表示感谢，并且向你保证，能够有你这样的人做我的朋友和战友，我对命运是多么感激。
>
> 你的怀着真诚友谊与感激之情的
>
> 阿道夫·希特勒[23]

这封用亲密的“你”来称呼的信，刊登在1934年1月2日纳粹党的主要日报《人民观察家报》上，对于暂时缓和冲锋队中存在的不满情绪起了很大作用。在圣诞节和新年的普遍善意气氛中，冲锋队和陆军的斗争、激进的纳粹党分子要求进行“第二次革命”的叫嚣暂时平息下去了。

纳粹外交政策的发端

《西方的没落》的作者奥斯瓦尔德·斯宾格勒在评论希特勒轻而易举地在1933年征服了德国和把德国纳粹化的时候说过这么一句话："这不是胜利，因为没有敌手。"他在那年年初就写道："这次攫夺政权——我是怀着忧惧的心情看着他们那么大张旗鼓地每天庆祝的。如果到取得真正的肯定的胜利时再这样，会更好些，也就是在外交方面取得胜利的时候。别的都不是胜利。"[24]

这位哲学家兼历史学家一度是纳粹党人的偶像，不过为时不长，
208 最后双方都失却了魅力。他当时的这种急躁态度未免过分。因为希特勒要着手征服全世界之前必先征服德国。一旦他消灭了国内的反对者——或者说他们自行消灭了——以后，他就马上转到了一直最使他感兴趣的方面：外交事务。

1933年春季，德国在世界上的地位不可能更糟糕了。第三帝国在外交上处于孤立、军事上陷于无力的地位，整个世界对于纳粹的暴行，特别是迫害犹太人，感到憎恶。德国的邻邦，特别是法国和波兰，态度是敌对的和多疑的，早在1933年3月，波兰在但泽举行了一次军事示威之后，毕苏斯基元帅向法国人表示最好联合起来对德国进行一次预防性的战争。甚至墨索里尼对于希特勒上台执政，事实上也并不热心，尽管在表面上他装出欢迎第二个法西斯国家出现的姿态。一个在潜力上大大地强于意大利的国家的元首，很可能不久就会使领袖黯然失色。一个狂热的泛日耳曼德国对奥地利和巴尔干各国会有野心，而在这些地方，那位意大利独裁者也已经提出过他的领土要求了。苏联对纳粹德国的敌意是很显然的，因为它是1921年以来共和制德国的唯一友人。这样，在一个充满敌意的世界中，第三帝国的确是孤立无友的。而且，它又没有武装，或者说，同它的高度武装的邻邦

对比之下，相对来说是如此。

因此，希特勒外交政策的当前战略和策略，是由德国的软弱和孤立处境这个残酷现实所决定的。但是，自相矛盾的是，这种处境又提供了符合他自己和大多数德国人民最强烈的希望的自然目标：在不致引起制裁的情况下摆脱《凡尔赛和约》的束缚，在不致引起战争的情况下重新武装。只有在他完成了这双重的短期目标以后，他才有军事力量，能毫无牵制地实现既定的长期外交目的，它的具体目标和方法是他早在《我的奋斗》中就十分坦率和十分详尽地规定了的。

第一件要做的事情，显然是以宣传裁军与和平的方法来迷惑德国在欧洲的敌手，同时张大眼睛寻找他们集体甲胄中的弱点。1933年5月17日，希特勒在国会发表了“和平演说”，这是他一生中最漂亮的演说之一，是欺骗宣传的杰作，它不仅深深地打动了德国人民的心，使他们团结在他的背后，而且在国外造成了一个深刻的、使人有好感的印象。就在前一天，罗斯福总统刚刚向44个国家的元首发出了一封动人的信件，概述了美国在裁军与和平方面的计划和希望，呼吁废除一切进攻性武器——轰炸机、坦克、机动重炮。希特勒很快地响应了总统的呼吁，并且加以充分的利用。

> 我在昨天晚上获悉罗斯福总统提出的建议，德国政府对他的建议表示最热烈的感谢。德国政府愿意同意这个克服国际危机的方法……对于那些希望合作起来维持和平的人来说，总统的建议是一件令人高兴的事情……德国完全愿意放弃一切进攻性武器， 209
> 如果有武装的国家也销毁他们的进攻性武器的话……德国也完全愿意解散它的全部军队，销毁它现有的少量武器，如果邻国也这样做的话……德国愿意同意任何庄严的互不侵犯条约，因为它并不想进攻别国，而只想谋求安全。

这篇演说，还有不少温和的词句和热爱和平的表白，使得忧心忡忡的世界感到又惊又喜。德国不要战争。战争是“疯狂透顶的事”。它会“造成现有社会和政治秩序的崩溃”。纳粹德国并不希望把其他国家的人民“德国化”。“上世纪的心理状态使人们认为他们要把波兰人和法国人变成德国人，这种心理状态同我们是格格不入的……法国人、波兰人和其他国家的人民都是我们的邻人，我们知道，任何事情都不可能改变这一客观现实，否则，这种事情在历史上是不可想象的。”

但是其中有一个警告。德国要求同所有其他国家享有平等待遇，特别是在军备方面。如果不能得到平等待遇，德国宁可退出裁军会议和国际联盟。

但是在西方世界同声庆贺希特勒出乎意料的讲道理的时候，这个警告没有得到注意。伦敦《泰晤士报》也认为，希特勒的平等待遇的要求是“驳不倒的”。工党机关报伦敦《每日先驱报》要求相信希特勒的话。保守的伦敦《旁观者》周刊认为希特勒已响应了罗斯福的呼吁，这个姿态使惶惶不安的世界有了新的希望。在华盛顿，据德国官方通讯社引述总统的秘书的话说：“总统对于希特勒接受他的建议感到很鼓舞。”

从这个性格暴躁的纳粹独裁者口中出来的，竟不是如许多人所预料的强横威胁，而是甜言蜜语，全世界都给迷住了。而在国会中，甚至社会民主党议员，那些还没有被投入牢中或自行逃亡的议员，也没有一个表示异议，都投票赞成希特勒的外交政策演说，使得国会能够一致地予以通过。

但是，希特勒的警告并不是空口说说的，当10月初看到协约国坚持要在八年之后才肯把它们的军备降低到德国水平的时候，他就在10月14日突然宣布，由于其他大国在日内瓦不肯给予德国平等待遇，德国立即退出裁军会议和国际联盟。与此同时，他采取了其他三个步骤：解散国会，宣布他将把他的退出日内瓦会议的决定交付全国公民投票来认可，最后命令国防部长冯·勃洛姆堡将军向军队发出秘密指示，如果国际联盟采取制裁行动，就要抵抗武装进攻。[25] 210

这个轻率的行动表明，希特勒在春天的和解演说是多么虚伪。这是他在外交方面的第一次公开赌博。它意味着从此以后，纳粹德国打算不顾任何裁军协定和《凡尔赛和约》而重新武装。这是有意的冒险——也是许多次有意冒险中的第一次。后来在纽伦堡公布出来的勃洛姆堡发给陆海军的秘密指示，不仅说明希特勒冒了可能受到制裁的风险，而且也说明，如果当初真的受到制裁，德国的处境是毫无希望的。* 这项指示规定了德军在西方对付法国和在东方对付波兰、捷克斯洛伐克的具体防线，命令它们要“尽可能久地守住”这些防线。从勃洛姆堡的命令中可以看出，至少德国的将军们对于德国防线是否能守住片刻是不抱任何幻想的。

在以后持续三年的时期中，直到德国1936年重新占领了已经被解除武装的莱茵河左岸，曾经发生了许多次危机，目前这次危机只是其中的第一次而已。当时，协约国本来是可以实行制裁的，倒不是因为希特勒退出裁军会议和国际联盟，而是因为违反《凡尔赛和约》中解除武装的条款，这种违约行为在德国存在至少已有两年了，甚至在希特勒上台以前就已经存在了。可以肯定地说，协约国在当时的军力是很容易压倒德国的，同样也可以肯定地说，如果采取这样一个行动，在第三帝国诞生的头一年就可以把它掐死。但是，这个前奥地利流浪汉的过人之处在于，在一段很长时期里，他对国外对手有多少胆略就像他当年对国内对手的估计一样，了解得极其到家，简直不可思议。在这次危机中，正如在以后一直到1939年连续不断出现的更大的危机中一样，胜利的协约国由于分歧太深刻、感觉太迟钝、眼光太短浅，以致不能了解莱茵河对岸所发生的事情的性质或者方向，因此没有采

* 早几个月，在5月11日，英国陆军大臣黑尔什姆勋爵公开警告说，德国如重新武装，就是破坏和约，将受到和约规定的制裁。在德国，一般都认为，制裁意味着武装进攻。

取任何行动。在这一点上，希特勒的估计是很正确的，正如过去和以后他对本国人民所做的估计一样。他很知道，在公民投票中，德国人民会表示什么意见。他把公民投票和国会清一色的纳粹党议员的新选举规定在1933年11月12日举行，这是在德国人的记忆中仍引起怨恨情绪的国耻日——1918年停战纪念日——的后一天。

11月4日，他在布雷斯劳举行的一次竞选大会上说："我们一定要使这一天在我国人民的历史上成为得救的一天——历史将这么记载：在11月11日，德国人民正式丧失了它的荣誉，而在十五年后的11月12日，德国人民又恢复了它的荣誉。"在投票的前夕，11月11日，德高望重的兴登堡向全国发表广播演说，支持希特勒："明天你们要表现
211 出坚决的民族团结和对政府的支持。同我和国家总理一起拥护权利平等和光荣和平的原则，让全世界看到，我们已恢复了德国的统一，而且在上帝的帮助下能够维持德国的统一！"

1933年11月12日，德国举行国会大选、公民投票退出国际联盟后，民众在街上游行庆祝。

在经过了十五年的挫折失望和对战败后果怀了十五年的愤懑不平以后，德国人民的反应几乎是一致的。合格选民之中约有96%参加了投票，其中有95%赞成德国退出日内瓦会议。至于赞成国会的单一纳粹党候选人名单（其中包括胡根贝格和寥寥几个非纳粹党人）的则有92%。甚至在达豪集中营中，被拘的2 242人中也有2 154人投票赞成那个把他们拘禁起来的政府！确实，在不少地方，对于没有出来投票或者票投得不对的人，曾经进行过威胁；而且在有些情况下，也曾经有人担心，如果投票反对这个政权，可能被侦察出来而受到报复。但是，即使把这种种保留计算在内，这次选举（至少其计算是诚实的）是阿道夫·希特勒的一次惊人胜利。毫无疑问，他那样反抗外面世界，是得到德国人民的压倒多数的拥护的。

在举行了公民投票和选举后三天，希特勒邀见波兰新任大使约瑟夫·利普斯基。会谈结束时发表了一份联合公报，这一公报不仅使德国公众，而且使外面世界都感到惊异。波兰政府和德国政府一致同意“用直接谈判的手段来解决两国共同有关的问题，并且为了巩固欧洲和平在相互的关系中放弃使用武力”。

在德国人的心中，波兰甚至是比法国更为可恨和更受鄙视的敌人。他们认为，《凡尔赛和约》缔造者的最不可饶恕的罪过是用一条波兰走廊把东普鲁士同德国隔绝，成立但泽自由市并把波兹南省及一部分西里西亚割让给波兰。割让部分的居民虽然是波兰人占优势，但是自从瓜分波兰以来一直是德国的领土。在共和国时期没有一个德国政治家愿意把波兰的占领看成是永久不变的事情。施特雷泽曼甚至不愿考虑同波兰签订“东方洛迦诺公约”来补充同西方签订的《洛迦诺公约》。国防军之父和共和国初期外交政策的决定者冯·塞克特将军早在1922年就告诉政府：“波兰的存在是不可容忍的，与德国生存的基本条件不能并存。波兰必须被消灭，而且一定是会被消灭的。”他又说，消灭波兰，“必须是德国政策的基本动力之一……波兰灭亡以后，《凡尔赛和约》的最坚强支柱之一法国的霸权也将完蛋”。[26]

希特勒看到，在灭亡波兰之前，必须先使它脱离同法国的联盟。他现在所采取的方针，除了最后的长远利益以外，还可以取得好几次
212 眼前利益。由于宣布放弃用武力来对付波兰，他就能够加强他的和平宣传，并且减轻由于他突然退出日内瓦会议而在西欧和东欧所造成的疑惧。由于诱使波兰人同他进行直接谈判，他就能够绕过国联并且削弱它的权威。此外，他不仅能够打击国联的“集体安全”概念，而且也能够破坏法国在东欧的联盟关系，在这种联盟关系中，波兰是个重要的堡垒。德国人民向来仇视波兰人，对此可能不了解，但是在希特勒看来，独裁政权之所以优于民主政体，有一点就是，不得民心的政策，如果长远来说能得到重要的结果，是可以暂时执行而不致引起内部吵闹的。

1934年1月26日，也就是希特勒在他执政第一周年纪念日出席国会开幕式的前四天，德国和波兰宣布了签订为期十年的互不侵犯条约。从这一天起，波兰——在毕苏斯基元帅的独裁下，它自己也刚刚肃清了议会民主的最后残余——开始逐步脱离自从1919年复国以来的保护人法国，而越来越接近纳粹德国。这是一条导致它在“友好和互不侵犯条约”远远没有期满之前就亡国的道路。

当希特勒在1934年1月30日向国会发表的演说中回顾过去一年的情况时，他可以自豪地说，这是在德国历史上获得空前成就的一年。在十二个月之内，他推翻了魏玛共和国，以他的个人独裁来代替共和国的民主，消灭了一切其他党派，只留下自己的政党，摧毁了邦政府和它们的议会，统一了德国，取消了联邦制，清除了工会，取缔了任何民主结社，把犹太人驱逐出了政治生活和自由职业界，取消了言论和出版自由，扼杀了司法独立，在纳粹党统治下使一个历史悠久、文化发达的国家的人民的政治、经济、文化、社会生活“一体化”。他

的这一切成就和他在外交事务上的坚决行动——使德国退出日内瓦国际联盟和宣布德国坚持享有大国平等待遇——都得到德国人民压倒多数的支持，秋天的公民投票和选举说明了这一点。

尽管如此，当他的独裁政权进入第二年的时候，纳粹党的头上却出现了一些乌云。

1934年6月30日的血腥清洗

天际出现乌云是由于三个互相有关的问题没有得到解决：党和冲锋队中的激进派领袖继续叫嚷“第二次革命”的问题，冲锋队和陆军之间冲突的问题，兴登堡总统的继承问题。随着春天的到来，兴登堡的寿命终于快到尽头了。

冲锋队现在已经扩大到了250万人，它的参谋长罗姆并没有因为 213
希特勒任命他为内阁阁员这样一种姿态或元首在元旦给他的友好的亲笔信而就此罢休。他在2月间向内阁上了一份长篇条呈，建议以冲锋队为一支新的人民军的基础，而将军队、冲锋队、党卫军以及一切退伍军人团体都置于一个单一的国防部的指挥之下。其含义很清楚，这个国防部要由他来担任部长。在军官团看来，再也想象不出有比这更令人反感的主张了。军官团的高级成员们不但一致反对这个建议，而且要求兴登堡支持他们。如果粗汉罗姆和他嚣闹的褐衫队员控制了陆军，军官阶层的整个传统就要毁掉了。此外，这些将军们听到现在已开始广泛流传的关于这个冲锋队头子周围一批同性恋的腐化堕落的传说，不免大为震惊。正如冯·布劳希奇将军后来在做证时所说：“重整军备这件事情是太重要、太困难了，不能允许盗用公款者、酗酒闹事者和同性恋参与其事。”

当时，希特勒还不能得罪陆军，因此他对罗姆的建议未予支持。事实也的确如此，他在2月21日还秘密告诉前来柏林讨论裁军僵局的安东尼·艾登，他愿意把冲锋队裁减三分之二，同意实行视察制度以保证留下来的人不受军事训练，也不武装。这个建议泄露以后更加促进了罗姆和冲锋队的怨恨。随着1934年夏天的来临，冲锋队参谋长和陆军总司令部之间的关系继续恶化。在内阁中，罗姆和冯·勃洛姆堡将军之间常常发生激烈争吵，3月间，这位国防部长向希特勒抗议说，冲锋队正在用重机枪秘密武装一支大规模的特别警卫队，冯·勃洛姆堡将军指出，这不仅是对陆军的威胁，而且由于它做得过分公开，也威胁到德国在国防军主持下进行的秘密扩军。

显然，在这个时候，不像头脑简单的罗姆和他的部下，希特勒考虑到了年老多病的兴登堡万一去世后的情况。他知道，老总统本人和陆军以及德国其他保守势力都赞成在总统去世后立即让霍亨索伦王室复辟，而他自己却另有打算。早在4月间，当诺伊代克方面向他和勃洛姆堡传来秘密的但是权威的消息说总统命在旦夕时，他就意识到必须采取大胆的行动。为了确保这一行动的成功，他需要军官团的支持；而为了取得这一支持，他准备做几乎任何让步。

同陆军进行秘密商谈的机会不久就自动出现了。4月11日，总理在国防部长冯·勃洛姆堡将军、陆军总司令男爵冯·弗里奇将军和海
214 军总司令雷德尔海军上将的伴同下，乘巡洋舰“德意志号”从基尔出发前往柯尼斯堡参加在东普鲁士举行的春季演习。希特勒把兴登堡病危的消息告诉了陆海军司令后，他在唯命是从的勃洛姆堡的支持下直率地提出，在国防军的支持下，由他来继任兴登堡为总统。为了报答军方的支持，他答应压制罗姆的野心，大大裁减冲锋队人数，保证陆海军继续做第三帝国唯一拥有武器的组织。据说希特勒还向弗里奇和雷德尔指出了陆海军大事扩充的前景，只要他们愿意支持他。对于一味讨好奉承的雷德尔来说，他愿意支持希特勒是没有问题的，但是弗里奇是个比较难办的人，他先要征求一下他的高级将领们的意见。

这次意见征求会是5月16日在巴特瑙海姆举行的。在把“‘德意

志号’协议”告诉他们以后，德国陆军高级军官们一致赞成支持希特勒为兴登堡总统的继承人。[27]对陆军来说，这个政治决定不久就会证明是具有历史意义的。由于自愿地把自己交给一个自大狂的独裁者的不受拘束之手，陆军这一行动就决定了它本身的最后命运。至于对希特勒来说，这笔交易将使他的独裁统治升到至高无上的地位。在顽固的老元帅去世以后，在霍亨索伦王室复辟的可能性被消除了以后，一旦他身兼国家元首和政府首脑，他就可以毫无忌惮地爱怎么干就怎么干了。他为了取得这个至高无上的权力所付的代价是微不足道的，不过是牺牲冲锋队而已。现在他有了一切权力，他就不再需要冲锋队了。冲锋队是一群乱哄哄的乌合之众，它的存在只会使他感到难堪。希特勒对将军们那种心胸狭隘的轻视，在这一年春天一定大大增加了。他一定这么想，只要付出少得惊人的代价就可以把他们收买过来。这就是他，除了6月间曾有一段情况不妙的时刻以外，一直到末日——他自己的末日和他们的末日——都没有改变的看法。

但是，夏天来临后，希特勒的困难还远远没有克服。柏林笼罩在一阵不祥的紧张气氛中。“第二次革命”的叫喊更响亮了，不仅是罗姆和冲锋队的领袖们，甚至戈培尔本人，在演讲中和他控制的报纸中，也发出了这种叫喊。而保守的右派、巴本和兴登堡周围的容克地主和大工业家，则要求停止革命，要求停止任意捕人、迫害犹太人、攻击教会，要求限制冲锋队员们的专横行为，要求消除纳粹党所制造的普遍恐怖。

在纳粹党内部，当时也正在进行着一场无情的争夺权力的新斗争。罗姆的两个最有势力的敌人戈林和希姆莱联合起来反对他。4月1日，戈林任命当时尚在罗姆指挥下的、属于冲锋队的一个分支机构的黑衫党卫军头目希姆莱为普鲁士秘密警察的头子，希姆莱立即开始建立一个他自己的秘密警察帝国。戈林在上一年8月经兴登堡晋升为步兵将军（虽然他是航空部长），他当然很乐意脱下他那敝旧的褐色冲 215

锋队制服而换上新军阶给他带来的比较漂亮的新军服，这次换装是有象征意义的：作为一个将军和军官阶层的成员，他在陆军反对罗姆和冲锋队的斗争中，立刻站到了陆军一边。为了在这场目前正在进行的弱肉强食的斗争中保护自己，戈林组织了他个人的警卫队“戈林将军邦警察队”，一共有好几千人，驻扎在他当年入伍的地方，利希特费尔德的前士官学校旧址，这个学校位于柏林郊外的战略要冲。

由于阴谋和反阴谋的谣诼纷纭，柏林的空气更加紧张了。冯·施莱谢尔将军不甘寂寞，也不甘心默认他已不再享有兴登堡、将军们和保守分子的信任，因而已成了无足轻重的人物，他又开始参与政治了。他同罗姆和格雷戈尔·施特拉塞尔保持着联系，当时有谣言（这些谣言有的传到了希特勒的耳中）说，他正忙着想达成协议，由他来代替老冤家巴本为副总理，由罗姆担任国防部长，冲锋队与陆军合并。当时柏林流传的内阁“名单”不可胜数，有的把布吕宁列为外交部长，施特拉塞尔为经济部长。这些消息，都是没有什么根据的，但是对戈林和希姆莱来说却是求之不得的。他们因为各有自己的理由，要打倒罗姆和冲锋队，同时与施莱谢尔和不满的保守分子算账，所以就把这些消息添油加醋地传到希特勒那里。而希特勒本来就多疑，在任何时候都不需要别人进什么谗言。戈林和他的秘密警察头子的目的不仅是要清洗冲锋队，而且要清算左右两边的其他敌人，包括那些过去曾经反对过希特勒而现在在政治上不再活跃的人。5月底，布吕宁和施莱谢尔得到警告说，有人已预定要暗杀他们。布吕宁悄悄地乔装逃亡国外，施莱谢尔则到巴伐利亚去度假，但是在6月底又回到柏林。

在6月初的时候，希特勒同罗姆摊了牌。据希特勒后来在国会所做的报告，这次摊牌持续了几近五个小时，“一直拖到午夜”。希特勒说，这是他想要同他的运动中最亲密的友人达成谅解的“最后一次尝试”。

> 我告诉他，我从无数谣言和许多忠实的老党员及冲锋队长的报告获得这样的印象，没有良心的人正在策划一个全国性的布尔什维主义的行动，这种行动只会给德国带来无穷的不幸……我最后一次恳求他自动放弃这种没有理性的做法，协力防止发生在任何情况下只会以灾难收场的事情。

据希特勒说，罗姆临分手以前向他“保证将尽一切可能把事情好好地解决”。但是实际上，据希特勒后来说，罗姆开始“准备在肉体上消灭我”。 216

这种说法几乎可以肯定是不确实的；虽然关于这次清洗的全面情况像国会纵火案一样也是永远弄不清了，但是一切现有的证据表明，这个冲锋队头子从来没有策划要除掉希特勒。不幸的是，已缴获的文件对这次清洗和对国会纵火案一样没有提供更多的情况，在这两件事情上，很可能，所有有关的文件都早已奉戈林之命销毁了。

总而言之，不论这两个老纳粹党人之间的长谈内容如何，在这次谈话以后一两天，希特勒就给了冲锋队整整一个月（7月）的假，在假期中，冲锋队员不得身着制服或举行游行或演习。6月7日，罗姆宣布他本人也请了病假，但是同时又发出一个强硬的警告说：“如果冲锋队的敌人希望在假期满后不会再召集冲锋队员归队，或者先召集其中的一部分归队，那么我们就让他们暂时去这么希望吧。在必要的时候，在必要的方式下，他们会得到答复的。冲锋队现在和将来都是德国的命脉。”

罗姆在离开柏林之前，邀请希特勒在6月30日到慕尼黑附近的维塞避暑小城会见冲锋队领袖们。希特勒欣然同意，而且也的确如约前往，然而其方式却不是罗姆所能预料到的。或许也不是希特勒本人在答应前往的时候所可能想到的。因为——据他后来向国会承认——他犹豫“再三，才做了一个最后的决定……我仍暗中希望，我能够使我的运动和冲锋队不致发生分歧这种不光彩的事，可以消除这种不幸的事而不致发生严重冲突”。

“必须承认，”他补充说，“在5月最后几天里，不断出现了越来越多的令人不安的事情。”事实确实如此吗？希特勒后来说，罗姆和他的同谋者做了占据柏林和扣押他的准备。但是如果确实如此，为什么所有的冲锋队队长都在6月初离开了柏林，而且更加重要的是，为什么希特勒在这个时间点离开德国，从而给冲锋队领袖们提供趁他不在的时候夺取国家的控制权的机会呢？

元首在6月14日飞往威尼斯同他的法西斯独裁者同行墨索里尼举行他们的第一次会谈。顺便提一下，这次会晤对这个德国领袖来说，进行得并不顺利，他穿了一件脏雨衣，戴着一顶旧呢帽，站在身穿黑色的法西斯制服、胸前挂满灿烂夺目的勋章、对客人颇有老前辈气派的经验丰富的“领袖”旁边，显得很不自在。希特勒回国时情绪颇为烦躁，他召集党内领袖于6月17日（星期日）在图林根的格拉小城开会，由他报告同墨索里尼晤谈的情况，研究国内日益恶化的局势。好像是命运摆布的一样，就在那一个星期日，在马尔堡大学城开了另外一个会，它在德国甚至在全世界引起了更多的注意，而且也促成了危
217 急的局势发展到高潮。

搞政治是外行的巴本，虽然被希特勒和戈林粗暴地推到了一边，但他名义上仍旧是副总理，仍旧享有兴登堡的信任。这时他忽然鼓起了足够的勇气，公开出来发言，反对他自己曾经尽了很大力气强加在德国身上的政权的暴行。他在5月间把病倒的总统送到诺伊代克，这是他最后一次看到他的保护者。当时衰弱的老元帅对他说：“事情搞得很糟糕，巴本，你来想点办法整顿整顿吧！”

受到了这样的鼓励，巴本接受了邀请，于6月17日到马尔堡大学发表演讲。这篇演讲基本上是他的一个私人顾问埃德加·容格写的。容格是慕尼黑一位杰出的律师和作家，信奉新教。不过演讲中的有些

思想是副总理的一位秘书赫伯特·冯·博泽和天主教行动组织的领袖埃里希·克劳泽纳提供的。这次合作后来让这三个人都送了命。这次演讲是一次大无畏的表现，并且由于容格的才华，这次演讲言辞雄辩，语调庄严。它要求停止革命，结束纳粹恐怖，恢复正常秩序和某种程度的自由，特别是新闻自由。巴本指名对宣传部长戈培尔博士说：

> 公开的光明正大的讨论比——譬如说——目前德国的新闻界状况对德国人民更有益处。政府［必须］记住这句老话："只有弱者才怕批评。"……伟大人物不是靠宣传制造出来的……如果我们不想同人民失去联系和团结，我们就不能低估他们的了解能力：我们不能老是牵着他们的鼻子走……任何组织，任何宣传，不论如何出色，光靠本身是不能长期维持人民的信任的……不能靠煽动……也不能靠对全国人民中无所凭借的一部分人进行威胁，而只有靠向人民开诚布公，才能维持人民的信任和忠诚。你把人民当笨伯，人民就不会信任你……我国全体同胞现在应该互相友爱，彼此尊重，团结起来，避免扰乱正直之士的严肃工作，制止狂热之徒的胡言乱语。[28]

这篇演讲传开以后，在德国受到普遍的欢迎，但是在格拉开会的一小批纳粹党人中间，却像爆炸了一颗炸弹一样。戈培尔立即采取行动，尽可能封锁这篇演讲。他禁止电台按原定计划在当天晚上广播这篇演讲的录音，并且禁止报上提到这篇演讲。他还命令警察到街头去没收已经刊载了这篇演讲的摘要的《法兰克福报》。但是，即使这位宣传部长的绝对权力也不足以防止德国人民和外界知道这篇反抗性演讲的内容。狡猾的巴本事先已把讲稿印发给驻柏林的外国记者和外交官，他自己的报纸《日耳曼尼亚报》也匆匆赶印了好几千份，秘密散发出去。 218

希特勒听到马尔堡演讲后，不禁勃然大怒。他在同一天下午在格拉发表的讲话中，谴责"自以为靠几句话就能够使一个国家的人民生活的复兴大业停顿下来的侏儒"。巴本因为演讲被封锁，也很气恼。他于6月20日赶去见希特勒，表示不能容忍"一个下级部长所采取的"这种封锁措施，坚称他是"作为总统的委托者"说话的，接着便提出了辞呈，并且警告说，他"将把此事立即报告兴登堡"。[29]

这个威胁显然使希特勒感到担心，因为他听说总统对目前局势感到很不高兴，正在考虑宣布戒严令而把权力移交给陆军。为了估量一下这个危及纳粹政权继续存在的危险的严重程度，他在第二天即6月21日飞到了诺伊代克去见兴登堡。他所受到的接待只有使他更加担心。接见他的是冯·勃洛姆堡将军，他立刻看出，他的这位国防部长平常对他的卑躬屈膝的态度已突然变了。相反，勃洛姆堡现在成了个严厉的普鲁士将军，他硬邦邦地告诉希特勒，他奉老元帅之命告诉希特勒，除非德国目前的紧张状态迅速过去，总统将宣布戒严令而把国家的控制权交给陆军。当希特勒获准在勃洛姆堡陪同下见到兴登堡时，老总统在短短几分钟里也只证实了勃洛姆堡传达的最后通牒。

对于纳粹党总理来说，这是一个极其不利的转折。不仅他继任总统的计划受到了威胁，而且如果陆军接管国家的话，他个人和纳粹党政府也将完蛋。他在当天飞返柏林时，一定考虑到，如果要生存，只有一个办法。他必须履行对陆军的诺言，镇压冲锋队，停止冲锋队长们所要求的继续革命。显然，有着德高望重的老总统的支持，陆军是不肯接受比这个还低的让步的。

尽管如此，在关系重大的6月最后的一个星期，希特勒还在犹豫不决——至少在这一点上犹豫不决：究竟对那些帮了他很大的忙的冲锋队头子们采取怎样激烈的措施。不过，戈林和希姆莱帮助他做了决定。他们已经开列了他们要算的账，他们要消灭过去和现在的敌人。他们只要使元首相信反对他的"阴谋"的严重性和迅速采取无情行动的必要性就行了。据希特勒最忠实的信徒之一内政部长威廉·弗里克在纽伦堡的证词，最后使希特勒相信“罗姆要发动政变”的是希姆莱。弗里克又说：“元首就命令希姆莱制止政变。”他说，希姆莱被派在巴伐利亚，戈林被派在柏林制止政变。[30]

陆军也在怂恿希特勒，因此对不久就要发生的野蛮暴行也负有一份责任。6月25日，陆军总司令冯·弗里奇将军命令陆军处于戒备状态，取消一切休假，军队不得离营外出。6月28日，罗姆被开除出德 219
国军官联合会——这等于是清楚地预告这个冲锋队参谋长要倒霉了。为了使得没有人——尤其是罗姆——对陆军的立场抱有任何错觉，勃洛姆堡采取了一个前所未有的行动，他于6月29日在《人民观察家报》上发表了一篇署名文章，表示“陆军……站在阿道夫·希特勒的背后……他始终是我们中间的一分子”。

因此，陆军是在要求进行清洗，但是它又不想弄脏自己的手。这件事必须由希特勒、戈林、希姆莱用他们的黑衫党卫军和戈林的特别警察来进行。

希特勒于6月28日星期四离开柏林前往埃森，去参加当地一个纳粹党领袖约瑟夫·特博文的婚礼。这次旅行及其目的很难说明他当时感到了有场严重危机迫在眉睫。同一天，戈林和希姆莱命令党卫军的特遣队和“戈林警察”处在准备状态。由于希特勒不在柏林，他们显然认为可以放手自由行动了。第二天，6月29日，元首视察了威斯特伐利亚的劳动服役营，下午回到莱茵河畔的戈德斯贝格，下榻在一个战时老战友德雷森在河畔开设的旅舍。那天晚上，戈培尔到了戈德斯贝格，在这以前，他似乎一直在犹豫不决，不知投向哪一边好，事实上，他一直与罗姆保持着秘密联系。这时他终于打定了主意，向希特勒报告了希特勒后来称之为来自柏林的“逼人情报”。卡尔·恩斯特已经动员了冲锋队。恩斯特原来是旅馆茶房，后来又在一家同性恋时常光顾的咖啡馆中当保镖，罗姆看中了他，让他当了柏林冲锋队长。

他虽然长得俊秀，但并不是一个聪明的年轻人。他当时相信，而且在24小时左右内死去以前也相信，他遇到了右派的政变，他要高呼“希特勒万岁”而死去。

希特勒后来说，直到这个时候——6月29日为止——他只决定要“剥夺参谋长［罗姆］的职务，暂时把他看管起来，逮捕一部分罪证确凿的冲锋队长……而且要向其他队长发出诚挚的呼吁，命令他们回来值勤”。

> 但是［他7月13日在国会中说］……在凌晨1点，我接到柏林和慕尼黑来的两份关于紧急集合的急电：第一份电报说，在柏林方面，已下令在下午4点紧急集合，5点要采取行动，先是进行突击，占领政府各部……第二份电报说，在慕尼黑方面已经向冲锋队发出紧急集合令，在晚上9点集合……这是造反！……在这种情况下，我只能做出一个决定……只有无情的流血的镇压也许还能防止反叛的扩大……
>
> 凌晨2点，我飞往慕尼黑。

希特勒从来没有透露过这两份“急电”是从谁那里发来的，但是
220 不言而喻，“急电”是戈林和希姆莱发出的。可以肯定的是，其中情况是过于夸大了。在柏林方面，冲锋队长恩斯特所想到的最激烈措施不过是在那个星期六同他的新娘驱车前往不来梅，以便搭船到马德拉度蜜月。至于在南方，冲锋队“阴谋家”集中在哪里呢？

6月30日凌晨2点，当希特勒在戈培尔伴同下从波恩附近的汉格拉机场起飞的时候，罗姆上尉和他的冲锋队部下还在泰根湖畔维塞小城的汉瑟鲍尔旅馆的房间中高枕酣睡。西里西亚冲锋队长埃德蒙·海内斯是个判过刑的杀人凶犯，著名的同性恋，身材魁梧，像个钢琴搬运工人，但是却有一张女孩子气的脸。他正搂着一个小伙子睡在一

张床上。从罗姆把他的卫队留在慕尼黑这一点就可以看出，这些冲锋队头子们一点也没有准备进行反叛。看来，他们寻欢作乐的迹象很不少，阴谋叛乱的证据却没有。

希特勒和他的几个随行人员（包括他的新闻秘书奥托·迪特里希，平庸但是忠诚的汉诺威冲锋队长维克多·卢策这时也参加进来了）于6月30日星期日凌晨4点在慕尼黑着陆，发现已经采取了行动。原来纳粹党党内法庭调查解决委员会负责人瓦尔特·布赫少校和巴伐利亚邦内政部长阿道夫·瓦格纳在从前被判过刑的、同希特勒争夺过吉莉·拉包尔的埃米尔·莫里斯和马贩子出身、前舞场保镖克里斯蒂安·韦伯这样的希特勒老同伴的协助下，已经逮捕了慕尼黑的冲锋队头子，包括冲锋队邦队长施奈德胡贝尔，后者又兼任慕尼黑的警察局长。希特勒现在把他的怒气发作到歇斯底里的状态，他在内政部看到了这些囚犯。他大步走到前陆军上校施奈德胡贝尔面前，撕下他的纳粹肩章，责骂他“叛国”。

天刚蒙蒙亮，希特勒一行就坐了一长列汽车离开慕尼黑到维塞去。他们发现罗姆和他的朋友们在汉瑟鲍尔旅馆还高卧未起。他们粗暴地弄醒了他们。海内斯和他那年轻的男宠被拉下床来，押到旅馆外面，按照希特勒的命令就地枪决。据奥托·迪特里希的记述，元首单独走进罗姆的房间，把他痛骂了一顿，下令把他带到慕尼黑，关在施塔德尔海姆监狱，这个冲锋队头子在1923年参加希特勒的啤酒馆政变失败后曾在这里服过刑。这两个朋友对于第三帝国的建立，对于第三帝国的恐怖和堕落，比任何其他人起的作用都大，他们虽然经常意见相左，但是在发生危机、遭到失败、感到失望的时候却总是站在一起的。在历经十四年的艰辛患难之后，他们现在终于分手了。为希特勒和纳粹主义效劳的这个满脸伤疤、性格暴躁的打手，就这样结束了他惹是生非的一生。

希特勒吩咐手下把一支手枪留在他的老同志的桌上，他显然认为这个最后的举动是够朋友的。但是罗姆不愿用这支手枪。据说他这么说："如果要杀死我，让阿道夫自己来杀吧。" 据二十三年后1957年5
221 月在慕尼黑战后审判中一个警官的目击证词说，两个党卫军军官进了牢房，对准罗姆开枪。这个证人说："罗姆当时想说话，但是党卫军军官禁止他开口。于是罗姆就站得笔直——他上身给脱光了——露出满脸轻蔑的神色。"* 他就这样死去了，死况之暴烈不下于他生前的作为。对于他曾经出了很大力气帮助达到任何其他德国人所从未达到过的那么高地位的那个朋友，他只有轻蔑的份儿，而且几乎可以肯定地说，像那一天横遭杀戮的好几百个人一样——比如施奈德胡贝尔，据说他当时大声说："各位先生，我不知道这到底是怎么一回事，可是请对准开枪吧。" ——他一点也不清楚到底发生了什么事，也不清楚为什么发生这件事，唯一清楚的是，这是一桩背叛朋友的行为，但是他万万想不到居然是阿道夫·希特勒干的，虽然他一生之中一直是生活在这种行为之中，而且自己也经常干这种勾当。

与此同时，在柏林，戈林和希姆莱也忙得够呛。他们一共搜捕了150名左右冲锋队长，排在利希特费尔德士官学校的一道墙前，由希姆莱党卫军和戈林特别警察所组成的行刑队枪决。

被枪决的人中有卡尔·恩斯特，他的汽车驶近不来梅时，他的蜜月旅行就被持枪的党卫军人员打断了。他的新娘和司机受了伤；他本人被打得失去知觉，用飞机送回柏林就刑。

在这个血腥的夏天周末横遭非命的不仅仅有冲锋队人员。6月30日早晨，在柏林郊外冯·施莱谢尔将军的别墅门口，有一小队穿便衣

---

* 1957年5月的慕尼黑审判还是1934年6月30日清洗的目击者和参与者第一次有机会公开谈到这次清洗。在第三帝国时期，这是不可能做到的。1934年时希特勒的党卫军长官塞普·迪特里希，据作者本人的记忆，是第三帝国最残暴的人之一，施塔德尔海姆监狱的处决就是他指挥的。后来在战时他曾任武装党卫军上将。由于纵容杀害1944年凸出地带战役中被俘的美军战俘，他被判处二十五年徒刑。他于十年后获释，但在1957年又被带到慕尼黑，由于参与1934年6月30日的处决，于该年5月14日被判处十八个月徒刑。他的判决和米夏埃尔·利珀特的判决（后者是开枪杀死罗姆的两个党卫军军官之一）是参与清洗的纳粹刽子手第一次受到判决。

的党卫军人员在按门铃。当将军闻声前来开门时，就当场被击毙了，他身后的新婚只有十八个月的妻子——他以前一直独身未娶——也当场被杀。施莱谢尔的好友库尔特·冯·布雷多将军那天晚上也遭到了同样的命运。格雷戈尔·施特拉塞尔是星期六中午在他的柏林寓所被捕的，几个小时后根据戈林的亲自命令在阿尔布雷希特亲王大街秘密警察狱中被杀。

巴本比较幸运。他侥幸躲过了一死。但是他的办公室被党卫军搜查，他的主要秘书博泽在办公桌旁被击毙，他的秘密合作者埃德加·容格几天前已被秘密警察逮捕，被杀死在狱中，另一个合作者天 222
主教行动组织领袖埃里希·克劳泽纳在交通部办公室中被杀。巴本的其余工作人员，包括私人秘书施托青根男爵夫人在内，都被投入集中营。当巴本前去向当时已没有工夫说废话的戈林表示抗议时，据巴本后来追述，戈林“多少可以说”是向巴本下了逐客令，把他软禁在他的别墅中，外面有武装的党卫军重兵把守，割断了电话线，并且禁止巴本同外界有任何联系——这真是辱上加辱，但是这位德国副总理居然厚着脸皮受了下来。因为在不到一个月的时间内，他竟再次屈尊，从杀死他的朋友的纳粹党人手中接受了德国驻维也纳公使的新职。当时纳粹党人刚刚在那里暗杀了奥地利总理陶尔斐斯。

在这次清洗中到底有多少人被杀，这个数字一直没有确定过。希特勒7月13日在国会发言时宣布枪决了61人，其中包括19名“冲锋队高级领袖”，还有13人因“拒捕”被杀，3人“自杀”——总共77人。德国流亡者在巴黎出版的《清洗白皮书》中说有401人被杀，但它只举出了其中116人的姓名。1957年在慕尼黑审判时，提出的数字是“1 000多人”。

许多人纯粹是由于过去反对过希特勒而受到报复被害的，有的人则显然是因为知道内幕情况太多而被杀灭口的，至少还有一个人是因为被弄错了人而冤枉死去的。我们在前章已经讲到过古斯塔夫·冯·卡尔镇压1923年啤酒馆政变的事情，卡尔从此以后就一直退隐不问政治。但是他的尸体却被发现在达豪附近的一个沼泽中，显然是被人用利斧砍死的。希特勒没有忘记他，也没有原谅他。耶柔米派神父伯恩哈德·施丹佛勒曾经帮助编写《我的奋斗》，后来大概把他所知道的希特勒情人吉莉·拉包尔如何自杀的内情传布得太广了，他的尸体出现在慕尼黑附近的哈拉青森林中，脖子折断，心房中了三颗子弹。海登说，杀他的一帮凶手是由曾经向吉莉·拉包尔求过爱的老犯人埃米尔·莫里斯带领的。其他“知道内情太多”的人，还包括三个冲锋队员，据信他们是恩斯特火烧国会案中的同谋犯。他们同恩斯特一起被杀。

还有一个被杀的人值得一提。慕尼黑著名大报《慕尼黑新消息报》的著名音乐批评家维利·施密德博士6月30日晚上7点20分在慕尼黑沙克街他的寓所书房中拉大提琴，他的妻子在准备晚餐，他们的9岁、8岁和2岁的三个孩子在客厅里玩着。门铃刚响，就有四个党卫军出现，他们不问情由就把施密德博士架走。四天以后，他的尸体被放在棺材中抬回来，同时带来了秘密警察头子的命令，在任何情况下都不得打开棺材，原来党卫军暴徒把从来不过问政治的维利·施密德
223 博士误认为当地一个冲锋队长维利·施密德了，而后者也由另外一队党卫军逮捕枪决了。[*]

究竟有没有反对希特勒的阴谋活动？关于这一点，只有他的片面之词，见诸官方公报和7月13日他在国会的演说。他从来没有提出过任何证据。罗姆生前从来没有隐讳过他想要使冲锋队成为新军队的核心和由他领导新军队的野心。关于这一点，他肯定同施莱谢尔是有联

* 维利·施密德的妻子卡特·埃娃·霍尔林1945年7月7日在纽约州平汉顿提供的一份证词中谈到了她以前的丈夫被杀的经过。她是在1944年成为美国公民的。为了掩饰这次暴行，鲁道夫·赫斯本人亲自来见这个寡妇，对于这次“误会”表示歉意，并且为她从德国政府那里弄到了一份抚恤金。证词见纽伦堡文件L-35，《纳粹的阴谋与侵略》，第7卷，第883—890页。

系的，这最初是在后者担任总理的时候讨论过的。据希特勒的说法，施特拉塞尔或许也“被拉进来了”。但是这种谈论肯定不能构成叛国大罪。希特勒本人同施特拉塞尔也有联系，据奥托·施特拉塞尔说，希特勒在6月初还向施特拉塞尔表示愿意让他当经济部长。

起先，希特勒指责罗姆和施莱谢尔想寻找某个“外国”——显然指法国——的支持，并且指责冯·布雷多将军是“外国政策”的中间人。这是控诉他们是“卖国贼”的一部分罪状。虽然希特勒在国会演说中重又提出这些指责，并且用讥刺的口气谈道“一个外国外交官[不可能不是法国大使弗朗索瓦-庞赛]辩称同罗姆和施莱谢尔的会见是完全没有不良企图的”，他还是提不出证据来证实他的指责。他强词夺理地说，第三帝国中任何一个负责的德国人，在他不知情的情况下，即使去看看外国的外交官，就足以构成罪行。

> 如果德国有三个卖国贼安排……同一个外国政治家会晤……并且嘱咐别人不要让我知道这次会晤的消息，那么我就要把这种人枪决，即使他们能够证明，在这次对我保守秘密的会晤中他们所谈的不过是气候、古钱之类的话题。

当弗朗索瓦-庞赛强烈抗议那种说他也参与了罗姆“阴谋”的暗示时，德国外交部正式通知法国政府说，这种指责是完全没有根据的，德国政府希望大使依然留任。事实也的确如此，作者本人可以做证，弗朗索瓦-庞赛以后同希特勒的个人关系，继续比任何其他民主国家使节要好。

在开头发表的一些公报中，特别是在元首的新闻秘书奥托·迪特里希提供给公众的一份令人心惊胆战的目击者记述中，甚至在希特勒的国会演讲中，对于罗姆和其他被杀的冲锋队领袖的道德堕落情况谈 224
得都很多。迪特里希说，在维塞的旅馆床上逮捕海内斯和一个小伙子时的场面是“不堪描述的”。希特勒进行了头一批处决后，6月30日中午在慕尼黑向剩余的冲锋队长们讲话时也说，这些人仅仅从道德堕落这一点来说就罪该一死了。

但是希特勒从纳粹党成立之初起就一直知道，他的最亲信和最重要的跟随者之中有很大一批人是性变态者，是判过罪的杀人犯。例如，海内斯常常派冲锋队到德国各处为他寻找合意的男宠，是家喻户晓的事情。这种事情，希特勒过去不仅容忍下来，而且还为他们辩护；他曾经不止一次告诫他的党内同志对于一个人的个人道德不要过分挑剔，只要他是纳粹运动的狂热战士就行了。而现在，1934年6月30日，他却表示：他的一些老部下的道德堕落情况使他大吃一惊。

到7月1日星期日下午，人已经杀得差不多了。希特勒在前一天晚上已经从慕尼黑飞返柏林，这时在总理府花园中举行茶会。星期一，兴登堡总统对希特勒的“及时扑灭叛国案和拯救德国人民免于大难的坚决行动和个人的豪侠表现”表示感谢。他还对戈林在镇压“叛国案”中的“有力的和成功的行动”表示祝贺。星期二，冯·勃洛姆堡将军代表内阁向总理表示祝贺，使这次杀戮“合法化”，说这是“保卫国家”的必要措施。勃洛姆堡还向全军发布命令，表示陆军总司令部对于时局趋向感到满意，并且保证建立“与新冲锋队的融洽关系”。

没有疑问，陆军对它的敌手冲锋队的被消灭，当然是感到高兴的，但是一个军官团竟然默许而且公开赞扬政府进行德国历史上空前的一场屠杀，而在这场屠杀中，军官团自己的两名领导军官冯·施莱谢尔将军和冯·布雷多将军被诬为卖国贼而被悍然杀害，它还有什么荣誉可言呢？——更不用说面子了。只有85岁的陆军元帅冯·马肯森和前陆军总司令冯·哈默施坦因将军出来抗议这次对他们两个袍泽的杀害

1934年，血腥清洗之后等待见希特勒的德国民众。

和对他们两人提出的叛国罪名。* 军官团的这一行为是德国陆军史上的一个极大污点。这也是陆军目光短浅到令人难以置信程度的标志。 225

这些将军们同希特勒在1934年6月30日的违法乱纪行为沆瀣一气，甚至可以说是同杀人匪徒的行为沆瀣一气，就使自己处于这样一种地位：他们以后就永远不能反对纳粹党将来在国内的恐怖行为了，不仅如此，即使这种行为是针对国境以外，甚至是针对他们自己人的，他们也无法反对。因为陆军支持了希特勒的这一狂妄要求：他就是法律。或者按照他在7月13日的国会演讲中的说法："如果有人责备我，问我为什么不诉诸正常的法庭，那么我只能说：在这个时刻，我要对德国人民的命运负责，因此我就是德国人民的最高法官。"而且

---

* 这两位老将军继续努力为施莱谢尔和布雷多洗雪，终于使希特勒于1935年1月3日在柏林举行的一次党、军领袖秘密会议上承认，杀这两位将军是"弄错了"，并且宣布他们原属团队的光荣册上要恢复他们的名字。这次"恢复名誉"的消息在德国报上从来没有发表过，但是军官团把它当作了既成事实（见惠勒-本内特：《权力的报应》，第337页）。

希特勒还另外补充了一句:“将来人人都必须知道，如果有人竟敢举起手来打击国家，那么他的下场肯定是死路一条。”这个警告在以后整整十年中几乎一直伴随着这些将军们，直到他们之中终于有人奋不顾身，胆敢举起手来打击他们的“最高法官”。

此外，军官团以为，在6月30日那一天，他们终于一劳永逸地除去了纳粹运动对他们的传统特权和权力的威胁，这种想法也是自欺欺人的。因为除去了一个冲锋队，又来了一个党卫军。7月26日，党卫军因为执行处决有功，脱离冲锋队而独立，由希姆莱担任全国领袖，只听命于希特勒一人。没有多久，这支纪律严明得多的忠实部队的力量就大大超过了当初冲锋队的力量，而且作为陆军的对头，罗姆的褐衫队所做不到的，它却做到了。

但是在目前这个时刻，将军们却踌躇满志，颇为自信。因为希特勒在7月13日的国会演说中重申，陆军将继续是“武器的唯一持有者”。在陆军总司令部的要求下，总理终于除掉了竟敢不服从这一金科玉律的冲锋队。现在是陆军方面来履行“‘德意志号’协议”的时候了。

兴登堡之死

在整个夏天，似乎长生不老的兴登堡身体一天比一天坏，8月2日上午9点，他终于逝世了，享年87岁。三个小时后，中午时分宣布，根据内阁前一天制定的法律，总理的职务和总统的职务已经合并为一，阿道夫·希特勒已接管国家元首和武装部队总司令的权力。总统的职衔已予取消，希特勒的头衔将是元首兼国家总理。他的独裁大权至此就完全实现了。为了堵塞漏洞，他要军队全体官兵宣誓效忠——不是对德国，不是对宪法（他在兴登堡死后不举行继任选举就已违反

226 了宪法)，而是对他个人宣誓效忠。誓词如下：

我在上帝面前做此神圣的宣誓：我将无条件服从德国国家和人民的元首、武装部队最高统帅阿道夫·希特勒；作为一个勇敢的军人，愿意在任何时候为履行此誓言不惜牺牲生命。

到1934年8月为止，将军们如果要推翻纳粹党政权，本来是可以不费吹灰之力的，但是他们没有这么做，反而承认他是国内最高的合法当局，做了这样的效忠宣誓，从此以后使他们自己对阿道夫·希特勒个人承担了义务，而这样的誓言，不论对他们个人或国家多么不光彩，他们出于军人的荣誉感，在任何情况下都是一定要忠实遵守的。但是这个誓言在不少高级军官中间也会引起良心的不安，那是当他们公认的领袖走上了一条他们所反对并且认为可能导致国家灭亡的道路上的时候。但是这个誓言也使更多的军官有了借口来开脱他们个人在根据最高统帅的命令而犯下的难以名状的罪行中的责任，这个最高统帅的本性已在6月30日的大屠杀中表露无遗。德国军官团的惊人错误之一，从这个时候起，就是这种“荣誉”冲突所产生的。本书作者根据亲身经验可以证明，所谓“荣誉”是经常挂在他们嘴边的一个字眼，他们对此可以说有一种古怪的看法。在以后，他们常常为了忠于誓言这种荣誉感，而忘掉了自己作为人类的荣誉感，把他们军官团的道德准则践踏在污泥之中。

兴登堡死后，宣传部长戈培尔博士正式宣布，没有发现老元帅的遗嘱，因此必须断定他没有留有遗嘱。但是在8月15日，也就是德国人民举行公民投票批准希特勒接管总统职务的前四天，不是别人，竟是巴本找到了兴登堡的政治遗嘱，送去给了希特勒。遗嘱中赞扬希特勒的话为戈培尔在公民投票最后四天的宣传运动中提供了大好的材料，而在投票前夕又有奥斯卡·冯·兴登堡上校在电台发表广播讲话：

我父亲本人把阿道夫·希特勒视为他作为德国元首的直接继

承人，我现在根据我父亲的意愿，呼吁德国全体男女同胞投票赞成把我父亲的职务移交给元首兼国家总理。*

这几乎可以肯定说是不确实的。因为根据最可靠的现有材料，兴登堡建议在他死后让王室复辟，作为临终希望。但是遗嘱的这一部分

227 内容，阿道夫·希特勒却没有公开。

战后在纽伦堡讯问巴本的时候，以及后来他在回忆录中，终于弄清楚了一些——也许不是全部——老总统遗嘱的真相。虽然巴本不是一个绝对可靠的证人，他也许没有把他所知道的全部情况都说出来，但是他的证词是不能等闲视之的。兴登堡的遗嘱就是由他亲笔起草的，据他说，这是应老元帅自己的要求。

我的草稿［巴本在回忆录中说］建议，在他死后实行立宪君主政体，我特别提到合并总统和总理职务是不适宜的。为了避免得罪希特勒，当然也有一些嘉许纳粹党政权肯定的成就的话。

巴本说，他在1934年4月间把草稿交给兴登堡。

几天后，他要我再去见他，他对我说，他决定不采用我的草稿。他觉得……应该由全国人民来决定他们希望国家采取什么形式。因此他打算把关于他为国服务的叙述作为遗嘱，而把他关于王室复辟的建议作为一个临终希望在一封给希特勒的私人信中表示出来。当然，这说明我原来的建议的全部意义都取消了，因为关于复辟的建议已不再向全国人民提出了；希特勒后来曾对这一

* 现在希特勒擢升奥斯卡上校为上将，这件事是令人感到兴味的，或许也是很能说明问题的。见本书原文第181页。

在坦嫩贝格举行的兴登堡的葬礼仪式。

点充分加以利用。

要看到希特勒如何利用这一点，没有别的德国人比巴本处在更有利的地位了。

在兴登堡在坦嫩贝格下葬以后，我一回到柏林，希特勒就打电话给我。他问我兴登堡是否有政治遗嘱，如果有的话，我是否知道在哪里。我说，我要问问奥斯卡·冯·兴登堡。希特勒说："要是你能够尽快把这个文件送到我这里来，我将十分感谢你。"因此，我嘱咐我的私人秘书卡格内克到诺伊代克去问兴登堡的儿子，遗嘱是否仍在，是否可以让我把它转交给希特勒。因为我在5月底兴登堡离开柏林后就一直没有见过他，我不知道他有没有销毁那份遗嘱。

奥斯卡在他父亲死后没有能够马上找到这个重要的文件，这时却突然找到了。这不可能是一件十分困难的事情，兴登堡的副官冯·德·舒伦堡伯爵后来在解除巴本纳粹罪嫌的审判时所提供的证词证明了这一点。据他透露，总统在5月11日签署了两个文件，他的遗嘱和临终希望。前者致“德国人民”，后者致“国家总
228 理”。兴登堡最后一次离开柏林去诺伊代克时，舒伦堡是带了文件同他一起走的。巴本说，他当时不知道这件事。但是，他的秘书不久就从诺伊代克回来，带来了奥斯卡·冯·兴登堡给他的两个密封信封。

8月15日，巴本把它们带到贝希特斯加登交给希特勒。

> 希特勒极其仔细地读了这两个文件，并且同我们讨论了其中的内容。显然，兴登堡在那个表示他的临终希望的文件中的建议同希特勒的打算是有矛盾的。他因此利用了信封上写的致“国家总理阿道夫·希特勒”这一点。他说：“故总统的这些建议是向我个人提出的。是否发表它们，我以后再做决定。”我要求他把这两个文件一起发表，但是没有结果。交给他的新闻秘书发表的只有兴登堡叙述他为国服务的经过的一个文件，其中就写有嘉许希特勒的话。[31]

另外一个建议由霍亨索伦王室一个成员而不是由希特勒来担任国家元首的文件，后来下落如何，巴本并没有说起，也许他也根本不知道。在缴获的成千吨重的纳粹党秘密文件中并没有发掘出这个文件，因此很可能已被希特勒马上销毁了。

如果希特勒当初足够大胆地和正直地发表了这个文件，结果或许也不会有什么不同。早在兴登堡去世以前，他就在内阁通过一项法律，授予他总统权力。那是在8月1日，也就是老元帅死的前一天。

如果说这项“法律”是非法的，这一点在前奥地利下士已成为法律本身的德国也是不会造成什么不同结果的。这项法律之不合法，是十分明显的事。1932年12月17日，在施莱谢尔执政期间，国会曾经以三分之二的必要多数通过一项宪法修正案，规定在举行新选举之前应由最高法院院长而不是总理代行总统职务。虽然授权法（这是希特勒独裁的“法律”基础）授权总理可以制定与宪法相违背的法律，但是它明确禁止他窜改总统制度。

但是，事到如今，法律又有什么意义呢？在巴本看来，是没有意义的，因为他欣然从命，到维也纳去担任希特勒的公使，收拾纳粹党刺杀陶尔斐斯总理后所造成的混乱局面去了。在将军们看来，也是没有意义的，他们急于努力加强希特勒的军队。在工业家们看来，也是没有意义的，他们已经热心地转向有利可图的重整军备的生意。老派的保守分子，像外交部的冯·牛赖特男爵和国家银行的沙赫特博士这样“正直的”德国人都并没有辞职。没有一个人辞职。事实上，沙赫特博士在8月2日，也就是希特勒篡夺将死的总统的权力的那一天，还兼任了经济部长的职务。

那么德国人民呢？在8月19日，合格选民中约有95%去投了票，
其中有90%——3 800多万人——投票赞成希特勒篡夺大权。只有425 229
万德国人有勇气——或者说有愿望——投反对票。

难怪9月4日纳粹党在纽伦堡举行党代表大会的时候，希特勒信心百倍。我在第二天早晨看到他在挂满旗帜的卢伊特波尔德大厅像一个战胜的皇帝一样迈步进入会场，当时乐队高奏《巴登威勒进行曲》，三万只手臂一齐致纳粹党的敬礼。几分钟以后，他骄傲地坐在大讲台的中央，双臂交叉在胸前，两眼炯炯发光，当时巴伐利亚党组织领袖阿道夫·瓦格纳宣读了元首的文告。

> 今后一千年中，德国的生活方式已经确定了。19世纪的神经紧

张时代已与我们告别。在今后一千年中，德国将没有其他革命！

他是个凡人，不免一死，无法活到一千岁，但是只要他还活着，他将作为这个伟大民族历史上最有权力、最无忌惮的专制魔王来统治他们。德高望重的兴登堡已不在人世，没有人可以非议他的权威，陆军已处在他的股掌之中，立下了任何德国军人都不敢轻易违反的誓言，唯他之命是从。的确可以说，现在整个德国和全体德国人民都已在他的血腥的手掌之中，因为最后一批反抗者已经被消灭了，或者说永远消失了。

“真是好极了！”在举行了一个星期的令人精疲力竭的游行、演讲、盛大场面的活动，对一个政界人物进行了本书作者所看到的最狂热的颂扬以后，他在纽伦堡对外国记者们这么赞叹道。阿道夫·希特勒做了很大的努力从维也纳的街头爬到今天的地位。他现在只有45岁，今天的成就还仅仅是个开端。甚至在共和国覆亡后第一次回到德国的人也可以看出，不论希特勒对人类犯下了多大的罪行，他已经把德国人民身上长期压抑着的无可计量的动力发挥了出来。至于是为了什么目标，他在《我的奋斗》一书中和成百上千篇演讲中已经说得很明白，然而第三帝国国内的许多人，以及尤其是国外的许多人——几
230 乎每一个人——都没有注意到，或者没有理睬，或者只是觉得好笑。

注　释

1.《纳粹的阴谋与侵略》，第3卷，第272—275页（纽伦堡文件351-PS）。

2. 戈培尔：《恺撒霍夫》，第256页。

3. 见格奥尔格·冯·施尼茨勒的供词，《纳粹的阴谋与侵略》，第7卷，第501页（纽伦堡文件EC-439）。戈林和希特勒的演讲，《纳粹的阴谋与侵略》，第6卷，第1080页（纽伦堡文件D-203）。沙赫特的讯问记录，《纳粹的阴谋与侵略》，第6卷，第465页（纽伦堡文件3725-PS）。冯克的讯问记录，《纳粹的阴谋与侵略》，第5卷，第495页（纽伦堡文件2828-PS）。

4. 戈培尔：《恺撒霍夫》，第269—270页。

5. 巴本：《回忆录》，第268页。

6. 鲁道夫·迪尔斯：《晨星》，第194页。

7. 关于国会纵火案的责任，参见哈尔德的供词，《纳粹的阴谋与侵略》，第6卷，第635页（纽伦堡文件3740-PS）。1946年4月25日吉斯维乌斯受盘问的记录，《主要战犯的审讯》，第12卷，第252—253页。迪尔的供词，戈林的否认，《主要战犯的审讯》，第9卷，第432—436页，另见《纳粹的阴谋与侵略》，第6卷，第298—299页（纽伦堡文件3593-PS）。维利·弗里希华：《赫尔曼·戈林的兴亡》，第88—95页。道格拉斯·里德：《国会焚毁记》。约翰·根室：《欧洲内幕》（根室列席了莱比锡的审讯）。有不少人自称参与了纳粹党的纵火焚毁国会的事件，或者自称知道其内情，提出了许多证词，但是据我所知，都没有得到证实。其中较为可信的是民族党议员恩斯特·奥伯福伦和柏林冲锋队长卡尔·恩斯特的备忘录。这两个人在起火后数月内即为纳粹党人所暗杀。

8.《纳粹的阴谋与侵略》，第3卷，第968—970页（纽伦堡文件1390-PS）。

9.《纳粹的阴谋与侵略》，第4卷，第496页（纽伦堡文件1856-PS）。

10.《纳粹的阴谋与侵略》，第5卷，第669页（纽伦堡文件2962-PS）。

11.《德国政治文件集》，第1卷，1935年，第20—24页。

12. 弗朗索瓦-庞赛：《决定命运的年代》，第61页。

13. 法律原文，《纳粹的阴谋与侵略》，第4卷，第638—639页（纽伦堡文件2001-PS）。

14. 1933年3月31日、4月7日和1934年1月30日的法律，均见《纳粹的阴谋与侵略》，第4卷，第640—643页。

15.《纳粹的阴谋与侵略》，第3卷，第962页（纽伦堡文件1388-PS）。

16. 戈培尔：《恺撒霍夫》，第307页。

17.《纳粹的阴谋与侵略》，第3卷，第380—385页（纽伦堡文件392-PS）。

18. 1933年5月19日法律，见《纳粹的阴谋与侵略》，第3卷，第387页（纽伦堡文件405-PS）。

19. 戈培尔：《恺撒霍夫》，第300页。

20. 纳粹党：《月报》，第39期（1933年6月号）。

21. 7月1日和6日引文收在贝恩斯所编《希特勒演讲集》，第1卷，第287页和第865—866页。

22. 取自雷德尔海军元帅被俄国人俘虏后在莫斯科所写的《我同阿道夫·希特勒和党的关系》，这份材料后来在纽伦堡提出。见《纳粹的阴谋与侵略》，第8卷，第707页。

23. 贝恩斯：《希特勒演讲集》，第289页。

24. 斯宾格勒：《决定时刻》，第viii页。

25. 勃洛姆堡的指令，见《主要战犯的审讯》，第34卷，第487—491页（纽伦堡文件C-140）。

26. 特尔福德·泰勒在《剑与卐字》一书中引用，第41页。塞克特文件现藏在华盛顿国家档案局。

27."'德意志号'协议"的来源，见《1934年6月30日枪杀事件白皮书》，巴黎1935年出版，第52—53页。赫伯特·罗辛斯基在其所著《德国军队》一书第222—223页中证实了这一协定的条件。布洛克和惠勒-本内特在他们所著有关这一时期的著作中相信了这一点。5月16日与将军们召开会议的材料来源是雅盖·班诺瓦-梅兴所著《停战以来德国军队史》一书第2卷，第553—554页。

28.《副总理冯·巴本在1934年6月17日马尔堡大学学生会上的演讲》，柏林日耳曼尼亚出版社。

29. 巴本：《回忆录》，第310页。

30.《纳粹的阴谋与侵略》，第5卷，第654—655页（纽伦堡文件2950-PS）。

31. 巴本：《回忆录》，第330—333页。

第八章
第三帝国的生活：1933—1937年

就在这个时候，1934年夏末，我到第三帝国来生活和工作。新德国有许多事情使外国观察家获得深刻印象，使他们感到迷惑不解，甚至感到不安。绝大多数德国人似乎并不在乎他们的个人自由遭到剥夺，并不在乎他们的大量文化被摧残，被没有思想的野蛮状态所代替，也不在乎他们的生活和工作已经被管制到了即使是一个世世代代以来习惯于严格管制的民族也从未经历过的程度。

在那些不听话的人、以前的共产党人或者社会民主党人、过于自由主义或者过于和平主义的人和犹太人的头顶上，无疑笼罩着秘密警察的恐怖和对集中营的恐惧。1934年6月30日的血腥清洗是一个警告，它表明这帮新领袖会多么残酷无情。然而，初期的纳粹恐怖只影响到比较少的德国人的生命，而一个新来到的观察家多少有些意外地发现，这个国家的人民似乎并不感到他们在受着一个放肆而残忍的独裁政权的威吓和压制。相反，他们还怀着真正的热情支持这个政权。这个政权不知怎么使他们具有了一种新的希望和新的信心，使他们对国家前途具有一种惊人的信念。

希特勒正在清算过去，清算过去的一切挫折和失望。我们以后将详细地看到，他正在一步一步地，而且迅速地使德国摆脱《凡尔赛和约》的束缚，使胜利的协约国陷于狼狈的境地，并且使德国在军事上重新强大起来。这正是大多数德国人所希望的，为了达到这一目标，他们愿意做出这位领袖要求他们做出的牺牲：个人自由的丧失、斯巴达式的饮食（“大炮先于黄油”）和艰苦的工作。到1936年秋天，失业问题已大体上解决，差不多人人都又有了工作。[*] 人们可以听到被剥
夺了工会权利的工人们对着装着丰盛午餐的饭盒，一边吃着一边开玩 231
笑说，至少在希特勒的统治下已不再有挨饿的自由。“先公后私！”是那时候纳粹的一个流行口号，虽然有许多党的领袖，尤其是戈林，正在秘密地营私肥已，而且企业的利润也正在增长，但是，群众无疑已被表面上把社会福利放在私人利益之上的新“民族社会主义”笼络住了。

把犹太人排除在德国社会以外的种族法律，在一个外国观察家看来，是一种惊人的倒退到原始时代的做法，但是，既然纳粹的种族理论把德国人捧成社会中坚和主宰种族，这些法律就绝不是不得人心的。有时遇到很少数德国人——前社会民主党人或者自由主义者，或者是出身旧保守阶级的虔诚的基督徒——对迫害犹太人的行为感到嫌恶甚至反对，虽然他们曾帮忙减轻了一些个别的犹太人的困难，但是在挽回狂澜方面却没有出什么力。他们又能做什么呢？他们常会这样问你，而这却是一个不容易回答的问题。

德国人从受过检查的报刊和广播中含糊地听到一些国外的强烈反感，但是他们发现，这并不妨碍外国人大批地到第三帝国来，而且看来仍然对它的款待感到满意。因为纳粹德国，远较苏俄为大方，是听任全世界来观察的。[†] 游览事业生意兴隆，收进了大量急需的外汇。纳

---

* 从1933年2月到1937年春天，登过记的失业者人数从600万减少到100万以下。

† 而且，跟苏联形成对照，纳粹德国允许全体公民都可以到国外去旅行，只有列入秘密警察黑名单的少数几千人除外。虽然由于国家缺乏外汇，严格的货币限制条例使这样做的人大为减少，但是，这些货币限制条例并不比1945年以后对英国公民所实施的货币限制条例更为严格。关键是纳粹统治者们似乎并不担心一般德国人在访问民主国家后会受到反纳粹主义的感染。

粹领袖们似乎没有什么要隐瞒的。一个外国人，不管他多么反纳粹，都可以到德国来观察和研究他所希望了解的情况——只有集中营和军事设施除外，后者在所有国家都是如此。许多人都来观光。而许多人在回去时，如果说没有改变信仰，至少也已变得能够容忍“新德国”了，相信他们看到了他们所说的“肯定的成就”。甚至像劳合·乔治那样一个观察力敏锐的人，他曾经领导英国在1918年战胜德国，并且在那一年用“吊死德皇”的口号参加竞选，如今也可以在1936年到上萨尔茨山访问希特勒。他在离别时带回去对这位元首大为倾倒的印象，并且公开称赞这位元首是“一个伟人”，有眼光有决心解决现代国家的社会问题——尤其是失业问题，而这是英国仍在溃烂的一个创伤，在这个问题上，这位伟大的战时自由党领袖和他的《我们可以征服失业》的纲领在国内都没有引起人们的什么兴趣。

1936年8月在柏林举行的奥林匹克运动会，使纳粹党有了一个极好的机会，来让全世界对第三帝国的成就留下印象，而且他们充
232 分利用了这个机会。“犹太人恕不招待”的牌子悄悄地从店铺、旅馆、啤酒馆和公共游宴场所取了下来，对犹太人和两个基督教会*的迫害也暂时停止了，全国都装出最规矩的态度。以前任何运动会都没有过那么出色的组织工作，也没有过那么不惜工本的款待。戈林、里宾特洛甫和戈培尔为外国客人们举行了豪华无比的宴会——宣传部长在万湖附近的孔雀岛举行了“意大利之夜”的宴会，招待了一千多位宾客，场面之盛大简直像《天方夜谭》中的故事。客人们，特别是从英国和美国来的那些客人们，对所看到的情况印象非常深刻：这显然是在希特勒领导下团结一致的一个快乐、健康和友善的民族。他们说，这跟他们在报上读到柏林新闻时所得到的印象截然不同。

---

* 指基督教中的天主教和新教。——译者

1936年8月7日，柏林奥林匹克运动会开幕式，观众以纳粹礼迎接希特勒的到来。

希特勒与其他纳粹高官在柏林奥林匹克体育场。

然而，在这种外表的下面，在柏林举行奥林匹克运动会的那些兴高采烈的夏末日子里，为游客们所看不到的，而且确实为大多数德国人所忽视或者以一种令人惊奇的默默服从的态度来接受的，似乎存在着德国生活的退化过程，至少在一个外国人看来是如此。

当然，关于希特勒所颁布的对付犹太人的法律，或者关于政府所发起的对这些不幸的人的迫害，是没有什么隐瞒的。所谓1935年9月15日的纽伦堡法律，剥夺了犹太人的德国公民籍，使他们沦为“属民”的地位。这个法律还禁止犹太人和雅利安人通婚，禁止他们有婚姻以外的性关系，并且禁止犹太人雇用35岁以下的雅利安女仆。在以后几年里，补充纽伦堡法律的大约13项法令，使犹太人遭到完全的取缔。但是到1936年夏天，也就是德国充当奥林匹克运动会东道主使西方游客们十分惬意的时候，犹太人由于法律或者纳粹的恐怖手段——后者往往先于前者——而不能得到公私就业机会已到了至少其中有一半人生计无着的程度。在第三帝国的第一年即1933年，他们不得竞选公职，不得担任文官职务，不得在新闻界、广播业、农业、教育界、戏剧界、电影界工作；1934年他们被撵出交易所，虽然直到1938年才颁布禁令，不准他们当律师、从事医药业和商业，但是，实际上在纳粹统治头四年结束以前，他们就从这些行业中被排除出来了。

此外，他们不仅得不到大部分生活上的享受，而且常常得不到日用必需品。在许多地方，犹太人要买食物都感到困难，如果说不是不可能的话。在副食杂货铺、肉铺、面包铺和牛奶站的门上，挂着“犹太人不得入内”的牌子。在许多地方，犹太人甚至不能为他们的孩子购买牛奶。药房不卖药给他们。旅馆不让他们投宿。常常是，不论他们到哪里，总有“本市严禁犹太人入境”或者“犹太人进入此处安
233 全自行负责”的侮辱性牌子。在路德维希港附近公路上的一个急转弯处，有一块牌子，上面写着：“小心驾驶！急转弯！犹太人每小时75

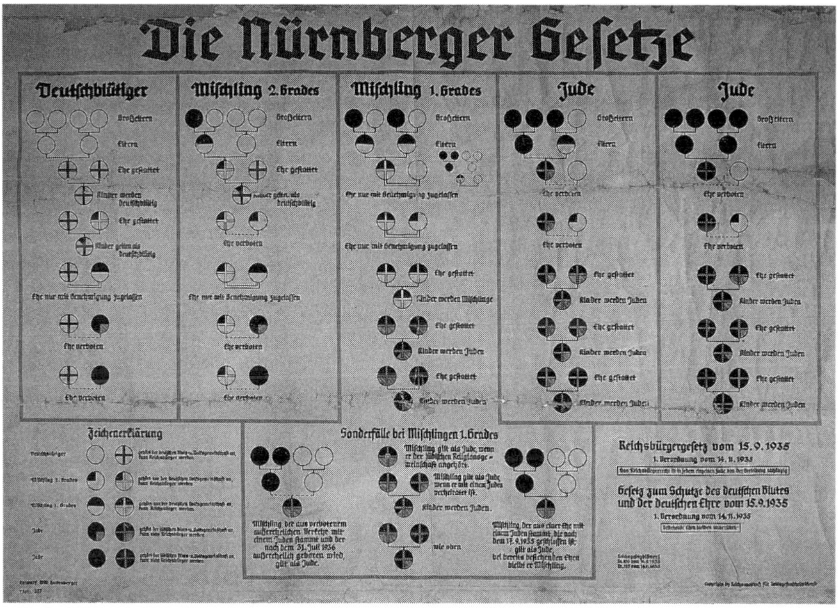

解释纽伦堡法律的图表，包括剥夺犹太人的德国公民籍、禁止犹太人与雅利安人通婚等。

英里！”*

这就是大约在德国举行奥林匹克运动会前后犹太人所处的困境。而这不过是一条很快就会导致他们遭到屠杀灭种的道路的开端。

对基督教会的迫害

纳粹对基督教会的战争开始得较为温和。希特勒名义上是一个天主教徒，虽然他曾在《我的奋斗》中痛骂天主教过问政治，并且因两个基督教会不能认识到种族问题而对它们加以攻击，但是，我们前已看到，他曾在书中警告说“一个政党不应该……忽视这样一个事实：

---

* 本书作者因为发了一条电讯，说这些反犹牌子中有一些在举行奥林匹克运动会期间被除掉了，而遭到德国报刊和电台的猛烈攻击，并且几乎被驱逐出境。

在以往的全部历史经验中，一个纯粹政治性的党派要进行宗教改革是从来没有成功过的”。党的纲领第二十四条要求给予“国内一切宗教派别以自由，只要它们对……德国民族的道德感情没有危险。党赞成积极性的基督教信仰”。1933年3月23日国会把自己作为立法机构的职权让给这位独裁者那天，希特勒对这个德国立法机构发表讲演，赞扬基督教信仰是“保障德国民族灵魂的要素”，答应尊重这些信仰的权利，宣称他的政府的“志向是谋求教会和国家之间的融洽协调”，而且说“我们希望改善我们和教廷的友好关系”——最后这一句话显然是为了获得天主教中央党的选票，结果他如愿以偿了。

过了差不多四个月不到，在7月20日，纳粹政府和梵蒂冈签订了一个契约，保证天主教的自由和该教会“管理它自己事务”的权利。这个协定由巴本代表德国，由当时的教廷国务卿帕切利主教，就是后来的教宗庇护十二世，代表教廷签署。这个契约墨迹未干，就被纳粹政府破坏了。但是，由于这个契约签订的时候正是这个新政权在德国的初期放肆行为引起全世界强烈反感的时候，它无疑使希特勒政府获得了非常需要的威望。*

7月25日，也就是批准这个契约后五天，德国政府颁布了一个净
234 化法令，特别使天主教会感到愤怒。五天后，开始采取了步骤来解散天主教青年联盟。在以后几年里，数以千计的天主教教士、修女和教徒中的著名人士遭到逮捕，其中许多人是由于“不道德”或者“外币走私”等捏造出来的罪名而被捕的。我们已经谈到，天主教行动组织的领导人埃里希·克劳泽纳是在1934年6月30日的清洗中被杀害的。数十种天主教出版物被禁止发行，甚至忏悔室的神圣性也遭到秘密警察的破坏。德国天主教的各级教士，像大多数基督新教牧师一样，起

* 教宗庇护十二世在1945年6月2日向教廷枢机院发表训谕时，为他所签订的这个契约辩护，但是把民族社会主义（因为他后来终于知道）说成是“对耶稣基督的狂妄背弃，对他的教义和他的赎罪事业的否定，对暴力的迷信、对种族和血统的盲目崇拜，对人类的自由和尊严的倾覆”。

先曾力图和新政权合作，但是到了1937年春天，他们的幻想完全破灭了。1937年3月14日，教宗庇护十一世发出了一个通谕《痛心已极》，指责纳粹政府"规避"和"破坏"契约，播种"怀疑、不睦、仇恨、中伤的莠草，播种公开和秘密的根本敌视基督和基督教会的莠草"。这位教皇在"德国的天际"看到了"摧残性宗教战争的险恶乌云……这种战争除了……灭绝人类以外没有其他目的"。

马丁·尼莫拉牧师曾亲自欢迎纳粹在1933年当政。这一年他的自传《从潜艇到教坛》已经出版。这位第一次世界大战中的潜艇艇长如何成为一个卓越的新教牧师的故事，受到纳粹报刊的青睐，得到了特别的颂扬，成为一本畅销书。尼莫拉牧师像许多新教牧师一样，认为共和国的十四年是"黑暗的年代"。[1] 在他的自传的结尾，他以一种满意的口气说，纳粹的革命终于胜利，它带来了他自己曾经为之奋斗已久的"民族复兴"。他的奋斗有一个时期是在自由军团中进行的，许多纳粹领袖都是该军团出身。

他很快就尝到了幻想破灭的可怕滋味。

德国的新教徒，像在美国的一样，分成许多教派。只有极少数——4 500万新教徒中的约15万人——属于浸礼教会和监理教会之类的各种独立教会。其余的人都属于28个路德教派和改革教派的教会，其中最大的是老普鲁士联盟教会，共有1 800万教徒。随着民族社会主义的兴起，新教徒又发生了进一步的分裂。其中较为狂热的纳粹分子在1932年组织了"德国基督徒信仰运动"，它的最狂热的领袖是一个叫作路德维希·米勒的东普鲁士军区随军牧师。他是希特勒的虔诚信徒，当初就是他从中拉纤，促成元首在冯·勃洛姆堡将军担任该军区司令的时候和后者相会的。"德国基督徒信仰运动"热烈拥护纳粹的种族学说和领袖原则，并且要把它们运用在一个全国性的教会中，这一教会将把全部基督教新教徒都吸收进来，成为一个全面组

织。1933年，“德国基督徒信仰运动”在总数17 000名牧师中拥有约
235 3 000名，虽然他们在一般信徒中的会员所占比例大概要大一些。

跟它对立的是另一个少数派集团，自称为“认信教会”。这个教会有差不多同样数目的牧师，后来由尼莫拉担任领导。这个教会反对使新教教会纳粹化，不接受纳粹的种族理论，并指斥罗森贝格和其他纳粹领袖的反基督教主张。大多数新教徒则介于二者之间，他们似乎很胆小，不敢参加这两个敌对集团中的任何一个。他们采取骑墙态度，大多数人最后终于都落入了希特勒的怀抱，承认他有权干预教会事务，服从他的命令而没有公开反对的表示。

除非人们知道德国新教徒的历史和马丁·路德的影响，否则是不容易了解大多数德国新教徒在纳粹执政初期的行为的。* 这位基督教新教派的伟大创立者，是一个热烈的反犹主义者，相信对政治权威的绝对服从。他希望德国清除掉犹太人，他主张在把他们打发走时没收掉他们的“全部现款、珠宝和金银”，还要“放火焚烧犹太人的会堂和学校，拆毁他们的房屋……让他们寄宿在棚子里或马厩里，像吉卜赛人那样……处于痛苦和监禁中，因为他们不断向上帝哭诉我们的不好”——这种主张在四个世纪后被希特勒、戈林和希姆莱不折不扣地加以奉行了。[2]

1525年的农民暴动也许是德国历史上唯一的人民起义，在这次暴动中，路德劝告王公们采取最残酷无情的措施来对付这些“疯狗”——这是他对这些铤而走险的、被蹂躏的农民的称呼。在这里，像他关于犹太人的言论一样，路德使用了直到纳粹当政时为止德国历史上没有可与之相比的粗暴野蛮的语言。这位巨人的影响在德国世代流传，特别是在新教徒中间。他还留下了另外一些后果，其中一个是，从16世纪起直到1918年王公贵族们被推翻时为止，德国基督教新教派轻易地成为专制主义的工具，世袭的国君和小邦诸侯们成了他

* 为了避免误解，不妨在这里指出，本书作者是个新教徒。

们领域里的新教教会的最高主教。例如在普鲁士，霍亨索伦国王是教会的首脑。除了沙皇俄国外，没有一个国家的教士们在传统上是那么完全屈从于国家的政治权威的。教士们差不多毫无例外地一致支持国王、容克地主和军队，在19世纪时他们竭尽本分地反对自由和民主运动的兴起。在大多数新教牧师看来，甚至魏玛共和国也是该诅咒的，不仅因为魏玛共和国废黜了国王和诸侯，而且因为它的主要支持来自 236
天主教徒和社会民主党人。在国会选举期间，人们不能不注意到，新教牧师们——其中尼莫拉是个典型——相当公开地支持共和国的敌人民族党甚至纳粹党分子。像尼莫拉一样，大多数牧师对阿道夫·希特勒在1933年崛起当总理表示欢迎。

他们很快就领教了希特勒获得政权所依靠的纳粹暴力手段。1933年7月，新教教会的代表们拟就了成立一个新的“全国教会”的组织法，7月14日得到了国会的正式认可。在选举第一任全国主教问题上立即发生了一场热烈竞争。希特勒坚持要让他的朋友、随军牧师米勒获得这个最高位置，在这以前希特勒已委任他为自己的新教教会事务顾问。教会联合会的领袖们则提出了著名的牧师弗里德里希·冯·博德尔施文。但是他们未免太天真了。纳粹政府出来干预，解散了若干地方教会组织，把新教教会的几个主要的德高望重的牧师停职，纵容冲锋队和秘密警察来对付不听话的牧师——事实上，对所有支持博德尔施文的人进行威吓。全国主教将由教议会选出，在选举教议会的代表前夕，希特勒亲自发表广播演说，“敦促”选举“德国基督徒信仰运动”的代表，而米勒就是他们的候选人。这种威胁很有效果。同时博德尔施文已被迫退出竞选。“选举”结果是大多数“德国基督教徒信仰运动”的代表当选，他们于9月间在维滕贝格——路德就是在这里首先公开反抗罗马的——教议会上选举了米勒为全国主教。

但是这位教会新头子是一个不中用的人，没有能力来建立一个统一的教会，或者把新教的会众完全纳粹化。在1933年11月13日，也就是德国人民在一次全国公民投票中以压倒的多数支持希特勒的第二天，“德国基督徒信仰运动”在柏林的体育馆举行了一个盛大的集会。这个教派的柏林教区领袖赖因哈特·克劳泽博士建议舍弃《旧约全书》“和它的牲畜贩子与拉皮条者的故事”，修订《新约全书》，使耶稣的教导“完全符合于民族社会主义的需要”。会上拟订了不少决议，主张“一个民族、一个国家、一个信仰”，要求全部牧师宣誓效忠于希特勒，坚持所有教会都实行雅利安化而排除改宗的犹太人。甚至对那些不肯参加教会战争的胆小的新教徒来说，这也使他们觉得太过分了，因此米勒主教被迫停止克劳泽博士的职务并表示不同意他的意见。

实际上，纳粹政府和教会之间的斗争，是一个由来已久的什么权限归君主、什么权限归上帝的斗争。就新教徒而言，希特勒坚决主张，如果纳粹党的“德国基督徒信仰运动”不能使各新教教会在全国主教米勒领导下趋于一致的话，政府自己就不得不来接管教会的指导
237 工作。他始终对新教徒有一些轻视，新教徒虽然在他的信奉天主教的祖国奥地利只占极少数，在德国公民中却占了三分之二。他曾向他的助手们说过：“对他们，你可以爱怎么办就怎么办。他们会屈服的……他们是微不足道的小人物，像狗一样顺从，当你对他们讲话时，他们惶恐得汗流浃背。”[3]他知道得很清楚，反对新教教会纳粹化的只是少数牧师和为数更少的教徒。

到1934年年初，幻想破灭了的尼莫拉牧师已经成为“认信教会”和牧师紧急联盟中少数反对者的精神上的指导。在1934年5月在巴门举行的教议会全体大会上，以及在尼莫拉的耶稣基督教会11月间在柏林郊外达勒姆举行的一次特别会议上，“认信教会”宣称自己是嫡派德国新教，并设了一个临时的教会管理机构。这样，现在就有了两派，全国主教米勒派和尼莫拉派，都自称是合法的嫡派新教教会。

很明显，这位前随军牧师尽管和希特勒很接近，却没有能够使

各新教教会统一起来。1935年年底，秘密警察逮捕了700名“认信教会”的牧师以后，他辞去了他的职务，从此销声匿迹。早在1935年7月，希特勒就已经任命纳粹党在法律界的一个朋友汉斯·凯尔博士为宗教事务部长，指示他做第二次努力，使新教徒统一起来。凯尔是一个比较温和的纳粹分子，而且是个多少还比较谨慎的人，他在开头取得了相当的成功。他不仅争取到了占多数的保守派牧师，而且还设立了一个以德高望重的策尔纳博士为首的教会委员会来搞出一个总的解决办法，后者是一个受到各教派尊重的人。虽然尼莫拉的教会同这个委员会进行合作，但是仍坚持认为自己是唯一的嫡派新教教会。1936年5月，它向希特勒提出了一个彬彬有礼然而态度坚定的备忘录，抗议这个政权的反基督教倾向，指斥政府的反犹主义，并要求国家停止干预教会事务。纳粹内政部长弗里克却报之以残酷无情的行动。数以百计的“认信教会”牧师被逮捕，备忘录的签名者之一魏斯勒博士在萨克森豪森集中营里被杀害，“认信教会”的经费被没收，并被禁止收集捐款。

1937年2月12日，策尔纳博士辞去教会委员会职务，因为在这以前秘密警察不让他到有九名新教牧师被逮捕的吕贝克去。他抱怨说他的工作受到宗教事务部长的破坏。凯尔博士第二天在向一群顺从的教士发表的演说中做了答复。他指斥这位德高望重的策尔纳不能领会纳粹的种族、血统和土地的理论，他还清楚地显示了政府对新教教会和
天主教教会的敌意。 238

> ［凯尔说］党站在积极性的基督教信仰的基础上，而积极性的基督教信仰就是民族社会主义……民族社会主义是上帝意志的实施……上帝的意志表现在德国人的血液……策尔纳博士和加伦伯爵［明斯特的天主教主教］力图向我阐明，基督教信仰就是信仰上帝的儿子基督。这使我发笑……不，基督教信仰并不依靠使

徒信条……真正的基督教信仰由党来代表，德国人民现在由于党，特别是由于元首的号召而具有了真正的基督教信仰……元首是新启示的先驱。[4]

1937年7月1日，尼莫拉博士遭到了逮捕，被监禁在柏林的莫阿比特监狱里。6月27日他曾在达勒姆一向是座无虚席的教堂里向他的会众讲道，这次讲道终于成为他在第三帝国的最后一次讲道。好像他已预先感觉到将要发生的变故似的，他说："我们和古时的使徒一样，想不到用我们自己的力量来逃避当局的权力。我们也同样不愿意在上帝要我们说话的时候，听从凡人的命令而保持沉默。因为情况是，而且必须继续是，我们必须服从上帝而不是服从人。"

他在监狱里被关了八个月，1938年3月2日，在特别法庭上受审，这种特别法庭是纳粹为了审讯犯有危害国家罪的人而设立的。虽然他的"暗中攻讦国家"的主要罪名是被开脱了，但还是因"滥用讲坛"和在他的教堂里收集捐款而被判罚款2 000马克和监禁七个月。因为他服刑已超过这个期限，所以法庭宣布把他释放，但是他在离开法庭时立即被秘密警察带走，置于"保护性看管下"，关在集中营里，先是在萨克森豪森集中营，后又在达豪集中营，在那里，他一直被关了七年，直到被盟军解放。

另外还有大约807名"认信教会"的牧师和教徒中的著名人士在1937年遭到逮捕，在以后的两年内更有数以百计的人遭到逮捕。如果说尼莫拉派的反抗没有被完全摧毁的话，它肯定是受到挫折了。至于大多数新教牧师，则像德国的差不多任何人一样，在纳粹恐怖面前屈服了。到1937年底，汉诺威很受人尊敬的马拉伦斯主教经凯尔博士劝诱，发表了一篇公开声明："民族社会主义的生活概念，是决定和表现德国人特性的民族和政治教义。因此，德国基督徒也有义务遵守。"在像尼莫拉那样坚强的牧师看来，这个声明一定特别可耻。

1938年春天，马拉伦斯主教采取了最后的步骤，命令他的主教管区内的全体牧师个个宣誓效忠于元首。在一个短时间内，极大多数新教牧师都宣了誓，这样就使他们在法律上和道义上都得服从这位独裁者的命令。

如果认为纳粹政权对新教徒和天主教徒的迫害使德国人民猛然惊 239
醒，或者甚至大大地震动了他们中间的极大多数人，那就错了。事实上并没有如此。一个那么轻易放弃他们的政治、文化和经济自由的民族，除了其中比较少数的人以外，是不会不惜牺牲生命或者冒即使坐牢的危险来维护信仰自由的。1930年代真正使德国人感到震动的事情是希特勒在人民就业、造成繁荣、恢复德国军事力量、外交政策方面节节胜利这些方面的辉煌成就。很少德国人因为逮捕几千名牧师和教士，或者因为各新教教派之间的争执而睡不着觉。更少人这样仔细地想过：在受到希特勒支持的罗森贝格、鲍曼和希姆莱的领导下，如果可能的话，纳粹政权打算最后摧毁德国的基督教信仰，而代之以古代日耳曼部落神祇的老异教和纳粹极端分子的新异教。正如最接近希特勒的人之一鲍曼在1941年所公开说的一样，“民族社会主义和基督教信仰是不能调和的”。

希特勒政府为德国所规定的前途，清楚地呈现在罗森贝格在战争期间为“国家总教会”所拟定的30点纲领中。罗森贝格是一个直言不讳的异教徒，他的职务中有一个是“民族社会主义党全部文化哲学教导事务元首私人代表”。稍举这30点中的几点就足以表明其基本要旨：

1. 德国国家总教会断然宣称拥有控制国境以内全部教会的独揽权利和权力：它宣称这些教会是德意志帝国的民族性教会。

5. 国家总教会决心无可改变地根绝……在不吉的公元800年输入德国的各种异己的、外来的基督教信仰。

7. 国家总教会没有书记、牧师或教士，但是国家总教会的讲演者将在他们中间演讲。

13. 国家总教会要求立即停止在德国出版和传播《圣经》……

14. 国家总教会宣称，对它来说，因此也是对德意志民族来说，业经决定，元首的《我的奋斗》是一切文件中最伟大的。它……不仅包含了最伟大的伦理，而且体现了对我国民族目前和将来生活来说是最纯粹和最正确的伦理。

18. 国家总教会将从它的供坛上清除一切耶稣受难像、《圣经》和圣徒像。

19. 在供坛上，除了《我的奋斗》（对德国民族来说，因而也是对上帝来说，这是一本最神圣的书），不得有别的东西，在供坛左边则放一把剑。

30. 在它创立那一天，各大小教堂，必须除去基督十字
240 架……必须代之以唯一不能征服的象征——卐字。[5]

文化的纳粹化

1933年5月10日晚上，也就是希特勒当总理后约四个半月，柏林发生了一幕西方世界自从中世纪末期以来未曾看到过的景象。在约莫午夜的时候，成千上万名学生举着火炬，游行到了柏林大学对面的菩提树下大街的一个广场。火炬扔在堆集在那里的大批书籍上，在烈焰焚烧中又丢了许多书进去，最后一共焚毁了大约20 000册书。在另外几个城市里也发生了同样的景象。焚书开始了。

那个晚上，由兴高采烈的学生在戈培尔博士的赞许眼光下丢入柏林烈焰中的许多书籍，都是具有世界声誉的作家的著作。在这些作家中，德国作家有托马斯·曼和亨利希·曼、利翁·孚希特万格、雅各布·瓦塞尔曼、阿诺德·茨威格和斯蒂芬·茨威格、埃里希·玛利亚·雷马克、瓦尔特·拉特瑙、阿尔伯特·爱因斯坦、阿尔弗雷

德·克尔和胡戈·普罗伊斯等人。胡戈·普罗伊斯是草拟魏玛宪法的学者。但是，不仅数十位德国作家的作品遭到焚毁，许多外国作家也不能幸免，其中有：杰克·伦敦、厄普顿·辛克莱、海伦·凯勒、玛格丽特·山额、H. G. 威尔斯、哈维洛克·艾利斯、阿图尔·施尼茨勒、弗洛伊德、纪德、左拉、普鲁斯特。用一份学生宣言的话说，凡是“对我们的前途起着破坏作用的，或者打击德国思想、德国家庭和我国人民的动力的根基的”任何书籍，都得付之一炬。

新上任的宣传部长戈培尔博士从现在起将使德国文化不得越出纳粹思想的雷池一步。他在被焚的书籍化为灰烬之际向学生们讲了话：“德国人民的灵魂可以再度表现出来。在这火光下，不仅一个旧时代结束了；这火光还照亮了新时代。”

照亮德国文化纳粹新时代的，不仅有焚书的火焰和虽然没有像焚书那么有象征性却更加有效的措施，即禁止千百种书籍在书店出售或在图书馆流通，禁止许多种新书的出版，而且还有任何现代西方国家都没有经历过的那么大规模的文化管制。早在1933年9月22日，就在戈培尔博士的指导下根据法律设立了德国文化协会。它的目的，用该法律的话来说，规定如下：“为了推行德国文化政策，必须使各方面的创造性艺术家都集合在国家领导下的一个统一的组织中。不仅必须由国家决定思想方面和精神方面的发展路线，而且还必须由国家领导和组织各种专业。”

为了指导和控制文化生活的各方面，在德国文化协会下面成立了七个协会：德国美术协会、德国音乐协会、德国戏剧协会、德国文学协会、德国新闻协会、德国广播协会和德国电影协会。凡是从事这些职业的人，都必须加入有关的协会，这些协会的决定和指示具有法
律效力。这些协会所拥有的权力中，有一项是它们可以因“政治上不 241
可靠”而开除或拒绝接收会员，这就意味着可以——而且事实上常常如此——不让那些对民族社会主义不太热心的人从事他们的专业或艺

术，从而剥夺了他们的生计。

凡是1930年代在德国生活过的人，只要是关心这些事情的话，没有一个人能够忘记，曾经有过那么悠久的极高的文化水准的民族，它的文化水准竟发生这样令人恶心的退化。不用说，一经纳粹领袖们决定，艺术、文学、报刊、广播和电影都必须专门为新政权的宣传目的和野蛮哲学服务，这种退化就是不可避免的。除了恩斯特·云格尔和恩斯特·维歇特的早期作品以外，没有一个还在人世的比较重要的德国作家的作品曾在纳粹当政时期出版过，差不多所有这些作家，都在托马斯·曼的带头下移居到国外。极少数留在国内的作家不是自动地就是被迫地保持缄默。每一本书或者剧本的手稿，都必须先送宣传部审查，经它认可后才能出版或者上演。

音乐的遭遇算是最好的了，只是因为音乐是各种艺术中政治性最少的艺术，而且德国人在音乐方面有着从巴赫、贝多芬、莫扎特到勃拉姆斯的极为丰富的遗产。但是，门德尔松的作品则禁止演奏，因为他是犹太人（所有犹太作曲家的作品都是被禁止的），德国的第一流现代作曲家保罗·欣德米特的音乐也是如此。大交响乐团和歌剧院中的犹太人很快就被清除出去。跟作家们不一样，德国音乐界的大多数有名人物都决定留在纳粹德国，让他们的名气和才能为新秩序增加威望。本世纪最优秀的指挥家之一威廉·富特文格勒留在了德国。他因为袒护欣德米特而在1934年有一整年失宠，但是在希特勒统治的其余年代里又恢复活跃了。理查德·施特劳斯也许是世界上还在人世的第一流作曲家了，他也留了下来，而且一度担任德国音乐协会主席，不惜以自己的声名帮助戈培尔糟蹋文化。卓越的钢琴家瓦尔特·吉泽金有很多时间在外国做演奏旅行，这些演奏是宣传部长为了提高德国“文化”在国外的声望而组织或赞许的。但是由于音乐家们没有移居国外，由于德国古典音乐具有丰富的宝藏，所以人们可以在第三帝国时期听到演奏和表演得极为出色的交响乐和歌剧。柏林交响乐团和柏林国家歌剧院是其中最为卓越的。精彩的音乐节目起了很大的作用，使人们忘掉了在纳粹统治下其他艺术的退化和很多生活方面的退化。

必须说，在戏剧方面，只要是上演古典剧，就仍然保持着很多原来的高超水平。不用说，马克斯·莱因哈特和所有其他犹太籍演出人、导演和演员一起走了。纳粹剧作家们实在蹩脚透顶，群众都不愿看他们的作品，因此这些作品的演出日子总是不长。德国戏剧协会主席是个名叫汉斯·约斯特的失败的剧作家，他曾公开大言不惭地说， 242
凡是有人向他提到“文化”这个字，他就想掏出左轮手枪来。但是，即使是有权决定该上演什么剧本、该由谁来表演和由谁来导演的约斯特和戈培尔，都无法禁止歌德、席勒和莎士比亚的作品在德国舞台上得到值得赞扬的而且常常是很感动人的演出。

说来真是奇怪，萧伯纳的有些作品竟可以在纳粹德国上演，这或许是因为他揶揄英国人和讽刺民主吧，又也许是因为纳粹党没有觉察到他的机智和左倾政治观点吧。

最奇怪的是德国伟大剧作家格哈特·霍普特曼的情况，因为他是一个热心的社会民主党人，所以德皇威廉二世时期曾禁止他的剧本在帝国的剧场里演出。在共和国时期，他是德国最受人欢迎的剧作家，而在第三帝国时期，他却仍然保持着这种地位。他的剧本继续上演。我永不会忘记他的最新剧本《教堂的女儿》第一夜演出结束时的景象，当时，霍普特曼，一个苍苍白发飘垂在黑色斗篷上的令人肃然起敬的人物，跟戈培尔博士和约斯特臂挽着臂走出戏院。他，像许多别的德国杰出人物一样，已经跟希特勒和解了。机灵的戈培尔曾就此事做了不少有效的宣传，不断向德国人民和国外提起，德国尚在人世的最伟大的剧作家，前社会民主党人和普通人的利益维护者，不仅留在了第三帝国，而且继续在写作，他的剧本也在上演。这位年迈的剧作家到底是真诚依附，还是投机，还是仅仅善变，也许可以从战后发生的情况中看出来。美国当局认为霍普特曼为纳粹服务得太周到了，因而禁止他的剧本在西柏林美管区上演。于是俄国人邀请他到柏林去，把他当作一个英雄来欢迎，并在东柏林安排了轮回演出他的剧本的盛大节日。1945年10月6日，霍普特曼向共产党控制的“德国民主复兴文化联盟”发了一个贺电，表示希望它能带来德国民族的“精神复兴”。

德国曾给世界贡献过一个杜勒和一个克拉那赫，但在近代美术方面却不是非常杰出的，虽然德国的表现主义绘画和慕尼黑建筑学院的建筑学是使人感兴趣的和有独创性的艺术运动，而且德国艺术家曾参加了20世纪以印象主义、立体主义和达达主义为代表的艺术上的一切新潮流。

尽管早期在维也纳想当艺术家而遭到了失败的希特勒自以为是一个真正的艺术家，但他认为，一切现代艺术都是退化的和无聊的。他在《我的奋斗》中曾就这个题目发过长篇大论，在他当政后首先采取的行动之一就是“清除”德国的“颓废”艺术，并企
243 图代之以新的“日耳曼”艺术。约有6 500幅现代绘画，不仅是像柯克西卡和格罗兹这类德国画家的作品，还有塞尚、梵高、高更、马蒂斯、毕加索和许多别的画家的作品，都从德国各博物馆里拿掉了。

代替它们的作品在1937年夏天进行了展览，当时希特勒在慕尼黑一个单调的拟古主义建筑物里正式主持了“德国艺术馆”的开幕。这个建筑物是他出主意设计的，他说它在建筑艺术上是“无与伦比和无法模仿的”。在纳粹艺术的这个第一次展览中，陈列了从15 000幅应征作品中选出来的900幅作品。这是本书作者在任何国家中没有看到过的最蹩脚的货色。希特勒亲自做了最后的选择。原来的评选团的主席是德国艺术协会主席阿道夫·齐格勒，他是一个平凡的画

位于慕尼黑的德国艺术馆，1934年动工，1937年开幕。

排队等候观看“退化艺术”展览会的观众。首场展览于1937年7月19日在慕尼黑开幕，展出了从德国32家博物馆没收的约650件藏品。

家。* 据当时跟希特勒在一起的一些党内同志说，希特勒对评选团所选的某些画极为恼火，他不但命令把这些画剔掉，而且用他的长统靴子在好几幅画上踢了一些洞。他在主持展览会开幕式的长篇讲演中说："我早已下了决心，如果命运给予我们权力的话，[艺术鉴赏]这类问题是不用讨论的，要做的只是做出决定。"而他的确做出了决定。

在1937年7月18日发表的讲演中，他规定了纳粹党的"德国艺术"方针：

> 凡是不能被人了解、得用大量说明才能证明它们有权利存在，并且为那些欣赏那种愚蠢的或者自以为是的无聊货色的神经病者所接受的艺术作品，将不再能公然在德意志民族面前陈列。任何人都不要存幻想！民族社会主义已着手使德意志帝国和我国人民清除所有那些危及它的生存和性格的影响……随着这个展览会的开幕，艺术上的神经错乱状态及其对我国人民在艺术上的玷污就告终了……

然而，至少还有一些德国人，特别是在德国的艺术中心慕尼黑，却宁愿受到艺术上的玷污。在这个城市的另外一个地方，在一所必须要经过狭窄的楼梯才能走到的破败的陈列室里，有一个"退化艺术"展览会，这是戈培尔博士为了让人民看看希特勒要保护他们免受玷污的那些作品而组织的。内容是些精选的现代绘画，有柯克西卡、夏加尔和表现主义及印象主义的作品。我去参观的那一天，曾先到德国艺术馆去看了一下，因为地盘很大，走得气喘吁吁。而这个展览会的观众却拥挤不堪，等候入场的人从叽叽嘎嘎作响的楼梯一直列队排到街

* 齐格勒由于画了吉莉·拉包尔的肖像而幸运地获得了这个位置。

上。事实上，去看的人实在太多了，使戈培尔博士感到又是生气又是尴尬，于是很快就停止了展览。

对报刊、广播和电影的控制

每天早晨，柏林各日报的编辑以及德国其他地方的报纸的记者，都聚集在宣传部里，由戈培尔博士或者他的一个助手告诉他们：什么 244
新闻该发布，什么新闻要扣下，什么新闻怎么写和拟标题，什么运动该取消，什么运动要开展，当天需要什么样的社论。为了防止误解，除了口头训令外，每天还有一篇书面指示。对于小地方的报纸和期刊，则用电报或信件发出指示。

要在第三帝国当个编辑，首先得在政治上和种族上是“清白”的。1933年10月4日的《德国新闻出版法》使新闻事业成为一种受法律管理的“公共职业”。它规定，所有编辑都必须具有德国公民资格，属于雅利安血统，配偶不是犹太人。该法第十四条命令编辑们“要使报纸上不得有任何误导群众、假公济私、可能削弱德国的外在或内在力量、德国人民的共同意志、德国的国防及其文化和经济……或者有损德国的荣誉和尊严的东西”。这个命令如果在1933年以前实施，正好会取缔德国的每个纳粹党编辑和出版物。它现在却开始清除那些不是纳粹党的或者不愿成为纳粹党的报刊和记者。

最先被迫停刊的报纸之一是《福斯报》。这家报纸创办于1704年，像腓特烈大王、莱辛和拉特瑙那样有名的人物过去都曾为该报撰过稿。它已成为德国最主要的报纸，犹如伦敦的《泰晤士报》和纽约的《纽约时报》。但是，它是一家自由主义的报纸，而且所有者是由犹太人办的乌尔施坦因出版公司。它在连续发行了二百三十年后，在1934年4月1日停刊。另一家世界驰名的自由主义报纸《柏林日报》拖得稍微久一些，直到1937年才停刊，虽然它的老板犹太人汉斯·拉克曼-莫泽在1933年春季就被迫出让了他在该报中的股份。德国的第三家自由主义大报《法兰克福报》，在清除了犹太老板和编辑后继续出版。该报驻伦敦记者、亲英分子和自由主义者鲁道夫·基歇尔当了编辑，而且像保守的柏林《德意志汇报》的编辑卡尔·西勒克斯一样——他也曾当过驻伦敦记者，获过罗得奖学金，在牛津大学求过学，是个英国的热情崇拜者和自由主义者——为纳粹服务得很好，正像全国新闻发布官奥托·迪特里希一度说到以前的"反对派报纸"那样，其忠心程度，甚至常常"青出于蓝"。后面这三家报纸之所以能够幸存下去，有部分原因是德国外交部的影响。外交部要这些国际上知名的报纸照常出版，来装幌子，以便在国外造成一个好印象。它们既使纳粹德国保存体面，同时又帮它进行宣传。

由于德国的各家报纸都受到指示，知道该发表些什么东西以及如何写新闻和社论，全国报刊不可避免地会显出单调划一。即使是一个
245 受到那么严密的管制和生性习惯于服从权威的民族，也对报纸感到厌倦。甚至像晨报《人民观察家报》和晚报《进攻报》那样的主要纳粹报纸，销量也下降了。随着纳粹出版人把报纸一家又一家地置于控制下或者接管过去，所有报纸的总销售量就此一落千丈。在第三帝国的头四年中，报纸的种类由3 607种减少到2 671种。

但是，德国报刊失去自由和减少种类却使党获得了好处，至少在财务方面来说是如此。马克斯·阿曼，第一次世界大战期间在军队中曾任上士，是希特勒的顶头上司，如今是党的出版公司埃耶出版社的社长，他成了德国报刊财务方面的独裁者。他是全国报界领袖和德国新闻协会的主席，有合法的权力可以任意勒令任何出版物停刊，随后又以极便宜的价格把它收购过来。一个短时期内，埃耶出版社成了庞大的出版帝国，也许是世界上最大、最赚钱的一家出版公司。* 尽管许

---

* 阿曼自己的收入从1934年的10.8万马克剧增到1942年的380万马克（根据研究过这家纳粹出版公司残存记录的奥朗·J. 哈尔教授致本书作者的信）。

多纳粹出版物销量下降，但是纳粹党或者党内个人所拥有的或者控制的报纸，在第二次世界大战爆发时，占全部报纸销售量2 500万份中的三分之二。阿曼在纽伦堡所做的供词中叙述他经营的情况如下：

> 党于1933年当政后……许多像乌尔施坦因出版公司那样的由犹太财团或者由跟纳粹党敌对的政治或宗教财团所拥有或者控制的公司，都觉得最适当的办法只有把他们的报纸或者资产卖给埃耶公司。买卖这种产业是没有自由市场的，埃耶出版社总是唯一的投标者。在这件事情上，埃耶出版社和它所拥有或者控制的各出版公司扩展成为德国报纸出版方面的垄断事业……党在这些出版企业中的投资大获其利。说纳粹报刊纲领的基本目的是消灭一切跟党对立的报刊，这话是不错的。[6]

在1934年内有一个时期，阿曼和戈培尔都要求拼命巴结的编辑们不要把他们的报纸编得那么单调划一。阿曼说，他很遗憾，“目前报刊完全单调划一，这不是政府的措施造成的，也不符合政府的意愿”。一位鲁莽的周刊编辑，《绿色邮报》的埃姆·韦尔克，把阿曼和戈培尔的话当了真。他指责说，宣传部的官僚主义和高压手段使得报刊变得干巴巴的。他的刊物立即被勒令停刊三个月，他本人则被戈培尔撤职，送到集中营去了。 246

电台和电影也很快被利用来为纳粹政权的宣传服务。戈培尔一直认为广播（电视当时还没有问世）是现代社会的主要宣传工具。通过他的宣传部的广播司和德国广播协会，他完全控制了广播事业，使它适合自己的目的。他的任务之所以比较容易实现，是因为在德国，像在欧洲其他国家一样，广播事业是由国家所拥有和经营的垄断事业。1933年纳粹政府一上台，国家广播公司就自然落在它的手中。

电影仍在私人公司手中，但是宣传部和德国电影协会控制了这个行业的每一个方面。用一篇官方评论的话说，它们的任务是“使电影业脱出自由主义的营利思想的范围……从而使它能够接受它在民族社会主义国家里必须履行的那些任务”。

结果是德国人民受罪，只能听到、看到同他们的报纸和期刊的内容同样空虚且令人生厌的广播节目和电影。德国的观众向来是默默顺从别人告诉他们应该看些什么的，但即使是这样好说话的观众也反抗了。纳粹电影上映时门可罗雀，而经戈培尔许可在德国放映的少数外国影片（多半是B级好莱坞影片）则门庭若市。在1930年代中期有一个时期，德国影片老是遭到嘘声，以致内政部长威廉·弗里克对“电影观众的叛逆行为”发出严厉警告。广播节目也遭到了群众极不客气的批评，德国广播协会主席霍尔斯特·德莱斯勒-安德莱斯说这种吹毛求疵是“对德国文化的侮辱”，不能予以容忍。在1930年代的那些日子里，德国听众仍可收听许多外国电台的广播，而不致像战争爆发以后的时期里那样会有丧失生命的危险。或许有很多人曾收听外国广播，虽然本观察家的印象是，随着一年一年地过去，戈培尔博士证明了他的看法是对的，即广播变成了这个政权的远远超出其他一切的最有效的宣传工具，在改造德国人民、使他们适合希特勒的目标这一点上，比任何别的宣传工具都起着更大的作用。

我本人不久就有这种体会：在一个极权国家里，一个人是多么容易听信说假话的和受检查的报刊和广播啊。虽然我不像大多数德国人，我每天可以看到外国报纸，特别是出版后第二天就到达的伦敦、巴黎和苏黎世的报纸，我经常收听英国广播公司的广播和其他外国广播，但是由于职务关系，我每天必须花许多小时浏览德国报刊，收听德国广播，同纳粹官员们谈话，到党的集会上去旁听。我惊奇地而且往往是大吃一惊地发现，尽管我有很多机会知道事实真相，尽管我根本就不信任从纳粹方面来的消息，但是多年来一再听到捏造的和歪曲真相的报道，自会使人留下一种印象而常常受其迷惑。凡是没有在极权国家里住过多年的人，就不可能想象，要避免一个政权的不断的、别有用心的宣传的可怕影响，有多么困难。在一个德国家庭里，或者 247
在办公室里，或者有时候在一家饭馆里、啤酒馆里、咖啡馆里，跟一个陌生人的偶然交谈中，我常常会从看来是受过教育的和明白事理的人嘴里听到最蛮横武断的主张。显然，他们是在重复他们从广播中听到或者从报纸上看到的荒唐意见。有时候听到这种胡说八道忍不住也照样要说说自己的意见，但是在这种情况下，就会看到一种极为怀疑的眼色，一种默然震惊的神情，好像你亵渎了上帝一样，于是你就会了解到，想要跟一个头脑已经变了样的人接触，是没有用处的，因为他认为凡事就是像希特勒和戈培尔悍然不顾事实地所说的那样。

第三帝国的教育

1934年4月30日，伯恩哈德·鲁斯特被任命为科学、教育与人民文化部长。鲁斯特是冲锋队的大队长，一度担任过汉诺威党领袖，是个纳粹党员，又是希特勒自从1920年代初期以来的朋友。在民族社会主义奇怪颠倒的世界里，鲁斯特是极为适当的人选。他原是个小地方的失业教员，在1930年因有思想不稳定的表现而被共和国时代的汉诺威当局解雇。他的狂热的纳粹主义思想可能是被撤职的部分原因，因为鲁斯特博士宣传纳粹思想像戈培尔那样热心，像罗森贝格那样糊涂。在1933年2月被任命为普鲁士科学、艺术与教育部长后，他曾夸口在一夜之间“使学校不再成为一个玩弄学术的机构”。

这样一个没有脑筋的人现在获得了控制德国科学、公立学校、高等教育机构和青年组织的独裁大权，因为第三帝国的教育，按照希特勒的规定，并不限于在拥挤的课堂里进行，而且要在各级青年团体中进行斯巴达式的政治训练和军事训练。大学和理工学院里只能吸收很少数的人，因此这种教育不是顶点，顶点是在18岁时先参加强迫劳动服役，然后应征入伍在武装部队里服役。

希特勒对“教授”，对学术生活的轻视，在《我的奋斗》中已屡有流露。他在这本书里表示过他对教育的一些想法。他写道：“一个民族国家的整个教育的主要目标，绝不可以只是灌输知识，而是要造就
248 十足强健的体魄。”但是，更重要的，他在这本书里强调过争取青年和训练青年，为“一个新的民族国家”服务的重要性，这是他在成为德国的独裁者以后仍旧常常谈到的一个问题。他在1933年11月6日的讲演中说：“当一个反对者说‘我不会投向你那边的’，我就平静地说：‘你的子女已经属于我们了……你算什么？你是要死的。但是，你的后代现在站在新阵营里。在一个短时期后，他们就将不知道别的，而只知道这个新社会。’”1937年5月1日，他说：“这个新国家将不把它的青年交给任何人，而是自己管理青年，自己进行教育和抚养。”这不是空口说白话，当时实际发生的情况确实如此。

德国学校，从小学一年级直到大学，很快就纳粹化了。教科书匆忙地重新编写过，课程也改变了，《我的奋斗》被奉为——用教育工作者的机关报《德意志教育家》的话说——“我们在教育方面的绝对正确的指南星”，看不到这种新的星光的教师则被清除出去。大多数教师都是感情上或多或少纳粹化的，如果说不完全是党员的话。为了加强他们的思想，他们被送到特别的学校里去集中学习民族社会主义的原则，重点是希特勒的种族理论。

从幼儿园到大学的每一个担任教职的人，都必须加入民族社会主义教师协会，这个协会根据法律有“责任按照民族社会主义的理论对全体教师实行思想上和政治上的一体化”。1937年的《公务员法案》规定，教师必须是“党所支持的国家的意志的执行者”，并且准备“随时无保留地保卫民族社会主义国家”。早些时的一项法令已把他们列为公务员，从而受到种族法律的支配。犹太人不用说是禁止任教的。所有教师都宣誓“效忠和服从阿道夫·希特勒”。后来，凡是

没有在冲锋队、劳动服役队或者希特勒青年团服务过的人都不能教书了。要想在大学里任教，必须先在观察营里待六个星期，在那里，他们的见解和性格由纳粹专家加以研究并报告给教育部，教育部根据申请者的政治“可靠性”发给教书凭证。

在1933年以前，德国公立学校是由地方当局管辖的，大学则由所属各邦管辖。现在所有学校都置于全国教育部长的铁腕管辖下。大学里的校长和院长统统由他来任命，而以前是由全体教授选举的。他还任命全体大学生都必须加入的大学生联合会的领导人员，以及任命全体讲师都参加的讲师联合会的领导人员。在老练的纳粹分子严密控制下的民族社会主义大学讲师联合会，在选择由谁来任教和务使所教的内容符合纳粹理论方面起着决定性作用。

如此纳粹化的结果，对德国教育和德国学术极其不利；在新的教 249
科书里，在教师们的讲课中，都对历史大加歪曲，甚至到了荒唐可笑的程度。把德国人捧成主宰种族、把犹太人说成是世界上万恶之源的“种族学”的讲授，则尤其如此。单是在有过许多伟大学者任教的柏林大学，一个兽医出身的冲锋队员新校长就在种族学方面开设了25种新课程，到他真把柏林大学搞得乌烟瘴气的时候，他竟开设了86项与兽医有关的课程。

德国多少年代以来一直非常杰出的自然科学的教学也迅速地退化了。如像物理学方面的爱因斯坦和弗兰克，化学方面的哈贝尔、维尔施泰特和瓦尔堡这样卓越的教授，都解职了或者退休了。还在任教的人中，有许多则被纳粹的邪道所腐蚀，企图把这种邪道也运用到纯粹的科学上去。他们开始讲授他们所谓的**德国**物理学、**德国**化学、**德国**数学。1937年还出现了一种名为《德意志数学》的刊物，它的第一篇社论就一本正经地宣称，凡认为数学是没有种族性的任何想法，其“本身”就包含着“毁灭德国科学的胚种”。

这些纳粹科学家的妄幻之深，即使在外行看来也是难以相信的。

海德堡大学教授菲利普·莱纳德是第三帝国较有学识、在国际上受到尊重的科学家之一，他曾问道："德国物理学？有人会回答说：'但是，科学现在是而且永远是国际性的。'这是不对的。实际上，科学像别的每一项人类所创造的东西一样，是具有种族性的和以血统为条件的。"德累斯顿物理研究所所长鲁道夫·托马希克则更为荒唐。他写道："现代物理学是［世界］犹太民族用来毁灭北欧科学的一种工具……纯正的物理学是德国精神的产物……事实上，整个欧洲的科学是雅利安民族的成果，或者说得更确切一些，是德国思想的成果。"德国国家物理科学研究所所长约翰内斯·施塔克教授也认为如此。他说，不难发现，"物理学研究的奠基者们，从伽利略到牛顿的伟大发明家一直到我们时代的物理学前驱们，差不多都是雅利安人，其中主要是属于北欧种族"。

还有亚琛技术学院的威廉·米勒教授，他在一本名为《犹太人和科学》的书里认为，存在着一个要玷污科学从而毁灭文明的遍及全世界的犹太人阴谋。在他看来，发明相对论的爱因斯坦是头号恶棍。现代物理学有很大部分是以爱因斯坦的理论作为基础的，但这个理论却被这个奇怪的纳粹教授认为是，"从头到尾都是旨在改变由大地产生的、鲜血结合的生命体的现实世界——就是非犹太世界，把它变成光谱式的抽象东西，一切人种和民族的差别，一切种族的内在限度，都在非现实中丧失了；只有一种几何学次元的非实体的多样性还存在
250 着，由于它的不敬神却服从法则的强制力而产生一切事物"。米勒教授说，全世界在爱因斯坦出版相对论时对他的赞扬，实际上只是对"犹太人统治世界局面的来临、迫使德国人无可挽回地、永远地沦为无生气的奴隶地位"表示高兴。

柏林大学的路德维希·皮勃贝克教授认为，爱因斯坦是"一个外来的江湖术士"。甚至莱纳德教授也认为，"这个犹太人显然不了解真理……在这方面，他同仔细而认真地追求真理的雅利安科学研究者成

了鲜明对照……因此，犹太物理学是一种幻觉，是德国基本物理学的一种退化现象”。[7]

然而，从1905年到1931年，有十位德国犹太人因为对科学有贡献而获得了诺贝尔奖。

在第二帝国时期，大学教授们，像新教牧师们一样，曾盲目地支持保守政府和它的扩张主义目标。讲堂成了培养有毒的民族主义和反犹主义的温床。魏玛共和国曾坚持学术要有完全的自由，这种情况带来的一个结果是，极大多数大学教师由于反自由主义、反民主、反犹而帮忙破坏了这个民主政体。大多数教授是狂热的民族主义者，他们希望德国保守的君主政体复辟。虽然其中许多人在1933年以前还认为纳粹过于嚣张残暴，因而不愿归顺，但是他们的宣教却为纳粹主义的到来准备了条件。到1932年的时候，大部分学生看来都醉心于希特勒了。

有些人觉得奇怪，怎么会有那么多的大学教师在1933年后对高等教育的纳粹化表示了顺从。虽然按官方数字，在这个政权的头五年中被解雇的教授和讲师有2 800人，约占全部人数的四分之一；但是，由于反对民族社会主义而失去职位的教师的比例，却如1933年被马尔堡大学解雇的威廉·勒普克教授所说的，“非常之小”。虽然人数不多，其中却有德国学术界的知名人士：卡尔·雅斯贝尔斯、E. I. 贡贝尔、特奥多尔·利特、卡尔·巴特、尤利乌斯·埃宾豪斯等十余人。其中大多数人都移居国外了，先是到瑞士、荷兰和英国，最后到了美国。其中有一人，即逃到捷克斯洛伐克的特奥多尔·莱辛教授，遭到了纳粹暴徒的盯梢，于1933年8月31日在马林巴德被杀害。

然而，极大多数教授仍然留任，而且早在1933年秋天，就有其中的大约960人，在外科医生绍尔布鲁赫教授、存在主义哲学家海德格尔和艺术史学家平德尔这种名人的带头下，公开宣誓支持希特勒和民族社会主义政权。

勒普克教授后来写道："这是一幕使德国学术界的光荣历史蒙受污辱的出卖灵魂的景象。"[8]尤利乌斯·埃宾豪斯教授在1945年不堪回首
251 地说："德国各大学在还来得及的时候没有能够以它们的全力来公开反对摧毁学术和民主的国家。它们没有能够使自由和正义的烽火在暴政的黑夜里燃烧。"[9]

这种错误的代价是巨大的。在经过了六年的纳粹化以后，大学生的数目减少了一半以上，从127 920人减少到58 325人。为德国培养科学家和工程师的各理工学院的入学人数减少得更多，从20 474人减少到9 554人。学术水平大为下降。到1937年时，不仅科学和工程界缺乏青年，他们的水平也下降了。远在战争爆发以前很久，正在起劲地帮助纳粹重整军备的化学工业，就曾通过它的喉舌《化学工业》抱怨说，德国正在丧失它在化学方面的领先地位。它抱怨说，不仅国民经济，而且国防本身也在受到危害，它还认为青年科学家人数的不足和才能的平庸是由于各理工学院质量的低下所造成的。

后来的结果表明，纳粹德国的损失，对自由世界来说是有益的，特别是在制造第一颗原子弹的竞赛上。以希姆莱为首的纳粹领袖们的活动怎样起了妨碍原子能计划的作用的故事，因为经过太长，牵涉太广，本书只好割爱了。美国能够发明原子弹，多亏两个由于种族关系而被纳粹独裁政权和法西斯独裁政权驱逐出来的人：来自德国的爱因斯坦和来自意大利的费米，这真是命运的嘲弄！

在阿道夫·希特勒看来，他想用来教育德国青年，以便他们为他心中的打算服务的，不是他自己早年就退学的公立学校，而是希特勒青年团的各种组织。在纳粹党夺取政权的时期，希特勒青年团运动还没有完全开展。在1932年，就是共和国的最后一年，加入希特勒青年团的全部人数还只有107 956人，而属于德国青年团体全国委员会领

导下面的各种组织的青年则有1 000万人左右。当时世界上没有一个国家曾有过像共和制德国那样生气勃勃和人数众多的青年运动。希特勒意识到了这一点，决心把它接管过去而加以纳粹化。

他在这种工作方面的主要代理人是巴尔杜尔·冯·席拉赫，他是一个智力平庸然而干劲却很大的漂亮的青年人。他因倾心于希特勒而在1925年18岁时加入了纳粹党，在1931年被任命为纳粹党的青年工作领袖。褐衫队员大多面目狰狞，气焰嚣张，而他却奇怪地看上去像个稚气未脱的美国大学生，这或许是因为，我们前面已谈到，他有美国祖先的缘故（包括两个《独立宣言》签名人）。[10]

席拉赫在1933年6月被任命为"德意志帝国青年领袖"。他仿效年纪比他大的党领袖们的策略，第一个行动就是派遣50名强健的希 252
特勒青年团人员带着武器去占领德国青年团体全国委员会的总办事处，委员会负责人、普鲁士老军人福格特将军被赶了出去。席拉赫随后去攻击青年团体全国委员会主席冯·特罗塔海军上将，后者是德国最有名的海军英雄之一，曾在第一次世界大战时任远洋舰队参谋长。这位德高望重的海军将领也被轰跑了，他的职务被取消，组织被解散。价值几百万美元的财产，主要是在德国各地的几百所青年宿舍，统统被接收。

1933年7月20日同教廷签订的契约，曾特别规定天主教青年联盟不受任何干扰，可以继续存在下去。1936年12月1日，希特勒却公布了一项法令，取缔天主教青年联盟和其他一切非纳粹党的青年组织。

> ……全国所有德国青年统统组织在希特勒青年团的范围内。
>
> 德国青年，除了受到家庭和学校的教育外，还必须……通过希特勒青年团受到民族社会主义精神的体、智、德三方面的教育。[11]

1930年，希特勒会见纳粹青年团成员。

席拉赫的职务原来是隶属于教育部的，现在规定为直接对希特勒负责。

这个写伤感诗来歌颂希特勒（“这位与星星并列的天才”）、效法罗森贝格那样奇怪地信奉异教、效法施特莱彻那样恶毒地反犹的29岁的不成熟青年，成了第三帝国青年中的独裁者。

从6岁到18岁（开始被征参加劳动服役队和军队以前）的青少年，不论男女都被组织在希特勒青年团的各种组织中。父母若不让他们的子女参加这种组织，就要判很重的徒刑，虽然在某些情况下，他们只是反对让他们的女儿参加某些组织的活动，因为珠胎暗结的现象已经到了丑声四播的程度。

从6岁到10岁，男孩子参加青年团当学龄团员，所谓学龄团员就是希特勒青年团的见习期。每个少年发给一本表现记录簿，其中记录他在整个纳粹青年运动中的进步情况，包括他的思想发展状态。满10岁后，在通过了体育、野营和纳粹化历史方面的适当测验后，升入

"少年团"，宣誓如下：

> 在代表我们元首的这面血旗前，我宣誓把我的全部精力和力量贡献给我国的救星阿道夫·希特勒。我愿意而且时刻准备着为他献出我的生命，愿上帝帮助我。

到14岁，男孩子就正式参加希特勒青年团，一直到18岁，然后参加劳动服役队和军队。青年团是一个根据同冲锋队相似的准军事方 253
式组织起来的庞大组织。在这个组织里，行将成人的青年们不仅受到野营、体育和纳粹思想方面的系统训练，甚至还有当兵的系统训练。有许多个周末，本书作者在柏林郊外的野餐曾为希特勒青年团团员们所打断，他们举着枪，背着沉重的行军背囊，吃力地穿过密林或者爬过灌木丛生的荒地。

有时候女青年也要受当兵的训练，因为希特勒青年运动并没有放过姑娘们。从10岁到14岁，德国女孩子加入"少女队"。她们也有制服，白衬衫、蓝裙子、短袜和极不女性化的沉重军靴。她们的训练跟同样年龄的男孩子的训练差不多，包括周末背着沉重背包的长途行军以及关于纳粹哲学的照例灌输。不过重点是放在妇女在第三帝国的作用上，就是首先要当健康子女的健康母亲。在少女们到了14岁成为德国少女联盟成员后，这种作用强调得更为厉害。

在18岁的时候，德国少女联盟成员（她们保持这个资格直到21岁）要到农村中去服役一年，这是她们所谓的下乡年，同青年男子的劳动服役相当。她们的任务是帮助农民料理家务和在地里劳动。姑娘们有时候住在农民家里，不过常常是在乡村地区的小营房里，每天一早由卡车把她们从那里送到地里去。道德问题就马上产生了。美丽的城市少女的光临，常常破坏农民家庭，而父母们诉说他们的女儿在乡下暗结珠胎的怨言也开始为人听到。但这还不是唯一的问题。通常姑娘们的营房就坐落在小伙子们的劳动服役队营房的附近。这种情况似乎也是造成许多姑娘怀孕的原因。有一句打油诗在德国传开了，它是模仿劳工阵线的“通过欢乐获得力量”运动的打油诗，但特别适用于女青年们的下乡年：

在田野里和在荒地上，
我通过欢乐失去了力量。

在姑娘们的家务年里也发生同样的道德问题，在这期间约有50万希特勒青年团的姑娘们在城市的家庭里进行一年的家务服役。实际上，较为真诚的纳粹党人并不认为这些是道德问题。我曾不止一次地听到德国少女联盟的女性领导人——她们总是不怎么标致，而且常是没有结婚的——给她们的青年徒众讲话，教谕为希特勒德国生儿育女的道义和爱国责任，如果可能的话，在结婚以后生育，如果必要的话，没有结婚也不要紧。

到1938年年底，希特勒青年团已有团员7 728 259人。虽然这个
254 数目已经异常庞大，但是显然还有差不多400万青年规避了这种组织。1939年3月，政府发布了一项法令，按照青年被征入伍的同样方式强征全部青年加入希特勒青年团。不听话的父母受到警告：除非让他们的子女参加，否则将把他们的子女夺走，安置在孤儿院或其他收养所里。

在第三帝国，对教育制度进行最后彻底破坏的，是设立了三种训练优秀分子的学校。一种是在希特勒青年团指导下的阿道夫·希特勒学校，另外两种是在党主办下的全国政治教育学院和骑士团城堡。阿道夫·希特勒学校从少年团选拔最有前途的12岁的少年，授予他们六年关于在党内和在公共服务方面做领导工作的集中训练。学生都住在校内，受着斯巴达式的训练，在毕业后就可升入大学。1937年以

后共设立了十所这样的学校，主要的一所是设在不伦瑞克的“预科学校”。

政治教育学院的目的是恢复以前老普鲁士军事学院的那种教育，据一篇官方评论说，这种教育培养“军人精神和它的勇敢、责任感和简朴的特性”。此外，还有关于纳粹理论的特别训练。这些学校是在党卫军监督下的，由党卫军提供校长和大部分教员。在1933年设立了三所这样的学校，到战争爆发时已增加到三十一所，其中三所是训练妇女的。

在这个金字塔的顶端，是所谓的骑士团城堡。在这些具有14—15世纪条顿骑士团城堡气氛的训练所里，是训练纳粹党精华中的精华的。条顿骑士团所依据的原则是绝对服从骑士团团长，并致力于使德国征服东方的斯拉夫人国家和奴役当地人民。纳粹骑士团城堡有着同样的训练和目的。只有最狂热的年轻的民族社会主义党人才能膺选，他们通常是从阿道夫·希特勒学校和政治教育学院的第一流毕业生中挑选出来的。一共有四个城堡，学生要逐一到各个城堡去受训。六年中的第一年，是在一个专门讲授“种族学”和其他纳粹思想的城堡里受训。重点是在智力训练和纪律方面，体力训练居次。第二年又进一个城堡，那里的情况正好相反，重点在于体育和运动，包括爬山和跳降落伞。在第三个城堡中，学生要待一年半，受政治和军事训练。最后，他被送往位于波兰边界附近东普鲁士的马林堡的骑士团城堡，以一年半的时间度过他的教育的第四个也就是最后一个阶段。在那里，在五个世纪前曾经是条顿骑士团要塞的城堡的围墙里，他的政治和军事训练集中在东方问题以及德国在不断寻求生存空间的过程中扩展入 255
斯拉夫国家的需要（和权利！）上。结果证明，而且无疑其原来的目的便是证明，这是1939年和以后的事件的一个极完善的准备工作。

青年们就是这样接受着如何在第三帝国生活、工作和死亡的训练。虽然他们的头脑被蓄意加以毒化，他们的正规学业被打断，而且由于这种训练，他们的天伦之乐也大体上被取消了，但是男女孩子们、男女青年们却似乎非常快乐，对于过一个希特勒青年团团员的生活充满了热情。而且把各个阶级和各种行业出身的孩子们集合在一起，使来自贫家和富室，来自工人家庭、农民家庭、商人家庭或贵族家庭的子女们分担着共同的任务，这种做法本身也无疑是好的和健全的。在大多数情况中，一个城市出身的男孩子或女孩子进行六个月的强迫劳动服役，住在户外，学习体力劳动的价值，跟那些不同出身的男女孩子们相处，对他们是没有害处的。凡是那个时候曾在德国各地旅行过，跟住在营房里的青年们谈过话，看到过他们工作、玩耍和歌唱的人，都不能不觉得，不论这种教育多么阴险，但这的确是一种非常生气蓬勃的青年运动。

第三帝国的青年成长起来后将有强健的体魄，对他们的国家和自己充满信心，还要有一种不分阶级和没有经济与社会隔阂的友谊和同志爱。我后来在1940年5月间，在亚琛和布鲁塞尔之间的公路上看到德国士兵和第一批英国战俘之间的鲜明对照时又想起了这一点，前者肤色黝黑，姿势挺拔，饱晒阳光，营养充足，后者则胸部凹陷，肩膀斜垂，面色苍白，牙齿败坏。这可悲地说明了，英国在两次世界大战之间的时期里不负责任地忽视了青年的一代。

第三帝国的农民

当希特勒在1933年当政的时候，德国农民，像大多数国家的农民一样，正陷于绝境之中。据《法兰克福报》上一个作者说，他们的处境比为祸甚烈的1524—1525年农民战争蹂躏德国土地以来的任何时候都要坏。1932—1933年度的农业收入降到了新的低点，比战后最坏的1924—1925年度还要少10亿马克。农民们所负的债务达到120亿马克，差不多全部是在近八年中拖欠的。这些债务的利息约占全部农业收入的14%，此外还有相当沉重的赋税和对各种社会服务的捐款负担。

希特勒在当政伊始警告说："我的党员同志们，你们要明白一件事情：德国农民只有一个机会，也是最后一个机会了。"1933年10月， 256
他说："德国农民的毁灭就将是德国人民的毁灭。"

多年来，纳粹党一直在为取得农民的支持下功夫。"不可变更"的党纲第十七条向他们提出的诺言是，将进行"土地改革……颁布无偿没收土地用于公共目的的法律；取消农业贷款的利息，防止一切土地方面的投机"。像这个纲领的其他大部分项目一样，向农民提出的这些诺言也没有兑现，只有最后一点防止土地投机除外。1938年，纳粹统治了五年之后，土地分配仍然比西方任何国家还要不均衡。在那一年的官方《统计年鉴》中公布的数字表明，250万户最小农户所有的全部土地，比为数只占1%的最大农户的土地还要少。纳粹独裁政权，像共和国的历届社会民主党-资产阶级政府一样，不敢去分坐落在易北河以东的容克地主们的庞大的封建庄园。

虽然如此，纳粹政权却的确开始实行过一个全面的新农业计划，辅之以很多大谈其"血统和土地"以及农民是社会中坚和第三帝国的主要希望的动听宣传。为了实现这个新计划，希特勒任命了瓦尔特·达里来负责。达里是纳粹党里为数极少的那些虽然信奉大部分纳粹神话却对本行极为精通的领袖之一。他是一个受过相当专业训练的杰出的农业专家，曾在普鲁士农业部和全国政府农业部里工作过。他两次都因跟上级不合而被迫离职，在1929年退隐到他在莱茵兰的家里，写了一本名为《农民是北欧人种生命的源泉》的书，这样一个书名是必然会引起纳粹党人的注意的。鲁道夫·赫斯把达里引见给希特勒，后者对他产生了很好的印象，就委托他为党拟定一个适当的农业计划。

胡根贝格在1933年6月去职后，达里就当了粮食与农业部长。到了9月，他已把他的改造德国农业的计划准备就绪。在那一个月里，颁布了两项基本法律，把整个生产和销售的结构重新组织过，目的是为了确保农民获得较高的价格，同时使德国农民处于一种新的地位——说来矛盾，办法是使他们重新处于一种非常古老的地位：像封建时代一样，土地是限定继承的，农民和每代的继承者被迫永久附属于他们的那一片土地（如果他们是雅利安德国人的话）。

1933年9月29日的《农场继承法》，是一种把农民推回到中古时期去而又保护他们在现代货币时代不受欺弄的混合物。凡是占地308英亩（合125公顷）、足以使一个家庭衣食温饱的田地，一概被宣称为受到古代的限定继承法约束的世袭地产。它们不得出售、分割、抵押或者因债务无力清偿而没收。在所有人死后，它们必须按当地的习惯
257 传给长子或者幼子，或者传给最近的男性亲属。继承人有义务照顾兄弟姊妹们的生活和教育，直到他们成年。只有能够证明他的血液的纯洁性可以一直回溯到1800年的雅利安德国人，才能拥有这样一片田地。这项法律规定，只有这样的人才能获得农民的“光荣称号”。如果他违反“农民惯例”，或者因为没有能力或其他原因而不再积极耕作的时候，他就丧失了这个称号。这样，负债累累的德国农民在第三帝国的开始时期得以不致因债务无力清偿而丧失土地，或者眼看着他的土地逐渐减少（因为没有必要出卖部分土地来偿债），但是在同时，他就像封建时代的农奴那样不可改变地被限定在这块田地上。

他的生活和工作的每一个方面，都受到德国粮食局的严格管理。这是达里根据1933年9月13日的一项法律而设立的一个庞大的组织，对农业生产、销售和加工处理的每一个可以想得到的方面都有权管理。达里以全国农民工作领袖的资格亲自担任这个组织的领导。这个组织的主要目的有两个：使农民获得稳定而有利的价格和使德国粮食自足。

它取得了多大的成功？农民很久以来一直觉得自己在一个似乎只以企业界和劳工界的利益为怀的国家里被忽视了，如今一旦发现受到

很大的注意并被称为民族英雄和光荣公民，在开始的时候当然是感到得意的。达里又任意把农产品价格定在一个有利可图的水准上，而使农民得到较前为高的收入，这就使他们更加高兴了。在纳粹统治的头两年中，农产品批发价格上涨了20%（蔬菜、乳制品和牲畜涨得还要多一些），但是这种好处由于农民必需购买的东西的价格，尤其是机械和肥料的价格的同样上涨而抵消了一部分。

至于粮食自足，这是纳粹领袖认为必要的事情，因为他们已经在策划战争，这在下文将要谈到。但是这个目标永远没有达到，而且把德国这样的土地质量和数量跟它的人口联系起来看，这也是永远不可能达到的，尽管纳粹在大肆宣传“生产战斗”方面尽了一切努力，这个国家所能做到的，充其量是达到83%的自足。只是在征服了外国领土后，德国人才有足够的粮食来使他们能够在第二次世界大战期间支撑得那么久。

第三帝国的经济

希特勒在头几年中之所以能获得成功，其基础不仅在于他在外交方面的许多不流血征服的胜利，而且在于德国的经济恢复。这种经济恢复，党内人士甚至某些国外经济学家都称之为奇迹，而且在很多人看来，也确乎是个奇迹。失业是1920年代和1930年代初期的一个令人头痛的问题，现在已缓和了，1932年失业人数达600万人，四年以后已减少到100万人不到。国民生产从1932年到1937年增长了102%， 258
国民收入则增加了一倍。在一个观察家看来，德国在1930年代中期的忙碌景象很像一所庞大的蜂房。工业的机轮发出来的声音隆隆不绝，每个人都忙碌得像只蜜蜂似的。

纳粹的经济政策多半是由沙赫特博士决定的，因为希特勒讨厌经济学，而且对此几乎一窍不通。纳粹经济政策在头一年在很大程度上致力于大事扩充公共工程和刺激私人企业，以此来使失业人员就业。政府的经费由发行特别的失业证券来提供，对筹集资本和增雇人员的企业则慷慨地减免它们的赋税。

但是德国的复兴的真正基础是重整军备，纳粹政权从1934年起就使企业界和劳工界，还有将军们的精力都用在这个目标上。纳粹的词汇中开始称德国的整个经济为“战争经济”，这种战争经济经过处心积虑的筹划，不仅在战时，而且在战前的一段和平时期，也能有效用。鲁登道夫将军1935年在德国出版了一本名为《总体战》的著作，这个书名在英文中被误译为“在作战中的国家”。他在这部著作里强调说，有必要在跟其他一切方面同样的极权基础上动员国家的经济，以便恰当地准备总体战。这种主张在德国人中间不是全新的东西，因为在18世纪和19世纪的普鲁士，我们已经谈到过，政府全部收入的大约五分之七都是用在军队上的，而且那个国家的整个经济一向被认为主要是实现军事政策而不是实现人民福利的一种工具。

现在就是由纳粹政权来把“战争经济”适用于1930年代了。其结果正如军事经济参谋部长官格奥尔格·托马斯少将所总结的：“一个国家，像德国在两次世界大战之间被迫那么做的那样，即使在和平时期也已有意识地和有步骤地把它的全部经济力量都用来准备适应战争的需要，在历史上很少有这样的情况。”[12]

德国，不用说，并不是“被迫”在这样一种规模上准备战争的，这是希特勒有意识地做出的决定。在1935年5月21日的秘密的《国防法》中，他委任沙赫特为负责战争经济的全权总代表，命令他“在和平时期就开始进行他的工作”，赋予他“指导经济备战工作”的权力。这位举世无双的沙赫特博士没有等到1935年春天就开始建立德国的战争经济了。1934年9月30日，他出任经济部长后不到两个月，便向元首提出了一个《到1934年9月30日为止的战争经济动员工作情况报告》。他在这个报告中得意地强调说，他的部“已负责从事经济备战工作”。1935年5月3日，他被任命为负责战争经济的全权总代表以前四个星期，他向希特勒交了一个个人的条呈，开头的话是：“迅速而充 259
分地实现军备计划，是德国政治的**唯一**问题［着重体是他自己用的］；因此其他一切都应当从属于这一目标……”沙赫特向希特勒解释，因为“重整军备在1935年3月16日［这是希特勒宣布征兵36个师的日子］以前不得不完全伪装起来，所以必须使用印钞机”来支付开始阶段的费用。他还颇为高兴地指出，从国家的敌人（大部分是犹太人）没收来的款项以及从冻结的外国账户所取得的其他款项，对购买希特勒的枪炮很有帮助。他得意地说：“这样，我们的军备有一部分是用我们的政治敌人的钱来支付的。”[13]

虽然他在纽伦堡受审时矢口否认他曾参加纳粹发动侵略战争的阴谋，他自称他所做的正好相反，然而事实仍然是，对希特勒在1939年发动的战争，没有一个人像沙赫特那样在德国经济准备方面尽了那么多的责任。这是军方所直爽地承认的。在沙赫特的60寿辰，1937年1月22日一期的军方刊物《军事周报》称颂他是“使得国防军的重建工作在经济上成为可能的人”。它又说：“多亏沙赫特的手腕和巨大能力，国防军才得以不顾一切货币上的困难而从原来的10万人发展到目前的兵力。”

为了使第三帝国在进行战争方面做好准备，沙赫特把他的得到世所公认的金融奇才的浑身解数都施展了出来。印钞票只是他的绝招之一。他操纵通货的神通之广大竟到了这样的程度：据外国经济学家的估计，有一个时期德国的货币竟有237种不同的价值。他同几十个国家谈判了（对德国）惊人有利的物物交易，而且使正统经济学家感到惊奇的是，他竟用事实表明：你欠一个国家的钱愈多，你同它做的生意也就愈多。他为一个没有什么流动资金和几乎没有财政准备金的国家创造信用的本领真是一种天才的杰作，或者像某些人所说的，是一个操纵圣手的杰作。他发明的所谓“米福”（Mefo）票就是一个极好的例子。“米福”票是国家银行所发行的票据，由国家予以保证，用来支付军火制造商。这种票据，德国各银行都接受，最后由国家银行予以贴现。因为它们既不出现在这个国家银行的公开报告里，又不出现在政府的预算里，所以对德国重整军备的程度起了保守秘密的作用。从1935年到1938年，它们专门用来支付重整军备的费用，共发行了120亿马克。财政部长什未林·冯·克罗西克伯爵却感到发愁，他有一次向希特勒解释说，这只不过是一种“印刷钞票”的办法而已。[14]

260 在1936年9月，戈林代替了沙赫特成为经济独裁者，虽然他对经济几乎像希特勒一样无知。在他的铁腕下，开始实行四年计划，德国转入了总体战争经济。这个计划的目的是要使德国在四年后能自给自足，这样战时的封锁就不会使它窒息，进口减到最低限度，对物价和工资实行了严格的管制，红利限定不得超出6%，设立了巨大的工厂，制造人造橡胶、人造织物、人造燃料和由德国自己的原料制成的其他产品，并且建立了一个庞大的赫尔曼·戈林工厂，从本国的低级铁矿砂中炼出钢来。总之，德国的经济为战争而动员起来，企业家们虽然利润激增，却变成了战争机器中的齿轮，他们的工作受到了许多限制，需要填写大量表单，以致在1937年继任沙赫特为经济部长和在1939年又继任沙赫特为国家银行总裁的冯克博士不得不悲哀地承认，“同官方的通信，现在占了一个德国制造商的全部商业通信的一半以上”;“德国的出口贸易每天有4万笔交易，然而每一笔交易要填写多到40种不同的表单”。

工商业家原来非常热情地欢迎希特勒政权，他们以为它会摧毁有组织的劳工，让企业家经营无拘无束的自由企业，现在却因为被多如山积的表单文件压得透不过气来，政府又规定他们产品的种类、数量和价格，不断增加的赋税又负担很重，外加受到永远没有完的对党的巨额“特别捐献”的剥削，所以变得大为失望了。弗里茨·蒂森就是这种感到失望的企业家之一，他原是最早、对党做过数额最大的捐献的人之一。他在战争爆发时逃出了德国，承认“纳粹政权毁了德国工业”。他向在国外碰到的所有人都说：“我当时真是个笨蛋！”[15]

然而，在开始的时候，企业家们自欺欺人地相信纳粹的统治能满足他们的全部希望。固然，“不可变更”的党的纲领中的一些诺言，在他们看来是种不吉之兆：把托拉斯国有化，在批发贸易中分享利润，“把百货商店收归公有，并以低价租给小商人”（第十六条条文），实行土地改革和取消抵押品的利息。但是企业界和金融界人士很快就发现，希特勒毫无一点履行党纲中任何一条经济诺言的意思，提出这些激进的诺言只是为了骗取选票而已。在1933年的头几个月，纳粹党里有少数激进分子试图控制企业协会，接管百货商店，建立一种跟墨索里尼企图建立的相仿佛的劳资协作国家。但是，希特勒很快就把他们赶走，而代之以保守的企业家。希特勒早期在经济问题方面的导师、想要取消“利息奴役”的怪人戈特弗里德·费德尔获得了一个经济部次长的职位，但是他的上司、一生靠贷款收息的保险业巨头卡尔·施密特博士不给他具体工作做，而在沙赫特继任经济部长后，就把费德尔免职了。 261

小商人们曾经是党的主要支持者，期望希特勒总理会给他们很大好处，他们很快就发现，他们中的许多人都完蛋了，被迫沦为靠工资为生者。1937年10月颁布的法律干脆解散了一切资本4万元以下的公司，并禁止设立资本不满20万元的新公司。这很快就干掉了全部小企业的五分之一。另一方面，甚至在共和国时期就得宠的大卡特尔，得到了纳粹党的进一步加强。事实上，根据1933年7月15日的一项法律，成立卡特尔成了强制性的事了。经济部受权组织新的强制性卡特尔，或者命令各公司加入现有的卡特尔。

在共和国时期组织起来的多数企业和贸易协会的这种系统，纳粹党依然保持着，虽然根据1934年2月27日的根本法，它们在简化的领导原则下重新组织过，而且置于国家的控制之下。各厂商都必须加入为会员。在一个杂得令人难以相信的结构的顶上，是德国经济协会，它的领导者是由国家任命的。它控制着7个全国性经济团体、23个经济协会、100个工商协会和70个手工业协会。在这个迷宫似的组织、经济部和四年计划的大量办公室和机构以及无穷无尽的数以千计的命令和法律中间，即使是最机灵的企业家也常常会被弄得晕头转向，如果他们要使一家公司的业务能够开展，他们必须雇请特别律师。为了打通路子接近那些有权做出决定的负责官员，或者要在政府和贸易协会的无数规则和条例中钻空子，贿赂贪污的现象就产生了，为数之大在1930年代末期已达到天文数字的水平。一个企业家对本书作者说，这是“一种经济上的必需”。

然而，企业家们虽然不能过清静日子，利润却很大。重整军备的主要受益者重工业的利润，从兴旺年份1926年的2%增加到最后一个和平年份1938年的6.5%。即使法律限制红利不得超过6%，对公司也没有什么妨碍。正好相反。在理论上，按照法律，凡是超过这个比例的数额就得投资在政府公债上——根本没有想到要没收，实际上，大多数公司都把未分配的利润再度投资在它们自己的企业上，这种未分配的利润从1932年的1.75亿马克增加到1938年的50亿马克，而这一年在各储蓄银行里的全部存款只有20亿马克，还不及未分配的利润的一半，这一年以红利方式经过分配的利润，总数也只有12亿马克。除了巨额利润外，企业家对希特勒使工人们安分守己也感到高兴。不再有不合理的工资要求了。但实际上，生活费用上涨了25%，工资还减少了一点。尤其是，没有损失浩大的罢工了，其实，任何罢工都根本
262 没有了。这种不听话的表现在第三帝国是被禁止的。

劳工的农奴状态

在第三帝国中，德国工人被剥夺了工会、集体谈判和罢工权利，

变成了一种工业农奴，差不多就像中古时期农民依附于领主一样依附于他的雇主。所谓的劳工阵线在理论上代替了过去的工会，但是它并不代表工人。按照1934年10月24日创立劳工阵线的法律，劳工阵线是“有智力和体力的创造性德国人的组织”。它吸收的不仅是工薪生活者，还有雇主和专业工作者。它实际上是一个庞大的宣传组织，而且如某些工人所说的，是一个大骗局。它的目的，正如该法律自己说的，不是保护工人，而是“创立一个由全体德国人组成的真正社会性和生产性的共同体。它的任务是务使每一个人都应该能够……完成最大限度的工作”。劳工阵线不是一个独立的行政组织，而是像纳粹德国除军队以外的差不多每个其他团体一样，是纳粹党的一个整体部分，或者，如它的领导者莱伊博士——那个“说话结结巴巴的醉鬼”（蒂森语）——所说，是“党的一个工具”。的确，10月24日的法律规定，它的工作人员应当来自党的队伍、前纳粹党工会、冲锋队和党卫军，而他们果真都是这样的人。

在这以前，1934年1月20日颁布以“劳工宪章”著称的《全国劳工管理法》，已使工人不得轻举妄动而把雇主提高到过去那种具有绝对权力的主人地位——当然雇主还得听从权力无所不包的国家的干预。雇主变成了“企业的领袖”，雇员则变成了“下属”（Gefolgschaft）。这项法律的第二节规定，“企业的领袖在与企业有关的一切问题上为雇员和工人做出决定”。而且就像在古时候领主该对他的臣民的福利负责一样，根据这项纳粹法律，雇主也得“对他的雇员和工人的福利负责”。反过来，这项法律说，“雇员和工人得对他忠诚”，那就是说，他们得加班加点，卖力工作，不得顶嘴和发牢骚，即使在工资问题上也不得如此。

工资是由劳工阵线所委任的所谓劳工托事来拟定的。实际上，他们按雇主的愿望拟定工资，根本没有规定要在这类问题上哪怕是征询一下工人的意见。虽然在1936年以后，因为军备工业人手不足，有些雇主企图用提高工资来招引工人，国家的命令仍把工资标准压着不提高。关于把工资压得很低这一点，希特勒是十分坦率的。他在当政初期说："民族社会主义领导的铁的原则，就是不允许增加计时工资，而只能用完成得多来增加收入。"[16] 在一个大多数人的工资至少有一部分是以计件为根据的国家里，这意味着，如果工人希望得到更多的收
263 入，他们就只有加快速度和延长时间。

同美国相比，把生活费用和社会服务方面的差别都算在里面，德国的工资一向是比较低的。在纳粹统治下，又比以前稍微低了一点。德国统计局的数字表明，熟练工人从最萧条的1932年每小时20.4分降低到1936年年中的19.5分。不熟练工人的工资从每小时16.1分降低到13分。1936年在纽伦堡举行的党代表大会上，莱伊博士说，劳工阵线中正式工人的每星期平均收入是6.95美元。德国统计局的数字是全部德国工人的平均收入为每星期6.29美元。

虽然有几百万人获得了就业，但是全部德国工人的收入在国民收入中的比例，却从萧条的1932年的56.9%减少到繁荣的1938年的53.6%。同时，资本和企业的收入却从占国民收入的17.4%增加到26.6%。固然，由于就业人数大大增加，工资和薪水的全部收入从250亿马克增加到420亿马克，增加了66%。但是，资本和企业的收入增加得还要多得多，达146%。在希特勒下面的所有第三帝国的宣传家们，都惯于在公开演说中痛诋资产阶级和资本家，并宣称他们自己同情工人。但是，对官方的统计数字做一番较为清醒的研究——或许没有什么德国人愿意伤这种脑筋——就可看出，从纳粹的政策中获得好处最多的是受到痛骂的资本家，而不是工人。

最后，德国工人的净得工资减少了。除了很高的所得税，对疾病、失业和残废保险的强迫扣款和劳工阵线会费以外，体力劳动者，像纳粹德国的其他任何人一样，还经常受到压力要对纳粹党的各种各样的慈善事业做愈来愈大的捐献，这种慈善事业中主要的是冬赈

（Winterhilfe）。许多工人由于不对冬赈捐款，或者捐款的数目被当局认为太少，而丢了饭碗。一个劳工法庭同意这样立即开除工人，它说，这种不肯捐款的行为是“敌视民族共同体……要受到最强烈谴责的行为”。据估计，在1930年代中期，赋税和捐献占去了一个工人工资总额的15%到35%。每星期6.95元的收入去掉了这样一个比例，就剩不了多少用来支付房租、准备伙食、添置衣着和用作娱乐活动了。

像中古时代的农奴一样，希特勒德国的工人发现他们愈来愈被束缚在劳工的地位上，虽然在这里束缚住他们的不是雇主而是国家。我们已经看到第三帝国的农民如何被《农场继承法》束缚在他的土地上。同样，农业工人也被法律束缚在土地上而不准离开农村到城市里去工作。实际上，必须说，这是唯一没有人遵守的纳粹法律；因为在 264
1933年和1939年之间，有100多万（130万）农业工人改行到工商业部门工作。但是对工业工人来说，这种法律却是贯彻了的。以1934年5月15日的法律为始，各种各样的政府法令严厉禁止工人自由调换工作。在1935年6月以后，国家就业管理处独揽职业介绍工作；可以雇用谁担任什么工作和在哪里工作，都得由它们来决定。

1935年2月实行了“工作簿”制度，于是一个工人若是没有工作簿就不能就业。工作簿里记载着他的技能和就业情况。工作簿不仅使国家和雇主对国内每个雇员的情况获得最新材料，而且被用来限制工人不能擅自离职。如果他希望离职去找别的工作，他的雇主可以扣住他的工作簿，这就意味着他不能合法地在别处受雇。最后，在1938年6月2日，四年计划办公室发出了一项特别法令，实行强迫征募工人制度。每个德国人都有义务做国家指定他去做的工作。工人没有充分的理由而擅离工作岗位的，要被罚款和服徒刑。显然，这种做法有它的另外一面。这样被征的工人，他的雇主不经政府就业管理处的同意就无法将他解雇。他得到了铁饭碗，这是他在共和国时所享受不到的。

工资低得只能勉强糊口，控制又严得毫无自由活动之余地，德国的工人，像罗马的无产者一样，由他们的统治者提供娱乐来转移他们对困苦处境的注意。莱伊博士有一次解释道："我们必须把群众的注意力从物质方面转移到精神方面。满足人们的精神需要比满足他们的肚皮更为重要。"

因此，他就搞了一个叫作"通过欢乐获得力量"（"Kraft durch Freude"）的组织。它所提供的东西，我们只能称之为管制化的娱乐。在20世纪的一个极权独裁政体中，或许像以前的这种政体一样，不仅有必要控制一个人的工作时间，还必须控制他的闲暇时间。这就是"通过欢乐获得力量"所做的事情。在纳粹党当政以前，德国有成千上万个俱乐部，从事着从下棋、踢足球到观赏飞禽的各种娱乐活动，在纳粹统治下，除了在"通过欢乐获得力量"的控制和指导下的组织以外，不准许其他有组织的社交性团体、运动团体和娱乐团体进行活动。

对第三帝国的一般德国人来说，既然连自己去想办法玩儿这种事都对你不放心，这个无所不包的官方娱乐组织无疑就聊胜于无了。例如，它使参加劳工阵线的人能够花极便宜的代价做陆地和海上假期旅行。莱伊博士建造了两艘2.5万吨的船，一艘以他自己的名字命名，另外还包了10艘来供"通过欢乐获得力量"做海上游览。本书作者曾参加过一次这种游览，虽然船上生活被纳粹党领袖们组织到了（使我
265 觉得）简直难以忍受的程度，但是德国工人们却似乎玩得很快乐。而且收费便宜之至！例如，到马德拉去游览一次，连同到德国港口去的来回火车费在内一共只花25美元，别的远足也都是很便宜的。许多海滨和湖岸都被接管过来，供数以千计的夏季度假者游憩。在波罗的海吕根的海滨，要修建能容纳两万人的旅舍，到战争发生时还没有竣工。在冬天，组织到巴伐利亚的阿尔卑斯山的滑雪旅行，每星期只花11美元，包括车费、房饭钱、滑雪板租金和滑雪教练费在内。

体育运动的每个部门都由"通过欢乐获得力量"所控制，它的组

一辆“通过欢乐获得力量”的度假专列。

织规模也是庞大的，据官方数字表明，每年参加各种运动的有700多万人。这个组织还以极低的票价安排看话剧、歌剧和听音乐，从而使劳动者得以欣赏比较高级的娱乐，这是纳粹官员们常常自夸的。“通过欢乐获得力量”还有它自己的由90件乐器组成的交响乐团。这个乐团不断在全国巡回演奏，常常在不常能听到好音乐的小地方演奏。最后，这个组织接管了在共和国时期办得很发达的200多个成人教育机构——起源于斯堪的纳维亚的一种运动——并把它们继续办下去，虽然在教学中夹杂了大量的纳粹思想。

到头来，不用说，这些娱乐费用还是出在工人身上。据莱伊博士说，劳工阵线年度会费收入在1937年达到1.6亿美元，而在战争开始时已超过2亿美元大关，这笔账是极为含糊的，因为不是由国家而是由党的财务处掌握的，而后者是从来不公布它的账目的。劳工阵线会费收入中拨给“通过欢乐获得力量”的是10%。但是，个人为假期旅行和娱乐所支付的费用，虽然很便宜，在战争发生前的一年也达到了12.5亿美元。工资生活者还有一笔重大开支。劳工阵线是纳粹党在德国的最大的一个组织，拥有2 500万成员，它成了一个臃肿的官僚政治机构，有数十万领全薪的职工。事实上，据估计，它的收入中有20%到25%充作了行政费用。

希特勒对德国工人搞的骗局，还有一个值得顺便提一提，这就是大众汽车（“人民的汽车”）的骗局，元首心血来潮突发奇想的产物。他说，每个德国人，或者至少每个德国职工，都应当有一辆汽车，就像美国一样，当时，德国人每五十个人中才有一辆汽车（而美国是每五个人有一辆汽车），职工们往返是骑自行车或者乘公共车辆代步的。现在希特勒下令要为职工生产只售990马克（按官方汇率合396美元）的汽车。据说，他本人曾参与了在奥地利汽车工程师斐迪南·保时捷博士监督下的这种汽车的实际设计工作。

由于私营工业不能生产出只售396美元的汽车，希特勒下令由国
266 家来制造，并叫劳工阵线来负责这个计划。莱伊博士的这个组织很快就于1938年在不伦瑞克附近的法勒斯累本着手建造“世界上最大的汽车厂”，年产150万辆汽车，纳粹宣传家们说，“比福特公司还要多”。劳工阵线拨出了5 000万马克作为资本，但这不是主要的经费来源。莱伊博士的巧妙计划是工人们应当通过一种叫作“先付款后得货”的分期购置计划来自行提供资金——每星期付5马克，如果一个工人认为他能付得起的话，就付10马克或15马克。在付了750马克时，买主收到一个订单号码，他可以在汽车生产出来后就得到它。可怜的工人！在第三帝国时期连一辆汽车也没有为任何买主生产出来。德国的工薪族付出了几千万马克，一个芬尼也没有偿还。到战争开始时，“大众汽车”厂就去制造对军队更有用的货物了。

德国工人虽然在这件事情上和其他许多事情上受了欺骗，沦为工资只足糊口的工业农奴，而且不像德国社会的别的任何阶层那么轻

1938年5月26日，希特勒在“大众汽车”项目的启动仪式。

易地就信奉纳粹主义，或者为纳粹党的不断宣传所惑，但是，对于他们在第三帝国的劣等地位，他们似乎并不特别不满。这样说是很公平的。要不是德国工人做了极为巨大的贡献，在1939年9月1日拂晓突然闯入波兰边境的巨大战争机器是绝不可能形成的。不错，他们是受到管制的，而且还不时受到恐吓，但是，别人也都是如此，而好几个世纪以来的管制已使他们像所有别的德国人一样习惯于服从命令了。虽然在这种事情上做笼统的概括或许是不明智的，但是作者本人对柏林和鲁尔的工人的印象是：虽然他们对纳粹政权的诺言多少有些不大相信，但是他们并不比第三帝国的任何其他人更有进行反抗的想法。他们既没有组织，又缺乏领导，有什么办法呢？一个工人常会这样反问你。

但是，毫无疑问，他们愿意接受他们在纳粹德国的地位的最大原因是：他们又获得了职业，而且确信饭碗不会被敲破。一个观察家只要对他们在共和国时期饭碗朝不保夕的情况略知一二，就不难了解，为什么只要他们有全日工作在做，他们就似乎并不十分在乎丧失政治自由甚至工会了。他们的话也不错，在过去，有那么多人，有多到600万人和他们的家属，虽然有这种自由人的权利，但是由于有了挨饿的自由而失去了意义。希特勒由于取消了挨饿的自由而得以稳稳地获得了工人阶级的支持（这个工人阶级也许是西方世界最有技能、最勤劳和最守纪律的工人阶级）。但是得到他们支持的好处的不是他的幼稚浅薄的思想，也不是他的罪恶打算，而是最最重要的事情：战争物资的
267 生产。

第三帝国的司法

从1933年的最初几个星期，当那些当权的人开始进行大规模的任意逮捕、殴打和杀害时起，在民族社会主义统治下的德国就不再是一个法治的社会了。纳粹德国的司法界名人傲然宣称："希特勒就是法律！"戈林强调了这点，他在1934年7月12日对普鲁士的检察官们说："法律和元首的意志是一回事。"事实确实如此，这位独裁者说什么是法律，什么就是法律，在紧急的时候，如在血腥清洗时期，他本人就宣称他是德国人民的"最高法官"，有随意处死任何人的权力。关于这一点，从他在这个血腥事件后向国会发表的演说中，我们已经看到了。

在共和国时期，大多数法官，像多数新教牧师和大学教授一样，从心底里不喜欢魏玛政体，许多人认为，他们所做的判决，是为德意志共和国生活写下的最黑暗的一页，从而促成了它的覆亡。但是，至少在魏玛宪法下，法官们是独立的，只受法律的管辖，不会被任意撤职，而且至少在理论上有宪法第一百零九条限定他必须保障人人在法律面前一律平等。他们中间大部分人都同情民族社会主义，但是他们对于很快就在民族社会主义实际统治下所遭到的待遇，却几乎没有什

么准备。1933年4月7日的《公务员法》适用于一切执法者，很快就不仅清除了司法界中的犹太人，而且还清除了那些被认为对纳粹主义的信仰有问题的人，或者如这项法律所规定的，“那些有迹象表明不再准备在一切时候为民族社会主义国家利益执言的人”。固然，由于这项法律而被清除的法官不算很多，但是他们受到了警告，知道了他们的职责所在。为了保证他们真正懂得，司法专员兼全国法律工作领袖汉斯·弗兰克博士在1936年告诉法律工作者说：“民族社会主义思想，特别是像党纲和元首的一些演说中所解释的，是一切根本法律的基础。”弗兰克博士接着解释，他的意思是：

> 没有不合民族社会主义的法律的独立。你们在做出每一次决定时要想一想：“如果元首处在我的地位会怎样决定？”对于每一项决定，都要自问一下：“这个决定是否符合德国人民的民族社会主义良心？”然后你们就会有一种极为坚实的基础，把这种基础同民族社会主义人民国家的一致性和你们对阿道夫·希特勒意志的不朽性质的认识结合起来，就会使你们在做出决定时具有第三帝国的权威，而且这是永远的。[17]

这似乎足够明白了，还有下一年（1937年1月26日）的一项新的《公务员法案》也是如此，这项法律规定要撤换一切“政治上不可靠”的官员，包括法官在内。此外，所有法官都被迫加入德国民族社会主义法律工作者联合会，在那里他们常常听到与弗兰克的谈话相似的讲演。 268

有些法官，不论他们过去多么反对共和国，对党的方针却响应得不够热烈。事实上，其中至少有少数人还企图根据法律来做判断。从纳粹的观点来说，其中最不好的例子之一，是德国的最高法院国家法院在1934年3月国会纵火案审判中因证据不足而开释了四个共产党被告中的三个。只有头脑糊涂的荷兰人范德卢贝由于招认了而被判定有罪。这事使希特勒和戈林大为冒火，于是不出一个月，在1934年4月24日，一向只有最高法院才能审理叛国案的权力，从这个庄严的机构手里转移给新的法院人民法庭（Volksgerichtshof）。人民法庭很快就变成了德国最可怕的法庭。它由两个专职法官和五个由纳粹党官员、党卫军和武装部队中选出的人组成，后者在表决时占有多数。对它的判决不得上诉，而且它的审讯通常是秘密举行的。但是，偶然为了宣传起见，在做比较轻的判决时，也邀请外国记者去旁听。

这样，作者本人曾于1935年到人民法庭去旁听过一个案件的审判。这次审判使我觉得倒像战地临时军法审判而不像民事法庭审判。审讯程序一天就结束了，差不多没有机会提出被告方面的证人（如果竟有人敢于为一个被控“叛国罪”的人辩护的话），辩护律师都是“合格的”纳粹党人，他们提出的论据则软弱得简直达到荒谬可笑的程度。看看只报道判决结果的报纸，你所得到的印象是，大多数不幸的被告（虽然不是在我旁听的那一天的被告）都是被判死刑的。没有公布过数字，虽然在1940年12月，人人畏之如虎的人民法庭庭长罗兰·弗莱斯勒说:“只有4%的被告被处死刑。”他后来在战争期间因美国人的炸弹命中他正在进行审判的法庭而被炸死。

比凶险的人民法庭设立得更早的是特别法庭（Sondergericht），它从普通法院那里接管了政治罪行的案件，或者如1933年3月21日设立这种新法庭的法律所说的“阴险地攻击政府”的案件。特别法庭由三个法官组成，他们必须是可靠的党员，而没有陪审团。纳粹检察官有权选择把这种案件提交到普通法院去审还是提交到特别法庭去审，而他总是选择后者，其原因是显而易见的。这个法庭的辩护律师，像人民法庭的辩护律师一样，得由纳粹党官员认可。有时候即使他们已得到认可，他们的下场仍然很不幸。例如，胆敢代表在血腥清洗中被杀害的天主教行动组织领袖克劳泽纳博士的寡妇控告国家对她造成损害

的律师们，结果被送到萨克森豪森集中营去，一直关在那里，直到他 269
们把控诉正式撤销时才放出来。

希特勒有权使刑事诉讼程序中止进行，有一个时期戈林也有权这样做。在纽伦堡文件[18]中发现有一个案件，是司法部长竭力主张对一个秘密警察高级官员和一批冲锋队员提出控告，因为他认为已有证据清楚地证明他们犯了对一个集中营的被拘禁者进行最骇人听闻的酷刑虐待的罪行。他把证据送交给希特勒，元首却命令停止起诉。戈林在开头也有这种权力。1934年4月，他曾制止了一件控告一个著名企业家的刑事诉讼。后来很快就传出来，这个被告送了戈林约300万马克。当时在柏林很著名的律师格哈德·F. 克拉默后来说："不能确定是戈林讹诈了这位实业家呢，还是这位实业家贿赂了这位普鲁士总理。"[19]而已经确定的是戈林使这个案件作罢了。

另一方面，元首的代表鲁道夫·赫斯，受权对他认为被判处得太轻的被告采取"无情的措施"。法院对犯有攻击党、元首或者国家的罪行的人的各种审判都列成一份记录呈交给赫斯，他如果认为惩处得太轻就可以采取"无情的"措施。这通常是把受难者送到集中营去或者把他杀害。

有时候，必须说，特别法庭的法官确实表现出一种独立精神，甚至忠于法律，在这种情况下，或者是赫斯，或者是秘密警察，就来插手了。例如，我们已经看到，尼莫拉牧师被特别法庭开脱了他的主要罪名而只判处了短期监禁，而他在等候审讯时期已服满了这段短期徒刑，因此本来就可以回家了，秘密警察却在他离开法庭时把他架走而送到了一个集中营里去。

因为秘密警察，像希特勒一样，就是法律。它原来是戈林在1933年4月26日为普鲁士邦设立的，以代替普鲁士邦原来的政治警察IA处。他起初打算只把它称为秘密警察处（Geheimes Polizei Amt），但是这个名称的德文首字母缩写GPA发音跟俄文的GPU*太相似了。一个不出名的邮局职员奉命为这个新机构设计一种免费递送的邮票图样，他提议把它叫作Geheime Staatspolizei，即“秘密国家警察”，简称GESTAPO†，从而无意中创造了一个先是在德国后来又在国外令人谈虎色变的名称。

在开始时，秘密警察实际上还只不过是戈林用来逮捕和杀害反对政权者的一个私人恐怖工具。只是在1934年4月戈林任命希姆莱为普鲁士秘密警察的副首脑后，秘密警察才开始作为党卫军的一支力量而
270 扩展起来。在这个态度温和然而具有虐待狂倾向的养鸡场主出身的新首脑以及在党卫军保安处（Sicherheitsdienst）处长莱因哈德·海德里希这个残忍成性[20]的青年人的天才领导下，它成了一个恶阎王，对每个德国人有着生杀予夺的权力。

早在1935年，普鲁士最高行政法院就在纳粹党的压力下裁决，秘密警察的命令和行动不必经司法复审。政府在1936年2月10日颁布的秘密警察根本法把这个秘密警察组织放在法律之上。法院绝对不得干涉它的活动。正如希姆莱在秘密警察中的得力助手之一维尔纳·贝斯特博士所解释的，“只要警察是在执行领导的意志，它的行动就是合法的”。[21]

任意逮捕和把受难者拘禁在集中营里的做法被披上了一件“合法”的外衣，名字就是“保护性看管”，所根据的是1933年2月28日的法律。我们前已谈到，这个法律停止实行宪法中保证公民自由的条款。但是这里的保护性看管并不是像在较为文明的国家里那样保护一个人使他不受到可能的伤害。它是用把他关在铁丝网后面的办法来处罚他。

在希特勒当权的头一年，第一批集中营就像雨后春笋似的建立起

---

* 俄语“国家政治保卫局”的缩写。——译者

† Gestapo一般音译有“盖世太保”“格杀打扑”“格施塔波”等。——译者

纳粹警察高官在万湖，从左至右为达吕格尔将军、党卫军组长卡尔·沃尔夫、党卫军帝国长官海因里希·希姆莱、警察中校博宁、空军元帅埃尔哈德·米尔希、党卫军保安处处长莱因哈德·海德里希、党卫军高级指挥官克吕格尔和党卫军指挥官冯·许茨。

来了。到1933年年底，就有了大约五十个集中营。它们主要是由冲锋队设立的，先给它的受难者以一顿饱打，然后向他们的亲戚朋友勒索尽可能多的赎款。这基本上是强敲硬诈。不过，有时候，被拘禁者却被杀害，通常是出于纯粹的虐待狂和残忍。在纽伦堡审讯时发现了四个这样的案件，它们是1933年春天发生在慕尼黑附近的达豪党卫军集中营里的。每个案件中，被拘禁者都遭到了残酷无情的杀害，一个是被笞死的，另一个是被勒死的。甚至慕尼黑的检察官都提出了抗议。

由于在1934年6月的血腥清洗后已不再存在对纳粹政权的反抗，所以许多德国人认为大批的"保护性看管"逮捕和把数以千计的人关在集中营里的做法会停止了。在1933年的圣诞节前夕，希特勒曾宣布释放集中营里27 000名被拘禁者，但是，戈林和希姆莱规避了他的命令，只有极少数人真正获释。后来，内政部长弗里克，这个唯命是从的官僚主义者，曾在1934年4月发出秘密命令，对大规模"保护性看管"逮捕加些限制和减少关到集中营里去的人数，企图使纳粹凶徒的胡作非为收敛一些，但是希姆莱说服了他放弃这事。这位党卫军头子比这位部长看得较为清楚，知道集中营的目的不仅是处罚纳粹政权的敌人，而且要摆在那里威吓人民，使他们根本不敢想反抗纳粹统治。

271 在罗姆遭到清洗后不久，希特勒把集中营交给党卫军控制，他们就以不愧为精锐部队的效率和冷酷无情来组织集中营了。守卫的责任专门交给骷髅队（Totenkopfverbaende），这个单位的成员是从最强悍的纳粹分子中召来的，服役十二年，在黑色军衣上佩着人所熟见的骷髅和骨头的肩章。最早的骷髅队队长和达豪集中营首任长官特奥多尔·艾克，被任命负责管理全部集中营。临时凑合的集中营关掉了，而更大的集中营却建立起来了。在战争发生前，它们还没有扩展到占领区里去的时候为止，主要的集中营是慕尼黑附近的达豪集中营，魏玛附近的布痕瓦尔德集中营，代替了柏林附近初期出过名的奥拉宁堡集中营的萨克森豪森集中营，专门拘禁妇女的梅克伦堡的拉文斯布吕克集中营，还有，在1938年占领了奥地利以后，林茨附近的毛特豪森集中营——这些名字，同以后在波兰设立的奥斯维辛、贝乌热茨和特雷布林卡一起，后来成为世界上大部分地方无人不知的名字。

在这些集中营里，在它们的末日慈悲地来到以前，千百万无辜的人被杀害，另有千百万人受到了简直令人无法想象的残忍的折磨和酷刑。但是在开头，在1930年代德国的纳粹集中营里的被拘禁者大概从没有超过2万到3万，后来由希姆莱的人员所发明和执行的许多恐怖措施当时也还无人知道。灭绝营、奴隶劳动营、把被拘禁者作为豚鼠供纳粹做“医药研究”的营房，都要等到战争发生后才出现。

但是早期的集中营也并不完全是人道的。我这里有一份达豪集中营第一任长官特奥多尔·艾克在1933年11月1日为达豪集中营拟订的条例的抄本，他在成为全部集中营的主管者后把这些条例在各集中营中推广施行。

> 第十一条　犯有下列罪行者以煽动者论处，一律绞死：凡……谈论政治，发表煽动言论，举行煽动集会，组织小集团，与人厮混盘桓；为了将暴行传闻供反对派宣传而收集集中营真假情报；接受、隐藏、传播、外递此类情报给外国客人等者。
>
> 第十二条　犯有下列罪行者以聚众闹事者论处，当场格杀或以后绞死：凡袭击守卫或党卫军人员，奉派值勤时拒绝服从或工作……或在途中或工作时大声咆哮、嚣叫、煽动或发表演说者。

“凡是在信函或其他文件中有毁谤民族社会主义领袖、国家和政府言论……［或者］颂扬马克思主义领袖或旧民主党派自由主义领袖者”则予以隔离禁闭两个星期或鞭笞二十五下，这种处罚算是较轻的。 272

同秘密警察相连的是保安处，它的首字母缩写是S. D.。这也是使所有德国人，后来又使占领区人民望而生畏的缩写。保安处原来是由希姆莱在1932年设立的一个党卫军的情报组织，并由他任命莱因哈德·海德里希来领导，此人后来以“刽子手海德里希”的外号闻名国际。保安处起初的任务是暗中监视党员和报告任何可疑的活动。在1934年它也成了秘密警察的情报单位，到了1938年，一项新法律赋予它在全国搞情报工作的任务。

海德里希以前是海军中的一个情报官员，在1931年26岁的时候因为不愿跟被他奸污的一个造船商的女儿结婚，被海军上将雷德尔撤职。在他的老练的领导下，保安处很快就在全国遍布罗网，雇用了约10万名兼职告密者，他们奉命窥察国内的每一个公民，只要发现有被认为是不利于纳粹统治的最轻微的言论和活动，他们就报告上去。除非是笨蛋，没有人不首先看一看有没有隐藏的保安处录音器，或者有没有保安处特务在偷听，就贸然说一句可能被认为是“反纳粹”的话或者做这种事情。你的儿子，你的父亲，你的妻子，你的表亲，你的好友，你的上司，你的秘书，都可能是海德里希的组织的告密者；你

1933年12月，达豪集中营长官特奥多尔·艾克在被拘禁者前训话。这些人将于当年的圣诞节获赦，他们身后的纳粹标语是："你什么都不是——你的人民才是一切。"

绝不会知道的，所以如果你聪明的话，对于无论什么事情，无论什么人都不要以为是大概没有问题的。

保安处的专职密探在1930年代大概从未超过3 000人，他们大多数是从失意的青年知识分子中招来的，他们是找不到合适的职业或者在正常的社会中找不到着落的大学毕业生。因而，在这些专职密探中间，老是有着一种奇怪的卖弄才学的风气。他们对研究条顿族考古学、劣等种族头颅骨和主宰种族优生学这类不是他们本行的问题有着奇怪的兴趣。然而，一个外国观察家却很难接触到这些怪人，虽然海德里希本人，一个狂妄自大、冷若冰霜、残忍无情的人，倒偶尔可以在柏林的夜总会里看到，四周围坐着一些他的金头发的年轻凶徒。他们不愿引人注意，不仅是因为他们的工作性质所致，而且是因为，至少在1934年和1935年，他们中间有若干人曾因暗中监视罗姆和他的冲锋队党羽而被一个自称“为罗姆复仇者”的秘密集团所暗杀，这些暗杀者还把这个标签插在尸体上。

保安处的一个令人感兴趣的、虽然是次要的任务，是查明谁在希特勒的公民投票中投了“不同意”的票。在纽伦堡的无数文件中，有一份在科赫姆的保安处关于1938年4月10日的公民投票的秘密报告：

> 在卡佩尔投了“不同意”的票或废票的人的名单副本附后。这种控制是这样实施的：选举委员会的一些委员把全部选票都标
> 上号码。在投票时列了一个选民名单，选票是按号码发出去的， 273
> 因此后来有可能……找出投了“不同意”票或者废票的人。号码是用脱脂乳写在选票背后的。
>
> 新教牧师阿尔弗雷德·沃尔弗斯所投的票也附上。[22]

1936年6月16日，一支全国范围的统一的警察队伍在德国历史上首次建立起来，希姆莱被任命为德国警察总监，负责领导，在此以前警察是由各邦分别设立的。这就等于把警察置于党卫军的手中，后者自从1934年镇压罗姆“反叛”后权力一直在迅速增加，党卫军已不仅是禁卫军，不仅是党的唯一武装部门，不仅是新德国的未来领袖们将从中选择的得宠精华，它现在还拥有了警察力量。第三帝国已变成一个警察国家，这是一切极权独裁政体的不可避免的发展。

第三帝国的政府

虽然魏玛共和国被摧毁了，但是魏玛宪法却从未被希特勒正式废除。说真的，而且说来也好笑，希特勒还以这个遭到他的轻视的共和国宪法作为他的统治的“合法性”的根据。数以千计的法令——第三

帝国除此外没有别的——是明白地以兴登堡1933年2月28日根据宪法第四十八条所签署的“保护人民和国家”这个总统紧急法令作为根据的。我们记得，这位年迈的总统是在国会纵火案发生后第二天受了愚弄而签署这项法令的，当时希特勒竭力使他相信有发生共产党革命的严重危险。这项停止一切公民权利的法令，在整个第三帝国期间一直有效，使得元首能够以一种长期戒严令式的办法进行统治。

国会在1933年3月24日通过授权法，把它的立法职能交给了纳粹政府，这也是希特勒统治的“合乎宪法性”的第二个支柱。以后每过四年，一个橡皮图章似的国会就恭顺地再把这个法案延长四年，这位独裁者从来没有想到要取消这个一度民主的机构，因为只要使它不民主就行了。到战争发生时为止，它一共只举行过十二次会议，“制定”过四项法律*，没有进行过辩论或表决，而且除了希特勒发表的演说外，从未听过别的任何发言。

在1933年的头几个月以后，内阁中就不再有认真的讨论了，而
274 在1934年8月兴登堡去世以后，内阁就愈来愈不经常举行会议了，在1938年2月以后，内阁则从来没有再召开过会议。然而，内阁阁员个人却拥有很大权力，可以颁布法令，这些法令在经过元首的批准后就自动地变成了法律。或许是为了使张伯伦首相有个印象而在1938年大吹大擂地设立了秘密内阁会议（Geheimer Kabinettsrat），实际上是空有其名。它从未举行过一次会议。德国国防会议（Reichsverteidigungsrat）是在这个政权的初期成立的，由希特勒担任主席，作为一个策划战争的机构，它一共才正式举行过两次会议，虽然它的某些工作委员会倒是极度活跃的。

许多内阁职能都交给了一些特设机构，诸如元首代表（先是赫斯，后是马丁·鲍曼）办公室，战争经济全权代表（沙赫特）办公

---

* 1934年1月30日的重建法以及1935年9月15日的三项反犹的纽伦堡法。

室，行政全权代表（弗里克）办公室和四年计划代表（戈林）办公室。此外，还有所谓“最高政府机构”和“全国行政机构”等，其中许多都是袭用共和国的。在元首直接管辖下的全国政府执行机构，一共大约有四十二个。

德国各邦的议会和政府，我们已经知道，在纳粹政权的第一年统一全国时就取消了，邦已沦为省的性质，邦长由希特勒任命。地方自治原来是德国人在民主方面的唯一真正进步的地方，现在也被取消了。在1933年和1935年之间发布的一连串法律剥夺了各城市的地方自治权利，把它们置于全国内政部长的直接控制下。内政部长任命它们的市长——如果它们的人口在10万以上的话——并且根据领袖原则把它们改组过。人口不满10万的城市，由邦长任命它们的市长。至于柏林、汉堡和维也纳（在1938年奥地利被占领后），希特勒保留了任命它们的市长的权利。

希特勒自己有四个办公室，施行他的独裁权力：总统（虽然这个称号在1934年后停止存在了）府，总理（这个称号在1939年摒弃不用）府，党部，第四个叫元首府，后者是照料他的私人事务和执行特别任务的。

老实说，希特勒对于日常政府事务是感到厌烦的，在兴登堡去世而他已巩固了他的地位后，他就把大部分例行公事交给了他的助手们去处理。像戈林、戈培尔、希姆莱、莱伊和席拉赫这样的党员老同志，希特勒听任他们自由地去分割自己的权力范围——通常也是利益范围。沙赫特在起初可以自由地用他能想到的任何手段为不断增长的政府开支筹措款项。当这些人为了争权或分赃而发生冲突时，希特勒就出来干预。发生这些争执，他并不在乎。说实在话，他还常常促成这些争执，因为这有助于他的最高仲裁者的地位，而且可以防止他们联合起来反对他。因此，他对于下列三个人在外交方面互相竞争的丑态似乎觉得高兴，他们是外交部长牛赖特、党的外交事务部首脑罗森 275

贝格和里宾特洛甫，后者有自己的“里宾特洛甫办事处”来过问外交政策，三人互相倾轧，希特勒让他们互相敌对的职位继续存在，这样来保持他们的不和，直到最后，他选择了迟钝的里宾特洛甫担任外交部长和执行他在外交方面的命令。

这就是第三帝国的政府，它由一个庞大而臃肿的官僚系统自上至下按所谓领袖原则来管理，没有什么通常被认为是德国人所特有的效率，而是贪污盛行，内讧甚剧，党领袖们的胡乱干预只是加剧了这种混乱，党卫军和秘密警察的恐怖行为更使它办事无能。

在这一个乱哄哄的人堆顶上，站着那个奥地利前流浪汉，他现在已成了除斯大林以外世界上最有权力的独裁者。正如汉斯·弗兰克博士1936年春天在一个律师会议上所说的，“德国今天只有一个权威，这就是元首的权威”。[23]

希特勒以这种权威很快地摧毁了那些反对他的势力，把国家统一起来并且使它纳粹化，控制了全国的各种制度和文化，压制了个人自由，消灭了失业，使工商业的轮子隆隆转动起来。在当政仅仅三四年后，这是个不小的成就。现在，他转向了——事实上，他早就已经转向了——他一生中两个主要欲望：使德国的外交政策为战争和征服服务，创立一个能使他实现他的目标的强大的军事机器。

现在该来谈谈，这位领导着一个那么伟大而强有力的国家的异常人物，如何着手达到他的目的的事迹了，而这个事迹比现代史上的任
276 何其他事迹都有更多的文件足资佐证。

注　释

1. 利奥·施坦因：《我同尼莫拉在地狱中》，第80页。

2. 纽曼：《巨兽》，第109页。据他说，引文引自社会研究所的“反犹主义”研究计划，发表在1940年出版的《哲学和社会科学研究文集》中。

3. 劳施宁：《毁灭的声音》，第54页。

4. 斯蒂华·W. 赫尔曼：《我们要的是你们的灵魂》，第157—158页。赫尔曼在1936—1941年任柏林美国教堂牧师。

5. 原文收在赫尔曼《我们要的是你们的灵魂》第297—300页中，又刊在1942年1月3日的《纽约时报》上。

6. 1945年11月19日供词，见《纳粹的阴谋与侵略》，第5卷，第735—736页（纽伦堡文件3016-PS）。

7. 驻在柏林的大多数外国记者都收集了这种妙文。我自己收集的后来遗失了。引语取材于菲利普·莱纳德所著《德国物理学》序言；华莱斯·杜埃尔著《希特勒统治下的人》；威廉·埃本施坦因著《纳粹国家》。

8. 威廉·勒普克：《德国问题的解决办法》，第61页。

9. 弗雷德里克·利尔格：《亵渎学术：德国大学的失败》，第170页。

10. 席拉赫祖籍美国是道格拉斯·M. 凯莱在其所著《纽伦堡监狱第22号牢房》中指出的，见该书第86—87页。凯莱是主要战犯受审期间曾在纽伦堡监狱中工作的一个美国精神病学家。

11.《德国法令公报》，1936年第1卷，第933页。《纳粹的阴谋与侵略》，第3卷，第972—973页曾加引用（纽伦堡文件1392-PS）。

12. 引自他的著作《德国战争军备经济史的基本事实》。《纳粹的阴谋与侵略》，第1卷，第350页曾加引用（纽伦堡文件2353-PS）。

13. 该部1934年9月30日报告，见《纳粹的阴谋与侵略》，第7卷，第306—309页（纽伦堡文件EC-128）。沙赫特1935年5月3日报告，见《纳粹的阴谋与侵略》，第3卷，第827—830页（纽伦堡文件1168-PS）。秘密德国国防法全文，见《纳粹的阴谋与侵略》，第4卷，第934—936页（纽伦堡文件2261-PS）。

14.《纳粹的阴谋与侵略》，第7卷，第474页（纽伦堡文件EC-419）。

15. 蒂森：《我为希特勒出资》，第XV卷，第157页。

16. 纽曼在《巨兽》中曾加以引用，第432页。

17. 埃本施坦因：《纳粹国家》，第84页。

18.《纳粹的阴谋与侵略》，第3卷，第568—572页（纽伦堡文件787，788-PS）。

19. 包蒙等人编：《第三帝国》，第630页。

20. 欧根·科冈的话。见他所著《党卫军国家——德国集中营制度》，英文版略有删节，题为《地狱的理论与实践》。这是迄今为止最精彩的关于纳粹集中营的研究。科冈在其中待了七年。

21.《纳粹的阴谋与侵略》，第2卷，第258页曾加引用（纽伦堡文件1852-PS）。

22.《纳粹的阴谋与侵略》，第8卷，第243—244页（纽伦堡文件R-142）。

23.《人民观察家报》，1936年5月20日。

第三编

走向战争的道路

第九章
开始的步骤：1934—1937年

口头侈谈和平，秘密准备战争，在外交政策和暗中重整军备方面做得尽量小心，以避免《凡尔赛和约》国家对德国采取预防性的军事行动——这就是希特勒在头两年中的策略。

1934年7月25日纳粹在维也纳暗杀奥地利总理陶尔斐斯，使希特勒险些摔了跟斗。那一天中午，党卫军第八十九旗的154名队员穿着奥地利陆军制服，闯进联邦总理府，在相距两英尺的地方开枪击中陶尔斐斯的喉部。别的纳粹分子占领了几个街口以外的广播电台，广播了陶尔斐斯已辞职的消息。希特勒当时正在拜罗伊特一年一度的瓦格纳音乐节欣赏《莱茵的黄金》的演奏，他听到了这个消息，感到非常兴奋。这位伟大作曲家的孙女，坐在附近的家庭包厢里的弗里德林·瓦格纳是个见证。她后来说，两个副官绍布和布吕克纳，在她的包厢外休息室里的电话上不断听取维也纳来的消息，然后又轻声告诉希特勒。

> 在演奏结束后，元首极为兴奋。当他告诉我们这个可怕的消息时，他更加兴奋了……虽然希特勒简直无法掩藏他脸上的喜色，但是他像平常一样在饭馆里讲究地点菜吃饭。

他说："我必须过去待一小时，让别人看到我，不然人们会以为我跟这件事有关。"[1]

人们这样想是一点也不错的。我们记得，在《我的奋斗》的第一节里，希特勒曾写道，奥地利和德国的重新结合是一个"我们一辈子要用各种方法来实现的任务"。在他成为总理后不久，他就委任了一个国会议员特奥多尔·哈比希特为奥地利纳粹党督察。没过多久，他把流亡在外的奥地利党领袖阿尔弗雷德·弗劳恩菲尔德安顿在慕尼
279 黑，后者从那里每天晚上广播，煽动他在维也纳的同志们暗杀陶尔斐斯。在1934年7月以前的几个月里，奥地利纳粹分子用德国接济的武器和炸药造成了一种恐怖局面，炸毁铁道、发电厂和政府建筑物，暗

1934年7月25日，穿着奥地利陆军军服的纳粹分子刺杀奥地利总理陶尔斐斯，行动中攻占了广播电台。

杀拥护陶尔斐斯的天主教-法西斯政权的人。最后，希特勒批准了设立一个由几千人组成的奥地利军团，驻扎在沿奥地利边界的巴伐利亚境内，准备在适当时机越过边界占领奥地利。

陶尔斐斯在下午6时左右因伤重致死，但是这次纳粹暴动却主要由于夺取总理府的阴谋分子过于笨拙而失败了。由库尔特·冯·许士尼格博士率领的政府部队很快就重新控制了局势。暴动者虽然由于德国公使出面干涉得到安全引渡到德国去的诺言，后来却被逮捕了，而且其中有十三个人被绞死。与此同时，墨索里尼急忙动员了四个师，陈兵布伦纳山口，这也使柏林感到不安。而仅仅在一个月以前，希特勒在威尼斯同墨索里尼会晤时还向他提出过不染指奥地利的诺言呢。

希特勒马上就缩回去了。德国官方的通讯社德意志通讯社原来准备交报界发表的欢呼陶尔斐斯的垮台和宣称大德意志必然接着产生的消息急忙在午夜撤回，而代之以一条新消息，对“残忍的暗杀”表示遗憾，并且宣称这完全是奥地利的内政。哈比希特被撤了职，德国驻维也纳公使也被免职召回。在一个月以前清洗罗姆时几乎遭到陶尔斐斯同样命运的巴本，火速被打发到维也纳去，按照希特勒的指示恢复“正常和友好的关系”。

希特勒开头时的兴高采烈情绪已为恐惧所代替。巴本说，在他和希特勒商量如何克服这个危机时，希特勒向他叫喊说：“我们面临着新的萨拉热窝！”[2]但是这位元首学到了一个教训。纳粹在维也纳的政变，像1923年慕尼黑的啤酒馆政变一样，在时间上是不成熟的。德国还没有在军事上强大到可以用武力支持这种冒险。它在外交上也太孤立。甚至法西斯意大利也和英法一起坚持应让奥地利继续独立。此外，苏联这时正好第一次表示有意同西方一起签订一个“东方洛迦诺公约”，这将会妨碍德国在东方的任何行动。在秋天，它又参加了国际联盟。在整个1934年这个紧要关头的年份中，离间分化大国的前景似乎比以往任何时候都来得暗淡。希特勒所能做的，只能是口头侈谈和平，暗中继续重整军备，等待机会。

除了国会以外，希特勒还有其他途径来向国外传达他的和平宣传，那就是外国报刊。这些报刊的记者、编辑和发行人不断在要求访问他。那个夹着单片眼镜的英国人沃德·普赖斯和他的报纸《每日邮报》就随时准备稍有一点暗示就为这位德国独裁者提供方便。该报到
280 战争爆发前夕为止，刊载了一系列的希特勒访问记。因此，在1934年8月发表的一篇访问记中，希特勒告诉普赖斯和他的读者们："战争不会再来了"，德国"对战争造成的恶果比别的任何国家有更深刻的印象"，"德国的问题不能通过战争来获得解决"。[3]在秋天他又向法国复员军人领袖和众议员让·古瓦重述了这些动听的话，后者在巴黎《晨报》上所撰写的文章中转述了这些意见。[4]

《凡尔赛和约》的破坏

与此同时，希特勒一个劲儿地在推行他的加强武装部队和为他们购买军火的计划。陆军奉命在1934年10月1日以前把它的兵力增加两倍，从10万人增加到30万人。同年4月，参谋总长路德维希·贝克将军获悉，到第二年4月1日，元首将公开下令征兵和公然否认《凡尔赛和约》的军事限制。[5]在那时以前，必须保持极端的秘密，戈培尔得到告诫，绝不能让"参谋总部"的字样在报上露面，因为《凡尔赛和约》禁止有这个组织。在1932年以后，德国陆军的军官名单每年都不再公布了，以免由于军官名单人数众多而把扩军秘密泄露给外国情报组织。德国国防会议工作委员会主席凯特尔将军早在1933年5月22日就告诫他的助手们说："不得失落任何文件，因为不然敌人就将加以利用来进行宣传。口头传达的事情是无法证实的，是可以赖掉的。"[6]

海军也得到警告，要守口如瓶。1934年6月，雷德尔跟希特勒有过一次长时间的交谈，做了如下笔记：

> 元首的训令：不能提到排水量25 000吨到26 000吨的军舰，只能提到改进的10 000吨的军舰……元首要求对建造潜艇一事绝对保守秘密。[7]

因为海军已在开始建造两艘26 000吨的战列巡洋舰（超过《凡尔赛和约》规定的限度16 000吨），这两艘战舰后来命名为“沙恩霍斯特号”和“格奈森瑙号”。《凡尔赛和约》所禁止建造的潜艇，也已于共和国时期在芬兰、荷兰和西班牙偷偷地建造，最近雷德尔已在基尔储存了十二艘潜艇的骨架和部件。当他在1934年11月见到希特勒的时候，他请求准许海军在“1935年第一季度的严重关头”（显然他也知道希特勒打算在那个时候做些什么）以前把其中六艘装配出来，但是元首只是回答说，“到情况要求开始装配时，他会告诉我的”。[8]

在这次会见中，雷德尔还指出，新的造船计划需要的钱超过他现有的经费，更不必说把海军人员增加两倍了，但是希特勒告诉他不必担心，“在万一需要的时候，他会使莱伊博士从劳工阵线拨出1.2亿到 281

1935年，纳粹德国海军在基尔试航4艘新建造的U型潜艇。

1.5亿马克供海军使用，因为这笔钱仍将对工人有好处”。[9]这样，德国工人交的会费被用来充作海军扩军计划的经费了。

戈林在这头两年中也在忙着建立空军。他名义上是民航的航空部长，却命令制造商们搞军用飞机的设计。对军用飞机驾驶员的训练，在航空体育协会的方便伪装下立即开始进行了。

凡是在那个时期到鲁尔和莱茵兰工业区参观的人，看到军火工厂，特别是四分之三世纪以来德国主要枪炮制造商克虏伯的军火工厂和伊·格·法本这家大化学托拉斯的军火工厂的紧张活动，可能会觉得触目惊心。虽然协约国禁止克虏伯在1919年以后继续从事军火业，但是他的公司实际上并没有闲着，正如克虏伯在1942年德国占领了大部分欧洲的时候夸口的，“军备的基本原则和坦克上炮塔的设计，在1926年就已经搞出来了……关于在1939—1941年使用的枪炮，最重要的那些种类在1933年就已经完全齐备了”。法本托拉斯的科学家们曾在第一次世界大战初期英国的封锁切断了智利对德国的正常的硝石供应后，发明了利用空气制造人造硝酸的方法，使德国避免很早垮台。现在在希特勒统治下，这个托拉斯着手使德国在现代战争不可缺少的两种物资方面能够自给自足。这两种物资就是汽油和橡胶，过去一直是必须依赖进口的。从煤里提炼人造汽油的问题，这个公司的科学家在1920年代中期就已经实际解决了。在1933年以后，纳粹政府命令伊·格·法本公司把人造汽油的产量到1937年提高到每年30万吨。到这时，该公司也发现了如何从煤和德国充分蕴藏的其他物产中提炼人造橡胶的方法，并且在施科保设立了四个工厂中的第一个，大规模生产人造橡胶。到1934年年初，国防会议工作委员会批准了动员约24万个工厂来供应战争订货的计划。到了那一年年底，重整军备的一切方面规模都已异常庞大，显然再也无法瞒住《凡尔赛和约》的那些疑惧不安的国家了。

以大不列颠为首的这些国家，一直在想承认德国重整军备这一既成事实，这一事实远不如希特勒所想象的那样秘密。它们愿意让德国获得军备上的完全平等地位，以换取德国参加欧洲的全面解决办法。这种解决办法包括订立一个“东方洛迦诺公约”，使东方国家，特别是俄国、波兰和捷克斯洛伐克能获得像西方国家在《洛迦诺公约》中所享受到的同样的安全，而且，不用说，也使德国获得同样的安全保 282
证。当时的英国外交大臣约翰·西蒙爵士丝毫不能了解阿道夫·希特勒的思想，真可以说是内维尔·张伯伦的前驱，他在1934年5月竟提出了给予德国军备平等的建议。法国断然反对这种主意。

但是，在1935年2月初，英国和法国政府一起又提出了包括军备平等和订立“东方洛迦诺公约”的全面解决办法的建议。上个月，在1月13日，萨尔居民以47.7万票对4.8万票的压倒多数同意把他们的这块煤产丰富的小地方重新归于德国，希特勒则趁此机会公开宣称，德国再没有对法国的领土要求了，意思是说，德国已放弃对阿尔萨斯和洛林的要求。在萨尔和平地重归德国和希特勒的话所引起的乐观和善意的气氛中，英法建议仍于1935年2月初正式向希特勒提出。

希特勒在2月14日所做的答复是有点含糊其词的，而从他的观点来看，这是可以理解的。这个计划能使德国公开而毫无拘束地重新武装，因此，希特勒是表示欢迎的。但是，他对德国是否愿意签订“东方洛迦诺公约”这一点却采取规避态度，签订“东方洛迦诺公约”将使他束住手脚，不能染指他一向宣传的德国生存空间所在的主要地区。也许可以使英国在这个问题上跟法国分离？法国由于跟波兰、捷克斯洛伐克和罗马尼亚分别订立了互助协定，所以对东方的安全较为关切。希特勒一定是这样想的，因为在他的谨慎的答复中，他建议在举行总的会谈之前先举行双边谈判，并邀请英国到德国来举行初步谈判。约翰·西蒙爵士欣然同意，于是商定3月6日在柏林举行会谈。在这天以前两天，英国白皮书的公布引起了威廉街方面的装模作样的大怒。实际上，柏林的大多数外国观察家觉得，这份白皮书是对德国秘密重整军备的清醒估计，德国加速重整军备，促使英国也适当地增加了它自己的军事力量。但是，据说希特勒对此怒不可遏。牛赖特在西蒙前来柏林前夕通知他说，元首患“感冒”，会谈只得延期。

不论希特勒有没有感冒，他突然有了新主意是没有问题的。如果他把这个新主意变成大胆的行动，有西蒙和艾登在近旁是令人尴尬的。他认为，他已找到一个借口，可以给《凡尔赛和约》的限制一个致命的打击。法国政府前不久才提出了一个把军役期限从十八个月延长到两年的法案，这是因为在第一次世界大战期间出生的壮丁人数不足之故。3月10日，希特勒发出了一个试探气球来探测协约国的决心。好行方便的沃德·普赖斯被召了来，让他对戈林进行了一次访问。戈林将全世界都知道的事情——德国有了一支空军——正式地告诉了他。希特勒满怀信心地等待着伦敦对这种片面废弃《凡尔赛和约》做法的反应。结果正如他所料。约翰·西蒙爵士告诉下院说，他仍然指
283 望到柏林去。

星期六的惊人之举

3月16日，星期六——希特勒的大多数惊人举动都是留在星期六采取的——这位总理颁布了一项法令：实施普遍军役制，并规定为和平时期建立12个军和36个师的军队，大约50万人。《凡尔赛和约》的军事限制就此寿终正寝，除非法国和英国采取行动。不出希特勒所料，它们提出抗议，但是没有采取行动。而且英国政府还赶紧去问，希特勒是否仍然愿意接见它的外交大臣。这位独裁者对这个问题慨然做了肯定的答复。

3月17日，星期日，是德国的一个欢乐庆祝的日子。《凡尔赛和约》的束缚，德国的战败和屈辱的象征，被挣脱了。不论一个德国人多么不喜欢希特勒和他的匪徒式统治，他不得不承认元首已完成了共

和国政府连试都不敢一试的事情。在大多数德国人看来，国家的荣誉已经恢复了。这个星期日又是阵亡将士纪念日。我在中午的时候，到国家歌剧院去参观纪念典礼，在那里看到了德国自从1914年以来所没有看到过的场面。整个楼下是一片军服的海洋，前帝国陆军的褪色灰制服和尖顶钢盔跟新军队的制服杂在一起，包括以前还没有什么人看到过的德国空军的天蓝色制服。在希特勒旁边的是冯·马肯森陆军元帅，他是德皇军队中唯一还活着的元帅，穿着骷髅骠骑兵的礼服。台上灯光辉煌，青年军官像大理石那样一动不动地站着，高举着德国军旗。在他们后面的巨幅帷幕上，挂着一个极大的银黑两色的铁十字架。从表面上看，这是一个纪念德国阵亡将士的仪式，实际上却是一个庆祝《凡尔赛和约》的死亡和德国征兵制军队的复活的欢乐典礼。

将军们，人们可以从他们的脸上看得出来，高兴极了。他们像大家一样，对此也是感到意外的，因为前些日子一直待在贝希特斯加登山间别墅里的希特勒没有把他的想法告诉他们。据冯·曼施坦因将军后来在纽伦堡的证词，他和他的上司、柏林第三军区司令冯·维茨勒本将军，是3月16日从收音机中才第一次听到希特勒的决定的。参谋总部原来是想在开始时先搞一支规模比较小的军队的。

> ［曼施坦因作证说］如果问到参谋总部的话，它是会建议21个师的……36个师的数目是希特勒的一种自发的决定。[10]

于是其他国家向希特勒发出了一连串空洞的警告。英国、法国和意大利于4月11日在斯特雷萨会谈，谴责德国的行动并重申它们支 284
持奥地利独立和《洛迦诺公约》。日内瓦的国际联盟理事会也表示了对希特勒的鲁莽行动的不满，当即委任了一个委员会来研究防止他下次再犯这类行动的步骤。法国看出德国永远不会加入“东方洛迦诺公约”，赶忙同俄国签订了一个互助协定，莫斯科也跟捷克斯洛伐克订立了这样一个协定。

从报上的标题来看，这种联合起来对付德国的姿态多少有些不吉的兆头，甚至使德国外交部和军方的若干人士也有些感到不安，但是显然没有使希特勒受到影响。毕竟，他冒了一下险而结果安然无事。不过，这仍然不能使他安于已得成就。他认定，现在又该来弹弹他爱好和平的调子，看看是否能在团结起来对付他的大国中间钻个空子而破坏这种团结。

5月21日晚上*，他又在国会发表了一篇“和平”演说。本书作者在国会里听过希特勒的大部分演说，这次大概是我所听到的他的最动听的，而且无疑是最巧妙的、最能迷惑人的演说之一。希特勒当时显得心情舒畅，流露出一种不仅是自信的，而且是使他的听众感到意外的宽容与和解的精神。演说词中没有对谴责他废弃《凡尔赛和约》军事条款的国家表示不满或蔑视。倒是有着许多保证，说他所要的只是在对大家都公正的基础上的和平与谅解。他不要战争；说战争是没有意义的，没有用处的，而且是令人极端嫌恶的。

> 过去三百年中欧洲大陆上所流的血，跟这些事件对各国所产生的后果，颇不相称。到头来法国仍旧是法国，德国仍旧是德国，波兰仍旧是波兰，而意大利仍旧是意大利。帝王野心、政治欲望、爱国偏见，造成了大量流血，但在能够看到的深远政治变化方面所获得的结果，就民族情绪方面来说，只不过做到触及各

---

* 在这一天的早些时候，希特勒已颁布了秘密的国防法，命沙赫特博士负责战争经济，并彻底改组了武装部队。魏玛时期所称的国家军队改称武装部队。作为元首和总理的希特勒，是武装部队（又译国防军）的最高统帅，国防部长勃洛姆堡被任命为战争部长兼武装部队总司令，他是德国唯一得到过这种头衔的将军。三军各有自己的总司令和参谋总部。陆军参谋总部的军队办公室（Truppenamt）这个伪装名字现在已经放弃不用而用了真名，它的首脑贝克将军则获得了参谋总长的职衔。但是这个职衔的内容跟德皇时代不一样，那时参谋总长实际上是最高统帅下面的德国军队的总司令。

国的皮毛而已，它并没有在实际上改变它们的根本性格。如果这些国家仅仅把它们的牺牲的一小部分用在比较明智的目的上，成就无疑会更大而且更永久。 285

希特勒宣称，德国丝毫没有要征服其他国家的念头。

> 我们的种族理论认为，每一个企图征服和统治一个外国民族的战争，是一种迟早要使胜利者内部发生变化和削弱，最后使他遭到失败的事情……由于欧洲已不再有未被占领的空间，所以每一个胜利……充其量只能造成一个国家居民人数的增多。但是，如果各国认为这一点非常重要的话，它们可以用一种更简单和更自然的方法不流一滴泪而做到这一点——［用］一种健全的社会政策，用使一国人民更愿意增添子女的方法。
>
> 不！民族社会主义的德国要和平，是由于它的基本信念。它要和平还由于它认识到这样一个简单而朴素的事实：没有一个战争可能在本质上改变欧洲的苦恼……每一次战争的主要后果是摧毁国家的精华……
>
> 德国需要和平，希望和平！

他继续在这一点上大做文章。到最后，他还提出了维护和平的十三点具体建议，这些建议看来非常冠冕堂皇，因此不仅在德国，而且在整个欧洲都造成了深刻而良好的印象。他在这些建议之前却有一段提醒人们注意的话：

> 德国已向法国庄严地承认和保证了它在萨尔公民投票后决定的边界……我们从而最后放弃了对阿尔萨斯-洛林的一切要求，为了这块土地，我们曾经进行了两次大战……在不咎既往的情况

> 下，德国已和波兰缔结了一个互不侵犯协定……我们将无条件地信守这个协定……我们承认波兰是一个伟大而具有民族意识的民族的国土。

至于奥地利：

> 德国既不打算也不希望干涉奥地利的内政，并吞奥地利，或者来一次合并。

希特勒的十三点建议的内容是很广泛的。德国不能在国联废除《凡尔赛和约》以前重回日内瓦。他暗示说，如果国联废除《凡尔赛和约》，各国的充分平等得到承认的话，那么德国将重新参加国联。但是，德国将“无条件地尊重”《凡尔赛和约》的非军事条款，“包括关于领土的规定在内。特别是它将支持和履行由于《洛迦诺公约》而产生的一切义务”。希特勒还保证德国将遵守莱茵兰的非军事化。虽然德国“随时”都愿意参加一种集体安全体系，但是它却更喜欢双边
286 协定，愿意和它的邻邦签订互不侵犯协定。它还准备同意英法为《洛迦诺公约》补充一个空军协定的建议。

至于裁减军备，希特勒更是准备无所不允的：

> 德国政府愿意同意能导致取消最重型武器的任何限制，特别是适用于侵略的武器，如对最重型的大炮和最重型的坦克的任何限制……德国表明愿意同意对大炮口径、战列舰、巡洋舰和鱼雷艇的任何限制。同样，德国政府愿意同意对潜艇吨位的限制，或者完全取消潜艇……

关于这个问题，希特勒向大不列颠提出了一个特别的诱饵。他愿

意把德国的新海军限制为只有英国海军力量的35%；他又说，这将使德国在海军吨位上仍比法国低15%。国外有人提出反对，说这不过是德国的要求的开始而已；对这种反对意见，希特勒答复说："对德国来说，这个要求是最后的和不变的。"

在晚上10点过后不久，希特勒的演说到了结束部分：

> 不论是谁，要是在欧洲点起战火，除了混乱外不能希望得到别的任何东西。但是，我们坚决相信，在我们的时代里实现的将是西方的复兴，而不是西方的衰亡。德国可能对这项伟大的工作做出不可磨灭的贡献，这是我们引以为豪的希望和不可动摇的信念。[11]

这些话都是和平、理智与和解的甜言蜜语。欧洲的西方民主国家的人民和政府迫切希望能在任何合理的基础上，几乎可以说是在任何基础上，继续保持和平。因此这些话正是他们所爱听的。不列颠群岛的最有影响的报纸，伦敦《泰晤士报》，几乎以欣喜若狂的态度来欢迎这些话。

> ……这篇演说结果证明是合理的、直爽的和全面的。凡是本着公正态度来看这篇演说的人，谁也不能怀疑，希特勒先生所提出的一些政策主张完全可以构成彻底解决德国问题的基础——一个自由、平等和强大的德国，来代替十六年前强迫它接受和平的战败的德国……
>
> 我们希望，这篇演说将在各地都被认为是一篇诚挚而经过周密考虑的由衷之言。[12]

这家大报是英国新闻界之光，它却要像张伯伦政府一样，在英国

对希特勒的贻害无穷的姑息政策中扮演一个令人难以相信的角色。但
287 是至少在作者本人看来，该报比政府还要难以原谅，因为，在该报驻柏林记者诺曼·埃巴特于1937年8月16日被逐出以前，该报一直从他那里获得关于希特勒的作为和目的的报道，这些报道远较其他外国记者或者——包括英国在内的——外国外交人员所提供的报道更能显示端倪。虽然他在那些日子里从柏林发给《泰晤士报》的报道有很多都没有发表*（这是他常常向本书作者抱怨的，而且是后来得到证实的），但是《泰晤士报》的编辑们一定是看过他的**全部**报道的，一定能够知道纳粹德国的真实情况和希特勒的堂皇诺言多么空洞。

英国政府跟《泰晤士报》一样愿意和切望把希特勒的建议当作“诚挚的”和“经过周密考虑的”，特别是关于德国同意使它的海军只及英国海军力量的35%那一项建议。

当约翰·西蒙爵士和艾登在3月底对希特勒进行推迟了的访问时，希特勒曾狡猾地向这位英国外交大臣发出暗示，使对方觉得两国可能很容易商定一个能保证英国优势的海军协定。现在在5月21日，他公开提出了一个具体的建议，同意德国舰队只及英国海军吨位的35%，另外在演说中还说了些对英国特别友好的话。他说：“德国既没有打算，也没有必要，更没有办法参加海军方面的新竞争。”所谓竞争是暗指1914年以前提尔皮茨在威廉二世的热烈支持下建立一支远洋舰队同英国舰队相匹敌的事，对这层意思，英国显然是不会不懂的。希特勒接着说：“英帝国需要在海上有一支优势的保护力量，德国政府了解这一点极其重要，也了解其理由……德国政府真诚地希望能够同英国

*《泰晤士报》主编杰弗里·道森在1937年5月23日写给他的驻日内瓦记者H.G.丹尼尔斯——他在埃巴特之前曾任驻柏林记者——的信中说：“我夜复一夜地尽我最大努力使报上没有任何可能伤害他们［德国人］感情的文字。我确实认为，过去许多月来没有刊载过任何他们可以提出异议并认为是不公正的意见。”（约翰·埃弗林·伦奇：《杰弗里·道森和我们的〈泰晤士报〉》［*Geoffrey Dawson and Our Times*］）

人民和国家建立并保持一种将能永远防止再度发生两国之间曾发生过的这个唯一竞争的关系。”希特勒曾在《我的奋斗》中表示过同样的心情，他在书中着重指出，德皇的最大错误之一就是与英国为敌和妄想在海军力量方面同英国竞争。

在希特勒这一诱饵的勾引下，英国政府上钩之快和态度之天真，令人难以相信。这时里宾特洛甫已经成了希特勒的外交使童，他应邀在6月间到伦敦去进行海军谈判。里宾特洛甫是个要面子而又不懂策略的人，他告诉英国人说，希特勒的建议是不能谈判的：他们要么接受要么拉倒。结果英国人竟接受了。他们自以为对自己有好处，就着手取消《凡尔赛和约》的海军限制，事先既没有和斯特雷萨阵线 288
的盟国法国和意大利商量，尽管它们也是海军国家而且对德国的重整军备和无视《凡尔赛和约》军事条款感到很大不安，甚至也没有通知国际联盟，虽然从名义上来说，《凡尔赛和约》是归国际联盟来保障的。

即使柏林头脑最简单的人也都可以很容易地看出来，伦敦政府同意让德国建立一支像英国海军三分之一那样大的海军，就是让希特勒放手去尽快地建立一支海军，这可以使他的造船厂和钢铁厂开足马力，忙上十年。因此这不是一种对德国重整军备的限制，而是鼓励德国在它能力范围之内设法尽快在海军方面重整军备。

英国政府对法国则雪上加霜，为了实现对希特勒的诺言，竟拒绝将它所同意的德国建造军舰的种类和数目告诉它的最亲密的盟国，而只说德国潜艇吨数——德国建造潜艇是为《凡尔赛和约》所明确禁止的——将为英国的60%，如果发生特殊情况，则可能为英国的100%。[13]实际上英德协议准许德国建造5艘战列舰——它们的吨位和武装将比已在海上的任何英国军舰的吨位和武装还要大，虽然官方数字是假造出来欺骗伦敦的——21艘巡洋舰和64艘驱逐舰。这些军舰在战争爆发时并没有全部建造起来或者完成，但是其中已有足够数量的军舰和潜艇准备就绪，使英国在第二次世界大战的头几年受到重大的损失。

墨索里尼充分地注意到了“艾尔比恩*的背信”。英国能姑息希特勒，他也可以利用。而且，英国不顾《凡尔赛和约》的自私态度促使他相信，伦敦可能不会过于认真计较对国际联盟盟约的蔑视。1935年10月3日，他就公然不顾国际联盟盟约而派遣他的军队侵入古老的多山王国阿比西尼亚。国联在英国的带头下和法国的半心半意的支持下——后者认为从长远来说德国是个更大的危险——迅速表决要进行制裁。但这只是局部制裁，而在实行时又缩手缩脚，因此并没有阻止墨索里尼征服埃塞俄比亚，倒是毁坏了法西斯意大利跟英法的友谊，使对付纳粹德国的斯特雷萨阵线寿终正寝。

在这一连串事件中得到最大好处的，不是阿道夫·希特勒还有谁呢？在10月4日，意大利开始侵略后的第二天，我整天在威廉街跟一些党和政府的官员们交谈。那天晚上的一则日记总结了德国对这种情况估计得多么快和多么恰当：

> 威廉街感到高兴。墨索里尼可能处理不当，在非洲脱身不得，而削弱他在欧洲的地位，那么希特勒就可以攫取迄今
> 289 受到这位意大利领袖保护的奥地利。也可能他将得胜，公然违抗法国和英国，那么同希特勒联合起来反对西方民主国家的时机就成熟了。两种情况中不论出现哪一种，希特勒都将得利。[14]

这很快就得到了事实的证明。

* 艾尔比恩是英格兰的拉丁文名字。——译者

莱茵兰奇袭

我们已经看到，希特勒1935年5月21日在国会发表的“和平”演说，曾使全世界，尤其是英国，得到很深的印象，在这篇演说中，他曾提到，由于俄国和法国签订的互助协定而使《洛迦诺公约》有了“一个在法律上不安全的因素”。这个协定是3月2日在巴黎和3月14日在莫斯科签署的，但是直到这一年年底还没有被法国议会所批准。德国外交部在一个致法国政府的正式照会中促请巴黎注意这个“因素”。

11月21日，法国大使弗朗索瓦-庞赛和希特勒进行过一次会谈。在这次会谈中，希特勒对法苏协定进行了“滔滔不绝的攻击”。弗朗索瓦-庞赛向巴黎报告说，他深信希特勒打算利用这个协定作为占领非军事化的莱茵兰的借口。他又说：“希特勒现在唯一犹豫的是考虑采取行动的适当时机。”[15]

弗朗索瓦-庞赛大概是柏林消息最灵通的大使，他的话不会是随便乱说的，虽然他无疑地并不知道，早在该年春天，就是在希特勒在国会保证他将尊重《洛迦诺公约》和《凡尔赛和约》领土条款以前19天的5月2日，冯·勃洛姆堡将军就已经向三军发出了第一个指令，要他们准备拟出重新占领非军事化的莱茵兰的计划。这次行动的代号叫作训练（Schulung），它要“以闪电速度的突然一击”来完成。它的计划工作极为秘密，“只有极少数军官可以知道”。的确，为了保密，这个命令是勃洛姆堡亲笔手书的。[16]

6月16日，在德国国防会议工作委员会的第十次会议上进一步讨论了进军莱茵兰的计划。在会上，刚刚就任国内防务处处长的阿尔弗雷德·约德尔上校报告了这个计划的各项细节，并强调了保持最严格秘密的需要。他告诫说，若不是绝对必要，不要把有关的任何东西写下来；他又说：“这种材料毫无例外地都必须保存在保险箱里。”[17]

1935—1936年的整个冬天，希特勒一直在等待他的机会。他不能不注意到，法国和英国正在忙着想制止意大利在阿比西尼亚的侵略，但是墨索里尼似乎逃脱了惩罚。国际联盟尽管大肆宣传说要制裁，可是，它实在无能为力来制止一个已下定决心的侵略者。在巴黎，法国议会似乎并不忙着要批准同苏联签订的协定；右派人士中有日益强
290 烈的情绪反对这个协定。希特勒显然认为，法国众议院或者参议院很有可能拒绝批准同莫斯科的联盟。如果那样的话，他就不得不为“训练”另找一个借口。但是，这个协定终于在2月11日向众议院提出了，而且在27日以353票对164票获得通过。两天后，3月1日，希特勒做出了他的决定，这是多少使将领们感到惊惶的，因为他们当中大多数人都认为，法国会把集结起来要占领莱茵兰的少量德国部队彻底歼灭。但是，在第二天，1936年3月2日，勃洛姆堡遵从他的主子的训示而发出了占领莱茵兰的正式命令。他告诉武装部队的高级指挥官们说，这必须是一个“突然的行动”。勃洛姆堡预料这是一个“兵不血刃的行动”。如果结果不是那样，就是说法国竟然为此而战的话，那么总司令将保留“决定任何军事上反措施的权利”。[18]实际上，我在六天后知道，而且将领们后来在纽伦堡作证时证实，这些反措施是什么，勃洛姆堡心中早已有数了：赶紧从莱茵河对岸撤回！

但是，法国已经由于内讧而陷于瘫痪，法国人民则陷在失败主义的情绪中，在少数象征性的德国部队3月7日凌晨越过莱茵河桥梁而进入非军事区时，法国人是不知道勃洛姆堡的这个打算的。* 在上午10时，唯命是从的外交部长牛赖特召见了法国、英国和意大利的大使，把莱茵兰来的消息通知他们，交给他们一个废除希特勒刚刚破坏的《洛迦诺公约》和提出新的和平计划的正式照会！弗朗索瓦-庞赛苦笑

---

* 据约德尔在纽伦堡的作证，只有三个营部队越过莱茵河，向亚琛、特里尔和萨尔布吕肯挺进，占领整个地区，只用了一个师的军队。盟国的情报机关的估计要大得多：35 000人，即将近三个师。希特勒后来说：“事实是，我只有四个旅。”[19]

说："希特勒打了他的对手一记耳光，而他在这样做时还要说：'我向你提出了和平的建议！'"[20]

说真的，两小时后这位元首就站在国会的讲坛上，向一群兴奋若狂的人讲演，说明他对和平的希望和他的保持和平的最新想法。我到克罗尔歌剧院去看了这个场面，这是我永远不会忘记的，因为这个场面固然很动人，但又令人寒心。希特勒在大谈了一通《凡尔赛和约》的坏处和布尔什维主义的威胁后，不慌不忙地宣称，由于法国和俄国签订协定，《洛迦诺公约》已经失效，而这个公约不像《凡尔赛和约》，是德国自愿签订的。随后的场面，我把它记在我当晚的日记里。

> "德国不再认为受到《洛迦诺公约》的约束［希特勒说］。为
> 了德国人民维护他们边界的安全和保障他们的防务的根本权利起
> 见，德国政府已从今天起重新确立了德国在非军事区的不受任何 291
> 限制的绝对主权！"
>
> 这时，600名议员，希特勒一手指定的人，这些小人物个个都是体格魁梧的彪形大汉，头发剪得短短的，肚子挺得鼓鼓的，穿着褐色制服和长筒皮靴……像机器人一样倏地站起来，右臂向上伸出做纳粹式敬礼，口中高呼"万岁"……希特勒举起他的手，表示要他们安静下来……他以沉着而洪亮的声音说："德国国会议员们！"全场鸦雀无声。
>
> "在这个历史性的时刻，在德国的西部各省，德国军队此刻正在开进他们未来的和平时期驻防地，在这个时候，让我们一起用两个神圣的誓约团结起来。"
>
> 他不能再说下去了。对这帮"议会"暴众来说，德国士兵已经在开进莱茵兰还是新闻。他们日耳曼血液中的全部黩武主义精神涌上了脑袋。他们大叫大喊地跳了起来……他们的手举起来做奴性的敬礼，他们的脸因为歇斯底里而变了样，他们张大嘴，叫

喊不休，他们的眼睛闪耀着狂热的光芒，一致看着这个新的上帝，这个救世主。这个救世主扮演他的角色精彩极了。他低垂着头，好像是极其谦逊的样子，耐心地等待着他们安静下来。然后他仍然以低沉而抑制着感情的声音说出了这两个誓约：

“第一，我们宣誓：在恢复我们民族的光荣的时候绝不屈服于任何力量……第二，我们保证：我们现在要比以往任何时候更努力地求得欧洲各国人民之间的谅解，特别是同我们的西方邻邦之间的谅解……我们在欧洲没有领土要求！……德国将永远不会破坏和平！”

欢呼之声，经久不息……少数将领走了出来。但是，在他们的笑容下面，你不能不察觉到一种神经不安的痕迹……我碰到冯·勃洛姆堡将军……他的脸色苍白，他的面颊在抽搐。[21]

这是有道理的。这位五天前发出了亲笔手书的进军命令的国防部长，现在吓丧了胆。第二次我获悉，他曾下令，如果法国人采取敌对行动，他的军队就从莱茵河对岸撤回。但是法国一动也没有动。弗朗索瓦-庞赛说，在他上年11月提出警告以后，法国最高统帅部曾询问过政府，如果事实正如大使所说的那样发生的话，它该怎么办。他说，答复是：政府将向国际联盟提出这件事。[22]实际上，当这次打击发生时*，倒是法国政府要采取行动而法国参谋总部反而退缩了。弗朗索瓦-庞赛说："甘末林将军说，一个战斗行动，不论多么有限，都可能招致无法预言的意外情况，因此不颁布总动员令，就不能速然采
292 取。"[23]参谋总长甘末林将军所愿意做的和实际上能做的，充其量是集中十三个师在德国边界附近，但只是为了加强马其诺防线。即使这样，也足以使德国最高司令部吓坏了。勃洛姆堡在约德尔和大多数最

* 尽管有弗朗索瓦-庞赛在上年秋天所提出的警告，德国的行动显然仍是完全出乎法国和英国的政府以及它们的参谋总部的意料的。

高级军官的支持下，要撤回已经越过莱茵河的三个营。正如约德尔在纽伦堡作证时所说："以我们当时的处境来说，法国的掩护部队本来是可以把我们打得落花流水的。"[24]

这本来是可以做到的——而如果果然那样做了的话，那就差不多一定会是希特勒的末日，随后的历史也会有跟原来大不相同和较为光明的转折，因为在这样一场大失败之后，这位独裁者绝不能不垮台。希特勒自己也是这样承认的。他后来承认："我们如果撤退，就会招致崩溃。"[25]这时，像在后来的许多危机中一样，只是由于希特勒沉得住气，才挽救了局面，而且使勉强从命的将领们感到奇怪的是，还带来了成功。但是对他来说，当时也不是好过的。

他的译员保罗·施密特听见他后来说："在进军莱茵兰以后的48小时，是我一生中神经最紧张的时刻。如果当时法国人也开进莱茵兰，我们就只好夹着尾巴撤退，因为我们手中可资利用的那点点军事力量，即使是用来稍作抵抗，也是完全不够的。"[26]

他由于相信法国人不会进军，所以断然拒绝了态度动摇的总司令部的一切撤退建议，参谋总长贝克将军要元首至少公开宣称他不会在莱茵河以西地区建筑防御工事，以缓和这次打击。约德尔后来作证说，这一个建议"被元首非常干脆地拒绝了"。原因很明显，我们不久就会知道。[27]希特勒后来对冯·伦德施泰特将军说，勃洛姆堡的撤退建议完全是一种胆怯行为。[28]

1942年3月27日晚上，希特勒跟他的老朋友们在大本营吹牛皮，提起莱茵兰奇袭时，他大声说道："如果不是我，而是别人当德国的领导人，会发生什么情况！随便你们说谁，他都会吓破胆的。我不得不说谎，但是我的无可动摇的顽强和惊人的沉着，挽救了我们。"[29]

这话不错，不过还必须说，他不仅得到了法国人踌躇不定的帮助，还得到了他们的英国盟友因循苟安的帮助。法国外交部长皮埃尔·埃蒂安·弗朗丹3月11日飞往伦敦，请求英国政府支持法国在莱

1936年3月7日，德军占领莱茵兰，德军行军过桥。

茵兰采取军事上的对抗行动。他的请求没有生效。英国不愿冒引起战争的危险，虽然盟国对德国占有压倒的优势。正如洛西恩勋爵所说，“德国人终究不过是进入他们自己的后院而已”。甚至在法国外交部长到达伦敦以前，在上年12月就任英国外交大臣的安东尼·艾登，就曾在3月9日告诉下院说：“德国军队占领莱茵兰是对条约的神圣性这个
293 原则的一个重大打击。”他又说：“幸而，我们没有理由假定德国目前的行动有引起敌对行动的危险。”[30]

然而，根据《洛迦诺公约》的规定，法国是有权对德军进入这个非军事区采取军事行动的，而且根据这个条约，英国是有义务以它自己的武装部队来支持法国的。伦敦会谈的没有结果，向希特勒证实，他最近的冒险又侥幸得逞了。

英国人不但不敢冒引起战争的危险，而且再一次把希特勒最近提

出的一次“和平”建议当真。在3月7日交给三国大使的照会中，以及在他向国会发表的演说中，希特勒建议跟比利时和法国签订为期二十五年的互不侵犯协定，由英国和意大利做保证；跟德国东方诸邻国签订同样的互不侵犯协定；同意法德边界**两边**都非军事化；最后是，重新加入国际联盟。希特勒的诚意很可以从他的使法德边界**两边**非军事化的建议察出真伪，因为这将迫使法国废弃它对付德国突然袭击的最后一个依靠——马其诺防线。

在伦敦，受人尊敬的《泰晤士报》一方面对希特勒侵入莱茵兰的轻率行动表示遗憾，同时却发表了一篇题为《一个重建的机会》的社论。

现在回顾起来，很容易明白，希特勒在莱茵兰的冒险成功给他带来的胜利，其后果之惊人和重要，超过了当时所能想象的程度。在国内，这个胜利加强了他的声望*和权力，达到了过去没有一个德国统治者曾经达到过的高度。这个胜利确定了他驾凌于他的将领们之上的地位，因为他们曾在一个成败的关键时刻踌躇动摇，而他却保持着坚定。这个胜利告诉他们，在对外政治甚至军事问题上，他的判断比他们来得高明。他们曾经担心法国会作战，他则知道得更清楚。最后，而且是最重要的，莱茵兰的占领，虽然只是一个很小的军事行动，却为在欧洲的广大的新机会打开了道路。看来只有希特勒了解到这点，在英国则只有丘吉尔。因为欧洲不但由于三营德军驰越莱茵河桥梁而 294
吓丧了胆，它的战略形势也因此而无可挽回地改变了。

---

* 3月7日，希特勒解散了国会，要求举行新的“选举”和对他进军莱茵兰行动举行公民投票。据官方公布的3月29日投票的数字，在45 453 691个登记选民中，约有99%都去投了票，而其中有98.8%的人都是赞成希特勒的行动的。参观投票处的外国记者发现了一些不正规的情况，特别是，采用了公开投票而不是秘密投票的办法。而且无疑有些德国人担心投了“不赞成”票可能被秘密警察所发觉。我们前已看到，这种担心是有理由的。胡戈·埃克纳博士告诉本书作者说，在他的新齐柏林飞艇“兴登堡号”——这是戈培尔命令在德国城市上空巡游，作为一种宣传花招的——上，宣传部长所宣布的“赞成”票是42张，比在飞船上的全体人数多出两张。虽然如此，凭我在德国全国各地观察“选举”的结果，我并不怀疑赞成希特勒的奇袭的票数是占压倒多数的。为什么不呢？废弃《凡尔赛和约》和德国士兵再度开进毕竟是德国领土的地方，是差不多所有德国人当然都赞成的事情。据公布，“不赞成”的票数是540 211张。

反过来，现在回顾起来，同样很容易明白，法国没有击退这几营德国军队，英国没有在至多是一个警察行动中支持法国，这对西方来说是一个灾祸，而且日后还会带来为害甚至更大的灾祸。1936年3月，这两个西方民主国家本来有个最后的机会，可以不冒引起重大战争的风险，而制止武装起来的、侵略成性的、极权主义的德国的兴起，而且事实上可以使这个独裁者和他的政权垮台，我们知道，这也是希特勒所承认的。但是它们放过了这个机会。

对法国来说，这是末日的开始。它在东方的盟国俄国、波兰、捷克斯洛伐克、罗马尼亚和南斯拉夫，突然面临这样一个事实：法国不愿进行战斗来反对德国侵略，以维护法国政府自己曾带头费了很大的劲才建立起来的安全体系。但是问题还不止于此。这些东方盟国开始了解到，即使法国不是那么因循苟安，由于德国拼命地在法德边界后面建筑一道西壁防线，法国也很快就会无法给予它们很多援助。它们知道，这条堡垒防线的建立，很快就会改变欧洲的战略形势而对它们不利。法国有一百个师，尚且不敢去击退三营德军，那么在德国军队攻击东方时，它们就更难指望法国愿意让它的青年人流血牺牲来袭击难以攻破的德国工事了。但是，即使法国竟然出乎意料而这样做了，也仍然会是徒劳无益的。今后法国只能在西方牵制住一小部分德国军队。其余的不断增长的德军却可以腾出身来对德国的东方邻国作战。

美国驻法大使威廉·C.蒲立德于1936年5月18日在柏林访问德国外交部长时，听到了关于莱茵兰防御工事在希特勒战略上的价值的意见。

> ［蒲立德向国务院报告说］冯·牛赖特说，德国政府的政策是，在“把莱茵兰消化掉”以前，在外交方面不做什么积极的活动。他解释道，他的意思是说，在法国和比利时边界上的德国防御工事修筑完竣以前，德国政府将尽一切可能来防止而不是鼓励奥地利的纳粹党起事，并且将对捷克斯洛伐克推行一种平静无事

> 的方针。他说："一俟我们的防御工事修筑完竣，中欧各国认识到法国不能随意进入德境时，所有这些国家就会对它们的外交政策开始有非常不同的想法，一个新的星座就将形成。"[31]

形成这个新星座的过程现在开始了。

许士尼格博士在回忆录中说："我站在我的前任［被暗杀的陶尔斐
斯］的墓前，我知道为了保全奥地利的独立，我不得不采取一条姑息 295
道路……必须避免一切能使德国作为干涉借口的事情，必须尽一切努
力来设法使希特勒容忍现状。"[32]

这位年轻的奥地利新总理，曾由于1935年5月21日希特勒在国会公开宣称"德国既不打算也不希望干涉奥地利内政，并吞奥地利，或者来一次合并"而产生希望，由于意大利、法国和英国在斯特雷萨反复申述它们决心帮助保障奥地利的独立而感到安心。后来，自1933年起，奥地利的主要保护者墨索里尼陷入阿比西尼亚的泥淖中，而且跟法国和英国关系发生破裂。当德国人进军莱茵兰并在那里构筑防御工事的时候，许士尼格博士知道该给希特勒一些满足了。他开始和狡猾的德国驻维也纳公使巴本谈判一个新条约。巴本虽然在6月清洗中差一点儿被纳粹党人所杀害，1934年6月底在纳粹党人暗杀了陶尔斐斯以后还是来到奥地利，着手破坏奥地利的独立，为希特勒攫取这位元首的故国。他在1935年7月27日写报告给希特勒，总结他在维也纳的第一年工作时说："民族社会主义必须而且将压倒奥地利的新思想。"[33]

1936年7月11日签订的奥德协定，按照公布的全文来看，似乎显示了希特勒方面的异常的慷慨和容忍态度。德国重申承认奥地利的主权，保证不干涉它的邻邦的内政。反过来，奥地利保证，它在外交政策中将始终按照它承认自己是"一个日耳曼国家"的原则行事。

但是在这个条约中有秘密条款。[34]许士尼格在这些秘密条款中所做的让步将使他和奥地利这个小国亡国灭身。他秘密地同意大赦在奥地利的纳粹政治犯，以及任命“所谓‘民族反对派’”——对纳粹党人或纳粹党同情者的一种委婉说法——的代表们担任“政治上负责任”的职务。这等于让希特勒在奥地利安置特洛伊木马。不久，一个维也纳律师赛斯-英夸特就爬入木马中，关于此人，下文再做详述。

虽然巴本已得到希特勒对这个条约内容的同意，并在7月初为此而亲自到柏林去了一趟，但是在7月16日打电话告诉希特勒这个协定已经签订时，元首却对他的使节大发脾气。

> ［巴本后来写道］希特勒的反应使我感到惊愕。他不但不表示满意，反而破口大骂。他说，我欺骗他而使他做出了过多的让步……整个事情是一个圈套。[35]

而实际上，这是对许士尼格的圈套，而不是对希特勒的圈套。

296 奥德条约的签订，表明墨索里尼已失去了对奥地利的控制。可能有人会认为，这将使两个法西斯独裁者之间的关系恶化。但是事实正好相反，这是由于在1936年发生了一些有利于希特勒的事情的缘故。

1936年5月2日，意大利军队开进阿比西尼亚首都亚的斯亚贝巴，7月4日，国际联盟正式屈服，取消了对意大利的制裁。两个星期以后，在7月16日，佛朗哥在西班牙发动了军事叛乱，内战爆发。

希特勒正在拜罗伊特的瓦格纳音乐节上欣赏歌剧，这是他每年这个时候的惯例。7月22日晚上，在他从剧院回来以后，一个从摩洛哥来的德国商人，在当地纳粹党领袖的陪同下，带了一封佛朗哥的紧急信到达拜罗伊特。这个叛军领袖需要飞机和其他援助。希特勒立即把戈林和冯·勃洛姆堡将军召来，他们正好也在拜罗伊特。就在那个晚上，做出了援助西班牙叛乱的决定。[36]

虽然德国对佛朗哥的援助从没有像意大利给予的那样多（意大利除了大量武器和飞机以外，还派遣了六七万军队），可是德国的援助也相当可观。德国人后来估计，除了供应飞机、坦克、技术人员和那个由于把西班牙市镇格尔尼卡夷为平地和把它的居民全部炸死而著名的空军部队秃鹰军团以外，他们在这个冒险事业上花费了5亿马克。[37]同德国自己的大规模重整军备比起来，这是不算多的，但是希特勒得到的好处不少。

这件事使得法国的边界上有了第三个不友好的法西斯国家。它加剧了法国右派和左派之间的内讧，从而削弱了德国在西方的主要劲敌。最重要的是，它使英法和意大利不再可能**修好**，从而驱使墨索里尼落入希特勒的怀抱。而巴黎和伦敦的政府在阿比西尼亚战争结束后则一直在希望能和意大利重修旧好。

从一开始，元首对西班牙的政策就是算盘打得很精、眼光看得很远的。对缴获的德国文件做一番仔细研究，就可以明白希特勒的目的之一是**延长**西班牙内战，以使西方民主国家和意大利保持不和，把墨索里尼拉到他这边来。* 德国驻罗马大使乌尔里希·冯·哈塞尔当时还没有认识到纳粹的野心和手段，后来他认识到了，却为此而丧了命。
他早在1936年12月向威廉街报告说： 297

> 在意大利跟法国和英国的关系上，西班牙冲突所起的作用可以跟阿比西尼亚冲突相比，即清楚地暴露了这些国家的对立的实际利益，从而防止了意大利为西方国家所拉拢并为它们所利用。

---

* 一年多以后，1937年11月5日，希特勒在跟他的将领们和外交部长的一次密谈中重述了他对西班牙的政策。他告诉他们："从德国的观点来说，佛朗哥获得百分之百的胜利并不是值得想望的。我们倒是愿意战争继续下去，保持地中海的紧张局势。"[38]

争夺西班牙政治统治势力这一斗争，暴露出意大利和法国固有的对立；同时意大利在地中海西部的强国地位又跟英国的地位发生了竞争。意大利只有更加清楚地认识到，同德国并肩对付西方国家是有利的。[39]

就是这样的环境产生了罗马–柏林轴心。墨索里尼的女婿、外交部长加里亚佐·齐亚诺伯爵，在柏林同牛赖特举行过几次会谈后，于10月24日前往贝希特斯加登，这是他多次到那里去晋谒希特勒的第一次。他发现这位德国独裁者这天情绪很好，态度友善。希特勒说，墨索里尼是“世界第一流的政治家，谁都远远比不上他”。意大利和德国一起，不仅可以征服“布尔什维主义”，而且可以征服包括英国在内的西方！希特勒认为，对于联合起来的意大利和德国，英国终将不得不迁就。否则，这两个国家采取一致行动

1937年，希特勒在贝希特斯加登的别墅伯格霍夫会见意大利外交部长加里亚佐·齐亚诺伯爵。

就可以很容易地解决它。希特勒提醒齐亚诺说：“德国和意大利的重整军备进行得要比英国所能做到的快得多……三年后德国就将准备就绪……”[40]

这个日期是值得玩味的。

三年后是1939年的秋天。在柏林，齐亚诺和牛赖特于10月21日签订了一个秘密议定书，其中扼要地规定了德国和意大利在外交方面的共同政策。几天后（11月1日），墨索里尼在米兰的一次演说中公开把这个议定书称为是一个构成“轴心”的协定，围绕着这个轴心，其他欧洲国家“可以一起合作”，不过没有透露这个议定书的内容。“轴心”一词将成为一个有名的字眼，而对这位意大利领袖来说，却是一个致命的字眼。

有了墨索里尼稳在囊中，希特勒就把他的注意力转向别的地方。1936年8月，他任命里宾特洛甫为德国驻伦敦大使，去探索按他自己的条件同英国求得解决的可能性。里宾特洛甫既无能又懒惰，虚荣得像只孔雀，傲慢自大而且没有幽默感，戈林认为他是担任这个职务的最坏人选。他后来说：“当我批评里宾特洛甫处理英国问题的资格时，元首向我指出里宾特洛甫认识‘某某勋爵’和‘某某大臣’。我回答说：‘是的，但困难的是他们也了解里宾特洛甫。’”[41]

的确，里宾特洛甫虽然为人不讨人喜欢，但在伦敦不是没有拥有势力的朋友的。柏林方面认为，英王的腻友辛普逊夫人就是其中之一。但是，里宾特洛甫担任新职后的初步努力是令人沮丧的。11月里他飞回柏林了结一件他一直插手的同英国无关的事。11月25日，他 298
同日本签订了反共公约，这时他眼睛眨都不眨一下地对记者们（本书作者也是其中之一）说，由于这个公约，德国和日本已经联合起来保卫西方文明了。在表面上，这个公约似乎只不过是一种宣传花招，德国和日本靠了它，可以利用世人普遍不喜欢共产主义和普遍不信任共产国际的心理来取得全世界的支持。但是，在这个公约中也有一个秘密议定书，具体针对俄国。如果苏联对德国或者日本无端发动进攻的话，这两个国家同意一起磋商采取什么措施“来保卫它们的共同利益”以及“不采取任何有可能缓和苏联局势的措施”。还商定，两国中任何一国不得在没有取得互相同意的情况下同俄国缔结违反这个公约的精神的任何政治条约。[42]

没过很久，德国就破坏这个公约并且毫无道理地指责日本不遵守这个公约。但是，这个公约确实在世界上容易受骗的人们中间起了某种宣传作用，而且它使三个穷光蛋侵略国家第一次联合在一起。意大利在翌年加入了这个公约。

1937年1月30日，希特勒在国会发表演说，宣称“德国撤销”《凡尔赛和约》上的签字，这是一个空洞的然而是典型的姿态，因为这个和约这时早已成为一张废纸了。他还自豪地回顾了他执政四年来的成绩。他要自豪是难怪的，因为内政外交方面的成绩都是出色的。我们前已看到，他已经消灭了失业，使企业兴旺繁荣，建立了强大的陆海空军，给予他们大量装备而且有希望供应得更多。他一手打破了《凡尔赛和约》的桎梏，靠虚声恫吓占领了莱茵兰。他最初是完全孤立的，现在已有了墨索里尼和佛朗哥做忠实的盟友，而且他已使波兰脱离法国的影响。最重要的也许是，他已使德国人民的生气勃勃的精力发挥了出来，重新唤起了他们对国家的信心并使他们重新意识到德国作为一个日益扩展的世界大国的使命。

每个人都可以看到，这个日益繁荣的、尚武的、在大胆的领导下的新德国和西方的一些萎靡不振的民主国家之间的显明对比，后者的混乱和犹豫似乎是在与日俱增。英法虽然感到惊惶，却没有动一动指头来防止希特勒重新武装德国，占领莱茵兰，从而破坏《凡尔赛和约》；它们也没有能够制止墨索里尼对阿比西尼亚的侵略。而现在，在1937年开始之际，它们以徒劳的姿态想要阻止德国和意大利决定西班牙内战的胜负，反而显出一副可怜相。人人都知道，意大利和德国为了确保佛朗哥的胜利在西班牙做了些什么。然而，伦敦和巴黎的政府年复一年地同柏林和罗马进行空洞的外交谈判，以确保对西班牙的“不干涉”。这种把戏似乎使这位德国独裁者觉得好玩，而且无疑增加 299
了他对法国和英国的笨拙的政治领袖们的轻视——“小蛆虫”，他不久就要在一个历史性时刻这么称呼他们，再度极为轻而易举地叫这两个西方民主国家丢丑。

大不列颠和法国，它们的政府和它们的人民，或者大多数德国人民，在1937年开始之际似乎都不知道，希特勒在头四年中的所作所为几乎全部都是备战工作。本书作者可以根据个人的观察来证明，直到1939年9月1日为止，德国人民一直深信，希特勒可以不必诉诸战争而得到他所要的东西——也是他们所要的东西。但是，在统治德国的或者身居要职的那些精华人物中间，对希特勒的目标是什么，是不可能有什么疑问的。在希特勒所称纳粹统治四年“实验”期即将结束之际，1936年被委任负责四年计划的戈林向柏林的实业家和高级官员们发表了一篇秘密演说，直率地说出了将要发生的事情。

> ［他说］我们现在正在临近的战争，需要有极为庞大的生产能力。不可能想象重整军备有任何限度。前途只有两条，不是胜利就是毁灭……我们生活在一个最后的决战已经在望的时代。我们已处在动员的前夕，我们已经处在战争状态。所差的只是实际开火而已。[43]

戈林的警告是在1936年12月17日发出的。我们很快就将看到，在11个月以内，希特勒做出了他决定命运的和不可变更的发动战争的决定。

1937年："没有惊人之举"

希特勒在1937年1月30日对国会中机器人一般的议员们发表演讲说："所谓惊人之举的时期，已经告终了。"

事实也确实如此，在1937年没有发生过周末惊人之举。* 这一年是德国进行巩固和为了实现元首在11月间终于向一小批最高级军官阐明的目标做进一步准备的一年，也是集中精力从事制造军备，训练军
300 队，在西班牙考验新空军†，发明代用的汽油和橡胶，加强罗马-柏林轴心和窥伺巴黎、伦敦和维也纳的新弱点的一年。

在1937年的头几个月中，希特勒不断派遣一些重要的使者到罗马去和墨索里尼交好。德国人对意大利向英国勾勾搭搭多少有些感到不安（1月2日齐亚诺同英国政府签订了一个"君子协定"，两国承认了彼此在地中海的重要利益），而且他们知道，奥地利问题在罗马仍然是一个敏感的问题。当戈林在1月15日见到这位意大利领袖，直率地说德奥合并是难以避免的事的时候，据德国译员保罗·施密特说，这位容易激动的意大利独裁者拼命摇头。冯·哈塞尔大使也向柏林报告说，戈林关于奥地利的一番话"遭到了冷遇"。6月间，牛赖特赶忙向这位意大利领袖保证，德国将遵守它7月11日同奥地利签订的协定。只有在发生企图恢复哈布斯堡王朝的情况下，德国才会采取严厉的行动。

墨索里尼一方面在奥地利问题上受到了这样的抚慰，一方面却因

---

* 威廉街的官员曾经开玩笑地说，希特勒留在星期六采取他的出人意料的惊人举动，是因为他听说英国官员在周末都到乡间去度假。

† 戈林1946年3月14日在纽伦堡的证词中，得意地说到西班牙内战所提供的考验"我的年轻空军"的机会。"在元首的许可下，我派遣了我的一大部分运输机队和若干实验性战斗机、轰炸机和高射炮前去；这样我就有机会来弄清楚，在作战情况下，这些军备是否顶用。为了使人员也能取得一定经验，我就实行了不断的轮换制度，这样新人员不断被派去，老的人则被召回。"[44]

希特勒与墨索里尼在阅兵式上。

他的差不多全部野心——在埃塞俄比亚、在西班牙、在地中海——都遭到法国和英国的反对而仍感刺痛，在这样的情况下，他接受了希特勒要他访问德国的邀请。1937年9月25日，他穿了一身特地为这次访问而裁制的新制服，越过了阿尔卑斯山进入第三帝国。墨索里尼被希特勒和他的助手们当作一个凯旋的英雄来宴请和恭维，当时不可能知道这竟是一次决定命运的旅行。自从这第一次访问以后，他又做了许多次访问，使他自己的地位逐渐削弱，最后落得一个悲惨的下场。希特勒的目的不是要同客人进行进一步的外交会谈，而是要使墨索里尼对德国的力量留下深刻印象，从而利用墨索里尼一心想同胜利的一方共命运的投机心理。这位意大利领袖从德国的一地赶到另一地，检阅了党卫军和军队的阅兵式，观察了在梅克伦堡的陆军演习，参观了鲁尔的机器隆隆作响的军备工厂。

他这次访问的最高潮，是9月28日在柏林举行的庆祝会。这次庆祝会显然使他深为折服。100万群众集合在五月广场聆听这两位法西斯独裁者演说。用德语演说的墨索里尼，被震耳欲聋的掌声——还有希特勒的恭维话——乐得神魂颠倒了。德国元首说，意大利领袖是“少数的时代孤客之一，历史考验不到他们，他们自己就是历史的创造者”。我记得，在墨索里尼演说结束以前，突然下了一场大雷雨，在群众四散奔逃的混乱中，党卫军所布置的警戒线也被冲散了，这位骄傲的意大利领袖被淋得像落汤鸡一般，浑身湿透，狼狈不堪，不得不自己想办法回到下榻的地方去。然而，这个煞风景的遭遇并没有丝毫减弱墨索里尼要成为强大的新德国的伙伴的热情。第二天，在检阅了陆海空三军的阅兵式以
301 后，他深信他的前途是在希特勒一边而回罗马去了。

所以，在一个月以后里宾特洛甫到罗马去请墨索里尼参加定于11月6日举行的反共公约签字仪式的时候，这位意大利领袖告诉他，意大利对奥地利的独立的关心已经减退，这就不足为奇了。墨索里尼说：“让［奥地利的］事情听其自然发展罢。”这正是希特勒一直在等待的同意他放手干的表示。

另外还有一个统治者也为纳粹德国力量的日益增长所折服。当希特勒破坏《洛迦诺公约》，在占领莱茵兰之际陈兵比利时边境的时候，比利时国王利奥波德也退出了《洛迦诺公约》和同英法的联盟，宣称比利时今后将严守中立。这是对西方集体防务的一个重大打击，但是在1937年4月间英法竟表示了同意，由于这个行动，它们和比利时一样，很快就要付出高昂的代价。

5月底，威廉街颇有兴味地注视着斯坦利·鲍德温不再担任大不列颠首相而由内维尔·张伯伦接任。德国人高兴地听到，这位新首相将比前任较为积极过问外交事务，而且决心在可能的情况下同纳粹德国达成谅解。希特勒所能接受的是怎么一种谅解，在当时德国外交部政治司司长冯·魏

1937年，哈利法克斯勋爵（左二）与希特勒（左三）在伯格霍夫会面。

茨泽克男爵11月10日所写的一份秘密备忘录中扼要地做了说明。

> 从英国那里，我国要得到殖民地和在东方行动的自由……英国人非常需要太平无事，如果能够探明英国对这种太平局面愿意付出多大的代价，将是有利的。[45]

探明英国愿意付出多大代价的机会在11月间出现了，当时哈利法克斯勋爵在张伯伦先生的热烈赞同下，前来贝希特斯加登访问希特勒。11月19日，他们举行了一次长时间的会谈。在德国外交部关于这次会谈的长篇德国秘密备忘录[46]中可以看出三点：张伯伦极想同德国达成协议，他建议两国举行阁员级的谈判；英国希望求得欧洲的总解决，为此它准备在殖民地和东欧问题上向希特勒让步；希特勒当时对英德协议并不很感兴趣。

由于这次会谈的结果多少是消极性的，所以德国人对英国人似乎302 因此而感到鼓舞觉得奇怪。* 如果英国政府知道，希特勒在同哈利法克斯勋爵会谈之前十四天，曾在柏林跟他的军事首长们和外交部长举行过一个极为秘密的会议，它可能会更觉得奇怪。

1937年11月5日左右命运的决定

冯·勃洛姆堡陆军元帅在1937年6月24日标有“绝密”字样的指示里，向三军总司令透露了大概将会发生什么事情和必须做些什么准备来应付这些事情。这个指示一共只制了四份。[47]这位战争部长兼武装部队总司令告诉三军首脑说：“根据总的政治局势来看，有理由假定德国可以不必担心任何方面的进攻。”他说，西方国家和俄国都不希望战争，它们也没有战争的准备。

这个指示继续说道：“尽管如此，世界政治局势变幻无常，很可能发生意外事件，因此德国武装部队需要经常为战争做好准备以便在一旦政治上出现有利的机会时，有可能从军事上利用这种机会。武装部队为可能在1937—1938年这个动员时期发生的战争做好准备时，必须记住这一点。”

既然德国不必担心“任何方面”的进攻，还有什么可能会发生战争呢？勃洛姆堡是说得十分具体的。有两种可能的战争情况，“对此

---

* 张伯伦在日记中写道：“[哈利法克斯的] 德国之行在我看来是一个很大的成功，因为它达到了它的目标，就是创造一种能跟德国讨论有关欧洲问题总解决的实际问题的气氛。”（凯思·法林：《内维尔·张伯伦传》[*The Life of Neville Chamberlain*]，第332页）

哈利法克斯本人似乎也被希特勒骗过了。他在写给外交部的报告中说：“这位德国总理和其他人给人的印象是，他们不大像要使用武力来进行冒险，或者至少不像会进行要引起战争的冒险。”据查尔斯·C.坦锡尔说，哈利法克斯向张伯伦口头报告说，希特勒“不想很早就进行冒险，大半是因为这样做可能是没有好处的，另外也因为他正在忙于加强德国内部……戈林曾向他保证，没有一滴德国人的血会流在欧洲，除非德国完全被迫而为。德国人给他 [哈利法克斯] 的印象是……打算以有条不紊的方式来达到他们的目标”（坦锡尔：《通向战争的后门》[*Back Door to War*]，第365—366页）。

正在拟订计划”：

一、在两条战线上进行的战争，主要的战斗在西方。（战略集中的代号“红色”。）

二、在两条战线上进行的战争，主要的战斗在东南方。（战略集中的代号“绿色”。）

第一种情况的“假定”是法国可能对德国发动突然进攻，在这种情况下德国将把它的主力用在西方。这个部署的代号是“红色”。[*] 303

关于第二种可能情况：

在东方的战争，可能以德国对捷克斯洛伐克进行突然袭击为开始，这是为了预防敌人的优势联合力量可能发动进攻。为这样一个行动在政治上和国际法方面找到借口的必要条件，必须**事先**制造好。［着重体是勃洛姆堡自己用的。］

指示强调说，捷克斯洛伐克必须“从一开始就予以消灭”和占领。

还有三种情况，要对之做“特别的准备”：

一、对奥地利的武装干涉。（特别方案“奥托”。）

二、同红色西班牙的战争纠纷。（特别方案“里夏德”。）

三、英国、波兰、立陶宛参加一场对我们的战争。（“红色/绿

---

* 这是我们在下文中遇到的德国军事计划的许多这类代号中的第一个。德国人使用德文Fall这个词，直译“情况”，所谓红色情况、绿色情况——前者是在西方的军事行动的代号，后者是对捷克斯洛伐克的军事行动的代号。根据德国将领们在纽伦堡的说法，最初的时候，这只是一切军事司令部通常对在假设情况下的计划使用的名称。但是在这几页中看下去就可以明白，德国人所使用的这个名字，很快就变成了武装侵略计划的名称。译为“军事行动方案”大概比“情况”要更确切些。但是，为了方便起见，作者本人将仍旧使用“情况”这个词。（为阅读方便起见，中文一律译为“方案”。——译者）

色”的延伸。）

奥托方案是一个将在这几页中常常出现的代号。“奥托”代表哈布斯堡王室的奥托，他是奥地利王位的年轻的可能继承人，当时住在比利时。在勃洛姆堡的6月指示里，奥托方案提要如下：

> 这个军事行动——在奥地利万一发生君主复辟情况时对奥地利的武装干涉——的目标，是要用武装力量迫使奥地利放弃复辟。
>
> 利用奥地利人民国内的政治纷争，将为此目的以维也纳为总方向进军，任何抵抗将予以击溃。

在这个富有启示性的文件的末了，却不自觉地流露出一种警诫的、几乎是失望的调子。对英国不能抱有幻想。它警告说："英国将使用它所有的一切经济和军事力量来对付我们。"这个指示承认，如果英国跟波兰和立陶宛联合在一起，"我们在军事上的处境就将恶化到不能忍受的甚至没有希望的程度。因此政治领袖们要尽一切可能来使这些国家，尤其是英国，保持中立"。

虽然这个指示是由勃洛姆堡署名的，但它显然是来自总理府他的主子那里的。1937年11月5日下午，有六个人来到柏林威廉街的第
304 三帝国神经中枢，听取元首的进一步说明。这六个人是战争部长兼武装部队总司令冯·勃洛姆堡元帅、陆军总司令陆军上将冯·弗里奇男爵、海军总司令海军上将雷德尔博士、空军总司令戈林上将、外交部长冯·牛赖特男爵和元首的军事副官霍斯巴赫上校。霍斯巴赫在这几页里不是一个常见到的名字，在以后也不会常见到。但是在11月那一天傍晚的几个钟头里，这位年轻的上校担当了一项重要的任务。他把希特勒说的话记录下来，五天后又详细写入了一个极为秘密的备忘录里，因此为历史记下了第三帝国整个生命中的决定性转折点。在纽伦

堡提出的缴获文件中就有他的备忘录。[48]

这次会议从下午4点15分开始，一直继续到8点30分才结束，大部分是希特勒发言。他开始说，他要说的话是经过“彻底的考虑和四年半执政经验”的结果。他解释道，他认为他要说的话具有极大的重要性，在万一他死亡时，这些话应当视为他的遗嘱。

他说：“德国政策的目的，是要巩固和保存种族社会，并且把它加以扩大，因此这是一个生存空间问题。”他断言说，德国人有“权利比别的民族获得更大的生存空间……因此德国的前途完全决定于如何解决生存空间的需要”。*

哪里的空间？不是在遥远的非洲或亚洲的殖民地，而是“在德国近旁”的欧洲心脏地带。德国的问题是，它在哪里能以最低的代价取得最大的收获？

> 各个时代——罗马帝国和英帝国——的历史已经证明，只能由粉碎抵抗和大胆冒险来实现扩张；挫折是不可避免的，从来没有……无主的空间，今天也没有这样的空间；进攻者总是会碰到一个占有者的。 305

希特勒说，两个“为仇恨驱使”的国家——英国和法国——挡住

---

* 从这里起，读者将注意到，显然是间接的引语，却用了引号，或者用摘录方式作为直接引语。希特勒或者其他人在秘密商谈中的几乎所有的话，德文记录中都是用第三人称写成间接引语的，虽然它们常常在标点符号都不更改的情况下突然又变成第一人称的直接引语。这种情况在美国英语中是很伤脑筋的。

为了保持原文件的准确性和保持所使用或者记录的原来措辞，我决定最好是原封不动，不把谈话记录改成第一人称的直接引语，也不把其中引号取消。因为如果把引号取消就会使人看起来好像我在自由转述，虽然事实上我并未如此。

这在很大程度上是由于德文记录的实际记录者把动词时式由现在式变为过去式和把第一人称代名词变成第三人称。我相信，如果记住了这点，就不会有什么混淆不清了。（由于中西文字的不同以及翻译技术上的原因，中文译文中第三人称仍旧照译。过去式代替现在式的地方则一律按现在式翻译。——译者）

了德国的路。这两个国家都反对“德国地位的任何进一步加强”。这位元首认为英帝国不是“不能动摇的”。事实上，他看出它有许多弱点，于是他一一加以列举：跟爱尔兰和印度的纠葛，在远东同日本的竞争，在地中海同意大利的竞争。他认为，法国的处境“比英国的处境来得有利……但是法国将碰到内部的政治上的困难”。虽然如此，英国、法国和俄国仍然必须被认为是“我们在政治考虑中的力量因素”。

因此：

> 德国的问题只能用武力来获得解决，这样也就绝不会没有附带的意外风险……如果同意以武力及其附带的意外风险为下列解释的基础的话，那么仍有“在什么时候”和“在什么地方”的问题需要解决。有三种情况要对付：
>
> **情况一　1943—1945年时期**
>
> 从我们的观点来看，在这个日期以后，情况只能变坏。陆、海、空军的装备……将近完全。装备和军人是新式的，再推迟下去就有陈旧的危险。特别是，“特殊武器”的秘密不能永远保持下去……我们的相对的实力将由于……世界其余地区的重整军备而减弱……此外，全世界认为我们会发动攻击，因而每年都在加强对付措施。正是由于世界其余地区在加强防务，我们才不得不采取攻势。
>
> 目前没有人知道1943—1945年时期的局势将会怎样。只有一件事情是肯定的，那就是我们不能再等待了。
>
> 如果元首界时仍然活着，他的不可变更的决心是：最迟在1943—1945年时期解决德国的空间问题。在1943—1945年以前采取行动的必要性在情况二和情况三中将会出现。

情况二

> 如果法国的内讧竟然发展成这样一种国内危机，以致法国军队完全用于对付这事，因而不能用来对德国进行战争，那么，对捷克人采取行动的时机就来到了。

情况三

> 如果法国被牵连在对另一个国家的战争中，以致不能“进行”反对德国……
>
> 我们的第一个目标……必须是同时推翻捷克斯洛伐克和奥地利，以便在可能对西方进行的战争中解除我们侧翼的威胁……如果捷克人被打倒而取得了德国-匈牙利共同边界的活，就更加可以肯定地指望波兰在万一发生法德冲突时守中立了。 306

但是法国、英国、意大利和俄国会怎样呢？希特勒十分详细地对这个问题做了答复。他认为“英国差不多肯定无疑地，法国也多半是，把捷克人默默勾销了。英帝国所遇到的许多困难，以及再一次被卷入一场持久的欧洲战争的前景，是英国不愿参加对德战争的决定性的顾虑。英国的态度对法国肯定是不会不起影响的。法国要在没有英国的支持下发动进攻是很不可能的，而且攻势也很可能被我们的西部工事所遏止而陷于僵持。法国也不会在没有英国的支持下通过比利时和荷兰进军……不过，不用说，在我们对捷克人和奥地利发动进攻时，仍然必须在我们的西部边界上保持坚强的防御”。

希特勒随后扼要地叙述了“并吞捷克斯洛伐克和奥地利”的一些好处：使德国获得比较有利的战略边界，得以把军事部队腾出来“作其他用途”，获得约1 200万“德国人”，额外取得可供国内的五六百万德国人用的粮食，为12个师的新军取得人力。

他忘记了说意大利和俄国可能会怎么样，于是现在他回过头来谈它们。他觉得，“由于日本的态度”，苏联恐怕未必会来干涉。意大利不会反对“消除捷克人”，但是如果奥地利也被侵占的话，它的态度如何，则仍然是个问题。这“主要”要看“这位意大利领袖是否还活着”。

希特勒对情况三的假定，是法国将卷入对意大利的战争，这是他指望发生的一场冲突。他解释道，他之所以采取竭力设法延长西班牙内战的政策，原因就在于此；它使意大利继续跟法国和英国发生纠纷。他认为，它们之间的战争“肯定地愈加临近了”。事实上，他说，他“决心利用它，随便它什么时候发生，即使是早到1938年”——这离说话的时候只有两个月了。他确信，意大利如在原料方面得到德国的一点点援助，就能够抗住英法。

> 如果德国利用这场战争来解决捷克问题和奥地利问题，那就要假定英国在同意大利作战时不会对德国采取行动。没有英国的支持，法国不至于对德国采取战争行动。
>
> 我们对捷克人和奥地利发动进攻的时机，必须要视英法意战争的进程而定……这种有利的局势……不会再发生……对捷克人的袭击必须要以“闪电速度”来实现。

这样，在1937年11月5日这个秋天的日子里，当柏林暮霭降临的时候——会议是在8点15分结束的——大局就已经定了。希特勒已经传达了他要进行战争的不能挽回的决定。对这一小撮将指挥这场
307 战争的人来说，已不再能有什么怀疑了。这位独裁者十年前在《我的奋斗》中就已经说过，他说德国必须要在东方有生存空间，必须准备用武力来取得它。不过那时他只是一个默默无闻的鼓动者，他的书，正如冯·勃洛姆堡元帅后来所说的，被军人们——和许多别的人一样——认为是“一种宣传”，它的“销路广大是由于强行推销之故”。

但是现在，这些军队首长和外交部长却面临着对两个邻国进行真的侵略的具体日期——他们肯定知道，这种行动是一定会引起一场欧洲战争的。他们必须在明年，1938年以前，最迟在1943—1945年以前准备就绪。

这不免使他们发愣。就霍斯巴赫的记录来看，这并不是因为他们对他们的领袖的建议的不道德感到不能接受，而是为了更实际的理由：德国还没有为一场大战准备就绪；现在就挑起这样一场战争，有招致灾祸的危险。

根据这些理由，勃洛姆堡、弗里奇和牛赖特竟敢辩明利害而对元首的主张表示怀疑。在三个月内，这三个人都丢了官。他们的反对是希特勒在整个第三帝国时期所受到的最后一次当面反对，尽管是这样微不足道，希特勒在排除了他们的反对以后就走上了征服者的道路，去完成他的使命。在开头，这条道路比他或者任何其他人所预见的要容易走些。 308

注　释

1. 弗里德林·瓦格纳：《火的遗产》，第109页。
2. 巴本：《回忆录》，第338页。
3.《每日邮报》，1936年8月6日。
4.《晨报》，1934年11月18日。
5. 沃尔夫冈·福斯特：《一位将军反对战争》，第22页。这本书系根据贝克的文件所著。
6.《纳粹的阴谋与侵略》，第7卷，第333页（纽伦堡文件EC-177）。
7. 同上，第1卷，第431页（纽伦堡文件C-189）。
8. 同上，第6卷，第1018页（纽伦堡文件C-190）。
9. 同上。
10.《主要战犯的审讯》，第20卷，第603页。
11. 罗赛·德·萨尔斯编：《我的新秩序》，第309—333页。这篇演说全文也收在贝恩斯编《希特勒演讲集》第2卷，第1218—1247页中。
12.《我的新秩序》，第333—334页。
13. 佩蒂纳克斯：《法兰西的掘墓人》，第381页。
14. 本书作者著《柏林日记》，第43页。

15. 弗朗索瓦-庞赛：《决定命运的年代》，第188—189页。

16. 见《主要战犯的审讯》，第15卷，第445—448页。命令全文见《纳粹的阴谋与侵略》，第4卷，第951—952页（纽伦堡文件C-139）。

17. 会议记录见《纳粹的阴谋与侵略》，第7卷，第454—455页（纽伦堡文件EC-405）。

18.《纳粹的阴谋与侵略》，第6卷，第974—976页（纽伦堡文件C-159）。

19. 约德尔的证据，见《主要战犯的审讯》，第15卷，第252页。希特勒的数字，见《希特勒秘密谈话录》，第211—212页。

20. 弗朗索瓦-庞赛：《决定命运的年代》，第193页。

21.《柏林日记》，第51—54页。

22. 弗朗索瓦-庞赛：《决定命运的年代》，第190页。

23. 同上，第194—195页。

24.《主要战犯的审讯》，第15卷，第352页。

25.《希特勒秘密谈话录》，第211—212页。1942年1月27日的谈话。

26. 保罗·施密特：《希特勒的译员》，第41页。

27.《主要战犯的审讯》，第15卷，第352页。

28. 同上，第21卷，第22页。

29.《希特勒秘密谈话录》，第211页。

30. 弗朗索瓦-庞赛曾加以引用，《决定命运的年代》，第196页。

31.《纳粹的阴谋与侵略》，第7卷，第890页（纽伦堡文件L-150）。

32. 库尔特·冯·许士尼格：《奥地利安魂曲》，第5页。

33.《纳粹的阴谋与侵略》，第1卷，第466页（纽伦堡文件2248-PS）。

34.《德国外交政策文件汇编》，D部，第1卷，第278—281页（第152号）。

35. 巴本：《回忆录》，第370页。

36.《德国外交政策文件汇编》，第3卷，第1—2页。

37. 同上，第3卷，第892—894页。

38. 同上，第1卷，第37页。

39. 同上，第3卷，第172页。

40. 马尔康姆·莫格里奇编：《齐亚诺外交文件集》，第43—48页。

41. 密尔顿·舒尔曼：《西方的溃败》，第76页。据他说，来源是英国国防部谍报局1945年12月的一份报告。看来得自对戈林的讯问。

42. 秘密议定书全文载《德国外交政策文件汇编》，第1卷，第734页。

43.《战犯的审讯》，第12卷，第460—465页（纽伦堡文件NI-051）。

44.《主要战犯的审讯》，第9卷，第281页。

45.《德国外交政策文件汇编》，第1卷，第40页。

46. 同上，第55—67页。

47.《纳粹的阴谋与侵略》，第4卷，第1001—1011页（纽伦堡文件C-175）。

48. 霍斯巴赫的记录，日期为1937年11月10日。德文原文载《主要战犯的审讯》，第25卷，第402—413页，最佳英文译文载《德国外交政策文件汇编》，第1卷，第29—39页。纽伦堡临时译文载《纳粹的阴谋与侵略》，第3卷，第295—305页（纽伦堡文件386-PS）。霍斯巴赫在其所著《武装部队与希特勒》一书中亦讲到过这次会见，见该书第186—194页。戈林、雷德尔、牛赖特关于这次会见的简短证词见《主要战犯的审讯》。

第十章
决定命运的奇异插曲：勃洛姆堡、弗里奇、牛赖特和沙赫特的倒霉

希特勒在11月5日说要使用武装力量对付奥地利和捷克斯洛伐克，即使德国因此而卷入对英法的战争也在所不惜，这项决定使他的外交部长冯·牛赖特男爵受到极大的震惊。牛赖特虽然是个随遇而安、自得其乐和道义观念薄弱的人，也因此而发作了几次心脏病。[1]

他后来告诉纽伦堡法庭说："希特勒的话，使我极度心慌意乱，因为它使我一贯所推行的整个外交政策变成一场空。"[2]在这种心情下，他不顾心脏病发作，在两天后去找冯·弗里奇将军和参谋总长贝克将军，跟他们商量能想些什么办法来"使希特勒改变主意"。据事后把希特勒的谈话告诉贝克的霍斯巴赫上校说，希特勒的这番话也使贝克"大为震惊"。于是他们三人商定，由弗里奇在下一次会见元首时再向他规谏，向他指出他的计划之所以是不得策的军事上的原因，牛赖特则接着再度向希特勒着重指出政治上的危险性。至于贝克，他立即写下了一份把希特勒的计划指责得体无完肤的批评，但是显然没有把这篇批评给任何人看。这是这位可敬的将军的意志和性格上的一个致命缺陷的第一个迹象。他起先曾欢迎纳粹主义的得势，而到末了终于在一次想要摧毁它而没有成功的努力中牺牲了性命。

冯·弗里奇将军在11月9日会见了希特勒。他们这次谈话没有记

录，不过可以设想这位陆军总司令重新申述了他反对希特勒计划的军事上的理由，但是毫不生效。不论是将军们还是外交部长的反对意见，元首都是不能容忍的。他拒绝接见牛赖特而径自前往贝希特斯加登的山庄去做长时间的休息了。直到1月中旬，发过心脏病的牛赖特
309 才设法见到了希特勒。

［牛赖特后来在纽伦堡作证说］那一次我力图向他表明，他的政策会引起世界大战，我不愿同它发生关系……我促请他注意引起战争的危险和将军们的严重警告……我表明了我的一切理由，而他却仍然坚持他的意见，于是我告诉他，他只能另找一个外交部长了……[3]

牛赖特当时不知道，这却正是希特勒已决定要做的。再过两个星期就是希特勒执政五周年纪念日了，他打算不仅在外交部，还要在军队中间进行一番清理来纪念这个日子。外交部和陆军是他暗地里所不信任的上层阶级的两个“反动”堡垒，他觉得它们从来没有完全服从过他，也不真正懂得他的目标，而且，如勃洛姆堡、弗里奇和牛赖特在11月5日晚上所表现的，它们还妨碍他实现他的野心。特别是后面这两个人，或许甚至还有随和的勃洛姆堡（希特勒靠他帮忙不小），以后也将不得不继举世无双的沙赫特博士而退隐。

因为这个颇有花招的金融家，早期对纳粹主义很热心的人和希特勒的支持者，这时已经倒霉了。

我们上面已经谈到过，沙赫特曾为希特勒的迅速重整军备殚精竭虑地发挥了他的奇才。作为战争经济全权代表和经济部长，他曾创造出许多异想天开的花招，包括使用印钞机，来为新的陆海空军筹措经费和支付军备费用。但是这有一个限度，超过了这个限度，国家就难免要破产。到1936年，他认为德国已接近这个限度了。他向希特勒、

戈林和勃洛姆堡提出了警告，但是没有效果，虽然后面这位战争部长一度附和过他。随着戈林在1936年9月被任命为四年计划全权代表，这个德国空军首脑事实上已成为德国的经济独裁者了。四年计划是一个勉强要使德国在四年后自给自足的计划，沙赫特认为这个目标是不可能实现的。像沙赫特这样一个虚荣而野心勃勃的人[*]，又那么瞧不起戈林在经济学上的无知，这就使得他自己的地位无法维持下去。在这两个刚愎自用的人发生了几个月的猛烈争论后，沙赫特要求元首干脆把经济政策的指导权全部交给他的对手，让他辞去内阁中的职务。另外使他感到格外沮丧的是德国许多重要工商业家的态度，如他后来所说，他们当时都“争先恐后拥向戈林的接待室，以期获得订单，而我却仍旧在竭力使人能听从理智的声音”。[4]

在1937年纳粹德国的疯狂气氛中，要使人听从理智的声音是不可
能做到的，沙赫特终于认识到了这一点。在夏天，他又同戈林发生了 310
争论，他指斥戈林“你的外汇政策、你的生产政策和你的财政政策”是靠不住的，之后就在8月间到了上萨尔茨山向希特勒正式提出辞职。鉴于沙赫特离职几乎肯定会在国内外引起不利的反应，所以元首不愿接受他的辞呈。但是这位意气沮丧的部长态度非常坚决，希特勒最终只好同意在两个月后让他辞职。9月5日沙赫特请假离任，12月8日他的辞呈正式被接受。

在希特勒的坚持下，沙赫特仍旧留在内阁里，担任不管部长，并且保留国家银行总裁的职位，从而保持了表面上的一致，使德国和世界的舆论不致怎么惊愕。但是，他已不再起着制止希特勒为战争疯狂地重整军备的作用了。虽然，由于他仍然留在内阁里和仍然担任国家银行总裁，他继续以他的名气和声誉在为希特勒的目的效劳。而且，

---

* 为人机灵的法国大使弗朗索瓦-庞赛同沙赫特很熟，他在《决定命运的年代》（*The Fateful Years*）中（第221页）说，沙赫特曾一度希望继兴登堡当总统，甚至想继承希特勒，“如果元首倒起霉来的话”。

1936年，冯·勃洛姆堡（左）、冯·弗里奇（中）和埃里希·雷德尔（右）在一次阅兵式上。

1934年，希特勒与沙赫特在新的德意志帝国银行大楼奠基仪式上。

他不久以后还公开和热烈地赞成这位领袖的第一次赤裸裸侵略的强盗行为，因为，像将军们和把德国交给纳粹党人方面起着主要作用的其他保守分子一样，他觉醒过来正视现实的过程是缓慢的。

戈林暂时兼任了经济部长，但是，在1938年1月中旬的一天晚上，希特勒在柏林听歌剧时遇见了瓦尔特·冯克，信口通知他说，他将成为沙赫特的继任者。我们记得，这个善于逢迎、卑躬屈膝、个子矮小、一无可取的人曾在1930年代初期起过一定作用而使企业界领袖们对希特勒发生兴趣。但是，对他的正式任命却迟迟没有发表。因为这时在陆军中爆发了一个双重危机，在促成这个危机的各种原因中，牵涉了某些常态的和变态的性问题。这个危机直接被希特勒所利用，使他得以趁此把陆军的传统贵族集团打击得一蹶不振，不仅给陆军而且最后还给德国和全世界带来了可怕的后果。德国陆军就此丧失了它在霍亨索伦帝国和共和国时期异常狂热地加以保卫的最后一点点独立的痕迹。

冯·勃洛姆堡陆军元帅的倒霉

“一个女人，即使其本人并未意识到，对一个国家的历史，从而也是对全世界，能够产生多大的影响啊！”阿尔弗雷德·约德尔上校在1938年1月26日的日记里感叹说，“你好像觉得生活在一个对德国人民来说是决定命运的时刻里。”[5]

这位卓越的青年参谋军官所指的女人，是埃尔娜·格鲁恩小姐。在1937年即将结束之际，她一定万万没有想到她竟是一个像约德尔所说的那样能够把德国人民推入一个决定命运的危机和对他们的历史产生深刻影响的德国人。或许只有在第三帝国内层人物这时所处的怪诞的、精神病态的世界里，这种情况才有可能产生。他们在这个世界里的行动，已带有了一种不由自主的疯狂性。 311

格鲁恩小姐是勃洛姆堡的秘书，到1937年的年底，勃洛姆堡对她实在倾心，因此提出要跟她结婚。他的发妻是一个退休的陆军军官的女儿，他俩是在1904年结婚的，她已在1932年去世了。他的五个孩子都已成人（他的最小的女儿在1937年跟受他提拔的凯特尔将军的长子结了婚）。他对多少有点孤寂的鳏夫生活也感到乏味，所以认为续弦再娶的时机已经来到。他知道德国陆军的一个高级军官跟一个平民出身的人结婚是不会得到骄傲的、贵族气很重的军官团的赞许的，所以他就去跟戈林商量。戈林认为这个婚姻无可非议——他自己不也是在前妻去世后同一个离了婚的女演员结婚的吗？第三帝国是不会容许军官团有浓厚的社会偏见的。戈林不仅赞成勃洛姆堡的打算，而且他还说，如果有必要的话，他愿意去跟希特勒疏通这件事，并且在任何别的方面予以帮助。恰巧，有一个方面他是可以出力帮助的。这位元帅吐露说，还有一个情敌。对戈林来说，这是不成问题的。要是别人的事情，这类讨厌鬼都是往集中营一送了事。然而，大概是由于考虑到这位元帅的老派道德，戈林表示愿意把这个讨厌的情敌送到南美洲去，而且他确实这样做了。

不过，勃洛姆堡仍然感到不安。1937年12月15日，约德尔在他的日记中记下了一段令人奇怪的话："元帅［勃洛姆堡］情绪极为激动。原因不详。显然是由于私事。他已前往一个无人知晓的地方去休息八天。"[6]

12月22日勃洛姆堡再度出现，在慕尼黑的英烈祠为鲁登道夫将军举行的葬礼上致词。希特勒也在那里，但是不愿讲话。因为自从希特勒在啤酒馆政变时在英烈祠前面遇到一排子弹而逃之夭夭以后，这位世界大战的英雄一直不愿跟希特勒发生任何关系。在葬礼举行以后，勃洛姆堡向希特勒说出了他想结婚的意思。使他放心的是，元首祝他婚姻美满。

婚礼在1938年1月12日举行，希特勒和戈林都出席了，并当了主要证婚人。这对新婚夫妻才离开德国到意大利去度蜜月，风暴就发生了。他们的元帅跟他的速记员结婚，对于这个打击，古板的军官团也许还能吃得消，但是他跟一个过去经历颇可怀疑的女人结婚，他们却是不准备同意的。这个女人的过去经历的骇人听闻的情况如今开始慢慢泄露出来了。

起初只有谣传。古板的将军们接到发出吃吃笑声的姑娘们显然是从名声不佳的咖啡馆和夜总会打来的匿名电话，祝贺陆军接纳了一个她们的同道。在柏林的警察总局里，一个调查这些谣言的督察员发现了一份标着“埃尔娜·格鲁恩”的档案。他看后吓了一跳，连忙把这份材料交给警察局长冯·赫尔多夫伯爵。

这位伯爵是一个参加过自由军团和嚣张一时的冲锋队的粗汉，看了档案后也十分惊骇。因为这份材料表明，元帅兼总司令的新夫人在
警察局里有着做过妓女的记录，并曾因充当春宫照片模特儿而被判过 312
刑。再说，这位年轻的元帅夫人是在她母亲经营的一家按摩院里长大的，而在柏林，按摩院常常不过是变相的妓院而已。

赫尔多夫的责任显然是该把这份极其不利的材料交给他的上级、德国警察总监希姆莱。但是，他虽然是一个热烈的纳粹分子，以前却曾经是陆军军官团的一员，因此感染到了它的一些传统。他知道，希姆莱同陆军总司令部不睦已经有一年多，现在渐渐被陆军总司令部认为是比过去的罗姆更为凶险的威胁，他会利用这份材料去讹诈元帅而使元帅成为他对付保守的将军们的工具的。所以，赫尔多夫勇敢地把这份警察局档案交给了凯特尔将军。他显然认为，凯特尔亏了勃洛姆堡最近才得在陆军中得到擢升，又跟勃洛姆堡是儿女亲家，他一定会设法让军官团自己来处理这事，且还会警告他的首长所陷入的危险处境。但是凯特尔固然意志薄弱，不讲道德，然而却是个傲慢自大和野心勃勃的人，他不想因为跟党和党卫军发生麻烦而使自己的前程有发生危险的可能，因此没有把这份材料交给陆军首长冯·弗里奇将军，

却把它交还给赫尔多夫，并向赫尔多夫建议把它拿给戈林去看。

没有人会比戈林得到这份材料更高兴了，因为显然，勃洛姆堡现在势将去职了，而他以为必然可以由他来继任德国国防军总司令——这是一个他觊觎已久的位置，这时勃洛姆堡中断了他在意大利的蜜月旅行，回到德国来为他的母亲办丧事。1月20日，他仍然不知道在酝酿中的事情而到战争部的办公室销假视事。

但是没隔多久，1月25日，戈林带了这份爆炸性的材料去给才从贝希特斯加登回来的希特勒看，元首勃然大怒。他的元帅欺骗了他，而且让他在婚礼上做证婚人，是把他当傻子。戈林马上附和他的看法，在中午就亲自去看勃洛姆堡，把这个消息告诉他。这位元帅似乎因为他的新夫人的历史而难受极了，表示愿意立即和她离婚。但是戈林和气地解释说，这是不够的。陆军司令部要求他辞职；正如约德尔两天后的日记所透露的，参谋总长贝克将军已对凯特尔说“不能容忍最高级军人和一个婊子结婚”。1月25日，约德尔通过凯特尔获悉，希特勒已把他的元帅免了职。两天后，这位60岁的下台军官离开柏林，到卡普里去继续度他的蜜月了。

他的海军副官尾随着他到了这个风景如画的岛上，给这个奇特的悲喜剧加上奇怪可笑的最后一笔。原来是海军上将雷德尔派了这个副官冯·旺根海姆海军上尉去要求勃洛姆堡为了军官团的体面跟他的
313 妻子离婚。这个海军低级军官是一个狂妄自大和过分热心的青年人，当他来到正在度蜜月的元帅的面前时，他竟越出了他所奉指示的界限。他不是要求他以前的首长离婚，而竟建议他采取光荣的行动，说着就企图把左轮手枪塞在勃洛姆堡的手中。但是，这位元帅虽然倒了霉，却似乎仍然非常留恋生活——显然他仍旧迷恋着他的新夫人，尽管发生了这些曲折。他拒绝接受这个递过来的武器，立即写信给凯特尔说，他和这个青年海军军官“对于生活显然有着完全不同的见解和标准”。[7]

毕竟元首曾答应过他一俟风暴过去就重新畀予最高级的重任。据约德尔的日记说，希特勒在把勃洛姆堡免职的那一次会见中告诉勃洛姆堡说，“一俟德国的时刻来到，你将仍旧回到我的身边，过去所发生的一切事情都将不加追究”。[8]勃洛姆堡在他的未出版的回忆录里写道，希特勒在他们最后一次会见时曾“极其强调地”向他许诺说，在万一发生战争时将委任他为武装部队的最高统帅。[9]

像希特勒的许多别的诺言一样，这个诺言也没有兑现。冯·勃洛姆堡元帅的名字从陆军名册中永远勾掉了，即使在战争爆发后他表示愿意效劳时也没有重新给予他任何职位。勃洛姆堡夫妇回德国后定居于巴伐利亚的维塞小村，在那里他们一直默默无闻地居住到战争结束。像同时代的一位英国逊王的情况一样，他对使他倒霉的妻子至死没有变心。他是1946年3月13日在纽伦堡的监狱里死的，当时这个可怜的、憔悴的老人正在那里等待传讯作证。

男爵维尔纳·冯·弗里奇将军的倒霉

陆军总司令男爵维尔纳·冯·弗里奇上将，是一个有才能的顽固的老派军官，雷德尔海军上将称他是“一个典型的参谋总部人物”，他显然是继勃洛姆堡担任战争部长和武装部队总司令的人选。但是我们已经看到，戈林自己觊觎着这个最高职位。有些人认为，戈林是故意促使勃洛姆堡跟一个他可能先已知道其不幸的过去历史的女人结婚的，以便为他自己肃清道路。如果这是真的话，勃洛姆堡却并不知道，因为他在1月27日跟希特勒告别时，他首先建议由戈林来当他的继任人。但是，元首比谁都了解他的这个老纳粹党徒。他说，戈林太任性，既没有耐心，又不勤奋。他也不赞成由冯·弗里奇将军继任，他不喜欢弗里奇在11月5日反对他的宏伟计划的态度，对此仍旧耿耿于怀。此外，弗里奇也从不隐讳他对纳粹党，特别是对党卫军的

314 敌意。这个情况不但引起了元首的注意，而且使得党卫军头子和警察首脑海因里希·希姆莱越来越下定决心要打倒这个领导着陆军的强大敌手。*

希姆莱的机会现在来到了，或者，倒不如说他由于发动了一个荒谬绝伦的诬陷阴谋而创造了机会。这个诬陷之荒谬，即使是在党卫军和纳粹党匪徒横行的世界里，也难以使人相信会发生这种事——至少在1938年，同样使人难以相信的是，德国陆军毕竟有其传统，怎么会忍受这种诬陷。紧接着勃洛姆堡丑闻之后，这次诬陷触发了第二个爆炸性大得多的炸弹，动摇了军官团的根基，决定了它的命运。

1月25日，就是戈林给希特勒看勃洛姆堡新夫人的警局档案的那一天，他还给元首看了一件更加使人遭殃的材料。这是希姆莱和他的主要助手、党卫军保安处处长海德里希不费吹灰之力提供的材料，意在表明冯·弗里奇将军犯了德国刑法第一百七十五条鸡奸罪，并且自1935年以来一直付给一个前科犯人讹诈款项，以便使他不把这件事声张出来。秘密警察的材料看来是那么凿凿有据，因此希特勒颇为相信这种罪状。勃洛姆堡或许是因陆军对他的婚姻采取严厉态度而想在弗里奇身上泄愤，所以竟没有去劝阻希特勒相信这件事。他反而告诉元首，弗里奇不是个“喜欢和女人来往的男人”，他又说，这个终身未娶的将军很可能已“屈服于嗜好”。

元首的副官霍斯巴赫上校在秘密警察的材料出示时在场。他感到十分惊骇，于是公然不顾元首叫他不得把这件事告诉弗里奇的命令，立即跑到这位陆军总司令的寓所去告诉他这个指控，警告他已陷入可

* 1935年3月1日，德国接管萨尔那一天，在游行开始以前我曾在萨尔布吕肯的检阅台上站在弗里奇旁边一些时候。虽然他除了知道我是柏林的许多美国记者之一外，差不多对我没有什么更多的了解，可是他却滔滔不绝地说了许多对党卫军、纳粹党以及希特勒以下各纳粹领袖的挖苦话。他并不掩饰他对所有这些集团和人的轻视。见拙著《柏林日记》（*Berlin Diary*）第27页。

怕处境。*这位沉默寡言的普鲁士贵族气得说不出话来，半天才说了一句：“全是卑鄙的谎话！”在他平静下来后，他向霍斯巴赫以军官的荣誉发誓保证说，这些指控是毫无根据的。第二天一早，霍斯巴赫不计后果，告诉希特勒他已会见过弗里奇，说这位将军断然否认这种指 315
控，并要求元首能听听他的意见，给他一个亲自辩明无罪的机会。

出乎霍斯巴赫的意料，希特勒同意了这个要求，于是就在当天深夜，德国陆军总司令被召到了总理府。他要在那里尝到一种他作为一个贵族、军官和绅士在长期训练中没有为之做过准备的滋味。这次会见是在总理府的书房里，这次除了戈林外，希姆莱也在场。在希特勒概括地叙述了指控后，弗里奇以军官的荣誉发誓说这是完全不确实的。但是这种保证在第三帝国已不再具有多大价值了。这时，等待这次时机已有三年之久的希姆莱，从边门叫人带进来一个步履拖沓、一脸败类样子的人。给带进德国总理府各办公室的人中，他一定是最奇怪的人了，如果不是身份最低下的人的话。他的名字叫汉斯·施密特，从他第一次进少年感化院起，后来一直犯案累累，屡进监狱。他的犯罪记录表明，他的主要嗜好是窥探男色活动的秘密，然后趁此进行讹诈。他现在声称，他认出冯·弗里奇将军就是他在柏林波茨坦火车站附近一条暗巷里看到的跟一个叫作“巴伐利亚的裘”†的下层社会角色干不可告人勾当的陆军军官。施密特向德国这三位最有权力的人坚持说，这个军官多年来一直付给他讹诈的钱，要他不要声张这件事，只有在他再度锒铛入狱后才停止付钱给他。

男爵冯·弗里奇将军因为受到过分的侮辱而气得不愿答复。德国的国家元首、兴登堡和霍亨索伦王朝的继承者，竟然在这样一个地

* 这件事使得霍斯巴赫在两天后丢了差使，但是没有像一些人所担心的那样丢了性命。他后来又在陆军参谋总部中复职，在战争期间升为步兵将军，在俄国战线上指挥第四军团，直到1945年1月28日由希特勒在电话里突然把他免职，原因是他公然不顾希特勒的命令而把他的军队后撤。

† 这个名字是吉斯维乌斯在《至死方休》（*To the Bitter End*）第229页中提供的。

方为了这样一个目的而带进来这样一个见不得人的角色，对他来说是太过分了。他说不出话来，这只有使希特勒相信他是有罪的，于是元首要求他辞职。弗里奇拒绝这样做，却要求由军事荣誉法庭来进行审讯。但是希特勒不想让军官团来接手这个案件，至少在目前是如此。这是一个他不愿放过的天赐机会，可以趁此粉碎不肯屈从于他的意志和天才的将军们的对抗。他当时当地就命令弗里奇无限期休假，这就等于是停止了他的陆军总司令职务。第二天希特勒不仅同凯特尔商讨了由谁来继承勃洛姆堡的问题，还商讨了由谁来继承弗里奇的问题。主要从凯特尔处获得消息的约德尔，开始在他的日记里做一些记载，表明不仅陆军司令部的彻底改组，还有整个武装部队组织的彻底改组，都在研究之中，这种改组的结果将最后使军方就范。

高级将领的权力虽然不是绝对的，却是唯一仍然不受希特勒控制的，他们会交出这种权力来吗？当弗里奇经历了总理府书房里的那场考验回到他班德勒街的寓所以后，他就跟参谋总长贝克将军商量了怎
316 么办。某些英国历史学家说[10]，贝克敦促他立即发动反对希特勒政府的军事政变，弗里奇拒绝了这种主张。但是给贝克写传记的德国作家沃尔夫冈·福斯特看过贝克的私人文件，他只是说，在这个决定命运的晚上，贝克先会见了希特勒，后者告诉了他这种严重罪状，然后他又会见了弗里奇，后者否认这种罪状，最后，就在当晚很迟的时候，他又赶到希特勒那里，只要求给予陆军总司令一个在军事荣誉法庭上洗刷自己的机会。贝克的传记作者表明，贝克本人当时也还没有看透第三帝国的统治者们，到后来他看透了，但是为时已经太迟了。几天后，不仅勃洛姆堡和弗里奇已经去职，而且还有16名高级将领退休，另有44名被调到低级指挥部去，这时弗里奇和他的最亲近的部下——贝克是其中之一——的确认真考虑过军方的反措施，但也为时太迟了。他们很快就放弃了这种危险的想法。福斯特说："这些人清楚地知道，军事政变将意味着内战，而且绝不是有成功把握的。"当时，

这些德国将领要有把握得胜才肯冒任何重大风险，这是他们一贯的作风。据这位德国作家说，他们担心不仅戈林的空军和雷德尔海军上将的海军会反对他们（因为这两个总司令都是完全拜倒于元首的），而且陆军本身也可能不会充分支持它的倒了霉的总司令。[11]

但是，这些高级陆军军官获得了一个该由他们来打击希特勒的最后机会。陆军同司法部合作进行的初步调查，很快就确定冯·弗里奇将军是希姆莱和海德里希所唆使的秘密警察诬陷阴谋的无辜受害人。据查明，这个积犯施密特确曾发现一个陆军军官在波茨坦车站的阴暗处犯鸡奸罪行，并且因此讹诈了他好几年。但是，这个军官的名字是弗里施，不是弗里奇。他是一个因病卧在床上的退休骑兵军官，在陆军名册里登记为骑兵上尉冯·弗里施。秘密警察是知道这一点的，但是他们逮捕了施密特，威胁他说，除非他说是陆军总司令，否则就要杀死他。害病的骑兵上尉也被秘密警察看管起来，以防止他讲出去。但是，他和施密特最后都被陆军从秘密警察的魔掌中夺去，安顿在一个安全的地方，直到他们能在审讯弗里奇的军事法庭上作证。

陆军的老派领袖们高兴极了。不仅他们的总司令可以洗清罪嫌和复任陆军领导，而且党卫军和秘密警察的阴谋，那两个在国内握有无法无天的权力的不择手段的人——希姆莱和海德里希——的阴谋将被揭露，这样他们和党卫军将走上四年前罗姆和冲锋队的路。这对党和对希特勒本人来说也是一个打击；它将使第三帝国的基础发生剧烈动摇，希特勒本人都可能倒台。如果希特勒要掩盖这个罪行，那么由于真相大白而问心无愧的陆军，就可以采取行动了。但是，又一次，像 317
过去五年中发生过多次的情况一样，这些将军们不及这位前奥地利下士来得机智狡猾，终于被命运所彻底击败。因为这位领袖知道如何利用命运来达到他自己的目的，而他们却不知道。

在1938年1月的整个最后一星期中，一种使人想起1934年6月底情况的紧张气氛笼罩着柏林。首都又充满了各种谣言。希特勒废黜了陆军的两个最高人物，原因不详。将军们在反抗。他们在策划着军事政变。弗朗索瓦-庞赛大使接到弗里奇的请帖，请他在2月2日吃饭，后来弗里奇又取消了这个邀请。大使听说他已被逮捕。传说陆军打算在1月30日国会开会听取希特勒的五周年演说时包围国会，逮捕纳粹政府全体人员和它一手挑选的议员们。由于国会宣布会议无限期延期，这些传说显得更为可信了。德国独裁者显然陷在困难之中。他终于遇到了他的敌手——德国陆军的不屈的高级将领们。至少后者一定是这样想的，但是他们错了。

1938年2月4日，德国内阁举行了后来证明是最后一次的会议。不论希特勒碰到了多少困难，他现在都克服了这些困难，而在这过程中还清除了那些妨碍他的人——不仅是陆军中的，还有外交部中的。他那一天在内阁中很快地通过了一项命令，并在午夜前不久就在电台上向全国和全世界宣布。这项命令开头说：

“从现在开始，我亲自接掌整个武装部队的统率权。”

作为国家的首脑，希特勒不用说就是武装部队的最高统帅，但是现在他接掌了勃洛姆堡的总司令职务并取消了原来也是那位发花痴的新郎所主管的战争部。代替战争部而设立的是一个后来在第二次世界大战中为全世界所熟知的机构，叫作武装部队最高统帅部（Oberkommando der Wehrmacht，简称OKW），陆海空三军都隶属其下。希特勒是它的最高统帅，在他下面有一个参谋长，却有一个叫得很响的头衔：“武装部队最高统帅部长官”。这个职位畀予了奉承拍马的凯特尔，后者设法一直担任到底。

戈林本来一直自以为是能够继任勃洛姆堡的职务的，希特勒为了减轻他自尊心的伤痛，授予他元帅的称号，这使他成为拥有第三帝国最高军衔的军官，显然使他欢喜不置。为了消除公众的不安，希特勒宣布勃洛姆堡和弗里奇“因健康不佳”而辞职。这样，弗里奇甚至在得到军事荣誉法庭审讯以前就永远地被摈除了，因为希特勒是知道这种审讯会使弗里奇洗清冤枉的。在高级将领们看来，这似乎特别岂有此理，但是他们对此没有什么办法可想，因为他们也在同一命令中被排斥了。其中16人，包括冯·伦德施泰特、冯·里布、冯·维茨勒本、冯·克鲁格和冯·克莱斯特这些将军在内，被解除了指挥权，另 318
外44个被认为对纳粹主义不够热心的人被调职了。

希特勒在经过一番踌躇后挑选了瓦尔特·冯·布劳希奇将军继弗里奇统率陆军。布劳希奇将军在将领们中间名声颇好，但是后来证明，在碰到希特勒喜怒无常的脾气突然发作时，这位将军却和勃洛姆堡一样软弱恭顺。在这个危机中间有几天里，又出现了一个会使布劳希奇像勃洛姆堡和弗里奇一样丢官的两性问题。因为这位军官正要离婚，这是一件贵族军官们所看不惯的事。永远好奇的约德尔在日记中记下了这桩错综复杂的事情。在1月30日，星期日，他记载凯特尔召来了布劳希奇的儿子，“以便打发他去见他的母亲（他要去取得她对离婚的同意）”。两天后约德尔记载布劳希奇和凯特尔跟戈林碰头，“为了讨论家庭问题”。戈林似乎已自任为将军们性纠纷的仲裁人，他答应研究这个问题。同日，约德尔又写道：“布劳希奇的儿子带了他母亲的一封非常得体的信回来。”意思是她不会妨碍她的丈夫。戈林和希特勒也不反对离婚，这位陆军新司令在就任新职几个月后实现了这件事。因为戈林和希特勒都知道，他要娶的夏洛特·施密特夫人，像乌尔里希·冯·哈塞尔所说的一样，是“一个百分之二百的过激的纳粹分子”。婚礼在当年秋天举行。它将证明——约德尔可能会再度指出——这又是一个女人影响历史的事例。*

希特勒2月4日的整肃不是只以将军们为限。他还把牛赖特清除

* 据密尔顿·舒尔曼说（《西方的溃败》[*Defeat in the West*]，第10页），为了使冯·布劳希奇发妻同意离婚，希特勒本人曾出面向她说项，帮助安排了分给她的财产，从而使这位陆军总司令对他本人感恩不尽。舒尔曼说他的材料来源是加拿大陆军的一份情报。

出了外交部，而代之以思想浅薄、态度恭顺的里宾特洛甫。*两个老资格职业外交官，驻罗马大使乌尔里希·冯·哈塞尔和驻东京大使赫伯特·冯·迪克森，也被免职。驻维也纳的巴本也是如此。不中用的冯
319 克正式被任命继沙赫特为经济部长。

第二天，2月5日，《人民观察家报》刊载着这种触目惊心的标题：**一切权力高度集中于元首手中**！只有这一次，这家纳粹党报没有过甚其词。

1938年2月4日，是第三帝国历史上的一个重大转折点，是它走向战争的道路上的一个里程碑。不妨说，在这一天，纳粹革命完成了，妨碍希特勒走上他久已决心要在德国一旦充分武装后走的道路的最后一些保守分子已被清除了。勃洛姆堡、弗里奇和牛赖特是兴登堡和老派保守分子所安置，是要他们起遏制纳粹党的过分行为的作用的，后来又添了一个沙赫特。但是在争夺外交和经济政策的控制权以及德国军事权力的控制权的斗争中，事实证明他们不是希特勒的对手。他们在道义上既没有足够的骨气，在政治上也没有足够的本领来和希特勒对抗，更不必说要胜过他了。沙赫特洗了手。牛赖特让了位。勃洛姆堡，在他自己的袍泽的压力下辞了职。弗里奇虽然遭到了匪徒式的诬陷，却也毫无反抗表示就接受了解职。16位高级将领温顺地接受了解职——还接受了弗里奇的解职。军官团曾谈论过军事政变，但仅仅是谈论而已。事实证明，希特勒一直到死都对普鲁士军

* 为了转移人们对军界危机的注意和保住牛赖特在国内外的一些威望，希特勒听了戈林的建议而设立了所谓秘密内阁会议（Geheimer Kabinettsrat）。据元首2月4日的命令说，这个会议的目的是向他提供“在执行外交政策方面的指导意见”。牛赖特被任命为会议主席，会议成员包括凯特尔和三军首长，以及内阁和党内最重要的人员。戈培尔的宣传机器把它大加吹嘘，使人以为好像它是一个超级内阁而牛赖特实际上是升了职似的。其实，这个秘密内阁会议完全是乌有的。它从来没有存在过。如戈林在纽伦堡作证时所说的：“没有疑问，并不存在这种内阁，但是这种名称听起来很好听，人人都会以为这是有点道理的……我发誓说，这个秘密内阁会议从未举行过会议，甚至一分钟也没有举行过。”[12]

官阶层保持着轻视，这证明是完全有道理的。他们一声都不吭地让冯·施莱谢尔将军和冯·布雷多将军遭到官方认可的谋杀，他们现在又因循苟安地听任他们的高级将领被黜免解职。柏林多的不是急于想代替他们，急于想为希特勒效劳的年轻将领吗？陆军军官们所自诩的团结精神在哪里呢？它不是个全属子虚的神话吗？

在到1938年2月4日这个冬季日子为止的五年中，军队一直拥有推翻希特勒和第三帝国的实际力量。当他们在1937年11月5日知道他在把他们和德国引往哪里去的时候，他们为什么不尝试这样做？弗里奇本人在下台后做了答复。1938年12月18日，一个星期日，他在索尔陶附近阿赫特贝格的宅邸里宴请被解职的大使冯·哈塞尔，这所宅邸是陆军在他退休后拨给他居住的。哈塞尔在日记中记下了“他的见解的要旨”：

“这个人——希特勒——是德国的劫数，不论是好还是坏。如果他现在走向深渊——弗里奇认为他会这样做的——他将把我们统统拉着与他同归于尽。我们是没有办法可想的。”[13]

外交、经济和军事的决策大权已经集中在他的手里，武装部队也直接在他的统率之下，希特勒现在就沿着他的道路前进了。他以前没有给弗里奇一个洗雪名誉的机会就把他解职了，现在却为时过迟地给了他这种机会，设立了一个军事荣誉法庭来听取这个案件。戈林元帅充当主席，陪审的是陆军总司令冯·布劳希奇将军和海军总司令雷德 320
尔海军上将，另外还有两个最高军事法庭的职业法官。

这次不许报界和公众旁听的审讯，于1938年3月10日在柏林开始，但是在这一天还没有过去就突然中止了，前一个晚上深夜从奥地利传来的消息使元首大动肝火。*别的地方正迫切需要戈林元帅和

---

* 当巴本在36小时后到达柏林的总理府时，他发现希特勒仍然“在一种近乎歇斯底里的状态中”（巴本：《回忆录》［*Memoirs*］，第428页）。

321 冯·布劳希奇将军。

注 释

1. 牛赖特的亲戚冯·里特男爵夫人的供词。见《主要战犯的审讯》，第16卷，第640页。

2. 同上，第640页。

3. 同上，第641页。

4. 沙赫特:《账目已清》，第90页。

5. 约德尔的日记，见《主要战犯的审讯》，第28卷，第357页。

6. 同上，第356页。

7. 同上，第360—362页。

8. 同上，第357页。

9. 特尔福德·泰勒:《剑与卐字》，第149—150页。勃洛姆堡未发表的回忆录手稿藏于国会图书馆。

10. 布洛克:《希特勒——暴政的研究》，第381页，另见惠勒-本内特著《权力的报应》一书第369页。

11. 沃尔夫冈·福斯特:《一位将军反对战争》，第70—73页。

12.《主要战犯的审讯》，第9卷，第290页。

13.《冯·哈塞尔日记（1938—1944年）》，第23页。

第十一章 德奥合并：强夺奥地利

1937年快结束的时候，由于我的职务从报纸报道改为广播报道，所以我的驻足点便从柏林转到了维也纳。维也纳是我在十年前还是一个青年记者的时候的旧游之地。虽然在今后决定性的三年的大部分时间里，我仍将在德国度过，但是我的报道整个欧洲大陆的新任务，却使我有机会高瞻远瞩，相当全面地来观察第三帝国，而且恰巧在希特勒的侵略发生前和发生时把我安排在成为侵略对象的那些邻国里。在那些日子里，我仆仆往返于德国和当时正好是希特勒发泄怒火对象的那个国家之间，因而对现在要加以叙述的事件有了亲身的经历。这些事件无情地导致了人类历史上规模最大、流血最多的战争。虽然我们亲眼看到这些事件的发生，但是我们对它们如何会发生的真相却知道得非常之少。阴谋诡计、背信弃义、事关命运的决定、优柔寡断的时刻、主要当事人的戏剧性的遭遇——所有这些决定时局发展的情况，都是在表面的掩饰下秘密发生的，瞒过了外国外交官、记者和间谍的窥伺的眼睛，因此许多年来，其中大部分情况除了少数当事人外，公众仍然不知道。

我们不得不等待大批使人眼花缭乱的秘密文件的出现和剧中尚存的主要演员的作证，他们中间大多数人当时不能自由地叙述他们的经历，有许多人陷在纳粹的集中营里。因此，下文中所叙述的情况，主要是根据1945年以来所搜集的大量事实。但是，叙述这样一段历史的人在发生一些主要危机和转折点的时刻亲身在场，或许是有些用处的。例如，在奥地利停止存在的1938年3月11—12日那个值得记忆的夜里，我正好在维也纳。

维也纳的居民比我所知道的其他任何地方的人都要来得和蔼可
322 亲，更会享受当时那样歌舞升平的生活。可是一个多月以来，这个多瑙河畔充满了巴洛克式建筑的美丽的首都却生活在惶惶不可终日的忧虑之中。奥地利总理库尔特·冯·许士尼格博士后来把2月12日到3月11日之间这段时期称为“痛苦的四个星期”。在1936年7月11日的奥德协定的秘密附件中，许士尼格对奥地利纳粹党做了影响深远的让步。*自从那时以来，希特勒的驻维也纳特别大使弗朗茨·冯·巴本，一直在孜孜不倦地破坏奥地利的独立和促使它跟纳粹德国合并。在1936年底，他打了一个长篇报告给元首，叙述他的工作的进展情况。一年后他又向元首打了报告，这一回强调说：“只有使联邦总理［许士尼格］受到在可能范围内的最强大的压力，才能够获得进一步的进展。”[1]他的建议，虽然几乎是多余的，却很快就照办了，而且其程度甚至超出了他的想象。

在整个1937年中，奥地利纳粹分子在柏林的资助和唆使下，已经加紧了恐怖活动。奥地利几乎每天都有地方发生爆炸事件。在山区省份里，纳粹党人大规模的而且常常是暴乱的示威，削弱了政府的地位。政府抄获的一些计划表明，纳粹凶徒们准备像杀害许士尼格的前任一样干掉他。最后，在1938年1月25日，奥地利警察搜查了一个叫作七人委员会的团体在维也纳建立的办公处。当初设立这个

---

* 见本书原文第296页。

委员会的目的是促成纳粹分子和奥地利政府之间的和解，但它实际上成了非法的纳粹地下组织的中央机构。警察在那里发现了由元首的代表鲁道夫·赫斯署名的文件，表明奥地利纳粹分子将在1938年春天发动公开反叛，如果许士尼格企图镇压的话，德军将开入奥地利来防止“日耳曼人内部流血”。据巴本说，其中的一个文件要当地的纳粹分子谋杀他本人或者他的武官穆夫中将，以便为德国的干涉制造借口。[2]

如果说殷勤巴结的巴本知道了根据柏林的党领袖们的命令他又一次成为纳粹暴徒们的暗杀对象以后感到不快的话，那么2月4日晚上打到维也纳德国公使馆来的一个电话也使他感到难受。国务秘书汉斯·拉默斯从柏林总理府的电话中通知他说，他在奥地利的特别使命已经告终了，也就是说，他已同弗里奇、牛赖特和别的好几个人一起被免职了。

巴本后来回忆说：“我几乎惊奇得说不出话来。”[3]他冷静下来以后认识到：希特勒既已清除了牛赖特、弗里奇和勃洛姆堡，他显然已决定要在奥地利采取更为剧烈的行动。事实上，巴本冷静下来以后，决定做“一些对一个外交人员来说是不寻常的事情”——这话是他自己说的。他决定把他和希特勒的全部通讯文件储藏“在一个安全的地 323
方”，这个地方后来弄清楚是瑞士。他说：“第三帝国的一些毁谤运动，我是太熟悉了。”我们已经看到，这种毁谤运动曾经几乎使他在1934年6月间送掉了性命。

巴本的解职也是对许士尼格的一个警告。他并不充分信任这个态度殷勤的前骑兵军官，但是他很快就看出，希特勒派这个狡猾的大使来，除了来跟他捣乱以外，一定还有更坏的主意，这位大使至少像他一样是个虔诚的天主教徒，而且是个绅士。在过去几个月中，欧洲的外交发展情况对奥地利并不有利。自从罗马-柏林轴心建立后，墨索里尼更靠近希特勒了，对维护这个小国的独立也不像在陶尔斐斯被暗杀时那样关切了。当时墨索里尼曾赶紧派遣四个师的部队到布伦纳山口去威吓德国元首。在张伯伦领导下新近采取姑息希特勒政策的英国，以及受到严重的内部政争牵制的法国，最近都没有表示有多大兴趣要保卫奥地利独立，如果希特勒动手的话。而现在，同巴本一起，德国军队和外交部里过去曾对希特勒的巨大野心起着一些抑制影响的保守领袖也都去了职。许士尼格是一个心胸狭隘的人，但是，在他的限度以内，也还是个聪明人，而且消息很灵通，对他的日益恶化的处境并不抱什么幻想。正如他在纳粹杀害陶尔斐斯后曾经感到过的一样，现在又是进一步姑息这位德国独裁者的时候了。

巴本虽然已被解职，却提供了一个机会。他绝不是一个挨了一记耳光而怀恨的人，如果这记耳光是上级打的。在被免职后的第二天，他就匆忙地赶到希特勒那里去“了解一下情况”。2月5日在贝希特斯加登，他发现元首由于跟将军们进行了斗争而“精疲力竭和心不在焉”。但是，希特勒恢复精神的力量是相当大的，这位被免职的使节很快就使他对一个建议发生了兴趣，这个建议是两个星期前他们两个人在柏林商谈时曾向他提出过的：为什么不同许士尼格亲自解决一下？为什么不请他到贝希特斯加登来亲自谈一谈？希特勒觉得这个想法有点意思，顾不得他才把巴本免了职，就命令巴本回到维也纳去安排这次会谈。

许士尼格立即答应了，但是，他的地位虽然是软弱的，却仍提出了一些条件，他必须预先知道希特勒希望讨论的是什么具体问题；他必须预先得到保证：1936年7月11日签订的协定将保持不变。在这个协定中，德国答应尊重奥地利独立和不干涉奥地利内政。此外，会谈后发表的公报必须重申两国将继续遵守1936年的协定。这是因为许士尼格不愿存到虎穴里去捋虎须的侥幸之心。巴本赶紧回到上萨尔茨山去和希特勒会商。他回来时带来了元首的保证：1936年的协定将保持不变，元首只是想讨论自从这个协定签订以来“继续存在的那些误会
324 和分歧”。这并不完全符合这位奥地利总理的要求，但是他说他对答

复表示满意。会谈定在2月12日上午举行。* 2月11日晚上，许士尼格由他的外交部次长吉多·施密特陪同，在严守秘密的情况下乘专车前往萨尔茨堡，次日上午乘汽车越过边界到希特勒的山庄去。后来的事实证明，这是一次决定命运之行。

贝希特斯加登会谈：1938年2月12日

巴本到边界上来迎接奥地利客人，而且，许士尼格觉得，在这个结霜的冬天早晨的空气中，巴本似乎“心境极为愉快”。巴本叫他的客人们放心，说希特勒这天情绪极佳。接着来了第一个警告。巴本和蔼地说，元首希望许士尼格博士对三位将军偶然也在贝希特斯加登不要介意，他们是新任最高统帅部长官凯特尔、指挥驻在巴伐利亚-奥地利边界军队的赖歇瑙和主管该地区空军的施佩勒。

巴本后来在回忆录中提到他的客人时说，这是“一个似乎不大合他们胃口的消息”。而据许士尼格的回忆，他告诉这位大使说，他不会介意，特别是因为他“在这件事上做不了多大的主”。许士尼格是一个耶稣会熏陶出来的知识分子，他开始警戒起来。

即使如此，他也没有防到会有后来发生的结果。希特勒穿着冲锋队褐色制服的上衣，黑裤子，旁边站着三位将军，在别墅的台阶上欢迎这位奥地利总理和他的随员。许士尼格觉得这是一次友好的然而拘泥于形式的欢迎。一会儿以后，他就单独跟这位德国独裁者在二楼的一间宽大的书斋里了。从这个房间的一些无格大玻璃窗可以看到气象

---

* 这天正好是陶尔斐斯政府屠杀奥地利社会民主党人的四周年，许士尼格当时是那个政府中的一个成员。在1934年2月12日，17 000名政府军和法西斯民兵用大炮轰击维也纳的工人住宅区，杀死了1 000名男女老幼，另外还打伤了三四千人。民主的政治自由被消灭了，此后奥地利就先后受到陶尔斐斯和许士尼格的天主教-法西斯独裁政权的统治。它无疑比纳粹独裁政权要温和些，这是我们在那些日子里曾在柏林和维也纳都工作过的人能够证明的。但是，这个政权仍然剥夺了奥地利人民的政治自由，他们受到了比在哈布斯堡王朝君主政体的最后几十年中所受到的更大的压制。作者本人在《世纪中叶的旅行》（*Midcentury Journey*）中对此有更详尽的论述。

雄伟、白雪皑皑的阿尔卑斯山，以及山的那一边的奥地利——宾主两人的诞生地。

所有认识他的人都会承认，41岁的库尔特·冯·许士尼格是一个礼貌周全的老派奥地利人。在会谈开始的时候，他自然要先来一阵彬彬有礼的寒暄，说几句关于壮丽的风景、当天的好天气诸如此类的
325 话，恭维这个房间无疑是举行过许多次重大会议的场所。但是阿道夫·希特勒打断了他："我们不是到这里来谈风景和天气的。"然后风暴就爆发了。据这位奥地利总理后来作证说，以后的两小时"会谈多少是单方面的"。*

> ［希特勒生气地说］你尽量避免采取一种友好的政策……奥地利的整个历史就是一种不断的叛逆卖国行为。过去是如此，现在也没有好一些。这种历史性的矛盾现象早已必须告终，现在是时候了。许士尼格先生，我现在可以告诉你，我已下定决心要使这一切告终。德国是一个大国，如果它解决它的边界问题的话，没有人会出来反对的。

态度温文的奥地利总理对希特勒的发作感到震惊，不过他仍力图保持和解态度而又坚持立场。他说，关于奥地利在德国历史中的作用这个问题，他和主人的看法不同。他认为，"奥地利在这方面的贡献是相当大的"。

> 希特勒：完全等于零。我告诉你，完全等于零，在整个历史

* 后来许士尼格博士凭记忆记述了他所谓一面倒会谈的"重要的章节"，虽然这不是一篇逐字的直录，但是任何听过和研究过希特勒的无数发言的人都觉得这是真实的。它的实质内容不仅为随后所发生的一切事实所证实，而且也被那天在伯格霍夫的其他人，特别是巴本、约德尔和吉多·施密特所证实。我采用了许士尼格在《奥地利安魂曲》（*Austrian Requlem*）一书中和他在纽伦堡关于这次会谈的宣誓证词中所叙述的情况。[4]

中，每个民族主义的思想都被奥地利破坏了；而且一点不假，所有这种破坏都是哈布斯堡王室和天主教会的主要活动。[*]

许士尼格：然而，总理先生，奥地利有许多贡献是不能同德国文化的总的成就分开的。例如像贝多芬这样一个人……

希特勒：哦——贝多芬？让我告诉你吧，贝多芬是在下莱茵兰出生的。

许士尼格：然而，奥地利是他卜居的地方，许多别的人也是如此……

希特勒：也许是这样。我再一次告诉你，事情不能照这样继续下去。我负有一个历史使命，这个使命将由我来完成，这是因为上帝注定了要我这样做……凡是不赞成我的人，就要被摧毁……我选择了任何德国人都没有采取过的最困难的道路；我已获得了德国历史上最伟大的成就，比任何德国人都伟大。而且不是靠武力手段，我告诉你。我是满怀着对我的人民的热爱的……

许士尼格：总理先生，我很愿意相信这一点。 326

经过了一个小时的这种谈话以后，许士尼格要求他的对手把不满意的地方一件件都说出来。他说："我们将尽一切可能来清除障碍，以便达成更好的谅解，只要这是可能的。"

希特勒：这是你说的，许士尼格先生。但是我告诉你，我要设法解决所谓奥地利问题，不管用什么方式。

然后他说了一大篇不满奥地利在边境构筑工事对付德国的话，许士尼格否认有这种事。

---

* 希特勒对奥德历史的歪曲看法，我们在早先几章里就已经看到，是他年轻时在林茨和维也纳形成的，显然一直未变。

希特勒：听着，你当真以为你可以在奥地利移动一块石头而我在第二天不会知道吗？……我只要一声令下，一夜工夫你们的全部可笑的防务就将被炸得粉碎。你当真以为你能挡住我半个小时吗？……我非常愿意使奥地利不要遭到这种命运，因为这样一种行动意味着流血。在军队之后，我的冲锋队和奥地利军团就会开进去，没有人能制止他们的正当报复——甚至我也不能制止。

在发出这些威胁以后，希特勒要许士尼格（老是无礼地不按外交礼貌称呼他的职衔而直呼其名）注意到奥地利的孤立的和毫无办法的处境。

希特勒：片刻也不要以为世界上有任何人能使我放弃我的决定。意大利？我同墨索里尼是一致的……英国？英国不会为奥地利动一动指头……法国？

他说，法国本可以在莱茵兰制止德国，“那么我就不得不后退。但是现在对法国来说太迟了”。

最后：

希特勒：许士尼格先生，我再一次，也是最后一次，给你谈成条件的机会。要是我们现在不能找到一个解决办法，事情就无法挽回了……考虑考虑吧，许士尼格先生，好好考虑考虑吧。我只能等到今天下午……

许士尼格问道，德国总理的条件到底是什么呢？

希特勒说：“我们可以在今天下午谈这个。”

午餐时，许士尼格多少有些意外地注意到，希特勒显得“兴致极高”。老是由他一个人说话，他谈的是马和房屋。他将建造世界上还没有看见过的最高的摩天楼。他对许士尼格说：“美国人将看到，德国在建造比美国更大和更好的大厦。”至于忧心忡忡的奥地利总理，巴本发觉他显得“心事重重”。他本是一个连续不断抽烟的人，在希特 327
勒面前他却不能抽烟。但是在隔壁房间里喝过咖啡后，希特勒就欠身表示失陪，退了出去，于是许士尼格才有机会第一次过一过烟瘾。他也才有机会告诉他的外交部次长吉多·施密特不好的消息。不好的消息很快就变得更坏了。

这两个奥地利人在小小的休息室里等了两小时后，才给带进去跟新任德国外交部长里宾特洛甫和巴本相见。里宾特洛甫递给他们一份用打字机打的两页“协定”草案，并且说这是希特勒的最后要求，元首不允许对这个协定草案加以讨论。他们必须立即签字。许士尼格后来说，他由于至少已从希特勒那里得到了一些明确的要求，反而感到安心了。但是在他细看了这个文件后，他的安心之感立即化为乌有。因为这是德国的一个最后通牒，实际上是要他在一星期内把奥地利政府交给纳粹分子。

对奥地利纳粹党的禁令要取消，所有监禁着的纳粹分子统统都要释放，要由亲纳粹的维也纳律师赛斯-英夸特博士担任内政部长，他要有主管警察和保安事务的权力。要委任另一个亲纳粹的人格莱泽-霍尔斯特瑙为国防部长，要通过若干措施，包括有步骤地交换100名军官，来使奥地利军队和德国军队建立更密切的关系。其中最后的要求写道：“要做好准备，使奥地利纳入德国经济体系。为了这个目的，要委任菲施贝克博士［一个亲纳粹分子］为财政部长。”[5]

据许士尼格后来写道，他立即认识到，接受这个最后通牒就意味着奥地利独立的告终。

> 里宾特洛甫劝告我立即接受这些要求。我表示反对，向他提到我在到贝希特斯加登来以前跟冯·巴本做好的约定，并向里宾特洛甫表明，我不是准备来听取这么不合理的要求的……[6]

但是许士尼格准备接受它们吗？他不是准备来听取它们的，这一点即使像里宾特洛甫这样一个蠢货也显然是知道的。问题是：他愿意签字接受它们吗？在这个困难的决定性时刻，年轻的奥地利总理开始软下来了。据他自己的记载说，他泄气地问道："我们是否能指望德国的诚意，德国政府是否至少打算在这次交易中守信不贰。"[7]他说他得到了一个"肯定"的答复。

这时巴本来对他下功夫了。这位滑头的大使承认在他看到这个最
后通牒时也感到"惊奇"。它是一种"对奥地利主权的没有道理的干
预"。许士尼格说，巴本向他道歉，并表示对这些条件"完全感到意
328 外"。虽然如此，他却劝奥地利总理签字接受这些条件。

> 他还对我说，我可以放心，如果我签了字并同意了这些要求的话，希特勒一定会使德国今后继续忠于这个协定并且不会再给奥地利带来麻烦。[8]

从上面这些话（最后一段是纽伦堡的宣誓证词中提出的）可以看出，许士尼格不仅软化下来了，而且天真得有点糊涂了。

他还有一个最后的抵抗机会。他再度被带去见希特勒。他发现元首正在书斋里激动地来回踱着步。

> 希特勒：许士尼格先生……这儿是文件的草案。其中没有什么可以讨论的。我不会改变其中的一点点。你必须原封不动地在这个文件上签字，在三天内满足我的要求，不然我要下令向奥地

利进军。[9]

许士尼格屈服了。他告诉希特勒说，他愿意签字。但是他提醒他说，根据奥地利宪法，只有共和国的总统才有法律上的权力来接受这样一个协定和予以实施。因此，虽然他愿意吁请总统接受，他却不能担保。

希特勒叫着说道："你必须担保！"

许士尼格说，他回答道："总理先生，我可不能担保。"[10]

> ［许士尼格后来说］听了这个答复，希特勒似乎失去了他的自制能力。他跑到门边去，打开门叫道："凯特尔将军！"然后又转身过来对我说："我回头再来叫你。"[11]

这完全是恫吓，这位被纠缠苦了的奥地利总理大概并不知道这完全是恫吓，虽然他一整天都被提醒有这些将军在那里。巴本说，凯特尔后来说起，他闻声赶忙跑进去请示命令，希特勒却对他咧嘴笑着。希特勒笑着说："没有命令，我只是要你来这里。"

但是在元首书斋外面等待着的许士尼格和施密特博士却上了当。施密特低声说，如果他们两人在以后五分钟内被逮捕起来，他也不会感到意外。三十分钟后许士尼格再度被带去见希特勒。

> ［希特勒说］我已决定改变我的主意——这是我平生第一次。但是我警告你，这是你真正的最后机会了。我再宽限你三天的时间来实施这个协定。[12]

这就是这位德国独裁者让步的程度，虽然最后草案的措辞多少温和了些，但是，正如许士尼格后来作证时所说，所做的更动是无关紧要的。许士尼格签了字。这是奥地利的死刑执行令。

329 人们在胁迫下的行为视他们的性格而有所不同，而且常常是令人费解的。许士尼格虽然比较年轻，却是经历过无情的政治动荡的老手，曾经眼看他的前任遭到纳粹分子的暗杀。他是个勇敢的人，这是很少人会怀疑的。然而，他在1938年2月11日在武装进攻的可怕威胁下向希特勒屈服了，这在他的同胞们以及这个决定命运的时期的观察家和历史学者之间留下了一团未解的疑云，屈服是否必要？是否没有别的出路了？鉴于英国和法国后来面临希特勒侵略时的表现，如果还有谁说，假如希特勒当时进军奥地利的话，英国和法国可能会来帮助奥地利，那未免失之轻率。但是直到那时为止，希特勒还未曾越出过德国边界，他也没有使他自己的人民和全世界为这种肆意侵略行为做好心理准备。德国军队本身也差不多没有做好战争的准备可以对付法国和英国的干涉。在几个星期后，由于贝希特斯加登“协议”的结果，奥地利将被当地的纳粹分子和德国的阴谋诡计弄得软弱不堪，使希特勒可以冒比在2月11日少得多的外国干涉的风险就攫取它。许士尼格本人承认，据他后来所说，接受希特勒的条件“只能”意味着“奥地利政府的独立的完全告终”。

或许他是因为受到严峻的考验而被弄得有点晕头转向。在枪口下签掉了他的国家的独立以后，他竟跟希特勒进行了一番奇异的交谈，其内容他后来记载在他的书里。他问：“总理先生是否认为目前世界上的各种危机可以用和平方式加以解决？”元首信口回答说可以——“如果听从我的意见的话”。于是许士尼格说（显然毫无讥嘲的意思）：“当前的世界局势看来是颇有希望的，您说是不是？”[13]

在这样一个时刻说这样的话，似乎是难以想象的，但这就是这个被打败了的奥地利总理承认他自己说过的话。希特勒还有一个羞辱要给他尝尝。当许士尼格建议在他们的会谈公报中提一提他们的讨论重新肯定了1936年7月的协定时，希特勒喊道：“那不行！首先你得履行我们协议的条件。报上登的将是：‘今天元首兼国家总理同奥地利联邦总理在伯格霍夫举行了会谈。’仅此而已。”

在婉辞了元首的共进晚餐的邀请后，许士尼格和施密特驱车下山到萨尔茨堡去。这是一个灰蒙蒙的多雾的冬天夜晚。无处不在的巴本陪同他们一直到边界，对他所谓的“难堪的沉默”多少感到有点不舒服。他忍不住想要鼓舞起他的奥地利朋友们的兴致来。

他向他们大声说道：“啊，现在，你们已经看到了元首有的时候会是什么样子！但是下一回我敢说会有所不同。你们知道，元首也可以是非常可亲的。”* 330

四个星期的痛苦：1938年2月12日—3月11日

希特勒要许士尼格在四天之内，即到2月15日星期二为止，给他一个将实现这个最后通牒的“有约束力的答复”，另外又宽限三天，即到2月18日为止，来履行这个最后通牒中的具体条件。许士尼格在2月12日上午回到维也纳，立即去见米克拉斯总统。威廉·米克拉斯是一个辛辛苦苦工作然而才能平庸的人，维也纳人说他生平的主要成就是生了一大窝子女。但是他身上具有一种农民的朴实性格，作为一个为国服务将满五十二年的官员，在遇到这个危机时，他将比任何别的奥地利人表现出更多的大无畏精神。他愿意向希特勒做某些让步，如释放奥地利纳粹分子之类，但是他不同意让赛斯-英夸特主管警察和陆军。巴本及时地在2月14日晚上向柏林报告了这种情况。他说许士尼格希望“在明天以前使总统放弃反对”。

在这天晚上7点30分，希特勒批准了凯特尔将军所拟订的对奥地利施加军事压力的命令。

* 巴本的说法（见他的《回忆录》，第420页）多少有些不同，但是许士尼格的说法看来较为真实。

散布并无其事但是听起来很可信的消息，使人听了必然认为对奥地利在进行军事准备。[14]

事实上，许士尼格才离开贝希特斯加登，德国元首就在开始采取虚拟的军事行动，以便使奥地利总理能按照叫他做的那样去做。约德尔在日记里记下了这一切情况。

2月13日。下午凯［特尔］将军要卡［纳里斯］海将[*]和我到他的寓所去。他告诉我们说，元首的命令是，由虚拟的军事行动所造成的军事压力要保持到15日。拟订了关于这些措施的建议，在电话上报告给元首并请他批准。

2月14日。效果是迅速而有力的。在奥地利，已经造成了德国正在进行认真的军事准备的印象。[15]

约德尔将军没有夸大。在武装侵入的威胁下，米克拉斯总统屈服了。在宽限的最后一天即2月15日，许士尼格正式通知冯·巴本大使说，在贝希特斯加登所商定的协议将在2月18日以前实施。2月16日，奥地利政府宣布了对纳粹分子的大赦，那些在杀害陶尔斐斯案中定罪的纳粹分子也被释放，并且公布了改组后的内阁名单，阿图尔·赛斯–英夸特被任命为安全部长。第二天，这个纳粹部长就赶到柏林去
331 见希特勒，接受他的命令。

赛斯–英夸特，这个头一个吉斯林[†]，是一个样子讨人喜欢的聪明的维也纳青年律师。他自从1918年以来就具有强烈的欲望，要看到奥地利跟德国结合在一起。在战后的头几年中，这是一种很流行的思

---

* 威廉·卡纳里斯当时是最高统帅部谍报局局长。

† 维德孔·亚伯拉罕·劳里茨·吉斯林是1940年德军侵入挪威时的挪威投敌分子。此处喻卖国贼。——译者

想。1918年11月12日，停战后的第一天，维也纳临时国民议会刚刚推翻了哈布斯堡君主政体和宣布成立奥地利共和国，也声明“日耳曼人的奥地利是德意志共和国的一个组成部分”，想这样来实现德奥合并。胜利的协约国不同意这样做，而到希特勒上台的1933年时，没有疑问，大多数奥地利人都是反对他们这个小国跟纳粹德国结合起来的。但是在赛斯-英夸特看来，正如他后来在纽伦堡受审时所说的，纳粹分子是坚定地主张德奥合并的，因此他支持他们。他没有参加纳粹党，也没有参加该党的暴行。他为奥地利纳粹分子充当了一个体面的门面人物，在1936年7月协定以后，他被任命为国务参事，他在巴本和其他德国官员及特务分子的帮助下，竭力从内部进行破坏。奇怪的是，许士尼格和米克拉斯差不多一直到底似乎都是信任他的。米克拉斯跟许士尼格一样，是一个虔诚的天主教徒，他后来承认，他是由于看到赛斯是“一个赴教堂做礼拜从不缺席的人”而对他产生好印象的。这个人笃信天主教，像许士尼格一样曾于第一次世界大战期间在蒂罗尔禁卫步兵团里服过役，还受过重伤——这些似乎就是这位奥地利总理信任他的基础。不幸的是，许士尼格有一个致命弱点，不能从更为切实而重要的方面来判断一个人。或许他认为他可以干脆用贿赂来使他的纳粹新部长就范。他在他的书里曾讲到一年前一笔500美元的贿赂在赛斯-英夸特身上所发生的神奇效果，当时赛斯-英夸特扬言要辞去参事之职，后来由于接受了这区区的数目而又收回辞呈了。但是许士尼格很快就会知道，希特勒有更大的赏赐来诱惑这个野心勃勃的青年律师。

2月20日，希特勒向国会发表了大家等待已久的演说，这是由于勃洛姆堡-弗里奇危机和他自己对奥地利的阴谋而从1月30日拖延下来的。这位元首热烈地谈到许士尼格的“谅解”以及促成奥德密切了解的“诚意”，这番假话使张伯伦首相印象很深刻。但是，他又发出了一个警告，对于这个警告，尽管伦敦方面由于粗心而没有注意到，维也纳，还有布拉格，都是不会不注意到的。

> 有1 000多万日耳曼人住在同我们边界接壤的两个国家里……有一件事情是绝不能有什么怀疑的。不能由于政治上同德国分开而使权利——那就是自决的一般权利——也遭到剥夺。
> 332 一个世界大国不能忍受它的旁边的同种族弟兄因为对整个民族、它的命运和它的世界观（Weltanschauung）表示同情或者一致而经常遭受到最厉害的折磨。保护这些不能凭借自己的努力在我们边界上获得政治上和精神上自由的日耳曼人民，是德国的职责。[16]

这是直率而公开的通知：今后希特勒认为，700万奥地利人和300万在捷克斯洛伐克苏台德区的日耳曼人的前途是第三帝国的事情。

许士尼格在四天后，2月24日，向奥地利联邦议会发表的一篇演说中答复了希特勒。这个议会的议员们，像德国国会的议员们一样，也是由一党独裁政权所一手挑选的。许士尼格虽然对德国采取了和解态度，但是他强调说，奥地利已经让步到了“我们必须停止并且说‘到此为止不能再退’”的极限了。他说，奥地利是绝不会自动放弃它的独立的，他在结束演说时发出了一个激动人心的号召：“红——白——红[奥地利国旗颜色]，誓死效忠！”（这句话在德文中也是成韵的。）

许士尼格在战后写道：“2月24日对我来说是一个决定性的日子。”他焦急地等待着德国元首对他的反抗演说的反应。巴本在第二天打电报给柏林，叫外交部不要过分认真地看待这篇演说。他说，许士尼格表现了他的相当强烈的民族主义情绪，是为了挽救他在国内的地位；由于他在贝希特斯加登做了让步，维也纳有人阴谋要推翻他。同时，巴本告诉柏林说：“赛斯-英夸特的工作正在按计划取得进展。”[17]第二

1938年2月，许士尼格在向奥地利联邦议会发表演说，抵抗希特勒吞并奥地利。

天巴本正式向奥地利总理辞行而到基茨比尔去滑雪了。他在奥地利进行了多年的阴险工作就要得到收获了。

希特勒2月20日的演说，曾由奥地利广播电台转播，在奥地利各地引起了一连串大规模的纳粹示威运动。在2月24日广播许士尼格的答复之际，在格拉茨有两万名纳粹党暴徒闯入了该市镇的广场，拆下了扩音器，卸下了奥地利国旗而升上了德国的卐字旗。由于是赛斯-英夸特主管警察，当然没有做什么努力来制止纳粹的骚扰。许士尼格的政府在垮下来。不仅政治上发生了混乱，经济上也开始发生混乱。

银行里有大批外国和本国人民的户头提款。外国商行担心出事，纷纷向维也纳取消订货。外国游客原来是奥地利经济的主要来源之一，也被吓跑了。托斯卡尼尼从纽约打电报来说，“由于奥地利的政治局势”而取消在萨尔茨堡音乐节的演出，这个音乐节每年夏天要吸引几万游客。局势变得如此之绝望，以至于被放逐的哈布斯堡王室太子奥托，
333 竟从比利时的家里写了封信来，据许士尼格后来透露，他请求许士尼格看在前帝国军队军官效忠誓言的分上委任他为总理，如果许士尼格认为这样一种步骤也许能挽救奥地利的话。

许士尼格急了，只得去求助于奥地利工人，他们的自由工会和政党社会民主党，是在陶尔斐斯1934年野蛮地把它们击垮后继续由他加以镇压的。这些人占奥地利选民的42%，如果在过去四年中的任何时候，这位总理能够把他的眼光放开到超出他自己的天主教-法西斯独裁政权的狭隘范围以外，争取他们这些人的支持来组成一个温和的、反纳粹的民主联合政权的话，那么人数比较少的纳粹分子本来是可以很容易地对付的。但是许士尼格没有这样的气魄来采取这样一个步骤。尽管他为人正直规矩，但是他也像欧洲的某些其他人一样，看不惯西方民主，非常喜欢极权的一党专政。

社会民主党人走出了工厂和监狱——他们中间有许多人最近同纳粹党人一起从监狱里释放出来——3月4日全体一致响应了总理的号召。他们说，他们既往不咎，仍然愿意帮助政府保卫国家的独立。他们所要求的只是总理已经许给纳粹党的那一点东西：拥有他们自己的政党和宣传他们自己的原则的权利。许士尼格同意了，但是已经太晚了。

3月3日，消息老是很灵通的约德尔将军在日记中记道：“奥地利问题就要到最后关头了。100名军官要派到德国来，元首要亲自接见他们，他们的任务不是使奥地利武装部队能对我们更好地作战，而是要使他们根本不打。”

在这个决定性关头，许士尼格决定再采取一个最后的豁出去的行动，这个行动是自从2月份最后那几天纳粹分子开始在各省接掌政权以来他一直在心里盘算着的。他要举行一次公民投票。他要问奥地利人民，他们是否赞成一个“自由的、独立的、社会的、基督教的和统一的奥地利——是或否”？*

> ［他后来写道］我觉得做出明确的决定的时刻已经来到了。双手给上了铐，等待着，等到几星期后再被封住了口，这样似乎是不负责任的。现在的赌博需要做最后的超人努力。[19]

从贝希特斯加登回来后不久，许士尼格就把希特勒的威胁告诉了奥地利的保护者墨索里尼。他立即得到这位意大利领袖的答复，说意 334
大利对奥地利的态度不变。3月7日，他打发驻罗马的武官去见墨索里尼说，鉴于事态的发展，他“大概将不得不举行公民投票”。这位意大利独裁者答复说，这是一个错误——“C’e un errore！”他劝许士尼格仍旧照以前那样去做。事情在好转；罗马和伦敦之间的关系即将缓和，而这将大大有助于减轻压力。这是许士尼格从墨索里尼那里听到的最后的话了。

3月9日晚上，许士尼格在因斯布鲁克发表的一篇演说中宣布，将于四天后——3月13日星期日那天——举行公民投票。这个意外的消息使阿道夫·希特勒勃然大怒。约德尔3月10日的日记描述了柏林的初步反应：

---

* 据米克拉斯总统在战后维也纳举行的一个奥地利纳粹党人的审讯中作证，这次公民投票是法国向许士尼格建议的。巴本在回忆录中暗示，奥地利总理的亲密私交、法国驻维也纳公使皮奥先生，是“这次公民投票主意的创始者”。但是，他承认，许士尼格采用这个主意，无疑是出于自己的决定。[18]

许士尼格出人意料地而且没有跟他的部长们商量就下令在3月13日星期日举行公民投票……

元首绝不容忍这件事。当天晚上，就是3月9—10日的夜间，他把戈林叫了来。冯·赖歇瑙将军也从开罗奥林匹克委员会被召了回来。还命令冯·舒伯特将军［在奥地利边界上的慕尼黑军区的司令］和［奥地利］部长格莱泽-霍尔斯特瑙前来，后者……在普法尔茨……里宾特洛甫正留在伦敦。牛赖特接管了外交部。[20]

第二天，3月10日星期四，柏林忙碌异常。希特勒已决定要对奥地利进行军事占领，他的将军们无疑对此感到极为意外。如果要用武力阻止许士尼格在星期日举行公民投票，陆军必须在星期六以前开入奥地利，然而却没有这样匆促进军的准备计划。希特勒要凯特尔在上午10时去见他，但是这位将军在赶忙去见希特勒之前先同约德尔和最高统帅部作战局局长马克斯·冯·菲巴恩将军会商了一番。富于智谋的约德尔记起了奥托特别方案，那是拟订出来对付哈布斯堡王室的奥托在奥地利复辟的企图的。既然这是当时存在的用军事行动来对付奥地利的唯一计划，希特勒决定只好用它。他下命令："准备奥托方案。"

凯特尔赶紧回班德勒街的最高统帅部去和参谋总长贝克将军会商。当他要求了解奥托方案的详情时，贝克回答说："我们什么也没有准备过，什么也没有做过，什么都没有。"于是贝克也被召到总理府去。他拉住了正要离开柏林去担任一个师部职务的冯·曼施坦因将军，跟他一同驱车去见希特勒。希特勒对他们说，陆军必须准备好在星期六以前进军奥地利。这两位将军都没有对这种武装侵略的建议提出反对。他们只是担心在那么短的时间内要临时把军事行动准备就绪有困难。曼施坦因回到班德勒街去着手拟定必要的命令，在下午6点，

即5小时内完成了他的工作。据约德尔的日记说，在下午6点30分，
向陆军3个军和空军下达了动员令。第二天，3月11日凌晨2点，希特 335
勒发布了关于奥托军事行动方案的第一号指令。他匆忙得连名字都忘
记签，直到下午1点才补上了签字。

绝　密

> 1. 如果其他措施不成功的话，我打算用武装部队侵入奥地利，以建立法治的条件和防止对亲德国的人民的进一步暴行。
>
> 2. 整个军事行动将由我自己指导……
>
> 4. 进行这种军事行动的陆军和空军部队，必须准备好在1938年3月12日入侵，至迟不得晚于12点钟……
>
> 5. 军队的表现必须使人觉得，我们不愿意对我们的奥地利兄弟发动战争……因此，要避免任何挑衅行为。但是，如果遇到抵抗，则必须用武力予以无情摧毁……[21]

几小时以后，约德尔代表武装部队最高统帅部长官发布了补充的“绝密”命令：

> 1. 如果在奥地利遇到捷克斯洛伐克军队或者民兵部队，要把他们认为是具有敌意的。
>
> 2. 意大利人则在任何地方都须当作朋友对待，特别是因为墨索里尼已经说他对解决奥地利问题不感兴趣。[22]

希特勒一直在担心墨索里尼。3月10日下午他已决定了军事入侵后，立即打发黑森亲王菲利普坐专机带着一封信去见意大利领袖（所署日期为3月11日），信中把希特勒所筹划的行动告诉他，并请这位

意大利独裁者谅解。这封信集谎言之大成，完全歪曲了他如何对待许士尼格以及关于奥地利的情况，他竭力使这位意大利领袖相信，奥地利的情况“正接近于无政府状态”。这封信开头完全是一派哄人的胡言，以至于后来在德国公布时希特勒把开头的话删去了。[*]他说，奥地利和捷克斯洛伐克正在阴谋使哈布斯堡王室复辟，并准备“以至少两千万人的巨大力量来打击德国”。然后他扼要地叙述了他对许士尼格的要求，并竭力使墨索里尼相信，这些要求“简直是温和之至的”。他又说到许士尼格未能实现这些要求，还谈到要举行“一次所谓公民投票”的那场“玩笑”。

> 从我作为德国元首兼总理的职责和作为这块土地的儿子的职责出发，我不能再在这些事态发展面前继续无所作为了。
>
> 336 我现在已决心恢复我祖国的法律和秩序，并使人民能够以明白无误的公开的方式，按照他们自己的判断来决定他们自己的命运……
>
> 不论这次公民投票将以什么方式进行，我现在愿意庄严地向阁下，法西斯意大利的领袖，保证：
>
> 1. 认为这个步骤只是一种民族自卫的步骤，因此是任何有骨气的人都会同样采取的一种行为，如果他是处在我的地位的话。阁下也不会有不同的做法的，如果意大利人的命运发生危险的话……
>
> 2. 在意大利的一个决定性关头，我曾经向您证明了我的同情的坚定性。请相信以后在这方面也不会有什么改变。
>
> 3. 不论即将发生的事情产生什么后果，我已在德国和法国之间画了一道明确的边界线，现在在意大利和我国之间也画了一道

* 这些删去的话是战后在意大利外交部的档案里发现的。

同样明确的边界线。它就是布伦纳……*

你的永远的朋友

阿道夫·希特勒[23]

许士尼格的垮台

许士尼格博士没有注意第三帝国边界上正在进行的紧张的入侵准备，3月10日晚上他去睡觉了。据他后来作证时说，他深信这次公民投票将会是奥地利的一次成功，纳粹分子“将不会成为克服不了的障碍”。†说真的，那天晚上赛斯-英夸特博士还曾向他保证，他将支持这次公民投票，甚至将广播一篇赞成这次公民投票的演说。

在3月11日星期五清晨5点半，这位奥地利总理被床边的电话铃声所惊醒。打电话来的是奥地利警察局长斯库布尔博士。他说，德国人已经封闭了萨尔茨堡地方的边界。两国之间的铁路交通已经中断了。传说德国军队正在奥地利边界集中。

6点15分，许士尼格在前往鲍尔豪斯广场他的办公室途中，决定 337
先到圣斯蒂芬大教堂去一趟。教堂里，在朦胧的晨曦中，正在做早弥撒，他不安地坐在座位上，想到警察局长报告的不祥消息。他后来追述：“我不能十分确定，这种消息意味着什么。我只知道它会带来某种变化。”他凝视着圣母玛利亚像前面燃烧着的蜡烛，偷偷地向四面望望，然后画个十字，就像无数维也纳人在过去困难的时候在这幅画像

---

* 把边界画在布伦纳，是对墨索里尼的一种让步。这意味着希特勒不再要求归还南蒂罗尔，这个地方是在凡尔赛和会上割自奥地利而给予意大利的。

† 应当公正地指出，许士尼格的公民投票并不比希特勒在德国举行过的那些公民投票更为自由和民主些。因为自从1933年以来奥地利就未曾举行过自由选举，所以没有最新的选民名单。只有24岁以上的人有资格投票。只是在举行公民投票以前四天才通知公众，所以，即使纳粹党人和社会民主党人这些反对派可以自由进行竞选运动的话，也没有时间来这样做。社会民主党人无疑会投赞成票的，因为他们认为许士尼格总比希特勒要好一些，而且，他们还获得可以恢复政治自由的诺言。他们的投票会使许士尼格获得胜利，是不成问题的。

面前所做的那样。

在总理府里，一切都很平静；甚至没有奥地利驻国外外交人员在这一夜发来过什么令人不安的电报。他打电话给警察总局，要求警察在内城和政府建筑物四周布置警戒线，作为一种预防措施。他还召集了他的内阁同事们。只有赛斯-英夸特没有来。许士尼格到处都找不到他。实际上这位纳粹部长正在维也纳机场。巴本在头天晚上接到命令要赶回柏林，在早晨6点乘专机启程，赛斯-英夸特在给他送行。现在这位第一号吉斯林正在等待着第二号——格莱泽-霍尔斯特瑙，他像赛斯一样也是许士尼格内阁的一个部长，而且也像赛斯一样在干卖国的勾当。他将从柏林来，带着希特勒指示他们该怎么对付这次公民投票的命令。

命令是要取消这次公民投票，这两位先生在上午10点及时地把这个意见告诉了许士尼格，还说希特勒非常生气。许士尼格在同米克拉斯总统、内阁同事们和斯库布尔博士磋商了几小时后，同意了取消这次公民投票。这位警察局长很不得已地告诉他说，由于警察中大量地混入了按照贝希特斯加登最后通牒而复职的纳粹分子，所以政府不再能依靠他们了。另一方面，许士尼格肯定地认为，陆军和爱国阵线——奥地利执政的极权主义政党——的民兵是愿意战斗的。但是在这个决定性关头，许士尼格决定不对希特勒进行抵抗，如果抵抗要流日耳曼人的血的话。希特勒是很愿意流血的，但是许士尼格一想到这种可能就不寒而栗。他后来说，事实上，对这个问题，他早已打定主意了。

下午2点，他召见了赛斯-英夸特，告诉他要取消这次公民投票。这位温文尔雅的犹大立即打电话到柏林去通知戈林。但是按照纳粹的方式，软化的对手做了一个让步后必须很快逼他继续做出另一个让步。戈林和希特勒当即增加赌注。关于其中的详细经过，关于所使用的威胁和欺骗手段，说来很有讽刺意味，竟是由戈林自己的研究所（Forschungsamt）把详尽细节记录了下来。它记下了在3月11日下午2点45分开始的27次从元帅办公室打出来的电话的交谈内容。这些文件是战后在德国空军部发现的，奥地利的命运在以后几个小时的关键时刻中怎样为柏林打出来的电话所决定，这个记录是很说明问题的。[24] 338

在赛斯下午2点45分第一次打电话给戈林时，这位元帅告诉他说，光是许士尼格取消公民投票是不够的，他在同希特勒商量后再回他电话。他在3点零5分回了电话。他命令说，许士尼格必须辞职，而且必须在两小时内任命赛斯-英夸特为总理。戈林随后又叫赛斯“照约定的那样打电报给元首”。这是第一次提到一个要在以后几小时的整个疯狂事件中突然出现的电报，这个电报将被用来作为幌子，使希特勒可以向德国人民和世界各国的外交部把他的侵略说成是正当的。

原来那天下午从柏林来到维也纳代理巴本的职务的希特勒驻奥地利特别代表威廉·凯普勒，给赛斯-英夸特看了该由后者打给元首的电报的草稿。电报要求派遣德国军队到奥地利来镇压骚乱。赛斯在纽伦堡的宣誓供词中说，他拒绝打这样一个电报，因为并没有骚乱发生。凯普勒坚持说，必须这样做。他匆忙地赶到奥地利总理府，厚颜无耻地在那里跟赛斯和格莱泽-霍尔斯特瑙一起设立了一个临时办公室。许士尼格在这个决定性关头为什么容许这些外人和卖国贼硬闯进来，公然在奥地利政府的办公楼中窃据要津，这是不能理解的，但是他确实让他们这样做了。后来他说，当时总理府看来“像个乱哄哄的蜂房”。赛斯-英夸特和格莱泽-霍尔斯特瑙在一边“接见朝臣”，“在他们周围忙碌地进出着奇奇怪怪的人”；但是这位被弄得莫名其妙的彬彬有礼的总理显然从来没有想到过要撵他们出去。

他已打定了主意，向希特勒的压力屈服并且自己辞职。在他还在和赛斯关起门来密谈的时候，他打了一个电话给墨索里尼，但是这位意大利领袖不能马上来接电话，于是几分钟后许士尼格挂断了这个电话。他认定，要求墨索里尼帮助“等于浪费时间”。甚至奥地利的这个自负的保护者，也在患难之际抛弃了它。几分钟后，当许士尼格要设法说服米克拉斯总统同意他辞职的时候，外交部送来了一个信息：“意大利政府说，在目前情况下它不能提供什么意见，如果要求它提供意见的话。”[25]

威廉·米克拉斯总统不是一个伟大的人物，但他是一个顽固的、正直的人。他勉强地接受了许士尼格的辞呈，但是他拒绝让赛斯-英夸特继任。他说：“这是完全办不到的。我们绝不会被吓倒。”他叫许士尼格通知德国人，拒绝接受他们的最后通牒。[26]

赛斯-英夸特很快地在下午5点30分把这件事报告给戈林。

> 赛斯-英夸特：总统已接受了［许士尼格的］辞呈……我提出要他把总理职位委任给我……但是他愿意委任给一个像安德那样的人……
>
> 339 戈林：这不行！绝对不行！必须立即告诉总统说，他一定得把联邦总理的权力交给你，接受照原来安排的那样的内阁。

这时电话中断了一下。赛斯-英夸特让米尔曼博士来接电话。米尔曼博士是许士尼格在贝希特斯加登曾经看到过在后面虎视眈眈的奥地利纳粹分子。他是戈林的朋友。

> 米尔曼：总统仍旧坚决不同意。我们三个纳粹党人想亲自去跟他说……他甚至不让我们见他。到现在为止，看来他仍然不愿让步。
>
> 戈林：让赛斯跟我通话。［对赛斯说］现在，记住下面这些

话：你立即跟穆夫中将［德国武官］一起去告诉总统说，如果不立即接受条件，已经在向边境前进的部队将在今晚全线开入，奥地利就将停止存在……告诉他，现在没有时间开什么玩笑。现在的局势是，今晚将在奥地利全境开始入侵。只有我们在7点30分以前得悉米克拉斯已委任你为联邦总理，入侵才能防止，军队才能在边界上停下来……然后把全国各地的纳粹党人都叫出来。他们现在应当到街上去。因此要记住，必须在7点30分以前提出报告。如果米克拉斯不能在四小时内了解这点，我们将使他在四分钟内了解这点。

但是这位不屈不挠的总统仍然坚持不让。

6点30分，戈林又在跟凯普勒和赛斯-英夸特通电话。两人都报告说，米克拉斯总统拒绝同意他们。

戈林：那好吧，赛斯-英夸特必须把他废掉！只需上楼去告诉他，赛斯将动员纳粹党警卫队，五分钟后军队将奉我的命令开入。

在这个命令后，穆夫将军和凯普勒向总统提出了第二道军事最后通牒，威胁说，如果他不在一小时内即在7点30分以前屈服的话，德国军队将开入奥地利。米克拉斯后来作证说："我告诉这两位先生，我拒绝这个最后通牒……只有奥地利才能决定由谁来当政府的首脑。"

这时奥地利纳粹分子已控制了街道和总理府。那天晚上我的妻子因难产而发生了危险，幸赖剖腹产手术才使婴儿得以诞生。6点钟光景，我从医院回来，从卡尔广场的地铁走出来时，发现四周尽是蜂拥冲向内城的大叫大喊、歇斯底里的纳粹暴徒。这些兴奋的面孔是我以前在纽伦堡的纳粹党的集会上曾经看见过的。他们在大声喊叫："胜利万岁！胜利万岁！希特勒万岁！希特勒万岁！吊死许士尼格！吊死许
340 士尼格！"警察站在旁边，笑嘻嘻地看着，而仅在几小时以前，我还曾看到他们毫不费事地驱散了一小批纳粹分子。

许士尼格听到了这些暴徒的脚步声和叫喊声，这些声音把他吓坏了。他赶紧到总统办公室去做最后的请求。但是，他后来说：

> 米克拉斯总统坚定不移。他不愿委任一个纳粹分子为奥地利总理。我坚持要他委任赛斯–英夸特，于是他说道："你们现在都背弃我了，你们所有的人。"但是我觉得除了委任赛斯–英夸特外没有别的出路。我把还剩下的些微希望，寄托在他向我做过的一切诺言上，寄托在他作为一个虔诚的天主教徒和一个正直的人的个人名誉上。[27]

许士尼格到最后还抱住他的幻想不放。

这位下台的总理随后建议由他广播一篇告别演说和说明他为什么辞职。他说米克拉斯同意了这点，虽然这位总统后来否认如此。这是我所听见过的最感动人的广播演说，扩音器就装在离陶尔斐斯被纳粹分子用枪暗杀的地点约五步路的地方。

> ……［许士尼格说］德国政府今天交给米克拉斯总统一个最后通牒，还有一个时限，命令他任命德国政府所指定的一个人为总理……不然德国军队就将侵入奥地利。
>
> 我向全世界宣布，德国所发出的关于工人闹事、血流成河和局势已非奥地利政府所能控制的传说，是彻头彻尾的谎言。米克拉斯总统要我告诉奥地利人民，我们已向武力屈服，因为即使在这个可怕的时刻，我们也不准备流血。我们已决定命令军队不做

抵抗。*

因此，我用一句从我心底深处发出的德语告别语向奥地利人民告别：上帝保佑奥地利！ 341

总理告别了，但是顽强的总统却还不准备告别。戈林在许士尼格广播后不久打电话给穆夫将军时获悉了这点。戈林对他说："最好是米克拉斯辞职。"

穆夫回答："是啊，但是他不肯。这是很戏剧化的。我对他讲了差不多十五分钟。他说他绝不向武力屈服。"

"是这样吗，他不向武力屈服吗？"戈林不能相信这种话。

"他不向武力屈服。"这位将军重复道。

"那么说，他是要人撵他出去吗？"

穆夫说："是啊，他赖在那里不走。"

戈林笑道："嘿，养了十四个孩子，只好赖在那里不走。不管怎么样，叫赛斯去接过手来。"

仍然有那个电报问题没有解决，希特勒为了替他的侵略辩解，需要有那封电报。据在柏林总理府里跟元首在一起的巴本说，元首现在"处在一种接近于歇斯底里的状态"。顽强的奥地利总统正在挫败他的计划。还有赛斯-英夸特，因为他没有发那封要求希特勒派军队进入奥地利来平定骚乱的电报，希特勒怒不可遏，在3月11日晚上8点45分发出了入

---

* 在已经提到过的米克拉斯的战后作证中，他否认曾要求许士尼格说这种话，并说他甚至没有同意过应做这次广播讲话。同退职的总理所说的相反，总统当时还不准备向武力屈服。他说他对许士尼格说："事情还没有到我们必须屈服的地步。"他刚才还拒绝了德国第二个最后通牒。他很坚定。但是许士尼格的广播却破坏了他的地位和逼使他过早地摊牌。我们将看到，这位顽强的老总统还坚持了几个小时才屈服。在3月13日，他拒绝签署取消奥地利独立存在的德奥合并法令，这是赛斯-英夸特在希特勒坚持下颁布的。虽然他把他的总统职权交给了这位纳粹总理，因为他无法执行他的职权，但是他坚持说他没有正式辞去总统之职。他后来在维也纳法庭上解释："辞职未免太怯懦了。"但是这并不妨碍赛斯-英夸特在3月13日宣布，"总统在总理的请求下"已经"辞去他的职务"，他的"事务"移交给了总理。[28]

侵的命令。*三分钟后，在8点48分，戈林跟维也纳的凯普勒通了电话。

仔细听好。应由赛斯-英夸特把如下的电报发到这里来。用笔记下。

“在许士尼格政府辞职后认为本身任务是建立奥地利的安宁和秩序的临时奥地利政府，向德国政府发出紧急请求，要求支持它完成这个任务和帮助它防止流血事件，为此目的，它要求德国政府尽快派遣德国军队。”

凯普勒叫元帅放心，他一定立即把“电报”内容给赛斯-英夸特看。

戈林说：“他甚至不必发这个电报。他只需要说一声‘同意’就行了。”

一小时后凯普勒回电话给柏林。他说：“告诉元帅，赛斯-英夸特
342 同意了。”†

这样，第二天我经过柏林街道时，发现《人民观察家报》刊载着这样触目惊心的标题：**日耳曼人的奥地利幸免于乱**。报上有戈培尔所捏造的描述维也纳大街上共产党骚动——殴斗、开枪、劫掠——的令人难以相信的消息，还有德国官方通讯社德意志通讯社所发的那个电报的内容，说是赛斯-英夸特在头天晚上发给希特勒的。实际上，战争结束时，在德国外交部的档案里找到了跟戈林所口授的完全相同的两份“电报”。巴本后来解释了它们是怎么会在那里的。他说，它们

---

* 这个命令标着“绝密”字样，并且列为奥托军事行动方案第二号指令，它的部分内容如下：“德国致奥地利政府的最后通牒的要求没有得到满足……为了避免奥地利城市中继续流血，德国武装部队将按照第一号指令在3月12日拂晓开始进入奥地利。我期望由于充分运用一切力量而使既定目标得以尽快实现。阿道夫·希特勒（签字）。”[29]

† 实际上，赛斯-英夸特一直到午夜以后很久还在努力使希特勒取消德国的入侵。德国外交部的备忘录透露，在3月12日凌晨2点10分，穆夫将军打电话到柏林，说他受赛斯-英夸特总理的嘱咐，要求“处于警戒状态的军队继续留在边境上，而不要越过边界”。凯普勒也到电话边上来支持这种请求。穆夫将军使一个规矩人，一个老派军官，似乎对他在维也纳扮演的角色感到为难。当柏林告诉他说希特勒拒绝停止进军时，他回答说他“对这种消息感到遗憾”。[30]

是过了一些时候由德国邮电部长所伪造而存放在政府档案里的。

希特勒在整个疯狂的下午和晚上都在焦急地等待着，不仅是等待米克拉斯总统屈服，也是在等待着墨索里尼的表示。这位奥地利保护者的沉默态度使人感到惴惴不安。在晚上10点25分，黑森亲王菲利普从罗马打电话到总理府。希特勒亲自把电话抓过去。戈林的技术员记录了随后的交谈：

亲王：我才从威尼斯宫回来。意大利领袖以非常友好的态度对待整个事情。他向你问候……许士尼格告诉了他消息……墨索里尼说奥地利对他是无关紧要的。

希特勒心中一块石头落地，大喜过望。

希特勒：那么，请告诉墨索里尼，为了这件事，我将永远不会忘记他！

亲王：好的，阁下。

希特勒：永远不会，永远不会，永远不会，不论发生什么情况！我愿意跟他订一个完全不同的协议。

亲王：好的，阁下。我也曾把这点告诉过他。

希特勒：一俟奥地利事件解决，我愿意跟他一起共患难，同命运——不论发生任何情况！

亲王：好的，我的元首。

希特勒：听着！我愿意订任何协议。我已不再害怕万一我们发生冲突军事上会存在的可怕处境了。你可以告诉他，我的确是从心底里感谢他。我将永远不会，永远不会忘记这点。

亲王：好的，我的元首。

希特勒：我为了这件事将永远不会忘记他，不论发生什么情况。如果他万一需要什么帮助或者处于什么危险中的话，他可以确信，不论发生什么情况，即使整个世界联合起来对付他，我也将坚决和他在一起。

343 亲王：好的，我的元首。

那么，大不列颠、法国和国际联盟在这个危急关头又采取什么立场来制止德国对一个和平的邻邦的侵略呢？什么都没有。当时法国又处在无政府状态中。3月10日星期四，肖当总理和他的内阁辞职了。在戈林用电话把他的最后通牒告诉维也纳的决定性日子，即3月11日星期五，巴黎整天都没有人能采取什么行动。直到13日德奥合并已经宣布后，才有了一个由莱昂·布鲁姆组成的法国政府。

英国呢？在2月20日，就是许士尼格在贝希特斯加登屈服后的一个星期，外交大臣安东尼·艾登辞职了，主要是因为他反对张伯伦首相对墨索里尼的进一步姑息。接替他的是哈利法克斯勋爵。柏林对这种更动表示欢迎。张伯伦在贝希特斯加登最后通牒后向下院发表的演说，也受到柏林的欢迎。驻伦敦的德国大使馆在3月4日用电报把这篇演说详尽地报告给柏林。[31]据这份报告引张伯伦的话说，"[在贝希特斯加登] 所发生的，只不过是两位政治家商定了改善他们两国之间关系的某些措施……看来很难认为，只是因为两位政治家商定了两个国家中的一个国家的某些内部变动——为两国的关系着想，是值得想望的变动——就可以说，一个国家已为另一个国家的利益而放弃了它的独立。相反地，在联邦总理2月24日发表的演说中，没有东西可以使人认为联邦总理［许士尼格］本人相信他的国家放弃了独立"。

据我本人当时获悉，维也纳的英国公使馆曾把希特勒在贝希特斯加登给许士尼格的最后通牒的详细内容告诉张伯伦，所以，3月2日向下院发表的这篇演说是令人惊奇的。* 但是它使希特勒感到高兴。希特勒知道，他可以进军奥地利而不致和英国发生什么纠葛。3月9日，新任德国外交部长里宾特洛甫到伦敦来结束他在大使馆的事务，在此以前他是驻英大使。他同张伯伦、哈利法克斯、国王和坎特伯雷大主教都进行了长谈。他向柏林报告说，他对英国首相和外交大臣的印象都“很好”。在和哈利法克斯勋爵进行了长时间的会谈后，里宾特洛甫在3月10日直接向希特勒报告，“如果奥地利问题不能和平解决”，英国会采取什么行动。根据他在伦敦的会谈，他基本上相信“英国不会对奥地利采取什么行动”。[33]

3月11日星期五，里宾特洛甫正在唐宁街跟首相和他的同事们共 344
进午餐，突然一个外交部的信使闯进来，交给张伯伦一批关于来自维也纳的惊人消息的紧急电报。仅仅在几分钟以前，张伯伦还要求里宾特洛甫把“他所希望的解决德英关系的真诚愿望和坚定决心”告诉元首。现在，接到了这个奥地利来的、令人不快的消息后，这些政治家就到首相书房里去，张伯伦在那里向感到不自在的德国外交部长念了维也纳英国公使馆发来的关于希特勒最后通牒的两份电报。里宾特洛甫向希特勒报告说：“这次讨论是在紧张的气氛中进行的，一向平静的哈利法克斯勋爵比张伯伦还要激动，后者至少在外表上还显得平静和沉着。”里宾特洛甫对“这些报告的真实性”表示了怀疑，这似乎使他的英国主人们平静了下来，因为，他报告说：“我们的告别是完全亲切的，甚至哈利法克斯也恢复了平静。”†[34]

张伯伦对维也纳来的消息的反应，是命令驻柏林大使汉德逊写一个通牒给代理外交部长冯·牛赖特，说如果德国致奥地利最后通牒的消息是确实的话，“英王政府认为必须以最强烈的措辞提出抗议”。[35]但是

---

* 吉多·施密特在纽伦堡作证时说，他和许士尼格都把希特勒的最后通牒“详细地”告诉了“大国”的使节们。[32]此外，据我所知，伦敦《泰晤士报》和《每日电讯报》驻维也纳的记者也用电话向他们各自的报纸做了详尽而准确的报道。

† 丘吉尔在《风暴欲临》(*The Gathering Storm*)（第271—272页）中对这次午餐做了有趣的描述。

在这么晚的时候提出一个形式上的外交上的抗议，希特勒是一点也不害怕的。第二天，3月12日，正当德国军队源源不断地开入奥地利的时候，牛赖特回了一个轻蔑的答复，[36]说奥德关系只是德国人民的事情，而不是英国政府的事情，并且再次撒谎说，并没有德国致奥地利的最后通牒，只是应新成立的奥地利政府的“紧急”请求才派遣军队前去的。他叫英国大使去看这个“已经公布在德国报纸上”的电报。*

希特勒在3月11日晚上唯一认真担心的是墨索里尼对他的侵略
345 的反应，† 不过，柏林对捷克斯洛伐克可能会怎样做也有些不放心。但是，不知疲倦的戈林很快就把这点解决了。虽然他正忙于用电话指导在维也纳的政变，他还是设法在这天晚上溜到飞行员之家（Haus der Flieger）去待了一会儿。他在那里以主人身份招待了1 000个高级官员和外交人员，举行了一个盛大晚会，欣赏了国家歌剧院的管弦乐队、歌唱家和芭蕾舞团的表演。当捷克驻柏林公使马斯特尼博士来到这个盛大的晚会上时，这位挂满勋章的元帅立即把他拉到一边，拿名誉向他担保说，捷克斯洛伐克不必对德国有什么恐惧，德国军队进入奥地利“只不过是一件家务事而已”，希特勒希望改善同布拉格的关系。反过来他要求捷克保证不会进行动员。马斯特尼博士离开了晚会，同布拉格的外交部长通了电话，然后回到晚会上去告诉戈林说，他的国家没有动员，捷克斯洛伐克无意干涉奥地利事件。戈林放下了心，重申了他的保证，并说他受权申明，希特勒也立誓支持这些保证。

---

* 外交部的冯·魏茨泽克男爵3月12日致德国驻外使节供“参考和作为你们谈话指针之用的”通电中重复了这些谎言。魏茨泽克说，许士尼格关于德国最后通牒的话“纯属捏造”，接着告诉他的国外外交人员们说：“事实真相是，派遣军事部队的问题是新成立的奥地利政府所发的人所周知的电报中首次提出的。鉴于内战迫在眉睫，德国政府乃决定答应这种请求。”[37]这样，德国外交部不仅对外国外交人员撒了谎，而且对它自己的外交人员也撒了谎。在战后写的一本冗长而枉费心机的书里，魏茨泽克像许多为希特勒效劳的其他德国人一样，坚持说他是始终反纳粹的。

† 冯·曼施坦因元帅1946年8月9日在纽伦堡作证时强调说：“在希特勒给我们下进军奥地利的命令时，他主要担心的不是西方国家可能会干涉，他唯一担心的是意大利会怎样，因为看来意大利始终是袒护奥地利和哈布斯堡王室的。”[38]

也许，甚至机警的捷克总统爱德华·贝奈斯在那天晚上也来不及认识到，奥地利的灭亡也就意味着捷克斯洛伐克的灭亡。在那个周末，欧洲有些人认为捷克政府目光短浅，他们说，鉴于纳粹占领奥地利后，德国军队从三面包围了捷克斯洛伐克，后者在战略上就处于极不利的地位，又鉴于如果它出面拯救奥地利，可能会使俄国、法国和英国，还有国际联盟都同第三帝国发生冲突，而这是德国人所吃不消的，所以捷克人原该在3月11日晚上采取行动的，但是本书下文不久就要谈到的随后发生的情况，无疑使这种论据完全站不住脚。不久以后，当西方的两个民主大国和国联有一个更好的遏制希特勒的机会的时候，它们却退缩了。无论如何，许士尼格在这个多事的一天一直没有正式向伦敦、巴黎、布拉格或者日内瓦呼吁过。或许，如他的回忆录所说，他认为这不过是浪费时间而已。另一方面，米克拉斯总统则有这样的印象（这是他后来作证时说的）：奥地利政府马上把德国的最后通牒告诉了巴黎和伦敦，并且整个下午都在继续同法国政府和英国政府“会谈”，以图探明它们的“想法”。

当事情越来越清楚，它们的“想法”只不过是发发空洞的抗议的时候，米克拉斯总统在午夜前不久屈服了。他任命了赛斯-英夸特为总理，并接受了他的内阁部长们的名单。他后来难受地说：“我在国内外都被完全抛弃了。”

希特勒向德国人民发表了一篇冠冕堂皇的声明，以他通常的蔑视真理的态度把他的侵略说成是正当的，并提出诺言说，奥地利人民
将在“一次真正的公民投票”中选择他们的前途。这篇声明由戈培尔 346
在3月12日中午在德国电台和奥地利电台加以宣读。然后，希特勒就出发到他的祖国去了。他受到了暴风雨般的欢迎。在每一个为了他的到来而匆忙装饰起来的乡村里，都有欢呼的人群。下午他到达了他的第一个目的地林茨，他曾在这里度过他的学童时代。在这里，对他的

欢迎狂热至极，希特勒深受感动。第二天，在打了一个电报给墨索里尼——“为了这件事我将永远不会忘记你！”——以后，他在莱昂丁他的双亲的坟墓上放了一个花圈，然后回到林茨去发表了一篇演说：

> 在多年前离开这个市镇时，我怀着完全和今天心中所怀着的同样的信仰。在那么多年以后，我能够使这种信仰得以实现，由此可见我现在感动之深。如果上帝曾经叫我离开这个市镇去当德国的领袖，他这样做一定是赋予了我一个使命，而这个使命只能是使我亲爱的祖国重归德国。我相信这个使命，我活着为这个使命而斗争，我认为我现在已经把它实现了。

12日下午，赛斯-英夸特在希姆莱陪同下乘飞机到林茨来会见希特勒，并骄傲地宣称圣日耳曼条约第88条已经归于无效。该条约第88条确认奥地利的独立是不能让与的，并规定国际联盟为它的保证人。对于被奥地利群众的热情冲昏了头脑的希特勒来说，这还不够。他命令内政部次长威廉·施图卡特博士立即到林茨来。施图卡特是他的部长弗里克赶忙派到维也纳去拟定使希特勒成为奥地利总统的法律的。使这位法律专家多少有些感到意外的是，元首命令他，“草拟一项规定德奥完全合并的法律”，这是他后来在纽伦堡作证时说的。[39]

施图卡特在3月13日星期日把这个法律草案提交给在维也纳新成立的奥地利政府，这一天本是许士尼格的公民投票预定要举行的日子。上文已有述及，米克拉斯总统拒绝签署这个法律，但是已经接掌了总统权力的赛斯-英夸特签了字，并在当天深夜飞回林茨去把它提交给元首。它宣布了奥地利的终结。它开头说：“奥地利是德国的一省。”赛斯-英夸特后来回忆说，希特勒欢喜得掉下了眼泪。[40]这个所谓的德奥合并法还在同日由德国政府在林茨颁布，希特勒、戈林、里宾特洛甫、弗里克和赫斯在上面签了字。它规定在4月10日举行“一次自由而秘密的公民投票”，奥地利人可以在这次公民投票中决定“同德国合并的问题”。希特勒在3月18日宣布，德国人也要就德奥合并问题举行一次公民投票，同时还要举行国会的新选举。

希特勒直到3月14日星期一的下午，才凯旋进入他曾经在那里流浪过那么久的维也纳。这是由于两件没有预见到的事而推迟的。尽管 347
奥地利人由于将在首都看到元首而高兴得如醉如狂，希姆莱却要求再给他一天的时间来完成安全措施。他已经在逮捕数以万计的“不可靠分子”，在几个星期内，单是维也纳一地就将达到79 000人。还有一件事就是，吹嘘得很厉害的德国装甲部队，竟在看到维也纳的山头以前就出了毛病而抛锚了。据约德尔说，约有70%的装甲车停在从萨尔茨堡和帕绍到维也纳的公路上，虽然指挥装甲部队的古德里安将军后来说，他的部队只有30%陷于停滞。无论如何，希特勒对这种延迟大为生气。他在维也纳只过了一夜，下榻在帝国饭店。

不过，衣锦荣归，回到这个他认为曾经冷待过他，使他在青年时期过着饥饿困苦的流浪生活，而现在又以极其热烈的欢欣心情来欢迎他的前帝国首都，不可能不使他兴致勃勃起来。无处不在的巴本由柏林乘飞机赶来维也纳参加庆祝，他赶到时，希特勒已站在哈布斯堡皇室故宫霍夫堡对面的检阅台上。巴本后来写道：“我只能说他是处在一种大喜若狂的状态中。”*

---

* 然而在这种大喜若狂的状态下面，为浅薄的巴本所没有察觉到的，可能在希特勒心里燃烧着一种要对在他青年时不赏识他的和他内心所逼使的城市和人民进行报复的感情。这可能是他只逗留了短时间的一部分原因。虽然在几个星期后他公开对维也纳市长说：“请放心，这个城市在我眼里是一颗明珠——我将把它安在一个配得上它的地方。”这大概是一种着眼在选举方面的宣传而不是他的内心情感的表现。这些内心情感是1943年在伯格霍夫举行的一次气氛激烈的会议上泄露给战争时期的维也纳纳粹党领袖兼行政长官巴尔杜尔·冯·席拉赫的。席拉赫在纽伦堡作证时叙述这个会议的情况说：

> 然后，我不妨说，元首开始以难以相信的无限仇恨来说维也纳人民的坏话……在凌晨4点的时候，希特勒突然说了一些我现在为了历史上的原因愿意加以复述的话。他说：“维也纳当初绝不应当被纳入大德意志联邦。”希特勒从来没有爱过维也纳。他恨维也纳的人民。[41]

巴本自己的节日情绪在3月14日当天就被破坏了。因为他获悉，他的亲密（转下页）

1938年3月15日，希特勒在维也纳霍夫堡广场阅兵。

他在以后四个星期中的大部分时间里都处于这种状态，这时他在德国和奥地利各地巡行，煽起群众的热情来对德奥合并投赞成票。但是在精神横溢的演说中，他仍不放过任何机会来中伤许士尼格，或者贩卖现在已经变成陈腔滥调的关于德奥合并是如何实现的那种谎言。

348 在3月18日向国会发表的演说中，他硬说许士尼格要举行“伪选举”而“食了言”，又说“只有一个发痴的、盲目的人”才会干出这种行为来。3月25日在柯尼斯堡发表的演说中，“伪选举”在希特勒心中已变成“这个可笑的喜剧”，希特勒声称，已发现一些信件，证明许士尼格曾有意欺骗他，拖延不履行贝希特斯加登协议，直到“一个较为有利的时刻来煽动外国反对德国”。

(接上页)朋友和德国公使馆里的助手威廉·冯·凯特勒失踪了，迹象表明这是秘密警察干的卑鄙勾当。三年前，另一个朋友和公使馆里的合作者奇尔施基男爵，曾逃往英国以避开党卫军对他进行的谋杀。4月底，从多瑙河中捞出凯特勒的尸体，这是维也纳的秘密警察凶徒把他杀害后丢在这条河里的。

外国报纸曾对希特勒使用赤裸裸的武力和甚至不等公民投票的结果就宣布德奥合并的这种诡计加以嘲笑，希特勒在柯尼斯堡的演说中答复说：

> 某些外国报纸说，我们对奥地利使用了暴力方法。我只能说：它们甚至在死后也不能不说谎。我在政治斗争的过程中深得我的人民的爱戴，但是当我越过以前的边界［进入奥地利］时，我所看到的人民的爱戴的表现却是我从未经历过的。我们不是作为暴君，而是作为解放者来到的……在这种印象的影响下，我乃决定不等到4月10日而立即实现合并……

如果说，这番话在外国人听来不大合乎逻辑或者不大老实的话，对德国人却无疑造成了很深刻的印象。在国会的演说结束之际，希特勒用充满感情的声音恳求说："德国人民，再给我四年任期，以便我现在可以利用已经实现的联合来为全体人民谋福利！"这时候，他受到了热烈的欢呼，其热烈的程度大大超过了他以往在这个讲台上受到的欢呼。

4月9日，即投票的前夕，元首在维也纳结束了他的竞选运动。这个曾作为一个衣衫褴褛、饥肠辘辘的流浪汉在这座城市的人行道上踯躅的人，不过四年前才在德国取得了霍亨索伦国王的权力，而现在又拥有了哈布斯堡皇帝的权力，不免充满了一种天赐使命之感。

> 我相信，是上帝的意志打发一个青年从这里到德国去，让他成长起来，把他培养成这个民族的领袖，以便使他能够领导他的祖国回到德国。
>
> 上苍自有它的意志，而我们都只不过是它的意志的执行人而已。3月9日许士尼格先生违背了他的协议，于是在那个瞬间，

> 我就觉得现在上帝已对我发出了号召。以后三天里发生的事只能认为是上帝的这种愿望和意志的实现。
>
> 三天里，上帝惩罚了他们！……在发生背信行为那一天赐给了我天恩，使我能够把我的祖国同德国结合在一起！……
>
> 我现在要感谢上帝，他使我回到我的祖国，以便我现在可以
> 349 领导它同我的德国结合起来！明天愿每一个德国人都认识到这个时刻，估量到它的意义，谦恭地在上帝面前低头，他在几个星期中已给我们带来了一个奇迹！

原来无疑会在3月13日对许士尼格投赞成票的奥地利人，有一大部分在4月10日也会向希特勒投赞成票，这是一个预定的结论。他们中间有许多人真的认为，最后同不论什么样的德国，即使是纳粹德国，结合起来，是一种理想的和不可避免的结局，因为在1918年同原来的广大的斯拉夫和匈牙利内地割断了的奥地利，终究是不能依靠自己而体面地存在的，它只能作为德国的一部分而存在下去。除了这些奥地利人以外，还有狂热的纳粹分子，他们的人数正在迅速增加，因为不论找差使的人或是已有差使的人都为纳粹的成功所吸引，急于想改善他们的处境。在这个天主教徒占压倒多数的国家里，许多天主教徒无疑为红衣主教因尼策的一篇广为宣传的声明所左右，这篇声明对纳粹主义来到奥地利表示欢迎，并敦促教徒投赞成票。*

我认为，如果举行公正和诚实的选举，社会民主党人和许士尼格的天主教社会党人都能自由地公开进行竞选，在这次公民投票中投赞成票和反对票的数目可能是会差不多的。事实是，只有非常勇敢

* 几个月后，10月8日，圣斯蒂芬大教堂对面的红衣主教府邸遭到了纳粹无赖们的劫掠。因尼策终于懂得了民族社会主义是怎么一回事，并且在一次讲道中清楚表示反对纳粹对他的教会的迫害，但是已经为时太晚了。

的奥地利人才敢投反对票。像在德国一样，选民们害怕不投赞成票会被查出来，这不是没有理由的。那个星期日下午，我在维也纳所参观的投票站中，各投票棚的角上都开着很大的裂缝，使坐在几英尺外的纳粹选举委员们能够清楚地看到人们怎么投票。在乡下选区里，差不多没有人愿意——或者敢于——在投票棚中秘密投票；他们都是公开投票的，让大家都能看到。我正好要在那天晚上7点30分广播，这是在投票结束后半小时，选票还正在开始点数。一个纳粹官员在我广播前竭力使我相信，奥地利人99%都会投赞成票的。这正是以后公布的官方数字——大德意志99.08%，奥地利99.75%的人投了赞成票。

因此，作为奥地利来说，在历史上它暂时消失了，它的名字被那个存心报复的奥地利人抹掉了，他现在已使它同德国合并了起来。奥地利的古老德文名字东部帝国（Österreich）被取消了。奥地利变成了东部边疆（Ostmark），但是很快就甚至连这个名字也不用了。柏林方面用区的行政建制来管理这个国家，区大体上相当于历史上的邦，如像蒂罗尔、萨尔茨堡、施蒂里亚和卡林西亚。维也纳变成了德国的一个城市，一个区的行政中心，它渐渐地衰落了。这个前奥地利流浪汉出身的独裁者，把他的祖国从地图上擦去，并且使它一度光辉灿烂的首都失去了最后一点光荣和重要性，奥地利人中间产生失望情绪是不可避免的。 350

在头几个星期中，维也纳纳粹分子的行为比我在德国看见过的任何情况都要坏。他们肆无忌惮地发泄他们的虐待狂。日复一日，可以看到大批犹太男女在擦去人行道上许士尼格的口号和打扫街道。他们趴在地上做这种清洁工作，冲锋队员则站在旁边监视着，人们都围拢来侮辱这些犹太人：数以百计的犹太男女在大街上被抓去打扫公共厕所以及冲锋队和党卫军营房的厕所。还有成千上万的犹太人被关了起来。他们的财产被没收或者被盗窃。我从普洛斯尔胡同的寓所窗口望出去，看到一队队的党卫军人员从隔壁的罗斯柴尔德邸第里把银器、地毯、绘画和其他掠夺品用车子装走。路易·德·罗斯柴尔德男爵本人后来由于把他的钢铁厂交给了赫尔曼·戈林工厂作为买路费，才得以逃出维也纳。这个城市的18万犹太人，大约有一半是在战争开始以前由于把他们的财产交给纳粹分子才买到了移居国外的自由的。

海德里希在党卫军下面设立了一个特别机构“犹太移民局”，在人身自由上做发财生意。该局成了有权发给犹太人出国许可证的唯一纳粹机构。这个机构从开始到结束一直是由一个奥地利纳粹分子、希特勒的同乡、林茨来的卡尔·阿道夫·艾希曼主持的，它终于变成一个不是移民而是进行灭种的机构。它组织了对400多万人的屠杀，其中大部分是犹太人。希姆莱和海德里希也利用德奥合并的头几个星期留在奥地利的机会，在多瑙河北岸恩斯附近的毛特豪森设立了一个庞大的集中营。一再把千千万万的奥地利人运到德国的集中营去是太麻烦了。希姆莱认定，奥地利需要有一个自己的集中营。在第三帝国垮台以前，非奥地利被拘人员比本地被拘人员的数目还要多，而且毛特豪森是官方公布杀人最多的德国集中营（在东方的灭绝营是另外一回事）：在它存在的六年半中杀死了35 318人。

尽管在德奥合并后有希姆莱和海德里希所领导的秘密警察恐怖统治，还是有几十万德国人前来奥地利。因为他们可以用马克在奥地利享受到在德国多年吃不到的丰餐美食，在奥地利的优美无比的山水之间度过极便宜的假期。德国商人和银行家蜂拥前来，以只占其本身价值极小一部分的代价购买被霸占的犹太人和反纳粹人士的产业。在这些笑容满面的来客中，也有那个别人仿效不来的沙赫特博士。他虽然跟希特勒发生过争执，却仍然是德国内阁中的一个部长（不管部长），仍然是国家银行的总裁。他对德奥合并感到大喜过望。他甚至在公民

位于奥地利恩斯附近的毛特豪森集中营，是纳粹统治下最早设立、最晚解放的集中营之一，1945年5月5日才由盟军解放。

投票以前就到奥地利来代表国家银行接管奥地利国家银行，在3月21日对这家奥地利银行的职员们发表了演说。沙赫特博士嘲笑了外国报纸对希特勒实现德奥合并的方法的批评，而坚决地为这些方法辩护。 351
他说，德奥合并是“外国对我们实施的无数次背信弃义和残暴行为的结果”。

> 感谢上帝……阿道夫·希特勒已创造了德国意志和德国思想的一致。他用新加强的国防军来支持这种一致，然后，他终于使德国和奥地利的内在一致获得了外在形式……
>
> 凡是不全心全意支持阿道夫·希特勒的人，在我们这里是找不到前途的……国家银行将永远只是民族社会主义的，不然我将不再成为它的经理。

接着沙赫特博士使奥地利职员们宣誓“忠于和服从元首”。

沙赫特博士高声说道：“谁要是违背誓言，谁就是混蛋！”然后他领导他的听众们三呼“胜利万岁！（Sieg Heil！）”[42]

与此同时，许士尼格博士已被逮捕，而且受到了极其屈辱的待遇，很难使人相信这不是希特勒亲自布置的。他从3月12日到5月28日处于软禁之下，在这段时期内秘密警察想出了一些非常卑鄙的方法来不让他睡觉。然后他被带到了设在维也纳大都会饭店里的秘密警察总部去，在五层楼的小房间里又关了17个月。在那里，他被迫用发给他个人使用的毛巾去收拾党卫军卫兵的宿舍、脸盆、污水桶和厕所，并且被迫做秘密警察想出来的各种下贱工作。到他垮台后的第一周年，3月11日，他的体重已减少了58磅，然而党卫军医生却报告说他的健康状况极佳。许士尼格后来在他的书里描述了他在这些年受到单独禁闭和后来在达豪和萨克森豪森这种最坏的德国集中营里“在活死人中间”的生活。*

在他被逮捕以后不久，他被允许用请人在狱外代理的方法同前伯爵夫人维拉·捷尔宁结婚，她同前夫的婚姻关系已由教会法庭所取消。†在战争的最后几年里，她被允许带着1941年生的孩子和他在集中营里一起过活。他们竟能度过这种监禁的磨难而幸免一死，真是一个奇迹。到最后，另有一些在希特勒激怒下遭殃的显贵人士也和他们一样被关入集中营，如沙赫特博士、前法国总理莱昂·布鲁姆和他的夫人、尼莫拉牧师、一批高级将领、黑森亲王菲利普，亲王的妻
352 子，意大利国王的女儿玛法尔达公主，被党卫军1944年在布痕瓦尔德杀害，作为元首对她父亲维托里奥·埃马努埃莱背弃他投向盟国的报复。

---

*《奥地利安魂曲》。

† 当时许士尼格是个鳏夫。

1945年4月29日，达豪集中营由美国军队解放。

1945年5月1日，这批显贵的囚徒匆促地从达豪南撤，以免被由西方挺进的美国军队所解放。他们到了南蒂罗尔山区的一个乡村里。秘密警察军官们给许士尼格看一张名单。根据希姆莱的命令，名单上的人要被处死，以免落入盟军之手。许士尼格看到他自己和他妻子的名字“清楚地印在上面”。他的心冷了半截。历尽困苦苟延了那么久——可是在最后一分钟还是不免一死！

然而，在5月4日，许士尼格却能够在日记中写道：

> 今天下午2点钟，警报！美国人！
>
> 一支美国部队接管了这个旅馆。
>
> 我们自由了！

希特勒不费一弹，而且没有受到其军队本来可以压倒他的大不列颠、法国和俄国的干涉，就为德国增加了700万子民，而且获得了一个对他将来的计划具有莫大价值的战略地位。不仅他的军队在三面包围着捷克斯洛伐克，而且他现在还拥有了维也纳——这个通向东南欧的大门。作为前奥匈帝国的首都，维也纳长期以来一直是中欧和东南欧的交通和贸易中心。现在这个神经中枢落在德国人手里了。

或许对希特勒来说，最重要的还是英法仍旧不肯动一根毫毛来阻止他。3月14日张伯伦在下院谈到希特勒在奥地利的既成事实，伦敦的德国大使馆用一连串紧急电报把辩论的经过情况报告给柏林。希特勒没有什么害怕的了。张伯伦说："无可动摇的事实是，没有什么事情能制止［奥地利］实际发生的事情——除非我国和其他国家当初准备使用武力。"

希特勒清楚地看出，这位英国首相不仅不愿意使用武力，甚至不愿意同其他大国协作来制止德国以后的行动。3月17日苏联政府建议在国际联盟内或国际联盟外举行一次各国会议，来考虑务使德国不再进行侵略的办法。张伯伦对举行这种会议表示了冷淡的态度，3月24日更在下院中公开拒绝了这种主张。他说："任何这类行动的不可避免的后果，只会加剧建立排外的国家集团的趋势，而这种集团一定是不利于欧洲和平的前途的。"显然，他忽视了或者没有认真看待罗马-柏
353 林轴心或者德意日的三国反共公约。

在这篇演说中，张伯伦还宣布了他的政府的一个决定，这个决定一定使希特勒更为惬意了。他直率地拒绝了这种建议，即英国不仅应当保证在捷克斯洛伐克遭到攻击时去帮助它，而且应当在法国必须履行法捷协定的义务时支持法国。这个直截了当的声明使希特勒的问题轻松了许多。他现在知道，在他扑向一头羔羊时，英国将仍然袖手旁观。如果英国不采取什么行动，法国不是也会这样吗？他的以后几个月里的秘密文件表明，他确信法国也将这样。而且他知道，根据俄国

同法国和捷克斯洛伐克分别缔结的协定的条款，苏联在法国未采取行动之前没有帮助捷克斯洛伐克的义务。他要立即实施他的计划，知道这些情况就完全够了。

希特勒在德奥合并成功后可以认为，那些态度勉强的德国将领不再会妨碍他了。如果他对这点还有些怀疑的话，那么弗里奇事件的结局当可消除这种怀疑。

我们前已谈到*，军事荣誉法庭审理冯·弗里奇将军被控男色罪一事在3月10日第一天开庭后就突然中断，因为戈林元帅和陆海军两位总司令被希特勒召去处理跟奥地利有关的更紧急的事务去了。审讯在3月17日恢复，但是由于中间发生了这样的大事，所以这次审讯必然变成虎头蛇尾的了。几个星期以前，高级将领们深信，当军事法庭揭穿了希姆莱和海德里希陷害弗里奇的难以相信的阴谋后，不仅他们的倒霉的总司令将复职，而且党卫军，或甚至还有第三帝国，可能甚至还有阿道夫·希特勒，都将动摇而垮台。结果却是一场泡影！2月4日，希特勒亲自接掌了武装部队的统率权，废黜了弗里奇和他周围的大部分高级将领，从而粉碎了旧军官团的迷梦。现在他又不发一枪地征服了奥地利。在这种惊人的胜利以后，德国没有谁再去为冯·弗里奇将军操什么心了，甚至那些宿将们也是如此。

不错，他很快洗雪清白了。在经过戈林——他现在可以装作是最公正的法官了——的一些威吓后，那个进行讹诈的积犯施密特在法庭上顶不住了，供认秘密警察曾威胁他，如不诬陷冯·弗里奇将军就要他的命（附带说一句，这个威胁在几天后实现了），并说，由于弗里奇跟确曾因好男色而受他讹诈的骑兵上尉冯·弗里施两个名字相似，他才得以进行这种诬陷。弗里奇或者陆军方面都没有做什么努力来揭

---

* 见前章。

露秘密警察的幕后作用，也没有揭露希姆莱和海德里希捏造假罪状的罪行。第二天，3月18日，审讯结束，判决不言而喻是：“证明没有犯
354 所控罪行，应宣告无罪。”

这洗雪了冯·弗里奇将军个人的罪嫌，但是并没有使他复任原职，也没有使陆军恢复它以前在第三帝国中有一些独立性的那种地位。因为这次审讯是秘密进行的，所以公众并不知道这回事，也不知道其中所牵涉到的问题。3月25日，希特勒致电弗里奇，祝贺他“恢复健康”。仅此而已。

这位被黜的将军在法庭上不愿指控希姆莱，现在却采取了一个最后的无益的姿态。他要跟这个秘密警察头子决斗。由贝克将军亲自严格按照过去的军人传统拟就的挑战书，交给了冯·伦德施泰特将军，要他作为陆军年资最长的高级军官转交给党卫军头子。但是伦德施泰特有点害怕，把这封信在口袋里放了几个星期，最后竟给忘了。

冯·弗里奇将军，以及他所代表的一切，很快就从德国生活中消失了。但是他最后到底代表的是什么？在12月里，他写了一封信给他的朋友玛戈·冯·舒茨巴尔男爵夫人，从信里可以看出，他像许多其他将军一样，在思想上陷入了多么可悲的混乱状态。

> 尽管元首在过去几年中取得了无可争辩的成功，但仍有许多人对前途愈来愈感到担心，这真是奇怪的现象……
>
> 在战争结束后不久，我就得出了这样的结论：如果德国要再度强大的话，我们必须在三个战斗中取得胜利：
>
> 1. 对工人阶级的战斗——希特勒已经打赢了这一仗。
>
> 2. 对天主教教会，或许说得更明确些是对教皇绝对权力主义。
>
> 3. 对犹太人。
>
> 我们正处在这些战斗的过程中，而对犹太人的战斗是特别困难的。我希望每个人都能认识到这个战斗的错综复杂性。[43]

1939年8月7日，正当战云密布之际，他写信给这位男爵夫人说：“不论是在和平时期或者是在战争时期，在希特勒先生的德国都没有我的份儿。我将同我的团在一起，只是作为一个活靶子而已。因为我不能待在家里。”

这确实就是他所做的。1938年8月11日，他被任命为他的旧部第十二炮兵团的名誉团长，这是一个完全名誉性质的职衔。1939年9月22日，他在围攻华沙的时候，成了一个波兰机枪手的靶子。四天后，在一个寒冷、阴暗的雨天早晨，他在军事荣誉仪式下被埋葬在柏林。据我的日记所载，这是我在柏林的整个期间天气最糟的一天。

随着弗里奇在二十个月*以前被免去了德国陆军总司令的职务，希特勒已经对德国可能反对他的最后一个堡垒——老派的、传统的陆军军官阶层——取得了完全的胜利。现在，在1938年的春天，由于他在奥地利的妙计获得成功，他又进一步控制了陆军，表现出他的大胆的领导才能，强调只有他一人才能做出外交政策方面的决定，陆军的作 355
用仅仅是提供武力或者武力威胁而已。而且，他不费一兵一卒就使陆军获得了把捷克斯洛伐克在军事上置于无法防御地位的战略位置。必须赶紧利用这种有利的战略位置。

4月21日，纳粹在奥地利举行公民投票后的十一天，希特勒召见武装部队最高统帅部长官凯特尔将军讨论绿色方案。 356

注　释

1. 1937年12月21日给希特勒的电报，见《德国外交政策文件汇编》，第1卷，第486页。
2. 巴本：《回忆录》，第404页。
3. 同上，第406页。
4. 许士尼格：《奥地利安魂曲》，第12—19页。《纳粹的阴谋与侵略》，第5卷，第709—712页

* 原文如此，应为两个月。——译者

（纽伦堡文件2995-PS）。

5. 交给许士尼格的协定草案，见《德国外交政策文件汇编》，第1卷，第513—515页。

6.《纳粹的阴谋与侵略》，第5卷，第711页（纽伦堡文件2995-PS）。

7. 许士尼格：《奥地利安魂曲》，第23页。

8. 见上引纽伦堡文件2995-PS。

9. 关于希特勒的威胁，许士尼格在他的书中（第24页）和在纽伦堡的证词中（《纳粹的阴谋与侵略》，第5卷，第712页，纽伦堡文件2995-PS）说法略有不同，我都加以节略引用。

10.《奥地利安魂曲》，第24页。

11. 同上。

12. 同上，第25页，另见许士尼格的证词，见上引纽伦堡文件2995-PS。

13.《奥地利安魂曲》，第25页。

14.《纳粹的阴谋与侵略》，第4卷，第357页（纽伦堡文件1775-PS）。

15. 同上，第361页（纽伦堡文件1780-PS）。

16. 根据我在广播时所做的笔记。

17. 1938年2月25日发给德国外交部的“密”电，载《德国外交政策文件汇编》，第1卷，第546页。

18. 关于米克拉斯的证词，见《纳粹的阴谋与侵略》，附件A，第523页。巴本的建议，见他的《回忆录》，第425页。

19.《奥地利安魂曲》，第35—36页。

20.《纳粹的阴谋与侵略》，第4卷，第362页（纽伦堡文件1780-PS）。

21. 同上，第6卷，第911—912页（纽伦堡文件C-102）。

22. 同上，第913页（纽伦堡文件C-103）。

23.《德国外交政策文件汇编》，第1卷，第573—576页。

24.《纳粹的阴谋与侵略》，第5卷，第629—654页（纽伦堡文件2949-PS）。

25.《奥地利安魂曲》，第47页。

26. 1946年1月30日在反纳粹法庭审讯鲁道夫·诺伊迈尔博士时威廉·米克拉斯的证词。虽然这位前总统对于确切时日和这一重要的日子所发生的事情的确切经过已经记得不大清楚，但是他的证词极有价值和有趣。《纳粹的阴谋与侵略》，附件A，第518—534页（纽伦堡文件3697-PS）。

27.《奥地利安魂曲》，第51页。

28. 见《纳粹的阴谋与侵略》，附件A，第525—534页（纽伦堡文件3697-PS），另见《纳粹的阴谋与侵略》，第5卷，第209页（纽伦堡文件2465-PS，2466-PS）。

29. 同上，第6卷，第1017页（纽伦堡文件C-182）。

30.《德国外交政策文件汇编》，第1卷，第584—586页。

31. 同上，第553—555页。

32.《主要战犯的审讯》，第16卷，第153页。

33.《德国外交政策文件汇编》，第1卷，第263页。

34. 同上，第273—275页。

35. 同上，第578页。

36.《纳粹的阴谋与侵略》，第1卷，第501—502页（纽伦堡文件3287-PS）。

37. 密码电全文载《德国外交政策文件汇编》，第1卷，第586—587页。

38.《主要战犯的审讯》，第20卷，第605页。

39. 同上，第15卷，第632页。

40. 1945年9月9日赛斯-英夸特在纽伦堡提出的备忘录，见《纳粹的阴谋与侵略》，第5卷，第961—992页（纽伦堡文件3254-PS）。

41.《主要战犯的审讯》，第14卷，第429页。

42. 沙赫特谈话的全文载《纳粹的阴谋与侵略》，第7卷，第394—402页（纽伦堡文件EC-297-A）。

43.《纳粹的阴谋与侵略》，第4卷，第585页（纽伦堡文件1947-PS）。

第十二章
通向慕尼黑的道路

绿色方案是对捷克斯洛伐克发动突然进攻的计划的代号。我们已经知道，它当初是冯·勃洛姆堡元帅在1937年6月24日制订的。后来，希特勒在11月5日向高级将领讲话时，又详细地做了说明。他告诫他们“对捷克人的突袭”应当“以闪电式的速度来进行”，而且可能“早在1938年”即予执行。*

显然，由于轻易就征服了奥地利，绿色方案已成为一项当务之急；这一计划必须立即根据当前形势加以修订，各项准备工作必须也随之开始。希特勒在1938年4月21日召见凯特尔正是为了这桩大事。第二天，新任命的元首军事副官鲁道夫·施蒙特少校，就整理好了一份讨论总结，内容分为三部分:“政治问题”、“军事决策”和“宣传”。[1]

希特勒拒绝了“不必有借口或理由就凭空进行战略进攻的建议”，因为他认为“世界舆论的反对可能引起严重的局势”。第二个办法是，“在经过一段时期能逐步导致危机从而导致战争的外交谈判之后再采取行动”，希特勒认为这也“是不足取的，因为那样以后捷克（绿色）方面就会有所防范”。元首认为，至少就当时而言，还是采取第三个

* 见本书原文第303—308页。

办法为好，即“以一个偶然事件（例如，在一个反德示威中杀害德国公使这样的事件）[*]为借口，发动闪电进攻”。我们记得，过去也曾计划过以这样的“事件”来为德国进攻奥地利制造口实，当时曾打算把巴本作为牺牲品。在希特勒匪帮的世界中，德国驻外使节肯定是随时可以牺牲的。

希特勒现在已成了德国的最高统帅，因为他已取得了亲自指挥三军的权力。他向凯特尔将军强调必须速战速决。 357

> 采取军事行动的头四天，从政治上说，是决定性的。如果不能取得突出的军事胜利，肯定会发生欧洲的危机。既成事实一定能使外国认为军事干涉是没有希望的。

至于战争的宣传方面，现在还不是要用到戈培尔博士的时候，希特勒不过谈了一下“指导捷克斯洛伐克境内的日耳曼人的行动”的传单和那些“包含有恐吓捷克人的威胁”的传单。

希特勒现在决意要消灭的捷克斯洛伐克共和国是第一次世界大战后使德国人深恶痛绝的和约的产物。它也是捷克的两个杰出的知识分子托马斯·加里格·马萨里克和爱德华·贝奈斯亲手缔造出来的。马萨里克是一个马车夫的儿子，靠自学而成为一个大学者，并且成了这个国家的第一任总统。贝奈斯是一个农民的儿子，他靠半工半读，读完了布拉格大学和法国的三个高等学府，后来几乎是一再连续担任外交部长，在马萨里克于1935年退休以后出任第二任总统。16世纪时哈布斯堡帝国兼并了古老的波希米亚王国，捷克斯洛伐克现在又从这个帝国中分割出来，在1918年建国以后已发展成为中欧最民主、最进

---

* 括号中的话是原文就有的。

托马斯·加里格·马萨里克（1850—1937），捷克斯洛伐克共和国第一任总统。

爱德华·贝奈斯（1884—1948），1935年出任捷克斯洛伐克第二任总统。

步、最文明、最繁荣的国家。

但是，就由于它是由几个不同的民族组成的，它从一开始就苦于一项国内问题，二十年来一直未能完全解决。这个问题就是少数民族的问题。捷克斯洛伐克国内有100万匈牙利人、50万卢西尼亚人和325万苏台德日耳曼人。这些民族都依恋不舍地仰望着他们的“祖国”——匈牙利、俄罗斯和德意志，虽然苏台德人从来没有归属过德国（除了曾是组织松散的神圣罗马帝国的一部分）而只归属过奥地利。至少可以说，这些少数民族要求得到比已有的更多的自治。

就是在1 000万捷克斯洛伐克人中占四分之一的斯洛伐克人，也要求某种程度的自治。斯洛伐克人虽然在种族上和语言上同捷克人十分接近，在历史上、文化上和经济上的发展却迥然不同，主要是因为受了匈牙利人几百年统治的缘故。1918年5月30日，美国的捷克流亡者和斯洛伐克流亡者在匹兹堡签订了一项协定，规定斯洛伐克人有自己的政府、议会和法院。但是布拉格政府并不认为自己受这一协定的约束，也没有予以遵守。

可以肯定地说，同绝大多数其他国家，即使同西方国家，即使同美国境内的少数民族比起来，捷克斯洛伐克境内的少数民族也过得并不坏。他们不但享有充分的民主权利和公民权利——包括投票权在内——而且在某种程度上还有自己的学校，并且能保持他们自己的文
358 化传统。少数民族政党的领袖常常担任中央政府的部长。虽然如此，捷克人自己还没有完全摆脱奥地利人几百年压迫的影响，在解决少数民族问题方面还有许多欠缺之处。他们往往有沙文主义的表现，而且常常不讲究策略。我还记得我以前在那里的时候所体会到的斯洛伐克人对监禁伏伊特赫·图卡博士一事的愤慨。图卡在当时是一位有声望的教授，他以“叛国罪”被判处十五年徒刑，然而很难说除了争取斯洛伐克自治而外，他还犯了什么别的罪。最重要的是，少数民族集团感到捷克斯洛伐克政府并没有遵守马萨里克和贝奈斯在1919年的巴黎

和会上所做的诺言，即建立类似瑞士那样的联邦制度。

大有讽刺意味的是，从下面要谈到的情况来看，苏台德日耳曼人在捷克斯洛伐克国家里过得相当好——肯定要比这个国家内任何其他少数民族过得好，而且也比在波兰和法西斯意大利的日耳曼少数民族过得好。他们固然憎恶在地方上作威作福仿佛土皇帝般的捷克官员，固然憎恶布拉格不时发生的对他们歧视的事件，他们固然失去了过去在哈布斯堡时代在波希米亚和摩拉维亚的统治地位，因而感到不甘心，但是，他们集居在新共和国绝大部分工业集中的西北部和西南部，生活日益繁荣富裕，而且随着时间的消逝，他们逐渐达到了同捷克人比较和睦地相处的状态，不过同时也一直在继续要求给他们以更多的自治，对他们在语言和文化方面的权利给以更大的尊重。在希特勒崛起以前，那里并没有什么值得重视的要求更多权利的政治运动。苏台德区绝大多数的选票是投给社会民主党和其他民主党派的。

后来到了1933年，在希特勒当了总理以后，民族社会主义的病毒也感染了苏台德日耳曼人。那一年成立了苏台德德国人党（S.D.P.），领导人是一个举止温和的体操教员，名叫康拉德·亨莱因。到1935年，这个党就已经受到德国外交部的秘密资助，每月达15 000马克。[2]不到两年，它已得到了大部分苏台德日耳曼人的拥护，只有社会民主党人和共产党人留在外边。到合并奥地利的时候，亨莱因的三年来一直听命于柏林的党，已随时准备执行希特勒的命令了。

为了接受希特勒的命令，亨莱因曾在奥地利被并吞以后两周赶赴柏林，并且曾在3月28日同希特勒密谈过三小时，里宾特洛甫和赫斯当时也在场。据外交部的一份备忘录所载，希特勒的指示是，“苏台德德国人党应当提出捷克政府所不能接受的要求”。亨莱因本人对元首的意见总结为，“我们必须老是提出永远无法使我们满足的要求”。[3]

因此，捷克斯洛伐克境内日耳曼少数民族的困境，对希特勒来说，就像一年以后但泽之于波兰一样，不过是一个借口，以便让他用

359 来在自己所垂涎的土地上制造纠纷，进行颠覆，用来迷惑其友邦，掩饰他的真实意图。至于这种真实意图到底是什么，希特勒已经在11月5日向军事领袖们所做的演说和绿色方案的头几个指示中表示得清清楚楚了：消灭捷克斯洛伐克，攫取它的领土与人民，使之归属第三帝国。尽管有了奥地利的先例，法国和英国的领导人仍然没有憬悟到这一点。整个春天和夏天，几乎一直到最后，张伯伦首相和达拉第总理同世界上其他绝大部分国家一起，显然还硬是由衷地相信，希特勒的全部要求，不过是要为捷克斯洛伐克境内他的同胞伸张正义而已。

事实上，当春天一天比一天暖和起来的时候，英国和法国政府还特意对捷克政府施加压力，要它给予苏台德日耳曼人以范围极广的让步。5月3日，德国新任驻伦敦大使赫伯特·冯·迪克森向柏林报告，哈利法克斯勋爵曾告诉他，英国政府不久将在布拉格采取一项步骤，“其目的在于劝说贝奈斯对苏台德日耳曼人表示最大限度的和解”。[4]四天以后，据德国公使向柏林报告说，驻布拉格的英、法公使就在5月7日采取了这一外交步骤，敦促捷克政府“尽最大限度”来满足苏台德人的要求。希特勒和里宾特洛甫看到英、法政府如此热心帮助，大概甚为高兴。

话虽如此说，在这一时期，隐藏德国的目标比过去更为必要。5月12日，亨莱因秘密访问了柏林威廉街。里宾特洛甫当即向他面授机宜，指示他当晚到伦敦去看英国外交大臣首席外交顾问罗伯特·凡西塔特爵士和其他英国官员时如何愚弄英国人。魏茨泽克所写的一份备忘录曾记下了应采取的方针如下：“亨莱因将在伦敦否认他是按柏林指示行动的……最后，亨莱因将谈到捷克政治结构逐步解体的问题，以便让那些以为自己仍能为保全这一政治结构而进行干涉的人士知难而退。”[5]同一天，德国驻布拉格公使打电报给里宾特洛甫，认为必须预先采取措施，来掩护公使馆给苏台德德国人党以津贴与指示的工作。

美国驻柏林大使休·R.威尔逊在5月14日拜访魏茨泽克，讨论了苏台德危机。魏茨泽克告诉他，德国人担心的是，捷克当局为了设法防止“捷克斯洛伐克的解体”正在处心积虑地挑起一次欧洲危机。两天以后，5月16日，施蒙特少校代表当时在上萨尔茨山休假的希特勒发出了一个紧急的而且是“绝密的”电报，询问最高统帅部，“一旦动员的话”，在捷克前线有多少个师“随时能在12小时以内挺进”。最高统帅部的蔡茨勒中校立即复电说“12个”。希特勒对此感到不满足，又去电追询：“请告各师番号。”复电来了，列举了10个步兵师的番 360
号，还加上了一个装甲师和一个山地师。[6]

希特勒越来越急于采取行动。第二天，即5月17日，他又向最高统帅部要有关捷克人在苏台德山区国境上建筑工事的确切情报。这些工事当时被称为捷克的马其诺防线。蔡茨勒当天就从柏林回复了一个很长的“绝密”电报，十分详尽地向元首报告了捷克防御工事的情况。他说明这些工事相当坚固。[7]

第一次危机：1938年5月

从5月20日那一个星期五开始的周末，演变成了一个危机的周末，后来被称为“五月危机”。在此后48小时之中，伦敦、巴黎、布拉格和莫斯科的政府都惶惶不安，以为欧洲迫近战争之程度为1914年夏天以来所未有。这种情况也许主要是由于德国进攻捷克斯洛伐克的新计划可能泄露所致。这个计划是德军最高统帅部为希特勒所草拟并且在星期五向他提出的。无论如何，至少在布拉格和伦敦，人们都认为希特勒马上就要对捷克斯洛伐克发动侵略了。从这种看法出发，捷克人就开始动员，而英国、法国和俄国在各国政府认为已迫在眉睫的德国威胁面前也表现了坚定和团结的精神。此后这种精神就消失了，直到一场新的世界大战差点儿把它们消灭掉的时候才又重新出现。

5月20日星期五这一天，凯特尔将军打电报给当时在上萨尔茨山的希特勒，提出了绿色方案的新草案，这个草案是元首在4月21日会议上决定了总方针以后由凯特尔和他的助手一直在仔细拟订的。凯特尔在就新计划给领袖的一封极尽阿谀谄媚之能事的信中，说明新计划已考虑到了“由于奥地利并入德国而造成的局面”，新计划在“您，我的元首”予以批准并且在上面签字以前将不会同三军总司令进行讨论。

对“绿色方案”的新指示是1938年5月20日在柏林发出的，它是一个有趣而且重要的文件。它是后来全世界都熟知的纳粹式侵略计划的一个标本。

> ［新指示一开头就说］我无意在最近无缘无故即以军事行动粉碎捷克斯洛伐克。除非捷克斯洛伐克**境内**［原件为着重体］发生不可避免的局势，迫使我们采取行动，或者欧洲政局的演变给了我们以时不再来的特殊有利机会。[8]

文件中考虑了有三个可以“开始军事行动的政治上的可能性”，其中第一个，“不必有合适的外部借口就发动突然进攻”的可能被拒
361 绝了。

> 最好在下列两种情况下采取军事行动：
>
> （a）经过一段时间的日益严重的外交争吵和军事准备所造成的紧张局面后，再利用这种局面来把战争罪过转嫁到敌方。
>
> （b）根据某一件严重事件，发动闪电式进攻。这种事件使德国遭到无可忍受的挑衅，至少在世界上一部分舆论看来，是构成采取军事行动的道义上的理由。
>
> 方案（b）更为可取，无论从军事的还是政治的观点来看都是如此。

至于军事行动本身，则要求在四天之内就能取得这样的胜利，其后果足以“向企图干涉的敌国表明捷克军事地位业已绝望，同时向那些对捷克有领土要求的国家提供一种刺激，使之迅即联德反捷”。后一类国家是匈牙利和波兰，这个计划是把它们参加军事行动的可能性估计在内的。德国人认为，法国是否会遵守它对捷克人的义务很可以怀疑，但是“预计俄国将企图给捷克斯洛伐克以军事援助”。

德国最高统帅部，至少是凯特尔和希特勒，深信法国不会参战，因此只需“拨出最低限度的兵力来作为西线后卫”，并且还强调“全部兵力都必须用于进攻捷克斯洛伐克”。“陆军主力的任务”是在空军协助下“击溃捷克斯洛伐克陆军，尽快占领波希米亚和摩拉维亚”。

这将是一场总体战，在德国军人历来的作战计划中，这是第一次强调了指示中所说的“宣传战”和“经济战”的价值，并且把它们编进了全面的军事进攻计划之中。

> **宣传战**［原件为着重体］一方面必须以威胁手段恫吓捷克人并瓦解其抵抗力；另一方面也必须给各少数民族以如何支援我们的军事行动的暗示，并且影响中立分子同情我们。
>
> **经济战**［原件为着重体］的任务是使用一切经济资源来加速捷克的最后崩溃……在进行军事行动的同时，必须协助加强经济战的全面努力，其方法是迅速收集关于重要工厂的情报，并使各工厂尽速恢复生产。因此，在军事行动允许的范围内，保全捷克的各个工厂与各项工程一事可能对我们有决定性的意义。

这一纳粹侵略方式后来一直保持着基本未变，而且应用时取得了惊人的胜利，直到很久以后，到全世界对此有所警觉以后为止。 362

5月20日中午刚过不久，德国驻布拉格公使发出了一封“火急绝密”的电报，向柏林报告，捷克外交部长刚才用电话通知他，捷克政府对“［德国］军队在萨克森集结的消息颇感困惑”。他说，他已回答说“绝无任何理由对此惊惶”，但是他要求柏林，如果有什么行动的话，马上把情况通知他。

在这个震撼欧洲的周末的一系列紧张的外交来往中，这是第一炮。震撼的原因是人们担心希特勒即将再次行动，而且这一次免不了要发生大战。就我所知，英国和捷克的谍报局究竟根据什么得知德军在捷克边境集中的情报迄今还是秘密。不过，对于仍然因为德军占领奥地利而惊魂未定的欧洲来说，当时的情况不无蛛丝马迹可寻。5月19日，莱比锡有一家报纸曾发表了一则德军调动的消息。苏台德的纳粹领袖亨莱因曾在5月9日宣布他的党同捷克政府之间的谈判已告破裂，而且据说，他在5月14日自伦敦回国途中曾折赴贝希特斯加登会见希特勒并且仍然逗留未返。在苏台德发生了开枪射击的骚动。5月整整一个月中，戈培尔博士大肆渲染捷克对苏台德日耳曼人的“恐怖行动”的宣传战有增无已。紧张局势似乎正在趋向顶点。

当时，德军因为进行春季演习而有若干调动，特别是在东部地区，然而从缴获的德国文件中迄今没有找到任何足以表明当时在捷克边境有任何新的突然集结的证据。相反，倒有两份日期为5月21日的德国外交部的文件，上面有最高统帅部的约德尔上校写给威廉街的内部保证，说不论在西里西亚还是下奥地利都没有这样的集结。约德尔在不准备给外国人看到的函电中说，“除平时演习而外”并无他事。[9]然而，这也不是说，捷克边境就没有德国军队了。我们从上面已经知道，德军最高统帅部曾在5月16日答复希特勒的紧急询问时报告他说，在捷克边境有12个德国师“随时能在12小时内挺进”。

捷克或者英国的谍报局有没有可能从交换上述情况的电报中得到了什么风声呢？他们有没有可能已经知悉凯特尔在5月20日电呈希特勒批准“绿色方案”的新指示呢？因为第二天，捷克参谋总长克雷伊奇将军就告诉德国驻布拉格武官图桑上校说，他有“无可反驳的证据

足以说明有8个到10个［德国］师在萨克森集结”。[10]有关德国师的数
目的情报，相差并不太远，虽然关于它们部署的情况多少有些出入。
不论怎么说，5月20日下午，在布拉格的赫拉德欣宫，在贝奈斯总统
主持下举行了内阁紧急会议以后，捷克人就决定立即实行部分动员。 363
有一级服役年龄的后备兵应召入伍了，某些技术后备人员也动员起来
了。捷克政府同两个月以前的奥地利人不一样，不准备不战而降。

捷克的动员，虽然只是部分的，也使希特勒暴跳如雷，柏林德国外交部送到上萨尔茨山来的电报也不能使他息怒。这些电报都是报告英、法大使一再来访，警告德国，侵犯捷克斯洛伐克就意味着一场欧洲大战的。

德国人从来没有受过像英国人在这个周末所施加的那种疲劳轰炸式的外交压力。英国大使内维尔·汉德逊爵士三番四次地访问德国外交部，询问德军调动的情况并且告诫德国要小心。汉德逊原来是张伯伦首相派到柏林来发挥他职业外交家的特长，以对希特勒进行姑息的，而他也确实尽了自己的长才。毫无疑问，他受到哈利法克斯勋爵和英国外交部的催促，因为这位温文尔雅的外交家对捷克人并没有多大同情，当时在柏林认识他的人都知道这一点。他在5月21日见了里宾特洛甫两次。第二天虽然是星期天，他还去见了外交部国务秘书冯·魏茨泽克，因为里宾特洛甫已经匆促应召到上萨尔茨山去见希特勒了。汉德逊递交了哈利法克斯本人的一封强调形势严峻的信件。在伦敦，英国的外交大臣也在这个安息日召见了德国大使，向他着重指出时局的严重。

从英国的这些外交来往中，德国人并不是没有注意到，英国政府虽然确实知道法国会驰援捷克斯洛伐克，却并没有明白声明英国也会这样做，德国大使冯·迪克森在见了哈利法克斯以后发回来的一份电报中就曾指出这一点。英国人肯做的，像迪克森所说哈利法克斯已做的那样，充其量不过是提出这种警告：“欧洲一旦发生战事，英国能

否置身事外，殊难逆料。”[11]事实上，这也就是张伯伦政府充其量所肯做的——等到后来再要制止希特勒就为时已晚了。从那时起一直到最后，作者当年在柏林所得到的印象是，如果张伯伦直率告诉希特勒，英国将采取它后来在纳粹侵略面前终于采取的行动的话，元首是绝不会发动后来酿成第二次世界大战的冒险的。在研究了德国机密文件以后，我的这种印象就更大大地加深了。这就是这位好心肠的首相的致命的错误。

阿道夫·希特勒在他的贝希特斯加登山间别墅里反复思量，认为自己受到了捷克人的极大侮辱，也受到了支持他们的伦敦、巴黎甚至还有莫斯科的极大侮辱。对于这位德国独裁者来说，丢人之难堪，莫
364 此为甚。尤其使他生气的是，他打算要犯的侵略罪行在将犯未犯之际就受到了控告。就在这一个周末，他还审查了凯特尔所提出的关于“绿色方案”的新计划。不过这一方案现在不能立即执行了。他只好忍着一肚子气，命令柏林的外交部在星期一即5月23日告诉捷克公使，德国对捷克斯洛伐克没有任何侵略意图，德军在捷克边境集结的传闻毫无根据。布拉格、伦敦、巴黎和莫斯科的政府领导人都松了一口气。他们以为危机已经克服了，希特勒已经得到了一次教训。他现在想必已经懂得，他不能再像他在奥地利那样轻易地进行侵略而侥幸得逞了。

这些政治家们实在不怎么了解这位纳粹独裁者。

他在上萨尔茨山生了几天闷气，心中怒火如焚，要向捷克斯洛伐克，特别是贝奈斯总统报复，他认定后者是存心丢他的面子。5月28日，他突然出现在柏林，并且在总理府召集国防军高级军官，下达了一项重大决定。八个月以后，他亲自在对国会所做的演说中谈到这项决定的内容是：

> 我决心要一劳永逸地、彻底地解决苏台德问题。5月28日，我下令：
>
> 1. 应当进行准备，以便在10月2日以前对该国采取军事行动。
>
> 2. 我国在西线的防御工事应大大扩大，并且加紧进行……计划。立即动员96个师，开始先……[12]

他对在场的党羽戈林、凯特尔、布劳希奇、贝克、雷德尔海军上将、里宾特洛甫、牛赖特大声咆哮："把捷克斯洛伐克从地图上抹掉，是我的不可动摇的意志！"[13]绿色方案再次提了出来，并且再次修改。

约德尔的日记说明了希特勒报仇心切的思想活动。

> 元首不想在目前挑起捷克问题的初衷，现在已经改变。原因是捷克军队在5月21日做了战略性的集结，而当时并不存在来自德国方面的任何威胁，也不存在导致集结的丝毫理由。由于德国采取了克制态度，此一行动的后果损害了元首的威望，这是他不愿重见的。因此，在5月30日发布了关于"绿色方案"的新指示。[14]

希特勒5月30日签发的关于绿色方案的新指示，其细节与九天以前向希特勒提出的基本上并无不同。不过有两项重大的改变。5月31日指示的第一句话是"我无意在最近无缘无故即以军事行动粉碎捷克斯洛伐克"，而新指示却是这样开头的："**我的不可变更的决心就是在最近即以军事行动粉碎捷克斯洛伐克。**" 365

所谓"最近"的含义，已由凯特尔在一封随件附发的指示信中加以说明。他命令："务须保证绿色方案最迟到1938年10月1日能够付诸执行。"[15]

这是希特勒不惜赴汤蹈火，不惜冒一次又一次危机，甚至不惜冒大战的危险也要锲而不舍，务见其成的一个日期。

将军们的动摇

约德尔在5月30日的日记中谈到希特勒签发关于“绿色方案”的新指示，也谈到因为新指示要求“在X日当天立即攻下捷克斯洛伐克……陆军原来的打算必须大加改变”。然后，他又写了下面这样一段话：

> 元首的直觉与陆军的意见之间又一次形成了尖锐的对比。元首的直觉是我们**必须**在今年就动手；陆军的意见是我们目前还不能动手，因为西方国家几乎肯定会干涉，而我们目前还不足以与之抗衡。[16]

这位有先见之明的国防军参谋已经指出，在希特勒和某些最高级将领之间出现了一条新的裂痕。不同意元首的侵略宏图的反对派是由陆军参谋总长路德维希·贝克将军所领导的，他从此以后就成了第三帝国内部反对希特勒的微弱的抵抗运动的领袖。后来，这位敏感、聪明、正派然而不能当机立断的将军还将在更广泛的方面同那位纳粹独裁者做斗争。然而，到1938年春天为止，虽然已经经过了四年多的民族社会主义的统治，贝克还只是从狭隘的本职范围以内的专业理由来反对元首。他的理由是，德国当时还没有强大到足以与西方国家——也许还有俄国——一决雌雄。

我们知道，贝克曾欢迎过希特勒上台，并且曾公开赞扬过元首不顾《凡尔赛和约》而重建德国征兵制。上文曾提到，早在1930年，当贝克还是一个无名的团长的时候，就曾挺身而出为他的三个因在军队中鼓吹纳粹主义而被控犯叛逆罪的部属辩护，而且还曾在最高法院为他们出庭作证。在他之前，希特勒也曾在那里出过庭，并提出警告说，在他当权之后，将会有“人头落地”的事。看来使他清醒过来的并不是元首对奥地利的侵略——那是贝克支持的——而是冯·弗里奇将军由于秘密警察的诬陷而人头落地这一事实。在擦去了障眼的尘翳以后，他开始看清了，希特勒不顾高级将领的忠告，处心积虑，不惜冒与英国、法国和俄国作战的风险的政策，如果付诸实施，就会使德国毁灭。

贝克对希特勒与凯特尔在4月21日的会谈曾有所风闻。希特勒在那次谈话中曾指示国防军加速制订进攻捷克斯洛伐克的计划。从5 366
月5日开始，贝克给新任陆军总司令冯·布劳希奇将军上了一系列的条陈，坚决反对这种行动。[17]文章写得十分精辟，对一切不容乐观之处痛陈利害，极为坦率，立论也是条分缕析，无懈可击。虽然贝克对英国和法国的意志力量，对两国领袖政治上的狡猾，对法国陆军的力量等估计过高，而且对捷克问题的结局的估计后来也证明是错误的，但是，就德国而言，他的长远预言最后看来都是一一应验，极其准确的。

贝克在5月5日的条陈中说，他深信，德国如果对捷克斯洛伐克发动进攻，就会引起欧洲大战，英国、法国和俄国都会反对德国，而美国将成为西方民主国家的兵工厂。德国要取胜，实无希望。仅仅缺乏原料这一点，就使它无法赢得战争。他认为，事实上，德国的“军事-经济状况比它在1917—1918年”德皇的军队开始崩溃时的处境还要糟糕。

5月28日，希特勒在“五月危机”以后，在总理府召见高级将领，叫嚣要在秋天就把捷克斯洛伐克从地图上抹掉，贝克当时也是在场听训的一个。他对元首的讲话仔细做了笔记。两天以后，就在希特勒签发关于“绿色方案”的新指示，规定要在10月1日发动进攻的那一天，贝克又给布劳希奇上了一个措辞更为尖锐的条陈，逐点批评了希特勒的论点。为了使那位谨慎的总司令能充分了解自己的意思，贝克亲自向他读了这个条陈。最后，布劳希奇已不大高兴，但贝克还是对这位比较浅薄的上级强调指出，在“最高级军事领导人”中间存在着危机，曾经造成混乱，如果不予解决的话，军队的命运，事实上，也是德国的命运，将是“一片漆黑”。几天以后，贝克又在6月3日给布劳希奇发出了另外一个条陈，他在其中声明，关于“绿色方案”的新指示，“从军事上看是不妥当的”，陆军参谋总部对此不表示同意。

虽然如此，希特勒还是一意孤行。从被缴获的“绿色方案”档案中可以看出，这年夏天，他变得越来越疯狂。他下令，例行的秋季演习必须提前，以便军队能准备就绪，可以随时出击，必须进行“突袭攻坚”的特种演习。凯特尔将军得到通知，“元首一再强调必须加速建筑西线的防御工事”。6月9日，希特勒又一次要关于捷克军备情况的情报，并且马上得到了一份有关捷克人所用的各种大小武器的详细报告。同一天，他又电询：“捷克的据点是否仍然由不满员的驻军防守？”他当时正在他的山间别墅避暑，周围都是些阿谀取宠的宵小之徒，他一直不断地玩火，情绪时而高涨，时而低沉。6月18日，他又
367 发出了一项新的关于“绿色方案”的“总的原则性指示”：

> 目前并无对德国发动先发制人的战争的危险……只有在我坚信……法国不会出兵，因此英国不会干涉之时，我才会决定对捷克斯洛伐克采取行动。

虽然如此，到7月7日，希特勒还是提出了**如果**法国和英国出面干涉该怎么办的几点“考虑”。他说，“第一点考虑”是要在荡平捷克而能移军西向以前“坚守西线”。事实上，当时已没有军队可以用来坚守西线，然而在他发热的脑子里却根本没有这个问题。他警告说，“俄国十有八九会进行干涉”，而且波兰是否就不进行干涉，他目前也

还不敢肯定。这种后果必须提防，然而他并没有说如何提防。

希特勒当时远在上萨尔茨山，多少是处于与世隔绝的环境中，显然还没有听到陆军参谋总部高级军官中间的不同意见。尽管贝克再三上书布劳希奇，这位参谋总长到7月间也已觉察到，他那拿不定主意的总司令并没有把他的意见上达元首。因此，贝克在7月中旬决定：还是不顾一切，做一番最后的努力，不论用什么方式把事情闹穿。7月16日，他给布劳希奇上了最后一个条陈。他要求陆军告诉希特勒停止备战。

> 在充分意识到这一行动的严重性而同时也充分意识到自己的责任的情况下，我认为，我有责任向武装部队最高统帅［指希特勒］迫切要求取消他对战争的准备并放弃以武力解决捷克问题的意图，除非军事状况有根本改变。就目前而言，我认为它是毫无希望的，这种意见也是参谋总部全体高级军官所共有的。

贝克亲自把这个条陈递交布劳希奇，并且口头补充一项建议：如果希特勒固执己见，陆军将领应采取一致行动。他还具体建议，在这种情况下，高级将领应立即全体总辞职。在第三帝国史上，他第一次提出了一个后来屡次在纽伦堡审讯中提出的问题：一个军官，除了对元首忠诚而外，还有没有更高的忠诚？在纽伦堡，许多将官以否定的回答来洗刷自己的战争罪行。他们说，他们必须服从命令。但是，贝克在7月16日却持有不同的见解，他坚持这种见解直到最后，虽然多半没有成功。他说，当良心、知识和责任不许可执行某项命令的时候，一个人对最高统帅的忠诚就有了“限度”。他觉得，将官们已经达到了这种限度。如果希特勒坚持要战争，他们就应当集体辞职。他认为，在这种情况下，战争就打不起来，因为那样就没有人来领导军队了。

368 德国陆军参谋总长在他一生中从来没有像现在这样大彻大悟。他的眼睛去掉了阴翳，终于看到了德意志民族所面临的危险事大，一个意气用事、不惜冒大战之危险而执意要进攻一个弱小邻邦的歇斯底里的元首可能归于失败事小。第三帝国的全部蠢剧，它的暴虐，它的恐怖，它的腐败，它对古老的基督教精神的蔑视，忽然一下子都被这个一度亲纳粹的将军看透了。三天以后，7月19日，他再度去见布劳希奇，面陈他的这种觉悟。

他坚持说，将领们不但应当以罢工来阻止希特勒发动战争，而且应当出一把力量来清理第三帝国。德国人民和元首本人都必须免于党卫军和纳粹党棍的恐怖压迫。必须恢复法治的国家和社会。贝克把他的改革计划归纳如下：

> 拥护元首，反对战争，反对党魁统治，同教会和解，结束契卡恐怖，开放言论自由，恢复法制，削减拨给党的经费的半数，停建各种厅堂大厦，为平民建造住宅，发扬普鲁士的清廉朴素的传统。

贝克在政治上太天真了，他看不到，造成使他反感的当前德国局面的人正是希特勒自己，他所应负的责任要比其他任何一个人都大。虽然如此，贝克当前必须做的仍然是继续吓唬犹疑不决的布劳希奇，使他代表陆军向希特勒提出一项最后通牒，要他停止备战。为了达到这一目标，他安排在8月4日召集高级将领举行一次秘密会议。他准备了一篇振聋发聩的讲稿，由陆军总司令来宣读，要高级将领一致要求，不容许任何纳粹冒险引向武装冲突。出乎贝克意料的是，布劳希奇竟没有勇气来宣读。贝克无奈，只好宣读了他自己在7月16日上的条陈。它在大部分将官中间留下了深刻的印象，但是德国陆军高级军官的会议并没有采取什么决定性的行动就散了。他们没有勇气能够像他们的先辈在霍亨索伦皇帝和帝国总理面前一样，要希特勒悬崖勒马。

布劳希奇还是鼓足了勇气给希特勒看了贝克7月16日的条陈。希
特勒的反应不是召见支持这一条陈的抗命的高级将领们，而是召见他
们下面一级的军官，即陆军和空军各司令部的参谋长。这批人都是少
壮派军官，希特勒以为自己只要鼓其如簧之舌，加一番煽惑就可使他
们俯首听命。这批人在8月10日应召到了伯格霍夫——希特勒整整一
个夏天几乎没有离开过他的山间别墅——在会餐以后面聆希特勒的演
说，据当时在场并且把经过如实记入日记的约德尔说，这篇演说讲了
将近三个小时之久。不过这一次，元首的辩才并没有像他原来所希望
的那样有效。当时在场的约德尔和曼施坦因后来都谈到冯·维特斯海
姆将军同希特勒之间发生了“一场极严重而且最不愉快的冲突”。维 369
特斯海姆是与会的高级军官，当时是威廉·亚当将军所指挥的西线陆
军的内定参谋长。他直言不讳地提出了希特勒和最高统帅部避而不谈
的关键问题：在几乎全部兵力用于进攻捷克斯洛伐克的情况下，德国
在西线已无防务可言，法国势将乘虚而入。他报告说，事实上，西壁
防线无法坚持三个星期以上。

> 元首［约德尔在日记中说］闻言大怒，暴跳如雷，他说，情况要是果真如此，整个陆军就不值一文钱。“我告诉你，将军先生，［希特勒咆哮说］阵地必然能坚守，不是三个星期，而是三年！”[18]

用什么来守，他并没有说。8月4日，亚当将军曾向高级将领会议报告说，他在西线只有5个师可用，如与法军交战，势必寡不敌众。维特斯海姆大概也曾把同样的数字报告给希特勒，但是元首置若罔闻。约德尔虽然是一位精明的参谋，但是当时完全匍匐在领袖的魔力之下，会后颇感沮丧，认为将领们似乎并不了解希特勒的天才。

> 这种在陆军参谋总部中不幸极为流行的灭自己志气的意见［指维特斯海姆的意见］，所根据的理由有好几条。
>
> 第一条是，它［指参谋总部］未能摆脱对往事的回忆，而且认为自己对政治上的决定也应负责任，而不仅是服从并执行军事上的任务。应当承认，它是以固有的忠诚来执行这一任务的，然而内心却缺乏热忱，因为，归根到底，它并不相信元首的天才。而人们也许是会把他同查理十二*相比的。
>
> 这种失败主义（Miesmacherei）将不仅在政治上产生坏影响，因为人人都在谈论将领与元首之间的意见冲突了，而且在部队士气方面也要产生坏影响。这种情况正如水往低处流一样是势所必然的。不过，我毫不怀疑，在时机到来之际，元首是能振作士气的。[19]

约德尔也许还可以加上一句，希特勒也是能压平将军们的反叛的。据曼施坦因1946年在纽伦堡审讯时说，这次会议是希特勒允许军方可以提出问题或进行讨论的最后一次会议。[20] 8月15日在于特博格阅兵时，希特勒对将军们重申，他已下定决心“以武力解决捷克问题”，这时已没有一个军官敢于——或者说获准——再发一言表示反对了。

贝克看到，自己之所以失败，主要是由于自己的袍泽弟兄们骨头太软。8月18日，他辞去了陆军参谋总长之职。他曾设法使布劳希奇
370 步自己的后尘，但是这位陆军总司令现在已如醉如痴地拜倒在希特勒的魔力之下，他当时正准备同一个狂热信仰纳粹主义的女人结婚，这一点无疑也起了很大的作用。† 哈塞尔这样说他：“布劳希奇耸一耸肩说：‘我是一个军人，服从是我的天职。’”[21]

在通常情况下，陆军参谋总长，特别是像贝克将军这样德高望重

---

* 查理十二（1682—1718），瑞典国王，曾多次进行侵略战争，最后战死；有“北方狂人”之称。——译者

† 冯·布劳希奇在夏天同他的第一个妻子离了婚，9月24日同夏洛特·施密特夫人结婚。

的人，在国家用兵之际辞职引退，本来会在军界引起震动，甚至在国外引起反响。但是，希特勒在这里又一次表现了他的权术。虽然他立即接受了贝克的辞呈，而且感到如释重负，他却严禁报纸，甚至政府和军方的官方公报中提到这件事情，并且命令退职的贝克和他的同僚军官严守秘密。理由是，在这千钧一发之际，不能让英法政府得知德国陆军首脑部有意见分歧。很可能，巴黎和伦敦在柏林10月底正式宣布这一消息之前，一直都蒙在鼓里。人们大可猜测，如果他们知道了这件事情的话，历史也许竟会走上另外一个方向，对元首的姑息也许不至于像后来那样严重。

贝克本人，从爱国和忠于军队的感情出发，也并没有想把他辞职的消息引起公众的注意。不过，他也颇为伤心失望，因为在同意并支持他反对战争的将级军官中竟没有一个人感到应当仿效他的榜样而辞职引退。他并不想劝他们这样做。哈塞尔后来说到他的时候说，他是一个"纯粹的克劳塞维茨，而没有一点布吕歇尔或者约克*的气味"，[22]他是一个有原则、有思想的人，而不是一个能实际行动的人。身为陆军总司令的布劳希奇居然在德国历史的一个决定性的时刻把他甩掉，使他十分愤懑。贝克的传记作家和朋友在若干年后提到，这位将军每当提到他的上级的时候总是"极为愤懑"。在这种场合，他总是激动得浑身发颤，喃喃自语："布劳希奇在紧要关头把我甩掉了。"[23]

继贝克出任陆军参谋总长的是54岁的弗朗茨·哈尔德——不过他的任命被希特勒保守了几个星期的秘密，一直到危机过去才宣布。他出身于巴伐利亚的一个军人世家，他的父亲是一个将军。他本人原来受过炮兵训练，第一次世界大战时曾在巴伐利亚王太子鲁普雷希特的参谋部内担任过军官。在第一次世界大战后希特勒在慕尼黑活动的时

* 克劳塞维茨（1780—1831），普鲁士将军和军事理论家；布吕歇尔（1742—1819），普鲁士元帅；约克（1759—1830），普鲁士元帅。——译者

代，他是罗姆的朋友，虽然这件事本来也许会引起柏林方面对他有某种猜疑，但他仍然升迁极快，前一年就已担任贝克的副手。实际上，是贝克向布劳希奇推荐哈尔德做自己的继承人的，因为他知道，他的副手同他的见解是一样的。

哈尔德担任德国陆军参谋总长，在巴伐利亚人中间和天主教徒
371 中间还是第一个，这对军官团新教徒和普鲁士的传统是一次重大的改变。哈尔德是一个博学多闻的人，特别喜欢数学与生物（我自己对他的第一个印象是，他看起来像一个大学数理教授），也是一个虔诚的教徒。他的品德与才干都足以无愧为贝克的继承人。问题是，他是否也像他那位卸任的上级那样缺乏在恰当的时机采取决定性行动的决心；而如果他并不缺少这种决心的话，他是否会在时机到来之际，具有那种毅力，能够不顾自己效忠于元首的誓言而毅然决然起来反对他。因为哈尔德同贝克一样，虽然并没有一开始就参加当时已在酝酿的反希特勒的密谋，然而并不是毫无所闻，而且显然也像贝克一样，是愿意给以支持的。他在出任参谋总长以后，在这第一次认真尝试推翻第三帝国独裁者的密谋中就成了关键性的人物。

反希特勒密谋的形成

在经过民族社会主义的五年半统治以后，对于那些反对希特勒的少数德国人来说，他们心里十分明白，只有陆军拥有能推翻他的实际力量。工人们、中产阶级和上层阶级，即使有此心也无此力。除纳粹党的组织而外，他们别无组织，当然更没有武装。虽然对于德国的“反抗”运动本书以后还有许多东西要写，然而，它自始至终都极为微弱，当然，它是由一小部分勇敢而正直的人领导的，却没有群众。

应当承认，仅仅维持本身的存在，在一个侦探密布的恐怖统治的警察国家内就已经是极其困难的事情了。而且，一个小小的集团——

即使是一个较大的集团，如果有的话——怎么能起而反抗党卫军的机枪、坦克和火焰喷射器呢？

一开始的时候，对希特勒的任何反对都是发自文职人员，如上所述，对于将军们来说，纳粹制度挣脱了《凡尔赛和约》的束缚，给了他们以重建一支伟大的军队这个他们梦寐以求的传统任务，他们欢喜之不暇，也就说不上有什么反对。大有讽刺意味的是，起而领导反对派的文职人员都是曾为元首服务并且身居要职的人，其中大多数最初都曾对纳粹主义抱有热忱。这种热忱直到1937年他们开始认识到希特勒是在把德国引向一场几乎肯定要失败的战争时才归于消失。

这些最早开始觉醒的人中间有一个是莱比锡市长卡尔·格德勒。他原来是布吕宁任命的物价管制局局长，希特勒上台后继续担任该职三年之久。格德勒是一个保守派，从内心来说还是一个保皇党，他又是一个虔诚的新教徒，聪明能干，精力过人，然而失之不够谨慎与刚愎自用。他在1936年因为反对纳粹党人的排犹运动和疯狂扩军而同他们决裂，同时辞去了两项职务，一心一意地进行反对希特勒的工作。 372
他的第一个行动就是在1937年去法国、英国和美国，用心良苦地警告它们注意纳粹德国的危险。

稍后觉醒的两个后来终于也同谋反对希特勒的人是普鲁士财政部长约翰内斯·波比茨和沙赫特博士，两个人都曾因为在改组德国经济使之适应战争目的方面的卓著劳绩而得到过纳粹党的最高勋章——金质荣誉章。两个人都是到1938年才开始憬悟到希特勒的真实意图。两个人看来都因为过去的历史和本人的性格而没有受到反对派核心的完全信任。沙赫特太机会主义，哈塞尔在日记里曾说，这位国家银行总裁能够“说的是一回事，做的又是一回事”，他说贝克将军与冯·弗里奇将军对此也有同感。波比茨虽然才华过人，然而见异思迁。他是一个杰出的经济学家，也是一个优秀的希腊学者，同贝克将军和哈塞尔一起参加了星期三俱乐部，这是一个16名知识分子的组织，每周集会一次讨论哲学、历史、艺术、科学和文学的问题，它在时机成熟——或者不如说时机坐失——以后形成了反对派的中心之一。

乌尔里希·冯·哈塞尔成了反对派领导人的某种外交顾问式的人物。他在阿比西尼亚战争和西班牙内战时期曾任驻罗马大使，我们在上文中已经知道，他发出来的电报都是建议柏林如何使意大利同英国和法国纷争不已，从而使意大利站在德国一边。后来他开始担心，如果同法国和英国交战，这将会使德国导致致命的后果，即使德国与意大利结盟，这也会造成同样的结果。他所受的文化教养至深，因此对民族社会主义的粗鄙庸俗，除了嫌恶鄙弃而外，实在谈不上有什么好感。虽然如此，他可也没有自动弃官，不为这个政权服务。他是在希特勒1938年2月4日所策划的军事、政治、外交人事大改组中被刷掉的。哈塞尔出身于汉诺威贵族世家，妻子是德国海军的创始人冯·提尔皮茨海军元帅的女儿，全部气质都是一个纯粹的老派绅士。他同许多同阶级的人一样，看来非得要等到被纳粹党人一脚踢开后才有所震动而想做点什么来推翻他们。一旦过了这一关，这个敏感的、聪明的、矜持的人就专心致志地来从事这项工作，而到最后，我们会看到，他为此而献出了自己的生命，遭到了极惨的结局。

还有一些别的人，不那么知名，大多也比较年轻，从一开头就反对纳粹，逐渐结成了各种各样的反抗集团。其中有一个集团的一个杰出之士是埃瓦尔德·冯·克莱斯特。他是一个乡下绅士，是大诗人埃瓦尔德·冯·克莱斯特的后裔。同他亲密合作的有恩斯特·尼基施和法比安·冯·施拉布伦多夫。前者从前是一个社会民主党人，后来是《反抗报》的主编。后者是一个年轻的律师，是维多利亚女王的私人医生和心腹顾问冯·施托克马尔男爵的外曾孙。也有从前的工会领导人，例如：尤利乌斯·莱贝尔、雅各布·恺撒、威廉·洛伊施纳。两个秘密警察的官员：阿图尔·内贝（他是刑事警察的头子）和
373 伯恩德·吉斯维乌斯（他是一个年轻的职业警官），随着反抗密谋的

1944年7月20日，刺杀希特勒的行动失败，乌尔里希·冯·哈塞尔被捕后在纳粹人民法院受审，他于1944年9月8日被处以死刑。

发展而成为得力的助手。后者后来在纽伦堡审讯中成了美国检察官的宠儿，并且写过一本书，虽然大部分历史学家对这本书和它的作者的可靠性都打了很大的折扣，但它还是透露了反希特勒阴谋的许多真相。

还有德国许多名门望族的子弟：赫尔穆特·冯·毛奇伯爵，他是著名的毛奇元帅的侄曾孙，后来组织了一个由一批青年理想主义者组成的反抗集团，名为克莱绍集团；阿尔布雷希特·冯·伯恩施托夫伯爵，他是第一次世界大战时德国驻华盛顿大使的侄子；卡尔·路德维希·冯·古滕贝格男爵，他是直言无忌的天主教月刊的主编；迪特里希·潘霍华牧师，他的先人，不论父系母系都有过杰出的新教教士，他认为希特勒是反基督的，而且认为“把他消灭”是一个基督徒的天职。

几乎所有这些勇敢的人都曾不屈不挠地进行过斗争，最后终于被捕，在受到拷打之后，或者被绞死，或者被砍头，或者干脆被党卫军暗害。

有很长时间，这种文人的小小的反抗组织在吸引军人来参与他们的工作方面几乎毫无成就，冯·勃洛姆堡元帅在纽伦堡作证时说："在1938—1939年以前，德国将领并不反对希特勒。既然他带来了他们所希望的结果，也就没有反对他的理由。"格德勒同冯·哈默施坦因曾有过若干接触，但是这位前德国陆军总司令在1934年就退休了，对现役将领没有什么影响。在纳粹政权的初期，施拉布伦多夫曾与卡纳里斯海军上将在德军最高统帅部谍报局内的主要助手汉斯·奥斯特上校有过联系，发现他不但坚决反对纳粹，而且愿意做文人和武人之间的桥梁。然而，直到1937—1938年的岁尾年头，在将军们受到一连串的震动以后，他们中间才有人开始警觉到这个纳粹独裁者对德国的危险。这些震动是，希特勒一定要打仗的决定，他对军事指挥系统的大改组，他亲自执掌军权的行动，他对冯·弗里奇将军卑劣的处置。1938年8月底在捷克危机日益紧迫之际，贝克将军的辞职起了进一步促人猛省的作用。虽然他的袍泽军官并没有如他所希望的那样，与他同时引退，但是，事情马上就很明显，这位下野的参谋总长是所有不易驾驭的将官们和文职的反抗领袖们的一个团结的中心。两个集团都尊敬他，信任他。

另外一重考虑，两个集团现在也都看清了：要制止希特勒，就必须用武力，而只有陆军有武力。然而陆军方面有谁能掌握它呢？不是哈默施坦因，甚至也不是贝克，因为他们都已退休了。大家明白，迫切需要的是联络上当时实际指挥驻防柏林内外的部队的将领，以便一旦举事就能立即采取有效行动。新任陆军参谋总长哈尔德将军实际上
374 并无兵权。冯·布劳希奇固然能号令全军，但是不能完全信任。密谋策划者认为，他的权威是有用的，不过只有到最后一刻，才能让他预闻大事。

后来的事实是，很快就发现了有几位处于要害地位的将领愿意协助，后来也实际参加了酝酿中的密谋。其中有三个人掌握着可以决定大事成败的位置，他们是：埃尔温·冯·维茨勒本将军，他是举足轻重的第三军区司令，这一军区包括柏林和柏林周围地区；伯爵埃里希·冯·布罗克多夫-阿勒费尔德将军，他是波茨坦驻军司令，该驻军由第二十三步兵师组成；埃里希·霍普纳将军，他指挥驻在图林根的一个装甲师，在必要时，这个师能击退任何企图从慕尼黑来解救柏林的党卫军。

到8月底的时候，密谋分子的计划是：在希特勒最后下令进攻捷克斯洛伐克的时候，立即逮捕他，把他拉到他自己设立的人民法庭上去，控诉他轻举妄动地把德国投入欧洲大战，因而他失去执政的资格。与此同时，在一个短时期内实行军事独裁，然后再成立由社会上知名人士领导的临时政府，在适当的时期以后，组织一个保守的民主政府。

有两点考虑是这次政变成败所系的关键，而且与两个主要的政变策划人哈尔德将军与贝克将军有关。第一点是时间问题。哈尔德同最高统帅部安排好，把希特勒最后下令进攻捷克斯洛伐克的时间在48小时以前通知他个人。这样就可以使他有时间在德军越过捷克边境以前就把政变的计划付诸实施。这样他不但可以逮捕希特勒，而且可以防止造成大战的致命的一步。

第二点是贝克必须在事先使将军们而且在事后还要（在计划中的对希特勒进行审讯时）使德国人民相信，进攻捷克斯洛伐克会使英法参战，从而酿成欧洲大战，而德国对这一战争并无准备，必然要归于失败。这本来是他在整个夏天所写的一系列条陈的中心思想，也是他现在所要做的一切——推翻希特勒以保全德国，使它免于一场他认为会使它毁灭的欧洲战争——的根本出发点。

然而，对贝克而且对世界大部分地区的前途极为不幸的是，结果证明对于爆发大战的可能性摸得更准的是希特勒，而不是新近辞职的参谋总长。贝克是一个有学识、有历史眼光的欧洲人，他料不到英国和法国居然会硬是牺牲自己的利益而不干涉德国对捷克斯洛伐克的进攻。他懂得历史，然而却不懂得当代的政治。而希特勒却懂得。他相当时期以来就已经感到越来越可以相信自己的判断：张伯伦首相宁肯牺牲捷克而不肯参战，而在这种情况下，法国也不会履行它对布拉格
375 的条约义务。

威廉街并没有漏过纽约报纸早在5月14日发表的一则电讯。他们驻伦敦的记者报道了张伯伦在阿斯特夫人家里吃饭时一次非正式的谈话。据记者们说，这位英国首相曾说，一旦德国发动进攻，不论英国还是法国，也许还有俄国，都不会出兵驰援，捷克这个国家不能按目前的形式存在下去，为了和平的利益，英国赞同把苏台德区划归德国。德国人也注意到，尽管在下院内提出了愤慨的质询，张伯伦并没有否认美国记者的电讯的真实性。

6月1日，张伯伦首相曾对英国记者发表了有一部分不能公开发表的谈话，两天以后，《泰晤士报》就开始发表一系列的社论来拆捷克人的台；它要求捷克政府允许国内各少数民族“自治”，“即使这意味着脱离捷克斯洛伐克”，它第一次建议以公民投票的办法来决定苏台德人和其他少数民族的要求。几天以后，伦敦德国大使馆报告柏林，《泰晤士报》的社论是根据张伯伦的不供发表的谈话写出来的，而且是反映了他的意见的。6月8日，冯·迪克森大使告诉威廉街，张伯伦政府将乐于见到苏台德地区脱离捷克斯洛伐克，只要这是由公民投票所决定的，而且“没有受到德国方面的强制措施的干扰”。[24]

所有这些想必是希特勒所乐于听到的。莫斯科来的消息也不坏。到6月底的时候，德国驻俄大使弗里德里希·维尔纳·冯·德·舒伦堡伯爵报告柏林说，苏联“极少可能出兵保卫一个资产阶级国家”，即捷克斯洛伐克。[25]到8月3日，里宾特洛甫通知德国各主要驻外使节

说，不必担心英国、法国、俄国会对捷克斯洛伐克问题进行干涉。[26]

就在8月3日这一天，张伯伦派了朗西曼勋爵带着一项奇怪的使命到捷克斯洛伐克去充当苏台德危机的“调解人”。他到布拉格那天，我刚好在那里，在参加了记者招待会并且与他的随行人员谈话以后，我在日记上记着：“朗西曼的全部使命气味不正。”7月26日在下院宣布朗西曼将衔命出使的时候，张伯伦本人曾撒了一个在英国议会史上独一无二的谎言。首相说，他派朗西曼赴捷是“应捷克斯洛伐克政府请求”。事实上，朗西曼是张伯伦强迫捷克政府同意他去的。不过背后还有一个更大的骗局，人人都知道，张伯伦也知道，朗西曼要在捷克政府和苏台德人之间进行“调解”是不可能而且是讲不通的。他们 376
知道苏台德人的领袖亨莱因并不是一个能自作主张的人，他并不能参加谈判，目前的纠纷是布拉格和柏林之间的问题。从朗西曼到达捷克的当天晚上以及以后几天，我的日记表明，捷克人完全知道朗西曼是张伯伦派来为把苏台德区转交给希特勒一举铺平道路的。这是一个卑鄙的外交花招。

现在1938年的夏天已经几乎过完了。朗西曼仆仆往返于苏台德区和布拉格之间。对苏台德日耳曼人的友好姿态越来越多，对捷克政府的要求也越来越多，苏台德人要什么，就要捷克政府给什么。希特勒，他的将军们，他的外交部长也都忙得像发狂似的。8月23日，元首在基尔湾举行海军演习的时候，在“帕特里亚号”邮船上接待了匈牙利的摄政霍尔蒂海军上将和匈牙利政府的成员。希特勒告诉他们，他们如果要想在捷克的宴席上分尝一脔，就必须赶快采取行动。他说：“谁要想坐席，至少得帮厨。”[27]意大利大使贝尔纳多·阿托利科也是船上的贵宾。但是，当他追问里宾特洛甫“德国人对捷克斯洛伐克行动”的日子，以便墨索里尼能有所准备的时候，那位德国外交部长却顾左右而言他。很清楚，德国人并不完全信任他们的法西斯盟友能守得住秘密。对于波兰他们倒是完全相信的。整个夏天，驻华沙的冯·毛奇大使都在向柏林报告，波兰不但不愿让俄国人假道以军队和飞机援捷，而且波兰外交部长约瑟夫·贝克上校还对捷克的一块领土切申地区垂涎欲滴。贝克的致命的短视这时已表露出来，而那年夏天在欧洲这种短视的观点却是一个流行的观点，到头来将证明，这种短视的观点为害之大是他所不可能想象到的。

德军最高统帅部和陆军总司令部这时正在日夜工作，忙于草拟能使军队准备就绪好在10月1日向捷克斯洛伐克挺进的最后计划。8月24日，最高统帅部的约德尔上校给希特勒上了一个紧急条陈，强调“确定能给德国进行军事干涉以口实的‘事件’的**确切**日期，实为当务之急”。他解释说，X日的日期完全要根据它来决定。

> [他接着说]在X减1日*以前不能采取任何没有正当理由的事前行动。要不然的话，我们就会显得是蓄意制造这一事件的了。如果由于技术上的理由而认为这一事件应当安排在**晚上**的话，那么就不能以第二天为X日，X日必须再晚一天……之所以提出这一点的用意是想说明军方对这一事件极为关切，而且必须及时得悉元首的意图——因为谍报局迄今并未奉命组织这一
> 377 事件。[28]

到夏天将完的时候，突袭捷克斯洛伐克的周密准备显然已经诸事就绪。然而，如果法国人履行他们对捷克人的诺言而发动进攻的话，西线的防务怎么办？8月26日，希特勒出发到西线巡视工事，随行的有约德尔和负责建造西壁工事的工程师托特博士、希姆莱和党内其他官员。8月27日，指挥西线部队的威廉·亚当将军也参加巡视，在以

---

* 指出兵进攻捷克斯洛伐克的前一天。——译者

后的两天中，他亲眼看到希特勒由于莱茵兰人对他的热烈欢迎感到乐极忘形，可是亚当将军这位直率而能干的巴伐利亚人并不感到高兴，而是大为吃惊。8月29日，在希特勒的专用车厢里演出了惊人的一幕。亚当突然要求同希特勒单独谈话。据这位将军后来说，希特勒在冷笑一下以后就屏退了希姆莱和其他的党羽。亚当二话不说，单刀直入地说明不论把西壁吹得如何天花乱坠，他用手下现有的军队是守不住的，希特勒急躁了起来，并且对他发了一通长篇大论，大吹他已经使德国比英国和法国加起来还要强。

“谁要守不住这些工事，”希特勒咆哮说，“谁就是混蛋！”*

虽然如此，除了亚当以外的将领们心中对这一点的怀疑还是与日俱增。9月3日，希特勒在伯格霍夫召见了最高统帅部和陆军总司令部的首脑凯特尔和布劳希奇。当时议定，各野战部队应当在9月28日在德捷边境沿线进入阵地，最高统帅部必须在9月27日中午知悉X日究竟是哪一天。希特勒对“绿色方案”的作战计划还不满意，下令做了几处修改。据施蒙特少校所保存的有关这次会议的笔记，可以很清楚地看到，至少布劳希奇——凯特尔已谄媚成性难为直言了——再次提出了如何固守西线的问题。希特勒骗他说，他已经下令加速建筑西线的工事了。[30]

9月8日，海因里希·冯·施蒂尔普纳格尔将军来见约德尔。后者在日记中记下了这位将军对西线军事态势的悲观看法。他们两个人都清楚，希特勒的情绪由于受到刚刚开幕的纽伦堡纳粹党大会的狂热气氛的鼓动而大为高涨，已决意进攻捷克斯洛伐克，而根本不顾法国是否干涉。连一向乐观的约德尔也说：“我必须承认，我也感到担心。”

第二天，9月9日，希特勒把凯特尔、布劳希奇和哈尔德召到纽

---

* 据约德尔在日记中说，希特勒用的字眼是Hundsfott（狗崽子），这是很重的话。[29]特尔福德·泰勒在其所著《剑与卐字》一书中，对此有详细的描写，材料就是以亚当将军尚未发表的回忆录为根据的。

伦堡举行会议。这次会议从晚上10点一直开到第二天凌晨4点。据凯特尔后来对约德尔私下透露（约德尔后来把凯特尔的话写到了日记上），会上争论异乎寻常地激烈。哈尔德先前感到自己处境微妙，必
378 须小心谨慎，因为身为要在希特勒下进攻令时举事推翻他的密谋的主角，他却不得不十分详尽地解释参谋总部关于进攻捷克斯洛伐克的计划，后来他又感到十分难受，因为他眼看着希特勒把这一计划撕得粉碎，并且不但把他，还把布劳希奇痛骂一顿，骂他们胆小，骂他们在军事上无能。[31]约德尔在9月13日的日记里写道，纽伦堡的这一场面和德国陆军首脑人物中出现的“失败主义”使凯特尔感到“极度震惊”。

> 向元首提出了陆军总司令部方面存在着失败主义……凯特尔宣称他绝不能容忍最高统帅部有任何军官再事批评埋怨，动摇犹豫，消极悲观……元首已经知道，陆军总司令［指布劳希奇］曾要所属将领支持他，来打开元首的眼界，让他看到他不顾一切希图一逞的冒险。他自己［指布劳希奇］已再也得不到元首的信任了。
>
> 因此纽伦堡的空气极为阴沉，全国都支持元首而唯独陆军高级将领却是例外，诚属不幸。

所有这一切都使少年气盛、自命不凡的约德尔大为扫兴，他已经把自己的前程完全寄托在希特勒身上了。

> 只有通过行动［这些将军们］才能光荣地弥补由于他们缺乏意志力量与服从精神所造成的损失。这是同1914年一样的问题。陆军方面抗命的例子只有一个，而这就是将军们的抗命。从根子上来说，这是由于他们骄傲自大。他们谁也不相信，谁也不服

> 从，因为他们不承认元首的天才。许多人仍然把他看成是世界大战中区区一个下士，不知道他是俾斯麦以后最伟大的政治家。[32]

当时任陆军总司令部第一处处长并且参与哈尔德的密谋的冯·施蒂尔普纳格尔将军在9月8日同约德尔谈话时，曾向最高统帅部要求书面保证，保证陆军总司令部能提前五天得到希特勒进攻捷克的命令。约德尔答复说，由于气候难以预料，只能保证提前两天给予通知。虽然如此，对于反叛分子来说，这也已经够了。

不过，他们还需要另外一种保证——说到最后，他们究竟能否假定，如果希特勒决意进攻捷克斯洛伐克的话，英国和法国一定会对德宣战。为此，他们决定派密使去伦敦，不但要弄清英国政府的意图，而且如果必要，还要影响英国政府的决策。为此目的，将告诉英国政府：希特勒已决定在秋季某一天进攻捷克，参谋总部是知悉这一日期 379
的，也是反对此事的，如果英国能对希特勒坚决反对到底的话，参谋总部准备采取最有决定性的行动来防止此事。

第一个派出的密使是谍报局的奥斯特上校选派的埃瓦尔德·冯·克莱斯特，他在8月18日到达伦敦。当时早已急于要把希特勒在捷克斯洛伐克所要的任何东西都给他的汉德逊大使，从柏林电告英国外交部："在任何官方场合接待他［指克莱斯特］都是不明智的。"* 虽然如此，外交大臣的首席外交顾问、伦敦方面反对姑息希特勒的主要人物之一罗伯特·凡西塔特爵士，在克莱斯特到达伦敦的当天下午就接见了他，而且当时仍然在野的温斯顿·丘吉尔也在第二天就接见了他。两个人都对来客的严肃和诚恳有极深的印象。克莱斯特对他们讲了他受命要讲的活，强调希特勒已定好日子对捷克人发动侵略，大

---

* 据德国外交部8月6日的一项备忘录称，汉德逊曾在一个私人社交场合对在场的德国人说："英国不想为捷克斯洛伐克牺牲一兵一卒。任何合理的解决办法，只要不是动用武力的，都会得到同意。"[33]

部分将领是反对他的，并且将有所行动，然而如果英国继续姑息希特勒的话，那就是拆他们的台。如果英国和法国肯公开宣布，一旦希特勒对捷发动进攻，它们绝不袖手旁观，如果英国某些知名的政治家肯对德国发出严重的警告，指出纳粹侵略能造成的后果的话，那么，德国将领们就会起来制止希特勒。[34]

丘吉尔写了一封振奋人心的信，让他带回德国去鼓励他的同事：

> 我确信德国陆军或空军大举越过捷克斯洛伐克边境将引起世界大战。我像1914年7月底一样确信，英国将同法国一起出兵……我祈求诸位，千万不要在这一点上有所误信……*

凡西塔特对克莱斯特的警告颇为重视，因此曾立即就此事向英国
380 首相与外交大臣提出报告。而且张伯伦虽然在给哈利法克斯勋爵的信中说他倾向于“对他［指克莱斯特］所说的话大打折扣”，他也还是说:“我不能肯定说我们不该有所行动。”[36]他的行动就是在制造了一些空气以后，在8月28日把汉德逊大使召回伦敦“有所咨询”。

他指示他驻柏林的大使做两件事情：首先，向希特勒提出严肃的警告；其次，秘密准备他同元首之间的“个人接触”。据汉德逊自己的说法，他劝首相放弃第一点要求。[37]至于第二点要求，汉德逊求之不得，当然乐于遵命。†

---

* 克莱斯特于8月23日回柏林后给贝克、哈尔德、哈默施坦因、卡纳里斯、奥斯特和其他参与密谋的人看了丘吉尔的信。惠勒-本内特在其所著《权力的报应》一书中（第413页）说，根据法比安·冯·施拉布伦多夫在战后告诉他的材料，卡纳里斯曾将这封信分抄两份，一份留给自己，一份给贝克。原件则由克莱斯特藏在波美拉尼亚的施门青他的乡间别墅里。1944年7月20日谋害希特勒事件以后，为秘密警察所发现，克莱斯特因此被人民法庭处以死刑，于1945年4月16日判决执行。事实上，德国当局知道丘吉尔的信的内容要比反叛分子所能想象的早得多。我在德国外交部的档案中发现一份文件，上面标的是“温斯顿·丘吉尔给一个德国密使的一封信的内容摘录”，虽然原件并未标明日期，然而查明是1938年9月6日存档的。[35]

† 这位大使7月18日从柏林写信给哈利法克斯勋爵说:“我真诚地认为现在是该由布拉格来认真扭转局面的时候了……如果贝奈斯不能满足亨莱因的要求的话，他也就不能满足任何一个苏台（转下页）

这是走向慕尼黑，走向希特勒最大的不流血胜利的第一个步骤。

柏林的密谋分子没有看到张伯伦的这种转向，还想进一步对英国政府提出警告。8月21日奥斯特上校派了一个使者去告诉英国驻柏林的武官，希特勒想在9月底侵入捷克斯洛伐克。他告诉英国人："如果外国能以强硬行动使希特勒于最后一刻宣布放弃其目前的打算的话，他在受到这一打击后必将垮台。同样，一旦发生战争，法国和英国如能立即干涉，也会使这个政权倒台。"内维尔·汉德逊爵士尽责地把这一警告报告了伦敦，不过却把它说成是"显然是有偏向的，而且在很大程度上是宣传"。随着危机的越来越严重，这位温文尔雅的英国大使眼上的尘翳似乎也越来越厚了。

哈尔德将军隐隐感到密谋分子并没有能把他们的信息有效地通知英国人，因此在9月2日派了他自己的密使——已退休的陆军军官汉斯·伯姆-特特尔巴赫中校——前往伦敦，同英国陆军部和军事情报局取得联系。虽然照这位中校自己的说法，他曾见到了伦敦某些有名人物，然而他似乎并没有给他们留下什么深刻的印象。

最后，密谋分子只好利用德国外交部和驻英大使馆来进行最后的努力，设法使英国保持强硬。德国驻英大使馆的参赞兼临时代办是特奥多尔·科尔特，他的弟弟埃里希也在德国外交部任职，是里宾特洛甫的秘书处长。两个人都是冯·魏茨泽克男爵手下的红人。魏茨泽克身任德国外交部的国务秘书，无疑是外交部的大脑，他在战后曾大事宣扬自己反对纳粹的历史，然而却一直为希特勒和里宾特洛甫效命出力，几乎到最后。不过，从缴获的德国外交部的文件中可以清楚地看 381
出，他当时确是反对侵略捷克斯洛伐克的，理由同将领们相同，认为那样做，一定会引起战争，而战争又必然会导致失败。在魏茨泽克的

（接上页）德领袖的要求……我们应该不惜对捷克人做恶人。"[38]亨莱因只是希特勒的一个工具，是在希特勒的命令下，把他的要求不断加码，以至于贝奈斯根本不可能"满足"他的要求。见本书原文第359页。连汉德逊这样一个人到了这个时候还不知道这一点，实在是难以设想的。

默许之下，在同贝克、哈尔德、格德勒商量之后，密谋分子一致同意应由特奥多尔·科尔特去对唐宁街发出最后的警告。他身任大使馆参赞，访问英国当局是不会招人怀疑的。

他在9月5日见到了张伯伦的亲信霍拉斯·威尔逊爵士。威尔逊认为他的话极端重要、极端紧急，马上从后门把他带进了唐宁街外相官邸。他直率地告诉哈利法克斯，希特勒已计划在9月16日下总动员令，并且已确定至迟在10月1日进攻捷克斯洛伐克，德国陆军已准备在最后下进攻令时起事反对希特勒，如果英法态度坚定，此事定能成功。他也告诉哈利法克斯，希特勒9月12日在纽伦堡党代表大会的闭幕演说将是爆炸性的，很可能促使对捷克斯洛伐克摊牌，那将是英国站出来反对这个独夫的时候。[39]

科尔特虽然曾同唐宁街不断有个人接触，这次又向外交大臣坦率陈词，但也不知道当时伦敦的风向。然而，他同任何其他人一样，两天以后，看了9月7日伦敦《泰晤士报》一篇著名的社论以后，就恍然大悟了。这篇社论说：

> 捷克斯洛伐克政府值得考虑一下，是否应当完全排除某些人士曾表赞同的计划，也就是割弃某些异族居民所住的与其本种族的国家接壤的边缘地区，从而使捷克斯洛伐克成为一个更加单纯的国家的计划……可以想象，捷克斯洛伐克在种族上如能成为一个更单纯的国家，其利益将超过失去边境上苏台德日耳曼人地区的显著的不利。

这篇社论完全没有提到这样一个明显的事实：捷克人一旦把苏台德区割让给德国以后，将不但失去波希米亚周围作为天然防线的高山，而且也将失去他们的“马其诺防线”，从而在纳粹德国面前处于无险可守的地位。

虽然英国外交部很快就否认《泰晤士报》的社论代表政府的观点，科尔特第二天还是打电报给柏林说，这篇社论可能是“根据首相左右给予《泰晤士报》编辑部的暗示”。其实岂止是可能呢！

目前在第二次世界大战以后危机重重的年月里，已很难回忆纽伦堡纳粹党代表大会期间对欧洲各国首都所造成的阴暗的、几乎难以忍受的紧张气氛。这次大会是9月6日开始的，在9月12日达到高潮。 382
希特勒预定在这一天向大会做闭幕演说，而世人则预料他将向全世界宣布对捷究竟是战是和的最后决定。我那个星期正在危机中心布拉格。令人奇怪的是，尽管有日耳曼人在苏台德区发动的武力骚动，尽管有柏林的威胁，有英法政府要它屈服的压力，有担心它们会对捷克斯洛伐克撒手不管的恐惧，捷克首都的气氛却比任何其他地方都要平静——至少外表上如此。

9月5日，贝奈斯总统看到，要挽救和平的话，已非由他来采取决定性的行动不可，于是在赫拉德欣宫召见了苏台德人的领袖孔特和西伯科夫斯基，通知他们以书面提出他们的全部要求。不论这些要求是什么，他都将接受。第二天，苏台德人的副领袖卡尔·赫尔曼·弗兰克叫道：“我的天，他们给了我们一切。”不过，这却正是苏台德的政客们和他们在柏林的主子们最不愿见到的事情。9月7日，亨莱因就在德国的指示下，根据捷克警察在摩拉夫斯卡-俄斯特拉发有所谓过火行为这样说不过去的借口，而中断了同捷克政府之间的一切谈判。

9月10日，戈林在纽伦堡纳粹党大会上发表了一篇好战的演说。“欧罗巴的一块小小的地方在折磨着全人类……这个可怜的侏儒般的民族［指捷克人］在压迫着一个文明的民族，站在他们背后的是莫斯科和犹太鬼。”但是贝奈斯在同一天所做的广播一点也没有提到戈林的恶骂；那是一篇安详地、庄严地呼吁双方平心静气相见以诚的演说。

虽然表面上如此，捷克人骨子里却是紧张的。在贝奈斯博士讲完了话以后，我在捷克广播大厦的前厅遇见他时，看到他的脸色非常沉重，而且看起来完全意识到自己处境极为困难。威尔逊火车站和飞机场挤满了犹太人，争先恐后想得到一个位子转到安全一点的地方去。防毒面具也在这个周末分发给群众。巴黎来的消息说，法国政府因为看到有战争的危险而惊慌失措，伦敦来的消息说张伯伦在考虑采取豁出去的措施来满足希特勒的要求——当然，是以牺牲捷克为代价。

就在这种情况之下，全欧洲都在等待着希特勒9月12日在纽伦堡的讲话。然而，这位元首在党大会最后一天晚上对纽伦堡体育场上的如醉如狂的纳粹信徒发表的演说虽然粗鲁激烈，而且充满了对捷克国家，特别是对捷克总统的恶毒咒骂，却还并不是一份宣战书。他——至少在公开场合——没有宣布最后决定，事实上，我们从缴获的德国文件中知道，他早已确定以10月1日为越过捷克边界的日子。在纽伦堡的演说中，他不过要求捷克政府给予苏台德日耳曼人以“公平待遇”。要是它不照办的话，德国就要设法让它一定办到。

希特勒的这番发作，影响颇为可观。在苏台德地区，它引起了一
383 场叛乱，经过两天激战，捷克政府赶紧派兵镇压并且宣布戒严之后方才平息。亨莱因偷渡边境到了德国，宣布现在唯一的解决办法就是把苏台德地区割让给德国。

我们已经看到，这正是在伦敦日益占上风的解决办法。然而必须首先得到法国的同意之后才能促使其实现。在希特勒讲话的第二天，即9月13日，法国内阁开了整整一天的会，内阁认为德国进攻已经迫在眉睫，然而在法国究竟应否履行对捷克斯洛伐克的条约义务这一点上陷入分裂，无法得出一致意见。当天晚上，英国大使埃里克·菲普斯爵士正在喜剧歌剧院观剧之际，中途被请去同达拉第总理进行紧急

磋商，后者要求张伯伦立即设法同那位德国独裁者谈判，尽可能取得最好的结果。

可以猜想，张伯伦先生在这方面无须促驾。当天晚上11点，这位英国首相就给希特勒发出一份急电：

> 鉴于局势日益严重，我提议立即前来见你，以寻求和平解决办法。我提议乘飞机前来，并且准备就在明天启程。
>
> 请赐告你最早能在什么时候见我，并请赐告会面的地点，盼尽早赐复为感。[40]

两个小时以前，德国驻伦敦的代办特奥多尔·科尔特曾电告柏林，说张伯伦的新闻秘书告诉他，首相"已准备研究德国的多方面的建议，包括举行公民投票在内，协力促其实现，并且在公开场合加以鼓吹"。[41]

最后在慕尼黑臻于完成的投降就此开始。

张伯伦在贝希特斯加登：1938年9月15日

"我的天哪！"（"Ich bin vom Himmel gefallen！"）希特勒在看到张伯伦的电报时这样叫了起来。[42]他又惊又喜。那位掌握着大英帝国命运的人，那位已经是69岁高龄而且从来没有坐过飞机的人居然肯降尊纡贵，不惮做七小时的长途飞行到德国最僻远的贝希特斯加登来向他央求，真使他喜出望外。希特勒毫不客气，连建议在莱茵兰找一个地点相会都不愿意，而那样原是可以使路程缩短一半的。

英国人似乎认为首相之长途跋涉是要完成阿斯奎斯先生和爱德 384
华·格雷爵士在1914年所没有做到的事情——警告德国：对小国的任何侵略，不但会引起法国而且会引起英国参战，联合反德。然而不论英国人方面如何热心*，从德国的秘密文件和以后的事态演变来看，希特勒很明白，张伯伦的行动对他说来是一个天赐良机。德国驻英大使馆早已报告过，说英国领导人准备倡议实行“德国的多方面建议”，元首十分肯定：张伯伦此次前来等于是进一步保证，英国和法国，将如他一贯认为的那样，不会为捷克斯洛伐克而出兵干涉。首相同他会面还不到一小时，这种事先的估计就成了确定的事实了。

会谈刚开始的时候，虽然希特勒照例只顾自己说话，双方还是有过一番外交上的小交锋。[43]张伯伦是9月15日中午在慕尼黑机场着陆的，然后就坐着一辆敞篷汽车到火车站，再从那里坐三小时的专车到贝希特斯加登。他看到一列一列满载德国军队和重炮的火车不断在他眼前开过。希特勒并没有到贝希特斯加登火车站来迎接，而是在伯格霍夫高高的台阶上等候他的贵宾。据德国方面的译员施密特博士后来回忆，这时下起雨来，空中一阵黑似一阵，乌云遮住了群山，时间已经是下午4点了，而张伯伦从天明到现在一直都在赶路。

喝过了茶以后，希特勒和张伯伦到了二楼希特勒的书房，这就是七个月以前这位德国独裁者接见许士尼格的地方。在汉德逊大使的要求下，里宾特洛甫没有参加会谈。这使这位爱面子的德国外交部长大为恼怒，以致第二天竟拒绝把施密特关于会谈的笔记交给英国首相——这是一种罕见的然而典型的不礼貌行为——弄得张伯伦以后竟不能不光靠自己的脑子来回想希特勒和他的谈话。

希特勒首先讲话，就像他往常的演说一样，长篇大论地吹嘘他对德国人民、对国际和平、对英德亲善的丰功伟绩。他现在下定决心“不论用什么方法”都要解决一个问题。捷克斯洛伐克境内的三百万

* 就是在英国报纸上和议会中对张伯伦的外交政策批评最严厉的人都热烈赞扬首相的贝希特斯加登之行。桂冠诗人约翰·梅斯菲尔德特意写了一首赞歌式的诗，登在9月16日的《泰晤士报》上，题为《内维尔·张伯伦》。

日耳曼人必须“重返”德国。*

> ［据施密特的正式记录说］他希望不要对他的绝对的决心产
> 生任何怀疑，他绝不能容忍一个小小的二等国家把有一千年历史
> 的强大的德国看作仿佛是次一等的国家……他今年49岁，如果
> 德国为捷克斯洛伐克问题而卷入一场世界大战的话，他希望他能
> 以壮盛之年的全部精力领导德国度过危难……当然，如果由于这 385
> 个问题而竟然引起世界大战，他将不胜遗憾。不过这种危险绝不
> 能使他的决心有任何动摇……他为此准备迎接任何战争，甚至
> 世界大战。世界上其他各国爱怎么办就怎么办，他绝不会后退
> 一步。

希特勒滔滔不绝，大放厥词，张伯伦简直无法插一言。他的耐心实在惊人，然而也有限度。就在这个时候，他打断了希特勒的话头说：“如果元首已决定用武力来解决这个问题，甚至根本不想在我们之间讨论一下的话，那么为什么还要让我来？我浪费了时间了。”

德国独裁者没有想到别人这样同他顶嘴，因为这时已经没有任何一个德国人敢这样做了。张伯伦的反唇相讥看来起了一点作用，希特勒平静了下来。他认为他们可以谈一谈“最后是否也许还有和平解决希望的问题”。接着，他就猛然提出了他的建议。

> 英国是否愿意同意割让苏台德区？……按民族自决的原则做出的割让？

* 不论在同希特勒谈话时，还是在向下院报告时，对德国历史知识看来并不渊博的张伯伦，接受了那个不该使用的“重返”字眼。苏台德日耳曼人曾归属过奥地利，但是从来没有归属过德国。

这一建议并没有使张伯伦感到震惊。说真的，他还表示满意，因为他们“现在终于接触到了问题的核心”。按照张伯伦根据自己的记忆所做的追述，他回答说，在他同阁员和法国人商量以前还不能把话说死。按照施密特在作口译时的速记记录，张伯伦确实说了这番话，不过他还加上了“**他可以代表个人说，他承认苏台德区脱离**［捷克斯洛伐克］**的原则……他希望回到英国向政府报告他的个人态度，并且取得政府的批准**”。

自从在贝希特斯加登做出这个投降以后，其他一切就跟着都来了。

显然，这一投降没有引起德国人的惊奇。就在贝希特斯加登会议的当儿，亨莱因从埃格尔给希特勒写了一封密信，上面标的日期是9月15日，正是他越过边境到德国的前夕。

> 我的元首：
>
> 我昨天通知英国代表团［指朗西曼代表团］，继续谈判……只能以实现同德国的统一为基础。
>
> 张伯伦很可能建议这样的统一。[44]

第二天，9月16日，德国外交部向驻华盛顿大使馆和驻其他若干国家首都的大使馆发出了下列密电：

> 元首昨天告诉张伯伦，他已下定最后决心要在最短的时间
> 内用一切办法来结束苏台德区不可容忍的局面。现在要考虑的已
> 386 不是苏台德日耳曼人的自治问题，而是把这一地区割让给德国的
> 问题。张伯伦个人已表示赞同，他现在正在同英国内阁商量并且
> 同巴黎交换意见。元首与张伯伦之间下一次的会谈，计划在最近
> 举行。[45]

在同希特勒的会谈快结束的时候，张伯伦总算从他那里挖出了一项保证：在他们两人再次会商以前，他不采取任何军事行动。这时候，首相对元首的话还是极为信任的，一两天以后，他在私人场合曾说："尽管我想我在他脸上可以看出这个人凶狠无情，我还是觉得他是一个在做了保证以后可以相信的人。"[46]

当张伯伦陶醉在这种自我安慰的幻想中的时候，希特勒却在一股劲儿地在政治上和军事上准备进攻捷克斯洛伐克。约德尔上校代表最高统帅部同宣传部制订了一项计划，他在日记中把它称为"在否认我们自己违反国际法方面的联合准备"。未来的战争将是一场残酷的战争，至少在德国方面来看是如此，而戈培尔博士的工作就是为纳粹的过火行为辩解。关于他如何撒谎的计划，制订得极为详细。[47]9月17日，希特勒指定最高统帅部的一名参谋去协助现在拜罗伊特郊外顿多夫的一座古堡中设立总部、从事其活动的亨莱因组织苏台德自由军团。苏台德自由军团装备着奥地利的武器，它从元首那里奉到的命令是：同捷克人不断保持"冲突和纠纷"。

9月18日这一天，张伯伦忙着争取他的内阁阁员和法国人同意他的投降政策。对于希特勒和他的将军们来说，这一天也是一个忙日子。5个军团（第二、第八、第十、第十二、第十四军团）共计36个师（包括3个装甲师）的行动时间表下达了。希特勒也批准了10个军团的指挥官人选。亚当将军，尽管桀骜不驯，仍然统率西线德军。奇怪的是，两个密谋反叛的退职将军居然也重新起用：贝克将军指挥第一军团，冯·哈默施坦因将军指挥第四军团。

为了对捷克进行最后打击，政治方面的准备也在加紧进行。缴获的德国外交部文件充满了不断对匈牙利和波兰增加压力，要它们参与分肥的文件，德国人甚至还拉斯洛伐克人下水来制造麻烦。9月20日，亨莱因鼓动他们把他们的自治条件提得"更加尖锐"。同一天，希特勒接见了匈牙利总理伊姆雷第和外交部长卡尼亚，对布达佩斯所表现的畏缩犹豫大加申斥。有一项外交部的备忘录曾详细地谈到这次会晤的情况。

> 首先，元首对这两位匈牙利先生斥责了匈牙利举棋不定的
387 态度。他，元首，已决意解决捷克问题，即使冒引起世界大战的危险也在所不惜……［不过］他深信不论英国还是法国都不会干涉。匈牙利要参与大事，现在已是最后的机会了。它要是不参加的话，他就不能为匈牙利的利益说话。他的意见是，最好就是消灭捷克斯洛伐克……
>
> 他向匈牙利人提出两项要求：（1）匈牙利应当马上提出在它所希望取得的领土内进行公民投票的要求。（2）它对任何方面提出的关于确定捷克斯洛伐克新边界的建议应不做任何保证。[48]

从希特勒向匈牙利人说得很明白的话里可以看出，不论张伯伦愿意怎么办，就是残存的那个捷克斯洛伐克，希特勒也不打算让它长期存在。至于对英国首相：

> 元首宣称，他将把德国的要求直截了当地提交给张伯伦，他的意见是，军队的行动将能提供最能令人满意的解决办法。不过，还是有捷克人可能接受一切要求的危险。

在这位德国独裁者同毫不见疑的英国首相以后举行的历次会议上，这是他一直担心的危险。

在柏林的鼓动下，波兰政府在9月21日向捷克人提出，要求在有大量波兰人居住的切申地区举行公民投票，并且把部队开到了这一地区的边境。第二天，匈牙利政府也如法炮制。就在这一天，即9月22日，苏台德自由军团在德国党卫军的支援下侵占了为德国领土包围的

两个捷克边境小城——阿斯和埃格尔。

9月22日，事实上在全欧洲都是一个紧张的日子，因为在那天早晨，张伯伦又再次出发到德国去同希特勒会谈了。现在必须简单回顾一下英国首相两次访问德国元首之间在伦敦做的事情。

在9月16日回到伦敦的当晚，张伯伦就召集了一次内阁会议，让他的阁员们了解希特勒的要求，同时电召朗西曼勋爵从布拉格回国提出建议。这些建议叫人大吃一惊。热衷于姑息希特勒的朗西曼居然比希特勒还要干脆。他主张把主要由苏台德人居住的地区立即移交德国，根本不必费事举行什么公民投票。他竭力主张以合法手段制止“各政党或个人”对德国在捷克斯洛伐克所作所为的一切批评。他要求捷克斯洛伐克，甚至在它的山地天险和防御工事已被剥夺因而已处于绝境以后，还要“改变它的外交政策，使各邻邦相信它绝不会向它们发动进攻或者由于对其他国家所负的义务而参与反对它们的任何侵略行为”。朗西曼在这个时候
居然还会担心一个残存的捷克国家有对纳粹德国发动侵略的危险，似乎 388
不可思议，但是，他这种异想天开的建议，显然对英国内阁造成了深刻的印象，并且使张伯伦打算满足希特勒的要求的想法更加加强了。*

达拉第总理和他的外交部长乔治·博内9月18日到伦敦同英国内阁商量。根本没有考虑让捷克人参加。英国人和法国人不惜任何代价力求避免战争，没有花多少时间就商定共同提出一项一定要捷克人接受的建议。凡居民半数以上为苏台德日耳曼人的领土必须交给德国，

---

* 虽然朗西曼建议的要点在9月16日晚间即已提交内阁，但是报告本身直到9月21日才正式提出，而到9月28日才发表，这时由于事态的发展，已引不起人们的实际兴趣了。惠勒-本内特指出，这个报告有几部分让人看起来像是在9月21日以后写的。当朗西曼在9月16日早晨离开布拉格的时候，还没有一个人认为，甚至连希特勒和苏台德的领袖们都不认为，苏台德区能不经公民投票而交德国（见惠勒-本内特：《慕尼黑》［*Munich*］，第111—112页。朗西曼报告全文见《英国白皮书》第5847号，第1卷）。

以保证“和平得以维持而捷克斯洛伐克的根本利益亦得以确保安全”。英国和法国则另外同意一起做出一项“担保新边界不受无端侵略的国际保证”。这种保证将代替捷克斯洛伐克与法国和俄国之间现有的互助条约。对法国人来说，这是一条方便的下台阶的办法，在博内的带头之下（后来的局势演变证明，博内已决心在姑息希特勒方面胜过张伯伦），他们立刻抓住不放。然后就发生了下面的一番伪善的哀告：

［他们在给捷克的一次正式照会中说］法英两国政府明白为了和平事业要求捷克斯洛伐克政府做出的是何等巨大的牺牲。但是由于这一事业既关系到欧洲全体，也关系到捷克斯洛伐克本身，它们认为，它们有责任一起坦率提出获致和平所必需的条件。

而且，它们的行动也赶得很紧。德国的独裁者已经迫不及待了。

首相必须立即与希特勒先生重新会谈，至迟不超过星期三［9月22日］。若有可能，越早越好。我们因此感到我们必须请求你们尽早答复。[49]

就这样，英国和法国驻布拉格公使在9月19日中午一起向捷克政府递交了英法的建议。捷克政府在第二天以一项庄严的复照拒绝了这个建议，它的预言一样的解释是，接受这个建议将使捷克斯洛伐克“迟早置于德国的完全统治之下”。复照提醒法国注意它所负的条约义
389 务，并且提醒法国注意一旦捷克屈服以后法国在欧洲所处的地位，然后建议把整个苏台德问题按照1925年10月16日的德捷条约提付仲裁。*

---

* 值得指出的是，不论英国政府还是法国政府在后来为自己导致慕尼黑屈服的政策辩护而公布文件的时候，都没有发表这个捷克照会。

但是，英国和法国根本不愿意让“条约神圣”这类原则来妨碍它们已确定要走的道路。9月20日下午5点钟，英法驻布拉格使馆刚刚接到拒绝照会，英国公使巴兹尔·牛顿爵士就警告捷克外交部长卡米尔·克罗夫塔博士，如果捷克政府坚持己见，英国就将不再过问捷克的命运。法国公使德拉克洛瓦先生也代表法国表示同意这一声明。

同时，伦敦和巴黎对捷克的照会也极不客气。张伯伦召集了核心内阁会议，并且整整一晚上都接通了巴黎的电话，不时同达拉第和博内通话。双方同意应当对布拉格继续施加压力，必须告诉捷克人，如果他们一意孤行的话，他们就不必指望能得到法国或者英国的什么援助。

这时，贝奈斯总统已明白他原来以为是朋友的人已经在打算抛弃他了。但他还是做了一次最后的努力，想至少能拉住法国。9月20日晚上8点刚过，他让克罗夫塔博士向德拉克洛瓦提出了下面这个决定命运的问题：一旦德国进攻的话，法国到底是否准备履行对捷克斯洛伐克的保证？到9月21日凌晨2点一刻，牛顿和德拉克洛瓦就把贝奈斯从床上请了起来，要求他收回拒绝英法建议的照会，并且声称，除非他撤回这一照会并且接受英法建议，否则捷克斯洛伐克只能单独对德作战。捷克总统要法国公使把这番话写成书面文字。他大概已经绝望了，然而还想留下一个历史的见证。*

第二天（9月21日）一整天，由于疲劳过度、睡眠不足和眼睁睁看着国家被人出卖、大祸即将临头而深感痛心的贝奈斯，同政府阁员、各党派领导人和统帅部高级将领进行商谈，他们在敌人威胁面前曾经表现出勇气，然而在被朋友和盟邦背弃的时候却开始动摇了。英

* 博内在这个历史关头所玩弄的阴谋诡计过于复杂，无法在这本关于德国历史的书中一一细述。抛开别的不说，他居然想方设法使法国和英国的阁员相信这样的谎言，说捷克政府要法国人声明他们不会为捷克斯洛伐克而战，这样它就可以有投降的借口。关于此事，可以参看惠勒-本内特：《慕尼黑》，赫伯特·里普卡：《慕尼黑前后》（*Munich, Before, and After*），佩蒂纳克斯：《法兰西的掘墓人》（*The Grave Diggers of France*）。

法靠不住，那么俄国呢？就在那一天，苏联外交人民委员长李维诺夫在日内瓦发表了一篇演说，重申苏联将信守它同捷克斯洛伐克之间的条约。贝奈斯召见了苏联驻布拉格公使，后者也重申了李维诺夫的话。可怜的捷克人，他们这时才发现同俄国的条约规定，苏联人**只有**
390 **在**法国出兵支援的**条件下**才能出兵，而法国人这时已经背约了。

9月21日下午，捷克政府屈服了，它接受了英法的计划。政府发表的一项公报愤懑地解释说："我们没有别的选择，因为我们被抛弃了。" 在背地里，贝奈斯说得更干脆："我们被卑鄙地出卖了。" 第二天，内阁辞了职，陆军总监扬·西罗维将军受命组成了"民族集中政府"。

张伯伦在戈德斯贝格：9月22—23日

虽然张伯伦给希特勒带来了后者在贝希特斯加登会谈中所要求的全部东西，但是他们在9月22日下午在莱茵河畔的小城戈德斯贝格再次会面的时候，两个人都感到不自在。德国代办在伦敦飞机场送张伯伦启程之后就立刻给柏林发了一个急电："张伯伦一行是带着沉重的心情动身的……毫无疑问，对张伯伦的政策的反对正在增强。"

希特勒则处在一种十分神经质的状态中。9月22日早晨，我正在举行会谈的德雷森饭店的阳台上吃早饭，眼看着希特勒走到河边去看他的游艇。他看起来似乎患有一种奇怪的痉挛，每走几步路就要神经质地耸一耸右肩，左腿就往前一提，眼睛下面有一圈黑影。照我那天晚上在日记里记的话，他似乎已处在神经崩溃的边缘上。坐在我旁边的一位德国朋友轻轻地说了一声"啃地毯的人（Teppichfresser）！" 他是暗中鄙视纳粹的一个报纸编辑，他给我解释说，过去几天中，希特勒为捷克问题而处于一种癫狂状态中，曾不止一次地完全失去自制，甚至趴到地上啃地毯的边。因此才叫他"啃地毯的人"。早一天晚上，我在德雷森饭店同几个纳粹党御用文人谈话时，我曾听到过有人用这个名字叫元首——当然，是小声叫的。[50]

张伯伦先生尽管由于国内对他的政策的反对越来越大而忧心忡忡，然而在到达戈德斯贝格和驱车到彼得霍夫的时候看来却精神极好。彼得霍夫是一个古堡式的旅馆，坐落在莱茵河对（右）岸的彼得斯贝格山顶上，张伯伦的行馆就设在这里。为了欢迎他，一路上不但挂着德国的卐字旗，也挂着英国的米字旗。他此来不但要满足希特勒在贝希特斯加登所提出的全部要求，而且还有所加码。现在已只需要确定细节了，正是为了这一点，他不但带来了霍拉斯·威尔逊爵士和威廉·斯特朗（后者是外交部的东欧事务专家），还带来了外交部文件与法律司的司长威廉·马尔金爵士。

这天下午，首相坐渡船渡过莱茵河到了德雷森饭店*，希特勒在那 391
里等着他。这一次总算——至少在开头的时候——一直是张伯伦在说话。根据施密特博士冗长的记录来判断[51]，英国首相想必谈了足足一个小时以上。他先解释了自己在经过“吃力的谈判”以后，已经争取到不但使英法两国内阁而且使捷克政府也都接受了元首的要求，然后他就详尽地提出了实现这些要求的办法。他已经接受了朗西曼的建议，现在准备使苏台德区不经公民投票就转交给德国。至于杂居地区的前途，则可以交给由一个德国人、一个捷克人和一个中立国代表组成的三人委员会来决定。不仅如此，元首极为反感的捷克斯洛伐克同法国和俄国之间的互助条约也将以一项国际担保来代替，担保捷克斯洛伐克不致受到无故的进攻，而后者今后“应保持完全的中立”。

对于这位商人出身的爱好和平的英国首相来说，这一切看起来都是极简单、极合理、极合乎逻辑的。据一个在场目击的证人说，他以一种显然可见的自满心情停了下来等候希特勒的反应。

---

* 这家饭店是希特勒早年在纳粹党内的一个老朋友德雷森先生经营的。1934年6月29日晚间，元首就是从这里出发去杀死罗姆，随之实行血腥的清党的。这位纳粹领袖往往把这家饭店当作一个退思的地方，在这里考虑问题，决定疑难。

“我是否可以理解为英国、法国和捷克政府已协议把苏台德区转交德国？”希特勒问道。*据他后来告诉张伯伦，他对让步如此之大、如此之快不禁感到惊奇。

“是的。”首相微笑着回答。

“我极其抱歉，”希特勒说，“由于过去几天内形势的发展，这个计划已经再也没有什么用处了。”

据施密特博士后来回忆，张伯伦听了这话吓了一跳，他那猫头鹰似的脸因为又惊又气，涨得通红。不过显然一点也不是因为恨希特勒骗了他，恨希特勒像一个普通的敲竹杠的人一样，只要对方一答应，就立刻又涨价。几天以后首相对下院所做的一个报告中，说明了他自己在这一刻的感受：

> 我并不想要下院认为希特勒是在存心骗我——我从来没有这
> 392 样看——但是，我原来以为，当我回到戈德斯贝格的时候，我只需同他细细地商量我带去的建议就够了；当他告诉我……这些建议不能接受的时候，对我是极大的震动……

张伯伦看到他以捷克人为牺牲而如此“吃力地”建立起的和平大厦就像纸牌搭成的一样垮了下来。他告诉希特勒，他“既感到失望，又感到奇怪。他应当有理由说元首已经从他那里得到他所要求的一切了”。

> 为了做到这一点，他［指张伯伦］把他的全部政治生命做了

---

* 希特勒知道捷克人已接受了英法建议。约德尔在日记里说，9月21日即张伯伦到达戈德斯贝格的前一天上午11点30分，他曾接到元首的一个副官的电话说：“元首五分钟以前接到消息说，布拉格据说已无条件接受。”约德尔还说，在12点45分的时候，“各处的负责人得到通知，继续准备‘绿色方案’，不过同时也必须为和平进军做好一切准备”。[52] 虽然如此，仍有可能，希特勒在英国首相向他解释英法建议的条款以前并不知道其具体内容。

孤注一掷……他被英国某些人士指责为出卖了捷克斯洛伐克，向独裁者屈膝投降，而且在那天早上离开英国的时候，确实还有人嘘他。

但是英国首相的个人不幸并没有打动元首的铁石心肠。他仍然要求，苏台德地区必须立即由德国予以**占领**。这一问题“至迟要在10月1日完全地、最后地解决”。他手头有张地图说明哪些领土必须立刻割让。

这样，据张伯伦后来告诉下院说，他心里“充满了凶事临头的预感”，只好退回到莱茵河彼岸去“考虑我该怎么办”。那天晚上，他在电话中同自己的阁僚以及法国政府的大员商量以后，几乎看不出有什么解决的希望，大家只好同意伦敦和巴黎应当在第二天通知捷克政府：它们不能再“继续承担建议捷克政府不要动员的责任”。*

这天晚上7点20分，凯特尔将军从戈德斯贝格打电话给陆军总部说：“[X日的] 日期还不能最后确定。继续按照计划进行准备。如果绿色方案执行的话，也不会在9月30日之前。如果提前执行，多半会临时修正。”[53]

这是因为阿道夫·希特勒自己这时也处在进退两难之中。当然张伯伦不知道，元首的真实意图，如他在5月危机以后在给最高统帅部的指示中所说的那样，是“以军事行动粉碎捷克斯洛伐克”。接受捷克人（不论多么不情愿）已同意接受的英法计划，不但可以把苏台德日耳曼人给予希特勒，而且可以有效地消灭捷克国家，因为此时它已毫无防御可言。然而这样就不是用军事行动了。而元首却已下定决心，不但一定要羞辱5月间惹恼了他的贝奈斯总统和捷克政府，而

* 捷克动员于9月23日晚上10点30分开始。

且要暴露西方国家没有骨头的可怜相。要做到这一点，至少必须要有军事占领。它可以像对奥地利的军事占领那样是不流血的，然而仍然必须是军事占领。对于傲慢的捷克人，至少得要报复到这种程度。

9月22日晚上，两个人并没有进一步接触，但是张伯伦在带着问
393 题睡了一夜，再加上在俯瞰着莱茵河的阳台上来回踱步了一早晨之后，吃完早饭就坐下来给希特勒写了一封信。他表示愿意把德国的这些新要求提交给捷克人，但是他不认为他们会接受。事实上，他毫不怀疑，如果德军立即占领的话，捷克人定将用武力抵抗。不过，既然各方面都已同意把苏台德区转交给德国，他还是愿意向布拉格建议，在该区正式移交以前，由苏台德日耳曼人自己来维持当地的法律和秩序。

对于这样一种妥协，希特勒听都不要听。他让英国首相等了几乎一整天，才终于回了一个措辞激烈的照会，再次长篇大论地重弹捷克人如何对不起德国人的老调，再次拒绝改变自己的态度，最后的结语是：只有战争“看来才能解决问题了”。张伯伦的答复很简短，他要求希特勒把新要求写成书面，“附上一张地图”。由他“作为调解人”送交布拉格。他最后说：“我看不出我在这里还有什么用处，因此我打算回英国。”

在这样做以前，他再次来到德雷森饭店同希特勒举行最后一次会议。会议从9月23日晚上10点30分开始。希特勒以备忘录的方式提出了他的要求并且附有地图。张伯伦发现自己面对着一个新的限期：捷克人应在9月26日也就是两天以后上午8点开始撤出割让地区，而在9月28日撤退完毕。

“这不是无异于下最后通牒吗！”张伯伦慨叹说。

“完全不是这么一回事。”希特勒立刻反驳。当张伯伦反唇相讥说这里用得上德文命令（Diktat）这个词的时候，希特勒回答说：“这根

本不是什么命令。请看，文件上明明写着是‘备忘录’。”

这时，一个副官给元首送来了一份急电，他看了一眼就把它扔给了正在翻译的施密特并说：“把这念给张伯伦先生听。”

施密特遵命照念：“贝奈斯刚刚在电台上宣布捷克斯洛伐克实行总动员。”

据施密特后来回忆，房间里顿时一片死寂。然后，希特勒开口了：“当然，现在一切都定局了。捷克人根本不想把任何领土割让给德国。”

根据施密特的笔记，张伯伦不同意这种说法，继之就发生了一场激烈的争论。

> ［希特勒说］是捷克人先动员的。张伯伦对此表示不同意。是德国首先动员的……元首否认德国已经动员。

这样，谈话一直继续到凌晨1点多钟，最后，张伯伦问希特勒，德国的备忘录是不是“果真绝无商量余地”，希特勒回答说确是如此。接着，首相 394

> 回答说，继续会谈已无意义。他已经尽了他的最大努力，他的努力已归失败。他将带着沉重的心情离开，因为他到德国来的时候所抱的希望已成泡影。

那位德国独裁者并不愿意张伯伦就此脱钩而去，因此提出了一项“让步”。

“我很少给别人做过这样的事情，你是难得的一个。”他说得挺爽快，“我准备只给捷克人撤退的期限规定一个日期——10月1日——如果那样能便于你完成任务的话。”他一边说着，一边就拿一枝铅笔自己把日期改掉了。这当然根本不是什么让步。10月1日一直就是X日。*

然而对英国首相来说，这却似乎颇有作用。据施密特的记录，他曾说“元首在这方面的考虑，他十分领情”。不过，他又说，他不能对这项建议表示接受还是拒绝，他只能转达。

无论如何，僵局总算是打破了。当会谈在凌晨1点30分结束的时候，不论在此前发生了什么，两个人在个人关系方面似乎比他们初次会面以来的任何时候都要显得更亲近些。我自己有幸在25英尺之外一个看门人的小屋里（我在那里设了一个临时广播室）亲眼看到他们在离旅馆大门不远的地方道别。他们彼此的亲密态度使我感到惊奇。我当时听不见的话，施密特记下来了。

> 张伯伦真挚地同元首道别。他说他感到由于过去几天的会谈在他和元首之间已产生了一种相互信任的关系……他仍然希望目前困难的危机将能克服，那时他将本着同样的精神同元首讨论其他仍然悬而未决的问题。
>
> 元首感谢张伯伦的这一番话，并且告诉他，他也抱有同样的希望。他已经说过几次，捷克问题是他要在欧洲提出的最后一次领土要求。

希特勒否认还要攫取领土的声明看来对告辞回国的英国首相也留下了很深的印象，因为他随后在下院发表的报告中，曾强调指出希特勒作这番表示时“怀有极大的诚意”。

---

* 德国的备忘录要求捷克任何武装部队，包括警察等在内，在10月1日以前撤出在地图上涂有红色的大片地区。此外还有许多涂有绿色的地区，其前途将由公民投票决定。在撤出地区的所有军事设施均应保持原状。一切商业的和运输的物资，“尤其是铁路车辆”，均应完整无损地转交给德国人。“最后，食品、货物、牲畜、原料等一概不得搬移。”[54]苏台德区的几十万捷克人甚至不许随身携带家用什物和自用的奶牛。

当张伯伦在将近凌晨2点回到旅馆时，有一个记者问他："先生，局势是不是已经绝望了？" 395

张伯伦回答说："我并不想这样说。现在一切要取决于捷克人怎么办了。"[55]

十分明显，他根本没想到，局势也要取决于德国人和他们那种荒谬绝伦的要求。

事实上，首相在9月24日回到伦敦后，就马上设法做他曾告诉希特勒他不会做的事情：说服英国内阁接受纳粹的新要求。不过，这次他碰到了没有料到的反对。海军大臣达夫·库珀坚决反对他。令人惊讶的是哈利法克斯勋爵也反对他，虽然十分勉强。张伯伦已控制不了他的内阁了。他同样也不能说服法国政府，后者在9月24日拒绝了戈德斯贝格备忘录，并且在同一天下令部分动员。

当达拉第总理率领法国部长们在星期天（9月25日）到达伦敦的时候，两国政府都已知道了捷克政府正式拒绝戈德斯贝格建议的行动。* 法国人除了重申他们将履行自己的诺言在捷克斯洛伐克受到攻击时予以援助而外，再没有别的路可走。但是他们还得了解一下英国人打算怎么办。在被逼得走投无路的情况下（或者看起来是这样的情况下），张伯伦最后同意通知希特勒，如果法国由于履行其对捷克人的条约义务而与德国交战的话，英国也将感到必须予以支持。

但是，他要先向德国独裁者做一次最后的呼吁。希特勒原定9月26日要在柏林体育馆发表演说。为了劝诱希特勒不要把文章做绝，张伯伦又一次赶写了一封亲笔信给希特勒，并且在9月26日下午由他的心腹霍拉斯·威尔逊爵士乘专机赶送到柏林。

9月24日凌晨张伯伦离开德雷森饭店以后，德国人就陷入了忧虑

* 捷克的答复是一个动人而有预言性的文件。它说，戈德斯贝格建议"剥夺了我们维护民族生存的一切保障"。[56]

1938年9月26日，法国总理达拉第抵达唐宁街10号就苏台德问题与英国政府举行会谈。

之中。战争现在看来就在面前了，他们中间至少有一些人并不怎么高兴。这天凌晨作者留在旅馆休息室里还在吃着头一天晚上耽误了的晚饭。戈林、戈培尔、里宾特洛甫、凯特尔将军和地位稍次一些的人物都站在附近，说得很起劲，看来，战争的前景使他们感到有点茫然。

就在这一天，我后来到柏林的时候，发现希望又渐渐在复活了。在威廉街，人们的感觉是，既然身居英国首相之尊的张伯伦已经同意把希特勒的新要求转达布拉格，就必须假定这位英国领导人是支持希特勒的建议的。我们已经看到，这种假定——就假定的范围而言——是完全正确的。

9月25日是星期日，这是柏林一个可爱的风和日暖的日子。毫无疑问，这年秋天只有最后这么一个气候宜人的周末了，因此，全城居

民倒有一半都拥到郊外的湖畔和森林中去。尽管有消息说，希特勒
因为听到戈德斯贝格最后通牒被巴黎、伦敦和布拉格所拒绝而暴跳如 396
雷，柏林并不感到有什么大的危机，更谈不上有什么战争狂热。那天晚上我在日记里写着:“简直很难相信会打仗。”*

到紧跟着来的星期一，局势突然恶化了。下午5点，霍拉斯·威尔逊爵士在汉德逊大使和英国大使馆一等秘书伊冯·柯克帕特里克陪同下，带着张伯伦的信到了总理府。[57]他们发现希特勒脾气极坏——很可能是故意在酝酿情绪，准备在三小时后在体育馆发表演说。

施密特博士开始翻译这封信，其中说到捷克政府正如张伯伦在戈德斯贝格时曾经预言过的那样，已经通知首相，戈德斯贝格备忘录“完全不能接受”。这时，据施密特说，希特勒猛一下跳了起来，一边叫:“再谈判已毫无意义！”一边就向门外走。[58]

照施密特的说法，这真是令人难受的一幕。“这是我第一次也是唯一的一次亲眼看到希特勒完全失去理智。”照在场的英国人的说法，元首后来又大步回到椅子上，不断大声叫嚷地打断施密特的翻译。“把德国人当黑人看……到10月1日我就要捷克斯洛伐克乖乖地听我的话。法国和英国要是决定干涉，那就随它们的便……我一点也不在乎。”

张伯伦在信中建议，由于捷克人已经情愿把希特勒所要的苏台德区交给德国，捷克斯洛伐克和德国应立即各派代表举行会议“达成协议”来解决“移交这块领土的办法”。他还说，他愿意让英国代表也列席这次会议。希特勒的答复是，只有捷克人先接受了（他们刚刚拒绝了的）戈德斯贝格备忘录，并且同意德国在10月1日占领苏台德

---

* 在戈德斯贝格会谈结束的时候，英国和法国的记者们——还有《纽约时报》驻欧洲的首席记者，他是一个英国公民——都匆匆赶到法国、比利时和荷兰的边境去了。他们谁都不想在一旦发生战争的时候被拘留。

区，他才肯同他们谈判细节。他说，他一定要在44小时内——在9月28日下午2点以前得到肯定的答复。

那天晚上，希特勒似乎已破釜沉舟，把一切后路都绝了，至少在我们那些在挤得满满的柏林体育馆内愕然听他那疯狂地叫嚣的人看来是如此。他时而狂吼，时而尖叫，我从来没有看见过他任性发作到这种地步。他恶毒地对“贝奈斯先生”进行人身攻击，宣称和平与战争的问题现在要看捷克总统怎么办来决定，不论怎么说，他都要在10月1日拿下苏台德区。他滔滔不绝、怒不可遏的语言和群众中不断迸发的欢呼喝彩，使他忘乎所以，如醉如狂。虽然如此，他还是很狡猾，没有忘记给英国首相一点甜头。他感谢他争取和平的努力并且重申这是他在欧洲的最后一次领土要求。他鄙夷不屑地嘟囔：“我们不想要捷
397 克人！”

在整个演说的过程中，我一直坐在刚好在希特勒顶上的楼座里，尽力想把他的演说当场随讲随译广播出去，可是不大容易。那天晚上，我在日记里记着：

> 自从我观察他这么些年以来，他今天晚上看起来完全失去了自制。在他坐下来以后，戈培尔就跳上讲坛，对着话筒大叫：“有一点是肯定的：1918年再不会重演了！”希特勒抬头看着他，眼睛里有一种疯狂、急切的神色，似乎这句话就是他想了一下午而没有想出来的。他跳了起来，眼睛里闪着我永远也忘不了的狂热的光芒，把右手大挥了一下，然后向桌子一捶，用尽了他那强有力的肺部的全部力量大叫一声：“对（Ja）！”接着就精疲力竭地瘫倒在椅子上。

第二天（9月27日）中午，他第二次接见霍拉斯·威尔逊爵士的

时候，已经完全恢复了，这位英国特使并不是受过什么特殊外交训练的人，不过也像首相一样（如果不是更甚的话）急于把苏台德区送给希特勒，只要这位独裁者肯和和平平地接受。他请希特勒注意张伯伦昨天后半夜为答复元首在体育馆的演说而在伦敦发表的一项特别声明。张伯伦说，鉴于德国总理对捷克问题的诺言缺乏信心，英国政府将认为自己“负有道义上的责任”来保证捷克的诺言“顺利地、充分地而且以尽量合理的速度”付诸实现。他相信总理将不会拒绝这一建议。

但是，希特勒对此并不感兴趣。他说，他再也没有什么信要带给张伯伦先生。现在一切要看捷克人了。他们可以接受也可以拒绝他的要求。要是他们拒绝的话，他怒气冲冲地大叫道：“我就要消灭捷克斯洛伐克！”他继续发出这一威胁，显然极为得意。

即使对于好说话的威尔逊来说，这显然也太过分了。他站起来说：“在这种情况下，我奉首相之命做下述声明：‘如果法国为履行其条约义务而参加对德作战的话，联合王国将认为有义务支援法国。’”

“我只能表示已注意到这种态度，”希特勒火气很大地回答说，“这意味着，如果法国决定进攻德国的话，英国将感到也有义务进攻德国。”

霍拉斯爵士回答说，他并没有这么说，到底是和平还是战争，最后要看希特勒如何来决定了。这时，希特勒已经把情绪酝酿到了火儿相当大的程度，他叫道：“要是法国和英国要打，就让他们打吧！我根本不在乎。今天是星期二，到下星期一，我们就在打仗了。”

从施密特关于会议的正式记录来看，威尔逊显然还想把谈话继续下去，但是汉德逊大使劝他停下来。虽然如此，这位毫无经验的特使还是在会谈完了以后趁自己同元首单独在一起的时候向他说了一句 398
话。他向希特勒保证，“我将设法使那些捷克人头脑清楚一点”*，后者

* 在施密特用德文记的记录里，威尔逊的保证是用英文原文记下来的。

表示他“对此表示欢迎”。也许，元首一定认为，还可以哄张伯伦再走几步，来让捷克人“头脑清楚一点”。总之，那天晚上，他就口授了一封措辞狡猾的信给首相。

写这封信是有充分理由的，柏林——还有别的地方——在9月27日这一天，有许多情况已经改变了。

下午1点钟，威尔逊刚走不久，希特勒就发出了一个“绝密”的命令，命令由大约21个加强团，也就是7个师组成的突袭进攻部队，从训练地区进驻捷克边境的出击点。命令说：“他们必须在9月30日准备好按照‘绿色方案’行动，决定将在前一天中午12时做出。”几小时以后，元首又下令做进一步的秘密动员。在当时所采取的各项措施中，有一项是又动员了5个师到西线。[59]

但是即使希特勒一股劲儿进行军事行动，这一天之内还有许多事情使他感到犹豫不前。为了在群众中激起战争狂热，希特勒下令在黄昏时分趁几十万柏林人下班上街的时候在德国首都检阅一个摩托师。结果，至少对最高统帅说来是一场大失败。普通的柏林老百姓根本就不想听到战争。我那天晚上的日记记下了这一幕令人感到意外的景象。

> 我到了菩提树下大街，当时［军队的］队伍正转向威廉街。我预料将看到一场盛大的示威。我想象着我曾在报纸上读到过的1914年的情景，那时，就在这条街上，欢呼的人群向行进中的士兵投掷鲜花，少女们跑上去吻他们……但是今天，他们只顾急急走到地铁站，根本就不想看，稀稀落落站在人行道上的那几个人也是一声不响，完全沉默……我从来没有看见过这样触目的反战示威。

在一个警察的怂恿下，我沿着威廉街走到总理广场。希特勒就站在总理府的阳台上检阅队伍。

> ……那里大约有200来人，希特勒的脸色由阴沉而转为恼怒，很快就回到了屋里，让军队自己行进，根本不加检阅。今天晚上所看到的事情几乎重新燃起了我对德国人民的一点信心。他们是十足反对发动战争的。

在总理府内，还有更坏的消息——这是从国外来的。从布达佩斯来的消息说，南斯拉夫和罗马尼亚通知匈牙利政府，如果它进攻捷 399
克的话，它们就将对匈牙利采取军事行动。这样战争就要扩大到巴尔干，而这却是希特勒所不愿见到的。

巴黎来的消息更严重。那里的德国武官打来一份不但是给外交部而且是给最高统帅部和参谋总部的“特急”电报，它报告说，法国的部分动员几乎不亚于总动员，“因此我估计，到下动员令以后的第六天，第一批65个师就可以在德国边境部署完毕”。希特勒明白，在这样大的兵力面前，德国人一共只有12个师，其中半数是战斗力成问题的后备部队。不但如此，德国武官还报告说：“一旦德国采取战争行动……法军很可能立即从下阿尔萨斯和洛林向美因茨发动进攻。”

最后，这位德国军官报告柏林，意大利在法意边界上完全没有采取任何行动来牵制法国军队。[60]那位豪迈的盟友墨索里尼看来是要在决定性的关头抛弃希特勒。

而且，美国总统和瑞典国王也突然横加干涉。就在前一天，9月26日，罗斯福向希特勒发出呼吁，请他协力维持和平。虽然希特勒在不到24小时内就给了他答复，说和平完全取决于捷克人。可是美国总统在当天9月27日星期三又发来了一份电报，建议各有关国家立即举行会议，并且暗示，如果爆发战争，全世界将视希特勒为戎首。[61]

在1914—1918年的大战中曾证明是德国的忠实朋友的瑞典国王，态度更为直率。这天下午，德国驻斯德哥尔摩公使给柏林发来了一份电报，说国王匆促召见了他，告诉他，如果希特勒不把10月1日的限期推迟10天的话，世界大战就不可避免地一定要爆发。德国是唯一要对此负责任的国家，而且，“从目前各个国家的组合情况来看”，同样不可避免地，德国一定会失败。在斯德哥尔摩冷静、中立的气氛下，这位精明的国王至少在估计军事形势方面要比柏林、伦敦和巴黎的政府首脑客观得多。

罗斯福总统，也许是因为必须考虑到美国人的心情，强调指出美国对战争不会干涉，甚至也不愿“在目前的谈判中”承担任何责任，这样，他的两次和平呼吁就大大减少了力量。德国驻华盛顿大使汉斯·迪克霍夫因此认为必须在当天就发一个“特急”电报给柏林。他指出，如果希特勒最后诉诸武力而英国对此反对的话，他有理由假定
400 “美国的全部砝码都将投在英国这一边”。而且，这位通常在元首面前进言的时候总是十分胆怯的大使还加了一句，“我认为我有责任大大强调这一点”。他不想看见德国政府在估计美国的态度方面重犯它在1914年犯过的错误。

那么布拉格如何呢？那里是不是有了软化的迹象呢？这天晚上，德国武官图桑上校给最高统帅部发来了一份电报：“布拉格情况平静，最后的动员措施业已完成……征召入伍的兵员总数估计为100万人，其中野战军占80万人……”[62] 这个数目等于德国在东西两线所有有训练的兵员的总数。捷克人和法国人加在一起，兵力要比德国人两倍还多。

面对着这些事实与发展，而且无疑也充分考虑到威尔逊临走时的话和张伯伦的性格及其对战争的极端恐惧，希特勒在9月27日天刚黑就口授了一封信给张伯伦。应召前来把这封信翻译成英文的施密特博士，感到这位独裁者似乎是“在要采取极端步骤”的时候缩了回去。那天晚上，英国政府已下令舰队动员，希特勒对此事是否知悉，无从

证实。不过，雷德尔海军上将要求在晚上10点钟晋见元首，可能德国海军已经探悉英国的行动。英国的动员令是晚上8点钟下达，11点38分公布的，关于这些，雷德尔可能都已在电话中报告了希特勒。无论如何，雷德尔到了以后，他所做的是请求元首不要打仗。

希特勒这时确实知道的是：布拉格毫无畏惧，巴黎在急速动员，伦敦态度转硬，他自己的人民无动于衷，他的将领坚决反对他，而他关于戈德斯贝格建议的最后通牒到第二天下午2点就要到期了。

他这封信措辞极妙，用意深沉，一字一句都算好了要打动张伯伦。信的语调是温和的，它否认希特勒的建议会“剥夺掉捷克斯洛伐克得以生存的一切保证”，否认他的军队到了分界线以后会继续前进。他打算同捷克人谈判细节。他打算“给予捷克斯洛伐克剩余的部分以正式的保证”。捷克人之所以坚持己见只是因为他们希望在英国和法国的援助下发动一场欧洲大战。虽然如此，他还是不准备对和平的最后一线希望砰然关上大门。

> [他最后说]我必须请你来判断，在这些事实面前，你是否认为应当继续努力……来破坏这种阴谋并且使布拉格政府在这个最后时候恢复理智。[63]

最后时刻

希特勒的信是用急电拍给伦敦的，在9月27日晚上10点30分到达张伯伦手中，首相刚刚过完了忙碌的一天。 401

这天下午刚回到伦敦的霍拉斯·威尔逊爵士，带来了关于他同希特勒第二次会谈的令人不安的消息，起了刺激张伯伦和他的核心内阁采取行动的作用。他们决定动员英国舰队，征召空军辅助队，并且宣布了紧急状态。在公园和广场上已经开始挖起防空壕来，伦敦学校里的儿童也开始疏散。

首相还马上给布拉格的贝奈斯总统发出了一份电报，警告后者，他从柏林得到的消息“表明，如果到明天［9月28日］下午2点，捷克斯洛伐克政府还没有接受德国的条件的话，德国军队马上就会得到越过捷克斯洛伐克边界的命令”。但是张伯伦虽然尊敬地把消息通知了捷克人，却还是忍不住要在电文的最后一段教训他们:“波希米亚将受到德国军队的蹂躏，另外一个或几个国家不论做什么，都不能挽救你的国家和你的人民免于这种命运。不论世界大战的结果如何，都一定是这样。”

这样，张伯伦就不是把战争的责任放在希特勒头上，而是把它放到了贝奈斯的头上。他在这里所提出的军事上的看法，我们知道，就连德国的将军们都认为是胡说八道。不过，他最后还是加了一句，他不愿承担告诉捷克人该怎么办的责任。这要由他们自己来决定。

然而，难道真的是由他们自己来决定吗？贝奈斯还没有来得及回答这份电报，第二份电报马上又来了。这一回，张伯伦可是努力要告诉捷克政府该怎么办了。他建议在10月1日接受德国人的某种有限度的军事占领——占领处于捷军工事之外的埃格尔和阿斯——然后由德、捷、英三方联合组成一个边界委员会迅速确定其他应转交给德国人的地区。* 接着，首相还提出了进一步的警告。

> 这个计划如果不能实现，贵国除遭到武力侵略与武力肢解以外，将别无其他出路。而且，虽然这可能引起损失无数生命的冲突，但是不论这一冲突的结果如何，捷克斯洛伐克都将再也不能按原有疆界重建故国。[64]

---

* 这些建议同时还由汉德逊大使在当晚11点递交德国外交部。大使还请求外交部立即转交希特勒。

这样，捷克人受到了他们的朋友的警告（法国也参加了这些最新的建议），就是说：即使他们和他们的盟邦在大战中打败了德国，捷克斯洛伐克也必须把苏台德区让给德国。含意十分明白：既然苏台德区总归不是你们的了，为什么还要冒险把欧洲投入战争？ 402

办完了这件事情以后，首相就在晚上8点30分向全国广播：

> 为了在一个遥远的国家里我们对之毫无所知的人们之间的争吵，我们居然……在这里挖壕沟，这有多么奇怪，多么荒诞，多么不可思议！……

希特勒已经得到了“他实际上所要求的东西”。英国已经保证捷克人将接受这一要求，并且付诸实施。

> 我将毫不犹豫地到德国去做第三次访问，只要我认为这样做有好处……
>
> 不论我们如何同情一个强邻压境下的小国，我们绝不能不顾一切地使整个大英帝国仅仅为了它而陷入一场大战。如果我们要打仗，也必须是为了比这更大的问题……
>
> 我从灵魂深处来说是一个爱好和平的人，国与国之间的武装冲突，对我来说无异于梦魇；但是，如果我看到任何国家执意要用武力的恐怖来统治世界的话，我将认为必须予以抵抗，因为在这种统治之下，信仰自由的人们将感到生活已失去价值。但是战争是一件可怕的事情，在我们进入战争以前，我们必须十分清楚，我们所不惜冒险以争者确实是重大的问题。

按照惠勒-本内特的记载，英国大部分人在听了这一广播以后上床睡觉的时候，都认定英国和德国将在24小时以内开战了。[65]但是普通老百姓并不知道那天深夜在唐宁街后来又发生了些什么。

10点30分，希特勒的信到了。这正是首相急切要抓住的一根救命稻草。他马上答复元首说：

> 读了你的信以后，我确信你可以不必打仗，而且不用等待就会得到一切主要的东西。如果你愿意的话，我已准备立刻亲自到柏林来同你和捷克政府的代表以及同法国和意大利的代表一起讨论有关移交的各项安排，我深信，我们能在一周之内达成协议。我不能相信你会为了在解决这个长期未决的问题方面有几天的拖延，就不惜承担发动将使人类文明化为乌有的世界大战的责任。[66]

首相还发了一份电报给墨索里尼，请他敦促元首接受这一计划，并且同意出席拟议中的会议。

召开这样一次会议的主意已经在首相心里酝酿相当久了。早在7月中，内维尔·汉德逊爵士就曾在给伦敦的电报中提出过同样的建议。他建议由德、意、英、法四大国来解决苏台德问题。但是英国外
403 交部告诉大使和首相，要召开这样一次会议，将很难排除其他国家参加。[67]所谓“其他国家”指的就是同布拉格订有互助条约的俄国以及捷克斯洛伐克，张伯伦从戈德斯贝格回来以后就深信希特勒绝不会同意参加任何包括苏联在内的会议，他的这种看法是完全正确的。首相本人也并不希望有苏联参加。虽然连英国最普通的人都明白，万一对德开战的话，苏联参加到西方一边来将有极大的价值，丘吉尔也曾一再向英国政府首脑指出这一点，但是，首相似乎没有看到这一点。如我们所知，在德国并吞奥地利以后，俄国曾建议召开一个会议来讨论对付德国下一步侵略的问题，但是张伯伦拒绝了这个建议。尽管有莫斯科对捷克斯洛伐克的保证，尽管直到当时李维诺夫还在声明俄国将信

守这一保证，张伯伦却无意让苏联人来干涉他把苏台德区给希特勒为代价来维持和平的决心。

但是直到9月28日星期三，他的思想还没有发展到把捷克人排除在会议之外的地步。而且就在9月25日，在布拉格方面拒绝希特勒在戈德斯贝格提出的要求以后，首相还曾召见捷克驻伦敦大使扬·马萨里克，建议捷克斯洛伐克应当同意在“有德国、捷克斯洛伐克和其他国家参加的国际会议”上进行谈判。第二天，捷克政府表示接受这一建议。现在，我们从张伯伦9月27日深夜给希特勒的电报中看到，他特别提出“捷克斯洛伐克的代表”应当参加拟议中的德、意、法、英会议。

“黑色星期三”和哈尔德反对希特勒的计划

被称为“黑色星期三”的9月28日来临的时候，柏林、布拉格、伦敦和巴黎都惴惴不安，满怀重忧。战争看来是躲不过了。

“一场大战再也难以避免了”，这是约德尔在日记里记下来的戈林在这天早晨说的一句话。戈林还说：“战争可能要进行七年，而我们一定会胜利。”[68]

在伦敦，挖防空壕，疏散学童，迁移医院，一切都在继续进行。在巴黎，人们争先恐后地往已经塞得满满的火车上挤，在城外的公路上，汽车挤得开都开不动。德国西部的景象也差不多。约德尔在那天上午的日记中记下了德国难民逃离边境地区的消息。下午2点，希特勒所定下的要捷克斯洛伐克接受戈德斯贝格建议的期限就要到了。然而布拉格并没有任何会接受这些建议的迹象。不过，别的迹象倒还有一些：威廉街的活动极为紧张，法国的、英国的、意大利的大使发狂似的来而复去，去而复来。但是，一般群众，事实上还有德国的将领 404
们，对此都是蒙在鼓里的。

对某几个将军，特别是对参谋总长哈尔德将军来说，实现他们推翻希特勒的密谋的时候已经到来了。他们要这样来挽救自己的祖国，使它不致投入一场他们认为注定要失败的欧洲大战。据幸存者后来的记述*，整整9月一个月，密谋分子一直都在忙着筹划这件大事。

哈尔德将军同奥斯特上校以及后者的上司谍报局局长卡纳里斯海军上将保持着密切的联系，卡纳里斯设法使哈尔德随时能知悉希特勒的政治行动和国外情报。我们上面已经知道，密谋分子曾把希特勒准备在9月底进攻捷克斯洛伐克的决心通知英国，并且曾请求英国政府表明，英国将同法国一起以武力回击德国的侵略。几个月以来，负责柏林军区因而应提供大部分军队来实行政变的维茨勒本将军一直有所犹豫，因为他怀疑伦敦与巴黎已在暗中容许希特勒在东方自由行动，因而不会为捷克斯洛伐克而参战——这种见解也是其他几个将军所共有的，也正是希特勒和里宾特洛甫希望别人持有的。如果事实确是如此的话，那么照维茨勒本和哈尔德这样的将军们看来，推翻希特勒的计划就毫无意义了。因为在第三帝国目前这个阶段，他们所关心的只是想法除掉元首来避免一场德国在其中绝无取胜希望的欧洲大战。如果确实没有触发大战的危险，如果张伯伦打算满足希特勒对捷克斯洛伐克的要求而不会打仗，那么他们就看不出有什么理由要举行叛乱。

为了让这些将军们确信法国和英国真的会打，奥斯特上校和吉斯维乌斯给哈尔德将军和冯·维茨勒本将军安排了同沙赫特会面。沙赫特因曾为德国重整军备计划筹款并且仍然留在内阁内而在军方享有很高的威信，除此而外，他还被认为是英国事务专家。沙赫特向他们担

---

* 这些材料包括哈尔德、吉斯维乌斯和沙赫特所写的第一手材料。[69]每一个人写的材料中都包含有很多混淆不清与自相矛盾的东西，在若干点上又彼此矛盾。必须记住，所有这三个人都是为纳粹政权服务而开始发迹的，在战后都急于要证明自己很早就是反对希特勒而且热爱和平的。

在外交部任里宾特洛甫的秘书处长的埃里希·科尔特，也是曾参加过这一密谋而且活到战后的重要人物之一。他在纽伦堡曾起草了一份记述1938年9月事件的长篇备忘录，作者曾见过这一材料。

保，如果希特勒想以武力来对付捷克的话，英国是会打的。

9月13日深夜，密谋分子之一埃里希·科尔特在德国外交部得到了张伯伦紧急提议“立即坐飞机前来”设法和平解决捷克危机的消息。这个消息在密谋分子中间引起了惊愕。他们本来估计希特勒在纽 405
伦堡开完党大会以后就会在14日回到柏林，并且，据科尔特说，计划在这一天或者第二天就起事。然而，元首并没有回到首都*，相反，他到慕尼黑去了，而且在14日又到了贝希特斯加登，在那里等候英国首相第二天来访。

密谋分子感到极度失望，理由有两层：第一，只有希特勒在柏林，他们的计划才能实行，由于纽伦堡大会已使捷克危机更为激化，他们认定他一定要立即回到首都；第二，虽然有几个密谋分子像英国人民一样，自安自慰地认为，张伯伦飞到贝希特斯加登去是为了警告希特勒在估计英国在德国发动侵略时会采取什么态度这一点上不要重犯威廉二世在1914年的错误，但科尔特是深悉底蕴的。科尔特曾见到张伯伦的紧急电报，上面明明说他想见希特勒是“为了设法求得和平解决的办法”。不但如此，他还看到过他的哥哥、德国驻伦敦大使馆参赞特奥多尔·科尔特发来的电报，报告说，首相准备大大满足希特勒对苏台德区的要求。†

科尔特说：“这件事情对我们的计划的影响肯定是致命的。在英国首相要前来德国同希特勒讨论‘世界和平’的时候，要举事推翻希特

---

* 在历史学家甚至在密谋分子中间对希特勒在9月13日与9月14日的行踪，说法有相当大的不同。根据哈尔德将军的一项备忘录，丘吉尔说希特勒“在9月14日早晨”从贝希特斯加登到达柏林，哈尔德与维茨勒本在得悉此事以后，“决定在当晚8点钟举事”。下午4点他们在得悉张伯伦飞赴贝希特斯加登以后，取消了这一计划（见丘吉尔：《第二次世界大战回忆录》，第一卷《风暴欲临》，第312页）。然而哈尔德的记忆肯定错了——因此丘吉尔的说法当然也错了。现由美国国会图书馆收藏的希特勒的起居注中有几项记载表明：13日、14日他是在慕尼黑，他在那里曾到鲍曼的家里同里宾特洛甫举行会谈。他还曾到一个名叫索能温克尔的夜总会，在9月14日晚上才动身赴上萨尔茨山。

† 见本书原文第384页。

勒，当然是不可思议的。”

虽然如此，据埃里希·科尔特说，到9月15日晚间，也已参加密谋的保罗·施密特博士（我们知道，他是希特勒-张伯伦会谈中的唯一翻译者——也是唯一的目击者）通过“事先安排好的暗号”通知他，元首仍然执意要征服捷克斯洛伐克全境，他已向张伯伦提出无法接受的条件，“希望会遭到拒绝”。这个情报使得密谋分子又振奋了起
406 来。科尔特当晚就把它通知给了奥斯特上校。后来的决定是，等希特勒一回到柏林就执行原计划。“不过最重要的是，”奥斯特说，“我们必须让这只鸟儿飞回到它在柏林的笼子里来。”

这只鸟儿在戈德斯贝格会谈完了以后，就在9月24日下午回到它的“笼子”里来了。9月28日，也就是“黑色星期三”的早晨，希特勒在柏林已经待了将近四天了。在9月26日，从他在体育馆那一场发作看来，他显然已决心破釜沉舟，把自己的后路都绝了。9月27日，霍拉斯·威尔逊爵士从他那里回到伦敦的时候，两手空空，一无所获，英国政府的反应是下令舰队动员，并且警告布拉格防范德国的突然进攻。我们也知道，希特勒在这一天还曾命令他的“进攻部队”进驻捷克边境的阵地，并且准备在9月30日——三天以后——“行动”。

密谋分子还在等什么呢？他们自己所规定的条件都已经具备了。希特勒在柏林，他已决定打仗。他已选定在9月30日进攻捷克斯洛伐克——离现在只有两天了。要么马上举事，要么坐失时机。

科尔特说，在9月27日这一天，密谋分子选定了采取行动的日子：9月29日。吉斯维乌斯在纽伦堡作证的时候以及在他写的书里都说，将军们——哈尔德与维茨勒本——在9月28日得到了希特勒在前一天晚上向张伯伦“提出无礼要求”的“侮辱信”的一份抄本以后，决定立即行动。

> 那天［9月27日］深夜，奥斯特得到了这封“侮辱信”的一

> 份抄本，9月28日早晨，我把这封信交给了维茨勒本。维茨勒本又带着它去见哈尔德。现在，参谋总长终于得到了他所希望的、毫不含糊地证实希特勒并不是在虚声恫吓而硬是要发动战争的真凭实据了。
>
> 哈尔德脸上滚下了愤怒的眼泪……维茨勒本坚持现在是行动的时候了。他劝哈尔德去见布劳希奇。过了一会，哈尔德回来了，他说他带来了好消息：布劳希奇也生气了，很可能会参加起事。[70]

但是，要不是这封信在转抄过程中有了改动，就是将军们误解了它的意思，因为，我们上面已看到，这封信在语调上实在是十分温和的，它充满了要“同捷克人谈判细节”并且“给予捷克斯洛伐克剩余部分以正式保证”的诺言，在建议张伯伦不妨继续努力这一点上也表现得富有和解精神，因此英国首相在接读以后，立即打电报给希特勒，建议召开大国会议来解决各项细节问题，并且同时致电墨索里尼请他也支持这一建议。

将军们对这最后一刻钟的姑息行为显然毫无所知，但是，陆军总司令冯·布劳希奇将军可能微有所闻。据吉斯维乌斯说，维茨勒本从哈尔德的办公室打电话给布劳希奇，告诉他一切均已就绪，请求 407
他亲自领导起事，但是这位陆军总司令却不置可否。他告诉哈尔德和维茨勒本说，他得先到元首的总理府去看一看，搞清楚将军们对形势的估计是否正确。吉斯维乌斯说，维茨勒本接着就急急忙忙赶回他的司令部。

“吉斯维乌斯，”他兴奋地宣布，“时间已经到了！”

9月28日那天上午11点钟，德国外交部科尔特的办公桌上的电话响了。齐亚诺从罗马打来了电话，要求立即同德国外交部长讲话。里宾特洛甫当时不在——他在总理府——因此那位意大利外相就要求把电话改接意大利大使贝尔纳多·阿托利科。德国人偷听了这次通话并且把它录了音。原来是墨索里尼，而不是他的女婿要讲话。

墨索里尼：我是领袖，听得清吗?

阿托利科：听得清。

墨索里尼：要求立即会见总理。告诉他，英国政府通过珀思勋爵*要求我出面调停苏台德问题。双方分歧很小，告诉总理，我和法西斯意大利支持他。他必须做出决定。不过，告诉他，我赞成接受这个建议。听清楚了吗?

阿托利科：听清楚了。

墨索里尼：快去![71]

当阿托利科大使满脸通红、上气不接下气（这是翻译员施密特博士注意到的）赶到总理府的时候，希特勒正同法国大使弗朗索瓦-庞赛在密谈。弗朗索瓦-庞赛是费了九牛二虎之力才见到总理的。早一天深夜，执意要超出张伯伦一头的法国外交部长博内，曾打电话给他的驻柏林大使，指示他尽快去见希特勒，提出法国关于交出苏台德区的建议，其内容比英国建议还要慷慨得多。英国首相在9月27日晚上11点向希特勒发出的建议还只是让希特勒在10月1日占领苏台德区的第一区——这不过是对一块被包围的领土的象征性占领——现在法国人竟然建议在10月1日交出三个大区，其中包括绝大部分双方意见有分歧的地区。

这是一项诱人的礼物，然而法国大使要把它送出去居然还碰到了极大的困难。他在9月28日上午8点钟打电话求见总理，到了10点钟

---

* 英国驻罗马大使。

还没有回音，于是他就派他的武官赶到参谋总部去把这个他还无法提出的建议通知德国的将军们。后来，他请内维尔·汉德逊爵士帮忙，这位随时乐意为任何可能——不论什么代价——防止战争的人效劳的 408
英国大使马上给戈林元帅打了一个电话。戈林回答说，他将设法安排这一约会。事实上，汉德逊在设法给自己找一个见希特勒的机会，因为他奉到命令要向希特勒提出一封“首相亲自写的最后信件”，也就是张伯伦在前一天深夜写的信，其中保证希特勒“不必打仗，不用等待”就能得到他所希望得到的一切，并且建议召开大国会议来确定细节。[72]

希特勒在上午11点15分接见了弗朗索瓦-庞赛，大使发现他神情甚为紧张不安。法国大使手里拿着一张仓促画成的地图，上面标着捷克斯洛伐克的主要盟国法国现在准备拱手交给希特勒的大片捷克土地。他竭力劝说希特勒接受法国的建议，使欧洲得以避免一场大战。尽管里宾特洛甫做了否定的评论（据法国大使自称，对这些评论曾不客气地加以驳斥），希特勒听了倒是颇为动容——特别是，据施密特博士的观察，对大使提出的那张慷慨的地图颇感兴趣。

到11点40分，谈话突然被打断了，有人通报说，阿托利科带着墨索里尼给元首的紧急口信来了。希特勒带着施密特走出去欢迎那位气喘吁吁的意大利大使。

“我给您带来了领袖的紧急口信。”天生一副粗嗓子的阿托利科，隔着老远就嚷了起来。[73]他转达完了以后，又加上一句说，墨索里尼要求元首不要下动员令。

据现在还活着的唯一见证人施密特说，就在这个时候做出了维持和平的决定。这时正当中午，离希特勒给捷克人的最后通牒所规定的限期只有两个小时了。

“告诉领袖，”希特勒对阿托利科说，显然感到松了一口气，“我接受他的建议。”[74]

高潮过去了，这一天余下来的时间内所发生的事就只是尾声了，汉德逊继阿托利科和弗朗索瓦-庞赛之后来到了希特勒的面前。

“在我的伟大的朋友和盟友墨索里尼的请求下，”希特勒告诉汉德逊说，“我已经延迟24小时动员我的军队。”* 他将在同墨索里尼再次商量之后再就诸如拟议中的大国会议等其他问题做出决定。[75]

在此以后，柏林和罗马之间打了不少电话——施密特说两位法西斯独裁者还曾直接通过一次话。9月28日下午2点以前几分钟，就在希特勒的最后通牒即将到期之际，他终于打定了主意，对英法意三国政府首脑匆匆发出请帖，请他们在第二天中午到慕尼黑来与元首会
409 同解决捷克问题。对布拉格和莫斯科没有发出请帖。希特勒不能容许与法国一起保证捷克斯洛伐克在受到德国进攻时维护其领土完整的俄国来插手干涉，至于捷克人，则甚至在被判决死刑的时候也不让他们参加。

内维尔·汉德逊爵士在回忆录中把在这一关键时刻挽回和平的功绩主要归于墨索里尼，在这一点上他得到了绝大部分写这一章欧洲史的历史学家的支持。† 然而这肯定是慷慨过度了。意大利是欧洲大国中最弱的一个，它的军事力量实在无足轻重，以致德国的将军们，就像他们的文件中所表明的那样，简直视之为一个笑柄。英国和法国是德国人心目中唯一要盘算的力量。然而，从一开头起就千方百计说服希特勒，要他相信可以不战而取得苏台德区的却正是英国首相。造成慕尼黑妥协从而保持了整整11个月和平的是张伯伦，而不是墨索里尼。对他自己的国家，对它的盟邦和朋友来说，这样一桩功绩所花的代价，我们以后还要谈到，不过，不论这笔账怎么算，按其后果来看，这种代价几乎是无可忍受的。

---

* 我们知道，希特勒早已把一切可以动员的军队都动员了。

† 艾伦·布洛克在《希特勒——关于暴政的研究》（*Hitler—A Study in Tyranny*）一书第428页说：“几乎可以肯定地说，是墨索里尼的干预扭转了局面。”

“黑色星期三”的2点55分，伦敦的天气似乎不像早晨那样黑暗阴冷了，英国首相就在这时开始向下院演说，他详尽地报告了捷克危机的经过以及他和他的政府为企图解决这一问题所做的努力。按照他的说法，局势仍然是不稳定的，然而已经有了好转，他说，墨索里尼已成功地使希特勒把动员令推迟了24小时。现在已是4点一刻了，张伯伦已讲了1个小时又20分钟，他的演说已将近结束了。就在这个时候，他的演说突然被打断。坐在前排的财政大臣约翰·西蒙爵士递给他一份文件，那是坐在贵族席上的哈利法克斯勋爵传过来的。

> 不论尊贵的议员诸君对墨索里尼先生有什么看法，[张伯伦这时正在说]我相信人人都会欢迎他这种……维护和平的表示。

首相停了下来，看了一下文件，然后笑了。

> 事情还没有完，我还有几句话要告诉下院。我现在得到希特勒先生的通知，他请我明天早晨到慕尼黑去同他会面。他也邀请了墨索里尼先生和达拉第先生。墨索里尼先生已经接受了邀请，我毫不怀疑达拉第先生也将接受。我也没有必要说我的答复将如何了……

确实已没有必要了。这所古老的议事堂，这个议会之母，以它悠久的历史上没有前例的狂热掌声来回答首相的演说。欢呼狂叫响成一 410
片，议事日程单扔得满场乱飞，许多人热泪纵横。在这番狂乱激动之中，大家听到一个超乎一切的声音，它表达了所有人的深切感情：“为我们的首相感谢上帝！”

捷克公使、捷克斯洛伐克共和国国父的儿子扬·马萨里克从外交官席上望下来，看到这一幅景象，简直不能相信自己的眼睛。后来，他到唐宁街拜会了首相和外交大臣，想探明他那将做出全部牺牲的国家是否会被邀参加慕尼黑会议。张伯伦和哈利法克斯回答说，它不会被邀请，希特勒不会赞成。马萨里克，眼睁睁地盯着这两个敬神畏天的英国绅士，费了好大的力气才克制住了自己的感情。

“如果你们在牺牲了我的国家后能够维持住世界和平的话，”他最后说，“我将是第一个向你们欢呼的人。但要是不能如此，那么，两位先生，愿上帝拯救你们的灵魂！”[76]

那些密谋分子，那些将军和文官，哈尔德将军、冯·维茨勒本将军、沙赫特、吉斯维乌斯、科尔特以及其他的人，他们在这决定命运的一天中午前不久还曾相信（如维茨勒本所说）时机已经到来，现在他们又怎么样了呢？可以用他们自己的话来做简单的回答。不过，这些话都是事情过了很久，一切已成陈迹以后才说出来的，这时他们急于要向世人表白，他们多么反对希特勒和多么反对他那使德国在经过一场长期的流血的战争后归于完全毁灭的蠢剧。

全是内维尔·张伯伦不好！他们都这样说。由于他同意参加慕尼黑会议，因而逼得他们在最后一分钟取消了他们推翻希特勒和纳粹政权的计划！

1946年2月25日，在进行了很久的纽伦堡审判临近尾声的时候，哈尔德将军受到了美国检察当局方面一位纽约青年律师萨姆·哈里斯上尉的单独盘问。

> ［哈尔德说］原来的计划是，本着避免流血的精神，用军队占领总理府，占领为党员和希特勒的积极支持者所把持的政府各官署，特别是各部，然后就在德国全国人民面前审判这一集团……到了这一天［9月28日］，维茨勒本在中午到我的办公室来

> 看我。我们讨论了这个问题。他请我给他下执行的命令。我们讨论了其他的细节——诸如他需要多少时间等等。在讨论过程中，得到了英国首相和法国总理同意到希特勒这里来做进一步谈判的消息。维茨勒本当时在场。我因此收回了执行的命令，因为，由于发生了这一情况，采取行动的全部基础已经消失了……
>
> 我们坚决相信，我们是会成功的，但是不料来了个张伯伦先生，战争的危险一下子就避免了……需要使用武力的时机避免掉了……只能等待新的机会到来…… 411

“我是不是可以理解为，你是说，要是张伯伦不到慕尼黑来的话，你们的计划就会执行，而希特勒早就会被推翻？”哈里斯上尉问他。

“我只能说计划会执行，”哈尔德回答说，“我不知道，它是否会成功。”[77]

在纽伦堡审讯中和在战后所写的书中显然夸大了自己在历次反希特勒密谋中的作用的沙赫特博士，也认为德国人之所以没有实行9月28日的计划，罪在张伯伦：

> 从历史后来的发展可以十分清楚地看到，由维茨勒本和我所策划的第一次政变的尝试是唯一真正能够扭转德国命运的一次尝试。它是唯一及时计划好并准备好了的一次尝试……在1938年秋天，仍然有可能指望把希特勒交给最高法院审判，但是以后历次想推翻他的努力，就都必须设法搞掉他的生命才行了……我曾经及时地做好发动一场政变的一切准备，而且差一点儿就大功告成了。历史执意与我作对。外国政治家的干涉是我所不能事前估计在内的事情。[78]

在纽伦堡审讯中在证人席上成为沙赫特最坚决的辩护士的吉斯维

乌斯补充说：

> 不可能发生的事情竟然发生了。张伯伦和达拉第飞到慕尼黑来了。我们的起事完蛋了。有几个钟头，我一直在设想，不管怎么样，我们还能起事。但是维茨勒本不久就告诉我，部队绝不会反叛取得胜利的元首……张伯伦救了希特勒。[79]

是不是他救了希特勒呢？还是说，这只是德国的文官和将军为他们没有及时行动找到的借口呢？

哈尔德在纽伦堡受讯问的时候，向哈里斯上尉解释说，进行“革命行动”要能够成功，有三个条件：

> 第一个条件是，要有清醒而坚决的领导。第二个条件是，人民群众愿意拥护革命的主张。第三个条件是，要正确选择时机。照我们看来，第一个条件所要求的清醒而坚决的领导是存在的。第二个条件我们认为也是具备的。因为……德国人民不要战争，因此，全国人民因为害怕战争是愿意同意革命行动的。第三个条件——正确选择时机——也很好，因为我们原来预料在48小时内就会得到采取军事行动的命令。因此，我们坚决相信，我们是会成功的。
>
> 412 可是，不料来了个张伯伦先生，战争的危险一下子就避免了。

人们大可怀疑哈尔德将军的第一个条件究竟是否像他所说的那样具备。因为，要是果真有“清醒而坚决的领导”的话，这些将军怎么会犹豫了四天之久呢？他们手里有着可以轻而易举地把希特勒和他的政权扫除掉的军事力量：维茨勒本在柏林城内外有整整一个军——第三军；布罗克多夫-阿勒费尔德在波茨坦附近有一个精锐的步兵师；

霍夫纳在南边还有一个装甲师，此外在首都还有两名高级警官冯·赫尔多夫伯爵和冯·德·舒伦堡伯爵，他们掌握着很大一支装备精良的警察部队可为臂助。据密谋分子自己说，只要哈尔德一声令下，所有这些军官就可以以压倒的兵力应声行动，而被希特勒将挑起战争一事吓得要命的柏林老百姓会——就作者本人亲身体会所能判断而言——自动地起来支持这一政变。

要是张伯伦不同意到慕尼黑来的话，哈尔德和维茨勒本到底会不会行动，是一个永远不能有多少把握来回答的问题。这些将军当时之所以想推翻希特勒，只是为了避免一场肯定要失败的战争，而不是为了结束希特勒统治的恐怖与暴政。考虑到他们这个具体态度，那么要是没有慕尼黑会议的话，他们很可能已经采取行动了。然而，到底这个密谋是否确已准备得十分充分，武装部队是否确已枕戈待命，而哈尔德与维茨勒本是否确实差一点儿就要下令行动，迄今为止，我们并没有材料足以证实这一切。我们只有几个密谋参加者的一面之词，他们在战后都急于表白自己多么反对民族社会主义，而且他们所说的和所写的自辩之词往往是相互矛盾而且混淆不清的。*

如果像这些密谋分子所说的那样，他们的计划曾经如箭在弦上的话，那么，张伯伦宣布愿去慕尼黑的消息肯定是拆了他们的台。在人人都能看到希特勒不用战争就能取得重大胜利的时候，这些将军确实很难把他逮捕并且把他当作战争罪犯来审判。

在这一切不能肯定的情况中，有一点是肯定的——在这里必须承认沙赫特博士的看法是对的——那就是，对于想推翻希特勒、迅速结束第三帝国、挽救德国和世界免于战争的德国反对派来说，这样的天

* 举例来说，密谋参加者之一、最高统帅部经济与军备局局长、极有才华的格奥尔格·托马斯将军对起事未成的解释是："这一计划不幸未能执行，因为，在受命执行这一任务的司令长官［维茨勒本］看来，不能信任年轻的军官来进行这种性质的政治行动。"见他所写的《思想与境遇》（*Gedanken und Ereignisse*），载1946年12月号《瑞士月刊》（*Schweizerische Monatshefte*）。

赐良机是一去不返了。如果可以一概而论的话，那么可以说，把自己的无能诿过于外国人，正是德国人的弱点。张伯伦和哈利法克斯，达拉第和博内，对慕尼黑从而也对此后一切灾难性的结局所负的责任是
413 超乎一切的。但是，他们没有十分认真地看待德国内部有一批将军和文官准备“谋反”的消息，这却是在某种程度上可以原谅的。因为这批人中大部分直到当时都还在以他们极大的才干为希特勒尽忠效力，张伯伦等，至少是他们在伦敦和巴黎的某些顾问，也许还会回忆起最近的德国历史上的一些阴暗事实：正是军队，帮助这个前奥地利下士取得了政权；正是军队，因为希特勒给了它以重新武装的机会而满怀欢喜；军队也显然并不反对民族社会主义制度对个人自由的摧毁；而且，军队对它的自己人施莱谢尔将军之被暗杀，自己的总司令冯·弗里奇将军之被卑鄙诬陷以致免职也都不吭一声；就在最近，军队还支持了对奥地利的并吞，事实上还提供了武装力量助其实现。不论伦敦和巴黎的那些主要的绥靖姑息主义者头上可以加上什么样的罪责，而且尽管这种罪责无疑极大，事实仍然是，德国的将军们自己以及他们的文官共谋者错过了大好时机，没有能毅然采取行动。

慕尼黑的投降：1938年9月29—30日

9月29日中午12点30分，阿道夫·希特勒在巴伐利亚的这个巴洛克式的城市里，在这个他曾在破破烂烂的小咖啡馆的阴暗后室里开始其卑微的政治生涯的城市里，在这个他曾在大街上遭到啤酒馆政变失败惨剧的城市里，俨然像一个征服者一样，欢迎英国、法国和意大利的政府首脑。

那天一清早，他就到前德奥边境上的库夫施坦因去迎接墨索里尼，并且为在会议上采取共同行动而打下了基础。在到慕尼黑的火车上，希特勒怀着好斗的情绪，指着地图向那位意大利的领袖解释，他

打算怎样“清算”捷克斯洛伐克。他说，要是那天开始的谈判不能立刻取得结果，他就要诉诸武力。据当时在场的齐亚诺引用希特勒自己的话说，“此外，终有一日我们要并肩对英国和法国作战”。墨索里尼表示同意。[80]

张伯伦并没有像希特勒那样事先去看达拉第，为两个西方民主国家制定一个共同战略，来同两个法西斯独裁者对垒。事实上，我们这些在慕尼黑同英国和法国代表团有接触的人中间，有许多人都看得越来越清楚，张伯伦到慕尼黑来的时候，已经打定主意不让任何一个人，当然不让捷克人，甚至也不让法国人，阻碍他同希特勒迅速达成协议。*至于达拉第，他整整一天都像是晕头转向地那样跟着跑，根本
不需要提防他，然而业已下定决心的首相还是不放心。 414

会谈是12点45分在国王广场的所谓元首府里开始的，这次会谈不过是高潮的尾声，只是办一个正式手续，把希特勒的要求不折不扣地按时交给他而已。据在场负责德、法、英三种文字翻译工作的那位不知疲劳的译员施密特博士的观察，会谈一开始就有一种“普遍亲善的气氛”。汉德逊大使后来回忆说：“他们在会谈的任何时候都没有变得很激烈。”没有人当主席，整个进程都是很随便的。根据战后发现的德国人的记录[82]来看，英国首相和法国总理拼命迎合希特勒。甚至在他做了如下的开幕发言以后，他们还要拼命地迎合他：

> 他在体育馆演说里声明，他无论如何都要在10月1日进军。他得到答复说，这一行动将具有暴力行动的性质。因此需要使这一行动不具有这种性质。虽然如此，仍然必须立即采取行动。

---

* 前一天傍晚6点45分，张伯伦给贝奈斯总统发了一个电报，正式通知他在慕尼黑开会的消息。他说“我将充分考虑到捷克斯洛伐克的利益……我是带着设法在德国和捷克斯洛伐克两国政府的立场之间寻求妥协的愿望到那里［指慕尼黑］去的”。贝奈斯立即复电说：“我请求，在未听取捷克斯洛伐克意见的情况下，在慕尼黑不做任何决定。”[81]

会议在墨索里尼发言时接触到了实质问题。他是第三个发言的（达拉第被留在最后）。他说，“为了提供一个实际解决问题的办法”，他带来了一个明确的书面建议。这个建议的来源是很有趣的一件事，而且我相信，张伯伦到死都不知道，从弗朗索瓦-庞赛和汉德逊的回忆录来看，他们两个人也是蒙在鼓里的。事实上，在这两位独裁者不得善终以后很久才真相大白。

意大利领袖当作他自己的折中方案拿出来骗人的东西原来是前一天在柏林德国外交部由戈林、牛赖特和魏茨泽克背着外交部长冯·里宾特洛甫草拟出来的，因为他们三人不相信他的判断。戈林把它拿去给希特勒看，希特勒说可以。于是马上就由施密特博士赶译成法文，送给意大利大使阿托利科，阿托利科把它全文用电话传到罗马，那位意大利独裁者在要上火车赴慕尼黑之前刚刚收到。这样，所谓“意大利建议”不但成为这次非正式会议上的唯一议程，而且成为后来慕尼黑协定的基本条款，而实际上，这只不过是在柏林制造出的德国建议。*

415 建议的措辞同希特勒被拒绝的戈德斯贝格要求极为相似，因此，上面这一事实本来似乎应当是十分明显的，但是对达拉第和张伯伦或者现在随他们来开会的英法驻德大使来说，却并不是如此。据德国人的记录说，法国总理“欢迎意大利领袖的建议，说它是本着客观和现实的精神提出来的”，英国首相“也欢迎意大利领袖的建议，并且宣称他本人也想到过一个同这个建议相似的解决办法”。至于汉德逊大使，据他以后写的书说，他认为墨索里尼“巧妙地结合了希特勒的建

---

* 埃里希·科尔特1948年6月4日在纽伦堡美国军事法庭第四庭为“美国诉恩斯特·魏茨泽克”一案作证时，详细地叙述了墨索里尼建议的来源。《德国外交政策文件汇编》第2卷第1005页载有正式审讯记录的摘要。科尔特在《幻想与现实》（*Wahn und Wirklichkeit*）一书第129—131页对此也有叙述。施密特博士在《希特勒的译员》（*Hitler's Interpreter*）一书第111页证实了科尔特的叙述，并且说翻译意大利领袖的建议“很容易”，因为他在前一天已经在柏林翻译过一道了。意大利外相齐亚诺，在9月29—30日在慕尼黑写的日记中曾谈到墨索里尼所提出的文件“实际上是我们的大使馆为表明德国政府的愿望而在前一天晚上用电话传给我们的”（《齐亚诺的秘密日记，1937—1938》[*Ciano's Hidden Diary, 1937—1938*]，第167页）。

议和英法建议而作为他自己的建议提了出来”；弗朗索瓦-庞赛大使的印象是，与会者是根据“由霍拉斯·威尔逊起草的”一项英国备忘录在进行工作。[83]这些不惜一切代价一心只想姑息的英法政治家与外交家真是容易欺骗啊！

既然“意大利”建议受到全体与会者这样热烈的欢迎，剩下的就只有少数细节还要推敲了。也许本来就不意外，过去是生意人而且曾任财政大臣的张伯伦，想知道在苏台德区的公有财产转交给德国人以后，由谁来赔偿捷克政府。希特勒（据弗朗索瓦-庞赛说，他因为不能像墨索里尼那样听得懂用英、法文进行的谈话，看起来脸色不大好而且心情也颇为烦恼）激动地回答说，根本不给什么赔偿。首相反对规定捷克人在迁出苏台德区时，甚至不能带走他们的牲畜（这原来是戈德斯贝格建议的一条），他说：“难道这是说，农民要被逐出，而他们的牲畜倒要被留下吗？”这时，希特勒冒火了：

“我们的时间太宝贵了，不能浪费在这些细枝末节上！”他对张伯伦嚷了起来。[84]首相就此再也不提这回事了。

他开头确也曾坚持应当有一个捷克代表出席，或者至少用他的话来说，“随叫随到”。他说：“如果没有来自捷克政府的保证的话，他的国家当然不能担保这一地区［指苏台德］能在10月10日（这是墨索里尼建议的日子）撤退完毕。”达拉第给了他不怎么热心的支持。他说，法国政府“绝不容许捷克政府在这件事情上拖延”，不过，他认为“在必要时能供咨询的捷克代表如能出席，是有好处的”。

但是希特勒寸步不让。他不允许有任何捷克人在他面前。达拉第驯顺地退让了，但是张伯伦最后还是赢得了一个小小的让步。大家同意，像首相所建议的那样，可以有一位捷克代表等“在隔壁房间里”，随叫随到。

那天下午会议上果然来了两个捷克代表，一个是捷克驻柏林公使伏伊特赫·马斯特尼，一个是布拉格外交部来的胡贝特·马萨里克博士，他们被冷淡地带进了隔壁一个房间里。他们在那里冷冷清清地从下午2点一直等到晚上7点，最后，天终于打他们头上坍下来了。就在7点钟的时候，曾参加朗西曼代表团而现在又跟张伯伦当随员的弗
416 兰克·阿什顿-格沃特金跑过来向他们宣布了坏消息。已经达成了全面的协议，不过他还不能告诉他们细节，总之，它要比法英建议“苛刻”得多。马萨里克问他能不能让捷克人陈述意见，据这位捷克代表后来向政府报告说，这个英国人的答复是“我似乎太不了解大国的处境多么困难，而且我简直不懂得同希特勒谈判多么难办”。

晚上10点，这两个郁郁不乐的捷克人给带去见首相忠实的顾问霍拉斯·威尔逊爵士。威尔逊代表张伯伦把四国协议的要点通知了他们，并且交给他们一张捷克人应立即撤出苏台德区的地图。当两个捷克使者想提出抗议的时候，那位英国外交官打断了他们的话头，他说，他没有话要说了，接着就马上离开了房间。两个捷克人继续向跟他们在一起的阿什顿-格沃特金表示抗议，然而一点用处都没有。

阿什顿-格沃特金也要走了，临走的时候，他告诫他们说：“你们要是不接受的话，就得完全单独地去同德国人打交道。也许法国人同你们说这句话的时候可能说得更客气一点，不过你们可以相信我，他们同我们的看法是一样的，他们不想管你们的事。”

虽然这话必然使两位捷克使者十分伤心，但说的却是老实话。9月30日凌晨刚过1点[*]，希特勒、张伯伦、墨索里尼和达拉第就依这个

---

*《慕尼黑协定》上写的日期是9月29日，然而实际上直到9月30日凌晨才真正签字。它规定由德国人占领“居民主要为日耳曼人的地区”。此项占领由德国军队从10月1日到10月7日分四阶段完成。剩余的地区，在经“国际委员会”确定其边界以后，应“在10月10日以前”予以占领。“国际委员会”由四大国和捷克斯洛伐克的代表组成。英国、法国和意大利同意“这一地区的居民撤退工作应在10月10日完成，任何现有设备均不得加以破坏，而且捷克斯洛伐克政府应负责保证在撤退时不使上述设备遭受破坏”。

除此而外，“国际委员会”将安排在当地居民的种族成分未能肯定的地区进行“公民投票”，期限“不得迟于11月底”。“国际委员会”还将确定新的边界。在协定的一项附件中，英国和法国宣布“它们恪守它们……关于给予捷克斯洛伐克国家的新边界以不受无故侵略的国际担保的建议……在波兰与匈牙利少数民族的问题解决以后，德国和意大利方面也将给予捷克斯洛伐克（转下页）

次序在慕尼黑协定上签下了自己的名字。这个协定规定德国军队将如元首过去一再预言的那样，在10月1日进军捷克斯洛伐克，并且在10月10日完成对苏台德区的占领。希特勒已经得到他在戈德斯贝格所没有得到的东西了。

现在还剩下一件痛苦的——至少对牺牲者来说是痛苦的——事情 417
要办，那就是通知捷克人该在什么时候放弃什么东西。希特勒和墨索里尼对这一部分仪式不感兴趣，接着就退席了，任务于是就落到捷克斯洛伐克的盟邦法国和英国的头上。马萨里克在对捷克外交部的正式报告中，对这个场面有十分生动的叙述：

> 凌晨1点30分，我们被带到举行会议的大厅。在场的有张伯伦先生、达拉第先生、霍拉斯·威尔逊爵士、莱热先生［法国外交部秘书长］、阿什顿-格沃特金先生、马斯特尼博士和我。气氛是令人窒息的，判决马上就要宣布了。法国人显然十分紧张，看来还竭力想在法庭面前保持法国的诚信。张伯伦讲了很长的一段话，介绍了协定的内容，并且把协定的文本交给了马斯特尼博士……

捷克人开始问了几个问题，但是

> 张伯伦先生不停地打哈欠，一点也不想掩饰他的倦怠。我问达拉第和莱热两位先生，他们是否希望我国政府对这个协定做一项答复或者发表一项声明。可以看得出来，达拉第先生的神情十分紧

(接上页)以担保”。[85]

关于公民投票的担保根本没有实现。甚至在波兰和匈牙利少数民族的问题已经解决以后，德国和意大利也都从来没有给捷克斯洛伐克以不受侵略的担保，而且，我们下面还可以看到，英国和法国也不愿信守它们的担保。

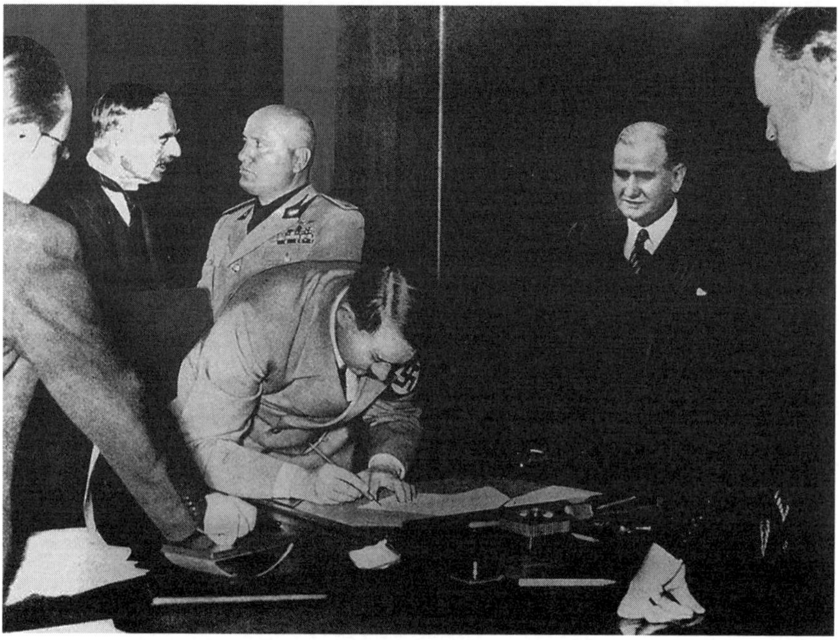

希特勒在《慕尼黑协定》上签字。

张伯伦在《慕尼黑协定》上签字。

> 张，莱热先生回答说四位政治家没有多少时间。然后他以一种故作随便的态度急急忙忙接着说，并不要求我们做答复，他们认为这个计划已被接受，我国政府必须在这一天，至迟到下午3点钟，派代表到柏林去参加国际委员会的会议，最后还说，捷克斯洛伐克要派出的军官应当在星期六到柏林，去商定第一个地区撤退工作的细则。他说，空气已开始变得对全世界都危险了。
>
> 他对我们讲话的态度称得上是够生硬的了。这还是一个法国人……张伯伦先生一点也不想掩饰他的困倦，他们给了我们另一张略有改正的地图。然后，他们对我们的话就说完了，我们可以走了。[86]

我还记得在这个决定命运的夜里，希特勒在开完会以后趾高气扬地走下元首府宽阔的台阶时眼睛里闪耀出的那种胜利的光芒，还记得穿着那特制的民兵制服的墨索里尼那副不可一世的神情，还记得张伯伦打哈欠的样子和回到摄政宫饭店的时候那副睡意盎然的模样。

> 至于达拉第，［我在那天晚上的日记里写道］看起来像是一个完全被打败而且完全垮了的人。他到摄政宫饭店同张伯伦道别……有人问他，或者说刚开始问他："总理先生，你对这个协定满意吗？"他转过身来，口里似乎要说什么，然而他这时已精疲力竭，因此话没有说出口就一声不响踉踉跄跄地推门出去了。[87]

张伯伦同希特勒会谈世界和平问题还没有完。第二天（9月30日）早晨，他经过几小时的睡眠，精神已经恢复过来了，心里也为前
一天劳累的成绩沾沾自喜，他又到元首在慕尼黑的寓所去看希特勒， 418
想同他进一步讨论欧洲的局势，并且从希特勒那里得到一点他显然认为会加强他在国内的政治地位的小小让步。

据给这次意料不到的会面当翻译而且是唯一的见证人的施密特博士说，希特勒这天显得脸色苍白，情绪阴郁。他心不在焉地听着那位精力过人的英国政府首脑表示，相信德国在“实施慕尼黑协定方面会采取大度包容的态度”，并且再次表示希望捷克人不会“不讲理到制造什么困难”的程度，而如果他们造成了什么困难的话，希望希特勒不会轰炸布拉格，以免“在平民中造成可怕的损失”。这些话还只是张伯伦所要说的杂乱无章的长篇大论的开端。要不是施密特把它记录在德国外交部的正式报告上的话，即使张伯伦在前一天夜里已经对德国独裁者做了那样下贱的投降，人们也简直不能想象这番话会出自一个英国首相之口。就是在今天，人们在读这个缴获文件的时候也很不容易相信。

不过，这位英国领袖的开场白还只是后文的前言。在那位脾气不好的德国独裁者听来，张伯伦的话想必都不过是滔滔不绝的空话。他建议英德两国进一步合作来结束西班牙内战（在这场战争中，德国和意大利的“志愿军”正在为佛朗哥赢得胜利），建议促进裁军，促进世界经济繁荣，加强欧洲政治和平，甚至还建议解决俄国问题，然后，首相从口袋里掏出一张纸来，上面已经写好了他希望两个人能在上面签字并且立即发表的东西：

> 我们，德国元首兼总理和英国首相，今天再次举行了会议，一致认为英德关系的问题对两国和对欧洲都具有最大的重要性。
>
> 我们把昨夜签字的协定和《英德海军协定》看成是我们两国人民再也不想彼此交战的愿望的象征。
>
> 我们决心以协商的办法作为处理任何其他涉及我们两国的问题的办法，我们决心继续努力，消除可能引起分歧的原因，从而有助于确保欧洲的和平。

据施密特在正式报告中说，希特勒看了一下这个宣言，很快就在上面签了字，使张伯伦大为满意。施密特的印象是元首本来“有几分勉强……只是为了让张伯伦高兴”才同意的，而张伯伦，据他接着说，“对元首表示热烈感谢……再三强调他预料这一文件将产生巨大的心理影响”。

这位蒙在鼓里的英国首相当然不知道（如几个德国和意大利秘密
文件很久以后所透露出来的那样），希特勒和墨索里尼就在这次慕尼 419
黑会议中已经商量好，时候一到，他们就将“并肩”对英国作战。我们很快就会看到，他也识不破在希特勒那阴郁的心底里已经又有许多别的东西在酝酿着了。[88]

张伯伦胜利地回到了伦敦——达拉第也同样地回到了巴黎。得意洋洋的首相挥舞着他同希特勒签署的宣言来迎接拥到唐宁街来的人们。他们向他高喊“好样的内维尔”！还对他高唱“因为他是一个顶呱呱的好人”。张伯伦笑逐颜开，站在唐宁街10号三楼的阳台上向他们讲了几句话。

“我的好朋友们，”他说，“在我国历史上，这是第二次把光荣的和平从德国带回到唐宁街来。* 我相信，这是我们的时代的和平。”

《泰晤士报》宣称：“没有一个征服者从战场上得胜归来的时候曾戴着比这更高贵的桂冠。”居然有一个自发的运动要筹集一笔“全国感恩基金”来向张伯伦致敬，不过，他谦虚地拒绝了。只有海军大臣达夫·库珀一个人因此辞职，在继之而来的下院辩论中，当时仍在野的温斯顿·丘吉尔在那篇值得纪念的发言中说：“我们遭到了一场全面的十足的失败。”然而，据他自己后来回忆，他被迫停了下来，一直等到暴风雨般的抗议声平息以后才能接着讲下去。

---

* 这里所说的第一次指的是英国首相狄斯雷里1878年参加柏林会议后回到英国的那一次。

布拉格的情绪当然大相径庭。9月30日清晨6点20分，德国代办就把捷克外交部长克罗夫塔博士从床上叫起来，交给他《慕尼黑协定》的文本和一份要捷克斯洛伐克派两名代表参加“国际委员会”下午5点在柏林举行的第一次会议的邀请书。这个国际委员会是负责监督协议的执行的。

贝奈斯总统整个上午都在赫拉德欣宫中同政界与军界的领袖会商。对他来说，除了屈服而外，别无其他出路。英国和法国不但抛弃了他的国家，而且如果他拒绝慕尼黑条件的话，它们还将支持希特勒使用武力。中午12点50分，捷克斯洛伐克投降了。为此发表的官方公报说，它是带着“对全世界提出的抗议”投降的。新任总理西罗维将军在下午5点向捷克人民所做的广播中愤懑地解释说：“我们被抛弃了，我们是孤独的。”

一直到最后，英国和法国都还在对被它们诱骗、出卖的国家施加压力。这一天，英国、法国和意大利的公使见了克罗夫塔博士，想确实弄清楚捷克人会不会在最后一分钟起而反对投降。德国代办亨克博士在发给柏林的一份电报里描述了这个场面。

> 法国公使想对克罗夫塔说些安慰的话，然而被外交部长打断
> 420 了：“我们是被迫落到这种地步的；现在一切都完了，今天轮到的
> 是我们，明天轮到的就是别人了。”英国公使期期艾艾地跟上去
> 说张伯伦已尽了最大努力，但是也得到了像法国公使得到的一样
> 的答复。外交部长已经是一个完全垮了的人。他暗示只有一个愿
> 望：三位公使赶快离开。[89]

贝奈斯总统在柏林的要求下于10月5日辞职，后来因为看到他的生命有危险，就飞到英国，开始流亡生涯。他所遗下的总统职务由西罗维将军暂代。11月30日，国民议会选举心地善良然而性格软弱的

66岁老人、最高法院院长埃米尔·哈查为残存的捷克–斯洛伐克的总统，从这时起，这个国家的名字就在捷克和斯洛伐克之间正式加上了一个连接号。

凡是张伯伦和达拉第在慕尼黑忘了给德国的东西，都由所谓“国际委员会”一一交出了。这个草草组成的委员会由意、英、法三国驻柏林大使、捷克驻柏林公使和德国外交部国务秘书冯·魏茨泽克男爵组成。每一次德国人多要土地时，委员会就总是按照他们的愿望来解决问题，不止一次是在希特勒和最高统帅部扬言要用武力的威胁下这么做的。最后，委员会在10月13日表决通过取消慕尼黑协定关于要在有争议地区举行公民投票的规定。这一套已经用不着了。

波兰人和匈牙利人在扬言要对孤立无援的捷克斯洛伐克采取军事行动之后，就像食尸的饿鹰一样，乘虚而入，分得了一片土地。在以后12个月中即将成为本书下章主角的外交部长约瑟夫·贝克的要求下，波兰得到了切申周围大约650平方英里的土地，上面居住着22.8万居民，其中倒有13.3万是捷克人。里宾特洛甫和齐亚诺在11月2日给匈牙利分配了一块大一点的土地，共有7 500平方英里，上面住着50万马扎尔人和27.2万斯洛伐克人。

除此而外，柏林还逼着这个肢体残缺、防务荡然的国家成立一个显然具有法西斯倾向的亲德政府。人人都了然，从此以后，捷克斯洛伐克这个国家只是在第三帝国领袖的鼻息之下苟延残喘而已。

慕尼黑的后果

根据《慕尼黑协定》，希特勒得到了他在戈德斯贝格所要求的一切，而“国际委员会”又在他的威胁之下拱手奉上更多的东西。1938年11月20日的最后解决，强迫捷克斯洛伐克割与德国1.1万平方英里的土地，上面住着280万苏台德日耳曼人和80万捷克人。在这个地区 421

之内有着大量的捷克工事，它们构成了在当时来说是欧洲最坚强的防线，只有法国的马其诺防线可能除外。

这还不算，捷克斯洛伐克的全部铁道、公路、电话和电讯系统都被打烂了。根据德国人的统计，这个国家在被肢解以后丧失了66%的煤，80%的褐煤，86%的化学工业，80%的水泥工业，80%的纺织工业，70%的钢铁工业，70%的电力工业，40%的木材工业。好端端的一个富庶繁荣的工业国仅仅在一夜之间就被豆剖瓜分而破产萧条了。

无怪乎约德尔在《慕尼黑协定》签字那天晚上那样兴高采烈写他的日记了。

> 慕尼黑条约已经签字了，捷克斯洛伐克作为一个国家力量来说已经不复存在了……由于元首的英明睿断，由于他那甚至世界大战都绝不回避的决心，我们再一次不用武力就取得了胜利。现在希望的是，那些怀疑成性、意志薄弱而犹豫观望的人也许已经转变过来了，并且希望他们今后这样保持下去。[90]

许多犹豫观望的人转变了，至于少数没有转变的人就陷入了绝望之中。像贝克、哈尔德、维茨勒本这样的将军和他们的谋士们再一次证明是错了。希特勒得到了他要求得到的东西，他不发一枪就完成了又一次伟大的征服。他的威望达到了空前的新高度。没有一个像作者那样在慕尼黑会议之后到过德国的人能够忘记德国人民的狂喜，他们因为战争业已避免而如释重负。他们对希特勒的兵不血刃的胜利感到得意洋洋，这不但是对捷克斯洛伐克的胜利，而且是对英国和法国的胜利。他们告诉你，在短短六个月之内，希特勒征服了奥地利和苏台德区，给第三帝国平添了1 000万人口和一大片有战略意义的领土，为德国称霸东南欧打开了大门。而赢得这样的丰功伟绩竟不曾牺牲一个德国人的性命！他以德国历史上所罕见的天才人物的本能，不但看穿了那些中欧小国的弱点，而且看穿了西方两个主要的民主国家英国和法国的弱点，逼得它们向他的意志屈服。他发明了一套可以称为**政治战**的新的战略战术，而且取得了惊人的成就，这种政治战已经使得真刀真枪的战争成为不必要了。

在仅仅四年有半的时间内，这个出身微贱的人已经使一个在政治上一片混乱、在军事上解除武装、在经济上接近崩溃的德国，欧洲大国中这个最孱弱的大国，一跃而被认为是旧大陆最强大的国家，所有其他的国家，甚至英国和法国，都在它的面前发抖。在这个令人目眩的跃进过程中，没有一个《凡尔赛和约》的战胜国阻挡过它的进路，即使在它们有力量这样做的时候，也没有这样做的胆量。事实是，在他取得了最大的胜利的慕尼黑会议上，英国和法国还曲意予以支持。而且想必使希特勒自己也最感诧异的，也肯定使贝克将军、哈塞尔以 422
及参加他们那小小的反对派的一伙人莫名其妙的，是主宰着英国和法国政府的那些人（元首在慕尼黑会议后有一次在背后轻蔑地管他们叫“小蛆虫”）当中，竟然没有一个人看到由于他们对这位纳粹领袖的每一步侵略行动都不加回击而造成的后果。

在英国，似乎只有温斯顿·丘吉尔一个人看到了这一点。再没有别的人比他10月5日在下院的演说里把慕尼黑的后果说得更明白的了。

> 我们遭到了一场全面的十足的失败……我们正处在第一等的大祸之中。到多瑙河的门户……到黑海的门户已经洞开了。所有中欧的和多瑙河流域的国家都将一个接一个落入……以柏林为中心的……庞大的纳粹政治体系中……不要以为这是结尾。它不过是开始……

然而，丘吉尔并不是在朝之身，他的话并没有受人注意。

1938年8月27日，温斯顿·丘吉尔在埃塞克斯郡的塞登博伊斯发表讲话，指出庞大的德国军队是对世界和平的一大威胁。

法国和英国在慕尼黑的投降是有必要的吗？阿道夫·希特勒不是在虚声恫吓吗？

说来矛盾的是，我们现在知道，这两个问题的答案都是“不”。所有战后还活下来的接近希特勒的将军都一致认为，要是没有慕尼黑的话，希特勒就会在1938年10月1日进攻捷克斯洛伐克，他们还认为，不论伦敦、巴黎和莫斯科会出现什么样暂时的犹豫，英国、法国和俄国最后都一定会参战。

而对这一段历史来说最重要的一点是，德国的将军们一致认为，在这场战争中德国将打败仗，而且败得很快。支持张伯伦和达拉第的人——他们在当时占绝大多数——说，慕尼黑妥协挽救了西方，慕尼黑妥协不但使西方免于战争，而且使西方免于在这场战争中失败，因而也保全了伦敦和巴黎，使它们没有被德国空军夷为平地。这种论调至少就后两点来说，受到了最有资格做判断的德国将军们，特别是最接近希特勒而且从头至尾最狂热地支持他的德国将军们的有力的驳斥。

后一类人中最重要的一个人就是凯特尔将军，他是最高统帅部长官，又是经常随侍在希特勒身边的宠臣。在纽伦堡审讯时，当问到德国将领对慕尼黑妥协的反应是什么时，他回答说：

> 我们特别高兴，因为没有采取军事行动……我们一直认为我们要用来进攻捷克斯洛伐克边境工事的装备是不够的，从纯军事的观点看，我们缺少能突破边境工事的手段。[91] 423

盟国的军事专家总是估计德国军队可以轻而易举地攻下捷克斯洛伐克，然而凯特尔的证词却说情况并非如此。除此而外，还必须加上后来成为德国最杰出的战地指挥官之一冯·曼施坦因元帅的证词。当他在纽伦堡（不像凯特尔和约德尔那样，他没有受到可能判处死罪的起诉）就慕尼黑事件时期的德国实力作证时说明当时的情况说：

> 如果战争爆发，无论是我国的西部边境还是我国的波兰边境，都无法有效防守，而且不论怎么说都毫无疑问的是，只要捷克人起而自卫，我们就会被他们的工事所拦阻，因为我们没有突破它的手段。[92*]

那位最高统帅部的“智囊”约德尔，在纽伦堡出庭为自己辩护的时候，是这样说的：

---

* 希特勒自己在视察了捷克的防线以后，也至少对这一点有些相信。他后来告诉国际联盟驻但泽的高级专员卡尔·布尔克哈特博士说：“慕尼黑事件以后，我们才能够从捷克斯洛伐克内部来了解它的军事实力，我们所看到的一切使我们捏了一把汗；我们当初冒了一次严重的危险。捷克的将军们所计划的东西是十分坚强的。我现在才懂得了我的将军们为什么主张克制。”（见佩蒂纳克斯：《法兰西的掘墓人》，第5页）

> 要以5个作战师和7个后备师的兵力在还只是一个施工现场的西线工事来挡住100个法国师的进攻，是完全谈不上的，这在军事上是不可能的。[93]

如果确实像这些德国将军承认的那样，希特勒的军队缺乏突破捷克防线的手段，而且要在西线抵挡占压倒优势的法国兵力，德国又确实处在一种“军事上不可能的”形势，不但如此，像我们前面所知道的那样，在将领中间还存在着严重的分歧，甚至陆军参谋总长都在准备推翻元首以躲避一场无法取胜的战争——既然如此，那么，为什么法国和英国的参谋总部居然会不知道？还是说，他们竟是知道的呢？如果他们确实知道的话，英国和法国政府的首脑又怎么能在慕尼黑被逼到牺牲自己那么多的根本利益的地步呢？在寻求这些问题的答案的时候，我们碰到了直到现在都没有弄清楚的慕尼黑时代的一个谜。甚至对军事问题素来关心的丘吉尔来说，在他卷帙浩繁的回忆录中，也几乎没有涉及这个问题。

不能想象英国和法国的参谋总部和两国政府会不知道德国陆军参谋总部反对欧洲大战。因为，上面已经说过，柏林的密谋分子在8月
424 和9月之间至少曾通过四条线把这一点告诉了英国人。而且我们已经知道，连张伯伦本人都知道了这件事情。到9月初，巴黎和伦敦绝不能不知道贝克将军的辞职，也绝不可能不知道德国陆军中威信最高、能力最强的领袖的抗命对部队的影响。

当时在柏林的人一般都承认，英国和法国的军事情报工作是做得相当好的。简直难以相信，伦敦和巴黎的军事首脑人物会不知道德国陆军与空军的显著的弱点以及它们不可能在两条战线上同时作战的事实。法国陆军参谋总长甘末林将军——就算他天性谨慎达到极点也罢——掌握着将近100个师，到底还有什么理由怀疑他对付不了德国人摆在西线的5个正规师和7个后备师而不能摧枯拉朽，长驱直入挺

进德国呢？

总的来说，据甘末林后来自己说[94]，他并没有多少怀疑。9月12日，就在希特勒在纽伦堡大会闭幕会议上大发雷霆对捷克斯洛伐克百般威胁的那一天，这位法军统帅曾经向达拉第保证，如果战争爆发的话，“西方民主国家可以按照自己的意志来决定和平条件”。他还写了一封信给达拉第说明他之所以如此乐观的理由。9月26日，正当捷克危机在戈德斯贝格会议以后处于最高潮的那一天，随法国政府领导人同赴伦敦的甘末林又向张伯伦重申了他的保证，并且具体分析了军事形势，想不但给英国的首相而且也给自己那位动摇的总理打气。他在这一方面显然没有达到目的。最后，就在达拉第飞赴慕尼黑前夕，甘末林又向他简括地说明了在苏台德区问题上要做出领土让步时可以不致危及法国安全的最大限度，主要的捷克要塞，还有铁路干线，某些战略性的支线和主要的国防工业，绝不能给德国。除此而外，他还说，绝不能让德国人切断摩拉维亚山峡。要是在法德交战时捷克斯洛伐克能对法国有什么用处的话，这些都是不错的意见。然而，我们已经看到，达拉第不是能照此行事的人。

在慕尼黑时期，人们说得极多的是，张伯伦投降的理由之一是害怕伦敦将被德国的轰炸所毁灭，毫无疑问，法国人也是一想到他们美丽的首都会从空中被炸毁就胆战心惊的。但是据现在所弄明白的德国空军在当时的实力来看，伦敦人和巴黎人，同他们的首相和总理一样，是惊慌过度了。德国的空军已同陆军一样用来集中于对付捷克斯洛伐克了，因此也就同陆军一样不可能在西线进行严肃的战斗。即使德国人能匀得出那么几架飞机去空袭伦敦和巴黎的话，也很可怀疑它们能不能到达目的地。英国和法国战斗机的防御力量尽管很弱，德国人也并没有足够的战斗机来掩护他们的轰炸机，就算他们有战斗机，它们的基地也太远了。

也有人，特别是弗朗索瓦-庞赛和汉德逊这两位大使，认为慕尼 425

黑妥协给了西方民主国家几乎一年的时间，使它们能在整军方面赶上德国。事实证明，这种论点不过是谎言。正如丘吉尔所说，而且也为盟国方面一切严谨的军事历史学家所同意的那样，“号称因慕尼黑妥协而‘得到’的一年喘息时间，使英国和法国同德国对比起来处于比慕尼黑危机时期坏得多的地位”。[95] 我们下面就可以看到，德国方面一年以后所有的军事计划都证明了这一点，而以后发生的事变，当然又消除了任何怀疑。

现在根据我们所获得的德国秘密文件和德国人战后自己的亲口供认，回过头再来看这一段历史，就可以做出在慕尼黑时期所无法做出的下面这样一个总结。

德国在1938年10月1日没有能力对捷克斯洛伐克和法国、英国作战，更不用提再加上一个俄国了。要是它打的话，它将很快、很容易地被打败，那也就会是希特勒和第三帝国的末日。要是在最后一分钟由于德国陆军的干预而避免了一场欧洲大战的话，希特勒就可能被哈尔德和维茨勒本以及他们的同党所推翻，他们将在他最后下令进攻捷克斯洛伐克之际按照预定计划把他逮捕。

希特勒公开吹嘘“不论在什么情况下”他将在10月1日进军苏台德区，因此就给自己堵死了退路，弄得自己下不了台。他已处在贝克将军所早已预见到的“无法维持”的地位。要是他在做了这一番斩钉截铁的威胁和宣言之后自己又退了回来的话，他就存在不了多久。独裁政治就是这么一回事，而他的独裁政治尤其是如此。对他来说，后退，如果不是不可能的话，也是极端困难的，要是他想后退的话，那么，他在欧洲，在本国人民当中，尤其重要的是在他的将领当中，势必威信扫地，其结果就将置他于死地。

张伯伦对希特勒的要什么就给什么这种执迷不悟的态度，他的贝希特斯加登和戈德斯贝格之行，还有最后那一次决定命运的慕尼黑之行，挽救了希特勒，使他有了下台的梯子，把他在欧洲、在德国、在军队中的威信，提高到几个星期以前还无法想象的程度，这一切也把第三帝国同西方民主国家和俄国相抗衡的力量提高到无可估量的程度。

对法国来说，慕尼黑是一场大灾祸。实在不懂的是，为什么巴黎当时居然没有认识到这一点。法国在欧洲的军事地位毁了。如果德国完全动员起来的话，法国的军队绝不及德国军队的半数以上，因为德国的人口几乎是它的两倍；法国的军火生产能力也比德国弱；由于这两个原因，法国煞费苦心地在东欧，即在德国——还有意大利——的侧翼，同捷克斯洛伐克、波兰、南斯拉夫和罗马尼亚等较小的国家建立了同盟，这些国家加在一起的军事潜力也抵得上一个大国。部署在坚固的山地工事中的35个训练有素、装备精良的捷克师，牵制着比这个数目还要大的德国军队，现在法国军队失去这支力量无异乎失去一 426
条臂膀。然而这还不是一切。在慕尼黑事件之后，法国在东欧剩下的盟国还有哪个能对它的誓言有什么信任呢？同法国结盟还有什么价值呢？在华沙、布加勒斯特和贝尔格莱德能听到的答复是：价值不大。这些首都现在都争先恐后地想在为时尚未太晚的时候，同纳粹征服者做一笔尽可能不赔本的买卖。

莫斯科虽然没有发生争先恐后的忙乱，但是也引起了一些活动。虽然苏联同捷克斯洛伐克和法国都有军事同盟，法国政府却径自同德国和英国打交道而一声不吭就把苏联排除在慕尼黑会议之外。这一手是斯大林绝不能忘怀的，而两个西方民主国家也为此在今后的几个月中付出了极大的代价。10月3日，也就是慕尼黑会议以后四天，德国驻莫斯科大使馆参赞维尔纳·冯·蒂佩尔斯基希向柏林报告了慕尼黑事件对苏联政策的“后果”。他认为斯大林将由此“得出结论”；他肯定苏联将“重新考虑它的外交政策”，将对它的盟邦法国不那么友好，而对德国的态度将“更加积极”。事实上，这位德国外交官认为“目前的局势给德国与苏联间缔结新的更广泛的经济协定提供了有利的机会”。[96] 在德国秘密档案中，这是第一次提到柏林和莫斯科之间的风向要转了，不论这

希特勒跨过德国边境进入苏台德地区。

苏台德地区的难民。

时的风势如何微弱，用不了一年，它就会产生重大的后果。

尽管希特勒取得了惊人的胜利，也尽管他不但给了捷克斯洛伐克而且给了西方民主国家以难堪的屈辱，希特勒对慕尼黑妥协的结果还是感到失望。沙赫特曾听见他在回柏林途中对他的党卫军警卫人员嚷着说：“那个家伙［指张伯伦］破坏了我进入布拉格的计划！”[97] 这是他心里一直想要得到的东西。自从前一年的11月5日他对他的将领们第一次讲过这种打算以后，这也是他一再向他们说到过的东西。当时他就向他们说明，征服奥地利与捷克斯洛伐克，只是在东方大规模夺取生存空间和在西方同法国在军事上一决雌雄的前奏。他在9月20日曾对匈牙利总理说过，最好的事情还是“消灭捷克斯洛伐克”。他说“这才是唯一令人满意的解决办法”。他所担心的“危险”就是捷克人会向他的全部要求屈服。*

现在，张伯伦先生拿着他那把名闻天下的雨伞来到慕尼黑，逼着捷克人接受了他的全部要求，这样就剥夺了他进行军事征服的机会。从材料中可以看得十分清楚，这就是希特勒在慕尼黑以后一桩曲折的心事。他后来曾向他的将领们吐露：“从最初起，我就明白，我不能以苏台德日耳曼人的土地为满足，这只是一种部分的解决办法。”[98]

在慕尼黑事件以后没有几天，这位德国独裁者就开始把实现全面解决的计划付诸实施了。 427

注　释

1. 绿色方案的档案原来存在希特勒的大本营，后来被美军在上萨尔茨山一地窖中缴获。希特勒-凯特尔4月21日会谈摘要是其中第二份文件。全部档案在纽伦堡提出作为证据，编号为纽伦堡

* 见本书原文第388页。

文件388-PS。英译文载《纳粹的阴谋与侵略》，第3卷，第306—709页。收在《德国外交政策文件汇编》，第2卷，第239—240页上的英译文较佳。

2. 德国外交部1938年8月19日秘密备忘录，见《纳粹的阴谋与侵略》，第6卷，第855页（纽伦堡文件3059-PS）。

3.《德国外交政策文件汇编》，第2卷，第197—198页。

4. 同上，第255页。

5. 魏茨泽克1938年5月12日备忘录，见《德国外交政策文件汇编》，第2卷，第273—274页。

6. 所交换的四封电报全文，见《纳粹的阴谋与侵略》，第3卷，第308—309页（纽伦堡文件388-PS）。

7. 同上，第309—310页。

8. 凯特尔的信和指令全文载《德国外交政策文件汇编》，第5卷，第299—303页。

9. 同上，第307—308页。

10. 德国驻布拉格公使和武官1938年5月22日的电报，同上第309—310页。

11. 冯·迪克森大使1938年5月22日的电报，同上第322—323页。

12. 1939年1月30日在国会的演说，收在《我的新秩序》中，第563页。

13. 据希特勒一名当时在场的副官弗里茨·维德曼后来说，他“对这句话极感震惊”。见《纳粹的阴谋与侵略》，第5卷，第743—744页（纽伦堡文件3037-PS）。

14. 约德尔日记，日期未注明，见《主要战犯的审讯》，第28卷，第372页（纽伦堡文件1780-PS）。

15. 绿色方案档案第11件，见《纳粹的阴谋与侵略》，第3卷，第315—320页（纽伦堡文件388-PS），另见《德国外交政策文件汇编》，第2卷，第357—362页。

16.《主要战犯的审讯》，第28卷，第373页，收有德文原文。约德尔日记摘录的英译文收在《纳粹的阴谋与侵略》，第4卷，第360—370页中。

17. 沃尔夫冈·福斯特著《一位将军反对战争》第81—119页中有备忘录原文。

18. 约德尔日记，见《主要战犯的审讯》，第28卷，第374页。英译文载《纳粹的阴谋与侵略》，第4卷，第364页（纽伦堡文件1780-PS）。

19. 同上。

20.《主要战犯的审讯》，第20卷，第606页。

21.《冯·哈塞尔日记》，第6页。

22. 同上，第347页。

23. 福斯特：《一位将军反对战争》，第122页。

24. 1938年6月8日、9日电报，见《德国外交政策文件汇编》，第2卷，第395，399—401页。

25. 6月22日电报，同上，第426页。

26. 同上，第529—531页。

27. 同上，第611页。

28. 绿色方案档案第17件，见《纳粹的阴谋与侵略》，第3卷，第332—333页（纽伦堡文件388-PS）。

29.《主要战犯的审讯》，第28卷，第375页。

30. 1938年9月3日会议记录，见《纳粹的阴谋与侵略》，第3卷，第334—335页（纽伦堡文件388-PS）。

31. 9月9日会议施密特记录，同上，第335—338页。在绿色方案档案中是第19件。

32. 约德尔日记中关于9月13日的笔记，见《主要战犯的审讯》，第28卷，第378—379页（纽伦堡文件1780-PS）。

33.《德国外交政策文件汇编》，第2卷，第536页。

34. 关于克莱斯特此行的报告收在《英国外交政策文件汇编》，第3卷，第2册。

35. 丘吉尔的这封信件的大部分摘录，见《德国外交政策文件汇编》，第2卷，第706页。

36.《英国外交政策文件汇编》，第3卷，第2册，第686—687页。

37. 内维尔·汉德逊：《使命的失败》，第147，150页。

38.《英国外交政策文件汇编》，第3卷，第1册。

39. 埃里希·科尔特在其所著《回忆散记》中提供了他兄弟对这次会见的叙述，见该书第279—281页。

40.《德国外交政策文件汇编》，第2卷，第754页。

41. 同上。

42. L. B. 纳米尔：《外交前奏曲》，第35页。

43. 关于这次会议的材料不少。唯一在场充当译员的保罗·施密特的正式报告全文，见《德国外交政策文件汇编》，第5卷，第786—798页。施密特在他所著《希特勒的译员》一书中提供了一个目击者的记述，见该书第90—95页。张伯伦的笔记，见《英国外文政策文件汇编》，第3卷，第338—341页。他就这次会议写给他的妹妹的信，见基思·费林著《内维尔·张伯伦传》，第366—368页。另见汉德逊著《使命的失败》，第152—154页。

44.《德国外交政策文件汇编》，第2卷，第801页。

45. 同上，第810页。

46. 费林：《内维尔·张伯伦传》，第367页。

47.《纳粹的阴谋与侵略》，第6卷，第799页（纽伦堡文件C-2）。

48.《德国外交政策文件汇编》，第2卷，第863—864页。

49.《英国白皮书》，编号Cmd5847，第2号。另见《德国外交政策文件汇编》，第2卷，第831—832页。

50. 见《柏林日记》，第137页。

51. 戈德斯贝格会议的主要来源是：施密特关于戈德斯贝格两次会议的笔记，见《德国外交政策文件汇编》，第2卷，第870—879，898—908页；施密特在《希特勒的译员》一书中的叙述，见该书第95—102页；9月23日希特勒与张伯伦的通讯，见《德国外交政策文件汇编》，第2卷，第887—892页；柯克帕特里克的会议记录，见《英国外交政策文件汇编》，第3卷，第2册，第463—473，499—508页；汉德逊在《使命的失败》中的叙述，见该书第156—162页。

52.《纳粹的阴谋与侵略》，第4卷，第367页（纽伦堡文件1780-PS）。

53. 约德尔日记，1938年9月26日，同上。

54. 戈德斯贝格备忘录全文，见《德国外交政策文件汇编》，第2卷，第908—910页。

55. 1938年9月24日伦敦《泰晤士报》。

56. 捷克复信全文，见《英国白皮书》，编号Cmd5847，第7号。

57. 张伯伦1938年9月26日致希特勒的信的全文，见《德国外交政策文件汇编》，第2卷，第994—995页。

58. 德国外交部文件中虽无施密特博士关于这次会议的笔记，但他在自己的著作中叙述了经过，《希特勒的译员》，第102—103页。柯克帕特里克的笔记，见《英国外交政策文件汇编》，第3卷，第2册，第1号，第118页。汉德逊的叙述，见他的《使命的失败》，第163页。

59. 绿色方案档案第31—33件，见《纳粹的阴谋与侵略》，第3卷，第350—352页（纽伦堡文件388-PS）。

60. 巴黎发的电报，见《德国外交政策文件汇编》，第2卷，第977页。

61. 罗斯福的两次呼吁和希特勒对第一次呼吁的答复全文，同上，第2卷。

62. 布拉格发出的电报，同上，第2卷，第976页。

63. 希特勒1938年9月27日的信的全文，同上，第2卷，第966—968页。

64. 张伯伦的计划，同上，第2卷，第987—988页。惠勒-本内特根据捷克档案在《慕尼黑》中引用了首相的信，见该书第151—152页，第155页。

65. 同上，第158页。

66. 全文见《英国白皮书》，编号Cmd5848，第1号。这封信是由汉德逊在次日中午交给希特勒的。

67. 汉德逊：《使命的失败》，第144页。见《英国外交政策文件汇编》，第3卷，第2册，第614页。

68. 约德尔日记，1938年9月28日，见《纳粹的阴谋与侵略》，第4卷，第368页（纽伦堡文件1780-PS）。

69. 来源是：纽约律师萨姆·哈里斯在纽伦堡提审哈尔德的记录，《纳粹的阴谋与侵略》，附件B，第1547—1571页。另见哈尔德的备忘录，在纽伦堡的媒体通讯中，但未收入《纳粹的阴谋与侵略》和《主要战犯的审讯》中。吉斯维乌斯：《至死方休》，第283—328页。他在纽伦堡的证词，见《主要战犯的审讯》，第12卷，第210—219页。沙赫特：《账目已清》，第114—125页。

70. 吉斯维乌斯：《至死方休》，第325页。另见他在纽伦堡的证词，载《主要战犯的审讯》，第12卷，第219页。

71. 埃里希·科尔特给本书作者的备忘录。艾伦·杜勒斯著《德国的地下运动》，第46页也谈到了这次访问。

72. 9月28日上午在总理府的会议，有几个参与者的叙述，见施密特：《希特勒的译员》，第105—108页；弗朗索瓦-庞赛：《决定命运的年代》，第265—268页；汉德逊：《使命的失败》，第166—171页。

73. 施密特：《希特勒的译员》，第107页。

74. 同上。

75. 汉德逊：《使命的失败》，第168—169页。施密特：《希特勒的译员》，第108页。

76. 马萨里克后来把这一场面告诉过本作者，他也告诉过他的许多其他友人。但我的笔记已遗失，此处引的是惠勒-本内特在《慕尼黑》中所做的动人叙述，见该书第170—171页。

77. 根据1946年2月25日对哈尔德的提审，见《纳粹的阴谋与侵略》，附件B，第1553—1558页。

78. 沙赫特：《账目已清》，第125页。

79. 吉斯维乌斯：《至死方休》，第326页。

80.《齐亚诺秘密日记（1937—1938年）》，第166页。墨索里尼在1940年6月26日的电报中提醒希特勒，在慕尼黑时他曾保证参加进攻英国。电报全文收入《德国外交政策文件汇编》，第10卷，第27页。

81. 张伯伦和贝奈斯照会全文，《英国外交政策文件汇编》，第3卷，第2册，第599，604页。

82. 两次慕尼黑会议记录，见《德国外交政策文件汇编》，第2卷，第1003—1008和第1011—1014页。

83. 汉德逊：《使命的失败》，第171页。弗朗索瓦-庞赛：《决定命运的年代》，第271页。

84. 施密特：《希特勒的译员》，第110页。

85.《慕尼黑协定》全文，见《德国外交政策文件汇编》，第2卷，第1014—1016页。

86. 根据马萨里克博士给捷克外交部的正式报告。本节关于慕尼黑会议的材料来源有：《德国外交政策文件汇编》，第2卷，同本章注82；协定全文，同上，第1014—1016页：《英国外交政策文件汇编》，第3卷，第2册，第1号，第227页；齐亚诺、施密特、汉德逊、弗朗索瓦-庞赛、魏茨泽克等著上引书。

87.《柏林日记》，第145页。

88. 这次张伯伦-希特勒会谈的材料来源有：声明全文，见《德国外交政策文件汇编》，第2卷，第1017页。施密特关于这次会谈的正式报告，同上，第4卷，第287—293页。施密特:《希特勒的译员》，第112—113页。《英国外交政策文件汇编》，第3卷，第2册，第1228号所提供的情况略有不同。

89.《德国外交政策文件汇编》，第4卷，第4—5页。

90. 约德尔的日记，见《纳粹的阴谋与侵略》，第4卷，第368页（纽伦堡文件1780-PS）。

91. 凯特尔1946年4月4日作的证词，见《主要战犯的审讯》，第10卷，第509页。

92. 曼施坦因1946年8月9日作的证词，同上，第20卷，第606页。

93. 约德尔1946年6月4日作的证词，同上，第15卷，第361页。

94. 甘末林：《为国效劳》，第344—346页。这是一本令人失望的书！佩蒂纳克斯所著《法兰西的掘墓人》一书第3页中证实了这位将军的话。甘末林在9月26日和28日的意见的来源同此。

95. 丘吉尔：《风暴欲临》，第339页。

96.《德国外交政策文件汇编》，第4卷，第602—604页。

97. 沙赫特在纽伦堡的证词，见《主要战犯的审讯》，第12卷，第531页。

98. 1939年11月23日对三军总司令的讲话，见《纳粹的阴谋与侵略》，第3卷，第573页（纽伦堡文件789-PS）。

第十三章
捷克斯洛伐克再也不存在了

《慕尼黑协定》签字还不到十天，甚至苏台德区的和平占领还没有完成，阿道夫·希特勒就给最高统帅部长官凯特尔将军发出了一份绝密急电。

> 1. 在目前形势下，要击破波希米亚和摩拉维亚捷克人的全部抵抗力量需要多少增援部队？
>
> 2. 集结或者调动新部队需要多少时间？
>
> 3. 上述措施如果在实行原定的复员、撤兵计划之后执行的话，需要多少时间？
>
> 4. 要达到10月1日那样的待命状态需要多少时间？[1]

凯特尔在10月11日给元首回了一个电报，做了详尽的答复。不需要很长的时间，也不需要太多的增援部队，在苏台德区已经有24个师，其中包括3个装甲师和4个摩托化师。凯特尔说："统帅部认为，鉴于目前捷克抵抗力量微弱，有可能无须增援即能开始行动。"[2]

在得到这样的保证以后十天，希特勒就把他的想法通知了他的军事负责人。

绝 密

柏林，1938年10月21日

武装部队未来的任务以及为执行此项任务所需进行的战争准备工作，我将在以后的命令中予以规定。

在该项命令下达以前，武装部队必须随时准备：

1. 确保德国边界的安全。

2. 清算捷克斯洛伐克的残存部分。

3. 占领梅梅尔区。 428

梅梅尔是波罗的海沿岸一个大约有4万人口的港口，是德国人在《凡尔赛和约》以后割让给立陶宛的。既然立陶宛比奥地利和捷克斯洛伐克还要小、还要弱，夺取这一城市对德国军队来说实在算不了一回事，而希特勒在这个命令中也只是说，它应予“归并”。至于捷克斯洛伐克：

必须在任何时候都能够扫荡残存的捷克斯洛伐克，如果它采取敌视德国的政策的话。

武装部队为应付上述事变所需进行的准备工作，规模要比“绿色方案”小得多；不过，因为这一次没有事先计划好的动员措施，他们必须保证处于高度的准备状态，受命执行这一任务的部队的编制、战斗序列与准备状态，在平时即应按进行突然袭击的需要予以安排，俾使捷克斯洛伐克没有任何可能进行有组织的抵抗，目标是迅速占领波希米亚和摩拉维亚，并且切断斯洛伐克。[3]

当然，斯洛伐克是可以用政治手段来切断的，这样就可以不必动用德国军队。德国外交部正是为了这个目的而在努力工作。10月份头几天，里宾特洛甫和他的助手们就不断催促匈牙利人要求在斯洛伐克分一杯羹。但是当匈牙利（其实它并不需要德国人来吊它的胃口）说到要干脆拿下斯洛伐克的时候，威廉街就拿出它自己的主意来了。它对这块地方的前途还有别的打算。布拉格政府在慕尼黑会议以后已立即给了斯洛伐克以范围极广的自治，德国外交部建议暂时“容忍”这种处理，至于将来，德国外交部政治司司长恩斯特·韦尔曼在10月7日的备忘录中把德国的想法概括地说明了。他写道：“一个独立的斯洛伐克先天就是软弱的，因此最有利于德国向东方渗入与殖民。”[4]

这对第三帝国说来又是一个转折点。这是希特勒第一次想动手征服非日耳曼人居住的地区。在过去六个星期之内，他一直在私下或者公开向张伯伦担保苏台德区是他在欧洲最后的领土要求。尽管英国首相在相信希特勒的话这方面容易受骗到几乎难以置信的程度，但是他确有一些根据可以认为这位德国独裁者在吸收了原来住在德国境外而现在住在德国境内的日耳曼人以后是会罢休的。元首不是一再说过他在第三帝国之内不要一个捷克人吗？他不是在《我的奋斗》和无数次公开演说里面一再重申德国要强大就得在种族上保持纯粹，因而绝不能要外国人特别是斯拉夫人的那种纳粹理论吗？这些都是他说过的。
429 但是也许伦敦忘掉了，他也曾在《我的奋斗》中多次以狂妄的口气宣扬德国的前途在于在东方征服生存空间。一千多年以来，这块空间一直是斯拉夫人占着的。

砸玻璃窗的一周

1938年秋天，纳粹德国又到了另一个转折点。它发生在后来在党内称为“砸玻璃窗的一周”内。

11月7日，一个叫作赫舍尔·格林斯潘的17岁的德籍犹太难民开枪刺杀了巴黎德国大使馆三等秘书恩斯特·冯·拉特。这个年轻人的父亲不久以前同其他10 000个犹太人被装在封闭式货车车皮里押送出境到波兰。这个青年人为了给父亲报仇，为了报复纳粹德国对犹太人的迫害，特意到德国大使馆去想刺杀德国大使约翰内斯·冯·韦尔切克伯爵。但是出来接见他的人却是那位年轻的三等秘书，因而就把他当作了替死鬼。拉特可谓死得冤枉，因为他本人是反纳粹的，因此已受到秘密警察的监视，至少他从来不赞成德国统治者的排犹狂。

11月9日晚上，纳粹党的头子们在希特勒和戈林的领导下对慕尼黑啤酒馆政变举行了一年一度的庆祝。庆祝刚完，第三帝国迄今为止最疯狂的排犹运动就开始了。照戈培尔博士和他所控制的报纸的说法，这是德国人民听到巴黎的凶讯以后“自发”举行的示威。但是在战后发现的文件证明了这种运动到底有多少“自发性”。[5] 这些文件是战前纳粹时代的秘密档案中暴露性最强的——也是最骇人听闻的——一批文件。

据党内法庭的首席法官瓦尔特·布赫少校所做的一份秘密报告说，戈培尔博士曾在11月9日黄昏发出指示要在当晚“组织并进行”“自发的示威”。但是实际上组织的人是仅次于希姆莱的党卫军第二号人物莱因哈德·海德里希。他年方34岁，为人凶残阴险，掌管着党卫军的保安处和秘密警察，他那天晚上用电传打字机发出去的命令现在已在缴获的德国文件中发现了。

11月10日凌晨1点20分，他用电传打字机向国家警察和党卫军保安处的各分部和各站发出了一道紧急命令，指示他们会同党和党卫军的领导人“商议组织示威的问题”。

> 甲、采取的行动须不致危及德国人的生命财产。（举例来说，只有在火势不致延及邻近房屋时方得焚毁犹太人会堂。）* 430

---

* 括号为原件所有。

乙、犹太人的店铺与私人住宅可以捣毁，但不得劫掠……

丁、……2. 警察不得拦阻即将举行的示威……

5. 犹太人，特别是有钱的犹太人应予逮捕，人数视现有监狱能容纳多少而定……逮捕这些犹太人以后，应立即与有关的集中营联系，以便尽快把他们关进集中营。

在整个德国，这一夜都是恐怖的一夜。犹太人会堂，犹太人的住宅和店铺，到处都烈焰飞腾，犹太男女老幼在逃出火窟的时候，有很多被杀死了。第二天（11月11日）海德里希就给戈林打了一个初步的秘密报告。

犹太人店铺和住宅摧毁的规模还不能得到确切的数字……就纵火所造成的实际损害而言，已知有815处店铺被毁，171处住宅着火或捣毁，然而这只是一小部分而已……有119处犹太人会堂着火，另有76处完全捣毁……有20 000犹太人被捕。据报死亡者有36人，受重伤者也有36人。上述死伤者都是犹太人……

那一天晚上被杀害的犹太人的最后数字估计要比初步数字大好几倍。海德里希自己在做上述初步报告之后的第二天就说，犹太人店铺遭到抢劫的有7 500家。还发生了几起强奸案，这在布赫少校的党内法庭（根据他自己的报告）来看是比杀人更坏的事情，因为这违反了禁止非犹太人与犹太人发生性关系的纽伦堡种族法律。犯这一法律的人都被开除出党而交给普通法庭处理。布赫少校认为，党员如果只是杀害犹太人“不得予以惩办”，因为他们不过是在执行命令。在这一点上，布赫倒是说得十分坦率。他还写道：“社会上尽人皆知，像11月9日那样的政治运动是由党所组织和指挥的，不论党是否承认这一点。”*

无辜的德国犹太人由于拉特在巴黎被刺而受到的苦难还不仅是被杀、被焚、被抢劫而已。犹太人还得自己赔偿自己的财产损失。因为 431
他们应得的保险金被国家没收了。不但如此，他们还得集体付出一笔10亿马克的罚款，用戈林的话来说，“赎回他们可恶的罪行等等”。这笔附加的罚款，是在这位肥头胖耳的元帅所主持的、有12名内阁部长和高级军官参加的一次奇怪的会议上确定的，这次会议还有一部分速记记录保留到今天。

德国保险公司如果要讲信用而对那些洗劫一空的房子和砸得稀烂的货物付保险金的话，那么有很大一批都得破产。这些房子虽然是犹太人住的，然而绝大部分房主都是非犹太人。据到会议上去为保险公司说话的希尔加德先生告诉戈林，仅仅砸破的门窗玻璃一项就值500万马克（合125万美元），而且大部分替换的玻璃要用德国非常缺乏的外汇到外国去买。

“不能再这样干了！”戈林嚷了起来。要知道他不但担任许多要职，而且还是德国经济的主宰。“照这样干的话，我们受不了。不行！”他接着又冲着海德里希叫道：“我宁愿你杀掉200个犹太人也不要毁掉那么多值钱的东西！”†

“已经杀掉35个了。”海德里希答道。他是在为自己辩护。

当然在保留下来的这一部分一万字速记记录中，并不是所有的对话都是这样一本正经的。戈林与戈培尔在研究如何进一步侮辱犹太人的问题时说了不少寻开心的话。宣传部长说应当让犹太人来清除犹太

---

* 布赫少校的报告如实地画出了第三帝国司法状况的真面目。其中说道：“凡属下列杀害犹太人案件等，业已停止起诉或只判以轻罪。”接着他列举了一系列这种“案件”和被害者与凶手的姓名。“党员奥古斯特·弗鲁林因枪杀犹太夫妇戈尔德堡及枪杀犹太人西那森……党员威利·白林和约瑟夫·海克因枪杀犹太人罗森鲍姆和犹太女人兹维尼茨基……党员海因里希·施密特和恩斯特·梅克勒因淹死犹太人伊尔索法……”，等等。

† 杰克逊法官在纽伦堡问过戈林是否真说过这一番话。戈林回答说：“说过，这是在脾气不好、心情激动的时候说的……并不是真打算这样做。”[6]

遭毁坏的犹太人店铺，门窗上被涂满了反犹标语。

会堂的废墟，把腾出来的地方做停车场，他认为什么地方都不能让犹太人去：学校、戏院、电影院、休养地、海滩、公园，甚至连德国的森林都不许去。他建议铁路上要有专门给犹太人乘的车厢和房间，不过只有在全体雅利安人都有了座位以后才能给他们用。

戈林哈哈大笑地说："很好，要是火车太挤了的话，我们就把犹太人撵出去，让他们一路都单独待在厕所里。"

当戈培尔一本正经地要求禁止犹太人进入森林的时候，戈林回答说："我们应当给犹太人一部分树林，好让不少长得特别像犹太人的野兽——大角鹿就有他们那样的鹰钩鼻子——也到那里去过日子。"

在1938年这严酷的一年中，第三帝国的领导人就是以这种谈话和更多类似的谈话来打发时间的。

但是由谁来赔偿国家所鼓动和组织的排犹运动所造成的2 500万马克的损失的问题是一个严重的问题，对于现在负责纳粹德国经济状况的戈林来说尤其如此。希尔加德代表保险公司指出，如果他们对犹太人不守信用的话，那么，无论在国内还是在国外，人们对德国保险业的信任就要丧失净尽。另外一方面，他又实在看不出许多小公司要 432
是付出保险费的话怎么能不破产。

这个问题很快就被戈林解决了。保险公司足额地赔偿了犹太人的损失，但是每笔钱都由国家没收，然后再由国家补偿保险公司一部分损失。这种办法并没有使希尔加德感到满意，从会议记录来看，他一定感到自己碰上了一群疯子。

> 戈林：犹太人可以从保险公司得到保险金，不过这笔保险金将予以没收。保险公司因为可以不必负担全部的损失，因此还可以落得一点赚头。希尔加德先生，你该觉得自己的运气还不错哩！
>
> 希尔加德：我没有理由这样觉得。我们不过是不必赔偿全部损失而已，你却说这有赚头！

这位元帅是不习惯于听这种话的，他很快就压了一下这个莫名其妙的生意人。

> 戈林：等一等！照规矩你本来非得出500万不可。突然间，你面前来了一位像我这样有点胖胖的天使，告诉你可以留下100万，说句良心话，这算不算是赚头？我倒想跟你二一添作五平分呢，或者随便你怎么说都行。我一眼就看出来了，你满意得浑身都轻松了。你得到了好大一笔好处！

这位保险商人还是很难领悟。

> 希尔加德：所有的保险公司都要赔钱。事实本来就是这样。现在还是这样。谁都说不出有什么两样。

戈林：那你为什么不注点意，让玻璃窗少砸破几块！

元帅跟这位一副生意脑筋的人实在谈不下去了。希尔加德先生被请走，从此在历史上就未再出现了。

有一名外交部代表居然大胆提出，对犹太人采取下一步行动的时候得考虑到美国舆论的反应。* 这个意见气得戈林大叫："那个流氓的国

433 家！……土匪的国家！"

经过冗长的讨论之后，大家一致同意以下述方式解决犹太人问题：把犹太人从德国经济中清除出去；把全部犹太人的企业和产业，包括珠宝和艺术品在内，转交给雅利安人，对犹太人则以证券的形式给予若干赔偿，犹太人可以动用这种证券的利息，但是不得动用本金。关于把犹太人排除出学校、休养地、公园、森林等地方的问题，以及在剥夺了他们的全部财产以后是驱逐他们出境还是把他们封锁在犹太隔离区内进行强迫劳动的问题，由一个专门委员会以后再去研究。

正如海德里希在会议快要结束时所说的那样："即使把犹太人清除出经济生活，主要的问题还会存在，那就是把犹太人撵出德国的问题。"财政部长什未林·冯·克罗西克，这位荣获罗得奖学金在牛津留过学，自命为在纳粹政府中代表"传统的、正派的德国"的伯爵表示同意说："我们要尽一切力量把犹太人撵到外国去。"至于犹太隔离区问题，这位德国贵族温顺地说："我想，犹太隔离区的景象不会是看了很舒服的。这个建议不是个十分令人愉快的建议。"

在进行了将近四小时的讨论之后，到下午2点30分，戈林结束了会议。

---

* 11月14日，即戈林召集这次会议后两天，罗斯福总统把美国驻柏林大使休·威尔逊召回国内"有所咨询"，威尔逊以后就再也没有返回任所。德国驻华盛顿大使汉斯·迪克霍夫在同一天向柏林报告说，由于德国的排犹运动，"这里掀起了一场风暴"。11月18日，他就奉召返国，同样也就再也没有返回任所。11月30日，德国驻华盛顿代办汉斯·汤姆森用密码电报向柏林提出："鉴于两国关系紧张"，而且使馆中的"秘密文件安全缺乏保障"，建议把"秘密的政治档案"运往柏林。他说："这些档案数量过多，如有万一，无法很快销毁。"[7]

> 我想以这几句话来结束这次会议：德国的犹太族应当捐献出10亿马克，以此作为对他们各种可恶的罪行的惩罚。这是会起作用的。这些猪猡将再也不敢杀人了。附带说一句，我要说，我是不想在德国做一个犹太人的。

这个人，这个国家，还有它的元首，以后还给了犹太人比这次严重得多的打击，时间也隔了没有多久。从1938年11月9日那一个到处起火、全国鼎沸的夜晚开始，第三帝国就一心一意走上了一条再也不能回头的黑暗野蛮的道路。在此以前也有许许多多犹太人被杀害、被拷打、被抢劫，但是这些罪行，除了在集中营里的而外，大部分还是褐衫党的暴徒由于本人的残忍与贪欲而犯的，至于国家当局则只是袖手旁观或者假装没看见。现在，德国政府自己组织和进行了一次大规模的排犹运动。11月9日夜间的杀人，抢劫，放火烧毁犹太人的会堂、住宅和店铺，都是它干的事情。而且向犹太人强征10亿马克、把他们排除在经济生活之外、剥夺他们剩余的财产而且把他们赶入犹太隔离区的官方法令，也是它在《国家公报》上公布的，其中三个就是在戈林召集会议的当天公布的。

在这样一个自称有上千年基督教和人道主义文化传统的国家里，竟发生这样野蛮的行为，这不免使世界舆论震惊和激动。反过来，希特勒又因为全世界的这种反应而怒不可遏，并且更加认定这只不过证明了“犹太人的世界性阴谋”的力量和规模。 434

现在回过头来看的话，不难发现，11月9日加诸德国犹太人身上的恐怖和此后马上用来对付他们的横暴残忍的手段，不过是预示纳粹统治已开始趋于削弱的一个凶兆，最后终将为那个独裁者、他的政权和他的国家带来彻底的崩溃。希特勒的自大狂是我们在本书几百页的记载中到处可以看得见的，然而，直到现在为止，他在他和他的国家上升的每一个重大关头，他对这种自大狂一般都能加以克制。在那种关头，他表现出不但能大胆行动而且往往只是在对可能发生的后果仔细盘算以后才行动的天才，因而取得了一个接着一个的压倒性的胜利。但是现在，11月9日的事件及其后果清楚地表明，希特勒已开始失去自制能力。他的自大狂已经占了上风。那份由戈林在11月12日召开的会议速记记录表明，归根到底，希特勒才是那一夜浩劫的罪魁祸首；批准发动这场暴行的是他，要戈林提出把犹太人排斥出德国社会生活的也是他。从此以后，这位第三帝国的绝对主宰就很少再表现出过去曾一再使他自己脱身危难的那种自制能力。虽然他个人的以及他的国家的天才以后还会继续取得不少惊人的胜利，对于这位独裁者和他的国家来说，引向最后自我毁灭的有毒的种子，现在就已经种下了。

希特勒的病是有传染性的，整个国家都感染上了，就像感染上一种病毒一样。从每一个个人来说，作者根据亲身的体验感觉到，许多德国人对11月9日的暴行正如美国人、英国人和其他外国人一样感到惊恐。但是，不论是基督教会的领袖们，还是将军们，还是任何其他所谓“善良的”德国的代表，都没有一个人立刻公开提出抗议。他们慑服在冯·弗里奇将军所称为“不可避免的”东西或者“德国的劫数”面前。

慕尼黑的气氛很快就烟消云散了。那年秋天，在萨尔布吕肯，在魏玛，在慕尼黑，希特勒都发表了气势汹汹的演说，警告其他各国，特别是英国人，还是专管自己的事情好，不要管“德国疆界以内的德国人的命运”。他咆哮说，德国人的命运纯粹是德国自己的事情。用不了很久，即使是对德国政权做了这样多姑息的内维尔·张伯伦，也开始认识到德国政权的本性了。在多事的1938年渐渐向凶险的1939年过渡的时候，英国首相已逐步风闻到，他为欧洲和平着想而曾尽心
435 竭力想讨好的德国元首在背地里策划些什么勾当了。*

* 1939年1月28日，哈利法克斯勋爵秘密警告罗斯福总统说：“早在1938年11月，就有越来越明确的迹象表明，希特勒正策划1939年春天在国外进行下一步的冒险。”这位英国外交大臣说：英国方面接到的“报告说，希特勒在里宾特洛甫、希姆莱和其他人的怂恿下，正在考虑对西方国家发动进攻，为以后在东欧采取行动做准备”。[8]

慕尼黑会议以后不久，里宾特洛甫就到了罗马。据齐亚诺在10月28日的日记中说，他的心思“完全都在”战争上。[9]

> 元首［德国外交部长告诉墨索里尼和齐亚诺说］深信，我们不可避免地必须估计到，在几年之内，也许在三年或四年之内，同西方民主国家发生战争……捷克危机已经表明了我们的力量！我们处于能先发制敌的有利地位，并且能完全掌握局面。我们是不会受人进攻的。军事形势好到无与伦比：从［1939年］9月起，我们就可以同各民主大国打仗了。*

在这位年轻的意大利外相看来，里宾特洛甫是“自命不凡、举止轻浮而且喋喋不休的”。他在日记里做了这样一番描写以后又加上一句说：“领袖说你只要看一看他的脑袋就可以看得出他的脑子有多小了。”德国外交部长到罗马来是为了说服墨索里尼签订德日意军事同盟条约。在慕尼黑的时候，这个条约的草案就已经交给了意大利人，但是墨索里尼一直在拖时间。据齐亚诺说，他还没有打算对英国和法国关上大门。

希特勒自己那年秋天一直在想离间法国和同它隔海相望的盟国。10月18日当希特勒在贝希特斯加登高山顶上那座名为“鹰巢”的怪诞的堡垒中†接见弗朗索瓦-庞赛的时候，他在那位来向他告别的法国

---

* 德国方面关于里宾特洛甫10月28日在罗马同齐亚诺的谈话的记录（那是施密特博士记的）证实了里宾特洛甫的好战态度，他曾说德国和意大利必须对在“此时此地……即同西方民主国家发生武装冲突”有所准备。在这次会议上，里宾特洛甫也向齐亚诺保证慕尼黑已经表明了美国国内孤立主义的力量，“因此对美国是没有什么可以害怕的”。[10]

† 这一座异想天开的高山别墅是花了极大的代价和用了整整三年的时间才造起来的。要到那里十分困难，先得沿山走10英里长的一线小道，然后进入一条长长的凿山开出来的地道，到尽头处有一架电梯，把人送到370英尺上面的一所房子。这所房子坐落在一处海拔6 000英尺的山顶上。从那里可以看到阿尔卑斯山区令人惊心动魄的奇景壮观，远处可以看得到萨尔茨堡。弗朗索瓦-庞赛在后来描写这所房子的时候说，他弄不清“这所房子到底是一个正常的头脑的产物呢，还是一个受到自大狂的折磨、受到征服欲与孤独感的侵凌的头脑的产物？”

希特勒位于贝希特斯加登的别墅伯格霍夫，几英里之上为“鹰巢”。

大使面前，对英国大加攻击。大使发现元首脸色苍白，满脸倦容，但是还没有疲劳到没有力气痛骂英国的程度。他说，英国接连不断“以威胁和要动武”的口吻叫嚷着，它是自私的而且总带着“优越的”架子。英国人毁掉了慕尼黑精神，以及诸如此类的话。法国就不同了，希特勒说，他希望同法国建立更友好更紧密的关系。为了证明这一点，他愿意立即签订一项友好条约，保证尊重它的现有边界（因此也就是再次表示德国对阿尔萨斯-洛林没有任何领土要求），并且建议以协商的方法解决以后的任何分歧。

这项条约终于在1938年12月6日由德法两国外长在巴黎签了字。
436 当时，法国已从慕尼黑会议刚过以后那种失败主义的惊恐中多少恢复过来了一点儿。条约签字那天作者刚好在巴黎，因而得以亲身感受到那种阴冷的气氛。当里宾特洛甫坐着汽车在街道上经过时，街上没有一个人欢迎他。有好几位内阁阁员和法国政治界和文化界的领袖人物，包括参众两院议长让尼内和赫里欧在内，都拒绝出席招待这位纳粹贵宾的社交活动。

博内和里宾特洛甫的这次会面产生了对今后的事变会起一定影响的一些误解。德国外交部长宣称博内曾向他保证，在慕尼黑会议以后，法国对东欧已不再感兴趣，他后来就把这一点解释为法国将听任德国在这一地区自由行动，特别是对残存的捷克斯洛伐克和波兰，博内却不承认这一点。根据施密特对这次会谈的记录，博内在回答里宾特洛甫要求法国承认德国在东欧的势力范围这一点时曾宣称："自从慕尼黑会谈以来，局势已有了根本的改变。"[11] 这种模棱两可的说法很快就被狡猾的德国外交部长引申为一种明确的表示。他是这样报告希特勒的："在巴黎的时候，博内宣称他不再对有关东欧的问题感兴趣。"法国在慕尼黑那样快就屈服早就使元首相信了这一点。然而事实并非如此。

斯洛伐克"赢得了独立"

希特勒在慕尼黑庄严地答应，德国要对捷克斯洛伐克的残存部分给予担保，而今如何呢？当新任法国驻柏林大使罗贝尔·库隆德尔1938年12月21日向魏茨泽克问起这一点的时候，这位德国外交部的国务秘书回答说，捷克斯洛伐克的命运是在德国掌握之中，他拒绝英法担保的建议。在此以前，当新任捷克外交部长弗朗齐歇克·赫瓦尔科夫斯基在10月14日卑躬屈膝地到慕尼黑来乞讨希特勒手中的那一点残羹剩饭，并且问德国是否准备同英国和法国一起保证他的国家的大大缩短了的边境时，元首鄙夷不屑地回答说："英国人和法国人的担保不值一文钱……只有德国的担保才有用。"[12]

可是，到1939年年初，仍然迟迟不见这种担保，理由十分简单。元首并不想给予这种担保。这种担保会影响他紧跟着慕尼黑会议以后就定下的计划。很快就根本不会有捷克斯洛伐克的存在了，还要什么担保呢？要实现这一点，首先得引诱斯洛伐克分裂出去。

慕尼黑会议过了没有几天，戈林就在10月17日接见了两个斯洛

伐克领袖斐迪南·杜尔坎斯基和马赫，还有斯洛伐克境内日耳曼少数
437 民族的领袖弗朗茨·卡尔马辛。杜尔坎斯基是新近取得自治地位的斯洛伐克的副总理，他向戈林保证，斯洛伐克所真正需要的是“完全独立，同时与德国建立政治上、经济上和军事上十分紧密的联系”。同一天外交部的一项秘密备忘录中曾提到，戈林决定，斯洛伐克的独立必须予以支持。“一个没有斯洛伐克的捷克国家，更可以受我们自由摆布。斯洛伐克境内的空军基地在对东方作战时十分重要。”[13] 这就是10月中旬戈林对这个问题的看法。

我们在这里必须同时注意德国计划中的两套平行的做法：一方面是使斯洛伐克脱离布拉格而独立，一方面是准备用军事占领捷克本土波希米亚和摩拉维亚的办法来清算这个国家的剩余部分。如前面所述，希特勒在1938年10月21日曾命令德国国防军准备好进行上述清算*，12月17日，凯特尔将军发布了他所谓的“对于10月21日命令的补充命令”。

绝　密

关于“清算残存的捷克国家”，元首下达了下列命令。

作战行动的准备工作，应以估计不会有值得一提的抵抗为前提。

在外界看来，此项行动必须清楚地显得仅仅是一项和平的行动，而不是一种作战的行为。

因此，此项行动必须**仅仅**由平时的武装部队执行，不必用动员办法增援……[14]

尽管捷克斯洛伐克亲德的新政府尽力讨好希特勒，它在新的一年

* 11月24日，希特勒发布了另一项密令，指示国防军准备武装占领但泽，不过这一步要进行得晚一点。元首早已在考虑全部征服捷克斯洛伐克以后的问题了。

开始的时候，也已逐渐认识到这个国家的命运已经定局了。为了进一步讨好希特勒，捷克内阁在1938年圣诞节以前就解散了共产党，并且解除了日耳曼人学校里所有犹太教员的工作。1939年1月12日，外交部长赫瓦尔科夫斯基在给德国外交部的一份电报中强调说，他的政府“将在各方面满足德国人的愿望，以此来努力证明它的诚心善意”。同一天，他还促请驻布拉格的德国代办注意“捷克斯洛伐克即将并入德国”之说甚嚣尘上。[15]

为了想探明这点残山剩水还能不能挽救，赫瓦尔科夫斯基最后说服希特勒答应于1月21日在柏林接见他。这是一幕极惨的景象，虽然
对捷克人来说，接踵而来的下一幕还要更惨。捷克外交部长在这个不 438
可一世的德国独裁者面前摇尾乞怜，希特勒当时盛气凌人的样子达到了极点。希特勒说，捷克斯洛伐克是由于“德国的克制”才免于惨遭浩劫的。虽然如此，捷克人若不改弦易辙，他还是要“消灭”他们。他们必须忘却自己的“历史”，那不过是“给小学生听的废话”。他们必须唯德国人的命令是听，这是他们唯一的自全之道。具体地说，捷克斯洛伐克必须退出国际联盟，大大缩减它的军队——“因为反正它一点作用也没有”——参加反共公约，在外交政策方面接受德国的指导，同德国订立优惠的贸易协定，其中有一个条件是，未经德国同意，捷克不得建立任何新工业，* 解雇一切对德国不友好的政府官员和报刊编辑，最后还有，像德国人已经根据其纽伦堡法律所做的那样，宣布犹太人不受法律保护。（希特勒对他的客人说：“在我们看来，犹太人是要加以消灭的。”）同一天，赫瓦尔科夫斯基又从里宾特洛甫那里听到了新的要求。后者威胁说，捷克人若不立即悔过自新，并且照

* 希特勒还要求捷克斯洛伐克国家银行把一部分为数达3.912亿克朗的黄金准备转交给德国的国家银行。2月18日，戈林写信给德国外交部说：“鉴于通货状况日益困难，我最强烈地要求迅速将所需的3 000万至4 000万金马克（从捷克斯洛伐克国家银行那里）转交到我们手中；这笔黄金是执行元首的重要命令所迫切需要的。”[16]

办德国人要他们做的一切行事，将有“不堪设想的后果”。这位德国外交部长在希特勒面前虽然是一个驯良的奴才，在他能占上风的人面前却是一个霸道的好汉，他叮嘱赫瓦尔科夫斯基不能对英国人和法国人提起德国的新要求，而只坚决照办就是。[17]

捷克斯洛伐克这么做的时候，且不用担心德国究竟会不会对捷克边界做出担保！在巴黎和伦敦，显然没有什么人有这种担心。《慕尼黑协定》签订以后已经过去四个月了，希特勒仍然还没有履行他的诺言——在英法的担保之外，加上德国的担保。一直到2月8日，英国和法国才终于向柏林联合提出了一项口头照会，说两国政府“现在如能获悉德国政府将以何种最佳的方式来实施在慕尼黑达成的关于给予捷克斯洛伐克担保的谅解，将不胜欣慰”。[18]

据缴获的德国外交部文件证实，德国的答复是希特勒亲自起草的，而且直到2月28日才做出。它说由德国方面做出担保的时机尚未到来。德国将“首先等待捷克斯洛伐克内部局势的澄清”。[19]

元首早就在左右那里的“内部局势”，使之按显而易见的结局发展了。2月12日他在柏林总理府接见了伏伊特赫·图卡博士，后者是斯洛伐克的领袖之一，由于长期被囚禁而对捷克人深怀怨愤。* 据关于
439 这次会见的德国秘密文件的记载，图卡博士称希特勒为“我的元首”，他要求这位德国独裁者使斯洛伐克独立自主。“我把我国人民的命运交在你的手中，我的元首，”他说，“我国人民期待从你这里获得完全的解放。”

希特勒的答复多少有点闪烁其词。他说，很不幸，他不了解斯洛伐克问题。要是他知道斯洛伐克人想要独立的话，他在慕尼黑早就会这么安排了。“斯洛伐克一旦能够独立，将使他至感快慰……他可以在任何时候担保斯洛伐克独立，甚至今天都可以……”对图卡教授来

---

* 见本书原文第359页。

说，听到这些话同样至感快慰。[20] 他后来说："这是我一生中最伟大的一天。"

捷克斯洛伐克悲剧的下一场现在可以开幕了。在这里又出现了一次在本书中屡见不鲜的历史恶作剧，逼着这场戏没有完全准备好就提前开幕的竟是布拉格的捷克人。1938年3月初，他们陷入了进退两难、走投无路的局面。我们上面已经知道，由德国政府所鼓动起来的斯洛伐克和卢西尼亚的分裂运动（在卢西尼亚，还要加上匈牙利的鼓动，后者如饥如渴地要并吞那块弹丸之地）已闹到这样的地步，如果不把它们镇压下去，捷克斯洛伐克就会瓦解。在这种情况下，希特勒肯定会占领布拉格。然而，如果分裂主义者被中央政府压下去，同样可以肯定的是，元首也会利用由此引起的纷乱，照样进军布拉格。

捷克政府在反复犹豫之后，最后只是在对分裂主义者的挑衅已忍无可忍的情况下，选择了第二条路。3月6日，捷克斯洛伐克总统哈查博士解散了卢西尼亚的自治政府。3月9日夜间，又解散了斯洛伐克的自治政府。第二天，他下令逮捕了斯洛伐克总理蒂索神父、图卡博士和杜尔坎斯基，并且宣布在斯洛伐克实行戒严。这个对柏林百依百从的政府一共就采取了这么一个勇敢行动，然而这个行动却很快就变成了使它遭到毁灭的一场惨祸。

摇摇欲坠的布拉格政府居然采取如此果断的行动，这完全出乎柏林的意料。戈林这时已经到阳光明媚的圣雷默休假去了。希特勒正准备动身去维也纳庆祝德奥合并一周年。但是这位善于当机立断的大师现在立刻紧张地工作起来，3月11日，他决定发出最后通牒，要占领波希米亚和摩拉维亚。这个文件是由凯特尔将军奉希特勒之命在当天起草并且在当天送达德国外交部的。它要求捷克人接受军事占领时不得抵抗。[21] 不过，它暂时还是"最高军事机密"。

现在是希特勒"解放"斯洛伐克的时候了。哈查总统任命斯洛伐

克自治政府驻布拉格代表卡洛尔·西多尔代替蒂索出任斯洛伐克的新
440 总理。西多尔于3月11日（星期六）回到斯洛伐克的首府布拉迪斯拉发，当天就马上召集了新内阁会议。到晚上10点钟的时候，会议突然被一群奇怪的不速之客打断了，奥地利的吉斯林、纳粹省长赛斯-英夸特和奥地利的纳粹党组织领袖约瑟夫·比克尔率领五名德国将军闯进了会议厅，要阁员们立即宣布斯洛伐克独立。如果他们不这样宣布的话，那么现在已经决定马上彻底解决斯洛伐克问题的希特勒就将再也不管斯洛伐克的命运了。[22]

西多尔是反对同捷克人割断一切联系的，因此迟迟不决。但是第二天，蒂索神父就从他据说是受软禁的一个修道院里逃了出来。他本人虽然已不再是阁员，却要求立即召开内阁会议。为了防止受到德国高级官员与将军们的干扰，西多尔把阁员们召集到自己的寓所来开会，后来看到这样也不安全——因为德国冲锋队已开入市区接防——他又把会议挪到当地一家报纸的办公室里继续开下去。这时蒂索通知他，他刚刚收到比克尔的一份电报，请他立刻到柏林去见元首，比克尔威胁他，要是他拒绝这项邀请的话，在布拉迪斯拉发附近多瑙河对岸的两师德国军队就将开进来，而斯洛伐克也将由德国和匈牙利瓜分。第二天早晨（3月13日，星期一），这位矮小圆胖的神父[*]就到了维也纳，他本来想在那里搭火车去柏林，不料一到那里就被德国人装上飞机送到了柏林。对元首来说，是一点时间都不许浪费的。

当蒂索和杜尔坎斯基在3月13日晚上7点40分到达柏林总理府的时候，他们发现希特勒旁边不但坐着里宾特洛甫，而且还坐着两名最高级将领：德国陆军总司令布劳希奇和最高统帅部长官凯特尔。虽然

---

* 在作者的回忆中，蒂索神父的宽度几乎同他的高度相等。他的胃口大得惊人。他有一次告诉保罗·施密特博士："在我精神紧张的时候，我就吃半磅火腿，这样就能使我的精神和缓下来。"他后来是死在绞刑架上的。他在1945年6月8日被美国军方逮捕，然后转交给当时刚刚重建故国的捷克斯洛伐克，在经过四个月的审讯以后，于1947年4月15日判处死刑，于4月18日执行。

这两位斯洛伐克人也许不熟悉，但是他们两人还是发觉元首这时正处于一种典型的精神状态中。这里，我们又一次多亏缴获了会议的内部记录，才得以透过这位德国独裁者不可思议的心灵，看到他日益严重的自大狂，看到他如何编造荒唐的谎言，发出可怕的威胁，而在当时他一定是自以为这种谎言和威胁只有在场的人你知我知，绝不会为外人所知的。[23]

“捷克斯洛伐克，”他说，“完全靠德国的恩惠才得以免于进一步被肢解。”德国已经表现了“最大限度的自制”。然而捷克人却还不知道感恩戴德。“最近几个星期以来，”他毫不费力地就酝酿出一腔怒气，接着说下去，“情况变得无法容忍了。过去的贝奈斯精神又在借尸还魂了。”

斯洛伐克人也使他失望了。《慕尼黑协定》签订以后，他曾经因 441
为不让他的匈牙利朋友并吞斯洛伐克而同他们“发生了争吵”。他本来以为斯洛伐克是想要独立的。

> 他现在把蒂索召来，是要他在**极短的时间内***澄清这个问题……问题是：斯洛伐克究竟是否想要独立过日子？……这不是可以用几天来考虑答复的问题，而是在几个小时内就要答复的问题。要是斯洛伐克想独立的话，他会给予支持，甚至给予担保……如果它犹豫不决或者不愿同布拉格脱离关系，他就听任今后发生的事情去决定斯洛伐克的命运，而他对这些事情再也不能负什么责任了。

就在这个当儿，据德国记录透露，里宾特洛甫“交给元首一份刚刚收到的报告，报告中说匈牙利军队已在斯洛伐克边境调动。元首看

* 着重体是德国记录原有的。

了这份报告，把内容告诉了蒂索，并且表示希望斯洛伐克马上就做出决定”。

蒂索当时并没有表明自己的决定，他请元首“原谅他，在听了德国总理这番话以后，他还不能立刻做出确定的决定”。不过，他马上又说，斯洛伐克人“将证明自己不会辜负元首的恩惠”。

在那天在德国外交部一直进行到深夜的会议上，斯洛伐克人终于证明了自己没有辜负元首的恩惠。并吞奥地利前夕曾在维也纳充当希特勒的秘密代理人的凯普勒，现在又在布拉迪斯拉发充当同样角色，他后来在纽伦堡作证时说，德国人帮助蒂索起草了一份好让这位“总理”一回到布拉迪斯拉发就发出的电报，其中将宣告斯洛伐克独立并且迫切要求元首负责保护这个新国家。[24] 它使人想起刚好一年以前由戈林口授的赛斯-英夸特那份吁请希特勒派遣德国军队到奥地利的电报。这一次，纳粹党人制造“电报”的技术已臻完善无缺。这份电报大为简短，由蒂索在3月16日及时发到了柏林，希特勒马上答复说，他将乐于“负责保护斯洛伐克国家”。

那天晚上，里宾特洛甫也在德国外交部起草了一份斯洛伐克“独立”宣言，并且把它赶译成斯洛伐克文让蒂索带回到布拉迪斯拉发。第二天（3月14日，星期二）这位“总理”就向议会宣读了这份宣言（据一个德国特务报告说，宣读时曾略有更动）。有几个斯洛伐克议员提出至少还该对它进行一下讨论，但是就连这种提议也被日耳曼少数民族的领袖卡尔马辛压了下去，他警告说，要是对宣布独立再有任何耽误的话，德国军队就要来占领了。在这样的威胁面前，狐疑满腹的议员们只好屈服。

“独立的”斯洛伐克就这样在1939年3月14日诞生了。虽然英国的外交代表很快就向伦敦报告了它诞生的经过，我们马上就会看到，
442 在希特勒当天晚上（3月14日）完成了他在慕尼黑会议上未完成的事业以后，张伯伦很快就抓住了斯洛伐克的“独立”作为英国之所以没

有履行它对捷克斯洛伐克的担保的借口。

马萨里克和贝奈斯缔造的捷克斯洛伐克共和国至此已经寿终正寝。布拉格被逼得走投无路的领导人又一次帮了希特勒的忙，完成了自己国家的最后一幕悲剧。龙钟老迈、不知所措的哈查总统请求希特勒予以接见。* 希特勒慷慨地答应了。这正好给了他一个机会，使他有一个舞台来演出他一生事业中最厚颜无耻的一场戏。

这个德国独裁者在3月14日等候捷克斯洛伐克总统光临的时候，舞台上的一切都已经准备就绪了。在他的巧妙的摆布之下，斯洛伐克和卢西尼亚都已宣布独立，因而布拉格政府手里现在只剩下波希米亚和摩拉维亚这两块捷克人的土地了。捷克斯洛伐克，这个英国和法国曾担保其边界完整的国家，实际上是不是已经不再存在了？同希特勒在慕尼黑一起做出庄严的担保的张伯伦和达拉第早已“下戏退场”了。他们会这样做，他是没有怀疑的——而且是料得很准的。这就消除了任何引起外国干涉的危险。但是为了做得加倍保险——为了保证他的下一步行动按照国际法的含混的标准来说，能做得至少在纸面上看起来完全合法、完全正当，他就要强迫那个登门求见的软弱昏聩的哈查接受他本来打算用武力达到的解决办法。用这种做法，他就可以使人感到那确实是捷克斯洛伐克总统正式请求他这样做的——就像并吞奥地利和慕尼黑会议所已经证明了的一样，在欧洲只有他一个人完全掌握了这种兵不血刃就夺人之国的新式手段。他在取得德国政权时做得天衣无缝的“合法”外表，在征服非德国的领土时也将做得无懈可击。

希特勒还演了一场活剧来欺骗德国人民和其他容易受骗的欧洲人

---

* 历史学家关于这一点的意见是有分歧的。有人认为，是德国人强迫哈查到柏林去的。他们的根据可能是法国驻柏林大使曾发出一份电报，说他曾“从可靠方面”获悉这一消息。但是从后来发现的德国外交部的文件中可以很清楚地看到，是哈查采取的主动。他在3月13日第一次通过德国驻布拉格的使馆要求会见希特勒，3月14日上午再次提出这一要求。希特勒在那天下午表示同意。[25]

民。好几天以来，德国的挑衅分子都一直设法在布拉格、布尔诺和伊格劳这样一些捷克城市里寻衅滋事。然而，他们并没有取得多大的成就，因为据德国驻布拉格使馆报告，捷克“警察奉命即使受到挑衅，也不得对日耳曼人采取任何行动”。[26] 不过，虽然滋事不成，戈培尔博士也还是煽动德国报纸捏造捷克人迫害可怜的日耳曼人的消息，并且
443 据此进行疯狂的宣传。据法国大使库隆德尔报告巴黎说，这些消息就是戈培尔博士在苏台德危机时期所编造出来的消息，连标题也是那样——其中包括捷克野兽击倒怀孕的日耳曼女人以及捷克蛮人使赤手空拳的日耳曼人普遍受到“血浴”（“Blutbad”）这类的消息。这样，希特勒就可以向自尊的德国人民保证，他们的同胞绝不会长此以往无人保护。

这就是当时的形势，这就是希特勒的计划。我们现在从德国档案中得知，就在这样的局面下，载着哈查总统和他的外交部长赫瓦尔科夫斯基的火车在3月14日晚上10点40分开进了柏林安哈尔特车站。因为心脏衰弱，哈查总统不能乘坐飞机。

哈查博士的劫难

德国人的礼节是无可挑剔的。捷克总统受到了一个国家元首所应当享有的一切正式的礼遇。车站上排列着仪仗队，德国外交部长亲自迎接贵宾并且塞给他的女儿一束鲜花。总统一行在豪华的阿德隆饭店最好的套房里下榻。那里专门为哈查小姐备着巧克力糖，那是希特勒亲自送的礼物，他认为人人都同他那样喜欢吃甜食。当年迈的总统和他的外交部长到达总理府的时候，那里还有党卫军的仪仗队向他致敬。

他们直到夜半1点15分才见到希特勒。哈查想必已经知道有什么在等待他了。他的火车还没有离开捷克的国境，他就得到布拉格来的消息说，德国军队已经占领了重要的捷克工业城市摩拉夫斯卡-俄斯

特拉发，而且沿着波希米亚和摩拉维亚的边境摆好了阵势。他在深更半夜一走进元首的书房，就看到除了里宾特洛甫和魏茨泽克以外，希特勒旁边还站着戈林元帅（他是在圣雷默休假地奉急令赶回来的）和凯特尔将军。他在走进这个龙潭虎穴的时候，大概没有注意到希特勒的私人大夫、江湖庸医特奥多尔·莫雷尔博士也在那里。然而，那位医生确实就在旁边，他在旁边是大有理由的。

德国方面的秘密记录表明，会谈一开头就是一副悲惨的场面。可怜的哈查博士，尽管过去当过德高望重的最高法院法官，却抛弃了一切个人尊严，在傲慢自大的德国元首面前摇尾乞怜。也许总统认为只有用这种办法才能使希特勒大发慈悲，为他的人民挽回一点东西，但是不管他的动机如何，从德国秘密档案中的记录看来，他所说的话即使在事隔多年以后的今天看来也是令人作呕的。哈查要希特勒相信他自己从来没有搞过政治。他很少见到缔造捷克斯洛伐克共和国的马萨里克和贝奈斯，即使偶尔在他们身上所看到的东西，也都是他所不喜欢的。他说他们的政府对他来说是“格格不入”的——“格格不入到 444
这样的程度：甚至在［慕尼黑会议以后］政府刚刚改组时，他就自己问自己，捷克斯洛伐克成为一个独立国到底是不是一件好事”。

> 他深信捷克斯洛伐克的命运是操在元首手中的，而且他认为在元首的手中是保了险的……然后他谈到了他所最关心的事情就是人民的命运。他感到元首会完全理解他认为捷克斯洛伐克有权保持民族传统……捷克斯洛伐克的错处在于那里仍然还有许多人支持贝奈斯制度……政府正在用一切办法来压制他们。这大体上就是他要说的东西。

阿道夫·希特勒于是讲了要讲的话。在详细列举了马萨里克和贝奈斯的捷克斯洛伐克种种对不起德国和德国人的事情，并且再次表示捷克人在慕尼黑会议以后不幸没有丝毫改变以后，他说到节骨眼儿上来了：

> 他认为总统这次不辞年高体弱，长途跋涉，对他的国家会有极大的好处，因为现在离德国出兵干预不过只有几小时了……他对任何国家都不抱恶意……残存的捷克斯洛伐克国家之所以能存在，完全是由于他的一片好心……去年秋天，他并没有想得出最后的结论，因为他认为两国还可能共处，但是他毫不怀疑，如果贝奈斯的倾向不能完全消失的话，他就要把这个国家完全消灭。

这种倾向并没有消失，他举出了“例子”。

> 因此，在上星期日，即3月12日，他做出了最后决定……**他已下令德国军队进驻捷克斯洛伐克，并且下令把捷克斯洛伐克并入德国**。*

据施密特博士的观察，“哈查和赫瓦尔科夫斯基坐在那里，就像一块木头似的。只有他们的眼睛才表明他们还活着”。但是希特勒还没有完，他还得用条顿式的恐怖†的威胁来羞辱他的客人。

> 德国军队［希特勒继续说］已经在今天进军了。在某一处兵营遇到了抵抗，但已经无情地予以扑灭。
>
> 明天早晨6点钟，德国军队即将从四面八方进入捷克，德国空军将占领捷克飞机场。有两种可能性。第一种可能性是德军进

* 德国文件原文为着重体。

† 古代条顿民族实行一种裁判法，被告把手放到火、热水中或服毒药，若不受伤，便算无罪，这里所谓“条顿式的恐怖”即指类似的酷刑。——译者

> 驻时可能发生战斗。在这种情况下，一切抵抗均将以凶猛的武力
> 予以扑灭。另外一种可能性是德军进驻将以和平方式实现，在这 445
> 种情况下，元首不难慷慨允许捷克斯洛伐克保持它自己的生活方式，允许给它以自治以及某种程度的民族自由。
>
> 他之所以要做这一切，都不是出于仇恨，而是为了保护德国。要是去年秋天捷克斯洛伐克没有让步的话，捷克民族早已消灭干净了。没有人会阻止他这样做。要是打仗的话……两天之内捷克军队就不会再存在了。当然，也会有一些德国人死伤，而这只会产生仇恨，这种仇恨又会迫使他为自卫计，而拒绝给予［捷克人］自治。全世界谁也不会管这件事。他在读外国报纸的时候是同情捷克人民的。他所得到的印象可以用一句德国谚语来概括："摩尔人已经尽到责任了，摩尔人可以走了。"……
>
> 正因为如此，他才请哈查到这里来，这是他能对捷克人民做一番好事的最后一个机会……也许哈查此行可以防止发生最坏的情况……
>
> 时间一小时一小时地过去。到6点钟，德国军队就要开进去了。他几乎不好意思说，德国和捷克的兵力比例是德军一个师对捷军一个营。他现在愿意建议他［哈查］还是同赫瓦尔科夫斯基下去商量一下该怎么办才好。

该怎么办才好呢？完全垮了的总统并不需要退下去做决定。他立刻就告诉希特勒，"形势十分清楚，抵抗是无谓的"。但是，问题是，现在已经过了两点了，他怎么才能在短短四小时的时间里设法使全体捷克人民克制自己不要抵抗呢？元首回答说，他最好同他的同伴去商量。德国的军事机器已经开动因而已经无法停止了。哈查应当立即同布拉格联系。根据德国人的会议记录，希特勒最后说："这是一个严重的决定，然而他也在这上面看到两国人民之间可能获致长期和平的时

代的曙光。要是这个决定换一个样子的话，他就会看到捷克斯洛伐克的毁灭。”

说完了这些话，他就请客人们暂时退出去。那时是凌晨2点15分，在隔壁的一间房间里戈林和里宾特洛甫对那两个苦命人加紧施压。法国大使发给巴黎的一份正式电报中描绘了这个场面。据他说，他从他认为确实可靠的方面获悉，哈查和赫瓦尔科夫斯基抗议对他们的国家的凌辱。他们说，他们不能在投降的文件上签字。如果他们这样签了字，他们将永远受到他们的人民的诅咒。

> 两位德国部长［指戈林和里宾特洛甫］毫无任何怜悯之心［库隆德尔先生在他的电报中写道］。他们硬是围着桌子追逐哈查博士和赫瓦尔科夫斯基先生，一次又一次把放在桌上要他们投降的文件掷到他们面前，把笔塞到他们手里，不断地重复说，要
> 446 是他们继续拒绝的话，两小时之内，布拉格就有一半会被炸成废墟，这还只不过是开始。成百架轰炸机正在等待起飞的命令，如果不签字的话，他们在早晨6点钟就会得到命令。*

似乎不论什么时候，不论什么场合，只要第三帝国的戏剧达到高潮的时候总会设法在场的施密特博士，在这个当口听到戈林大声叫莫雷尔医生。

“哈查昏过去了！”戈林大叫。

这些纳粹凶徒当时很害怕那位精疲力竭的捷克总统会死在他们手里，而且据施密特说，害怕“第二天全世界都会说他是在总理府被谋害的”。莫雷尔医生的专长是打针——几年以后他差一点儿把希特勒给打针打死——这回也给哈查博士打了针，使他醒了过来。总统总算

---

* 戈林在纽伦堡的被告席上承认，他曾告诉哈查：“如果我不得不轰炸美丽的布拉格的话，我将甚为抱歉。”他解释说，他并不打算当真实行这一威胁——“因为不会有此必要。不过，我认为这样的说法可以作为一种论据，加速整个事情的发展。”[27]

哈查与希特勒在柏林会谈。

恢复了一些，能够拿得住德国人塞给他的电话听筒，在里宾特洛甫下令接通的专线上同他在布拉格的政府讲话。他把所发生的事情告诉了捷克内阁并且建议投降。然后，莫雷尔医生又给他打了一针，他的精神多少又好一些。这样，已经完蛋了的捷克斯洛伐克共和国的总统又踉踉跄跄地回到阿道夫·希特勒的面前，在他自己国家的死刑判决书上签了字。时间是1939年3月15日凌晨3点55分。

据施密特的记载，文件是“希特勒在事先”准备好的，而当哈查晕倒的时候，这个德国翻译又在忙着誊写官方公报。公报也是在“事先”写好的，也是要强迫哈查和赫瓦尔科夫斯基签字的。公报的全文如下：

柏林，1939年3月15日

元首应捷克斯洛伐克总统哈查博士和捷克斯洛伐克外交部长

> 赫瓦尔科夫斯基博士的要求，今天在柏林接见他们。接见时，外交部长冯·里宾特洛甫也在座。在会谈中，双方以完全坦率的精神研究了最近几个星期以来在目前的捷克斯洛伐克领土上发生的事件所造成的严重局势。
>
> 双方一致认为，必须尽一切努力来保全中欧这一部分的安宁、秩序与和平。捷克斯洛伐克总统宣告，为了达到这一目标，
> 并且为实现最后的和平起见，他满怀信心地把捷克人民和捷克国
> 家的命运交到德国元首的手中。元首接受了这一宣告，并且表示
> 447 他愿意把捷克人民置于德国保护之下，并且保证他们的民族生活
> 能够在自治的条件下按照合乎他们的特点的方式得到发展。

至此，希特勒诡辩欺诈的伎俩也许已经达到登峰造极的地步了。

据他的一个女秘书说，希特勒在签完了字以后，冲进他的办公室，拥抱了每一个在场的女人，高声叫道："孩子们！这是我平生最伟大的一天！我将作为最伟大的德国人而名垂青史！"

他没有想到，捷克斯洛伐克的末日可能就是德国的末日的开始。他怎么能想到呢？我们现在都已看到，从1939年3月15日的黎明开始，引向战争，引向失败，引向灾难的大路已经平铺在面前了。这是一条又短又直的路。希特勒一旦走上了这条路，顺势而下，就像他以前的亚历山大和拿破仑一样，就是要停也停不住了。[28]

3月15日，清晨6点，德国军队大举进入了波希米亚和摩拉维亚。他们一点抵抗都没有遇到。因此到黄昏的时候，希特勒就可以以胜利者的姿态进入布拉格。在他看来，由于张伯伦在慕尼黑的捣鬼，使他当时没有能够实现这个愿望。在离开柏林以前，他对德国人民发表了一篇堂皇的宣言，重复那些无聊的谎言，说什么捷克人的"野蛮行为"和"恐怖行为"逼得他不得不出面制止。然后，他狂妄地宣告："捷克斯洛伐克再也不存在了！"

那天晚上，他睡在俯视着伏尔塔瓦河的赫拉德欣宫里。这是古代波希米亚国王宝座所在的地方，也是不久以前才被抛弃的马萨里克和贝奈斯住在那里为中欧历史上第一个民主国家工作的地方。元首的报仇是彻底的，而且从他所发布的一系列告示中流露出他感到报仇的甜蜜滋味。三十年前，他作为一个奥地利人在维也纳流浪的日子里对捷克人所怀的宿怨，以及去年因为贝奈斯胆敢反抗他这位不可一世的德国独裁者而重又燃起的新仇，这一下完全报清了。

第二天，他就在赫拉德欣宫宣布成立波希米亚和摩拉维亚保护国。这个国家，虽然声明说要让捷克人“自主和自治”，但是它的措辞本身就已经说明要使捷克人完全匍匐在德国人脚下。一切权力都交给“德国保护长官”，交给他的国务秘书和他的民政首脑，他们全由元首任命。为了缓和英国和法国舆论的激烈反对，希特勒起用了早已打入冷宫的“温和分子”牛赖特，任命他为保护长官。* 苏台德的两位最高领袖康拉德·亨莱因和打手头子卡尔·赫尔曼·弗兰克分别被任命为民政首脑和国务秘书，好让他们有机会对捷克人肆意报 448
仇雪恨。不久以后，德国警察头子希姆莱就在保护国确立了坚强的控制。他让臭名远扬的弗兰克为他工作，做了保护国的警察头子兼党卫军队长。†

> ［希特勒在他那宣布保护国成立的公告里说］一千年以来，波希米亚和摩拉维亚一直是德国人民生存空间的一部分……捷克斯洛伐克已表明是先天就不能存在的，因此现在已不能不归于解

---

* 牛赖特在纽伦堡受审时说，当希特勒任命他做保护长官时，他“完全出乎意料”，而且他在担任这一职务时还有“顾虑”。不过，他还是担任了这一职务，因为希特勒向他解释说，之所以任命他是为了向英国和法国证明，“他不想执行对捷克斯洛伐克敌视的政策”。[29]

† 把这里所说的这一出戏里几个角色的下场先在这里提一下是很有意思的。弗兰克在战后被捷克法院判处死刑，而且于1946年5月22日在布拉格公开绞死。亨莱因1945年在被捷克抵抗军逮捕以后自杀了。赫瓦尔科夫斯基成了保护国驻柏林的代表，在1944年被盟国飞机炸死。哈查于1945年5月14日被捷克人逮捕，但是在审讯以前就死了。

> 体。德国不能容忍这些地区继续动乱不已……因此，德国按照自卫的法则现在决定断然加以干涉，在中欧重建一种合理秩序的基础。因为一千年来它的历史已经证明，由于德国人民的伟大与品格，只有他们才能承担这一任务。

德国野蛮统治的漫漫长夜现在已降临到布拉格和捷克的土地上了。

3月16日，希特勒答复了号称是蒂索总理发来而实际上我们已经知道是在柏林起草的电报，把斯洛伐克也置于他的仁慈的保护之下，德国军队很快就开进了斯洛伐克以实行“保护”。3月18日，希特勒到维也纳去批准“保护条约”。这个条约由里宾特洛甫和图卡博士于3月23日在柏林签字，它附有一项秘密议定书，把开发斯洛伐克经济的权利完全交给了德国人。[30]

至于位于捷克斯洛伐克东端的卢西尼亚，它在3月14日宣布成立“喀尔巴阡-乌克兰共和国”，但是它的独立只存在了24小时。它要求希特勒予以“保护”的呼吁没有起作用。希特勒早已把这块土地赏给匈牙利了。在缴获的德国外交部档案中有一封很有趣的信是匈牙利摄政霍尔蒂·米克洛什在3月13日亲笔写给阿道夫·希特勒的。

> 阁下：谨致衷心的感谢！我无法表达我有多么快乐，因为这块水源地区［卢西尼亚］对匈牙利来说——我不喜欢用夸大的字眼——**是一个根本问题**……我们以极大的热忱来处理这件事情。计划已经制订了。星期四即3月16日将发生边境事件，星期六将
> 449 继之以大举进攻。[31]

事情发展的结果是，并不需要什么“事件”。匈牙利军队只要在3月15日早晨6点开进卢西尼亚就行了。进军的时间是同德国人在西方

行动的时间配合好了的。第二天这块土地就正式并入了匈牙利。

这样，哈查抵达柏林总理府是在3月15日凌晨1时15分，而到这一天结束时，捷克斯洛伐克就像希特勒所说的已不再存在了。

不论是英国还是法国，都没有动一动来挽救它，虽然在慕尼黑会议的时候它们都曾庄严地担保捷克斯洛伐克不受侵略。

在那次会议以后，不但希特勒而且连墨索里尼都得出了这样的结论：英国太软弱了，正因为如此，英国的首相才变得那样事事通融，他们今后对伦敦已不必再放在心上了。1939年1月11日，张伯伦在哈利法克斯勋爵的陪同下到了罗马，希望改进英意关系。当这两个英国人到达罗马车站的时候，作者也刚好在那里。我在当天的日记里记着墨索里尼在欢迎客人的时候，"做作出一副笑脸"。在这一批人离开车站时，"墨索里尼在我面前经过的时候，他同他的女婿［齐亚诺］开着玩笑，说着俏皮话"。[32] 当然，我听不出他们到底在谈什么，但是，齐亚诺后来在他的日记里透露了他们所谈的要点。

张伯伦到达［齐亚诺在1月11日和12日的日记中写道］……我们同这些人的距离有多远！那是另一个世界，我们在饭后同领袖一直在谈这个题目。他说："这些人同创造了大英帝国的弗朗西斯·德雷克那样的伟大冒险家不是一样材料做成的人。说到底，这些人不过是一个有钱人的没出息的末代子孙而已，他们会把他们的帝国败掉的。"

英国人没有斗志。他们想尽可能退得慢一点，然而他们并不斗争……我们同英国人的会谈结束了，但是什么结果都没有。我给里宾特洛甫打了电话，告诉他这次访问是"一个大空炮"［一场笑剧］……

我随领袖到车站去给张伯伦送行［齐亚诺在1月14日写

道］……当火车开动的时候，张伯伦眼睛里充满了眼泪，他的同胞们就唱“因为他是一个顶呱呱的好人”。领袖问道：“他们唱的什么歌？”[33]

虽然在苏台德危机的时候希特勒还顾到张伯伦的意见，但是从缴获的德国文件中却找不出一个字可以证明，从那时以后，在他不顾英国的担保从而也就是不顾《慕尼黑协定》而消灭残存的捷克斯洛伐克时英国首相会怎么想，他有什么顾忌。3月14日，当希特勒在柏林等着要羞辱哈查的时候，当伦敦下院就德国策划斯洛伐克的“分裂”以
450 及此事对英国保证布拉格不受侵略的担保的影响提出愤怒的质问的时候，张伯伦气冲冲地回答：“根本没有发生这样的侵略。”

但是到第二天（3月15日）在这样的侵略已经发生以后，首相就又利用斯洛伐克宣告“独立”来作为不履行诺言的借口了。他解释说：“这一宣告已使我国承诺担保其国界的国家，因为内部分裂而归于结束。英王政府因此认为自己已不再受到这项义务的任何约束。”

希特勒的战略因此取得了尽善尽美的结果，他给了张伯伦一个下台阶的机会，而张伯伦也果然接受了。

有趣的是，首相甚至不愿指责希特勒食言悔约。他说：“我经常听到有人在传播关于背信弃义的指责，这些话在我看来似乎并没有充分的根据，因此我今天并不愿意支持任何这类性质的指责。”他对元首连一个字的非难都没有，甚至对他对待哈查的做法，对3月15日这一天清早显然在德国总理府设下的那一套卑鄙的骗局——即使当时还不能知道细节——也一个字的非难都没有。

因此，就无怪乎那一天英国人提出的抗议——如果可以称作抗议的话*——会那样不痛不痒，也无怪乎德国人对它以及英法两国以后的

* 3月16日张伯伦告诉下院，“迄今为止”还没有对德国政府提出任何抗议。

意见采取那样自大、那样藐视的态度了。

> 英王政府无意不必要地干涉其他政府可能对之有更直接的关系的事情……不过，它深为关切一切在欧洲恢复信任与缓和紧张的努力能获得成功，这一点德国政府想必也能理解。它对任何能在中欧挫伤这种普遍信任的行动都感到遗憾……[34]

这份照会是作为哈利法克斯勋爵的一份正式函件由汉德逊大使在3月15日交给里宾特洛甫的，其中一个字都没有具体提到这一天发生的事情。

法国人倒至少还具体一点。新上任的法国驻柏林大使罗贝尔·库
隆德尔，既没有汉德逊那种对捷克人的轻蔑，也没有他的英国同事
那种对纳粹主义的幻想。3月15日上午，他要求见里宾特洛甫，但是
这位爱好虚荣而且报复心重的德国外交部长已经动身到布拉格去了，
他想同希特勒一起去羞辱一个打垮了的民族。那天中午，国务秘书
冯·魏茨泽克接见了库隆德尔。大使一上来就说出了张伯伦和汉德逊
还没有准备说的话：由于对波希米亚和摩拉维亚进行军事干涉，德国
已经违反了《慕尼黑协定》和12月6日的法德宣言。后来自称一直坚 451
决反纳粹的冯·魏茨泽克男爵，当时态度极为傲慢，足以使里宾特洛
甫相形见绌。据他自己在关于这次会见的报告中说：

> 我对大使说得很不客气，并且告诉他不要再提他硬说已被违反的《慕尼黑协定》，不要再给我们作教训……我告诉他，从昨天晚上同捷克政府达成的协议来看，我看不出法国大使有什么理由要采取任何行动……我可以肯定，在他回到大使馆的时候，就会看到新的指示，可以让他安心。[35]

三天以后，到3月18日，英国和法国政府才在国内愤怒的舆论的

压力下最后向德国提出了正式抗议。这一次魏茨泽克在傲慢狂妄方面又胜过了他的上司里宾特洛甫，而且又是他自己提供了证据。在从德国外交部档案中发现的一份报告中，他以显然洋洋自得的口吻谈到他如何拒绝接受法国的正式抗议照会。

> 我立刻把照会装回到信封中，扔还给大使，并且说，我断然拒绝从他手里接受有关捷克–斯洛伐克问题的一切抗议。我也不愿表示已注意到了这项照会，我愿建议库隆德尔先生请他的政府修改这一照会……[36]

库隆德尔并不像这时的汉德逊那样是一个被德国人一吓就倒的大使。他回敬说，他的政府的照会是经过适当的考虑以后才写的，他无意请求加以修改。当国务秘书仍然拒绝接受这一文件时，大使请他注意通常的外交惯例，并且说，法国完全有权让德国政府知道它的观点。魏茨泽克最后（据他自己的说法）就让那份照会放在桌子上，并解释说，他将“认为它是通过邮政局寄给我们的”。但是在他厚着脸皮做出这番表示以前，还曾说出了这样一番话：

> 从法律的观点来说，事实上有一项由元首和捷克–斯洛伐克总统共同发表的宣言。捷克总统自己请求来到了柏林，然后马上宣布他愿意把他的国家的命运置于元首的手中。我不能设想法国政府能比教皇还要管得宽，甚至想干涉柏林和布拉格已经合适地
> 452 解决了的问题。[*]

---

* 库隆德尔关于这次会晤的报告，刊载在法国黄皮书（第78号，法文版第102—103页）上。他证实了魏茨泽克的说法。后来在纽伦堡审讯时，这位德国外交部国务秘书申辩说，他在写有关这类会晤的报告时，总是有意地夸张他的亲纳粹感情，以掩盖他实际上的反纳粹活动。但是库隆德尔的报告不过是足以证明魏茨泽克根本没有夸张的一个例子。

英国大使在3月18日傍晚递交了英国政府的抗议书。魏茨泽克对这位好好先生的态度大不相同。英国现在说，它“不能不认为过去几天内发生的事情是对《慕尼黑协定》的彻底否定”，并且认为“德国的军事行动”“缺乏任何法律根据”。魏茨泽克在写到这件事情的时候，指出英国照会在这方面并不如法国的抗议那样严重，因为法国照会曾说，法国“不承认德国占领的合法性”。

汉德逊在3月17日就曾见过魏茨泽克，告诉他自己奉召返国，“以备咨询”。而据这位国务秘书说，汉德逊还向魏茨泽克试探一些“他可以提供张伯伦能用以对付其政敌的论点……汉德逊解释说，英国对捷克斯洛伐克的领土并没有切身利益。他——汉德逊——所关心的更多的是将来”。[37]

甚至希特勒摧毁捷克斯洛伐克的行动都没有使这位英国大使惊醒，使他认清他所奉使的政府的本质，他也似乎丝毫没有觉察到他所代表的政府这一天发生了什么。

因为，非常出人意料地，内维尔·张伯伦在3月17日，也就是希特勒消灭捷克斯洛伐克以后两天，突然感到大梦初醒。这是受到相当大的外界刺激的结果。对希特勒最近这一次侵略，绝大部分英国报纸（甚至包括《泰晤士报》在内，不过没有《每日邮报》）和下院反应都极为强烈，这使张伯伦大吃一惊。更严重的是，议会里许多支持他的人和内阁里他的半数阁员都起来反对对希特勒做任何进一步的姑息。据德国驻英大使给柏林的报告，哈利法克斯勋爵尤其极力主张首相要认清新的形势并且当机立断，改弦更张。[38]张伯伦开始感到他自己作为政府首脑和保守党领袖的地位已岌岌可危了。

他改变主意来得非常突然。直到3月16日晚间，约翰·西蒙爵士代表政府在下院发言时，他对于捷克人的态度还是极其冷酷无情的，整个发言充满了“慕尼黑精神”，因此，据报纸报道，在议会里引起了“罕见的愤慨”。第二天，张伯伦在70寿辰的前夕，原来预定要在他的家乡伯明翰发表一篇演说。他已经起草好了一篇专谈国内问题而且特别着重谈社会福利的演说。到下午火车开往伯明翰的时候，据法国外交界人士告诉本书作者，张伯伦最后下了决心。他扔掉了准备好的讲稿，很快写下了一份完全不同的演说提纲。

张伯伦对全英国而且也对世界大部分地区（这篇演说是广播的）道歉，因为两天以前他感到不得不向下院做了一篇“极其克制、极其谨慎……而且有点失之于冷淡和客观的声明”。他说：“我希望在今天
453 晚上纠正那个声明。”

首相终于看到阿道夫·希特勒欺骗了他。他重新举出了希特勒的历次保证：希特勒曾经说过，苏台德区是他在欧洲最后的领土要求，他“不想要一个捷克人”，而现在他却食言背信了——“他是一个无法无天的人”。

> 现在他们告诉我们并吞这块土地是捷克斯洛伐克国内纷扰的局面逼出来的……如果那里有动乱的活，难道不是从外部煽动起来的吗？这到底是一场老的侵略的结束呢，还是一场新的侵略的开始呢？这到底是最后一次对一个小国的进攻呢，还是会有别的进攻继之而来呢？是不是这在事实上只是想以武力征服世界的计划中的一个步骤呢？我虽然并不准备做出什么新的泛泛的保证，说我国在现在不能预见的条件下将如何行动，但是，如果以为我国由于认为战争是一件无谓而残酷的事情因而已失尽血性，以至在受到挑战的时候也不会尽其全力来同其他国家一起予以抵抗，那就是大错而特错了。

对张伯伦和英国来说，这是一个突然的而且决定性的转折。第二天，希特勒就接到机警的德国驻伦敦大使的警告。赫伯特·冯·迪克森3月18日发出了一份长篇报告，告诉德国外交部，“继续幻想英国

温斯顿·丘吉尔与内维尔·张伯伦，1940年5月10日张伯伦辞职，丘吉尔接任英国首相。

对德国的态度无根本改变就错了”。[39]

对于任何一个读过《我的奋斗》，看过一眼地图并且看到德国军队在斯洛伐克的新部署，对慕尼黑会议以后的德国外交行动的风向有些了解的人来说，或者对任何一个曾经研究过过去12个月中希特勒对奥地利和捷克斯洛伐克兵不血刃的征服的行动规律的人来说，哪一个小国是希特勒的“时间表”上的下一个目标，是十分明显的。张伯伦，像几乎任何别人一样，也是完全了然的。

3月31日，在希特勒进入布拉格之后16天，首相告诉下院说：

> 如果一旦发生显然威胁到波兰的独立而且波兰政府认为必须尽全力予以抵抗的行动，英王政府将认为自己有责任立即给予波兰政府以全力支持。他们已给予了波兰政府大意与此相同的保证。我还可以加一句，法国政府也授权我明白表示，它在这个问题上与我们持同样的立场。

现在已轮到波兰了。 454

注　释

1. 绿色方案档案第48件，见《纳粹的阴谋与侵略》，第3卷，第372—374页（纽伦堡文件388-PS）。

2. 同上。

3. 希特勒1938年10月21日的指令，同上，第6卷，第947—948页（纽伦堡文件C-136）。

4.《德国外交政策文件汇编》，第4卷，第46页。

5. 海德里希指示警方组织这次暴行的命令，见《纳粹的阴谋与侵略》，第5卷，第797—801页（纽伦堡文件3051-PS）。他给戈林的关于死伤损失的报告，同上，第854页（纽伦堡文件3058-PS）。党内首席法官瓦尔特·布赫关于这次暴行的报告，同上，第5卷，第868—876页（纽伦堡文件3063-PS）。布赫少校对于许多起杀害犹太人事件做了生动的叙述，把这些暴行归咎于戈培尔。戈林和内阁阁员、政府官员以及一名保险公司代表在11月12日的会议的速记记录，同上，第4卷，第425—457页（纽伦堡文件1816-PS）。该记录虽残缺不全，但缴获部分长达一万字。

6.《主要战犯的审讯》，第9卷，第538页。

7.《德国外交政策文件汇编》，第4卷，第639—669页。

8.《英国外交政策文件汇编》，第3卷，第4册，第5号。

9.《齐亚诺秘密日记》，1938年10月28日，第185页；《齐亚诺外交文件集》，第242—246页。

10.《德国外交政策文件汇编》，第4卷，第515—520页。

11. 施密特：《希特勒的译员》，第118页；他关于这次会议的笔记，见《德国外交政策文件汇编》，第4卷，第471—477页。

12. 同上，第69—72页。

13. 同上，第82—83页。

14. 同上，第185—186页；另见《纳粹的阴谋与侵略》，第6卷，第950—951页（纽伦堡文件C-138）。

15. 代办的电报，见《德国外交政策文件汇编》，第4卷，第188—189页。

16.《德国外交政策文件汇编》，第4卷，第215页。

17. 赫瓦尔科夫斯基1939年1月21日同希特勒和里宾特洛甫的两次会谈的报告，同上，第190—202页。赫瓦尔科夫斯基本人1月23日向捷克内阁的报告，存捷克档案，惠勒-本内特在《慕尼黑》中曾加引用，见该书第316—317页。另见《法国黄皮书》，第55—56页。

18. 全文，见《德国外交政策文件汇编》，第4卷，第207—208页。

19. 全文，同上，第218—220页。

20. 会议的报告，同上，第209—213页。

21. 全文，同上，第234—235页。

22. 根据英国驻布拉格公使后来的报告，见《纳粹的阴谋与侵略》，第7卷，第88—90页（纽伦堡文件D-571）。

23. 蒂索-希特勒会谈秘密记录，见《德国外交政策文件汇编》，第4卷，第243—245页。

24. 同上，第250页。

25. 同上，第249，255，260页。库隆德尔大使的电报，见《法国黄皮书》第96页（第77号）。

26. 1939年3月13日布拉格发出的电报，见《德国外交政策文件汇编》，第4卷，第246页。

27.《主要战犯的审讯》，第9卷，第303—304页。

28. 以上这节“哈查博士的劫难”的材料来源是：希特勒和哈查会谈的秘密记录，见《德国外交政策文件汇编》，第4卷，第263—269页，另见《纳粹的阴谋与侵略》，第5卷，第433—440页（纽伦堡文件2798-PS）。德捷两国政府1939年3月15日宣言全文，见《德国外交政策文件汇编》，第4卷，第270—271页。第一部分作为公报发表，实际上是3月14日在外交部起草的。元首3月15

日对全国人民的文告，见《纳粹的阴谋与侵略》，第8卷，第402—403页（纽伦堡文件TC-50）。库隆德尔的电报，见《法国黄皮书》，第96页（第77号）。施密特关于会议的描述，见《希特勒的译员》，第123—126页。汉德逊的描述，见《使命的失败》，第9章。同女秘书们的场面，见佐勒编：《希特勒私生活》，第84页。

29.《主要战犯的审讯》，第16卷，第654—655页。

30. 全文，见《德国外交政策文件汇编》，第6卷，第42—45页。

31. 全文，同上，第4卷，第241页。

32.《柏林日记》，第156页。

33.《齐亚诺日记（1939—1943年）》，第9—12页。

34. 全文，见《德国外交政策文件汇编》，第4卷，第274—275页。

35. 同上，第273—274页。

36. 同上，第6卷，第20—21页。

37. 同上，第16—17，20页。

38. 迪克森1939年3月18日的报告，同上，第24—25，36—39页。

39. 同上，第39页。

第十四章
轮到了波兰

1938年10月24日，慕尼黑会议之后不到一个月，里宾特洛甫在贝希特斯加登的格兰德饭店请波兰驻柏林大使约瑟夫·利普斯基吃饭。波兰，同德国一样，而且事实上同德国沆瀣一气，夺得了一块捷克的土地。这顿饭吃了三个钟头。据德国外交部的一份材料指出，餐桌上的谈话“是在非常友好的气氛中进行的”。[1]

虽然如此，那位纳粹外交部长闲话不多就言归正传。他说波兰和德国之间达成全面解决的时机已经来了。他接着说，第一件事情就必须“同波兰谈一谈但泽的问题”。那块地方应当“归还”德国。德国还想造一条超级公路和一条双轨铁路经过波兰走廊把德国同但泽和东普鲁士连接起来。两者都要享有治外法权。最后，希特勒还希望波兰参加反共公约对付俄国。为了报答这些让步，德国情愿把波德条约从十年延长到二十年并且担保波兰的边界完整。

里宾特洛甫强调说，他是把这些问题作为“极端秘密的事情”提出来的。他建议波兰大使“口头”向贝克外交部长报告——“因为要不然的话，就有极大的危险可能走漏风声，特别是可能走漏给报界知道”。利普斯基答应向华沙报告，不过他告诉里宾特洛甫，他个人“看不出有什么可能”会把但泽归还德国。他还进一步提醒德国外交部长注意最近发生的两件事情——在1937年11月5日和1938年1月14日，希特勒曾两次亲自向波兰人保证他不会主张对但泽法规做任何变更。[2]里宾特洛甫回答说，他并不希望现在就得到答复，不过他建议波兰人“考虑考虑”。

华沙政府并不需要很多时间来仔细思量。一个星期以后，10月31日，外交部长贝克就给波兰驻柏林大使发来了如何答复德国人的详细指示。但是直到11月19日，后者才有机会见到里宾特洛甫，纳粹党 455
人显然要波兰人好好地考虑考虑他们的答复。答复是否定的。不过作为一种表示谅解的姿态，波兰愿意签订一项关于但泽的地位的德波协定来代替国际联盟对这个自由市的担保。

“任何其他的解决办法，”贝克在他给利普斯基的备忘录中写道，“特别是任何想把这个自由市并入德国的企图，一定会不可避免地引起冲突。”他还在这份由利普斯基读给里宾特洛甫听的备忘录中说，已故的波兰独裁者毕苏斯基元帅曾在1934年谈判一项互不侵犯条约的时候说过：“但泽问题是判断德国对波兰的意图的最可靠的标准。”

这样的答复是不合里宾特洛甫的口味的。“他对贝克所采取的态度感到遗憾”，并且忠告波兰人“值得再费一番脑筋来认真地考虑考虑德国的建议”。[3]

对波兰在但泽问题上的拒绝，希特勒的反应要激烈得多。11月24日，在里宾特洛甫-利普斯基会晤以后五天，他对三军司令又发出了一个命令。

绝　密

元首下令：除了在1938年10月21日训令中所提及的三项紧急任务*而外，还应当做好准备，使德国军队能出敌不意占领但泽

* 见本书原文第428页。三项“紧急任务”是：清算残存的捷克斯洛伐克，占领梅梅尔，保护德国边境。

> 自由邦。
>
> 准备工作应在下面的基础上进行：条件是，利用政治上有利的形势，对但泽实行**准革命式的占领，而不是对波兰发动战争***……
>
> 用于这一目的的部队绝不能同时担任占领梅梅尔的任务，以便在必要时，两项军事行动得以同时进行。**海军**将从海上进击，以支援陆军的作战……各兵种作战计划应在1939年1月10日以前交上来。

虽然贝克刚刚警告过，德国如企图夺取但泽，将“不可避免地”引起冲突，但希特勒现在却深信他可以办到这一点而不致引起战争。但泽在当地的纳粹党人控制之下，而他们是像苏台德人一样听命于柏林的。因此不难在那里造成一种“准革命式的”形势。

因此，兵不血刃就占领了奥地利和苏台德区的希特勒在1938年临近岁尾的时候，又已经一心在盘算进一步征服残存的捷克斯洛伐克、梅梅尔和但泽了。凌辱一下许士尼格和贝奈斯并没有费什么力气。现
456 在要轮到约瑟夫·贝克了。

可是，刚过了新年不久，1939年1月5日，元首在贝希特斯加登接见波兰外交部长的时候，他还没有准备给他以他刚给过许士尼格并很快也就要给哈查的那种待遇。先得把残存的捷克斯洛伐克清算掉再说。从波兰人和德国人关于这次会晤的秘密记录来看，希特勒的态度显得比较和解。一开头他就说，他“随时准备为贝克效劳”。然后他又问，波兰外交部长是不是有什么“特别的”心事？贝克回答说，但泽是他心上的一块疙瘩。显然，这也是希特勒心上的一块疙瘩。

“但泽是德国人的，”元首对他的客人说，“它永远是德国人的，

---

* 着重体为原件所用。

而且迟早要成为德国的一部分。”不过，他可保证，“不会在但泽制造什么既成事实”。

他要求得到但泽，要修一条经过走廊的德国公路和德国铁路。要是他和贝克能够“摆脱老方式而按照全新的方式寻求解决办法的话”，他肯定他们会达成对两国来说都是公平合理的协议。

贝克可不敢这样肯定。虽然，他第二天对里宾特洛甫老实说，他当时并不想对元首过于直率，他还是回答说“但泽问题是极其困难的一个问题”。他在总理的建议中看不出能给波兰什么“对等的东西”。希特勒因此指出，“波兰的对德边界包括走廊在内受到条约的担保”对波兰来说是“极大的好处”。这显然并不能打动贝克，不过，最后，他答应继续考虑这一问题。[4]

在盘算了一夜以后，波兰外交部长第二天同里宾特洛甫在慕尼黑做了一次谈话，他请后者转告元首，虽然以前同德国人的历次谈话都使他十分乐观，而同希特勒的会面却第一次使他今天深为悲观。特别是在总理所提出的但泽问题上，他“看不出有什么可能取得协议”。[5]

贝克上校，像本书所写过的许多其他人一样，是经过了一段时间才有所觉醒而有这种悲观的看法的。同绝大多数波兰人一样，他是激烈反俄的。不但如此，他也不喜欢法国人。他在1923年在巴黎任波兰大使馆武官时，曾经被法国当局以出卖同法国陆军有关的文件的罪名驱逐出境，因此对法国人怀有宿怨。也许对他这样一个人来说，在1932年成为波兰外交部长以后，倾向德国是很自然的。他从一开始就对纳粹独裁政权抱有热烈的同情。过去六年之中，他曾尽力使他的国家接近第三帝国而削弱它同法国的传统关系。

在所有同德国接壤的国家中，从长期来说，波兰是最应该有所
戒惧的。但是在所有这些国家中，它却是最没有看到德国的危险的。457
《凡尔赛和约》中，再没有哪一条比建立波兰走廊、给波兰以出海通

道并且把东普鲁士同德国分开的条款更使德国人怨恨的了。把自古以来汉萨同盟的港口但泽从德国分割出去，使它成为处于国际联盟监督下然而在经济上又完全处于波兰支配下的一个自由市，这件事情也同样引起德国舆论的愤怒，就是软弱和平的魏玛共和国也把这看成是波兰毁伤了德国的肢体而不肯予以承认。我们上面已经看到*，早在1922年，冯·塞克特将军已经这样说明了德国陆军的态度。

> 波兰的存在对德国生存的基本条件来说是不能容忍的，不能并存的。波兰必须去掉——由于它自己内在的孱弱而且由于俄国的行动的结果——也一定会在我们的协助下去掉……消灭波兰必须成为德国政策的一个根本目标……［这］是可以利用俄国并且在俄国的协助下达到的。

多么像预言啊！

德国人忘记了，也许是不愿意记起，凡尔赛和会给予波兰的土地，包括构成了波兰走廊的波森省和波属波美拉尼亚（波莫瑞）在内几乎全部都是在普鲁士、俄罗斯和奥地利三国瓜分波兰时被普鲁士抢走的。有一千多年，那里住的都是波兰人——在很大程度上，目前也仍然是如此。

《凡尔赛和约》所缔造的新国家，没有一个像波兰那样命运多舛。在刚刚复国以后那几年动荡的岁月里，它对俄国、立陶宛、德国，甚至捷克斯洛伐克都曾进行过侵略战争（同捷克斯洛伐克的那一次是为了争夺煤矿丰富的切申地区）。波兰人由于有一百五十多年被剥夺了政治自由，因而缺乏现代的自治经验，他们无法建立稳定的政府，也不能开始解决经济问题和农业问题。1918年革命的英雄毕苏斯基元

---

* 见本书原文第212页。

帅，在1926年引兵进入华沙，夺取了政权并且逐步地以他自己的独裁统治（虽然他是一个老社会党人）代替了混乱的民主政体。他在1935年逝世以前最后所做的事情中，有一件就是同希特勒签订了一项互不侵犯条约。这项条约是在1934年1月26日签订的，上面已经说过[*]，这是最早开始破坏德国的东方邻国和法国之间的同盟体系、削弱国际联盟和它的集体安全观念的行动之一。在毕苏斯基死后，波兰主要是由一小群“上校”统治着，他们是在毕苏斯基麾下曾在第一次世界大战时对俄国作战的波兰军团的一些领导人。居于魁首地位的是希米格维-雷兹元帅，他是一个出色的军人，然而却完全不是一个政治家。外交 458
政策归于贝克上校掌握，从1934年起，这个政策就越来越亲德了。

这种政策必然是自杀的政策。说真的，谁要是研究一下波兰在《凡尔赛和约》以后欧洲的地位，很难不得出下面的结论：波兰人在1930年代，就像在几个世纪以前一样，被他们民族性中某种致命的弱点所驱使而走向自我毁灭，而这一次，就像前几次一样，他们自己就是自己最大的敌人。只要但泽和波兰走廊继续保持现状，在波兰和纳粹德国之间就不可能有持久的和平。波兰的国力也绝不足以吃得消同它的两个强大的邻国俄国和德国发生不和。它同苏联的关系自从1920年以来一直是不好的，在那一年，它进攻了由于世界大战和内战而大为削弱的俄国，结果发生了一场残酷的战争。[†]

希特勒采取主动同波兰签订了1934年的波德条约，目的就是要乘机取得一个如此坚决反俄的国家的友谊，而且同时使它疏远日内瓦和巴黎，从而破坏《凡尔赛和约》所造成的欧洲体系。这在德国并不是一个很得人心的行动，从塞克特将军的时代起就是亲俄反波的德国陆

---

* 见本书原文第212—213页。

† 由于这场战争的结果，波兰牺牲苏联把它的东部边界向按人种划分的寇松线以东推进了150英里。这条边界把450万乌克兰人和150万白俄罗斯人归于波兰人的统治之下。因此，波兰的西部边界既已被德国人认为是不可接受的，它的东部边界又被俄国人认为是不能接受的。西方民主国家在柏林和莫斯科1939年夏天开始靠拢合作的时候，似乎竟然没有看到这个事实。

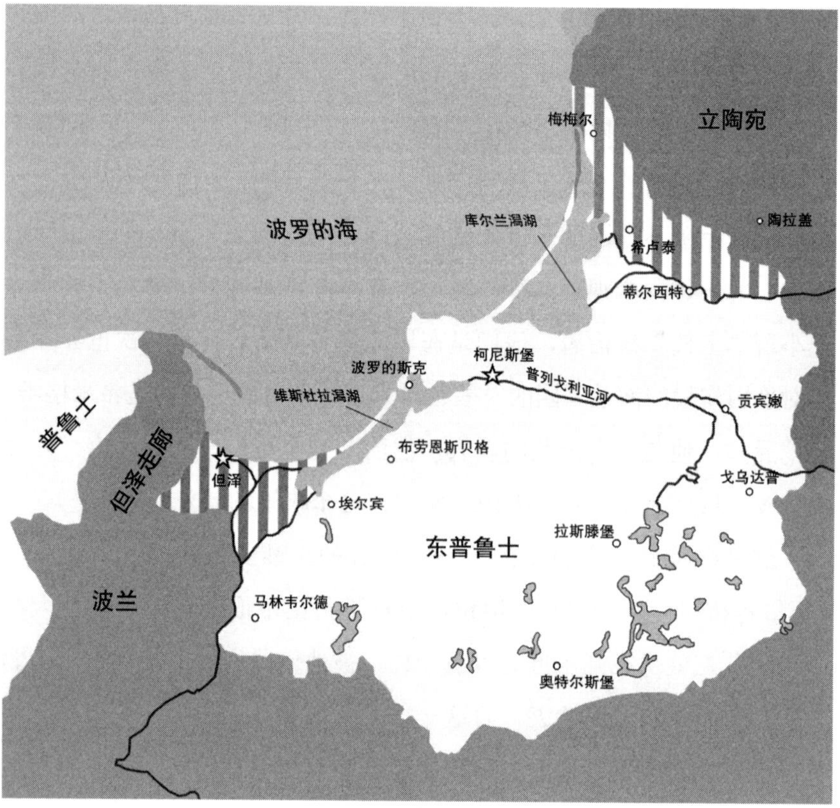

1923—1939年期间的东普鲁士、但泽、梅梅尔周边地图。

军是对之愤愤不满的。但是当时这对希特勒却有很大的好处。波兰对德国同情友好的关系使他能腾出手来办该先办的事情：进兵莱茵兰，摧毁独立的奥地利和捷克斯洛伐克。对所有这些加强德国、削弱西方、威胁东方的行动，贝克和华沙的其他上校们都以无法解释的完全盲目的态度欣然作壁上观。

如果波兰外交部长，像他自己所说，在新年开始的时候就已因为希特勒的要求而陷入悲观的话，他的情绪随着春天的到来而更加大大低沉了。虽然1939年1月30日，希特勒在向国会做一年一度的讲话时，客气地谈到了“德国和波兰之间的友谊”，并且宣称这是“保持欧洲政治生活稳定的因素之一”，里宾特洛甫在四天以前到华沙做国事访问时却谈得要直率得多。他再次向贝克提出了希特勒关于但泽和走廊交通的要求，一再说这些要求是“极其公道的”。但是不论在这些问题上，还是在要波兰参加反共公约对付苏联的问题上，这位德国 459
外交部长都没有得到满意的答复。[6]贝克上校对他的朋友现在非常警惕，事实上他已开始有所行动了。2月26日，德国驻华沙大使报告柏林，贝克已主动设法使英国邀请他在3月底访问伦敦，而且他还可能在那以后访问巴黎。尽管为时已晚，波兰，正如德国大使毛奇在电报里所说的那样，还是“希望同西欧民主国家取得联系……［因为它］害怕可能在但泽问题上同德国发生冲突”。[7]贝克就像别的许多想迁就希特勒永无餍足的欲壑的人们一样，眼睛里的翳障开始掉下来了。

当3月15日希特勒占领波希米亚和摩拉维亚并且派兵保护“独立的”斯洛伐克的时候，他们眼睛里的翳障终于完全而且永远掉下来了。波兰在那天早晨醒来的时候发现它的南部边界已经被斯洛伐克的德国军队包围了，就像它的北部边界早已被在波美拉尼亚和东普鲁士的德国军队包围了一样，仅仅一夜之间它在军事上就三面被围，变得无可防守了。

1939年3月21日，在欧洲走向战争的这一段历史上是一个值得记忆的日子。

这一天在柏林、华沙和伦敦都有频繁的外交活动。法兰西共和国总统在外交部长博内陪同下，到达英国首都进行国事访问。张伯伦向法国人建议，他们两国同波兰和苏联一起发表一项正式声明，宣布四国将立即协商制止在欧洲进行进一步侵略的步骤。三天以前，李维诺夫曾建议——像他在刚好一年以前在德国并吞奥地利以后曾建议过的那样——召开欧洲会议，这一次由法国、英国、波兰、俄国、罗马尼亚和土耳其参加，它们将采取共同行动来制止希特勒。但是英国首相认为这一建议“尚未成熟”。他对莫斯科十分不信任，因而认为由四国（包括苏联在内）发表一项宣言，就是他所能做的极限了。[*]

他的建议由英国驻华沙大使在同一天（3月21日）提交给贝克，但是就包括俄国人在内这一点而论，却受到了颇为冷淡的对待。波兰外长甚至比张伯伦还要不相信苏联，除此而外，他也同英国首相一样认为俄国的军事援助没有什么价值。他保持着这种看法，一直到大祸临头都毫未改变。

但是，在3月21日这一天，对波兰来说最致命的事件还是发生在柏林。里宾特洛甫请波兰大使在中午去见他。据利普斯基在事后所写的
460 报告中说，德国外长这一次破天荒地对他不但态度冷淡，而且咄咄逼人。里宾特洛甫警告说，元首“对波兰的态度已愈来愈感到惊讶”。德国希望它关于但泽和通过走廊的铁路和公路的要求能得到满意的答复。这是继续维持波德友好关系的一个条件。里宾特洛甫明白指出，“波兰必须认清它不能在俄国和德国之间采取中间道路”。它唯一的自救之道就是“同德国和它的元首保持合理的关系”。其中就包括采取共同的“反苏政策”。不但如此，元首还希望贝克“早日访问柏林”。同时，里宾特洛甫极力建议波兰大使赶回华沙亲自向他的外交部长解释目前的局势。利普斯基向贝克报告说：“他建议，不要推迟［同希特勒的］会谈，免得总理会得出这样的结论，认为波兰已拒绝了他的全部建议。”[8]

附带一表一场小型侵略

在离开威廉街以前，利普斯基问里宾特洛甫能否告诉他一点同

* 张伯伦3月26日在一封私人信件中写道：“我必须承认对俄国有最深刻的不信任。我丝毫不相信它有能力进行一场有效的攻势，即使它想这样做。而且我还不相信它的动机……此外，它还受到许多小国，特别是波兰、罗马尼亚和芬兰的憎恨和猜疑。”（见费林：《内维尔·张伯伦》［*The Life of Neville Chamberlain*］，第603页）

立陶宛外交部长谈话的内容。德国人回答说，他们曾讨论了梅梅尔问题，“这个问题应该解决了”。

实际上，里宾特洛甫确曾在前一天接见了访问罗马以后回国途中路过柏林的立陶宛外交部长尤奥扎斯·乌尔拜斯，要求立陶宛立即把梅梅尔区归还德国。要不然的话，“元首就要以闪电般的速度采取行动了”。他还警告说，立陶宛人绝不能欺骗自己，以为可以希望“从外国得到什么援助”。[9]

事实上，几个月以前，在1938年12月12日，法国大使和英国代办曾请德国政府注意传闻梅梅尔境内的日耳曼人在计划策动叛乱的消息，并且请德国政府运用其影响，务使由英法两国担保的梅梅尔法规能受到尊重。德国外交部的答复表示对英法这一行动“不胜惊异”，而且里宾特洛甫还下了命令，如果今后还有这类行动，就该告诉两国大使馆“我们真心希望法国和英国最后会对干涉德国的事情感到厌倦”。[10]

相当一个时期以来，德国政府的领导人，尤其是党和党卫军的领袖们，就在按照我们在奥地利事件和苏台德事件中已经熟知的那种手法，组织梅梅尔的日耳曼人闹事了。德国武装部队也受命予以合作，而且，我们已经知道*，慕尼黑会议以后三个星期，希特勒就曾命令他的军事首脑在准备清算残存的捷克斯洛伐克的同时，准备占领梅梅尔。因为海军没有得到机会分享向四面都是陆地围绕的奥地利和苏台 461
德区进军的光荣，希特勒决定梅梅尔应从海上出兵占领。11月间，海军方面就已经拟好了执行这次侵略的计划，代号叫作“斯德丁运输演习”。希特勒和雷德尔对于显示海军威力的小小表现兴趣极高，硬是在3月22日从斯维内明德出海，登上袖珍战列舰“德意志号”前往梅梅尔。这一天刚好是元首胜利进入布拉格之后的一星期，毫无防御的

---

* 见本书原文第428—429页。

1939年3月23日，希特勒乘车进入梅梅尔。

立陶宛甚至还没有来得及向德国人的最后通牒表示屈服。

3月21日，若干年以后自称对纳粹的残暴手段一贯反感的魏茨泽克通知立陶宛政府，必须派全权代表"在明天乘专机"到柏林来签字，把梅梅尔地区交给德国，"绝不容许拖延时间"。立陶宛人顺从地在3月22日下午来了，但是，尽管由里宾特洛甫亲自施行压力，尽管晕船的希特勒坐在他那战列舰上不断催促，他们在决定是否投降的问题上还是要花些时间。据缴获的德国文件透露，元首从"德意志号"上两次发出急电给里宾特洛甫，问他立陶宛是否已按照德国人的要求投降。这位独裁者和他的海军上将必须知道他们是否不得不开炮冲进梅梅尔港。最后，到3月23日凌晨1点30分，里宾特洛甫才总算能发电报，把立陶宛人已经签字的消息告诉他的主子。[11]

3月23日下午2点30分，希特勒再一次以胜利者的姿态进入一个刚刚被占领的城市，并且在梅梅尔市剧院里再一次对着如醉如狂的"解放了的"日耳曼人发表演说。《凡尔赛和约》的又一条被撕毁了。

又一次不流血的征服完成了。尽管元首不可能知道，这是最后一次不流血的征服了。

波兰问题炽热化

德国并吞梅梅尔这一举动对波兰政府说来是“一桩极不愉快的意外”，这是德国驻波大使汉斯-阿道夫·冯·毛奇在第二天从华沙报告柏林的话。他还说：“主要的理由是，人们普遍担心下一次就该轮到但泽和走廊了。”[12]他还报告德国外交部，波兰的后备兵已征召入伍。第二天，3月25日，谍报局局长卡纳里斯海军上将报告说，波兰已动员了三级役龄的后备兵，并且正在把部队向但泽周围地区集中。凯特尔将军并不认为这能表明“波兰人有什么寻衅的意图”，不过他指出，“但是陆军参谋总部却持有比较严重的看法”。[13]

希特勒在3月24日从梅梅尔回到了柏林，第二天就同陆军总司令冯·布劳希奇做了长时间的谈话。从后者关于这次谈话的内部记录来看，元首似乎还没有下定决心到底用什么办法来对付波兰。[14]事实上，462
他那一刻不停的脑筋里似乎充满了各式各样的矛盾。利普斯基大使第二天就该回来了，但是元首却并不打算见他。

> 利普斯基将在星期天（3月26日）自华沙返任［布劳希奇写道］。他原来是奉命前去探询波兰是否愿在但泽问题上达成妥协的。元首在3月25日晚间走了：他不愿在利普斯基回来的时候待在柏林。里宾特洛甫将首先同他谈判。不过元首并不愿意用武力解决但泽问题。他不想因此把波兰推入英国的怀抱之中。
>
> 只有在利普斯基暗示波兰政府在波兰人民面前负不起自动割让但泽的责任的情况下，才会考虑对但泽实行军事占领。这种解决办法将造成一种既成事实而使波兰政府易于应付。

这对希特勒当时的心思和性格是一个很有趣的透视。三个月以前，他曾经亲自向贝克保证，德国不会在但泽制造什么既成事实。可是他也还记得波兰外交部长曾向他强调指出，波兰人民永远不会容许把但泽转交德国。要是德国人干脆把它拿过来的话，是否会使波兰政府比较容易接受这样一个既成事实呢？迄今为止，希特勒在估计他的外国敌手的弱点和利用这种弱点方面一直是一个天才，但是这一次，他的判断第一次开始失灵了。统治着波兰的“上校们”是一批昏庸糊涂的人，然而在但泽问题上他们却实在不想要，也不会接受什么“既成事实”。

这个自由市是希特勒心上的第一件大事，但是他想的还不止于此，正如他在慕尼黑会议给了他苏台德区以后他还想要捷克斯洛伐克一样。

> 就目前来说［布劳希奇写道］，元首并不想解决波兰问题。不过现在就该着手了。在最近的将来寻求解决，必须要有特别有利的政治条件。在这种情况下，波兰将被彻底打垮，以至于在今后几十年内不必视为一个政治因素。元首心里想的解决办法是要把边界线推进到从东普鲁士的东部边界直到上西里西亚的东端。

布劳希奇十分清楚这条边界的意义。那是德国在战前的东部边界，它是被凡尔赛会议所取消的，而且过去只有在没有波兰存在的情况下才存在过。

如果希特勒对波兰将做什么答复曾有怀疑的话，那么当利普斯基大使在星期天（3月26日）回到柏林并且以书面备忘录的形式提出波兰的答复[15]以后，这种怀疑就都消散了。里宾特洛甫马上就看了这个备忘录而且拒绝了它。他对波兰的动员措施大发雷霆，并且警告大使
463 注意“可能的后果”。他也宣布波兰军队对但泽领土的任何侵犯都将被认为是对德国的侵略。

波兰的书面答复，虽然是用息事宁人的口气措辞的，但是对德国

的要求来说，却是坚决的拒绝。它表示愿意进一步讨论便利德国在波兰走廊的铁路交通和公路交通的方法，但是拒绝考虑给予这类交通以治外法权。至于说到但泽，波兰愿意以波德联合担保来代替国际联盟的担保，但是并不想看到这个自由市成为德国的一部分。

纳粹德国这时还从来没有碰到过一个小国敢于拒绝它的要求，因此里宾特洛甫对利普斯基说“这使他想起另一个国家所采取过的某些冒险的步骤”——所谓另一个国家显然是指波兰帮着希特勒一起肢解掉的捷克斯洛伐克。当利普斯基第二天再次被里宾特洛甫召到德国外交部去的时候，他心里一定也清楚，第三帝国现在要用它过去用来对付奥地利和捷克斯洛伐克且非常成功的同样手段来对付波兰了。纳粹外交部长对据说在波兰境内发生的对日耳曼少数民族的迫害大发雷霆。他说，这件事情“在德国”造成了“严重的影响”。

> 最后，［德国］外交部长表示他再也无法理解波兰政府的态度了……波兰大使昨天交来的建议不能认为是解决争执的基础。两国之间的关系已因此迅速恶化。[16]

华沙并不像维也纳和布拉格那样容易吓倒。第二天，3月28日，贝克召见了德国大使并且告诉他，为了答复里宾特洛甫所称波兰对但泽的任何行动都将形成开战的理由，他不得不声明，由德国或者由纳粹的但泽参议会任何改变这个自由市现状的企图都将被波兰认为是开战的理由。

“你这是想用刺刀逼着谈判！”大使大声说。

“这是你们自己的方法。”贝克回答道。[17]

觉醒了的波兰外交部长对柏林之所以能够比贝奈斯更强硬，是因为他知道，一年以前还是竭力帮助希特勒实现他对捷克斯洛伐克的要求的英国，现在在波兰问题上已采取了完全相反的方针。贝克本人因为宣称波兰拒绝在任何形式下与俄国联合在一起，而曾搞垮了英国提出的发表四国宣言的建议，在3月22日，他却向英国驻华沙大使霍华德·肯纳德爵士建议立即缔结一项秘密的英波协定，规定在遭到第三国
464 进攻的威胁时，两国立即进行协商。但是，这时张伯伦和哈利法克斯已经听到德国在但泽和走廊地区附近调集军队的消息，听到英国情报机关提供的德国对波兰提出要求的消息（但是狡诈的贝克却向英国人否认有这回事），他们要求两国关系不仅止于“协商”，而且还要更进一步。

3月30日晚间，肯纳德向贝克递交了英法两国的联合建议，主张同波兰签订互助条约，以便在一旦受到德国侵略时互相支援。[*]但就是这一个行动也已经赶不上事态的发展了。英国政府又接到了德国可能立刻进攻波兰的消息，这使它当天晚上就问贝克，他是否反对英国单方面对波兰的独立做出临时担保。张伯伦要求在第二天就得到答复，因为他要回答议会就这个问题提出的质询。贝克——可以想见他心上一定感到一块石头落了地——对此当然没有什么好反对的。事实上，他告诉肯纳德，“他毫不犹豫地表示同意”。[19]

第二天，3月31日，如我们上面已知道的那样，张伯伦在下院做了他那历史性的演说，宣布如果波兰受到进攻并且进行抵抗的话，英国和法国“将给予波兰政府全力支持”。[†]

对任何一个在1939年3月最后一个周末曾在柏林的人（作者刚好也在那里）来说，英国突然对波兰做出单方面保证的消息，虽然受到德国东西两方的邻邦的欢迎，却似乎是无法理解的。我们已经看到，一次又一次，当1936年德国人进军不许驻兵的莱茵兰的时候，当1938年他们夺取奥地利而且以发动欧洲大战相威胁而夺取苏台德区的

---

* 在用电报发给肯纳德的指示[18]中说得很清楚，这个条约将不包括俄国在内。电报说：“现在已很清楚，如果让俄国公开参加发起这一计划的话，我们打算稳定局势的努力将归于失败。英王政府若干驻外使团最近拍回来的电报警告我们，如果让俄国参加，不但会危害我们的建设性的努力，而且还会加强参加反共公约各国之间的关系，并且引起若干友好国家的不安。”

† 见本书原文第454页。

时候，甚至在半个月以前他们夺走了捷克斯洛伐克的时候，英国和法国本来都可以在俄国的支持下采取行动来制止希特勒的，而它们自己只要付出很小的代价。但是，如饥似渴要求和平的张伯伦却避不采取这样的行动。不但如此，他还做过了头，用他自己的话说，他不惜以自己的政治生命为赌注来帮助希特勒在毗邻各国取得他想要的东西。他没有做任何事情来挽救奥地利的独立。他配合那位德国独裁者摧毁了捷克斯洛伐克的独立，而捷克斯洛伐克却是德国东方唯一真正的民主国家，西方的唯一友邦，唯一支持国际联盟和集体安全的国家。他甚至连捷克斯洛伐克在山地工事中凭险固守的35师训练与装备俱臻上乘的军队对**西方**的军事价值都不加考虑，而这个时候，英国还只能拿 465
出两个师到法国去，而德国军队又不能在两条战线上同时作战，而且照德国将领们看来，甚至没有力量击破捷克的防线。

现在一夜之间，张伯伦在一心一意、毫无顾惜地抛弃了许多东西以后，终于对希特勒占领残存的捷克斯洛伐克的行动感到了可以理解的愤慨，终于单方面出面担保一个由一批政治上愚钝的“上校”所统治的东欧国家了，这批上校到目前为止一直是同希特勒密切合作的，而且像一群狼一样同德国人一起瓜分了捷克斯洛伐克，就因为他们和英国人帮助德国征服了捷克斯洛伐克，他们的国家才陷入了军事上无法防守的地位。* 张伯伦在最后关头决定冒这样一场风险的时候，还根本不想得到俄国的帮助，他在一年之内已经两次拒绝了它关于采取联

---

* 张伯伦不可能不知道波兰在军事上的弱点。一周以前，英国驻华沙武官索德上校曾在3月22日向伦敦发了一个长篇报告，谈到波兰“三面被德国包围”的极坏的战略地位，也谈到了波兰武装部队的弱点，特别是缺乏现代武器与装备。[20]

4月6日，当贝克上校正在伦敦谈判互助条约的时候，索德上校还有英国驻华沙空军武官韦切尔空军上校又提出了一项新的报告，内容更加令人沮丧。韦切尔强调说，在今后12个月中，波兰空军“至多只能有飞机600架左右，多数不是德国飞机的对手”。索德报告说，波兰的陆军与空军同样缺乏现代化装备，他们在受到德军全面进攻时只能做有限的抵抗。肯纳德大使在归纳这两位武官的报告时告诉伦敦，波兰人在德国人的进攻面前将守不住走廊地区和西部边界，他们将不得不退到波兰中部的维斯杜拉河上，“因此，一个友好的俄国对波兰是绝顶重要的”。[21]

合行动以防止纳粹进一步侵略的建议。

终于，他做了恰恰是一年多以前他坚决声称英国永远不会做的事情：让另外一个国家来做出他自己的国家是否走向战争的决定。

虽然如此，首相这个激烈的行动，尽管已经拖得很晚了，还是给希特勒造成了一个完全不同的局面。十分明显，从现在起，英国已成了阻挡他实行进一步侵略的障碍。他再也不能施展过去的伎俩，对周围的国家逐个地蚕食鲸吞，而西方民主国家却只是站在一旁讨论怎么办才好。不但如此，张伯伦的行动看起来是形成各国反对德国的同盟的第一个认真的步骤，这个同盟如果不能很好地加以对付的话，就很可能再次形成自从俾斯麦时代以来德国一直所恐惧的包围。

白色方案

张伯伦给予波兰担保的消息，使得德国独裁者又一次暴跳如雷。
466 他当时刚好同谍报局局长卡纳里斯海军上将在一起。据后者说，希特勒听到这个消息以后，就绕室狂走，攥着拳头使劲捶大理石的桌面。他气得咬牙切齿，嘴歪眼斜。他大骂英国人："我要给他们点苦头尝尝，让他们受不了！"[22]

第二天，4月1日，他在威廉港举行的战列舰"提尔皮茨号"下水典礼上发表演说，当时他的情绪极其好斗，看来显然连他自己都对自己的话感到没有把握，因此临时下令取消把他的演说直接广播。他指示可以在以后用他的录音重新广播，而录音是可以改编的。* 然而就

---

* 实际上，在希特勒已开始讲话以后，才突然切断美国广播网的转播路线。这件事情在纽约引起了希特勒被刺的谣传。我当时正在柏林德国广播公司短波部的控制室里，亲自照料对纽约哥伦比亚广播公司的转播线路。线路切断以后，我提出了抗议，德国官员回答说，这个命令是希特勒亲自下的。不到一刻钟，哥伦比亚广播公司就从纽约给我打电话，要我查对关于希特勒遇刺的消息，我当时正从一条直通威廉港的电话线中清清楚楚地听着希特勒在咆哮，因此很容易就证明了这个消息是无稽之谈。那天要行刺是不容易的，因为元首讲话的时候四面都有防弹玻璃屏挡着。

是改编过的重新广播的演说也有不少对英国和波兰的警告。

> 如果它们［指西欧盟国］以为今天的德国会耐心十足地坐在一旁，一直等到它们建立起卫星国而且拿它们来对付德国的话，那么它们就是把今天的德国错当成战前的德国了。
>
> 那种宣称自己准备为那些大国从火中取栗的人必须明白他会烫坏自己的手指头……
>
> 他们在自己国内说，他们将武装起来，并且将继续不断武装下去，我只能对那些政治家们说："你们休想把我拖垮！"我下定决心要这样继续干下去。

从取消直接广播这一点就看得出，希特勒还相当谨慎，知道避免过分刺激外国舆论。那一天，柏林本来有消息说，他将宣布废除英德海军条约作为对张伯伦的第一个回击。但是，他在演说里只是说，如果英国不再想遵守这一条约的话，德国"将毫不在乎地予以同意"。

希特勒这一回也像过去那样，用呼吁和平的老调来结束他的演说："德国没有任何进攻他国人民的打算……正是出于这种愿望，我在三个星期以前决定把即将召开的党代表大会命名为'和平的党代表大会'。"——这是一个随着1939年夏季形势的演变越来越令人啼笑皆非的口号。

这是做给群众看的。实际上，在两天以后，希特勒就在4月3日以最秘密的方式给了张伯伦和贝克上校以答复。这个答复包含在给武装部队的一项绝密命令中。它一共只复写了五份，代号叫作"白色方案"，它在以后的世界史中带来了越来越严重的威胁。 467

绝　　密

白色方案

> 波兰目前的态度要求……在军事上开始进行准备，以便在必

要时永远消除从这个方向来的威胁。

1. 政治上的要求与目的

……目的是要消灭波兰军事力量并且在东方造成一种能满足国防要求的局面。至迟在战争爆发之时，必须宣告但泽自由邦为德国领土的一部分。

政治领导人认为在这种情况下，他们的任务是在可能范围内孤立波兰，这就是说把战争限制在波兰境内。

法国国内危机日益发展，英国态度因此而趋于持重，有可能在不太远的将来就形成这样一种局面。

俄国的干涉……不能认为会对波兰有什么用处……意大利的态度是罗马–柏林轴心已经决定了的。

2. 军事上的结论

加强德国武装部队这一伟大目标仍然要由西方民主国家的对立程度来决定。“白色方案”只包括这类准备工作的一些预行补充措施……

如果我们能以突然的、有力的打击来开始战争，并且迅速取得进展的话……孤立波兰将格外容易做到，即使在战端已启以后也是如此。

3. 武装部队的任务

德国国防军的任务是歼灭波兰武装力量。为达到这一目的，必须准备进行突然袭击。

至于对但泽：

如果出现有利的政治形势可资利用，对但泽的突然占领也许会在“白色方案”之外单独执行……军事占领将由东普鲁士境内的陆军予以执行，海军将从海上支持陆军的行动。

白色方案是一个冗长的文件，另外还有若干“附件”、“附录”和“特别命令”，其中绝大部分曾在4月11日一起重新发布过，后来随着冲突的时间日益逼近，当然还有所增补。但是，早在4月3日，希特勒就已经给白色方案加上了下列命令：

> 1. 准备工作之进行，务须做到能在1939年9月1日以后的任何时间内发动军事行动。 468

希特勒在取得苏台德区以前很早就定下了行动的日期——1938年10月1日，这一回也是一样，1939年9月1日这个更加重要的日期也要严格遵照。

> 2. 武装部队最高统帅部负责定出白色方案的确切的时间表，并且负责协调海陆空三军的行动时间。
>
> 3. 三军作战计划与详细的时间表务须在1939年5月1日以前送交最高统帅部。[23]

现在的问题是希特勒到底能不能像他在奥地利人和（在张伯伦的帮助下）在捷克人身上所做到的那样对波兰人施加压力，一直搞到他们肯接受他的要求的程度，或者说波兰人到底会不会坚持立场，在纳粹进攻的时候予以抵抗，而如果抵抗的话，用什么来抵抗。作者曾花了4月份第一个星期的时间在波兰寻求答案。就作者所能见到的来说，答案是，波兰人不会向希特勒的威胁屈服，如果他们的国土受到侵略，他们是会起来抵抗的，然而从政治上和军事上来说，他们的地位实在糟糕透顶。他们的空军已经过时了，他们的陆军臃肿不灵，他们受到德国人的三面包围的战略地位几乎是绝望的。不但如此，德国已经加强了它的西壁防务，因而在波兰受到进攻时，英法要对德国发动攻势将极为困难。最后，越来越清楚的是，即使德国人已经到了华沙的大门口，那批刚愎自用的波兰“上校们”也永远不会同意接受俄国的援助。

事变发展得越来越快。4月6日贝克上校在伦敦同英国签订了一项协定，把英国单方面的担保改变为一项临时的互助条约。双方宣布，一俟细节商妥以后即将签订长期条约。

第二天（4月7日）墨索里尼派兵进入阿尔巴尼亚，这样他在征服了埃塞俄比亚以后，又征服了这个小小的山国。他因此得到了一块进入希腊和南斯拉夫的跳板。在欧洲已经十分紧张的空气中，这使得敢于抵抗轴心国家的小国更加胆战心惊。德国外交部的材料证实，意大利的行动是在德国完全赞同之下进行的，意大利事先就把意图通知了德国。4月13日，法国和英国对希腊和罗马尼亚做了担保，以此来回击轴心国家。这样，双方的阵线就在逐渐形成了。4月中旬，戈林到了罗马，而且颇使里宾特洛甫难堪地在15日、16日两日同墨索里尼进行了两次长谈。[24] 他们同意，他们“需要两到三年的时间”来准备一场“全面战争”，但是戈林宣称，即使战争来得更快的话，“轴心国家的地位也已十分坚强”“能够击败任何可能的敌人”。

这次会谈也谈到了在4月15日到达罗马和柏林的罗斯福总统的一
469 项呼吁。据齐亚诺说，领袖开头连看都不屑一看，戈林说根本不值得给予答复。墨索里尼认为这是“小儿麻痹症的结果”，但是戈林的印象是“罗斯福害了初期神经病”。美国总统在给希特勒和墨索里尼的电报里提出了一个直率的问题：

> 你们是否愿意做出保证，声明你们的武装部队不会进攻或者侵入下列独立国家的领土？

下面开列了31个国家的名单，其中包括波兰、波罗的海诸国、俄国、丹麦、荷兰、比利时、法国和英国。总统希望这种不侵略的担保有效期“至少应有十年”，或者“四分之一个世纪，如果我们敢于看得那么远的话”。如果能做出这种保证的话，他答应美国将参加世界范围的“谈判”，来使世界解除“军备竞赛的重负”，并且打开国际贸易的道路。

“你曾一再声明，”他提醒希特勒说，“你和德国人民并不想要战争。如果这是真的话，世界上就不需要战争了。”

现在看起来，这似乎像一个天真的呼吁，但是元首却感到颇为狼狈，因而不得不表示他要答复——不是直接答复，而是在德国国会4月28日专门召集的一次会议上发表演说。

与此同时，从缴获的德国外交部材料得知，威廉街在4月17日一份电报中，向除了波兰、俄国、英国和法国四个国家而外所有罗斯福曾提到的国家，提出两个问题：它们是否感到自己受到德国的任何威胁？它们曾否授权罗斯福做这一呼吁？

里宾特洛甫在发给驻在上述各国的使节的电报中说：“我们毫不怀疑，对两个问题的答案都将是否定的，但是，虽然如此，为了特殊的理由，我们想要立即得到确凿的证实。”所谓“特殊的理由”，到希特勒在4月28日演说的时候就完全清楚了。

到4月22日，德国外交部就可以向元首提出报告，绝大部分国家，包括南斯拉夫、比利时、丹麦、挪威、荷兰和卢森堡在内，都“已经对两个问题做了否定的答复”——这个答复很快就表明这些国家的政府对第三帝国的看法多么天真。然而，从罗马尼亚还是来了一个尖刻的答复：“德国政府自己知道是否会有这样的威胁。”波罗的海边上的小小的拉脱维亚开头不知道到底要它做出什么样的答复，但是德国外交部马上让它明白了过来。4月18日，魏茨泽克打电话给他驻在里加的公使：

> 告诉他，我们不懂拉脱维亚外交部长对我们就罗斯福来电所
> 470 提出的问题的答复。其他的政府几乎都已经答复了这个问题，而且当然是否定的，可是蒙特斯先生却把这种可笑的美国宣传当作一个他要同内阁讨论的问题。要是蒙特斯先生不能对我们的问题干脆回答“不”的话，我们就要把拉脱维亚算在那些甘愿做罗斯福先生的同党的国家里面去了。我是说，我估计，只要冯·科策先生［德国公使］照上面这些话去说，就足以从他那里得到明白的答复了。[25]

结果果然如此。

希特勒对罗斯福的答复

这些答复都是给希特勒的弹药，在1939年4月28日这个宜人的春日里，当他口若悬河地开始国会演说的时候，他充分地利用了这些材料。我相信这是他从来没有做过的最长的重要公开演说，讲了足足两小时以上。在许多方面，特别在打动德国人和纳粹德国在外国的朋友这一点上，也许是他最精彩的一次演说，肯定是作者亲耳听到他所做的最了不起的演说。他雄辩滔滔，机锋横溢，极尽尖酸刻薄、虚伪狡诈之能事，这种本领已经达到空前未有的高峰，而且以后再也没有能达到过。演说虽然是准备给德国人听的，但它不仅在全德国电台上广播，而且在全世界几百家电台上广播：在美国也由各大广播公司转播。在此以前和以后，都不曾再有过他那天那么遍及全世界的听众。*

---

* 在发表这篇演说的那一天，魏茨泽克打电报给德国驻华盛顿代办汉斯·汤姆森，要他使元首的演说在美国得到最广泛的宣传介绍，并且告诉他为此将给他额外的经费。5月1日，汤姆森回电说：“对这篇演说的兴趣超过了迄今所知的任何演说，我已因此按照原定计划指示把英译本在这里印刷寄发……给千千万万各阶级行业的人们。费用以后再报销。”[26]

美国共和党参议员博拉正在阅读《华盛顿时代先驱报》1939年4月28日头版标题，题为“希特勒谴责罗斯福：废除《英德海军协定》”。

在通常一上来先诉说一通《凡尔赛和约》的罪恶和它所加在德国人民头上的种种不平和长期痛苦的开场白以后，这篇演说首先对英国和波兰做了答复，这个答复震动了忧心忡忡的欧洲。

他先说他对英国的钦佩和友谊，然后就攻击它对他不信任，攻击它对德国实行新的“包围政策”，他宣布废除1935年的《英德海军协定》。他说：“它的基础已经消失了。”

对波兰也一样，他公开了一直保守秘密的他关于但泽和走廊地带向波兰提出的建议，把这个建议称作“为了欧洲和平的利益而可能想象得出的最大的让步”，并且告诉德国国会，波兰政府已经拒绝了这个“独一无二的建议”。 471

> 我对波兰政府这种不可理解的态度感到遗憾……最坏的是，波兰现在同捷克斯洛伐克一年前一样，在一个国际诽谤运动的压力之下，相信它非征召军队不可，虽然德国并没有征召过一个人，而且连想都没有想到过要以任何方式来反对波兰。这件事本

身就是令人遗憾的，后代终有一天将能够判断它拒绝这一建议是否确实正确……这是我一度提出的……实在是独一无二的妥协……

说德国打算进攻波兰的消息——希特勒接着说——“不过是国际新闻界的捏造”。（在上千万听他演说的人里面，不见得有一个人能知道，仅仅三个星期以前，他就给他的武装部队下达了书面命令，要他们准备“至迟”在9月1日消灭波兰。）新闻界的这种捏造——他继续说——已使得波兰同英国签订了一个协定，这种协定“在某种条件下会强迫波兰对德国采取军事行动”。因此，波兰已经背弃了波德互不侵犯条约！“因此，我认为这一协议已经受到波兰单方面的破坏，从而已经不再有效。”

在他自己单方面地撕毁了两个正式条约以后，希特勒接着向国会说，他愿意商谈一个替换办法！“我只能欢迎这样的建议，”他说，“没有人比我对这种前景更感到高兴了。”我们已经知道，这是他过去每当撕毁一项条约时常用的老手法，但是，这一回却行不通了，尽管他很可能还不知道。

希特勒下面就转向罗斯福总统，德国独裁者的辩才在这里发挥到了顶点。可以肯定地说，在普通人听来，这些话充满了伪善与欺骗，但是对那些仔细挑选出来的国会议员们和成千上万德国人来说，他那运用自如的嬉笑怒骂，听起来却真是一番享受。当德国元首用越来越动人的效果，几乎无止无休地取笑美国总统的时候，那些脑满肠肥的议员们不断地哄堂大笑。他先把罗斯福来电中的论点一个一个举出来，然后笑容满面地停了一会，于是就像一个教师那样压低了嗓子说了一个字，“答”——然后就做了答复。（本书作者只要一闭上眼睛，就能看见当时的景象，希特勒每过一会儿就要停下来，轻轻说一声“答”[Antwort]，这时高高坐在主席座位上的戈林就忍俊不禁笑了起来，而议员们早就等着，只要“**答**”这个字一出口，就大笑大叫起来。）

> 罗斯福先生宣称，他认为一切国际问题都可以在会议桌上解决。
>
> **答：**……要是这些问题果真能在会议桌上得到解决的话，我
> 将不胜高兴。然而，我的怀疑是有事实做根据的，那就是，最明
> 显地表示不信任会议有用处的国家正是美国自己。因为历史上最
> 伟大的会议就是国际联盟……它代表全世界各国人民，并且是按
> 照一位美国总统的意志而建立起来的，然而，第一个在这种努力 472
> 面前表示退缩的国家就是美国……只是在无目的地参加了国际联
> 盟好多年以后，我才决意学美国的样……
>
> 北美的自由并不是从会议桌上获得的，同样，南北战争也不是在会议桌上决定胜负的。至于为达到最后征服整个北美大陆而进行的无数斗争，我就不说了。
>
> 我之所以提起这些话，只是为了表明，您的意见，罗斯福先生，尽管毫无疑问应当受到最大的尊重，然而却不能在您自己国家的历史或者世界其他各国的历史里找到任何证明。

希特勒提醒总统，德国曾经参加过——在凡尔赛开的——一次会议，不是去参加讨论，而是去听别人叫它做什么：它的代表“受到的屈辱甚至比苏族[*]的酋长所受到的屈辱还要大”。

希特勒对罗斯福总统要求他保证不进攻31个国家中任何一个国家所做的答复，最后接触到了核心。

> **答：**罗斯福先生怎么知道哪一个国家认为自己受到德国政策

---

* 苏族（Sioux）是北美印第安人的一个部族。——译者

的威胁而哪一个国家又认为自己没有受到这种威胁呢？或者说，罗斯福先生，既然在他自己的国家内定然有大量的工作压在他身上，怎么还居然能够自以为认识到其他国家人民和政府的所有这些内在的精神上和心理上的感受呢？

最后，罗斯福先生要求我们向他保证德国武装部队不会进攻，尤其是不会侵入下列各独立国家的领土或者属地……

希特勒然后慢吞吞地宣读了各个国家的名字，我还记得，在他抑扬顿挫拉着调子念到这些名字的时候，国会的笑声越来越大。我相信，没有一个议员，没有一个在柏林的人，包括作者本人，曾注意到他狡猾地漏掉了波兰的名字。

这时候，希特勒就打出了他的王牌，至少他自己心里一定是这样想的。

答：我曾经不厌其烦向上面所提到的那些国家调查了一下，第一，它们是否认为它们自己受到了威胁，而最重要的是，第二，美国总统向我们所提出的问题是应它们的请求提出来的呢，还是至少在它们的同意下提出来的呢？

所有的答复都是否定的……诚然，我并没有对某些国家提出询问，因为这些国家——例如，叙利亚——目前还没有取得自由，而是在民主国家的军队占领之下，因而被剥夺了它们的权利。

虽然如此，除了这些国家而外，一切与德国接壤的国家都得到了保证……比罗斯福先生在他那奇怪的电报里要我做的保
473 证……约束力要大得多……

我必须请罗斯福先生注意一两个历史的错误。他提到了，举例来说，爱尔兰，并且要求我声明德国不会进攻爱尔兰。我刚刚

读到爱尔兰总理德·瓦莱拉*的一篇演说，奇怪的是，他在这篇演说里，同罗斯福先生的意见相反，并没有非难德国压迫爱尔兰，而是谴责英国不断侵略爱尔兰……

同样，罗斯福先生也没有注意到下面的事实：巴勒斯坦目前并不是在德国军队占领下而是在英国军队占领下，这个国家的自由受到了最残暴的武力手段的压制。……

希特勒接着说，虽然如此，他还是准备“给予罗斯福先生所提出来的每一个国家以他所要求的那种保证”。而且，还不仅如此！说到这里，他的眼睛猛然亮了起来。

我不想错过这个机会，因此首先要对说到最后是美国总统最为担心的地区，即美国本国和美洲所有其他国家，向他提出保证。

我在这里庄严地宣告一切关于德国打算进攻或者侵入美洲的说法，不论以何种方式在流传，都是纯属捏造的欺人之谈。且不谈这种说法，仅就军事上的可能性来说，也只能出自愚蠢的想象。

德国国会议员们笑得声振屋瓦，然而希特勒却一丝笑容不露，保持着他那一本正经的神态，以期达到最大的效果。

下面就是长篇大论的结束语——我相信在德国人的耳朵听起来，一定是他历来讲得最精彩的一段演说了。

罗斯福先生！我深知贵国幅员广大，财富充盈，使您自诩要

* 希特勒在这里对“总理”这个字用的是盖尔语Taoiseach，这是大有讲究的。

> 对全世界的历史和所有国家的历史负责任。而我，先生，所处的地位却要平凡得多，局面也要小得多……
>
> 我接受了这样的一个国家，它因为信任外国的诺言和由于民主政府的恶劣制度而面临着彻底的毁灭……我克服了德国的混乱，重新建立了秩序，并且大大增加了生产……发展了交通，使庞大的公路网得以兴建，运河得以开凿，巨大的新工厂得以出现，同时也致力于提高我国人民的文化与教育水平。
>
> 我曾做到了使700万失业工人全体重新得到工作……我不但使德国人在政治上团结了起来，而且使他们重新武装了起来，我
> 474 也曾致力于一页一页地撕毁那长达448条的条约，其中包含着任何国家人民和任何一个人都无法忍受的最卑鄙的压迫。
>
> 我把1919年从我们手里抢走的地方夺回来给了德国。我把成百万被迫与我们分离而饱受辛酸的德国人领回到了自己的祖国……然而，罗斯福先生，没有流一滴血，没有给我国人民，当然也没有给别国人民带来战争的苦难……
>
> 你的任务，罗斯福先生，比较起来要容易得多。你在1933年出任美国总统，我也在那一年出任德国总理。你在发轫之初就是世界上最大最富的国家的首脑……贵国的局面之大，足以使你有时间、有闲暇来注意世界性的问题……你的关心和主张所涉及的地区要比我的地区大得多，因为，罗斯福先生，上苍所命我托生的地区，因而也是我必须为之工作的地区，不幸要小得多，虽然对我来说，它要比任何其他东西更加可贵，因为它完全是我国人民所有的！
>
> 虽然如此，我相信，正是这样，我才能对我们全都关心的事情尽最大的贡献，那就是：全人类的正义、幸福、进步和和平。

就欺骗德国人民这一点来说，这篇演说是希特勒最光辉的杰作。

但是对前一些日子里曾在欧洲旅行过的人来说，可以很容易地看得出，它已不像希特勒以前许多演说那样再能欺骗外国的人民和政府了。和德国人相反，他们能够看破这种骗人的迷魂阵。而且他们明白这位德国元首，尽管是辩才无碍而似乎把罗斯福驳得体无完肤，实际上并没有真正答复总统的根本问题：他的侵略是否已经到头？他是否要进攻波兰？

从后来的事实来看，这是希特勒一生中在和平时期所做的最后一篇重大的公开演说。迄今为止这个前奥地利流浪汉是尽可能以他的口才来建功立业的，从今以后，他就企图在历史上给自己留下征战者的名声了。

希特勒随后就到贝希特斯加登避暑去了。虽然贝克上校5月5日在向议会做演说时对他的演说做了答复而且当天又给了德国一份正式的政府备忘录，希特勒对之却并没有做公开的答复。波兰的声明和贝克的演说提出了一种语调和解然而立场坚定的庄严答复：

> 十分清楚，[它说]那种只有一个国家提出要求而另外一个国家必须对这些要求照单全收的谈判并不是谈判。 475

俄国的插手：一

希特勒在4月28日对国会的演说中，没有像往常那样攻击苏联。他一个字都没有谈到俄国。贝克上校在答复中提到德国所做的“许多其他暗示”“比表面上谈到的问题含义远为深远”，并且表示保留“在必要时回到这个问题”的权利——话虽说得很含蓄，然而指的显然是德国以前想劝诱波兰参加反共公约一起对付俄国的企图。不过贝克并不知道，张伯伦也不知道，这些反俄的努力现在已经放弃了，柏林和莫斯科都在酝酿着新的念头。

纳粹德国和苏维埃俄国之间达成后来在全世界产生了巨大后果的谅解一事，在两国首都到底是什么时候开始采取步骤的，很难确切搞清楚。上面曾经提到[*]，早在1938年10月3日，也就是慕尼黑会议以后四天，就可以微微看出风向开始转变的迹象了。当时德国驻莫斯科大使馆的参赞报告柏林，斯大林将从苏台德问题的解决中（这次解决是把他排除在外的）得出某种结论，很可能变得对德国“更加积极”。这位外交官竭力主张“扩大”两国之间的经济合作，而且一个星期以后又在第二份电报中重新提出了这项建议。[27] 到10月底，德国驻莫斯科大使弗里德里希·维尔纳·冯·德·舒伦堡伯爵通知德国外交部说，他“打算在最近的将来去见人民委员会主席莫洛托夫，设法找到解决妨碍德苏关系的问题的办法”。[28] 鉴于希特勒以往一直对莫斯科抱极端仇视的态度，这种主意很难是大使自己设想出来的。这种暗示想必是从柏林来的。

研究缴获的德国外交部档案的结果表明，事实果然如此。在德国人看来，第一步应当改进两国之间的贸易关系。1938年11月4日，外交部有一项备忘录透露：“戈林元帅办公室催得很紧，至少要设法恢复我们同俄国的贸易，特别是在俄国的原料方面。”[29] 俄德经济协定到那年年底就要期满了，因此双方就延长这一协定进行了谈判，威廉街这个时期的档案中尽是反映这次谈判过程的材料。双方彼此都有很大的猜疑，但是大体上又都有所接近。12月22日这一天，俄国贸易官员和德国第一流的解决经济问题的老手尤利乌斯·施努雷举行了长时间的谈判。

新年刚过，苏联驻柏林大使阿列克谢·梅利卡洛夫颇为难得地光
476 临威廉街，通知德国外交部“苏联希望在德苏经济关系方面开始一个新时代”。双方举行了前途似乎大可乐观的谈判有几个星期之久，但

---

* 见本书原文第427页。

是到1939年2月就几乎完全停顿了。表面上是因为解决不了应当在莫斯科还是在柏林举行主要的谈判的问题，然而德国外交部经济政策司司长1939年3月11日的一份备忘录表明，真正的理由是：虽然德国急需俄国的原料，而且戈林一直在要求把这些原料弄到手，德国却没有商品来同苏联交换。司长认为，“就德国在原料方面所处的地位而言”，“谈判破裂”是“极可惋惜的”。[30]

但是，即使第一次加强两国经济关系的尝试暂时失败了，当时仍不乏其他一些迹象。1939年3月10日，斯大林在莫斯科第十八次党代表大会上做了长篇演说，三天之后，用心细密的舒伦堡就为这篇演说给柏林打了一个长长的报告。他认为:“斯大林对英国的讽刺和批评要比对所谓侵略国家，特别是对德国的讽刺和批评尖锐得多，这点很值得注意。”大使着重举出了斯大林说的这几句话:“民主国家的弱点……清楚地表现在它们已经放弃了集体安全的原则而转向不干涉政策和中立政策这一事实上。这个政策骨子里是希望使侵略国转而以其他国家为目标。”他还援引苏联独裁者指责西方盟国

> 在继续推动德国人东进，容许他们得到可能轻易获得的胜利品，而且劝告他们说:“你们只要对布尔什维克开战就行了，以后一切都会顺遂的。这看来很像是鼓励……看起来目的似乎……是要激起苏联对德国的愤怒……挑拨我们去同德国发生没有根据的冲突。”

在结论中，斯大林提出了下列指导原则：

> 1. 继续实行维护和平和巩固我国和世界各国经济联系的政策。
>
> 2. ……绝不让那些惯于使他人为自己火中取栗的战争贩子把我国拖入冲突中去。[31]

决定俄国大政方针的那个人是在发出明白的警告，声明苏联不打算中别人的圈套，去同纳粹德国打仗而使英法得以脱身。如果伦敦没

477 有注意到这一点的话，至少柏林是注意到了这一点的。*

即令如此，斯大林的演说和随之而来的许多外交往来表明，苏联的外交政策虽然十分审慎，仍然是完全公开的。我们上面曾提到，纳粹在3月15日占领捷克斯洛伐克三天之后，俄国政府就曾建议召开六国会议来讨论防止进一步侵略的办法†，可是张伯伦说它还“没有成熟”而把它否定掉了，‡ 那是3月18日的事情。两天以后，莫斯科发表了一项官方公报，否认苏联曾向波兰和罗马尼亚保证“在它们一旦受到侵略时”给予援助。理由是：“不论是波兰还是罗马尼亚都没有要求苏联政府给以援助，也没有告诉［它］它们遭到任何威胁。”[34] 德国大使急急忙忙把这个声明拍电报报告柏林。

英国政府在3月31日对波兰所做的单方面担保，很可能使斯大林相信英国人认为同波兰人结盟要比同俄国人结盟好，而且张伯伦一心一意要把苏联排除在欧洲大国集团之外，就像他在慕尼黑时代所做的一样。[35]

在这种情况下，德国人和意大利人开始看到了有些空子可钻。现在在外交方面对希特勒已有重大影响的戈林在4月16日到罗马去见了墨索

---

* 虽然美联社曾从莫斯科发出一条消息（载3月12日《纽约时报》）说，斯大林谴责外国力图把俄国拖入对德战争的话已在莫斯科外交界人士中引起了苏德可能修好的谈论，但是英国大使威廉·西兹爵士却显然没有参加过这种谈论。他在就斯大林的演说向英国外交部做的报告中，一点都没有提到这种可能性。不过，有一个西方的外交官即现在驻在布鲁塞尔的前美国驻莫斯科大使约瑟夫·E.戴维斯从斯大林的演说中得出了正确的结论。他在3月11日的日记中说，“这是一个非常重要的声明”“它显然意味着对英国和法国政府的警告，苏联人已经对‘不现实地’反对侵略者感到厌倦了。这……对英国外交部和苏联之间的谈判……是一个真正的凶兆。这肯定是我所见到的最有意义的危险信号”。3月2日他又写信给参议员基·皮特曼说：“……希特勒正在拼命设法使斯大林疏远法国和英国。除非英国人和法国人觉醒过来，我担心他会成功。”[32]

† 见本书原文第460页。

‡ 哈利法克斯勋爵曾在3月19日向苏联驻伦敦大使伊凡·迈斯基解释英国为什么认为俄国所提出的最好在布加勒斯特举行会议的建议是“不能接受的”。他说英国政府没有一个大臣抽得出时间到布加勒斯特去。这一拒绝十分明显伤了俄国人的感情，使他们因此而在以后历次同英国人和法国人的谈判中闹别扭。迈斯基后来告诉保守党议员罗伯特·布斯比说，这次对俄国建议的拒绝对“争取有效的集体安全的政策是又一次毁灭性的打击”，而且它决定了李维诺夫的命运。[33]

里尼，并且请意大利领袖注意斯大林最近在共产党代表大会上的演说。他自己对苏联独裁者所说的“俄国人绝不会让资本主义国家利用自己做炮灰”的话印象甚深。他说他“要问一下元首是否有可能谨慎地对俄国放出一些触角……试探有无**修好**的希望”。他还提醒墨索里尼“在元首最近的一些演说中绝口没有提到过俄国”。据德国方面关于这次会谈的秘密记录记载，意大利领袖热烈地欢迎轴心国家同苏联**修好**的建议。意大利 478
独裁者也感到莫斯科有一些变化，他认为**修好**可能“比较容易实现”。

> 目标是［墨索里尼说］要诱使俄国大体根据斯大林的演说的方针，对英国的包围政策表示冷淡和不赞成的态度……不但如此，轴心国家在反对富豪政治和资本主义的意识形态斗争方面，在某种程度上同俄国政府的目标是相同的。[36]

这在轴心国家政策方面是一个根本性的转变，毫无疑问，要是张伯伦知道了的话，他一定会吃惊的。也许这也会使李维诺夫吃惊。

就在戈林和墨索里尼会谈的当天（4月16日），这位苏联外交人民委员在莫斯科接见了英国大使，并且正式建议英国和法国同苏联缔结三边互助条约。这个条约要求缔约国签订一项军事协定来使互助条约具有实效，还要求由签字国（如果认为合适的话，还可以加上波兰），对中欧和东欧所有认为自己受到纳粹德国威胁的国家做出担保。这是李维诺夫最后一次努力争取三国结盟对付第三帝国，这位俄国外交部长是把自己的政治生涯押在以集体行动制止希特勒的政策上的，他这次一定认为自己终将能够把西方民主国家同俄国团结起来以实现这一政策的目的。正如在5月4日发表演说、抨击伦敦迟迟不接受苏联建议的丘吉尔所说，“如果没有俄国的积极协助，要组成一条反对纳粹侵略的东方战线是绝不可能的”。东欧任何其他国家（肯定包括波兰在内）都没有在那个地区维持一条战线的力量。然而俄国的建议却竟然在伦敦和巴黎引起了惊愕。

但是，甚至在这一建议被拒绝以前，斯大林就采取了第一步认真的行动，同另一方面打起交道来了。

在李维诺夫向英国驻莫斯科大使提出内容广泛的建议的第二天，即4月17日，苏联驻柏林大使就前往德国外交部拜访了魏茨泽克。据这位国务秘书在事后的纪要中说，这是梅利卡洛夫将近一年以前上任以来第一次来访。在开头就德俄经济关系谈了一些意见以后，大使就转到政治方面来，并且

> 直截了当地问我［魏茨泽克写道］对德俄关系抱什么看法……大使的话大致如下：
>
> 俄国的政策是始终一贯的。主义上的分歧对俄国和意大利之间的关系并没有发生多大不利的影响，也不应当妨碍它同德国的
> 479 关系。俄国并没有利用德国和西方民主国家之间的摩擦来反对我们，它也不想这样做。就俄国而论，它没有理由不该同我们在正常基础上相处，而从正常的关系之中就可以产生越来越改善的关系。
>
> 梅利卡洛夫先生是以这番话（这是他这次谈话的最终目标）来结束这次会谈的。他打算在一两天内回莫斯科去。[37]

在这位苏联大使要到那里去述职的俄国首都，正在酝酿着一件非常的事情。

事情在5月3日透露了出来。这一天，在苏联报纸里页，一个不引人注意的地方，在叫作“简讯”的一栏里面，夹着一条短短的消息：“李维诺夫已因为他自己的请求而被解除了外交人民委员的职务。”他的职位由人民委员会主席维亚切斯拉夫·莫洛托夫继任。

第二天，德国代办就这次人事更动向柏林做了如下的报告：

> 这次突然更动在此间引起了最大的惊奇，因为李维诺夫正在同英国代表团谈判，而且在五一节的检阅中就站在斯大林的近旁……
>
> 因为李维诺夫刚在5月2日接见了英国大使，而且就在昨天的报纸上还出现在五一节检阅的要员席名单中，他的免职看起来一定是斯大林自己临时决定的……在上一次党代表大会上，斯大林曾要求人们小心，免得苏联被人拖入冲突。莫洛托夫不是犹太人，而且以斯大林“最亲密的朋友和最紧密的合作者”著称。他的任命显然是为了保证使外交政策能严格按照斯大林制定的路线执行。[38]

李维诺夫突然去职一事的重要性是谁都看得到的。这意味着苏联外交政策有了剧烈的转变。李维诺夫是鼓吹集体安全，鼓吹加强国际联盟的力量，鼓吹以同英国和法国结盟对付德国来保障俄国安全的主要人物。张伯伦在缔结这样一种同盟的建议面前迟疑退缩，注定了这位俄国的外交人民委员的命运。照斯大林的判断——而在莫斯科只有他的判断才能算数——李维诺夫的政策已经失败了。不但如此，这种政策还有使苏联被拖到一场同德国进行的战争中去的危险，而西方民主国家却很可能设法置身局外。斯大林因此感到现在是该试一试新方针的时候了。* 如果张伯伦能同希特勒拉关系的话，难道这位俄国独裁 480
者就不能吗？至于李维诺夫这个犹太人被（德国大使馆在致柏林的电

---

* 如果可以对公开发表的李维诺夫的日记（《一部日记的注释》[*Notes for a Journal*]）寄予若干信任而不失审慎的话，斯大林在没有让苏联参加的慕尼黑会议以后就已经在考虑这样一种变化了。日记中有一处说1938年临近年底的时候，斯大林告诉李维诺夫说：“我们准备同德国人达成协议……而且还要使波兰不能为害。”1939年1月，这位外交人民委员写道：“看来他们已经决定要把我免职了。”在同一天的日记中，他透露他同苏联驻柏林大使馆之间的全部往来现在都必须通过斯大林，而且梅利卡洛夫大使在斯大林的指示下即将同魏茨泽克谈判，以便让希特勒“实际上”明白：“我们在此以前一直不能达成协议，但是现在能够了。”这份日记是一本可疑的书。英国研究苏联的权威爱德华·霍列特·卡尔教授曾对之做过一番研究，认为虽然它毫无疑问在某些地方已被修改到“纯属虚构”的程度，但是有很大一部分仍然足以代表李维诺夫的观点。

报中着重指出不是犹太人的）莫洛托夫所代替这一事实，可以想象在高级纳粹人士中是会有相当影响的。

为了使德国人不致看不到这一人事更动的重要性，苏联代办格奥尔基·阿斯塔霍夫在5月5日同德国外交部东欧经济问题专家尤利乌斯·施努雷博士会谈时也提到了这件事情。

> 阿斯塔霍夫谈到了李维诺夫免职的事情［施努雷报告说］并且设法……打听这件事情是否会引起我们对苏联的态度的改变。他着重指出莫洛托夫的身份具有极重要的意义。他绝不是在外交政策方面的一个专家，然而他却会对未来的苏联外交政策起更大的作用。[39]

这位代办也请德国人恢复在2月间破裂了的贸易谈判。

英国政府对苏联4月16日关于缔结军事联盟的建议直到5月8日才答复，而答复实际上是拒绝。它使得莫斯科更加怀疑张伯伦不愿意同俄国缔结军事条约来防止希特勒取得波兰。

因此，俄国人也就无怪要加紧同德国人拉关系了。5月17日，阿斯塔霍夫再次到外交部见了施努雷，在讨论过有关贸易的问题以后，就把话题又转到了更大的问题上。

> 阿斯塔霍夫宣称［施努雷报告说］德国和苏联之间在外交政策上并没有冲突，因此在两国之间并没有抱敌意的理由。确实，在苏联有一种受德国威胁的感觉。但是，毫无疑问，这种受威胁的感觉和在莫斯科的不信任心理是有可能消除的……在回答我偶然问到的一个问题时，他谈到了英苏谈判，大意是说，照目前的情况看来，英国所希望的结果很难成为现实。[40]

三天以后，到5月20日，冯·德·舒伦堡大使同莫洛托夫在莫斯科做了一次长谈。新上任的外交人民委员态度“至为友好”，并且告诉德国大使，如果能建立**必要的政治基础**的话，两国之间的经济谈判是可以恢复的。这是莫斯科的一种新的试探，然而老奸巨猾的莫洛托夫做得却非常审慎。当舒伦堡问他所谓“政治基础”是什么意思时，这位俄国人回答说，这是两国政府都该考虑的东西。大使用尽一切办 481
法想从这位足智多谋的人民委员嘴里套出点东西来，结果都是枉然。“他是，”舒伦堡告诉柏林说，“以态度有点顽强著称的。”大使在离开俄国外交部的时候，乘便去看了一下苏联副外交人民委员弗拉季米尔·波将金，告诉后者，他没有能搞清楚莫洛托夫要的政治性质的东西是什么。舒伦堡报告说：“我请波将金先生帮我搞清楚。”[41]

柏林和莫斯科之间重新恢复接触一事，并没有逃过法国驻德大使的警惕的眼睛。早在5月7日，在李维诺夫去职以后四天，库隆德尔先生就报告法国外交部长，根据元首的一个亲信告诉他的消息，德国正在设法与俄国取得谅解，其结果，除了别的不谈，将意味着波兰的第四次瓜分。两天以后，法国大使又给巴黎发出了一个电报，谈到柏林新近谣传“德国已经或者即将向俄国提出瓜分波兰的建议”。[42]

钢铁条约

虽然德国武装部队的高级将领对意大利的军事实力评价很低，希特勒现在却急于要同意大利成立军事同盟，而墨索里尼却一直不忙于缔结。两国最高统帅部参谋人员之间的谈判从4月份起就已经开始了，凯特尔向最高统帅部报告他的“印象”是，无论是意大利的部队还是它的军备，情况都不佳。他认为，要打仗就得当机立断，要不然意大利人就不会参加了。[43]

到4月中旬，齐亚诺在日记里说[44]，他觉察到有越来越多的迹象表明，德国随时都可能进攻波兰，从而掀起一场意大利思想上并无准备的欧洲大战。他对此颇为震惊。4月20日，在柏林的阿托利科大使打电报告诉齐亚诺说，德国对波兰的行动已“迫在眉睫”以后，齐亚诺就催大使赶快安排他同里宾特洛甫的会谈，好让意大利不致弄得措手不及。

5月6日，两位外交部长在米兰会面了。齐亚诺带来了墨索里尼的书面指示，向德国人强调指出意大利至少在三年之内希望避免战争，大出意大利人意料的是，里宾特洛甫同意德国也希望能维持这么久的和平。说真的，齐亚诺觉得这位德国外交部长还是“第一次”那样“心平气和，轻松愉快”。他们研究了欧洲的形势，同意改进轴心国同苏联的关系，然后休会进晚餐，庆祝会谈成功。

晚餐以后，墨索里尼来了电话，要了解会谈进行得怎么样。齐亚诺告诉他进行得很顺利。这时，意大利领袖突然心血来潮，要他的女婿向报界发表一项公报，宣布德国和意大利已决定缔结军事同盟。里
482 宾特洛甫开始有些犹豫，最后同意把这件事情向希特勒请示，而德国元首一接到电话以后，马上就同意了墨索里尼的建议。[45]

这样，墨索里尼在经过一年多的徘徊犹豫以后，就在这一时冲动之下，把自己同希特勒的命运无可改变地结合到一起了。这件事情也是一个最早的迹象，表明这位意大利的独裁者，同德国的那位一样，已开始丧失那种铁一般的自制力。而直到1939年这一年为止，他们两个人都一直是靠这种自制力来冷静清醒地谋求自己的民族利益的。对墨索里尼来说，后果很快就证明是一场灾难。

这个条约后来被称为“钢铁条约”。它是5月22日在柏林总理府以相当盛大的排场签订的。齐亚诺赠给里宾特洛甫一枚阿农齐亚塔颈章。它不但使得戈林妒火中烧，而且，据意大利外长的观察，还使得他差一点眼泪都流了出来。事实上，这位肥头胖耳的元帅硬是闹了一场，大发牢骚说这个颈章实际上应当赠给他，因为真正促成了这一同盟的是他。

“我答应［德国驻罗马大使］马肯森，”齐亚诺报告说，“我会设法给戈林弄到一枚颈章。”

1939年5月22日，齐亚诺（左）、希特勒（中）、里宾特洛甫（右）在柏林签署钢铁条约。

齐亚诺发现希特勒看起来“身体甚好，举止安详，不那么咄咄逼人”。虽然他看起来似乎老了一些，眼角周围的皱纹也似乎更深了一些，这很可能是因为缺乏睡眠的缘故。* 当元首看着两位外交部长在文件上签字的时候，他的精神极好。

这是一个措辞直率的军事同盟条约。它的侵略性质突出地表现在希特勒一定要放在序言里的一句话上。这句话说：两国“为它们的主义的内在的血缘关系团结在一起……决心并肩协力行动以**取得它们的生存空间**”。条约的核心是第三条。

---

* 齐亚诺5月22日的日记充满了关于希特勒和他周围那批奇怪人物的珍闻逸事。戈培尔夫人抱怨元首使他的朋友们通宵不眠。她还大声嚷“老是希特勒一个人在讲话，他叨唠个没有完，使客人都厌烦了”，齐亚诺也听到有人暗示“元首对一个美丽的女郎怀有爱慕的感情。她年华双十，有一双美丽文静的眼睛，容貌端正，体态风流，名字叫西格丽德·冯·拉普斯。他们经常亲密地相会”。（见《齐亚诺日记》[*The Ciano Diary*]，第85页）齐亚诺自己就是一个猎艳能手，显然对此大感兴趣。他一定还没有听说过希特勒的情妇爱娃·布劳恩，她这个时候很少获准到柏林来。

> 如果违反缔约双方的愿望而发生其中有一方陷入与另一个国家或几个国家的军事纠纷之中的情况，则另一个缔约国应立即以盟国的身份以其全部军事力量在地面、海上和空中予以援助和支持。

第五条规定在一旦发生战争时，两国中的任何一国都不得单独停战或媾和。[46]

后来的事实证明，墨索里尼打开头就没有遵守前一条，而到结局
483 的时候也没有遵守后一条。

希特勒破釜沉舟：1939年5月23日

在钢铁条约签字的次日，5月23日，希特勒就把他的军事首脑召到了柏林总理府的书房里，直率地告诉他们，若不流血就不可能再取得什么胜利，因此战争是不可避免的。

这次会议比1937年11月5日同样的一次会议要大一些，那一次元首首次把他要进行战争的决定告诉了三军首长。* 这一次在场的军官有14人，其中包括陆军元帅戈林、海军元帅雷德尔（现在他已晋级元帅）、布劳希奇将军、哈尔德将军、凯特尔将军、空军总监埃尔哈德·米尔希将军、海军参谋长奥托·施尼温德海军上将等。元首的副官鲁道夫·施蒙特中校也在场；而且从历史的观点来说，值得庆幸的是，他做了记录。在缴获的德国文件中就有他的这项记录。十分明显，希特勒在这次会议上讲的话是当作头等机密的，因此没有誊录任何副本；我们所引用的是施蒙特手写的原稿。[47]

在说明希特勒如何走向战争的秘密文件中，这是最能说明问题

---

* 见本书原文第305页。

也是最重要的文件之一。在一小撮将在一场武装冲突中指挥武装部队的军官面前，希特勒抛开了他自己那一套宣传和外交上的欺骗，老实说明了他为什么一定要进攻波兰，而且在必要时还要对英国和法国作战。他以令人咋舌的精确性，对战争的进程，至少是头一年的战争进程做了预言。但是尽管他讲得十分干脆率直，他的演说——这次会上只有这个独裁者一个人说话——仍然透露出他迄今为止还没有完全表现出来的心里的惶惑和混乱。尤其是，英国和英国人总是使他感到摸不透，这种情况一直要持续到他生命的最后一天。

但是关于战争在什么情况下到来以及他在发动战争时的目标，他是说得十分清楚、十分确切的，没有哪一个陆海军将领在5月23日离开总理府的时候心里还不明白到夏天完了的时候会发生什么事情。他一开头就说，德国的经济问题只有在欧洲取得更多的生存空间后才能解决，而“如果不侵略或者不进攻其他国家人民的领土，这是办不到的”。

> 不流血已再也不能取得新的胜利了……
>
> 但泽根本不是争执的中心问题。中心问题是要把我们的生存空间向东方扩张，是要得到我们的粮食供应，是要解决波罗的海国家的问题……在欧洲已没有别的出路……如果命运强迫我们同西方摊牌的话，能在东方拥有大片地区就具有不可估量的价值。我们在战时要比在平时更难依靠丰收。

除此而外，希特勒还说，还可以从东方非日耳曼国家的领土上的居民那里得到劳动力——这里已经露出了他后来实施的奴隶劳动制度的端倪。 484

以谁为第一个对象是十分明显的。

根本不存在放过波兰的问题，我们只有一个决定要做：

一有合适的时机就进攻波兰。*

我们不能期望重演捷克事件。这次得打仗了。我们的任务是孤立波兰。能否把它孤立是有决定性意义的。

这样，这次是得打仗了。是不是同“被孤立了的”波兰一国打呢？元首在这一点上并没有说清楚。事实上，他显得思想有点混乱，而且自相矛盾。他说，最后发动攻击的命令必须由他来下。

绝不能同时同西方——法国和英国——摊牌。

如果不能肯定德波冲突不致导向同西方作战的话，那么，战斗主要应当针对英国和法国。

因此根本问题是：（以进攻波兰开始的）同波兰的冲突只有在西方国家置身事外的条件下才能取胜。

要是不能办到这一点的话，最好一面同西方干起来，一面把波兰结束掉。

在听到这种连珠炮式的前后矛盾的话的时候，那些将军们想必曾感到犹豫畏缩，也许松了一松他们的单镜片，虽然在施蒙特的记录里并没有说到发生过这种事情，也没有说到在这批经过挑选的听众中有人胆敢提出问题，要求把事情说得明白一些。

希特勒接着把话题转到了俄国。他说：“俄国也许不想过问消灭波兰的事情，这种可能性不能排除。”另一方面，如果苏联同英国和法国结盟的话，“那就将使我给英国和法国来几下破坏性的打击”。这将是重犯威廉二世在1914年所犯的错误，但是，虽然在这次演说中，希

* 着重体为原件所用。

特勒从第一次世界大战中得出了若干条教训，他却并没有得出这一条。他的思路现在转到了英国身上。

> 元首怀疑是否有同英国实行和平解决的可能。必须对摊牌有思想准备。英国把我国的发展看成将形成一种称霸的局面而削弱英国的地位。因此英国是我们的敌人，同英国的冲突是生死斗争。
>
> **这种冲突究竟将是什么样的一种局面呢？**[*]
>
> 英国不可能用几次有力的打击就把德国结束掉，把我们打倒。对英国来说，把战争尽可能推进到鲁尔区一举具有决定性的 485
> 意义。他们将不惜流法国人的血。（西壁呢！）我们能存在多久，决定于我们能否保有鲁尔。

在下定决心重蹈德皇之覆辙——如果英法同俄国结盟就向它们进攻——以后，希特勒现在宣布，他还将在另一点上步德皇之后尘，这一点最后证明给德国带来了大祸。

> 必须对荷兰和比利时的空军基地实行军事占领。中立的宣告可以置之不顾。如果英国想干涉波兰战争的话，我们就必须对荷兰进行闪电式的进攻。我们的目标是必须在荷兰境内建立一条新的防线，一直推到须德海。对英法的战争是一场决定生死存亡的战争。
>
> 认为我们可以侥幸取胜的想法是危险的。这种可能性是没有的。我们必须破釜沉舟，有进无退，而且它将不再是谁是谁非的问题，而是8 000万人民生死存亡的问题。

---

* 着重体为原件所用。

虽然他刚刚宣布德国将“一有合适的时机”就进攻波兰，虽然他的听众知道几乎德国的全部军事力量都已集中起来要达到这个目的，希特勒一边唠唠叨叨，一边还是忘怀不了英国。

“英国，”他强调说，“是反对德国的主力。”从此开始，他就讨论起英国的长处和短处来了。

> 英国人的本性是骄傲、勇敢、顽强、坚忍的，而且是天生的组织家。他们懂得如何利用每一种新形势。他们爱好冒险，而且有着北欧人种固有的胆略……
>
> 英国本身就是一个世界大国：三百年来一直如此，它的力量由于有盟国而更加强大。这种力量不但表现在具体的东西上，而且还必须看到是一种心理上的力量，它遍布整个世界。
>
> 除此而外，还有无可估量的财富以及随之而来的偿付能力。
>
> 还有地缘政治上的安全地位，而且受到强大的海军和英勇的空军的保护。

但是，希特勒告诉他的听众说，英国也有它的弱点，接着他就一一列举如下：

> 要是我们在上次大战中再多两艘战列舰和两艘巡洋舰，而且从早晨就开始日德兰战役的话，英国舰队早就被歼灭，英国早就屈服了。[*]世界大战就会那样结束。在从前……要征服英国就必须派兵入侵。因为当时英国可以自给粮食，今天它再也办不到了。
>
> 一旦英国的供应被切断，它就将被迫投降。因为粮食和石油
>
> 486 的进口完全要靠海军保护。

---

* 希特勒对日德兰战役的认识明显是错误的。

德国空军袭击英国不会迫使它投降。但是如果英国舰队被歼灭的话，它就会立即投降。没有疑问，突然袭击可以迅速决定大局。

拿什么来进行突然袭击呢？雷德尔海军元帅肯定会认为希特勒是在吹牛。按照1938年年底制订的所谓Z字计划，德国的海军力量要到1945年才能开始赶上英国。而当时在1939年的春天，德国还没有足以击沉英国海军的重型军舰，即使突然袭击也不行。

也许英国还可以用别种办法来加以打垮。这里希特勒倒又是实事求是的，他提出了一项战略计划，一年之后，这项计划居然一一实现，而且获得了惊人的成功。

必须要做到在一开始就猛击敌人或者给以最后的决定性的打击。关于谁是谁非、条约义务之类的考虑可以根本不去管它。这只有当我们在波兰问题上没有"滑入"对英作战的情况下才能做到。

必须既为**长期战争**也为突然**袭击**进行**准备**，英国在大陆上可能进行的任何干涉都必须予以击溃。

陆军必须占领对海军和空军有重要意义的基地。如果我们能占领并且保住荷兰和比利时，同时打败法国的话，就创造了能够战胜英国的基础。

这样，空军就能从法国西部就近封锁英国，而海军就能以潜艇做范围更广的封锁。

一年多以后发生的情况竟然同他所说的完全一样。元首在5月23日还着重提出，另一个决定性的战略计划也要付诸实行。他说，如果德军在上次大战开始的时候不向巴黎进攻而向英吉利海峡各港口迂回包抄的话，战争的结局就会不同。也许是那样。无论如何他要在1940年这样试一试。

希特勒在结束的时候说:“目标永远是要逼得英国屈膝投降。”他显然已经暂时完全把波兰抛到脑后了。

还有一个最后的考虑。

> 保密是成功的决定性前提。我们的目标必须对意大利和日本保守秘密。

就是希特勒自己的陆军参谋总部，虽然它的参谋总长哈尔德将军也坐在那里静听，都没有受到完全的信任。元首宣布:“我们的计划工作绝不能交给参谋总部，那样秘密就无法保证了。”他下令最高统帅
487 部成立一个计划小组来制订各项军事计划。

这样，希特勒就在1939年5月23日像他自己所说的那样，下定了破釜沉舟的决心。仗是打定了。德国要在东方取得生存空间。为此，在一有机会的时候就要进攻波兰。但泽算不了一回事。那不过是一个借口。英国是主要的障碍，它是反对德国的主力。好，连它一起搞掉拉倒，法国也一样。这是一场生死斗争。

当1937年11月5日元首第一次对他的三军首脑讲起他的侵略计划的时候，冯·勃洛姆堡元帅和冯·弗里奇将军曾提出过抗议——至少是认为德国没有力量打一场欧洲大战。* 第二年夏天，贝克将军为了同样的理由辞去了陆军参谋总长的职务。但是在1939年5月23日，至少从记录上看，竟没有任何一个陆海军将领敢吭一声，对希特勒的方针是否明智提出任何疑问。

他们看到，他们的工作不是提出疑问，而是盲目服从。他们早已运用他们的大才制订军事侵略的计划了。早在5月7日，同冯·伦德施泰特将军和冯·曼施坦因将军一起组成一个“工作小组”的陆军参

---

* 见本书原文第308页。

谋总部的君特·布鲁门特里特上校，已经就实行白色方案可能遭遇的形势提出一项估计。事实上它就是征服波兰的计划。这是一个设想大胆的计划，后来在实际执行中只做了很少的改动。[48]

雷德尔海军元帅在5月16日签发的一项绝密命令中提出了白色方案的海军作战计划。[49] 因为波兰只在但泽以西沿波罗的海有几英里的海岸线，而且只有一支极小的海军，因此并没有估计会遭到什么困难。元帅所主要担心的是法国和英国。波罗的海的门户将由潜艇布防。两艘袖珍战列舰和两艘战列舰准备同“其余的”潜艇一起在“大西洋作战”。根据元首的指示，海军应当准备好在9月1日执行“白色方案”所规定给它的任务。但是雷德尔催他属下的司令官赶紧把计划定好，因为“由于最近的政局发展”，行动可能来得更快。[50]

在1939年5月结束的时候，德国预定在夏末开始战争的各项准备工作已经在全力进行了。巨大的军火工厂日夜开工，紧张地生产着枪炮、坦克、飞机和军舰。陆军、海军、空军的能干的参谋人员拟订计划的工作已经进入最后一个阶段。部队也因为征召新人进行“夏季训练”而扩大了。希特勒看到他所取得的成就大可心满意足了。

在希特勒向他的军事首脑讲话的第二天，5月24日，最高统帅部经济与军备局局长格奥尔格·托马斯将军在对外交部工作人员所做的一次内部报告中就曾列举了这些成就。托马斯告诉他的听众，从前的 488
帝国陆军花了十六年的时间——从1898年到1914年——才把兵力从43个师增加到50个师，而第三帝国的陆军在四年之内就从7个师一跃增加到51个师。其中有5个重装甲师，4个轻装甲师，一支任何其他国家都没有的“现代化骑兵”*。海军在几乎是一无所有的基础上建立了

* 指摩托化部队。——译者

一支有2艘26 000吨的战列舰、* 2艘重巡洋舰、17艘驱逐舰、47艘潜艇的舰队。它已经有两艘35 000吨的战列舰、1艘航空母舰、4艘重巡洋舰、5艘驱逐舰、7艘潜艇下了水，而且还在计划造多得多的舰艇。空军从完全一无所有开始，白手起家建立了一支有飞机21个中队、人员26万人的力量。至于军火工业，托马斯将军说，已经在生产比它在上次大战中产量最高的时期还要多的军火，而且在大部分部门内，产量远远超过任何其他国家。这位将军宣布，事实上，德国重整军备的总成绩“在世界上很可能是独一无二的”。

尽管德国的军事力量在1939年夏初已经十分强大，希特勒计划在秋初进行的战争能否取胜还要看这是一场什么样的战争。德国仍然还没有，也许永远不会强大到能打败法国、英国和俄国再加上波兰的联合力量。在这个决定命运的夏天开始的时候，一切都决定于元首有没有能力限制战争的范围——首先是，使俄国不致同西方结成军事同盟。这种军事同盟是李维诺夫在他下台以前还曾建议过的，而且是张伯伦虽然在最初似乎已予以拒绝但到5月底的时候又在重新考虑的。

俄国的插手：二

在下院5月19日的辩论中，英国首相继续对苏联的建议采取了被丘吉尔认为是冷淡甚至不屑的态度。他有点懒洋洋地向下院解释说：“在两国政府之间有一道幕，或者说一道墙，极难穿过。”另一方面，丘吉尔在劳合·乔治的支持下争论说，莫斯科提出了一个“公平的建议”……比张伯伦自己的建议要“更简单，更直接，更有效”。他请

---

* 在谈到德国战列舰的吨位的时候，托马斯将军甚至是在欺骗德国外交部。有一份日期标明为1938年2月18日的德国海军文件[51]很有意思地提到，曾根据英德海军协定把假的战列舰吨位数字提供给英国政府。它说，号称26 000吨的舰只，实际吨位是31 300吨；号称35 000吨的战列舰（这是英国和美国海军舰只的最高吨位），实际吨位是41 700吨。这是纳粹骗术的一个绝妙的典型。

英王政府“给脑袋里装上点儿残酷的现实。如果没有一条有效的东方
战线，就不可能在西方有令人满意的防务，而如果没有俄国，就不可 489
能有一条有效的东方战线”。

张伯伦在四面八方暴风雨般的批评之下只得屈服，最后在5月27日指示英国驻莫斯科大使表示同意开始谈判互助条约、军事条约和对受希特勒威胁的国家做出担保。* 冯·迪克森大使从伦敦通知德国外交部，英国政府虽然采取了这一步骤，心里却是“老大不愿意的”。不但如此，迪克森还看穿了很可能是张伯伦之所以采取这一行动的主要理由。他在发给柏林的急电中报告说，英国外交部已经得到“德国在莫斯科伸出触角”的风声，并且害怕德国可能会做到使苏俄保持中立甚至诱使它保持同情的中立。那样就将是包围政策的彻底瓦解。[53]

5月份的最后一天，莫洛托夫在苏联最高苏维埃会议上以外交人民委员的身份做他上任以后的第一次演说，他痛斥西方国家犹豫不前，并且宣告，它们要是认真想同俄国一起制止侵略的话，就必须抛开枝节问题，在三个主要点上达成协议：

1. 缔结一项纯属防御性质的三边互助条约。

2. 对中欧和东欧的国家，包括**所有**与苏联接壤的欧洲国家在内，做出担保。

3. 缔结一项明确的协定，规定三国彼此间提供并且向受到侵略威胁的小国提供的即时而有效的援助的形式和范围。

莫洛托夫还宣布，同西方谈判并不意味着俄国将放弃同德国和意大利“从实际出发建立商务联系”。他说，事实上，可能同德国恢复商务谈判的问题“并非不在考虑之中”。冯·德·舒伦堡大使在向柏林报告这篇演说内容的时候指出，莫洛托夫表示俄国仍然准备同英国和法国缔结条约，“条件是必须接受它的全部要求”，但是从这篇演说中也可以清楚

---

* 5月27日，驻莫斯科的英国大使和法国代办向莫斯科提出了英法两国关于拟议中的条约的草案。出乎两位西方使节意料的是，莫洛托夫对之甚为冷淡。[52]

地看出，还得花很长时间才能达成任何真正的协议。他指出莫洛托夫曾“避免刺激德国并且表示愿意继续进行已在柏林和莫斯科开始的谈判”。[54]

希特勒在柏林现在也突然表示出愿意继续谈判了。

5月份的最后十天，希特勒和他的顾问们想尽了千方百计，要解决如何向莫斯科提出建议来阻挠英俄谈判的棘手问题。莫洛托夫在5
490 月20日同冯·德·舒伦堡大使的谈话*给柏林的感觉是给德国泼了冷水。第二天（5月21日），魏茨泽克就打电报给大使说，鉴于外交人民委员说的话“我们必须静坐等待，看俄国人是否会说得更明白点”。[55]

但是希特勒已经把9月1日规定为进攻波兰的日子，因而无法静坐等待了。在5月25日或者这一天前后，里宾特洛甫把魏茨泽克和德国外交部法律司司长弗里德里希·高斯召到了他在佐内堡的乡间别墅，（据高斯在纽伦堡提出的口供†说）告诉他们，元首想“在德国和苏联之间建立比较过得去的关系”。里宾特洛甫写好了一个给舒伦堡的指示草稿，相当详细地说明了他应当对莫洛托夫采取的新路线，并且要他立即去见莫洛托夫，“越快越好”。这份草稿现在也在缴获的德国外交部文件中。[56]

根据文件上面的一个批注来看，这项文件是5月26日交给希特勒的。它是一个很能说明问题的材料。它表明，到这一天，德国外交部还深信，英俄谈判可以成功，除非德国进行决定性的干涉。里宾特洛甫因此建议舒伦堡告诉莫洛托夫：

> 德国和苏俄之间在外交事务方面并不存在着实际的利害对立……现在是考虑使德苏关系和平化和正常化的时间了……意德

---

* 见本书原文第481—482页。

† 此项口供曾遭到纽伦堡法庭的拒绝，未被当作书面证据，也未收入《纳粹的阴谋与侵略》（*Nazi Conspiracy and Aggression*）或者《主要战犯的审讯》（*Trial of the Major War Criminals*）的几大卷书面证据集。然而这并不能损害其真实性。法庭对一切涉及纳粹-苏联在这一时期的合作的文件都处理得十分谨慎，四位法官中有一位是俄国人。

同盟并不是针对苏联的，它完全是针对英法联盟的……

如果事与愿违，我们竟致同波兰发生冲突的话，我们坚定地相信，就是这样的事情也完全无须引起对苏俄的利害冲突……我们甚至可以说到这样的地步，在解决波德问题的时候，不论解决的方式如何，我们将尽可能考虑到俄国的利益。

下面接着就要指出俄国同英国结盟的危险。

我们还看不出有什么东西能真正诱使苏联积极参加英国的包围政策……这意味着俄国要承担单方面的义务而得不到英国任何真正有价值的报酬……不论条约怎么订，英国都无法给予俄国任 491
何真正有价值的报酬。由于西壁的存在，一切西欧的援助都是不可能的……我们因此深信，英国将再次遵行它的传统政策，让其他国家为它火中取栗。

舒伦堡还得强调说明德国“对俄国没有任何侵略意图”。最后，他还奉命告诉莫洛托夫，德国不但准备同苏联讨论经济问题，而且还准备同它讨论“在政治关系方面恢复正常”的问题。

希特勒认为这份草稿说过了头，因此下令留下不发。据高斯说，元首对两天以前张伯伦在5月24日的乐观声明印象甚深。首相当时告诉下院说，由于英国提出新建议的结果，他希望“不久”就可以同俄国达成全面的协议。希特勒害怕的是碰钉子。他并没有放弃同莫斯科修好的想法，但是决定暂时还是采取比较谨慎的态度为好。

5月份的最后一周之内，元首心中的逡巡犹豫，在缴获的德国外交部文件中也有记载。5月25日或者这一天前后——确切的日期无法确定——他突然主张立即同苏联谈判来阻挠英俄谈判。舒伦堡为此要立刻去见莫洛托夫。但是里宾特洛甫给他的指示在5月26日给希特勒看了以后根本没有发出去。元首把它取消了。那天晚上，魏茨泽克打电报给舒伦堡，要他保持“完全保留的态度——你个人在得到进一步的指示以前不能采取任何行动”。[57]

德国外交部国务秘书给驻莫斯科大使的这份电报和一封信都是5月27日写好的，然而直到5月30日加上一段重要的附言以后才发出去。这很足以说明柏林的犹豫。[58]魏茨泽克在5月27日给舒伦堡写信的时候告诉他，柏林的看法是英俄协议“很不容易防止”，因此德国徘徊犹豫，不想对之进行决定性的干涉，因为害怕那样会在莫斯科引起“一阵鞑靼人的大笑”。此外，国务秘书还透露，日本和意大利对德国打算在莫斯科采取的行动反应冷淡，盟国的这种保留态度也对柏林产生了影响，使它决定静观待变。他最后说：“因此，我们现在还想观望一下莫斯科和巴黎-伦敦相互间的关系到底要进展到多深。”

由于某种理由，魏茨泽克并没有把他的信立即发出；也许他觉得希特勒还没有完全打定主意。当他到5月30日发出这封信的时候，他加了一个附言。

> 附言：除以上所写的而外，我还必须再说几句。元首已经批
> 492 准，即令如上所述，现在还得同俄国人进行一次联系，虽然是一
> 次十分有限的联系。这件事将通过我今天同俄国代办谈话来进行。

这次同格奥尔基·阿斯塔霍夫的谈话并没有太多的收获，但是它表明德国人做了一番新的尝试。魏茨泽克召见俄国代办的借口是讨论苏联驻布拉格贸易代表团的前途。俄国人渴望继续保持这个代表团。两位外交家围绕这个题目兜来兜去，想摸对方的底。魏茨泽克说，他同意莫洛托夫所说，政治问题和经济问题不能截然分开，并且表示对“苏德关系正常化”感兴趣。阿斯塔霍夫说，莫洛托夫并不打算“把今后的苏德谈判关上大门”。

虽然两个人都小心翼翼，德国人还是感到受了鼓励。5月30日晚上10点40分，魏茨泽克给在莫斯科的舒伦堡发出了一份“特急”电报[59]：

> 同迄今为止所采取的策略相反，我们现在已最后决定同苏联进行某种程度的接触。[*]

也许是墨索里尼在5月30日给希特勒的一份长长的秘密备忘录加强了元首转向苏联的决心，虽然这种转向是十分谨慎的。在夏季开始的时候，意大利领袖对于很快就开战的主意是否明智越来越感到怀疑。他对希特勒说，轴心国家“同富豪统治的、自私自利的、保守主义的国家之间的战争”，他认为是“不可避免的”。但是——“意大利需要有一个准备的时期，时间可能要延长到1942年底……只有从1943年开始，进行战争的努力才能有最大的成功希望”。在列举了为什么“意大利需要有一段和平时期”的一些理由以后，意大利领袖的结论是：“由于所有这些理由，意大利不希望匆促进行欧洲大战，虽然它深信这样的大战是不可避免的。”[60]

希特勒还没有把他已经决定在9月1日进攻波兰的秘密告诉他这位好友与盟友。他回答说，他以“最大的兴趣”读了墨索里尼的秘密备忘录，并且建议两位领袖在将来会面时进行讨论。同时，元首决定试一试能不能在克里姆林宫墙上撬开一条缝。6月份整整一个月，德 493
国大使馆和俄国对外贸易人民委员阿纳斯塔斯·米高扬之间一直在莫斯科进行关于签订新贸易协定的预备性谈判。

苏联政府对柏林仍然是十分猜疑的。据舒伦堡在6月27日给柏林

---

* 在美国国务院1949年出版的《纳粹-苏联关系》（*Nazi-Soviet Relations*）这本与这一题目有关的德国外交部文件集中，这份电报的英译文措辞要强烈得多。主要的一句是这样翻译的：“我们现在已经决定同苏联进行肯定的谈判。”这一句话使得许多历史学家，包括丘吉尔在内，都认为这份5月30日的电报标志着希特勒想同莫斯科做一笔交易的一个决定性的转折点。实际上，这样一个转折点来得还要晚一些。如魏茨泽克5月30日在给舒伦堡的信的附言中所说的，希特勒所批准的德国人的这一次行动是“十分有限的”。

的报告，克里姆林宫认为德国人之所以迫切要谈判贸易协定，是想破坏俄国同英法的谈判。他告诉柏林说："他们害怕一等到我们达到了这个目的，我们就会让谈判慢慢不了了之。"[61]

6月28日，舒伦堡同莫洛托夫做了长谈。据他在给柏林的一份"急密"电里说，这次谈话是"在友好的气氛中"进行的。虽然如此，当德国大使以一种向对方提保证的口吻谈到德国刚刚同两个波罗的海国家缔结的互不侵犯条约*时，苏联外交人民委员尖刻地回答说："鉴于波兰的经验，他必须怀疑这种条约的持久性。"舒伦堡对这次谈话的结论是：

> 我的印象是，苏联政府对了解我们的政治观点和同我们保持接触感到很大的兴趣。虽然莫洛托夫所说的话，毫无问题地表现出强烈的不信任，他还是说同德国关系的正常化是值得欢迎的，也是可能的。[62]

大使要求用电报指示他下一步该怎么办。舒伦堡是塞克特、马尔赞、布罗克多夫-兰曹派硕果仅存的人物。这一派在1919年以后一直主张德国同苏俄修好，并且在拉帕洛条约中实现了这种修好。他在1939年整整一年中所发的电报表明，他真诚地想恢复魏玛共和国时期同俄国的密切关系。但是，也像所有老派的德国职业外交家一样，他不了解希特勒。

突然在6月29日，希特勒从贝希特斯加登的山间别墅中下令中断同俄国人的谈判。

贝希特斯加登，1939年6月29日

---

* 德国担心英法俄可能对与苏联接壤的拉脱维亚和爱沙尼亚做出担保。为了抢先一步，它匆匆忙忙在6月7日同这两个波罗的海小国签订了互不侵犯条约。甚至在此以前，德国就曾在5月31日同丹麦订了一个类似的条约，这个条约看来给了丹麦一种安全感。考虑到最近的形势发展，丹麦人居然有这种感觉是很令人惊讶的。

> ……元首决定如下：
>
> 告诉俄国人，我们从他们的态度中看出，他们要把我们是否接受他们在1月份给两国经济谈判所确定的原则，作为今后的谈判能否继续的条件。因为这些原则是我们所不能接受的，我们目 494 前没有兴趣同俄国恢复经济谈判。
>
> 元首已同意上项答复可以稍稍推迟几天。[63]

事实上，这项命令的内容在第二天就用电报告诉了莫斯科德国大使馆。

> 外交部长［魏茨泽克在电报中说］……的意见是，在有新的指示以前，在政治方面说的话已经够了，在目前来说，我们不要再提出谈判。
>
> 关于可能同俄国政府举行的经济谈判，此间的考虑还没有结论。在这一方面，你暂时也不要采取进一步的行动，听候指示。[64]

在德国秘密文件中找不到任何迹象能解释希特勒为何突然改变主意。俄国人本来已经开始对他们在1、2月份提出的建议表示让步了。而施努雷早在6月15日就曾警告过，经济谈判的破裂，对德国来说，不但是经济上的挫折，而且是政治上的挫折。

英法苏谈判当时进展迟缓，因此也不可能使希特勒丧气到要采取这样的决定。他从莫斯科德国大使馆的报告中知道，俄国同西方国家在对波兰、罗马尼亚和波罗的海国家提供担保的问题上陷入了僵局。波兰和罗马尼亚很乐意得到英国和法国的担保，但是在一旦德国对之侵略的时候，英法两国除了采取建立西方战线的间接办法而外，很难对它们有什么帮助。可是它们又拒绝接受俄国的担保，甚至不许苏联军队通过它们的国境去抗击德国的进攻。拉脱维亚、爱沙尼亚和芬兰也坚决不愿接受俄国的任何担保。这种态度，照德国外交部文件后来的透露，是由于德国悍然威胁要是它们的决心动摇的话，就要对它们采取报复。

在这种僵局之下，莫洛托夫在6月初建议英国派外交大臣到莫斯科来参加谈判。显然，在俄国人看来，这样不但有助于打破僵局，而且将表明英国是有诚意要同俄国达成协议的。哈利法克斯勋爵不愿意去。* 安东尼·艾登（他至少是前任外交大臣）表示愿意代他前去，可是张伯伦拒绝了他的建议。后来决定派外交部一位能干的职业外交官
495 威廉·斯特朗去。斯特朗曾在莫斯科英国大使馆任职而且能讲俄语，但是在国内外都并不知名。派这样一个低级的人物去领导这样重要的一个代表团，而且是去同莫洛托夫和斯大林直接谈判，这对俄国人说来是一个信号——他们后来这么说——表明张伯伦仍然没有严肃认真地看待同苏联建立同盟来制止希特勒这样一件事情。

斯特朗在6月14日到达莫斯科。但是，虽然他和法国代表一起同莫洛托夫会谈了11次，他的出场对英苏谈判的进展却并没有多大影响。半个月以后，俄国的猜疑和愤懑公开在《真理报》的一篇文章上表现了出来。那是安德烈·日丹诺夫写的，题为《英国和法国政府不想在平等的基础上同苏联缔结条约》。虽然日丹诺夫自称是“作为私人而不是代表苏联政府”写的，但是他不但是政治局委员和最高苏维埃外交委员会主席，而且，如舒伦堡在就此事向柏林所做的报告中所说的那样，还是“斯大林的心腹之一，[他的] 文章无疑是奉上面的命令写的”。

---

* 根据英国外交部的文件，哈利法克斯在6月8日告诉迈斯基，他曾考虑向首相建议应当派他到莫斯科去，“但是实在抽不开身来”。迈斯基在斯特朗走了以后，在6月12日向哈利法克斯提出，“在时局比较平静的时候”，外交大臣能到莫斯科去是一大好事。但是哈利法克斯再次强调，“目前”他实在不可能离开伦敦。[65]

在我看来［日丹诺夫写道］，英国和法国政府似乎并不想努力达成一项苏联能接受的真正的协议，而只是想谈论谈论一项协议，以便向他们本国的舆论表明所谓苏联的不妥协态度，从而好同侵略者缔结协定。今后几天之内就将表明事实是不是如此。[66]

斯大林对英国和法国的不信任以及他对西方盟国可能到最后像一年以前在慕尼黑那样同希特勒做成一笔交易的猜疑，就这样公之于世而让大家都来考虑。冯·德·舒伦堡大使在考虑了它以后，告诉柏林，这篇文章的目的之一是“把谈判可能的破裂归咎于英国和法国”。[67]

计划进行总体战

阿道夫·希特勒仍然还不肯来吞俄国的钓饵。也许这是因为整个6月份他都在贝希特斯加登忙着监督一项工作：把夏末进攻波兰的军事计划准备完毕。

到6月15日，他就收到了冯·布劳希奇将军关于陆军对波兰进行军事行动的绝密计划。[68] 这位陆军总司令学着他主子的话说：“进行这一军事行动的目的，是摧毁波兰的武装力量。政治领导上要求战争应当以沉重的突然打击开始，而且迅速取得胜利。陆军总司令部的打算是要用突然攻入波兰领土的方法不让波兰军队进行通常的动员与集 496
中，同时以西里西亚为一翼，以波美拉尼亚-东普鲁士为另一翼向同一中心发动进攻，歼灭大概集中在维斯杜拉河-纳雷夫河一线以西的波军主力。”

为了实现他的计划，布劳希奇成立了两个集团军——南路集团军：由第八军团、第十军团、第十四军团组成；北路集团军：由第三军团、第四军团组成。南路集团军由冯·伦德施泰特将军指挥，将从西里西亚发动进攻，“以华沙为总方向，击溃抗击的波兰军队，以尽可能强大的兵力尽速占领维斯杜拉河**两岸**的华沙，目标在于同北路集团军合作，歼灭波兰境内仍然在顽抗的波兰军队”。北路集团军的第一个任务是打开走廊，“建立德国和东普鲁士之间的联系”。各个集团军所属各军团和空军及海军都有详细具体的目标。布劳希奇说，在开战的第一天，但泽就要被宣布为德国领土，并且将由德国指挥下的地方力量把它拿下来。

同时发布的一项补充命令规定，为执行“白色方案”而部署军队的命令将于8月20日执行，“一切准备工作必须在那一天完成”。[69]

一个星期以后，即6月22日，凯特尔将军向希特勒交上了一份“白色方案的初步时间表”。[70] 元首审阅以后表示“基本上”同意，但是“为了不致因征召较通常数量为大的后备兵入伍而惊动群众起见……在一切非军事的机构、雇主或其他私人问到时，就告诉他们，这次征兵是为了进行秋季演习”。希特勒还规定，“为了安全的理由，陆军总司令部所建议的在7月中把边境一带的医院腾空的工作切勿进行”。

希特勒所计划打的是总体战，它不但要求军事动员，而且要求国家全部资源总动员。为了统一调度这个规模庞大的工作，第二天（6月23日）就在戈林主持下召开了国防会议。出席会议的大约有35名高级文武官员，包括代表军队的凯特尔、雷德尔、哈尔德、托马斯、米尔希和内政部、经济部、财政部、运输部的部长以及希姆莱等人。自从国防会议成立以来，这还只是第二次开会，但是，据戈林解释，这个机构只有在要做出最重要的决定时才开会，而且从缴获的这次会议的秘密记录可以看出，他毫不含糊地让到会者都明白，战争已近在眼前，但是在为工农业提供劳动力和其他许多有关全面动员的问题上还有许多工作有待完成。[71]

戈林告诉国防会议，希特勒已决定征召大约700万人，为了扩大劳动力的供应，经济部长冯克博士应安排“何种工作可以交给战俘和交给监狱及集中营里的犯人去做”。希姆莱马上凑上来说：“在战时可以大大利用集中营。”戈林接着又说：“可以从捷克保护国雇几十万工人到德国在监督之下做工，特别在农业方面。他们可以住在临时营房里。”很明显，纳粹的奴隶劳动计划已经在形成了。 497

内政部长弗里克博士保证在“公共行政方面节约劳动力”。他承认在纳粹统治之下，官僚的人数已经增加了“20倍到40倍——真是一件吃不消的事情”。会议决定成立一个委员会来纠正这种可悲的局面。

陆军参谋总部运输处处长鲁道夫·格尔克上校所做的报告，甚至还要更悲观。“**在运输方面，**”他直率地说，“**德国目前还没有准备好打仗**。”

德国的运输条件能否适应任务的要求，当然要看战争能否限制在波兰而定。如果德国要在西线对法国和英国作战的话，那么运输系统根本就不够用。国防会议7月间曾召开两次紧急会议，目的就在于“使西壁防线至迟到8月25日能用到当时为止尽最大努力所能取得的物资达到最大限度的准备状态”。克虏伯兵工厂和钢铁卡特尔的高级职员被请来设法一点一滴地搜罗必要的钢铁来完成西线工事的装备。因为德国人知道，在德军主力投入波兰的时候，英法军队是否会对德国西部发动重大进攻将取决于西线工事的坚固程度。

虽然希特勒在5月23日曾难得那么坦率地告诉他的将领们说，但泽根本不是同波兰发生争执的原因，但是这个自由市在这年仲夏还是有几个星期好像成了一个火药桶，随时都有可能爆炸而引起战争。相当一段时期以来，德国人一直在把武器偷偷运入但泽，并且偷偷运入正规军军官去训练当地的警卫队使用这些武器。* 武器和军官都是从东

* 6月19日，陆军总司令部通知外交部，有168名德国军官“已获准穿便服到但泽自由邦去进行以考察为目的的旅行”。7月初，凯特尔将军问外交部，“但泽现有12门轻炮和4门重炮，如果公开出来并且带着它们来进行操练的话，在政治上是否明智，或者是否还是把这些武器隐蔽起来为好”。[72] 德国人到底是怎样把重炮在波兰稽查眼皮底下偷运进但泽的，德国文件没有透露。

普鲁士越过边境偷运进去的，而为了对他们加强监视，波兰人还增加了海关官员和边防部队。这时已完全按照柏林的命令行事的但泽地方
498 当局，就设法阻挠波兰官员执行任务，以此来进行对付。

这种冲突在8月4日达到了高潮，当时有四名波兰驻但泽的外交代表通知地方当局，波兰海关稽查已奉命“携带武器”执行他们的任务，但泽市民任何妨碍他们执行任务的行动都将被认为是对波兰官员的“暴力行为”，如果发生这种情况，波兰政府将“毫不延迟地对自由市采取报复”。

对希特勒来说，这又是一个表明波兰人不能被吓倒的迹象，德国驻华沙大使的意见又加深了这种印象。他在7月6日给柏林的电报中说，如果“明显地侵犯了”波兰在但泽的权利，波兰是会打仗的，这点“已很难有什么怀疑”。从这封电报边上里宾特洛甫的亲笔批语中可以知道，它是给元首看过了的。[73]

希特勒怒不可遏，第二天（8月7日）就把但泽的纳粹党领袖阿尔伯特·福斯特召到贝希特斯加登，告诉后者说，他对波兰人的耐心已经达到了极限。柏林和华沙之间连续交换了怒气冲冲的照会——语调之激烈使双方都不敢公布。8月9日，德国政府警告波兰，它要是再给但泽下最后通牒，“将造成德波关系的严重化……德国政府对此绝不可能负任何责任”。第二天，波兰政府尖刻地回答说：

> 它将一如既往继续反对自由市当局想损害波兰在但泽所享有的利益的任何企图，并且将以它自己认为合适的手段与方法来这样做，它将把德国政府的任何干涉……视为侵略行为。[74]

没有一个横在希特勒道路上的小国曾用过这样的措辞。第二天，8月11日，当希特勒接见国际联盟驻但泽高级专员卡尔·布尔克哈特的时候，脾气极坏。希特勒告诉这位已经接受了德国对但泽的大部分

要求的瑞士人说："如果波兰人敢动一个小指头的话，他就将用他手中的强大武器以雷霆万钧之势压下去，这种武器波兰人连想都没有想到过。"

> 布尔克哈特先生说［这位高级专员后来报告说］，这样会引起全面冲突。希特勒先生回答说，要是他不得不打仗的话，他与其留到明天打，还不如就在今天打，他不会像威廉二世时代的德国那样行事，德国皇帝对充分使用各种武器，老是有各式各样的顾忌，而他将毫无怜悯，无所不用其极。[75] 499

这是对付谁呢？当然是对付波兰。必要时也要对付英国和法国。是不是也要对付俄国呢？对苏联来说，希特勒终于拿定了主意。

俄国的插手：三

俄国人采取了一个全新的主动步骤。

7月18日，苏联驻柏林的商务代表巴巴林带着两名助手，到德国外交部拜会了尤利乌斯·施努雷，通知他俄国愿意延长并且加强德苏经济关系。他带来了一份详细的备忘录，建议签订一项贸易协定，大大增加两国货物的交易，并且宣称，如果双方之间少数分歧之点能得到澄清的话，他已受权能在柏林签订一项贸易条约。施努雷博士关于这次会谈的内部报告表明，德国人对此颇为高兴。施努雷指出，这样一个条约，"至少在波兰和英国不会不产生影响"。[76] 四天以后，在7月22日，俄国报纸在莫斯科宣布，苏德贸易谈判已在柏林恢复。

就在这一天，魏茨泽克相当兴奋地用电报给在莫斯科的冯·德·舒伦堡大使发去了一些颇为有趣的新指示。关于贸易谈判的问题，他告诉大使说："我们将在这里以明显的合作态度采取行动，因为这里出于总的考虑，希望尽可能早日签订条约。”他接着还说：“就我们同俄国人的谈判的纯政治方面而言，我们认为，在我们［6月30日］的电报*中要你静观等待的时期已经过去了。你因此有权在那里把线再接起来，不过也不必做得太急。”[77]

事实上，这些线是四天以后即7月26日在柏林接上的。施努雷博士奉里宾特洛甫之命请苏联代办阿斯塔霍夫和巴巴林在柏林一家豪华的饭馆里吃饭，向他们进行试探。这两个俄国人并不用怎么试探。据施努雷在关于这次谈话的内部报告中说，“俄国人一直待到夜里12点半”，而且“以非常活泼而又关心的态度谈到了我们感兴趣的政治和经济问题”。

在巴巴林的热烈赞同下，阿斯塔霍夫宣称苏德政治修好符合两国的根本利益。他说，在莫斯科，人们总是无法了解为什么纳粹德国对苏联这样敌视。而那位德国外交官在回答的时候就解释说：“德国在东方的政策现在已采取了完全不同的方针。”

> 就我们这方面来说，根本不存在威胁苏联的问题。我们的目
> 500 标针对着一个完全不同的方向……德国的政策是针对英国的……我可以想象在适当地考虑到对俄国极为重要的问题的情况下，会对双方的利益做出意义深远的安排。
>
> 虽然如此，一旦苏联同英国结盟反对德国的话，这种可能性就不存在了。现在是德国和苏联达成谅解的良好时机，但是在同伦敦缔结条约以后就不再会如此了。
>
> 英国能给俄国什么呢？说得最好，也无非是参加欧洲大战和同德国作对。与此对比，我们能给俄国什么呢？中立和使之置身于可能发生的欧洲冲突之外，而且，如果莫斯科愿意的话，还有

---

* 本书原文第495页。

德苏对两国共同利益的谅解，这种谅解，正如过去历次一样，将有利于两国……从波罗的海到黑海到远东全线，在我看来，都不存在［德国和俄国之间］有争执的问题。除此之外，尽管它们对生活的看法有所不同，在德国、意大利和苏联的意识形态方面有一点却是共同的：它们都反对西方的资本主义民主政体。[78]

这样，在7月26日的深夜，在柏林一家小小的饭馆里，靠着一顿由几个二流外交家享用的美酒佳肴，德国第一次认真地提出了想同俄国完成一笔交易的要求。施努雷所采取的新路线是由里宾特洛甫面授的。阿斯塔霍夫听得十分高兴。他答应施努雷立即把他的话报告莫斯科。

在威廉街，德国人焦急地等待着要看苏联首都会有什么样的反应。三天以后，魏茨泽克让信使给在莫斯科的舒伦堡送去了一份密信。

我们急欲知道对阿斯塔霍夫和巴巴林谈的话是否在莫斯科引起了任何反应，此事对我们十分重要。如果你能有机会安排再同莫洛托夫做一次谈话的话，请循同样的方针对他进行试探。如果莫洛托夫放弃了他迄今为止所采取的矜持态度的话，你可以再进一步……在波兰问题上尤其是如此。不论波兰问题如何发展，我们都准备……保全苏联的利益并且同莫斯科政府达成谅解。在波罗的海地区的问题上，如果谈判进行得顺利的话，也可以提出，我们将调整我们对波罗的海国家的态度，以尊重苏联在波罗的海的重大利益。[79]

两天后，7月31日，国务秘书又给舒伦堡发了一个“急密”电：

参看我们7月29日的信件，该信将由信使于今日送达莫斯科：

在你与莫洛托夫下一次会晤的日期确定以后，请立即电告日期和时间。

501 我们急盼你能早日见到他。[80]

柏林给莫斯科的指示中有着急的表示，这还是第一次。

柏林的着急是有充分理由的。7月23日，法国和英国已最后同意了俄国的建议——立即举行军事参谋人员的谈判，拟定一项具体规定三国如何对付希特勒军队的军事条约。虽然张伯伦直到7月31日才在下院宣布了这一协议，德国却早就得到了风声。7月28日，冯·韦尔切克大使从巴黎电告柏林，他从“一个消息极其灵通的人士”那里得悉，法国和英国已在筹组军事代表团赴莫斯科，法国代表团将由杜芒将军率领，大使把他说成是“一个特别能干的军官”，曾在马克西姆·魏刚将军手下任副参谋总长。[81] 据德国大使在两天后发来的一份补充电报中说，他的印象是，巴黎和伦敦已同意举行军事参谋人员谈判，并把这看作是防止莫斯科谈判中断的一个最后办法。[82]

这个印象是有充分根据的。从英国外交部的内部文件中可以看出，莫斯科的政治谈判到7月份最后一个星期已陷入僵局，主要因为无法对“间接侵略”下定义。英国人和法国人认为，俄国人对这个名词的解释太宽了，这样它就有可能会被俄国人利用为干涉芬兰和波罗的海国家的借口，即使那里并没有什么严重的纳粹威胁。对于后面这一点，至少伦敦是不能同意的，法国人倒准备比较马虎一点。

而且，俄国人在6月2日还坚持在签订互助条约的同时签订一项军事协定，详细规定三国彼此间的军事援助的“方法、方式和范围”。

西方国家对俄国的军事力量估价并不太高，[*]因此想推托莫洛托夫的这一要求。他们只同意在签订政治协定以后才开始军事参谋人员的谈判。但是俄国人坚决不让步。后来，英国人为了想做成这笔交易，在7月17日建议立即开始军事参谋人员的谈判，条件是苏联不再坚持同
时签订政治协定和军事协定，并且——外加一条——接受英国关于 502
“间接侵略”的定义，但是，莫洛托夫的答复是干脆的拒绝。他说，除非法国人和英国人同意把政治和军事协定一揽子解决，否则就没有继续进行谈判的必要。俄国人要终止谈判的威胁在巴黎引起了惊慌，那里对苏联-纳粹之间暗送秋波的行动似乎比伦敦要感觉敏锐得多。很大程度上是由于法国的压力，英国政府才在8月23日一面拒绝接受俄国人关于“间接侵略”的解释，一面勉强同意了开始谈判三国军事条约。[84]

张伯伦对军事参谋人员谈判这件事实在谈不上有什么热心。[†] 8月1日，迪克森大使从伦敦报告柏林，英国政府人士对同俄国人举行军事谈判一事“都抱怀疑态度”。

> 这一点［他写道］可以从英国军事代表团的成员来证明。[‡]那

---

* 英国最高统帅部像德国最高统帅部后来那样，远远低估了红军的潜力。这很可能主要是它的驻莫斯科武官发回来的报告所造成的印象。举例来说，陆军武官法尔布拉斯上校和空军武官哈拉威尔空军中校曾在3月6日给伦敦打了一个很长的报告，大意说，虽然红军和俄国空军的防御能力相当大，但是它们没有能力发动真正的攻势。哈拉威尔认为俄国的空军“同陆军一样，由于后勤工作的垮台而有陷于瘫痪的可能，不排除由于敌人的进攻而陷于瘫痪的可能”。法尔布拉斯认为对高级军官的清洗已经使红军大大削弱。不过他也曾向伦敦指出，“红军认为战争是不可避免的，而且毫无疑问正在尽力准备迎接战争”。[83]

† 同莫洛托夫在莫斯科谈判的斯特朗甚至比张伯伦还要冷淡。他在7月20日报告外交部说：“老实说，在我们还不能肯定苏联将成为我国的盟国以前，就希望我们去同他们谈军事机密确实是有点出格的。”

俄国人的看法恰恰相反，莫洛托夫在7月27日向英法代表明白表示：“重要的是要弄清楚，每一个缔约国到底能对共同的事业提供多少个师，这些师将驻在什么地方。”[85]俄国人在政治上承担义务以前，他们首先要知道，他们到底能指望从西方得到多大的军事帮助。

‡ 英国代表团的人员是海军上将雷金纳德·普伦克特-恩尔-埃尔-德拉克斯爵士（他曾在1935—1938年任朴次茅斯基地司令）、空军中将查尔斯·伯内特爵士和陆军少将海伍德。

> 位海军上将……事实上已列入退休名单，而且从来没有在海军参谋部工作过。那位陆军将领也纯粹是一员作战军官。那位空军将领是一位出色的驾驶员和教练，但并不是一位战略家，这似乎可以表明这个军事代表团的任务与其说是去缔结作战协定，还不如说是去摸一摸苏军战斗力的底……德国武官也看到英国军界人士对即将同苏联武装部队举行的谈判抱有一种令人吃惊的怀疑态度。[86]

事实真是如此，英国政府的怀疑态度竟然严重到忘了给德拉克斯海军上将以参加谈判的证明文件——伏罗希洛夫元帅在第一次参谋人员会议上就对这样一种疏忽（如果可以称之为疏忽的话）表示不满。这位海军上将的全权证书直到8月21日才送到，这时早已没有用处了。

但是，虽然德拉克斯海军上将没有带着书面的证明文件，他可确实带着书面的秘密指示，告诉他在莫斯科的军事谈判中该采取什么方针。据很久以后公布的英国外交部文件透露，德拉克斯海军上将奉命
503 要“使［军事］谈判进行得极慢，密切注视政治谈判的发展”，一直等到政治方面达成协议为止。[87] 这项指示还向他说明，在政治条约签订以前，不能告诉俄国人什么机密的军事情报。

但是，既然政治谈判已在8月2日中断，而且莫洛托夫已经表明，除非军事谈判能有若干进展，否则他不会同意重开谈判，人们就很难不得出这样的结论：张伯伦政府并不急于确定参加拟议中的互助条约各国所承担的军事义务，而是蓄意拖延时间。* 事实上，英国外交部的机密文件使人很难怀疑，到8月初的时候，张伯伦和哈利法克斯几乎已经放弃了同苏联达成协议以制止希特勒的希望，当时他们认为，如果他们能继续莫斯科的军事谈判的话，这倒也许还可以制止德国独裁

---

* 这是阿诺德·汤因比和他的合作者在《大战前夕，1939年》（*The Eve of War, 1939*）一书中所做的结论，主要是根据英国外交部文件得出的，见该书第482页。

者在今后四个星期之内采取触发战争的决定性步骤。*

同英国人和法国人相反，俄国人派出的军事代表团成员都是最高级的军官：国防人民委员伏罗希洛夫元帅、红军总参谋长沙波什尼科夫将军和海军及空军的最高司令官。俄国人不可能不注意到，英国人曾在7月间派帝国参谋总长陆军上将埃德蒙·艾恩赛德爵士到华沙去同波兰参谋总部谈判军事问题，而现在竟然不考虑派这样高级的军官到莫斯科来。

英法军事代表团实在不能说是赶赴莫斯科的。坐飞机的话，一天就到了。可是他们却是坐一条慢船，一条既载客又装货的轮船去的，路上所花费的时间足够“玛丽皇后号”把他们送到美国去。他们在8月5日启程开赴列宁格勒，到8月11日才到莫斯科。

这时已经太迟了，希特勒已经抢在他们前头了。 504

当英国和法国的军官们还在等那艘把他们送到列宁格勒去的慢船的时候，德国人却在迅速行动。在柏林和莫斯科，8月3日是一个关键性的日子。

那天中午12点58分，历来都是无例外地让国务秘书冯·魏茨泽克来起草电报的外交部长冯·里宾特洛甫，亲自给莫斯科的舒伦堡发了一份标明“机密——特急”的电报。

> 我昨天曾同阿斯塔霍夫做了一次很长的谈话，详情另电告知。
>
> 我表示，**德国方面**希望改善德俄关系，并且说，从波罗的

---

* 8月16日，空军中将查尔斯·伯内特爵士从莫斯科报告伦敦：“我认为，如果我们不能使对方同意签订条约的话，政府的政策就是把谈判尽可能地延长。”英国驻莫斯科大使西兹也在7月24日，即英国政府同意举行军事谈判的第二天，打电报给伦敦：“我对军事谈判的成功不表乐观，我也不认为军事谈判能迅速结束。但是现在开始谈判，将给轴心国家一种有益的震动，也可以给我们的友邦一种刺激，而且这一谈判可能延长到足以避过今后几个危险的月份。”[88] 英法谍报机关早就知道，莫洛托夫曾同德国大使会谈过，知道德国力图使俄国参与再次瓜分波兰——那是库隆德尔早在5月7日就警告过巴黎的（见本书原文第482页）——知道德国已在波兰边境集结重兵，也知道希特勒的意图，从这些事实来看，英国人还相信能在莫斯科耍拖延策略，真有点令人吃惊。

海到黑海没有一个问题不能加以解决，使双方都感满意。阿斯塔霍夫希望就目前的重大问题进行更具体的会谈，为此……我宣称，如果苏联政府愿意通过阿斯塔霍夫通知我，他们也希望把德俄关系置在新的确定的基础之上的话，我自己随时准备参加这种会谈。[89]

外交部已经知道，舒伦堡当天稍晚的时候将去会见莫洛托夫。在里宾特洛甫的电报发出以后一个小时，魏茨泽克也发出了自己的电报，同样标明“机密——特急”。

鉴于政局演变甚快，并且为了利于迅速行动，不管你今天同莫洛托夫的谈话结果如何，我们都急需更加具体地在柏林继续进行协调德俄意图的谈判。为此目的，施努雷将在今天接见阿斯塔霍夫，并将告诉他，我们准备更加具体地继续谈判。[90]

虽然里宾特洛甫突然表示希望就从波罗的海到黑海的每一个问题进行“具体”谈判一举定然会使俄国人大吃一惊——里宾特洛甫在下午3点47分发给舒伦堡的第二份电报中说，他曾“给了［阿斯塔霍夫］一个微微的暗示，表明我们将同俄国对波兰的命运达成谅解”——这位德国外交部长却向他驻莫斯科的大使强调，他曾告诉俄国代办“我们并不着急”。[91]

这是装腔作势，而那位机灵的苏联代办也看透了这一点。他在12点45分在外交部见到施努雷的时候故意说，虽然施努雷看起来很着急，德国外交部长昨天“可并没有表示这么着急”。对此，施努雷巧妙地应付了过去。

我告诉阿斯塔霍夫先生［他在一份内部报告中写道］，[92]虽然

> 外交部长昨夜并没有对苏联政府表示任何着急，我们仍然认为最好是利用**今后几天***来继续谈判，好尽快打下一个基础。 505

这样，对德国人来说，这就成了今后几天就要见分晓的问题。阿斯塔霍夫告诉施努雷说，他从莫洛托夫那里得到了对德国建议的“一个临时答复”。这个答复在很大程度上是否定的。虽然莫洛托夫也希望改善关系，但是阿斯塔霍夫说：“莫洛托夫说，迄今为止对德国的态度还不了解有什么具体的东西。”

苏联外交人民委员那天晚上在莫斯科直接向舒伦堡表达了他的看法。午夜刚过，德国大使就发回了一份长长的电报[93]，报告他曾同莫洛托夫谈了一个小时又一刻钟，莫洛托夫“放弃了他往常那种矜持的态度而显得不平常地直爽”。这点看来是没有什么疑问的。因为在舒伦堡重申了德国认为两国之间“从波罗的海到黑海”都不存在任何分歧的看法，而且重申了德国想“达成”谅解的愿望以后，那位硬邦邦的俄国外长就举出了几件德国对苏联的敌对行为：反共公约，支持日本反俄，不让苏联人参加慕尼黑会议。

莫洛托夫问道：“怎么能说德国最近的声明能同这三件事情没有矛盾呢？德国政府态度的改变目前还没有证明。”

舒伦堡看来有点灰心了。

> 我的总的印象是［他打给柏林的电报说］，苏联政府目前已决心同英国和法国缔结协定，只要他们能满足苏联全部愿望……我相信我的话已经给莫洛托夫留下了印象，但是我们这方面仍然要做巨大的努力，才能使苏联政府改变方针。

---

* 着重体为原文件所加。

虽然这位德国老外交家对俄国事务十分熟悉，但他显然过高估计了英法谈判代表在莫斯科的进展。他也还看不出柏林为了做出他认为要改变苏联外交方针所必需的“巨大努力”现在已准备做到什么程度。

在威廉街，对苏联外交方针可以改变的信心越来越高。要是苏联保守中立的话，英国和法国就不会为波兰打仗，就是打的话，也可以很容易把它们挡在西线工事之外，等到德国军队把波兰人迅速打垮以后，再以全力回师西向来对付它们。

机警的法国驻柏林代办雅克·塔尔贝·德·圣阿杜安注意到了德国首都气氛的改变，就在8月3日这一天，当柏林和莫斯科两地苏德外交活动十分频繁的时候，他报告巴黎说：“过去一个星期之内，在
506 柏林可以觉察到政治气氛有一种十分肯定的改变……在纳粹领导人当中，进退两难，徘徊犹豫，想拖延时间，甚至想姑息迁就的时期已经让位给一个新的时期了。”[94]

德国的盟国的犹豫

德国的盟国意大利和匈牙利的态度就不然了。夏天一天天过去，布达佩斯和罗马的政府越来越害怕自己的国家会被拖到希特勒发动的战争中去，而且是站在德国一边。

7月24日，匈牙利总理泰莱基伯爵给希特勒和墨索里尼发出了内容完全相同的信，通知他们“一旦发生全面战争的话，匈牙利将按照轴心国家的政策决定其政策”。说完这番豪语以后，他又缩了回来。同一天，他就给两位独裁者发出了第二封信，声明“为了防止对我7月24日的信可能发生任何误解，我……再说一遍，从道义立场来说，匈牙利不能够对波兰采取武装行动”。[95]

布达佩斯来的第二封信使希特勒又一次大发雷霆。当他8月8

日在上萨尔茨山接见匈牙利外交部长恰基伯爵的时候（里宾特洛甫也在场），他一开头就说匈牙利总理的信使他“大为震惊”。据为外交部所写的内部纪要说，他强调指出，在“一旦发生德波冲突的时候”，他从来也没有指望要匈牙利——或者任何其他国家——援助。他还说，“泰莱基伯爵的信是不能忍受的”。他提醒他的匈牙利客人，匈牙利是靠了德国的慷慨大度才从捷克斯洛伐克收回那么多领土的。要是德国在战争中失败了的话，他说，“匈牙利也必然会随之被粉碎”。

缴获的外交部文件中有德国方面关于这次谈话的纪要，它暴露了希特勒在这个决定命运的8月份的心理状态。他说，波兰对德国来说，在军事上根本不是什么问题。尽管如此，他还是从一开始就在考虑同时在两条战线上作战。他口出大言:“世界上没有任何力量可以攻破德国的西线工事，在我的一生中没有一个人能够吓唬我，英国也办不到。我也不会因人们经常预言的神经衰弱而垮下来。”至于俄国：

> 苏联政府是不会对我们打仗的……苏联人不会重复沙皇的错误，为英国流血牺牲。虽然如此，他们可能设法使自己不参加军事行动，而靠牺牲波罗的海国家或者波兰来占点便宜。

希特勒这一番话效果十分显著，在同一天举行的第二次会谈结束的时候，恰基伯爵要求他“把泰莱基写的两封信就当没有写一样”。 507
他还说，他也要对墨索里尼作同样的请求。

几个星期以来，意大利领袖一直在为德国元首可能把意大利拖入战争而焦躁不安。他派驻柏林的大使阿托利科不断送来越来越使他吃惊的消息，报告希特勒已决心进攻波兰。* 自从6月初以来，墨索里尼一直在要求同希特勒再次会晤，终于在7月中决定于8月4日在布伦纳山口会晤。7月24日，他通过阿托利科向希特勒提出了关于他们的讨论的“若干基本原则”。如果元首认为战争“不可避免”的话，意大利将站在它一边。但是领袖提醒元首，对波兰的战争是不能限制在波兰境内的，它将扩大为欧洲大战。墨索里尼认为，现在还不是轴心国发动这样一场战争的时候。他因此提出“在今后几年内实行建设性的和平政策”，德国同波兰，意大利同法国都通过外交谈判来解决它们的分歧。不但如此，他还建议举行另一次大国会议。[97]

元首的反应，据齐亚诺在7月26日的日记中所记，是不赞同的。因此，墨索里尼决定最好还是推迟他同希特勒的会晤。[98] 8月7日，他提出两国外交部长立即会晤，以代替原来的首脑会议。齐亚诺在这些日子里写的日记表明，罗马的不安情绪在与日俱增。8月6日，他写道：

> 我们必须寻找一条出路。要是一味跟随德国的话，我们就将走向战争，而且是在对轴心国，尤其是对意大利，最为不利的条件下进入战争。我们的黄金储备已经减少到几乎荡然无存了。我

---

* 典型的例子是阿托利科就他同里宾特洛甫在7月6日举行的一次会谈发回的一份生动的报告。纳粹外交部长告诉他，如果波兰胆敢攻击但泽的话，德国将在48小时以内在华沙解决但泽问题！如果法国为但泽出面干涉，从而掀起大战的话，也随它去；德国没有比这再高兴的了。这样法国就会被“消灭”；英国如果敢蠢动的话，结果将是大英帝国的覆灭。俄国呢？它马上就会签订一项俄德条约，俄国绝不会出兵。美国呢？元首的一篇演说就足够把罗斯福打败了。美国人无论如何也不会动的。对日本的恐惧就足以使美国老实了。

> 当里宾特洛甫在描绘这幅战争图景的时候，我［阿托利科报告说］难以置信地静静听着，他的想象力已在他脑袋里树立了这幅不可磨灭的图景……除了他这幅图景，即德国在一切方面对一切对手都必然胜利——这可确实是令人惊奇——而外，什么别的可能也都看不见……最后，我提到，就我所知，领袖和元首之间曾有一项完全的谅解：意大利和德国是在准备一场**不是**马上就打的战争。[96]

但是机灵的阿托利科根本不相信最后这一点。整个7月里，他的电报都是预告德国在波兰的行动已迫在眉睫。

> 们的钢铁储备也是如此……我们必须避免战争。我向领袖建议由我同里宾特洛甫会谈……在这次会谈中，我将设法继续讨论墨索里尼关于举行世界会议的建议。 508
>
> 8月9日——里宾特洛甫已同意了我们会谈的建议。我决定在明天晚上动身，以便同他在萨尔茨堡会面。领袖切望我用确凿的证据向德国人证明，在这个时候爆发战争是一件蠢事。
>
> 8月10日——领袖比过去更加深信必须推迟战争。他亲自拟定了关于萨尔茨堡会谈的报告的大纲。报告的结尾暗示应举行国际谈判来解决如此危险地扰乱了欧洲生活的各种问题。
>
> 在让我走以前，他嘱告我应该坦率地告诉德国人，我们必须避免同波兰发生冲突，因为这种冲突将无法限制在波兰境内，而全面的大战对任何人都是一场灾难。[99]

这位年轻的法西斯外交部长是带着这样一种值得称赞的，然而在当时的环境下是天真的想法和建议到德国去的，在那里，在以后的三天内——8月11日、12日、13日——他从里宾特洛甫那里，尤其是从希特勒那里，经历了他一生中最震惊的时刻。

齐亚诺在萨尔茨堡和上萨尔茨山：8月11日、12日、13日

8月11日，齐亚诺同里宾特洛甫在萨尔茨堡郊外后者的别墅中谈了大约十个小时。这所别墅在富施尔，是那位纳粹外交部长从一个奥地利的保皇党人那里夺过来的，至于那位保皇党人，为方便起见，已经送到集中营里去了。那位容易冲动的意大利人发现（他后来报告），气氛甚为阴冷。当两个人在圣沃尔夫冈的白马旅舍吃晚饭的时候，一句话都没有交谈。实在也没有多大必要。里宾特

1939年8月13日，意大利外交部长齐亚诺（左一）与希特勒（右一）在伯格霍夫。

洛甫这天早些时候已经告诉过他的客人，进攻波兰的决定是不容修改的。

“那么，里宾特洛甫，你们到底想要什么？”齐亚诺说他曾这样问过，“是走廊还是但泽？”

“再也不是那点儿东西了，”里宾特洛甫用他那闪闪发亮的眼睛冷冷地瞪着他回答说，“我们要战争！”

齐亚诺说，同波兰的冲突不可能限制在波兰，如果波兰受到攻击，西方民主国家会打仗；但是这种种论据都遭到了干脆的拒绝。四年以后，1943年圣诞节的前两天，当齐亚诺躺在维罗纳监狱的第27号牢房中等待处决（那是德国人指使的）的时候，他仍然还记着在萨尔茨堡郊外富施尔所度过的8月11日这阴冷的一天。1943年12月23日，他在他最后一页日记上写道，里宾特洛甫“有一次同他在萨尔茨堡的奥地利皇宫饭店里冷冰冰地吃饭的时候”曾同他打赌说，法国和英国一定会保守中立，里宾特洛甫以一批古代德国盔甲同齐亚诺赌一幅意大利名画——他不堪回首地提到，输家以后根本就没有付出这笔赌注。[100]

齐亚诺后来又到了上萨尔茨山。希特勒在8月12日和13日在那里的两次会议上重申法国和英国绝不会打仗。同纳粹外交部长相 509
反，元首的态度倒很亲热，但是他要打仗的决心却一样没有转圜的余地。这不但可以从齐亚诺的叙述中得到证实，而且可以从缴获文件中德国方面关于这次会谈的秘密记录中得到证实。[101] 意大利外长看到希特勒站在一张大桌子前面，上面摊着军用参谋地图。他一开始就解释德国的西壁防线的力量。他说，这是攻不破的。除此之外，他轻蔑地补充说，英国只能派3个师到法国去。法国的师当然要多得多，但是因为波兰“在很短的时间内”就会被击败，德国那时就可以在西线集中100个师来进行“那时就将开始的生死存亡的斗争”。

事实会不会如此？几分钟以后，被齐亚诺的初步反应弄得心烦意乱的元首就自相矛盾起来了。意大利外交部长按照原来的打算向希特勒慷慨陈词。据德国人的记录说，他表示“意大利对完全意料不到的严重局势大感惊讶”。他抱怨德国没有经常把情况通知它的盟国。“相反，德国外交部长［5月间在柏林和米兰］还曾声明但泽问题将在适当时候予以解决。”当齐亚诺接着宣称对波兰的战争将扩大为欧洲大战的时候，他的主人打断了话头说，他的看法并不如此。

“我个人，”希特勒说，“绝对相信西方民主国家到最后无路可走的时候就会退缩而不敢发动全面战争。”德国方面的记录接着说。对这番话，齐亚诺回答说，“他希望元首的话会证明是对的，不过他可并不相信”。意大利外交部长接着就详细列举了意大利的弱点，照德国人的记载来看，他这番长篇诉苦最后想必已经使希特勒认识到意大利在未来的战争中对他并没有多大用处。* 齐亚诺说，墨索里尼之所以要推迟战争的理由之一是，他“极为重视按原定计划举行1942年的世界博览会”。希特勒这时已经完全沉迷在军事地图上，一心在盘算怎样打仗，听了这句话一定感到很惊异。同样一定曾使他大感意外的是，齐亚诺居然天真地拿出一份公报的草稿请他同意发表，其中说轴心国外交部长的会议“重申了两国政府的和平愿望”，并且表示相信能“通过正常的外交谈判”来保持和平。齐亚诺说明领袖心里本来想的是要举行一个有欧洲主要国家参加的和平会议，但是由于尊重“元首的顾虑”，他愿意退而求其次，只进行通常的外交谈判。

希特勒在头一天还没有完全拒绝举行国际会议的建议，但是他提
510 醒齐亚诺，“在今后列强开会时再也不能把俄国排除在外了”。这是第一次提到苏联，然而并不是最后一次。

最后，当齐亚诺设法想要他的主人明确表示到底决定在哪一天进攻波兰的时候，希特勒回答说，因为秋天多雨，他的装甲师和摩托师那时在一个很少有高级路面的公路的国家里会无法行动，因此“同波兰算账就必须在8月底的时候，不是用这种办法就是用那种办法来进行”。

齐亚诺终于得到了这个日期，或者说是可能的一个日期中最后的一个日期。因为过了一会儿之后，希特勒就又大发雷霆，说要是波兰人采取任何新的挑衅行动的话，他决定“在48小时之内进攻波兰”。因此，他接着说，“任何时候都可能对波兰采取行动”。这场发作结束了第一天的谈话，只是希特勒还答应要考虑一下意大利的建议。

在给了这些建议以24小时的考虑以后，他在第二天告诉齐亚诺，

---

* 有一次里宾特洛甫显然被激怒了，他对齐亚诺说：“我们用不着你们！”齐亚诺反唇相讥说：“等着以后瞧吧！”（见哈尔德将军未出版的日记，1939年8月14日。[102]哈尔德说，他是从魏茨泽克那里听来的。）

最好还是不要就他们的谈话发表任何种类的公报。* 由于预计秋天的气候不好，

> 就很有必要：[他说] 第一，让波兰在尽可能最短的时间内明白表明其意图。第二，德国将绝不容忍任何进一步的挑衅行动。

齐亚诺问他，“什么叫尽可能最短的时间”，希特勒回答说，“至迟到8月底”。他解释说，虽然打败波兰只要半个月就够了，“彻底清算”还得再花两个星期到四个星期——后来的事实证明，这是精确的预言。

最后，到会谈结束的时候，希特勒又按他的惯例对墨索里尼大加奉承，而事实上他从齐亚诺的话里一定已经明白，他再也不能指望墨索里尼了。他说，他个人感到十分有幸“生在这样一个时代，除了他自己以外，另外还有一个政治家将作为伟大而独特的人物而名垂青史。他能同这样一个人交朋友是他个人极大的幸福。当共同战斗的时 511
刻到来的时候，不论发生什么情况，他都将永远在领袖的左右”。

不论爱戴高帽子的墨索里尼会被这些话打动到什么程度，他的女婿可是无动于衷。他第二次同希特勒会谈以后，在8月13日的日记中写道：“我回罗马的时候，对德国人，对他们的领导人，对他们办事的方法，真是讨厌透顶了。他们出卖了我们，对我们撒谎。现在他们是

---

* 虽然德国方面的记录明明写着齐亚诺已同意希特勒的意见：“在会谈结束时不发表任何公报”，德国人却马上就出卖了他们的意大利盟友。德国官方通讯社“德意志通讯社”（D. N. B.）在齐亚诺走了之后两小时就发表了一项公报，丝毫没有同意大利人做任何商量。公报说，双方讨论了当前的一切问题——特别讨论了但泽问题——结果达成了“百分之百”的协议。公报还说，没有任何一个问题悬而未决，已不再需要继续会谈，因为已经没有必要了。阿托利科发了火。他向德国人提出抗议，责备他们背信食言。他向汉德逊暗示，战争已迫在眉睫。他在发给罗马的怒气冲冲的电报中把德国人发表的公报说成是“马基雅维里式的”。他指出这种做法是处心积虑想要在德国进攻波兰以后把意大利同德国拴在一起。他要求墨索里尼对希特勒要硬一点，要坚决要求德国人履行“钢铁条约”中关于事先要“商量”的条款，并且根据这项条款，坚持要有一个月的宽限，通过外交途径来解决但泽问题。[103]

在把我们拖进一场冒险中去。这场冒险是我们不想干的，而且是会危及我们的政权和我们整个国家的。”

但是，当时意大利是希特勒最不在乎的国家。他的心思集中在俄国身上。在8月12日同齐亚诺的谈话临近结束的时候，有“一封莫斯科来的电报”（德国方面的记录是这样说的）交给了元首。由于希特勒和里宾特洛甫要看电报，谈话中断了一会儿。然后他们把电报的内容告诉了齐亚诺。

“俄国人，”希特勒说，“已经同意德国派一个政治谈判代表去莫
512 斯科了。”

注　释

1. 德国方面关于这次会谈的报告，见《德国外交政策文件汇编》，第6卷，第104—107页。利普斯基致贝克的报告，见《波兰白皮书》，第44号，载《纳粹的阴谋与侵略》，第8卷，第483页（纽伦堡文件TC-73，第44号）。

2. 希特勒于1937年11月15日给利普斯基的保证，见《德国外交政策文件汇编》，第6卷，第26—27页。1938年1月14日给贝克的保证，同上，第39页。

3. 贝克于1938年10月31日给利普斯基的指示，见《波兰白皮书》，第45号，载《纳粹的阴谋与侵略》，第7卷，第484—486页。里宾特洛甫关于11月19日与利普斯基会谈的报告，见《德国外交政策文件汇编》，第5卷，第127—129页。

4. 施密特关于这次会谈的报告，同上，第152—158页。波兰的记录，见《波兰白皮书》，第48号，载《纳粹的阴谋与侵略》，第8卷，第486—488页（纽伦堡文件TC-73）。

5. 里宾特洛甫关于会谈的报告，见《德国外交政策文件汇编》，第5卷，第159—161页。波方记录，见《波兰白皮书》，第49号，《纳粹的阴谋与侵略》，第8卷，第488页（纽伦堡文件TC-73）。

6. 里宾特洛甫关于1939年1月26日在华沙与贝克会谈的报告，见《德国外交政策文件汇编》，第5卷，第167—168页。贝克的记录，见《波兰白皮书》，第52号。

7. 毛奇在1939年2月26日的电报，见《德国外交政策文件汇编》，第6卷，第172页。

8. 利普斯基关于这次会谈给华沙的电报，见《波兰白皮书》，第61号，载《纳粹的阴谋与侵略》，第8卷，第489—492页（纽伦堡文件TC-73，第61号）。里宾特洛甫关于会谈的报告，见《德国外交政策文件汇编》，第6卷，第70—72页。

9. 外交部关于这次会谈的报告，同上，第5卷，第524—526页。

10. 同上，第502—504页。

11. 这一段来源，同上，第528—530页。

12. 同上，第6卷，第97页。

13. 同上，第110—111页。

14.《纳粹的阴谋与侵略》，第7卷，第83—86页（纽伦堡文件R-100）。

15. 全文见《德国外交政策文件汇编》，第6卷，第122—124页。里宾特洛甫关于3月26日与利普斯基会谈的报告，同上，第121—122页。波兰的记录，见《波兰白皮书》，第63号。

16. 施密特关于这次会谈的报告，见《德国外交政策文件汇编》，第6卷，第135—136页。

17. 毛奇的电报，同上，第147—148页。《波兰白皮书》，第64号。

18.《英国外交政策文件汇编》，第4卷，第538号。

19. 同上，第485，518，538（英法建议全文），561，563，566，571，573号。

20. 同上，第498号。

21. 同上，第5卷，第12号。

22. 吉斯维乌斯在《至死方休》中引用，第363页。

23. 白色方案全文，见《纳粹的阴谋与侵略》，第6卷，第916—928页。部分译文见《德国外交政策文件汇编》，第6卷，第186—187，第223—228页（纽伦堡文件C-120）。德文原文见《主要战犯的审讯》，第34卷，第380—422页。

24. 德国方面关于戈林-墨索里尼会谈的机密报告，见《德国外交政策文件汇编》，第6卷，第248—253，第258—263页。另见《齐亚诺日记》，第66—67页。

25. 1939年4月17日电报，见《德国外交政策文件汇编》，第6卷，第264—265页。外交部关于各方答复的报告，同上，第309—310页。魏茨泽克4月18日给德国驻里加公使的电话，同上，第283—284页。

26. 同上，第355，399页。

27. 同上，第4卷，第602—607页。

28. 同上，第607—608页（1938年10月26日电报）。

29. 同上，第608—609页。

30. 同上，第631页。

31. 同上，第6卷，第1—3页。

32. 戴维斯：《出使莫斯科》，第437—439页。西兹大使的电报，见《英国外交政策文件汇编》，第4册，第419号。

33. 布斯比：《我为生存而斗争》，第189页。哈利法克斯对迈斯基的声明，见《英国外交政策文件汇编》，第4册，第433号。

34.《德国外交政策文件汇编》，第6卷，第88—89页。

35. 同上，第139页。

36. 德国方面1939年4月16日关于戈林与墨索里尼会谈的报告，同上，第259—260页。

37. 同上，第266—267页。

38. 同上，第419—420页。

39. 同上，第429页。

40. 同上，第535—536页。

41.《纳粹-苏联关系（1939—1941年）》，第5—7，8—9页。

42.《法国白皮书》，第123，125号电报。我采用了法文本，但我相信英文本编号相同。

43.《德国外交政策文件汇编》，第6卷，第1，111页。本卷附录Ⅰ中有一些根据德国海军档案的参谋会议备忘录。

44.《齐亚诺日记》，第67—68页。

45. 米兰会议德国方面记录，见《德国外交政策文件汇编》，第6卷，第450—452页。齐亚诺的记录，见《齐亚诺外交文件集》，第282—287页。

46. 同盟条约全文，见《德国外交政策文件汇编》，第6卷，第561—564页。秘密议定书没有什么重要的东西。

47. 施蒙特1939年5月23日的记录，见《纳粹的阴谋与侵略》，第7卷，第847—854页（纽伦堡文件L-79）。英译文见《德国外交政策文件汇编》，第6卷，第574—580页。德文全文见《主要战犯的审讯》，第37卷，第546—556页。

48. 计划详情，见纽伦堡文件NOKW-2584。载《战犯的审讯》。

49.《纳粹的阴谋与侵略》，第6卷，第926—927页（纽伦堡文件C-120）。

50.《主要战犯的审讯》，第34卷，第428—442页（纽伦堡文件C-126）。这个文件的英译文载《纳粹的阴谋与侵略》，第6卷，第937—938页，但删节过多，无甚价值。

51. 同上，第827页（纽伦堡文件C-23）。

52. 英法草案全文，见《英国外交政策文件汇编》，第5册，第624号。英大使关于莫洛托夫反应的报告，同上，第648，657号。

53. 5月31日“急”电，见《德国外交政策文件汇编》，第6卷，第616—617页。

54. 6月1日电报，同上，第624—626页。

55. 同上，第547页。

56. 同上，第589—593页。

57. 同上，第593页。

58. 魏茨泽克5月27日给舒伦堡的信和5月30日的附笔，同上，第597—598页。

59. 同上，第608—609页。

60. 同上，第618—620页。

61. 同上，第790—791页。

62. 同上，第805—807页。

63. 同上，第810页。

64. 同上，第813页。

65.《英国外交政策文件汇编》，第5册，第5，38号。

66. 1939年6月29日《真理报》。

67. 6月29日的电报，见《德国外交政策文件汇编》，第6卷，第808—809页。

68.《主要战犯的审讯》，第34卷，第493—500页（纽伦堡文件C-142号）。在《纳粹的阴谋与侵略》第6卷第956页上的英译文简短得多。

69.《纳粹的阴谋与侵略》，第4卷，第1035—1036页（纽伦堡文件2327-PS）。

70. 同上，第4卷，第934页（纽伦堡文件C-126）。

71. 德国国防会议1939年6月23日会议秘密记录，同上，第718—731页（纽伦堡文件3787-PS）。

72.《德国外交政策文件汇编》，第6卷，第750，920—921页。

73. 同上，第864—865页。

74. 全文，同上，第7卷，第4—5，9—10页。

75. 布尔克哈特1940年3月19日致国际联盟的报告全文，见《国际问题文件集（1939—1946年）》，第1卷，第346—347页。

76.《德国外交政策文件汇编》，第6卷，第936—938页。

77. 同上，第955—956页。

78. 施努雷的报告，同上，第1106—1109页。

79. 同上，第1015—1016页。

80. 同上，第1022—1023页。

81. 同上，第1010—1011页。

82. 同上，第1021页。

83.《英国外交政策文件汇编》，第4卷，第183号。

84. 同上，第6册，第329，338，346，357，358，376，399号。

85. 同上，第376，473号。

86. 8月1日的两封电报，见《德国外交政策文件汇编》，第6卷，第1033—1034页。

87.《英国外交政策文件汇编》，附录V，第763页。

88. 伯内特的信，同上，第7册，附录II，第600页。西兹的电报，同上，第6册，第416号。

89.《德国外交政策文件汇编》，第6卷，第1047页。

90. 同上，第1048—1049页。

91. 同上，第1049—1050页。

92. 同上，第1051—1052页。

93. 同上，第1059—1062页。

94.《法国白皮书》，法文版，第250—251页。

95. 两封信的全文，见《德国外交政策文件汇编》，第6卷，第973—974页。

96. 阿托利科关于他在7月6日同里宾特洛甫会谈的电报，见《意大利外交文件汇编》，第7卷，第12册，第503号。我用的引文和转述取材自阿诺德·汤因比和弗罗尼卡·汤因比编：《大战前夕》一书。

97. 魏茨泽克备忘录，见《德国外交政策文件汇编》，第6卷，第971—972页。

98.《齐亚诺日记》，第113—114页。

99. 同上，第116—118页。

100. 同上，第8—19，582—583页。齐亚诺关于与里宾特洛甫会谈的记录，见《齐亚诺外交文件集》，第297—298页，另见《意大利外交文件汇编》，第8卷，第13册，第1号。德国方面的记录没有找到。

101. 德国方面关于8月12日和13日会谈的记录，在纽伦堡提出时编号为1871-PS和TC-77。后者较完全，英译文载《纳粹的阴谋与侵略》，第8卷，第516—529页。我用的是施密特签名的一份，载《德国外交政策文件汇编》，第7卷，第39—49页，第53—56页。齐亚诺的记录，见《齐亚诺外交文件集》，第303—304页，另见《意大利外交文件汇编》，第13册，第4，21号。1939年8月12日、13日及1943年12月23日的日记，见他的《日记》，第119—220，582—583页。

102. 这段哈尔德日记载《德国外交政策文件汇编》，第7卷，第556页。

103. 见《意大利外交文件汇编》，第7卷，第13册，第28号;《英国外交政策文件汇编》，第6册，第662页。

第十五章
纳粹-苏联条约

8月12日下午，希特勒在上萨尔茨山向齐亚诺透露内容的“莫斯科来的电报”，就像在本书以前所出现过的某些“电报”一样，来源甚为可疑。在德国档案里并没有找到这样一份从俄国首都来的电报。舒伦堡确实曾在8月12日从莫斯科发过一份电报给柏林，但是它只不过报告了英法军事代表团的到达以及俄国人同他们的客人亲热地相互敬酒的消息而已。

可是，希特勒和里宾特洛甫显然想用来打动齐亚诺的“电报”也仍然不无根据。8月12日曾从威廉街向上萨尔茨山传去过一份电报，报告俄国代办那一天在柏林拜会施努雷的结果。阿斯塔霍夫通知施努雷说，莫洛托夫现在准备讨论德国人提出来的问题，包括波兰和其他政治性问题在内。苏联政府建议以莫斯科为谈判地点。但是，阿斯塔霍夫说，此事不必着急。施努雷在那份显然赶发到上萨尔茨山的报告中谈到，阿斯塔霍夫强调说：“莫洛托夫给他的指示中主要着重之处就在‘逐步’这个词上……谈判只能逐步进行。”[1]

但是，阿道夫·希特勒可不能等待同俄国的谈判“逐步”进行。正如他刚刚对震惊莫名的齐亚诺透露的那样，他已经把突袭波兰的最后期限规定在9月1日，而现在已经将近8月中旬了。如果他要有效地破坏英法同俄国之间的谈判而同斯大林办成他自己的交易的话，就该快动手——不是一步一步来，而是大跳一步。

8月14日是星期一，又是一个关键性的日子。这一天，显然并没
有完全得知希特勒和里宾特洛甫天机的冯·德·舒伦堡大使从莫斯
科给魏茨泽克打了一份电报，说莫洛托夫是一个“古怪而难办的人”，
而“我仍然认为在对苏关系方面应当避免采取任何操之过急的行动”， 513
然而，就在同时，柏林却给他发去了一份“特急”电报。[2]这份电报
是里宾特洛甫发出的，发报地点是威廉街（外交部长当时仍旧在富施
尔），时间是8月14日晚上10点53分。它指示德国大使立即去见莫洛
托夫并向他“一字不改地”照读一封长信。

这封信，说穿了，是希特勒出的大价钱。里宾特洛甫的电报说：德苏关系已经“临到了一个历史性的转折点……德国和俄国之间并不存在任何实际的利害冲突……历史上，当两国是友邦的时候就一切顺遂，当两国是敌国的时候，那就不然了”。

> 由于英国的政策而在波德关系上所发生的危机，［里宾特洛甫接着说］以及实行那种政策势所必至的组织联盟的企图，已使迅速澄清德俄关系成为必要。要不然的话，情况……很可能逆转，而使两国政府不再有恢复德俄友谊从而协同澄清东欧领土问题的可能。因此，两国领导人绝不能坐失时机而应该当机立断。如果，由于双方不了解彼此的观点与意向而使两国人民终归仳离的话，将是极大的不幸。

德国外交部长因此“以元首的名义”，准备在适当时机采取行动。

> 我们获悉，苏联政府也有澄清德俄关系的愿望。不过，根据过去的经验。这种澄清通过通常的外交途径只能慢慢地来达到，

> 因此，我准备到莫斯科做一次短期访问，以元首的名义向斯大林先生提出元首的意见。在我看来，只有通过这样的直接讨论才能使局面有所改变，从而不是不可能为德俄关系的最后解决奠定基础。

英国外交大臣一直不愿到莫斯科去，而现在德国外交部长却不但愿意去，而且急着要去——纳粹领袖们正确地估计到，这样一种对比一定会给多疑的斯大林以强烈的印象。* 德国人认为最重要的就是要把他们的意见直接提给那位俄国独裁者本人。因此里宾特洛甫在他的急电后面又加上了一个“附言”。

> 我要求你［里宾特洛甫告诉舒伦堡］不要把这项书面指示交给莫洛托夫先生，而是要使它尽可能像我所指示你的那样确切地直达斯大林先生；我授权你，如果有机会的话，请莫洛托夫先生
> 514 允许你代表我晋见斯大林先生，那样，你就可以把这封重要的信件直接向他面陈了。除了同莫洛托夫会晤以外，同斯大林进行详细讨论也是我做这次访问的一个条件。[3]

在德国外交部长的建议里，有一个没有什么掩饰的钓饵，德国人一定认为克里姆林宫是会上钩的。德国人这样想不是没有理由的。在重申“从波罗的海到黑海没有任何问题不能按两国完全满意的方式解决”的时候，里宾特洛甫具体提到了“波罗的海国家、波兰、东南欧问题等等”，而且他还说，有必要“协同澄清东欧的领土问题”。

德国已经准备同苏联瓜分东欧，包括波兰在内。这是英国和法国所无法出的大价钱，而且显然，即使它们能够出，也是不愿出的。希

---

* 见本书原文第523页。

特勒在出了这笔价钱以后，显然很有把握不会被拒绝，因此，就在当天（8月14日）再次召集了他的三军司令长官，来听他讲进行战争的计划和预测。

上萨尔茨山的军事会议：8月14日*

“伟大的戏剧，”希特勒告诉他的挑选来的听众说，“现在已经接近高潮了。”虽然要取得政治上和军事上的胜利就不能不冒风险，他还是肯定英国和法国不会打仗。光说一点就够了，英国“没有一个真正有胆略的领袖。我在慕尼黑领教过的人物都不是能打一场新的世界大战的人物”。但是就像前几次同他的军事首脑们开会时一样，元首总是忘怀不了英国，他相当详细地谈到了英国的力量和弱点，特别是后一方面。

> ［据哈尔德的记录说］同1914年不同，英国不会再冒冒失失参加一场要持续好几年的战争了……这就是富国的命……即使英 515
> 国，现在也没有钱打世界大战。英国要打仗是为了什么？谁肯为了一个盟国而找死？

希特勒问道，英国和法国在军事上有什么办法呢？

* 关于这次会议情况的唯一资料来源是没有出版的陆军参谋总长哈尔德将军的日记。这本日记的第一页就是1939年8月14日。哈尔德是用加贝尔斯伯格式速记记的。它记录了从1939年8月14日到1942年9月24日他被免除参谋总长的职务这段时期内纳粹德国最机密的军事和政治活动，有极大的历史价值。在上萨尔茨山写的日记中，有希特勒讲话时他做的速记记录，最后还有他自己做的摘要。很奇怪，没有一家美国或者英国的出版商出版过哈尔德的日记。作者在写作本书时曾看到过这本日记的德国普通书写体本，是哈尔德自己从速记本译出来的。希特勒的工作日志证实了这次会议的日期，那上面还说除了三军总司令布劳希奇、戈林和雷德尔而外，建造了西壁防线的工程师托特博士也参加了这次会议。

> 硬攻西壁是不大可能的［他自己回答道］。向北经过比利时和荷兰包抄不可能迅速取胜。这些办法都帮不了波兰人的忙。
>
> 这些因素都表明英国和法国不会参加战争……没有什么东西逼它们非打不可。到慕尼黑来的那批人是不会冒险的……英国和法国的参谋总部对武装冲突的前途有清醒的估计，因而是反对打仗的……
>
> 所有这一切都支持这样一种看法：虽然英国可能大唱高调，甚至召回大使，也许在贸易上实行全面禁运。它还是肯定不会进行武装干涉。

因此，波兰很可能单独应战，但是希特勒解释说，仍然必须把它“在一两个星期内”打败，好让全世界都看到它已完全垮台，这样就不会再设法搭救它了。

希特勒还没有完全准备好告诉他的听众，他就在这一天同俄国做的那笔交易要达到什么样的程度，虽然这个消息一定会使那些深信德国不能同时在两条战线上打一场大战的将军们大为快慰。不过他告诉他们的那一点也已经足以引起他们要求知道更多消息的欲望了。

“俄国，”他说，“绝不是肯为人火中取栗的。”他讲了一下同莫斯科之间从贸易谈判开始的“稀疏的接触”。他现在正在考虑是否“该派一个谈判代表到莫斯科去，这个人是否该是一个显要人物”。他说，苏联并不感到对西方有什么义务。俄国人是了解必须摧毁波兰的道理的。他们对“划定势力范围”是有兴趣的。元首“准备同他们互相迁就”。

在哈尔德记得十分详尽的速记记录中，没有一处提到这位陆军参谋总长自己，或者陆军总司令冯·布劳希奇将军，或者戈林，曾对元首把德国引入欧洲大战的方针提出过异议——因为，虽然希特勒信心十足，法国和英国是不是一定不会打仗，俄国是不是一定会袖手旁观，还不是绝对肯定的。事实上，刚好一个星期以前，戈林就曾接到过一个直接的警告说，如果德国进攻波兰的话，英国人肯定会打仗。

7月初，他有一个名叫比尔格·达勒鲁斯的瑞典朋友，曾设法让他相信英国舆论再也不会容忍纳粹进一步的侵略行动。当德国空军总司令表示怀疑的时候，达勒鲁斯8月7日又曾在靠近丹麦边境的石勒苏益格-荷尔斯泰因自己的一所房子里安排一个机会，让戈林以私人的身份会见了七名英国企业界人士。这几个英国人竭尽全力要戈林相信，如果 516
德国发动进攻的话，英国一定会履行它对波兰的条约义务。他们不但在口头上说，而且还提出了一个书面备忘录。他们是否达到目的是可以怀疑的，不过，自己也是一个商人的达勒鲁斯是相信他们达到了目的的。[*]这位好事的瑞典人肯定在柏林和伦敦都同上层有联系。在今后几个紧张的星期中，他曾在德国和英国之间担当了某种调解人的角色。他能直通唐宁街，而且曾于7月20日在那里受到了哈利法克斯勋爵的接见，他同后者讨论了英国企业界人士即将会见戈林的事情。此后不久，他又被希特勒和张伯伦亲自召见。然而，虽然他争取和平的努力出于好意，但他实在太天真了，要当一个外交家，更是幼稚外行得惊人。几年以后在纽伦堡审讯中，大卫·马克斯威尔-费夫爵士曾多方盘诘，使这个瑞典业余外交家痛苦地承认上了戈林和希特勒的大当。[4]

哈尔德将军是11个月以前要推翻希特勒的密谋中的为首人物，为什么他在8月14日不发言反对元首走向战争的决定呢？或者，如果他认为说话没有用的话，为什么不根据慕尼黑前夕同样的理由——战争将给德国带来大祸——再次策划推翻那位独裁者呢？多年以后，哈尔德在纽伦堡受审的时候解释说，甚至在1939年8月中旬，他还根本不

---

* 达勒鲁斯1946年3月19日在纽伦堡为戈林的案子作证的时候，告诉庭上，戈林曾“以他的荣誉”向英国商人们担保，他将尽其全力来避免战争。但是也许戈林在会见英国商人之后两天所做的一项声明才更确切地表明他当时的心理状态。他大吹德国空军的空防能力说：“一颗炸弹也扔不到鲁尔来。要是有一架敌机到达鲁尔的话，我的名字就不叫赫尔曼·戈林：你们叫我什么都行。”这是他很快就要后悔的一次吹牛。

相信希特勒，不管他嘴上怎么说，到头来会冒险发动战争。[5]哈尔德在8月15日即伯格霍夫会议后的次日所记的日记还表明，他也不相信法国和英国会冒战争的危险。

至于布劳希奇，他不是一个能对希特勒已经打定的主意提出疑问的人。在8月15日从吉斯维乌斯那里知道了上萨尔茨山军事会议的消息的哈塞尔曾托人带话给这位陆军总司令说，他“绝对相信”，如果德国侵入波兰的话，英国和法国一定会干涉。然而哈塞尔在日记中伤心地写道：“同他没有什么好谈的。他不是害怕，就是根本不懂这件事……对这些将军们是没有什么指望了……只有几个人脑袋还清醒：哈尔德、卡纳里斯、托马斯。”[6]

只有最高统帅部才智出众的经济与军备局局长托马斯将军敢公开对元首提出异议。8月14日的军事会议过了没有几天，托马斯在同
517 现在大体上已不活动的密谋分子格德勒、贝克和沙赫特讨论以后，写了一个条陈，亲自读给最高统帅部长官凯特尔听。他说，速战速决完全是幻想。对波兰的进攻将触发世界大战，而德国却缺少进行这场大战的原料和粮食。但是全部思想完全来自希特勒的凯特尔，却对这种认为会引起大战的看法置之一笑。他说，英国太老朽了，法国太腐败了，美国太不关心了，它们都不会为波兰来打仗的。[7]

这样，当1939年8月下半月开始的时候，德国的军事首脑们就全力准备起消灭波兰的计划来了，同时也准备万一西方民主国家出乎一切意料而出兵干涉的时候保卫德国西部。原定在9月份第一个星期开始举行的一年一度的纽伦堡党代表大会，希特勒曾在4月1日把它宣布为“和平的党代表大会”的，在8月15日暗暗地取消了。有25万人被征召入伍，到西线的军队中去。对铁路提前发出了动员令。陆军总司令部已计划好迁移到柏林东面的措森。同一天，海军方面报告，袖珍战列舰“施佩伯爵号”和“德意志号”及21艘潜艇已准备好开赴大

西洋防区。

8月17日，哈尔德将军在日记里记下了一段奇怪的话："卡纳里斯同第一局［作战局］查对过。希姆莱、海德里希，上萨尔茨山：给上西里西亚送150套附件齐全的波兰军服。"

这是什么意思？直到战后才弄清楚。这牵涉到纳粹党人所制造的最离奇的一个事件。我们还记得，为了能使侵略奥地利和捷克斯洛伐克有所借口，希特勒和他的将领们曾打算制造像谋杀德国公使这样的"事件"，这一次也正如过去一样，他们因为看到时间越来越少，就又想制造一个事件，至少照他们的想法，这样就可以使他们在全世界面前有了侵略波兰的理由。

这一事件的代号叫"希姆莱计划"，做法十分简单——也十分露骨。党卫军的秘密警察将利用集中营里的死囚穿着波兰陆军的制服向靠近波兰边境格莱维茨地方的德国广播电台发动假进攻。这个地方靠近波兰边境，这样就可以指责波兰进攻了德国。8月初，最高统帅部谍报局局长卡纳里斯海军上将接到了希特勒的手令，要他发给希姆莱和海德里希150套波军制服和若干波军小型武器。这使他大为奇怪，8月17日，他问最高统帅部长官这是怎么回事。那位没有骨气的凯特尔说，他也不怎么看得起"这种行为"，不过他告诉卡纳里斯说，既然是元首亲自下的命令，也就"没有什么法子"了。[8] 卡纳里斯虽然十分反感，但还是服从了希特勒的命令，把制服交给了海德里希。

这位党卫军保安处处长选定了一个叫阿尔弗雷德·赫尔穆特·瑙约克斯的年轻的党卫军老特务来执行这项计划。对这个奇怪的人物来 518
说，接受这样的任务既不是第一次，也不是最后一次。早在1939年3月，在德国占领捷克斯洛伐克以前不久，瑙约克斯就曾受海德里希指使把炸药运入斯洛伐克，据他后来供认，这批炸药就是用来"制造事件"的。

阿尔弗雷德·瑙约克斯是党卫军秘密警察的典型产物，是一种有文化的匪徒。他曾在基尔大学学过工程，在那里第一次尝到了同反纳粹分子殴斗的滋味，有一次他的鼻子给共产党人打瘪了。他是在1931年参加党卫军的，在1934年保安处成立时就到了那里。像海德里希周围许多别的年轻人一样，他喜欢从事党卫军内被认为是一种花脑筋的研究——特别是“历史”和“哲学”。同时他也很快地成了一个被认为是难对付的年轻人（另一个斯科尔兹内也是这样一个人），可以被委托去执行希姆莱和海德里希所设想出来的那种不大光彩的任务。* 1944年10月19日，瑙约克斯投奔了美国人，一年以后在纽伦堡做了一批画押口供，其中之一就是希特勒为了使进攻波兰能有所借口而制造的“事件”的经过，这样就为历史保存了一段实录。

> 1939年8月10日或者这一天前后，保安处处长海德里希亲自下令，让我伪装进攻波兰边境附近的格莱维茨电台，［瑙约克斯在1945年11月20日在纽伦堡的一份画押口供中说］而且要装作这支进攻部队像是波兰人组成的那样。海德里希说：“对外国报界和德国宣传来说，都需要有足以证明是波兰人进行这次进攻的真凭实据……”
>
> 给我的命令是攻占广播电台，占领时间要长到足以让一名归我指挥的能说波兰话的德国人广播完一篇波兰语的演说。海德里希告诉我说，这篇演说应当讲到德国人同波兰人之间开战的时间已经到了……海德里希还告诉我说，他预料德国在几天之内即将

---

* 瑙约克斯在“文洛事件”中也参加了一手，这将在以后详加叙述。在1940年5月德军西进时，他曾参加过德军伪装荷兰和比利时边防军的活动。战争初期，他在保安处管过一个科，专门伪造护照，在做这件事情的时候还提出了一项“伯恩哈德计划”，异想天开地想在英国上空散发伪造的英国钞票。海德里希后来对他感到厌倦了，硬把他派到党卫军的一个团里在俄国服役，他在那里负了伤。1944年，他到比利时做一名经济管理官，但是他在当时的主要工作似乎是在丹麦执行暗杀一批丹麦抵抗运动分子的任务。他在比利时投奔了美国军队，很可能是为了保全他的脑袋。事实上，他确实神通广大。1946年，在他作为战争罪犯囚禁期间，他惊险地逃出设在德国境内的一个专门监禁战争罪犯的拘留营，因此逃脱了审讯。在写作本书的时候，他仍然没有逮捕归案，其踪迹也无人闻知。关于他越狱逃亡的事情，绍姆堡·利普在《皇冠与监狱之间》（*Zwischen Krone und Kerker*）一书中曾有叙述。

> 进攻波兰。
>
> 我到格莱维茨去，在那里等候了14天……8月25日至31日之间，我去见了秘密警察头子海因里希·米勒，他当时正在附近的奥波莱。米勒当着我的面同一个叫梅尔霍恩的人*讨论了制造另 519
> 一个边境事件的计划，要把事情做得看起来是波兰士兵进攻德国军队那样……米勒说他有12名到13名的死囚，要让他们穿上波军制服，把他们弄死后放在出事地点，以此表明他们是在进攻时被打死的。为了这个目的，海德里希部下的医生要给他们打毒药针，然后再用枪打，在他们身上造成伤口。事件发生之后，要把报界人士和其他人士带到现场去……
>
> 米勒告诉我，他从海德里希处得到一个命令，要给我这样一些死囚来布置格莱维茨的事件。他在提到这批死囚时所用的代号是“罐头货”。[9]

当希姆莱、海德里希和米勒在希特勒的命令下准备利用这批“罐头货”为德国侵略波兰制造借口的时候，元首在部署三军方面也做出了第一个决定性的行动，准备应付可能会打大的战争。在8月19日——这是又一个关键性的日子——给德国海军下达了出发的命令。21艘潜艇奉命进入不列颠群岛以北和西北的阵地，“施佩伯爵号”启碇开赴巴西沿岸海面，它的姊妹舰“德意志号”也进驻能切断北大西洋中英国海上航路的阵地。†

向各战舰下达出发令以准备可能对英国采取行动的这一天是十分

---

* 此人是党卫军大队长梅尔霍恩博士，他在海德里希之下负责保安处。施伦堡在回忆录（《迷宫》[*The Labyrinth*]，第48—50页）中详细谈到梅尔霍恩曾在8月26日告诉他，他受命在格莱维茨发动一次假进攻，但是后来梅尔霍恩装病没有去。梅尔霍恩的胃口后来几年中要好得多。他是战时秘密警察在波兰搞恐怖行为的一个著名的指使者。

† 潜艇是在8月19日与23日之间启航的，“施佩伯爵号”的启航日期是8月21日，“德意志号”是8月24日。

重要的。因为正是在8月19日这一天，在柏林进行了一个星期的疯狂的呼吁以后，苏联政府终于给了希特勒以他所要求的答复。

纳粹-苏联谈判：1939年8月15—21日

冯·德·舒伦堡大使在8月15日晚上8时见了莫洛托夫，而且，按照柏林的指示，向他宣读了德国外交部长表示准备到莫斯科来解决苏德关系的急电。据那天深夜德国大使发往柏林的“特急绝密”电报说，苏联外交人民委员“以最大的兴趣”听取了他的陈述，并且“热烈欢迎德国想改善对苏关系的愿望”。虽然如此，莫洛托夫毕竟是个外
520 交的老手，仍然不露一丝着急的迹象。他说，像里宾特洛甫所建议的那种访问，“要求有充分的准备，才能使双方的意见交换得到结果”。

什么结果？这个诡计多端的俄国人是给了一点暗示的。他问道，德国政府是否有兴趣在两国之间签订一项互不侵犯条约呢？它是否准备发挥它对日本的影响来改善苏日关系并且“消除边境冲突”呢？(指的是在“满洲-蒙古”已经打了整整一个夏天的没有宣战的战争。)最后，莫洛托夫问道，如果苏德联合担保波罗的海国家的话，德国以为如何呢？

他最后说，所有这一类问题“都必须具体讨论，那样，在德国外交部长来到了这里以后，就不会仅仅是交换交换意见，而是能做出具体决定”。他再一次强调“对这些问题进行充分的准备是必不可少的”。[10]

这样看来，缔结纳粹-苏联互不侵犯条约的建议还是俄国人第一个倡议的——而且是在他们同法国和英国谈判必要时协同作战来制止德国侵略的时候倡议的。* 希特勒对“具体讨论”这样一个条约当然大

---

* 这个消息英国政府很快就知道了。8月17日，美国副国务卿萨姆纳·威尔斯曾把莫洛托夫对舒伦堡的建议通知了英国驻华盛顿大使。那是美国驻莫斯科大使斯泰恩哈特在前一天把这件事情报告给华盛顿的，而且十分确切。[11] 斯泰恩哈特曾在8月16日见过莫洛托夫。

喜过望，因为这个条约将使俄国置身于战争之外，从而能使他放胆进攻波兰而无须害怕苏联干涉。而如果苏联置身于外的话，他深信英国和法国是会不寒而栗的。

莫洛托夫的这些建议正好就是希特勒所希望的东西；而且，它们比他所敢于提出的更具体、更痛快。只有一个困难：8月份快完了，而莫洛托夫还在那里坚持在德国外交部长访问莫斯科以前要有“充分准备”，希特勒可等不及苏联人这种慢吞吞的步子。威廉街在8月16日清晨6点40分就把舒伦堡关于他同莫洛托夫的谈话的报告用电话传给了在富施尔的里宾特洛甫，里宾特洛甫又急急忙忙翻过山到上萨尔茨山去向元首请示。到了午后，他们就拟好了给莫洛托夫的答复，从电传打字机上传给在柏林的魏茨泽克，指示他立即以“特急”电报发往莫斯科。[12]

纳粹独裁者无条件地接受了苏联的建议。舒伦堡奉里宾特洛甫之命再次进见莫洛托夫并且通知他：

> 德国准备同苏联缔结一项互不侵犯条约，而且，如果苏联政府也有同样愿望的话，这项条约的期限可定为25年，期满以前不得废除。除此而外，德国还准备同苏联一起对波罗的海各国做出担保。最后，德国也愿意发挥影响来改进并巩固俄日关系。 521

德国政府一切装作不急于同莫斯科做交易的伪装都抛掉了。

> 元首的意见是［里宾特洛甫的电报接着说］，鉴于目前时局的变化，并且鉴于不论哪一天都有可能发生严重的事变（在这一点上请向莫洛托夫先生说明，德国绝不能无限期地容忍波兰的挑衅），亟须从根本上迅速澄清德俄关系，并澄清各自对当前问题的态度。

> 为此，我已准备在星期五（8月18日）以后的任何时候飞赴莫斯科，由元首授以全权，来谈判德俄关系的全部问题，而且，如果时机成熟的话，签订相应的条约。

里宾特洛甫再次在这封电报后面加上了一段“附言”——他个人给大使的指示。

> 我要求你再一次把这一指示逐字读给莫洛托夫听，并且要求立即知道俄国政府和斯大林先生的意见。为让你心中有数起见，再告诉你一句绝对要保密的话，如果我能在本周末或者下周初到莫斯科的话，对我们将特别有利。

第二天，希特勒和里宾特洛甫在高山顶上十分着急地等待着莫斯科的回答。莫斯科和柏林之间的电讯来往当然不可能说来就来——然而那两位高居在巴伐利亚阿尔卑斯山顶上的人却似乎忘记了这一事实。到8月17日中午，里宾特洛甫又给舒伦堡发了一封“特急”电，要求对方“用电报报告：你是什么时候求见莫洛托夫的，会谈安排在什么时候”。[13] 到吃晚饭的时候，那位被逼得很紧的大使的复电来了，也是“特急”，说的是他在前一天深夜11点钟才接到外交部长的电报，要进行任何外交活动都太晚了。今天（8月17日）早上他做的第一件事情，就是同莫洛托夫约好在晚上8点见面。[14]

对于现在急得如热锅上的蚂蚁一般的纳粹领导人来说，这次会谈的结果是令人失望的。俄国外交人民委员不但知道希特勒在着急，而且无疑也完全知道是为了什么理由，因此他就想种种办法要弄他们。在舒伦堡向他读里宾特洛甫的电报的时候，莫洛托夫并不怎么关心它的内容，听完了以后，他就拿出了苏联政府对德国外交部长8月15日
522 第一次来信的书面答复。

这份复照一开头就尖刻地回溯了纳粹政府以前对苏俄的敌视行为，并且说："直到最近以前，苏联政府行事都一直假定德国政府是在找机会同苏联发生冲突……更不用提德国政府利用所谓反共公约努力建立而且已经建立了一批国家反对苏联的统一战线这件事实了。"复照解释说，正是由于这个理由，俄国"才参与组织一个反对［德国］侵略的联合防御阵线"。

> 虽然如此［照会继续说］，如果德国政府现在要对过去的政策实行改变，准备认真改善同苏联的政治关系的话，苏联政府只能对这样一种改变表示欢迎，并且准备在自己这方面修改政策，以便认真改善对德关系。

但是，俄国照会坚持，这一定要通过"认真而实际的步骤"来做到——而不是像里宾特洛甫所建议的那样跨一大步。

到底是什么样的步骤？

第一步：缔结一项贸易与贷款协定。

第二步："可在不久以后"缔结一项互不侵犯条约。

在采取第二个步骤的同时，苏联人要求"签订一项特别议定书，明确规定缔约双方在这个或那个外交政策问题上的利益"。这显然是暗示，至少是在瓜分东欧问题上，莫斯科已经同意德国人的意见，认为可以做一笔交易了。

至于德国方面所建议的里宾特洛甫访苏之举，莫洛托夫宣称，苏联政府对此"甚为满意"，"因为派遣这么一位显要的政治家前来，突出地表明了德国政府的态度是十分认真的，与英国形成显著的对比，后者只派了像斯特朗那么一个二流角色到莫斯科来。虽然如此，对德国外交部长的来访，仍然需要做充分准备。这种访问必然会大事张扬，苏联政府却并不喜欢招摇，而宁愿不声不响地做些实际工作"。[15]

莫洛托夫提都没有提到里宾特洛甫所说的他要在周末到莫斯科来的那项迫切的具体的建议，而舒伦堡则也许因为谈话的结果有点出乎他意料，也没有多提这件事。

第二天，里宾特洛甫在接到大使的报告以后，就催起这件事来了。十分明显，希特勒现在是不顾一切了。8月18日晚间，他在上萨尔茨山的夏令总部又给舒伦堡发出了一封由里宾特洛甫署名的“特急”电报。这封电报是在8月19日清晨5点45分到达莫斯科德国大使馆的，它指示大使“立即安排再次晋见莫洛托夫先生，并且尽可能争
523 取马上同他会谈”。再也没有时间可以坐失了。“我要求你，”里宾特洛甫在电报里说，“告诉莫洛托夫以下的话”：

> ……我们在正常情况下，当然也愿意通过外交途径来设法调整德俄关系，并且以通常的方式予以实现。但是目前的不同寻常的形势，按照元首的意见，已使我们有必要采取不同的方法以取得迅速的结果。
>
> 德波关系一天比一天尖锐。我们必须估计到不论哪一天都可能发生会使公开冲突无法避免的事件……元首认为，我们必须不致在正当努力澄清德俄关系的时候，对德波冲突的突然爆发缺乏心理准备。他因此认为，必须在事先就加以澄清。仅仅为了在发生这样一种冲突的时候能考虑到俄国的利益就有此必要，如果不加以澄清的话，是很难做到这一点的。

德国大使还说，莫洛托夫所提到的谈判的“第一步”即缔结贸易协定已经在当天（8月18日）在柏林完成了，现在是“着手”第二步的时候了。为此，德国外交部长建议自己“立即动身来莫斯科”。他来的时候“将由元首授以全权，来全面地而且最后地解决全部问题”。里宾特洛甫补充说，到了莫斯科以后，他将能够“考虑俄国人的

愿望”。

什么愿望？德国人现在已不再兜圈子了。

> 我也将能够［里宾特洛甫接着说］签订一项特别议定书，明确规定缔约双方在这个或那个外交政策问题上的利益；例如在波罗的海地区划定势力范围的问题。然而，这种解决只有口头讨论才办得到。

这一次，大使绝不能从俄国人嘴里得到一个“不”字。

> 请你强调［里宾特洛甫最后说］，德国的外交政策在今天达到了一个历史性的转折点……请你一定要求对方迅速同意我访问莫斯科，并且有力地反对俄国人任何相反的意见。在这一点上，你必须牢牢记住这样一个决定性的事实，即公开的德波冲突可能很快爆发，因此，我能立即访问莫斯科是我们最大的利益。[16]

8月19日是决定性的一天，让德国潜艇和袖珍战列舰开赴英国海面的命令一直压在那里，要等莫斯科来了回音才发。这些舰艇要是打
算在希特勒预定发动战争的日期9月1日到达指定地点的话，它们本 524
应该马上出发的，因为剩下的时间只有13天了。受命突袭波兰的两路大集团军也应该立即进入阵地了。

柏林，特别是上萨尔茨山，空气紧张得几乎叫人不能忍受。希特勒和里宾特洛甫神经质地等待着莫斯科的决定。外交部那一天的各种文电透露了威廉街这种紧张不安的感觉。施努雷博士报告同俄国人关于贸易协定的谈判已经在前一天晚上“达成完全协议”后结束了，但是苏联却拖着不肯在上面签字。他说，签字仪式本来要在今天（8月19日）中午举行，但是到了中午，俄国人又打电话来说，他们得等莫

斯科来的指示。施努雷报告说："显然，他们是得到了莫斯科的指示，为了政治上的理由而拖延签字。"[17] 从上萨尔茨山，里宾特洛甫又给舒伦堡发去了一份"特急"电报，要他一定用电报报告莫洛托夫所说的任何一句话，或者足以表明"俄国人的意向"的每一个迹象，但是这天白天，从大使那里一共只收到了一份电报，那是照转苏联通讯社塔斯社在莫斯科的一则辟谣声明。塔斯社否认外传俄国和英法军事代表团之间已在远东问题上陷于僵局，不过，它又说三国代表团在"完全不同的问题上"存在分歧。对希特勒来说，这是一个信号——还有时间，也还有希望。

然后，到8月19日晚上7点10分，那份望眼欲穿的电报终于来了。

机　密

特　急

苏联政府同意德国外交部长在经济协定宣告签字以后一个星期到莫斯科来。莫洛托夫说，如果缔结经济协定的消息明天公布的话，德国外交部长就可以在8月26日或者27日到达莫斯科。

莫洛托夫交给了我一份互不侵犯条约草案。

关于我今天同莫洛托夫所做的两次谈话的详细报告以及苏联草案的全文将立即用电报发上。

舒伦堡[18]

据大使报告，8月19日下午2点在克里姆林宫开始的第一次谈话持续了一个小时，进行得并不很好。看起来，似乎无法一下子迫使俄国人接待德国外长。"莫洛托夫坚持，"舒伦堡在电报中说，"即使要在大体上确定访问的日期，目前也是办不到的，因为那需要充分的准
525 备……对于我再三指出而且极其强调的必须赶快的理由，莫洛托夫答

称，迄今为止，甚至第一个步骤——缔结经济协定——都还没有完成。首先，经济协定要签字并公布，而且要在国外发生预期的影响。然后才轮得到互不侵犯条约和议定书。

“莫洛托夫显然毫不为我的异议所动。莫洛托夫声称，他已把苏联政府的观点告诉了我，已经再也没有别的话要补充了，在这以后，第一次谈话就结束了。”

但是，很快，他就有话要补充了。

“这次谈话结束以后还不到半小时，”舒伦堡继续报告说，“莫洛托夫通知我，要我在下午4点30分再到克里姆林宫去见他。他为麻烦我表示歉意，并且向我解释，他已经向苏联政府做了报告。”

接着，这位外交人民委员就交给这位又惊又喜的德国大使一份互不侵犯条约草案，并且告诉他，如果贸易协定能在明天签字并公布的话，里宾特洛甫就可以在8月26日或者27日到莫斯科来。

“莫洛托夫并没有对他突然改变主意举出什么理由。”舒伦堡在电报上补充说，“我猜想是斯大林过问了这件事。”[19]

这个猜想无疑是正确的。据丘吉尔说，苏联想同德国签订条约的意图是斯大林8月19日晚上向政治局宣布的。[20]从舒伦堡的电报中可以看得很清楚，这一天略早一点的时候——大概在下午3点到4点半之间——他把他那决定大局的决定告诉了莫洛托夫。

整整三年以后，在1942年8月间，“有一天清早”（丘吉尔后来报告说）这位苏联独裁者给当时在莫斯科访问的英国首相谈到了他之所以采取这一厚颜无耻的行动的一些理由。[21]

> 我们形成了这样一个印象，［斯大林说］英国和法国政府并没有决心在波兰受到攻击的时候打仗。但是他们希望英国、法国和俄国在外交上的联合会吓退希特勒。我们肯定，这样做是达不到目的的。斯大林曾问过：“法国动员起来以后，能拿出多少个师

来对付德国？”答复是：“大约100个。”他又问：“英国能拿出多少个？”答复是：“两个，以后还可以再加两个。”“啊，两个，以后再加两个。”斯大林重复了一遍。然后他问道：“你知道不知道，要是我们同德国打仗的话，我们得在俄国战场上投入多少个师？”停了一下，他自己回答说：“300个以上。”

舒伦堡在报告关于他8月19日同莫洛托夫谈话的结果的电报中还曾说，他想劝诱苏联外交人民委员同意里宾特洛甫早日访问莫斯科的企图，“不幸，没有成功”。

526 不过，对德国人来说，此事非成功不可，侵入波兰的全部时间表，实际上也就是到底能不能在秋雨大降以前的短短时期内发动进攻的问题，全要看这一点来决定。德国人害怕，要是莫斯科不能在8月26日或者27日以前接待里宾特洛甫的话，要是俄国人稍稍拖延一下的话，9月1日的预定日期就无法保证了。

在这个成败关头，阿道夫·希特勒决定直接同斯大林打交道。他放下了架子，亲自请求这位他长期以来一贯痛骂诅咒的苏联独裁者立即同意他的外交部长到莫斯科去。他给斯大林的电报是在星期天（8月20日）下午4点45分急急发到莫斯科去的，离他收到舒伦堡的电报刚好12个小时。元首指示大使“立即”把它交给莫洛托夫。

莫斯科

斯大林先生：

我衷心地欢迎新的德苏商务协定的签字，认为它是改变德苏关系的第一步。*

同苏联缔结互不侵犯条约，对我说来，意味着确立德国的长

* 这个协定是8月20日（星期天）凌晨2点在柏林签字的。

> 期政策。德国从此将恢复过去若干世纪中对我们两国都属有益的政治方针……
>
> 我接受你的外交部长莫洛托夫先生交来的互不侵犯条约草案，但是认为迫切需要尽快地澄清与之有关的问题。
>
> 苏联所希望的补充议定书的内容，我深信，能在最短时间内得到澄清，如果能有一位负责的德国政治家亲自到莫斯科去谈判的话。如若不然，德国政府就无法明白，这项补充议定书怎么样才能在短时期内澄清并解决。
>
> 德国和波兰之间的紧张关系已变得不可容忍了……不论哪一天都可能爆发危机。德国已经下定决心从现在起以在它支配下的一切手段来保护它的国家利益。
>
> 在我看来，鉴于我们两国都有建立彼此间新关系的愿望，最好是不要丧失任何时间。我因此再次建议你在星期二（8月22日）接见我的外交部长，至迟到星期三，8月23日。德国外交部长有最充分的权力来拟定并签订互不侵犯条约和议定书。鉴于目前的国际形势，外交部长在莫斯科只能逗留一天，至多两天，再长是不可能的。我将十分高兴得到你尽早的答复。
>
> 阿道夫·希特勒[22]

在以后的24小时中，从星期天（8月20日）晚间希特勒给斯大林的呼吁通过电台发向莫斯科开始，到第二天的傍晚，元首一直是处在 527
近乎精神崩溃的状态中。他连觉都不能睡。半夜里，他还打电话给戈林，说他心里嘀咕斯大林对他的电报会有什么样的反应并且对莫斯科迟迟不作答复感到惶惶不安。到8月21日凌晨3点钟，外交部接到了舒伦堡的“特急”电，说魏茨泽克早先通知他的希特勒要发给他的电报还没有收到。大使提醒外交部，“公务电报从柏林到莫斯科要四到五小时，包括两小时的时差在内。此外还必须加上翻译密码的时间”。[23]

8月21日（星期一）上午10点15分，急得不得了的里宾特洛甫给舒伦堡发了一个急电说："请竭尽全力保证我能成行，日期如前电所示。"[24] 中午过了不久，大使通知柏林："我将于今日下午3点往见莫洛托夫。"[25]

最后，到8月21日晚上9点35分，斯大林的复电才到了柏林。

致德国总理

A.希特勒：

我感谢你的来信。我希望德苏互不侵犯条约将成为改善我们两国关系的一个决定性的转折点。

我们两国人民都需要彼此间的和平关系。德国政府赞成缔结一项互不侵犯条约，为在我们两国之间消除政治方面的紧张状态并且实现和平与合作提供了基础。

苏联政府命我通知你，他们同意冯·里宾特洛甫先生在8月23日到达莫斯科。

J.斯大林[26]

就翻云覆雨、不讲信义这一点而言，纳粹独裁者在苏维埃暴君身上真算得上是棋逢敌手了。现在他们两个人已经打开了道路，可以在一起最后完成这个不体面的时代的一桩最卑鄙的交易了。

斯大林的复电是晚上10点30分转到在伯格霍夫的希特勒那里的。本书作者还记得，几分钟以后——晚上11点刚过——德国广播电台的音乐节目突然中断了，广播员宣布："德国政府和苏联政府已经协议缔结一项互不侵犯条约。德国外交部长将在8月23日，星期三，到莫斯科完成这项谈判。"

希特勒在得到斯大林亲自保证俄国将成为一个友好的中立国以后，第二天（1939年8月22日）再一次把他的最高级将领召到了上萨尔茨山，向他们宣扬他自己的伟大，并且要求他们打起仗来必须残酷无情，不要有任何怜悯，并且告诉他们，他很可能在四天以后即星期六（8月26日）就下令进攻波兰——比原定计划提前六天。成全了这样一件事情的是斯大林，是元首的不共戴天的敌人。 528

1939年8月22日的军事会议

将军们发现希特勒又来了他那股极其狂妄和毫不妥协的劲儿。* 他告诉他们说："我把你们叫来，是为了要你们了解目前政治局势的轮廓，这样可以使你们对我据以做出我的无可更改的决定的各项因素能有深入的了解，也可以加强你们的信心。在此以后，我们就可以讨论军事上的各项细节了。"首先，他说，是两项关于个人的考虑。

> 我自己这个人和墨索里尼这个人。
>
> 从根本上说，一切都决定于我，决定于我的存在，原因就在于我的政治才能。除此而外，也在于这个事实：很可能再也没有

* 希特勒的这次讲话没有找到什么官方的详细记录，只有几份笔记已经公开。其中有两份是由高级军官在会上记下来的。远洋舰队司令赫尔曼·伯姆海军上将的那份笔记曾呈交纽伦堡法庭为雷德尔海军元帅辩护，并且曾以德文原文印行，见《主要战犯的审讯》第41卷（*TMWC*，XLI）第16—25页。哈尔德将军也在他8月22日的日记里以他那自成一格的加贝尔斯贝格式速记做了长篇记录，这篇记录已译成英文，收在《德国外交政策文件汇编》第7卷（*DGFP*，VII）中，见第557—559页。在纽伦堡审讯中，起诉人用作这次会议的证据的主要文件是从美国军队在奥属蒂罗尔的萨尔费尔登缴获的最高统帅部档案中发现的一份纪要。这份纪要没有具名，分为两部分，其英译文曾收在《纳粹的阴谋与侵略》第3卷（*NCA*，III），纽伦堡文件798-PS，第581—586页，纽伦堡文件1014-PS，第665—666页，也收在《德国外交政策文件汇编》第7卷，第200—206页。这份分为两部分的纪要的德文原文，当然已收在《主要战犯的审讯》中。这份纪要所记的希特勒的话要比伯姆海军上将和哈尔德将军所记的更加生动。但是这三份记录的内容都是一样的，因此其真实性是无可怀疑的。在纽伦堡审讯中曾对关于希特勒这次讲话的第四份记录有过一些怀疑，因为虽然曾在审讯过程中引用，最后却并没有作为证据呈交。这份记录的编号是纽伦堡文件C-3（收在《纳粹的阴谋与侵略》第7卷，第752—754页）。它的内容无疑是真实的，但是也许曾由没有出席伯格霍夫会议的人修改。为了拼凑希特勒的原话，我曾用了伯姆与哈尔德的记录和在纽伦堡呈交法庭作为证据的那份无人具名的纪要。

> 一个人能享有我所享有的德国全体人民的信任了。从今以后很可能再也没有任何一个人能有比我更大的权力了。我的存在因此就具有极大的价值。但是，任何时候我都可能被一个罪犯或者一个疯子干掉。

> 第二个个人的因素是意大利领袖。他的存在也是决定性的。要是他有个三长两短的话，意大利对这个联盟的忠诚就不再靠得住了。意大利的王室基本上是反对那位领袖的。

佛朗哥也是一支力量。他会保证西班牙保持“同情的中立”。至于说到“对立一方”，那么，他向他的听众担保，“在英国和法国没有什么杰出的人物”。

这位恶魔一般的大独裁者，大概一直不断地这样唠叨了有好几个钟头，中间只因吃一顿迟开的中饭中断了一会儿。从记录上，找不到
529 任何迹象表明有任何一个陆军将领、海军将领、空军将领敢于打断他的话头，对他的判断提出异议，甚至对他的谎言也不敢否认。他说，他在春天就已经决定同波兰开战是不可避免的，不过他认为他首先得对付西方。不过，后来逐渐“明白”，在那种情况下，波兰会进攻德国，因此，它应当在现在就予以清算。

无论怎么说，发动战争的时间已经来到了。

> 对我们来说，并不难做出决定。我们没有什么东西可以损失，我们只能得到好处。我们的经济情况是，我们支持不了几年了。戈林可以证实这一点。我们没有别的选择，我们必须行动……
>
> 除了个人的因素而外，政治形势也是对我们有利的；在地中海，意大利、法国和英国在争雄；在远东，存在着紧张局面……

英国处在极大的危险中，法国的地位也在恶化。人口出生率在下降……南斯拉夫内部潜伏着崩溃的种子……罗马尼亚比从前更弱了……在凯末尔死了以后，统治土耳其的是一批眼光短浅、动摇不定、软弱无能的人物。

所有这些有利的形势在两三年后就不会存在了。谁也不知道我会活多久。因此，最好现在就摊牌，要再拖延个四五年就不保险了。

这些就是纳粹领袖的疯狂的推理。

他认为西方“非常可能”不会打仗，不过这点风险是必须要冒的。难道他过去没有冒过险吗？在将军们想后退的时候进军莱茵兰，难道不是冒险吗？在占领奥地利、苏台德区和残存的捷克斯洛伐克的时候，难道他没有冒过险吗？“汉尼拔在坎尼，腓特烈大王在洛伊滕，兴登堡和鲁登道夫在坦嫩贝格，”他说，“都是冒了险的，因此我们现在也必须冒只能由铁的决心来制胜的风险。”绝不容许软弱退缩。

有许多身居高位而心存观望的德国人，在捷克问题解决了以后跟英国人谈过话，写过信，这造成了很大的损害。就在你们动摇失志而过早地屈服的时候，元首达到了他的目的了。

哈尔德、维茨勒本和托马斯，也许还有别的参加过慕尼黑密谋的将军在听到这几句话的时候，一定打了一个寒战。希特勒所知道的，显然比他们以为他所知道的要多。

不论怎么说，现在是要他们全体表现出自己的战斗能力的时候了。希特勒提醒他们，他已经用“政治上的恐吓”建立了一个大德意志，现在必须要“考验军事机器”了。“在西线的大决战以前，军队必须进行一场真刀真枪的战斗。”波兰提供了这样的一个机会。

530 话头接着又转到了英国和法国。

西方要同我们作战只有两个可能：

1. 封锁：这起不了作用。因为我们能自给自足，而且我们能从东方得到援助。

2. 从马其诺防线进攻西线。我认为这是不可能的。

另外一个可能性是侵犯荷兰、比利时和瑞士的中立。英国和法国不会侵犯这些国家的中立。事实上，它们帮不了波兰的忙。

会不会变成一场长期战争？

谁都不指望打一场长期战争。要是冯·布劳希奇先生告诉我说，我要花四年的时间才能征服波兰，我就会回答说那不行。说英国想打一场长期战争是胡扯。

在踌躇满志地说完了波兰、英国和法国的问题以后，希特勒打出了他最大的王牌，把话题转到俄国。

敌人还有一个希望，希望我们征服波兰以后，俄国会与我们为敌。敌人没有估计到我有这样大的决心。我们的敌人是小蛆虫，我在慕尼黑已经领教过他们了。

我深信斯大林是不会上英国人的当的。只有瞎了眼的乐观派才会相信斯大林会傻到看不穿英国人的打算。维持波兰的存在对俄国人并没有什么好处……李维诺夫的免职是决定性的。对我来说，这就像轰的一声炮响一样，显示了莫斯科对西方国家态度转变的迹象。

我逐步对俄国做了转变，我们借商务条约转入了政治谈

> 判。最后俄国人提议签订一项互不侵犯条约。四天以前，我采取一项特别步骤，结果，俄国在昨天宣布它愿意签字了。同斯大林的个人接触已经建立了。里宾特洛甫后天就要去签订条约。波兰现在已处在我要它处的地位了……摧毁英国的霸主地位已经开始了。我已经完成了政治上的准备，底下的路要由军人来走了。

底下的路要由军人来走了，这就是说，如果张伯伦不再来一个慕尼黑的话。“我只怕，”希特勒对他的将领们说，“有些猪猡*会提议调停。”

到这里，会议中断，大家吃午饭去了。不过在吃饭以前，戈林还曾对元首表示感谢，感谢他给大家指出了道路，并且向他保证三军一定尽自己的天职。† 531

希特勒下午的演说主要是用来给他的军事首脑打气，设法使他们坚强起来担当面前的任务。从所有三份粗略的笔记都可看出这番话的性质。

> 我们必须有最坚强的铁一般的决心。在任何情况面前都不容退缩。每一个人都必须认清我们已经下定决心从一开始起就同西方国家作战。一场生死的斗争……长期的和平对我们不会有什么

---

* 德文原文为“Schweinehund”。

† 根据纽伦堡文件C-3（见本书原文第529页脚注）的记载，戈林跳到了桌子上并且做了“杀机大动的感谢和杀气腾腾的保证。他像一个野人一样转着跳舞。几个心存怀疑的人一声也没有吭”。1945年8月28日到29日戈林在纽伦堡受审的时候，对这段描写大为恼怒。戈林说:“我否认我曾站在桌子上。我希望你们知道这篇演说是在希特勒私邸的大厅里讲的。我并没有在私人住宅里跳到桌子上去的习惯。这是同一个德国军官的仪态完全不相称的行为。”

“但是，事实是，你在讲话完了以后领导大家鼓了掌，你有没有这样做？”讯问他的美国人约翰·哈兰·阿门上校这时向他提出了这个问题。

“是的，不过不是在桌子上。”戈林答道。[27]

> 好处……一种大丈夫的气概……我们的人比他们强……对方比我们弱……我国在1918年之所以崩溃是因为精神上准备不足。腓特烈大王之所以顶得住，只是因为他坚忍不拔。
>
> 打垮波兰是第一件要做到的事。目标是消灭有生力量，而不是为了到达一条规定好的界线。即使西线爆发战争的话，打垮波兰仍然是首要目标。由于季节的理由，必须速战速决。
>
> 我将提出发动战争的宣传上的理由——不必管它讲得通讲不通。胜利者在事后是没有人问他当初说的是不是实话的。在发动战争和进行战争时，是非问题是无关紧要的，紧要的是胜利。
>
> 心要狠！手要辣！8 000万人民一定要得到他们应得的权利……谁强就是谁对……心要硬，不要发慈悲！要心如铁石，不要有怜悯！谁若是仔细想过这个世界的道理的话，谁就懂得它的意义就在于优胜劣败，弱肉强食……

元首这时的情绪已到了条顿式盛怒的程度，在大发了这样一通尼采式的训诫以后平静了下来，对马上要进行的战役发出了几点命令。最根本的是速度。他对德国军人有“不可动摇的信任”，如果发生任何危机的话，只可能是因为司令官丧了胆。第一个目标是要从东南方揳入维斯杜拉河地区，同时从北方揳入纳雷夫河和维斯杜拉河之间的地区。他说，军事行动绝不能受他在打败波兰以后可能对波兰所做的处置的影响。不过对这一点他说得很模糊。他说，新的德国边疆将根据“确当的原则”来决定。可能他会在德国与俄国之间成立一个小小的波兰缓冲国。

他最后说，开战的命令将在以后下达，很可能在星期六（8月26日）早晨。

第二天，8月23日，在最高统帅部各局首长会议以后，哈尔德将
532 军在日记里写道：“Y日已确定在8月26日（星期六）。”

莫斯科盟国谈判的僵局

到8月中旬的时候，西方民主国家同苏联之间在莫斯科的军事谈判事实上已陷于停顿——在这方面，波兰人的不肯妥协要负主要责任。大家还记得，英法军事代表团坐了一条慢船到列宁格勒以后，于8月11日到达莫斯科，刚好在出使失败的斯特朗先生离开俄国首都一个星期之后。斯特朗能把同俄国人谈判这个困难而不愉快的差事交给将军们去办，显然感到如释重负。*

现在需要赶快拟定的是一项军事条约，其中将详细规定在什么地方，以何种方式，用什么武力来对付纳粹军队。但是据英国方面对军事谈判的详细记录和英国代表的报告透露，[29] 英法军事代表团不是派到莫斯科去讨论细节的，而是讨论"一般原则"的。虽然如此，俄国人还是坚持要立即着手讨论实际的、具体的，而且——在英法方面看来——难办的问题。对于英法方面由杜芒将军在第一次会议上所宣布的原则，伏罗希洛夫的反应是，它们"太抽象、太不具体了，没有使任何人承担做任何事情的责任……我们在这里开会"，他冷冷地说，"不是为了做抽象的宣言，而且要制定一项全面的军事条约"。

这位苏联元帅提出了一些非常具体的问题：有没有什么条约规定波兰该采取什么行动？一旦战争爆发的话，英国拿得出多少军队来援助法国军队？比利时会怎么办？他所得到的答复是不大能令人放心的。杜芒说，他对波兰的计划一无所知。海伍德将军说，英国人预期"在战争初期可以第一批派出16个师，以后再派出第二批16个师"。伏罗希洛夫逼着要他说明在爆发战争的时候手边到底有多少个师，海伍德回答说："目前英国有5个正规师和1个机械化师"。这种不像样的

* 斯特朗在7月20日给外交部的一份电报中，把这说成是"一种令人感到屈辱的经验"。[28]

数目在俄国人听起来，完全出乎意料而且令人不快，他们说，他们已准备好，战争一开始就摆开120个步兵师来对付从西面来的侵略者。

至于比利时，杜芒将军在回答俄国人的问题时说："法国军队不能进入［比利时］，除非人家请他们进去，但是法国准备答应任何请求。"

这种答复，在莫斯科的军事谈判代表们面前提出了一个关键性的问题，而这却正是英国人和法国人渴望避免的问题。首先在第一次会议上，接着又在8月14日一次关键性的会议上，伏罗希洛夫元帅强
533 调，根本的问题是波兰是否愿意允许苏联军队进入它的领土去迎击德国人的问题。如果不愿意的话，盟国又怎么能阻止德国军队迅速席卷波兰呢？在8月14日那一次会议上，他具体问道："英国和法国的参谋总部是否认为苏军可以越过波兰，特别是越过维尔纽斯山峡和加利西亚去同敌军接触？"

这是问题的核心。据西兹打电报告诉伦敦说，俄国人现在

> 提出了军事谈判成败所系的根本性问题，这个问题确实也是政治谈判开始以来成为我们一切困难的根子的问题，那就是，如何在苏联的邻国始终维持某种抵制的情况下同苏联达成任何有效的协议，而这种抵制只有到……为时已晚以后才会取消。

如果这个问题提出来的话（它怎么可能不提出来呢？），德拉克斯海军上将锦囊之中是有英国政府教给他如何对付的指示的。英国内部文件中透露出来的这项指示，在今天看起来，实在是天真到令人不可置信。鉴于波兰和罗马尼亚对于"可能进行合作的计划甚至连考虑也不愿考虑"，他要采取的"论点"是：

> 对波兰和罗马尼亚的侵略将大大改变它们的看法。不仅如

> 此，德国如果能在俄国大门口占据一块地盘的话，也是对俄国大大不利的事情……因此，从俄国自己的利益出发，如果波兰和罗马尼亚受到侵略的话，它应当有援助这些国家的计划。
>
> 如果俄国人建议英国和法国政府应当向波兰、罗马尼亚或者波罗的海国家提出同苏联政府或者参谋总部实行合作的建议，代表团不应做任何承诺，而应该向国内请示。

他们果然这样做了。

在8月14日的会议上，伏罗希洛夫要求对他的问题做“直截了当的答复”。“如果没有确切而毫不含糊的答复的话，”他说，“军事谈判继续下去是没有用处的……苏联军事代表团，”他补充说，“不能向自己的政府建议参加这样一个显然注定要失败的事业。”

甘末林将军从巴黎指示杜芒将军设法把俄国人从这个题目上引开去。但是俄国人不是好甩开的。[30]

据杜芒将军后来报告，8月14日的会议颇富戏剧性。英国和法国代表被将死了。他们自己也知道，然而却还想尽量回避这个问题。德拉克斯和杜芒硬是说，他们肯定波兰人和罗马尼亚人在自己的国家受到进攻时一定会马上请求俄国人援助。杜芒十分有把握地说，他们会“央求元帅支持他们的”。德拉克斯认为，说他们不会请求苏联援助是“不可想象的”。他还——看起来不怎么合乎外交策略——加了一句， 534
“如果他们在必要时还不请求援助，而让他们自己被征服的话，就可以预料他们将成为德国的省份”。这是俄国人最不愿见到的事情，因为它意味着纳粹军队陈兵苏联边境，伏罗希洛夫特别注意到了这位海军上将这句不该说的话。

最后，如坐针毡的英法代表认为，伏罗希洛夫提出了他们所没有资格处理的政治问题。德拉克斯宣称，既然波兰是一个主权国家，首先得由它的政府来许可俄国军队入境。不过由于这是一个政治问题，它应当由有关政府去解决。他提议苏联政府把这个问题向波兰政府提出来。俄国代表团同意这是一个政治问题。但是它坚持必须由英国和法国政府把这个问题向波兰人提出来，并且对他们施加压力，使他们懂道理。

鉴于俄国人在这个时候也在同德国人打交道，他们到底是真心诚意地同英法军事代表进行谈判呢，还是他们像英法外交部（更不用提德拉克斯海军上将了）后来所说的那样，仅仅为了拖延谈判以便等待同希特勒成交而坚持取得军队开进波境的权利呢？[*]

据英国和法国内幕人士透露，在开始的阶段，西方盟国的确认为苏联军事代表团是真心诚意地在谈判，甚至还认为苏联代表团把这件工作看得过于认真了。8月13日，在军事谈判进行了两天之后，西兹大使打电报给伦敦说，俄国军事首脑似乎当真“要搞点名堂出来”。结果，要德拉克斯海军上将“慢吞吞进行”的指示改变了。8月15日英国政府就要他支持杜芒“尽快”使军事谈判得出结果来。原来不让他把机密军事情报告诉俄国人的限制也取消了一部分。

杜芒将军从达拉第总理那里得到的指示，同英国海军上将原来得到的拖延指示不同，是要设法尽早同俄国缔结一项军事条约。尽管英国人害怕消息可能走漏给德国人，但杜芒在第二天的会议上仍把法国
535 兵力的数字告诉了俄国人。他把这称为“高度机密的数字”，而苏联代表也答应一俟会议结束，立即把它们“忘掉”。

杜芒和德拉克斯要求本国政府指示如何回答俄国人关于波兰的问题，等了三天都没有回音。到8月17日，杜芒就给巴黎打电报:“苏联是想要军事条约的。它不想要我们给它一张没有具体保证的废纸。伏

---

* 判断这一点，时间是十分重要的。莫洛托夫直到8月15日晚间才接到纳粹关于里宾特洛甫访问莫斯科的建议（本书原文第520页）。不过，在此以前，他虽然没有明确接受这个建议，却曾暗示俄国对同德国缔结互不侵犯条约一事有兴趣，这当然会使英法谈判军事同盟成为多余。本书作者所能得出的最合适的结论是，当伏罗希洛夫在8月14日要求“毫不含糊地答复”是否允许苏联军队在波兰境内迎击德军的时候，克里姆林宫仍然处于两可之间。遗憾的是，可以澄清这一关键性问题的俄国文件还没有发表。无论如何，斯大林看来是直到8月19日下午才下定最后决心的（见本书原文第526页）。

罗希洛夫元帅宣布只要他所说的那个关键性问题解决以后，一切问题……都可以迎刃而解。”杜芒强烈地要求巴黎设法使华沙同意接受俄国的援助。

不但在莫斯科，而且也在西方国家首都，当时流行的看法都是，英法政府并没有做任何工作来劝说波兰人同意苏联军队在波兰领土上迎击德国人。事实并非如此，从最近发表的文件中可以看得很清楚，伦敦和巴黎是做了相当多的工作的——不过还不够多。同样清楚的是，波兰人的反应，其愚蠢简直不能令人置信。[31]

8月18日，在英法两国第一次试图打开波兰人的眼界让他们认清现实以后，波兰外交部长贝克告诉法国大使利昂·诺埃尔，俄国人“在军事上没有什么价值”，而波兰参谋总长斯塔契维奇将军也支持这种看法，宣称他“看不出让红军在波兰领土上作战有什么好处”。

第二天，英法大使再次进见贝克，敦促他同意俄国的建议。波兰外交部长还是拖，不过答应在翌日给他们正式答复。这一天英法使节在华沙的外交行动是同一天（8月19日）法国外交部长博内和英国代办在巴黎会谈的结果。使这位英国人感到有点意外的是，姑息希特勒最积极的博内，因为看到有可能因为波兰人的顽固而失去俄国这样一个盟友也居然着急起来了。

> [博内告诉他说]如果由于波兰人的拒绝而使同俄国的谈判归于破裂的话，结果将不堪设想……波兰人的拒绝是讲不过去的，因为这是在德国进攻时唯一能立即见效的援助。如果我们要求我们自己的国家参加战争，来保卫拒绝了这一援助的波兰的话，英国和法国政府将处于毫无办法的地位。

如果情况果真如此——毫无疑问它一定如此——那么，英法政府为什么不在这个千钧一发的时刻对华沙施加最后的压力，干脆说除非

波兰政府接受俄国援助，英国和法国看不出它们参战援波有什么用处
536 呢？正式的英波共同安全条约当时尚未签订。为什么不能把波兰接受
俄国军事援助作为缔结这一条约的一个条件呢？*

博内在8月19日同英国驻巴黎代办的谈话中是提出了这个建议的。但是，伦敦政府对这样一种“计策”（唐宁街是这样叫它的）感到不合适。张伯伦和哈利法克斯不肯走这样的极端。

8月20日上午，波兰参谋总长告诉英国驻华沙的武官说：“在任何情况下都绝不能同意苏联军队进入波兰。”当天晚上，贝克就正式拒绝了英法的要求。同一天晚上，哈利法克斯通过他驻华沙的大使，敦促波兰外交部长重新加以考虑，并且用强烈的措辞着重指出波兰的态度“破坏了”莫斯科的军事谈判。但是贝克丝毫不为所动。他告诉法国大使说：“我认为，对于外国军队使用我国领土的问题，不论什么样的讨论都是不能进行的。我们同苏联没有军事协定，我们也不想要。”

在波兰政府这样一种盲目顽固的态度面前，法国总理达拉第着急了，他后来在1946年7月18日对法国制宪议会讲话时说，他决定不顾一切，自行其是。在再一次呼吁波兰人要现实一点以后，他在8月21日早晨打电报给杜芒将军，授权他同俄国人按他所能争取到的最好的条件签订军事条约，不过有一个条件：这项条约一定要由法国政府批准。与此同时，法国驻苏大使那齐雅也得到博内的命令（这是后者以后说出来的）通知莫洛托夫，法国“原则上”同意苏联军队在德国进攻波兰时通过波兰领土。

---

* 在张伯伦宣布英国单方面给予波兰担保之后四天，劳合·乔治4月3日在下院发表演说，敦促英国政府提出这一条件。他说：“如果我们没有俄国的援助而参加战争的话，我们就是自投罗网。这是唯一能出兵进入那里［波兰］的国家……我不明白为什么我们在承担这样一个巨大的冒险以前不先取得俄国的同意……如果俄国之所以未能参与其事只是由于波兰人有某种感情，不愿意俄国人到他们那里去的话，就该由我们来宣布这一条件。只有有了这个条件，我们才能有效地援助波兰人，波兰人如果不准备接受这一条件，责任就全在他们方面。”

但是只要波兰人还没有答应，这就只是一种无用的姿态——而且，我们今天可以知道，鉴于俄德之间正在进行交易，这还是一种毫无意义的姿态。杜芒直到8月21日晚上才接到达位第的电报。当他第二天晚上——正是里宾特洛甫动身赴莫斯科的前夕——把它告诉伏罗希洛夫的时候，这位苏联元帅表示非常怀疑。他要求看一看叫那位法国将军说法国政府已授权他签订一项准许俄国军队通过波兰的军事条约（杜芒是已经这么说的）的证明。显然，杜芒拒绝了这一要求。伏罗希洛夫下一步要求知道英国的反应如何，是否已经得到了波兰的同 537
意。这些都是没法回答的问题，杜芒只好答复说，他一无所知。

但是到这个时候，无论是问题还是答案都已经没有什么实际意义了。它们提得太晚了。里宾特洛甫已经在去莫斯科的路上了。他的访问是前一天晚上宣布的，同时还宣布了此行的目的：在纳粹德国和苏联之间缔结一项互不侵犯条约。

伏罗希洛夫看来似乎已经对那位法国将军产生了一种真正的好感，很婉转地向他示意：他们之间的接触就快结束了。

> ［伏罗希洛夫说］我只担心一件事情。法国和英国方面已经让政治和军事谈判拖得太长了。因此，在这个时候，我们绝不能排除这样一种可能性：也许会发生某种政治事件。*

---

* 在军事代表们前一天即8月21日上午的会议上，伏罗希洛夫要求会谈不定期地休会，理由是他和他的同事因为秋季演习而很忙。英法方面对这种拖延表示抗议以后，元帅答复说："苏联代表团的愿望过去是，现在仍然是同意组织三国武装部队的军事合作……苏联同德国并无共同边界，只有在苏联军队有权通过波兰和罗马尼亚领土的条件下，它才能给英、法、波、罗以援助……如果不允许苏联军队进入波兰和罗马尼亚的领土，他们就无法同英法军队合作……苏联军事代表团无法设想英国和法国的政府和参谋总部，在派出代表团到苏联来的时候……怎么会在这样一个最基本的问题上不给他们以指示……这只能表明有理由可以怀疑，他们是否有同苏联进行认真而有效的合作的愿望。"

这位元帅从军事上立论的逻辑是颠扑不破的。法国政府，特别是英国政府没有能予以响应，将得到证明是一场灾难。不过，到8月21日这么晚的一个日子还来重复这一番话——和其他的话——却未免虚伪，伏罗希洛夫这个时候不可能不知道斯大林8月19日的决定了。

里宾特洛甫在莫斯科：1939年8月23日

所谓“某种政治事件”现在发生了。

里宾特洛甫是8月22日坐飞机动身去莫斯科的。他随身带着希特勒亲笔的全权证书，握有同苏联缔结一经签字立即生效的互不侵犯条约和“其他协定”的大权，也带着大批随员。第一天晚上，德国代表团在东普鲁士的柯尼斯堡过夜，据施密特博士说，里宾特洛甫在那里工作了整整一夜，不断同柏林和贝希特斯加登通电话，而且为准备同斯大林和莫洛托夫会谈而做了大量的笔记。

538 载着德国代表团的两架“秃鹫”式运输机在8月23日正午到达莫斯科。在大使馆匆匆吃完午饭以后，里宾特洛甫就急急忙忙赶到克里姆林宫去会见苏联独裁者和他的外交人民委员。第一次会议持续了三个小时，据里宾特洛甫在“特急”电报中告诉希特勒，这次会议对德国人说来进行得很好。[32] 从德国外交部长的电报来判断，根本没有任何困难就在将使苏联置身于希特勒发动的战争之外的互不侵犯条约的条款方面达成了协议。事实上，据他报告，唯一的困难是如何瓜分赃物这样一个显然很小的问题。俄国人要求德国人承认拉脱维亚的利耶帕亚和温道两个小港“在他们的势力范围之内”。由于拉脱维亚全境都划在两国势力范围的界线的苏联一面，这个要求并不是多么大的问题，希特勒很快就同意了。里宾特洛甫在第一次会议后还告诉元首说：“预期将就整个东欧地区划分势力范围的问题签订一项秘密议定书。”

全部文件——互不侵犯条约和秘密议定书——当天晚上在克里姆林宫举行第二次会谈的时候签字了。德国人和俄国人达成协议太容易了，因此在这次一直开到第二天凌晨一两点钟的宴会式的会议上，绝大部分时间不是花在什么严重的讨价还价上，而是用来对世界局势一个国家一个国家地进行热烈而友好的讨论，中间还充满了克里姆林宫

1939年8月23日，里宾特洛甫（左）抵达莫斯科中央机场，迎接他的是苏联副外交人民委员弗拉季米尔·波将金（右）。

莫洛托夫在《苏德互不侵犯条约》上签字，他身后站立的是斯大林（右二）和里宾特洛甫（右三）。

庆祝会上绝不可少的敬酒干杯。出席这次会议的德国代表团的一个团员曾写了一份秘密备忘录记下这个外人难以想象的场面。[33]

斯大林曾问到德国的伙伴——意大利和日本——的野心，里宾特洛甫对此做了爽快的、令人放心的回答。谈到英国的时候，苏联独裁者和那位现在举止尽量表现得规矩的纳粹外交部长也马上发现彼此的看法一致。斯大林告诉他的客人说，英国派到莫斯科来的军事代表团“从来也没有告诉苏联政府，他们到底要什么”。里宾特洛甫在回答时着重点出，英国老是想破坏德国和苏联之间的良好关系。他大言不惭地说：“英国是软弱的，只想叫别人给它打仗，好让它狂妄地僭取统治全世界的霸权。”

这份德国备忘录说，“斯大林极表同意”，他还说，“如果英国真的统治了全世界的话，那是因为老是让自己被它吓唬的其他国家太傻的缘故”。这个时候，苏联的统治者和希特勒的外交部长已经相处极为融洽，即使提起反共公约也不能使他们感到尴尬了。里宾特洛甫再次解释这个条约不是针对苏联而是针对西方民主国家的。斯大林插话说：“事实上，反共公约主要是吓坏了伦敦城［指英国金融界］和英国的店主们。”

539 在这个时候，据德国的备忘录透露，里宾特洛甫由于斯大林这种圆通的态度，兴致高到竟然想说一两句笑话——对这样一个毫无幽默感的人来说，这实在是一件了不起的事情。

> 德国外交部长［备忘录接着说］开玩笑地说，斯大林先生肯定没有像伦敦城和英国的店主们那样被反共公约吓倒。德国人民对这件事情的看法可以拿一个笑话来说明，那是一向以机智和幽默出名的柏林人编出来的，他们说，斯大林自己早晚都会参加反共公约的。

最后，纳粹外交部长絮絮不休地谈到德国人民将如何热烈地欢迎同俄国达成的谅解。“斯大林先生回答说，”德国备忘录写道，“他确实相信这一点。德国人要求和平。”

这样的噱头到互相敬酒的时候就愈来愈不堪了。

> 斯大林先生自动地提议为元首干一杯：
>
> “我知道德国民族多么爱他们的元首，我因此要为他的健康喝一杯。”
>
> 莫洛托夫先生提议为德国外交部长的健康干一杯……莫洛托夫先生和斯大林先生一再提议为互不侵犯条约，为德俄关系的新时代，为德意志民族干杯。
>
> 德国外交部长也提议为斯大林先生，为苏联政府，为德国和苏联两国关系的顺利发展干杯。

尽管在这些直到最近以前还是不共戴天的死敌之间说了这么多热情的话，对纳粹党人能否信守这个条约，斯大林看来在思想上还是有保留的。当里宾特洛甫告辞的时候，他把他拉到一旁并且说："苏联政府对这个新条约是十分认真的。他可以用他的荣誉来担保，苏联绝不会出卖它的伙伴。"

这一对新伙伴到底签订了些什么呢？在公开发表的条约中，双方约定，任何一国都不得进攻对方。如果其中一方成了第三国的“敌对行动的目标”，另一方将“绝不以任何形式给予该第三国以支持”。德国和俄国也绝不“参加直接或间接针对另一方的任何国家集团”。* 540

* 主要条款的措辞几乎完全按照莫洛托夫8月19日交给舒伦堡的苏联草案。它是希特勒在给斯大林的电报中说他已经接受了的。俄国草案特别规定，德苏互不侵犯条约，只有在同时签订一项“特别议定书”并且以之为该条约不可分割的一部分的情况下方属有效。[34]

据参加晚上会议的弗里德里希·高斯说，里宾特洛甫曾放入一段强调苏德友好关系之形成的夸大其词的序言，由于斯大林的坚持而放弃了。这位苏联独裁者发牢骚说："苏联政府被纳粹政府在脸上抹了六年屎之后不能突然之间把关于友谊的保证拿到群众面前来。"[35]

这样，希特勒就取得了他具体希望得到的东西：一旦波兰受到进攻，而英国和法国又履行其条约义务出兵救援时，苏联同意不加入英法一方。*

他所付出的代价是在这个条约的“秘密附属议定书”里：

> 值此德国和苏联互不侵犯条约签字之际，在下面签字的全权代表在严守机密的会谈中讨论了在东欧划分他们各自的利益范围的问题。
>
> 1. 在一旦波罗的海国家（芬兰、爱沙尼亚、拉脱维亚、立陶宛）所属的领土上发生领土的或政治的变动时，立陶宛的北部边界应成为德国和苏联两国利益范围的边界。
>
> 2. 在一旦波兰国家所属的领土上发生领土的或政治的变动时，德国和苏联两国的利益范围将大体上以纳雷夫河、维斯杜拉河和桑河一线为界。
>
> 缔约双方的利益是否需要维持一个独立的波兰国家以及这个国家的边界应如何划定的问题，只有在今后政治局势的发展中方能予以明确规定。
>
> 在任何情况下，两国政府都将以友好的谅解来解决这个问题。

德国和俄国就像在德皇和沙皇时代一样再一次就瓜分波兰取得了一致。而希特勒还给了斯大林在波罗的海东岸自由行动的权利。

最后，在东南欧，俄国人强调他们在比萨拉比亚（那是苏联在1919年割给罗马尼亚的）的利益，而德国人宣布他们对这一地区没有利害关系——这个让步是里宾特洛甫后来感到后悔的。

议定书最后说：“本议定书将由双方严守秘密。”[36]

---

* 条约第七条规定，该条约在签字以后立即生效。在这样两个极权主义的国家中，正式批准当然只是一种形式，但是也得花几天的时间。希特勒坚持非有这一条规定不可。

事实上，它的内容直到战后缴获了德国秘密档案以后才为世人所知。

第二天（8月24日），当兴高采烈的里宾特洛甫飞返柏林的时候，在莫斯科的英法军事代表团要求见伏罗希洛夫。德拉克斯海军上将还曾给那位元帅送去了一封急信，要求他表明对继续谈判的看法。 541

伏罗希洛夫过了一天之后在8月25日下午1时给了英法军事参谋人员以答复："鉴于政治形势业已改变，继续谈判已经没有什么用处了。"

两年以后，当德国军队违反上述条约而大举侵入俄国的时候，斯大林仍然认为他背着到莫斯科谈判的英法军事代表团而同希特勒进行的这笔丑恶的交易是有理的。1941年7月3日他在对俄国人民的广播中自吹自擂地说："我们保证了我国获得一年半的和平及准备自己的力量来回击敌人的可能，如果法西斯德国敢于冒险违反条约来进犯我国的话。因此这毫无疑义是我们赢了，而法西斯德国输了。"*

究竟是不是如此呢？从那时以来，人们对这一点一直在争论。这一笔卑鄙的买卖给了斯大林一个喘息时间——俄文叫peredyshka——正如沙皇亚历山大一世1807年在蒂尔西特从拿破仑手里和列宁1917年在布列斯特-立托夫斯克从德国人手里所取得的一样，这一点是显而易见的。它也在一个短时期内给了苏联一个远在俄国原有边界之外的抗德前进阵地，其中包括在波罗的海国家和芬兰的基地——而付出代价的是波兰人、拉脱维亚人、爱沙尼亚人和芬兰人。尤其重要的是，如官方的苏联《外交史》（*History of Diplomacy*）后来所特别强调的那样，它使克里姆林宫可以放心，如果俄国在以后受到德国的进攻的话，西方国家也已经无可挽回地卷入了反对第三帝国的战争，而苏联就不会像斯大林在1939年整整一个夏天都在担心的那样，单独对抗强大的德国了。

---

* 斯大林：《论苏联伟大卫国战争》，莫斯科外国文书籍出版局1949年版，第13页。——译者

所有这些毫无疑问都是事实。但是还有相反的论点。到希特勒掉头进攻俄国的时候，波兰和法国的军队以及英国派到大陆来的远征军已经被摧毁了，因此德国可以调动全欧洲的人力、物力扑向俄国，而又没有西方战场束缚它的手脚。1941年、1942年和1943年整整三年，斯大林一直在抱怨欧洲没有开辟第二战场，俄国不得不承担抗击几乎全部德国军队的压力。现在的1939—1940年是有一个能够牵制德国军队的西方战场的。如果俄国支持波兰而不是在背后给它一刀的话，它也不可能在半个月之内就被扫荡净尽。不但如此，如果希特勒知道他要打波兰和英法就必须也要打俄国的话，很可能根本就打不起来。即使是在政治上胆怯的德国将领们，如果可以根据他们后来在纽伦堡的证词来判断的话，也可能立定脚跟反对同这样强大的一个联盟来进行战争。据法国驻柏林大使说，在5月底的时候，凯特尔和布劳希奇都曾警告过希特勒，如果俄国参加敌人一方，德国很少有战胜的可能性。

542 没有一个政治家，即使独裁者也罢，能够预言长期的形势发展。丘吉尔说，斯大林同希特勒做交易一举固然足以令人齿冷，然而“在当时却是高度现实主义的”，[37] 这种说法是可以讨论的。斯大林的首要考虑，就同任何其他国家政府首脑的考虑一样，是他自己的国家的安全。据他后来告诉丘吉尔说，他在1939年夏天深信，希特勒就要打仗了。他决定俄国绝不能被别人骗到单独对德作战的倒霉局面中去。如果同西方结成靠得住的联盟证明已不可能的话，那为什么不转而联合希特勒呢？他不是已突然来敲门求教了吗？

到1939年7月底的时候，斯大林显然已经深信，法国和英国不但不要一个有约束力的联盟，而且英国张伯伦政府的目的根本就是诱使希特勒在东欧发动战争。他似乎已经十分怀疑英国会对波兰信守自己的条约义务，就同法国没有对捷克斯洛伐克信守义务一样。而过去两年在西方发生的每一件事情都有助于加强他的猜疑：张伯伦在德奥合并和纳粹占领捷克斯洛伐克以后拒绝了苏联关于召开国际会议制定制止希特勒侵略的计划；张伯伦到慕尼黑去姑息希特勒，而且把俄国排除在这次会议之外；张伯伦在就缔结防御同盟共同对付德国而进行的谈判中拖延退缩，而一任1939年夏天稍纵即逝的时光在空话中消磨净尽。

有一件事情，除了对张伯伦以外，几乎对谁都是肯定无疑的。在希特勒每一次行动面前都要动摇的英法外交，现在已经完全破产了。[*]这两个西方民主国家一步一步后退：1935年，希特勒公然藐视它们而下令征兵；1936年，他进军莱茵兰；1938年，他夺取了奥地利；同一年，他要求得到而且果然得到了苏台德区；1939年3月，他占领了残存的捷克斯洛伐克，而英法只有坐在一旁眼睁睁地看着。有苏联在它们一边，它们还能使那位德国独裁者对发动战争有所顾忌，而如果不能阻止他发动战争的话，它们还有可能迅速把他击败。但是现在，它们把这样一个最后的机会都断送了。[†]现在，它们只好在坏到不能再坏的时机和坏到不能再坏的条件下，来承担在波兰受到进攻时给它以援助的义务。 543

伦敦和巴黎对斯大林的两面手段的指摘声浪甚高而且语调激烈。

---

* 波兰的外交也一样破产了。诺埃尔大使在给巴黎的电报中报告波兰外长贝克对德苏条约的反应说："贝克毫不慌张，而且看起来一点都不担忧。他认为从实质上说，并没有多大变化。"

† 尽管有我们上面所知道的许多警告，表明希特勒在向克里姆林宫讨好。法国驻德大使库隆德尔先生在6月1日曾通知法国外交部长博内，在希特勒的思想里，俄国的影子已越来越大了。库隆德尔写道："如果希特勒不必同俄国打仗的话，他就会冒战争的危险。另一方面，如果他知道他也得同它打仗的话，他就会后退，而不是让他的国家、他的党和他自己自取灭亡。"大使敦促英法同苏联在莫斯科进行的谈判立即取得结果，他还告诉巴黎，英国驻德大使也曾对伦敦做了相似的呼吁（见《法国黄皮书》［*French Yellow Book*］，法文版，第180—181页）。

8月15日，库隆德尔和汉德逊都曾到德国外交部见魏茨泽克。英国大使报告伦敦说，国务秘书深信苏联"最后会参加波兰分赃"（《英国蓝皮书》［*British Blue Book*］，第91页）。而库隆德尔在同魏茨泽克谈话以后，打电话给巴黎说："有必要不惜一切代价尽快在同俄国的谈判中求得某种解决。"（《法国黄皮书》，第282页）

整个6月和7月，美国驻苏大使劳伦斯·斯泰恩哈特都不断发回电报，警告苏联-纳粹之间的买卖即将成交。罗斯福总统曾把这项警告转告英国、法国和波兰的大使馆。早在7月5日，当苏联驻美大使康斯坦丁·奥曼斯基离任返国休假的时候，他曾带了罗斯福总统的一封信给斯大林，信中说："如果他的政府与希特勒联合在一起的话，那么希特勒一旦征服法国以后就会转向俄国，这就像黑夜必将随白天之后到来一样是肯定无疑的事情。"（见约瑟夫·E.戴维斯：《出使莫斯科记》［*Mission to Moscow*］，第450页）总统的警告是用电报发给斯泰恩哈特而由斯泰恩哈特在8月16日转告莫洛托夫的（见《美国外交文件集1939年》［*U. S. Diplomatic Papers, 1939*］，第1卷，第296—299页）。

多年以来，这位苏联的专制暴君一直在痛骂“法西斯野兽”，而且号召一切热爱和平的国家团结起来制止纳粹侵略。而现在他自己居然也入伙干起这样的行当来了。克里姆林宫大可为自己辩护（它也这样辩护了），苏联只不过是做了一年以前英国和法国在慕尼黑所做的同样的事情：以牺牲小国为代价，买得了和平和整军经武以备对付德国的时间。如果张伯伦在1938年9月以牺牲捷克斯洛伐克来姑息希特勒是正当的而且很光彩的话，斯大林在一年以后以牺牲始终拒绝任何苏联援助的波兰来姑息德国元首又有什么错误和不光彩的地方呢？

斯大林同希特勒协议瓜分波兰并且得到希特勒默契并吞拉脱维亚、爱沙尼亚、芬兰和比萨拉比亚的无耻密约，除柏林和莫斯科而外，外界是没有人知道的。但是，它很快就从苏联的举动中叫人看出来了。甚至在事隔多年以后的今天，它也仍然会使世界上大部分人震惊骇异。俄国人也许可以说（他们也这样说了），他们只不过是恢复第一次世界大战结束时从他们那里拿走的土地而已。但是，这些土地上的人民并不是俄罗斯人，而且并没有表现出任何想回到俄国去的愿望。只有武力，只有苏联人在李维诺夫政策的全盛时代表示要避免采用的武力才能使他们回来。

自从参加国际联盟以后，苏联曾树立了一定的道义上的力量，以和平的维护者和法西斯侵略的主要反对者的面貌出现在世人面前。现在，那种道义上的资本已经丧失净尽了。

最严重的是，由于同纳粹德国完成了这笔龌龊的买卖，斯大林已发出了一场战争就要揭幕的信号，而这场战争又肯定将演变成为世界大战。他毫无疑问是明白这一点的。* 后来的事实表明，这是他一生中
544 最大的错误。

* 好多年以前，希特勒就曾在《我的奋斗》中预言式地写过：“同俄国缔结同盟这个事实本身就包孕了进行下一次大战的计划。其结果将是德国的末日。”（见《我的奋斗》，豪顿·米夫林书店1943年版，第660页）

注 释

1. 施努雷关于这次会谈的备忘录，根据他在1939年8月14日致莫斯科大使馆的电报，载《德国外交政策文件汇编》，第7卷，第58—59页。

2. 舒伦堡的电报全文，同上，第67—68页。

3. 里宾特洛甫的电报全文，同上，第62—64页。

4. 英国企业家的备忘录是在戈林办公室档案中发现的，同上，第6卷，第1088—1093页。上面有许多戈林手迹的批语。有好几处，他显然不相信与他想法相反的话，他批上“嘿！”达勒鲁斯斡旋和平这件异想天开甚至有点荒诞不经的事情的经过，见他本人著《最后的尝试》。另见他在纽伦堡的证词，载《主要战犯的审讯》，第9卷，第457—491页。另见刘易斯·纳米尔爵士著《外交前奏曲》，第417—433页，该章名为“外行插手外交”。

5. 1946年2月26日对哈尔德的提讯，见《纳粹的阴谋与侵略》，附件B，第1562页。

6. 哈塞尔：《冯·哈塞尔日记（1938—1944）》，第53，63—64页。

7. 托马斯：《思想和境遇》，载《瑞士月刊》，1945年12月号。

8. 卡纳里斯关于1939年8月17日同凯特尔谈话的备忘录，见《纳粹的阴谋与侵略》，第3卷，第580页（纽伦堡文件795-PS）。

9. 瑙约克斯的供词，同上，第6卷，第390—392页（纽伦堡文件2751-PS）。

10. 舒伦堡8月16日早上2点48分发出的电报，见《德国外交政策文件汇编》，第7卷，第76—77页。他后来由信使带去一份比较全面的报告，并在致魏茨泽克的信中补充了细节，同上，第87—90，99—100页。

11. 《英国外交政策文件汇编》，第3卷，第7册，第41—42页。斯泰恩哈特大使的报告，见《美国外交文件汇编（1939年）》，第1卷，第296—299，334页。

12. 里宾特洛甫8月16日发给舒伦堡大使的电报，见《德国外交政策文件汇编》，第7卷，第84—85页。

13. 同上，第100页。

14. 同上，第102页。

15. 舒伦堡8月18日上午5点58分电报，同上，第114—116页。

16. 里宾特洛甫8月18日上午10点48分电报，同上，第121—123页。

17. 施努雷8月19日备忘录，同上，第132—133页。

18. 舒伦堡8月19日下午6点22分电报，同上，第134页。

19. 舒伦堡8月20日上午12点8分电报，同上，第149—150页。

20. 丘吉尔：《风暴欲临》，第392页，他未指明来源。

21. 同上，第391页。

22. 希特勒8月20日致斯大林电报，见《德国外交政策文件汇编》，第7卷，第156—157页。

23. 舒伦堡8月21日凌晨1点19分电报，同上，第161—162页。

24. 里宾特洛甫8月21日电报，同上，第162页。

25. 舒伦堡8月21日下午1点43分电报，同上，第164页。

26. 斯大林8月21日致希特勒的信，同上，第168页。

27. 《纳粹的阴谋与侵略》，附件B，第1103—1105页。

28. 《英国外交政策文件汇编》，第6册，第376号。

29. 同上，第3卷，第7册，附录II，第558—614页。附录中有莫斯科军事会谈的每日详尽记录，在盟国方面关于这次会谈的材料中，这是我所见到的最全面的。其中并有伯内特空军中将和海伍德将军在会谈期间向伦敦发出的报告，德拉克斯海军上将所写的英国代表团最后报告。还有杜芒将军和伏罗希洛夫元帅在8月22日晚间的一次戏剧性会谈的逐字记录，当时这位法国军事代表团长拼命想挽回局势，尽管已宣布里宾特洛甫将于次日抵达莫斯科。还有盟国代表团8月26日与伏罗希洛夫最后一次痛苦的会谈的记录。第7册中还收入英国外交部与驻莫斯科大使馆的许多函电往来，说明了这次事件的经过。

本章此节主要根据的是英国的这些机密文件。不幸，据我所知，俄国人从来没有发表过他们方面的材料，虽然尼科诺夫的《第二次世界大战的起因》一书提供了苏联方面的记述，其中充分利用了英国外交部的文件。苏方的记述还可见波将金编的《外交史》。

30. 保罗·雷诺：《斗争最前线》，第212页。雷诺在第210—233页中提出了法国方面关于1939年8月莫斯科会谈的情况的叙述。他在第211页中说明了材料来源。博内在其所著《欧洲的末日》一书中提出了他的看法。

31. 文件见《英国外交政策文件汇编》，第7册（见本章注29）。有意义的是，《英国蓝皮书》和《法国黄皮书》中都只字未提英法在华沙进行的外交活动（这些活动的目的是要使波兰人接受苏联的援助），也没有提到莫斯科军事会谈的情况。

32. 里宾特洛甫8月23日晚上9点5分从莫斯科发出的电报，见《德国外交政策文件汇编》，第7卷，第220页。

33. 8月24日德国秘密备忘录，同上，第225—229页。

34. 苏联草案全文，同上，第150—151页。

35. 高斯在纽伦堡的供词，见《主要战犯的审讯》，第10卷，第312页。

36. 1939年8月23日德苏互不侵犯条约和秘密议定书全文，见《德国外交政策文件汇编》，第7卷，第245—247页。

37. 丘吉尔：《风暴欲临》，第394页。

第十六章
最后几天的和平日子

英国政府并没有袖手坐待德苏条约在莫斯科正式签订。8月21日深夜，柏林宣布里宾特洛甫乘机飞往莫斯科缔结德苏协定的消息，使英国内阁行动起来。22日下午3时，内阁举行会议，会后发表了一个公报，断然声明："英国对波兰所承担的义务曾经一再公开宣布，并且决心履行，绝不受［德苏互不侵犯条约的］影响。"与此同时，议会也决定在8月24日开会，要通过《紧急权力（国防）法案》。此外还采取了某些预防性的动员措施。

虽然内阁声明已经说得尽可能地明白，但是张伯伦还是要让希特勒不发生任何疑问，于是便在内阁会议结束之后立刻又以个人名义给这位元首写了一封信。

……柏林某些方面显然认为，德苏协定一经宣布，大不列颠为维护波兰利益而进行干预的可能就已无须再加考虑。这是一个莫大的错误。无论德苏协定的性质如何，都绝不能改变大不列颠对波兰所承担的义务……

有人曾经说过，要是英王陛下政府在1914年把立场表示得更明确一些，那场巨大的灾难就可能不致发生。姑不论这种说法

> 是否有道理，这一次英王陛下政府决心不再让这种悲剧性的误解重演。
>
> 一旦发生上述这种情况，英王陛下政府决心并且准备毫不迟延地使用所拥有的一切力量。而敌对行动一旦发生之后，其结果是难以预料的……[1]

这位首相“这样彻底明确地阐明了我国的立场”（这是他自己后
545 来附加的话）之后，再一次呼吁希特勒通过和平途径来解决他和波兰之间的分歧，并再次表示英国政府愿意提供合作来实现这一点。

这封信由汉德逊大使从柏林乘飞机送到贝希特斯加登，于8月23日午后1点过后不久交给了希特勒，纳粹独裁者看了之后勃然大怒。汉德逊在拍给哈利法克斯的电报中说：“希特勒暴跳如雷，不论说什么话他都不肯听，当他提到英国和提到波兰的时候，措辞都极为粗暴而又夸张。”[2] 关于希特勒那段长篇攻击的内容，汉德逊在这次会见的报告中所做的记载跟后来从被缴获的纳粹档案中所发现的德国外交部有关这一问题的备忘录是一致的。他咆哮道，波兰的顽固全是英国造成的，就像一年以前它应该对捷克斯洛伐克不讲道理的态度负有责任一样。波兰有数以万计的日耳曼族人正在受到迫害。他声称甚至还发生了六起阉割事件——这是一桩使他忐忑不安的事。他说他已经忍无可忍。要是波兰人再继续迫害日耳曼人，就会马上引起实际行动。

> 我在每一个问题上都和他做了争辩［汉德逊拍给哈利法克斯的电报写道］，并且一再指出他的话是不确实的，但结果只是又引起他一通长篇攻击。

最后，希特勒答应两小时以后就英国首相的来函做出一个书面答复。于是汉德逊便回到萨尔茨堡去稍事休息。* 当天下午晚些时候，希特勒召见这位大使，把复信交给了他。据汉德逊向伦敦提出的报告，同第一次会见相比，这位元首“显得十分安详而且始终没有提高嗓门”。

> 希特勒说［汉德逊报告道］，他已经50岁了，要打现在就打，他不想等到55岁或者60岁再打。

这个德国独裁者在山顶别墅中发出叫嚣时所显露的不可一世的狂妄态度，在德国人的会谈记录中甚至表现得更加露骨。记录在记述了他表示愿意在50岁的时候打仗而不想等到以后再打的话之后，接着写道：

1939年4月20日，希特勒在50岁生日庆祝会上获赠一辆定制汽车。

---

* 当时在场的魏茨泽克后来写道：“大使刚一出门，希特勒就拍着大腿大笑并且说：听到这番谈话以后张伯伦就要完蛋了，今天晚上他的内阁就会垮台！”（见魏茨泽克：《回忆录》［*Memoirs*］，第203页）

> ［希特勒说］英国最好别忘了，作为一个上过前线的军人，他懂得战争是怎么一回事，并且会使用一切可以使用的手段。不用说，谁都明白，如果世界大战［指1914—1918年的战争］期间由他当德国首相，德国是不会战败的。

自从波兰人胆敢和希特勒对抗以来，希特勒一直在对国外人士和德国人民吹牛说谎、虚声恫吓。他给张伯伦的复信就是集这种谎言与恫吓之大成的混合物。他说，德国并不想和大不列颠发生冲突。德
546 国一直准备“以一个真正空前慷慨大度的建议为基础”同波兰人讨论但泽和走廊问题。但是英国对波兰的无条件的保证，只是鼓励波兰人“对居住在波兰境内的150万日耳曼居民掀起骇人听闻的恐怖迫害的浪潮”。他宣布，这样的“暴行对于受害者来说是可怕的，而对于德意志帝国这样一个大国来说，则是不能容忍的”。德国将不再容忍这种暴行。

最后他谈到英国首相保证英国将信守对波兰所承担的义务这一点，他用坚定的口吻告诉英国首相说：“这丝毫不能动摇德国政府捍卫德国利益的坚定意志……如果英国竟然发动进攻，它将发现德国是有准备而且有决心的。”[3]

这次函件来往的结果如何呢？现在，希特勒从张伯伦那一方得到了一个庄严保证说，一旦德国进攻波兰，英国就要投入战争。而首相从元首方面得到的回答是：这不会有什么不同的结果。但是，此后紧张的八天中的一系列事件表明，在8月23日那一天，他们两个人谁也不相信自己所听到的对方的话已无转圜余地了。

希特勒尤其是这样。来自莫斯科的好消息使他大为振奋，他相信，尽管张伯伦刚刚写了那封信给他，但在俄国转了向之后，英国一定会重新考虑是不是要履行对波兰的义务的问题，而在英国之后，法国也会重新考虑。因此，这位元首在8月23日傍晚当汉德逊飞返柏林

的时候，决定了向波兰发动进攻的日期：8月26日，星期六，拂晓4点30分。

“关于发动进攻的具体日期和时刻，将不再发布命令，”哈尔德将军在日记中写道，**“一切都将按计划自动进行。”**

但是这位陆军参谋总长没有说对。8月25日发生了两件事，使希特勒在他的部队按计划应当突破波兰国境之前不到24小时的时候从灾难的深渊边缘缩了回来。一件事发生在伦敦，另一件发生在罗马。

希特勒在8月24日回柏林欢迎了从莫斯科归来的里宾特洛甫，听取了关于俄国人方面的情况的第一手报告，然后在25日这天上午给墨

San Francisco Chronicle

THE CITY'S ONLY HOME-OWNED NEWSPAPER

FOUNDED 1865—VOL. CLV, NO. 40 SAN FRANCISCO, THURSDAY, AUGUST 24, 1939 DAILY 5 CENTS, SUNDAY 10 CENTS

THIS WORLD TODAY

Nazis, Soviet Sign Pact; Hitler Tells Britain It's 'Too Late' For Peace; All Europe Arms!

Waterfront Employers Renew Offer To Bargain

LONDON: Der Fuehrer's Polish Stand Stuns British

European Situation At a Glance

BERLIN: Germany Now Demands All Territory Lost to Warsaw, Protectorate Over Rest

MOSCOW: Ten-Year Treaty Blasts Allies' Hopes of Signing Russia; Balance Shifts

The Treaty Text

Poland Begins To Mobilize Her Reserve Troops

ANY BUSINESS MAN WILL TELL YOU...

美国《旧金山纪事报》1939年8月24日头条新闻，标题为“纳粹、苏联签订和约；希特勒告诉英国和平已‘错过机会’；整个欧洲武装起来！”。

索里尼发了一封信。这封信就他何以未能把他和苏联谈判的情况及时通知这位轴心伙伴的原因做了事后的解释。他说他“没有想到”谈判会进展得这样快，会得到这样的结果。他说，苏德条约“必须看成是轴心方面所能取得的最重大不过的收获”。

但是，这封已从缴获的文件中找到原件的信的真正目的，还在于先向这位意大利领袖打一个招呼，告诉他德国随时可能对波兰发动进攻。不过希特勒并没有把他所定的确切日期告诉他的盟友。他说：“波兰方面如果发生令人不可容忍的事件，我将立即采取行动……在这种情况下，没有人能够预言下一个小时将会发生什么事情。”希特勒没有明确要求意大利给予援助。因为根据意德同盟条约，意大利自动给予援助是理所当然的事。因此他在信中仅表示希望获得意大利的谅
547 解。[4] 虽然如此，他仍然盼望立即得到一个答复。这封信由里宾特洛甫亲自从电话中口述给德国驻罗马大使，于当天下午3点20分送到那位领袖手里。

在这期间，元首于下午1点30分在总理府接见了汉德逊大使。他摧毁波兰的决心毫未动摇，但是他比两天前在贝希特斯加登同汉德逊谈话的时候更加急于做最后一次努力，使英国置身于战争之外。* 据大使发给伦敦的报告，他发现元首“十分冷静和正常，话也说得非常认真，显然流露出诚意”。尽管有着过去一年来的切身经验，但汉德逊甚至到了这个时刻还看不透这位德国元首的“诚意”。因为希特勒要说的话是十分荒唐的。他对这位大使说，他“承认”英帝国的存在，他个人准备“亲自保证英帝国的继续存在，并且愿意用德意志帝国的威力来达到这一目的”。

---

* 据埃里希·科尔特在《幻想与现实》（*Wahn und Wirklichkeit*）一书第192页中说，希特勒被他在莫斯科的胜利冲昏了头脑，在8月25日一清早就叫他的新闻局把报道巴黎和伦敦内阁危机的消息送给他。他满以为那两个政府是非垮台不可的。及至他听到张伯伦和哈利法克斯前一天在议会发表的坚定的演说之后，才如梦初醒。

> 他希望［希特勒解释道］，对英国采取一个其性质同对俄国所采取的行动一样具有决定意义的行动……元首准备同英国缔结协定，不仅要在一切情况下（只要涉及德国）保证英帝国的存在，而且如有必要的话，还愿意保证不论英帝国在哪方面需要援助，德国都将给予援助。

他补充道，他“还准备接受一项合理的军备限制”，并且把德国的西部国境看成是最后的疆界。据汉德逊讲，希特勒说着说着又像惯常一样，开始唠唠叨叨地说起一些矫揉造作的话来，虽然这位大使向伦敦发出的电报中重述那段话时并没这样说。元首说：

> 他的天性是一个艺术家而不是政治家，一旦波兰问题解决以后，他就要作为一个艺术家而不是作为战争贩子了此余生。

但是这位独裁者却是用另外一种调子结束他的发言的。

> 元首重复强调［据德国人拟给汉德逊的口头声明说］，他是一个意志坚定的人……这是他最后的建议。如果他们［英国政府］拒绝他所提出的这些意见，那么就会发生战争。

在会谈的过程中，希特勒不止一次地指出，他对英国提出的“慷慨而又全面的建议”附有一个条件，那就是这一建议只有“在德波问题解决**以后**”才能生效。汉德逊一再表示，除非这意味着德波问题的和平解决，否则英国将不能考虑他的建议。希特勒的回答是：“如果您 548
认为我的建议毫无用处，那您就不必把它发回去。”

但是，这位大使刚刚回到威廉街上离总理府没有几步远的大使馆，施密特博士就带着希特勒那番谈话的书面副件（其中颇有删节）叩门求见，同时还带来元首的话说，元首请汉德逊敦促英国政府“十分认真地对待这一建议”，并且主张这位大使亲自乘飞机把建议送到伦敦去，德国政府可以派一架飞机供他使用。[5]

读者已经读完本书这么多章节，自然就会知道，要想看透希特勒那颗狂热的脑袋中的那些离奇古怪、异想天开的想法不是那么容易的。他在8月25日提出那个荒唐的“建议”，说要保证英帝国存在，显然是他一时心血来潮的杰作，因为两天以前在他和汉德逊讨论张伯伦的来信以及就此复信的时候，连提都没有提到过这么个建议。即使说这位独裁者神经有点失常，也难于相信他本人在这个问题上的确像他对英国大使提出时那样认真。再说，当时张伯伦根本连信也来不及看，纳粹军队就要在第二天拂晓冲进波兰（这位元首此时尚未更改他原定的发动进攻的日期），试问，又怎么能够指望英国政府像他所要求的那样“十分认真”地看待这个建议呢？

但是在这个“建议”的背后确实隐藏着一个认真的打算。希特勒显然相信，张伯伦和斯大林一样，也希望得到一个借口，能让他的国家置身于战争之外。* 两天以前，他付出一笔代价，让俄国人在东欧方面“从波罗的海到黑海”的整个地区内自由行动，已经买得了斯大林的善意中立。难道他就不能向英国首相保证第三帝国永远不会像霍亨索伦德国那样成为英帝国的威胁，以此为代价买到英国的不干涉吗？可是希特勒当时没有认识到——同样斯大林也没有认识到这一点，这使得他后来付出了可怕的代价——现在终于睁开眼睛看清了现实的张伯伦认为，德国称霸欧洲大陆对英帝国来说是一切威胁中最大的威

* 或者，如果不能完全置身于战争之外，至少不要认真地参加进去。哈尔德将军在他8月28日的日记中追述8月25日那天发生的“一系列事件”时隐约地提到了这一点。写到25日午后1点30分希特勒接见汉德逊时，他补充一句说：“如果英国想虚应故事地打一打，元首是不会见怪的。”

胁。其实，对于苏俄帝国又何尝不是如此。希特勒在《我的奋斗》一书中早已说过，若干世纪以来，英国外交政策的首要任务就是防止任何一个国家单独称霸欧洲。

下午5点30分，希特勒接见了法国大使，但并没有对他说什么重要的话，只是再一次重复“波兰对于德国的挑衅”已经到了令人不能容忍的地步，说他不会进攻法国，但是如果法国竟然参与冲突，他就要和法国拼到底。谈到这里，希特勒就从椅子上站起来，对法国大使表示送客了。但是库隆德尔对这位第三帝国的元首却还有些话要说，
而且坚持非说出来不可。他凭军人的荣誉向希特勒担保，他毫不怀 549
疑，“一旦波兰遭到攻击，法国将以全力支持波兰”。

希特勒的回答是：“想到不得不同贵国交战，是使我感到痛心的事，但是问题不决定于我。请把这个意思转告达拉第先生。”[6]

这是柏林时间8月25日下午6点钟的事。首都的紧张气氛在这一天里有增无已。从中午刚过一会儿的时候起，同国外的一切无线电、电报以及电话联系，都按照威廉街的命令被切断了。前一天晚上，最后一批英法记者和无官职平民都已经匆匆奔向最近的国境线。25日是星期五，在那一天里，人们都知道了德国外交部已经用电报通知驻波兰、英国和法国的大使馆和领事馆，叫他们要求德国公民选择最快的路线离境。我在8月24日和25日所记的日记到今天还能使我回想起当时笼罩着整个柏林的紧张气氛。天气闷热，所有的人都好像热锅上的蚂蚁似的。在这个大城市里，到处支起了高射炮，轰炸机群不断地从头顶上掠过，朝着波兰的方向飞去。24日晚间我在日记上匆匆忙忙地写了这样几个字：“已是一片战争景象。”第二天，我又重复了一句：“战争迫在眉睫。”我还记得，在那两天的晚上，我们在威廉街上看见德国人窃窃私语相互传告：希特勒已经命令部队在第二天拂晓开入波兰国境。

我们现在知道，给他们的命令是要在8月26日星期六拂晓4点30

分进攻。[*]而直到25日那天下午6点，所发生的事情都不能使希特勒按照预定的时间表发动侵略的决心有丝毫动摇，汉德逊和库隆德尔两位大使关于英、法两国一定将履行对波兰的义务的个人保证肯定也没有发生这种影响。但是到了下午大约6点钟，或者说6点稍过一点的时候，来自伦敦和罗马的消息使得这位看起来意志不可动摇的人犹豫起来了。

德国的秘密档案和威廉街官员们战后的证词，都没有清楚地说明希特勒究竟是在什么时候得知英波正式条约在伦敦签字的，这个条约
550 把英国对波兰的单方面保证变成了一项互助协定。[†]但在哈尔德的日记和德国海军记事册中有一些证据表明，威廉街在8月25日中午就得到了这一条约将于当天签字的风声。参谋总长在他的笔记中说，中午12点，他接到最高统帅部的一个电话，问他进攻计划推迟执行的最后时限。他回答说：下午3点。海军记事册也说，有关英波条约以及“意大利领袖的通知”的消息是在中午收到的。[7]但是，这是不可能的。根据德国人在墨索里尼的信上所做的标记来看，送到的时间不会早于“下午6点钟左右”。希特勒一直要到那个时间前后才可能知道英波条约在伦敦签字的消息，因为签字直到下午5点35分才举行——而且那个时间距离波兰驻伦敦大使爱德华·拉钦斯基伯爵接到本国外交部长授权签字的电话的时间也仅仅15分钟。[‡]

无论是什么时候收到的——下午6点钟左右是个正确可靠的推

---

* 虽然希特勒的长期有效的命令此时尚未撤销，要求在这一天的这一时刻发动进攻，并像哈尔德说的那样，“一切都将按计划自动进行”，但据许多德国著作家说，元首在那天下午3点过几分的时候曾发出在第二天清晨开始执行“白色方案”（Fall Weiss）的具体命令（见魏茨泽克：《回忆录》；科尔特：《幻想与现实》；瓦尔特·霍费尔：《1939年预谋的战争》[*War Premeditated, 1939*]）。霍费尔说，命令是下午3点2分发出的，并且说，这是他从冯·福尔曼将军处听到的，命令发出的时候这位将军正在总理府。关于这一点，德国档案材料中却没有找到任何正式记载。

† 这一条约附有一份秘密议定书，其中声明，条约第一条所提到的两国如遇需要实行军事互助以对付其侵略的那个“欧洲强国”指的是德国。由于这一规定，才使英国政府在苏联红军与德国人合谋侵入波兰东部的时候不致有必要采取向苏联宣战这一严重的步骤。

‡ 当时德国不像英国那样实行夏季时间。因此，柏林与伦敦之间就没有一小时的时差。

测——总之，伦敦的消息使希特勒动摇了。这很可能是英国对他那个“建议”的答复，那个建议的内容这时一定已经送到了伦敦。这就是说，他企图像买通俄国人那样买通英国人的打算落空了。报告送到时施密特博士正在希特勒办公室里，据他后来回忆，元首看完报告之后，就坐在书桌旁沉思起来。[8]

墨索里尼临阵胆怯

他的沉思很快就被罗马传来的同样不利的消息打断了。据施密特博士的描写，这位德国独裁者整个下午都怀着“毫不掩饰的焦躁情绪”等待着意大利领袖的复信。下午3点钟，汉德逊前脚刚走，意大利大使阿托利科后脚就应召来到总理府，但是这位大使只能告诉元首，他还没有收到罗马方面的回信。这时候，希特勒神经紧张到了极点，他叫里宾特洛甫去用长途电话找齐亚诺谈话，可是外交部长没法找到他通话。于是，施密特说，阿托利科就被“不大客气地”打发走了。[9]

若干天以来，希特勒不断收到罗马方面传来的报警消息，说他的轴心伙伴可能在他进攻波兰的紧要关头抛下他不顾。这个情报不是没有根据的。齐亚诺在8月11日到13日同希特勒和里宾特洛甫举行了那场使他幻想破灭的会谈后，一回去就着手撺掇墨索里尼抛弃德国人，他的这种活动没有逃过罗马德国大使馆严密监视的耳目。这位法西斯外交大臣的日记，详细地记载了他力图说服意大利独裁者认清大局，及时避免被希特勒拖入战争的种种经过。[10] 8月13日，齐亚诺从贝希特斯加登回来，当天晚上马上就去晋见领袖，向他报告同希特 551
勒和里宾特洛甫会谈的经过之后，就试图说服他的上司，“德国人已经背弃了我们，欺骗了我们”，并且“正在拖着我们跟着他们一起去冒险”。

领袖的反应变化无常［那天晚上齐亚诺在日记里写道］。起初，他同意我的看法。隔了一会他又说，为了信誉关系，他必须同德国人并肩前进。最后，他表示他要把克罗地亚和达尔马提亚作为他的一份战利品。

8月14日——我发现墨索里尼忧心忡忡，于是便毫不迟疑地想尽一切方法极力挑起他心中可能对德国人抱有的反感。我说他的威望已减，他所扮演的是个次要的二等角色。最后，我给他看一堆文件，证明德国人在波兰问题上对我们言而无信。两国同盟所根据的前提条件现在已经被他们否定了；他们既然背信弃义，我们就应当抛弃他们，不必有所顾虑。但是墨索里尼仍然顾虑重重。

第二天，齐亚诺为这个事情同墨索里尼彻底谈了六个小时。

8月15日——领袖……已经相信，我们不应该盲目地跟着德国人走。但是……他要有一段时间做好准备才能和德国人决裂……他越来越相信，民主国家一定会打的……这一回就意味着一场大战。而我们却不能卷入战争，因为我们的困难处境不容许我们这样做。

8月18日——上午与领袖谈了一次话。他还和往常一样三心二意。他仍然认为民主国家有可能按兵不动，德国人会做成一笔大有好处的便宜买卖，他不愿看着这笔买卖不能插上一手。同时，他还怕希特勒会发火。他相信，废除同盟条约或类似的行动可能使得希特勒丢下波兰问题而同意大利算账。凡此种种考虑，弄得他心烦意乱，坐立不安。

8月20日——领袖突然变了卦。他要在这场迫在眉睫的冲突中不惜任何代价地支持德国……墨索里尼同我和阿托利科进行了

> 商谈。[那位大使已从柏林回罗马述职。] 大意是：现在要背弃德国已经为时太晚了……全世界的舆论都会说意大利胆怯……我试图争辩，但已无济于事。墨索里尼顽固地坚持他的看法……
>
> **8月21日**——今天，我把话说得很明白……我一进屋，墨索里尼就肯定地说，他决心和德国人同进退。“领袖，您不能这样做，万万不能这样做……我到萨尔茨堡本来是去商定共同行动的方针的，但是我所碰到的却是一项绝对命令 [Diktat]。背弃盟约的是德国人而不是我们……撕了那个条约吧！……把它扔给希特勒！……”

这次谈话的结果是，让齐亚诺去和里宾特洛甫安排第二天在布伦纳山口举行会谈，并且通知他，意大利将置身于德国进攻波兰所挑起 552
的冲突之外。中午时分齐亚诺给里宾特洛甫打电话，等了好几个钟头他都没有来接，但是到下午5点30分的时候他终于来接电话了。纳粹外交部长表示，布伦纳会谈通知得这样仓促，他不能立刻作答，因为他“正在等候莫斯科方面的一份极为重要的电报”，要过一会儿再给齐亚诺回电话。晚上10点30分，他回电话了。

> **8月22日**——昨晚10点30分，新的一幕开始了 [齐亚诺在日记上说]。里宾特洛甫打电话告诉我，他希望在因斯布鲁克而不是在国境线上和我会见，因为会后他就要动身到莫斯科去同苏联政府签订一项政治协定。

对于齐亚诺和墨索里尼来说，这是一个新闻，而且是最为惊人的新闻。他们认定两国外长的会晤“已不再适宜了”。他们的德国盟友不让他们知道德国和莫斯科进行的秘密交易，又一次表现了对他们的轻视。

这位领袖的犹豫动摇，齐亚诺的反德情绪，以及意大利可能背弃钢铁条约第三条所规定的义务，即缔约一方一旦“卷入同另一国家的敌对行动中”时另一方就自动参战，在8月22日里宾特洛甫动身到莫斯科去以前，柏林方面就已经知道了。

8月20日，意大利驻柏林代办马西莫·马吉斯特拉蒂伯爵到外交部拜会魏茨泽克。这位国务秘书在一份秘密备忘录里告诉里宾特洛甫说[11]，那位伯爵向他透露了“意大利人的心情，虽然我对此并不感到惊讶，但是我认为肯定必须加以考虑”。马吉斯特拉蒂引起魏茨泽克注意的是，既然德国没有遵守盟约中规定双方在重大问题上必须保持紧密联系和进行磋商的条款，而且又把它和波兰之间的冲突完全看作德国一国的问题，“这样德国就自己放弃了意大利方面的武装援助”。因此，如果事情的发展同德国的看法相反，德国同波兰的冲突竟然发展成为一次大战，意大利就会认为同盟的“前提条件”已不再存在。一句话，意大利在寻找脱身的借口。

两天以后，8月23日，柏林又收到汉斯·格奥尔格·冯·马肯森大使从罗马发来的警告。他写信给魏茨泽克，报告了一些“幕后”情况。根据缴获的这封信上魏茨泽克亲笔写下的批语，这封信已“呈交元首”。这封信一定使希特勒打开了眼睛。马肯森在报告中说，墨索里尼同齐亚诺和阿托利科进行了一系列的商谈以后，意大利的态度是：德国如果进攻波兰，就破坏了钢铁条约，因为这条约的基础是双方同意在1942年以前不投入战争。而且，同德国的看法相反，墨索里
553 尼相信，如果德国进攻波兰，英国和法国都会出面干涉，“而且过不了几个月，美国也会出面干涉”。当德国在西线处于守势的时候，法国和英国

> 据这位领袖看来，就会倾全力攻打意大利。在这种情势下，意大利将不得不首当其冲，承受战争的全部重担，以使德国有机会在

东方收拾残局……[12]

希特勒考虑了这些警告之后，终于在8月25日上午给墨索里尼发去一封信，怀着越来越焦急不安的心情等回信足足等了一天。头天夜里，里宾特洛甫向元首详细陈述了他在莫斯科所取得的胜利，半夜刚过不久的时候，他“在元首的指示下”给齐亚诺去了个电话，把“由于波兰的挑衅所引起的极端严重的局势”通知了对方。* 魏茨泽克有一则笔记透露出，这次电话的用意在于“使意大利人没有借口说事态的发展出乎他们意料”。

到8月25日下午3点30分，马肯森大使在罗马威尼斯宫把希特勒的那封信交给墨索里尼的时候，这位领袖才知道德国人对波兰的进攻马上就要开始了。同希特勒的看法不同，他肯定相信英国和法国会立即参战，这会给意大利带来不堪设想的后果，因为意大利的海军不是英国地中海舰队的对手，而它的陆军又不堪法国的一击。† 马肯森晚间10点25分发给柏林的急电描述这次会见的情形说，墨索里尼当面把这封信仔细地看了两遍以后声称他“完全同意”德苏条约，他认识到“同波兰的武装冲突已不再能避免”。最后——马肯森报告说，“他特别强调这一点”——“他将尽一切力量无条件地站在我们这一边”。[13]

但是，这位德国大使并不知道，领袖写给元首的信里却不是这样

---

* 不要忘记，这些日子以来希特勒和里宾特洛甫在同英国人、法国人、俄国人、意大利人举行的会议和交换的照会中都一再唠叨不休地大谈“波兰的挑衅”，而且纳粹控制的报纸以煽动性的标题发表了关于这种“挑衅”的新闻，但是这种“挑衅”几乎全部是德国人的捏造。在波兰发生的绝大部分挑衅活动都是德国人按照柏林的指示制造的。被缴获的德国档案中充满了这方面的证据。

† 前一天，8月24日，齐亚诺在皮埃蒙特的夏宫觐见了国王。这位日渐衰老的君主已经被墨索里尼打入冷宫，他以极其轻蔑的口气谈到了本国的武装部队。齐亚诺引他的话说：“陆军的状况极糟。就是我们的边防军也都远远不够。他做过32次视察，深信法国人可以轻而易举地长驱直入。意大利的陆军军官都不称职，我们的装备已经陈旧过时。”（《齐亚诺日记》[*Ciano Diaries*]，第127页）

说的。这封信是由齐亚诺匆匆地用电话传给已经回到柏林办公室的阿托利科的，阿托利科“大约在下午6点钟左右”到总理府亲自把信交
554 给了阿道夫·希特勒。据当时在场的施密特说，这封信就像一颗炸弹一样打击了元首。墨索里尼在表示了他对德苏条约的“完全同意”和“对波兰问题的谅解”之后，就掉转话头，言归正传。他写道（信中的着重体是他自己用的）：

至于在一旦发生军事行动时意大利的实际态度，我的观点如下：

如果德国进攻波兰，而冲突又是局部化的，那么意大利就会根据德国的要求提供一切政治援助和经济援助。

如果德国进攻波兰*，而后者的盟国又向德国展开反攻，那么我事先通知您，鉴于**目前**意大利的战争准备状况，我觉得最好在军事行动方面不采取**主动行动**。关于意大利的战争准备状况，我们曾经不止一次地而且及时地告诉过您，元首，也告诉过冯·里宾特洛甫先生。

不过，如果德国能立即把军事物资和原料交给我们，以便抵抗法国和英国主要是针对我们的进攻，我们就可以立即参战。

在我们历次的会谈中，战争都预定在1942年；到那时候，按照预先协商的计划，我在陆、海、空三方面将准备就绪。

我还认为，意大利目前已经采取的纯军事措施以及以后将采取的其他措施，都会在欧洲和非洲牵制住数量可观的法国和英国的兵力。

---

* 战后从德国外交部档案中发现的墨索里尼这封信件的德文译本中，也就是我在这里所用的文本中，“德国”一字被勾掉了而在上面用打字机打上了“波兰”的字样，于是念起来就成为：“如果波兰进攻……”但是在意大利政府战后公布的意大利文原本上，这段话却是“Se la Germania attacca la Polonia”（如果德国进攻波兰）。令人惊奇的是，甚至收藏在他们政府档案中的秘密文件，纳粹也要加以篡改伪造。[14]

> 我认为，作为一个忠实的盟友，我有义不容辞的责任必须把全部真相如实奉告，并且事前把实际情况通知您，否则将会给我们双方带来不愉快的后果。这就是我的看法。由于我必须在最短时间内召开最高级政府机构会议，我请您把您的意见告诉我。
>
> 墨索里尼*[15] 555

因此，虽然俄国已经稳在囊中，成为友好的中立国而不参战，但是和德国签订了钢铁条约的盟邦却脱身出去，而且这种情形正好是出现在英国由于同波兰签订了抵抗德国侵略的互助条约而不可挽回地承担了义务的那一天发生的。希特勒看完来信之后告诉阿托利科说，他将立即复信，然后就冷冰冰地把这位意大利使节打发走了。

阿托利科走后，施密特博士听到希特勒愤慨地说："意大利人又要玩1914年的那一手了。"当天晚上，总理府里到处是责骂这个"背信弃义的轴心伙伴"的不客气的话。但光是说话是解决不了问题的。按预定的时间表，再过九小时德国的陆军就要对波兰发动猛攻了。因为现在已经是8月25日下午6点30分，而计划规定，入侵行动将于8月26日拂晓4点30分开始。面对着来自伦敦和罗马的消息，这位纳粹独裁者必须立刻做出决定，是仍然按照原定计划进攻呢，还是推迟或者

---

* 仿佛墨索里尼给希特勒的这一服苦药还不够苦似的，许多德国著作家（大多数都亲眼看到过最后几天的和平日子中那一段瞬息万变的局势）还对这封墨索里尼致元首的信发表了一份臆造的文本。反纳粹密谋分子之一的埃里希·科尔特当时任外交部的秘书处处长，他在1947年在斯图加特出版了他的《幻想与现实》一书，其中首先刊出了这封信的赝本。虽然科尔特在再版中把它删掉了，但其他的作者却继续引用初版书上的假信。它出现在1950年出版的彼得·克莱斯特所著的《希特勒与斯大林之间》（*Zwischen Hitler und Stalin*）一书中，甚至出现在1951年纽约版和伦敦版的保罗·施密特回忆录的英译本中。然而这封信的真正原文早在1946年就在意大利发表了，英译文也于1948年发表在国务院的《纳粹与苏联的关系》（*Nazi-Soviet Relations*）中。当希特勒从阿托利科手里接到这封信时，施密特博士正在希特勒身边，他引述这封信说："我不得不怀着生平未有的痛苦心情通知您，意大利还没有准备好参加战争。根据海、陆、空三军有关负责人给我的报告，意大利空军的汽油储备极其有限，只够维持三个星期的战斗。陆军的军需以及原料储备的情况也一样……请谅解我的处境。"关于这封信的伪造过程，在纳米尔的《纳粹时代》（*In the Nazi Era*）第5页上有一段有趣的评论，读者可以参阅。

干脆取消进攻。

施密特陪着阿托利科走出希特勒书房时，同急急忙忙跑来见元首的凯特尔将军撞了个满怀。几分钟之后，这位将军匆匆地从里面走出来，兴奋地对他的副官叫道："进攻的命令又得延期了！"

被墨索里尼和张伯伦逼到墙角的希特勒，已立刻做出了决定。哈尔德在日记里写道："元首受到极大的震动。"随后又写道：

> 晚上7点30分——波兰和英国之间的条约已经批准。敌对行动没有开始。一切军队调动必须停止，即使已到了边境也必须停止，如果不可能及早停止的话。
>
> 晚上8点35分——凯特尔证实此事。卡纳里斯说：对英法的电话管制解除了。证实了事态的发展。

德国海军记事册对进攻延期的记载更为简明，并且还提出了原因：

> **8月25日**——由于政治局势的变化，已经开始进行的"白色方案"将于20点30分（晚上8点30分）停止。（8月25日中午获悉英波订立互助条约。又获悉意大利领袖通知，他将信守盟约，但要求大量供应原料。）[16]

纽伦堡的主要被告中有三名被告在诘询下各自对延期进攻做了说
556 明。[17]里宾特洛甫说，当他听到英波条约的消息并且"听说""正在对波兰采取军事步骤"（他仿佛一直不知道有进攻波兰那回事似的）以后，他就"立刻"去找元首，力劝他取消对波兰的入侵。"元首立刻就同意了。"这当然完全是鬼话。

凯特尔和戈林的供词至少看来还比较诚实。凯特尔在纽伦堡法庭上追述当时情况说："我突然被叫到总理府会见希特勒，他对我说：

‘立刻停止一切行动。马上把布劳希奇找来。我需要时间进行外交谈判。’”

戈林在纽伦堡一次预审提讯中也证实，直到这时候，希特勒还相信他能够谈判出一条摆脱绝境的出路来。戈林说：

> 就在英国向波兰正式提出保证的那一天，元首打电话告诉我说，他已经下令停止执行进攻波兰的预定计划。我问他这是暂时的还是永久的。他说：“不是永久的，我必须看一看能不能避免英国方面的干预。”

墨索里尼在最后一分钟发生变卦，对希特勒固然是个沉重的打击，但是从上述证词中显然可以看出，促使德国元首推迟进攻的因素中，比较有力的因素还是英国和波兰签订互助条约这一行动。然而奇怪的是，当天汉德逊大使曾经再次向他提出警告说，一旦波兰受到攻击，英国将参战，并且英国这时又已经在正式条约中庄严地宣布了这一保证；在这之后，他居然仍旧像他对戈林所说的那样，相信自己能够“避免英国方面的干预”。这大概是他根据过去同张伯伦在慕尼黑打交道的经验，以为只要能安排一条出路，这位英国首相就会再次屈膝投降。但是仍然令人不解的是，像他这样一个人，原先对外国政治曾表现出很有洞察力，居然不知道张伯伦这个人和英国的立场已经发生了变化。这种变化毕竟全都是希特勒自己一手造成的。

要在8月25日晚上叫德国军队一下子停住，是颇费周折的事情，因为许多部队已经开始行动了。在东普鲁士，取消进攻的命令直到晚间9点37分才送达佩策尔将军的第一军。在几个军官费了九牛二虎之力急忙追上先头部队之后，才算止住了部队的前进。南面的冯·克莱斯特将军那一军的摩托化纵队，在黄昏时分已经逼近波兰边境。一个参谋军官驾着小型侦察机在国境上快速着陆后才把它们在边界上拦住。更有少数地区在打响了以后才接到命令。但是由于好几天以来德国人一直在整个边境沿线挑衅闹事，波兰参谋总部显然没有怀疑到这究竟是怎么一回事。在8月26日那一天，波兰参谋总部倒的确提出过这样一个报告："德国匪徒"多股越过国界，以机关枪与手榴弹袭击我
557 碉堡与关卡，"其中一起为德国正规部队所为"。

"密谋分子"的欢欣和混乱

8月25日晚上希特勒取消进攻波兰计划的消息，使得谍报局里的密谋分子欢欣若狂。奥斯特上校把这消息告诉沙赫特和吉斯维乌斯时嚷道："元首完蛋了。"到第二天早晨，卡纳里斯海军上将甚至比他更加想入非非，他宣称："希特勒绝对经不起这次打击。今后二十年的和平算是保住了。"他们两人都以为没有必要再去为推翻这个纳粹独裁者而操心，他已经完蛋了。

原来在这个决定人类命运的夏季行将结束的最后几个星期里，那些自以为是在进行密谋的人曾经又忙碌了一阵。至于他们究竟怀着什么目的，则很难弄清楚。格德勒、亚当·冯·特罗特、赫尔穆特·冯·毛奇、法比安·冯·施拉布伦多夫和鲁道夫·佩歇尔都曾先后来到伦敦；他们不仅告诉张伯伦和哈利法克斯，并且还告诉丘吉尔以及其他英国领导人说，希特勒打算在8月底进攻波兰。这些反对希特勒的德国人可以亲眼看到，整个英国，上至那位手里老带着一把雨伞的张伯伦，从慕尼黑的那些日子以来都已经改变了态度。一年前这些德国人自己曾提出一个条件：要他们决心驱逐希特勒，英国和法国就必须宣布将以武力制止纳粹的任何进一步的侵略，现在这一条件已经实现了。他们还要求什么呢？从他们所留下的文字材料来看，这一点是不清楚的，我们所能得到的印象是，连他们自己也不明白。虽然他们的用意良善，但是他们的思想混乱，达于极点，一种无能为力的感觉瘫痪了他们的

手脚。希特勒对德国的统治——也就是对陆军、警察、政府和人民的统治——太严密了，不是他们所能够想出的办法可以动摇或推翻的。

8月15日那一天，哈塞尔到沙赫特博士在柏林的独身新寓所中登门造访。这位被解职的经济部长刚刚从印度和缅甸旅行了六个月归来。哈塞尔在日记里写道："沙赫特的看法是，我们没有别的办法，只有留神等待，他认为事态将循着必然的道路发展。"根据哈塞尔自己的日记记载，他在同一天告诉吉斯维乌斯说，他"也赞成把直接行动暂时往后推一推"。

但是当时又有什么"直接行动"要推迟呢？哈尔德将军和希特勒同样热衷于毁灭波兰，这时候根本不想推翻这个独裁者。至于冯·维茨勒本将军，一年前预定在推翻元首的活动中由他负责领导部队的，现在正在西部指挥一个集团军，即使他有心也无法参加柏林的行动。然而他是否真正有心呢？吉斯维乌斯到他的司令部去拜访他的时候，发现他正在收听英国广播公司从伦敦发出的新闻广播，于是马上就看清了这位将军的兴趣只在于弄清楚当前的局势动向。

至于哈尔德将军，他正在一心忙着拟订进攻波兰的最后计划，根本就不再考虑推翻希特勒的这种造反的念头。在1946年2月26日战 558
后纽伦堡的审讯中，问到他和另外几个所谓纳粹政权的敌人在8月的最后几天为什么没有做出任何努力推翻元首从而使德国免于卷入战争时，他说得非常含糊。他说："当时没有可能。"为什么？因为冯·维茨勒本将军被调到西方去了。没有维茨勒本，陆军就不能动手。

那么德国人民呢？美国讯问官萨姆·哈里斯上尉提醒哈尔德，指出他说过德国人民反对战争，于是问他："如果说希特勒已经下了无可挽回的决心要发动战争，为什么你们不能在侵略波兰前夕依靠人民的支持呢？"哈尔德回答道："请您原谅，我听了您的话忍不住好笑。当我听到'无可挽回'这个字眼和希特勒联系在一起的时候，我就必须说没有什么事是无可挽回的。"这位参谋总长继续解释说，即使迟至8

月22日，当希特勒在上萨尔茨山会议上向他的将领们透露他已经“无可挽回”地下了决心要进攻波兰，并且如果必要也同西方作战时，他本人并不相信元首当真会说到做到。[18] 这段话同哈尔德本人在这段时期的日记对照来看，确实令人感到惊讶。但是不仅哈尔德如此，大多数其他密谋分子也如此。

哈尔德的前任陆军参谋总长、公认的密谋分子领袖贝克将军，这时又在哪里呢？据吉斯维乌斯说，贝克给冯·布劳希奇将军写过一封信，但是这位陆军总司令甚至不签个收到信的回条。吉斯维乌斯说，后来贝克同哈尔德做过一次长谈，后者同意，一场大战将意味着德国的毁灭，但是他认为“希特勒是绝不会打世界大战的”，因此当时无须设法推翻他。[19]

8月14日，哈塞尔同贝克单独进餐，在日记上记述了他们的颓丧情绪。

> 贝克［是］极有教养、极有风采、极有见识的人。不幸的是，他非常瞧不起陆军中的领导人。因此，他认为我们不能在那里取得立足点。对于第三帝国各种政策的罪恶性质，他是深信不疑的。[20]

贝克以及他周围那些人的信念是崇高的，但是当希特勒准备把德国投入一场战争的时候，这些可敬的德国人却没有一个采取任何行动来制止他。这一任务显然是艰巨的，而且在这么晚的时候，也许是无法实现的。但是他们连试都没有试一下。

托马斯将军也许试了一下。他在8月中旬亲自向武装部队最高统帅部长官凯特尔宣读了一份备忘录之后，* 紧跟着又在8月27日星期日

* 见本书原文第517—518页。

那一天拜访了凯特尔；并且据他自己说，当时还“交给他一份附有图表的统计材料［这个材料］清楚地表明了西方国家在军事和经济两方面的巨大优势以及我们将遇到的灾难”。凯特尔以往常罕见的勇气把这份材料送给希特勒看，希特勒的答复是，他并不像托马斯将军那样“担心爆发一场世界大战，特别是他现在已经把苏联争取到自己这一边来了”。[21] 559

这些“密谋分子”为防止希特勒挑起第二次世界大战所做的尝试到此就告终了。只有沙赫特博士后来还做了一些微不足道的最后努力，这位精明的理财家在纽伦堡法庭为自己辩护时还把这种努力大大地吹嘘了一番。8月间他从印度归来以后，给希特勒、戈林和里宾特洛甫分别写了几封信，在这个紧要关头，所有这些反对派的领袖的行动似乎都仅仅限于写写信和写写备忘录。但是据他后来说，他“万万没想到”这些信件竟然毫无回音。后来他决定到柏林东南几英里的措森去亲自见见冯·布劳希奇将军，陆军总司令部当时在那里设立了波兰战役作战指挥部。他打算对冯·布劳希奇将军说什么呢？沙赫特在纽伦堡证人席上说，他打算去告诉那位陆军总司令，德国不经过国会批准就进行战争是违反宪法的！因此，这位陆军总司令有义务遵守忠于宪法的誓词！

真可惜，沙赫特博士根本没有去见布劳希奇。卡纳里斯警告他，如果他到措森去的话，陆军总司令“可能马上把我们抓起来”。在这位希特勒旧日的支持者看来，这个下场似乎并不怎么合他的心意。[22]但沙赫特之所以没有到措森去执行他那可笑的使命（如果希特勒不嫌麻烦，愿意办一下这个正式手续的话，他要让那个橡皮图章似的国会批准他的战争是易如反掌的事），其真正原因由吉斯维乌斯在纽伦堡出庭为沙赫特作证时一言道破。沙赫特原打算在8月25日到措森去，后来因为那天晚上希特勒取消了第二天进攻波兰的预定计划，所以他也就没有去了。据吉斯维乌斯的证词，三天以后，沙赫特又打算到措森去完成他的使命，但是卡纳里斯告诉他说为时已经太晚了。[23] 所以，并不是“密谋分子们”错过了班车，而是他们根本就没到车站去赶车。

正像那一小撮反纳粹的德国人没有能制止希特勒动手一样，这时向希特勒呼吁要他避免战争的各中立国家的领导人也是白费了一番唇舌。8月24日，罗斯福总统向希特勒和波兰总统分别发出急电，敦请他们解决彼此间的分歧而不要诉诸武力。莫希奇茨基总统第二天就在一封措辞颇为得体的复电中提醒罗斯福，“提出要求并且要求让步”的并不是波兰，但是尽管如此，波兰还是愿意按照美国总统的建议，通过直接谈判或者中间调停同德国人解决争端。希特勒则根本没有
560 答复（罗斯福还提醒希特勒说，他还没有答复总统在4月间给他的呼吁）。第二天，8月25日，罗斯福又给希特勒发了一封电报，把莫希奇茨基的和解态度通知他，恳求他“同意已为波兰政府接受的和平解决的原则”。

这第二封电报也没得到答复；不过在8月26日晚上，魏茨泽克约见了美国驻柏林代办亚历山大·柯克，要他转告美国总统，元首已经收到那两份电报，并且已经“交给外交部长，供政府考虑”。

8月24日，教皇通过电台广播呼吁和平，“凭着基督的血……祈求强者倾听我们的呼吁，希望他们不要因为肆行不义而变成弱者……如果他们不愿意自己的力量成为毁灭的原因的话”。8月31日下午，教皇又以内容相同的照会分送给德国、波兰、意大利和两个西方大国的政府，“以上帝的名义祈求德意志和波兰两国政府……避免任何不幸事件”，并且要求英、法和意大利三国政府支持这一呼吁。他还说：

> 教皇不愿放弃通过即将举行的谈判取得公正的和平解决的希望。

教皇，也像世界上几乎所有的人一样，不知道所谓“即将举行的谈判”只不过是希特勒用来给侵略做借口的一个宣传伎俩。实际上，我们不久就可看到，在那最后一个和平的下午根本就没有进行什么真诚的谈判。无论是即将举行也好，不即将举行也好。

几天以前，在8月23日，比利时国王以“奥斯陆”国家（比利时、荷兰、卢森堡、芬兰和三个斯堪的纳维亚国家）统治者的名义，也广播了一篇动人的和平呼吁，要求“对事态发展负有责任的人，通过公开的谈判来解决他们的争执和要求”。8月28日，比利时国王和荷兰女王联名表示“愿为避免战争”进行斡旋。[24]

尽管这些中立国家发出的呼吁的方式和用意是高贵的，但是今天重读之下，却给人一种不现实和悲观的感觉。仿佛美国总统、教皇和那些北欧民主小国的统治者同第三帝国不是生活在一个星球上似的，他们对柏林方面的事情就同对火星上的情况一样缺乏了解。他们竟全然不知道阿道夫·希特勒的思想、性格和目的，全然不知道德国人，除了极少数例外，愿意置伦理、道德、荣誉或基督教的人道观念于不顾，而准备盲目地跟着希特勒走，不论他走向哪里，采取什么道路。他们这样的全然无知将在未来的岁月中使得罗斯福和比利时、荷兰、卢森堡、挪威、丹麦各国的君主领导下的人民付出惨重的代价。 561

我们这些在最后几天紧张的和平日子里留在柏林企图向外界报道消息的人，对于总理府和外交部所在地威廉街和军事总部所在地班德勒街发生的事情也知道得很少。我们尽可能地密切注意威廉街上政府各部出出进进、川流不息的人群。我们每天在一大堆谣言、传闻、谎话、诳骗中沙里淘金。普通老百姓和我们所认识的政府官员、党的领袖、外交家以及军人的情绪，我们是了解的。但是有些事情，我们和普通老百姓一样被蒙在鼓里，比如汉德逊大使频繁地和希特勒、里宾特洛甫举行会晤，而且常常争得面红耳赤，其中说些什么我们就没法知道；希特勒与张伯伦之间、希特勒与墨索里尼之间、希特勒与斯大林之间有书信往返，其中的内容，我们也摸不清；里宾特洛甫与莫洛托夫之间、里宾特洛甫与齐亚诺之间举行过会谈，他们到底说了些什么，我们也无从得知；至于那些忙得晕头转向、心慌意乱的外交家与外交部官员之间互相交换的密码电报的内容，以及军方首脑正在策划和采取的各种行动，我们就更莫名其妙了。

当然，有少数一些事情，我们和公众是知道的。比如德国人大吹大擂的德苏条约，大家自然知道，只不过瓜分波兰和东欧其余部分的秘密议定书直到战后才知道。我们都知道，甚至在这一条约还没签字以前，汉德逊就飞到贝希特斯加登郑重地告诉希特勒，这个条约不能阻止英国履行它对波兰的保证。8月的最后一个星期开始以后，我们在柏林就感觉到，除非再来一个慕尼黑，否则战争是不可避免的了，而且已经是不出几天的事。到8月25日，最后一批英、法侨民都离了境。原来预定于8月27日在坦嫩贝格举行大规模的纳粹集会，希特勒将在会上发表演说。26日，这次集会也宣布取消了。原定于9月第一个星期在纽伦堡召开的一年一度的党代表大会，希特勒曾正式称之为“和平的党代表大会”，同样也取消了。8月27日政府宣布，食品、肥皂、鞋、纺织品和煤从第二天开始实行配给制，我记得，主要是这个公告使德国人民意识到了战争的迫近，他们对这一公告的牢骚不满是可以很清晰地听到的。8月28日，星期一，柏林的居民看到源源不绝的军队穿过市区开往东方。他们被装在所能搜寻到的各种各样的运货的卡车里运走。

这种情况也必然使普通老百姓警觉到要发生什么事了。我记得那个周末又闷又热，大多数柏林人不顾战争已经就在眼前，还是到首都周围的湖泊和树林中去消暑度假。星期日晚上回到城里以后，他们从无线电里听到国会在总理府举行了一次非正式的秘密会议的消息。德意志通讯社的公报说：“元首在会上扼要地阐述了局势的严重性。”这
562 是德国公众第一次听到希特勒告诉他们时局已经严重了。会议的详细

内容没有披露，除了国会议员和希特勒的亲信以外，没有一个外人知道那位纳粹独裁者那天的心情。过了很久以后，我们才从哈尔德8月28日的日记中看到谍报局奥斯特上校告诉他的当天开会情况的记述：

> 下午5点30分在总理府举行会议。有国会议员和若干党内显要参加……局势非常严重。下定决心无论如何都要解决东部问题。最低要求：归还但泽，解决走廊问题。最高要求"取决于军事形势"。如果最低要求不能得到满足，就进行战争：野蛮！他将亲临前线。意大利领袖的态度对我们极为有利。
>
> 战争将非常困难，也许毫无希望。"只要我还活着，就谈不到投降。"苏联条约在党内受到广泛的误解。这是一个为了赶走魔王而与撒旦结盟的条约……"有人按照一定的暗示鼓掌，但是稀疏零落。"
>
> 个人对元首的印象是：疲惫、憔悴、嗓音沙哑、心事重重。"他现在已经完全被他在党卫军里的顾问包围了。"

一个外国观察家在柏林也可以看到，报纸在戈培尔的巧妙操纵下，怎样欺骗了天真的德国人民。自从纳粹对所有的日报实行"一体化"，摧毁了新闻出版自由以后，六年以来德国人民对于外界真相一直是隔绝的。有一个时期，在德国的大报摊上还可以买到苏黎世和巴塞尔出版的瑞士德文报纸，那上面还登着一些客观的消息。但是近几年来，德国不是在国内禁止销售这些报纸，就是把数量限制到极为有限的几份。懂英文和法文的德国人，偶然可以弄到几份伦敦和巴黎的报纸，不过读到的人却很少。

我在1939年8月10日的日记中写道："德国人民生活在一个完全与世隔绝的世界里，看一看过去和今天的报纸，就会有这种感觉。"当时我是在华盛顿、纽约和巴黎做短期休假后回到德国来的，两天以

向希特勒行纳粹礼的德国人。

前离开我在瑞士的家登上火车时，我买了一份柏林和莱茵兰的报纸。它们把我一下子推回到了疯狂的纳粹世界，它和我刚刚离开的那个世界迥然不同，就好像是在另一个星球上一样。我到达柏林以后，8月10日又继续写道：

> 全世界都认为和平将受到德国的破坏，是德国在威胁着要进攻波兰……但是在德国，被本国报纸蒙在鼓里，说法恰恰相反……纳粹报纸正在叫嚷的是：扰乱欧洲和平的是波兰，是波兰
> 563 在以武装入侵威胁德国……
>
> 《柏林日报》以大字标题提出警告：“**当心波兰！**”并说：“**对于肆无忌惮地蹂躏欧洲和平与人权的波兰的答复！**”
>
> 我在火车上买到的卡尔斯鲁厄《领袖》日报的标题是：“**华沙扬言将轰炸但泽——极端疯狂的波兰人发动了令人难以置信的挑衅！**”

你也许会问：德国人民不可能相信这些谎言吧？你去和他们谈谈吧。很多人是这么相信的。

到希特勒原定进攻波兰的日子8月26日，星期六，戈培尔在报纸上发动的宣传攻势达到了顶峰。我在日记里记下了当时报纸上的一些标题：

《柏林日报》："**波兰完全陷于骚乱之中——日耳曼人家庭在逃亡——波兰军队推进到德国国境边缘！**"《12点钟报》："**这样的玩火行为太过分了——3架德国客机受到波兰人射击——走廊地带许多日耳曼人农舍成为一片火海！**"

半夜我到"广播大厦"去，路上买了一份8月27日星期天版的《人民观察家报》。第一版顶端高达一英寸的通栏标题是：

波兰全境均处于战争狂热中！150万人已经动员！军队源源运往边境！上西里西亚陷入混乱！

当然，关于德国动员的情况只字未提，虽然我们亲眼看到德国早在半个月以前就开始动员了。

最后六天的和平日子

8月25日傍晚送到柏林的墨索里尼来函，迎头泼了希特勒一盆冷水。这封信加上英波同盟条约签字的消息，使希特勒不得不推迟原定第二天就要发动的进攻；他冷静下来以后，立即给意大利领袖发去一封短信，问他，为了保证意大利能够"参加一场大规模的欧洲冲突”“您需要什么样的武器装备和原料，并要在什么时限内提供”。这封信由里宾特洛甫亲自于当晚7点40分用电话传给德国驻罗马大使，在9点30分就到了那个意大利独裁者手中。[25]

第二天上午，墨索里尼在罗马召集意大利三军首长开了一个会，
564 拟定了一份作战12个月的最低需要清单。用参加拟制清单的齐亚诺的话来说，这份清单“足能气死一头牛，如果牛认得字的话”。[26] 清单中包括700万吨石油、600万吨煤、200万吨钢、100万吨木材以及一长串其他物品，一直到600吨辉钼矿、400吨钛和20吨锆。除此之外，墨索里尼还要150门高射炮来保护意大利北部距法国空军基地只有几分钟航程的工业区，这是他在当时写的复信中提醒希特勒的。这封信由齐亚诺于8月26日中午刚过的时候用电话传给柏林的阿托利科，后者马上就交给了希特勒。[27]

这封信开列的不仅仅是一长串所需要的物资。现在事情已经很明显，这位泄了气的法西斯领袖已经下定决心要摆脱他对第三帝国所承担的义务。元首在读完这第二封信之后，对于这一点不可能再有丝毫的怀疑了。

> 元首，［墨索里尼对他的伙伴写道］如果当初按照我们以前商定的办法，让我有时间来积累物资和加快自给自足的速度，我现在就不会向您提出这份清单，即使提出，项目也会比这少，数字也会小得多。
>
> 我有责任奉告，除非我肯定能得到这些物资供应，否则我要求意大利人民做出牺牲……就可能成为徒劳，并可能损害您和我自己的事业。

阿托利科大使本人是反对战争的，尤其反对意大利在战争中参加德国一方，因此他在递交这封函件时自作主张地向希特勒强调说，

“所有这些物资都必须在战事开始以前运到意大利”，并且说这个要求是“不可变更的”。*

墨索里尼仍然希望会出现另一个慕尼黑事件。所以他在信中特别附上一段说，只要元首认为“还有一线希望在政治领域内求得解决”，他将一如既往，随时准备给他的德国同志以充分的支持。尽管他们两人个人关系十分密切，并且缔结了钢铁条约，尽管过去几年中彼此曾经多次大吹大擂地表示要团结一致互相支援，但事实仍是：即使临到这个最后关头，希特勒仍然没有把他要毁灭波兰的真正意图推心置腹地吐露给墨索里尼，这位意大利伙伴仍然完全被蒙在鼓里。一直到这一天（26日）快要完了的时候，他们之间的这个隔膜才最后沟通。 565

在8月26日当天，希特勒在不到三小时之内就给墨索里尼的来信回了一封很长的复信。下午3点零8分，又由里宾特洛甫把这封信用电话传给驻在罗马的冯·马肯森大使，这位大使在5点刚过不久的时候连忙把它送给了墨索里尼。希特勒说，意大利提出的某些要求，如煤、钢之类，可以如数供给，但许多其他物资则难以办到。阿托利科坚持这些物资必须在战争爆发之前运到，这一点无论如何是“不可能的”。

这时候希特勒才终于把他立即就要开始实现的真实目的吐露给他的盟友。

> 由于法国或英国都不可能在西方取得任何决定性的胜利，而德国由于和俄国达成了协议，在击败波兰之后就可以腾出东方的

---

* 他这句话在柏林更加引起了不满，在罗马也造成一些混乱，使得齐亚诺不得不加以澄清。阿托利科事后对齐亚诺说，他故意强调必须在敌对行动开始以前将物资完全运到，“为的是使德国人知难而退，放弃满足我们要求的念头”。要在几天之内运交1 300万吨物资，当然是绝对办不到的事。后来墨索里尼为这种“误解”向冯·马肯森大使表示歉意说：“就连万能的上帝也不可能把数量如此庞大的物资在几天之内运到这里。他从来没有想到过提出这样荒谬的要求。”[28]

全部兵力……所以我即使冒在西线发生纠葛的风险，也不会在解决东方的问题上退缩。

领袖，我了解您的处境，我只请您进行积极的宣传，并适当采取您自己已经向我建议的军事姿态，设法为我牵制英、法军队。

这是德国文件中所出现的第一个证据，表明希特勒在取消进攻波兰24小时以后又恢复了信心，而要继续进行他的计划，“即使冒”同西方作战的“风险”也在所不顾。

8月26日当天晚上，墨索里尼又做了一点努力再次劝阻希特勒。他又给元首写了一封信，齐亚诺又用电话传给阿托利科，这封信在快到晚上7点钟的时候送到了帝国总理府。

元首：

我相信阿托利科无意造成的误会已经立即得到了澄清……除高射炮以外，我请求您供给的其他物资可以在今后12个月内陆续运到。不过，纵使误会已经澄清，您显然还是不可能大力帮助我补足意大利在埃塞俄比亚和西班牙战争中所耗损的大量军备。

因此我将采取您所建议的态度，至少是在冲突的最初阶段，一方面尽最大能力加速军事准备，一方面就像目前已在进行的那样尽可能多地牵制住法国和英国的军队。[29]

这位意大利领袖由于自己在这样一个紧要关头扮演这样一个不光彩的角色而深感苦恼，尽管如此，他还不死心，仍然认为应当试一试，看看是否有可能再来一次慕尼黑式的妥协。

……我不揣冒昧［他接着写道］再次请您试一试寻求政治解决的机会，这绝不是出于与我的天性格格不入的和平主义性质的考虑，而是为了我们两国人民和两国政权的利益。我认为现在还 566
有政治解决的可能性，而且认为这样一个解决办法一定能使德国在道义上和物质上都完全得到满足。[30]

现在已经可以从档案材料中看出，当时这位意大利独裁者努力争取和平是因为他还没有为战争做好准备。但是他为自己所扮演的角色而感到很难过。他在8月26日最后这次信件交换中对希特勒说："在这行动的时刻，我出于非我力之所及的原因而不能给您真正的支援，此种心情，阁下当可想见。"齐亚诺在这忙碌的一天结束时在日记中写道："领袖的确很难过。他的好战本能和荣誉感驱使他走向战争。理智现在已经制止了他。然而这使他大为伤心……现在他已经不得不正视严酷的事实了。而对领袖来说，这是一个沉重的打击。"

经过这番穿梭般的信件往返之后，现在希特勒也只好让墨索里尼临阵脱逃了。8月26日深夜，他又给他的轴心伙伴去了一封信。这封信是在27日零点10分从柏林用电报拍出的，送到墨索里尼手里是那天上午9点。

领袖：

我已经收到您表示最后态度的来信。我尊重促使您做出这个决定的理由和动机。在一定情况下，这样做还是可能有良好结果的。但是我认为，先决条件是意大利不应使外人知道它所打算采取的态度，至少在战争开始以前应当如此。因此，我诚恳地请求您用您的报纸和其他手段在心理上支持我们的斗争。我还要请求您，领袖，如果有可能的话，就在军事上采取示威性措施。至少要牵制住一部分英法军队；即使不能如此，无论如何也要使他们狐疑不定。

> 不过，领袖，最重要的一点是：事情万一如我说过的那样发展成一次大战，东线的局势就必须在西方两大强国能操胜算之前予以解决。然后今年冬天，最迟也不过明年春天，我将以至少和法、英数量相等的兵力在西线发动进攻……
>
> 领袖，现在我有一件事要求您鼎力协助。在这一场艰巨的斗争中，您和您的人民所能给我的最大帮助是派来意大利劳工，从事工农业劳动……希望您慷慨应允，对您过去为我们的共同事业所做出的努力谨表谢忱。
>
> 阿道夫·希特勒[31]

意大利领袖当天下午做了一个温顺的答复，表示外界绝不会“在
567 战争爆发以前知道意大利的态度”，他一定严守秘密，并答应设法牵制住尽可能多的英、法陆海军力量，他还将向希特勒派出所要求的意大利劳工。[32]据冯·马肯森大使对柏林提出的报告来看，墨索里尼那一天在回这封信之前，曾经“郑重其事地”再次向这位德国大使表示，“他仍然相信，达到我们的全部目的而不诉诸战争还是可能的”，并且说，他将在给元首的信里再一次提出这一点。[33]但是他在信中并没有提及。看来他当时已经心灰意懒，连提也不想再提了。

战争一旦突然爆发，法国虽然能几乎全部提供盟国方面在德国的西方国境线上所需的军队，而且在最初几个星期内，盟军在数量上也会远远地超过那里的德国驻军，但是在8月将尽的那几天里，希特勒对于法国的动向似乎满不在乎。8月26日，达拉第总理写给他一封慷慨陈词、颇为动听的信，提醒他法国会采取的行动，并声明一旦波兰遭到攻击，法国就一定出兵作战。那封信中写道：

> 除非您认为法国人民的国家荣誉感不如我本人认为德国人民

> 所具有的国家荣誉感，否则就不应当怀疑法国将恪守自己对其他国家，诸如波兰，所做的庄严保证……

达拉第在呼吁希特勒通过和平途径解决他同波兰的争端之后，补充说：

> 如果像25年以前一样，法兰西和德意志在一场时间更长和杀人更多的战争中再次流血，两国人民都会抱着必胜的信心进行决战，但是最有把握的胜利者将是毁灭和野蛮的力量。[34]

库隆德尔大使在递交总理的这封信时，还加上了他个人热情的口头呼吁，恳求希特勒"看在人道的分上，为了他自己良心的安宁，不要放过这个和平解决的最后机会"。但是这位大使却不得不怀着"遗憾的心情"向巴黎报告，达拉第的来信未能打动这位元首——"他无动于衷"。

希特勒第二天给法国总理的复信，巧妙地利用了法国人不愿"为但泽送命"的心理，不过他没这么讲，这话留给法国的姑息妥协派说去了。希特勒宣称，自从归还了萨尔之后，德国就对法国放弃了一切领土要求；因此，两国之间没有理由一定要兵戎相见。如果竟然发生了战争，责任绝不在他，而且他会感到"非常痛心"。

在最后那个和平的星期中，德、法两国在外交上的接触仅此而已。自从8月26日那次会见以后，库隆德尔一直到大势已去、无可挽回的时候为止，没有再去见过希特勒。在这个紧要关头对这位德 568
国总理关系最大的国家是英国。正如8月25日晚上希特勒推迟了入侵波兰的行动以后对戈林所说的，他要看一看能不能"排除英国的干涉"。

最后关头的德英关系

罗马和伦敦传来的消息迫使希特勒从战争的悬崖边缘退缩回来以后，哈尔德将军曾在他8月25日的日记中写道："元首受到了极大的震动。"可是第二天下午，这位参谋总长发现元首的态度又骤然改变了。"元首非常镇静而开朗"，这是他在那天下午3点22分随手写下的日记。这种变化不是没有来由的，这位将军的日记道出了这个原因。"要为'第七动员日'的早晨做好一切准备。进攻在9月1日开始。"希特勒用电话向陆军总司令部发出了这个命令。

这就是说，希特勒准备动手打波兰了。这一点既然已确定，他就要尽一切可能使英国置身局外。哈尔德的日记道出了元首及其亲信在8月26日那个决定命运的一天的想法。

> 传说英国有意考虑德国的全面建议。* 汉德逊归来后就可知道详情。另外有谣言说，英国强调，波兰的切身利益受到威胁是必须由英国来宣布的事。在法国，向政府提出的反战抗议书越来越多……
>
> 计划：我们要求取得但泽，一条穿过"走廊"的走廊，在和萨尔相同的基础上进行公民投票。英国也许会接受。波兰多半不会。**这是分化它们的楔子**。[35]

着重字体是哈尔德自己写的，在某种程度上这无疑正确地反映了希特勒当时的想法。他想在波兰和英国之间打进一个**楔子**，并给张伯伦一个借口，让他摆脱对华沙的保证。在命令军队准备于9月1日进

---

* 就是希特勒8月25日"保证"英帝国存在的建议。

军以后，希特勒就等着看伦敦方面对他那个“保证”英帝国存在的狂妄自大的建议有什么反应。

当时他与英国政府有两次接触，而伦敦的德国大使馆没有参与那最后一刻钟的紧张的谈判活动，因为德国驻伦敦大使迪克森正在休假。一次接触是通过汉德逊大使的官方接触，汉德逊在8月26日星期六一清早带着元首的建议乘坐一架德国专机飞到了伦敦。另一次接触是非官方的、秘密的，而且结果证明是相当外行的接触。这次的中间人是戈林的瑞典朋友，那位喜欢到处奔走的比尔格·达勒鲁斯，早在前一天他就带着这位德国空军司令给英国政府的一封信从柏林飞到了 569
伦敦。

“在这个时期，”后来戈林在纽伦堡法庭的一次提讯中说，“我同哈利法克斯在正常外交途径之外通过一个特别信使保持着联系。”[*][36] 这位瑞典“信使”在8月25日星期五下午6点30分飞到伦敦就是去找英国外交大臣的。前一天，戈林把他从斯德哥尔摩找到柏林来，告诉他，尽管前一天夜间签订了德苏条约，德国还是想同大不列颠达成一项“谅解”，他把自己的一架专机交给这个瑞典人使用，以便让他能火速飞往伦敦，把这件重要的事情通知哈利法克斯勋爵。

这位在一个小时以前签订了英波互助协定的英国外交大臣感谢达勒鲁斯的奔走，并告诉他说，汉德逊刚在柏林同希特勒进行了商谈，马上就要带着元首的新建议飞回伦敦；既然柏林同伦敦之间的官方联系现在已经重新打开，他认为这位瑞典人的居间奔走已经不再需要。但是不久就证明这种奔走还是需要的。当达勒鲁斯于当晚打电话给戈林报告他同哈利法克斯会谈的经过时，那位元帅告诉他，由于英波条约的签订，局势已经恶化，大概只有英、德两国代表举行会谈才能挽

---

* 戈林在纽伦堡法庭上作证时说：“里宾特洛甫根本不知道我打发达勒鲁斯前往伦敦的事情。我始终没有和里宾特洛甫谈过达勒鲁斯的事。他完全不知道达勒鲁斯来往于我和英国政府之间。”[37]但是戈林一直是把情况随时报告希特勒的。

救和平。据戈林后来在纽伦堡作证时说，他和墨索里尼一样，当时都想再来一次慕尼黑式的妥协。

当天深夜，那位不知疲倦的瑞典人把他同戈林的谈话通知了英国外交部，次日早晨他接到邀请同哈利法克斯再做一次会谈。这一次他说服了英国外交大臣给戈林写了一封信，他把戈林说成是唯一能够防止战争爆发的德国人。那封措辞笼统的信很简短，而且话说得很含混。它只是重申了英国对于达成和平解决的愿望，并且强调需要“几
570 天的时间”才能办到。*

虽然如此，这位肥胖的元帅却认为这封信“极其重要”。达勒鲁斯于当晚（8月26日）就把这封信交给了戈林，当时戈林正坐着一列专车去柏林郊外奥拉宁堡空军司令部的途中。专车在第二站就停住了，两人临时征用了一辆汽车直奔总理府。到那里时已经半夜了，总理府一片漆黑，希特勒已经上床睡觉了。但是戈林一定要把他叫起来。到这时为止，达勒鲁斯也和很多其他人一样，总认为希特勒并不是一个不讲道理的人，他会像一年前在慕尼黑所做的那样，接受一个和平解决的办法。这个瑞典人这回却要破题儿第一遭领教这位天赋神赐的独裁者的思想多么荒唐离奇，脾气多么喜怒无常。[38] 这是一次使

---

* 信件全文载在《英国外交政策文件汇编》（*Documents on British Foreign Policy*）第3辑第7卷第283页上。在1954年该卷出版之前，一切已公布的英国官方档案中都没有刊登过这封信，对此英国史学家有不少评论。在关于大战爆发的文件集《英国蓝皮书》和汉德逊的《最后的报告》（*Final Report*）中，都没有提到达勒鲁斯其人。连汉德逊的另一本书《使命的失败》（*Failure of a Mission*，旧译《使德辱命记》）中也没有提到，该书只提到有“一个同戈林有联系的人士”。但在现已发表的汉德逊和英国大使馆其他人员的电报中，达勒鲁斯及其活动却占有相当突出的地位，情形和英国外交部各项备忘录里一样。

这位奇怪的瑞典商人在挽救和平的活动中所起的作用曾经严加保密，威廉街和唐宁街双方都曾想了许多办法使他的活动躲过新闻记者和中立国家外交官的耳目；据我所知，在1946年3月19日达勒鲁斯到纽伦堡出庭作证以前，这些人始终完全不知道这些事。他用瑞典文写的《最后的努力》（*The Last Attempt*）在1945年大战结束时问世，但英文本直到1948年才出版。而他本人的作用又隔了六年才得到官方的证实，也就是由《英国外交政策文件汇编》第7卷中的文件证实。德国外交部8月份的文件中没有提到过达勒鲁斯，仅在一份普通的备忘录中报告收到汉莎航空公司的一则通知，提到“有一位外交部的达勒鲁斯先生”于8月26日乘坐该公司的一架飞机前来柏林。不过在后来的一些文件中，终于出现过他。

他灰心丧气的经历。

达勒鲁斯从哈利法克斯那里带来的这封信，戈林认为事关重要，必须在深更半夜把元首叫起来看看，可是希特勒却根本不加理睬。他反而对这个瑞典人滔滔不绝地讲了20分钟他早年的奋斗经过、他的伟大成就以及他为了同英国人取得谅解而做出的各种努力。接着，当达勒鲁斯插上一句说他曾经在英国当过工人时，这位总理马上就询问他有关这个古怪的岛国和这个古怪的民族的情形，他说他曾花了很大的功夫，可是始终还没有能了解他们。接着他又大谈了一通德国的军事威力，有些地方还是从技术角度来谈的。达勒鲁斯后来说，这时候他认定他的夜访“是不会有什么结果的了”。不过这个瑞典人到底抓住了一个机会，把他所了解到的一些英国人的情况告诉了他的主人。

> 希特勒一直听下去，没有打断我的话头……但是后来他突然站起来，变得非常激动而且神经质，在屋子里来回地走着，一面自言自语地说，德国是不可抗拒的……突然，他在房间中央站住，眼睛直挺挺地望着前面。他的声音变得含糊不清，他那样子完全是一个神经失常的人。他断断续续地说道：“如果发生战争，我就要造潜艇，造潜艇，潜艇，潜艇，潜艇！”他的话越来越不清楚，最后根本就听不出他在说些什么了。接着他定了定神，就像在对大庭广众发表演说似的拉开嗓门，尖声尖气地叫了起来：“我要造飞机，造飞机，飞机，飞机！我要消灭我的敌人。”那神情活像小说里的一个妖魔，而不像是个真人。我惊讶地注视着他，又回过头来看看戈林的反应，他却若无其事。 571

最后，这位激动的元首大踏步走到他的客人面前，对他说：“达勒鲁斯先生，你是很了解英国的。你能不能告诉我，为什么我想同英国达成协议，可是总也不能成功？”达勒鲁斯自称他“最初犹豫了一下”

不知怎样回答，但是后来答道：据他个人看来，原因在于英国人“不信任他和他的政府”。

“这些白痴！”据达勒鲁斯说，当时希特勒把右臂一甩，用左手拍着自己的胸口，对他吼道，“我这一辈子几时说过谎话？”

随后这位纳粹独裁者平静下来，他们讨论了希特勒通过汉德逊提出的建议；最后决定让达勒鲁斯飞回伦敦去，再交一份建议给英国政府。戈林反对把它写下来，他要这位脾气随和的瑞典人把它记在心里。这个建议包括六点：

1. 德国希望同英国缔约或者同英国结盟。

2. 英国要协助德国取得但泽和走廊，但是波兰可以在但泽拥有一个自由的港口，保留波罗的海上的格丁尼亚港和通向该港的走廊。

3. 德国将保证波兰的新国界。

4. 德国要收回自己的殖民地或者与此相当的土地。

5. 必须对波兰境内的日耳曼少数民族做出保证。

6. 德国方面将保证保卫英帝国。

达勒鲁斯牢牢记住这些建议之后，于8月27日星期日上午飞往伦敦，中午12点多钟，为了避开那些到处打听的新闻记者，被悄悄地绕道带到了张伯伦、哈利法克斯勋爵、霍拉斯·威尔逊爵士和亚历山大·贾德干爵士的面前。显然，英国政府现在十分重视这位瑞典信使。

他身上带着记述头天夜晚同希特勒和戈林会见经过的个人笔记，这是他在飞机上仓促草就的，那两位英国内阁领导人这时接过来仔细阅读，他在其中力称会晤时希特勒是“安详而镇静的”。虽然在外交部的档案中找不到有关这次星期日破例会见的记录，但外交部文件汇编在第3辑第7卷中根据哈利法克斯勋爵和贾德干所提供的材料以及那位密使的备忘录追述了这件事。英国政府文件上的说法和达勒鲁斯在他的书中以及在纽伦堡法庭上所说的情形有一些出入，但是把各种说法放在一起来看，下面的叙述似乎是我们所能得到的一个最可靠的报道。

张伯伦和哈利法克斯立刻看出他们所面临的是希特勒的两套建议，一套是交给汉德逊带来的，一套是现在由达勒鲁斯带来的，内容 572
是不同的。第一套建议说希特勒将在他同波兰人算了账以后再来保证英帝国的存在，而第二套建议似乎是说：元首准备通过英国来谈判归还但泽和走廊的问题，然后他将"保证"波兰的新边疆。张伯伦前回在捷克斯洛伐克问题上已经吃过希特勒一次苦头了，这话在他听来完全是一套老调，他对达勒鲁斯代表元首概述的建议不敢轻信。他对这个瑞典人说，他"从这些条件看不到解决问题的前景，波兰人可能让出但泽来，但是他们宁可作战也不会放弃走廊"。

最后大家同意让达勒鲁斯立刻回柏林去，把他们初步的非正式答复告诉希特勒，然后在正式答复拟好并由汉德逊第二天晚上带到柏林去以前先把希特勒的反应告诉伦敦。据英国的文件，正如哈利法克斯所说："由于通过达勒鲁斯先生的这种非正式的秘密接触，问题可能发生一些混乱。[因此] 有必要说明，达勒鲁斯于当晚回柏林去，不是传递英王陛下政府的答复，而是为汉德逊送去的正式复信准备条件。"[39]

这位默默无闻的瑞典商人作为欧洲两个头号强国政府的谈判中间人，地位已经非常重要，所以据他自己说，在这个千钧一发的时刻，他曾向英国首相和外交大臣建议："他们应该让汉德逊在伦敦等到星期一 [第二天]，以便他们在听到希特勒对英国立场的反应之后再做答复。"[40]

那么，什么是达勒鲁斯要对希特勒阐明的英国立场呢？关于这个问题，双方说法有些混乱。根据哈利法克斯的概略记录，他给达勒鲁斯的口头指示中所表示的英国立场仅仅是：

> 1. 庄严保证谋求G.［德国］与Gt.B.［英国］之间充分谅解的愿望［缩写字母是哈利法克斯原来用的］。没有一个政府成员不是如此想法。2. Gt.B.有责任履行自己对波兰的义务。3. 德波争端应当和平解决。[41]

但是根据达勒鲁斯的说法来看，英国政府托他转达的非正式答复却更为全面：

> 自然，第6点，关于保卫英帝国的建议遭到了拒绝。同样，只要德国还处于动员状态之中，他们就不能讨论殖民地问题。关于波兰边界，他们主张由五大国来保证。关于走廊，他们建议立即同波兰举行谈判。至于［希特勒建议的］第1点，英国在原则
> 573 上愿意同德国达成一项协定。[42]

星期日晚上达勒鲁斯飞返柏林，将近午夜时见到了戈林。那位元帅认为英国的答复不是“很令人满意”，但于半夜谒见了希特勒以后，戈林在深夜1点钟的时候打了一个电话给住在旅馆里的达勒鲁斯，对他说，如果汉德逊星期一晚上带来的正式答复与他所说的一致的话，总理准备“接受英国的立场”。

戈林很高兴，达勒鲁斯当然更高兴。这个瑞典人在半夜2点钟叫醒了英国大使馆的参赞乔治·奥格尔维·福布斯爵士，把这个好消息告诉了他。达勒鲁斯不仅转达了这个消息，由于至少他自以为他当时已经处在那种能说话的地位，所以他还对英国政府提供了意见，告诉他们在正式答复中应当说些什么。达勒鲁斯强调说，汉德逊在8月28

日这天带来的那份复照应当保证英国将说服波兰同德国立即举行直接谈判。

> 达勒鲁斯刚从戈林办公室里来过电话［后来福布斯在8月28日的一份电报中这样说］，他认为提出以下两点建议是极端重要的。
>
> 1. 英国政府给希特勒的答复绝不能提及罗斯福的计划。[*]
>
> 2. 希特勒怀疑波兰人恐将设法规避谈判。因此答复中应该明确说明，已经竭力劝说波兰人立即同德国进行接触和举行谈判。[†43]

这时这个已满怀信心的瑞典人，在整个这一天里不仅接二连三地向福布斯提供意见（福布斯都用电报如实地转给了伦敦），而且还亲自打电话给英国外交部，向哈利法克斯转去进一步的建议。

在世界历史的这个危急关头，这位临时客串的瑞典外交家的确成了柏林同伦敦之间的枢纽人物。哈利法克斯一方面从柏林的英国大使馆，另一方面从达勒鲁斯本人打给外交部的电话中知道了这个瑞典人的紧急意见以后，就在8月28日下午2点钟的时候用电报通知英国驻华沙大使霍华德·肯纳德爵士，要他“立刻”去见波兰外交部长贝克，促使后者授权英国政府通知希特勒，“波兰准备同德国立即开始直接磋商”。哈利法克斯急不可待。他想要把波兰方面授权英国这么做这一点列入汉德逊等着在当天带回柏林向希特勒提出的正式复文 574
中。他叫他的驻华沙大使尽快把贝克的答复用电话向他报告。傍晚，

---

* 大概是指罗斯福总统8月24日和25日给希特勒的敦促德波直接举行谈判的电报。

† 必须说句公道话，达勒鲁斯并不像他的某些电文所表现的那样亲德。同一星期一的夜里，他和戈林在奥拉宁堡空军总部待了两小时以后，给福布斯打了一个电话，告诉他，“德国军队将于星期三到星期四，即8月30日到31日的夜间做好进攻波兰的最后准备”。福布斯尽可能迅速地把这个情报通知了伦敦。

贝克根据要求同意授权，这一点马上就列入了英国的复照中。[44]

汉德逊于8月28日晚间带着这个复照返回柏林，到达总理府时党卫军仪仗队举枪击鼓致敬，这种表面上的外交礼貌直到最后一分钟还维持着。然后他被带到希特勒面前，这时是夜里10点30分，他把复文的德文译本交给了希特勒。这位总理立刻就打开来看。

照会说，英国政府"完全赞同"他的主张，认为"首先"必须解决德波之间的分歧。"可是，"照会接着说，"一切问题取决于解决办法的性质以及达成解决的方式。"照会指出，关于这一点，德国总理一直"避而不谈"。希特勒"保证"英帝国存在的建议被婉言谢绝了。英国政府"不能为了许给大不列颠的任何利益而同意采取一种使曾经得到大不列颠保证的一个国家的独立受到危害的解决办法"。

这一保证必须信守，但是德国总理不可因为英国政府"一丝不苟"恪守本身对波兰所承担的义务，就认为不可盼望问题获得公平解决。

> 因此，下一步骤应该是开始进行德波两国政府之间的直接磋商，其基础是……维护波兰的根本利益不受侵犯，并争取国际上的保证来确保这一解决办法。
>
> ［英国政府］已经收到波兰政府明确保证，他们准备在此基础上进行磋商，英王陛下政府希望德国政府也愿意赞同这一方针。
>
> ……德波问题的……公平解决可能为世界和平开辟道路。如果解决归于失败，德国同大不列颠之间取得谅解的希望就会归于破灭，两国将因此而发生冲突，并且很可能使全世界投入战争之中。这样的结局将是一场史无前例的浩劫。[45]

希特勒看完照会以后，汉德逊开始根据他的笔记对照会做了进一步的补充，他告诉希特勒说，这是他同张伯伦和哈利法克斯谈话时记下来的。他后来说，在他同希特勒历次会见中，唯有这一次大部分是由他在说话的。他所说的无非是英国希望得到德国的友谊并且希望和平，但是如果希特勒进攻波兰，英国就一定要出兵。当时这位元首并未缄口不言，他的回答是唠叨不休地大谈波兰的罪状和他自己为了谋求同波兰达成和平解决而提出的“慷慨”的建议，他说这是他最后的一次建议，以后不会再提了。事实上，今天“只有归还但泽和全部走廊才能令他满意，同时还须改正西里西亚的现状，那里的居民在战后公民投票中有90%都投德国的票”。这一点并非事实，同样，他接着 575
提出的另一个辩驳也不是事实，那就是他说1918年以后有100万德国人被赶出走廊，其实据1910年德国的人口调查，那里只有385 000个德国人。当然，这时候纳粹独裁者以为所有人都会毫不辨察地听信他的谎言。英国大使又听信了这种谎话，因为他在《最后的报告》中宣称："这一回希特勒的态度又表现得很友善而且通情达理，看来对我带给他的答复并没有感到不满。”不过，这是他出使柏林的失败史上最后一次听信希特勒的谎话了。

汉德逊于凌晨2点35分拍了一个很长的报告这次会晤情况的电报，他在电报中说："最后我向他提出两个干脆的问题。”[46]

> 他是否愿意直接同波兰人谈判？他是否准备讨论交换居民的问题？对于后一点，他做了肯定的答复（虽然我毫不怀疑他同时在考虑修改边界）。

至于第一点，他表示首先要对英国的整个照会做一番“仔细的考虑”再说。汉德逊在电报中追述道，当时总理转身对里宾特洛甫说："我们必须把戈林找来同他商量商量。”希特勒答应第二天，即8月29日星期二，对英国的来照做出书面答复。

“虽然双方的态度都非常坚定，”汉德逊特别告诉哈利法克斯说，

"谈话却是在十分友好的气氛中进行的。"尽管汉德逊同他的东道主亲身打过不少交道，大概他还是没有完全了解为什么希特勒要制造这样一种友好气氛。这位元首仍然决定在这个周末进攻波兰。尽管英国政府和汉德逊已经把话说得很明白，他仍然相信能够使英国置身事外。

希特勒显然是受了不学无术、一味逢迎的里宾特洛甫的怂恿，压根儿就不相信英国人所说的是真话，尽管嘴上说相信。

汉德逊拍出那份长电之后，第二天，又追加了一段：

> 希特勒再三声明，他不是虚声恫吓，谁要是认为他是虚声恫吓，那就会铸下大错。我回答他说，我对于这一点毫不怀疑，不过我们也不是在虚声恫吓。希特勒先生表示，他对于这一点完全明白。[47]

话虽这样说，但他真的明白吗？因为他在8月29日的答复中还是竭力企图欺诳英国政府，看样子他当时一定是认为，他这样就既捡了便宜又卖了乖。

英国的答复和希特勒的初步反应，在柏林，特别是在戈林的巢穴里，产生了一阵乐观的气氛，那位历史上绝无仅有的达勒鲁斯现在大部分时间都是在那里度过的。8月29日凌晨1点30分，这个瑞典人接
576 到那位元帅的一个副官从总理府打来的电话。汉德逊走后，希特勒、里宾特洛甫和戈林三人在那里研究了英国的复照。达勒鲁斯从他的德国朋友那里听到的是，英国的答复"非常令人满意，战争的威胁极有希望已成过去"。

当天早晨达勒鲁斯就用长途电话把这个好消息通知了英国外交部，他告诉哈利法克斯说："希特勒和戈林认为和平解决现在肯定有可能了。"上午10点50分，达勒鲁斯见到了戈林，戈林热情洋溢地和他

招呼，使劲儿握着他的手，大声说道："要和平了！和平保住了！"有这样可喜的保证撑腰，这位瑞典信使立刻前往英国大使馆，把这个喜讯告诉至今尚未和他见过面的汉德逊。据那位大使描述这次会见的电报说，达勒鲁斯对他讲，德国人极为乐观。他们同意英国答复中的"主要观点"。达勒鲁斯说，希特勒"仅仅"要求取得但泽和走廊——不是全部走廊，而是通往但泽的铁路沿线的窄窄一条走廊。达勒鲁斯还对他说，事实上，元首准备采取"极其讲道理的态度。他愿意尽量同波兰人妥协"。[48]

那时终于有点醒悟过来的内维尔·汉德逊爵士并不那么相信。据他的客人说，他告诉他的客人，希特勒的话一句也信不得，达勒鲁斯的朋友赫尔曼·戈林也是一样，他曾经对这位大使说过"无数次"谎话。汉德逊认为，希特勒正在玩弄一套背信弃义的把戏。

但是，那位瑞典人当时正处于事件中心，汉德逊没法让他改变看法。他的醒悟甚至比汉德逊还要晚。他为了加一层保障，不使自己劳碌奔波的成果受到那位大使难以理解的悲观情绪的破坏，在晚间7点10分的时候又打了一个电话，叫英国外交部给哈利法克斯留一个口信，告诉他"德国的答复中不会有什么困难"。不过这位瑞典人劝英国政府叫波兰人的"行为必须得体"。[49]

5分钟以后，即8月29日晚上7点15分，汉德逊到总理府去取元首的正式答复。事情马上就清楚了，戈林和他的瑞典朋友空欢喜了一场。在这次会见时，据这位大使事后立刻给哈利法克斯的报告，"双方争吵得非常激烈，希特勒先生远不如昨天讲道理"。

德国的正式书面照会重申了德国希望同大不列颠友好的愿望，但强调指出，"不能牺牲德国的根本利益来换取这种友谊"。接着照会就长篇大论地重弹老调，指责波兰人的过错、波兰人的挑衅和"上天难容的野蛮虐待行为"，然后才破天荒第一次用书面正式提出希特勒的要求：归还但泽和走廊，保护波兰境内的日耳曼人。照会接着又说，

577 要消除“目前这种状况，不能再拖多少日子，更谈不上再拖几星期，恐怕只能有几小时的时间”。

照会接着说，德国不能再同意英国的看法，认为通过同波兰的直接谈判可以取得解决办法。不过，“完全”为了让英国政府感到满意，为了维护英德友谊，德国准备“接受英国的建议，同波兰进行直接谈判”。“如果重新划分波兰领土”，德国政府未经苏联同意是不能给予任何保证的。（英国政府当然不知道德苏条约瓜分波兰的秘密议定书。）照会宣布，“至于其他方面，德国政府在提出这些建议时绝对无意触犯波兰根本利益或对独立的波兰国家的存在表示异议”。

接着，到最后，来了圈套：

> 因此，德国政府接受英国政府的建议，同意由英国出面斡旋，请波兰派遣一位全权特使前往柏林。本政府指望该特使于1939年8月30日星期三到达。
>
> 德国政府将立即拟出一个自己所能接受的解决方案，并且愿意在可能办到的情形下将该方案在波兰谈判代表到达之前交给英国政府。[50]

汉德逊阅读照会的时候，希特勒和里宾特洛甫都一声不响地在一旁看着他。最后他看到了德国期望波兰全权特使于第二天到达的那一段。

“这口气听来像最后通牒。”他说。但是希特勒和里宾特洛甫矢口否认。他们说，他们只是想强调指出，“当两国充分动员的军队已在严阵对峙的时候，时机是多么紧迫”。

这位大使无疑还记得希特勒给予许士尼格和哈查的接待，因而问他，如果波兰全权代表来了，是否会受到“良好的接待”，磋商是否能“在完全平等的基础上进行”。

“那当然。”希特勒回答说。

接着在某一点上由于希特勒提出了一个“毫没来由”的指责（汉德逊语），引起了一场激烈的舌战。希特勒的指责是这位大使对于有多少日耳曼人在波兰遭到屠杀的问题“一点儿也不在乎”。汉德逊说，他对于这一点立刻做了“激烈的驳斥”。*

“那天晚上我从德国总理府出来时，心里充满了最阴暗的不祥之感。”汉德逊后来在回忆录中这样追述，不过他在当晚发给伦敦 578
的电报中似乎没有提到这一点。在谈话中，希特勒曾经对他说：“我的士兵在问我，‘打还是不打？’”他们已经错过了一个星期的时间，他们不能再损失一个星期了，“因为波兰的雨季将有利于他们的敌人”。

虽然如此，从这位大使的正式报告和他后来写的书中可以清楚地看出，当时他还不太明白希特勒这个圈套的用意所在；直到第二天，当希特勒又扔出一个圈套时，汉德逊才识破了他的诡计。这个独裁者的把戏从他的正式照会中来看是昭然若揭的。他在8月29日晚上要求参加谈判的波兰全权特使在第二天就在柏林出现。毫无疑问，他是打算用对待奥地利总理和捷克斯洛伐克总统的那一套办法在类似的情况下来对待波兰的特使。如果波兰人像他所确信的那样，不赶紧派特使前来柏林，或者即使派来了谈判代表而又拒绝接受希特勒的条款的话，他就可以把拒绝“和平解决”的罪名加在波兰头上，这样就可以诱使英法在波兰受到攻击时不予援助。这个圈套很幼稚，但是却简单而又明了。†

但是8月29日那天晚上，汉德逊还没有看得这样明了。他一面草

---

*“我开始叫喊得比希特勒还要大声，”汉德逊第二天打电报告诉哈利法克斯说，“……我接着又提高嗓子向他大嚷大叫了一阵。”[51]这种感情冲动的场面在早先的英国文件中没有提到过。

† 哈尔德将军在8月29日的日记里一语道破了希特勒的诡计：“元首希望在英国人、法国人和波兰人之间打入一个楔子。策略是提出一大堆人口学上的和民主的要求来作为掩护……波兰人得在8月30日来到柏林。8月31日谈判必将破裂。9月1日就开始使用武力。”

拟拍给伦敦的报告他同希特勒会晤情况的电报，一面把波兰大使请到他的大使馆来。他把德国的照会以及他本人和希特勒的谈话统统告诉了波兰大使。根据他自己的记述，他“竭力使对方明白立即采取行动的必要。我请他为了波兰本身利益着想，敦促他的政府立即指派一名代表出席建议中的谈判”。[52]

但是在伦敦外交部里，头脑则比较清醒。哈利法克斯在仔细估量了德国的答复以及汉德逊关于同希特勒会晤的报告之后，于8月29日[*]凌晨2点电告这位大使说，英国虽将慎重考虑德国的照会，但“要我们今天就在柏林变出一个波兰代表来显然是无理的，德国政府不应当做这种指望”。[53] 这时候，外交家和外交部的官员们都夜以继日地忙个不停，汉德逊在凌晨4点30分就把这个电报送到了威廉街。

8月30日这一天，他又传达了四份伦敦的来电。一份是张伯伦给希特勒的私人短简，告诉他英国政府正在“紧急”考虑德国的复照，将在当天下午较晚的时候做出回答。在此之前，这位首相要求德国政府避免边境冲突，他说他已经向波兰政府提出了同样的要求。至于其
579 他方面，他说“在目前的意见交换中，英德之间表现出互相谅解的愿望，是值得欢迎的”。[54] 第二份是哈利法克斯的一封内容类似的信。第三份是英国外交大臣致德国政府的照会，说英国政府接到关于德国人在波兰境内进行破坏的报告，并要求德国人停止这类活动。第四份是哈利法克斯于下午6点50分发来的电报，其中反映出英国外交部和英国驻柏林大使的态度都在趋于强硬。

汉德逊经过进一步的考虑之后，曾在这一天早些时候给伦敦拍去了一份电报。

> 一方面我仍然主张，波兰政府应该做出最后的努力，直接同

---

* 应为30日。——译者

希特勒建立联系，即使仅仅是让全世界知道他们准备为了维护和平而做出牺牲，也应当如此；但是从另一方面来说，我们从德国的答复中只能得出这样一个结论：希特勒已经拿定主意，如果可能，就以所谓和平而公正的手段来达到他的目的，如果不可能，就诉诸武力。[55]

到这时候，甚至连汉德逊也对另一次慕尼黑式的妥协没有胃口了。至于波兰人，他们从来就没有想到给自己搞这样一种妥协。8月30日那天上午10点，英国驻华沙大使电告哈利法克斯，他确信“不可能说服波兰政府派贝克先生或任何其他代表立即前往柏林，在希特勒建议的基础上讨论解决办法。他们宁愿战斗而死，也不愿接受这样的羞辱，特别是已经有了捷克斯洛伐克、立陶宛和奥地利的前车之鉴”。他指出，如果是“在平等基础上”的谈判，就应当在某个中立国家举行。[56]

哈利法克斯的强硬态度得到驻柏林和驻华沙大使的支持之后，就给汉德逊发了一个电报，说明英国政府不能“劝使”波兰人按照希特勒的要求派遣全权代表前往柏林。这位外交大臣说：“这是完全不合理的。”

你是否能够［哈利法克斯补充说］向德国政府建议，请他们在建议拟好之后按照正常程序约见波兰大使，把建议交给他转呈华沙，并征询关于进行谈判的意见。[57]

对希特勒最后那次照会，英国政府已经答应提出答复，这个复照于8月30—31日午夜由汉德逊交给了里宾特洛甫。接着就开始了一次场面非常紧张激烈的会谈，当时唯一在场的施密特博士后来说：这是“我当23年翻译以来所参与的一次最激烈的会谈”。[58]

“我必须告诉您，”事后那位大使马上就电告哈利法克斯说，“在这次不愉快的会晤中，里宾特洛甫整个态度完全模仿希特勒的最恶劣
580 的表现。”汉德逊在三个星期以后写的《最后的报告》中，追述那位德国外交部长当时“深怀敌意，我每转达一段话，他的敌意态度就随之强烈一步。他情绪极其激动，不断地从椅子上跳起来，问我的话说完了没有。我就不断地回答他说‘还没有完’”。据施密特博士说，汉德逊也从自己的椅子上站起来。那位唯一的目击者说，有一次两个人都从椅子上跳了起来，彼此怒目相视，其气势之凶，使这位德国翻译官生怕他们会动起手来。

但是对历史来说，重要的不是这位德国外交部长与英王陛下政府驻柏林大使8月30—31日午夜会晤中的这个滑稽场面，而是在这次暴风雨式的会见中的一件事，这件事是希特勒这场骗局中的最后一着诡计，终于使汉德逊在第三帝国的真面目上受到了全面的事实教育，虽然为时已晚。

原来里宾特洛甫对英国的照会几乎连看都不看一眼，他也根本不听汉德逊的解释。* 当汉德逊鼓起勇气，问起希特勒在上一份照会中答应向英国提出的德国与波兰和解的建议时，里宾特洛甫以轻蔑的口吻驳斥他说，既然到了半夜还不见波兰特使来到，现在已经太晚了。不过，德国人已经把建议拟好了，说罢里宾特洛甫就开始宣读。

汉德逊报告说，他用德语读，“速度飞快，也可以说是稀里糊涂地尽快对我念了一遍，声调极其不耐烦”。汉德逊在报告中说：

> 十六条之中，我只能记住六七条的大意。但是，如果不细

---

* 英国的照会，虽然语气缓和，但态度是坚定的。照会说，英王陛下政府“响应”德国对于改善两国关系的愿望，但是“他们不能为了取得这种改善而牺牲其他友邦的利益”。照会继续说，他们深知，德国政府不能“牺牲德国的根本利益，而波兰政府也处于同样地位”。英国政府不得不对希特勒的条件“明确地表示保留”，一方面敦促柏林与华沙之间举行直接谈判，一方面认为“要求在今天就建立接触不是实际可行的”（原文件《英国蓝皮书》，第142—143页）。

> 对原文，就是这几条也不可能保证绝对准确。因此，当他读完之后，我要求他让我看看原本。里宾特洛甫竟断然拒绝，以极其轻蔑的姿态把文件往桌子上一扔，说由于直到半夜仍然没有波兰代表前来，这份建议已经过时了。* 581

这份建议可能是过时了，因为德国人是有意要使它过时的。但更重要的是，德国人从来就没打算要别人认真对待这个建议，他们根本就没有这个打算。事实上，这个建议是个骗局。这只不过是用来欺骗德国人民，如果可能的话，也用来欺骗世界舆论的东西，企图要天下人相信，希特勒在最后一分钟还在为合理解决他对波兰的要求而努力。希特勒也承认是这样。施密特博士后来听到他说:“我需要一个口实，特别是要向德国人民表明，为了保持和平，我已经尽了一切努力。这就说明了我为什么要提出关于但泽和走廊问题的慷慨建议。”†

和他最近一些日子以来的要求相比，这个建议**的确是**慷慨的，慷慨得令人吃惊。在这个建议中，希特勒所要求的只是把但泽归还德国。走廊的命运由公民投票决定，而且要留待12个月以后当大家的激动情绪都已经平静下来的时候再投票。波兰将保有格丁尼亚港。无论哪一方在公民投票中取得了走廊，都将让另一方保留一条享有治外法权的穿过走廊的公路和铁路——这同他在春天提出过的“建议”完全

---

* 在本书作者看来，纽伦堡法庭上所有的主要被告人中，以里宾特洛甫最为尴尬，他所做的辩护也最为软弱无力。他在证人席上声称，这十六条是希特勒“亲自口述”的，并“明白告诉我，不可让这份建议离开我的手”。为什么？他没有说，讯问时也没有问。里宾特洛甫供认:“希特勒告诉我，在我认为适宜的时候，可以让英国大使知道这份建议，不过只限于它的梗概。可是我比这更进了一步，我把建议从头到尾都念了。”[59] 施密特博士否认里宾特洛甫用德文宣读建议全文时曾快到汉德逊无法听清的程度。他说，外交部长“并没有特别急忙地念过去”。施密特说，汉德逊“对德语不十分精通”，在这种紧要的会谈中，他如果使用本国语言就能更加应对自如。里宾特洛甫的英语非常好，但是他拒绝在这样一些谈判中使用英语。[60]

† 十六条建议的文本早在里宾特洛甫把它“稀里糊涂”地读给汉德逊听的前四个小时，就已经在8月30日夜间9点15分用电报发给了伦敦的德国代办。但是这位德国使节得到的指示是，“在接到进一步的指示以前，必须严守秘密，不得向任何人泄露”。[61] 读者当可记得，希特勒在前一天的照会中曾答应愿在波兰谈判代表到达之前将建议交给英国政府。

相反。还要进行一次居民交换，并给本国境内的另一国居民以充分的权利。

我们可以推测，如果这些建议是认真提出来的，无疑至少可以成为德波两国谈判的基础，很可能使得这个世界在一代之内不会发生第二次大战。这个建议在希特勒发出进攻波兰的最后命令八个半小时以后，于8月31日晚9点在电台上向德国人民广播了。就我在柏林所看到的情况来看，这个建议达到了欺骗德国人民的目的。肯定地说，本书作者当时也被这个建议迷惑住了，当我从无线电里听到的时候，我深深地感到这个建议是非常合情合理的，并在那最后一个和平的夜晚对美国广播时这样说了。

汉德逊后来说，当他在8月30—31日那个深夜回到英王陛下大使馆的时候，他相信“和平的最后希望已经破灭了”。但是他仍在努力。凌晨2点，他把波兰大使从床上叫起来，请他赶紧到英国大使馆来，“有意毫不夸张地以客观的态度叙述”了他同里宾特洛甫的谈话，提到德国建议中主要两点是割让但泽和在走廊地带实行公民投票，并且
582 说，据他看来，“这些建议还不算太不合理的”。他主张利普斯基建议本国政府，立刻提出由希米格维-雷兹元帅同戈林元帅举行会晤。“我觉得应该补充说明一句，”汉德逊说，“如果德方的谈判代表是冯·里宾特洛甫先生的话，那么我就不能想象谈判会成功。”*[62]

在此期间，那位不知疲倦的达勒鲁斯也没有闲着。8月29日夜间10点戈林把他找到家里去，把希特勒、里宾特洛甫同汉德逊刚刚进行完毕的“不能令人满意的会谈经过”告诉了他。这位满身脂肪的元帅

---

* 汉德逊在8月31日凌晨5点15分发给哈利法克斯的一份电报中说，他还曾劝利普斯基“打电话”给里宾特洛甫，“以最坚决有力的口吻”向他索取德国的建议，以便报告本国政府。利普斯基说他要先同华沙谈一下。汉德逊补充道：“波兰大使答应立刻给他的政府打电话，不过他太缺乏主动精神，或者说，太拘泥于本国政府的指示，因此我不相信他的行动会有什么成效。”[63]

那股歇斯底里的老脾气又发作了，他当着这位瑞典朋友把波兰人和英国人臭骂了一通。平静下来以后，他郑重地告诉他的客人，元首正在给波兰起草一份“宽宏大量的”（“grosszuegig”）建议，其中唯一的要求是归还但泽，而把走廊的未来归属问题慷慨地交由“国际监督”下的公民投票去决定。达勒鲁斯轻轻地问了他一句举行公民投票的地区范围，于是戈林随手从一份旧地图中扯下一页，用红蓝铅笔标明了“波兰”部分和“德国”部分；德国部分不仅仅包括战前的普鲁士所属的波兰，还包括1914年边界以东60英里处的工业城市罗兹。这位毛遂自荐的瑞典中间人当然没法不注意到第三帝国决定这样重大问题时竟然如此“随便轻率”。不过他还是答应戈林，可以立刻飞回伦敦，向英国政府强调指出希特勒仍然希望和平，并向他们暗示希特勒正在准备对波兰提出最慷慨的建议，以此作为证明。

似乎永远不知疲倦的达勒鲁斯于8月30日一早4点飞往伦敦，他在赫斯顿机场驶往城里的途中，为了甩掉报馆记者的跟踪（事实上根本就没有一个记者知道他的存在），曾经换了好几次汽车，于上午10点30分到达唐宁街，立刻得到了张伯伦、哈利法克斯、威尔逊和贾德干的接见。

但是前三位制造慕尼黑事件的英国设计师（贾德干是外交部的常任官员，从来就没有受过纳粹的迷惑）现在已经不会再上希特勒和戈林的当了，对达勒鲁斯的努力，他们并没有当成什么了不起的事看待。这位好心的瑞典人发现他们对于德国的两位领袖“很不信任”，并且“倾向于认为现在已经无法阻止希特勒对波兰宣战了”。此外，他们还毫不隐讳地告诉这位瑞典中间人，英国政府并没有中希特勒的 583
诡计而要求波兰全权代表在24小时内来到柏林。

但是达勒鲁斯，就像在柏林的汉德逊一样，还在继续努力。他给柏林的戈林打了电话，建议波兰和德国的代表“在德国境外”会晤，对方给他直截了当地回答说，“希特勒在柏林”，因此会谈必须在柏林举行。

于是这位瑞典中间人这次飞行算是白跑了一趟。他于半夜回到了柏林，应当说，在柏林他又得到了一个可以多少帮些忙的机会。他在午夜12点半钟来到戈林的总部，发现那位空军统帅兴致又特别好。戈林说，元首刚刚把他对波兰提出的“民主、公平而且切实可行的建议”让里宾特洛甫转交给汉德逊。在唐宁街会谈之后，达勒鲁斯好像清醒了一点，他于是打电话给英国大使馆的福布斯查询这事，这才知道里宾特洛甫念那个建议的时候是“稀里糊涂”地飞快念过去的，汉德逊没有能够完全听清，而且这位大使要一份原文也遭到了拒绝。据达勒鲁斯说，他当时曾对戈林说，这绝不是“对待像大不列颠这样一个帝国的大使”所应有的态度，他要求这位元帅准许他把十六条建议的内容（戈林手里正有一个副本）用电话告诉英国大使馆。戈林略微踌躇了一下就同意了。*

就这样，由于一个无名瑞典商人的劝说，在那位空军元帅的默许下，终于瞒过了希特勒和里宾特洛甫，让英国方面知道了德国给波兰的“建议”。这位元帅在处理外交事务方面绝不是不聪明的，也并非毫无经验，这时也许已经比元首和他那位善于奉承的外交部长先一步看出了，把这个秘密最终透露给英国人可能得到什么好处。

为了加倍可靠地使汉德逊知道这个建议的准确内容，戈林又于8月31日星期四上午10点打发达勒鲁斯把一份十六条建议的打字副本送到英国大使馆去。汉德逊仍在想办法说服波兰大使同德国人建立“所希望的接触”，上午8点，他又一次催促利普斯基（这回用的是电话），警告他如果波兰到了中午还不采取行动，战争就要爆发了。† 达勒鲁斯

---

* 戈林在纽伦堡被告席上声称，他把希特勒“建议”的原文交给英国大使馆是“冒了很大的风险的，因为元首不准把这个建议的内容传出去”。戈林对法官说：“只有我，才冒得起这个风险。” [64]

† 甚至那位一向头脑清楚的法国大使，在这件事上也支持他的英国同事。汉德逊曾在上午9点钟打电话告诉他说，如果波兰人到中午还不同意派一个全权代表到柏林来的话，德国军队就要开始进攻了。于是库隆德尔立刻跑到波兰大使馆去找利普斯基，催促他打电话给本国政府，要求授予他以“全权代表”的权力，以便立刻同德国人建立接触（《法国黄皮书》，法文版，第366—357页）。

带着德国建议来到大使馆不久，汉德逊就打发他同福布斯一道到波兰 584
大使馆去。利普斯基从来没有听说过有达勒鲁斯这样一个人，见到这个瑞典人时有点莫名其妙。利普斯基这时候就像柏林大多数重要的外交官一样紧张不堪，疲于奔命。因此当达勒鲁斯催他立刻到戈林那里去接受元首的建议时，他不耐烦了。他请那位瑞典人到隔壁屋里去向他的秘书口授那十六条建议，然后抱怨福布斯不该到了这个时候还把一个“陌生人”扯到这么重大的问题中来。这位受到打扰的波兰大使一定因为汉德逊对他和他的政府施加压力，要他们立即以刚才偷偷地通过非正式途径送来的那份建议为基础进行谈判而感到很不高兴；但是这位英国大使又重复前一天夜里对他说过的话，说觉得这个建议“总的来说，还不算太不合理”。* 他不知道汉德逊的看法并未得到唐宁街的认可。他只知道自己不打算接受一个来历不明的瑞典人的劝告，尽管这个人是英国大使打发来的；同时他也不打算到戈林那里去接受希特勒的“建议”，即使他被授权这样做他也不愿意，何况他并没有这

* 到了这个时候，也就是快到8月31日中午的时候，几乎不惜任何代价拼命奔走和平的汉德逊，已经完全相信德国的条件不但十分合理，甚至是相当温和的。尽管里宾特洛甫已经在前天夜里告诉他说，德国的这份建议“由于波兰特使未见来到已经过时了”，尽管波兰政府甚至还没有看到这份建议，而且这个建议归根结底又只不过是一个骗局，汉德逊却仍然整天地催着哈利法克斯，要他对波兰人施加压力，让他们按照希特勒的要求派一个全权代表来，他还一再强调元首的十六条建议是合情合理的。

中午12点30分（8月31日），汉德逊打电报“催促”哈利法克斯“坚持”要求波兰让利普斯基向德国政府索取那份德国建议，并即刻转交他的政府，“以便派遣一名全权代表。德方的条件，我认为是相当温和的”。汉德逊力陈：“这不是慕尼黑……波兰再不会得到这样好的条件……”

同时，汉德逊还写了一封长信给哈利法克斯说：“……德国的建议并不危及波兰的独立……以后它得到的条件可能还不如这个……”

9月1日凌晨零点30分，即德国预定发动进攻的前四小时（不过汉德逊不知道这一点），汉德逊打电报给哈利法克斯时还在说：“德国的建议……并不算不合理……我个人认为，由于德国的建议，战争是完全没有理由的。”他再次要英国政府对波兰人施加压力，叫他们用“毫不含糊的话”宣布“他们愿意派遣一名全权代表前往柏林”。

驻华沙的英国大使却不这样看。他在8月31日打给哈利法克斯的电报上说：“英王陛下驻柏林大使似乎认为德国的条件是合理的。从华沙的观点来看，我恐怕不能同意他的意见。”[65]

585 种权力。*

最后一天的和平日子

英法政府自以为已使德国人和波兰人同意进行直接谈判之后，尽管它们对希特勒深为怀疑，但还是集中力量为实现这一谈判而努力。在这项活动中，英国走在头里，法国则在柏林，特别是在华沙从外交上予以支持。虽然英国人没有劝波兰人接受希特勒的最后通牒，在8月30日派一个全权特使到柏林去（因为他们认为这种要求，正如哈利法克斯在给汉德逊的电报中所指出的，是“完全不合理的”），但是他们却敦促贝克上校宣布准备“毫不迟延地”同柏林举行谈判。这就是哈利法克斯在8月30日深夜拍给驻华沙大使的那封电报的大意。根据这份电报，肯纳德须把汉德逊准备提交给里宾特洛甫的英国照会的内容告诉贝克，向他保证英国将忠于对波兰的义务，但是强调波兰必须同意立刻和德国举行直接谈判的重要性。哈利法克斯的电报说：

> 从德国内部形势和国际舆论的观点来看，我们认为至为重要的是，只要德国政府表示准备谈判，就不应该让他们有机会把引

---

* 在这最后一天和平的日子里，还发生了一件外交上的怪事，值得在这里记上一笔。达勒鲁斯访问利普斯基之后回到了英国大使馆，中午他从汉德逊的办公室里给伦敦英国外交部的霍拉斯·威尔逊爵士打了一个电话。他对威尔逊说，德国的建议是“极为宽大的”，但是波兰大使刚才竟拒绝了这个建议。“很明显，”他说，“是波兰人堵塞了谈判的道路。”

这时候威尔逊在长途电话上听到了某种噪声，他觉得似乎德国人正在偷听。他想结束谈话，可是达勒鲁斯偏偏说个没完，诉说波兰人如何如何不通情理。“我再次告诉达勒鲁斯，”霍拉斯爵士在一份外交部备忘录中写道，“叫他住嘴，但是他不听，我只好放下了听筒。”

威尔逊把这件正好发生在英国驻柏林大使馆里面的不谨慎的事报告了他的上司。不到一小时之后，哈利法克斯在下午1点的时候用密码给汉德逊发了一个电报：“你们使用电话必须切实谨慎。D［达勒鲁斯在伦敦外交部与柏林大使馆之间的函电来往中通常总被称为‘D’］中午从大使馆打来的电话是极不谨慎的，一定已被德国人听去。”[66]

起冲突的罪责推在波兰身上。[67]

肯纳德于半夜访晤了贝克，这位波兰外长答应在请示他的政府以后在8月31日中午再给他一个“慎重的答复”。英国外交部于上午8点收到了肯纳德叙述这次会见的报告，哈利法克斯对此并不十分满意。中午时分——这已经是8月的最末一天了——他又打电报给肯纳德，叫他“偕同”驻在华沙的法国同事（法国驻波兰大使利昂·诺埃尔）一起去提醒波兰政府，

他们现在应该告诉德国政府说，他们已经知道了我们给德国政府的最后答复；而且还应当证实，他们已经接受了直接谈判的原则。这话最好是由他们自己直接告知，否则就通过我们告知。

法国政府担心德国政府会利用波兰政府方面的沉默。[68]

哈利法克斯勋爵对于他的波兰盟友仍然感到不放心，过了不到两小时，也就是下午1点45分的时候，他又给肯纳德拍去一份电报： 586

请立刻转告波兰政府并劝告他们：既然他们已经接受了直接谈判的原则，便应当立即指示波兰驻柏林大使告知德国政府，如果德国有什么建议，他随时准备转致本国政府，以便他们能立即考虑并提出自己的意见，以便及早讨论。[69]

但在这份电报发出之前不久，贝克为了回答半夜那个外交行动，已经用书面照会通知英国大使，波兰政府“证实准备同德国政府直接交换意见”；除此之外，他还曾口头向英国大使保证，他定将指示利普斯基去会见里宾特洛甫，告诉他“波兰已经接受英国的建议”。肯纳德问贝克，利普斯基如果接到里宾特洛甫交来的德国建议将怎么应

付。这位外交部长的回答是，他不打算授权给他的柏林大使接受这种建议，因为“鉴于过去的经验，这种建议很可能附有最后通牒之类的东西”。贝克说，重要的是重新建立接触，“然后再就谈判的地点、人选以及谈判的基础等细节进行讨论”。根据这位一度亲德的波兰外长所提到的“过去的经验”来讲，他这种看法是不无道理的。据肯纳德在电报中向伦敦报告，贝克还说：“如果德国邀请他去柏林，他当然不去，因为他不想去受哈查总统所受的那种接待。”[70]

实际上，贝克给利普斯基的指示和上面所说的不完全一样。他并没有让利普斯基去对德国人说，波兰“接受”了英国的建议，而是要他说波兰“正以赞成的态度考虑”英国的建议，并且“最迟不出数小时”即将做出正式答复。

贝克给利普斯基的指示还不止于此，这一点德国人是知道的，因为他们掌握了波兰人的密码。

由于一个我们不久就会明白的简单而充分的原因，德国人并不急于接见那位驻柏林的波兰大使。当时已经为时太晚了。午后1点，也就是收到华沙发来的电报指示几分钟以后，利普斯基就去求见里宾特洛甫，说要传达波兰政府的一个照会。一直等了两三个小时，他才接到魏茨泽克的电话，后者代表德国外交部长问他，他是作为全权使节还是“以某种其他身份”前来会晤的。

“我回答他，”利普斯基后来在他的最后报告[71]中说，“我以大使的身份请求会见，递交我国政府的一项声明。”

接着又等了很久。下午5点，阿托利科来访里宾特洛甫，说“领袖迫切希望”元首接见利普斯基，“至少要通过这种方式建立为避免最后的决裂所必需的最低限度接触”。德国外交部长答应把意大利领
587 袖的这番心意“转达”给元首。[72]

在这8月的最末一天，为了设法挽救和平，这位意大利大使到威廉街来回奔走，这已不是第一次了。那天上午9点，阿托利科向罗马

报告说，局势“极为严重”，除非“出现某种新变化，否则几小时后战争就要爆发”。于是墨索里尼就在罗马和齐亚诺凑在一起商议，企图寻找“某种新变化”。他们商量的第一个结果是，齐亚诺打电话告诉哈利法克斯说，除非能给希特勒送去一个“相当大的好处：但泽”，否则墨索里尼就不能出面调停。可是这位英国外交大臣没有上钩。他告诉齐亚诺，目前最要紧的是先通过利普斯基在德国人和波兰人之间建立直接接触。

于是，午前11点30分阿托利科到德国外交部去见魏茨泽克，告诉他，墨索里尼正在同伦敦方面进行接触，建议以归还但泽为解决德波问题的第一步，但是领袖需要一定的“时间宽限”来完成他拯救和平的计划。在此期间，德国政府能不能接见一下利普斯基呢？

利普斯基要求接见之后足足等了五个多钟头，在下午6点15分的时候，里宾特洛甫才接见了他。会见的时间并不长。这位大使虽然疲惫不堪，而且心力交瘁，但是举止不卑不亢。他向纳粹外交部长宣读了一份书面照会。

> 昨夜波兰政府从英国政府方面获悉，英国政府曾与德国政府就波、德两国政府进行直接谈判的可能性交换了意见。
>
> 波兰政府正以赞成的态度考虑英国政府的建议，并将于未来数小时内对此做出正式答复。

“我还声明，”利普斯基后来说，“我从午后1点起就一直在等着要递送这份照会。”里宾特洛甫问他是不是受权前来谈判的代表，这位大使回答道，“目前”他只接到指示要他传递方才宣读的照会，说毕就把那份照会交给了这位外交部长。里宾特洛甫说，他还以为利普斯基是作为“全权代表”前来谈判的。当这位大使再一次声明这并不是他的任务以后，里宾特洛甫就站起来送客了。他说，他将报告元首。[73]

“当我回到大使馆的时候，”利普斯基后来说，“就发现自己已经无法同华沙取得联系，因为德国人已经把我的电话线切断了。”

魏茨泽克和里宾特洛甫之所以询问这位大使的谈判代表身份，纯粹是一个形式，无疑为的是好把他的回答载入记录；因为事实上在中午利普斯基收到华沙拍来的那份照会时，德国人就已经知道他不是如他们所要求的那样以全权代表身份前来的。他们当时立刻就译出了那
588 份密码电报，并将一份抄件送交戈林。戈林把它拿给达勒鲁斯看，并要他火速送给汉德逊，以便让英国政府“尽快地知道波兰的态度有多么顽固”。这是这位陆军元帅后来在纽伦堡法庭的被告席上解释的。戈林在法庭上宣读了当时利普斯基所收到的秘密指示，根据这份指示，这位大使“在任何情况下”都不得进行任何正式的谈判，而必须坚持他“并未受有全权”，他仅仅受命递交本国政府的正式照会。这位陆军元帅在供词中在这一点上大做其文章，妄图说服纽伦堡的法官们，是波兰“破坏”了希特勒为和平而提出的最后建议；而且照他自己说，他戈林本人并不希望打仗，而且为了避免战争曾尽了一切努力。但是戈林的话的可靠性，比里宾特洛甫强不了多少；例证之一是，他竟进一步在法庭上说，希特勒只是在利普斯基于8月31日6点15分来过威廉街之后才决定“第二天入侵的”。

但事实完全不是如此。实际上1939年8月最末一天下午和晚间，那些精疲力竭的外交家以及站在他们背后指挥的疲惫不堪的政府决策者，在这最后关头急急忙忙进行的活动，完全是水中捞月、枉费心机；而在德国人方面，则完全是一场蓄意的欺骗。

因为8月31日中午12点半钟，也就是在哈利法克斯勋爵敦促波兰人采取较为和解的态度以前，在利普斯基去见里宾特洛甫以前，在德国人公布他们对波兰的“宽宏大量”的建议以前，并且在墨索里尼试图调停以前，阿道夫·希特勒就已经做出了最后决定，发出了把这个

星球投入空前血腥的战争中的决定性命令。

武装部队最高统帅

绝　密

1939年8月31日于柏林

第一号作战指令

1. 用和平方式处理东部国境上为德国所不能容忍的局势的**政治可能条件**既已告罄，我已决定**以武力解决**。*

2. **对波兰的进攻**将按照“白色方案”所规定的准备工作进行，但陆军方面由于目前部署几乎已经全部完成，故有所变更。

任务分配以及作战目标则照旧。

进攻日期：1939年9月1日。

进攻时间：拂晓4点45分［时间是用红铅笔填入的］。

这一时间规定也运用于格丁尼亚、但泽湾以及特切夫桥的作战行动。 589

3. **在西线**，重要的是必须使开启战端的责任完全在英国和法国方面。目前对于无足轻重的侵犯边界活动，应当只用局部行动加以应付。

对荷兰、比利时、卢森堡和瑞士的中立我们曾经给予保证，应该认真遵守。

在地面，不经我明确准许不得越过德意志西部疆界。

在海上，同一原则适用于一切战争行动和可以视为战争行动的一切行动。†

4. **如果英国和法国对德国开始作战**，西线武装部队的各部队的任务是，尽可能地保存实力，以便保持必要条件胜利结束对

---

* 着重体为德文原本所有。

† 这项指令的一条边注，明确了这一含糊之处：“因此，大西洋舰队将暂时处于待命状态。”

> 波兰的作战。在此限度之内，尽可能地摧毁敌军及其战争经济资源。但在任何情况下没有我的命令不得转入进攻。
>
> 陆军应坚守“西壁”并做好准备，以防西方国家破坏比利时或荷兰的领土主权，假道该两国从北方包抄“西壁”……
>
> 海军将攻击商船，主要是针对英国……空军的首要任务是防止法国和英国的空军袭击德国陆军以及德国的生存空间[Lebensraum]。
>
> 对英国作战时，应准备用空军切断英国的海上供应，炸毁其军火工厂，并阻止其向法国派遣军队。要把握一个有利战机，对密集的英国舰队，特别是战斗舰与航空母舰，进行有效的袭击。对伦敦的攻击听候我的决定。
>
> 要做好进攻英国本土的准备，同时切记，在任何情况下都必须避免以不充足的兵力取得不完全的胜利。
>
> 阿道夫·希特勒[74]

就这样，希特勒在8月31日中午12点以后不久正式用书面下达了于次日拂晓对波兰发动进攻的命令。正如他的第一号作战指令所表明的，他还不太清楚英国和法国会采取什么行动。他打算自己先不去攻击它们。但如果对方采取敌对行动，他就准备迎击。也许事情会像哈尔德在8月28日的日记中所说的那样，英国人只在表面上做一做对波兰信守义务的姿态，“虚应故事地打一打”。如果真是这样，元首是不会因此而“见怪”的。

590 纳粹独裁者的这个关系人类命运的决定，大概是在8月最末一天中午12点30分之前不久的时候做出的。前一天下午6点40分，哈尔德在日记里记下了冯·布劳希奇将军的副官库尔特·西沃特中校给他的一个通知：“做好一切准备，以便能够在9月1日拂晓4点30分发动进攻。如果由于伦敦的谈判而需要推迟，则改在9月2日发动进攻。

若果然改期，我们将在明天下午3点以前接到通知……元首说：不是9月1日就是9月2日。过了9月2日，一切作罢。”由于秋季多雨，进攻必须立即开始，否则就得完全取消。

8月31日一早，希特勒还在声称他正在等着波兰的谈判使节的到来，而德国军队就已经接到了命令。早上6点30分，哈尔德写道：“帝国总理府的消息，进攻令已下，定于9月1日。”那天上午11点30分，他又记道：“施蒂尔普纳格尔将军报告，进攻时间定在0445［凌晨4点45分］。据说西方干涉将不可避免，尽管如此，元首仍然决意进攻。”一小时以后，正式的第一号指令就下来了。

我记得那一天柏林笼罩在一种阴暗而凄惨的气氛中。每个人都是一副茫然若失的样子。早上7点25分，魏茨泽克给“密谋分子”之一乌尔里希·冯·哈塞尔去了一个电话，要他赶快来见他。这位国务秘书认为现在只剩下一个希望，就是由汉德逊去说服利普斯基和他的政府立刻指派一个全权代表，或者至少是声明打算派遣这样一个代表来。他问解职在野的哈塞尔能不能为此目的马上去拜访一趟他的朋友汉德逊和戈林。哈塞尔去尝试了一下。他到汉德逊那里跑了两次，还去找了一趟戈林。尽管他是外交界的老手，现在又是个反纳粹分子，可是他却好像还没有认识到事态的发展已经不是这种微不足道的努力所能挽回的了。他也没有认清他自己以及魏茨泽克和所有那些“好心的”德国人思想糊涂到了什么程度；这些德国人要和平，这是没有问题的，但他们要的是建立在德国条件上的和平。因为，到了8月31日这一天，他们应该已经看清楚，要么希特勒让步，要么波兰人让步，否则就只有战争，可是不论哪一方都丝毫没有让步的可能。然而正如哈塞尔在这一天的日记中所表明的，他还在期望波兰人会让步，期望他们会步奥地利人和捷克人的后尘，走上那条国破家亡的道路。

汉德逊向哈塞尔指出，“主要的困难”是由于德国人所用的方式引起的，他们想要“对待傻孩子”那样地把波兰人呼来喝去。哈塞尔竟反驳说:“波兰人一味沉默也不见得就对。”他还表示“一切都取决于利普斯基的出场——不是来提问题，而是宣布他愿意谈判”。可见就连哈塞尔也认为，波兰人虽然岌岌可危地即将在纳粹捏造的罪名下遭到进攻，但也没有提问题的权利。当这位前任大使就战争爆发的问题做出“最后结论”时，他一方面责备希特勒和里宾特洛甫“有意冒同西方作战的风险”，另一方面又把许多责任推在波兰人甚至英国人和法国人的身上。“从波兰人这方面来说，”他写道，“他们既有波兰
591 人的狂妄自大，又有斯拉夫式的任其自流的脾气，仗恃有英国和法国的支持，把避免战争的最后机会全都错过了。”人们不禁要问，除了向希特勒的全部要求屈服之外，他们还错过了什么机会？哈塞尔还说:“伦敦政府在这最后的时刻放弃了努力，而采取一种‘管他娘’的态度。法国亦步亦趋，只不过更加犹豫迟疑而已。倒是墨索里尼真正竭尽全力避免战争。”[75] 如果像哈塞尔这样一个有教养、有学问、有经验的外交家在思想上还如此糊涂，那么希特勒轻而易举地欺骗了德国人民群众又还有什么奇怪呢？

接着，在那最末一天的和平日子行将消逝的下午，还发生了一个有点滑稽的插曲。现在我们已经知道，根据那天的决定，空军司令戈林要执行次日黎明即将对波兰展开的大规模空袭的任务，这位元帅想必一定忙得不可开交了。事实却不然。中午达勒鲁斯把他邀到爱思普兰德饭店去吃饭，用美酒佳肴殷勤地向他劝杯敬菜。达勒鲁斯请他喝的白兰地真是酒中上品，以至于戈林临走时还非带走两瓶不可。提起了他的兴致之后，达勒鲁斯就建议他把汉德逊请来谈谈。戈林在请示了希特勒以后，便邀请汉德逊和福布斯下午5点到他的寓所去喝茶。达勒鲁斯（汉德逊在他的《最后的报告》或著作中都没有提到有这个人在场）说，他当时建议由戈林代表德国到荷兰去和波兰代表举行谈判，汉德逊应允将这个建议转达给伦敦。据这位英国大使在他那《最后的报告》中的叙述，在这次茶会中，戈林“谈了两小时波兰的罪状

以及希特勒先生和他自己同英国友好的愿望。这是一场毫无结果的谈话……我的总印象是，这是他最后一次徒劳的努力，想使英国抛弃波兰……他在这样的时刻竟肯让我占据他这么多的时间，对此我当时有一种非常不妙的预感……如果不是事无大小，一切都安排停当了，他绝不会在这种时候还有时间来陪我谈话的”。

关于这次奇特的茶会，福布斯在纽伦堡回答戈林的辩护律师的询问时，做了第三方面的，同时也是最辛辣的一种描述。

> 当时的气氛是沉闷紧张的，虽然尚为友好……戈林对英国大使说的话是：如果波兰人不肯让步，德国就会把他们像虱子一样掐死，如果英国决定宣战，他将感到非常遗憾，但英国以后会知道这是一种极为轻率的举动。[76]

据汉德逊自己说，那天晚上他给伦敦拟发了一份电报：“现在如由我再向他们提任何建议，都是徒劳无益的，因为任何建议都会被目前形势的发展抛在后面，我们唯一能采取的方针就是表示我们有不可动 592
摇的决心以武力对付武力。”*

内维尔·汉德逊爵士好像已经感到彻底幻灭了。几年来为了千方百计满足这位欲壑难填的纳粹独裁者，他费尽了心力，但是正如他自己所说的，他出使德国还是辱命了。在这个8月的最末一天快要结束的时候，这个思想浅薄但态度温文的英国人极其盲目地在柏林搞了一阵个人外交之后，准备勇敢地面对他的希望归于破灭，计划归于流

---

* 这份电稿可能在那天晚上就拟好了，但直到第二天下午3点45分才拍给伦敦，那时德国进攻波兰已经将近12小时了。在此以前已经有好几份电报发往伦敦报告战事已经爆发，那些电报也和这份电报一样另外用电话发出，因为这样就可以同时拍发。这份电报说：“德国人和波兰人的互不信任已经达到极点，因此我觉得，我对此间提出的任何建议表示默认［原文如此］都无济于事，这些建议由于所采用的方法或保存面子与威信的考虑，只会被事态的发展抛在后面，或是毫无结果。

“最后的希望就在于我们坚定不移地决心以武力对付武力。”[77]

产。虽然第二天，战争爆发的那一天，他还要犯一次更为典型的和令人难于置信的过错，但是他已经开始认识到一条古老的真理：在某些时候，某些场合，正像他终于说出的那样，武力必须以武力对付。*

1939年8月31日的夜幕笼罩欧洲的时候，150万德国军队已经开始进入波兰沿境的最后阵地，只等次日拂晓出击；这时希特勒剩下要做的事情就是开动宣传机器，玩弄一套欺骗伎俩，使德国人民对于这一场突如其来的侵略战争在精神上有所准备。

当时的德国人民正需要这样一剂药。在戈培尔和希姆莱的帮助下，希特勒早已成为精于此道的专家。我当时曾在柏林街头徘徊，同许多普通德国老百姓谈过话，那天上午我在日记里写道："人人都反对战争。人们公开地这样说。当人民这样坚决地反对战争的时候，一个国家怎么可能投入一场大规模的战争呢？"尽管我对第三帝国有这样一段亲身体验，却提出了这样一个幼稚的问题！希特勒对于这个问题的答案知道得非常清楚。一个星期以前他岂不是在巴伐利亚的山顶上对他的将领们说过，他要"提出发动战争的宣传上的理由"，并且叫他们"不必管它讲得通讲不通"？他告诉他们："胜利者在事后是没有人问他当初说的是不是实话的。在发动战争和进行战争时，是非问题是无关紧要的，紧要的是胜利。"

593 晚间9点，我们已经知道，所有的德国电台都广播了元首对波兰的和平建议，当我从无线电中听到这些建议的时候，我这个受骗的记者感到这个建议是非常合情合理的。可是希特勒从来没有向波兰人提

* 某些朋友读了这一节以后怀疑本书作者对待汉德逊的态度是否客观。因此，也许有必要引证一段别人对于这位英国驻柏林大使的看法。英国历史学家L.B.纳米尔爵士曾经对汉德逊做过如下的结论："自负、虚荣、刚愎自用、顽固地坚持自己的先入之见。他连篇累牍发出电报和信件，数量之多令人难以置信，篇幅之长令人望之生畏，其中再三再四地重复着他那缺乏根据的见解和主张。这个人论其迟钝足以败事，但论其糊涂却又没有达到于事无害的地步，真可以说是一个'扫帚星'。"（纳米尔：《纳粹时代》，第162页）

出过这个建议，甚至对英国人也不曾正式提出过，只不过是在不到24小时以前含糊其词地而且非正式地向英国大使提了一下而已，这一事实广播电台却完全没说。这位总理发表了一篇十分冗长的声明，向德国人民解释德国政府如何为了保持和平用尽了一切外交手段；的确，从这里面可以看出，他用尽了自己那一套弄虚作假、混淆视听的手法，当然这少不了戈培尔的协助。这篇声明说，8月28日，英国政府表示愿意为德、波两国之间的争执出面斡旋，第二天德国政府就做出了如下的答复：

> 尽管我们对波兰政府愿意达成谅解的诚意抱着怀疑，但是仍然宣布，准备为了和平的利益而接受英国的调停或建议……我们认为，如果要避免一场灾祸的危险，就必须毫不犹豫地立刻采取行动。我们宣布，我们准备在8月30日夜间以前接待一位波兰政府指派的代表，但该代表不仅要有进行讨论的权力，而且要有进行谈判和缔结协议的权力。
>
> 但是，德国政府表示愿意取得谅解之后，所接到的第一个答复不是行将派遣一名受权代表前来谈判的声明，而是波兰动员的消息……
>
> 不能指望德国政府无尽无休地一再声明愿意举行谈判并且实际上做好这种准备，而结果却只让波兰方面用空洞的遁词和毫无意义的宣言拖延时日。
>
> 波兰大使目前所采取的外交行动再一次证明：该大使既没有参加讨论的全权，甚至也没有进行谈判的全权。
>
> 元首与德国政府就这样空等了两天，始终未见波兰谈判代表来到。
>
> 在这种情况下，德国政府认为自己的建议这一次又被……拒绝了，虽然我们认为这个建议，按照同时也向英国政府提出的方

式，完全是诚恳的、公道的和切实可行的。

希特勒和戈培尔从经验中懂得，好的宣传如果要有效果，仅仅依靠言辞是不够的，它需要有实际行动，不论其中有多大成分需要捏造出来。现在德国人民已经相信（关于这一点，本书作者可以根据亲身的观察作证）是波兰人拒绝了元首慷慨的和平建议，剩下来要做的就是制造一个行动来“证明”先动手的是波兰而不是德国。

读者想必记得，德国人已经根据希特勒的指示为这最后一桩见不
594 得天日的勾当小心翼翼地做好了准备。* 党卫军那个有文化的恶棍阿尔弗雷德·瑙约克斯，已经在靠近波兰边境的格莱维茨等候了六天，准备对当地的德国电台表演一场伪造的波兰方面的进攻。这个计划已经做了修改。由穿着波兰陆军制服的党卫军人员开枪射击，把事先麻醉过的集中营囚徒放在地上，充当电台方面被打得奄奄一息的“伤亡”人员——这套把戏的这个“喜剧性”部分，我们已经知道，用的角色有一个意味深长的代号叫“罐头货”。他们准备制造若干起这种伪造的“波兰进攻”，但最主要的一起预定发生在格莱维茨电台。

> 8月31日中午，［瑙约克斯在纽伦堡法庭上供称］我从海德里希那里接到预定在当天晚上8点进行攻击的密令。海德里希说：“执行这一攻击前，可向米勒领取‘罐头货’。”我照办了，并且指示米勒把那人弄到电台附近来交给我们。我收到了这个人，就把他放在电台的门口。他还活着，但已完全失去了知觉。我掰开他的眼睛看一看，不过我不能从他的眼睛上辨别出他是否活着，只是他还有呼吸。我没有见到枪伤，但是他脸上抹满了血污，穿的是便服。

---

* 见本书原文第518—520页。

我们按照命令夺下了电台，通过一个紧急备用发射台广播了三四分钟的演说*，用手枪打了几枪之后才离去。†[79]

那天夜晚，除了报道元首对波兰的“建议”和波兰“进攻”德国领土的外发新闻电报和电台广播以外，柏林同外界的联系几乎全部中断。我想和华沙、伦敦以及巴黎通电话，但我得到的回答是同这几国首都的通讯联络已经切断了。从外表上来看，柏林一切都和平常一样。不像巴黎和伦敦，这里没有疏散妇孺，也不像其他国家首都所发出的消息所报道的那样，商店的橱窗前面也没有堆起沙袋。9月1日凌晨4点钟光景，我做完了最后一次广播，从广播大厦驱车返回阿德隆饭店。街上空荡荡的。住家的屋子里一片漆黑，人们正在熟睡。我心里这样想，他们也许是抱着最好的希望——对和平的希望——上床安息的。

希特勒本人这一天却心情舒畅、精神奕奕。8月31日下午6点，哈尔德将军在日记里记道：“元首镇定自若；睡得很好……决定［在西 595
部］不疏散这点说明，他预料法国和英国不致采取行动。”‡

最高统帅部谍报局局长卡纳里斯海军上将，反纳粹密谋分子中的主要人物之一，心情却迥然不同。卡纳里斯集团曾经发誓要搞掉这位

---

* 这篇波兰语的演说由海德里希给瑙约克斯拟定提纲。其中充满了煽动性的反德言论，并且宣布波兰已经发动了进攻。见本书原文第519页。

† 格莱维茨的“波兰进攻”第二天就被希特勒在国会演说中利用上了，并被里宾特洛甫、魏茨泽克和外交部其他官员在宣传活动中一再引述，作为纳粹发动侵略的借口。《纽约时报》和其他几家报纸在1939年9月1日报道了这个事件以及其他类似的事件。这里需要补充的一点是，根据谍报局拉豪森将军在纽伦堡的供词，所有这些穿着波兰制服参加那天晚上假冒袭击的党卫军人员“全都被干掉了”。[78]

‡ 那天白天，希特勒抽空给正在法国昂提布的温莎公爵拍去了一个电报：

1939年8月31日于柏林

谢谢您8月27日的来电。您可以放心，我对英国的态度仍然未变，我要避免我们两国人民之间发生另一场战争的愿望也仍然未变。可是，我对于未来德英关系发展所抱的这种愿望能否实现，将取决于英国。

阿道夫·希特勒[80]

在缴获的德国文件中，这是第一次提到这位逊位的英王，但并不是最后一次。下面就会看到，往后有一个时期温莎公爵在希特勒和里宾特洛甫的阴谋策划中隐然占有重要的地位。

独裁者来避免战争，现在希特勒正在把德国推入战争，采取行动的时刻到了，可是却不见这些密谋分子有何动静。

接近黄昏的时候，吉斯维乌斯被奥斯特上校请到最高统帅部来。这个德国军事力量的神经中枢里乱哄哄的，显得忙碌不堪。卡纳里斯把吉斯维乌斯拉到一条灯光黯淡的走廊里，感情激动地对他说：

596 “德国这一下算完了。”[81]

注 释

1.《英国蓝皮书》，第96—98页。

2. 汉德逊1939年8月23日电报，同上，第98—100页。德国外交部关于这次会议的报告，见《德国外交政策文件汇编》，第7卷，第210—215页。汉德逊就8月24日第二次会议提出了报告（见《英国蓝皮书》，第100—102页）。

3. 希特勒8月23日致张伯伦信的全文，同上，第102—104页。另见《德国外交政策文件汇编》，第7卷，第216—219页。

4. 希特勒8月25日致墨索里尼信的全文，同上，第281—283页。

5. 希特勒8月25日对汉德逊口头声明的全文，由里宾特洛甫和施密特起草，同上，第7卷，第279—284页；另见《英国蓝皮书》，第120—122页。汉德逊8月25日的电报记述了这次会见，见《英国蓝皮书》，第122—123页。另见汉德逊著《使命的失败》，第270页。

6. 库隆德尔8月25日电报，见《法国黄皮书》，法文版，第312—314页。

7.《纳粹的阴谋与侵略》，第6卷，第977—998页。得自海军总司令部档案中发现的俄德关系材料。

8. 施密特：《希特勒的译员》，第144页。

9. 同上，第143—144页。

10.《齐亚诺日记》，第120—129页。

11. 魏茨泽克8月20日的报告，见《德国外交政策文件汇编》，第7卷，第160页。

12. 马肯森8月23日给魏茨泽克的信，同上，第240—243页。

13. 马肯森8月25日电报，同上，第291—293页。

14. 同上，第7卷，第285页上的注释。

15. 墨索里尼8月25日致希特勒的信，同上，第285—286页。

16.《纳粹的阴谋与侵略》，第6卷，第977—978（纽伦堡文件C-170）。

17. 1945年8月29日对里宾特洛甫的提讯，同上，第7卷，第535—536页。1945年8月29日对戈林的提讯，同上，第534—535页。1946年4月4日凯特尔在纽伦堡对质时的证词，见《主要战犯的审讯》，第10卷，第514—515页。

18.《纳粹的阴谋与侵略》，附件B，第1561—1563页。

19. 吉斯维乌斯：《至死方休》，第358—359页。

20. 哈塞尔：《冯·哈塞尔日记》，第59页。

21. 托马斯：《思想和境遇》，见上引《瑞士月刊》。

22. 沙赫特博士1946年5月2日在纽伦堡的证词，见《主要战犯的审讯》，第12卷，第545—546页。

23. 吉斯维乌斯1946年4月25日在纽伦堡的证词，同上，第224—225页。

24. 这些呼吁的全部原文均载《英国蓝皮书》，第122—142页。

25. 希特勒8月25日下午6点40分致墨索里尼函，见《德国外交政策文件汇编》，第7卷，第289页。

26.《齐亚诺日记》，第129页。

27. 墨索里尼8月26日中午12点10分致希特勒函，见《德国外交政策文件汇编》，第7卷，第309—310页。

28.《齐亚诺日记》，第129页。马肯森的报告，见《德国外交政策文件汇编》，第7卷，第325页。

29. 希特勒8月26日下午3点8分致墨索里尼函，见《德国外交政策文件汇编》，第7卷，第313—314页。

30. 墨索里尼8月26日下午6点42分致希特勒函，同上，第323页。

31. 希特勒8月27日零点10分致墨索里尼函，同上，第346—347页。

32. 墨索里尼8月27日下午4点30分致希特勒函，同上，第353—354页。

33. 马肯森8月27日的电报，同上，第351—353页。

34. 达拉第8月26日致希特勒函，同上，第330—331页。另见《法国黄皮书》，法文版，第321—322页。

35. 哈尔德8月28日日记，追记前五天的“前后事件”。这一部分见《德国外交政策文件汇编》，第7卷，第564—566页。

36. 1945年8月29日在纽伦堡对戈林的提讯，见《纳粹的阴谋与侵略》，第8卷，第534页（纽伦堡文件TC-90）。

37.《主要战犯的审讯》，第7册，第287页。

38. 关于达勒鲁斯的活动，参见上引他的著作和他在纽伦堡的证词。他终于在纽伦堡明白了他对他的那些纳粹朋友未免太天真了。见本书第十五章注4。有关英国外交部的大量材料的证实，见《英国外交政策文件汇编》，第3卷，第7册。

39.《英国外交政策文件汇编》，第7册，第287页。

40. 达勒鲁斯在纽伦堡的证词，见《主要战犯的审讯》，第9卷，第465页。

41.《英国外交政策文件汇编》，第7册，第319页注。

42.《主要战犯的审讯》，第9卷，第466页。

43.《英国外交政策文件汇编》，第7册，第321—322页。

44.《英国蓝皮书》，第125页，和《英国外交政策文件汇编》，第7册，第318页。

45. 英国8月28日致德国的照会全文，见《英国蓝皮书》，第126—128页。

46. 汉德逊8月29日凌晨2点35分致哈利法克斯的电报，同上，第128—131页。

47. 汉德逊8月29日致哈利法克斯的电报，同上，第131页。

48. 汉德逊8月29日的电报，见《英国外交政策文件汇编》，第7册，第360页。

49. 同上，第361页。

50. 德国8月29日复照的全文，见《英国蓝皮书》，第135—137页。

51.《英国外交政策文件汇编》，第3卷，第7册，第398页。

52. 汉德逊：《使命的失败》，第281页。

53.《英国蓝皮书》，第139页。

54. 张伯伦8月30日致希特勒照会的全文，见《德国外交政策文件汇编》，第7卷，第441页。

55.《英国蓝皮书》，第139—140页。

56. 同上，第140页。

57. 同上，第142页。

58. 施密特：《希特勒的译员》，第150—155页。另见施密特在纽伦堡的证词，载《主要战犯的审讯》，第10卷，第196—222页。

59.《主要战犯的审讯》，第10卷，第275页。

60. 施密特：《希特勒的译员》，第152页。

61.《德国外交政策文件汇编》，第7册，第447—450页。

62. 汉德逊：《最后的报告》，Cmd 6115号，第17页。另见上引书第287页。

63.《英国外交政策文件汇编》，第7卷，第575号，第433页。

64.《主要战犯的审讯》，第9卷，第493页。

65. 汉德逊8月31日中午12点30分致哈利法克斯的电报，见《英国外交政策文件汇编》，第7册，第440页；致哈利法克斯的信，同上，第465—467页；9月1日中午12点30分的电报，同上，第468—469页。肯纳德8月31日致哈利法克斯的电报，同上，第618号。

66.《英国外交政策文件汇编》，第7册，第441—443页。

67.《英国蓝皮书》，第144页。

68. 同上，第147页。

69. 同上。

70. 波兰8月31日致英国书面复照全文，同上，第148—149页；肯纳德8月31日的电报（到晚上7点15分伦敦才收到），同上，第148页。

71. 关于利普斯基的最后报告，见《波兰白皮书》。摘录载《纳粹的阴谋与侵略》，第8卷，第499—512页。

72.《德国外交政策文件汇编》，第7卷，第462页。

73. 利普斯基方面的记述，见他的最后报告，上引《波兰白皮书》。施密特博士有关德国方面的记述，见《德国外交政策文件汇编》，第7卷，第463页。

74. 希特勒指令的德文原文载《主要战犯的审讯》，第4卷，第456—459页（纽伦堡文件C-126），英译文见《纳粹的阴谋与侵略》，第6卷，第935—939页，另见《德国外交政策文件汇编》，第7卷，第477—479页。

75. 哈塞尔：《冯·哈塞尔日记（1938—1944年）》，第68—73页。

76. 达勒鲁斯在纽伦堡的证词，见《主要战犯的审讯》，第9卷，第470—471页；福布斯在纽伦堡对戈林的律师所提出的问题的答复，见纳米尔著《外交前奏曲》，第376—377页。汉德逊的记述，见他所著《最后的报告》，第19页。

77.《英国外交政策文件汇编》，第483页。汉德逊后来关于这封电报的记述，见《最后的报告》，第20页和《使命的失败》，第291—292页。

78.《主要战犯的审讯》，第2卷，第451页。

79. 瑙约克斯口供，出处同上。

80.《德国外交政策文件汇编》，第7卷，第472页。

81. 吉斯维乌斯：《至死方休》，第374—375页。

第十七章
第二次世界大战的开始

1939年9月1日破晓，也就是早在4月3日希特勒在“白色方案”的第一个指令中就规定了的那一天破晓，德国军队大举越过波兰国境，分北、南、西三路进逼华沙。

天空中，德国机群吼叫着飞向自己的目标：波兰的部队、军火库、桥梁、铁路以及不设防的城市。几分钟之后，这些飞机就要使波兰人不分军民第一次尝到人类历史上规模最大的来自空中的突然死亡和毁灭的滋味，同时也带来了一种恐怖，在此后六年间欧亚两洲千百万男女老幼将经常处于这种恐怖之下。而在核弹出现之后，这种恐怖将以完全毁灭的阴影笼罩着全人类。

在柏林，那是一个灰暗的、有些闷热的早晨，乌云低垂，对防止敌机轰炸起了一些保护作用，不过所担心的敌机从来没有来过。

我注意到，尽管无线电和晨报号外相继传来重要的新闻，但街道上的老百姓却非常冷淡。* 在阿德隆饭店街对面的伊·格·法本化学公司的新建筑工地上，早班工人已来上工，就好像什么也没有发生似的。当报童叫卖着号外走过工地时，竟没有一个人放下工具去买一

---

* 希特勒向军队宣布战争开始的公告于清晨5点40分在德国电台广播，不久以后，报纸号外就在街头出现了。见本书原文第599页。

1939年9月1日，德国士兵移除德国-波兰边境的屏障，进入波兰领土。

份。我想也许是德国人民在这9月开头第一天的早晨，一觉醒来发现自己已经处于战争之中，惊得发呆了。他们原来深信自己的元首一定会设法避免这场战争的。现在战争已经降临，但他们还是不能相信。

人们不禁想起，这种灰溜溜的冷漠情景同1914年德国投入战争时
597 的情景形成了多么鲜明的对照！那时候是一片狂热。集在街头的人群表现出如醉如狂的热情，向出征的军队投掷鲜花，向德皇兼最高统帅威廉二世疯狂地欢呼。

这一次，人们对军队和那位纳粹统帅都没有这样的表示。上午将近10点钟的时候，这位纳粹统帅从总理府驱车驶过冷清清的街道前往国会，去向全国人民报告他刚刚毫无人性地蓄意挑起的重大事件。当这位独裁者开始解释为什么德国在这一天早上突然投入战争的时候，就连那些由希特勒一手指派、大部分属于党棍的傀儡议员的反应也都不太热烈。他往常在这个华丽的克罗尔歌剧院大厅内就比较次要的问题发表演说时所得到的掌声要比这一次热烈得多。

1914年8月1日，德国向俄国宣战，在柏林大教堂外欢呼庆祝的市民。

他在讲话的时候，虽然有时很蛮横无理，但奇怪的是，他仿佛是站在被告的立场上在为自己辩护；而且我当时一面听一面觉得，他的演说从头至尾都有一种奇怪的紧张感觉，仿佛他在自己所造成的这种进退维谷的困境中也有点张皇失措，甚至有点慌乱了。他对于他的意大利盟友为什么规避当然义务不来相助的解释，甚至在这一群亲手挑选的听众当中也不能说是成功的。

[他说]我愿意在这里首先向意大利致谢，他们始终一贯地支持我们。但是诸位应该了解，在进行当前的这场斗争中，我们不打算请求外国的援助。我们要靠自己的力量完成这项任务。

过去他在夺取政权和巩固政权的时候，已经不知说了多少谎话，在这个历史的重要关头，他也免不了要对那些幼稚的德国人民再吼叫几句谎言来为他那荒唐的行为辩护。

诸位知道，我曾一再做出努力，争取在奥地利问题以及随后的苏台德地区、波希米亚和摩拉维亚等问题上通过和平途径澄清事态并取得谅解。但是一切都归于徒劳……

在我同波兰政治家们的会谈中……最后我提出了德国方面的建议……没有比这个建议更起码更诚恳的建议了。我愿意在此告诉全世界的人，只有我才有条件能够做出这样的建议，因为我清楚地知道，这样做是要受到千百万德国人民反对的。但是这些建议却遭到了拒绝……

整整两天，我和我的政府在等待着，看看波兰政府是否方便，能够派遣一位全权代表前来，但是，如果把我对和平的热望和我的耐心当作是软弱或者甚至是胆怯的话，那就看错我了……我再也看不到波兰政府有任何诚意同我们进行认真的谈判……因

此，我决定用波兰人在过去几个月中对我们使用的一种语言来对波兰说话…… 598

昨天夜间，波兰正规军已经向我们的领土发起第一次进攻。我们已于清晨5点45分起开始还击。从现在起，我们将以炸弹回敬炸弹。

读者已经知道，德国人自己对格莱维茨德国电台的那次进攻是由身穿波兰制服的党卫军人员在瑙约克斯的率领下进行的，现在就这样被这位德国总理用来作为他对波兰进行残酷侵略的口实。而且德国最高统帅部在最初的一批公报中也的确把他们的军事行动称为“反攻”。甚至魏茨泽克也在尽力散布这个笨拙的谎言。那天他从德国外交部向所有的驻外使节发出了一份通电，就他们所应采取的态度做了指示。

为了抵御波兰的进攻，德国军队已于今晨开始对波兰采取行动。这一行动在目前不得称为战争，而只能称作是由波兰的进攻所引起的接触。[1]

甚至对那些能够亲眼看到是谁首先在波兰边境上发动进攻的德国士兵，希特勒也要向他们灌输一顿自己的谎言。他在9月1日一份冠冕堂皇的告德国军队书中说：

波兰已经拒绝了我所期望的两国关系的和平解决，而且诉诸了武力……为一个大国所不能容忍的一系列侵犯边境的事件，证明波兰已经不愿尊重德国的边界。

为了制止这种疯狂行为，我别无他策，此后只有以武力对付武力。

那天只有一次，希特勒说了实话。

> 我要求于德国人的［他告诉国会］，只不过是我自己四年来准备做的……从现在起，我只是德意志帝国的第一名军人。我又穿上了这身对我来说最为神圣、最为宝贵的军服。在取得最后胜利以前我绝不脱下这身衣服，要不然就以身殉国。

从最后下场来看，这一次他总算是说话算数的。但是那天我在柏林遇到的德国人中间却没有一个人注意到，元首这句相当直率的话的意思是，一旦战败，他是不敢正视也不敢承担战败的责任的。

希特勒在自己的演说中说，如果他遭遇不测，戈林将成为他的继承人。他又指定赫斯为继戈林之后的第二个继承人。“万一赫斯遭遇不幸，”希特勒建议，“就依据法律召开参议院会议，由参议员中推选一位最相称的，也就是说，最勇敢的继承人。”什么法律？什么参议
599 院？根本全都不存在！

希特勒一回到总理府，另一种更恶劣的情绪就代替了他在国会中的比较克制的态度。那位老跟在戈林屁股后面到处走的达勒鲁斯，发现希特勒处于一种“异常神经质而又十分激动”的状态中。

> 他对我说［那位瑞典调停人后来作证时说］，他早就疑心英国想打仗。他还告诉我，他要打垮波兰并且要把它全部吞并掉……
>
> 他越来越激动，挥拳攘臂地对着我吼道：“如果英国准备打一年，我就打一年；如果英国想打两年，我就打两年……”他略微顿了一顿，接着就疯狂地挥舞起双臂，用尖厉的声音叫嚷着说：“如果英国要打三年，我就打三年……”
>
> 这时他的身体也随着他的胳臂摇动起来，最后他吼了一声：

"Und wenn es erforderlich ist, will ich zehn Jahre kaempfen."（"如果有必要，我愿意打它十年。"）说着他举起一个拳头向下一挥，几乎碰着了地板。[2]

尽管这样歇斯底里地大叫大嚷了一阵，希特勒还是不相信他非得跟大不列颠兵戎相见不可。这时中午已经过了，德国的装甲部队已经深入波兰境内好几英里，正在迅速向前推进，大多数波兰城市，包括华沙在内，都遭到了轰炸，平民死伤的数目相当可观。但是伦敦和巴黎却没有任何消息表示英国和法国急于要履行它们对波兰的保证。

这两个国家的方向似乎是明确的，可是达勒鲁斯和汉德逊却好像竭力要使这个方向糊涂起来。

上午10点30分，这位英国大使用电话向哈利法克斯报告：

据我了解［他说］，波兰人在夜里炸毁了特切夫桥。* 另据了解，同但泽人发生了战斗，希特勒接到这个消息以后就下令把波兰人从国境线上赶回去，并命令戈林摧毁边界线上的波兰空军。

只是在这个报告的结尾处，他才提了一句：

这个情报来自戈林本人。

希特勒在开完国会以后可能要召见我，作为挽救和平的最后一次努力。[3]

---

* 德国打算在波兰来不及破坏的时候就抢先占领维斯杜拉河上的特切夫桥，这一行动早在夏初就已经计划好了，而且在"白色方案"的各项计划中经常出现。希特勒在8月31日第一号指令中，曾在这一点上做了特别的指示。但这个行动实际上并没有成功，部分原因是浓密的晨雾妨碍了夺桥伞兵的空降。结果波兰人刚好赶上把它炸掉了。

希特勒在柏林克罗尔歌剧院发表演说，德国多次宣战决定均在此宣布。

什么和平？对英国的和平吗？这时候，德国已经动员它的全部军事力量同英国的盟国打了六个小时了。 600

希特勒在国会演说以后，并没有召见汉德逊，这位好说话的大使向伦敦传达了戈林关于波兰人首先发动进攻的谎言之后有点感到灰心——但还没有完全灰心。上午10点50分，他又给哈利法克斯打了一个电话。他那富于想象力而又极为糊涂的脑子里出现了一个新的主意。

> 我觉得有责任［他报告道］向您陈述我的信念，不论其实现的前景多么渺茫，我认为现在要拯救和平，唯一可能的希望就是希米格维-雷兹元帅宣布他愿意立即前来德国，作为军人也作为全权代表同戈林元帅就全部问题进行商讨。[4]

这位天下少有的英国大使好像就没有想到，希米格维-雷兹元帅可能正忙于抵抗德国的这种大规模的无端进攻而无法分身，即使有可能离开，在目前情况下，他作为“全权代表”到柏林来也无异于投降。波兰人可能很快就被打败，但是他们绝不愿投降。

在德国对波兰发动进攻的这一天，达勒鲁斯甚至比汉德逊还要积极活跃。上午8点，他去见了戈林，戈林对他说：“战争已经爆发了，起因是波兰人进攻了格莱维茨的电台并且炸毁了特切夫附近的一座桥。”这个瑞典人立刻把这个消息用电话通知了伦敦外交部。

“我告诉过某人说，”后来在纽伦堡法庭的讯问中他回答说，“据我所得到的情报，波兰人发动了进攻。当我这么说的时候，他们自然觉得很奇怪，我是怎么搞的。”[5]不过话得说回来，他所说的话也只是英王陛下政府驻柏林大使两小时以后来的电话所说的话。

英国外交部一份秘密备忘录，记载了那位瑞典人上午9点零5分打来的电话。达勒鲁斯学着戈林的口吻对伦敦说，“波兰人把一切希

1939年，遭到德国轰炸后的波兰华沙街头。

望都破坏了”，而且说他有“证据证明他们从来就不打算谈判”。[6]

中午12点半钟，达勒鲁斯又给伦敦外交部挂了一个长途电话，这次他找着了贾德干。他又一次谴责波兰人炸毁特切夫桥从而破坏了和平，并且提议让他和福布斯再坐飞机去一趟伦敦。但是生性严厉、为人耿直的贾德干对这位达勒鲁斯已经有些腻烦了，因为他所力图避免的战争现在已经爆发。贾德干对这个瑞典人说:“现在什么行动也都无济于事了。”

然而贾德干只不过是外交部的常务次官，连内阁阁员都不是。达勒鲁斯坚持要他把他的要求直接转达给内阁，并且傲慢地告诉贾德干说，一小时以后他还要来电话。他后来的确打了电话，也得到了答复。

当德军还在侵略波兰的时候［贾德干告诉他说］，任何调停

> 的想法都是谈不到的。现在要避免一次世界大战，唯一的途径就 601
> 是（一）停止敌对行动，（二）德国军队立即撤出波兰领土。[7]

上午10点，波兰驻伦敦大使拉钦斯基伯爵拜会了哈利法克斯勋爵，把德国侵略的消息正式通知他，并且指出，“这显然是条约中规定要对付的一种情况”。这位外交大臣的回答是，他对这些事实毫不怀疑。10点50分，他在外交部约见了德国代办特奥多尔·科尔特，问他有没有什么情报。科尔特回答说，他既没收到有关德国进攻波兰的情报，也没有接到任何指示。于是哈利法克斯就宣布，他所收到的报告中说明的事实已经“造成了一种非常严重的局势”。但是他的话也就到此为止。科尔特于上午11点45分用电话向柏林报告了这件事。

因此，到这天中午的时候，希特勒还有理由希望：英国虽然认为局势严重，但是还不致参战。但是这个希望很快就破灭了。

晚上7点15分，英国驻柏林大使馆的一个人员给德国外交部打了一个电话，说“有紧急公事”，要求里宾特洛甫“尽快”接见汉德逊和库隆德尔。几分钟以后，法国大使馆也提出了同样的要求。里宾特洛甫拒绝同时会见两位大使，他于晚上9点接见了汉德逊，过了一小时接见了库隆德尔。他从英国大使手中接到了一份英国政府的正式照会。

> ……除非德国政府准备向英王陛下政府提出令人满意的保证，即德国政府已经停止对波兰的一切侵略行动，并准备立即从波兰领土上撤出其军队，英王陛下政府将毫不犹豫地履行自己对波兰所承担的义务。[8]

法国通牒的措辞与此完全相同。

里宾特洛甫对两位大使都回答说，他将把照会转呈希特勒，接着他就唠唠叨叨地发了一通议论，宣称“根本不存在任何德国侵略的问题”，而只有波兰的侵略，并且一再重复那个到现在已经有了馊味的谎言，说什么波兰“正规”部队在前一天侵袭了德国领土。不过外交上的礼节仍然保持着。内维尔·汉德逊爵士在当夜向伦敦报告这次会见的经过时，在电报中没有忘记提到里宾特洛甫的态度“彬彬有礼”。当这位大使准备起身告辞的时候，两人又发生了一场争论，争论的问题是在他们两天前的那次激烈的会见中，德国外交部长在宣读德国对波兰的“建议”时，是否含糊不清、速度太快。汉德逊说确实是这样。里宾特洛甫则说，他读得“缓慢而且清楚，甚至还对其中一些主要之点做了口头解释，因此他可以认定汉德逊一定完全听明白了”。这个争执是永远也不
602 会得到解决的——可是，到了这个时候，这还有什么关系呢？[9]

9月1日夜晚，当德国军队继续深入波兰国境、德国空军在不停地进行轰炸的时候，希特勒从英、法两国的照会中认识到了，如果不立即停止进攻并撤出军队——这当然是不可想象的——他就已经把一场世界大战惹上身了。还是说，他那天晚上还在盼望着他的运气、他那慕尼黑的运气会来呢？因为他的朋友墨索里尼被战争的来临吓坏了，生怕英、法的压倒优势的海陆空军会袭击意大利，所以便在拼命设法再安排一次慕尼黑会议。

墨索里尼最后一分钟的调停

读者想必记得，迟至8月26日，这位意大利领袖为了逃避意大利在钢铁条约中所承担的义务，还在对德国元首说“政治解决”仍然有可能，这种解决可以使“德国在道义上和物质上都完全得到满足”。[*]可是希特勒懒得同他的这位朋友和同盟者争论这个问题，这使得那位

---

* 见本书原文第566—567页。

轴心小伙伴感到丧气。尽管如此，我们已经知道，8月31日，墨索里尼和齐亚诺在得到他们驻柏林大使关于形势紧急的报告后，曾经力劝希特勒至少应当见一见波兰大使利普斯基，并告诉他，他们正在努力使英国政府同意把归还但泽当作和平谈判的“第一步”。*

但是那时已经为时太晚了，希特勒对这样的小诱饵已经没有胃口。正如希特勒对他的将领所说的，但泽不过是个借口而已。他要的是消灭波兰。但是意大利领袖却不明白这一点。9月1日清晨，他必须做出抉择，要不宣布意大利中立，就得冒英、法大军进击的危险。我们可以从齐亚诺的日记中清楚地看出，这种前景对他那位泄了气的岳父大人是一场多么可怕的噩梦。†

9月1日一清早，这位愁肠百结的意大利独裁者亲自打电话给柏林的阿托利科，“催促他去恳求希特勒给他来一个电报，解除他在同盟条约中的义务”（齐亚诺语）。[11]元首很快地甚至可以说是欣然地应允了他的请求。上午9点40分，希特勒在临动身去国会之前给他的朋友发了一份电报，为了节省时间，这份电报是用电话打给德国驻罗马大使馆转达的。603

领袖：

您近来在外交上和政治上对德国及其正义事业给予支持，谨致最真诚的谢意。我确信，我们能够凭德国的军事力量完成当前强加于我们的这一任务。所以在这种情况下，我预计不至于需要意大利的军事支持。领袖，我还要预先感谢您今后定将为法西斯

---

* 见本书原文第588页。

† 实际上墨索里尼早在头天晚上就把他的决定通知英国了。8月31日晚间11点15分，英国外交部接到珀西·洛兰爵士从罗马发来的一份电报说：“意大利政府已经做出决定。意大利不会同英国和法国作战……这是齐亚诺于21点15分（晚9点15分）通知我的，并要求保守秘密。”[10]

那天晚上，英国在8点以后切断了同罗马的一切电话联系，使意大利人大吃一惊。齐亚诺生怕这是英、法进攻的前奏。

主义以及民族社会主义的共同事业做出的一切努力。

阿道夫·希特勒*[12]

中午12点45分，希特勒已经在国会发表了演说，并且对达勒鲁斯咆哮了一阵，心里显然已经平静下来了，他灵机一动，又给墨索里尼发了个电报。他说他原是准备“通过谈判”解决波兰问题的，“我整整等了两天，波兰谈判代表还是没有到来”，“昨天一夜之间又发生了14起犯境事件”，因而他“现在决定以武力回答武力”了。末了，他再一次向这位临阵脱逃的伙伴表示感激。

领袖，对您所做的一切努力，我表示感谢。我还要特别为了您的出面调停向您致谢。但是我从一开始就怀疑这种努力不会有任何效果，因为如果波兰政府具有丝毫和解的诚意，问题本来是在任何时候都可以解决的。然而，他们拒绝了……

因此，领袖，我才不愿意让您去冒险充当调停人；根据波兰政府的顽固态度来看，这种调停多半是徒劳无功的……

阿道夫·希特勒[13]

但是在齐亚诺的怂恿下，墨索里尼最后还是咬了咬牙，决心去冒险充当调停人。前一天中午刚过，齐亚诺就已经向驻罗马的英、法两国大使提出，如果他们的政府同意，墨索里尼愿意邀请德国在9月5日来举行一次会谈，以便“审查已经成为当前纷争根源的《凡尔赛和约》的一些条款”。

人们可能认为，第二天早晨德国进攻波兰的消息一定会使墨索

* 下午4点30分，在罗马大臣会议结束之后，意大利电台广播了该会议“致意大利人民”的公告，宣布“意大利将不率先采取军事行动”。紧接着又广播了希特勒致墨索里尼的解除意大利同盟义务的电报。

里尼的建议成为多余。但是使意大利人感到意外的是，法国外交部长、绥靖专家乔治·博内竟在9月1日上午11点45分给法国驻罗马大使弗朗索瓦-庞赛打了一个电话，要他通知齐亚诺，法国政府欢迎这样一个会议，但未与会各国的问题不得在会上讨论，而且该会 604
不能只限于探求“当前有限问题的局部的临时解决办法”。博内提出的会谈条件中没有谈到德军的撤退，甚至连停止继续前进也没有提及。[14][*]

但是英国人却坚持这个条件，并且最后总算拖着那个四分五裂的法国内阁和他们一道走，在9月1日晚上能够向柏林递交两份内容相同的警告照会，其中宣布，德国如果不从波兰撤军，英、法就要出兵。由于这两份照会当晚就公布了，所以令人感到有趣的是，墨索里尼当时已是慌不择路，任何一根稻草都要抓住，甚至不存在的稻草也要抓一下，第二天早上仍然向希特勒再次提出呼吁，就好像他根本没有把英、法的警告当真。

正如汉德逊在《最后的报告》中所说的那样，9月2日是在一种悬虑不安的情况下度过的。[†]他和库隆德尔焦急地等着希特勒对他们照会的答复，可是毫无消息。中午刚过不久的时候，只见阿托利科气喘吁吁地走进英国大使馆，对汉德逊说，他要立刻弄清楚一件事情：头天晚上的英国照会是不是最后通牒？汉德逊后来写道：“我当即对阿托利科说，如果那位外交部长问我的话，我受权可以告诉他，那不是最后通牒，而只是一个警告，但是他并没有问。”[16]

---

*9月1日下午，博内曾两度指示法国驻华沙大使诺埃尔向贝克探询，波兰是否愿意接受意大利关于举行一次会谈的建议。当天晚上他得到答复说：“我国正因无端的侵略置身战争之中。现在的问题已经不是开会，而是同盟国家应该采取什么样的一致行动共同抗敌。”博内的信件和贝克的答复均见《法国黄皮书》。

英国政府没有参与博内的这种活动。外交部有一份由R.M.马金斯签署的备忘录说，英国政府“对这一外交步骤既未被征求过一件，也未得到过通知”。[15]

†前一天下午，汉德逊已经按照哈利法克斯的指示焚毁了他的密码和秘密文件，并正式请求美国代办“在万一发生战争的情况下对英国的利益惠予照顾”（《英国蓝皮书》，第21页）。

得到了这句话之后，这位意大利大使又顺着威廉街急急忙忙地奔向德国外交部。原来那天上午10点阿托利科就带着墨索里尼的一份照会来到威廉街，人家告诉他，里宾特洛甫身体不适，他于是把照会交给了魏茨泽克。

> 1939年9月2日
>
> 意大利希望通知德国政府，我国仍有可能使法国、英国和波兰同意在下列基础上同德国举行一次会谈，这项消息仅供参考，取舍之间自然全由元首决定：
>
> 1. 双方军队留在目前**原地**停火［着重体为原件所有］。
>
605 2. 两三天内举行谈判。
>
> 3. 解决德波争端。根据现状，这种解决肯定会有利于德国。
>
> 这个提议原先是领袖提出的，现在已经特别得到法国的支持。*
>
> 但泽已为德国所有，并且德国还取得了可靠保证来实现其大部分要求。此外，德国已经得到了“道义上的满足”。如果它接受建议举行会谈，就有可能达到它的全部目的，同时又避免了一场战争，这场战争甚至在目前看来就已经有可能发展成为全面和长期的战争。
>
> 领袖并不想坚持自己的主张，但是他认为将上述情况立刻通知冯·里宾特洛甫先生和元首是极其重要的。[17]

里宾特洛甫那点儿病马上就好了。看了上面的建议之后，怪不得他在中午12点30分见到阿托利科时就向他指出，意大利领袖的建议与头天晚上英法的照会是不“协调”的，因为英法两国的照会具有一种“最后通牒的性质”。

---

* 齐亚诺声称，发出这份照会是出于“法国的压力”（《齐亚诺日记》，第136页）。但这种说法可以断定是骗人的。虽然博内极力想举行一次会谈，但是拼命推销这个建议的还是墨索里尼。

这位意大利大使在避免世界大战的问题上和他的首脑同样热心，而且可以肯定更为真诚。不等里宾特洛甫说完，他就打断话头说，英国和法国的声明“已经由于他的领袖最后的这个照会而取消了”。当然，阿托利科是没有权利做这种声明的，这根本不是事实，不过他大概是以为在这种紧急关头，冒失一点也无妨，反正不会有什么损失。德国外交部长对此表示怀疑，可是阿托利科一口咬定他的话不放。

> 法国和英国的声明［他说］，已经不在考虑之列。齐亚诺伯爵是在今晨8点30分来的电话，这已经是在意大利电台公布两国声明以后的事。由此可见，两国声明必然已被视为取消了。齐亚诺伯爵还说，法国特别赞成领袖的建议。目前推动这事的是法国，不过英国一定也会跟着动起来。[18]

里宾特洛甫仍然怀疑。他说，他刚同希特勒讨论过墨索里尼的建议，元首想知道英法的照会是不是最后通牒。这位外交部长最后同意了阿托利科的建议，让这位意大利大使去问一下汉德逊和库隆德尔，把情况弄清楚。

这就是阿托利科造访英国大使馆的原因。当时充当翻译的施密特后来写道：“那天的情景至今仍然历历在目，年岁已经不小的阿托利科
从里宾特洛甫的房间里急急忙忙出来，跑下楼梯去找汉德逊和库隆德 606
尔……半小时以后，阿托利科跟离开时一样，上气不接下气地跑着回来了。”[19]

喘过气来以后，这位意大利大使就报告道，汉德逊刚才告诉他，英国的照会并非最后通牒。里宾特洛甫回答说，虽然“德国必然要拒绝英法的声明，但是元首正在研究意大利领袖的建议，如果罗马证实英法声明并非最后通牒，元首将在一两天内给予答复”。由于阿托利

科催着早些答复，里宾特洛甫终于同意第二天，即9月3日星期日中午给他回话。

这时候在罗马，墨索里尼的希望却在逐渐破灭。下午2点，齐亚诺接见了英、法两国大使，并且当着他们的面用电话把阿托利科同德国外交部长的谈话告诉了哈利法克斯和博内。博内满腔热情，一如既往；据他自己的记述（见《法国黄皮书》），他热烈地向齐亚诺道谢，感谢他为和平所做的努力。哈利法克斯却比他冷淡。他证实英国照会不是最后通牒。政治家们在一个名词上像这样抠字眼，真令人感到惊讶，因为英法声明本身已经说得明明白白。不过他接着又说，他个人认为，除非德军撤出波兰，英国不可能接受墨索里尼关于会谈的建议。而在这个问题上，这一次博内又一声不吭。哈利法克斯答应齐亚诺把英国内阁对这个问题的决定用电话通知他。

晚上7点刚过不久，英国内阁的决定传来了。英国接受意大利首相的建议，但条件是希特勒必须把他的军队撤回德国境内。意大利外交大臣知道，希特勒绝不会接受这个条件，因此正如他在日记里写的那样，"现在已经完全没有办法可想了"。

> 我不想去向希特勒提出这个建议，这一定会遭到他断然拒绝，也许还会受到他的白眼［齐亚诺在日记上写道］。我把这一点告诉了哈利法克斯以及那两位大使和领袖，最后我打电话给柏林，通知他们，除非德国人有相反的意见，否则我们就放弃谈判了。最后一线希望破灭了。[20]

于是在9月2日晚上8点50分，那位精疲力竭、心灰意懒的阿托利科，再次拜访柏林的威廉街。这次里宾特洛甫在总理府接见了他，当时他正在那里同希特勒商谈问题。缴获的外交部备忘录中对这个场面有如下的记载。

> 意大利大使告诉外交部长说，英国人不准备以意大利的调停建议为基础举行谈判。英国方面要求德国军队在谈判开始之前立即全部从波兰占领区和但泽撤出……
>
> 最后，意大利大使声明，领袖现在认为他的调解建议已经不复存在。外交部长听到意大利大使的传达后，未置一词。[21] 607

这位不辞劳苦的阿托利科费了这样多力气，竟然没有讨到一句感谢的话！有的只是无言的轻蔑，因为这个同盟者想骗掉德国在波兰已经到手的战利品。

避免第二次世界大战的最后一点点希望，现在也已烟消云散了。大家现在显然都已经清楚地看到了这一点，但是在这场戏里有一个角色却是例外。晚间9点，怯懦成性的博内又给齐亚诺打了一个电话，再次表示法国给德国的照会不具有“最后通牒的性质”，并且重申法国政府准备一直等待德国的答复，直到9月3日（即第二天）中午为止。不过，“为使会谈取得良好的结果”，博内告诉齐亚诺，法国政府同意英国政府的意见，即德国军队必须“撤出”波兰。这是博内第一次提到这一点——这一次也只是因为英国方面的坚持才不得已提出的。齐亚诺的回答是，他认为德国政府不会接受这个条件。但是博内还不死心。那天深夜，他又做了最后一次努力，想逃脱法国对于正在受到轰击和围攻的波兰所承担的义务。齐亚诺在9月3日的第一段日记里追述了这桩怪事。

> 夜里，外交部来人把我叫醒了，因为博内找到瓜里利亚（意大利驻巴黎大使），问我们能不能使德国撤出波兰，哪怕是象征性的撤军也行……我把这个建议扔进了废纸篓，根本没有呈报领袖。不过从这里可以看出，法国是毫不热心地而且是彷徨不定地来接受这个巨大的考验的。[22]

波兰战争变成了第二次世界大战

1939年9月3日，星期日，柏林的天气是一个可爱的夏秋之交的日子，阳光灿烂，空气中飘着馥郁的芳香——我在那天的日记里写道:“碰到这样的天气，柏林人总爱到近郊的树林里或是湖上去度假。”

天刚一亮，英国大使馆就收到了哈利法克斯勋爵发给内维尔·汉德逊爵士的一份电报，指示他设法同德国外交部长在上午9点举行一次会晤，把一份随电报发来的照会递交给他。

张伯伦政府在这条路上已经走到尽头了。它在大约32小时以前照会希特勒，如果德国不从波兰撤军，英国就将宣战。可是一直没有答复，于是英国政府决心履行它的诺言。正如法国驻伦敦大使夏尔·科尔班在头一天下午2点30分给那位踌躇不定的博内的报告所说的，前一天英国政府就担心希特勒可能故意迟迟不做答复，以便尽量
608 攫取波兰领土，等到把但泽、走廊等地稳稳地抓在自己手里以后，他就可以在他8月31日那十六条的基础上提出一个“宽宏大量”的和平方案。[23]

为了不上这个圈套，哈利法克斯要法国人考虑，如果德国政府不在几小时之内对9月1日英法两国的声明做出令人满意的答复，这两个西方国家就对德国宣战，英国内阁在9月2日下午做出了明确的决定后哈利法克斯就具体建议，在当天半夜由两国一同向柏林提出一个限于9月3日早上6点以前答复的最后通牒。[24] 但是博内不同意采取这样性急的步骤。

事实上，四分五裂的法国内阁在上个星期经过了重重难关，才勉强决定首先要履行法国对波兰（同时也是对英国）所承担的义务。原先在那黑暗的8月23日，博内听说里宾特洛甫已经到莫斯科去缔结德

苏互不侵犯条约之后，吃惊之下曾力劝达拉第召开一次国防委员会会议，研究法国今后的步骤。* 出席这次会议的除了达拉第总理和博内之外，还有陆、海、空三军部长，甘末林将军，海、空军首脑，以及另外四位将军——共计十二人。

据会议记录所载，达拉第曾提出三个问题：

> 1. 法国是否能够坐视波兰与罗马尼亚（或其中一国）从欧洲地图上被抹掉？
> 2. 法国能用什么办法加以反对？
> 3. 目前应该采取什么措施？

博内本人在说明了事态的严重变化之后提出了一个问题，这个问题始终是他心中最为重视的问题：

> 权衡当前的局势，是忠于我们的义务而立刻参战好呢，还是重新考虑我们的态度，利用这段赢得的时间？……对于这个问题的答复，基本上是军事性质的。

见到责任推到了自己的身上，甘末林和达尔朗海军上将便接着答道：

> 陆军和海军都已有准备。在战争的最初阶段，他们在打击德国方面不能有多大作为。但是法国一经动员，就会把相当一部分德国

---

* 会议记录，由达拉第的这个军事内阁首脑德坎普将军执笔，在里永审讯时公之于世。这份记录从未交给会议其他成员审阅校正过。甘末林将军在他的《为国效劳》（*Servir*）一书中说，这份材料过于简略，很容易引起误解。不过，这位一向胆小怕事的统帅也还是承认了这份记录的主要内容。

军队牵制在我们的边境上，从而将在某种程度上减轻波兰的负担。

609 ……甘末林将军在回答波兰和罗马尼亚能够抵抗多久这个问题时说，他相信波兰会光荣地进行抵抗，这将使德军主力在明年春天以前无法调转过来对付法国；而到那个时候，英国已经可以和我们并肩作战了。*

经过了不少的讨论以后，法国人才做出了决定。这一决定正式载入会议记录，内容是这样的：

在讨论过程中，指出了这样一点：如果说几个月以后我们的力量能够有所增强，那么德国也将由于得到波兰和罗马尼亚的资源而变得更为强大。

因此，法国别无其他选择。

唯一的办法就是……恪守我们在同苏联进行谈判以前对波兰所承担的义务。

这样打定了主意之后，法国政府开始行动了。散会之后，就在8月23日那一天，法国宣布全国处于戒备状态，所有边防部队都进入了作战阵地。第二天，36万预备役人员被召入伍。8月31日，内阁发

---

* 甘末林在《为国效劳》一书中谈到，由于对博内不信任，他当时没有说出法国在军事上的某些弱点。他说达拉第事后对他讲："你做得对。如果你在会上说出来，第二天德国人就会知道了。"

但是甘末林在他的著作中又说，在这次会议上，他还是指出了法国军事地位的弱点。他说他曾经说明，如果德国"把波兰消灭了"以后，再把全部力量掉过来对付法国的话，法国就将陷入"困难"的处境。他说："那时法国就会没有可能再投入战斗……我希望到明年春天，在英国部队和美国装备的帮助下，我们能有力量打一场防御战（当然，我是说如果必要的话）。我还指出，唯有在持久战中我们才有希望获得胜利。我始终认为，要到大概不到两年以后，也就是说，要到1941—1942年之间，我们才有可能转入进攻……"

法国统帅的这种气馁胆怯的看法，在很大程度上说明了此后的历史发展。

布了一项公报，声明法国将“坚决履行”它的义务。次日，也就是德国进攻波兰的头一天，博内经哈利法克斯的一再坚持，同意法国和英国联合一致向柏林方面提出警告：英法两国将履行自己对盟国做出的保证。

但是在9月2日，当英国人催促法国人同意在半夜就向希特勒提出最后通牒的时候，甘末林将军和法国参谋总部却踌躇起来了。毕竟，如果德国人在西线立刻发动进攻的话，不得不孤军作战的将是法国。没有一个英国兵会来支援他们。参谋总部坚持要求再等48小时提出最后通牒，为的是好顺利地进行总动员。

下午6点，哈利法克斯打电话给英国驻巴黎大使埃里克·菲普斯爵士，并对他说：“英国政府不能再等48小时。法国的态度使英王陛下政府深感为难。”

两小时以后，英国政府的处境之难已经到了难以支撑的地步，张
伯伦在下院站起来讲话的时候，大多数议员，不论属于哪个党派，对 610
英国方面迟迟不履行它的义务都已经感到极不耐烦。等到听了张伯伦的发言之后，他们几乎快按捺不住自己了。张伯伦告诉议会，英国政府还没有收到柏林的答复。除非德国给予答复并且保证从波兰撤退，否则英国“必将采取行动”。如果德国人果真同意撤退，那么，英国政府“就愿意认为局势依旧同德军越境进入波兰以前一样”。目前英国政府正在同法国就两国对德最后通牒的时限问题进行联系。

在波兰战事已经进行了39小时之后，下院再也不能接受这种拖延策略了。从政府席上似乎发散出一股慕尼黑的气味。当反对党工党的临时议会领袖阿瑟·格林伍德站起来准备发言的时候，利奥波德·艾默里从保守党席上向他大叫：“请你代表英国发言吧！”

格林伍德说：“在这样的时刻，英国和英国所拥护的一切以及全人类的文明都遭到了威胁，我不知道我们还打算犹豫到什么时候……我们应当和法国人一起并肩前进……”

问题就在这里。当时事实证明要推动法国前进是很困难的。下院怒气冲天，使张伯伦感到坐立不安，他不得不打断激烈的争论为自己辩护说，要通过电话同巴黎磋商，使“看法与行动取得一致是需要时间的”。他接着说：“如果下院竟然有人认为我所提出的声明流露出本政府或法国政府有丝毫的动摇，我不免感到震惊。”他说，据他所知，法国政府“这时正在开会”，“几小时以后”将可得到他们的消息。总之，他极力安慰激愤的议员说：“我预料明天我将只可能有一种答复给下院……我相信下院……一定会认为我说的完全是实话……”

正如纳米尔后来所写的那样，英国历史上最严重的一次考验，是“用一种特别少见的期期艾艾的方式”宣告其无情的来临的。

正如英国的机密文件所表明的那样，张伯伦知道得很清楚，英国人民很不满意他，在这国家危急存亡的时候，他的政府很有可能被推翻。

他刚从下院出来，马上就给达拉第打了一个电话。据记载，时间是晚上9点50分，当时在旁边的贾德干做了记录留为档案。

> 张伯伦：这里的情况非常严重……下院闹得很凶……如果法国坚持要把最后通牒的限期定为从明天中午起的48小时之内，我的政府就将无法维持。
>
> 611 首相说，他完全明白，法国将首当其冲地受到德国的进攻。但是他坚信，今晚无论如何必须采取某种步骤。
>
> 他提出一个折中方案……最后通牒于明日上午8点发出……限中午12点以前答复……
>
> 达拉第的回答是，除非英国轰炸机群准备立刻出动，否则法国认为，如果可能的话，最好把对德军的进攻推迟几小时。

过了不到一小时，哈利法克斯在晚上10点30分给博内打了一个电话。他极力敦促法国方面接受英国的折中方案：明天（9月3日）上午8点在柏林提出最后通牒，最后期限为中午12点。法国外交部长不仅不同意，而且还对哈利法克斯提出抗议说，英国方面坚持这样迫不及待地行事会给人造成“一种十分糟糕的印象”。他要求伦敦再等一等，至少在中午以前不要向希特勒提出最后通牒。

> 哈利法克斯：要英王陛下政府等到那个时候是办不到的……[英国]政府是否能控制这里的局势是很难说的。

下院将在9月3日（星期日）中午开会，从星期六晚上那次会议的情绪来看，张伯伦和哈利法克斯都明白，如果这个政府想存在下去，他们就必须提出议会所要求的回答。第二天凌晨2点，法国驻伦敦大使科尔班警告博内，张伯伦内阁如果不能给议会以确切的答复，就有被推翻的危险。于是，哈利法克斯在电话中最后告诉博内，英国打算“单独行动”。

哈利法克斯给汉德逊的电报于凌晨4点左右到达柏林，[*]叫他在9月3日（星期日）上午9点递交给德国政府。这份通牒提到英国政府曾在9月1日的照会中宣布，如果德国军队不立刻撤退，英国就要履
行它对波兰承担的义务，这份通牒接着指出： 612

---

* 当夜英国外交大臣曾给汉德逊发去两份电报，叫他做好准备。第一份于午夜11点50分发出，内称：

> 今夜我可能要你向德国政府递交一份紧急照会。请做好准备。最好预先告诉德国外交部长，说你随时可能要去见他。

从这份电报看来，这时候英国政府好像还没有完全拿定主意是不是要不顾法国而单独行动。但过了35分钟，即9月3日凌晨零时25分，哈利法克斯又给汉德逊发了一个电报：

> 请约定于星期日上午9点与外长会见。指示随后就到。[25]

哈利法克斯最后定局的电报上注明的发报时间是伦敦时间凌晨5点。但汉德逊在他的《最后的报告》中却说是凌晨4点收到的。

> 虽然那份照会于24小时以前就已提出，但至今未见答复，同时德国又仍然在继续并加紧进攻波兰。鉴于这种情况，我荣幸地通知您，在今天9月3日英国夏季时间上午11点以前，如果德国政府不对上述问题做出令人满意的保证并送达伦敦英王陛下政府，则从该时起，两国即处于战争状态。[26]*

这个安息日在天还没有亮的时候，汉德逊就发现要同威廉街取得联系是相当困难的。德国外交部的人告诉他说，里宾特洛甫“没有工夫”在上午9点接见他，不过他可以把照会交给政府翻译官施密特博士。

在这个历史上的重要日子，施密特博士睡过了头，等他乘着一辆出租汽车赶到外交部时，看到那位英国大使正循着外交部门前的台阶拾级而上。施密特从侧门钻了进去，在恰好钟鸣9点的时候溜进里宾特洛甫的办公室，一分不差地准时接见了汉德逊。“他走进屋子，表情严肃，”施密特后来追述道，“跟我握了握手，我请他坐下，他谢绝了，只是庄严地站在屋子中间。”[28]汉德逊宣读了英国的最后通牒，把文件交给施密特之后就告辞了。

这位翻译官连忙拿着那份照会，顺着威廉街跑到总理府。在元首办公室外面，他发现内阁大多数的阁员和几个党内高级官员都聚集在那里“焦急地等候着”他的消息。

> 当我进入里面房间的时候［施密特后来追述说］，希特勒正坐在办公桌前，里宾特洛甫站在窗户旁边。他们俩都以期待的目光看着我走进去，我在希特勒的办公桌前不远的地方站住，接着

---

* 哈利法克斯另外又给汉德逊发去一个电报（发报时间也注明为凌晨5点），通知这位大使说，库隆德尔“要到今日（星期日）中午才会对德国政府提出相同的照会”。他不知道法国最后通牒限几小时答复，他估计“可能”在6小时到9小时之间。[27]

> 就慢声向他翻译了英国的最后通牒，当我译完的时候，房间里一片死寂。
>
> 希特勒坐着一动不动，瞪起两只眼睛望着前方……停了一会没有动静，这一会儿工夫就像一百年一样长；然后，他转过脸来朝着仍然站在窗子旁边的里宾特洛甫说："现在怎么办？"问这话时希特勒摆出一副凶恶的面孔，意思好像是在抱怨他的外交部长使他对英国方面可能的反应做出了错误的估计。
>
> 里宾特洛甫却若无其事地回答道："我断定，法国人会在一小时之内交来一份相同的通牒。"[29]

施密特完成任务之后就退了出来，在外面的房间里停了一下，把事情的经过告诉其余的人。他们听了也都沉默了半晌没有说话。最后：

> 戈林转过身来向我说："如果我们在这场战争中打败了，那就只能靠上帝发慈悲了！" 613
>
> 戈培尔垂头丧气地独自站在一个角落里发愣。我看见房间里的每一个人都是忧心忡忡的样子。[30]

与此同时，那个绝无仅有的达勒鲁斯却一直为了避免那不可避免的事情而在做最后的客串努力。上午8点，福布斯就把那份将在一小时以后递交德国政府的最后通牒的内容告诉了他。据他后来在纽伦堡作证时说，他立刻就到空军总部去见戈林，要求戈林一定要做到使德国对最后通牒的答复要"通情达理"。他还建议元帅本人在11点以前宣布他准备亲自飞到伦敦去"谈判"。这位瑞典商人在他写的书里说，戈林接受了这个建议，并且和希特勒通了电话，希特勒也表示同意。但德国的正式文件中并没有提到这件事。我们根据施密特博士在前面所说的话就可以看得很清楚，当他于9点过几分带着英国的最后通牒来到总理府的时候，戈林正在总理府元首的会客室里，而不是在他的司令部里。

无论如何，这位瑞典和事佬的确给英国外交部打了电话，这一点是毫无疑问的，并且还不是一次而是两次。第一次在上午10点15分，他擅自通知英国政府，德国人对于最后通牒的答复“正在路上”，德国人仍然“非常希望能够满足英国政府的要求，并就不侵犯波兰独立的问题做出令人满意的保证”。（！）他希望伦敦能够“从最赞同的角度”来看待希特勒的复照。[31]

半个小时以后，即上午10点50分，距最后通牒限定的时间10分钟，达勒鲁斯又给伦敦外交部打来了一个长途电话，他这次提议让戈林在希特勒的同意下立刻飞往英国首都。他不知道现在再演这套外交滑稽戏已经过时了，不过事实很快就让他明白过来了。他从哈利法克斯那里得到了一个毫无商量余地的回答。英国政府不能采纳他的建议。英国政府对德国政府提出的问题是非常明确的，“想必他们也会做出明确的答复”。英王陛下政府不能再等着和戈林讨论了。[32]

于是达勒鲁斯挂上了电话，从此退出了历史舞台。直到战后，他才在纽伦堡法庭上以及在他写的书里又露了一面，追述他为了拯救和平所做的离奇古怪的努力。* 他的用心是好的，他也曾不辞辛苦地为和平奔走，有一个短暂的时期，他一度处身于世界历史的令人目眩神迷的舞台中心。但是那时几乎人人都被过分纷纭杂乱的景象搅得糊里糊涂而无法看清局势，他也不是例外，而且正像他后来在纽伦堡所承认
614 的，他一直不知道自己受到德国人多大的愚弄。

英国最后通牒所限定的时间上午11点刚敲过不久，两小时前拒绝接见英国大使的里宾特洛甫约见了那位大使，把德国的复照交给他。德国

* 9月24日，他又露了一面，这一天他在奥斯陆会见了福布斯，正像他最后在纽伦堡法庭上所说的那样，他是“为了探听明白究竟还有没有避免一场世界大战的可能性”。[33]

的复照说，德国政府“拒绝收下或接受，当然更谈不到履行”英国的最后通牒。接着就是一篇又臭又长的宣传文字，显然是希特勒和里宾特洛甫在发出复照前这两个小时内仓促书就的。为了欺骗易受欺骗的德国人民，这份复照又把那些我们现在已经熟悉的谎言，包括那个关于波兰人“进攻”德国领土的谎话在内，重弹了一遍，把一切事情都归罪于英国，并且拒绝了英国“强迫德国撤回其为保卫国家而部署起来的部队”的企图。复照谎称，德国已经接受了墨索里尼在最后时刻提出的和平建议，但是英国拒绝了这个建议。尽管张伯伦对希特勒一味绥靖姑息，但这份复照还是责备英国政府“鼓吹要消灭日耳曼民族”。*

汉德逊后来称这个复照“完全是歪曲事实”的。他读完以后说道:“究竟是谁的过错，让历史来判断好了。”里宾特洛甫也反唇相讥道:“历史已经证明了实际情况究竟是怎样。”

大约12点钟的时候，我正好站在威廉街总理府的前面，扩音器突然宣布大不列颠已经对德国宣战。† 大约有250人——不会更多——顶着太阳站在那里，注意地听着这个消息。广播结束时，没有一个人出声。他们只是站在那里。突如其来的消息使他们发愣了。他们很难相信希特勒已经把他们拖进了一场世界大战中去了。

虽然这是一个安息日，但是不久就有报童在叫卖号外。事实上，我发现他们是在免费散发。我也要了一份。那是《德意志总汇报》的

---

* 这份仓促草就的照会写得完全不像样子，结尾时甚至出现了这样的话:“我们已经注意到，金-霍尔先生在英国政府授意下向我们表示要彻底摧毁日耳曼民族，甚至比《凡尔赛和约》更加彻底地摧毁。因此，我们将用同样的武器和同样的方式来回答英国方面的任何侵略行径。”英国政府当然从来没有向德国表示过斯蒂芬·金-霍尔所说的那种意图。金-霍尔是一个退职的海军军官，他所写的时事通信纯粹是他个人的事。事实上，汉德逊曾经向英国外交部就金-霍尔在德国发行他的作品一事提出过抗议，而英国政府也曾要求编者停止这样做。

† 上午11点15分，哈利法克斯在伦敦交给德国代办一份正式照会，声称由于到了上午11点还没有收到德国提出的保证，“我荣幸地通知您，我们两国从今天9月3日上午11点起处于战争状态”。

615 号外，整页上用大号字印着这样一个标题：

英国最后通牒遭拒

英国已对我宣战

英国照会要求我撤退东线军队

元首今日离此亲临前线

官方公报上的标题活像是里宾特洛甫口授的。

德国备忘录证明过错在英国

对于容易受骗的德国人民来说，德国的备忘录可能是一个“证明”，但它并没有能够在这一天煽起人们对英国人的恶感。当我经过英国大使馆时，汉德逊和他的使馆人员正从使馆搬往拐角处的阿德隆饭店。一个警察在那座大楼前独自踱步。他除了来回踱步而外无事可做。

法国人多挨了一会。博内直到最后一刻还在延宕时间，他死抱着一个希望不放，认为墨索里尼还有可能同希特勒谈妥一项交易，从而让法国脱身。他甚至恳求比利时大使想办法让比利时国王利奥波德通过他对墨索里尼的影响去影响希特勒。9月2日（星期六），他同本国的内阁争辩了一整天，说他已经“答应了”齐亚诺，法国将等候到9月3日中午，让德国对9月1日英法两国的警告提出答复。他不能说了不算。这话跟他和英国辩论时所说的一样。不错，他曾经在电话里对意大利外交大臣做过这个保证，但他是在9月2日晚9点才做出这个保证的；[*]到这个时候，正像齐亚诺已经设法告诉他的那样，意大利领袖

* 见本书原文第608页。

的建议已经完全失效了。而且，这时候英国已经向他提出了要求，主张由英法两国在当日午夜联合向柏林提出最后通牒。

9月2日将近午夜时分，法国政府才最后做出决定。午夜12点整，博内打电报给驻在柏林的库隆德尔，说他在明天早晨将把法国要在“中午对威廉街”作出的“新的外交步骤”的内容通知库隆德尔。* 616

9月3日，星期日，上午10点20分，即在英国最后通牒的时限截止前40分钟，内容通知过来了。法国最后通牒的措辞和英国的大致相似，所不同的是法国宣布：如果德国给予否定答复，法国将履行自己对波兰所承担的“为德国政府所知道的”那些义务——甚至到了这个最后关头，博内还不肯正式宣战。

法国政府出版的《法国黄皮书》上说，巴黎拍发给库隆德尔的法国最后通牒，规定下午5点为德国答复的最后时限。但这不是原来那份电报中所规定的时限，菲普斯大使在那天上午8点45分从巴黎报告哈利法克斯说：“博内对我说，法国的最后时限要到星期一［9月4日］凌晨5点截止。”这才是博内在电报中提出的时限。

这还是达拉第在星期日早晨向法国参谋总部争得的让步。法国参谋总部最初坚持要把时限定为从中午向柏林递交最后通牒之时算起48小时。虽然如此，英国政府还是很恼火，那天上午当即相当明确地向巴黎表示了这种不快。这样达拉第总理才向军方做最后的呼吁。他在上午11点30分把参谋总部的科尔斯东将军请了来，请他缩短时限。这位将军最后勉强同意把时限提前12小时，改为下午5点。

就是这样，直到库隆德尔快要离开柏林法国大使馆前往威廉街的时候，博内才用电话通知他对最后限期做了必要的修改。[34]

里宾特洛甫没有功夫在中午接待这位法国大使。他正在总理府参加一个小小的仪式，陪同元首热烈接待新任的苏联大使亚历山大·施

---

* 但是读者想必记得（见本书原文第608页），甚至在此以后，博内为了使法国置身于战争之外，又在那天深夜要意大利人想办法让希特勒从波兰做一个“象征性”的撤退。

克瓦兹也夫。这个插曲使得柏林在这个具有重大历史意义的安息日里具有一种荒诞的气氛。但库隆德尔坚持非要按照指示在中午12点整到威廉街求见不可，因此，只好由魏茨泽克接见他。当这位大使问到这位国务秘书是否有权对法国做出“满意的”答复时，魏茨泽克回答说，他无权向他做“任何答复”。

接着在这个庄严的时刻又发生了一个小小的外交趣剧：库隆德尔把魏茨泽克的回答看作德国的否定答复，这早已在他意料之中，于是便打算把法国的正式最后通牒交给这位国务秘书；这时，后者却拒绝接受。他建议这位大使“耐心稍等片刻，见一见外交部长本人”。库隆德尔碰了这个钉子，只得在那里等着，反正他已经碰过不止一次钉子了。他在那里差不多等了半个钟头，直到12点30分才被带到总理府去见里宾特洛甫。[35]

那位纳粹外交部长虽然明知道这位大使所负的使命，他还是不肯放过这个机会——也可以说是最后的一次机会——向这位法国使节施展其颠倒黑白、歪曲历史的惯技。里宾特洛甫首先指出，墨索里尼在
617 提出那最后一分钟的和平建议时，曾强调说那是得到法国赞同的。然后他宣布“德国曾经在昨天通知意大利领袖，德国也准备接受这个建议。但是后来，”里宾特洛甫补充道，“领袖告诉我们说，这个建议由于英国政府的死硬态度已经遭到破坏了。”

接着他又听着那位纳粹外交部长说了一阵什么如果法国追随英国，他将感到遗憾，什么德国无意进攻法国，等等。不过，对里宾特洛甫的这种胡说八道，库隆德尔在过去几个月里已经领教够了，这位法国大使赶紧插言，提出他特为来问的问题：外交部长的这番议论是否意味着德国政府不接受法国9月1日的照会？

“是的。”里宾特洛甫回答。

于是这位大使就把最后通牒递给了这位外交部长，事前还说他必须“最后一次”强调指出：德国政府对于“未经宣战”就突然进攻波

兰以及拒绝英法关于撤退德军的要求等问题“负有严重的责任”。

“那么法国就会成为侵略者了。”里宾特洛甫说。

“这问题让历史来裁判吧。”库隆德尔回答说。

在柏林的那个星期天，所有参加最后这幕戏剧的人仿佛都有意要诉诸历史的裁判。

1939年9月，法国巴黎街头的行人在总动员令前。

虽然法国正在动员一支在一个时期内会对德国的西线武力占压倒优势的陆军，但是在希特勒那颗狂热的脑子里，当时军队为数微不足道的英国却成了他的心腹之患；他认为，在1939年9月3日行将消逝并将成为历史的时刻，他之所以陷身于这样的窘境，几乎完全应当由英国这个对头负责。那天下午他对德国人民和西线军队发表了两篇冠冕堂皇的文告，把这一点说得非常清楚；他对英国人的歇斯底里的愤怒和刻骨的怨恨在这里面一起迸发出来了：

> 好几个世纪以来［他在《告德国人民书》中说］，英国所追求的目的就是使欧洲人民无力防御英国征服世界的政策……［并且］自以为有权可以用站不住脚的借口去进攻和毁灭一个当时看来对它最为危险的欧洲国家……
>
> 我们自己已经亲自看到英国在战争开始以来对德国所奉行的……包围政策……英国的战争挑拨者……一直用凡尔赛的片面命令压迫德国人民……
>
> 西线将士们！［希特勒在《致西线将士书》中对那些在今后若干星期内只可能以法军为对手的部队说］……英国一直奉行着包围德国的政策……英国政府为我们在上次大战中所熟知的那些战争贩子所驱使，现在已经决心摘下他们的假面具，以站不住脚
> 618 的借口向我们宣战了……

但在这两篇文告中没有一个字提到法国。

中午12点6分，张伯伦在伦敦向下院发表演说，他向下院报告，英国现在已同德国处于战争状态。虽然希特勒在9月1日明令禁止收听外国广播，违者处死，但我们在柏林还是收听了英国广播公司转播的英国首相演讲稿。我们有些人曾经亲眼看到他冒着丧失政治生命的危险，在戈德斯贝格和慕尼黑对希特勒一味绥靖姑息，如今再听到他这时的讲演，觉得他的话是沉痛的。

> 今天是我们大家都感到痛心的日子，但是没有一个人会比我更为痛心。在我担任公职的一生中，我所信仰的一切，我所为之工作的一切，都已毁于一旦。现在我唯一能做的就是：鞠躬尽瘁，使我们必须付出重大代价的事业取得胜利……我相信，我会活着看到希特勒主义归于毁灭和欧洲重新获得解放的

一天。

但是张伯伦命中注定不能看到这一天。1940年11月9日，他怀着绝望的心情与世长辞了，虽然死时他仍旧是内阁阁员之一。鉴于本书前面对他颇多贬抑之词，我觉得现在在这里引一段丘吉尔对他的评语是最恰当不过了。曾经长期被他排斥在英国国家事务之外的丘吉尔，在1940年5月10日接替他出任首相。1940年11月12日，丘吉尔在下院致辞悼念他时说：

> ……世界最严重的危机之中，内维尔·张伯伦不幸事与愿违，一再失望，受到一个坏人的欺骗。但是，他那落空的希望是什么？他那未遂的心愿是什么？他那遭到愚弄的信念又是什么呢？毋庸置疑，这些都表现了人类心灵最崇高最善良的本性——对和平的热爱，对和平的追求，为和平而奔波，为和平而斗争；为了这一切，他甚至不顾巨大的危险，至于个人的荣辱则肯定也完全置之度外。

希特勒想运用外交手腕使英、法置身战争之外的企图既已宣告失败，于是就在9月3日下午把注意力转移到了军事方面。他发布了“第二号绝密作战指令”。虽然英法已经宣战，指令仍然规定：“德国的战争目标目前仍然是迅速地、胜利地结束对波兰的战事……在西线，让敌人先启战衅……对英国可以在海上展开攻击。”但是德国空军甚至连英国海军也不得攻击，除非英国首先对德国目标采取了这样的攻
击。即使如此也还要看是否“处于特别有利的地位，能够取得胜利”。 619
希特勒还命令德国全部工业转入“战时经济”轨道。[36]

夜晚9点，希特勒和里宾特洛甫分别乘专车前往东线大本营。临行之前他们又采取了两个外交措施。现在英国和法国固然已经同德国

1939年9月3日，在英国宣布对纳粹德国开战之后，聚集在唐宁街10号外的英国民众。

开战，但是另外两个曾经支持希特勒，使他的冒险得逞的欧洲大国还必须用心对付。一个是同盟国意大利，另一个是苏俄；前者已在紧要关头临阵脱逃，后者虽然不为纳粹独裁者所信任，却对希特勒出了把力，使得他的战争冒险看来值得一试。

希特勒在临离开首都之前，又给墨索里尼发去一封信。这是在晚上8点51分用电报发出的，距元首的专车开出的时间只有9分钟。虽然这封信不算十分坦率，而且也不乏欺诈之词，但就我们所能获得的材料说来，却是一幅最好的图画，描绘出阿道夫·希特勒离开第三帝国那夜幕已降的首都，第一次去扮演德国最高统帅的角色时具有什么样的心情。这封信是在缴获的纳粹文件中找到的。

领袖：

我必须首先感谢您为调停所做的最后努力。我本来是愿意接受调停的，但有一个条件，就是必须有可能确实保证谈判一定会成功。因为德国军队已经苦战了两天，在波兰境内取得了神速的进展。我们不能由于一场外交阴谋而让牺牲在那里的将士的鲜血白流。

虽然如此，我仍然相信，如果英国不是从一开始就决心诉诸战争的话，本来是可以找到一条出路的。领袖，我之所以没有屈服于英国的威胁，是因为我终于认为，即使我屈服了，和平也只能维持六个月，或者至多维持一年，既然如此，我想尽管存在着种种困难，目前仍不失为挺身奋战的适当时机。

……波兰军队不久即将崩溃。如果一年或者两年以后再打，是否能取得这样迅速的胜利，我觉得是大可怀疑的。英国和法国会继续武装它们的同盟国，使得德国武装部队不可能取得这样显著的决定性的技术优势。领袖，我知道我所从事的斗争是一场生死存亡的斗争……但是我也知道，这样一场斗争迟早是不可避免的，必须通过冷静审慎的考虑来选择抵抗的时机，以确保胜利。对于胜利，领袖，我的信心是坚定不移的。

紧接着便是警告墨索里尼的话：

蒙您最近厚意承诺，愿在某些方面给我以帮助。对这种盛情，我谨向您预致诚挚的谢意。但是我还相信，即使我们目前所 620
走的道路不同，命运仍会把我们联结在一起。一旦民族社会主义的德国为西方民主国家所毁灭，法西斯主义的意大利也将遭到困难。我个人始终认为，我们两国政权的命运是联结在一起的，而且我知道您，领袖，也持有完全相同的看法。

追述了德国在波兰取得的初步胜利之后，希特勒最后说：

……在西线，我将继续采取守势。让法国在那方面先启战

> 衅，到那时候我们就将能够倾全国之力与敌人进行角斗。
>
> 领袖，为了您过去给予我的支持，我再一次向您表示谢意，并希望您今后继续给我支持。
>
> 阿道夫·希特勒[37]

虽然这一天英法已经对德宣战，履行了它们对波兰的诺言，但意大利还是不肯履行它对德国的诺言。不过希特勒努力压住了自己的失望，一个友好的意大利即使不参战，对他仍然可能是有用的。

但是，俄国可以更有用些。

我们从后来纳粹的秘密文件中知道，在德国进攻波兰的第一天，苏联政府就给德国空军提供了信号方面的帮助。那天一清早，空军参谋长汉斯·耶顺内克将军打电话给德国驻莫斯科大使馆，说他的驾驶员在轰炸波兰——他称之为“紧急试航”——时需要导航上的帮助，如果明斯克的俄国电台能够不断发出自己的呼号，他将不胜感激。下午，冯·德·舒伦堡大使就通知柏林，苏联政府“准备满足您的愿望”。俄国人答应在广播节目时尽量不断发出电台呼号，并将明斯克电台的广播时间延长两小时，以利深夜航行的德国飞行员。[38]

可是，当希特勒和里宾特洛甫在9月3日晚间准备离开柏林的时候，他们还希望俄国人在军事上为他们征服波兰提供更大的帮助。下午6点50分，里宾特洛甫给莫斯科大使馆发了一份“特急”电，上面标着“绝密”字样，开头是:“大使亲启，面交使团团长或其代表。需特别保密。由本人自译。绝对秘密。”

德国人以这个极其秘密的方式邀请苏联参加对波兰的进攻！

> 我们有把握在几个星期之内决定性地击败波军，那时我们将
> 621 把已经莫斯科谈判划归德国利益范围的领土置于军事占领之下，

但是，为了军事上的原因，我们自然还要继续对那时盘踞在俄国利益范围内的波兰土地上的波兰军队采取行动。

请立刻就这一点同莫洛托夫进行商谈，看苏联是否愿意在适当的时机出动军队打击俄国利益范围内的波兰军队，自己来占领这片领土。我们认为，这不仅会减轻我们的负担，而且也符合莫斯科协议的精神和苏联的利益。[39]

不消说，苏联这种不顾信义的行动当然会“减轻”希特勒和里宾特洛甫的“负担”。这不仅可以避免德国人和俄国人在坐地分赃时的摩擦和误会，还可以使苏联替德国分担一部分纳粹侵略波兰的罪责。既然他们分享了好处，为什么不该分担罪责呢？

那个星期日中午英国参战的消息公布后，柏林的德国要人中心情最为阴暗的是德国海军总司令埃里希·雷德尔海军元帅。他认为战争的爆发早了四五年，到1944—1945年，海军的“Z计划”完成后，德国就会拥有一支相当强大的舰队，能够同英国在海上较量。但现在是1939年9月3日，即使希特勒不听他的话硬要打，雷德尔也很清楚，他既没有必要的海面舰只，也没有足够的潜艇可以对大不列颠进行一场有成效的战争。

这位海军元帅在日记里暗自写道：

今天，同法国和英国的战争爆发了。根据元首原先的断言，我们完全没有必要预计这场战争会在1944年以前发生。直到最后一分钟，元首还认为这场战争是能够避免的，即使这意味着推迟波兰问题的最后解决也在所不惜……

就海军而言，我们的装备显然不足以同英国进行这场巨大的斗争……潜艇部队仍然太软弱无力，不能在战争中起决定性的作

> 用，而海面船只在数量和实力方面都不如英国舰队，即使全部动员，我们只能做到壮烈地为国牺牲……[40]

虽说如此，1939年9月3日晚上9点，正当希特勒动身离开柏林的时刻，德国海军出击了。德国U-30号潜艇在赫布里底群岛以西大约200英里处，事先不经警告就用鱼雷击沉了正从利物浦驶往蒙特利尔的英国邮轮“雅典娜号”，船上载有乘客1 400人，有112人死亡，其中有28名美国人。

622 第二次世界大战开始了。

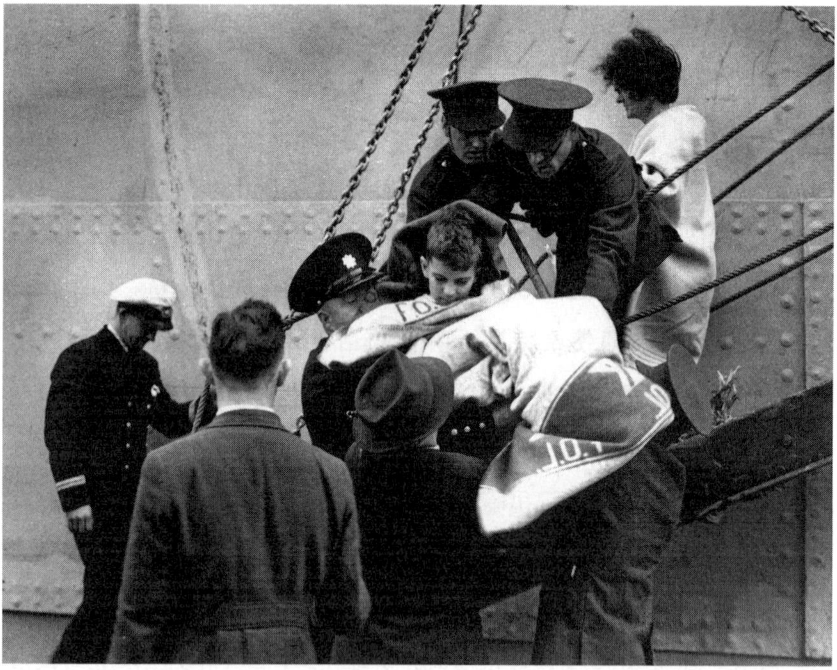

英国邮船“雅典娜号”被德国U-30潜艇用鱼雷击沉，图为船上的幸存者。

注　释

1.《德国外交政策文件汇编》，第7卷，第491页。

2. 达勒鲁斯：《最后的企图》，第119—120页；另见他在纽伦堡的证词，载《主要战犯的审讯》，第9卷，第471页。

3.《英国外交政策文件汇编》，第7册，第466—467页。

4. 同上。

5.《主要战犯的审讯》，第9卷，第436页。根据这里所刊的来看，达勒鲁斯的证词有一个排错的地方，他说的话成了波兰人“**受到**攻击”，因此是完全令人误解的。

6.《英国外交政策文件汇编》，第7册，第474—475页。

7. 同上，第651，652号，第479—480页。

8. 原文见《德国外交政策文件汇编》，第7卷，第492页，另见《英国蓝皮书》，第168页。施密特博士关于里宾特洛甫对汉德逊和库隆德尔的话所记的笔记，分别见《德国外交政策文件汇编》，第7卷，第493页和第495页。

9. 施密特关于这次争论的记述，见《德国外交政策文件汇编》，第7卷，第493页。汉德逊在1939年9月1日晚上发出的电报中有篇短的记述，见《英国蓝皮书》，第169页。

10.《英国外交政策文件汇编》，第7册，第621号，第459页。

11.《齐亚诺日记》，第135页。

12.《德国外交政策文件汇编》，第7卷，第483页。

13. 同上，第485—486页。

14. 博内9月1日上午11点45分致弗朗索瓦-庞赛的电报，见《法国黄皮书》，法文版，第377—378页。墨索里尼关于在9月5日举行会议的建议，见弗朗索瓦-庞赛8月31日致博内的电报，同上，第360—361页。

15.《英国外交政策文件汇编》，第7卷，第530—531页。

16. 汉德逊：《最后的报告》，第22页。

17. 原文载《德国外交政策文件汇编》，第7卷，第509—510页。

18. 这一场面系根据施密特的报告写成，同上，第512—513页。

19. 施密特：《希特勒的译员》，第156页。

20.《齐亚诺日记》，第136—137页。

21.《德国外交政策文件汇编》，第7卷，第524—525页。

22.《齐亚诺日记》，第137页。法国的一位失败主义参议员德·蒙齐在其所著《在此以前》一书第146—147页中证实了这件事的经过。

23. 科尔班的电报，见《法国黄皮书》，法文版，第395页。

24. 这一节系根据《英国外交政策文件汇编》，第7册中关于9月2—3日的情况写成。阿诺德·汤因比和弗罗尼卡·汤因比所编《大战前夕1939年》一书中有一段很精彩的摘要，所根据的是英国外交部的机密文件和少数一些法国材料。纳米尔的《外交前奏曲》也很有用。我特意略去了好几十处《英国外交政策文件汇编》的出处，免得文字间尽是注释号码。

25. 哈利法克斯9月2日晚上11点50分致汉德逊的电报，见《英国外交政策文件汇编》，第7卷，第746号，第528页；9月3日中午12点25分的电报，同上，第533页。

26. 原文见《英国蓝皮书》，第175页，另见《德国外交政策文件汇编》，第7卷，第529页。

27.《英国外交政策文件汇编》，第7卷，第758号，第535页。

28. 施密特的记述，见他所著的《希特勒的译员》，第157页；另见他在纽伦堡的证词，载《主要战犯的审讯》，第10卷，第200页。

29. 施密特：《希特勒的译员》，第157—158页；另见他的证词，《主要战犯的审讯》，第10

卷，第200—201页。

30. 同上。

31.《英国外交政策文件汇编》，第7卷，第762号，第537页，注1。

32. 同上。

33.《主要战犯的审讯》，第9卷，第473页。

34. 博内自己也有追述，见《法国黄皮书》，第365—368页。

35. 魏茨泽克关于这次会见的报告，见《德国外交政策文件汇编》，第7卷，第532页。

36. 原文见《德国外交政策文件汇编》，第7卷，第548—549页。

37. 全文，同上，第538—539页。

38. 这一点是德国外交部文件泄露的，同上，第480页。

39. 电报全文，同上，第540—541页。

40.《海军事务元首会议记录》，1939年，第13—14页。

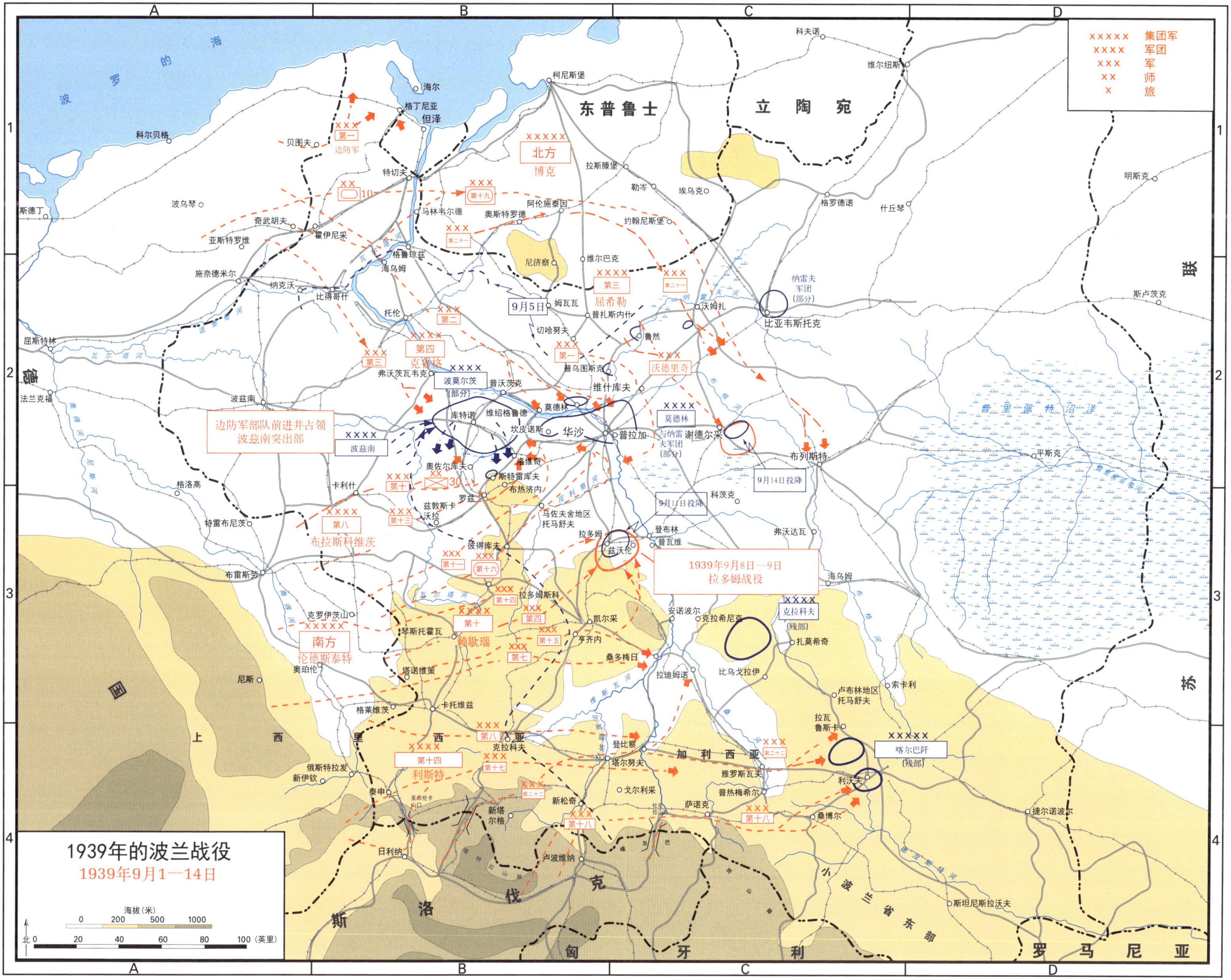

1939年的波兰战役

1939年9月1—14日

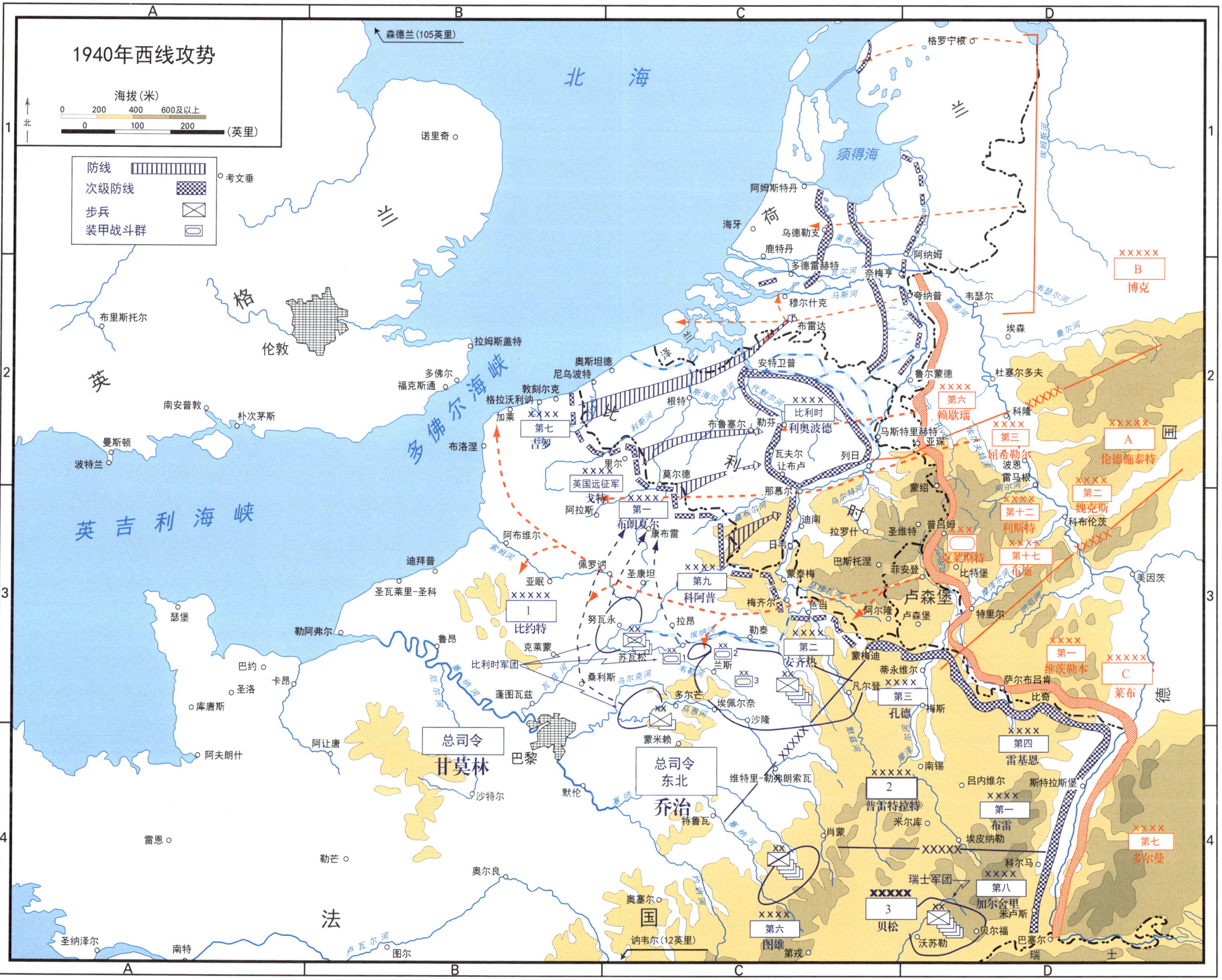

1940年西线攻势
海拔(米)
0
200
400
600及以上
北
0
100
200
(英里)
防线
次级防线
步兵
装甲战斗群
北 海
英 吉 利 海 峡
多佛尔海峡
须得海
英
格
兰
法
国
荷
兰
比
利
时
卢森堡
德
国
瑞
士
森德兰(105英里)
纳韦尔(12英里)
伦敦
巴黎
诺里奇
考文垂
布里斯托尔
拉姆斯盖特
多佛尔
福克斯通
南安普敦
朴次茅斯
曼斯顿
波特兰
雷恩
勒芒
奥尔良
圣纳泽尔
南特
图尔
瑟堡
勒阿弗尔
卡昂
巴约
圣洛
库唐斯
阿让唐
阿夫朗什
鲁昂
沙特尔
默伦
加莱
布洛涅
格拉沃利讷
敦刻尔克
尼乌波特
奥斯坦德
阿布维尔
迪拜普
圣瓦莱里-圣科
亚眠
佩罗讷
阿拉斯
里尔
根特
布鲁塞尔
勒芬
安特卫普
布雷达
穆尔代克
鹿特丹
多德雷赫特
海牙
乌德勒支
阿姆斯特丹
阿纳姆
奈梅亨
韦瑟尔
埃森
杜塞尔多夫
科隆
波恩
科布伦茨
美因茨
特里尔
萨尔布吕肯
比奇
梅斯
南锡
吕内维尔
斯特拉斯堡
科尔马
米卢斯
贝尔福
巴塞尔
第戎
瓦夫尔
让布卢
列日
马斯特里赫特
亚琛
那慕尔
迪南
日韦
蒙泰梅
梅齐尔
色当
卢森堡
阿尔隆
圣维特
巴斯托涅
菲安登
比特堡
普吕姆
蒙绍
雷马根
蒂永维尔
凡尔登
蒙梅迪
埃佩尔奈
兰斯
沙隆
苏瓦松
努瓦永
克莱蒙
拉昂
勒泰
桑利斯
蓬图瓦兹
多尔芒
蒙米赖
特鲁瓦
肖蒙
埃皮纳勒
米尔库
维特里-勒弗朗索瓦
奥塞尔
圣康坦
康布雷
莫尔德
格罗宁根
比利时军团
瑞士军团
总司令
甘莫林
总司令
东北
乔治
B
博克
A
伦德施泰特
C
莱布
第六
赖歇瑙
第四
克鲁格
第十二
利斯特
第十六
布施
第二
魏克斯
第一
维茨勒本
第七
多尔曼
克莱斯特
第十八
屈希勒尔
第七
吉罗
比利时
利奥波德
英国远征军
戈特
第一
布朗夏尔
第九
科阿普
第二
安齐热
第三
孔德
第四
雷基恩
第一
布雷
2
普雷特拉特
第八
加尔舍里
3
贝松
第六
图雄
1
比约特
莱茵河
马斯河
瓦尔河
默兹河
索姆河
塞纳河
卢瓦尔河
埃纳河
瓦兹河
马恩河
斯海尔德河
利斯河
代默尔河
桑布尔河
摩泽尔河
萨尔河
埃姆斯河
韦瑟尔河
鲁尔河
奥尔特河
卢瓦尔河

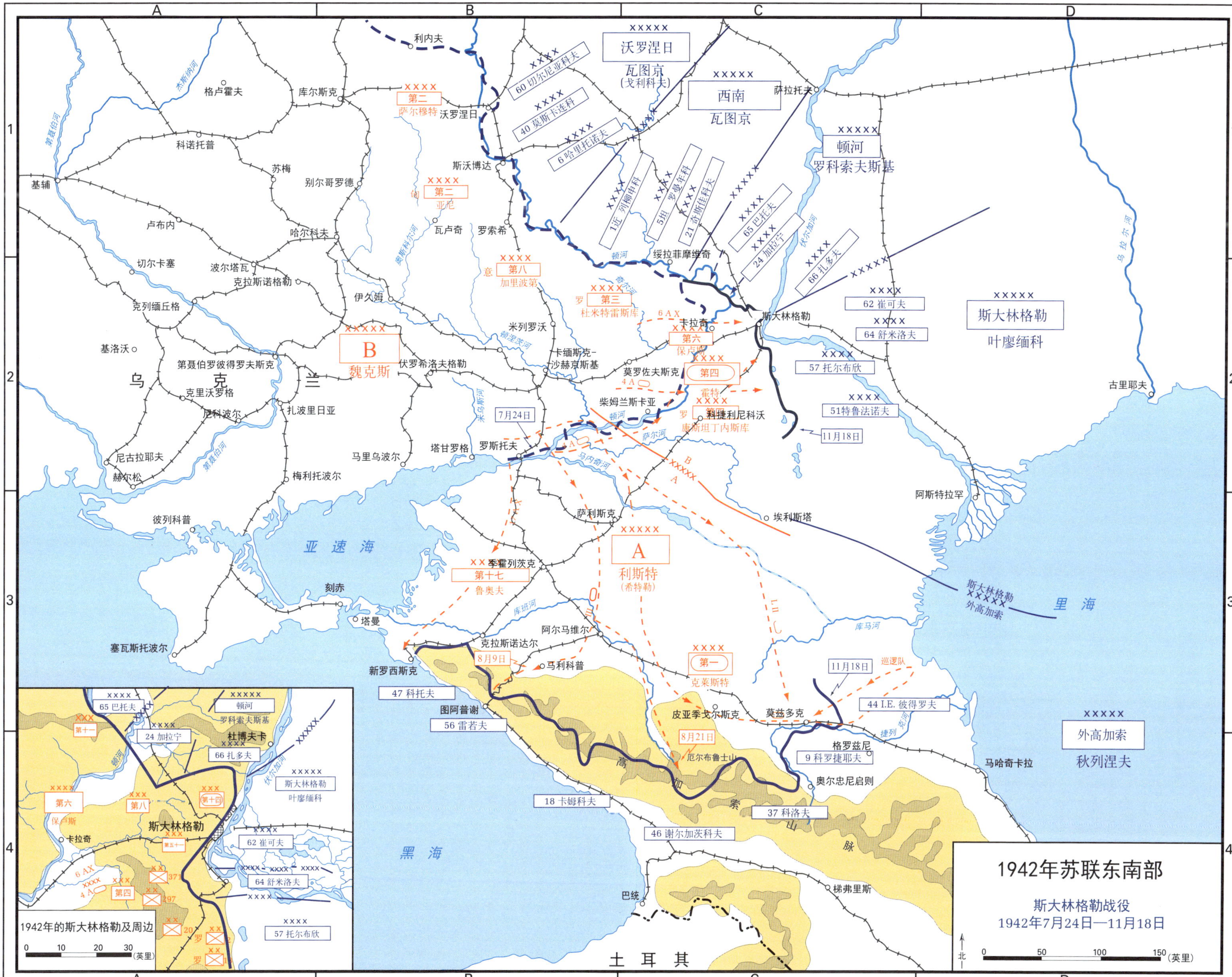

1942年苏联东南部

斯大林格勒战役
1942年7月24日—11月18日

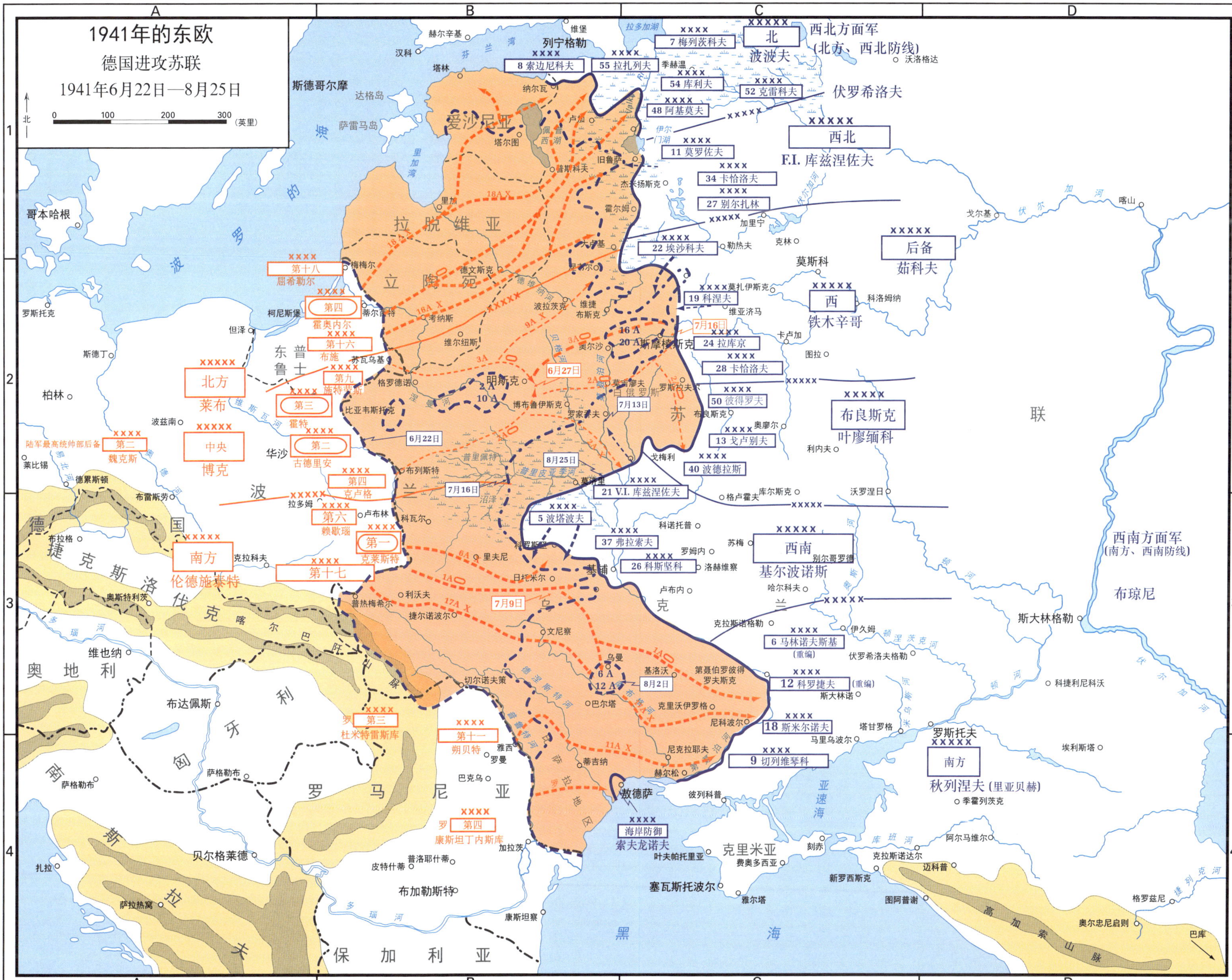

1941年的东欧
德国进攻苏联
1941年6月22日—8月25日
北
0 100 200 300 (英里)
西北方面军
(北方、西北防线)
北
波波夫
伏罗希洛夫
西北
F.I. 库兹涅佐夫
后备
茹科夫
西
铁木辛哥
布良斯克
叶廖缅科
西南
基尔波诺斯
西南方面军
(南方、西南防线)
布琼尼
南方
秋列涅夫 (里亚贝赫)
第十八
屈希勒尔
第四
霍奥内尔
第十六
布施
第九
施特劳斯
第三
霍特
北方
莱布
中央
博克
第二
古德里安
陆军最高统帅部后备
第二
魏克斯
第四
克卢格
第六
赖歇瑙
第一
克莱斯特
南方
伦德施泰特
第十七
第三
杜米特雷斯库
第十一
朔贝特
第四
康斯坦丁内斯库
列宁格勒
莫斯科
斯摩棱斯克
明斯克
基辅
敖德萨
斯大林格勒
华沙
柏林
维也纳
布达佩斯
布加勒斯特
贝尔格莱德
哥本哈根
斯德哥尔摩
爱沙尼亚
拉脱维亚
立陶宛
东普鲁士
波兰
德国
捷克斯洛伐克
奥地利
匈牙利
罗马尼亚
保加利亚
南斯拉夫
苏联
乌克兰
克里米亚
波罗的海
黑海
亚速海
喀尔巴阡山脉
高加索山脉
6月22日
6月27日
7月9日
7月13日
7月16日
8月2日
8月25日

第三帝国的兴亡

纳粹德国史（下）

增订版

THE RISE AND FALL OF THE THIRD REICH

[美国]
威廉·夏伊勒 著

董乐山 等 译

译林出版社

第四编

战争：初期的胜利和转折点

第十八章
波兰的覆亡

1939年9月5日上午10点，哈尔德将军同德国陆军总司令冯·布劳希奇将军和北方集团军司令冯·博克将军谈了一次话。他们对德国进攻波兰后第五天早晨的形势做了一番估计之后，一致认为，“敌人实际上已经被打垮了”（哈尔德日记语）。

冯·克鲁格将军所率领的第四军团从波美拉尼亚向东推进，冯·屈希勒将军所率领的第三军团从东普鲁士向西推进。两军会师后，夺取走廊的战斗在前一天晚上就宣告结束了。在这次战役中，海因茨·古德里安将军用他的坦克初次显露头角。他的坦克在穿过走廊向东驰进的时候，在某一个地点遭到波莫斯卡骑兵旅的抗击，作者在几天以后来到现场，目睹了这场屠杀所留下的触目惊心的惨象。它象征着整个短促的波兰战役。

战马与坦克搏斗！骑兵的长枪与坦克的大炮对抗！尽管波兰人英勇顽强，但在德军的进攻下却归于土崩瓦解。这是他们，也是全世界第一次领教闪电战的滋味：突然的奇袭；成群的战斗机和轰炸机在头顶上吼叫着，进行侦察和袭击，散布着烈火，制造恐怖；施图卡式战斗轰炸机俯冲时发出凄厉刺耳的声音；整师整师的坦克横冲直撞，如入无人之境，一天推进三四十英里；能够迅速开炮的摩托化重炮甚至在坎坷不平的波兰道路上也能以每小时40英里的速度滚滚挺进；连步兵也行动神速，150万乘坐机动车辆的大军，通过错综复杂的无线电、电话和电报网所组成的电讯系统统一指挥，协调行动。这真是人世间前所未见的机械化大屠杀。

不到48小时，波兰空军就被摧毁了。500架第一线的飞机大部分没
625 有来得及起飞就在自己的机场上被德国的轰炸机炸毁了。地面设施全部被毁，大多数地勤人员死的死，伤的伤。波兰第二大城市克拉科夫于9月6日陷落。当天夜晚，波兰政府从华沙逃到卢布林。第二天，哈尔德就忙着拟制计划，准备把军队调往西线，虽然他并没有看到西线有任何动静。9月8日下午，第四装甲师到达波兰首都外围；同时在这座城市的正南方，从西里西亚和斯洛伐克北上的赖歇瑙将军的第十军团占领了凯尔采，利斯特的第十四军团开到维斯杜拉河同桑河汇流处的桑多梅日。

不到一星期，波兰的陆军就被击溃了，波兰所来得及动员的35个师，绝大部分不是被击溃就是在包抄华沙的钳形攻势下陷入重围。现在留待德国人完成的“第二阶段”工作是：对那些在包围中张皇失措、溃不成军的波兰部队缩小包围圈并消灭他们；同时还要在东面100英里处完成另一个更大的钳形攻势，以包围布列斯特-立托夫斯克和布格河以西地区的波兰残部。

这一阶段从9月9日开始，到9月17日结束。博克的北方集团军的左翼向布列斯特-立托夫斯克进逼，古德里安的第十四军于14日到达那里，两天后攻占该城。9月17日，这个军在布列斯特-立托夫斯克南50英里处的弗沃达瓦同利斯特第十四军团的斥候部队会师，第二个巨大的钳形包抄攻势就在这里合围。这场“反攻”，正如古德里安后来所说的，在9月17日就“完全见分晓了”。全部波兰军队，除了俄国边境上的一小撮而外，都已陷入包围之中。华沙三角地带和西边的波森附近还有被包围的波军在顽强抵抗，但是他们失败的命运已经

注定。波兰政府，或者说波兰政府的残余，在饱尝德国空军的轰炸与扫射之后，于15日逃到罗马尼亚边境上的一个村庄。对于这个政府和这个骄傲的民族来说，一切都完了，只有那些仍旧坚持不屈的部队的士兵还在以令人难以置信的刚强精神继续牺牲。

现在轮到俄国人侵入这个备受蹂躏的国家，攫取它的一份赃物了。

俄国人侵入波兰

在莫斯科，克里姆林宫像所有其他国家的政府一样，对德军在波兰的军事入侵进展得如此神速，感到大吃一惊。9月5日，莫洛托夫以书面形式正式答复纳粹叫俄国从东方进攻波兰的要求时还说，苏联将在“适当的时机”出兵，但“这一时机现在尚未到来”。他认为“操之过急”会有损苏联的“事业”，不过他郑重提出，即使德国人先到了那里，他们也必须严守《德苏条约》秘密条款中一致同意的瓜分波兰的
“分界线”。[1] 由此可见，俄国对德国人是不放心的。同样也可以看出， 626
克里姆林宫以为德国还需要经过一段相当长的时间才能征服波兰。

德国坦克部队进攻波兰。

波兰骑兵向德国坦克发起反击。

但是在9月8日午夜12点敲过不久，德国的一个装甲师到达了华沙外围之后，里宾特洛甫给驻在莫斯科的舒伦堡发了一个“绝密”的“急”电，声称波兰战事“进展之神速甚至也出乎我们的预料”，因此德国希望知道“苏联政府的军事意图”。[2] 次日下午4点10分，莫洛托夫做了回答，他说，俄国将“在最近几天之内”采取军事行动。同一天，这位苏联外交人民委员在做出上述答复之前就已经“为德军进入华沙”正式向德国人致贺了。[3]

9月10日，莫洛托夫和冯·德·舒伦堡大使碰到了一个大难题。这位外交人民委员首先告诉德国大使，苏联政府“完全没有料到德国会如此迅速地取得军事胜利”，因此苏联现在处于“为难的境地”。然后他就提出了克里姆林宫用什么借口侵入波兰的问题。据舒伦堡打给柏林的“特急绝密”电来看，苏联准备用的借口是：

> 波兰正在瓦解，因此，苏联有责任援救受到德国“威胁”的乌克兰人和白俄罗斯人。［莫洛托夫说］为了使苏联在群众面前

> 师出有名，同时避免使苏联看来像个侵略者，这样解释一下是必要的。

同时，莫洛托夫还抱怨说，据德意志通讯社最近的报道，冯·布劳希奇将军已宣布“德国东部边境上的军事行动已经没有必要”。莫洛托夫说，如果真是这样，如果战争真已结束，那么俄国“就不能再发动一场新的战争”。他对整个局势感到非常不痛快。[4]使得事情更加复杂的是，9月14日，莫洛托夫把舒伦堡找到克里姆林宫来，通知他红军将在他们原先预计的时间之前出动，然后问他德国什么时候可以攻陷华沙。为了师出有名，俄国人必须等到波兰首都陷落之后才能出兵。[5]

这位人民委员提出了一些令人难以答复的问题。什么时候攻破华沙？如果俄国出兵要把罪名归在德国身上，德国人愿意不愿意？9月15日晚，里宾特洛甫通过德国大使转给莫洛托夫一份“特急绝密”电报，回答了这些问题。他说，德军在“最近几天之内”就可以占领华沙。德国“欢迎苏联现在就采取军事行动”。至于俄国打算找个借口把罪名推在德国身上，那是“绝对不行的……这种做法违反德国的本意……不合当初在莫斯科缔结的协议……而且会使两国以敌对的面目出现在全世界面前”。最后，他要求苏联政府确定他们进攻波兰的“日期和时间”。[6] 627

第二天晚间苏联政府就确定了出兵日期。在缴获的德国文件中发现有舒伦堡的两份电报，叙述做出决定的经过，淋漓尽致地说明了克里姆林宫的奸诈。

> 我在下午6点会见了莫洛托夫［舒伦堡在9月16日的电报中说］，莫洛托夫宣布，苏联即将进行军事干涉——也许就在明后天。斯大林正在同军队领导人开会……
>
> 莫洛托夫还说……苏联政府将提出以下的理由作为借口：由

于波兰国家已经归于瓦解而不复存在，因此，同波兰缔结的一切协定也归于无效，第三国可能会利用目前出现的混乱局面。苏联政府认为，自己有责任进行干预以保护乌克兰和白俄罗斯族同胞，使这些不幸的人民有可能在和平的环境中安居乐业。

由于唯有德国可能是这里提到的“第三国”，舒伦堡对这种说法表示反对。

莫洛托夫承认，苏联政府提出的理由在德国人听起来确实有点不入耳，但他要求我们体谅苏联政府的苦衷，不要在这点小事上斤斤计较。苏联政府实在找不到其他的理由，因为苏联以前从来没有过问过住在波兰的少数民族同胞的情况，目前的干涉行为对外说来总得要找一个理由。[7]

9月17日下午5点20分，舒伦堡又给柏林发了一个“特急绝密”电。

斯大林于2点接见了我……他告诉我说，红军将于6点钟越过苏联边界……苏联飞机将自今天起轰炸利沃夫（伦堡）以东地区。

当舒伦堡对苏联公报中的三点提出异议之后，那位俄国独裁者“立即欣然”做了修改。[8]

于是在9月17日早晨，苏联就开始蹂躏这个已经被打倒的国家了，理由就是上面那个站不住脚的借口——由于波兰已经不复存在，因而《波苏互不侵犯条约》也就不再有效，苏联必须保护它自己的利益以及波兰境内乌克兰和白俄罗斯少数民族同胞的利益。这还不算，苏联政府还通知莫斯科的波兰大使，俄国将在波兰冲突中严守中立！第二天，9月18日，苏联军队和德国人在布列斯特-立托夫斯克会师了。正好是21年以前，诞生不久的布尔什维克政府曾在这里背弃了俄国和西方协约国的同盟关系，屈辱地接受了德军极为苛刻的单独媾和条件。 628

现在他们虽然和纳粹德国狼狈为奸，从地图上抹掉了波兰这个古老的国家，但是俄国人马上就对他们的新伙伴产生了怀疑。斯大林在苏联发动侵略的前夕接见德国大使时就已经表示，他怀疑德国最高统帅部是否会恪守《莫斯科条约》而退回到双方一致同意的分界线上去。舒伦堡将这件事如实地报告了柏林。这位大使极力向他保证，要他放心，但是显然没有多大效果。"鉴于斯大林的多疑是尽人皆知的，"舒伦堡在给柏林的电报中说，"最好能授权给我再发表一个足以消除他最后疑虑的声明。"[9]第二天，9月19日，里宾特洛甫电告这位大使，让他"告诉斯大林，德国一定遵守我在莫斯科签订的协议，我们把这个协定看作德苏两国新的友好关系的基石"。[10]

虽然如此，这两个同床异梦的伙伴之间的摩擦却并未停止。9月17日，这两个伙伴在拟定一份联合公报为德苏共同消灭波兰的行为"洗刷"时，在措辞上又产生了分歧。斯大林反对德国人的底稿，因为"它把事情说得过于坦率了"。于是他提出了自己的一份不愧是诡辩杰作的草稿，硬要德国人接受。这份公报声称，德国和俄国的共同目标是"恢复由于波兰国家的崩溃而受到破坏的和平与秩序，协助波兰人民为他们的政治生活创造新的条件"。在寡廉鲜耻方面，希特勒碰着斯大林可以说是棋逢对手了。

这两个独裁者似乎一度打算以拿破仑的华沙大公国为蓝本，保留一个残存的波兰国家，以缓和世界舆论。但是，莫洛托夫9月19日透露，布尔什维克正在重新考虑这个问题。他先对舒伦堡提出愤怒的抗议，指责德军将领无视《莫斯科条约》，企图攫取应归俄国所有的土地，接着就言归正传。

> 莫洛托夫暗示［舒伦堡在给柏林的电报中说］，苏联政府和

斯大林本人已经放弃了原先允许一个残存的波兰存在的意图，现在想以皮萨河–纳雷夫河–维斯杜拉河–桑河为界分割波兰。苏联政府希望立刻就这一问题进行谈判。[11]

由此可见，首先提出完全瓜分波兰，不许波兰人成为一个独立民族存在的，是俄国人。德国人当然求之不得。9月23日，里宾特洛甫
629 电告舒伦堡，叫他通知莫洛托夫，“俄国方面关于以著名的四河为界的主张同德国政府的看法完全一致”。他表示愿意再度飞往莫斯科讨论与此有关的细节问题，并确定“波兰地区的最后结构”。[12]

这一次斯大林亲自主持谈判。他的德国盟友总算领教了他在这次讨价还价的谈判中是多么不讲情谊、寡廉鲜耻、不择手段，这一点，他的英、美盟友以后也会领教到。这位苏联独裁者于9月25日晚间8点在克里姆林宫召见了舒伦堡，这位大使回去以后，当夜就打电报给柏林，就某些严酷的现实问题提出警告，并且指出德国可能偷鸡不着蚀把米。

1939年9月20日，德军与苏军在波兰会师。

> 斯大林声称……他认为留下一个独立的残存波兰国家是错误的。他建议，从分界线以东的领土上，把一直延伸到布格河为止的整个华沙省划归我们所有。作为交换，我们应该放弃对立陶宛的要求。
>
> 斯大林……还说，如果我们同意，苏联将立刻依据8月23日的［秘密］议定书着手解决波罗的海各国的问题，并且表示希望德国政府在这一方面给予慷慨的支持。斯大林特别指明了爱沙尼亚、拉脱维亚和立陶宛，不过没有提到芬兰。[13]

这是一桩狡猾而又狠毒的买卖。斯大林准备用已经被德国攻占的两个波兰省份交换波罗的海各国，他已经帮了希特勒一个大忙，使后者有了进攻波兰的条件，现在他要利用这一点，钻空子尽可能多捞一把。此外，他这样建议也是要求德国人把所有的波兰人全接过手去。他作为一个俄国人，从几百年的历史教训中深深知道：波兰人丧失了独立之后是绝不会善罢甘休的。让德国人为他们伤脑筋去吧！俄国人才不管呢。而另一方面，他却可以取得第一次世界大战以后从俄国割走的波罗的海国家，它们的地理位置为苏联提供了绝妙的屏障，可以防御德国这个盟友的突然袭击。

里宾特洛甫于9月28日下午6点乘飞机第二次到达莫斯科，在前往克里姆林宫之前接到柏林发来的两份电报，知道了俄国人正在捣什么鬼。这是德国驻塔林的公使发来的电报，其中说，爱沙尼亚政府刚才通知他，苏联已经以“立刻发动进攻作为严重威胁手段”，要求在爱沙尼亚境内建立军事和航空基地。[14]当天深夜，里宾特洛甫同斯大林和莫洛托夫做了长时间的商谈之后，打电报报告希特勒，“就在今夜”将缔结一项条约，根据这项条约，红军的两个陆军师和一个空军旅将驻扎在“爱沙尼亚领土上，但在目前这段时间内暂不废除爱沙尼亚的政权”。但是，元首原是精于此道的老手，他清楚地知道爱沙尼亚的日子已是屈指可数了。第二天，里宾特洛甫就得到通知，希特勒已经630 下令撤退居住在爱沙尼亚**以及**拉脱维亚境内的86 000名日耳曼族人。[15]

斯大林提出了他的账单，希特勒不得不如数照付，至少暂时如此。他立刻就放弃了爱沙尼亚和拉脱维亚，这两个地方是他在《德苏条约》中已经同意属于苏联利益范围之内的。这一天还没有过完，他又放弃了德国东北边境上的立陶宛，而根据《莫斯科条约》秘密条款的规定，这个国家是属于德国利益范围的。

这次会谈从9月27日晚上10点一直进行到凌晨1点，斯大林向里宾特洛甫提出了两个方案，内容就像他在25日对舒伦堡提过的那样：第一个方案是接受原先沿皮萨河、纳雷夫河、维斯杜拉河和桑河这四条河划定的波兰分界线，立陶宛归德国所有；第二个方案是把立陶宛让给俄国，交换条件是让德国取得更多的波兰领土（卢布林省以及华沙以东的土地），这样，全部的波兰人就几乎会全都归于德国。斯大林竭力建议德国选择第二种方案。里宾特洛甫于9月28日凌晨4点给希特勒发了一份很长的电报，提出这个问题，希特勒表示同意。

分割东欧需要进行相当复杂的绘制地图的工作，9月28日下午进行了三个半小时的谈判，紧接着克里姆林宫就举行国宴招待里宾特洛甫，斯大林和莫洛托夫提早退席去同应召来到莫斯科的拉脱维亚代表团举行会谈。里宾特洛甫趁这个时间赶到歌剧院去看了一幕《天鹅湖》，半夜又回到克里姆林宫为地图以及其他问题做进一步的商谈。第二天清晨5点，莫洛托夫和里宾特洛甫就在正式名称为《德苏边界友好条约》的新协定上签了字。这时，斯大林再一次满面春风地在旁观看着，正像一个德国官员事后所报告的那样，“流露出显而易见的满意神情”。* 他是有理由高兴的。[17]

---

* 这位官员是外交部的副国务秘书安多尔·亨克，他曾在驻莫斯科大使馆工作多年，就这次会谈写了一篇相当详细而且有趣的报告。这是德国方面关于第二天的会议的唯一一份记录。[16]

公布的条约正文，宣布了两国在“前波兰国家”境内的“各自民族利益”的范围，并且声明，它们将在各自取得的领土上重建“和平与秩序”，并“确保当地居民享有适合本民族特征的和平生活”。

但是和上次德苏之间的交易一样，这一回也有“秘密议定书”。一共有三个议定书，其中两个包含这次协议的主要内容：一个是把立陶宛划归苏联的“势力范围”，同时把卢布林和东华沙两省划归德国方面；第二个议定书说得简短扼要，内容如下：

> 双方在各自领土内不得容许波兰人从事影响对方领土的活动。双方将在自己的领土内扑灭此种活动的一切萌芽，并且将为此目的而采取的适当措施通知对方。 631

1939年9月27日，里宾特洛甫（右一）抵达莫斯科，在他旁边的是德国驻苏联大使舒伦堡。

于是波兰就像奥地利和捷克斯洛伐克一样，从欧洲地图上消失了。不过，这一次帮助和怂恿希特勒并吞一个国家的，却是那个长期以来一直以被压迫民族的维护者自居的苏维埃社会主义共和国联盟。这是波兰第四次受到德国和俄国（奥地利参与了其余几次）的瓜分，* 而在瓜分过程中，情形以这一次最为残酷无情。在9月28日的秘密议定书† 中，希特勒和斯大林一致同意，要在波兰实行恐怖统治，企图残酷地扼杀波兰的自由、文化和民族生活。

希特勒进行了波兰战争，并取得了胜利，但是更大的胜利者却是不费一枪一弹而坐享其成的斯大林。‡ 苏联得到了将近半个波兰以及对波罗的海三国的控制权。它更加牢固地阻碍了德国，使德国不能达到它所垂涎的两个主要长远目标——乌克兰的小麦和罗马尼亚的石油，而德国要战胜英国的封锁最急需的正是这两种东西。甚至希特勒渴望在波兰获得的鲍里斯拉夫-德罗霍贝奇油区也被斯大林要去了，斯大林仁慈地答应以相当于这一油区年产量的石油售给德国。

为什么希特勒付给俄国人这样高的代价？不错，为了使苏联不参加西方阵营，置身战争之外，他曾经在8月间许过这种承诺。但他从来不是一个言而有信的人，况且波兰现在已经被德国以举世震惊的武力征服了，他本来可以像军方所竭力主张的那样对8月23日的条约来一个不认账。如果斯大林不答应，元首可以用刚为波兰战役所证明的全世界最强大的军队来威胁斯大林。但是他能够这样办吗？当英国人和法国人正在西方严阵以待的时候，他是不能这样办的。要对付英法，他就不能有后顾之忧。他此后的言论证明，这就是他让斯大林

---

* 阿诺德·汤因比在他的各种著作中称这一次瓜分为第五次瓜分。

† 条约虽然是9月29日清晨5点签字的，官方宣布的签订日期却是9月28日。

‡ 德国在波兰的伤亡数字，正式宣布的是：10 572人死亡，30 322人受伤，3 400人失踪。

狠狠地敲了这样一笔竹杠的原因。但是，当他把注意力转向西线的时候，他并没有忘记这位苏联独裁者做交易这么心狠手辣。 632

注　释

1. 俄国答复的全文，见《德国外交政策文件汇编》，第8卷，第4页。纳粹-苏联这些照会来往有一部分载《纳粹-苏联关系》，但《德国外交政策文件汇编》所收较为全面。

2. 同上，第33—34页。

3. 莫洛托夫的贺电，同上，第34页。他关于军事行动的保证，第35页。

4. 舒伦堡9月10日的电报，同上，第44—45页。

5. 同上，第60—61页。

6. 同上，第68—70页。

7. 同上，第76—77页。

8. 同上，第79—80页。

9. 舒伦堡的电报，同上，第92页。

10. 同上，第103页。

11. 同上，第105页。

12. 同上，第123—124页。

13. 同上，第130页。

14. 两份电报，同上，第147—148页。

15. 同上，第162页。

16. 同上，附录I。

17. 条约全文，包括秘密议定书、公开宣言、莫洛托夫和里宾特洛甫交换的两封信，同上，第164—168页。

第十九章
西线的静坐战

西线那里没有发生什么战事。几乎没有放过一枪。德国的老百姓开始把这种战争叫作“静坐战”——Sitzkrieg。在西方，人们也很快就给它起了一个名字——“假战争”。在这里，正如那位英国将军J. F. C. 富勒所说的，“世界上最强大的［法国］陆军，对峙的不过26个［德国］师，却躲在钢骨水泥的工事背后静静地坐着，眼看着一个堂吉诃德式的英勇的盟国被人消灭了”。[1]

对这种情况，德国人是不是感到意外呢？一点也不。陆军参谋总长哈尔德在8月14日最初那篇日记中就详尽地估计了一旦德国进攻波兰时西线方面可能出现什么情况。他认为法国“多半不会”采取攻势。他相信法国绝不会“不顾比利时人的意愿”假道比利时出兵。他的结论是，法国方面会继续采取守势。前面已经谈到，当9月7日波兰军队的失败已成定局的时候，哈尔德就已经忙于制订把德军西调的计划了。

那天晚上，他记下了布劳希奇那天下午同希特勒商谈的结果。

> 西线的动向尚不清楚，从某些迹象来看，没有真想打仗的意图……法国内阁缺乏果敢的气魄，英国方面也开始透露出在进行

清醒考虑的迹象。

过了两天，希特勒发出了第三号作战指令，命令做好准备，让陆空军部队从波兰调往西线。但是不一定就打。指令规定“即使在英国……和法国迟疑地启衅之后，我军地面部队［或］……我方飞机每次越过西部国境，［以及］对于英国的每一次空袭，都必须有我的明确命令”。[2] 633

法国和英国对波兰做过什么保证？在它一旦受到攻击时，它们将怎样做？英国的保证是泛泛的一般性的，但法国的保证是明确的。1939年5月19日的《法波军事协定》对此曾有明文规定。该条约载明，法国方面将“在总动员令下达后不出3天的时间内逐步对有限目标发动攻势”。如今总动员令已在9月1日宣布。条约还进一步规定，“一旦德国以主力进攻波兰，法国将从法国总动员开始后第15天起，以其主力部队对德国发动攻势”。当波兰副参谋总长雅克林兹上校问到法国能够派出多少部队参加这一大规模的进攻时，甘末林将军曾经告诉他，法国届时大约可以派出35到38个师。[3]

但是我们在前面已经看到，*8月23日，当德国对波兰的进攻眼看就要爆发的时候，那位胆怯的法国统帅却告诉他的政府说，“要到大概不到两年以后……1941—1942年之间”他才可能发动一场真正的攻势，他还说，这是假定到那个时候法国能得到“英国部队和美国装备的帮助”。

的确，在战争一开始的几个星期内，英国能派到法国去的部队是少得可怜的。到了10月11日，波兰战事结束了三个星期以后，英国才派了四个师——158 000人——到法国去。丘吉尔称之为“象征性的帮助”。富勒指出，直到12月9日英国方面才第一次有了伤亡——

---

* 见本书原文第610页脚注。

有一个外出巡逻的班长被击毙。富勒说："自从莫利内拉和扎戈纳拉之战以来还未见过这样不流血的战争。"*

那些德国将领们在纽伦堡法庭上追溯往事的时候，一致认为波兰战役期间西方国家没有在西线发动进攻，是错过了千载难逢的良机。

> ［哈尔德将军说］只有几乎完全不顾我们的西部边境，我们才有可能在对波兰的进攻中取得胜利。如果法国人当时看出了局势的必然规律，利用德军在波兰交战无暇分身的这个机会，他们本来是有可能在我们无法防御的情况下跨过莱茵河，威胁鲁尔区
> 634 的，而鲁尔区对德国作战具有莫大的决定性意义。[4]
>
> ［约德尔将军也说］……如果说我们没有在1939年崩溃，那仅仅是由于在波兰战役期间，英法两国将近110个师在西线对德国的23个师完全按兵未动的缘故。[5]

对此，最高统帅部长官凯特尔将军补充道：

> 我们军人一直担心法国会在波兰战役期间发动进攻，结果感到非常惊讶，因为什么事情也没有发生……假使法国进攻，他们所遇到的将会只是德国的一道军事纸屏，而不是真正的防御。[6]

那么，在西线对德军具有压倒优势的法军（最初的两个英国师直

---

* 本书作者于10月9日乘火车沿着法德两国100英里的共同边界莱茵河东岸溯流而上做了一次旅行，当时在日记里写道："没有战争的迹象，列车乘务人员告诉我说，自从开战以来，这条火线上一直没有打过一枪……我们可以看到法国的战壕，并且在不少地方还看到法国人躲在大张的席子后面修筑工事。德国这一边的情景也是一样。双方的军队……在彼此的射程范围内毫无遮掩地走来走去，各干各的事……德国人在铁路线上起卸枪炮和辎重，法国人并不去打搅他们。真是奇怪的战争。"（《柏林日记》［*Berlin Diary*］，第234页）

到10月初才部署好），为什么没有像甘末林将军和法国政府以书面保证的那样发动进攻呢？

说来原因很多：首先是法国最高统帅部、政府和人民当中的失败主义情绪；其次是法国人对于在第一次世界大战期间伤亡惨重、元气大伤记忆犹新，他们决心只要能够避免就一定要避免再遭受这样一场杀戮；再次，到9月中旬，波兰军队的惨败使他们感到德国人不久就能把优势兵力调往西线，从而把法国最初取得的一点进展一扫而空；还有就是对于德国武器和空中优势的恐惧心理。真的，法国政府从一开始就坚决要求英国空军不去轰炸德国境内的目标，生怕法国工厂会遭受报复性的打击，殊不知对德国的工业中心鲁尔如果进行全力轰炸，很可能使德国遭到致命打击。许多德国将领后来承认，这是他们在9月间最担心的一件事。

从根本上来说，对于法国为什么没有在9月间对德国发动进攻这个问题，丘吉尔的话可能是最好的解答。他写道："这场战争实际上早在几年以前就输掉了。"[7] 1938年在慕尼黑的时候，1936年在德国重新占领莱茵兰的时候，以及1935年在希特勒悍然不顾《凡尔赛和约》宣布实行征兵制的时候，就输掉了。由于盟国方面几次可悲地畏缩逡巡，如今就不得不付出代价，可是巴黎和伦敦却仿佛以为静坐不动就可能把那笔债躲过去似的。

但是在海上却有战斗。

德国的海军不像西线的陆军那样受到禁令的限制，在宣战的第一个星期内就击沉了11艘英国船舰，总吨位为64 595吨，几乎等于1917年4月德国潜艇战最猖獗时英国在一周中所损失的半数，当时英国的处境岌岌可危。但英国的损失往后逐渐减少，第二个星期损失了53 561吨，第三个星期为12 750吨，而第四个星期只损失了4 646吨——9月份总计被潜艇击沉的船只为26艘共135 552吨，被水雷炸 635

1939年11月，英国陆军和法国空军的士兵坐在一个标有“唐宁街10号”的掩体外面。

沉的为3艘共16 488吨。*

这种损失的陡然减少，有一个原因是英国人所不知道的。9月7日，雷德尔海军元帅同希特勒做了一次长时间的商谈。由于在波兰旗开得胜以及法国并未在西线发动进攻而大喜过望的希特勒，叫海军把步子放慢一些。法国表现了“政治上和军事上的克制”，英国人也在

---

* 当时的英国海军大臣丘吉尔于9月26日在下院宣布了损失的总数字。他在回忆录中提出了经过校正的正式数字。他同时还报告下院说，有六七艘德国潜艇被击沉。但正如他在他那本书中所说的，实际上后来弄清楚只击沉了两艘。

丘吉尔在那篇演说中还提到了一则有趣的逸事。他谈到有一个德国潜艇舰长打电报给他本人，把刚击沉的一艘英国船的所在位置通知他，叫他派人去救援。“当时我很为踌躇，不知道应该向哪里回电。”丘吉尔说，“不过，现在他已经落到我们手里了。”但是这位舰长并没有落到英国人手里。过了两天，本书作者在柏林同这艘潜艇舰长赫伯特·舒尔策海军上校做了一次谈话，对美国做了广播。他还从自己的航海日志中拿出他发给丘吉尔的那份电报的底稿给我看。（见丘吉尔：《风暴欲临》，第436—437页；拙著：《柏林日记》，第225—227页。）

“举棋不定”。鉴于这种情况，德国人决定大西洋上的潜艇毫无例外地放过一切客船，完全禁止对法国船只进行攻击，并命令在北大西洋的“德意志号”和在南大西洋的“施佩伯爵号”两只袖珍战列舰暂时撤到“待命”的基地。雷德尔在日记中写道：“总的政策是实行克制，等待西线的政局进一步明朗化，这大约需时一星期。”[8]

“雅典娜号”的沉没

希特勒同雷德尔在9月7日的会上还做出了另一项决定。那位海军元帅在日记里写道：“等到所有潜艇返航后再着手解决‘雅典娜号’事件。”

我们在前面已经说过，海上的战争是在英国宣战10小时以后开始的，当时，9月3日晚上9点，满载1 400名乘客的英国邮轮“雅典娜号”在赫布里底群岛以西约200英里处未获警告就被鱼雷击沉了，当时造成112人死亡，其中有28名美国人。德国宣传部接到伦敦发出的第一批消息之后就到海军总司令部去查对，海军总司令部回答说，出事地点附近并没有德国潜艇，于是宣传部当即否认那艘船是德国人击沉的。这一不幸事件弄得希特勒和海军司令部非常尴尬。起初他们还不相信英国方面的报道，因为他们曾经下令所有潜艇舰长遵守《海牙公约》，不得不予警告就攻击船只。但是由于所有潜艇的无线电台为 636
了保密的缘故全都保持沉默，无法立刻查明事情真相。* 虽然如此，不到两天，纳粹的御用报纸就叫嚷说，这艘客船是英国人为了激怒美国使其参战而自行炸沉的。

威廉街的确非常关心美国方面对这次造成28名美国公民死亡的惨祸的反应。炸沉船只后的第二天，国务秘书魏茨泽克约见了美国代办

---

* 第二天，9月4日，所有的潜艇全都接到通知：“元首命令，不得对任何客船，即使是有军舰护航的客船，进行袭击。”

亚历山大·柯克，向他否认这是德国潜艇干的事。他强调说，在出事地点附近没有一艘德国舰艇。据他后来在纽伦堡供认，当天晚上他找到了雷德尔，提醒他在第一次世界大战中就是因为德国击沉了“卢西塔尼亚号”后美国才参战的，劝他“尽一切努力”避免激怒美国。那位海军元帅向他保证，“不可能有任何一艘德国潜艇牵涉在内”。[9]

雷德尔海军元帅在里宾特洛甫的催促下，于9月16日把美国大使馆海军武官请到他那里，告诉他说他现在已经收到了所有潜艇的报告，“结果确切地证实‘雅典娜号’绝不是德国潜艇击沉的”。他要求这位武官将这一情况转告他的政府，这位武官立刻就照办了。[*][10]

这位海军元帅说的并不完全是实话。9月3日出海活动的潜艇还没有全部返航回港，没有返航的潜艇里就包括伦普少校指挥的U-30号在内，这艘潜艇直到9月27日才进入本国领海停泊。潜艇司令卡尔·邓尼茨海军上将亲自在码头上等着这艘潜艇入港。几年以后他在纽伦堡法庭上叙述了这件事情，这才使击沉“雅典娜号”的真相大白于天下。

> 当那艘潜艇入港时，我在威廉港的水闸边上见到了舰长伦普少校，他要求和我个别谈话。我立刻注意到他那副郁郁不乐的神情，他马上告诉我说，在北部海峡海面击沉了“雅典娜号”的大概是他。按照我原先的指示，他当时在对不列颠群岛的航线入口上可能出现的武装商船进行严密警戒，他用鱼雷击沉了一条船，事后从无线电广播中才知道这条船就是“雅典娜号”，当时他还当它是一条正在巡逻的武装商船……
>
> 我立刻派伦普坐飞机到柏林去向海军作战参谋部面陈一切。同时，我采取临时措施，命令严守秘密。当天深夜，也就是第二天清早，我接到海军上校弗里克转来的一个命令：

---

* 这位武官打给华盛顿的电报显然不是用的密码。因为在纽伦堡法庭上出示的德国海军文件中有这份电报的副本。

击沉“雅典娜号”邮轮的德国潜艇U-30号。

1. **这一事件应予彻底保密。** 637

2. 海军总司令部认为并无召开军事法庭的必要，因为司令部已经查明，该舰长的这一行动并非有意。

3. **政治上的解释将由海总处理。***

至于元首否认德国潜艇击沉“雅典娜号”的政治宣传活动，我完全没有参与。[11]

邓尼茨必定打一开始就猜到了事情的真相，否则他不会到码头上去迎候返航的U-30号。他说没有参与，实际上却参与了消灭一切可能泄露秘密的证据的活动，篡改了该潜艇的航海日志和他自己的日记。正如他在纽伦堡供认的，他本人曾命令把U-30号的航海日志上

---

* 着重体是海军上将自己用的。

任何提到“雅典娜号”的话都涂掉，同时也把自己的日记里与此有关的话删去。他还要艇上全体人员立誓绝对保密。*

毫无疑问，所有国家的最高统帅部在战争进行期间都有不可告人的事。所以，如果希特勒像雷德尔海军元帅在纽伦堡所供认的那样，命令对“雅典娜号”事件严守秘密，也是可以理解的，如果不是值得称赞的话。尤其是海军司令部开始时由于确实相信这事不是德国潜艇干出的，已经正式否认了，如果后来又迫不得已而加以承认，就会处于非常难堪的境地。但是希特勒却不以此为满足。10月22日星期日晚上，宣传部长戈培尔亲自在电台上指控丘吉尔自己炸沉了“雅典娜号”。戈培尔当时那篇广播演说，作者至今还记得很清楚。第二天，纳粹官方报纸《人民观察家报》，在第一版上以**“丘吉尔自己炸沉了“雅典娜号””**为标题发表了一篇报道，声称英国海军大臣在那艘船的船舱里安放了一颗定时炸弹，在纽伦堡的审讯中证实，这篇广播和文章是直接出自希特勒的命令；同时也证实了，尽管雷德尔、邓尼茨和魏茨泽克对于这种厚颜无耻的弥天大谎感到非常不满，却不敢表示什么意见。[13]

外交部里这位自命反纳粹的领导人和这两位海军将领，只要那个恶魔般的纳粹统帅一声令下就会立刻俯首帖耳、唯命是从，其他将领们也完全一样。这种态度注定要在德国的历史上造成最黑暗的一页。

希特勒的和平建议

“今晚的报纸公开地大谈和平”，我在9月20日的日记里写道，“今天我和一些德国人交谈，他们全都满怀信心，不出一个月我们就

* 该潜艇上的军官（包括伦普在内）和一部分水兵，被调到U-110号潜艇上以后，在1941年5月9日随同潜艇一道沉没了，但U-30号潜艇上有一名水兵，在击沉“雅典娜号”的几天之后被飞机射伤了。在他保证严守机密的条件下，他们在冰岛雷克雅未克把他送上了岸，后来又被送到了加拿大的一个战俘营里。战后他提供一份画押的供词说明了事情的真相。德国人似乎一直担心他会“说出去”，但他守口如瓶直到战争结束。[12]

会得到和平。他们个个兴高采烈。” 638

前一天下午，我在富丽堂皇的但泽市政厅里听了希特勒的演说。这还是他自从9月1日在国会宣告战争开始以来的第一次公开讲演。尽管他因为保卫华沙的波军还在英勇抵抗，使他不能在华沙发表这篇演说而感到恼火，尽管他每次在演说中提到大不列颠时都恨得咬牙切齿，但是他仍然做出了一点点和平姿态。“我无意同英国和法国作战，”他说，“我同情那些在前线上的法国士兵，他们不知道自己为什么而战。”最后他祷求“保佑我们取得胜利的万能的上帝让别国人民认清这场战争将是多么无谓……让他们想一想和平的幸福”。

9月26日，华沙陷落的前一天，德国的报纸和电台发动了一次大规模的和平攻势。根据我当时的日记，其要点是:“为什么英、法现在要打仗呢？没有理由要打仗。德国对西方并无野心。”

两天以后，俄国一边狼吞虎咽地并吞划归它名下的那一块波兰土地，一边也加入了这场和平攻势。随同《德苏边界友好条约》及其瓜分东欧的秘密条款的签订，莫洛托夫和里宾特洛甫于9月28日又在莫斯科合伙拟制并签订了一个冠冕堂皇的和平宣言。

宣言说，德苏两国政府

> 在最终解决了由于波兰国家瓦解而产生的各种问题，为东欧的持久和平奠定了坚实的基础之后，共同表示确信，德国与英、法两国之间终止战争状态将有助于增进世界各国人民的真正利益。两国政府将为此目的共同努力……务求于最短期间促其实现。
>
> 但是，如果两国政府的努力竟然归于无效，这就表明英、法两国应对战争的延续负责……

希特勒是真要和平呢，还是想继续打下去，借苏联的帮助把延续战争的责任推到西方同盟国家身上呢？他嘴上虽然说得很肯定，但是大概连他自己也不十分清楚。

9月26日他同仍然没有放弃和平努力的达勒鲁斯做了一次长谈。两天以前，这位不知疲倦的瑞典人在奥斯陆会见了老朋友奥格尔维·福布斯。福布斯是前英国驻柏林大使馆的参赞，现任挪威首都英国公使馆参赞。据施密特博士的一份秘密备忘录说，[14]达勒鲁斯报告希特勒，福布斯曾经对他说，英国政府在寻求和平。唯一的问题只是：怎样才能保全英国人的面子？

“假使英国人果真希望和平，”希特勒回答道，“他们就能在两星

639 期内得到和平而又不会丧失面子。”

元首说，他们必须承认一个事实：“波兰已经不可能重新站起来了。”他说除了这一点必须承认之外，他准备保证“欧洲其余部分”的现状，包括保证英国、法国以及低地国家的“安全”。接着就讨论

1939年9月20日，但泽打出“但泽欢迎它的元首”的标语。

到如何提出和谈的问题。希特勒主张由墨索里尼出面。达勒鲁斯以为荷兰女王可能更为“中立”一些。当时也在场的戈林建议，英、德两国代表先在荷兰秘密会见，如果他们取得了进展，然后再由女王正式邀请两国参加停战谈判。希特勒曾经好几次表示他怀疑“英国是否有意于和平”，但最后还是同意了那位瑞典人的办法，由后者“在第二天就到英国去按指定的方向进行试探”。

“英国人可以得到和平，如果他们想要的话，”希特勒在达勒鲁斯临走的时候对他说，“不过，他们得要赶快。”

这只是元首的一种想法。他还对他的将领们谈了另外一种想法。前一天，9月25日，哈尔德在日记里提到，他得到“元首计划在西线发动进攻的消息”。9月27日，也就是希特勒刚向达勒鲁斯保证他准备同英国讲和的第二天，他就在总理府召集武装部队的司令官们开会，告诉他们说他已经决定“尽快在西线发动进攻，因为法、英联军现在还没有做好准备”。据布劳希奇说，他甚至规定了进攻的日期——11月12日。[15]毫无疑问，那一天希特勒被华沙终于投降的消息冲昏了头脑。他大概以为，至少法国会和波兰一样容易屈服，虽然两天以后，哈尔德在日记中提到要向元首“解释”，“波兰战役的战术不能依样画葫芦地适用于西线。对一支组织严密的军队不能这样打”。

10月1日齐亚诺在柏林同希特勒做过一次长谈，对这位总理的心理了解得最透彻的，也许就要算他了。这位年轻的意大利外交大臣现在虽然已经对德国人厌恶透顶，但还是不得不维持着表面关系，他发现元首充满了自信。齐亚诺说，他讲述自己的计划时，“只要提到他作战的手段和方法，两眼就闪射着凶狠的光芒”。这位意大利贵宾在总结他对希特勒的印象时写道：

> ……今天，在取得重大胜利之后，使他的人民得到巩固的和平，也许仍然是希特勒所向往的一个目的。但是如果为了达到这

个目的就要他牺牲自己认为理所应得的胜利果实，哪怕是牺牲一
640 点点，他也会毫不犹豫地宁愿再打一仗的。*[16]

当我坐在10月6日中午开幕的国会中聆听希特勒发表他那和平的呼吁时，心里感到好像是在听一张已经放了五六遍的老唱片。我已经三番四次地听到他每逢胜利归来以后就在这同一个讲坛上，用同一种表面上听来非常诚恳真挚的调子提出和平建议；这些话如果你没有想到当时那次的受害者，听起来的确是合情合理的。在这个天高气爽、阳光灿烂的秋日，他又像往常那样鼓起如簧之舌，摆出伪善的面孔，重弹老调。那是一篇冗长的演说，是他生平最为冗长的公开演说之一。他先用了一个多小时对历史做了典型的歪曲，并且把德国在波兰（"这个不成体统的国家"）的赫赫武功大大吹嘘了一番，然后在快要结束的时候，提出了他的和平建议及其理由。

> 我的努力主要是使我们同法国的关系摆脱一切恶意的痕迹，使这种关系能为两国所接受……德国对于法国不再有进一步的要求……我甚至已经不愿再提阿尔萨斯-洛林问题……我一直向法国表示愿意永远埋葬彼此之间的旧仇宿怨，并使这两个具有光荣历史的国家互相接近……

对英国呢？

> 我也做了同样多的努力来争取英德之间的谅解以至友谊。我从来没有在任何时候任何地点做过任何违反英国利益的事情……

---

* 当齐亚诺告诉墨索里尼说，希特勒对胜利满怀信心时，墨索里尼很不以为然。他认为英国人和法国人"会坚决抵抗……为什么要隐讳这一点呢？"齐亚诺在10月3日的日记里写道："他［墨索里尼］对于希特勒的名噪一时多少是有些嫉妒的。"（《齐亚诺日记》，第155页）

我在今天仍然相信，只有德国同英国达成谅解，欧洲和全世界才可能有真正的和平。

关于和平呢？

为什么要在西线打这场战争呢？是为了恢复波兰这个国家吗？《凡尔赛和约》的波兰是不会再出现了……重建波兰国家的问题不能通过西线的战争来解决，而只能由俄国和德国来解决……波兰在刚刚诞生的时候就被一切非波兰血统的人称为先天不足的流产儿，为了重建这样一个国家而牺牲千百万人的生命和破坏价值亿万的财富，是一种愚蠢的行为。

还有什么别的理由要打仗吗？……

如果这一场战争的真正目的仅仅是为了更换德国的政权的

1939年10月6日，希特勒在柏林克罗尔歌剧院对国会发表“和平”演说。

> 话……那么，这将不过是白白地牺牲千百万人的生命罢了……的确，西线的这一场战争是什么问题也解决不了的……

需要解决的问题是有的，希特勒开了一大张清单：“建立一个波兰国家”（事实上他已经和俄国人商量好不许这样一个国家存在了）；“解
641 决和了结犹太人问题”；德国的殖民地问题；恢复国际贸易的问题；“无条件地保证和平”；裁减军备；“对于空战、毒气、潜艇等的限制”；解决欧洲少数民族的问题。

他建议欧洲几个大国举行一次“经过最充分的准备的”会议来“解决这些重大问题”。

> 这样一个会议行将决定本大陆今后许多年的命运［他继续说道］，在大炮轰鸣下，在军队被动员起来对它施加压力时，是绝不可能深思熟虑地审议问题的。
>
> 可是，如果这些问题迟早一定要解决，那么，在千百万人被送去作无谓的牺牲和数以亿计的财富化为灰烬之前来解决这些问题，是比较明智的。让西方目前的事态发展下去，其后果是难以设想的。不久，每天的牺牲将不断增长……欧洲的国民财富将为炮弹浪费殆尽，各国的元气将在战场上耗竭……
>
> 有一点可以肯定。人类历史上从来没有同时出现过两个胜利者，而两败俱伤的例子倒是屡见不鲜。但愿那些持有相同见解的人民及其领袖现在就做出他们的回答。让那些认为战争是更好的解决办法的人拒绝我伸出的手吧。

这里，他指的是丘吉尔。

> 但是，如果丘吉尔先生及其追随者的意见占了上风，这番话

> 将是我最后的一次声明。这样一来，我们就将打下去……在德国的历史上永远不会有第二个1918年11月。

我从国会回来以后就在日记上写道，据我看来英国人和法国人会不会“花5分钟的时间”来考虑这个笼统而含糊的建议，是很值得怀疑的。但是德国人却很乐观。那天晚上我去作广播时，在路上买了一份早出版的《人民观察家报》。花体字的标题是：

> **德国希望和平——德国对英法没有战争意图——除殖民地以外，德国再无其他修正《凡尔赛和约》的要求——裁减军备——同欧洲所有国家合作——建议举行谈判**

现在我们从德国的秘密档案中知道，当时威廉街陆续通过西班牙和意大利驻巴黎的大使得到那方面传来的报告，因而满心相信法国人没有胃口把这场战争打下去。早在9月8日，西班牙大使就暗中通知德国人说，博内“鉴于法国人普遍厌战，打算一俟波兰战事结束就设法达成一项谅解。有可信的迹象表明，他正在为此目的同墨索里尼保持接触”。[17] 642

10月2日，阿托利科把意大利驻巴黎大使最近打来的一份电报的抄件交给了魏茨泽克，内中说，法国内阁大多数阁员赞成和谈，目前主要的问题是如何“使法国和英国能够保全面子”。不过，达拉第总理显然不在这个大多数之列。[*18]

这是个很可靠的情报。10月7日，达拉第答复了希特勒。他宣布，法国在没有得到关于“真正的和平与普遍的安全”的确实保证以前，将不会放下武器。不过，希特勒更关心的并不是这位法国总理的

---

* 过了不久，意大利人在11月16日通知德国人说，根据他们从巴黎得到的情报，“贝当元帅在法国被认为是主和派……如果和平问题在法国变得更为紧迫的话，他就一定会扮演一个角色”。[19] 这似乎是德国人第一次得知贝当日后对他们可能有些用处。

答复，而是张伯伦的反应。10月10日，在体育馆主持冬赈活动的开幕典礼的简短演说中，他再一次强调声明，他“随时准备接受和平”。他补充道，德国方面“没有理由要同西方国家打仗”。

张伯伦于10月12日做出了回答。这个回答对德国人民——如果不是对希特勒——来说，不啻迎头一盆凉水。* 英国首相在下院发表了一篇演说，说希特勒的建议是“含糊而不可靠的”，并且指出，“这些建议没有提到如何纠正对捷克斯洛伐克和波兰所犯下的错误的问题”。他说，“德国现政府”的诺言不能信赖。如他们果真要求和平，“就应该有行动上的表现，而不仅是在口头上说说”。他要希特勒拿出“令人信服的证据”来表明自己对和平的诚意。

希特勒的诺言再也不能欺骗这位慕尼黑妥协者了。第二天，10月13日，德国发表了一份正式声明，宣布张伯伦拒绝了希特勒的和平建议，执意选择了战争的道路。这个纳粹独裁者现在算是有了进行战争的借口了。

实际上，我们现在从缴获的德国文件中知道，希特勒不等英国首相做出答复就发布了准备立刻在西线发动进攻的命令。10月10日，他召见了军事将领们，对他们宣读了一份相当长的备忘录，说明了战争的局面和世界的形势，并把第六号作战指令扔给了他们。[20]

元首原来在9月底固执地提出要在西线尽早发动进攻的要求，曾使陆军司令部陷入一片慌乱。布劳希奇和哈尔德在其他几位将领的
643 支持下，曾经共同去向希特勒解释，立刻发动攻势是办不到的，他们说，整修在波兰用过的坦克就需要几个月的时间。托马斯将军以具体数字说明德国每月缺钢60万吨。军需总监冯·施蒂尔普纳格尔将军

* 前一天，10月11日，柏林出现了一次和平骚动。那天清早，在柏林电台的波长上广播了一则新闻，说英国政府已经倒台，停战立刻就会实现。这个谣言传开以后，全城欢欣若狂。菜市上的老太婆心里乐开了花，把洋白菜向空中乱抛，砸坏了自己的货摊，她们还跑到附近的酒馆去为和平而干杯。

报告说，手头的军火只“够我们三分之一的部队打十四天之用”——要在十四天内打败法国人显然是不可能的。但是当陆军总司令和参谋总长于10月7日就陆军方面的弱点提出正式报告时，元首却不予理睬。约德尔将军是最高统帅部里仅次于凯特尔的第二名唯命是从的应声虫，他警告哈尔德说，由于陆军反对在西线立即发动进攻，“一场严重的危机可能正在酝酿中”，元首“由于军人不服从他的命令非常恼火”。

正是在这种情况下，希特勒于10月10日上午11点召集将领们举行会议，会上根本没有征询他们的意见。注明为前一天签发的第六号指令告诉了他们应当怎样行动：

绝　密

如果最近的未来事态表明，英国以及跟在它后面的法国无意于结束这场战争，我决心不作多大耽搁就采取有力的进攻性的行动……

因此，我命令：

1. 为穿越卢森堡、比利时和荷兰地区的……攻击战做好准备。必须尽早……实现这一攻击。

2. 其目标在于尽量歼灭法国作战部队以及与其并肩作战的同盟国部队；同时，在荷兰、比利时以及法国北部尽可能多占领土地，以便作为对英国进行有利的空战和海战的基地……

我要求三军总司令尽快根据本指令制订计划，向我提出详细报告，并把各种情况随时报告我……

希特勒在把指令交给他的军事将领们之前，曾向他们宣读了签署日期同为10月9日的秘密备忘录，这份备忘录是这个前奥地利下士所写的令人印象最深的文件之一。这份备忘录不仅表明希特勒从德国人的观点出发对于历史的理解，还表明他有杰出的军事战略和战术思想，同时也表明他对于西线战事的发展与结果具有预见，这一点不久就将得到证实。他说，自从1648年的《明斯特（威斯特伐利亚）条约》结束了德意志第一帝国以来，德国同西方国家之间就一直在进行着斗争，这是“一场无论如何都要打个明白的斗争”。但是，自从在波兰取得了重大胜利之后，只要不“危及”德国在波兰的既得利益，“我们并不反对立刻结束战争”。

> 但是研究这一方面的可能性，哪怕是对这种可能性加以考
644 虑，都不是本备忘录的目的，我只准备谈另一个问题：继续战斗的必要性……德国的战斗目标，是从军事上一劳永逸地迅速解决西方问题；也就是说，摧毁西方国家的力量和能力，使之永世不能再反对德国人民在欧洲的国家巩固和进一步发展。
>
> 这一长远目标对外讲来在宣传上将不得不作种种适应……这并不改变我们的战争目标。这个目标现在是而且永远是摧毁我们的西方仇敌。

将领们对这样仓促地在西线发动进攻曾经表示反对。可是他告诉他们，时间是站在敌人那一边的，他提醒他们，波兰的胜利之所以可能，是因为德国实际上只有一条战线。这种形势仍未改变——但是又能维持多久呢？

> 没有任何条约或协定能够有把握地保证苏俄永远保持中立，目前，一切情况都不利于俄国放弃中立。但过了八个月、一年，乃至于几年，这种局面就可能会改变。近年来，各方面的情形都说明条约的不足凭信。防御俄国进攻的最好的办法……就是及时地显示德国的力量。

至于意大利，“是否能指望意大利支持德国”在很大程度上取决于墨索里尼是否活着，以及德国是否能有更大的新胜利去吸引领袖。在这里，时间也是个因素。比利时和荷兰的情况也是如此，这两个国家有可能在英、法的压力下放弃中立，这是德国不能坐待其发生的事情。甚至面对美国，“也应当认为时间是不利于德国的”。

希特勒承认，持久战对德国有很大的危险，他列举了好几个危险的因素。友好的和不友好的中立国家（他好像主要考虑的是俄国、意大利和美国）有可能像在第一次世界大战中那样被拉到敌对的一边去。而德国“有限的粮食和原料基地”，也会使德国难于取得“物资进行战争”。他说，最大的危险是鲁尔的地理位置易受攻击。一旦德国这个工业生产的心脏遭到破坏，就会“导致德国战争经济的崩溃，从而丧失抵抗能力”。

必须承认，在这篇备忘录里，这个前奥地利下士一方面显示了他对于战略战术的惊人理解力，可是同时也显示了他为人丝毫不讲道德。有好几页论述了坦克和飞机在波兰战役中所发展的新战术，并且详细地分析了这种战术如何在西线战场上运用以及具体在什么地方运用。他说，最主要的是避免1914—1918年的那种阵地战。装甲部队必须用来进行决定性的突破。

> 不得使装甲部队陷于比利时城镇的迷魂阵般的大街小巷中。
> 根本不必用它们去攻城，而是……用来保持大军通畅无阻地前 645
> 进，并在找出敌方防守薄弱的阵地后以密集的兵力进行大规模的突破，以打破战线僵持不下的局面。

这对未来的西线战局是惊人精确的预测，今天读到它的时候，人们不禁要问，在当时的盟国方面为什么就没有一个人能有这样的见地？

希特勒在战略方面的见地也是卓越的。他说，“唯一可能进攻的地区”是通过卢森堡、比利时和荷兰。首先应该记住两个主要的军事目标：摧毁荷、比、法、英的军队，从而在海峡沿岸和北海之滨取得立足之地，这样德国空军就可以从这里起飞对英国进行“无情的轰炸”。

他回过头来又谈战术问题时说，最重要的是随机应变！

> 这一战役的特殊性质，可能使我们有必要最高度地运用随机应变的策略，在某些地点需要集中超过一般比例的进攻或防御的兵力（比如坦克或反坦克部队），而在另外一些地方又需做低于一般比例的集中。

至于进攻的时间，希特勒告诉他的那些满心不情愿的将领们说：“不能开始得太早。但是只要有可能，无论如何必须在今秋发动。”

德国的海军将领们与陆军将领们不同，尽管英国舰队占有压倒优势，但是他们在采取攻势方面却无须希特勒的任何催促。事实上，在从9月末到10月初的那些日子里，雷德尔一直不断地在要求元首解除对海军活动的限制。这一点是慢慢实现的。9月17日，一艘德国潜艇在爱尔兰西南击沉了英国的航空母舰“勇敢号”。9月27日，雷德尔命令袖珍战列舰“德意志号”和“施佩伯爵号”离开待命地区，对英国船只开始进攻。到10月中旬，它们就已经击沉了七艘英国商船，掳获了一艘美国船“弗林特市号”。

10月14日，德国潜艇U-47号在君特·普里恩少校指挥下，突破了英国重要的海军基地斯卡帕湾看来无法突破的防御，用鱼雷击沉了停泊在港内的“皇家橡树号”，这艘战列舰上有官兵786人殉难。这一了不起的成就提高了海军在希特勒心目中的地位，戈培尔博士利用这件事大吹大擂了一番。

但是陆军将领方面的情况仍然是一个问题。尽管希特勒给他们写了一长篇考虑周密的备忘录，尽管发下了第六号指令要他们做好准备以便立即在西线发动攻势，他们仍然想方设法地规避。这倒不是因为他们对于侵犯比利时和荷兰有什么道德上的顾忌，而只是因为他们对在这个时候进攻是否能取得胜利深为怀疑。但是也有一个例外。

在莱茵河上和沿着马奇诺防线与法军对峙的C集团军司令威廉·冯·里布将军，不仅对于西线的胜利表示怀疑，而且，就现有的材料来看，当时唯有他至少部分地从道义立场出发反对进攻中立的比 646
利时和荷兰。在希特勒召见陆军将领们的第二天，即10月11日，里布自己写了一份长长的备忘录，把它分送给布劳希奇和其他将领。他写道，全世界都会反对德国，因为

> 它在25年之内第二次进犯中立的比利时！德国政府仅仅在几星期以前还信誓旦旦地保证维护并尊重这种中立！

他在从军事上详细申述了不能在西线发动攻击的理由之后，最后发出了和平的呼吁。他说："全国都渴望和平。"[21]

但是，这时候希特勒却渴望战争和厮杀，他认为将领们的那种怯懦是不可原谅的，使他感到腻烦。10月14日，布劳希奇同哈尔德聚首长谈了一次。这位陆军总司令觉得目前有"三种可能：进攻、观望、根本性的变化"。哈尔德在他那天的日记里这么记着，后来在战后他解释说，所谓"根本性的变化"指的是"除掉希特勒"。但是生性怯懦的布劳希奇认为这种激烈的办法"本质上是消极的，并且会使我们处于挨打的地位"。他们最后认为，这三种选择都不能提供"决定性胜利的前景"。唯一可做的是继续在希特勒身上下工夫。

布劳希奇于10月17日再次谒见了元首，但是他告诉哈尔德说，他的争辩丝毫不起作用，事情已"毫无希望"。哈尔德在那天的日记

里写道，希特勒直截了当地告诉他说：“英国人只有在挨了打以后才会坐下来谈判。我们应该尽快地给他们几下子。进攻日期最迟不得超过11月15日到20日。”

这位纳粹统帅此后又举行了几次会谈，他终于在10月27日对将领们宣布了不可更改的决定。在一次授勋仪式上，希特勒将铁十字骑士勋章授给14名将领之后，就开始布置西线进攻事宜。当布劳希奇试图说明陆军需要一个月也就是要到11月26日才能准备就绪时，希特勒的回答是“那太晚了”。他命令进攻必须在11月12日发动。那天散会回来，布劳希奇和哈尔德垂头丧气。那天晚上，他们互相安慰了一番。“布劳希奇显得疲惫而又沮丧。”哈尔德在日记里写道。

推翻希特勒的措森“密谋”

密谋分子们再一次立即开始行动的时刻到来了，或者说，他们自以为是到来了。发愁的布劳希奇和哈尔德面临着严酷的抉择：或者是采取他们在10月14日所想到的第三种“可能”——除掉希特勒，或
647 者是在西线发动他们认为会给德国带来灾难性后果的进攻。军队和文职机关中所有突然活跃起来的“密谋者”都力主走第一条道路。

战争爆发以来，他们已经遭到过一次挫折。在进攻波兰前夕，早已退休的冯·哈默施坦因将军又暂时被起用，在西线担任一个司令官的职务。战争开始的第一个星期，他曾经竭力邀请希特勒到他的司令部去视察一下，以表示在进攻波兰的时候他并没忽视那条战线。实际上，哈默施坦因将军，这个希特勒的死对头，是想要把他抓起来。法比安·冯·施拉布伦多夫早在9月3日英国政府宣战的那一天，在柏林阿德隆饭店匆忙会见奥格尔维·福布斯的时候，就把这个阴谋悄悄地告诉了他。但是元首嗅出气味不对，谢绝了这位前陆军总司令的邀请，并且过了不久就把他撤掉了。[22]

但密谋分子们仍然同英国人保持着联系。他们没有能够采取行动阻止希特勒消灭波兰，他们现在集中力量于避免战事向西蔓延。文职密谋分子比以前更清楚地认识到，在德意志帝国中，唯有军队有办法制止希特勒。随着总动员和在波兰取得的闪电般的胜利，军队的力量和地位有了极大的增长。但是正如哈尔德对那些文职密谋分子所解释的，由于编制扩大，军队也有它不方便的一面。军官队伍中增添了大量的预备役军官，而他们当中很多是狂热的纳粹分子。同时部队的士兵又全都被灌了一脑袋的纳粹思想。哈尔德指出，要找到一支可以信赖的并且肯于反抗元首的部队是不容易的。无论是对敌人还是对朋友，哈尔德都是一个善于强调困难的人。

将领们还提出了另外一个问题，文职密谋分子认为也完全应当考虑。那就是，如果他们发动一次反对希特勒的政变，英法是不是会利用政变在军队和国家中所造成的混乱，从西线大举入侵，占领德国？并且，虽然他们已经推翻了那个罪魁祸首，英法是否仍然会向德国人民提出苛刻的媾和条件？因此，有必要同英国人保持联系，以便取得明确的谅解，使西方盟国不利用德国反纳粹的政变趁火打劫。

他们通过好几条途径同英国人接触。其中有一条途径是由约瑟夫·米勒博士通过梵蒂冈发展出来的。这位博士是个虔诚的天主教徒，慕尼黑的第一流律师，体格魁伟，精力旺盛，而且有股蛮劲儿，所以在年轻时得到过“蛮牛约瑟夫”的绰号。他在谍报局奥斯特上校的默许下，于10月初曾经到罗马做了一次旅行，在梵蒂冈同英国驻教廷公使建立了联系。据德国人说，他不仅取得了英国的保证，并且还得到了教皇的承诺，同意在新的反纳粹德国政权和英国之间充当调停人。[23]

另一个接触点在瑞士的伯尔尼。魏茨泽克派了不久以前曾任德国 648
驻伦敦代办的特奥多尔·科尔特当德国驻瑞士公使馆的参赞。他在瑞士首都不时和一个英国人菲利普·康维尔-伊凡斯博士碰头。后者曾经在德国柯尼斯堡大学担任教授，不仅成了研究纳粹主义的专家，而且在某种程度上也成了纳粹的同情者。10月的下半月，康维尔-伊凡斯给科尔特带来了一个讯息，后来被科尔特说成是张伯伦以谅解和公正的态度对待未来的反纳粹德国政权的庄严保证。实际上这个英国人带来的只是张伯伦对下院的演说中的一段话。在这篇演说里，英国首相一方面拒绝希特勒的和平建议，一方面宣布英国无意“使一个愿意同其他国家和睦相处、互相信赖的德国在欧洲无法获得应有地位”。那一篇对德国人民表示友好的讲演中的这一段话和其他的段落都曾由伦敦方面广播过，那些密谋分子想必也在无线电中听到过，但是他们仍然对那位非正式的英国代表带到伯尔尼来的“保证”大表欢迎，认为这是具有头等重要意义的东西。这些密谋分子得到了这个声明并认为自己已经通过梵蒂冈取得了英国的保证之后，就满怀希望地转向那些德国将领。说他们是满怀希望固然不错，但也可以说是绝望中的孤注一掷。“我们唯一能得救的希望，”魏茨泽克在10月17日对哈塞尔说，“就在于举行军事政变。但怎样举行政变呢？”

时间已经很紧迫了。德国已经决定在11月12日侵入比利时和荷兰。必须在这个日子以前举行政变。哈塞尔警告其他人说，在德国侵犯了比利时**以后**，就不可能得到“公道的和平”了。

对于后来发生的事，其实应当说是对于后来为什么竟然什么事也没有发生，参加这个密谋的人各持一说，互相矛盾，莫衷一是。像在慕尼黑的那次一样，这次的中心人物仍然是陆军参谋总长哈尔德将军。但是他忽冷忽热，犹豫不定。在纽伦堡提审时，他解释说，“野战部队”由于“全副武装的大敌当前”，不可能举行叛变。他说他曾呼吁不直接与敌人交锋的国内驻防军采取行动，但是他从国内驻防军司令弗里德里希（弗里茨）· 弗洛姆将军那里所能得到的，最多只是一种谅解，那就是“作为一个军人”[24]，只要布劳希奇下命令，他马上就执行。

但是布劳希奇甚至比他的参谋总长还要胆小怕事。“如果布劳希奇没有足够的魄力做出决定的话，”贝克将军对哈尔德说，“你就应当做出决定，给他来一个既成事实。”但是哈尔德坚持认为，布劳希奇是陆军总司令，最后应当由他负责。大家就这样推来推去，谁也不愿负责。哈塞尔在10月末的日记中悲叹道：“哈尔德的胆略和威信都不足以胜任此事。”至于布劳希奇，就像贝克所说的，只是一个“六年级小学生”。这时密谋分子由陆军方面的经济专家托马斯将军和谍报局的奥斯特上校为首，继续在哈尔德身上做工作。哈尔德终于同意，649
至少他们认为如此，只要希特勒进攻西方的最后命令一下，就发动政变。但哈尔德本人后来却说，这仍然要以布劳希奇做最后决定为条件。不管怎样，11月3日，据哈尔德和奥斯特在最高统帅部里的一个心腹汉斯·格罗斯库尔特上校说，哈尔德通知贝克将军和格德勒这两个主要密谋分子，要他们从11月5日起随时准备行动，陆军总司令部和参谋总部所在的措森成了酝酿阴谋活动的温床。

11月5日是关键性的一天。部队将在这一天开往与荷、比、卢交界处的出击点，同时布劳希奇也约定在这一天向希特勒摊牌。他同哈尔德曾经在11月2日和3日视察了西线的各高级指挥部，战地指挥官们反对进攻的意见增强了他们的决心。哈尔德在自己的日记里暗自写道：“没有一个指挥部认为进攻……有任何可能取得胜利。”于是陆军总司令带着从前线将领们那里得到的大批论据，再加上他自己和哈尔德、托马斯等人的论据汇集成的一份备忘录，而且，用哈尔德的话来说，另外还带了一份“反备忘录”，那是对希特勒10月9日那份备忘录的答复，在11月5日这一天，驱车前往柏林总理府，决心说服希特勒放弃在西线立即发动进攻的计划。如果劝说无效，布劳希奇就将参加推翻希特勒的密谋——至少密谋分子是这样理解的。他们兴高采烈，非常乐观。据吉斯维乌斯说，格德勒甚至已经着手为未来的反纳粹临时政府草拟内阁名单了，后来还是头脑较为冷静的贝克制止了他

1939年，波兰战役中的哈尔德与布劳希奇。

才没有这样做。那时只有沙赫特一个人对这问题极感怀疑。“你们瞧着吧，”他警告道，“希特勒准会闻出气味不对，明天不会做出任何决定。”

跟以前一样，他们全都错了。

布劳希奇一无所获，他的备忘录也好，前线指挥官的报告也好，他自己的论据也好，都没有发生作用，这本来也是意料中的事。当布劳希奇提出当时是西线一年之中天气最恶劣的季节时，希特勒反驳道，对德国人来说是恶劣的气候，对敌人也同样恶劣，何况来年春天天气也未见得就好。最后，这位没有脊梁骨的陆军统帅计无可施，便告诉元首说，西线部队的士气同1917—1918年的情况类似，当时军队里充满了失败主义情绪，发生了不服从命令的情况，甚至有兵变。

据哈尔德说（他的日记是这次极机密的会谈的主要来源），希特勒一听这话，顿时勃然大怒。他要布劳希奇说出来:“哪个部队出现了这种没有纪律的情况？发生了什么事情？在什么地方？”他要在第二天亲自坐飞机到那里去调查。据哈尔德的日记说，可怜的布劳希奇本来想故意夸大一下事实，以便“吓退希特勒”的，现在却惹得元首大发雷霆地训了一顿。“陆军总司令部采取了什么行动？”元首吼叫道， 650
“枪毙了多少人？”希特勒咆哮道，事实上“是你们陆军不想打”。

“已经没有办法再谈下去了，”布劳希奇在纽伦堡追忆那次不愉快的会见时在法庭上说，“于是我只好退了出来。”据别人回忆说，他踉踉跄跄地回到18英里外措森的司令部时还惊魂未定，甚至在叙述会见经过时最初都有点语无伦次。

“措森密谋”就这样完事大吉。它同慕尼黑时期的“哈尔德密谋”一样，遭到了可耻的失败。在这两次密谋中，密谋分子们为自己的行动所提出的条件都实现了。这次希特勒坚持自己的决定，要在11月12日发动进攻，事实上当碰了一鼻子灰的布劳希奇走了之后，希特勒还用电话向措森司令部重申了他的命令。当哈尔德要求书面的命令时，书面的命令立刻就送来了，密谋分子们曾经说，要推翻希特勒必须有一个书面证据，也就是要由希特勒下令发动一场他们认为行将使德国遭到惨祸的战争；现在证据有了，但是他们除了惊慌失措之外，毫无所为。他们乱成一团，急急忙忙地焚毁了可能惹祸的文件，掩盖了他们密谋活动的痕迹。只有奥斯特上校好像还保持了镇静。他向比利时和荷兰驻柏林公使馆发出了警告，要这两国提防11月12日早晨的进攻。[25]然后他就动身到西线去，想试探一下，看看他还能不能再次说动冯·维茨勒本将军来干掉希特勒，结果毫无所获。包括维茨勒本在内，所有的将领都知道他们已失败了。那个前下士又一次不费吹灰之力就战胜了他们。几天以后，指挥A集团军的伦德施泰特召集他所属的军级和师级司令官开会，详细讨论了进攻的计划。虽然他本人对这次进攻的成功仍有疑问，他却劝他的将领们撇开怀疑。他说："陆军已经分到了这个任务，不论怎样都得执行！"

希特勒冲着布劳希奇发了那一通雷霆，把他吓得要死之后，第二天就着手草拟一份宣言，对荷兰和比利时人民为自己的侵略行为提出辩解。哈尔德在日记中提到的借口是"法国军队必将开进比利时"。

但是第二天，11月7日，希特勒却推迟了进攻的日期，使得将领们如释重负地舒了一口气。

绝　密

1939年11月7日于柏林

……元首兼武装部队最高统帅听取了气象和铁路运输方面的报告以后，发布命令如下：

"A日"推迟3天，下一决定将于1939年11月9日下午6点做出。

凯特尔 651

整个秋天和冬天希特勒发布了14道推迟进攻的命令，这是其中的第一道。欧战结束时，从最高统帅部的档案中发现了这些命令的副本。[26]这些命令表明希特勒在任何时候都从没有放弃在西线发动进攻的决定，只不过是一星期一星期地往后推而已。他在11月9日把进攻推迟到11月19日，而临到11月13日又把它推迟到11月22日，像这样一直推下去，每次都是在五六天以前通知改期，往往是以天气作为理由。这也许是希特勒在某种程度上对将领们的迁就，也许是他意识到陆军尚未准备就绪。但有一点是肯定的，战略计划和战术计划没有充分拟好，因为他还在不断地进行修改。

希特勒第一次推迟进攻可能还有其他的原因。11月7日做出这个决定的那一天，比利时国王同荷兰女王发表了一个联合声明，表示愿意“在西欧战争开始激烈进行以前”斡旋和平，这使德国人大大地陷入了窘境。希特勒在他所草拟的宣言中本来打算说，德军开入这两个低地国家是因为获悉法国军队即将开进比利时，但是在比荷发表了这个联合声明之后，这个借口就很难取信于人了。

同时，希特勒也可能得到了风声，知道他进攻比利时这个中立小国已经起不到奇袭的作用，而他原来正是倚仗这一点的。10月底，格德勒曾经到布鲁塞尔去了一趟，带去了魏茨泽克的秘密委托，要德国驻比利时大使比洛-施万特私下警告比利时国王“局势极为严峻”。那位大使遵命照办，利奥波德国王马上就赶到海牙，同荷兰女王商量，于是便拟定了上述的联合声明。但比利时人还得到了比这更为明确的情报。我们在前面已经提到，这个情报一部分是从奥斯特那里来的。另外，11月8日，比洛-施万特还用电报通知柏林，利奥波德国王曾告诉荷兰女王，说他获得“准确的情报”，得知沿比利时国境线已有德军集结，说明德军将“在两三天”内穿越比利时国土发动进攻。[27]

接着在11月8日晚间和11月9日那天下午一连发生了两桩怪事：一桩是险些使希特勒送命的炸弹爆炸事件，另一桩是德国党卫军人员在靠近德国边境处绑架了荷兰境内的两名英国间谍。这两起事件虽然最初分散了纳粹统帅的注意，使他无暇考虑在西线发动进攻的计划，但最后却增加了他在德国的威信，同时吓坏了那些实际上同这两起事件全然无关的措森密谋分子。

纳粹绑架案和啤酒馆炸弹事件

652 11月8日晚间，希特勒在慕尼黑的贝格勃劳凯勒酒馆为纪念1923年啤酒馆政变而对党内“老卫队”战友发表每年一度的演说，这篇演说比他往常的演说都短，在他讲完之后12分钟，预先安置在讲坛后面的柱子内的一枚炸弹爆炸了，死7人，伤63人。这时候所有的纳粹要人都已经跟在希特勒的后面匆匆离开了会场。在往年，他们照例都要留下来，一面慢慢地喝着啤酒，一面同党内的老战友们回忆话旧，谈谈当年的政变。

第二天早晨，希特勒自己的报纸《人民观察家报》独家刊登了谋刺元首的新闻。这家报纸说这桩肮脏的勾当是“英国特务机关”，甚至是张伯伦干的。那天晚间我在日记里写道：“这件未遂的‘谋刺案’无疑将激起舆论支持希特勒，并将煽起对英国的仇恨……我们多数人觉得，这一事件很像是一次新的国会纵火案。”

除开戈培尔的狂热脑袋中所想象的以外，英国特务机关同这件事情又有什么关系呢？于是纳粹立即设法制造这样一种关系。慕尼黑的炸弹爆炸后一两个小时，党卫军和秘密警察的头子海因里希·希姆莱打电话给杜塞尔多夫的一个正在走红运的年轻下属瓦尔特·舍伦贝格，根据元首的指示，命令他第二天越过荷兰边境，把两个同舍伦贝格保持联系的英国特工人员绑架过来。

希姆莱的这道命令引发了战争中一桩最离奇古怪的事件。舍伦贝格同阿尔弗雷德·瑙约克斯一样，也是一个受过大学教育的流氓知识分子。一个多月以来，他同荷兰境内的两名英国谍报官S. 潘恩·贝斯特上尉和R. H. 史蒂文斯少校建立了联系。在他们面前，他自称是最高统帅部里的反纳粹军官“舍梅尔少校”（这位少校倒也确有其人），并且编造了一套活灵活现的故事，说明德国将领们如何决意推翻希特勒。他说，他们希望英国方面保证伦敦政府将公正地对待未来的反纳粹新政权。我们在前面已经提到，由于英国人曾经从其他方面听说过德国军人有这么一个密谋，那些密谋分子也曾经要求过这样的保证，英国政府便有意同这位“舍梅尔少校”发展进一步的联系。贝斯特和史蒂文斯给了他一部小型无线电收发报机。随后双方在无线电上往来频繁，并且在荷兰不同的城市见了若干次面。11月7日，双方在离德国边境不远的荷兰芬洛镇上见面时，那两个英国间谍给“舍梅尔”带来了伦敦方面寄给德国反纳粹领袖的一封相当含糊的信，十分笼统地谈了同一个反纳粹政权缔结公正的和约的基础。当时说妥，“舍梅尔”将在第二天把一位反纳粹的领袖（一位德国将军）带到芬洛来开始举行最后的谈判。这一会晤后来又推迟到9日。

直到这时为止，双方的目标是明确的。英国方面打算同德国密谋政变分子建立直接联系，以便鼓励和帮助他们。希姆莱则打算通过 653
这两个英国人来发现德国的密谋分子是哪些人，以及他们同英国间谍机关有什么关系。显然，希姆莱和希特勒对于某些将领以及谍报局里的奥斯特和卡纳里斯这样一些人已经有所怀疑。但是到了11月8日晚上，希特勒和希姆莱感到需要改变他们的目标。现在他们的新目标是：绑架贝斯特和史蒂文斯，并把贝格勃劳凯勒酒馆爆炸案的罪名加在他们身上！

现在，一个我们所熟悉的人物登场了。原先在格莱维茨地方对德国电台表演了那出“波兰袭击”的阿尔弗雷德·瑙约克斯，现在又率领了十几个党卫军保安处的打手来帮助舍伦贝格完成绑架的计划。事情进行得非常顺利。11月9日下午4点，舍伦贝格在芬洛镇的一家咖啡馆的凉台上啜饮着开胃酒，等候贝斯特和史蒂文斯来赴约。最后，那两名英国间谍驾着他们的别克牌汽车来了，他们把车子停在咖啡馆的后面，刚下车就遭到候在党卫军汽车上的瑙约克斯那群暴徒一阵枪击。历来伴同这一对英国人去会见舍伦贝格的一位荷兰谍报官克洛普中尉受了致命的重伤。据瑙约克斯后来说，他们把贝斯特和史蒂文斯连同受伤的克洛普“像一捆草似的”扔进了那辆党卫军的汽车之后，汽车便开足马力，冲过边界，进入了德国境内。*[28]

于是在11月21日，希姆莱对公众宣布，在贝格勃劳凯勒酒馆谋杀希特勒的阴谋案，已经真相大白。这件案子是出于英国谍报局的主使，主谋的两名英国人史蒂文斯和贝斯特已经于爆炸发生后的第二天“在荷德边境线上”被捕。实际动手的凶手据称是住在慕尼黑的一个德国共产党员——一个名叫格奥尔格·埃尔泽的木匠。

我在那天的日记里写道，希姆莱对这件谋杀案的细节描述在我听来“气味不正”。但是希姆莱却不折不扣地达到了自己的目的。当时我曾记道:“希姆莱那一帮匪徒的企图，显然是想要那些易受愚弄的德国人民相信，英国政府打算以谋杀希特勒及其主要助手的方法来赢得战争。”

---

* 据战后公之于世的荷兰官方记述，史蒂文斯、贝斯特和克洛普是装在英国人自己那辆汽车里被德国人拖过国境线去的。芬洛镇离国境线只有125英尺。从第二天，即11月10日开始，荷兰政府连续发出九次书面请求，索讨克洛普和那辆汽车上的荷兰司机，并要求德国人对于这一侵犯荷兰中立的行为进行调查，但始终没有得到答复。直到第二年5月10日，希特勒为其进攻荷兰国土辩解时说，有一部分理由是芬洛事件证明荷兰人和英国特工机关狼狈为奸。克洛普由于伤势过重，几天以后就死去了。贝斯特和史蒂文斯却在熬过了五年纳粹集中营的生活之后仍幸存人间。[29]

这次爆炸究竟是谁主使的，迄今仍然是一个没有完全弄清楚的谜。埃尔泽虽不像国会纵火案里的马里努斯·范德卢贝那样愚蠢，却是个不怎么聪明的老实人。他不仅承认犯有制造和放置炸弹的罪行，并且为此扬扬得意。他在这次谋杀事件之前当然没有同史蒂文斯和贝斯特见过面，但在萨克森豪森集中营的那些漫长的岁月里，他却同贝 654
斯特交上了朋友。他在集中营里面对这个英国人讲了一个说来话长而且曲折的故事，但这个故事并不完全合情合理。

他说他是那年仲夏被当作共产党的同情者关进达豪集中营的，10月间的某日，他被叫到集中营的长官办公室里，在那里他被介绍给两个陌生人。这两个陌生人说他们需要把元首的几个“心怀二意的”追随者搞掉，办法是11月8日晚上等希特勒在贝格勃劳凯勒酒馆发表了例行的演说离开大厅之后，**紧跟着**在那里引爆一枚炸弹。炸弹将安置在讲坛后面的一根柱子里。由于埃尔泽是一个手艺高明的家具匠、电工兼补锅匠，他们说这事由他来做是再合适不过了。事成之后，他们将帮助他逃往瑞士，并且给他一大笔钱，让他舒舒服服地在那里过上一辈子。为了表明他们说话算数，他们答应当时就改善他在集中营中的待遇：改善他的饮食，给他穿普通的便服，还给他许多烟卷——因为他是个烟瘾很大的烟鬼——并且给了他一张木匠工作台和一套工具。埃尔泽就在这里用一只可走8天的闹钟和一个同时可以用电钮引发爆炸的特殊装置制造了一枚看起来粗糙但效率并不差的定时炸弹。埃尔泽说，在11月初的一个夜晚他被带到那个啤酒馆去，把他那个玩意儿放进了那根位置合适的柱子中。

他说，11月8日晚上，大约在那颗炸弹根据规定的时间快要爆炸的时候，他的同谋者把他带到了瑞士边境线上，给了他一笔钱，并且有意思的是，还给了他一张印着那家啤酒馆内部照片的明信片，照片里那根放置炸弹的柱子上还画了一个叉。结果，他并没有得到帮助越过边境，这个傻头傻脑的家伙对这一点仿佛颇感意外。相反，他却被秘密警察逮

1939年11月8日，希特勒在贝格勃劳凯勒啤酒馆演讲。

爆炸后的贝格勃劳凯勒啤酒馆。

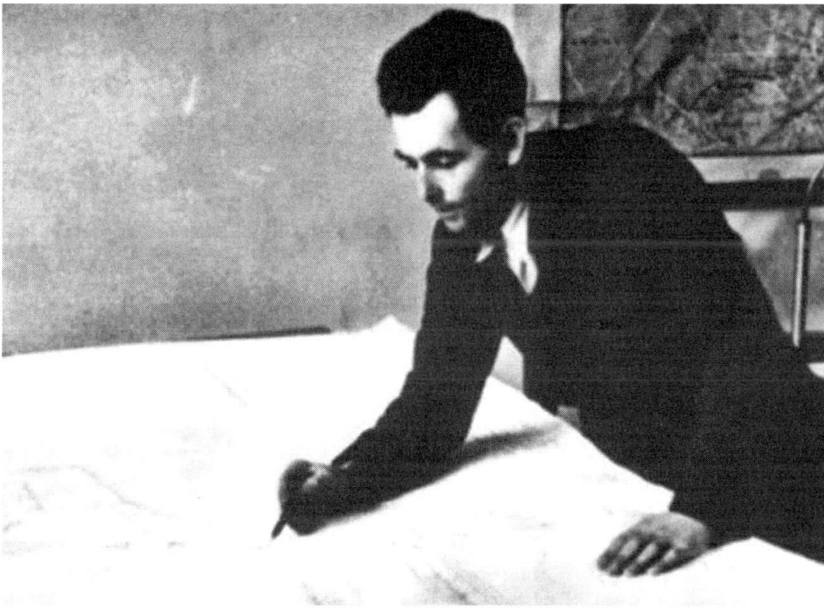

格奥尔格·埃尔泽在被捕后的审讯中在啤酒馆平面图上标注他安放炸弹的位置。

捕了，那张明信片和其他东西一并落入秘密警察手中。然后秘密警察便教唆他在即将开庭审讯的国家法庭上把贝斯特和史蒂文斯牵连进来，而且告诉他，在这次审判中，他将名噪一时，成为众所瞩目的人物。*

这个审判一直没有举行。现在我们知道，希姆莱由于做贼心虚，不敢举行这次审判。我们现在还知道，埃尔泽在萨克森豪森集中营里住了一段时间后又被移到达豪集中营，所得到的待遇在那种环境下讲来是完全人道主义的待遇，这显然是根据那位从爆炸案中得到了很大好处的希特勒的特别指令。但是希姆莱一直牢牢地监视着他到底。让 655

* 在这之后，埃尔泽在达豪又对尼莫拉牧师讲过一个类似的故事。这位牧师后来说，他个人认为这个爆炸案是经过希特勒认可的，企图以此来抬高他的声誉和激起人民的战争狂热。不过应该公正地指出，希特勒、希姆莱和舍伦贝格的冤家对头吉斯维乌斯在纽伦堡法庭上以及在他的书中都说，他相信埃尔泽确有谋刺希特勒的意图，他并没有同纳粹分子合伙同谋。据舍伦贝格供称，虽然他起初曾经对希姆莱和海德里希有过怀疑，但是在讯问了那个木匠并读了他在受到催眠后的口供记录之后，他最后终于相信，这是一件真正的谋刺案。不过舍伦贝格的话是不大靠得住的。

这个木匠活到战后去把他的故事四处宣扬是不行的。于是就在战争结束前不久，1945年4月16日，秘密警察宣布，格奥尔格·埃尔泽已在前一天盟军空袭时被炸身死。现在我们知道，他是被秘密警察杀害的。[30]

希特勒对将领们的训话

幸免于难的希特勒，或者说使人看来仿佛幸免于难的希特勒压下了将领中的反抗之后，便来进行他在西线大举进攻的计划。11月20日，他发下了第八号作战指令，命令保持“戒备状态”，以便“随时利用有利的气候条件”，并且规定了灭亡荷兰、比利时的方案。接着，希特勒为了给那些胆怯的将领们打一打气，使他们具有在大战前夕所必须具有的劲头，便在11月23日中午把那些担负指挥的将领和参谋总部的人员召到总理府来。

这是希特勒对他的主要军事将领们所做的秘密激励讲话中一次最能说明问题的讲话。由于盟军在弗伦斯堡发现了一些最高统帅部档案，这篇讲话便被保存下来了，这是某位不知名的与会者的笔记。[31]

> 这次会议的宗旨［希特勒一开始便说］是要使你们了解一下我的思想境界，因为这支配着我对未来事态发展的态度；此外我还要把我的决定告诉你们。

他的脑子里充满了关于过去、现在和未来的想法。他在这次与会人数不多的会议上，说话口若悬河，肆无忌惮，异常露骨，使人清楚地看到了他那想象力丰富然而极不正常的脑子里的一切思想活动的轮廓。他还对未来事态的发展做了极其准确的估计。但是，很难想象有谁听了这番讲话还能有任何怀疑，仍旧不相信这个掌握了德国和全世界命运的人已经全然变成了一个危险的自大狂。

在谈到早年的奋斗时，他说：

> 我对于历史事态的可能发展有清楚的了解，对于做出无情的决定有坚定的意志……作为最终决定性的因素，我可以毫不夸大地说，我是不可代替的。没有一个军人或是文官能够代替我。谋刺我的阴谋以后可能还会有。我对我的才智能力和决断能力是深信不疑的……从来还没有一个人取得过像我这样的成就……在我的领导下，德国人民的地位空前提高了，即使现在全世界都在恨我们……国家的命运全在我一个人身上，我自然当仁不让。

他斥责将领们在他做出“坚决的决定”要退出国际联盟、宣布征 656
兵制、占领莱茵兰、在莱茵兰设防以及吞并奥地利时不该表现出怀疑和动摇。他说：“在那时候相信我的人是很少的。”

“接着下一步是波希米亚、摩拉维亚和波兰。”他在叙述他的征服业绩时，态度极为寡廉鲜耻。可惜张伯伦没能听到他这番话。

> 我从一开始就明白，我是不能以取得苏台德日耳曼人区为满足的。那仅仅是局部的解决办法。于是我便做出了进军波希米亚的决定。随着“保护国”的建立，征服波兰的基础就奠定了。但是当时我还没有十分明确，是应该先解决东方再打西方呢，还是先征服西方再来收拾东方。由于事态的压力，最后还是先打波兰。可能有人指责我，说我要打了又打。但我认为，斗争是所有人的命运。任何人，只要他不甘心失败，就不可避免地要进行斗争。
>
> 日益增长的［德国］人口，要求有更大的生存空间（Lebensraum）。我的目标在于使我国人的数目和所需的生存空间

之间有一个合理的比例关系。斗争就必须从这里开始。没有一个民族能够回避这个问题。不解决这个问题就只有俯首退让，逐渐衰亡……在这里，一切巧计良策都将无济于事，刀剑是唯一解决问题的办法。拿不出力量来进行斗争的民族是必然要退出历史舞台的……

希特勒说，包括俾斯麦和毛奇在内的过去那些德国领导人的毛病是“不够坚强。只有在一个有利时机对一个国家发动进攻才能解决问题”。由于认识不到这一点，结果1914年的战争“多面受敌。因而未能解决这个问题”。希特勒继续说道：

今天，第二幕戏正在编排。六十七年来我们第一次避免了两线作战……但是没有人能够知道，这种局面能够维持多久……从根本上说来，我把武装力量组织起来，并不是为了养兵不用。我一直都有决心要发动进击。

想到目前单线作战的好处时，元首提起了俄国问题。

就目前来说，俄国还没有什么危险性。它已经由于许多内部问题而被削弱了。况且，我们同俄国还订有条约，但是，条约只有在它们还能为某种目的服务的时候才会得到遵守。俄国只有在它认为这个条约对自己有利的时候才会遵守它……俄国仍然抱有长远的目标，特别是加强它在波罗的海地区的地位。**只有我们在西线腾出手来的时候才能够反对俄国。**

至于意大利，一切取决于墨索里尼，“他一死情况就可能全盘改变……正像斯大林如果死了一样，意大利领袖的死会给我们带来危

险。一个政治家是很容易遭到不测的，最近我对这一点有亲身体会”。 657
美国“由于有中立法”，所以希特勒那时候还不认为它有什么危险，同时它对盟国的援助也还很有限。然而，时间是对敌人有利的。“目前是一个好机会。再过六个月就可能不再如此了。”因此：

> 我的决心是不可变更的。我要尽快在最有利的时机进攻英、法。破坏比利时和荷兰的中立并没有多大关系，在我们取得胜利以后，不会有人提出这个问题的。关于破坏中立的行为，我们不会提出1914年那样笨拙的借口。

希特勒对他的将领们说，西线的进攻意味着“世界大战的结束，而不仅仅是一个作战行动，它所关系到的不是某一个单独的问题，而是整个民族的生死存亡”。接着，他的讲话就进入尾声：

> 我们历代伟人的精神一定会使我们鼓起勇气来。命运所要求于我们的，并不比对德国历代伟人所要求的更多。只要我活着，我所想到的将只是我国人民的胜利。我不会在任何困难面前退缩，我将消灭一切反对我的人……我要消灭我的敌人！

这是一篇很能说明问题的演说，虽然几乎所有的将领都不相信在这个时候发动进攻可能取得胜利，但据我们所知，当时却没有一个将领站出来表示怀疑，也没有任何人起来质问进攻比利时和荷兰是否违反道德，因为这两个国家的中立和边界是得到德国的庄严的保证的。据当时在场的某些将领说，希特勒对陆军高级将领和参谋总部里所存在的消极情绪的批评，比上面所说的要厉害得多。

当天傍晚6点钟，纳粹统帅又把布劳希奇和哈尔德叫了去，就“措森司令部的情绪”狠狠地训了这位陆军总司令一顿，参谋总长则像一个犯了过错的孩子一样站在元首办公室的门外等着。希特勒申斥说，陆军总司令部从上到下全都染上了“失败主义”情绪，而哈尔德的参谋总部则“抱着顽固的态度同元首闹别扭”。布劳希奇沮丧已极，据他自己后来在纽伦堡法庭上说，他当时提出辞职，但是希特勒不准。这位总司令回忆说，希特勒还严厉地提醒他：“我必须像所有其他的军人一样，完成我的职责，履行我的义务。”那天晚上哈尔德在日记中用速记符号写了这样一句：“危机重重的一天！”[32]

从各方面来说，1939年11月23日是一个里程碑。这一天标志着
在第一次世界大战期间曾经甩开德皇威廉二世而掌握了德国最高军政
658 大权的陆军，已被希特勒最后决定性地制服了。从这天起，这位前奥
地利下士不仅认为自己的政治见解比他的将领们高出一筹，而且认为
自己的军事见解也是如此。所以他从此不再听他们的意见，而且不许
他们批评——其最终结果为全人类带来了灾难。

“我们之间从此有了裂痕，”布劳希奇在谈到11月23日的事件时对纽伦堡法庭说，“虽然后来弥补上了，但是芥蒂始终存在。”

希特勒在那个萧瑟的秋天对将领们所发表的这一篇气势汹汹的演说，对哈尔德和布劳希奇不啻当头一棒，使他们不敢再怀有一点点推翻这位纳粹独裁者的念头。他已经警告他们，他将“消灭”一切碍他手脚的人。哈尔德说，希特勒还特别补充一句，他将“以暴力”镇压参谋总部对他的任何反抗。哈尔德至少在当时还不敢挺身反抗这种骇人的威胁。四天以后，11月27日，托马斯将军在沙赫特和波比茨的怂恿下去见哈尔德，力劝他对布劳希奇下功夫，使他采取行动反对元首。（“必须把希特勒搞掉！”据哈尔德后来回忆，托马斯当时曾这样说。）但是这位参谋总长对他说了一大堆的“困难”。他说他还不能肯定，布劳希奇是否“会积极参加政变”。[33]

过了几天，哈尔德用一些极为可笑的理由向格德勒说明他为什么不再打算推翻那位纳粹独裁者。哈塞尔在日记里记下了这些理由。除

了“大敌当前不能叛变”这一条之外，据哈塞尔所记，哈尔德还补充了以下各点：“我们应当给希特勒一个最后的机会，把德国人民从英国资本主义的奴役下解救出来……目前我们再找不到另外一个伟大人物了……反对派的力量还不够成熟……对于年轻的军官，我们没有把握。”哈塞尔又去找最早的密谋分子之一、海军上将卡纳里斯，要他动手，但是毫无所获。“他对陆军将领的反抗已经不再抱任何希望，”这位卸任的大使在11月30日的日记里写道，“并且认为再沿着这条路搞下去只是白费力气。”过了不久，哈塞尔在日记中记道：“哈尔德和布劳希奇已经完全变成了希特勒听话的小厮了。”[34]

纳粹在波兰的暴行：第一阶段

德国进攻波兰后没有几天，我的日记就开始充满了关于纳粹在这个被征服的国家中的暴行的记录。后来大家知道，许多其他人的日记也都连篇是这类的记载。哈塞尔在10月19日的日记上说，他听到了“党卫军骇人听闻的兽行，特别是对犹太人的兽行”。过了几天，他在日记里记述了从波森省一个德国地主那里听来的一个故事。

> 他最后看到的是一个喝醉了酒的区党部头子，命令把牢门打开。他枪杀了五个妓女，而且企图强奸另外两个妓女。[35] 659

10月18日，哈尔德在日记里记下了他同军需总监爱德华·瓦格纳将军的一次谈话的摘要，那一天后者曾同希特勒谈到波兰的未来命运的问题——波兰的未来命运将是黯淡悲惨的。

> 我们无意重建波兰……不能把波兰建成一个德国式的模范国家。绝对不能让波兰的知识分子成为统治阶级。必须保持低生活

水平，保持廉价的奴隶劳动……

必须使波兰彻底解体！德国将给予波兰总督必要的手段来实现这一可怕的计划。

德国确实这样做了。

我们现在可以根据缴获的德国档案文件和纽伦堡历次审讯所得到的证据，对纳粹在波兰恐怖统治的开始情况做一简短的叙述。这只不过是德国人对所有被征服民族的黑暗恐怖统治的先声。但是波兰的遭遇比起其他地方来，自始至终是最惨的。纳粹的野蛮兽性在这里达到了令人难以置信的程度。

在进攻波兰的前夕，希特勒曾在上萨尔茨山8月22日的会议上，预先告诉过他的将领们，可能会发生一些“不合德国将领们的胃口”的事情。他警告他们，“不得干涉这一类事情，应当只管本身的军事职责”。他在讲话的时候是知道他讲的是什么的。无论是在柏林还是在波兰，本书作者都马上就得到了有关纳粹大屠杀的消息。这种消息纷至沓来，不胜暇接。德国的将领们当然也不例外。9月10日，当波兰战役方酣之时，哈尔德在日记里记下了一个事例，后来很快就在柏林成为家喻户晓的事。有几个属于党卫军炮兵团的恶棍，让50个犹太人修补了一天的桥梁之后，把他们赶进一座犹太会堂，然后，用哈尔德的话，“把他们屠杀了”。军事法庭判处凶手监禁一年。甚至第三军团司令冯·屈希勒将军当时也拒绝批准军事法庭对于凶手量刑过轻的判决，认为判决过于宽大了，虽然他后来也变得狠心起来。但是陆军总司令布劳希奇在希姆莱出面干涉之下连这一年的徒刑判决也给勾销了，理由是他们属于“大赦”之列。

以正直的基督徒自居的德国将军们对这种情况开始感到不安。9月12日，凯特尔同卡纳里斯海军上将在元首的火车上进行了一次谈话，后者对波兰境内的暴行提出了抗议。那位对希特勒一向俯首听命的最高统帅部长官干脆地回答道："元首已经就这个问题做出了决定。"如果陆军"不愿意参加这类事情，就得同意让党卫军和秘密警察来唱对台"，这就是说，在每个部队中都会驻上一名党卫军特派员来"执行灭绝政策"。在纽伦堡审讯时，卡纳里斯的日记曾被拿出来作证， 660
他在上面写道：

> 我向凯特尔将军指出，我知道已经做出了计划，要在波兰进行大规模屠杀，特别是贵族和教士将被全部消灭。可是最后世界舆论会要德国武装部队对这些行为负责的。[36]

希姆莱很狡猾，当然不会让陆军的将领们逃避责任。9月19日，希姆莱的主要助手海德里希来到了陆军总司令部，把党卫军"清除［波兰］犹太人、知识分子、教士和贵族"的计划告诉了瓦格纳将军。哈尔德听到瓦格纳报告了这件事之后，在日记里记下了他的反应：

> 陆军坚决要求"清除"工作推迟到军队撤走和整个国家由民政当局接管之后再进行，也就是要等到12月初。

陆军参谋总长的这一则简短的日记，为我们了解德国将领们的道德观念提供了一把钥匙。他们并不打算认真地反对"清除"工作，即消灭波兰的犹太人、知识分子、教士和贵族。他们只打算请求把时间"推迟"到他们离开波兰以后，以便逃脱责任。当然，外国舆论是必须考虑到的。哈尔德在第二天就波兰境内的"清除"问题同布劳希奇做了长时间的商谈之后在日记里写道：

> 我们不能做出任何事情让外国有机会以此为根据发动任何指责德国残暴的宣传。居然要杀天主教教士！目前要这样做是不实

际的。

第二天，9月21日，海德里希给陆军总司令部送去了一份关于“清除”工作的初步方案。第一步工作是把犹太人全都赶到城市里去，因为在城市里比较容易把他们一网打尽加以消灭。他说，“最后解决”需要隔一个时期才能实施，而且必须“严守秘密”。但是所有看到这份秘密备忘录的将领都明白，所谓“最后解决”就是斩尽杀绝。[37]不出两年，当这项方案最后付诸实施的时候，“最后解决”就成了德国高级官员之间提到战争期间纳粹这一惨绝人寰的滔天罪行的代号。

在俄国抢占了东部地区，以前属于德国的各省以及一些后来增加的西部土地又被德国正式合并之后，波兰所剩下来的地区就是元首10月12日的法令所划定的“波兰总督辖区”。这道法令任命汉斯·弗
661 兰克为总督，维也纳的卖国贼赛斯-英夸特为副总督。弗兰克是典型的纳粹流氓知识分子。他是1927年从法学院毕业后不久入党的，很快就博得了纳粹运动法律权威的名声。他才思敏捷，精力充沛，不仅精通法律，一般的知识也相当渊博，爱好艺术，尤其是音乐。纳粹执政以后，他就成了法律界举足轻重的人物，最初担任巴伐利亚邦司法部长，后来是全国政府的不管部长、法律学会会长兼德国律师协会主席。他肤色黝黑，短小精悍，动作敏捷，家里有五个孩子。他的才智和教养抵消了一部分幼稚的狂热，到这时为止，还是希特勒身边最不引人反感的一个人。但是在这张文质彬彬的画皮后面却是一个杀人不眨眼的魔王。黑暗的纳粹世界有不少令人毛骨悚然的文件，他的42本生活和工作日记就是其中一部分，曾在纽伦堡法庭上被拿出来作证。*这部日记显示出它的作者是一个做事干净利落、残忍冷酷、嗜血成性的人。看来他把他平日那些暴戾的言论一段不漏地都写进去了。

---

* 这是1945年5月间美国第七军团的沃尔特·斯坦因中尉在巴伐利亚邦诺伊豪斯附近伯格霍夫饭店弗兰克所住的套房里找到的。

他在就任新职的第二天就宣布:“波兰人应该成为德意志帝国的奴隶。”有一次，弗兰克听说波希米亚的“保护长官”牛赖特张贴告示宣布处决七名捷克大学生，他便对一个德国记者叫着说:“如果我要每枪毙七个波兰人就贴一张布告的话，恐怕波兰的森林还不够用来制造写那些布告的纸张呢!”[38]

至于消灭犹太人的事，希特勒指定由希姆莱和海德里希负责。弗兰克的任务除了从波兰榨取粮食和其他物资以及强迫征集劳工之外，就是消灭那里的知识分子。纳粹分子给这种行动起了一个好听的代号，叫作“特别绥靖行动”(Ausserordenliche Befriedigungsaktion，后来以“AB行动”著称)。为了实现这个行动，弗兰克花了不少时间。直到第二年暮春，当德国在西线的大规模攻势把世界的注意力从波兰引开的时候，他才开始取得成绩。据他的日记所载，到5月30日，他已能够在对警察部门的喽啰们作激励训话时吹嘘工作有了很大的进展——有“几千”波兰知识分子已经送命或是将要送命。

“先生们，我要求你们，”他说，“尽可能采取最严厉的措施来帮助我们执行这项任务。”他还对他们透露，这是“元首的命令”。他说，元首是这样指示的:

> 凡是有可能成为波兰人民领袖的人都必须予以消灭。那些追随他们的人……也必须接着加以清除。没有必要给德国加上这种负担……没有必要把这些分子送到德国的集中营里去。

他说，这些人将在波兰就地消灭。[39]

根据弗兰克的日记，在这次会议上，保安警察的头子做了工作 662
报告。他说，大约两千名男人和几百名妇女在“特别绥靖行动一开始时”就被抓了起来。其中大部分已经受到“即决裁判”——这是纳粹对人身消灭的婉转说法。第二批知识分子现在正开始集中，“等待即决裁判”。总数“大约为3 500人”的最危险的波兰知识分子就将这样被收拾掉。[40]

弗兰克并没有放过犹太人，虽然秘密警察已经不声不响地从他手里把直接灭绝犹太人的任务抢走了。他的日记里充满了他对这个问题的看法和他在这方面的成就。1940年10月7日的日记记载了他那天在波兰的一个纳粹集会上的讲话，其中总结了他在第一年中所做的努力。

> 亲爱的同志们！……我不可能仅仅在一年之内就把所有的跳蚤和犹太人全都肃清。[在此处他自己注道：“全场活跃。”]但是，如果诸位肯帮助我的话，经过一段时间之后，这个目标是一定会实现的。[41]

第二年圣诞节的前两个星期，弗兰克在克拉科夫总督府举行的一次高级行政人员会议上致闭幕词时说：

> 至于犹太人的问题，我可以十分坦率地告诉你们，我们一定要想办法把他们消灭干净……先生们，我要请你们收起你们的怜悯心，我们必须消灭犹太人。

他承认，“要把总督辖区内的350万犹太人一下子枪毙或毒死”是相当困难的。“但是我们终将能够采取一些措施，把他们消灭掉。”这话和后来的实际情形完全符合。[42]

波兰的战事刚一结束，犹太人和波兰人就开始从他们世世代代居住的家园被赶走。10月7日，希特勒在国会发表那篇“和平演说”的第二天，就任命希姆莱去负责一个新的机构：“加强德意志民族委员

1940年，汉斯·弗兰克与威廉·利斯特在华沙。

华沙犹太人隔离区里拥挤的人群。

会”（简称R. K. F. D. V.）。任务是先把波兰人和犹太人从直接并入德国的那几省中驱逐出去，然后把德国人和“日耳曼族人”迁进来。所谓日耳曼族人就是从受到威胁的波罗的海沿岸各国和波兰边远地区不断涌来的外国国籍的日耳曼人。哈尔德在两个星期以前就听说了这个计划，他在日记里写道：“有一名德国人迁入这些地区，就要有两个人被放逐到波兰去。”

10月9日，希姆莱在接任新职后两天就宣布，居住在并入德国各省中的65万犹太人中有55万人将同其他不适合于“同化”的波
663 兰人一道迁往维斯杜拉河以东的“总督辖区”。于是一年之内，就有120万波兰人和30万犹太人被逐出了家园，迁往波兰东部地区。但是搬进来顶替他们的日耳曼族人却只有49.7万人。这比哈尔德的比率还要高一点：赶走三个波兰人和犹太人，让一个德国人占据他们的家园。

本书作者记得，1939年的冬天特别寒冷，大雪纷飞，“迁移”的工作是在零度以下的气温中进行的，常常还顶着大风雪，因此而死掉的犹太人和波兰人，实际上比死在纳粹行刑队枪口下和绞架上的人还要多。这可以引希姆莱本人的话为证。在法国沦陷后的那个夏天，希姆莱在对党卫军禁卫团讲话时，把他手下的人在西方进行的强迫移民工作同已经在东方完成的工作做了一番比较：

> 在波兰，工作是在零下40摄氏度的气温下进行的，我们得把成千、成万、成十万的人拉走。我们不得不硬着心肠——你们应该听一下，但也应该立刻就把它忘掉——枪毙掉几千个有身份的波兰人……先生们，有许多时候同一连敌人战斗倒容易，而要镇压那些文化水平低、碍手碍脚的老百姓，要执行处决，要把人拉走，要把歇斯底里地号哭的妇女从家里撵出去，却要难得多。[43]

早在1940年2月21日，集中营督导处头子、党卫军的大队长里夏德·格吕克斯在克拉科夫附近视察了一周以后告诉希姆莱说，他在奥斯维辛为新的“隔离营”找到了一处“合适的营址”。奥斯维辛是一个比较偏僻的、坐落在沼泽地区的市镇，有居民12 000人。镇上除了几家工厂以外，还有一座奥地利骑兵留下来的营房。工作于是立刻开始了，6月14日，奥斯维辛集中营正式使用，囚在这里的是德国人打算给予最严酷待遇的波兰政治犯。不久这个集中营的罪恶就远不止于此了。在这个当儿，伊·格·法本公司这家德国最大的化学托拉斯的董事们也发现，兴建新的工厂来从煤中炼油并制造合成橡胶，奥斯维辛是一个“合适的”厂址。在这里，无论是新厂房的修建还是新工厂的生产都能得到廉价的奴隶劳动。

为了管理这座新集中营，并为了向伊·格·法本公司提供奴隶劳动，1940年春天，一伙经过精选的党卫军的恶棍来到了奥斯维辛。其中有后来为英国公众所熟知的“贝尔森的野兽”——约瑟夫·克拉默。另外还有一个叫鲁道夫·弗朗茨·霍斯的，这个家伙曾因杀人服过5年徒刑，以后就一直当监狱看守，他成年以后的大部分时间就是这样度过的。1946年，也就是他46岁的那年，他在纽伦堡法庭上扬扬得意地说，在奥斯维辛由他监督消灭的就有250万人，还不算另外“听任饿死”的50万人。

奥斯维辛注定不久即将成为最有名的**灭绝**营（Vernichtungslager）。 664
我们必须把灭绝营同**集中**营区别开来，因为集中营里到底还有少数一些人活了下来。像伊·格·法本公司这样一个具有国际声誉的企业，它的董事全都被推崇为德国第一流的企业家，他们都是敬畏上帝的基督徒，居然会有意识地把这个死亡营选作它进行谋利活动的合适场所，这对于我们借此来了解希特勒统治下的德国人，甚至最有体面的德国人，是不无意义的。

伊·格·法本公司在奥斯维辛的厂房。

极权主义者之间的摩擦

大战开始后的第一个秋天，罗马–柏林轴心就发生了龃龉。

在一些分歧问题上，双方各级官员互相指责。一方指责德国人没有履行前一年6月间的协议从意大利的南蒂罗尔撤退“日耳曼族人”，德国人没有按月供应意大利100万吨煤。另一方则指责意大利人未能突破英国的封锁将原料供应德国；意大利同英国和法国大做买卖，趁机发财，包括把战争物资出售给他们；齐亚诺的反德情绪愈来愈浓厚。

墨索里尼像往常一样，忽冷忽热，齐亚诺在日记里记下了他摇摆不定的情形。11月9日，领袖在草拟祝贺希特勒遇刺脱险的电报时颇费踌躇。

他打算写得热情些，但又不想过于热情，因为据他看来，意大利人对希特勒的幸免于难并不感到十分高兴——领袖尤其如此。

11月20日……墨索里尼一想到希特勒在进行战争，尤其是当他想到希特勒取得胜利的时候，就感到简直不可忍受。

圣诞节的后一天，意大利领袖表示了“希望德国战败”的情绪，他指示齐亚诺把比利时和荷兰即将受到攻击的情报秘密地通知这两个国家。* 但是到了新年前夜，他又谈起要站在希特勒一边投入战争了。

两个轴心国发生摩擦的主要原因是德国的亲俄政策。1939年11月30日，苏联红军进攻芬兰，使希特勒处于非常屈辱的境地。为了与斯大林签订条约，他已经被赶出波罗的海地区，匆匆忙忙地迁走几百年来定居在那里的日耳曼人家庭，现在他还得正式同意俄国对一个小国的无端进攻。而这个同德国关系密切的小国，主要靠了1918年德国正规军的干涉，才向苏联争得了作为一个非共产党国家的独立。† 这是叫 665
希特勒哑巴吃黄连，可是他硬着头皮吞了下去。德国驻外使团和德国的报刊电台都收到严格训令，要支持俄国的侵略行动，不得对芬兰人表示丝毫同情。

大概就是这件事使得墨索里尼感到忍不住了，因为意大利各地爆发的反德示威使他穷于应付。总而言之，1940年1月3日，新年刚过，他就给希特勒写了一封长信，倾吐了压在他心头的话。这是墨索里尼第一次也是最后一次对希特勒这样坦白、这样直率地提出尖锐逆耳的忠告。

他说，他“深信”德国即使有意大利的帮助也永远不能“使英

---

* 齐亚诺于1月2日向比利时驻罗马大使提出警告，并将此事记入日记。据魏茨泽克说，德方截获了比利时大使发往布鲁塞尔的两份载有意方的警告的密码电报，并且把它们译了出来。[44]

† 有一段很少有人知道的可笑的历史珍闻：1918年10月9日，芬兰国会以为德国胜利在望，以75票对25票选举黑森的弗里德里希·卡尔亲王为芬兰国王。一个月后，协约国获得了胜利，这段荒唐的插曲才告终结。

法屈膝，甚至不能将它们拆伙。如果认为有这种可能，那就是自欺欺人。美国绝不会听任民主国家完全失败”。因此，既然希特勒的东部边疆现在已经巩固下来了，是否还有必要为了打败英法“而去孤注一掷地冒险，连本国的政权也不顾，并且把德国几代人的精华都牺牲掉”？墨索里尼说，如果德国允许“一个纯粹由波兰人构成的、安分守己的和解除武装的波兰存在”，就能得到和平。他又说：“除非你已经下了无可更改的决心，非把战争进行到底不可，否则我认为波兰国家的建立……将是解决战争的一个因素，并且是奠定和平的一个充分条件。”

但是意大利独裁者最关切的还是德国同俄国的交易。

> ……俄国不费一枪一弹就在波兰和波罗的海地区坐收战争之利。但是我，作为一个天生的革命家要告诉你，你不能为了某个政治策略上的一时需要而长久地牺牲你的革命原则……我也有责任通知你，你同莫斯科的关系再进一步，就将在意大利引起极为不利的反响……[45]

墨索里尼的这封信不仅警告希特勒，意德关系已经恶化，并且还击中了一个要害：元首同苏俄的蜜月已经开始使双方都感到不安了。希特勒同苏俄的勾搭，使他得以发动战争，灭亡了波兰。此外他还得到了一些别的好处。例如，缴获的德国文件暴露了一项封锁得极严的战时
666 秘密：苏联在北冰洋、黑海和太平洋等地提供港口，让德国进口迫切需要的原料，这些原料不通过这些港口就会因英国的封锁而无法进口。

莫洛托夫在1939年11月10日甚至答应，所有这些货物在俄国铁路上的过境运费一概由苏联政府负担。[46]苏联政府允许德国船舰（包括潜艇在内）在摩尔曼斯克东边的北冰洋港口捷里别尔卡进行修理和添加燃料——莫洛托夫认为摩尔曼斯克“还不够偏僻”，捷里别尔卡

则“较为妥当，因为它更偏远，没有外国船只进出”。[47]

1939年整个秋天和初冬，莫斯科和柏林双方一直在谈判增加两国贸易事宜。到10月底，苏联已经向德国提供了为数可观的原料，特别是谷物和石油，但是德国方面还要更多的原料。不过德国人渐渐发现，苏联不仅在政治方面，而且在经济方面，讨价还价起来也是一个精明厉害的对手。11月1日，戈林元帅、雷德尔海军元帅和凯特尔上将“分别”（魏茨泽克语）向德国外交部提出了抗议，说俄国对德国战争物资要求得太多了。一个月后，凯特尔又向魏茨泽克抱怨说，俄国对德国产品的需求，特别是对制造军火的机器设备的需求，“数量越来越大，越来越不讲理了”。[48]

但是，如果德国想从俄国那里得到粮食和石油，他们就得用莫斯科所需要的东西来偿付。被封锁的德国极其迫切地需要俄国供给这些必需品，1940年3月30日最严重的时候，希特勒甚至下令，向俄国送交战争物资应当先于德国武装部队。*[50] 德国甚至一度把尚未竣工的重巡洋舰“吕措号”也贴进去给莫斯科方面抵付一部分现款。在这以前，12月15日，雷德尔海军元帅曾经建议把正在建造的世界最大的战列舰“俾斯麦号”（4.5万吨）的蓝图和图纸售给俄国，只要他们肯出“一笔很高的代价”。[51]

1939年底，斯大林在莫斯科亲自参加了同德国贸易代表团举行的谈判。德国的经济专家们发现他是一个门槛很精的生意人。缴获的威廉街档案中，有好几份很长的备忘录详细地记述了同这位令人望而生畏的苏联独裁者三次难忘的会谈。他事无巨细无不熟悉，使德国代表们为之吃惊。他们发现斯大林是吓不倒、哄不过的，相反，他有时要求极苛，而且，正如纳粹谈判代表之一施努雷博士在给柏林的报告

---

* 德国占领了法国和低地国家之后，戈林就通知最高统帅部负责经济事务的托马斯将军：“元首指示我国对俄方的准时交货只到1941年春天为止。”他补充说：“此后，我们再也无意完全满足俄国人的要求了。”[49]

中所说的，他时常会“激动起来”。斯大林提请德国代表注意，苏联“已经帮了德国一个大忙，［并且］由于向德国提供了这种援助而树
667 敌”。因此，苏联希望柏林方面能够给予某些补偿。1939年新年前夜，在克里姆林宫的一次会议上，

> 斯大林指出，飞机的总价格是无法接受的，因为那比实际价格高出了好多倍。如果德国不愿意交付这些飞机，不妨把话说清楚。

2月8日午夜，在克里姆林宫的会议上，

> 斯大林要德国代表提出一个合适的价格，不要像以前那样索价太高。他还举出实例说，飞机的总价是3亿马克，而且德国把巡洋舰“吕措号”作价1.5亿马克。不要认为苏联老实可欺。[52]

1940年2月11日，一项复杂的贸易协定终于在莫斯科签字了。协定规定未来18个月内的最低限度换货额为6.4亿马克。这是对前一年8月间达成协议的1.5亿左右的年度贸易额的补充。俄国除了“吕措号”巡洋舰和“俾斯麦号”的蓝图以外，还将得到海军重炮和其他装备，约30架最新式的德国作战飞机，包括梅塞施密特109型和110型战斗机和容-88型俯冲轰炸机。此外苏联还将获得石油和电力工业方面的机器、火车头、涡轮机、发电机、柴油机、船只、工作母机，还有德国的大炮、坦克、炸药、化学战装备等的样品。[53]

德国方面在第一年中得到的物资，在最高统帅部也有记录——100万吨谷物，50万吨小麦，90万吨石油，10万吨棉花，50万吨磷酸盐，还有相当数量的各种其他重要原料和从苏联过境的100万吨中国东北的大豆。[54]

外交部经济专家施努雷博士代表德国方面在莫斯科进行贸易谈判，他回到柏林之后写了一篇很长的备忘录，报告他为德国争得了一些什么利益。他说，斯大林除了向德国提供德国所急需的原料以外，他还答应“大力协助”，“在第三国代购金属和原料”。

> ［施努雷最后说道］这项协定为我国打开了通向东方的广阔门路……英国封锁的效果肯定将大大削弱。[55]

希特勒当时之所以不得不忍气吞声，采取在德国极不得人心的政策，支持俄国侵略芬兰，并且听任苏联在三个波罗的海国家建立陆空军基地（归根到底这还不是为了对付德国吗？），原因之一就在这里。668
斯大林帮助他克服了英国的封锁。但更重要的是，斯大林使他有了单线作战的可能，使他能够在西线集中全部军事力量给法国和英国以致命的打击，征服比利时和荷兰，至于在这以后怎么办，希特勒已经把他的打算告诉他手下的将领了。

早在1939年10月17日，波兰战役刚刚结束的时候，他就提醒凯特尔，波兰领土

> 从军事观点来看对我国甚为重要，它可作为我们的前沿出击点和军队战略集中点。为此必须妥善保护铁路、公路等交通线路。[56]

1939年这个重要的年头临近结束之时，希特勒认识到，正如他在10月9日的备忘录中告诉将领们的那样，德国不能永远指望苏联保持中立。他说过，八个月或一年以后情况可能发生变化。在11月23日对各将领的长篇谈话中，他强调指出：“我们只有在西线毫无后顾之忧的时候才可能对俄国发动攻击。”这是他那忙碌的头脑所念念不忘的事。

这个决定命运的年头就在一种奇怪的，乃至可以说是怪诞悲惨的气氛中，逐渐变为历史的陈迹了。虽然世界大战已经爆发，陆地上却并没有战斗。在天空，巨型轰炸机所投掷的只是一些宣传小册子，而且是写得异常拙劣的宣传小册子。唯有在海上才有真正的交战。潜艇继续在荒凉寒冷、惊涛骇浪的北大西洋上击沉英国船只，有时中立国船只也有遭殃的。

在南大西洋，德国三艘袖珍战列舰中有一艘“施佩伯爵号”已经从待命地区钻出来，在三个月内击沉了总吨位达5万吨的九艘英国货轮。接着，在战争开始后的第一个圣诞节的前两个星期左右，也就是1939年12月14日，德国报纸上印着狂热的大标题，无线电广播中飞也似的传出公报，到处传布海上大捷的消息，德国公众欢欣若狂。消息说，前一天“施佩伯爵号”在距蒙得维的亚400英里处同三艘英国巡洋舰遭遇，把它们打得不能作战了。但是狂喜很快就变成了困惑。三天以后报纸宣布，这艘袖珍战列舰已在上述乌拉圭首都港面的拉普拉

1939年12月，“施佩伯爵号”在蒙得维的亚港自沉。

塔河口自行凿沉。这算是什么大捷呢？12月21日，海军总司令部宣告“施佩伯爵号”舰长汉斯·朗斯多夫海军上校已“随舰殉职”，“他的战斗精神和英雄气概无愧于元首、德国人民和德国海军对他的期望”。

他们始终没有告诉可怜的德国人民：“施佩伯爵号”为三艘火力不及它的英国巡洋舰所重创，* 不得不驶入蒙得维的亚港修理，乌拉圭政 669
府按照国际法只让它停留72小时，这当然是不够的，可是那位“英雄”朗斯多夫舰长又不敢开着他那艘遍体鳞伤的战舰出来同英舰继续作战，于是只得自行凿沉。他自己并未随舰殉职，而是两天以后在布宜诺斯艾利斯一间孤寂的旅馆房间里悄悄开枪自杀的。德国人民当然也无从得知12月18日约德尔将军在日记中记下的那件事：元首“对‘施佩伯爵号’未经一战就自行凿沉一事极为震怒”，于是把雷德尔海军元帅召来臭骂了一顿。[57]

12月12日希特勒颁发了另一项绝密指令，推迟了对西线的进攻，指令上注明新的决定要到12月27日才能做出，而“A日”最早也只能是1940年1月1日。他说，这样一来圣诞节就可照常给假。对德国人来说，圣诞节是一年中最重要的节日。但是据我的日记所载，那年冬天柏林的圣诞节是冷冷清清的，很少人家互赠礼物；食物限制很严；男人都出去打仗了；大街上由于灯火管制一片漆黑；百叶窗紧闭着，全拉上了窗帘。人人抱怨战争、恶劣的饮食和寒冷的天气。

希特勒和斯大林相互电贺圣诞节。希特勒的贺电是：

> 祝您个人幸福，祝友好的苏联各族人民繁荣富强。

---

* 凿沉的前一天，戈培尔还命令德国报纸宣扬一条来自蒙得维的亚的假消息，说什么“施佩伯爵号”只受了“表面轻伤”，英方所谓该舰遭受重创的报道“纯属谎言”。

斯大林的复电是：

> 德苏两国人民用鲜血凝成的友谊有一切理由万古长青。

在柏林，冯·哈塞尔大使利用假期同他的密谋伙伴波比茨、格德勒和贝克将军进行了商议策划。他在12月30日的日记里记载着他们最后商得的方案：

> 让几个师在“从西线调往东线的途中”留在柏林。这时，维茨勒本突然在柏林出现，解散党卫军。以这个行动为基础，贝克将军将前往措森从布劳希奇手里把最高司令权接过来。由一名医生宣布希特勒因病不能继续任职，然后将他监禁起来。随即向全国人民呼吁：防止党卫军的暴行，恢复法治和基督教道德，继续作战，但准备在公平合理的基础上接受和平……

但是这完全是幻想，完全是空话。这些“密谋者”的思想甚至糊涂到这种程度：哈塞尔在日记中竟有一大段写的是考虑要不要留用
670 戈林！

戈林这时候却正同希特勒、希姆莱、戈培尔、莱伊以及其他纳粹党的头子们利用新年发布冠冕堂皇的文告。莱伊说：“元首永远是正确的！服从元首！”元首本人则宣称，发动战争的不是他而是“犹太人和资本主义战争贩子”。他接着又说：

> 我们举国团结一致，在经济上彻底做好了准备，军事上全副武装，跨入德国历史上这个最有决定意义的一年……愿1940年带来结果。不论发生什么情形，这个结果必将是我们的胜利。

12月27日，希特勒把在西线发动进攻的日期又推延了“至少两个星期”。1月10日他下令最后决定进攻日期为1月17日“日出前15分钟，即上午8点16分”。空军须在三天以前（即1月14日）就开始出击，它的任务是炸毁法国境内的敌方机场，但比利时和荷兰的机场不包括在内。这两个中立小国要对它们的命运捉摸不定，一直到最后一刻。

但是，1月13日这位纳粹统帅突然又“鉴于气象状况”再次下令延期。此后直到5月7日，缴获的最高统帅部的档案再没有提到西线的进攻日期。1月13日下令取消原定的进攻，气候可能是一个原因；但是现在我们知道，主要原因是另外两件事。一件事是1月10日有一架极为特殊的德国军用机不幸被迫在比利时境内降落，另一件事是这时北方出现了新的机会。

1月10日，希特勒下令定于17日假道比利时与荷兰发动进攻的当天，一架从明斯特飞往科隆的德国军用机在比利时上空云层中迷失方向，被迫在默兹河畔梅赫伦附近降落。机上的德国空军重要参谋军官赫尔穆特·赖因贝格少校的公文皮包里装着附有地图的西线德军进攻计划。当比利时士兵逼近时，这位少校慌忙钻入邻近的树丛，点起火来打算烧毁公文皮包中的文件。比利时士兵注意到这桩离奇的行动以后，扑灭了火焰，抢救了残余的文件。赖因贝格被押到附近的驻军司令部。一位比利时军官把未焚毁的一部分文件刚放在桌上，这位少校便不顾死活地扑过去，抓起文件就朝火炉里扔。那位比利时军官连忙将文件从火炉里抢了出来。

赖因贝格立刻通过德国驻布鲁塞尔大使馆报告柏林空军总部，他已将文件焚毁，“剩下的只是一块巴掌大的小残片”，但是柏林的高级人员中间已为这事惊慌失措。约德尔立刻就“敌人可能知道哪些情况和可能不知道哪些情况”向希特勒做了报告。其实他自己也不清楚。“如果全部文件落入敌人手中，”他于1月12日晋见元首以后在日记

671 里写道，“情况就非常糟糕了。”当晚，里宾特洛甫给布鲁塞尔德国大使馆拍去一份“特急”电，要他们立刻报告“公文皮包焚毁的情况”。约德尔的日记透露，1月13日上午，戈林同匆忙飞返柏林的驻布鲁塞尔空军武官以及空军高级军官开了一个会。“结论是：公文皮包确已焚毁。”约德尔记道。

但是约德尔的日记里说得很清楚，这不过是黑暗里走路吹口哨，给自己壮壮胆子罢了。根据他的日记，那天下午1点，最高统帅部“用电话命令哈尔德将军：一切行动停止”。

同一天，1月13日，德国驻布鲁塞尔大使紧急通知柏林，“由于比利时参谋总部接到了告警的报告”，比利时军队有大规模的调动。第二天，德国大使又向柏林发去一份“特急”电：比利时政府下令进入“D级阶段”，这离总动员的最后阶段只差一步了；同时还新征两级适龄壮丁入伍。他认为原因在于比利时得到了“德军在比利时和荷兰边境上调动的报告，并且知道了德国空军军官身上找到的那块没有烧完的文件的内容”。

1月15日晚，柏林高级将领们开始产生怀疑，不知道赖因贝格少校是否真正像他所说的那样把那份惹出麻烦的文件烧掉了。于是为这件事又开了一次会，会后约德尔在日记上说，大家认为文件“大概是焚毁了”。但是1月17日，比利时外交大臣保罗-亨利·斯巴克约见德国大使，直截了当地通知他（德国大使随即转告了柏林）：

> 由于1月10日紧急着陆的一架飞机，一份性质严重、非比寻常的文件落入比利时手中。这份文件中有企图进攻的明白证据。这不是一份简单的普通作战计划，而是一份除了时间有待填入以外每个细节都做了规定的进攻命令。

德国方面始终未能完全确定斯巴克是不是在蒙德国人。至于盟国方面，英法参谋总部已经获得了这份德国进攻计划的抄本，他们倾向于认为这些德国文件是一个“圈套”。丘吉尔说他当时曾坚决反对这种看法，他悲叹对于这么严重的警告竟然没有采取任何行动。但是有一点是肯定的，1月13日，也就是希特勒获悉这事的第二天，他就下令推迟了进攻的日期，而且，等到春天再做决定的时候，整个战略计划都根本改变了。[58]

但是，德国飞机在比利时境内被迫降落和气候恶劣并不是延期进攻的唯一原因。这时德国悍然袭击更靠北方的另外两个中立小国的计划在柏林渐趋成熟，而且当时准备先予执行。随着春天的到来，至少在德国方面，假战争快要结束了。672

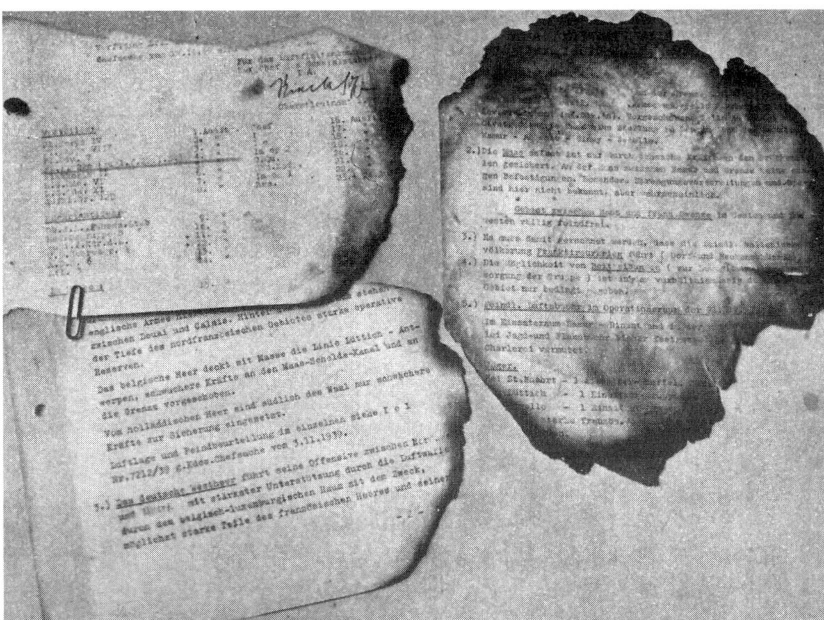

比利时方面缴获的未及烧完的“黄色方案”文件。

注释

1. 富勒少将：《第二次世界大战》，第55页。引自《头一个四分之一》，第343页。
2. 第三号指令全文，见《德国外交政策文件汇编》，第8卷，第41页。

3. 纳米尔：《纳粹时代》，第459—460页。他在该书中引述了条约的法文文本。

4. 哈尔德于1948年9月8—9日在纽伦堡关于“政府各部案件”审讯中为被告们提出的证词，见《主要战犯的审讯》，第12卷，第1086页。

5. 约德尔1946年6月4日在纽伦堡为自己辩护时所提出的证词，见《主要战犯的审讯》，第15卷，第350页。

6. 凯特尔1946年4月4日在纽伦堡为自己辩护时所提出的证词，同上，第10卷，第519页。

7. 丘吉尔：《风暴欲临》，第478页。

8.《海军事务元首会议记录》，1939年，第16—17页。

9. 魏茨泽克所写关于他同柯克谈话的报告，见《德国外交政策文件汇编》，第8卷，第3—4页。另见他在纽伦堡所做的关于他同雷德尔谈话的证词，载《主要战犯的审讯》，第14卷，第278页。

10.《主要战犯的审讯》，第35卷，第527—529页（纽伦堡文件804-D）。这项文件中收有雷德尔关于这次谈话的报告，也有美国海军武官给华盛顿方面的电报。

11. 邓尼茨在纽伦堡的画押供词，见《纳粹的阴谋与侵略》，第7卷，第114—115页（纽伦堡文件638-D）。

12. 同上，第156—158页。

13. 雷德尔在纽伦堡的证词，见《主要战犯的审讯》，第14卷，第78页；魏茨泽克在纽伦堡的证词，同上，第277，279，293页；汉斯·弗里茨彻（宣传部的一位高级官员，后来在审讯中被宣告无罪）在纽伦堡的证词，同上，第17卷，第191，234—235页。《人民观察家报》的文章载《纳粹的阴谋与侵略》，第5卷，第1008 页（纽伦堡文件3260-PS）。戈培尔的广播，见《柏林日记》，第238页。

14. 施密特关于这次谈话的报告，见《德国外交政策文件汇编》，第8卷，第140—145页。

15. 布劳希奇在纽伦堡的证词，见《主要战犯的审讯》，第20卷，第573页。最高统帅部作战日记的一条批注证实了这段引语。

16.《齐亚诺日记》，第154—155页。另见《齐亚诺外交文件集》，第309—316页。

17.《德国外交政策文件汇编》，第8卷，第24页。

18. 同上，第197—198页。

19.《德国外交政策文件汇编》，第7卷，第414页。

20. 希特勒的备忘录，见《纳粹的阴谋与侵略》，第7卷，第800—814页（纽伦堡文件L-52）；第六号指令，见《纳粹的阴谋与侵略》，第6卷，第880—881页（纽伦堡文件C-62）。

21. 全文载《战犯的审讯》，第10卷，第864—872页（纽伦堡文件NOKW-3433）。

22. 这个密谋见施拉布伦多夫：《他们几乎杀死了希特勒》，第25页；另见吉斯维乌斯：《至死方休》，第431页。

23. 惠勒-本内特在《权力的报应》第491页注中指明了德国方面的来源。另见哈塞尔：《冯·哈塞尔日记（1938—1944）》和托马斯：《思想与境遇》，载1946年12月号《瑞士月刊》。

24. 哈尔德在1946年2月26日在纽伦堡受审时的答复，见《纳粹的阴谋与侵略》，附件B，第1564—1575页。

25. 罗茨费尔斯：《希特勒的德国国内反对派》。

26. 载《纳粹的阴谋与侵略》，第6卷，第893—905页（纽伦堡文件C-72）。

27. 比洛-施万特在纽伦堡军事法庭审理“政府各部案件”时就格德勒的信和他本人私下谒见利奥波德国王的情况作了证。见英文译文，载第9807—9811页。《德国外交政策文件汇编》，第8卷，第384页注中也曾提到。他警告柏林方面的电报，载《德国外交政策文件汇编》，第8卷，第386页。

28. 芬洛绑架案众说纷纭，参见潘恩·贝斯特：《芬洛事件》；舍伦贝格：《迷宫》；惠勒-本内特：《权力的报应》。

荷兰官方的记述载于荷兰政府向德国提出的抗议照会中，见《德国外交政策文件汇编》，第8卷，第395—396页。此外纽伦堡“政府各部案件”审讯时也透露了一些材料，见《主要战犯的审讯》，第12卷。

29. 见《主要战犯的审讯》，第12卷，第1206—1208页；另见《德国外交政策文件汇编》，第8卷，第395—396页。

30. 关于炸弹谋刺案的各种记述，参见贝斯特：《芬洛事件》；舍伦贝格：《迷宫》；惠勒-本内特：《权力的报应》；赖特林格：《党卫军》；拙著《柏林日记》；吉斯维乌斯：《至死方休》。纽伦堡审讯时也有一些材料，当时我做了笔记，用在这里。但是我在《纳粹的阴谋与侵略》和《主要战犯的审讯》各卷中都没有找到这些材料。

31. 逐字逐句的记录，载《纳粹的阴谋与侵略》，第3卷，第572—580页；另载《德国外交政策文件汇编》，第8卷，第439—446页（纽伦堡文件789-PS）。

32. 哈尔德11月23日的日记和他后来添加的脚注。布劳希奇在纽伦堡的证词，见《主要战犯的审讯》，第20卷，第575页。

33. 哈尔德在纽伦堡提审时的答话，见《纳粹的阴谋与侵略》，附件B，第1569—1570页。另见托马斯：《思想与境遇》，载1946年12月号《瑞士月刊》。

34. 哈塞尔：《冯·哈塞尔日记》，第93—94，172页。

35. 同上，第79，94页。

36. 根据卡纳里斯海军上将的日记，见《纳粹的阴谋与侵略》，第5卷，第769页（纽伦堡文件3047-PS）。

37.《纳粹的阴谋与侵略》，第6卷，第97—101页（纽伦堡文件3363-PS）。

38.《主要战犯的审讯》，第1卷，第297页。

39. 同上，第7卷，第468—469页。

40. 同上，第29卷，第447—448页。

41.《纳粹的阴谋与侵略》，第4卷，第891页（纽伦堡文件2233-C-PS）。

42. 同上，第891—892页。

43. 同上，第553—554页。

44.《德国外交政策文件汇编》，第8卷，第683页注。

45. 全文，同上，第604—609页。

46. 同上，第394页。

47. 同上，第213页。

48. 同上，第490页。

49.《纳粹的阴谋与侵略》，第4卷，第1082页。

50. 同上，第1082页（纽伦堡文件2353-PS）。

51.《德国外交政策文件汇编》，第8卷，第537页。

52. 同上，分别见第591，753页。

53. 1940年2月11日贸易条约全文和交货数字，见同上，第762—764页。

54.《纳粹的阴谋与侵略》，第4卷，第1081—1082页（纽伦堡文件2353-PS）。

55.《德国外交政策文件汇编》，第8卷，第814—817页（施努雷1940年2月26日的备忘录）。

56.《纳粹的阴谋与侵略》，第3卷，第620页（纽伦堡文件864-PS）。

57. 朗斯多夫动人的信载在《海军事务元首会议记录》1939年第62页上。关于此一战役及其后果的其他材料，见第59—62页。

58. 关于此次迫降，我利用了一些德国的原始材料：德国驻布鲁塞尔的大使和空军武官给柏林方面的报告（见《德国外交政策文件汇编》，第8卷）以及约德尔的日记。比利时人所抢救出来的德国在西线进攻的计划原文载《纳粹的阴谋与侵略》，第8卷，第423—428页（纽伦堡文件TC-58-A）。卡尔·巴茨在《当天空燃烧的时候》中对这一事件做了记述。丘吉尔的评述，见《风暴欲临》，第556—557页。他关于迫降的日期却是错误的。

第二十章
征服丹麦和挪威

德国最新侵略计划的代号叫作“威悉演习”——一个听起来没有什么恶意的名字。它的来由和发展都独具一格，与占了本书大量篇幅的无端进攻计划迥然不同。它不像其他计划那样是由希特勒想出来的，而是由一个野心勃勃的海军将领和一个糊里糊涂的纳粹党棍所创造的。这是德国军事侵略中由海军起决定作用的唯一行动。这也是由最高统帅部制订计划和发动陆、海、空三军协同作战的唯一行动。实际上，该计划甚至同陆军总司令部和陆军参谋总部都没有商量过，这使他们颇为不快。而且戈林也只是直到最后一刻才被允许参与其事，这使这个肥胖的空军头子极感愤怒。

德国海军长期以来就在注视着北方。德国没有直接进入大洋的出海口，这个地理事实在第一次世界大战时期就已经给它的海军军官留下了很深的印象。英国用鱼雷和巡逻舰队，从设得兰群岛到挪威海岸，横跨狭窄的北海，布置了一道严密的封锁网，卡住强大的德国海军，严重地阻碍了潜艇突破封锁进入北大西洋的企图，并且使德国商船不能出海。德国的外洋舰队从来也到不了外洋。在第一次世界大战时期，英国海军的封锁曾让德意志帝国窒息得喘不过气来。在两次大战期间，指挥规模不大的德国海军的一小撮海军军官们，仔细考虑了这一次的经验和这个地理事实，认为将来在对英作战时，德国必须设法在挪威获得基地，这样才能击破英国在北海的封锁线，为德国海面和海底舰艇打开通往广阔海洋的道路，从而使德国能够扭转局势，对不列颠群岛实施有效的封锁。

因此，这就难怪在1939年战争爆发的时候，德国海军里的第三号人物——也是一个有力的人物——鲁尔夫·卡尔斯海军上将就开始给 673
雷德尔海军元帅（根据后者的日记和在纽伦堡的证词）连连写信，说明“德国占领挪威海岸的重要性”。[1]雷德尔用不着怎样催促怂恿，就在10月3日波兰战役结束时，向海军作战参谋部提出秘密咨询，要求它调查在“俄国和德国的联合压力下，取得挪威基地”的可能性。他还就莫斯科的态度问题询问了里宾特洛甫，得到的回答是，从那里“可望得到全力的支持”。同时雷德尔告诉他的参谋部，必须尽快地把这种“可能性”告诉希特勒。[2]

10月10日，雷德尔在向元首提交的关于海军作战的长篇报告中，提出了取得挪威基地的重要性，并说必要时可以在俄国的帮助下实现这一点。就秘密记录所载的情况来看，这是海军第一次直接要求希特勒注意这个问题。雷德尔说，元首“立即看出了挪威问题的重要意义”，他要雷德尔把关于这个问题的报告留下，并且答应将适当考虑这个问题。但是这个纳粹统帅当时正忙于向西线发动进攻，以及设法克服他的将领们的动摇犹疑。* 挪威问题他显然是顾不上了。[3]

但是过了两个月，这个问题又重新提上了日程，这有三个原因。

一个原因是严冬的降临。德国的生存要依靠从瑞典进口的铁矿砂。战争的第一年，德国每年消耗的1 500万吨铁矿砂之中，就有1 100万吨要靠从瑞典进口。在天气暖和的月份里，铁矿砂还可以从

* 10月10日，希特勒召集了他的军事首脑，对他们宣读了一个关于必须立即向西线进攻的长篇备忘录，并发出第六号指令，要求他们准备通过比利时和荷兰发动进攻（见本书原文第644—646页）。

瑞典北部经波的尼亚湾越过波罗的海运到德国。即使在战时，这一条路线也不会发生问题，因为波罗的海已经有效地封锁起来，英国的潜艇和舰只无从进入。但是到了冬天，这一条海道运输线由于结了厚冰，就不能使用了。在严寒的季节，瑞典的铁矿砂只好改由铁道运到附近的挪威港口纳尔维克，然后再用船沿挪威海岸运到德国。德国运铁船的整个航行路线都在挪威领海以内，这就避免了英国海军舰艇和轰炸机的破坏。

因此，正如希特勒最初对海军指出的那样，一个中立的挪威有它的好处。这可以使德国不受英国的干扰而得到它生存所必需的铁矿砂。

在伦敦，英国当时的海军大臣丘吉尔马上看到了这一着。在战争爆发以后的最初几周中，他曾经努力说服内阁批准他在挪威领海内布
674 雷，以便阻止德国运输铁矿砂。但是张伯伦和哈利法克斯不愿侵犯挪威的中立，这个建议就这样暂时被搁置起来了。[4]

1939年11月30日俄国对芬兰的进攻，根本改变了斯堪的纳维亚半岛的局势，大大增加了它对西方盟国和德国的战略上的重要性。法国和英国都在苏格兰着手组织远征军，准备援助勇敢的芬兰人，后者出乎意料地对红军的进攻坚持进行了顽强的抵抗。但是远征军只有通过挪威和瑞典才能到达芬兰，而德国也立即看出，如果盟军被允许通过或者径自通过这两个斯堪的纳维亚半岛国家的北部，那么他们就会以维持交通为名，留驻足够的兵力在那里，以便完全截断瑞典铁矿砂对德国的供应。*此外，西方盟国也一定会从北方包围德国。雷德尔海军元帅毫不迟缓地提醒希特勒注意这一威胁。

---

* 这个推测是正确的。现在人们已经知道，1940年2月5日在巴黎召开的盟国最高军事会议决定，在派遣远征军前往芬兰时，在距离瑞典铁矿场不远的纳尔维克登陆的军队必须占领这些矿场（见拙著：《斯堪的纳维亚的挑战》[*The Challenge of Scandinavia*]，第115—116页注）。丘吉尔说，在那次会议上，决定“顺便对耶利瓦勒的铁矿加以控制”（《风暴欲临》，第560页）。

苏芬冬季战争期间，苏联军队穿着冬季伪装和滑雪板夜行军穿过卡累利阿地峡。

德国的这位海军首脑，现在已经在挪威本国找到一个叫作维德孔·亚伯拉罕·劳里茨·吉斯林少校的有用的同盟者，来推行他的计划。这个人的名字很快就会在各种语言中成为卖国贼的同义词。

维德孔·吉斯林的出现

吉斯林在开始他的生涯之初还是相当体面的。他于1887年出生在一个世代务农的家庭里，以全班第一名的成绩从挪威军事学院毕业。当他还是20多岁的时候，就被派到彼得格勒担任陆军武官。由于他在英国和布尔什维克政府断绝关系期间曾代为照料英国的利益，英国政府授给他大英帝国勋章。这时他既对英亲善，也对布尔什维克亲善。他作为挪威著名探险家和慈善家弗里乔夫·南森的助手，曾在苏俄待了一段时间，从事救济工作。

共产党人在俄国的成功，使这名年轻的挪威军官颇为心折；因此，当他回到奥斯陆的时候，就向工党毛遂自荐，愿意效劳，当时工党还是共产国际的成员之一。他曾建议由他来组织一支“赤卫队”，但是工党对他和他的计划并不信任，拒绝了他。于是，他就掉转方向，走到另一极端去了。他在1931年至1933年期间担任国防大臣之
675 后，就在1933年5月剽窃刚在德国获得了政权的纳粹党的理论和策略，创立了一个叫作“国家统一党”的法西斯政党。但是纳粹主义在挪威富饶的民主土地上吃不开，吉斯林自己甚至连一个议员的席位也没有弄到手。他在选举中被本国人民唾弃以后，就转而投靠纳粹德国去了。

他和德国纳粹运动的官方哲学家、头脑糊涂的阿尔弗雷德·罗森贝格建立了关系。这个哲学家曾担任过许多职位，其中之一就是纳粹党的外交事务办公室主任。这个希特勒的启蒙导师之一，波罗的海来的白痴，以为他已在这个挪威军官的身上找到了机会，因为罗森贝格醉心的幻想之一就是建立一个排除犹太人和一切“不纯”种族的北欧大帝国，在纳粹德国领导之下，最后统治全世界。从1933年以后，他一直和吉斯林保持联系，给吉斯林灌输了自己的荒谬的哲学和宣传。

1939年6月，当欧洲正是战云密布的时候，吉斯林乘出席在吕贝克举行的北欧协会会议的机会，要求罗森贝格不仅在理论上而且在其他方面给予支持。根据在纽伦堡公开出来的罗森贝格的秘密报告，吉斯林曾就战争一旦爆发时英国有控制挪威的危险这个问题警告过罗森贝格，并且提到德国占领挪威的好处。他要求对他的党和报纸给予实质上的援助。罗森贝格是个打报告的能手，他写了三份报告，分送给希特勒、戈林和里宾特洛甫，但是并未得到这三个头领的重视——在德国没有一个人把这个“官方哲学家”当作一回事。罗森贝格总算为吉斯林的25个强壮的冲锋队员安排好于8月间在德国进行两周训练。

在战争的最初几个月中，雷德尔海军元帅——至少他在纽伦堡是这样供认的——同罗森贝格和吉斯林都没有什么接触。他同前者不甚相识，至于后者，他根本没有听到过名字。但在俄国进攻芬兰以后，雷德尔立即就开始从驻奥斯陆的海军武官里夏德·施赖伯上校那里得到关于盟军就要在挪威登陆的消息。他在12月8日把这个消息告诉了希特勒，并且直率地提出意见说："必须占领挪威。"[5]

不久，罗森贝格写了一份《关于挪威枢密顾问吉斯林来访》一事的备忘录（没有日期）给雷德尔。这个挪威阴谋家已经到了柏林，罗森贝格认为应该告诉雷德尔他是怎么样一个人，是来干什么的。他说，在挪威陆军的主要军官之中，有许多人同情吉斯林。为了证明这一点，吉斯林给他看了纳尔维克驻军司令康拉德·孙德洛上校一封最近的信。这封信把挪威首相说成是"一个呆木头"，把他的一个主要大臣说成是"一个老酒鬼"，并且宣告他自己愿意"粉身碎骨，举行全国起义"。但是，孙德洛上校后来临到要保卫国家、抵抗侵略时却

维德孔·吉斯林（左）与阿尔弗雷德·罗森贝格。

没有粉身碎骨。

676 罗森贝格告诉雷德尔说，实际上吉斯林有一个政变计划。这个计划想来一定会得到柏林的重视，因为它是从德奥合并事件抄袭过来的。吉斯林的一些冲锋队员将在德国由“有经验的、顽强的、善于这种活动的纳粹党人”施以紧急训练。这些人受过训练回到挪威之后，将占领奥斯陆的战略据点，

> 同时，德国海军和德国陆军分遣队，应挪威新政府的特别要求，将在奥斯陆附近的一个预定的港湾出现。

这是德奥合并策略的全部重演，只是由吉斯林担任赛斯-英夸特的角色而已。

> ［罗森贝格又说］吉斯林认为这样一种政变……会得到陆军中现在和他有联系的那一派人的赞同……至于国王，他相信会接受这种既成事实的。
>
> 吉斯林对于需要使用多少德国部队来支持这一行动的估计，与德国方面所做的估计是一致的。[6]

雷德尔海军元帅在12月11日和吉斯林见了面。这次会见是由一个叫作维拉姆·哈格林的挪威商人通过罗森贝格安排的，这个商人由于业务关系大部分时间都住在德国，他是吉斯林在德国的主要联络员。哈格林和吉斯林告诉雷德尔许多消息，他都及时记录在海军的机密档案里。

> 吉斯林说……英国计划在斯塔万格附近登陆，而克里斯蒂安桑则被提出可能作为英国的基地。挪威的现政府、议会以及整个

外交政策都控制在霍尔-贝利沙*的亲密友人、著名的犹太人汉布罗［卡尔·汉布罗是挪威议会主席］手中……关于英国占领后对德国所造成的危险，他做了详尽的叙述……

为了在英国行动之前先发制人，吉斯林建议“把必要的基地交由德国武装部队自由处理。在整个沿海地区的铁路、邮政和交通的重要岗位上的人员，已经为这一目的而被收买过来了”。他和哈格林来到柏林是为了建立“将来和德国的明确关系……希望能召集会议讨论有关联合行动和把部队运到奥斯陆去等问题”。[7]

雷德尔被深深地打动了，后来他在纽伦堡供认了这一点。他对他的两个客人说，他要和元首商量一下，然后把结果通知他们。第二天他就这样办了，开会的时候，凯特尔和约德尔也在场。这个海军总司令（在缴获的文件中有他关于这次会议的报告）对希特勒说，吉斯林 677
已经给他“一个可靠的印象”。然后他就简要叙述了这个挪威人所制订的计划，强调吉斯林“和挪威陆军军官们的密切关系”，以及他为了“举行一次政变以接管政府并请求德国援助”所做的准备工作。所有出席的人一致认为，不能让英国占领挪威，但是雷德尔却忽然谨慎起来。他指出，德国对挪威的占领，“自然会招致英国采取有力的对策……而德国海军还没有充分的准备，足以做长期的对抗。万一要实行占领的话，这是一个弱点”。另一方面，雷德尔又建议准许最高统帅部

与吉斯林一起制订计划，以进行准备工作和按下列两种方法之一实行占领：

一、通过友好方法，即由挪威要求德国军队协助；

二、通过武力。

* 当时英国保守党政府的一个大臣。——译者

希特勒并没有准备好在这个时候走这一着。他回答说，他首先要亲自和吉斯林谈一谈，“以便对他有所了解”。[8]

就在第二天，即12月14日，他和吉斯林谈了话。雷德尔亲自把这两个挪威卖国贼送到总理府。这次会见的记录虽然没有找到，但是吉斯林，正如他给那位海军首领留下了深刻印象一样，显然也给这位德国独裁者留下了深刻的印象。* 因为就在当天晚上，希特勒即命令最高统帅部和吉斯林会商，草拟一项计划。哈尔德听说这个计划也将把对丹麦的进攻包括在内。[10]

12月16日和18日，尽管希特勒忙于应付有关“施佩伯爵号”的坏消息，他还是连续两次接见了吉斯林。可是，海军的受挫看来使他对于主要依靠海军进行的斯堪的纳维亚冒险更加小心起来。据罗森贝格说，元首对吉斯林强调，“挪威的态度最好是……完全中立”。但是如果英国人准备入侵挪威，德国人就不能不抢先占领。同时，他也将供给吉斯林一些经费，以对付英国的宣传和加强他自己的亲德活动。1月间，先拨给了他20万金马克，并答应从3月15日开始每月给1万英镑，连续三个月。[11]

圣诞节前不久，罗森贝格派了一个名字叫作汉斯-威廉·沙伊特的特务到挪威去和吉斯林一道工作。圣诞假期中，有少数参与内幕的
678 最高统帅部军官，开始考虑最初定名为“北方研究”的计划。海军方面对此是有意见分歧的。雷德尔确信英国想在不久的将来进入挪威，但海军作战参谋部的作战处却不同意这种看法，在它的1940年1月13日的秘密作战日志里，透露了他们的不同意见。[12]

作战处不相信英国有可能马上占领挪威……［它］认为如果

* 他没有给德国驻奥斯陆的公使库尔特·布罗伊尔博士怎样好的印象。布罗伊尔在12月间曾两次写信警告柏林说，吉斯林“是一个不值得重视的人物……他的影响和前途是……微不足道的”。这位公使由于他的坦率和不愿参加希特勒的阴谋而很快就不得不付出代价。[9]

没有英国进攻的威胁，德国占领挪威就将是一个危险的行动。

因此，海军作战参谋部得出结论说，“最有利的解决办法，无疑就是维持现状”，并且强调说这样就可以继续利用挪威的领海，使铁矿砂的运输“完全安全”。

希特勒对于海军的迟疑和最高统帅部在1月中旬向他提出的“北方研究”的结果报告都感到不满。1月27日，他要凯特尔发出一道绝密的指令，说明“北方研究”的下一步工作将在元首“本人的直接监督之下”继续进行，并指示凯特尔负责准备一切。于是在最高统帅部成立了一个由海、陆、空三军各派一名代表组成的工作小组。这一军事行动计划以后就用“威悉演习”的代号。[13]

这一步骤似乎表明希特勒对于占领挪威不再犹疑不决了。如果在他的思想上还有任何怀疑的话，那么，经过2月17日在挪威领海上发生的事件，他的任何疑团都完全消散了。

原来，“施佩伯爵号”的一艘辅助补给舰“阿尔特马克号”设法通过了英国封锁线偷偷地向德国开回来。它2月14日在挪威领海内向南朝德国航行时，被一架英国侦察机发现了。英国政府知道，舰上装有被“施佩伯爵号”击沉的英国船只被俘船员300人，他们是被当作战俘运到德国去的。挪威海军军官曾对“阿尔特马克号”供应舰做了一次马马虎虎的检查，发现舰上并没有俘虏，也不是武装舰只，于是发给通行证，准予开回德国。但是丘吉尔了解到的情况却不是这样，他亲自命令一个英国驱逐舰队开入挪威领海去登上德国船解救俘虏。

英国驱逐舰“哥萨克号”在舰长菲利普·维安海军上校的指挥下，于2月16日夜间在“阿尔特马克号”隐藏地点戈斯兴湾去执行它的任务。经过一阵混战之后，德国方面死亡4人，受伤5人，英国上船的人员解救了299名海员，这些人原来都被关在货仓里和一个空油槽内，为的是避免被挪威人发现。

挪威政府就英国侵犯挪威领海提出了强烈的抗议，但张伯伦在下
679 院作答说，挪威准许德国人使用自己的领海，运输英国俘虏到德国战俘营去，本身就已经违反了国际法。

对于希特勒来说，这使他最后打定了主意。他由此认为，挪威不会认真反对英国在自己的领海内使用武力。从约德尔的日记中可以看出，“阿尔特马克号”舰上的“施佩伯爵号”船员没有做更顽强的战斗——“没有抵抗，英国未受损失”——也使希特勒非常愤怒。据约德尔的日记透露，2月19日希特勒极力催促完成“威悉演习”的计划。他对约德尔说：“把舰只装备好，把部队准备好。”他们还缺一个领导这整个行动的军官，因此，约德尔就提醒希特勒，已经到了指派一位将军和参谋人员的时候了。

凯特尔提出一个军官，他就是曾在第一次世界大战末期随冯·德·戈尔茨将军的师团在芬兰作战过的尼古拉斯·冯·法尔肯霍斯特将军，他现在正在统率西线的一个军。希特勒过去对于指派一个指挥官来从事北方冒险这样的小事一直没有放在心上，这时马上就把他召回来了。这位将军虽然出身于原来叫作雅茨仁伯斯基而现在又改称为法尔肯霍斯特（德文的意思是“鹰巢”）的西里西亚的军人世家，但元首并不认识他。

法尔肯霍斯特在纽伦堡的一次提审中，曾谈起2月21日清晨他们第一次在总理府见面时的情况，这次会见是很耐人寻味的。法尔肯霍斯特从来也没有听见过什么“北方研究”计划，而且他也是第一次面对这个纳粹统帅，希特勒显然没有能使他像所有其他将领那样产生敬畏的情绪。

> ［他在纽伦堡说］我听命坐下。后来我又遵命把1918年芬兰作战的情况告诉元首……他说：“坐下，把当时的情况告诉我。”我就说了。
>
> 后来，我们站了起来，他把我带到铺满了地图的一张桌子旁

> 边。他说："……德国政府已经知道英国人企图在挪威登陆……"

法尔肯霍斯特说，他从希特勒那里得到的印象是："阿尔特马克号"事件对元首的"立即执行计划"起了最大的影响。使这位将军感到惊奇的是，他当场立即就被指派为执行这个计划的总司令。希特勒还说，陆军将交给他五个师由他指挥，目的是占领挪威几个主要的港口。

希特勒在中午时分叫法尔肯霍斯特退下，并且要他在下午5时带着他的占领挪威的计划回来报告。

> [法尔肯霍斯特在纽伦堡说] 我出去买了一本旅行指南，想看看挪威究竟是什么样子。我对它一点也不了解……后来，我回到了我的旅馆房间里，根据旅行指南进行工作……下午5时，我回到元首那里去。[14] 680

最高统帅部制订的计划从来也没有给这位将军看过，因此他根据一本旧旅行指南制订出来的计划可以想象得到，是相当粗糙的，但看来却已经使希特勒满意了。计划预定在奥斯陆、斯塔万格、卑尔根、特隆赫姆和纳尔维克五个挪威港口各分配一个师的兵力。法尔肯霍斯特后来说："你所能做的也就是如此而已，因为它们都是大港口。"这位将军在宣誓保守秘密和受到"赶快进行"的催促以后，就告辞出来，开始进行工作了。

正在忙于准备进攻西线的布劳希奇和哈尔德对于这些工作的进行基本上是不知道的。直到2月26日法尔肯霍斯特谒见陆军参谋总长并请求派一些部队，尤其是山地作战部队来执行他的任务，到这时候，他们才知道有这么一回事。哈尔德并不怎么积极合作；实际上他很为恼火，他要求更多地了解到底是怎么一回事，还有什么需要。哈尔德在日记里叹息说："这些事情，元首和布劳希奇从来没有商量过，这种情况必须在这次的战争史上记载下来！”

然而，对这些旧派将领，尤其是对他的参谋总长异常瞧不起的希特勒，是不能推三阻四的。他在3月29日*热心地批准了法尔肯霍斯特的计划，包括增加两个山地作战师，并且宣称还需要更多的部队，因为他要“在哥本哈根摆下重兵”。丹麦肯定成了希特勒的进攻对象；因为空军想得到那里的基地，以便进攻英国。

第二天，3月1日，希特勒为“威悉演习”发出了一道正式指令。

绝　密

最高机密

> 斯堪的纳维亚局势的发展，要求做占领丹麦和挪威的一切准备。这一作战行动，可以防止英国对斯堪的纳维亚和波罗的海的侵犯。此外，它还可以保证我们在瑞典的铁矿基地，并为我们的海军和空军提供进攻英国的更为广阔的出发线……
>
> 从我们的军事、政治力量和斯堪的纳维亚各国的军事、政治力量的对比来看，使用于“威悉演习”的兵力，越少越好。数量上的弱点，应以大胆行动和出奇制胜来弥补。
>
> 在原则上，我们应当竭力使这一行动像是一次**和平**占领。它的目的是以武力维护斯堪的纳维亚各国的中立。相应的要求将于占领之初递交给这些国家的政府。必要时将举行海、空军示威，以便为这些要求提供必要的压力。如果示威不行，遇到抵抗，就用一切军事手段加以击溃……越过丹麦国界和在挪威登陆，必须
> 681 **同时**进行……
>
> 最重要的是，对于斯堪的纳维亚各国和西方的敌人，应该用**奇兵袭击**……只有在从海上出发的时候，才让部队知道实际的目标。[15]

---

* 应为2月29日。——译者

据约德尔报告，就在3月1日那天晚上，陆军总司令部由于希特勒要求抽调军队到北方作战而“大为生气”。第二天戈林又对凯特尔“发了一顿脾气”，并且跑到希特勒那里去诉苦。这名肥胖的元帅，由于长期以来未得参与机密，并且由于空军已经置于法尔肯霍斯特的指挥之下而感到愤怒。希特勒在一场严重的互争权力的威胁之下，于3月5日召集三军领袖到总理府，企图平息这场纠纷，但是也无济于事。

> [约德尔在日记里写道]元帅[戈林]之所以生气，是因为事先没有跟他商量。这次讨论几乎是他一人在说话，他还试图证明所有以前的准备都毫无用处。

希特勒为了安抚他，稍微做了一些让步，计划仍迅速进行。根据哈尔德的日记，他早在2月21日就有这样的印象：对丹麦和挪威的进攻，要在对西方发动了进攻并取得一定的成就以后才开始。究竟先开始哪一个行动，希特勒自己是犹豫不决的，并且在2月26日向约德尔提出这个问题。约德尔建议把这两个行动完全错开，希特勒同意说：“如果可能的话，就这样办。”

3月3日，他决定“威悉演习”应该在“黄色方案”（进攻西线的代号）之前执行，并且“很严厉地”对约德尔说：“必须在挪威迅速采取强而有力的行动。”这时，勇敢但是在人力上寡不敌众和武器上弱不敌强的芬兰军队，遭到俄国的强大进攻，正面临着覆灭的灾祸。据可靠的报告，英法的远征军即将从苏格兰基地开往挪威登陆，准备通过挪威和瑞典到芬兰去援救芬兰人。* 这一威胁就是希特勒急于行动的

---

* 3月7日，英国参谋总长艾恩赛德将军通知曼纳海姆元帅说，盟国远征军57 000人准备援助芬兰人。如果挪威和瑞典准许通过的话，第一个师的15 000人可在3月底到达芬兰。事实上，曼纳海姆知道，五天之前，即3月2日，挪威和瑞典都再一次拒绝了法、英提出的给予过境权的要求。尽管如此，达拉第在3月8日还是责备芬兰人没有**正式**要求盟国派遣军队，而且还暗示，盟国仍将派军前去，而不顾挪威和瑞典的抗议。但是曼纳海姆是骗不了的。他曾劝告他的政府（转下页）

682 主要原因。

但是，3月12日，俄芬战争突然由于芬兰接受俄国苛刻的媾和条件而停止了。这在柏林受到了普遍的欢迎，因为它使德国不用再不得人心地支持俄国进攻芬兰，而且也使苏联接管波罗的海的企图暂时中止下来。但是，就希特勒自己在斯堪的纳维亚的冒险来说，俄芬战争的停止使他感到很为难。正如约德尔在日记中所吐露的那样，这将“难以解释”占领挪威和丹麦的“动机”。他在3月12日写道：“芬兰和俄国的媾和，使英国而且也使我们失去了占领挪威的任何政治依据。”

希特勒现在确实很难找到借口。3月13日，忠实的约德尔写道：元首“还在找寻理由”。第二天，他又写道：“元首对于如何为‘威悉演习’辩解，还没有拿定主意。”更糟糕的是，雷德尔开始泄气了。他“怀疑在挪威搞预防性战争（？）是不是还有重要意义”。[16]

现在希特勒踌躇起来了。这时，又遇到了另外两个问题：(1) 怎样应付美国副国务卿萨姆纳·威尔斯，他是奉罗斯福总统之命于3月1日到达柏林，企图试探在西线开始大屠杀以前是否有终止战争的可能性的；(2) 怎样取得由于受到忽视而被激怒了的意大利盟国的谅解。希特勒还没有考虑怎样答复墨索里尼1月3日的一封盛气凌人的来信。柏林和罗马的关系显然已经冷淡下来了。德国人有一定的理由相信，萨姆纳·威尔斯现在到欧洲来，是想把意大利从已经有裂痕的轴心拉开，并且说服它：如果战争继续下去的话，无论如何也不要和德国一起作战。各种警告从罗马传到柏林，说明现在已经是采取措施使这位怀恨在心的意大利领袖保持联合的时候了。

（接上页）在芬兰军队仍然保持实力、没有战败以前就求和，并于3月8日同意立即派遣媾和使团去莫斯科。这位芬兰总司令看来对法国人这种不在法国本国的前线作战而在芬兰前线作战的热情是颇为怀疑的（见《曼纳海姆元帅回忆录》[*The Memoirs of Marshall Mannerheim*]）。

人们不难推测，如果英法远征军真的到达芬兰并对俄国人开战，那么在交战国之中将会引起多么混乱的局面！因为在一年多之后，德国就将对俄国开战，那样一来，在西方彼此为敌的国家在东方就要成为盟国了。

希特勒会晤萨姆纳·威尔斯和墨索里尼

希特勒、戈林和里宾特洛甫对于美国情况的愚昧无知，简直达于
极点。* 虽然他们这个时候的政策是企图使美国置身于战争之外，但他 683
们却像1914年他们的柏林前辈一样，并不认真地把美国看成一个有强大军事潜力的国家。早在1939年10月1日，德国驻华盛顿的陆军武官弗里德里希·冯·伯蒂歇尔将军就曾经劝告柏林的最高统帅部用不着担心美国会派远征军到欧洲来。12月1日，他又进一步通知他在柏林的陆军上司说，美国的军事装备完全不足以执行“进攻性的战争政策”，并且还说，“国务院的不起作用的仇恨政策和罗斯福的一时冲动的政策常常是以对美国军事力量估计过高为依据而制定出来的，与这些政策相反”，华盛顿的参谋总部“对于德国和它从事战争的原因还是有所了解的”。在他的第一次报告里，伯蒂歇尔写道，“林德伯格和著名飞行家里肯巴克”都主张美国置身于战争之外。但是，到了12月1日，尽管他低估美国的军事力量，他仍然警告最高统帅部说：“如果

---

* 希特勒对美国的奇怪见解，在前几章中已经举了一些例子，但是在缴获的外交部文件中，有一份暴露当时希特勒思想状态真相的记录。3月12日，希特勒和了解美国的德国“专家”柯林·罗斯做过一次长谈。罗斯刚从美国归来不久，他曾在美国做了一次讲演旅行，卖力地给纳粹党进行过一些宣传。在罗斯谈到有一种“帝国主义倾向”在美国甚为流行的时候，希特勒问道（根据施密特博士的速记记录）：“这种帝国主义倾向是不是会助长把加拿大合并到美国的愿望，从而形成反英的态度。”

必须承认，希特勒的美国问题顾问在使他了解美国的问题上并没有多大帮助。这次会见中，罗斯在回答希特勒询问美国为什么会这样极力反德的时候谈了一些话，其中有一段是这样讲的：

> ……仇恨德国的另一个因素……是犹太人的巨大优势。他们以非凡的才干和组织能力领导着反对德国和纳粹党的斗争……
>
> 柯林·罗斯随后谈起罗斯福。他认为，罗斯福是希特勒的仇敌，这是出于个人嫉妒，也是出于个人权力欲……他是和元首在同一年获得当权地位的，他眼看着元首完成了伟大的计划，而他自己……却没有达到目的。他也有在某些方面与纳粹党极其相似的独裁理想。然而正是由于看见希特勒达到了目的，他却没有达到，这就促成了他的病态野心，想在世界舞台上同元首竞争。……

在柯林·罗斯走了以后，希特勒说罗斯是一个的确有许多好意见的非常聪明的人。[17]

美国认为西半球受到威胁，它还是会参战的。”[18]

德国驻华盛顿代办汉斯·汤姆森曾尽最大努力向他在柏林的无知的外交部长提供美国的一些事实。9月18日，当波兰战争将近结束的时候，他警告德国外交部说：“美国绝大多数人民都同情我们的敌人，美国深信德国是犯有战争罪行的。”在同一份报告里，他还指出，德国想在美国进行破坏活动的任何企图都会引起可怕的结果。他要求不要以“任何方式”进行这一类破坏活动。[19]

这个要求显然没有得到柏林方面的重视，因为在1940年1月25日，汤姆森又打电报给柏林说：

> 我得知纽约的一个美籍德人冯·豪斯贝格尔和一个德国公民
> 684 瓦尔特，据说在德国谍报局的指使之下，计划对美国军事工业进
> 行破坏。据信冯·豪斯贝格尔家里藏有雷管。

汤姆森要求柏林停止这种做法。他说：

> 要使美国参战，再也没有比重复采用上次世界大战时驱使美国参加我们敌人行列的那种行动更加可靠了，再说，那种行动并不能对美国的战争工业造成丝毫破坏。

此外，他又说：“无论从哪方面来看，这两个人都不适宜做谍报局的特工人员。”*

---

* 魏茨泽克回答说，卡纳里斯曾亲自向他保证，汤姆森提到的那两个人都不是谍报局的特工人员。但是任何真正的谍报组织都是不会承认这一类事情的。据外交部其他文件透露，1月24日有一个谍报局的特工人员奉命离开布宜诺斯艾利斯向住在新泽西州维霍肯的弗里茨·冯·豪斯贝格尔报到，以“接受我们专业方面的指示”。另一个特工人员在12月间从同一个地点被派遣到纽约，收集关于美国飞机制造厂和向盟国运送武器的情报。2月20日，汤姆森自己对于康斯坦丁·冯·迈德尔男爵的到来提出了报告。这个人是爱沙尼亚籍的波罗的海日耳曼人，他对华盛顿的德国大使馆说，他是谍报局派来进行一项破坏活动的。

从1938年11月罗斯福召回美国驻柏林大使以抗议纳粹对犹太人的公开屠杀以来，两国都没有大使驻在对方了。贸易已减少到最小数额，这主要是由于美国的抵制，而现在又被英国的封锁完全截断了。1939年11月4日，参众两院表决解除了禁止军火出口令，这就打开了美国向西欧盟国供应军火的道路。萨姆纳·威尔斯就是在这种两国关系迅速恶化的情况下于1940年3月1日到达柏林的。

萨姆纳·威尔斯到达柏林的前一天，即2月29日——这一年是闰年——希特勒采取了非常的步骤，发出一道秘密的“如何和威尔斯先生谈话的指令”。[20] 指令要求德国方面持“保留态度”，并且告诫要“尽量让威尔斯先生发言”。这个指令为接待美国特使的全体高级官员规定了五点准则。德国的主要论点是，德国并没有对英法两国宣战，而是英法两国向德国宣战；元首曾于10月间向它们提出和平的建议，但它们拒绝了；德国接受了挑战；英法进行战争的目的是想“毁灭德意志国家”，因此，德国没有选择的余地，只好继续战争，等等。

> ［希特勒最后说］应当尽量回避具体政治问题的讨论，例如
> 未来的波兰国家等问题。如果［他］提出这类问题，可以说这种 685
> 问题要由我作决定。不言而喻，奥地利问题和波希米亚及摩拉维亚保护国的问题，是完全没有讨论余地的……
>
> 凡是可以被解释为……德国对于现在讨论和平的可能性表露有任何兴趣的话，都应避免。说得更恰当一点，我要求不要让萨姆纳·威尔斯先生有丝毫理由怀疑德国要胜利结束这场战争的决心……

不仅里宾特洛甫和戈林，连希特勒自己分别在3月1日、2日和3日先后接见威尔斯的时候，也是极其严格地按指令行事的。根据缴获文件中施密特博士所做的长篇谈话记录来判断，这位有些沉默寡

言、老于世故的美国外交官必然会以为他到了一所疯人院，如果他还相信自己的耳朵的话。这三个纳粹巨头，个个都对威尔斯大肆曲解历史，他们极其荒谬地歪曲事实，甚至连最简单的字都失去了原来的意义。[*]希特勒在3月1日发出他的“威悉演习”的指令，第二天接见威尔斯时却坚持说，盟国的战争目的是“消灭”，而德国的战争目的是“和平”。他向他的来客大谈其为了与英、法保持和平所做的一切努力。

> 在战争爆发前不久，英国大使曾坐在萨姆纳·威尔斯现在所坐的地方，元首向他提出他一生中最大的建议。

他对那个英国人所提的建议都被拒绝了，英国现在一心一意要毁灭德国。因此，希特勒认为：“这场战争将不得不打到底……除了一场你死我活的搏斗之外，没有别的解决办法。”

这就难怪威尔斯向魏茨泽克老实说并又向戈林重复：如果德国决心要在西线取得军事胜利，那么，他的欧洲之行“就毫无意义……而
686 他也就没有别的话要说了”。[21†]

---

*“在上帝和全世界的人们面前，”戈林对威尔斯大声说，“他，作为陆军元帅，敢说德国是不要战争的。战争是强加在它身上的……当别人要毁掉它时，德国又有什么办法呢？”

† 当时有一个完全非官方的美国调解人在柏林，他是通用汽车公司的副董事长詹姆斯·D. 穆尼。据我的记忆，他是在战争爆发前后不久到柏林的。像另一个业余外交家达勒鲁斯那样，他也想试图拯救和平，虽然他不像达勒鲁斯那样交际广。1940年3月4日，即威尔斯离开柏林的第二天，希特勒接见了穆尼。根据缴获的德国方面关于这一次会见的记录，穆尼曾告诉希特勒说，罗斯福总统对德国的态度“要比柏林一般人所认为的更为友好和同情”，还说总统准备做“调停人”，使交战国和解。而希特勒则仅仅重复了两天前他对威尔斯讲的那些话。

3月11日，汤姆森向柏林发出一份机密备忘录。这是一个没有指名的美国线人为他准备的。备忘录说穆尼“多少有些亲德”。这个通用汽车公司的行政首脑一定上了德国人的当了。汤姆森的备忘录说，穆尼依据早先和希特勒会谈所得向罗斯福报告说，希特勒“希望和平，希望避免在春季战役中流血”。奉召回国待在柏林做寓公的德国驻美大使汉斯·迪克霍夫，在穆尼会见了希特勒之后，立即和穆尼见了面。他向外交部报告说，这个美国商人“太啰唆”，还说，“我不信穆尼的建议有什么重要价值”。[22]

虽然威尔斯在与德国人谈话时强调说，他在这次旅行中从欧洲政治家那里所听到的话都是为了传达给罗斯福一个人听的，但是他却认为不妨自作主张告诉希特勒和戈林：他曾和墨索里尼做过“长时间的、建设性的、有益的”谈话；墨索里尼认为“在欧洲实现持久的巩固的和平，还是有可能的”。德国人这时看到，如果意大利独裁者真有这样的想法，那么，现在就是纠正它们的时候了。和平肯定是要的，但那只能在德国取得西线辉煌的胜利之后。

希特勒没有答复墨索里尼1月3日的信，使这位意大利领袖愈来

1940年3月，萨姆纳·威尔斯离开德国总理府。

愈感烦恼。在整整一个月之中，阿托利科大使不断询问里宾特洛甫，什么时候可以得到答复，并且暗示意大利和英、法的关系正在改进，而且贸易也在增加。这种贸易内容之一是意大利出售战争物资，这使德国人十分恼火。他们在罗马不断提出抗议，指责意大利帮助西方盟国是不适当的。冯·马肯森大使向他的朋友魏茨泽克一再叙说自己的“严重焦虑”，而后者也害怕墨索里尼的那封没有得到答复的信如果再“置之不理”，意大利领袖就要采取“自由行动”了——德国也许会永远失去墨索里尼和意大利。[23]

3月1日希特勒得到了一个机会。英国宣布切断德国由海道通过鹿特丹运往意大利的煤炭运输。这对意大利经济是一个沉重的打击，意大利领袖对英国大为愤怒，同时对于马上答应设法用火车运煤的德国又热情起来。希特勒趁热打铁，在3月8日写了一封长信给墨索里尼，两天以后由里宾特洛甫在罗马亲自递交。[24]

信里并没有对迟迟未复前信表示歉意，但是语气是亲切的。在这封信中，希特勒比以前写给他的这个意大利伙伴的信中说的话都要多。他把几乎所有可以想到的问题的看法和政策都做了相当详细的说明。这封信还对纳粹与俄国的联盟问题、抛弃芬兰人问题，以及连一个残存的波兰也没有留下的问题都做了辩解。

> 如果我把德国部队从总督辖区［波兰］撤走，这并不能使它得到绥靖，而只会带来可怕的混乱。教会将不能执行它赞美上帝
> 687 的职能，而神父的脑袋也要被砍掉……

希特勒继续写道，至于萨姆纳·威尔斯的访问，并没有什么结果。他仍然决定在西方发动进攻。他认识到“未来的战争不会轻易得胜，而将是德国历史上一场最残酷的斗争……是一场你死我活的斗争”。

接着，希特勒就向墨索里尼示意，劝他参加战争。

> 领袖，我认为，这次战争的结果无疑也将决定意大利的命运……你终有一天会面对今天与德国作战的这些敌人的……我也看到了我们两国的、两国人民的、我们革命的和我们制度的命运，都已不可分割地联结在一起了……
>
> 最后，让我向你保证，不管怎样，我总相信命运迟早会使我们终于并肩作战。这就是说，不管局势中的个别情况现在会怎样发展，你将同样地无法逃避这场武装冲突。我还相信，届时你将比以往更加贴近我们一边，正如同我将更加贴近你们一边一样。

墨索里尼给这封信奉承得飘飘然了。他马上向里宾特洛甫保证，他同意“在火线上”站在希特勒这一边。这位纳粹外交部长不失时机地把他的主人恭维一番。他说，元首“对于最近英国对德国从海道运煤到意大利采取封锁措施，感到异常愤慨”。他问意大利需要多少煤，墨索里尼回答说，每月50万吨到70万吨。里宾特洛甫爽快地说，德国现在准备每月供应100万吨，而且提供运煤用的大部分车皮。

在3月11日、12日两天，他们两人举行了两次长时间的会谈，在场的有齐亚诺。据施密特博士的速记记录透露，里宾特洛甫当时极其浮夸。[25] 虽然要商谈的还有更加重大的问题，他却把缴获的波兰驻西方一些首都的使节发回的一些外交电报拿出来给墨索里尼看，来表明“美国的滔天的战争罪行”。

> 这位外交部长解释说，这些文件明确地表明了美国大使蒲立德［驻巴黎］、肯尼迪［驻伦敦］、德莱克塞尔·比德尔［驻华沙］所起的罪恶作用……从这些文件可以看出犹太富豪集团的阴谋，这个集团的影响通过摩根和洛克菲勒一直达到罗斯福那里。

这个妄自尊大的纳粹外交部长胡吹了几个小时，这只能显示他一贯的对于世界大事的无知。他强调两个法西斯国家的共同命运，并且强调说，希特勒马上就会进攻西线，“在夏天打败法国军队”，在“秋天以前”把英国人赶出大陆。墨索里尼多半时间在听他说话，偶尔插上一两句话，这个纳粹部长显然没有注意到话里的讽刺意味。例如，
688 根据施密特的记录，当里宾特洛甫夸口说“斯大林已经放弃世界革命的想法”时，墨索里尼就反驳说：“你真相信这个说法吗？”当里宾特洛甫说“每一个德国士兵都相信肯定会在今年取得胜利”时，墨索里尼就插嘴说：“这句话很有意思。”这天晚上，齐亚诺在日记里写道：

> 会见以后，在没有别人在旁的时候，墨索里尼告诉我，他不相信德国的攻势，也不相信德国会完全成功。

意大利领袖答应在第二天会谈时表示自己的意见，里宾特洛甫对于他可能发表怎样的意见多少有些不安。他在给希特勒的电报里说，他还得不到一点“有关这个领袖的想法的暗示”。

他其实是用不着担心的。第二天，墨索里尼的态度完全改变了。施密特写道，他十分突然地“转变为完全赞成战争”。他告诉客人说，问题不在于意大利是否与德国一起作战，而在于什么时候一起作战。时间的配合是“需要十分慎重考虑的。因为他在一切准备工作就绪以前，不应该参战，以免加重他的伙伴的负担”。

> 这一回，他不得不非常明确地说明，意大利的经济情况不能长期作战。他不能像英法两国那样，可以每天花费10亿里拉。

这些话看来使里宾特洛甫愣了一会儿。他想逼着这个独裁者确定意大利参战的日期，但后者却不肯把话说死。他说：“在意大利确定对

英、法的关系的时候，也就是和这两个国家决裂的时候，意大利参战的日期就会到来。”他补充说，“挑起”这种破裂是极容易的事。里宾特洛甫虽然坚持，但他并没有能够得到一个确定日期。显然这件事情须由希特勒来亲自过问了。因此，纳粹外交部长建议他们两人在3月下半月即19日以后在布伦纳会晤。墨索里尼欣然接受了这个建议。这里要附带说明一下，里宾特洛甫对于希特勒打算占领丹麦和挪威的计划并没有透露过一个字。有些机密，即使你迫切需要一个盟国和你搭伙，也还是不能向他说的。

里宾特洛甫虽然没有能够使墨索里尼同意规定一个日期，但他已经诱使意大利领袖同意参战了。齐亚诺在日记里哀叹说：“如果他希望增强轴心，那么他是成功了。”当萨姆纳·威尔斯访问柏林、巴黎、伦敦之后回到罗马，在3月16日与墨索里尼再度会见的时候，他发现后者已经变成另一个人了。

> ［威尔斯后来写道］他看来如释重负……我一直在奇怪，在
> 我第一次访问罗马之后的两个星期之中，他是不是还没有下定重 689
> 大的决心，在里宾特洛甫访问他时，他是不是还没有决定把意大
> 利拖入战争。[26]

威尔斯其实用不着奇怪。

里宾特洛甫坐着专车离开罗马不久，这个心里烦恼的意大利独裁者又反复犹豫起来。齐亚诺在3月12日的日记里写道：“他生怕答应对盟国作战这一步走得太远了。他现在想劝阻希特勒发动大陆攻势，并且希望在布伦纳会谈时能够实现这个愿望。”齐亚诺虽然是一个才能有限的人，却知道得更清楚。他在日记里补充说：“不能否认，领袖被希特勒迷住了，被他的性格之中的一种根深蒂固的东西所形成的魅

力迷住了。元首将得到比里宾特洛甫能得到的更多的东西。”这话不错——但也有些保留，下面就要谈到。

里宾特洛甫一回到柏林就在3月13日给齐亚诺打电报，要求布伦纳会议提前于3月18日举行。“德国人真叫人受不了，”墨索里尼气愤地说，“他们不给人一点喘息或者考虑的时间。”尽管如此，他还是同意了这个日期。

> ［齐亚诺在那一天的日记里写道］领袖有点担心。直到现在他还活在以为一场真正的战争不会爆发的幻想中。现在，冲突已迫在眉睫，而他可能处在局外人的地位，这种可能性使他感到不安，用他自己的话来说，使他感到屈辱。[27]

1940年3月18日清晨，这两个独裁者各自的专车徐徐驶入坐落在高耸入云、白雪皑皑的阿尔卑斯山下的布伦纳隘口车站，这时空中正飘着雪花。作为对墨索里尼的一个让步，会谈是在这位意大利领袖的私人车厢里举行的，但是，发言的几乎只是希特勒一个人。齐亚诺当天晚上在日记里概述这次会谈的情况：

> 会谈简直像独白……全部时间只有希特勒在讲话……墨索里尼很感兴趣地、怀着敬意地倾听着。他说得很少，确切表明了他与德国采取一致行动的意图。他给自己保留的，只是适当时刻的选择而已。

墨索里尼在终于能够插上一句的时候说，他认识到，“保持中立一直到战争终了是不可能的”。与英、法两国合作是“不可想象的。我们恨他们，因此，意大利的参战是不可避免的”。为了使他相信这一点，希特勒已花了一个多小时的时间，最后还加了一句：如果意大利不愿受到摒弃并且变成“一个二等国家”的话。[28]但墨索里尼在这个主要的问题上使元首得到了满意的答复以后，马上又留了一条退路。 690

> 但是，最大的问题是日期……有一个条件必须得到满足。意大利必须要有“很好的准备”……意大利的经济情况不允许它进行一场长期的战争……
>
> 他问元首，如果进攻推迟，是否会对德国有什么危险，而他则不认为这有危险……［这样］他在三四个月之后，可以完成他的军事准备，才不致处在眼看着自己的战友作战而自己只限于摇旗呐喊这种为难的地位。他愿意做更多的事情，但不是现在就能做。

希特勒不打算推迟他在西线的进攻，他把这个想法也谈出来了。但他有“一些理论上的计划”，也许可以解决墨索里尼从正面进攻峰峦起伏的法国南部的困难，因为他知道，这一战役“将造成大量的伤亡”。他建议意大利提供一支强有力的部队，协同德国的部队沿着瑞士的边境向罗讷河流域挺进，“以便从背后绕过法意边界上的阿尔卑斯山前线”。当然，在这之前，德国的主力部队应该已经在北线把英国人和法国人打退。希特勒显然试图使意大利干起来容易一些。

> ［希特勒继续说］敌人［在法国北部］被击溃时，意大利积极参战的时刻就来到了，不过参战不是在阿尔卑斯山前线最困难的地方，而是在别处……
>
> 战争将在法国决定胜负。只要把法国收拾掉，意大利就将称霸地中海，英国就不能不求和了。

这里必须说明，墨索里尼看到，自己可以在德国人进行了最艰苦的战斗以后坐享其成地得到这么多的收获，对于这样一个大好机会，他当然是不肯放过的。

> 领袖回答说，一旦德国胜利地向前推进，他将立即参战……当盟国遭到德国进攻，已经无法支持，只要再打一拳就可以使他们投降时……他绝不拖延。

但是，在另一方面，

> 领袖说，如果德国的进展迟缓，他就要等一等再说了。

这种露骨的、怯懦的讨价还价，似乎并没有使希特勒过分恼火。如果墨索里尼真的如齐亚诺所说的那样，被“希特勒的性格中的一种根深蒂固的东西”吸引住了的话，那么也许可以说，基于同样的神秘理由，这种吸引力是双方面的。希特勒对于某些最亲近的同僚曾经背信弃义，其中有些人如罗姆和施特拉塞尔都已遭他杀害；但他对于他的滑稽可笑的意大利伙伴却保持着一种奇怪的、异乎寻常的忠诚，甚
691 至当这个趾高气扬、外强中干的罗马恺撒遭遇困难和灾难的时候，这种忠诚也并没有减弱，反而更加强了。本书中有不少令人感兴趣的不可解的谜，这就是其中之一。

总之，意大利的参战，不管其价值如何，现在终于庄严地承诺下来了。除了希特勒之外，没有什么德国人，认为这会有多大价值，纳粹将领有这种看法的则更少。现在，希特勒又可以打主意进行新的、迫切的征服了。他对于其中最迫切的一个——在北方——没有对他的盟友透露过半点风声。

1940年3月18日，希特勒与墨索里尼在布伦纳山口会面，意大利确定参战。

密谋分子的又一次失败

反纳粹的密谋分子又一次试图说服将军们废黜他们的领袖——这一次是在他要在北方发动新的侵略之前。他们已经听到了这个风声。这些文职人员密谋分子，仍然希望英国政府保证与反纳粹的政府媾和。由于他们是那样一些人，他们仍然坚持，新的德国政府无论如何应当被允许保有大部分希特勒夺得的领土：奥地利、苏台德区和1914年的德波边界，虽然最后这一块领土在过去只是由于消灭波兰国家以后才取得的。

带着这样的建议，哈塞尔，一个有相当个人勇气的人，于1940年2月21日到瑞士的阿罗萨同英国的一名联络人商谈。他在日记里称这个人为“X先生”，其实他的名字叫J. 朗斯代尔·布赖恩斯。2月22日、23日，他们在极端机密的情况下商谈了四次。在罗马外交界曾经出过一些风头的布赖恩斯，是在本书中出现的那些有些外行的毛遂自荐的和平谈判者之一。他和唐宁街有关系，哈塞尔和他一见面就有了深刻的印象。史蒂文斯少校和贝斯特上尉打算在荷兰与德国密谋分子建立接触的计划失败以后，英国对于这整个事情多少有点怀疑。当布赖恩斯催促哈塞尔明确答复他代表谁进行谈判的时候，这名德国使节变得狡猾起来了。

“我无权把支持我的人说出来，”哈塞尔回答说，“我只能对你保证，从哈利法克斯那里得到的声明，会送到适当的人那里。”[29]

哈塞尔接着就把德国“反对派”的意见做了概括的说明：他们认为，“在采取大规模的军事行动以前”，必须推翻希特勒，而这必须是“纯粹由德国人来办的事情”；关于柏林的反纳粹政府将受到如何的对待，必须有“英国权威方面”的声明；改变政治制度的主要障碍是1918年的历史，这就是说，德国人担心事情会像当年牺牲了德皇以后

那样发展下去。哈塞尔和他的朋友要求得到保证：如果他们除掉了希特勒，德国将得到比除掉威廉二世以后更为宽大的待遇。 692

于是他就把一份他自己用英文写好的备忘录交给了布赖恩斯。这是一份内容含糊的文件，虽然它对于以“基督教伦理、正义和法律、社会福利、思想和信教自由为基础的未来社会”充满了高贵的感情。哈塞尔写道，“这场疯狂的战争”继续下去的最大危险是“欧洲的布尔什维化”——他认为这比纳粹主义的继续存在还要坏。他的和平的主要条件是让新的德国保持他列举出来的、希特勒征服了的几乎所有地方。德国据有奥地利和苏台德区，这是在任何和平条件中都不能讨论的地区；德国还必须恢复1914年的德波边界，这实际上当然是指1914年的德俄边界，虽然话没有这样说，因为波兰在1914年是并不存在的。

布赖恩斯同意必须采取迅速行动，因为德国进攻西线已迫在眉睫。他答应把哈塞尔的备忘录送给哈利法克斯勋爵。哈塞尔回到柏林，把自己最近活动的情况报告给他的同谋者。他们虽然希望能从哈塞尔的“X先生”那里得到最好的消息，但此刻他们最关心的还是这所谓“X报告”的文件。这是他们在谍报局的一个成员汉斯·冯·多赫南伊根据米勒博士在梵蒂冈与英国人接触的结果写成的。* 这个文件声称，教皇已准备向英国斡旋，同一个新的反纳粹的德国政府进行合理的和平谈判。那些希特勒的反对者的条件中，有一条是他们认为教皇会加以支持的，这就是“在解决东方问题方面要对德国有利”，由此可以看出他们的观点之一斑。穷凶极恶的纳粹独裁者已经通过武力侵略在东方得到对“德国有利”的解决，这些正派的德国密谋分子要求英国在教皇的祝福下送给他们同样的东西。

在1939—1940年间的冬天，密谋分子的脑子里想的尽是“X报

* 见本书原文第648页。

告”。10月底，托马斯将军已经把这个报告给布劳希奇看过了，为的是想鼓励这位陆军总司令尽力劝阻希特勒不要在那年秋天在西线发动进攻。但是布劳希奇对这样的鼓励并不领情，事实上，他还威胁托马斯将军，如果他再提这件事，就要把他逮捕起来。他训斥说，这是“明显的叛国罪”。

现在，当纳粹即将发动新的侵略的时候，托马斯把“X报告”交给哈尔德，希望他能够照这个报告行事。但这是妄想。这位参谋总长告诉密谋分子中最积极的人员之一格德勒（他也曾请哈尔德带头，因为优柔寡断的布劳希奇不肯带头）：此刻他不能背弃他作为一个军人对元首的誓言。而且，他还说：

> 693 英国和法国已经向我们宣战，我们只有干到底。妥协的和平是毫无意义的。只有在最紧急的关头，我们才能采取格德勒所希望的行动。

哈塞尔在1940年4月6日的日记中，详细讲到格德勒向他所分析的哈尔德的精神状态。他在日记中叹息道：“看，结果还不是这样！”这位日记的作者补充说：“哈尔德在谈到他的责任的时候，开始哭起来了，给人的印象是一个神经受伤的软弱的人。”

这个印象的真实性是可疑的。哈尔德4月第一周的日记里，尽是关于他协助策划的、在西线举行大攻势的准备工作的详尽记述。在重读这日记时，本书作者至少得到这样的印象：当参谋总长和那些战地司令官商谈并且审核德国历史上最巨大、最大胆的军事行动的最后计划的时候，他的情绪是兴高采烈的。在他的日记里，没有什么谋反思想，或者与良心作斗争的迹象。虽然他对进攻丹麦和挪威有些不安，那完全是出于军事原因的考虑。他对于纳粹侵略四个中立小国丝毫没有道德上的疑虑，虽然德国对这些国家的边疆都曾做过庄严的保证，而他也知道，德国即将对它们进行攻击，对其中两个国家即比利时和荷兰的进攻计划还是他自己亲自领导制订的。

这些“正派的德国人”想在时机尚未过晚之前赶希特勒下台的最后企图，就这样结束了。这是他们本来可以获得宽大的和平的最后机会。布劳希奇和哈尔德表示得很清楚，将领们对于谈判出来的和平是不感兴趣的。他们现在与元首一样，只是想实现在德国胜利以后由他们指定条件的和平。直到这种机会渐渐消失时，他们才认真地回到他们原来想把他们的疯狂的独裁者除掉的谋反想法，这种想法，在慕尼黑时代和措森时代曾经是十分强烈的。读者必须记住这种精神状态和性格，才能了解接着发生的事件和后来编造的神话。

攻占丹麦和挪威

希特勒征服丹麦和挪威的准备工作，被许多作家称为战争中保密最严的事情之一，但在本书作者看来，这两个斯堪的纳维亚国家——甚至英国人——之所以猝不及防，不是由于他们没有得到将要发生什么事变的警告，而是由于他们没有及时地相信这种警告。

在灾祸发生前十天，谍报局的奥斯特上校向他的一个亲近的朋友、荷兰驻柏林武官J. G. 萨斯上校透露了德国“威悉演习”计划的消息。萨斯立即通知丹麦海军武官舍尔森上校。[30]但是安然自得的丹麦政府并不相信自己的海军武官。当4月4日丹麦驻柏林的公使打发舍尔 694
森赶快回哥本哈根亲自报告的时候，他的情报还是没有得到重视。甚至在事变发生的前夕，即3月8日晚上，已接到德国一艘满载部队的运输舰在挪威南部海岸——就在丹麦北面——中了鱼雷的消息，不少丹麦人还亲眼看见一批德国海军舰队在他们的岛屿之间向北驶去，甚至在这个时候，晚餐桌上有人说到国家已处于危险状态时，丹麦国王对这话还一笑置之。

“他真的不相信有这回事。”一个当时在场的禁卫军军官后来说。他还说，事实上，国王餐后还到皇家戏院看戏，心情“充满自信而愉快”。[31] 早在3月间，挪威政府就从驻柏林公使馆和瑞典人那里接到关于德国军队和海军舰艇在北海和波罗的海港口集中的警告。4月5日从柏林收到了一件确实的情报说，德国人即将在挪威南部海岸登陆，但是奥斯陆的麻痹自满的内阁还是对之抱怀疑态度。4月7日，发现有几艘德国大型军舰向挪威海岸前进，同时接到英国飞机在斯卡格拉克口外扫射德国舰队的报告；4月8日，英国海军部通知挪威驻伦敦公使馆，说发现有一支强大的德国海军驶近纳尔维克；而奥斯陆的报纸也发表新闻说，当天在挪威的利勒桑附近海面遭到波兰潜艇袭击的“里约热内卢号”运输舰上获救的德国士兵宣称，他们是去卑尔根协助抵御英国的——即使到了这个时候，挪威政府还不认为有必要采取显而易见需要采取的步骤，例如动员军队，在所有港口的炮台里配备充足的兵力，堵塞飞机场的跑道，或者——尤其重要的是——在通向首都和主要城市的易于敷设水雷的狭窄水道上设置水雷。如果这些事情都办到了，历史也许会别有一番转折。

不祥的消息，正如丘吉尔所说的那样，在4月1日就开始传到伦敦了。4月3日，英国战时内阁讨论了最新的情报，尤其是从斯德哥尔摩来的情报。这些情报说，德国人在它的北部港口集中了相当多的兵力，目标在于向斯堪的纳维亚推进。但这消息似乎并没有受到认真的考虑。两天以后，4月5日，当德国第一批海军补给舰艇已经出海的时候，张伯伦首相在一次讲演里宣称，希特勒由于没有在英法毫无准备的时候进攻西线，已经“错过了机会”——这句话使他不久以后就自悔失言。*

695 据丘吉尔说，英国政府这时认为，德国人在波罗的海和北海港口内增兵的目的，只是为了一旦英国为截断从纳尔维克运送铁矿砂的航

---

* 德国的第一批三艘补给舰于4月3日凌晨2点开赴纳尔维克。德国最大的油船于4月6日在俄国人的默许下离开摩尔曼斯克，开赴纳尔维克，俄国人殷勤地供给了油料。

道而到挪威领海布雷同时也占领纳尔维克和南部其他一些港口时，使希特勒便于反击。

事实上，英国政府当时的确正在考虑进行这样的占领行动。经过七个月的挫折以后，海军大臣丘吉尔终于获得了战时内阁和盟军最高军事会议的批准，于4月8日在挪威水路上布雷——这是一个代号叫作“威尔弗雷德”的军事行动。由于看来德国人可能对于他们的纳尔维克铁矿砂运输线受到封锁这一致命打击采取有力的对策，因此决定派一小批英法联军到纳尔维克去，并且一直挺进到附近的瑞典边境。据丘吉尔说，另外还要派一些军队去更远的南方的特隆赫姆、卑尔根和斯塔万格登陆，“以阻止这些基地被敌人占领”。这就是人们所知的“R-4计划”。[32]

这样，在4月的第一周，当德国军队已经登上各种舰艇准备开赴挪威的时候，英国军队虽然人数要少得多，也已经在克莱德河登上运输舰，在福斯河登上巡洋舰，向着同一目标前进。

4月2日下午，希特勒在同戈林、雷德尔和法尔肯霍斯特举行了长时间的会议以后，发布了一道正式指令，规定“威悉演习”在4月9日凌晨5点15分开始。同时，他还发布了另一道指令，规定“占领时必须千方百计防止丹麦和挪威两国国王逃到国外”。[33]同一天，最高统帅部还把这个秘密计划告诉了外交部，对里宾特洛甫发了一道详尽的命令，指示他准备采取外交措施劝诱丹麦和挪威在德国军队到达的时候不战而降，并编造一些理由为希特勒的最新的侵略辩护。[34]

玩弄诡计的工作还不限于外交部，海军也要耍些花招。4月3日，第一批舰艇刚出发，约德尔就在日记里考虑万一挪威人对于本国附近发现这么多的德国军舰产生疑惧，用什么欺骗手法蒙混过去的问题。实际上，这个小问题早已由海军解决了。海军已指示自己的军舰和运输舰伪装成英国舰艇开过去——必要时甚至悬挂英国国旗！德国海军在秘密命令中已为“进攻挪威时进行欺骗和伪装”作了详细的规定。[35]

绝　密

进港时行动守则

所有舰只都须灭灯……伪装英国舰艇的时间应尽可能地延长。挪威舰只用莫尔斯电码发出的盘问，一律用英语回答。回答
696 的时候，可以适当选择诸如下列的词句：

“到卑尔根暂泊，无敌意。”

……回答时应使用下列英国军舰名称：

“科隆号”用英舰“开罗号”名称。

“柯尼斯堡号”用英舰“加尔各答号”名称……（等等）

必须做出准备，以便随时为英国军旗照明……

在驶往卑尔根途中……我方舰只在回答过往舰只盘问时的指导原则如下：

回答盘问：（例如“科隆号”）英舰“开罗号”。

回答停航命令：“（1）请将刚才信号重复一遍；（2）无法了解你舰信号。”

遇到警告性射击时则回答：“请停止射击。英国船，好朋友。”

遇到询问目的地和任务时则回答：“到卑尔根去。追击德国船。”*

这样，在1940年4月9日凌晨5点20分整（丹麦时间凌晨4点20分），天亮前一小时，德国驻哥本哈根和奥斯陆的使节向丹麦和挪威政府递送了德国的最后通牒，要求他们毫不反抗地立刻接受“德国的保护”。他们早20分钟把这两国的外交部长从床上叫起来。里宾特洛甫坚持要严格遵守时间表配合德国部队在那个时刻到达。这个最后通

* 海军元帅雷德尔在纽伦堡被告席上为这种战术辩护时说，它们是正当的“战争策略，从法律的观点来看，是无可非议的”。[36]

牒可能是希特勒和里宾特洛甫起草的迄今为止最厚颜无耻的文件。他们是起草这一类文件的能手，而且这时候在外交骗术方面也已经极有经验了。[37]

这份备忘录宣称，德国是来援助丹麦和挪威抵抗英法两国的占领的，它说：

> 因此，德国部队不是作为敌人登上挪威的国土的。德军最高统帅部除非出于被迫，无意利用德国军队占领的据点作为对英作战行动的基地……相反，德国军事行动的目的，完全在于保护北方，以防止英法军队企图占领挪威基地……
>
> ……本着德国和挪威两国之间久已存在的良好关系，德国政府向挪威王国政府宣布，不论现在和将来，德国都无意采取行动侵犯挪威王国的领土完整和政治独立……
>
> 因此，德国政府期望挪威政府和挪威人民……不要抵抗。任 697
> 何抵抗将不得不受到而且肯定会受到一切可能的手段的击破……从而只能导致绝对无益的流血牺牲……

德国的期望在丹麦实现了，但是在挪威落了空。威廉街从驻这两国的公使拍来的第一批急电中就知道了这一点。德国驻哥本哈根公使上午8点34分打电报给里宾特洛甫说，丹麦人已经“接受了我们的一切要求，[虽然] 表示了抗议”。驻奥斯陆的公使库尔特·布罗伊尔却不得不做完全不同的报告。凌晨5点52分，他在递交德国最后通牒32分钟以后，就把挪威政府的迅速答复电告柏林：“我们绝不自动屈服，战斗已在进行。”[38]

傲慢自大的里宾特洛甫被激怒了。* 10点55分，他拍了一封“特

---

* 本书作者简直没有见过这位纳粹外交部长有比那天早上更加令人讨厌的样子。他大摇大摆地走来参加外交部特地召开的一次记者招待会。他穿着一件发亮的灰绿色制服，看起来（转下页）

急”电报给布罗伊尔：“你应再次说服那里的政府，挪威的抵抗是毫无意义的。”

这位为难的德国公使并没有能够转达这句话。这时挪威国王、政府和议会议员都已经逃离首都转移到北方的山区去了。不论形势怎样不利，他们都决心抵抗下去。事实上，随着天亮时德国舰艇的到来，有些地方已经在进行抵抗了，虽然不是所有地方都是如此。

丹麦人则处于更为绝望的境地。他们这个快乐的小小岛国是防守不住的。这个国家太小，地势太平坦，而且最大的部分日德兰，对于从陆路开来的希特勒的装甲部队是敞开无阻的。国王和政府不能像在挪威那样可以逃到山地去，也不能指望从英国那里得到什么援助。有人说，丹麦人过于文明，在这种情况下，是不会战斗的；总而言之，他们没有战斗。陆军总司令W. W. 普赖奥尔将军几乎是唯一主张抗战的人，但他的意见还是被首相托瓦尔德·斯陶宁、外交部长爱德华·蒙克和国王所否定，后者在4月8日坏消息开始传来的时候，就拒绝了他的总动员的请求。海军不论从舰艇上或者从它的海岸炮台里，都没有发过一炮一弹，甚至当德国的运兵船只从它的炮口底下驶过，一开炮就可以把它们轰得粉碎的时候，也是如此。本书作者虽然在哥本哈根进行过调查研究，原因依然不明。陆军则在日德兰稍有接
698 触，禁卫军在首都王宫周围放了几枪，有几个人受伤。到丹麦人吃完一顿饱饱的早餐之后，一切都已结束了。国王听从了政府的劝告，不顾普赖奥尔将军的反对意见，还是投降了，并且下令停止任何抵抗。

用欺骗和突袭的手段占领丹麦的计划，正如缴获的德国陆军文件

（接上页）“好像整个地球都是他的”（我日记中的话）。他大声说：“元首已经做了答复……德国为了防止丹麦和挪威落入盟军手中，已经占领了这两个国家，并且将保护它们的真正中立，直到战争结束为止。这样，欧洲的一部分光荣土地，已经得到拯救而不至于覆亡了。”

那一天柏林的报纸也是值得一看的。《交易所日报》说：“英国残酷无情地踩着小国人民的尸体走过去。德国保护了弱小国家，使它们不受拦路抢劫的英国强盗的侵犯……挪威应当看到德国行动的正义性，德国采取这一行动是为了保证挪威人的自由。”希特勒自己的报纸《人民观察家报》则用了这样的通栏标题：**德国拯救了斯堪的纳维亚！**

所表明的，是经过缜密准备的。负责进攻丹麦的特遣部队参谋长库尔特·希默将军，于4月7日即已穿便服乘火车到达哥本哈根侦察首都，并作了必要的安排，为军队运输舰“汉萨城市但泽号”找到一个合适的停泊码头，为运输少量供应品和一台无线电发报机找到一辆卡车。负责攻占哥本哈根的那一营——要占领这个大城市，一营的兵力被认为已经足够了——的营长在两天以前就已穿着便服到哥本哈根来侦察地形了。

因此，这个将军和这个少校营长的计划能够几乎毫无困难地顺利完成，是不足为奇的。军队运输舰在天亮前不久就到达哥本哈根港外，经过港口炮台和丹麦巡逻舰艇的时候，没有遭到任何留难，安然停靠在市中心的兰盖里尼码头，离丹麦陆军总司令部只有一箭之遥，离国王所居住的阿玛连堡宫也很近。这两处地方都很快就被一营孤军夺取了，没有遇到值得一提的抵抗。

在疏疏落落的枪声之中，国王和大臣们正在王宫的楼上商议。这些大臣都是主张不抵抗的。只有普赖奥尔将军请求一战。他要求国王至少要逃到最近的豪威尔特兵营里去，以免被俘。但国王同意大臣们的意见。据一个在场的人说，国王曾问道：“我们的士兵是不是已经抵抗够了。”——普赖奥尔将军反驳说，还没有。*[39]

希默将军由于进展迟缓而感到有点不安了。据他自己的叙述，[40]他曾打电话给设在汉堡的联合作战总司令部——丹麦当局并没有想到要截断通往德国的电话线路——要求派些轰炸机到哥本哈根上空示威，“以便胁迫丹麦屈服”。谈话是用密码进行的。空军认为希默要求的是实际轰炸，就答应马上进行——这一个错误幸亏及时得到纠正。希默将军说，轰炸机“在丹麦首都上空隆隆盘旋，终于达到了目的：政府接受了德国的要求”。

---

* 丹麦全国的伤亡人数是死亡13人，受伤23人。德军伤亡大约20人。

当时想对丹麦部队广播政府已经投降的消息，是相当困难的，因
699 为当地的广播电台在那么早的时候还没有开始工作。德军终于用自己携带的电台以丹麦的波长进行广播，解决了这个问题，希默将军事先已经周到地找到一辆卡车，把电台运到了丹麦总司令部。

那天下午2点，希默将军由德国公使塞西尔·冯·伦特-芬克陪同，造访了那个已经不再是一国之主，然而自己还没有体会到的丹麦国王。关于这次访问，希默在德军秘密档案里留下了记录。

> 70岁的国王，虽然表面上还装得很镇静，并且在接见时保持了绝对的尊严，但内心显然已经支持不住了。他全身颤抖。他宣称他和他的政府一定会尽可能地维持国内的和平与秩序，消除德军和他的国家之间的一切摩擦。他希望使自己的国家免遭进一步的不幸和苦难。
>
> 希默将军回答说，作为个人，他对于负着这样一种使命来拜访国王，感到非常遗憾，但他只是在执行一个军人的任务……我们是作为朋友到这里来的等等。当国王问他是否可以保留卫队的时候，希默将军回答说……元首无疑会允许他保留卫队的。他毫不怀疑这一点。
>
> 国王听了，显然感到颇为宽慰。在接见的过程中……国王渐渐放下心来了，最后他对希默将军说了这样的话："将军，作为一个老军人，我可以向你说几句话吗？说几句军人对军人说的话？你们德国人又做出了一件令人难以置信的事！人们必须承认，这是一件了不起的事情！"

差不多在四年之中，直到战争的形势终于转变时，丹麦国王和他的人民——一个脾气好、讲文明、乐天知命的民族——一直没有给德国人制造什么麻烦。丹麦成了"模范保护国"。起初，征服者给予国

王、政府、法院甚至议会和新闻界的自由大得令人惊异。甚至丹麦的7 000犹太人也没有受到什么侵犯，至少有一段时期是如此。但是，虽然比其他大多数被征服的人民晚，丹麦人后来也终于认识到，当他们的条顿暴君的暴行随着战争形势的恶化一年比一年变本加厉的时候，进一步和这些暴君进行他们所谓的“忠诚合作”是不可能的，如果他们还想保留一点自尊和荣誉的话。他们也开始看到，德国终究未必能得到胜利，小小的丹麦也并不是像许多人起初所担心的那样，无可挽回地注定要做希特勒的恶劣到无法形容的新秩序下的一个附庸国。于是，抵抗运动就开始了。

挪威人的抵抗

挪威从一开始就进行了抵抗，虽然肯定不是每一个地方都在进
行抵抗。在瑞典铁矿砂运输铁道线终点纳尔维克港口，驻军司令康拉 700
德·孙德洛上校，我们前已知道，是一个吉斯林的热烈追随者，[*]他一枪不发就投降了德国。海军指挥官却是另外一种有骨气的人。当十艘德国驱逐舰向着长长的峡湾迫近时，港内的两艘古老的装甲舰之一“埃兹伏尔德号”发了一炮作为警告，并且用信号通知驱逐舰，叫它们说明身份。德国驱逐舰队的指挥官弗里茨·邦特海军少将以派遣一名军官乘汽艇向挪威舰艇招降作为答复。接着德国就玩弄了一下诡计，德国海军军官后来还以战时只问需要而无须遵守什么法律为辞，为这种行为辩解。当汽艇上的军官用信号通知德国海军少将，说挪威人表示他们要进行抵抗的时候，邦特等到汽艇一离开，马上就用鱼雷把“埃兹沃尔德号”炸毁了。第二艘挪威装甲舰“挪威号”于是就开了火，但也很快就给解决了。300名挪威水兵，几乎是这两艘船的全

* 见本书原文第676页。

部船员，全部阵亡。到上午8点，纳尔维克就落入德国人之手，把它攻下来的是偷偷溜过强大的英国舰队的防线的十艘驱逐舰，占领它的是由爱德华·迪特尔准将指挥的纳粹军队中的仅仅两营兵力。这名准将是希特勒在啤酒馆政变时结交的一个巴伐利亚老友，当第二天在纳尔维克的工作开始感到棘手的时候，他的行为表明他不愧是个足智多谋、心狠手辣的指挥官。

德国人夺取漫长的挪威西部海岸中部的特隆赫姆，也几乎是同样地轻而易举。港口的炮台在德国重巡洋舰“希佩尔号”率领的海军舰艇驶近峡湾时，已来不及向它们开炮。这艘舰上和四艘驱逐舰上的军队很顺利地在市内码头登陆，没有受到一点阻拦。有些要塞支持了几小时，附近的维尔纳斯机场则支持了两天，但这种抵抗并没有影响到德国对这个良港的占领。这个港口可供最大舰只和潜艇的停泊，同时又是横跨挪威中北部到达瑞典的铁路的起点站。德国人有充分理由希望，万一英国把他们的海道截断，仍可以从这里获得给养。

沿海岸往南，离特隆赫姆约300英里，与首都奥斯陆有铁道相通的挪威第二大港口城市卑尔根，曾进行一些抵抗。守卫港口的炮台，使“柯尼斯堡号”巡洋舰和一艘辅助舰受到重伤，但其他舰艇上的军队却安全地登了陆，在午前占领了这座城市。英国第一次直接对吓坏了的挪威人的援助，就是在卑尔根开始的。下午，十五架海军俯冲轰炸机炸沉了“柯尼斯堡号”，这样大的舰只在空袭中被炸沉还是第一艘。在港外，英国有一个很强大的舰队，由四艘巡洋舰、七艘驱逐舰
701 编成，本来是足以制服比较小的德国海军的。但是当这支舰队快要开入港口的时候，它接到海军部的命令，由于有可能遭到水雷和空中轰炸的危险，取消了进攻。这个决定是丘吉尔批准的，但是后来他后悔不迭。这是以后那些关系重大的日子里，将使英国付出昂贵代价的过分谨慎和迟疑不决态度的第一个征象。

在西南海岸斯塔万格港附近的索拉机场，则是在挪威机枪阵

地——那里并没有真正的防空设备——被炸毁以后才被德国伞兵部队攻占的。这里是挪威最大的机场，在战略上对德国空军非常重要，因为从这里起飞的轰炸机不仅可以攻击挪威海岸沿线的英国舰队，而且也可以袭击英国北部的主要海军基地。德国人攻占了它，就在挪威获得了直接的空军优势，使英国的大规模部队登陆的任何企图都无法实现。

南部海岸的克里斯蒂安桑对德国人进行了相当规模的抵抗。那里的海岸炮台两次击退了由轻巡洋舰“卡尔斯鲁厄号”率领的德国舰队的进攻。但是这些要塞很快就被德国空军炸毁了，港口也于午后3点左右陷落。但“卡尔斯鲁厄号”在当天晚上离开港口的时候，也被英国潜艇用鱼雷击中，损伤严重，终于沉没。

这样，到了当天中午或稍晚的一些时候，沿挪威西部和南部海岸，从斯卡格拉克到北极圈长达1 500英里地区的五个主要城市和一个大机场，都陷入了德国人之手。这些地方都是由力量远较英国海军为弱的德国海军输送的少数军队所攻占的。大胆、欺诈和突袭，使希特勒以很小的代价取得了煊赫一时的胜利。

但是，在奥斯陆这个主要目的地，他的军事力量和外交手段都遇到了意外困难。

在4月8日寒冷的夜里，从德国公使馆里派出的一个兴高采烈的欢迎团，由海军武官施赖伯上校率领（忙碌的公使布罗伊尔博士有时也参加一下），彻夜站在奥斯陆港的码头上，等待德国舰队和运输舰的到来。一个下级的德国海军武官则驾着汽艇在港里游弋，准备当舰队的领港。这个舰队是以袖珍战列舰“吕措号”和这个舰队的旗舰，崭新的重巡洋舰“布吕歇尔号”率领的。“吕措号”原名“德意志号”，因为希特勒不愿看到用这个名称的舰只沉没而更名。

但他们白等了一场。这些大军舰一直没有到达。它们在50英里长的奥斯陆峡湾入口的地方遭到了挪威布雷舰“奥拉夫·特里格维松号”的拦截。后者打沉了一艘德国鱼雷艇，打伤了轻巡洋舰“埃姆登号”。在派了一小股兵力登陆压制了岸上的炮台以后，德国舰队继续向峡湾前进。在奥斯陆以南约15英里的地方，海面狭隘，只有15英里宽，它们又遇到了困难，那里有古代的奥斯卡斯堡炮台，它的守军十分机警，出乎德国人的意料。天亮之前，炮台上28厘米口径的克
702 虏伯大炮对“吕措号”和“布吕歇尔号”开了火，还从岸上发射了鱼雷。10 000吨的“布吕歇尔号”，由于舰上弹药的爆炸，着火燃烧起来，船身碎裂，终于沉没，损失1 600名官兵，其中包括好几名秘密警察和行政官员以及他们所带的全部文件，他们是去逮捕国王和政府人员，接管首都行政工作的。“吕措号”也受了伤，但没有完全失去战斗力。在“布吕歇尔号”上面的舰队司令奥斯卡·库梅茨海军少将和率领第一六三步兵师的埃尔温·恩格尔布莱希特将军勉强游到岸上，成了挪威人的俘虏。于是这个残缺不全的德国舰队只好暂时退回去医治自己的创伤。它没有完成夺取德国的主要目标挪威首都的任务。直到第二天它才到达那里。

事实上，奥斯陆是陷于一支空降到当地未加防御的机场上的近似象征性的德军部队之手的。从别的海港传来的不幸消息和15英里外奥斯陆峡湾外传来的炮声，使挪威王室、政府和议会议员匆匆坐上专车于上午9点半由首都逃向奥斯陆以北80英里的哈马尔。20辆载着挪威银行的黄金和3辆载着外交部秘密文件的卡车也同时开出。这样，奥斯卡斯堡守军的英勇抵抗就挫败了希特勒企图俘虏挪威国王、政府和黄金的计划。

但是奥斯陆却已完全陷于仓皇失措的状态之中了。那里还留下一些挪威部队，可是对他们并没有做什么防御的安排，尤其是没有把附近的福内布机场封锁起来，这本来用一些旧汽车停在跑道上和机场周围就能做到。前一天的深夜，德国驻奥斯陆空军武官施皮勒上尉就已经驻在那里，准备欢迎预定于海军到达以后到达的空降部队。当舰队不能到达的时候，公使馆赶忙向柏林发去一封无线电报，报告了这个

意外的不幸局势。柏林方面立即采取了措施。不多久，伞兵和空降步兵部队就在福内布着陆了。到了中午，已经集中了大约5个连的兵力。这些部队都只是轻装，留在首都的挪威军队本来是能够轻而易举地把他们消灭掉的。但由于到现在还没有弄清楚的原因——当时奥斯陆已乱成一团——挪威军队没有被召集起来，更没有开入阵地，而那个象征性的德国步兵部队就以一支大声吹吹打打、临时拼凑的军乐队为前导，**开进了**首都。这样，挪威的最后一个城市就陷落了。但这并不是整个挪威的陷落。整个挪威还没有陷落。

4月9日下午，挪威议会在哈马尔开会，200名议员中，只有5名缺席。但是在7点半接到德军已逼近的消息时，议会就休会，向埃尔沃吕姆转移，该地离东面的瑞典边境只有几英里。布罗伊尔博士在里宾特洛甫的催促下要求马上谒见国王，挪威首相以德军向南撤退到安 703
全距离为条件才同意接见。德国公使不肯接受这个条件。

实际上纳粹这时正在耍弄新的花招。空军武官施皮勒上尉率领两连德国伞兵从福内布机场向哈马尔出发，企图俘虏顽抗的国王和政府。在他们看来，这事轻而易举，仿佛一场游戏。挪威军队在德国军队进入奥斯陆的时候既然一枪未发，因此施皮勒料想在哈马尔也不会遇到什么抵抗。这两连伞兵坐在征用来的公共汽车上，真像在做一次愉快的观光旅行。但他们没有估计到会有一个挪威军官干了同其他许多军官完全不同的事。原来护送国王北上的步兵总监卢格上校，坚持要设法掩护逃亡的政府，以临走时匆匆集合起来的两营步兵，在哈马尔附近设下了一个路障。德国人的汽车被迫停下来了，接着在一场小小的伏击中，施皮勒受了致命的重伤。德军在遭受到更多伤亡以后，一路退回奥斯陆去了。

次日，布罗伊尔博士单枪匹马从奥斯陆沿着原路去见国王。这名公使是一个旧派的职业外交家，他并不喜欢担任这个角色，但里宾特洛甫硬逼着他去说服国王和政府投降。布罗伊尔的困难任务由于奥斯陆刚刚发生的某些政治事件而变得更加复杂了。原来前一天晚上，在首都牢牢地落入德国人的手中之后，吉斯林就开始露面活跃起来，他闯入电台，广播了一个公告，任命自己为新政府的首脑，命令所有挪威人立即停止对德军的抵抗。这个叛国的行为反而使德国向挪威诱降的企图归于完全失败，虽然布罗伊尔并没有领悟到这一点，而柏林方面是从来不会甚至后来也没有了解这一点的。这看起来似乎很矛盾：挪威人民国耻当头的时候，吉斯林的叛国反而激励了原来吓呆了的挪威人起来从事抵抗，这种抵抗后来发展得十分英勇和不可轻侮。

布罗伊尔博士于4月10日下午3点在埃尔沃吕姆小镇的一间小学校里会见了哈康七世。哈康七世是20世纪唯一由人民投票选举登极的国王，也是五个世纪以来第一个属于挪威自己的国王。[*] 本书作者后来与国王进行过一次谈话，又阅读了挪威的记录和缴获的德国外交部文
704 件中的布罗伊尔博士的秘密报告，因此有可能在此追述一下当时的情况。国王十分勉强地同意在外交大臣哈尔夫丹·科特博士随侍下接见德国公使。但是当布罗伊尔坚持先单独谒见哈康的时候，国王在取得科特同意之后终于应允了。

德国公使遵照训令行事，对国王施行了谄媚和威胁并用的手法。他说，德国希望保持王朝，它所要求的只不过是哈康做他的哥哥前一天在哥本哈根做过的事情而已。对德国武装部队进行抵抗是愚蠢的，这只会造成对挪威人的无益的屠杀。他要求国王批准吉斯林政府，回到奥斯陆去。哈康是一个正直的、有民主作风的人，即使在这危难的时刻，仍然严格遵守宪法手续。他企图向这位德国外交官说明，在挪威，政治上的决定不是由国王来做的；这完全是政府的事情，因此他现在得要和政府商议。这时，科特参加了会谈，结果商定：政府一经

* 挪威有四个世纪是丹麦的一部分，有一个世纪则属于瑞典，到1905年才与瑞典脱离联邦关系，重新获得完全的独立。人民选举丹麦的卡尔亲王为挪威国王，称哈康七世。原来的哈康六世早在1380年就死去了。哈康七世是1940年4月9日晨很快就投降了德国人的丹麦国王克里斯蒂安十世的一个兄弟。

做出决定，就将用电话答复在返奥斯陆途中的布罗伊尔。

哈康虽然无权做出政治上的决定，但是肯定会起影响。对他来说，对德国人的答复只能有一个。为了防备德国人在布罗伊尔走后再来一次奇袭而俘虏他，他退到埃尔沃吕姆附近纽伯格松村子的一家简陋旅店里，召集政府的成员，举行了国务会议。

> [他告诉他们]……至于我，我不能接受德国人的要求。这是与我来到这个国家近35年来一贯认为作为挪威国王的一切责任不能相容的……我并不要求政府的决定受我这个声明的影响，或者以它作为基础。但是……我不能任命吉斯林，一个我知道为我国人民……以及人民在议会的代表所完全不信任的人为首相。
>
> 因此，如果政府决定接受德国人的要求——我充分理解主张接受的理由，因为我考虑到迫在眉睫的战争危险，将使许许多多的挪威青年不能不牺牲自己的生命——如果这样，**逊位**就是我的唯一道路。[41]

到了这时，政府中虽然也许有几个人还在犹疑不决，但政府的勇气并不比国王小，它马上表示支持国王。当布罗伊尔在返回奥斯陆的途中到达埃兹沃尔德时，科特就用电话把挪威的答复告诉了他。这位德国公使立即打电话给奥斯陆的公使馆，再从那里急速转告柏林。

> 国王不肯任命以吉斯林为首的政府，这个决定是根据政府全体一致的意见做出的。外交大臣科特在回答我特别提出的问题时说："抵抗将尽可能继续下去。"[42] 705

那天晚上，从附近乡村的一个电力微弱的小电台——那是与外部世界保持联系的唯一工具——上发出了挪威政府对强大的第三帝国的挑战。它宣告挪威决定不接受德国的要求，并号召为数只有300万的人民起来抵抗侵略。国王正式出面发出了这个呼吁。

但纳粹征服者并不十分相信挪威人真会说到做到。他们又做了两次尝试，企图劝阻国王。4月11日早晨，吉斯林的一个密使伊尔根斯上尉前来劝说国王返回首都。他保证吉斯林一定会效忠国王。但国王以无言的轻蔑拒绝了他的建议。

下午，布罗伊尔拍来了一份急电，要求再见国王，商谈“某些建议”。这位被上面追得很紧的德国公使，接到里宾特洛甫的指示，要他告诉国王：他“想给挪威人民最后一次达成合理的协议的机会”。* 这一次，科特博士在请示国王以后回答说，如果德国公使有“一定的建议”，他可以用电报向外交大臣提出。

纳粹在这样一个现已陷于绝境的小国面前碰了一鼻子灰以后，马上采取不脱强盗本色的还击。德国人要想俘虏国王和政府人员的企图既失败在先，要想说服他们投降的尝试又碰壁在后，于是现在就想一不做二不休地把他们杀掉了事。4月11日很晚的时候，德国空军奉命出动炸平纽伯格松村，纳粹飞行员先用炸弹和燃烧弹炸毁该村，又用机枪扫射那些企图从烈焰中逃生的人。德国人显然以为这样一来，他们已经把国王和政府人员都杀光了。后来在挪威北部俘虏的一名德国空军人员在4月11日的日记上有这样的记载：“纽伯格松。奥斯陆政府。已被完全消灭。”

村子的确是消灭了，但国王和政府人员却安然无恙。纳粹的飞机快来的时候，他们已经躲到附近的森林里了。他们站在深可没膝的

---

* 在里宾特洛甫的秘密指示里，有着进一步搞欺诈活动的不祥暗示。原来给布罗伊尔的指示是要他设法在“奥斯陆和国王现在居住地点的中间”安排一次会见。“为了显而易见的理由，布罗伊尔必须同冯·法尔肯霍斯特将军就这一措施做充分的讨论，同时必须将双方一致同意的地点通知后者。”负责用电话传达里宾特洛甫指示的高斯报告说：“布罗伊尔先生清楚地了解这个指示的含意。”这不由得使人想到，假如国王参加会议，法尔肯霍斯特的部队就会把他抓起来。[43]

雪地里，看着德国空军把这个小村庄里那些简朴的农舍夷为平地。他们现在面临着一个抉择：是向附近的瑞典边境转移，到保持中立的瑞典去避难，还是向北退到本国境内依然积满春雪的山区去。他们终于决定沿着崎岖的居德布兰山谷北上，经过哈马尔和利勒哈默尔，越过高山峻岭到达西北海岸的翁达尔斯内斯，这地方在特隆赫姆西 706
南100英里。沿途他们还可以把那些失散了的、茫然不知所措的军队组织起来，继续抗战。而且还有一些希望，英国军队可能会来援助他们。

争夺挪威的几次战役

远在北方纳尔维克的英国海军，对于德国突然占领的反应是十分强烈的。海军领导者丘吉尔承认，他们当初“根本没有想到”德国人会有这一手。现在，至少在德国以陆上为基地的轰炸机的航程难以到达的北方，英国海军转而采取攻势了。4月10日清晨，在德国十艘驱逐舰占领了纳尔维克而让迪特尔的部队登陆以后24小时，五艘英国驱逐舰组成的一支舰队开入纳尔维克港，把当时港内的五艘德国驱逐舰击沉了两艘，击伤其余的三艘，并击沉几乎所有的德国货船（一艘除外）。在这次行动中，德国的海军司令邦特海军少将也被击毙。但是英国舰队离港以后，遭遇到从附近峡湾出来的其余五艘德国驱逐舰。德国舰队的火力比英国舰队的火力强大一些，打沉了一艘英国驱逐舰，迫使另一艘搁浅，舰上的英国司令沃伯顿-李上校受了致命重伤，此外，还击伤了另外一艘。这样五艘英国驱逐舰中有三艘设法退到了外洋，在撤退的途中，打沉了一艘满载军火驶向纳尔维克港口的德国大货轮。

4月13日中午，英国派第一次世界大战时身经日德兰半岛之役而安然无恙的战舰“厌战号”率领的一个驱逐舰队回到了纳尔维克，把残余的德国军舰都歼灭了。指挥官W. J. 惠特沃思海军中将打无线电报给海军部报告战果，他极力主张，既然岸上的德国军队已经仓皇失措、土崩瓦解——迪特尔和他的人马事实上已经逃到山上去了——马上就应该"用主力登陆部队"占领纳尔维克。不幸的是，英国陆军指挥官P. J. 麦克西少将是一个谨小慎微的人，他第二天带了三个步兵营的先遣部队到达之后，决定不在纳尔维克冒险登陆，而在纳尔维克以北30英里还留在挪威人手里的哈尔斯塔登陆。这是一个需要付出很高代价的错误。

英国早已准备好要派一支小规模的远征军到挪威去，因此，他们行动这么迟缓是毫无理由的。4月8日下午，英国海军接到德国舰队向挪威海岸调动的消息以后，又以一切船只必须用于海军作战为理由，急急忙忙地把那些已经上船准备占领斯塔万格、卑尔根、特隆
707 赫姆和纳尔维克的部队打发下船，等到英国地面部队重新登船时，那些港口已经陷入德军手中了。等到他们到达挪威中部时，他们就像那些掩护他们的英国海军舰只一样，命运已操在握有制空权的德国空军之手了。

到了4月20日，一个英国旅，在法国阿尔卑斯轻骑兵三个营的增援下，在特隆赫姆东北80英里的小港纳姆索斯登陆。另外一个旅则在特隆赫姆西南100英里的翁达尔斯内斯登陆，这就形成了南北两面夹攻特隆赫姆的形势。可是，由于缺乏野战炮、高射炮和空军的支援，他们的基地整日整夜地受到德国空军的轰炸，补给品或增援部队的继续登陆也受到了妨碍，因此，这两支部队都没有给特隆赫姆以严重威胁。在翁达尔斯内斯登陆的一个旅，在向东60英里的铁路交叉点顿巴斯同一支挪威部队会合以后，放弃了向北进攻特隆赫姆的预定计划，转而向西南推进，到居德布兰山谷去增援挪威军队了。那儿的挪威军队在卢格上校的有力指挥下，已经使德国主力从奥斯陆向山谷推进的速度减缓下来。

行军中的挪威滑雪部队。

4月21日，在哈马尔以北的利勒哈默尔，英德两国部队进行了第一次交战。但这次战斗并不是势均力敌的。载有英军大炮的船只已被击沉，这一旅军队只得用步枪和机枪同有大炮和轻型坦克装备的强大德军对抗。更糟糕的是，英国步兵没有空军支援，不断受到从附近挪威机场起飞的德国空军的轰炸。经过24小时战斗以后，利勒哈默尔陷落了，英国和挪威军队开始了140英里的退却，从山谷铁路沿线撤到翁达尔斯内斯，边走边停地打后卫战，使德国人进展迟缓，但始终没有能把他们阻挡住。4月30日夜间，英国军队从翁达尔斯内斯撤退。5月2日，英法军队从纳姆索斯撤退。这两次撤退，就其本身来说，是一种了不起的成就，因为这两个港口已经由于德国不断的轰炸成了一片火海。4月29日夜间，挪威国王和他的政府人员在莫尔德（莫尔德同翁达尔斯内斯只隔一个罗姆达尔峡湾，这时也被德国空军炸成了瓦砾场）登上了英国巡洋舰“格拉斯哥号”，到达纳尔维克以北、北极圈上的特罗姆瑟，5月1日在该地建立了临时首都。

1940年4月，挪威国王哈康七世与王储奥拉夫在英国皇家海军“格拉斯哥号”上。

这时挪威的南半部，包括一切城市和主要市镇，都已无可挽救地失陷了。但挪威北部似乎还安全。5月28日，一支25 000人的盟军，包括两个旅的挪威军队、一个旅的波兰军队和两营法国外籍军团，把数量上大大处于劣势的德国军队赶出了纳尔维克。看来没有理由可以怀疑，希特勒是既得不到铁矿砂，也实现不了他占领整个挪威并使挪威政府投降的目标了。但是，在这个时候，德国军队已开始以惊人的力量进击西线，盟军需要以全部兵力堵塞这个漏洞。纳尔维
708 克终于放弃了，盟军又急急忙忙地上了船。坚守在瑞典边境附近的荒野山区的迪特尔将军，于6月8日重新占领了这个港口，四天以后接受了英勇顽强的卢格上校和他的由于觉得被英国在患难中遗弃而感到迷惑和愤懑的军队的投降。哈康国王和他的政府于6月7日从特罗姆瑟乘巡洋舰“德文郡号”去伦敦，在那里过了五年辛酸的流亡生

活。* 在柏林，迪特尔被擢升为少将，得到骑士十字勋章，被希特勒赞为纳尔维克的征服者。

在挪威战役中，希特勒尽管取得了惊人的胜利，但还是有他不好过的日子。在约德尔将军的日记里，充满了有关这个统帅一再表现出神经紧张不安的简短记述。4月14日，在接到纳尔维克德国海军部队全部覆没的消息以后，他记述希特勒“非常激动”。4月17日，希特勒对于纳尔维克的失陷又发作了一阵歇斯底里；他要求把迪特尔将军的部队用空运撤出来，这是一件不可能的事情。约德尔那一天在日记里写道：“每一个坏消息都非常令人害怕。”两天以后他又写道：“危机重演，政治行动已经失败了。布罗伊尔公使被召回国。据元首的意思，必须运用武力……”† 4月19日那天，在柏林总理府召开的会议上，大
家情绪很愤懑，三军首脑相互埋怨误了军机，甚至连专会逢迎拍马的 709
凯特尔也愤然退出会议室。“领导方面又有发生混乱的危险。”约德尔写道。4月22日，他又补充说：“元首对于英国人的登陆愈来愈担心。”

4月23日，由于德军从奥斯陆向特隆赫姆和翁达尔斯内斯进展迟

---

* 吉斯林统治挪威的第一次尝试并没有维持多久。4月15日，在他宣布自己为首相六天以后，德国人就把他一脚踢开，另外任命由六个挪威著名人士组成的一个行政委员会，其中有挪威路德教会的首脑人物埃温·贝格拉夫主教和最高法院院长保罗·伯格。这主要是伯格的主意，他是一个著名的能干的法学家，后来成为挪威抵抗运动的秘密首领。4月24日，希特勒又派一个暴戾的年轻纳粹党组织领袖约瑟夫·特博文为挪威长官，他是占领时期这个国家的实际统治者，统治的办法愈来愈残酷。一开始就反对吉斯林的布罗伊尔在4月17日奉召回国，退出了外交界并被派到西线去当兵。1942年，德国人恢复吉斯林的首相职位。但他还是十分不得民心；尽管他竭力讨好他的德国主子，但并没有握有权力。

战争结束时，吉斯林以叛国罪受审。在经过一次彻底的审判以后，被判处死刑，于1945年10月24日执行。特博文不愿被俘而自杀。挪威大小说家克努特·汉姆生因与德国人公开合作，为他们歌功颂德，以叛国罪被控；但由于他年高力衰，最后免于起诉。可是，他又因“从纳粹的统治中获得好处”的罪名被起诉而判罪，罚金65 000美元。他死于1952年2月19日，享年93岁。冯·法尔肯霍斯特将军则被当作一个战争罪犯而被英国挪威联合军事法庭起诉，罪名是将俘虏的盟军突击队交给党卫军处决。他于1946年8月2日被宣判死刑，但后来又被减刑为终身监禁。

† 冯·法尔肯霍斯特将军无疑是受到了由于挪威的抵抗而大发雷霆的希特勒的催迫，于4月13日签署一道命令，准备逮捕二十个最著名的奥斯陆公民作为人质，其中包括贝格拉夫主教和保罗·伯格。用布罗伊尔公使的话来说，如果挪威人“继续抵抗或实行怠工，这些人将被枪决”。[44]

缓，“激动情绪越发增长”（这是约德尔的话），但第二天情况有些好转，从此以后就愈来愈令人乐观了。到26日，希特勒精神奕奕，和他的军事顾问举行了通宵会议，到凌晨3点半钟，他对他们说，他想在5月1日到7日开始实行“黄色方案”。所谓“黄色方案”是越过荷兰和比利时进攻西线计划的代号。希特勒虽然在4月29日仍然“为特隆赫姆担忧”，但第二天，他接到有一支战斗部队已从奥斯陆赶到这个城市的消息，他又“高兴起来了”。现在，他终于能够再度把注意力放到西线来了。5月1日，他下令在5月5日以前完成在西线发动一场强大攻势的准备工作。

在挪威战役中，德国武装部队的司令官们——戈林、布劳希奇、哈尔德、凯特尔、约德尔、雷德尔等——第一次看到他们凶神恶煞的元首在战斗中碰到一点点挫折也会垂头丧气的情况。在经过一系列惊人的胜利以后，当战争局势逆转的时候，他的这个弱点就越发显著，而且有力地促成了第三帝国的最后崩溃。

不过不论人们看法如何，丹麦和挪威的迅速征服，仍然是希特勒的一个重大的胜利，仍然是英国的令人沮丧的失败。它使德国得到冬季运输铁矿砂的道路，进一步保护通往波罗的海的进出口，使得大胆的德国海军能够打开一个缺口进入北大西洋，并为它们的潜艇和海面舰只在对英作战中提供优良的港口设备。它还使希特勒的空军基地与主要敌人之间缩短了几百英里的距离。而最重要的恐怕是它大大地增加了第三帝国的军事威望，相应地减低了西方盟国的军事威望。纳粹德国好像是不可战胜的。奥地利、捷克斯洛伐克、波兰，现在又加上丹麦和挪威，都很轻易地屈服于希特勒的武力或武力威胁之下，而在丹麦和挪威事件中，甚至两个西方大国的帮助也没有起一点作用。正如一个著名的美国妇女所说，未来的潮流看来是属于希特勒和纳粹主义了。

希特勒最近的征服，对于其余的中立国家来说，也是一个令人胆寒的教训。中立显然已不再能够为那些企图在一个极权主义占优势的世界里生存下去的民主小国提供什么保护。芬兰在不久以前刚刚明白了这一点，现在又轮到了挪威和丹麦。它们在还有充分时间的时候，在实际遭到侵略以前，竟然谢绝世界强国的友好援助，这种盲目态度只能责怪它们自己。

> ［丘吉尔在4月11日对下院说］我相信，这个事实将会得到其他国家的反复思量，这些国家也许在明天，也许在一星期之后，也许在**一个月之后**，会发现自己已成为一个同样处心积虑制订出来要毁灭它们和奴役它们的军事计划的受害者。[45] 710

显然，他心中指的是荷兰和比利时。但是它们虽然有一个月的时限，却并没有开始做什么思量。*

人们从希特勒用闪电方式征服斯堪的纳维亚两个国家的事件中，也可以在军事方面得到一些教训。最重要的是空军的重要意义，以及当轰炸机和战斗机的陆上基地就在附近的时候空军对海军的优势的重要意义。还有一个其重要意义不亚于这个教训的古老教训是，胜利常常属于胆大心狠、出奇制胜的一方。德国的海军和空军具有这两个特点，

---

* 瑞典夹在占领芬兰和波罗的海诸国的俄国同占领邻邦丹麦和挪威的德国之间，经过再三思量之后，认为除了坚守它的不稳定的中立和万一遭到攻击则奋起战斗以外，别无选择。他们拒绝盟国部队取道瑞典开往芬兰，以此来讨好苏联，而现在，在重重压力之下，它又得去讨好德国。瑞典虽然曾给芬兰一批可观的军火，但当挪威被进攻的时候，它却拒绝给挪威军火，也不给它汽油。4月间，德国人屡次要求瑞典准许它的部队过境到纳尔维克去给迪特尔解围，但在战事结束以前，一直遭到拒绝，只有一列满载医疗人员和药品的火车曾被准予通过。6月19日，由于害怕受到德国的直接进攻，瑞典只好向希特勒的压力屈服，准许纳粹军队和作战物资通过瑞典铁道到挪威去，但有一个附加条件，就是来去的军队人数要相等，以免德国驻挪威的部队会因此增加兵力。

这对德国是大有帮助的。由于通过瑞典从陆路运输生力军和作战物资，希特勒避免了它们在海上被英国击沉的危险。在协定实施后的最初六个月中，在挪威的德军大约有14万人换了防，同时德军由于得到供应也大大加强了。后来，在德国向俄国进攻以前不久，瑞典允许纳粹把整整一个全副武装的师，从挪威经过瑞典开到芬兰，以便进攻苏联。瑞典在一年前拒绝盟国的事，现在却答应了纳粹德国。要知道德国对瑞典施加压力的详细情况和希特勒同瑞典国王古斯塔夫五世交换信件的内容，可参看《德国外交政策文件汇编》，第9卷。本书作者也在《斯堪的纳维亚的挑战》一书中比较详细地谈到这个问题。

而迪特尔在纳尔维克则显示了德国陆军具有盟军所缺少的机智谋略。

在斯堪的纳维亚的冒险中，有一个军事上的后果当时不能立即判定，这也许是因为谁也不能看到遥远的未来。在挪威的战争中，双方人员的损失都是轻微的。德国方面死1 317人，失踪2 375人，负伤1 604人，总共伤亡5 296人；挪威、法国和英国方面的伤亡约5 000人。英国损失航空母舰1艘、巡洋舰1艘和驱逐舰7艘，波兰和法国则各损失驱逐舰1艘。德国海军的损失要严重得多：20艘驱逐舰中损失了10艘，8艘巡洋舰中损失了3艘，主力巡洋舰“沙恩霍斯特号”和“格奈泽瑙号”及袖珍战列舰“吕措号”都负了重伤，结果几个月都不能参加作战。希特勒在即将到来的夏季战役中，已经没有值得一提的舰队可以使用了。当不久之后入侵英国的时候到来时，这就成了一
711 个不能克服的困难。

但是，到了丹麦、挪威已经列进他一长列征服名单中的5月初，希特勒和他的热心的将军们——将军们去年秋天的疑惧情绪如今已一扫而光——正为他们确信将成为最大征讨的军事行动进行最后准备的时候，希特勒丝毫也没有考虑到德国海军严重失去战斗力所可能造成
712 的后果。

注　释

1.《纳粹的阴谋与侵略》，第4卷，第104页（纽伦堡文件1546-PS）；第6卷，第891—892页（纽伦堡文件C-66）。

2. 同上，第6卷，第928页（纽伦堡文件C-122），第978页（纽伦堡文件C-170）。

3. 同上，第892页（纽伦堡文件C-166）；《海军事务元首会议记录》，1939年，第27页。

4. 丘吉尔：《风暴欲临》，第531—537页。

5.《海军事务元首会议记录》，1939年，第51页。

6. 罗森贝格备忘录，载《纳粹的阴谋与侵略》，第6卷，第885—887页（纽伦堡文件C-64）。另载《海军事务元首会议记录》，1939年，第53—55页。

7.《海军事务元首会议记录》，1939年，第55—57页。

8. 同上，第57—58页。

9.《德国外交政策文件汇编》，第8卷，第515，546—547页。

10. 约德尔的日记，12月12—13日——这个日期显然有误。哈尔德的日记记的是12月14日。

11. 罗森贝格备忘录，见《纳粹的阴谋与侵略》，第3卷，第22—25页（纽伦堡文件004-PS）。

12.《德国外交政策文件汇编》，第8卷，第663—666页。

13. 指令全文，见《纳粹的阴谋与侵略》，第6卷，第883页（纽伦堡文件C-63）。

14. 在纽伦堡提讯法尔肯霍斯特的记录，见《纳粹的阴谋与侵略》，附件B，第1534—1547页。

15. 指令全文，见《纳粹的阴谋与侵略》，第6卷，第1003—1005页；另见《德国外交政策文件汇编》，第8卷，第831—833页。

16. 约德尔日记，1940年3月10—14日。

17.《德国外交政策文件汇编》，第3卷，第910—913页。

18. 同上，第179—181，470—471页。

19. 同上，第89—91页。

20. 希特勒指令全文，见同上，第817—819页。

21. 施密特博士所记的萨姆纳·威尔斯同希特勒、戈林和里宾特洛甫会谈记录载《德国外交政策文件汇编》，第8卷；另见魏茨泽克关于他同威尔斯会谈的两份报告。这个美国使节也会见过沙赫特博士，而在这以前希特勒曾召见了这个失宠的银行家并指示他应采取什么态度。见哈塞尔：《冯·哈塞尔日记》，第121页。威尔斯自己关于他在柏林会谈的记述载《决定的时刻》。

22.《德国外交政策文件汇编》，第8卷，第865—866页。

23. 同上，第652—656，683—684页。

24. 希特勒1940年3月8日致墨索里尼信，见同上，第871—880页。

25. 施密特的会议记录，见同上，第882—893，898—909页；齐亚诺的意见见《齐亚诺外交文件集》，第339—359页。关于他们对会议的个人评论可见施密特：《希特勒的译员》，第170—171页，以及《齐亚诺日记》。里宾特洛甫向希特勒报告会见情况的两份电报，载《德国外交政策文件汇编》，第8卷。

26. 威尔斯：《决定的时刻》，第138页。

27.《齐亚诺日记》，第220页。

28. 施密特博士关于会议的已译成普通文字的速记记录，见《德国外交政策文件汇编》，第9卷，第1—16页。

29. 哈塞尔：《冯·哈塞尔日记》，第116—118页，这基本上是本书叙述情况的根据。

30. 艾伦·杜勒斯：《德国的地下运动》，第59页。

31. 夏伊勒：《斯堪的纳维亚的挑战》，第223—225页。

32. 丘吉尔：《风暴欲临》，第579页。英国的“R-4计划”见德尔里：《挪威战役》，这是一本英国关于在挪威的战役的官方叙述。

33. 指令全文，见《德国外交政策文件汇编》，第9卷，第66—68页。

34. 全文，同上，第68—73页。

35. 全文，见《纳粹的阴谋与侵略》，第6卷，第914—915页（纽伦堡文件C-115）。

36.《主要战犯的审讯》，第14卷，第99，194页。

37. 全文，见《纳粹的阴谋与侵略》，第8卷，第410—414页（纽伦堡文件TC-55）。另见《德国外交政策文件汇编》，第9卷，第88—93页。

38. 伦特-芬克发自哥本哈根的电报，《德国外交政策文件汇编》，第9卷，第102—103页；布罗伊尔发自奥斯陆的电报，同上，第102页。

39. 丹麦人所说的关于德军占领哥本哈根时的情况，根据拙著《斯堪的纳维亚的挑战》和包奇·奥泽编辑的《占领时期的丹麦》。陶罗中校的贡献是特别有价值的。他是禁卫军的军官，当时与国王在一起。

40. 引自德国陆军秘密档案。载《纳粹的阴谋与侵略》，第6卷，第299—308页（纽伦堡文件3596-PS）。

41. 引自挪威国家档案；载拙著《斯堪的纳维亚的挑战》，第38页。

42.《德国外交政策文件汇编》，第9卷，第124页。

43. 同上，第129页。

44. 同上，第186页。

45. 丘吉尔：《风暴欲临》，第601页。

第二十一章
西线的胜利

1940年5月10日，是一个风和日丽的春日，天刚破晓不久，驻柏林的比利时大使和荷兰公使被召到外交部。他们得到里宾特洛甫的通知，德国部队即将开入他们的国家，以保卫他们的中立，抵御英法军队即将进行的进攻——这正是一个月以前对丹麦和挪威所提出的同一个站不住脚的借口。德国发出的一份正式的最后通牒要求两国政府不要进行任何抵抗。若有抵抗，一定会遭到粉碎，而流血的责任，“完全要由比利时王国和荷兰王国的政府负责”。

在布鲁塞尔和海牙，正如以前在哥本哈根和奥斯陆一样，德国使节分别将同样内容的电报送交各驻在国的外交部。十分有讽刺意义的是，在海牙递交最后通牒的是德国公使尤利乌斯·冯·策希-伯克斯罗达伯爵，此人就是曾在1914年公开地把霍亨索伦帝国刚刚破坏了的德国对比利时中立的保证叫作“一张废纸”的德皇首相贝特曼-霍尔韦格的女婿。

在布鲁塞尔的外交部，当德国轰炸机在头上呼啸，炸弹在附近机场爆炸，把窗户震得咯咯作响的时候，德国大使比洛-施万特踏进外交大臣的办公室，从自己的衣袋里取出一张纸来。保罗-亨利·斯巴克阻止了他。

“我请你原谅，大使先生，让我先说。”

> 德国军队刚刚进攻了我们的国家［斯巴克说，一点也不打算压住他的愤怒感情］。德国对中立的忠实的比利时进行罪恶的侵略，这在25年之中，已经是第二次了。目前发生的事情，较之1914年的侵略，也许甚至更加可恶，既没有向比利时政府提出最后通牒，也没有提出照会或任何抗议。比利时是通过进攻本身才
> 713 知道德国已经违反了它自己承担的义务的……历史将追究德国的责任。比利时已下定决心要保卫自己。

接着，这个为难的德国外交官开始宣读德国正式的最后通牒，但是斯巴克打断了他的话。“把文件交给我，”他说，“我愿意免掉你这个痛苦的任务。”[1]

第三帝国对于这两个低地小国的中立曾做过无数次保证。比利时的独立和中立，曾经在1839年得到欧洲五大强国“永久”保证，到1914年德国撕毁为止，这个条约被遵守了75年。魏玛共和国曾答应绝不进攻比利时，希特勒在上台以后也继续重申过这个政策，并且也给了荷兰同样的保证。1937年1月30日，这位纳粹总理在废除了《洛迦诺公约》以后公开宣称：

> 德国政府已经向比利时和荷兰进一步保证，它愿意承认和保证这两国领土的不可侵犯和中立。

比利时在1918年以后曾明智地放弃过中立。到了1936年，由于第三帝国的重新武装和它在1936年春天重新占领莱茵兰，比利时感到恐慌，又要用中立来保护自己了。1937年4月24日，英法两国解除了它对《洛迦诺公约》承担的义务，同年10月13日，德国也庄严地正式

肯定

> 它的决心，它在任何情况下，都不会破坏［比利时的］不可侵犯和领土完整，它在任何时候都将尊重比利时的领土……如果比利时受到进攻，就准备给予援助……

从那一天起，在希特勒对低地国家的庄严的公开保证与他对将领们的私下谈话之中，就出现了一种我们现在已很熟悉的口是心非现象。1938年8月24日，他在谈到为他草拟的进攻捷克斯洛伐克的“绿色方案”的一个文件时说，如果占领比利时和荷兰，那对德国就“非常有利”，他还向军方征求意见：“在什么条件下才可以完成占领这个地区以及需要多长时间。”1939年4月28日，希特勒在答复罗斯福时，再次强调他给予荷兰和比利时的“有约束力的声明”。但是，我们前面谈到，过了不到一个月，5月23日，元首却对他的将领们说：“必须以闪电的速度……用武装力量占领荷兰和比利时的空军基地。无须考虑中立声明。”

他当时虽然还没有发动战争，但计划已经准备好了。8月22日，在他开始进攻波兰从而挑起战争的前一个星期，他和将领们商量了破坏荷兰和比利时中立的“可能性”问题。他说：“英国和法国是不会破坏这两个国家的中立的。”四天以后，8月26日，他命令他的驻在布 714
鲁塞尔和海牙的使节通知各驻在国政府，一旦爆发战争，“德国绝不会破坏比利时和荷兰的不可侵犯性”。波兰战争结束之后，他在10月6日又曾公开重申过这个保证。第二天，10月7日，冯·布劳希奇将军在希特勒的推动下，指示他的各个集团军司令，

> 做好立刻进攻荷兰和比利时领土的一切准备，如果政治形势有此要求的话。[2]

两天以后，10月9日，希特勒在第六号指令中说：

> 做好……通过卢森堡、比利时和荷兰发动进攻的准备。这次进攻必须尽可能迅速有力地进行……目标在于尽量夺取荷兰、比利时和法国北部的广大地区。[3]

当然，比利时人和荷兰人并不知道希特勒的秘密命令。但是，关于未来将会发生怎样的事件，他们还是接到过一些警告的。有一些警告，本书前章已经谈到过：密谋反纳粹分子奥斯特上校曾于11月5日向荷兰和比利时驻柏林武官提出警告，德国将于11月12日开始进攻，这是当时预定的日期。10月底，另一个密谋分子格德勒在魏茨泽克的指使下到布鲁塞尔去警告比利时人，德国的进攻已迫在眉睫。1940年新年后不久的1月10日，一名携带希特勒西线进攻计划的军官在比利时紧急降落，这个计划于是落到比利时人的手中。*

这时，荷兰和比利时参谋总部也已从自己边境来的情报中得知，德国人正在他们的边境集中大约50个师的兵力。他们在德国首都还有一个不寻常的情报来源。这个“来源”就是荷兰驻柏林的武官G. J. 萨斯上校，萨斯是奥斯特上校的好友，经常在位于偏僻的策伦多夫郊区的奥斯特家里吃饭。战争爆发以后，由于灯火管制，这就更加方便了，灯火管制的掩护使当时在柏林的不少德国人和外国人能够进行各种隐秘活动而用不着担心被人发现。萨斯就是早在11月间从奥斯特那里得知德国定于11月12日发动进攻的情报的人，奥斯特在1月间又向这位武官提出过新的警告。但德国人的两次进攻都没有如期举行，这就使海牙和布鲁塞尔对萨斯的情报的信赖多少有些减低。当时海牙和布鲁塞尔自然都不知道，希特勒的确两次安排了进攻的日期，只不过后来

---

* 分别见本书原文第651，625，671—672页。

推迟了而已。但是，萨斯通过奥斯特得来的关于侵犯丹麦和挪威的十 715
天前的警告和他预言的准确日期，似乎又恢复了他在国内的信誉。

5月3日，奥斯特直率地告诉萨斯，德国人将在5月10日开始通过荷兰和比利时在西线发动进攻，这位陆军武官立即通知了他的政府。第二天，海牙又从它驻梵蒂冈公使那里得到证实这个消息的情报。荷兰人立刻就将这个消息告诉了比利时人。5月5日是星期天，这个星期一开始，我们在柏林的人就都清楚看出，对西线的攻击在几天之内就要发生了，首都的紧张气氛日益增长。5月8日，我打电报给我的纽约办事处，要求把我们的记者留一个在阿姆斯特丹，而不要派他到挪威去，因为反正那里的战事已经结束了。当天晚上，军方新闻检查官允许我在广播中暗示，西线即将开始军事行动，荷兰和比利时也算在内。

5月9日晚上，奥斯特和萨斯在一起吃最后一次晚饭。这个德国军官肯定地说，第二天拂晓向西线发动进攻的最后命令已经下达。奥斯特在晚饭后到班德勒街的最高统帅部去了一次，以便弄清楚是否会有最后一分钟的变更。结果并没有变更。“猪猡已经到西线去了。”奥斯特告诉萨斯。“猪猡”指的是希特勒。萨斯通知了比利时陆军武官，随即到自己的公使馆，接通了海牙的电话。在这种时候适用的密码早就安排好了。萨斯说了一些听起来似乎极普通的话，把消息传了过去：“明天拂晓。抓紧！”[4]

奇怪得很，西方两大强国英国和法国，这时却在睡大觉。它们的参谋总部不相信布鲁塞尔和海牙传来的警报。伦敦方面当时正忙于应付持续了三天的内阁危机，这个危机到5月10日晚才由丘吉尔接替张伯伦出任首相而得到解决。英法两国的总部一直等到德国轰炸机在头上的咆哮声和施图卡式俯冲轰炸机的刺耳尖叫声冲破了春天黎明前的宁静的时候，才得知德国的进攻。过了一会儿，天大亮了，又从荷兰和比利时政府那里收到拼命求救的呼吁，后者曾把盟国疏远了八个月之久，而没有同它们采取一致步调，进行共同的防御措施。

尽管如此，盟国在比利时境内迎击德国主力的计划，在最初两天进行得相当顺利。一支强大的英法联军从法比边境向东北方向推进，以便在布鲁塞尔以东代勒和默兹两河沿岸的比利时主要防线上部署兵力。结果表明，这种部署恰好正是德国最高统帅部所求之不得的。这支庞大盟军的迂回运动，正好帮了它的大忙。虽然英法联军自己并不知道，但是他们正好迅速投入了陷阱，只要机关一动，就要遭到全军
716 覆没之祸。

双方的作战计划

自从1月间德国原来的进攻西线计划落到比利时人的手中，并且正如德国人所怀疑的，也落入了英法的手中之后，这个计划已经有了重大的变更。这个叫作“黄色方案”的行动计划，是早在1939年秋天在希特勒要在11月中旬在西线发动进攻的命令的催逼下，由陆军总司令部匆忙制订出来的。它是否就是原先的施利芬计划的修正翻版，这一点在军事史学家和德国将军们之中有很多争论。哈尔德和古德里安就认为是这样的。这个计划要求把德国的主力放在右翼，通过比利时和法国北部，目标在于占领英吉利海峡各港口。这个计划要达到的目的同著名的施利芬计划要达到的目的尚有一段距离，施利芬计划在1914年功败垂成，它的目的不仅要占领英吉利海峡各港口，而且还要继续进行一个大规模的迂回运动，使德国的右翼军队通过比利时和法国北部，越过塞纳河，在巴黎以南折向东方，形成一个包围圈，歼灭法国的残余部队。这样做是为了迅速结束法国的武装抵抗，使德国在1914年能把大部分军事力量掉过头来对付俄国。

但是，希特勒在1939—1940年则无须为俄国战线操心。尽管如此，他的目标更加有限。至少在战役的第一阶段，他并不打算击溃法

军，只求把它击退，占领英吉利海峡沿岸，从而切断英国和它的盟国的联系，同时取得海空军基地，以便不断骚扰和封锁不列颠群岛。从这个时期他对将领们的长篇大论的讲话中可以明显看出，他认为英法遭到这样的失败以后将会向他求和，然后他就可以再把注意力转到东方而无后顾之忧。

甚至在“黄色方案”的原来计划落入敌方手中之前，盟军最高统帅部就已料到这一着了。11月17日，盟国最高军事会议在巴黎召开，通过了“D计划”，这个计划规定万一德国取道比利时发动进攻，就要法国第一军团和第九军团与英国远征军驰往比利时，到达在代勒和默兹两河沿岸从安特卫普，经鲁汶、那慕尔和日韦到梅济耶尔的主要防线。几天之前，法国和英国的参谋总部在同比利时总司令部召开的一系列秘密会议中曾得到后者的保证：要加强这条战线的防御措施，并在这条战线上大力抵抗。但比利时还迷恋着中立的幻想，仍旧希望也许可以不必卷入战争，因此不愿采取更多的措施。英国的参谋长们认为，德国一旦开始进攻，就来不及把盟军调动得那么远了，但他们在甘末林将军的催促下，终于同意了“D计划”。

11月底，盟军又增加了一项计划，把亨利·吉罗的第七军团开到 717
英吉利海峡沿岸，如果荷兰受到进攻，就在安特卫普以北援助荷兰。这样一来，德军企图横扫比利时——或者还有荷兰——从侧面进击马奇诺防线的打算，从战事初期起就会遇到全部英国远征军、法军主力、比利时20个师和荷兰10个师的抵抗，后来的事实证明，这是一支在人数上与德军势均力敌的军队。

为了避免这种正面的冲突，同时为了使急忙挺进到这么远的英法军队陷入圈套，西线伦德施泰特率领的A集团军的参谋长埃里希·冯·曼施坦因将军（原来姓莱温斯基）建议彻底改变“黄色方案”。曼施坦因是一个富有天才和谋略的军阶较低的参谋军官，到了冬天的时候，他终于克服了布劳希奇、哈尔德和其他将领的最初反对，使自己有胆识的主张上达希特勒。曼施坦因的建议是：德国的主要矛头应放在中央，用庞大的装甲部队突破阿登森林，然后在色当的北方跨过默兹河，突入开旷地区，直趋海峡上的阿布维尔。

希特勒向来喜欢大胆的甚至轻率的设想，因此他对这个计划也甚感兴趣。伦德施泰特之所以毫不犹疑地推荐这个计划，不仅是因为他相信它，而且还因为如果执行这个计划，他的A集团军就可以在进攻时担任主要任务。由于哈尔德个人讨厌曼施坦因，以及在一些比曼施坦因军阶较高的将领们中存在着某种职业上的妒忌，曼施坦因在1月底被调去指挥一个步兵军。尽管如此，他在2月17日柏林招待一批新任军长的宴会上，还是找到机会亲自向希特勒陈述了自己的打破正统的观点。他认为，用一支装甲部队突破阿登森林，一定可以出其不意地给盟军以沉重的打击，因为他们的将领像大多数德国人一样，很可能认为这个多山的森林地带不适于使用坦克。德军右翼进行佯攻，就可以使英法联军慌乱地驰赴比利时，然后，在色当突破法军的阵地，再沿索姆河北岸直趋英吉利海峡，这样德军就可以使英法联军的大部和比利时军落入罗网。

正如包括约德尔在内的几个将领所强调指出的，这是一个大胆的、不无危险的计划。但现在已把自己看成一个军事天才的希特勒，真的认为这就是他自己的主意，因此热情愈来愈高。哈尔德起初把它看作疯人的狂想，未予理会，现在也开始赞成它了，而且通过他的参谋总部军官的帮助，对计划做了很大的改进。1940年2月24日，最高统帅部发布一道新的指令，正式采纳这个计划，并命令所有的将领在3月7日以前重新部署好自己的部队。1939年10月29日重制“黄色方案”时，曾取消占领荷兰的计划；但在11月14日，由于空军的要求，
718 又把这个计划恢复了。空军需要荷兰机场，用以对付英国，它愿意给这次规模不大但又相当复杂的作战行动提供一大批空运部队。小国的命运往往就是根据这种考虑来决定的。[5]

这样，在挪威战役接近胜利结束，5月初天气转暖时，德国人部署了世界上从来没有见过的强大兵力，在西线待命进攻。单从数量上来看，双方势均力敌——德国136个师，法、英、比、荷135个师。守方有着广大的防御工事这一有利条件：南方有难以超越的马奇诺防线，中间有绵亘不断的比利时要塞，北方有荷兰的水上防线。即使在坦克的数量方面，盟军也足与德军匹敌。但他们并没有像德军一样把坦克集中起来。同时由于比利时和荷兰拘泥于恪守中立，他们没有举行联合参谋会议，以致守方不能充分协调自己的计划和力量。德国的有利条件则是：有一个统一的指挥部，操有进攻的主动权，对侵略行动没有道德上的顾忌，上上下下信心十足，还有一个大胆的计划。他们还有在波兰作战的经验，他们在那里的战斗中已经尝试过自己的新战术和新武器。他们知道俯冲轰炸机和大量使用坦克的价值。同时他们还知道，正如希特勒一直不断指出的，法国人虽然会保卫自己的国土，但对未来的发展却毫无信心。

德国最高统帅部虽然有信心也有决心，但正如秘密记录所表明的，在即将发动进攻时，也曾经心惊胆战过一阵——至少作为最高统帅的希特勒是这样的。约德尔将军在日记中曾记下了这一点。希特勒对于开始进攻的时刻，曾几度作最后一分钟的推迟。他在5月1日确定在5月5日发动进攻。5月3日他把它推迟到5月6日，这是由于天气的关系，但也许有一部分原因在于外交部认为他所提出的对于侵犯比利时和荷兰中立的理由不很充分。5月4日他确定5月7日为X日；次日又把它推迟到星期三，即5月8日。约德尔写道：“元首已经决定了‘黄色方案’的借口。”比利时和荷兰将被指责完全没有遵守中立原则。

> 5月7日［约德尔的日记继续写道］，元首的火车定于16点38分离开芬肯克鲁格。但天气情况还没有弄清楚，因此［进攻的］

> 命令取消了……元首对于再次延期甚感不安，因为怕有人泄露风声。比利时驻梵蒂冈公使与布鲁塞尔方面进行的商谈引起了一种推测：有一个在4月29日离开柏林到罗马去的德国人，已经犯了叛国罪行……
>
> 5月8日，从荷兰传来令人震惊的消息。那边已取消休假、进行疏散、设置路障，并采取了其他动员措施……元首不愿再等下去了，戈林要求至少推迟到10日……元首非常焦急不安；后来他终于同意推迟到5月10日，他说，这是违反他的直觉的。但
> 719 是，不能再往下拖延了……
>
> 5月9日，元首决定，一定要在5月10日发动进攻。17点与元首同车离开芬肯克鲁格。在得到10日天气情况有利的报告以后，在21点发出代号“但泽”的命令。

希特勒由凯特尔、约德尔和最高统帅部其他人员陪同，于5月10日天刚破晓时，到达了明斯特艾费尔附近他称之为“鹰巢”的大本营。德军在西面25英里之外的地方，正在越过比利时边界长驱直入。在从北海到马奇诺防线之间的175英里战线上，纳粹的部队已突破了三个中立小国荷兰、比利时和卢森堡的边境，粗暴地违反了德国人曾经庄严地一再做出的保证。

六星期战争：1940年5月10日—6月25日

就荷兰方面说，这只是一场五天的战争。至于比利时、法国以及英国远征军，也在这短促的期间决定了命运。就德国方面说，在战略和战术的执行上，一切都是按计划行事的，甚至执行得比预定的计划还要好。他们的成就超过了希特勒的最高希望。他的将领们都给自己的胜利的闪电速度和程度弄得乱了章法。就盟军的领袖们来说，他们

被一点也没有料到的事态发展弄得不知所措，在一片慌乱之中感到事态不可理解。

在战斗的第一天刚刚接任首相的温斯顿·丘吉尔本人也被弄得目瞪口呆。他在5月15日早晨7点半被巴黎的保罗·雷诺总理打来的电话叫醒了。雷诺用激动的声音告诉他:“我们败了！我们败了！”丘吉尔不相信。伟大的法兰西军队一周之内就被打败了？这是不可能的。他后来写道:“我简直弄不明白，运用大量快速装甲部队进行袭击这种战术在上次大战以来会引起这样剧烈的变革。”[6]

坦克，七个师的坦克，集中在西部防御阵地最薄弱的一点上进行突破，这一仗就是这样打的。用的是坦克、施图卡式俯冲轰炸机、伞兵和空降部队，后者在盟军防线后方或者在看来似乎固若金汤的堡垒的头顶上降落，造成了极大混乱。

但是，我们在柏林的人都很奇怪，盟军领袖们怎么会一点也没有料到德国人会采取这样的战术。希特勒的部队在波兰战役中不是已经显示了这种战术的效能了吗？在波兰，在一周之内包围或歼灭波兰部队的大规模突破，就是在施图卡式俯冲轰炸机使抵抗力削弱以后再集
中装甲兵力取得成功的。在波兰，伞兵和空降部队，即使用在规模极 720
小的战斗中也没有发挥多少作用，他们想完整地夺取一些主要桥梁也没有成功。但是，在西线进击的前一个月，他们在挪威获得了巨大的成就，夺取了奥斯陆以及所有的机场，为在斯塔万格、卑尔根、特隆赫姆和纳尔维克登陆的孤立的小批部队提供增援，从而使他们能够坚持下去。盟军司令官们难道没有研究这些战役，从中吸取教训吗？

征服荷兰

德国人只能腾出一个装甲师的兵力用于征服荷兰的战役。这次战役主要是由伞兵和空降部队降落到广大的洪水防线后面而取得成功

的。这些防线，柏林方面许多人士曾经认为可以抵抗几个星期。吓得惊慌失措的荷兰人所经历的是战争史上第一次大规模空降部队的进攻。他们对于这样一种严峻的考验事前毫无准备，对于这次袭击也完全没有料到，从这些情况来看，他们的表现比人们当时设想的要好一些。

德国人的第一个目标是以一支强大的部队从天而降，在海牙附近的机场着陆，立即占领首都，俘虏女王和政府人员，跟一个月前进攻挪威的计划一样。但是，在海牙，正如在奥斯陆一样，这个计划失败了，虽然原因有所不同。荷兰的步兵从初期的惊惶和混乱中清醒过来，到5月10日晚上，在炮兵的配合下，终于能够把德国两团之众的军队驱逐出海牙周围的三个机场。这样就暂时挽救了首都和政府，但却使后备部队被牵制，不能调到其他迫切需要的地方去。

德国计划的关键在于用空降部队夺取鹿特丹正南新马斯河上和东南方马斯（默兹）河在多德雷赫特和穆尔代克两处出海口上的几座桥梁。从大约100英里之外的德国边境向前推进的格奥尔格·冯·屈希勒将军的第十八军团，就是希望通过这些桥梁攻入设防的“荷兰要塞”。“荷兰要塞”包括海牙、阿姆斯特丹、乌得勒支、鹿特丹和莱顿在内，设有重重水道防线，如不通过这些重要桥梁，是不可能轻易迅速地夺取这个“要塞”的。

5月10日清晨，空降部队，包括从旧式水上飞机降落在鹿特丹河上的一个连在内，在那些冷不及防的荷兰守军还来不及炸毁以前，就夺下了这些桥梁。临时拼凑起来的荷兰部队曾奋不顾身地企图击退德军，他们眼看就要成功了。但是德国人竭力撑持到5月12日早晨，这时，屈希勒的一个装甲师，在突破了赫雷伯-皮尔防线以后赶到这里。
721 赫雷伯-皮尔防线是荷兰东部一条用许多条水道加固的阵地，荷兰人原来希望在这条战线上固守几天。

再一个希望是：法国吉罗将军的第七军团可能会把德国人阻止在穆尔代克的桥头。第七军团正从英吉利海峡兼程前进，5月11日下

德国空降兵抢占默兹河上的桥梁。

午抵达蒂尔堡。但是这支法军，也像被围困的荷兰人一样，没有空军支援，缺少装甲车、反坦克炮和高射炮，一下子就被击退到布雷达去了。这就给德国第九装甲师让开了一条通道，使他们得以通过穆尔代克和多德雷赫特的桥梁，在5月12日下午进抵鹿特丹对面的新马斯河南岸。鹿特丹那里的桥梁还一直掌握在德国空降部队的手里。

但是，坦克通不过鹿特丹的那些桥梁。原来荷兰人这时已经封锁了桥梁的北端。5月14日清晨，荷兰人的情况非常危急，但还没有绝望。"荷兰要塞"还没有被突破。海牙周围的德国强大的空降部队，不是被俘就是溃散到附近的村庄里去了。鹿特丹还未失守。德军最高统帅部急于想从荷兰撤出装甲师和支援部队，以便利用刚在南方的法国那里出现的新的机会，他们对于这种情况并不感到如意。因此，希特勒在14日早晨发出第十一号指令："荷兰军队的抵抗力已经证明比预料为强，由于军事上和政治上的考虑，必须迅速粉碎这种抵抗。”办法何在？他命令从比利时前线的第六军团调来一些空军部队，“以便加速夺取‘荷兰要塞’”。[7]

他和戈林发布特别命令，猛炸鹿特丹。荷兰人尝到了纳粹的恐怖滋味后一定会被迫投降的。去年秋天围攻华沙时使用的就是这个法宝。

5月14日早晨，德国第三十九军的一个参谋军官，打着一面白旗跨过鹿特丹桥，要求该市投降。他警告说，如不投降，就要遭到轰炸。当投降谈判还在进行的时候，即一名荷兰军官到了离桥不远的德军司令部讨论详细条款并且正把德军条件带回来的时候，轰炸机就出现了，炸平了这个大城市的中心。大约800人死于非命，几乎全是平民，几千人受伤，78 000人无家可归。* 这种背信弃义的举动，这种蓄意的残暴行为，荷兰人是不会忘怀的，虽然在纽伦堡审判中，负责空军的戈林和凯塞林都以鹿特丹并非不设防的城市而是在荷兰人坚守之
722 下的城市为理由，替这种行为进行辩护。他们两人都否认，当他们派遣轰炸机队的时候，他们已经知道投降谈判正在进行，虽然在德军的档案中，有充分的证据证明他们是知情的。†[9] 总之，德军最高统帅部当时并未加以辩解。我本人就曾在5月14日晚的柏林电台上听到过最高统帅部的特别公报：

> 在德国俯冲轰炸机的攻击和德国坦克即将进攻的巨大压力下，鹿特丹市已经投降，从而使该市免于被毁。

鹿特丹投降了，接着就是荷兰武装部队的投降。威廉明娜女王和政府成员乘坐两艘英国驱逐舰逃往伦敦。5月14日黄昏时分，荷兰武

---

* 根据最初的报告（长期以来人们都信以为真），荷兰人死亡2.5到3万，《大英百科全书》1953年版用的是这个数字。但在纽伦堡审判时，荷兰政府提出的数字是814人死亡。[8]

† 纽伦堡并没有对这次轰炸鹿特丹的行动判罪。

三名德国士兵走过刚刚投降的鹿特丹桥。

装部队总司令H. G. 温克尔曼将军命令他的部队放下武器，次日上午11点，他签署了正式降书。只五天的工夫，就一切都结束了。但是结束的只是战斗，此后五年，野蛮的德国恐怖统治的黑夜将一直笼罩着这个惨遭浩劫的文明小国。

比利时陷落和英法联军落入陷阱

荷兰既已投降，比利时和法国以及英国远征军的命运也就决定了。5月14日，离发动进攻虽然只有五天，这一天却是决定命运的一天。前一天的晚上，德军夺取了迪南到色当之间河岸峻峭、林木繁茂的默兹河对岸的四个桥头堡，并且进占了色当。这是1870年拿破仑三世向毛奇投降的场所，也是结束法兰西第二帝国的地方。这样，盟军防线的中央部分和英法两军的精锐迅速转移到比利时去的重要枢纽地点，就受到了严重的威胁。

次日，5月14日，大规模的袭击开始了。5月10日，一支在数量、集中程度、机动性和打击力量等方面都是空前未有的坦克部队，由德国边境通过阿登森林出发，其队伍之长，即使分了三路纵队还延展到莱茵河后面100英里。现在它突破了法国第九军团和第二军团的防线，迅速地向在比利时的盟军背后的英吉利海峡推进。这是一股令人胆寒的巨大力量。一批又一批的施图卡式俯冲轰炸机首先削弱了法军的防御阵地；大批的战斗工兵布置橡皮船下水，架搭浮桥，准备渡河；接着就是配备有自动推进炮的装甲师，每个装甲师都有一个摩托化步兵旅；装甲师的
723 后面紧跟着摩托化步兵师，占领坦克开辟出来的阵地。这个钢与火的密集队伍，不是惊慌失措的守军手中的任何武器所能阻挡得住的。在默兹河上迪南的两侧，法军被赫尔曼·霍特将军的第十五装甲军击败了。这个军的两个坦克师之中，有一个是由一个名叫埃尔温·隆美尔的年轻大胆的准将指挥的。在河的南面的蒙泰梅，格奥尔格-汉斯·莱因哈特将军的两个坦克师组成的第四十一装甲军，也采取同样战术。

但是，法军受到的打击以在色当四郊最为沉重，这对他们来说，真是一段悲惨的记忆。5月14日晨，海因茨·古德里安将军的第十九装甲军的两个坦克师，* 一拥而过当晚才在默兹河上匆促搭起来的浮桥，向西挺进。法国军队和英国的轰炸机虽然拼命企图炸毁这座桥梁，但是皇家空军71架轰炸机在一次攻击中就给打落了40架，大部分都是给高射炮火击落的，法国坦克则被击毁了70辆，结果却并没有炸毁这

* 埃瓦尔德·冯·克莱斯特将军的装甲部队由莱因哈特和古德里安的两个装甲军编成，它们拥有五个坦克师和三个摩托化步兵师。

座桥梁。到了傍晚时分，德军在色当的桥头堡已经扩展到30英里宽、15英里深，防守在盟军关系重大的中央防线上的法军已被击溃了。没有被围和被俘的队伍在仓皇后撤。北部的英法联军和比利时的22个师，都已陷于被截断后路的极端危险的境地。

最初两天盟军打得还相当顺利，至少他们是这样想的。在怀着新的热情投入首相新职务的丘吉尔看来，“直到12日晚上［他后来写道］，还没有什么理由认为战争进行得不好”。[10] 盟军最高统帅甘末林对于当时的情况十分乐观。前一天晚上，法军的大部精锐部队第一、第七和第九军团与英国远征军戈特勋爵指挥下的九个师，根据预定计划，已与比利时部队会合。他们沿代勒河设置了一条坚固的防线：从安特卫普经过鲁汶到瓦夫尔，然后跨过让布卢缺口到那慕尔，再沿着默兹河向南到达色当。在比利时的坚强的那慕尔要塞和安特卫普之间，在短短60英里的战线上，盟军的数量实际上已超过来犯的德军，约为36个师对赖歇瑙的第六军团的20个师。

比利时军队虽然在他们的东北边境沿线上打得不坏，但并没有支持得像预期的那么长久，更没有像1914年那么长久。他们也像在他们北面的荷兰人一样，简直无法对付德国武装部队的崭新战术。德国人在这里，也如在荷兰一样，大胆地使用了经过特殊训练的小股部队在黎明时由滑翔机上悄悄着陆，去夺取重要的桥梁。在马斯特里赫特后面的阿尔伯特运河上有三座桥梁，他们制服了其中两座桥的守军，后者连扳动电钮炸掉桥梁都没有来得及。 724

他们在夺取埃本-埃美尔要塞一役中，甚至取得了更大的成就。这个要塞控制着默兹河和阿尔伯特运河的交叉点。盟军和德军双方都认为这个现代化的、具有战略地位的要塞是欧洲最难攻克的工事，它比法国在马奇诺防线或德国在西壁防线建筑的任何工事都更为坚固。它是由一系列深入地下的钢筋混凝土的交通壕所构成，它的炮楼有厚甲板保护，共有1 200个人防守。原来预计它可以无限期地抵抗住威

1940年，汉斯·冯·克鲁格、埃尔温·隆美尔、尤利乌斯·绍布、拉滕胡贝尔、阿尔弗雷德·约德尔与阿道夫·希特勒（从左至右）在法国战役中。

力最大的炸弹和炮弹的连续不断轰击，但是却在30小时之内就落入由一名上士指挥的80名德国士兵之手了。他们乘坐9架滑翔机，降落在工事的顶部，结果只有6人死亡，19人受伤。我记得，柏林的德国最高统帅部曾给这场战斗蒙上一层十分神秘的色彩，他们在5月11日晚发表特别公报宣称，埃本-埃美尔要塞已经被“一种新式进攻方法”攻克了。这个声明引起了不少谣传，戈培尔博士也乐于乘机到处散布，说什么德国发明了一种非常厉害的新的“秘密武器”，可能是一种能够使防守的人暂时麻痹的神经毒气。

其实，实际情况却要平凡得多。德国人以他们一贯的缜密作风，在1939—1940年间的冬天，在希尔德斯海姆建筑了阿尔伯特运河的桥梁和要塞的复制品，训练了大约400名滑翔兵，教他们怎样攻取的战术。有三个小组负责攻打三座桥梁，第四小组去攻打埃本-埃美尔要塞。这第四小组的80个人后来在要塞的顶上着陆，把一个特制的“空心”弹安放在装甲的炮楼里，这不仅使炮楼失去作战能力，并且使下

德国空降兵渡河攻打埃本-埃美尔要塞。

面屋内满布火焰和瓦斯。在炮门和瞭望口还使用了手提的火焰喷射器。一小时之内，德国人就进入要塞的上层，使这个巨大要塞的所有轻炮和重炮都失去作用，使它的瞭望台烟雾密布。要塞后面的比利时步兵无法打退这一小股进攻者，自己反而被施图卡式轰炸机和增援的伞兵打退了。5月11日早晨，跨过北方两座完好的桥梁疾驰而来的装甲兵先头部队到达要塞，包围了它。经过施图卡的继续轰炸和地道的白刃战之后，到中午时分，一面白旗扯起了，1 200名惊慌失措的比利时守军鱼贯走出要塞投降。[11]

这次奇袭的成功、桥梁的被夺取以及冯·赖歇瑙将军的第六军团在霍普纳将军的两个坦克师、一个机械化步兵师编成的第十六装甲军支援下所进行的攻势之猛烈，使盟军最高统帅部深信，这次战役跟1914年一样，德军攻势的主要锋芒是在右翼；他们也认为为了制止这个进攻，他们已经采取了适当的措施。结果，直到5月15日晚上，比利时、英国和法国的部队还坚守在从安特卫普到那慕尔的代勒河防线上。

725 这恰恰是德军最高统帅部求之不得的事。因为这样一来，就可以实现曼施坦因计划，而在中路进行沉重的打击。陆军参谋总长哈尔德将军在5月13日晚上就已经清楚看到这种形势以及他的机会了。

> ［他在日记里写道］我们可以指望24个师左右的英法军队和15个师的比利时军队，在那慕尔以北完成集中。为了应付这种局面，我们的第六军团在前线有15个师，还有6个师的后备军……我们有足够的力量击退敌人的任何进攻。用不着配备更多的部队。在那慕尔以南，敌人的力量较弱，大约只有我们兵力的一半。对默兹河的进攻的结果，将决定我们是不是能够利用这种优势，在什么时候利用以及在什么地方利用。在这条战线的后面，敌人并没有一支值得一提的兵力。

在这条次日就被攻破的战线的后面，真的没有一支值得一提的兵力吗？

5月16日，丘吉尔首相飞往巴黎去探明这一点。下午，当他驱车到法国政府办公处访问雷诺总理和甘末林将军的时候，德国的先头部队已经抵达色当以西60英里的地方，在毫无防御的平地上驰骋前进。在他们和巴黎之间，也可以说在他们与英吉利海峡之间，并没有多少障碍。但是丘吉尔却不知道这种情况。“战略后备部队在哪里？”他问甘末林，还插进一句法语：“什么地方有大量的人力？”盟军总司令甘末林向他摇了摇头，耸了耸肩回答说：“没有！”*

---

* 战争结束后，甘末林说，他的回答并不是“没有”，而是“不再有了”（1949年11月21日巴黎出版的《震旦报》）。

丘吉尔（左二）与甘末林（左三）1939年在法国塞纳-马恩省的蒙特里城堡。

“我奇怪得说不出话来。”丘吉尔后来追述道。从来没有听说过，一支大军在受到攻击的时候会不留些后备部队的。“我承认，”丘吉尔说，“这是我一生中所碰到的最令我吃惊的事之一。”[12]

德国最高统帅部也同样感到吃惊，至少对于希特勒和最高统帅部的将军们来说是如此，也许哈尔德是例外。这次西线战役是元首亲自指挥的，他曾有过两次迟疑不决，拿不定主意。第一次是5月17日，他忽然神经极度紧张起来。那天早上，带着他的装甲军到英吉利海峡去已经走了三分之一路程的古德里安，奉令停止前进。因为空军发来情报说，法国人即将大举反攻，企图截断从色当楔入向西前进的力量薄弱的德国装甲部队。希特勒急忙同他的陆军总司令布劳希奇和哈尔德会商。他肯定地认为南面会出现法军的严重威胁，突破默兹河的主力、A集团军司令伦德施泰特，在那天晚些时候会见他时支持他的这种看法。伦德施泰特说，他估计“强大的法军会从凡尔登和马恩河畔沙隆地区发动一次出人意料的有力反攻”。希特勒忽然担心起来，生 726

怕出现第二次马恩河事件。“我正在注意这件事，”第二天他写信给墨索里尼说，“1914年马恩的奇迹绝不能重演！”[13]

> ［5月17日晚上，哈尔德在日记里写道］一个非常不愉快的日子。元首神经紧张透了。他担心自己能否取得成功，不愿冒什么险，坚决抑制我们。他为自己辩解说，这都是由于他担心左翼……他带来的只是惶恐和怀疑。

尽管第二天法军崩溃的消息不断传来，这个纳粹统帅的神经紧张情况却并没有什么好转。哈尔德在5月18日的日记中记录了这种神经紧张的情况：

> 元首对于南翼有一种莫名其妙的焦虑，他大发雷霆，叫喊着说，我们会使整个行动毁掉，我们有遭到失败的危险。他不愿继续西进，更不必说向西南方面，只是坚持向西北推进。这就是以元首为一方同布劳希奇和我为另一方之间所发生的最不愉快的争论的问题。

最高统帅部的约德尔将军差不多总是认为元首是对的，他也记录了最高领导间的分歧。

> ［他在18日写道］极度紧张的一日。陆军总司令［布劳希奇］没有执行尽快在南方建立一个新的侧翼阵地的意图……把布劳希奇和哈尔德立刻召来，严命他们立即采取必要的措施。

但哈尔德是对的：法国并没有可以从南方进行反攻的部队。这时装甲师正等得手痒难耐，一接到只许进行“大规模侦察”的命令，便不管三七二十一，向英吉利海峡推进。一支由七个装甲师组成的强大楔形队伍，无情地在索姆河北岸向西挺进，经过第一次世界大战的著名战场，于5月19日早晨进抵离英吉利海峡只有50英里的地方。使希特勒总部惊讶的是，第二装甲师已于5月20日晚上到达索姆河口的阿布维尔了。比利时军队、英国远征军和法国的三个军团已经陷入了重围。

> [约德尔那天晚上在日记上写道] 元首高兴得忘乎所以。他
> 对德军和它的领导倍加赞扬。他已在准备和约，主要内容为：归 727
> 还最近四百年来从德国人民手中夺去的领土和其他有价值的东
> 西……
>
> 一份特别的备忘录已存入档案中，内容有元首接到陆军总司令关于攻下阿布维尔的电话报告时激动得语不成声的话。

盟军从这个后果不堪设想的包围圈逃出来的唯一希望在于，在比利时的军队立即转向西南，摆脱正在向自己进攻的德国第六军团，突破那伸入法国北部到达海边的德国楔形装甲部队，杀出一条血路，从而与从索姆河向北推进的法国生力军会合。这实际上正是甘末林将军在5月19日晨下达的命令。但是那天晚上，马克西姆·魏刚将军接替了他的职务，立即取消了这道命令。魏刚在第一次世界大战时曾在军事上获得很高的声誉。他希望在同比利时的盟军指挥官进行会商之后再决定采取行动。结果，等到魏刚决定采取与他的前任完全相同的计划时，三天的时间已经错过了。这样延误军机花费了巨大的代价。此时法国、英国和比利时还有40师有作战经验的部队在北部，如果他们遵照甘末林的命令，于5月19日向南突进，冲过兵力薄弱的德国装甲部队的防线，突围可能已经成功了。但是到他们转移的时候，盟国各指挥部之间的交通陷于一片混乱，各军在遭到压力之下，行动也乱成一团。总之，魏刚将军的计划只存在于他自己的心中；实际上法国部

队并没有从索姆河北上。

同时，德军最高统帅部已把所有能用得上的步兵都投入战斗，以巩固并扩大装甲部队突破的缺口。5月24日，从阿布维尔向英吉利海峡推进的古德里安坦克部队，分别攻占布洛涅、包围加来这两个主要港口，并进抵格拉沃利讷，这个地方在距离敦刻尔克约20英里的海岸上。比利时战线已经向西南转移了，因为盟军试图在那里脱身出来。24日，英国、法国和比利时在北部的军队被迫退到一个很小的三角形地带，这个三角形的底部在从格拉沃利讷到泰尔讷曾的英吉利海峡沿岸，顶端在距海岸约70英里的瓦朗谢讷。现在突围的希望已经没有了，唯一的希望——这看来是微乎其微的——就是由敦刻尔克从海上撤退。

5月24日，德国装甲部队已经望见敦刻尔克，并且沿阿运河在格拉沃利讷和圣奥梅尔之间摆好阵势，准备投入最后厮杀。正在这个时候，来了一个奇怪的命令，要他们停止前进，这对于在战场上的士兵来说是费解的。这是第二次世界大战中德军最高统帅部犯的第一个大错误。在谁应负责和究竟为什么的问题上，不仅在德国将领们之间，而且在军事历史学家们之间，都曾引起剧烈的争论。关于这个问题，
728 我们在后边将根据目前拥有的大量资料谈到。这道停止进攻的命令，不论是根据什么理由发出的，都给盟军，尤其是英军，一个意外的喘息机会，导致了敦刻尔克的奇迹。但比利时军队并没有因此获救。

利奥波德国王的投降

比利时国王利奥波德三世于5月28日清晨投降。这个刚愎自用的年轻统治者，曾经使自己的国家退出同英法的联盟，采取愚蠢的中立，甚至当他获悉德国准备越过自己的边界大举进攻的时候，还拒绝恢复联盟的关系；直到希特勒进攻以后，他才在最后一分钟向英法呼吁军事援助，并接受了援助。现在他又在绝望的时刻抛弃了英法，打开

了大门，让德国军队在已经受很大压力的英法部队侧翼长驱直入。再说，他这样做的时候，正如丘吉尔6月4日在下院所说，“事先未经协商，临时才片面通知，也没有和他的大臣们商量，只凭他个人自作主张”。

实际上，他是不顾政府的一致劝告这么做的，虽然他曾经按照宪法宣誓要听从政府的意见。5月25日凌晨5点，在国王的大本营里，举行了一次国王和包括首相、外交大臣在内的三个阁员的摊牌会议，他们最后一次劝告国王不要投降做德国人的俘虏，因为他如果这么做，“就会落到像布拉格的哈查那样的地位”。他们还提醒他，他不但是总司令，还是国家的元首，万不得已时，他可以像荷兰女王和挪威国王那样，在流亡中履行他的国王职务，直到盟国取得最后胜利。

“我已决定留下来，”利奥波德回答，“盟国的事业已经没有指望了。”[14]

5月27日下午5点，他派遣比利时参谋总部的副参谋长德罗骚将军到德军那里，要求休战。10点，这位将军带回德军的条件：“元首要求无条件放下武器。”11点，国王决定无条件投降，并建议于凌晨4点停止战斗，结果就真的在那时候停止了战斗。

法国总理雷诺发表了一篇言辞激烈的广播，愤怒谴责利奥波德的投降。比利时首相皮埃洛也在巴黎做了广播，不过语气比较得体一些，他对比利时人民说，国王的行动是违反政府的一致意见的，他这样做是自绝于人民，他已不可能继续执政，比利时流亡政府将继续奋斗。5月28日，丘吉尔在下院发言的时候，对利奥波德的行动未加判断，但在6月4日也同大家一起批评他的不当。 729

直到战争结束以后很久，争论还是很激烈的。在比利时国内外，替利奥波德辩护的人为数都很多，他们相信他在与比利时军民患难与共这一点上，做了一件正确而光荣的事情。他们一再声称，他并不是作为国家的元首，而是作为比利时军队的总司令投降的。

到5月27日，被打得焦头烂额的比利时军队已经陷于绝境，这一点是无可争辩的。他们为了使英法军队可以脱身向南突围，曾英勇地

比利时国王利奥波德三世视察坦克部队，右为比利时战争部长丹尼斯将军。

同意延长自己的战线。比利时军队虽顽强奋战，但是所延长的战线还是迅速崩溃了。利奥波德也没有得悉关于戈特勋爵在5月26日已经从伦敦接到向敦刻尔克撤退并尽量挽救英国远征军的命令的消息。这是一方面的论点，但另一方面也有他们的论据。他们说，比利时军队是由盟军统一指挥的，而利奥波德进行单独媾和，事先并没有与盟军协商过。有人替他辩护时指出：在5月27日中午12点半，他曾打电报告诉戈特，他马上就“得被迫投降，以避免崩溃”。但是这位英军司令官正忙得不可开交，而且时常在移动，因此没有接到这个电报。他后来证实他是在5月27日晚上11点以后不久才第一次听到投降的消息，发现自己“在伊普尔和大海之间突然面临一个20英里宽的缺口，敌人的装甲部队可以通过这里到达海滨”。[15] 至于国王的上级军事指挥官魏刚将军，则是在下午6点以后从法国驻比利时大本营的联络官发来的电报中得到这个消息的。他后来说，这个消息对于他“像晴天霹雳，事先一点也不知道”。[16]

最后，利奥波德虽然身为武装部队的总司令，但在这个立宪民主的王国，是有义务接受政府的意见的。他不论作为总司令还是作为国家元首，都无权擅自投降。最后还是比利时人民通过了对自己的君主的判决，他们这样做是正确的。那就是一直没有请他从他于战争结尾时在那里避难的瑞士回来复位。战争结束后过了五年，到1950年7月20日举行公民投票，57%的票赞成他回来的时候，在群众中还引起了十分激烈的反响，几乎爆发了内战。他于是立即让位给他的儿子。

不论对利奥波德的行为有怎样的评价，对于他的军队的英勇战斗却是不应该有什么不同意见的——虽然也曾经有过不同意见。* 5月间，我曾有几天跟随赖歇瑙的第六军团经过比利时，我亲自看到比利时人在敌我力量极为悬殊的条件下顽强作战的情况。在德国空军残酷无情、肆无忌惮的轰炸下，或者当德国装甲部队企图截断他们的时候，他们从来没有屈服过。对于这次战役中其他一些盟国部队，就不能这 730
么说了。比利时军队坚持了18天，如果他们没有同英国远征军和法国的北部军队一起陷入重围，他们本来是可以支持得更久的，何况陷入重围并不是他们的过失。

敦刻尔克的奇迹

自从5月20日古德里安的坦克部队突破盟军防线进抵海边的阿布维尔以后，英国海军部就根据丘吉尔亲自下的命令调集船只，为英国远征军和其他盟国军队可能撤出海峡上的各处港口做准备。非战斗人员和其他“用不着的人”立即开始渡过这个狭窄的海面前往英国。到

* 不同的意见来自艾伦·布鲁克将军等人。布鲁克曾经指挥英国第二军，后来成为帝国参谋总长、陆军元帅艾伦布鲁克勋爵。参看阿瑟·布赖思爵士根据艾伦布鲁克的日记所写的《形势的转变》(*The Turn of the Tide*)。

5月24日，我们上面已经谈到，北面的比利时前线已接近崩溃，在南方，从阿布维尔沿海岸向北猛扑的德国装甲部队，在攻克布洛涅、包围加来以后，已经到达距离敦刻尔克只有20英里的阿运河。比利时军队、英国远征军的九个师和法国第一军团的十个师都被夹在中间了。虽然在包围圈南端，运河、沟渠和泛滥地区纵横交错，地形不利于坦克的行动，但古德里安和莱因哈特的装甲军已经在海岸上的格拉利沃讷和圣奥梅尔之间主要障碍之一阿运河彼岸建立了五座桥头堡，准备给盟军以彻底打击，使他们受到从东北方推进过来的德国第六军团和第十八军团的夹攻，从而完全消灭他们。

5月24日晚上，最高统帅部突然发来紧急命令，这道命令是在伦德施泰特和戈林怂恿之下，不顾布劳希奇和哈尔德的激烈反对，由希特勒坚持发出的。命令要坦克部队停在运河一线，不要再向前推进，这就给了戈特勋爵一个意外的、重要的喘息机会，他和英国海军及空军都充分利用了这个机会。伦德施泰特后来体会到这一点，他说，这个喘息机会导致了“战事中几个重大转折点之一”。

德国在眼看就要取得这次战役中最大胜利的时候，怎么会发出这道难于解释的命令呢？下这个命令的原因是什么？谁应该负这个责任？这些问题在有关的德国将领中和历史学家中，曾引起过一场大辩论。以伦德施泰特和哈尔德为首的将领，把责任完全推在希特勒身上。丘吉尔在大战回忆录第二卷中为这场争论火上加油，他认为这个命令出自伦德施泰特，而不是希特勒，他引述了伦德施泰特司令部的战争日志作为论证。在一大堆互相矛盾、众说纷纭的证词之中，要弄
731 清楚事实真相是很难的。在准备写这一章的过程中，本书作者曾写信给哈尔德将军本人请他阐明，不久就接到一封有礼貌的详细的回信。根据这封信和其他许多现在能够得到的证据，也许可以得出一定的结论平息争论，即使这不是最后的结论，但至少也是有相当说服力的。

说到这道著名的命令的责任问题，不管伦德施泰特后来怎样辩

解，他必须与希特勒分担责任。元首在5月24日早晨曾到伦德施泰特将军设在查尔维尔的A集团军总司令部去过，伦德施泰特建议在离敦刻尔克不远的运河一线上的装甲师应当停止前进，等候更多的步兵部队的接应。* 希特勒同意了这个建议，并且认为装甲部队应当保存下来，留待进攻索姆河以南的法国军队时使用。他还说，如果盟军陷入的袋形地带缩得太小，就会妨碍空军的活动。停止前进的命令可能是伦德施泰特获得元首的批准以后立即发出的。因为据丘吉尔说，英国远征军曾截获德国那天上午11点42分下达那个命令的无线电报。[17] 希特勒和伦德施泰特当时正在开会。

总之，那天晚上希特勒从最高统帅部发出了正式的命令，这在约德尔和哈尔德两人的日记上都有记载。参谋总长极感不快。

> ［他在日记里写道］我们的由装甲部队和摩托化部队组成的左翼，由于元首的直接命令，都将因此完全停止下来！消灭包围中的敌军，要留给空军去干！

这个表示轻蔑的惊叹号表明，戈林参与了希特勒的决定，现在我

---

* 尽管这个事实是根据伦德施泰特司令部的记录所确定的，但是这位将军在战后还是发表多次谈话，把责任完全推给希特勒。他曾告诉加拿大谍报官密尔顿·舒尔曼少校："如果我当初按照我自己的意思行事，英国人在敦刻尔克就不会那么轻易地脱身了。但我的手给希特勒的直接命令束缚住了。当英国人在海边上船的时候，我只能在港口外面按兵不动……我只能在这个小镇坐着，眼看着英国人逃走，而我的坦克和步兵被禁止采取行动。这种难以置信的错误，应归咎于希特勒自以为是的个人指挥。"（舒尔曼：《西方的溃败》，第42—43页）

1946年6月20日，伦德施泰特又在纽伦堡国际军事法庭上对一个委员会说（油印稿第1490页）："那是统帅的一个大错误……当时我们所有将领的愤怒是无法形容的。"伦德施泰特也曾对李德·哈特（《德国将领谈话录》［*The German Generals Talk*］，第112—113页）和在"美国控告里布"案中对纽伦堡军事法庭（油印稿第3350—3353，第3391—3392页）做了同样的声明。

特尔福德·泰勒在《征服的进军》（*The March of Conquest*）一书和L. F. 埃利斯少校在《1939—1940年法兰西和佛兰德斯之战》（*The War in France and Flanders, 1939—1940*）一书中都曾分析德军关于这一事件的记录，并得出有些不同的结论。埃利斯的书是英国关于这一战役的官方报告，载有英国和德国双方的文件；而泰勒则曾在纽伦堡审判时担任美国检察官四年，是德国文件的权威人士。

们知道他的确是参与了的。他曾建议由他的空军单独来消灭被包围的
732 敌军！哈尔德在1957年7月19日给本书作者的信中举出了他之所以做出这个野心勃勃、不自量力的建议的理由。

> 在以后的几天中［即5月24日以后］，终于弄明白希特勒的决定，主要是受戈林的影响。陆军的迅速行动，对于这个独裁者来说，几乎变成了不祥的事情，因为他缺乏军事训练，毫不了解这一行动究竟有多少危险性和它的成功的可能性。他常常有一种忧虑的情绪，觉得会出现不利的情况……
>
> 戈林很了解他的元首，因此就利用了这种忧虑情绪。他建议单独用他的空军来收拾这个大包围战的残局，这样就可以不必冒必须使用宝贵的装甲部队的风险。他提出这个建议……有一个理由，这个理由说明了野心勃勃、不择手段的戈林的特性。在陆军一帆风顺的作战以后，他要为**他自己的**空军在这次大战役中取得最后决战的机会，从而在整个世界面前获得成功的荣誉。

哈尔德将军接着在来信中谈到了布劳希奇1946年1月在纽伦堡监狱中同空军将领米尔希和凯塞林谈话以后对他所做的一个说明。据说这些空军军官宣称：

> 戈林当时［1940年5月］对希特勒强调说，如果当时快要到手的战斗中的伟大胜利的功劳完全被陆军将领得去的话，那么元首在德国国内的威望就会遭到无法弥补的损失。只有一个方法可以防止这一情况，那就是由空军而不是由陆军来完成决战。

事实至此已很清楚：希特勒受戈林和伦德施泰特的怂恿而下、但遭到布劳希奇和哈尔德竭力反对的计划，是让空军和博克的B集团军

去扫荡陷入重围的敌军。B集团军谈不上有什么装甲部队，他们这时正在慢慢地把比利时军队和英国军队驱到海峡西南地区。而拥有七个坦克师、在敦刻尔克西面和南面的运河线上停止前进的伦德施泰特的A集团军却要原地不动围住敌人。结果是，不论空军或博克的集团军都没有达到他们的目标。5月26日早晨，哈尔德在日记中愤怒地说："从最高统帅部发来的这些命令真是莫名其妙……坦克都像瘫痪似的停在那里不动。"

最后，5月26日夜间，希特勒取消了停止前进的命令，并同意这样的意见：由于博克的部队在比利时进展迟缓和海岸附近运输舰活动频繁，装甲部队可以继续向敦刻尔克前进。但到了这个时候已经太迟了；被围的敌人已经得到加强自己的防务的时间，一边抵御，一边开始偷偷地逃到海里去了。

现在我们知道希特勒之所以发出这个命运攸关的命令，也是有其 733
政治原因的。5月25日，据哈尔德说，这一天一开始，"布劳希奇和元首之间在包围战中下一步行动的问题上就发生了一次令人痛心的争吵"，他在这一天的日记中写道：

> 现在**政治**当局已经形成了一种固定的观念，认为决战要在法国北部而不应在佛兰德斯一带进行。

这一则日记曾使我感到大惑不解。因此我写信给这位前参谋总长，问他是否能够回忆一下希特勒要求在法国北部而不在比利时结束这一战役的政治原因是什么。哈尔德记得很清楚。"根据我现在还是栩栩如生的记忆，"他回答道，"在当时我们的谈话中，希特勒用两个主要考虑来支持他的停止前进的命令。第一个考虑是军事上的理由：地形不适于坦克的活动，由此而造成的很大损失，将会削弱即将对法国其他地方进行的进攻，等等。"然后，哈尔德写道，元首举出了

> 第二个理由，他知道，我们作为军人是不能反驳这个理由的，因为这是政治上的，而不是军事上的理由。
>
> 这第二个理由是，为了政治的理由，他不希望这个不可避免地会造成居民重大损失的最后决战，发生在佛兰德斯人居住的地方。他说，他想把这个日耳曼后代佛兰德斯人居住的地方变成一个独立的民族社会主义的区域，从而使他们和德国紧紧地结合在一起。他在佛兰德斯地区的支持者为此已经做了长期的活动。他已经答应他们，使他们的国土不致遭到战争的破坏。如果他现在不实践诺言，那就会严重损害他们对他的信任。这对于德国将是一桩政治上的损失，这是他作为政治上负责的领袖所必须尽力避免的。

荒唐吗？如果说这看来好像是希特勒又一次突然发生神经错乱（哈尔德写道，他和布劳希奇“没有被这种理由说服”），那么，他对另一些将领透露的另一个政治上的考虑，却是比较合理而且重要的。伦德施泰特的作战处长君特·布鲁门特里特将军在战后对英国军事作家李德·哈特追述希特勒5月24日和伦德施泰特的会晤时说：

> 希特勒当时的心情很好……并且告诉我们，他认为战争在六个星期之后就可以结束。他希望战事结束后，能和法国缔结一个合理的和约，这样和英国达成协议的道路就打开了……
>
> 后来，使我们觉得惊异的是，他竟用钦佩的口吻谈到大英帝国，谈到它的存在的必要，谈到英国给世界带来的文明……他说，他所要求于英国的，不过是它应当承认德国在大陆的地位。德国如果能够重新获得它的殖民地，那当然最好，但也并不是非
> 734 如此不可……他最后说，他的目的是能和英国在一个英国认为可以接受而并不有损自己尊严的基础上媾和。[18]

希特勒在以后的几个星期中常常向他的将领们、向齐亚诺和墨索里尼表示这种想法，并且最后公开地做了表示。齐亚诺在一个月以后发现，这个纳粹独裁者当时正处在成功的顶点，竟反反复复地提到保持大英帝国作为“世界均势的一个因素”[19]的重要意义，他不禁感到惊异。7月13日，哈尔德在日记中谈到元首对于英国没有接受和平感到非常迷惑不解。那一天，他对他的将领说，用武力迫使英国投降，“对德国没有什么好处……只对日本、美国和别的国家有好处”。

因此，可能是（虽然还有人怀疑）希特勒把他的装甲部队遏止在敦刻尔克的前面，目的在于想使英国避免一场奇耻大辱，从而促进和平解决。而这个和平解决，照他的说法，必须是这样的：英国让德国放心地重新掉头东向，这一次是进攻俄国。他还说，伦敦必须承认第三帝国独霸大陆的地位。在以后两个月之中，希特勒深信，这种和平已在他的股掌之中了。他现在和过去几年一样不了解英国民族的特性，不了解它的领袖和它的人民要不惜牺牲作战到底加以保卫的是哪种世界。

过去和现在对于海洋都缺乏了解的希特勒和他的将领们，做梦也想不到熟习海洋的英国人竟能够从一个设备已荡然无存的小小港口和暴露在他们鼻尖下面的沙滩上撤退了30多万人。

5月26日晚上7点差3分，在希特勒取消停止前进的命令以后不久，英国海军部发出通知，开始执行“发电机计划”，这是敦刻尔克撤退计划的代号。那天晚上，德国装甲部队恢复了从西面和南面对这个海港的进攻，但现在装甲部队发现进攻很困难。戈特勋爵已经有时间部署了三个步兵师，在重炮的配合下，抵抗他们的进攻。坦克的进展迟缓。就在这个时候，撤退工作开始了。由850艘各种类型、各种动力的大小船只编成的舰队，从巡洋舰、驱逐舰到小帆船和荷兰小船（其中有许多都是由英国滨海城市的人民志愿驾驶的）集中在敦刻尔克。第一天，5月27日，他们撤走了7 669人，第二天17 804人，第三天47 310人；5月30日53 823人，头四天总共撤退了126 606人。这大大超过了海军部原来希望撤出的人数。当撤退开始的时候，海军部以为只能有两天的时间，只指望能撤退45 000人。

一直到“发电机计划”执行到第四天即5月30日的时候，德军最高统帅部才发现发生了什么事情。四天来，德军最高统帅部的公报一
735 直在重申，被围敌军的命运已经注定了。我的日记中记录的5月29日的一份公报断然说道：“在阿图瓦的法军的命运已经决定了……被迫退入敦刻尔克周围地区的英军在我们的集中进攻之下也在走向毁灭。”

但英国军队并没有走向毁灭，他们是在走向海上去。当然，他们没有带走重武器和装备，但是可以肯定，这些人将会活下来，有朝一日再投入战斗。

一直到5月30日早晨，哈尔德还在日记中满怀信心地写道：“我们所包围的敌人正在继续崩溃。”他承认，有的英国人“打得很猛”，其他的人则“逃至海滨，想用不管是什么漂浮在海上的东西渡过英吉利海峡”。“崩溃（Le Débăcle）。”他最后这么说，指的显然是左拉描写普法战争中法国崩溃的著名小说。

下午，在与布劳希奇会议以后，参谋总长终于发觉这许多运载英军逃跑的小得可怜的船只的意义。

> 布劳希奇很为恼火……要是我们的装甲部队没有被阻止的话，早已在海岸边把袋形阵地的口封上了。恶劣的天气使空军无法出动，现在我们只有站在一旁，眼看成千上万的敌人在我们鼻尖底下逃到英国去。

事实上，这就是他们所看到的情况。不管德国人在袋形阵地各边立即增加多么大的压力，英国的防线还是屹然不动，撤退的部队更多了。第二天，5月31日，是撤退人数最多的一天，有68 000人上了船

到英国去，其中三分之一是从海滩撤退的，三分之二是从敦刻尔克港撤退的。现在总共已经撤退了194 620人，较原来估计能撤出的人数多出三倍多。

著名的德国空军到哪里去了呢？据哈尔德记述，它有一部分时间是由于恶劣的天气不能出动。其余的时间则是遭到英国皇家空军意外的抗击，后者从海峡对面的基地起飞，第一次成功地向德国空军挑战。* 英国新式的喷火式飞机虽然在数量上居于劣势，但证明胜过梅塞施密特式，他们击落了笨重的德国轰炸机。有少数几次，戈林的飞机趁英机未来的间隙时间飞到敦刻尔克上空，使这个港口受到很大的损失，一时无法使用，部队不得不完全依靠从海滩上船。德国空军对船只也进行了几次强袭，861艘中有243艘沉没，其中大部分是德国 736
空军炸沉的。但戈林向希特勒许下的歼灭英国远征军的诺言却没有实现。6月1日，德国空军进行最大的一次攻击（也受到最沉重的一次损失——双方都损失飞机30架），炸沉了英国驱逐舰三艘和一些小型运输舰，但这一天撤退人数仅次于最高的那一天，共撤退了64 429人。到第二天黎明时分，只有4 000名英国士兵还留在包围圈中，由当时守住防线的10万名法国士兵保护着他们。

这时德军中程炮已到达射程以内，白天不得不停止撤退工作。当时德国空军在天黑之后并不进行活动，6月2日、3日夜间，余下的英国远征军和60 000名法军成功地撤出来了。一直到6月4日早晨，敦刻尔克仍在40 000名法军的固守之中。到那一天为止，一共有338 226名英法士兵逃出了德军的虎口。他们已经溃不成军。绝大部分部队当时的狼狈情况是可以想象得到的。但他们都经历了战斗的考验；他们

---

* 沙滩上许多疲惫不堪的、正在遭到猛烈轰炸的英国兵，却没有注意到发生了空战，因为空战往往是在云端或远处进行的。他们只知道，他们从比利时东部到敦刻尔克，沿途一直遭受轰炸和扫射。他们觉得他们的空军把他们抛下不管了。他们到达本国的港口以后，有人看见身穿蓝制服的皇家空军人员就进行辱骂。丘吉尔对此事很为不安，他于6月4日在下院演讲时还特地进行解释。他说，敦刻尔克的脱险“得力于空军”。

知道，他们如果得到适当的装备和充分的空军掩护，是能够抵抗德国人的。他们大多数人，当装备方面能与德军并驾齐驱的时候，终于证明了能够做到这一点——而且就是在离他们被救出来的沙滩上不远的英吉利海峡海岸上。

敦刻尔克救了英国部队。但是丘吉尔6月4日在下院提醒他们说："战争不是靠撤退来打赢的。"英国的处境的确是严峻的，比近一千年前诺曼人登陆以来任何时候都要危险。它没有陆军保卫岛屿，空军力量在法国已受到很大的削弱，剩下的只有海军。挪威战役已经表明，大型战舰是很容易遭到以陆地为基地的空军的攻击的。现在德国轰炸机从基地飞过狭窄的英吉利海峡，只需5分钟到10分钟的时间。当然，法国还坚守在索姆河和埃纳河以南的地方，但是，它的最精锐的部队和最精良的装备已经在比利时和法国北部损失殆尽，它的数量不多、陈旧过时的空军也已大部分被毁了。它的两个最著名的将军——现在开始领导那个摇摇欲坠的政府的贝当元帅和魏刚将军——已经不再想和这样一个优势的敌人打下去了。

当1940年6月4日，温斯顿·丘吉尔在下院起立发言的时候，这些惨淡的事实，使他的心头十分沉重。当时，从敦刻尔克开回来的最后一批运输舰正在把人员卸下来。正如同他后来所写的那样，这时他已下定决心不仅向本国人民，而且也向全世界——尤其是美国——表明，"我们决定继续战斗是有重要理由的"。正是在这个时刻，他发表了他那著名的令人久久不能忘怀的演说，这篇演说必然可以和有史以来最伟大的演说相媲美：

> 欧洲大片大片的土地和许多古老著名的国家虽然已经陷入或
> 737 可能陷入秘密警察和纳粹政体所有凶恶的统治工具的魔掌之中，
> 但是我们绝不气馁认输。我们将战斗到底，我们将在法国战斗，
> 将在海洋上战斗，我们将以不断增长的信心和不断增长的力量在

被炸毁的敦刻尔克港。

敦刻尔克大撤退。

空中战斗。不论代价多么大，我们都将保卫我们的岛屿，我们将在海滩上战斗，我们将在登陆地点战斗，我们将在农田和街道上战斗，我们将在山中战斗。我们绝不投降，即使这个岛屿，或者它的一大部分土地已被征服，或者挨冻受饿——我一点也不相信会发生这种情况——我们那个由英国舰队所武装和保卫的海外帝国，也将战斗下去，直到新世界在上帝认为适当的时机挺身而出，用它的全部力量把旧世界援救和解放出来为止。

法兰西的崩溃

英国继续战斗的决心，似乎并没有使希特勒感到不安。他确信在他把法国干掉以后，他们就会改变主意，而他现在就要干掉法国了。6月5日，在敦刻尔克陷落后的第二天早晨，他们在索姆河上发动了大规模的进攻，随即以压倒的力量从阿布维尔到莱茵河上游这整条400英里宽的横贯法国的战线上采取攻势。法国的命运已注定了。他们只能用65个师（其中大部分还是第二流的），去抵抗包括10个装甲师在内的德军143个师的兵力，因为最优秀的部队和大部分装甲部队都在比利时消耗掉了。力量薄弱的法国空军也所剩无几。英国能够派出来的只有驻在萨尔的一个步兵师，另外还有一个装甲师的部分人员。英国皇家空军除非把不列颠群岛置于不顾，否则它能为这场战斗提供的飞机极为有限。再说，现在在贝当和魏刚的控制下，法军最高统帅部已经浸透了失败主义情绪。虽然如此，有些法国部队还是极为勇敢和顽强地战斗着，在一些地方甚至暂时阻止住了德军装甲部队，并且坚决不向德国空军的不断轰炸屈服。

但这是众寡悬殊的战斗。特尔福德·泰勒描写得很恰当，德军在“胜利的混乱”中，像潮水一般涌过法国。混乱的发生是因为他们的人数那么多，行动那么迅速，路线又常常互相冲突。[20] 6月10日，法国政府匆忙离开巴黎。6月14日，这个未设防的伟大城市，法兰西的光荣，被冯·屈希勒将军的第十八军团占领了。巴黎铁塔上立即高悬起卐字旗。6月16日，雷诺辞职，他的政府已经逃到波尔多，贝当接任总理。贝当在任职的第二天，就通过西班牙大使向德国要求停战。* 希特勒于同一天答复说，他首先要和他的盟友墨索里尼商量。墨索里尼 738
这个趾高气扬的斗士，在弄清楚法国军队已经受到绝望的打击以后，就像鹰犬一样在6月10日投入战争，企图分得战利品。

1940年，埃菲尔铁塔上挂起德国胜利的标语。

---

* 1940年6月17日这天，在放逐中的德皇从占领下的荷兰的多尔恩向希特勒发了一封贺电。虽然他长期以来一直嘲讽希特勒是一个粗俗的暴发户。这封电报是在缴获的纳粹文件中发现的。

> 法国的投降使我深受感动，我祝贺你和全体武装部队，靠上帝恩赐，获得了伟大胜利。用威廉大帝在1870年的话来说："天意助人，怎样翻天覆地的事业也能完成。"
>
> 在全体德国人的心里，都响起了伟大的国王的士兵、洛伊滕战役的胜利者所唱的赞歌："现在我们大家一齐感谢上帝！"

认为伟大的胜利主要应归功于己、其次才是上帝的希特勒，曾草拟一封克制的复信，但这封信是否寄出去了，文件中没有谈到。[21]

早些时候，当元首得知占领多尔恩的一支德国部队派了仪仗队驻在被放逐的皇帝住宅周围的时候，他非常生气。希特勒下令把仪仗队撤走，所有德国士兵不得违令进入多尔恩。威廉二世在1941年6月4日死于多尔恩，即葬于该地。哈塞尔在日记里（第200页）写道：他的死，在德国"几乎没有引起人们注意"。是希特勒和戈培尔有意使他的死不引起注意的。

墨索里尼在法国背上扎进一小刀

希特勒尽管正在为西线战事的开展忙得不可开交，但仍接二连三地抽暇写信给墨索里尼，把德国连连取得胜利的消息告诉他。

5月7日的第一封信通知意大利领袖，他正在进攻比利时和荷兰，以“保证它们的中立”，并说他将使他的朋友知道他的进展，以便他的朋友得以及时做出决定。后来，在5月13日、18日和25日，他又接连写了几封信，这些信写得一封比一封详细、热情。[22] 虽然正如哈尔德日记所证实的，将领们对意大利的动向——参战或者不参战——毫不关心，但是，元首为了某种原因，很重视意大利的参战。一等到荷兰、比利时已经投降，北路的英法军队一败涂地，英军残部在敦刻尔克开始登船的时候，墨索里尼便决定参加战争。他在5月30日写信给希特勒说，参战的日期将是6月5日。希特勒立即回答说，他“深受感动”。

> ［希特勒在5月31日的信里写道］在这次战争的胜利结局方面，如果说还有什么可以加强我的不可动摇的信心的话，那就是您的声明了……仅仅您参战这一事实本身，就是足以使我们敌人的战线受到沉重打击的一个因素。

但是元首要求自己的盟友把日期推迟三天，他说，他要先把残余的法国空军击溃。而墨索里尼却好意推迟了五天，到6月10日。墨索
739 里尼说，战斗将在第二天开始。

这些战斗简直算不了什么。到6月18日，当希特勒召唤他的小伙伴到慕尼黑来讨论与法国停战问题的时候，意大利的大约32个师已进行了一周的“战斗”。但他们在阿尔卑斯山前线和南方的海岸一带，丝毫没有迫使力量单薄的6师法国军队后退一步，虽然守方此时正遭

受到沿罗讷河流域扫荡的德军从背后攻击的威胁。* 齐亚诺在6月21日的日记中写道：

> 墨索里尼已经十分丢脸，因为我们的部队还没有前进一步。甚至直到今天他们也没有能够向前推进，还停在进行抵抗的法国第一道防御工事的阵地前。[23]

墨索里尼曾大吹大擂自己的军事力量，但从参战一开始就暴露出这是虚张声势。因此，当这位泄了气的意大利独裁者和齐亚诺在6月17日晚上乘火车去同希特勒会商对法停战的时候，他的心情是沉郁的。

> ［齐亚诺在日记里写道］墨索里尼颇为不满。突如其来的和谈使他感到不安。在旅途中，我们做了详细的谈话，以便弄清对法停战要提出哪些条件。领袖……想占领整个法国领土，要求法国舰队投降。但他知道，他的意见只有参考的价值。战争是希特勒赢得的，意大利并没有参加任何积极的军事行动。有最后决定权的只有希特勒一个人。这当然会使墨索里尼感到忧郁不安。

当他们在慕尼黑元首府里与希特勒进行会谈的时候，元首的“最后决定”相当温和，使意大利人感到特别惊讶。这座官邸正是不到两年以前张伯伦和达拉第就捷克问题对这两个独裁者妥协的地方。德国

---

* 失败主义的法军统帅部禁止向意大利发动任何攻势。6月14日，一个法国海军分遣舰队炮轰了热那亚附近的工厂、油库和炼油厂，但法国海军上将达尔朗严禁再采取这种行动。当英国皇家空军的轰炸机试图从马赛机场起飞以袭击米兰和都灵的时候，法国人把卡车开到机场上，阻止飞机起飞。

方面关于这次会谈的秘密备忘录[24]清楚表明：希特勒认定，最重要的问题是不让法国舰队落到英国的手里。他还担心法国政府逃到北非或伦敦去继续战斗。由于这个理由，停战条件——最后的和平条件也许又当别论——一定得温和一点，要能保持“一个在法国本土行使职权的政府”，并且使“法国舰队中立化”。他断然拒绝了墨索里尼关于由意大利占领包括土伦（法国在地中海的一个重要海军基地，绝大多数舰只都集中在那里）和马赛在内的罗讷河流域并使科西嘉、突尼斯和吉
740 布提解除武装的要求。上述最后一个城市是通往意大利侵占的埃塞俄比亚的门户，据德国方面的文件透露，这是齐亚诺“低声”提出来的。

齐亚诺发现，甚至好斗成性的里宾特洛甫也“异常温和而沉静，并且主张和平”。这位女婿写道，墨索里尼“感到非常难为情”。

> 他觉得自己扮演的是二等角色……领袖实在担心和平时刻的日益迫近，并且担心他再度失去他平生未能实现的美梦：战场上的光荣。[25]

墨索里尼甚至没有能使希特勒同意他参加与法国进行的停战谈判。元首并不想在一个历史上负有盛名的地点（他未把地名告知他的朋友）与这个迟到的伙伴分享他的胜利。但他答应墨索里尼，在法国和意大利也签订一个停战条约以前，他和法国之间的停战条约将不生效。

墨索里尼灰心丧气地离开了慕尼黑，但齐亚诺对于希特勒的一个方面却得到非常好的印象。他在日记中清楚指出，这个方面是他从来没有看到或想到的。

> ［他们回到罗马以后，他在日记里写道］从他［希特勒］所说的一切来看，他显然想要早日结束战争。希特勒现在是一个赢得了一大笔钱的赌徒，他想从桌边站起来，不再冒险了。今天他

的话说得谨慎而聪明，在获得这样大的胜利以后能够这样，这实在是令人惊异的。我这个人是不能说对他有特别好感的，但今天我确实佩服他。[26]

贡比涅的第二次停战

那年6月，我随德国军队进入巴黎。在这个富丽堂皇的首都，6月总是最可爱的一个月份，但如今却是一片惊慌。6月19日，我获悉希特勒将在什么地方提出停战条件。停战是贝当在两天以前提出的。这个地方就是1918年11月11日德意志帝国向法国及其盟国投降的地方：贡比涅森林中的一块小小的空地。希特勒将在这儿报仇雪耻，因为这个地方本身会增加他报仇雪耻的甜美滋味。他想出这个主意是在5月20日，即在西线发动总攻势仅仅十天以后，也就是德国坦克打到阿布维尔的那一天。约德尔在那天的日记上写道："元首正在草拟和约……初步谈判将在贡比涅森林中进行。"6月19日傍晚，我驱车到贡比涅，看见德国工兵正在拆毁还保存着福煦元帅的旧卧车的博物馆的墙壁，
1918年的停战条约就是在那个车厢里签订的。我离开的时候，德国工 741
兵已经用风镐把墙壁推倒，把车子推到空地中间的轨道上。他们说，这就是1918年11月11日凌晨5点德国的使节遵照福煦的命令在停战协定上签字时，车子停放的确切地点。

6月21日下午，我站在贡比涅森林的边上，观看了希特勒最新、最大的胜利场面。这种场面，我由于工作关系，在最近几年扰攘的岁月里已经见过多次了。这是我所能记得的法国的最美丽的一个夏日。6月的阳光暖洋洋地照着壮丽的树木——榆树、橡树、丝柏和松树——把一片令人神爽的阴影投在通往小小的圆形空地的林荫道上。下午3点15分整，希特勒乘着他的梅赛德斯牌汽车来了。同行的有戈林、布劳希奇、凯特尔、雷德尔、里宾特洛甫和赫斯，他们都身穿

各种各样的制服。独一无二的帝国元帅戈林，手里还拿着他的元帅节杖。他们在离空地大约200码的阿尔萨斯-洛林的雕像前走下汽车。雕像用德国军旗覆盖着，为的是不让元首看到那把大剑（不过我因以前来参观过，所以还记得）。那是一把1918年获得胜利的盟国的大剑，插在一只有气无力的鹰身上，这鹰代表霍亨索仑王朝的德意志帝国。希特勒向纪念碑投了一瞥，继续大踏步地走去。

> ［我在日记中写道］我观察了他的脸，他的脸严肃、庄重而充满了复仇的神情。从他的脸上，正如从他的轻快的步伐里一样，可以看出一副胜利的征服者、世界的挑战者的神气。还有……一种傲然的内心快乐，这是因为他目睹命运起了地覆天翻的变化——而这种变化又是他亲自创造出来的。

他走到这块小小的林间空地以后，空地中央升起了他的最高统帅旗。他的注意力给离地约三英尺高的一大块花岗石吸引住了。

> ［我引用我的日记］希特勒后面跟着一些人，慢步走上前去，读着石头上刻着的大字碑文（法文）：
>
> “1918年11月11日，德意志帝国在此屈膝投降——被它企图奴役的自由人民所击败。”
>
> 希特勒读着，戈林也读着。大家站在6月的阳光中和一片沉静中读完了它。我观察着希特勒脸部的表情。我离他只有50码，从我的望远镜里看他，好像他正站在我面前一样。我曾经在他生命的伟大时刻里多次看见过那张脸孔。但是今天啊！他的脸上燃烧的是蔑视、愤怒、仇恨、报复和胜利。
>
> 742 他离开了纪念碑，极力使他的姿态能表示出他的蔑视。他回头看了一下，表情轻蔑而愤怒——人们几乎可以感觉到这种愤

被纳粹旗帜覆盖的第一次世界大战纪念碑。

怒，因为他不能用他的普鲁士高筒靴一脚踏去这些可恶的、挑衅的字句。* 他慢慢地向空地四周扫了一眼，这时，当他的目光和我们的目光相遇的时候，谁都可以体会到他的仇恨的深度。这种仇恨是和胜利混在一起的——一种报复的、胜利的仇恨。突然，他好像感到自己的脸部表情还没有完全表达出他的感情似的，他把整个身子摆出一副与他的心情相协调的姿态。他迅速地用两手搭在臀部，两肩耸起，两脚分得很开。这是一种不可一世的挑战姿态。这种姿态是对现在这个地方的极端蔑视，以及对这个地方在目击德意志帝国受辱以来的22年中所代表的一切的极端蔑视。

然后，希特勒及其随行人员走进停战谈判的车厢，元首坐在1918年福煦坐过的那把椅子上。五分钟以后，法国代表团来了。这个代表团以色当的第二军团司令夏尔·安齐热将军为首，成员有一个海军将领、一个空军将领和一个文职官员利昂·诺埃尔。利昂·诺埃尔曾任驻波兰大使，他现在正亲身经历着德军造成的第二次崩溃。他们看起来都精神颓丧，但还保持着一种悲惨的尊严。他们事先并不知道会把他们带到法国人引以为傲的这个圣地来受这样一种屈辱。他们的这种震惊，无疑正是希特勒所期望的。哈尔德在听了布劳希奇对他讲述的当场看到的情况以后，那天晚上在日记里写道：

> 法国人事先没有得到通知，要他们在1918年谈判的地方接受条件。这种安排显然使他们大为惊讶，在开始的时候并且有点不高兴。

甚至像哈尔德或布劳希奇这样有教养的德国人，也把法国人的尊

---

* 三天以后，根据希特勒的命令，这个纪念碑被炸掉了。

里宾特洛甫、凯特尔、戈林、赫斯、希特勒、雷德尔、布劳希奇站在签订贡比涅停战协议的车厢前。

严神情误认为不高兴，这是不足为怪的。我们立即看到，法国人确实感到茫然不知所措。但是，与当时报道的情况相反，他们曾经企图使元首所提条件中比较苛刻的部分放宽一些，并且取消那些他们认为屈辱的条件。他们的企图失败了。这是我们现在才从缴获的纳粹秘密文件中的德国官方会议记录[27]中得知的。

在凯特尔将军对法国人宣读了停战条款的序文以后，希特勒和他的随行人员马上离开了车厢。谈判工作交由最高统帅部长官继续进行，但对于他亲手所拟订的条件没有留出丝毫的回旋余地。

凯特尔把这些条款读完以后，安齐热马上对德国人说，条件太“冷酷无情”了，比1918年法国在这里向德国提出的条件坏得多。而且，“如果阿尔卑斯山那一边的、一个没有打败法国的国家［安齐热很看不起意大利，甚至不愿提它的名字］也提出类似的要求，法国绝不投降。它将战斗到底……因此，他不能在德国停战协定上 743

签字”。

当时临时主持会议的最高统帅部第二号人物约德尔将军，没有料到一个被打得走投无路的敌人竟会说出这样倔强的话。他回答说，他虽然不免要表示他“理解”安齐热所说的关于意大利人的话，但他无权改变元首提出的条款。他说，他所能够做的，只是“提供一些说明和对不清楚的地方做些解释”而已。法国人要么原封不动地接受停战条款，要么就全部不接受。

德国人感到恼怒的是：法国代表团除非得到在波尔多的政府的明确同意，否则无权签订停战协定。靠了技术上的奇迹，也许是运气好，他们从这辆旧卧车上居然通过战斗还在继续的战线，与波尔多直接建立了电话联系。法国代表团被允许用电话将停战条款的全文发回去，并和他们的政府进行磋商。担任翻译的施密特博士被指派在树林后面几码远的地方，在军用通讯车里偷听谈话内容。第二天，我自己设法听到了德国人记录的安齐热和魏刚将军谈话的部分录音。

魏刚对于法国的失败主义情绪、最后投降和与英国决裂都负有重大责任，但是他至少在抗拒德国的许多要求这一点上曾做过不屈不挠的努力。这是应该记载下来的。在德国人提出的条件中，最恶毒的一条就是强迫法国把法国本土和海外属地上的反纳粹的德国流亡人士全部交给希特勒帝国。魏刚认为，从法国尊重避难权的传统来看，这样做是可耻的。但是当第二天讨论到这个问题的时候，傲慢自大的凯特尔一点也不肯取消这个要求。他大声说道，“德国的流亡者是最大的战争贩子”，他们已经“背叛了自己的人民”，必须“不惜任何牺牲”把他们移交出来。法国对于这样一条也没有提出抗议：凡是与别国联合对德国作战的法国人，被捕以后将按法国义勇军处理——就是说，立即枪决。这其实是针对戴高乐说的，他已经开始在英国组织一支自由法国军队了。魏刚和凯特尔都知道，这一条款是对于战争基本法规的粗暴违反。条款中还有这样一条：所有战俘都将被拘留到签订和约为止，对于这样一段文字，法国方面也没有提出异议。魏刚肯定地认为，英国在三个星期之内将战败，到那个时候，法国战俘即可释放了。这样一来，他使150万法国人在战俘营中待了五年。

停战条约中最难处理的是法国海军问题。在法国将要崩溃的时候，丘吉尔曾经表示，法国如果把海军开到英国来，过去不单独媾和的诺言就可取消。希特勒决心不让这件事情实现。他在6月18日对墨 744
索里尼说，他充分认识到，这将大大加强英国的力量。由于此事关系重大，他不得不对这个被打败了的敌人做一些让步，或者至少给一点保证。停战协定规定，法国舰队必须复员、解除武装并把舰只停泊在本国港口废置不用。对这个行动的报酬是：

> 德国政府对法国政府庄严地宣布，它无意使用在德国监督下的港口所停泊的法国舰队来为自己作战。而且，德国政府还庄严而明确地宣布，在签订和约的时候，他们无意对法国舰队提出任何要求。

正如希特勒的几乎全部诺言一样，这个诺言也是要违背的。

最后，希特勒给法国政府一块未占领区，它在法国的南部和东南部，表面上可以自由治理。这是一种狡猾的手段。这不仅可以从地理上和行政上分裂法国，还可以使法国流亡政府难以成立，如果不是不可能的话；并且可以打消在波尔多的政治家们想把政府迁往北非的任何计划——这个计划几乎成功，结果却失败了，破坏它的不是德国人，而是法国失败主义者：贝当、魏刚、赖伐尔及其支持者。还有，希特勒明白，目前在波尔多控制法国政府的这批人是法兰西民主的敌人，可以期望这些人与他合作，帮助他在欧洲建立纳粹新秩序。

但是，在贡比涅举行停战会谈的第二天，法国代表还在继续拖延和争论。拖延的原因之一是，安齐热坚持说，魏刚并没有给他签字的权力，而只是给了他一项命令——在法国，谁也不肯负这个责任。最后，下午6点半，凯特尔发出了最后通牒。法国必须在一小时之内接受或者拒绝德国的停战条件。在这一小时之内，法国政府屈服了。1940年6月22日下午6时50分，安齐热和凯特尔在停战协定上签了字。*

我曾从卧车上秘密的麦克风里听到这最后一幕的情况。这位法国将军在签字以前，以颤抖的声调说，他想发表一项个人声明。在他说话的时候，我曾用法文记下他的话。

> 我宣布，法国政府已经命令我在这些停战条款上签字……法国由于武力所迫，不得不停止与盟国并肩作战。它认为，加在自己身上的条件是苛刻的。法国有权希望在未来的谈判中，德国能表现出容许两个相邻的大国在和平中共同生活和工作的
> 745 精神。

签订和约的那些谈判，永远也不会举行。但是不久，随着对法国统治的日渐残酷，随着对卑躬屈膝的贝当政府的压力日益增加，纳粹第三帝国表现的是怎样的精神已很清楚了。法国现在已经注定要成为德国的属国，贝当、魏刚、赖伐尔显然已看到这一点——并且也已接受了这一点。

当代表们从停战谈判的车厢里出来乘车离开的时候，开始下起霏霏的细雨。在森林里的一条路上，人们可以看见有成群结队的难民。他们拖着疲惫的步伐，在回家的路途上走着。还有骑着自行车的，有坐在大车上的，有几个运气好的坐在旧卡车上。我走到空场上。一群德军工兵正起劲地叫着，开始移动那辆老卧车。

---

* 协定规定在法意停战协定签字以后立即生效，并在协定签字六小时后停止敌对行动。

“到哪里去？”我问。

“到柏林去。”他们说。*

两天以后，法国-意大利停战协定在罗马签字。墨索里尼只能占领他的部队攻克了的地方，这就是说，占领法国几百码的领土，另外在法意边境和突尼斯设置50英里长的非军事区。这个停战协定在6月24日晚7点35分签了字，六小时以后，法国全境的炮声停止了。

在上一次战争中，曾经有四年之久坚持不败的法兰西，在这次战争爆发六周以后就退出了战争。德国军队驻守着欧洲的大部分地区，从北极圈内的北角到波尔多，从英吉利海峡到波兰东部的布格河。阿道夫·希特勒已经到达了顶峰，这个第一次把德国人统一在一个真正的民族国家中的前奥地利流浪汉，这个第一次世界大战时的下士，现在已经成了德国征服者中最伟大的人物了。阻挠他在欧洲建立德国霸权的，现在只有一个拒不屈服的英国人——那就是温斯顿·丘吉尔——和在他领导下的意志坚决的人民。他们拒不承认面临失败，他们差不多是赤手空拳地孤军作战，他们的岛国正遭到有史以来最强大的军事力量的围攻。

希特勒玩弄和平

当德国在西线发动进攻十天以后，德国的坦克到达了阿布维尔的那个晚上，约德尔将军在日记里对元首怎样“欣喜若狂”做了一番描述，之后他又写道，元首“……正在草拟和约……英国在把殖民地归还德国以后，随时都可以单独媾和”。这是5月20日的事。在随后的几周之中，看来希特勒已肯定地认为，由于法国的屈服，英国一定 746

* 这辆车于7月8日运到柏林。但有讽刺意味的是，后来在盟军轰炸柏林的时候，这辆车被炸毁了。

会急于求和。从德国的观点来看，由于英国在挪威和法国受到严重打击，他所提出的条件似乎很宽大了。他在5月24日对冯·伦德施泰特将军详细地说明了这些条件。他表示，他对英帝国是钦佩的，并且强调指出英帝国有它存在的“必要”。他说他只希望伦敦让他在大陆有行动的自由。

他非常肯定地认为英国一定会同意这一点，甚而至于在法国战败以后，仍然没有制订出继续对英国作战的计划。而骄矜自负的参谋总部向来被认为具有普鲁士人的缜密作风，对各种可能情况都在事先有周密的筹划，但这次也没有为他提供出什么计划。在这期间，参谋总长哈尔德在他的成本成本的日记里，也没有谈到这个问题。他对于俄国在巴尔干和波罗的海的威胁，比对英国的威胁更感到不安。

可不是吗，为什么英国要在这毫无希望的劣势中单独打下去呢？特别是当它看到自己同法国、波兰以及其他一切战败国家的处境不同，可以在不受损伤、完整无缺和保持自由的情况下获得和平、摆脱战祸的时候，为什么偏要打下去呢？除了唐宁街以外，到处都在提出这样的问题。据丘吉尔后来透露，唐宁街从来也没有讨论过这个问题，因为答案是可想而知的。[28] 但德国独裁者并不懂得这一点，而当丘吉尔开始公开宣布英国不放弃作战的时候，希特勒显然不相信真的会如此。甚至在6月4日英国军队已从敦刻尔克撤退，首相做了关于在山上、在滩头继续作战的有名演说以后，他还是不相信；在贝当已经要求签订停战条约以后，丘吉尔于6月18日在下院重申英国“继续作战的不可动摇的决心”，并在他的另一篇动人的、令人难忘的演说中说了如下的话以后，他还是不相信：

> 因此，让我们振起精神，负起我们的责任来，让我们这样要求自己，如果大英帝国及英联邦能延续千年之久，人们将要这样

说："现在是他们最美好的时刻。"

自己是一个夸夸其谈的演说家的希特勒，想必认为，这只不过是一个天才演说家的打气话而已。他现在一定还从中立国家的首都的试探和从那里传出来的结束战争的要求中得到了鼓励。6月28日，希特勒收到教皇发给他的一封密电——墨索里尼和丘吉尔也收到了类似的电报。电报说，他愿意为"公平而体面的和平"进行调解，并宣布在着手这一步骤以前，他希望私下了解一下这个建议将会受到怎样的对待。[29]瑞典国王也积极地向伦敦和柏林双方建议举行和谈。

在美国，德国大使馆在代办汉斯·汤姆森的领导下，正在把他们得到的每一块钱都花在支持孤立主义者身上，使美国能够继续不参加战争，从而使英国丧失继续作战的信心。在缴获的德国外交部文件 747
中，有很多是汤姆森报告大使馆在如何致力于操纵美国舆论使其对希特勒有利的函电。那年夏天，美国政党举行代表大会，汤姆森集中一切力量影响各党的，特别是共和党的外交政策纲领。

例如，在6月12日，他向柏林发出了"特急、绝密"的密码电报，说有一个和德国大使馆"密切"合作的"著名的共和党国会议员"愿意邀请50个孤立主义议员参加共和党代表大会，"使他们能够对代表做工作，让他们赞成孤立主义者的外交政策"，他要的代价是3 000美元。汤姆森的报告说，同一个人还要求给他30 000美元，以支付美国报纸的广告费，这些广告将刊登整版篇幅，其标题为"别让美国参加战争"！[*30]

第二天汤姆森打电报到柏林报告一项新的计划。他说，他通过一个美国文艺界的经理人，找到五个著名的美国作家，写几本"我希望能起到巨大效果"的书。他需要20 000美元以进行这项计划。几天以

* 这样一种广告在1940年6月25日的《纽约时报》上出现过。

后，里宾特洛甫就同意拨出这笔款子。*[31]

希特勒关于希望与英国进行和谈的最初的公开言论之一，是对赫斯特系报纸记者卡尔·冯·维甘德的谈话。它发表于6月14日纽约的《美国人报》上。两周以后，汤姆森通知德国外交部，他已把这篇访问记加印了10万份。他说：

> 我能够进一步通过一个秘密代理人劝使孤立主义众议员索克尔森［蒙大拿州的共和党员］把元首访问记载入6月22日的《国会记录》中。这就再一次保证访问记能得到最广泛的传播。[33]

华盛顿的纳粹大使馆抓住了每一根稻草。这年夏天的某一个时

748 候，大使馆的新闻参赞转来了据他说是电台评论员小富尔顿·刘易斯的一项建议。新闻参赞把他说成“德国和元首的崇拜者，是一个很受尊敬的美国新闻记者”。

> 元首应该致电罗斯福……内容大致如下：“您，罗斯福先生，曾经一再向我呼吁，并且经常表示希望避免流血的战争。我并没有对英国宣战；恰恰相反，我经常强调我并不想毁灭大英帝国。我曾一再要求丘吉尔理智一些，要求他达成一个体面的和约，但这个要求却给丘吉尔顽固地拒绝了。我意识到，如果我发出向不列颠诸岛进行全面战争的命令，英国是会遭到严重损失的。因

---

* 到1940年7月5日，汤姆森开始对他付出的款项担心起来，因此，他打电报给柏林，请求准许他销毁一切收据和账目：

> 这些款项……都是通过可靠的中间人交给收款人的，但在目前这种情况下，显然难望得到收据……如果大使馆遭到美国当局的突然查封，这些收据或记载将会落入美国特务机构的手中。不管怎样掩饰，仅仅它们的存在，在政治上就会是不利的，而且对于我们的政治上的朋友会产生严重的后果，可能会把他们暴露给我们的敌人……
>
> 因此，我要求授权大使馆销毁这些收据和记载，并且要求今后免掉这些手续以及付款的账目。

这份电报报告已经销毁。[32]

此，我要求您与丘吉尔联系，说服他放弃他那无谓的固执。”刘易斯补充说，当然，罗斯福会做出一个无礼的、恶意的答复；不过那没有什么关系。这样一种呼吁，必然会在北美人民中，特别会在美国南部造成深刻的印象……[34]

阿道夫·希特勒并没有采纳刘易斯先生的建议，但柏林的外交部却打电报来询问这位电台评论员在美国有怎样的重要地位。汤姆森回答说，刘易斯“最近取得了特殊的成就……［但是］另一方面，和一些有名的时事评论员比起来，刘在政治上却并没有什么重要地位”。[*35] 749

---

* 发表在《德国外交政策文件汇编》上的那些函电表明，华盛顿的德国大使馆在这期间的所作所为，材料之多，是可以写成一本暴露性的书的。人们得到深刻印象的是，德国外交官有一种向这个纳粹独裁者专谈他喜欢听的话的趋向，这是极权国家的外交代表的共同做法。最高统帅部的两个军官在柏林告诉我，最高统帅部，或者至少参谋总部，十分怀疑华盛顿大使馆发来的报告的客观性，他说他们已经在美国建立了自己的军事情报网。

如果人们能够根据收集在《德国外交政策文件汇编》中的函电进行判断的话，那就可以看出，在华盛顿的德国陆军武官弗里德里希·冯·伯蒂歇尔将军为最高统帅部和参谋总部所做的工作并不出色。他不知疲倦地打电话警告最高统帅部和陆军、空军的参谋总部，说美国完全控制在犹太人和共济会的手里，而这正是希特勒的想法。伯蒂歇尔还过高地估计了孤立主义者在美国政治上的影响，特别是对查尔斯·A. 林德伯格上校的估计。他在函电中，简直把林德伯格看作伟大的英雄人物。这里举出一两封函电的摘要，从中可以看出他的报告的主要内容。

> 1940年7月20日：……罗斯福作为犹太人的代表（犹太人主要通过共济会控制美国广大人民），需要英国人继续打下去，延长战争……以林德伯格为中心的一批人，清楚知道这种情况，现在正在努力至少要阻止犹太人对美国政策的致命控制……我曾再三报告关于对林德伯格的卑鄙恶毒的攻击，犹太人惧怕他，认为他是他们最大的敌人……（《德国外交政策文件汇编》，第10卷，第254—255页）
>
> 1940年8月6日：……林德伯格在公众中重新出现的背景和反对他的运动。
>
> 犹太分子在上周让一些逢迎拍马的人充任陆军部长、陆军部长助理和海军部长，还让一个有势力的犹太领袖尤利乌斯·奥克斯-阿德勒“上校”当上陆军部长秘书以后，现在已经控制美国军队的关键职位了。
>
> 我在报告中已经谈过美国的反犹势力和美国目前的政策，也谈到过参谋总部的重要作用。了不起的天才人物林德伯格社会关系很广，是反犹势力中最重要的人物。犹太分子和罗斯福都害怕这个人精神上的特别是道德上的优越和纯洁。
>
> 星期日（8月4日）林德伯格对犹太人发动了一次足以伤害他们的攻击。他……强调说，美国为了和平与保存西方文化，应努力与德国进行真诚合作。几小时以后，长期以来一直是罗斯福手中，也就是犹太人手中玩偶的年老的潘兴将军，在电台发表了他的牵线人塞给他的一个声明，大意是说，美国将因英国的战败而陷于危险……
>
> 犹太分子的合唱，使林德伯格在报刊上受到怀疑，并且受到一个参议员的（转下页）

丘吉尔自己，正如他后来在回忆录中所说，对于通过瑞典、美国和梵蒂冈发出来的和平试探颇感为难。同时，他由于深信希特勒在试图尽力利用他们，于是采取了严厉的对策。他在得到德国代办汤姆森企图在华盛顿与英国大使会谈的消息以后，发了一封电报说："应告知洛西恩勋爵绝不能给德国代办以任何答复。"[36]

瑞典国王曾劝说英国接受和平解决，因此这位坚决的首相写了一封措辞强硬的复信。

> ……甚至在对于这种要求或建议做任何考虑以前，德国必须用事实而不是用空话做出确实的保证。它必须保证恢复捷克斯洛伐克、波兰、挪威、丹麦、荷兰、比利时，特别是法国的自由和
> 750 独立生活……*[37]

（接上页）指责……卢卡斯在罗斯福的命令之下，于星期一晚上在无线电广播中攻击林德伯格……是一个"第五纵队队员"，这就是说，一个卖国贼。这不过进一步表明他们对于这个人的精神力量的恐惧，对于这个人，我在战争一开始的时候就已经报告了他的进步；并且报告说，我信任他在未来德美关系上的重要作用。（《德国外交政策文件汇编》，第10卷，第413—415页）

9月18日，汤姆森在另一份报告中，详述了林德伯格和美国参谋总部的几个军官进行的秘密谈话的内容。林德伯格在谈话中表达了自己的意见，认为英国在德国空军的袭击下，不久就会崩溃。但参谋总部的军官则认为德国的空军力量并不足以迫使别人做出投降的决定（《德国外交政策文件汇编》，第10卷，第413—415页）。

1938年10月19日，在慕尼黑协定达成后的第三个星期，林德伯格被授予——并且接受了——一枚德国星鹰服役勋章。我想那是德国的二级最高勋章，通常是授给在奖状中所称的"对第三帝国有功"的著名外国人士的。

* 在《德国外交政策文件汇编》里的几封致德国外交部的函电中，谈到同英国外交官员和私人进行实际接触的情况，这些接触，有些是直接进行的，有些是通过中立国家如佛朗哥治下的西班牙进行的。苏台德区的德国人、亲英分子马克斯·冯·霍亨洛厄亲王，曾向柏林报告关于同英国驻瑞士公使戴维·凯利爵士和阿迦汗谈话的情况。他说后者曾经要求他把下面的信件转给元首：

> 埃及国王也在这里，曾和他约定，在元首住在温莎的那一天，他们将一起喝一瓶香槟……如果德国或意大利想接管印度，那么，他愿供我们驱使……对英国的作战，并非反对英国人民，而是反对犹太人。丘吉尔已经被他们雇用多年了。国王太软弱，而且受到限制……如果他怀着这样的主意到英国去，丘吉尔会把他关起来……（《德国外交政策文件汇编》，第10卷，第294—295页）

这里必须记住，这些都是德国的报告，也许一点都不真实。但这些都是希特勒所据以继续行动的依据。纳粹想利用温莎公爵，并确实还有把他绑架起来然后利用他的阴谋计划。这在德国外交部的秘密文件中有过透露，以后再做注释。

这就是丘吉尔的主要立场。在伦敦显然没有一个人会梦想违反这个立场而签订和约，只保住英国而让那些已被希特勒征服的国家永远遭受奴役。但是柏林并不明白这一点。据我回忆，那年夏天，柏林的每一个人，尤其是威廉街和班德勒街的那些人，都深信战争几乎已经过去了。

6月的整整下半个月和7月初，希特勒都在等待伦敦发来的英国政府表示认输并准备签订和约的消息。7月1日他对意大利的新任大使迪诺·阿尔菲耶里*说，他“不能想象英国还有什么人当真相信能获得胜利”。[38]最高统帅部仍然没有做出任何继续对英作战的准备。

但是第二天，7月2日，最高统帅部终于发出了第一道关于继续对英作战的指令。这是一道犹豫不决的命令。

> 元首兼最高统帅已经决定：
>
> 如果能取得空中优势并具备其他一些必要条件的话，登陆英国是可能的。开始登陆的日期还没有决定。一切准备工作须立即开始。

希特勒对于这项军事行动劲头不大，他还认为没有必要采取这一行动，这反映在指令的最后一节中。

> 一切准备工作都必须在这样的基础上进行，入侵仍然仅仅是一个计划，还没有做出什么决定。[39]

7月7日齐亚诺在柏林会见元首。他得到的印象是，这个纳粹统帅很难下定决心。他在日记中记下了这一点。 751

* 这年5月，由于里宾特洛甫的指使，阿尔菲耶里接替了阿托利科的职务。

他颇倾向于继续作战，用愤怒和钢铁的风暴袭击英国，但最后决定还没有做出，也正因为如此，他推迟了他的演说，据他自己说，他要权衡演说的每一个字的分量。[40]

7月11日，希特勒开始在上萨尔茨山召集他的军事首领，听取他们对于这个问题的意见。如果进攻英国，海军就要担任负责入侵部队渡海的任务。雷德尔海军元帅这一天和元首做了一次长谈。他们之中谁也没有兴趣详谈这个问题——事实上，他们花了大部分时间讨论了关于在挪威的特隆赫姆和纳尔维克扩充海军基地的问题。

从雷德尔关于会议的秘密备忘录判断，[41]最高统帅的心情是低沉的。他问这位海军元帅是否认为他计划中的国会演说“会产生效果”。雷德尔回答说，会产生效果，特别是如果在演说之前能对英国做一次“密集”轰炸的话。海军元帅提醒他的上司注意，英国皇家空军正对威廉港、汉堡和基尔等德国主要的海军基地进行“破坏性的轰炸”，他认为德国空军应当立即动手对付英国。但在入侵的问题上，这个海军总司令显然很冷淡。他急切建议只能把入侵“当作迫使英国乞求和平的最后一着”试一试。

他［雷德尔］深信，只要用潜艇作战，空军对护航队进行袭击，并在英国主要城市进行猛烈轰炸，以截断英国的进口贸易，就能够迫使英国求和……

因此，海军总司令［雷德尔］本人与在挪威战争中的态度不同，他不能赞成对英国实行入侵……

于是这位海军元帅就有关这种入侵的一切困难情况，做了一次长时间的详细说明。这必然使希特勒感到非常气馁。气馁是不在话下的，但他也许也相信他的说法。因为雷德尔报告说，“元首也认为入侵是最后一着”。

两天以后，7月13日，将军们到了贝希特斯加登山上的伯格霍夫，与最高统帅进行商谈，他们发现英国人仍然使他感到难以理解。哈尔德在那天晚上的日记中写道：“元首仍然一心在想英国为什么还不走和平道路的问题。”但是，现在他第一次开始明白其中的一个原因。哈尔德这样写道：

> 他和我们一样看到，问题的答案在于英国仍然把希望寄托在俄国方面。因此他也认为对英国将不得不用武力迫其求和，虽然这样做是他所不愿意的。道理在于：如果我们用武力击溃英国，大英帝国就会分崩离析。但这对德国并没有什么好处。我们德国人流血牺牲得到一些胜利，但获得实惠的只是日本、美国及其他 752
> 国家。

同一天，7月13日，希特勒写信给墨索里尼，婉言谢绝意大利领袖派部队和飞机帮助入侵英国的建议。从这封信里可以明白地看出，元首终于开始打定主意了。英国人性格特别，对他们用讲道理的办法是不行的。

> [他写道] 我已经向英国提出许多有关协商甚至合作的建议，但是却受到难堪的对待。因此，我现在深信再做任何理智的呼吁，都会遭到同样的拒绝。因为，现在统治那个国家的并不是理智……[42]

三天以后，7月16日，希特勒终于做出了决定。他发出了“关于准备在英国登陆作战的第十六号指令”。[43]

绝　密

元首大本营

1940年7月16日

> 由于英国不顾自己军事上的绝望处境，仍然毫无愿意妥协的表示，我已决定准备在英国登陆作战，如果必要，即付诸实施。这一作战行动的目的，是消除英国本土作为对德作战的基地，并且在必要时，全部予以占领。

这个进攻的代号将是“海狮”。准备工作定在8月中旬完成。

“如果必要，即付诸实施。”虽然他在直觉上越来越强烈地感觉有采取行动的必要，但正如指令所表明的那样，他并没有十分肯定。7月19日晚上，当阿道夫·希特勒在国会中站起来向英国提出最后一次和谈建议的时候，“如果”这两个字仍然占着重要的地位，这是他在国会所做的最后一次重要演说，也是本书作者这几年来在国会所听到的许多演说中的最后一次。这也是他最精彩的演说之一。就在这天晚上，我写下了关于这次演说的印象。

> 今晚我们在国会里看见的希特勒，是一个征服者，他自己也感觉到是一个征服者；但他同时又是一个十分了不起的演员，是一个能自由操纵德国人心理的人。他把征服者的充分自信和常常使群众点头心服（当他们知道这是一个领袖人物时则更心服）的谦逊巧妙地糅合在一起。今晚他的声音低了一些，很少像平常那样大叫大嚷；他一次也没有像我从前见到的那样在这个讲坛上歇
> 753 斯底里地大声叫喊。

不用说，他的长篇讲演充满了对历史的伪造和对丘吉尔个人的恣

意攻击。但考虑到当时光辉灿烂的场面，语调是温和的。目的不仅是想狡猾地赢得本国人民的支持，还想赢得中立国家人民的支持，同时还要给英国群众一些值得考虑的东西。

[他说]现在我从英国只听到一个呼声：战争必须进行下去！但这不是人民的声音，而是政客的声音。我不知道这些政客对于这场战争继续下去会有什么结果是否有了一个正确的概念。他们的确宣布过，他们将继续打下去，并且说即使英国灭亡了，他们也要到加拿大继续进行战争。我不能相信他们的意思是说英国人民也将迁到加拿大去。大概只有那些热衷于把这场战争继续打下去的绅士才会迁到那里去。恐怕人民将不得不留在英国，而且……一定会用与他们在加拿大的所谓领导人不同的眼光来看待这场战争。

请相信我吧，先生们，我对于这种毁灭整个国家的无耻政客是深感嫌恶的。这些人早已把房屋糟蹋得东倒西歪了，而命运却安排我来给予最后一击，每当想到这里，我就感到十分难受……丘吉尔先生……无疑将会去加拿大，那些特别热衷于战争的人们的金钱和子女早就送到加拿大去了。但是千百万人民将开始遭受大灾大难。丘吉尔先生这一次也许会相信我的预言：一个伟大的帝国——一个我从来也不想毁灭甚至不想伤害的伟大帝国，将遭到毁灭……

对这个顽强的首相进行了这样的攻击，并试图对他和英国人民的关系进行挑拨离间后，希特勒接着开始谈到这个长篇演说的中心问题。

现在，我觉得在良心上有责任再一次向英国和其他国家呼吁，应该拿出理智和常识来。我认为我是有资格做这种呼吁的，因为我不是乞求恩惠的被征服者，而是以理智的名义说话的胜利者。

754 **我看不出有继续打下去的任何理由。***

他没有更明确地说下去。他对于和平条件没有提出什么具体建议，也没有提到被征服国家中在纳粹统治下的千百万人民的命运问题，但是那天晚上，在国会里几乎没有人认为有必要在这个时候详细地说明。在会议结束的时候，我曾与许多文武官员混在一起，他们之中没有一个人有丝毫的怀疑，都认为英国一定会接受元首的建议。他们真的相信，元首的建议是十分宽大的，甚至是豪爽的。但是，他们是不会长期受骗下去的。

我直接驱车到广播大厦，把这篇演说用无线电报告到美国去。刚到广播电台，就听到伦敦英国广播公司的德语广播。还不到一小时，英国就答复希特勒了。回答是一个坚决的“不！”†

从最高统帅部来的下级军官和从各部来的官员们，正围坐在屋子里，全神贯注地倾听着。他们的脸变了色，不能相信自己的耳朵。“你说这是怎么一回事？”有一个人大声问我。他好像被弄得莫名其

---

* 当希特勒突然中止他的演说，向十二名将领授予陆军元帅的节杖并授予戈林一支特大号节杖的时候，出现了一个在德国历史上空前精彩的场面。戈林获得了德国新创的大德意志帝国的帝国元帅军衔，这就使他位居于其他元帅之上。他还获得铁十字的大十字勋章，这在整个大战期间只发过一次。哈尔德在这一批陆军元帅授衔中没有列进名单之内，他只被提升了一级，从陆军中将升到陆军上将。这种滥授陆军元帅军衔的做法——德皇在第一次世界大战期间只在军官团中授予五个人陆军元帅的军衔，甚至连鲁登道夫都没有得到——无疑有助于防止将领中任何潜在的反对希特勒的阴谋。而过去至少曾发生过三次企图推翻希特勒的危险。希特勒就是用提升这么多将领为元帅而贬低最高陆军军衔的价值的手腕，达到了这个目的，巩固了他对这批将领的控制。提升为陆军元帅的有九名陆军将领：布劳希奇、凯特尔、伦德施泰特、博克、里布、利斯特、克鲁格、维茨勒本和赖歇瑙。还有三名空军军官：米尔希、凯塞林和施佩勒。

† 丘吉尔后来说，这个对希特勒和平建议的立即的、毫不客气的拒绝，是“英国广播公司在收听到希特勒的演说以后立即表示的，它并没有得到英国政府的任何提示”（丘吉尔：《他们最美好的时刻》［*Their Finest Hour*］，第260页）。

妙了。“你能理解那些英国傻瓜吗？”他继续大声说。“现在还拒绝和平？他们发疯了！”

同一天晚上，齐亚诺*在柏林听到比我所接触到的要高级得多的人士对于发了疯的英国人的反应，他在日记里写道：“深夜，当英国人对于演讲的第一个冷冰冰的反应传来的时候，在德国人中间蔓延着一种掩盖不住的失望情绪。”据齐亚诺说，墨索里尼的反应则恰恰相反。

> 他……说这是“一个十分狡猾的讲演”。他担心英国人会从这里找到开始谈判的借口。这对于墨索里尼是可悲的，因为他现在比任何时候都更希望战争。[44]

正如丘吉尔后来所说，墨索里尼“其实不必担忧，不管他想要打什么仗，没有人会拒绝他的”。[45] 755

那天晚上我在日记里写道：“作为团结德国人民对英国作战的一种策略，希特勒的演说是一篇杰作。因为德国人民现在会说：希特勒向英国建议和平，并且不附带什么条件。他说他看不出有把这场战争进行下去的任何理由。如果战争进行下去，那是英国的过失。”

在发出了准备入侵英国的第十六号指令的第三天，他发表了这个演说，主要原因难道不就在于这个吗？他在事前就向两个意大利人阿尔菲耶里和齐亚诺私下承认了这一点。7月1日他告诉大使：

> ……使德国和外国的公众舆论认为事件的未来发展的责任完全在于敌人方面，这总是一种很好的策略。这样就可以增强自己的斗志，打击敌人的士气。德国正在计划中的军事行动是要做出

---

* 意大利外相在德国国会开会期间，举止活像一个丑角。每当希特勒停下来歇一口气的时候，他就像一个弹簧玩具人一样，突然站起来行法西斯敬礼。我也注意到吉斯林，一个小眼睛的矮个子，缩在楼厅角落的一张座位上。他到柏林来是向元首请求恢复他在奥斯陆的权势的。

> 重大牺牲的……因此，我们必须使公众舆论相信，为了避免这种惨祸，已经做了一切努力……
>
> 他在10月6日的演说中［当时他向西方建议在波兰战争结束的时候谈和。——作者］，同样地为这样的思想所支配：把一切后果都推给对方负责。这样，在战争真正开始以前，他似乎就已经取得了胜利。现在他为了心理上的理由，又想鼓励士气，以迎接行将采取的行动。[46]

一周以后，7月8日，希特勒对齐亚诺透露：

> 他要再做一次表示，以便在战争必须继续下去的时候——他认为继续下去是唯一真正成问题的可能性——他可以在英国人民中取得心理上的效果……也许，通过对英国人民的巧妙的呼吁，有可能使英国政府在英国更加孤立。[47]

这并没有被证明是可能的。7月19日的演说，打动的是德国人民，而不是英国人民。7月22日，哈利法克斯勋爵在广播中正式拒绝了希特勒的和平建议。这虽然是意料之中的事，但是使威廉街多少受到一些震动。我在那天下午，看到那里许多人都是满面怒容。政府发言人告诉我们："哈利法克斯勋爵已拒绝接受元首的和平建议。先生们，将要打仗了！"

说起来容易做起来难。事实上，希特勒和最高统帅部以及陆、海、空军的参谋总部都没有认真考虑过同英国的仗怎么打和怎么取得胜利的问题。现在，在1940年仲夏，他们对自己辉煌的成就感到不知所措；他们没有什么计划，更谈不上想利用他们这个军事化国家的空前军事胜利。这是第三帝国的最大矛盾之一。希特勒已达到他的军事
756 力量的顶峰。欧洲大部分的土地都在他的践踏之下。他的胜利的军队

从比利牛斯山直到北极圈，从大西洋直到维斯杜拉河以东，现在在养精蓄锐，准备下一步的行动。但是也正在这个时候，他却不知道怎样继续行动，怎样使战争胜利结束。他的将领们，其中有12个还被授予了陆军元帅的节杖，也同样不知道。

当然，这里是有原因的，不过当时我们并不清楚罢了。德国人尽管自吹有军事天才，但是缺乏雄才大略的战略思想。他们的天地只限于——而且常常如此——在欧洲大陆进攻邻国的**陆上战争**。希特勒自己怕海，*而他手下的重要军事将领，对海则几乎一窍不通。他们的心中只有陆地，没有海洋。虽然，德国军队只要能抓得到英国陆军，他们就能在一周之内击溃英国软弱无力的陆军，但是把他们隔开的多佛尔海峡狭窄的水面——狭窄到可以看清对岸——当壮丽的夏天开始消逝时，却像一个他们不知如何才能越过的障碍一样，使他们惴惴不安。

自然，在德国人面前，还有另一个选择途径。他们可以和他们的盟国意大利横渡地中海，西取地中海的门户直布罗陀，东从意大利在北非的基地直趋埃及，跨过苏伊士运河而至伊朗，截断英帝国的一条主要生命线，以此来搞垮英国。但这就需要远离本国基地，在海外广大地区进行军事行动，而在1940年，这对德国似乎是无法想象的。

因此，在这目眩头晕的胜利的顶峰，希特勒和他的将领们犹豫不决了。他们没有策划下一着，也没有想出走下一步的办法。事实证明，这个致命的疏忽，是这场战争而且的确是第三帝国的短促的生命和阿道夫·希特勒昙花一现的事业中的巨大转折点之一。在他们取得了许多伟大的胜利之后，现在失败开始了。但是，当然，这是难以预见的，因为当时在围困之中的英国正在孤军坚持作战，为了准备应付德军在夏末的进攻，把手头的一切可以使用的力量都用上了。 757

* 他有一次对伦德施泰特说："我在陆地上是英雄，但在水上却是懦夫。"（见舒尔曼：《西方的溃败》，第50页）

注 释

1.《比利时——官方的情况报告1939—1940年》，第27—29页。

2.《纳粹的阴谋与侵略》，第4卷，第1037页（纽伦堡文件2329-PS）。

3. 同上，第6卷，第880页（纽伦堡文件C-62）。

4. 艾伦·杜勒斯：《德国秘密抵抗运动》，第58—61页。杜勒斯说，萨斯上校在战后曾亲自向他证实这种说法。

5. 关于德国人在西线发动进攻的计划的制订情况，有大量材料。我取材于下列文件：哈尔德和约德尔的日记；哈尔德的小册子：《统帅希特勒》，1949年慕尼黑出版（英译本于1950年在伦敦出版）；最高统帅部作战日记的选录，这份日记载《纳粹的阴谋与侵略》和《主要战犯的审讯》；希特勒和最高统帅部的各项指令，载纽伦堡文件和《德国外交政策文件汇编》第8卷和第9卷；曼施坦因：《失去的胜利》；戈利茨：《德军总参谋部》和《第二次世界大战》；雅各布逊：《有关西线战役的文件（1939—1940年）》；古德里安：《装甲部队领导人》；布鲁门特里特：《冯·伦德施泰特》；李德·哈特：《德国将领谈话录》；收集在纽伦堡文件中的最高统帅部文件丛刊中的大量德国材料，这些材料是在次要审讯中整理出来的。英国方面的计划见丘吉尔回忆录的前两卷；埃利斯：《在法国和佛兰德斯的战争》，这是一本英国官方的叙述；富勒：《第二次世界大战》；德拉波尔：《六星期的战争》；全面情况介绍以特尔福德·泰勒的《征服的进军》一书为最好，该书系根据一切可以得到的德国方面的材料写成的。

6. 丘吉尔：《他们最美好的时刻》，第42—43页。

7.《德国外交政策文件汇编》，第9卷，第343—344页。

8. 戈林和凯塞林在纽伦堡受审时都被询问到轰炸鹿特丹的情况。见《主要战犯的审讯》，第9卷，第213—218，338—340页。

9.《主要战犯的审讯》，第36卷，第656页。

10. 丘吉尔：《他们最美好的时刻》，第40页。

11. 详细情况见瓦尔特·梅尔齐尔：《阿尔伯特运河和埃本·埃美尔要塞》；鲁道夫·维哲希1954年5月在《战讯》上所写的《埃本·埃美尔要塞的占领》一文（维哲希中尉指挥这一战斗，但由于他的滑翔机出了事故，直到他手下的人员在温齐尔中士指挥下快要完成任务时才赶到）；凡·奥佛尔斯特拉坦将军：《从阿尔伯特一世到利奥波尔德三世》；《比利时——官方的情况报告》；特尔福德·泰勒著《征服的进军》对此有很出色的概述，见该书第210—214页。

12. 丘吉尔：《他们最美好的时刻》，第46—47页。

13. 希特勒，1940年5月18日致墨索里尼的信件，载《德国外交政策文件汇编》，第9卷，第374—375页。

14. 引自国王自己关于这次会议的叙述以及皮埃洛首相的叙述。载官方的《比利时报告》，附录第69—75页，保罗·雷诺也曾援引过，他是当时的法国总理，见他的《斗争最前线》一书，第420—426页。

15. 戈特勋爵的函电，伦敦《官报》的附件，1914年伦敦出版。

16. 魏刚：《应召服役》，第125—126页。

17. 丘吉尔：《他们最美好的时刻》，第76页。

18. 李德·哈特：《德国将领谈话录》，第114—115页（平装本）。

19.《齐亚诺日记》，第265—266页。

20. 特尔福德·泰勒：《征服的进军》，第297页。

21. 全文、威廉二世的电报和希特勒复电全文，均见《德国外交政策文件汇编》，第9卷，第598页。

22. 希特勒和墨索里尼1940年5—6月间来往信件全文见《德国外交政策文件汇编》，第9卷。

23.《齐亚诺日记》，第267页。

24.《德国外交政策文件汇编》，第9卷，第608—611页。

25.《齐亚诺日记》，第266页。

26. 同上。

27. 虽然在德国档案局发现的会议记录副本是未经签字的，但施密特博士证实那是他自己起草的。他当时担任翻译工作，因此他比任何人做这件事情都要适当。这些文件载《德国外交政策文件汇编》第9卷，其中有：6月21日谈判，第643—652页；6月21日晚上安齐热将军与魏刚将军（在波尔多）电话会谈记录，是由奉命偷听这次谈话的施密特记录并整理出来的，第652—654页；6月22日上午10点安齐热将军与魏刚将军的副官布尔热上校的电话谈话记录，第664—671页；法德停战协定全文，第671—676页；关于贡比涅谈判期间法国所提出的和德国所答复的问题的备忘录，第676—679页。希特勒曾经指示，这项文件虽然不是协定的一部分，但"对德国方面有约束力"。德国人在这节卧车里安置了窃听器，把车上所讲的每一句话都记录下来。当它们在德国的通讯车中记录下来的时候，我曾亲耳听到过当时会议的部分情况。就我所知，它们从来没有公布过，录音和记录也许从来没有被发现。我自己的笔记除了富有戏剧性的闭幕会议外，都是非常零碎的。

28. 丘吉尔：《他们最美好的时刻》，第177页。

29.《德国外交政策文件汇编》，第10卷，第49—50页。

30. 同上，第9卷，第550—551页。

31. 同上，第558—559页，第585页。

32. 同上，第10卷，第125—126页。

33. 同上，第39—40页。

34. 同上，第298页。

35. 同上，第424，435页。

36. 丘吉尔：《他们最美好的时刻》，第259—260页。

37. 同上，第261—262页。

38.《德国外交政策文件汇编》，第10卷，第82页。

39. 由凯特尔签署的最高统帅部指令，见《海军事务元首会议记录》，1940年，第61—62页。

40.《齐亚诺日记》，第274页。

41.《海军事务元首会议记录》，1940年，第62—66页。

42. 希特勒1940年7月13日致墨索里尼的信，见《德国外交政策文件汇编》，第10卷，第209—211页。

43. 第十六号指令全文，见《纳粹的阴谋与侵略》，第3卷，第399—403页（纽伦堡文件442—PS）。另见《德国外交政策文件汇编》，第10卷，第226—229页。

44.《齐亚诺日记》，第277—278页（7月19日、22日）。

45. 丘吉尔：《他们最美好的时刻》，第261页。

46.《德国外交政策文件汇编》，第10卷，第79—80页。

47. 同上，第148页。

第二十二章
海狮计划：入侵英国的失败

德国最高统帅部作战局局长约德尔将军在1940年6月30日写道："德国对英国的最后胜利，现在只是一个时间问题，敌人再也不可能进行大规模的进攻作战了。"

希特勒宠信的这个战略家感到信心十足，颇为自满。法国在一周前已经投降，丢下英国单独作战，显然已孤立无援。6月15日，希特勒通知将领们，他要把陆军复员一部分——从160个师减到120个师。哈尔德在那一天的日记里写道："这一措施所根据的假定是，陆军的任务已经完成。空军和海军将单独担负起对英作战的任务。"

事实上，陆军对于对英作战并不感兴趣。元首自己对此也并不怎样关心。6月17日，约德尔的副手瓦尔特·瓦尔利蒙特上校通知海军说："关于登陆英国的问题，元首……至今还没有表示过有这种意图……因此，最高统帅部直到现在还没有完成任何准备工作。"[1]四天以后，6月21日，就在希特勒步入贡比涅停战谈判车厢使法国人受辱的时候，海军接到通知说："陆军参谋总部对于英国问题并不感兴趣。它认为不可能实施这种行动，它不知道怎么能从南部地区采取行动……参谋总部反对这个行动。"[2]

在德国陆海空三军中，没有一个有才能的战略家知道如何进攻英国，虽然，首先是让海军对这个问题有所考虑，这也是很自然的事。
早在1939年11月15日，当希特勒枉费心机地试图鼓励他的将军们在
西线进攻的时候，雷德尔就曾指示海军作战参谋部研究一下“入侵英
国的可能性，如果战争继续发展下去，某些条件具备了，这种可能性
会日渐增加”。[3]德国的军事参谋部被要求对这种军事行动进行研究，
这在历史上还是第一次。雷德尔之所以采取这一步骤，看来好像主要 758
是因为他想免得他的变幻莫测的元首会突然乱出主意。这件事情是否
和希特勒商量过，或者他是否知情，没有记录可以查考。希特勒当时
所想到的充其量不过是在荷、比、法取得机场和海军基地，以便加强
对不列颠群岛的封锁而已。

到1939年12月，陆军和空军总司令部对入侵英国的问题也曾做过一些研究。陆海空三军曾互相交换一些非常含混的意见，但并没有什么结果。1940年1月，海军和空军拒绝了陆军提出的一个计划，认为它不现实。海军认为，这个计划没有把英国的海军力量估计在内；空军则认为它把英国皇家空军估计过低了。空军参谋总部在给陆总的公函中说：“总之，必须放弃以在英国登陆作为目标的联合作战计划。”[4]后来，正如我们将要谈到的，戈林和他的副手们却要采取一种完全相反的观点。

在德国的文件记录里，第一次提到希特勒认为有可能进攻英国是在5月21日，就是装甲部队在阿布维尔打到海岸的这天。雷德尔和元首“私下”讨论了“将来在英国登陆的可能性”。这个情报来源是海军元帅雷德尔。[5]雷德尔的海军没有分享到陆、空军在西线获得惊人胜利的光荣，因此，他当然也要找寻使自己的海军获得光彩的门路，但希特勒却在考虑北边的围攻战和当时正在南边形成的索姆战线。除了这两个紧急任务，他没有再让别的任务来使他的将领们伤脑筋。

但是海军军官无事可做，仍在继续研究进攻英国的问题。到5月

27日，海军作战参谋部作战处处长库尔特·弗里克海军少将提出了一个新的计划，叫作“英国研究”。初步的准备工作，如集中船舶和建造登陆艇，都已经开始了。德国海军当时连一艘登陆艇都没有。在这一方面，经济学怪人戈特弗里德·费德尔博士提出一个叫作“战争鳄鱼”的计划。（此人在慕尼黑时代早期曾帮助希特勒草拟过党纲，现在在经济部担任国务秘书，他的种种奇怪主意在那里毫无用武之地。）这是一种用水泥制成的自动推进驳船，可以装载全副武装的200人的连队，或者装几辆坦克，或者几门大炮，登上任何海滩，掩护登陆的部队和车辆。海军司令部非常重视这个计划，甚至哈尔德也很重视。他曾在日记里提到过。6月20日希特勒和雷德尔也曾详细讨论过这个计划，但结果并没有下文。

快到6月底的时候，那些海军将领们对于进攻不列颠群岛的问题
759 似乎并没有得出什么结论。6月21日，希特勒在贡比涅露面以后，曾
和一些老友到巴黎做过一次短暂的游览，*同时也参观了战场——是第一次世界大战的，而不是这次大战的战场。他曾在这里当过传令兵。同他一起去的是他当时那厉害的班长马克斯·阿曼（现在已成了拥有百万财富的纳粹出版商）。他对战争的未来发展，特别是怎样继续对英作战，似乎并不怎么关心，也许只是因为他认为这件小事已经解决，因为现在是英国恢复“理智”而求和的时候了。

希特勒直到6月29日才回到他在坦嫩贝格新建立的大本营去，它坐落在黑森林中的弗罗伊登斯塔特西面。第二天，他又回到现实中来，阅读了约德尔所写的关于下一步怎么办的报告，反复思考着问题。这个报告的题目是《继续对英作战》。[6]虽然约德尔对希特勒的天才的盲信，在最高统帅部中仅次于凯特尔，但在他一人独自思考问题的时候，他往往是一个精明的战略家。但是他现在却和最高统帅部

* 他在荣军院看了拿破仑墓。他对他的忠实摄影师海因里希·霍夫曼说：“那是我一生中最伟大、最美好的时刻。”

1940年6月，希特勒在巴黎。

中的一般看法一样，认为战争已经赢定了，差不多要结束了。如果英国还没有认识到这一点，那必须要再用一点武力来提醒它。为了“围困”英国，他在报告中建议采取三个步骤：加强德国空军和海军对英国船舶、仓库、工厂和皇家空军的打击；“在居民集中的地方，进行恐怖轰炸”；“部队登陆，以占领英国为目的”。

约德尔认为，“对英国空军的作战应当占最优先的地位”。但是他认为，就整个来说，进攻英国空军也如其他方面的进攻一样，进行起来不会有什么困难。

> 食品供应标准的不断降低，加上宣传影响和宣布作为报复手段的定期恐怖轰炸，**将麻痹并最后瓦解人民的抗战意志，从而强迫他们的政府投降。***

至于登陆，只能

> 在德国获得制空权以后才可考虑。因此，登陆绝不能以军事征服英国为目的，这一个任务可以交给空军和海军。登陆的目的，毋宁说是对经济上已经陷于瘫痪再也没有能力进行空战的英国进行致命的打击［Todesstoss］，如果认为这是必需的话。†

760 但是，约德尔也认为，所有这些或许都是不必要的。

> 因为英国打下去再也不是为了取得胜利，而只不过是为了保持自己的属地和世界威望。因此，根据各种情况判断，它在看到

---

* 着重体是约德尔自己用的。

† 约德尔还曾暗示有“扩大战争范围”的可能性——就是说，不仅要意大利，而且还要日本、西班牙和俄国都来帮助进攻英帝国。

现在还可以用相对较小的代价就能够保持它们的时候，它一定会同意和平解决。

这也是希特勒的想法，他于是立即准备在国会做和平演说。与此同时，正如前面所说，他也命令（7月2日）制订一些登陆的初步计划，到7月16日，当伦敦没有做出什么“理智”的答复时，他就发出关于“海狮计划”的十六号指令。经过了六个多星期的迟疑以后，他终于决定“如有必要”就进攻英国。希特勒和他的将领们终于开始明白（但为时已晚），这一场大战不是没有危险的，要取得胜利，全靠空军和海军能否胜过远占优势的英国海军和不可轻视的敌方空军而为陆军开道。

“海狮”是一个认真的计划吗？当初是认真地要求贯彻执行的吗？

直到今天还有许多人作这样的怀疑。而他们的这种意见，也由于德国将领在战后的齐声否认而显得有力起来。当时指挥这次入侵的伦德施泰特，在1945年对盟国的提审人员说：

> 入侵英国的计划完全是胡来，因为没有足够的船只……我们把整个事情看作开玩笑，因为我们的海军没有力量掩护渡海或运输增援部队，入侵显然是不可能的。如果海军失败了，空军也没有能力担当起这些任务……我总是十分怀疑这整个事情……我觉得元首从来没有真的要打算入侵英国。他根本没有过足够的勇气……他肯定希望英国会求和……[7]

伦德施泰特的作战处长布鲁门特里特在战后也曾向李德·哈特表示过同样的看法。他说：“我们彼此谈论到它［海狮］的时候，把它当作一种虚张声势。”[8]

这年8月中旬，我自己曾在英吉利海峡度过了几天，从安特卫普到布洛涅，来来去去寻找入侵部队。8月15日，在加来和格里内斯角，我们看见几群德国轰炸机和战斗机通过海峡上空，向英国飞去，后来才知道它们是去进行第一次大规模空袭。虽然空军显然是在全力出动，但后方缺乏船只，尤其在港口、运河和内河都缺乏驳船。这就给我一个印象：德国的确是在虚张声势。就我所知，他们根本没有运送军队渡过海峡的工具。

761 但是一个采访记者在一场战争中是看不到多少东西的。现在我们知道德国人到9月1日才开始把准备入侵的舰队集中起来。至于将领们，任何一个读过他们的口供或在纽伦堡审判中听过他们受盘诘的人，都知道对他们战后的证词是要打折扣来听的。* 人的记忆力说到底是很靠不住的，德国将领们也不例外。同时，他们还有许多其他打算。其中最主要的就是把希特勒的军事领导才能说得一钱不值。的确，他们在回忆录中，在口供中和证词中不厌其烦地加以说明的主要论调不外是：如果让他们来做决定，希特勒就不可能把第三帝国弄到一败涂地。

对于他们来说是不幸的，但对于后代和真理却很幸运的是：大批德国的军事秘密档案使我们清楚看到，希特勒在1940年初秋的侵英计划是非常认真地制订出来的，而且，尽管多次犹豫不决，但只要有一点成功的机会，这个独裁者就要认真地付诸实施。这个计划的最后命运，不是决定于缺乏决心或努力，而是决定于战争的运气，这种运气现在第一次对他不利了。

7月17日，即发布准备入侵的第十六号指令的后一天，也是元首在国会发表“和平”演说前两天，陆军总司令部就部署了执行“海狮计划”的部队，并且命令13个精锐师开到海峡沿岸的出击地点，以便

* 甚至像李德·哈特这样精明的军事评论家也常常疏忽了这一点。这样的疏忽使他的《德国将领谈话录》一书有了美中不足之处。他们的确谈过话，但谈话时并不总是记性很好，或者态度很老实的。

作为头一批登陆部队。同一天，陆军总司令部完成了在英国南部海岸广阔的前线登陆的详细计划。

正如法国战役一样，执行主要进攻任务的是A集团军司令冯·伦德施泰特陆军元帅。恩斯特·布施将军的第十六军团的6个步兵师从加来海峡乘船进攻拉姆斯盖特和贝克斯希尔之间的海滩。阿道夫·施特劳斯将军的第九军团的4个师从勒阿弗尔地区横渡海峡，在布赖顿和怀特岛之间登陆。再往西一点的地方，有赖歇瑙陆军元帅的第六军团的3个师（属冯·博克陆军元帅的B集团军）从瑟堡半岛出发，将在韦默思和莱姆里吉斯之间的莱姆湾上岸。总共9万人组成了第一批登陆部队。陆军总司令部计划到第三天总共登陆26万人。空运部队将在莱姆湾和其他地区着陆，以作增援。一支不少于6个装甲师的装甲部队，由3个摩托化师支援，将作为第二批。计划在几天之内，将总共登陆39个师和2个空运师。

他们的任务如下：在取得桥头堡以后，东南方的A集团军的各师 762
部队将推进至第一目标，即在格雷夫森德和南安普敦之间的一线。赖歇瑙的第六军团将北进至布里斯托尔，切断德文和康沃尔。第二个目标是东海岸泰晤士河口之北的莫尔登与塞文河之间的一线，以封锁威尔士。大约在德国人达到他们第一个目标的时候，预计将会“与强大的英军发生大战”。但大战必然会马上取胜，伦敦将被包围，这时德军就继续向北推进。[9]布劳希奇在7月17日对雷德尔说，整个战役将于一个月内结束，并且是比较容易的事。*[10]

---

* 德国情报机关在整个7，8，9三个月的时间中，对英国陆军的实力做了过高的估计，大约多估了8个师。7月初德国参谋总部估计英国具有“战斗价值”的部队可能有15个到20个师。实际上，这时英国有29个师，但是有很大“战斗价值”的，不超过6个师，因为他们实际上没有装甲车和大炮。但与当时普遍流行的而且直到今天还有人这样看的看法相反，英国陆军在9月中旬可与当时德国部署入侵第一批的部队势均力敌。那时候，它可有16个训练有素的师（其中有3个装甲师），用以抵御南海岸的袭击，而在泰晤士河至沃希河的东海岸则有4个师和1个装甲旅。这表明，在敦刻尔克溃败之后，英军的力量已经有了显著的恢复。这次溃败曾使英国在6月间差不多处于在陆上毫无抵抗能力的状况。 （转下页）

但雷德尔和海军总司令部对此是有怀疑的。在这样一条广阔的战线上进行这样大规模的战斗——从拉姆斯盖特至莱姆湾延伸了200多英里——是完全超出德国海军的运输和掩护能力的。两天以后，雷德尔向最高统帅部报告了这一点。7月21日，当希特勒召集他、布劳希奇和汉斯·耶顺内克将军（空军参谋总长）在柏林开会的时候，他再次提出这一点。元首对于“英国当时的情况”还是不清楚的。他承认海军的困难，但强调尽快结束战争的重要意义。他说，入侵英国须用40个师，并且“主要战役”一定要在9月15日以前结束。总的来看，这位统帅是乐观的，尽管丘吉尔在这个时候拒绝响应他的和平呼吁。

> ［哈尔德记录希特勒的话说］英国的处境是没有希望的。我们已经赢得了这场战争。把成功的前景扭转过来是不可能的。[11]

可是，在强大得多的英国海军和还很活跃的敌人空军面前，要把一支大军送过白浪滔天的海峡，海军面对着这样吓人的任务并没有多大
763 把握。7月29日，海军作战参谋部起草了一份备忘录，主张“不要在今年进行作战”，并且建议：“至1941年5月或者更晚一些时候再作考虑。”[12]

但是，希特勒却坚持要在1940年7月31日考虑这个问题。那一天他再度召集了他的军事首脑，这一次开会地点在他的上萨尔茨山别墅。出席会议的除了雷德尔以外，还有代表最高统帅部的凯特尔和约德尔，以及代表陆军总司令部的布劳希奇和哈尔德。现在当上了海军元帅的雷德尔说话最多。他并不是很抱希望的。

他说，9月15日将是开始执行“海狮计划”的最早日期，并且

（接上页）

英国关于德国计划的情报是有严重缺点的。而在存在入侵威胁的最初三个月的情报，则几乎完全错误。整个夏天，丘吉尔和他的军事顾问都一直认为德国人将在东海岸做主要登陆的试探，因此9月以前，大部分英国地面部队都集中在这里。

说，只有届时没有“由于天气或者敌人的原因而出现不测的情况”，才开始执行。当希特勒问到天气问题的时候，雷德尔就这个问题发表了长篇大论的讲话，说得越来越雄辩有力，而且说得相当可怕。他解释说，海峡和北海的天气，除了10月上半月以外，“一般都是恶劣的”。10月中开始有薄雾，到月底就有浓雾了。但这只是天气问题的一部分。他说：“只有海上**风平浪静**，才能够执行作战计划。”如果波涛汹涌，驳船就会沉没，甚至大船也将无能为力，因为它们不能卸下补给品。这位海军元帅在考虑到前途时，愈来愈悲观。

> ［他继续说］即使第一批部队在天气有利的条件下渡海成功，还是**不能**保证第二批第三批部队也能够有同样有利的天气……事实上，我们必须认识到，在一些港口可供利用之前，有好几天是不能运送比较大量的物资的。

这种情况就会使得陆军陷入困境：他们会被搁在海滩上，没有给养，也没有援军。雷德尔现在谈到了海军和陆军之间的主要分歧。陆军需要一条从多佛尔海峡到莱姆湾的广阔的战线。但预料英国海空军必将进行强大反击，在这种情况下进行这样规模的作战，海军根本提供不出所需的船只。因此，雷德尔强烈地主张缩短战线——只能从多佛尔海峡到伊斯特本。这位海军元帅有力的结论是留在最后说的。

“从一切情况考虑，”他说，**“最有利的作战时间将是1941年5月。”**

但希特勒不愿等待那么久。他承认，对于天气，他们“自然”没有什么办法可想。但他们也不能不考虑坐失时机的后果。德国海军到来年春天也仍然不会是英国海军的对手，而英国陆军在目前这个时候却是微不足道的。如果给英国陆军8个月到10个月的时间，它就将有30至35个师的兵力，摆在预定入侵的有限地区，就成了可观的力量了。因此，他做出如下的决定（根据雷德尔和哈尔德两人所作的秘密记录）：[13] 764

应该考虑在非洲进行牵制战。但是只有对英国进攻才能获得决定性的结果。因此必须设法为1940年9月15日开始的作战行动进行准备工作……至于这次作战行动是在9月进行，还是推迟到1941年5月进行，将在空军对英国南部进行一个星期的密集轰炸之后做出决定。如果空袭的效果很好，敌人的空军、港口和海军等遭受重创，那么“海狮计划”将在1940年进行。否则将推迟到1941年5月。

现在一切取决于德国空军了。

因此，希特勒在第二天，即8月1日，从最高统帅部发出了两个指令，一个由他本人签字，另一个由凯特尔签字。

元首大本营

1940年8月1日

绝　密

关于对英进行海空作战的第十七号指令

为了为最后征服英国创造必要的条件，我打算对英国本土继续进行比过去更加猛烈的海空战争。

为此目的，我发布如下命令：

1. 德国空军应尽快以其所有的力量打败英国空军……

2. 在获得暂时的或局部的空中优势之后，应对港口，特别是对与粮食供应有关的设施进行空袭……对英国南部沿海港口的袭击应在尽可能小的规模上进行，以利于我们所计划的作战行动……

4. 空军主力应整装待命，准备参加“海狮计划”。

5. 关于以恐怖空袭作为报复手段，由我做最后决定。

6. 可以于8月6日或在这个日子以后开始加强进行空战……

海军已受权在同时开始加强进行计划中的海战。

阿道夫·希特勒[14]

同日由凯特尔代表希特勒签署的指令的部分内容如下：

绝　　密

海狮计划

海军总司令于7月31日报告，为“海狮”进行的必要准备工作不能在9月15日以前完成，因此元首命令： 765

陆军和空军应继续进行“海狮计划”的准备工作，并在9月15日以前完成。

计划在8月5日前后开始对英国进行空中攻势，在发动这次攻势之后8天到14天内，元首将决定是否在今年发动入侵；他的决定在很大程度上将取决于空中攻势的结果……

尽管海军警告说它只能保证防卫一条狭长的海岸地带（最西到伊斯特本），但仍应按原定计划为在广阔基础上进行的攻击继续进行准备工作……[15]

上面最后一段话，只能加剧陆军和海军之间在进攻战线应长应短的问题上的争吵。两星期以前，海军作战参谋部曾估计，为了满足陆军在第一次进攻中运送带着装备和给养的10万人在从拉姆斯盖特到莱姆湾的一条200英里长的战线上登陆的要求，需要征集1 722艘驳船、1 161艘汽艇、471艘拖船和155艘运输船。雷德尔于7月25日对希特勒说，即使聚集这样大量的船只是可能的，也将破坏德国的经济，因为调走那么多的驳船和拖船，将摧毁国家经济生活在很大程度上所依赖的整个内河运输。[16]雷德尔表明，要保护为这样长的战线运送给养的一支船队，使其不受英国海军和空军肯定会进行的攻击，无论如何是德国海军能力所不及的。海军作战参谋部一度还警告陆军，如果陆军坚持很长的战线，海军可能丧失**全部**船只。

但是陆军仍然坚持它的主张。由于过高估计英国的力量，陆军认为在一条短短的战线上登陆，将使进攻部队遭到“占优势的”英国陆军的攻击。8月7日，当哈尔德碰到海军作战参谋长施尼温德海军上将时，这两个军种之间摊牌了，发生了一场尖锐且激烈的冲突。

陆军参谋总长通常是很平心静气的，这时他发火说:“我完全不同意海军的建议，从陆军观点来看，我认为这简直是自杀。我还不如把登上陆的军队直接放进绞肉机里去！”

根据海军作战参谋部的会议记录，*施尼温德回答说，“鉴于英国海军的优势”，如果像陆军所希望的那样，试图为那样长的战线运送军队，也将“同样是自杀”。

766 这是一个极为严重的左右两难局面。如果试图用大量军队来部署一条很长的战线，那么德国的全部远征军可能被英国海军击沉于海底。如果用较少的军队开辟一条短短的战线，那么入侵部队又可能被英国陆军赶到海里。8月10日，陆军总司令布劳希奇通知最高统帅部说，他“不能同意”在福克斯顿和伊斯特本之间进行登陆。但是他仍然表示愿意，虽然“很勉强”，放弃在莱姆湾登陆，以便缩短战线，迁就海军的意见。

固执己见的海军将领们并不以此为满足，他们的谨慎和坚决的态度开始对最高统帅部产生了影响。8月13日，约德尔草拟了一份“估价”形势的文件，规定了“海狮计划”取得成功所需要的五个条件。陆军和海军将领们对这些条件看来一定会感到荒唐可笑的，如果他们

---

* 在哈尔德那天晚上的日记里，他并没有像上面那样记载自己的话。但是他说:“谈话只不过肯定了一个无可弥补的分歧。”他说，海军“害怕英国远洋舰队，并且坚持认为德国空军不可能对付这种危险”。显然，这时德国海军——如果不是陆军的话——对戈林的空军的打击力量不抱什么幻想。

的左右为难境地不是那样严重的话。他说，第一，应当从南海岸把英国海军消灭；第二，应当从英国上空把皇家空军消灭。其他条件规定要以大量军队迅速登陆，而其规模和速度显然不是海军力量所能做到的。如果这些条件不能实现，他认为登陆"就是一个只有在万不得已的局势下才应采取的万不得已的行动，但是我们目前没有理由采取这种行动"。[17]

如果说海军的担心正扩大到约德尔，那么最高统帅部这位作战局长的犹豫不决也在影响希特勒。在整个战争期间，元首对约德尔要比对没有骨气、头脑迟钝的最高统帅部长官凯特尔更加倚仗得多。因此这就难怪，当雷德尔8月13日在柏林会见最高统帅并要求就战线长短做出决定时，希特勒便倾向于同意海军所主张的较小规模的行动，他答应在第二天会见陆军总司令以后做出明确的决定。[18] 希特勒于14日听取了布劳希奇的意见之后，终于做出了决定。16日，由凯特尔签署的最高统帅部的一项指令说，元首已决定放弃原定由赖歇瑙的第六军团执行的在莱姆湾登陆的计划。关于9月15日在比较短的战线上登陆的准备工作仍要继续进行，但是现在元首自己的怀疑第一次在秘密指令里出现了。这项指令又说："在局势明朗以前将不发出最后命令。"然而新命令多少是一种妥协。因为那一天发出的另一项指令就扩大了这个较长的战线。

> 横渡海峡主要在较短的战线上进行。但同时要用4 000—5 000军队乘汽艇在布赖顿登陆，并且空运同样数目的伞兵在迪尔-拉姆斯盖特着陆。此外，在登陆前一日，空军将对伦敦进行猛烈轰炸，这将使居民逃离这座城市，从而堵塞道路。[19]

尽管哈尔德8月23日用速记在日记里草草写道，"在这个基础上，今年进行攻击没有成功希望"，但是8月27日由凯特尔签字的一项指 767

令，仍然为在福克斯顿和塞尔西-比尔角（在朴次茅斯东面不远）之间的南部海岸的四个主要地区进行登陆制订了最后的计划，而且和以前一样，第一个目标是，一俟滩头阵地连成一片、组织起来，军队能够向北进攻之后，便立即推进到从朴次茅斯到伦敦以东泰晤士河上的格雷夫森德一线。同时还下令准备好进行若干迷惑性的调动，其中主要的是“秋季旅行”（Herbstreise）。这要求对英国东海岸进行大规模的佯攻，前面已说过，丘吉尔和他的军事顾问们仍在预料主要的入侵将在东海岸。为此目的，在登陆前两天，将从挪威南部一些港口和黑尔戈兰湾驶出包括德国最大邮轮“欧罗巴号”和“不来梅号”在内的四艘大邮船和十艘运输舰，由四艘巡洋舰护航，开往阿伯丁和纽卡斯尔之间的英国海岸。运输舰只都是空船，天黑以后便全部返航，第二天再进行同样的调动。[20]

8月30日，布劳希奇发出一份关于登陆的详尽指示，但是收到这项指示的将领们必然怀疑，他们的这位陆军首脑现在对登陆这件事究竟有多大的热忱。他把这项指示叫作《关于海狮计划**准备工作**的指示》——他前已下令这个计划必须在9月15日以前执行，如今才发出准确的命令未免太晚了。他还说，“执行这一计划的命令取决于政治局势”——这个条件必然使不懂政治的将领们感到大惑不解。[21]

9月1日，船只开始从德国北海一些港口向英吉利海峡上一些出航港口移动。两天后，9月3日，最高统帅部又发出一项指令。

> 进攻的舰队启航的最早日期已定为9月20日，登陆的最早日期已定为9月21日。
>
> 发动攻击的命令将在登陆前10天下达，因此大概在9月11日。
>
> 最后的命令至迟将在登陆前3天的中午下达。
>
> 一切准备工作在预定开始行动前24小时仍然有取消的可能。
>
> 凯特尔[22]

这个指令听起来好像挺认真，但是听觉是靠不住的。9月6日，雷德尔和希特勒又举行了一次长时间的会议。这位海军元帅当晚在海军作战参谋部的日记上写道："元首关于在英国登陆的决定仍然没有确定，因为他坚信，甚至不'登陆'也能把英国打败。"实际上，雷德尔关于这次会谈的长篇记录表明，元首在长时间的谈话中几乎谈到了所有的问题，就是没有谈"海狮"。他谈到了挪威、直布罗陀、苏伊士、"美国问题"、法国一些殖民地的处理以及关于建立"北德意志联 768
邦"的异想天开的想法。[23]

关于这次值得注意的会议，如果丘吉尔和他的军事首脑们听到了一点点风声，那么也许就不会在第二天（9月7日）晚上在英国发出"克伦威尔"这个代号。这个代号表示"入侵在即"，它引起了莫大混乱；它使英国国民卫队不断敲着教堂的钟，使皇家工兵炸毁了好几座桥梁，并使一些人由于误触匆忙埋设的地雷而遭到不必要的伤亡。*

但是在9月7日星期六傍晚，德国人用648架战斗机掩护着625架轰炸机，开始对伦敦进行首次大规模轰炸。这是到那时为止对一个城市进行的最猛烈的空袭——对比之下，华沙和鹿特丹遭到的轰炸就像小巫见大巫——那天黄昏，这个大城市的整个码头地区成了一片火海，在它南面对防御入侵十分重要的每条铁路都堵塞了。在那种情况下，伦敦有许多人认为这种猛烈的轰炸是德国即将登陆的前奏，主要就是由于这一点，才发出了"入侵在即"的警报。但下文即将表明，9月7日对伦敦进行的野蛮轰炸，尽管促使警报过早发出并造成很大损害，但是它也标志着当时正在迅速接近最高潮的不列颠战役——

* 丘吉尔说，他和他的参谋长们都不"知道"这个决定性的代号"克伦威尔"已经发出。它是由国内驻防军总部发出的（见《他们最美好的时刻》，第312页）。但是四天以后，9月11日，首相在广播中确曾发出警告：如果他们要进行入侵，他们不会"长期推迟下去"。他说："因此，我们必须把下一周左右的时间视为我们历史上很重要的时期。它可以同以下这些日子相比：西班牙舰队接近英吉利海峡的时候，德雷克正在打完他的滚球戏的时候，或者纳尔逊站在我们和拿破仑在布洛涅的大军之间的时候。"

1940年9月8日，温斯顿·丘吉尔视察被轰炸过的伦敦东区。

这个地球上从未经历过的第一次空中大决战——已达到一个决定性转折点。

希特勒必须做出他是否发动入侵这个重大决定的时刻也接近了。按照9月3日指令的规定，这一决定应于9月11日做出，给武装部队十天的时间来进行准备工作。但是到了10日，希特勒又决定把他的决定推迟到14日做出。推迟的原因看来至少有两个。一个原因是，最高统帅部认为轰炸伦敦对英国人的财产和斗志造成了很大的破坏，入侵可能不再需要了。[*]

769 另一个原因是德国海军在聚集它的船只方面开始感到困难。此

* 德国人对驻华盛顿大使馆发来的报告印象很深，大使馆传递了在华盛顿从伦敦得到的消息并加以夸大。据说美国参谋总部认为英国坚持不了多久。据冯·洛斯贝格中校说（见《武装部队参谋总部》[*Im Wehrmacht Führungsstab*]，第91页），希特勒真的指望英国会爆发一次革命。洛斯贝格是陆军在最高统帅部中的代表。

外，据海军当局在9月10日报告，天气“非常不正常和不稳定”，而戈林保证要摧毁的皇家空军以及英国海军都在加紧扰乱准备入侵的舰队的集中工作。同一天，海军作战参谋部对英国空军和海军攻击调动中的德国运输舰只的“危险”发出警报，它还说，英国人的攻击“无疑已经获得成功”。两天后，在9月12日，海军西部舰队司令部向柏林拍发了一个不祥的电报：

> 由于敌人空军造成的阻碍，长距离大炮和轻型海军舰艇第一次具有重大意义。由于有遭到英国轰炸和炮击的危险，奥斯坦德、敦刻尔克、加来和布洛涅的港口都不能供船只在夜间停泊之用。英国海军舰只现在能够几乎不受阻挠地在海峡活动。由于这些困难，预料集结入侵舰队的工作将再度延迟。

第二天情况变得更坏。英国海军轻型舰艇轰击了海峡内供发动入侵用的主要港口奥斯坦德、加来、布洛涅和瑟堡，英国皇家空军还在奥斯坦德港炸沉了八艘驳船。这一天，希特勒在柏林和他的军事首脑们举行午餐会议。他认为空战进行得很好，并说他无意冒险发动入侵。[24]事实上，约德尔从元首讲话中获得的印象是：他已“显然决定完全放弃‘海狮’”，这个印象在那天来说是正确的，因为希特勒在第二天证实了这一点，可是就在那一天，他又改变了主意。

9月14日，元首和他的总司令们在柏林会谈时，雷德尔和哈尔德二人都记下了关于会议情况的秘密记录。[25]会议开始以前，海军元帅设法递给希特勒一份备忘录，陈述海军的意见认为

> 目前空中形势并没有为执行［海狮］计划提供条件，因为风险仍然太大。

在会议开始的时候，这个纳粹统帅表现出一种消极情绪，他的思想充满矛盾，无所适从。他既不愿下令发动入侵，又不愿取消入侵，因为据雷德尔在海军作战日志上所记的，“他显然计划在9月13日下令”。

他最后这次改变主意是什么原因呢？哈尔德比较详细地记录了这些原因。

> ［元首认为］成功登陆之后就接着再加以占领，将可在短时
> 770 间内结束战争。英国将遭受饥荒。登陆并不一定要在特定时间内
> 进行……但是进行长时间的战争是不可取的。我们已经完成了我
> 们所需要的一切。

希特勒说，英国对俄国和美国的希望没有实现。俄国不准备为英国流血。美国的重整军备工作要到1945年才能充分产生效果。至于目前，“最快的解决办法是在英国登陆。海军已经完成了必要的条件。空军的行动是最值得赞扬的。四五天的好天气将取得决定性的结果……我们使英国屈服的可能性很大”。

那么问题在哪里呢？为什么还要迟疑而不发动入侵呢？希特勒承认，困难在于：

> 敌人不断得到恢复……敌人的战斗机还没有完全被消灭。我们自己关于成功的报告并不能给出一种完全可靠的前景，虽然敌人已遭受重创。

接着，希特勒说，总的说来，“尽管我们取得了这一切成就，**但是进行‘海狮计划’的必要条件还没有实现**”（着重体是哈尔德用的）。

希特勒把他的考虑总结为：

1. 登陆成功就意味着胜利，但是要做到这一点，我们必须取得空中的完全优势。

2. 恶劣的天气至今使我们未能获得空中的完全优势。

3. 所有其他的因素都是良好的。

因此决定：还不放弃这个计划。

在做出这种消极的结论以后，希特勒于是就对空军抱起奢望幻想来，以为它仍然可能取得可望而不可即的胜利。他说："空袭到目前为止产生了巨大的效果，虽然这种效果主要或许是在心理方面。即使空中的胜利只保持10天或12天以内，英国也可能会处于大规模歇斯底里状态。"

为了使这个希望得以实现，空军的耶顺内克请求准许轰炸伦敦的住宅区，他说，由于这些区域没有受到轰炸，伦敦没有"大规模恐怖情绪"的迹象。雷德尔海军元帅积极地支持进行一些恐怖轰炸。但是希特勒认为集中轰炸军事目标更为重要。他说："为了造成大规模的恐怖情绪而进行的轰炸必须留在最后进行。"

雷德尔之所以热衷于恐怖轰炸，看来主要是由于他对登陆不热心。他现在再次发言，强调登陆具有"巨大危险"。他指出，在9月24
日到27日计划登陆的日期以前，空中的形势很难有所改善；因此必须 771
放弃登陆，"直到10月8日或24日为止"。

但是这实际上是根本取消入侵，希特勒是知道这一点的，因此他决定把他关于登陆的决定仅推迟到9月17日——三天以后——做出，以便仍有可能在9月27日进行登陆。如果到那时仍然不行，他将考虑10月的日子。于是最高统帅部发布了一项指令。

绝 密

柏林

1940年9月14日

……元首已决定：

“海狮计划”再次延期开始。9月17日以后将发出新命令。一切准备工作应继续进行。

对伦敦的空袭应继续进行，空袭的目标将扩大到军事和其他重要设备（例如火车站）。

对纯粹住宅区的恐怖空袭，保留作为施加压力的最后手段。[26]

希特勒虽然这样把入侵的决定推迟了三天，但是并没有放弃入侵。这样给德国空军多几天时间来消灭皇家空军和瓦解伦敦的士气，接着便可进行登陆，这将带来最后的胜利。因此，一切仍旧取决于戈林所吹嘘的空军。事实上，空军将在第二天做出它最大的努力。

然而海军对空军的看法愈来愈坏了。在柏林召开决定性会议的那天晚上，德国海军作战参谋部报告，英国皇家空军猛烈地轰炸了各个准备发动入侵的港口，从安特卫普到布洛涅。

……在安特卫普……运输船只遭到很大的损失，在港内的五艘运输轮遭受重创；一艘驳船沉没，两架起重机被破坏，一列军用火车被炸毁，几处仓库着火。

第二天晚上，情况更糟。海军报告：“敌人强大的空军袭击了从勒阿弗尔到安特卫普的整个沿海地区。”海军发出了紧急求救信号，要求派更多的高射炮来保护准备发动入侵的港口。海军作战参谋部9月17日报告：

英国皇家空军仍然丝毫未被击败，相反地，他们加强了攻击海峡各港口和扰乱军事集结的活动。*[27] 772

那天晚上是满月，进行夜袭的英国轰炸机充分地利用了这月明之夜。德国海军作战参谋部报告船只遭到“很大损失”，因为这些船只当时拥塞在准备入侵的港口里。在敦刻尔克，有84艘驳船被击沉或受到损害；又据海军报告，从瑟堡到登海尔德，传来令人沮丧的消息：一个500吨的军火库被炸毁，一所军粮仓库被焚毁，各种轮船和鱼雷艇被炸沉，人员也遭到不少伤亡。海军作战参谋部报告，由于这种猛烈的轰炸，再加上海峡那边的大炮的轰击，有必要疏散已经集中在海峡的军舰和运输船只以及停止进一步把船只调到准备入侵的港口。

［海军作战参谋部说］否则，在敌人采取有力行动时，我们将遭到重大的伤亡，从而使按原定规模执行登陆在任何情况下都很成问题。[28]

事实上事情已经到了这种地步了。

在德国海军作战日志里，9月17日简明地记着这样一段：

敌人的空军仍然一点也没有被打败。它的活动反而增加了。

---

* 据一个德国权威人士说，9月16日，皇家空军的轰炸机空袭了进行大规模入侵演习的部队，使人员和登陆舰只遭受惨重的损失。这造成在德国以及欧洲大陆其他地方流传许多这样的消息：德国人确已试图登陆，但是被英国人打退了（见格奥尔格·W. 孚希特：《空战》［*Geschichte des Luftkriegs*］，第176页）。我于9月16日晚上在瑞士日内瓦就听到了这样一个“消息”，当时我正在那里度几天假。9月18日和19日，我看见两长列救护火车，在柏林郊区抬下许多伤兵。从包扎的情况来看，我断定这些伤大部分是烧伤。因为在地面上已经有三个月没有战斗了。

9月21日，德国海军的秘密文件记载，21艘运输船和24艘驳船遭到损失或损坏，这个数字约占为了入侵而集结的船只总数的12%（《海军事务元首会议记录》［*Führer Conferences on Naval Affairs*］，第102页）。

从天气的总的情况来看，我们不能指望会有一个平静的时期……**因此元首决定无限期地推迟“海狮”**。[29]

着重体是海军用的。

阿道夫·希特勒在经过那么多年的辉煌成功以后，终于遇到了失败。在这以后的近一个月时间中，他一直佯称仍有可能在秋天进行入侵，但这不过是为自己壮胆而已。9月19日，元首正式下令停止继续集结入侵的舰只，并疏散已在港内的船只，“以使船只遭受敌人空袭的损失减少到最低限度”。

但是，甚至要维持一个分散的舰队，要维持为了现在已无限期延迟的入侵而集结起来准备横渡海峡的所有军队、大炮、坦克和给养，
773 都已不可能了。哈尔德在9月28日的日记中惊呼：“把‘海狮’继续拖下去，这种情况是令人难以忍受的。”10月4日，齐亚诺和墨索里尼在布伦纳隘口同元首会晤时，这位意大利外交大臣在日记里写道：“这次没有再谈到在不列颠群岛登陆的问题。”希特勒遭受这种挫折，使他的伙伴墨索里尼产生了好久以来没有过的那种愉快心情。齐亚诺还记道：“我很少见到领袖像今天在布伦纳隘口这样高兴……”[30]

海军和陆军已经在促使元首决定完全放弃“海狮”。陆军参谋总部向他指出，把军队留在海峡“遭受英国空军不断的袭击会造成连续的伤亡”。

终于在10月12日，纳粹统帅正式承认失败，取消入侵，到来年春天再说。他发了一个正式指令。

绝　密

元首大本营

1940年10月12日

元首已经决定，从现在起直到明年春天，“海狮”准备工作

应继续下去，这只是为了保持对英国的政治和军事压力。

如果1941年春天或初夏重新考虑入侵，重新进行作战准备的命令以后将会发布……

陆军奉命调出它用于“海狮”的部队，“以便担任其他任务或者部署到其他战线上”。海军则奉命“采取一切措施调出人员和舰只”。但这两个军种不得暴露它们的调动情况。希特勒规定：“必须让英国人继续认为我们正准备在很长的战线上发动进攻。”[31]

到底发生了什么事情，使阿道夫·希特勒终于后退了呢？

有两件事：在空中进行的不列颠战役的不利发展以及他的念头再次转向东方，转向俄国。

不列颠战役

戈林对英国的大规模空中攻势——“鹰计划”——是在8月15日发动的，其目的在于把英国空军逐出空中，从而完成发动入侵的一个必要条件。现在已经成为帝国元帅的肥胖的戈林，对胜利毫不怀疑。7月中旬，他深信倾全力进攻能够在四天内摧毁英国战斗机在英国南部的防御，从而为入侵开辟道路。戈林对陆军总司令部说，要完全摧毁英国皇家空军则需要稍微长一点的时间：二至四星期。[32]事实上， 774
这个勋章满胸的德国空军领袖认为单靠空军就能使英国屈膝，可能不需要用陆军进攻。

他拥有三支庞大的航空队可以实现这个巨大的目的：第二航空队在凯塞林元帅指挥之下，从低地国家和法国北部进行活动；第三航空队在施佩勒元帅指挥之下，基地在法国北部；第五航空队在施通普夫将军指挥之下，驻在挪威和丹麦。前两个航空队总共有战斗机929架，轰炸机875架，俯冲轰炸机316架；第五航空队小得多，拥有轰炸机

123架和双引擎ME-110型战斗机34架。为了抵御这支强大的空军，英国皇家空军在8月初保卫帝国本土的力量为700至800架战斗机。

在整个7月里，德国空军对在海峡里的英国舰只和英国南部的港口进行的攻击日益频繁。这是一种试探性的行动。尽管在入侵开始以前肃清狭隘的海峡里的英国舰只是必要的，但是这些初步空中袭击的目的在于引诱英国战斗机出来作战。这个目的没有达到，英国皇家空军司令部机智地只出动了很小一部分战斗机来应战，结果舰只和一些港口遭到了很大的损失。4艘驱逐舰和18艘商船被击沉，但是这个初步交锋使德国空军付出的代价是296架飞机被击毁，135架被击伤。皇家空军丧失了148架战斗机。

戈林在8月12日下令在第二天开始“鹰计划”。作为战斗的序幕，12日对敌人的雷达站进行了猛烈的袭击，五个雷达站被击中并受到损坏，一个雷达站被炸毁。但是德国人这时还不了解雷达对英国的防御多么重要，因此没有继续袭击这些雷达站。在13日和14日两天，德国人出动了大约1 500架飞机，主要是袭击皇家空军的战斗机机场，虽然德国人说已经“完全摧毁了”其中的五个，但是它们所受的损失实际上是微不足道的，德国空军损失了47架飞机，皇家空军损失了13架。*

8月15日展开了第一次大规模空战。德国人把他们所有的三个航空队中的大部分飞机都投了进去，轰炸机出动了801架次，战斗机1 149架次。从斯堪的纳维亚出动的第五航空队遇到了灾难。德国人满心以为东北沿海是一无防御的，因此派出约800架飞机对英国南部海岸进行大规模空袭，而只派100架轰炸机由34架双引擎ME-110型战斗机掩护去袭击东北沿海。但是这支队伍在飞近泰恩河畔时，意外地碰上七个中队的飓风式和喷火式机群，因此严重地受到打击。30架

* 德国空军宣称英国飞机损失134架，自己损失34架。从那时起双方都大大地过高估计了对方所受的损失。

德国飞机（大部分是轰炸机）被击落，而对方则一无损失。这是第五航空队在不列颠战役中的末日。它从此没有重新参加这场战役。

那天德国人在英国南部比较成功，他们发动了四次大规模的袭 775
击，有一次几乎飞到伦敦。他们击中了克罗伊登的四个飞机工厂并且损坏了皇家空军五个战斗机机场。德国人总共损失了75架飞机，皇家空军损失34架。* 按照这个比数，德国人虽然在数量上占优势，也很难希望把皇家空军逐出空中。

戈林这时犯了他的两个战术错误中的第一个。英国战斗机司令部派飞机同处于极大优势的攻击力量作战，靠的是机智地运用雷达。德国飞机刚从西欧的一些基地起飞，它们的影子便在英国雷达的荧光屏上显示出来。它们的航程被精确地划出来后，英国战斗机司令部完全知道在什么地点和在什么时候迎战最为有利。这是战争中的新发明，它使德国人感到迷惑，因为在发展和运用这种电子装置方面，德国人远远落后于英国人。

> ［德国著名战斗机驾驶员阿道夫·加兰后来作证说］我们意识到皇家空军战斗机中队一定受地面某种新装置的控制，因为我们听到指挥喷火式和飓风式飞机同德国机队作战的命令是非常熟练和准确的……这种雷达和对战斗机的控制使我们感到意外，而且是非常惨痛的意外。[33]

但是在8月12日使英国雷达站遭到巨大损失的攻击并没有继续进行下去，8月15日戈林受到第一次挫折后，便完全放弃了这种攻击。他说："继续攻击雷达站是否还有任何意义是有疑问的，因为受到攻击的雷达站迄今为止没有一个失去作用。"

---

* 在伦敦，那天晚上官方公报宣布击落了182架德国飞机，另外还可能击毁了43架。这对一般英国人，特别是对受到压力的战斗机驾驶员的士气，起了很大的鼓舞作用。

成功地保卫了英国南部上空的第二个关键是扇形站。这是地下神经中心，这个中心根据从雷达、从地面观察站和从空中的驾驶员获得的最新情报，用无线电话指导飓风式和喷火式飞机作战。正如加兰指出的那样，德国人能够听到扇形站和天上的驾驶员之间经常进行的无线电谈话，并且终于开始认识到这些地面控制中心的重要性。8月24日，他们便改变战术，去摧毁这种扇形站，其中七个扇形站设在伦敦四周各机场，它们对于保护英国南部和首都本身是十分重要的。这个战术的改变对英国空中防御的关键是一个打击。

直到那天为止，战斗看来对德国空军不利。8月17日，德国空军
776 损失了71架飞机，皇家空军则损失了27架。曾在波兰和在西线为陆军的胜利铺平道路的缓慢的施图卡式俯冲轰炸机，受到英国战斗机的打击时毫无招架之功。8月17日，戈林把它们撤出了战斗，这样便使德国轰炸机的力量削减了三分之一。8月19日到23日，由于天气恶劣，空战停止了五天。戈林于19日在柏林附近的乡村别墅卡琳宫回顾了局势后命令，等天气一好，德国空军立即集中力量专门攻击英国皇家空军。

他说："我们在对英国的空战中已经进入了决定性的时期。最重要的任务是击败敌人的空军。我们的第一个目标是摧毁敌人的战斗机。"[34]

为了完成这个目标，德国人从8月24日到9月6日每天平均派出1 000多架飞机。帝国元帅这一回是正确的。不列颠战役已经进入了决定性阶段。皇家空军驾驶员一个月来每天要出动好几次，已经很疲劳了。他们虽然进行了英勇的战斗，但是德国方面在数量上的优势开始发挥效力。英国南部的五个前进战斗机场遭到了巨大破坏，更糟的是，七个关键性的扇形站有六个受到十分猛烈的轰炸，整个通讯系统似乎已处于被摧毁的边缘。这使英国面临灾难的威胁。

最糟糕的是，皇家空军战斗机防御力量开始变弱了。在8月23日

到9月6日这关键性的两周中，英国被摧毁或受重伤的战斗机有466架，虽然他们当时并不知道德国空军损失较少：损失385架，其中214架为战斗机，138架为轰炸机。而且，皇家空军有103名驾驶员被打死，128名受重伤——为当时全部驾驶员的四分之一。

正如丘吉尔后来所写的那样，“局势已对空军司令部不利……人们感到十分焦虑”。这种情况如果再继续几个星期，英国在天空中就没有有组织的防御力量了。入侵几乎肯定是会成功的。

但是接着戈林又突然犯了他的第二个战术错误，这一错误的后果可与希特勒在5月24日停止用坦克进攻敦刻尔克相比。它拯救了被打得晕头转向的皇家空军，并且标志着历史上第一次大空战的一个重大转折点。

在英国战斗机防御力量在空中和地面遭受了它无法长期支持的损失的情况下，德国空军9月7日转而大规模夜袭伦敦。皇家空军的战斗机因此而缓了一口气。

这种战术上的改变对野心勃勃的希特勒和戈林肯定会有非常致命的后果。德国阵营里到底发生了什么事情才使战术做这样的改变呢？答案是十分具有讽刺意味的。

首先，有12名德国轰炸机驾驶员在8月23日晚上飞行时航向有一点错误。他们原来奉令对伦敦郊外的飞机工厂和油库投弹，却没有击
中目标，而把炸弹投到首都中心，炸毁了一些住房，炸死了若干平民。 777
英国人认为这是有意的，为了报复，第二天晚上他们轰炸了柏林。

轰炸本身没有什么了不起。那天晚上柏林上空笼罩着密云，派出的81架皇家空军轰炸机只有大约半数找到了目标。物质损失是微不足道的。但是这对德国士气的影响极大。**因为柏林受到飞机轰炸还是第一次**。

> 柏林人惊得目瞪口呆［第二天，8月26日，我在日记上写

道]。他们没有想到竟会发生这种事。当这次战争开始时，戈林曾向他们保证不可能发生这种事……他们相信了他。因此，他们今天感到的失望程度就更大了。你看看他们面部的表情就能衡量出这一点来。

保卫柏林的有里外两层高射炮。当飞临的轰炸机在云层（它使数以百计的探照灯搜寻不到轰炸机）上嗡嗡飞行三小时的时候，高射炮火之猛烈是我前所未见的，但是连一架飞机也没有打下来。英国人还扔下一些传单说："希特勒发动的这场战争将继续下去，希特勒要打多久就打多久。"这是很好的宣传，但是炸弹的爆炸声是更好的宣传。

8月28日的夜间，英国皇家空军派了更多的飞机袭击柏林，我在日记上写道："**第一次在德国的首都打死了德国人**。"官方统计数字说炸死了10人，炸伤了29人。纳粹的要人大为震怒。在第一次袭击时，戈培尔曾命令报纸只用几行字报道空袭消息，现在则指示就英国飞行

第一次轰炸之后，德国地面部队在柏林动物园安设高射炮塔。

员“野蛮地”袭击柏林手无寸铁的妇孺大肆宣传。首都的大部分报纸都用同样的标题：《怯懦的英国袭击》。过了两个晚上，在第三次空袭之后，标题则为：《柏林上空的英国空中强盗！》。

> ［9月1日，我在日记里写道］一星期来英国连续不断地进行夜间轰炸的主要作用，是在人民中引起普遍幻灭的情绪和在他们心里播下怀疑的种子……实际上轰炸并不很厉害。

9月1日是战争开始的一周年。除了人们由于睡眠不足和由于出乎意料的轰炸和可怕的高射炮响声的惊扰而神经受到损伤以外，我还记载了人们的情绪。

> 德国军队在今年取得了甚至在这个侵略成性的军国主义国家的辉煌军事史上也无与伦比的胜利。然而战争并没有过去，也没有打赢。人民的思想今天就集中在这个方面。他们渴望和平。他们希望在冬季来到以前获得和平。 778

9月4日，冬赈运动在体育馆开幕这天，希特勒认为有必要向人民发表讲话。他要出席这件事一直保密到最后一分钟，这显然是担心敌人的飞机可能利用云层进行轰炸以破坏这次集会，虽然集会是在下午天黑以前一小时举行的。

我很少看见这个纳粹独裁者有这一次那样喜欢冷嘲热讽，或者那样喜欢说德国人民所认为的幽默话，虽然希特勒基本上是一个毫不幽默的人。他称丘吉尔是“那个著名的战地记者”。他说，像“达夫·库珀这样的人在普通的德文里是找不到字来形容的。只有巴伐利亚人有一个词可以恰当地描写这一类人，这就是Krampfhenne”，这个词可以译为“一只神经质的老母鸡”。

［他说］丘吉尔先生或者艾登先生的胡言乱语——为了尊老，这里且不谈张伯伦先生——对德国人民来说不起任何作用。这种胡言乱语充其量不过使他们发笑而已。

于是希特勒继续使他的听众——大部分是女护士和社会工作者——发笑，随后是歇斯底里的鼓掌。他需要答复德国人民心中想得最多的两个问题：什么时候进攻英国？对于柏林和德国其他城市遭到的夜袭将采取什么行动？关于第一个问题：

在英国，人们充满了好奇心，他们一直在问："他为什么不来？"别着急，别着急。他就来了！他就来了！

他的听众觉得这句俏皮话很好笑，但是他们也相信这是毫不含糊的保证。至于轰炸问题，他首先捏造了典型的谎言，最后进行了可怕的威胁：

现在……丘吉尔先生正在显示他想出的新主意——夜间空袭。丘吉尔先生进行这些空袭，并不是因为这些空袭很有效，而是因为他的空军不能够在白天飞临德国上空……但是德国飞机则每天都飞临英国领土上空……英国人看见一点亮光就扔下炸弹……扔在住宅区、农场和乡村里。

接着进行了威胁。

我三个月没有回击，因为我认为这种疯狂行动会停止的。丘吉尔先生却把这一点当作示弱。现在我们要以夜袭来回答夜袭。

当英国空军扔下2 000、3 000或者4 000公斤炸弹时，我们将

在一夜间扔下15万、23万、30万或者40万公斤炸弹。 779

根据我的日记记录，希特勒说到这里时不得不停下来，因为德国妇女听众歇斯底里地鼓掌。

希特勒继续说："当他们说他们将加强对我们城市的袭击的时候，我们将把他们的一些城市**夷为**平地。"这时，我记录说，那些年轻妇女忘乎所以，狂热鼓掌。在她们恢复平静后，他又说："我们将制止这些夜间空中强盗的行径，愿上帝帮助我们！"

我还记录说，在听到这话时，"年轻的德国妇女跳了起来，挺起胸部，高喊她们赞成"！

希特勒最后说："总有一天，我们两个国家中有一个会求饶，但这绝不会是民族社会主义的德国！"我最后记录说，这时"疯了似的妇女们才从狂喊乱叫转为齐声高喊'绝不是！绝不是！'"

齐亚诺数小时后在罗马听到录音广播，他承认自己感到迷惑不解。他的结论："希特勒一定是神经过敏了。"[35]

德国空军在白天对皇家空军进行攻击甚为顺利，如今改为大规模夜袭伦敦，希特勒之所以做出这个有致命后果的决定，他的神经过敏是一个因素。这既是一个军事决定，也是一个政治决定，做出这一决定的一部分原因，是为了对柏林以及德国其他城市遭受的轰炸（这同德国空军对英国一些城市的轰炸比较起来犹如小巫见大巫）进行报复，并且用**夷平**英国首都的办法来摧毁英国人进行抵抗的意志。如果此举成功的话，可能就不需要进攻英国了，而希特勒和戈培尔毫不怀疑此举是会成功的。

因此，在9月7日傍晚，对伦敦的大规模空袭开始了。正如前面所说，* 德国人投入了625架轰炸机和648架战斗机。那天是星期六，下

---

* 见本书原文第769页。

午5点左右，第一批320架轰炸机在德国所有战斗机的保护下，飞到泰晤士河上空，开始向伍利奇兵工厂、各个煤气厂、发电厂、仓库以及几英里长的码头扔下炸弹。这一片广大地区立即成为火海。银城的居民被火包围了，不得不从水路把他们撤出来。天黑以后，在8点10分，第二批250架轰炸机再次进行袭击，接着一批又一批的飞机不断前来轰炸，一直进行到星期天凌晨4点30分。第二天晚上7点30分又来了200架轰炸机，继续炸了一整夜。据英国官方的历史学家说，在最初这两天夜里约有842人死亡和2 347人受伤，这座大城市遭到了巨大的破坏。[36]在接下来的整整一个星期中，天天晚上都遭到空袭。*

接着，德国空军在胜利（或者说它自认为的胜利）的鼓舞下，决定在白天对这个疮痍满目、大火焚烧的首都进行大规模空袭。这便导
780 致了9月15日（星期天）的这次战争中的一场决斗性的战斗。

这天大约中午时分，200架左右的德国轰炸机在三倍的战斗机掩护下在海峡上空出现，飞向伦敦。英国战斗机司令部在雷达荧光屏上注视着进攻者的聚集，并且做好了准备。德国人在逼近英国首都以前就遭到拦截，虽然有几架飞机穿过去了，但是很多飞机被驱散，另外一些还没有把炸弹扔下就被击落。两小时后，一支甚至更为强大的德国机队来了，也被打得落花流水。尽管英国人宣称击落了185架德国空军的飞机，战后从柏林档案中获悉的实际数字却要小得多——56架，但是其中有34架是轰炸机。英国皇家空军仅损失了26架飞机。

这一天的战斗表明，德国空军至少在当时还不能成功地在白天对英国进行大规模的空袭，因为它停止袭击英国战斗机而改为空袭伦敦已使英国战斗机有了一个星期的时间来恢复元气。情况既然如此，要进行有效登陆的前景自然就暗淡了，因此，9月15日这一天是不列颠

---

* 这时，夜间的防御还没有完善，德国人的损失微不足道。

战役的一个转折点，正如丘吉尔后来所断定的，是不列颠战役的“关键”。戈林在第二天下令改变战术，规定白天使用轰炸机不再是为了进行轰炸，而只是用它们来作英国战斗机的诱饵。他吹嘘说，敌人的战斗机“应当在四五天内被消灭”。[37]但是希特勒以及陆军和海军的司令们比他知道得更清楚。在决定性的空战之后两天，即9月17日，正如我们前面已经指出的，元首把“海狮计划”无限期推迟了。

伦敦从9月7日到11月3日连续57个夜晚遭到恐怖的袭击，每天平均有200架轰炸机前来轰炸，以致在丘吉尔看来（他后来如此透露），这个城市不久后肯定将成为一片废墟；同时英国其他大部分城市，尤其是考文垂，在整个秋天和冬天也要遭到巨大而残酷的破坏。尽管如此，英国的士气并没有瓦解，军火的生产也没有下降，而希特勒曾十分自信地认为一定会如此。情况恰恰相反。作为德国轰炸机首要目标之一的英国飞机工厂的产量，在1940年实际上仍然比德国的多，其比数为9 924架对8 070架。希特勒在英国上空损失了大量的轰炸机，它们一直没能恢复到原来的数目。事实上，德国的机密档案表明，德国空军在夏末和秋天在英国上空遭受打击之后，一直没有能够完全恢复。

德国海军首脑们一直承认，海军自从初春在挪威海面遭受严重损失以来，不能够为入侵英国提供海上的力量。没有这种力量，没有空中的优势，德国陆军要想横渡这狭小的海峡是无能为力的。战争发生以来希特勒第一次被制止住了，他的进一步征服计划遭到了挫折，而就在这时，正如我们上面已经看到的，他却肯定认为已经获得了最后的胜利。

他从来没有想到，到那时为止也从来没有别人想到，一次决定性的战役能够在空中决定胜负。或许他也没有认识到，当阴暗的冬天笼罩着欧洲的时候，少量的英国战斗机驾驶员由于阻挠了他的入侵，保 781
全了英国，使它成为一个日后从西方重新征服大陆的巨大基地。他的念头不得不转到别处，而事实上，我们在下面将要看到，他的念头已经转到别处了。

英国保全了。在将近一千年的时间内，英国都成功地用海上的力量保卫了自己。英国领袖们尽管在两次大战之间的年代做了种种蠢事，本书不乏这种记载，但他们之中终于有少数几个人及时地认识到空军已经成为20世纪中叶的决定性力量，小小的战斗机和它的驾驶员成了主要的防御盾牌。丘吉尔于8月20日在另一次难忘的总结性演说中对下院说："在人类战争领域里，从来没有像现在这样，那么多人的生存全靠那么少的人。"他说这话的时候，空战仍在激烈进行，结局如何还不得而知。

如果入侵成功

如果纳粹德国占领了英国，那不会是一件好受的事情。缴获的德国文件使人毫不怀疑这一点。陆军总司令布劳希奇在9月9日签署了一项指令，规定"除非当地局势要求做例外规定，[英国的]所有从17岁到45岁的健全的男性居民都将被拘禁，送到大陆"。几天以后，陆军总司令部的军需总监向集合起来准备入侵的第九军团和第十六军团发出了同样的命令。在任何其他一个被征服的国家里，甚至在波兰，德国人都没有在一开头就采取这样激烈的措施。布劳希奇指令的标题是《关于英国军政府的组织和职能的命令》，并且做了很详细的规定。它的目的似乎在于保证对这个岛国进行有计划的洗劫并对它的居民进行恐怖统治。为了完成第一个目标，在7月27日建立了一个特设的"驻英经济军管处"。除了家常用物以外，一切都将立即没收。一些人要作为人质。凡是张贴德国人所不喜欢的标语者将立即被枪决，凡是在24小时以内不交出武器或无线电收发报机者将受到同样的惩处。

但是真正的恐怖行动将由希姆莱和党卫军来执行，由海德里希领导的令人害怕的德国中央保安局负责。* 奉派要在伦敦就地指挥其活动的人是一个党卫军上校、大学教授弗朗茨·西克斯博士。他也是一个知识分子出身的匪徒，在纳粹时期，不知怎么他竟被吸引参加希姆莱的秘密警 782
察。西克斯教授辞去了柏林大学经济系主任的职务，参加了海德里希的保安处，他在那里专门处理"科学事务"，这个"事务"的神秘的一面，戴眼镜的海因里希·希姆莱和他手下的刽子手是颇为着迷的。英国人民由于西克斯博士没有在英国出现而错过了领略他的本领的机会，但可以从他后来在俄国的所作所为看出一些来。在俄国，他在党卫军特别行动队里很活跃，后者是以在那里进行大规模屠杀而出名的。这位教授的专长之一就是从被俘的苏联人中查出政治委员加以杀害。†

据缴获的德国中央保安局的档案透露，戈林曾于8月1日叫海德里希开始工作。党卫军保安警察和保安处应

> 在军事入侵的同时开始它们的活动，以便查封在英国的许多重要反德组织和团体并对它们进行有效的斗争。

希特勒在9月17日无限期推迟入侵，具有讽刺意味的是，西克斯教授就在这一天被海德里希正式委任他在英国的新职位。海德里希对他说：

> 你的任务在于用必要的手段，同一切能够在英国查到的反德组织、机构和反对团体进行斗争，以防止所有可以得到的物资被运走，并集中和保护这些物资，以供将来使用。我指定伦敦为你的总部所在地……我授权你在英国其他地方设立小型的特别行动队，如果局势要求这样和有此必要的话。

---

* 前面已经谈过，德国中央保安局在1939年控制了秘密警察、刑事警察和保安处。

† 西克斯博士1948年在纽伦堡作为战犯被判20年徒刑，但于1952年获释。

实际上，海德里希在8月间就已经为英国建立了六个特别行动队，由设在伦敦、布里斯托尔、伯明翰、利物浦、曼彻斯特和爱丁堡（如果发现福斯桥被炸掉的话，则设在格拉斯哥）的总部指挥它们的活动。它们将执行纳粹的恐怖政策；在开始时，它们要逮捕所有在“英国特别搜查名单”上的人，这个名单是希姆莱的另一个年轻聪明的大学毕业生瓦尔特·舍伦贝格在5月间匆匆忙忙、漫不经心地编制出来的，舍伦贝格当时是德国中央保安局第四局E处（反间谍处）的处长。这是舍伦贝格后来说的，虽然当时他主要是在葡萄牙的里斯本忙于进行绑架温莎公爵的离奇使命。

这个“英国特别搜查名单”是和其他更为有趣的“入侵”文件一起在希姆莱的文件中发现的，当然，本来是没想到会让人们发现的。
783 名单上罗列了大约2 300名英国的知名人士，德国的秘密警察认为立即监禁他们是重要的，他们不全是英国人。丘吉尔自然列在名单上，还有内阁成员和所有党派的著名政治家。名单上有报纸的著名主编、发行人和记者，其中包括《泰晤士报》前驻柏林的两位记者诺曼·埃巴特和道格拉斯·里德，他们发的消息曾使纳粹不快。英国的一些作家受到特别的注意。突出的是没有萧伯纳的名字，但是有H. G. 威尔斯，其他作家有弗吉尼亚·伍尔夫、E. M. 福斯特、阿道斯·赫胥黎、J. B. 普里斯特利、斯蒂芬·斯彭德、C. P. 斯诺、诺埃尔·科沃德、丽贝卡·韦斯特、菲利普·吉布斯爵士和诺曼·安吉尔。也没有放过学者，他们当中有吉尔伯特·莫里、伯特兰·罗素、哈罗德·拉斯基、比阿特丽斯·韦布和J. B. S. 霍尔丹。

德国秘密警察还打算在英国搜捕外国和德国的流亡者。在它的名单上有帕德雷夫斯基、弗洛伊德*和哈伊姆·魏茨曼，还有捷克斯洛伐克流亡政府的总统贝奈斯和外交部长扬·马萨里克。在许多德国难

* 这位著名的精神分析学家已于1939年死于伦敦。

民中，有两个过去是希特勒的私友、后来又反对他的人，他们是赫尔曼·劳施宁和恩斯特·汉夫施丹格尔。名单上的许多英国人的名字拼得乱七八糟，以致几乎分辨不出他们是谁，有时还附有奇怪的说明，例如，博纳姆·卡特夫人被写成卡特-博纳姆夫人，说明中不仅写有“婚前姓名维奥莱特·阿斯奎思”，而且称她为“主张包围德国的女政客”。每个名字后面都标着R. S. H. A.（德国中央保安局）字样，意思是由它来处理此人。丘吉尔则由第六处（外国情报处）处理，不过大部分人却将交给第四处（秘密警察）处理。[*]

这个纳粹黑名单实际上是一本称作《情报稿》的被认为是绝密手册的附录，舍伦贝格说这个《情报稿》也是他写的，其目的似乎在于帮助征服者洗劫英国并且消灭那里的一切反德组织。它甚至比搜查名单还要有趣。在开列的许多危险的组织中，除了德国中央保安局“特别注意”的共济会会所和犹太人的各种组织以外，还有“公共学校”（在英国就是私立学校）、被称为“英帝国政策的得力工具”的英国教会以及童子军，它称童子军是“为英国谍报局提供消息的极好来源”。童子军的受人尊敬的领袖和创始人贝登堡勋爵则要立即予以逮捕。

如果德国人果真入侵的话，也不会得到英国人的客气对待。丘吉尔后来承认，他那时常常在想，不知会发生什么情况。不过下面这种情况，他确信是会发生的： 784

> 双方都将进行残酷和大规模的屠杀。不会有仁慈或宽大。他们会采取恐怖手段，我们也准备采取一切极端措施。[38]

---

* 若干美国人也被列入逮捕的名单，包括伯纳德·巴鲁克、约翰·根室、保罗·罗伯逊、路易·菲舍尔、丹尼尔·德·鲁斯（他是美联社记者，名单上把他写成“丹尼尔·德·鲁斯——美国记者”，列在字母D栏内）和M. W. 福多尔。福多尔是芝加哥《每日新闻》记者，以写反对纳粹的文章而出名。

他没有具体说明采取什么样的极端措施，但是彼得·弗莱明在他写的关于“海狮”的书中谈到了其中之一。他说，英国人曾决定，如果所有其他常规的防御方法都失败了，则准备用飞机低空飞行，施放糜烂性的芥子毒气来攻击德国人的滩头阵地，作为最后一着。这是一个痛苦的决定，最高当局做这个决定时不是不感到内疚的；而且正如弗莱明所说，这个决定“在当时和以后都一直保密”。[39]

丘吉尔所考虑的这种屠杀以及德国秘密警察计划进行的这种恐怖活动，在当时当地都没有发生——至于原因，我们已经在这一章里叙述了。然而不到一年之后，在欧洲的另一部分，德国人就要在空前的规模上放手进行这种恐怖活动了。

甚至在放弃入侵英国以前，阿道夫·希特勒就已经做出一项决定。他将在来年春天转而进攻俄国。

附记：纳粹绑架温莎公爵夫妇的阴谋

纳粹阴谋绑架温莎公爵夫妇，并且劝诱这位前英王同希特勒合作，以便与英国请和，这段故事虽很有趣，但没有什么重要性，不过通过它可以看到第三帝国的统治者在他们获得巨大胜利的那年夏天的荒唐可笑的一面。缴获的德国外交部文件[40]详细说明了这个想入非非的计划的制订过程，被派执行这一计划的年轻的党卫军保安处领导人瓦尔特·舍伦贝格，在回忆录[41]中也谈到这件事。

里宾特洛甫曾告诉舍伦贝格，这是希特勒的主意。这位纳粹外交部长十分热情地接受了这个计划，他的极端无知往往驱使他抱有这种热情。同时，德国外交部和它驻西班牙和葡萄牙的外交代表们在1940年关键性的夏天也不得不为这个计划浪费了大量时间。

1940年6月法国沦陷之后，作为英国驻法国陆军最高司令部的军事代表团成员的这位公爵，偕同夫人前往西班牙，以免被德国人所俘。德国驻马德里大使、职业外交家埃伯哈德·冯·施托雷尔6月23日打电报到柏林说：

> 关于如何对待即将于今天到达马德里的温莎公爵夫妇，西班
> 牙外交部长征求我们的意见，公爵夫妇显然是取道里斯本前往英
> 国的。外交部长认为，我们或许可能对于把公爵扣留在这里并可 785
> 能和他建立接触一事感兴趣。请回电指示。

第二天里宾特洛甫回电做了指示。他建议把温莎夫妇“在西班牙扣留两个星期”，但是警告说，一定不要流露出“建议系来自德国”。第二天，6月25日，施托雷尔回答说：“［西班牙］外交部长答应我尽一切可能把温莎扣留在这里一些时候。”外交部长胡安·贝格韦德尔-阿蒂恩萨上校会见了公爵，并把会见的情况告诉了德国大使。大使于7月2日用“绝密”电报向柏林汇报说，除非承认公爵夫人为王室的成员和给予公爵本人一个重要的地位，温莎将不返回英国。他将在佛朗哥政府答应给他的一所古堡中住下来。

> ［大使又说］温莎曾向外交部长以及其他熟人表示，他反对丘吉尔，反对战争。

7月初，温莎夫妇前往里斯本。德国驻里斯本公使在7月11日向里宾特洛甫报告说，公爵已被任命为巴哈马总督，但是“打算尽可能长地推迟动身时间……希望局势会有对他有利的转变”。

> ［公使又说］他深信，如果他仍然是国王的话，战争本来是会避免的，他称自己是坚决支持同德国媾和的人。公爵肯定地认

为，继续猛烈地轰炸将使英国愿意媾和。

这个情报促使狂妄自大的德国外长在富施尔从他的专车发出一封标有“特急、绝密”字样的电报给德国驻马德里大使馆，这是在同一天即7月11日深夜发出的。他希望把公爵送回西班牙，最好由他的西班牙朋友送回，以阻止他前往巴哈马。里宾特洛甫说：“在公爵和他的夫人回到西班牙之后，必须劝说或者强迫他们留在西班牙领土上。”如果必要的话，西班牙可以把他当作英国军官“拘禁”起来，并且把他“作为逃亡军人”对待。

> ［里宾特洛甫进一步说］在适当时机必须告诉公爵，德国是希望同英国人民媾和的，但遭到丘吉尔集团的阻挠。如果公爵本人为局势的进一步发展做好准备，那将是一件好事。德国决心用各种办法迫使英国媾和，如果这样的情况发生的话，德国准备满足公爵所表示的任何希望，特别是使公爵和夫人来担任英国国王
> 786 和王后。如果公爵另有打算，但又愿意为建立德国和英国之间的良好关系而合作，我们也同样准备保证他和他的夫人有一笔生活费，使他能够……过和国王身份相称的生活。*

这个愚昧无知的纳粹部长当德国驻伦敦大使的经验并没有使他对英国人有什么了解。他又说，他已得到情报，“英国特务机关”将在公爵一到巴哈马之后就“干掉”他。

第二天，7月12日，德国驻马德里大使会晤了西班牙内政部长、佛朗哥的姻兄弟拉蒙·塞拉诺·苏涅尔，这个部长答应把佛朗哥也拉进这一阴谋并执行下述的计划：西班牙政府将派公爵的老友、马德里长枪党的领袖、前西班牙一个独裁者的儿子米格尔·普里莫·德·里

---

* 里宾特洛甫对舍伦贝格说，在瑞士储存了5 000万瑞士法郎，又说，“元首准备出更大的数目”。

1937年10月，温莎公爵夫妇访问德国，无视英国政府的建议，在上萨尔茨山会见了希特勒。

韦拉前往里斯本。里韦拉将邀请公爵到西班牙来打猎并同政府商谈关于英国-西班牙的关系问题。届时苏涅尔将把英国特务阴谋杀害他的消息告诉公爵。

> ［德国大使向柏林报告说］这位部长随后还将邀请公爵和夫人接受西班牙的接待，可能还有经济上的帮助。也可能用其他的办法不让公爵离开。在这整个计划中，我们将一直完全隐蔽在幕后。

据德国文件说，里韦拉于7月16日第一次访问温莎夫妇之后，从里斯本回到了马德里。他给西班牙外交部长带来一个消息，外交部长把它转给德国大使，大使立即发往柏林。这个消息说，丘吉尔在一封“非常冷淡和毫无商量余地的信件里”任命公爵为巴哈马的总督，并命令他立即前去就职。如果他不去，“丘吉尔曾以交军事法庭审判威胁温莎”。这个消息还说，西班牙政府同意“再一次紧急警告公爵不要去就职”。

7月22日，里韦拉第二次访问里斯本后归来。第二天德国大使及时用“特急、绝密”电把他发现的情况汇报给里宾特洛甫。

> 他曾同温莎公爵做了两次长谈；最后一次谈话时，公爵夫人
> 也在座。公爵毫无拘束地表示了自己的意见……在政治上，他同
> 英王和目前的政府愈来愈远了。公爵和夫人并不畏惧十分愚蠢的
> 国王，而是害怕精明的王后，她巧妙地施计反对公爵，特别是反
> 787 对公爵夫人。
>
> 公爵正在考虑发表一项公开声明……反对目前的英国政策并与他的兄弟决裂……公爵和夫人说，他们很希望回西班牙。

电报又说，为了便于此事的进行，大使已和苏涅尔做好安排，派遣另一名西班牙使者前往葡萄牙“劝说公爵离开里斯本，假装乘汽车做长途旅行，然后在安排好的地点越境，那里的西班牙秘密警察一定会设法使他们安全越过边境”。

两天后，大使又用“特急、绝密”的电报把来自里韦拉的进一步消息报告给里宾特洛甫。

> 他劝告公爵不要去巴哈马，而是返回西班牙，因为可能需要公爵出来在英国政策中起重大的作用，并且有可能登上英国王位，这时公爵和夫人都显然感到惊讶。两人……回答说，根据英国的宪法，在逊位以后是不可能再即位的。于是密使表示，他预料战争的发展可能甚至改变英国的宪法。公爵夫人这时就沉思起来。

德国大使在这份电报中提醒里宾特洛甫说，里韦拉不知道“德国在这个事件里有任何利害关系”。这个年轻的西班牙人显然相信他是在为他自己的政府效劳。

到了7月的最后一个星期，纳粹绑架温莎夫妇的计划已经拟妥。希特勒亲自委派瓦尔特·舍伦贝格执行这个计划。他从柏林飞到马德

里同那里的德国大使商谈，然后前往葡萄牙开始工作。7月26日，大使已经能够发出长篇的“最急、绝密”的电报给里宾特洛甫，叙述阴谋的梗概。

……可以假定公爵夫妇已决心返回西班牙。为了加强他们的这个决心，今天已派出第二个密使，带给公爵一封写得很巧妙的信件；信内附有周密准备的关于越境的计划。

根据这项计划，公爵和夫人将启程前往西班牙边境附近的山区，表面上说是去避暑，实际上是在打猎的过程中在特定时间内在明确指定的地点越境。由于公爵没有护照，需要把该地负责的葡萄牙边境官员收买过来。

在计划规定的时间中，第一个密使［普里莫·德·里韦拉］将与布置在适当地点的西班牙军队在边境守候，以保证安全。

舍伦贝格一行为了同一目的，将离开里斯本继续活动。 788

为此目的，在前往避暑地点的旅程中以及避暑时，应当有一个可靠的葡萄牙警察长暗中进行保护……

在预定越过边界的时刻，舍伦贝格一行应当接管边界上的葡萄牙一边的安全工作，并且要作为直接的护卫人员继续进入西班牙。这些护卫人员要时常更换，但不要引起注意。

为了整个计划的安全，［西班牙］部长选择了另一名特工人员，一名妇女，她在必要时可以同另一名特工人员进行联系，也可以在必要时向舍伦贝格提供情报。

同时也做了准备，使公爵夫妇能够乘飞机到达西班牙，以防万一由于英国谍报局采取的行动而发生紧急情况。如果发生这种情况，就像执行第一个计划那样，首先必须对公爵的明显的英国人心理巧妙地施加心理影响，使他愿意离开，而不要造成仓皇逃走的印象。办法是利用他对英国谍报局的不安心情和利用他在西

> 班牙领土可以自由进行政治活动的前景。
>
> 除了在里斯本的护卫工作以外，考虑在必要时采取适当的恫吓行动，使他愿意离开。这种恫吓行动可归咎于英国谍报局。

这就是纳粹绑架温莎公爵夫妇的计划。它具有典型的德国人的愚蠢作风。德国人一向不能了解“公爵的英国人心理”，也使这项计划受到阻碍。

舍伦贝格及时地执行了这个“恫吓行动”。一天晚上，他安排人员对温莎夫妇别墅的窗户投掷石头，然后在仆人中间散布谣言，说是“英国特务机关”干的。他让人送一束花给公爵夫人，所附的一张名片上写道：“谨防英国特务机关的阴谋，一个关心你的利益的葡萄牙朋友。”他在向柏林发出的正式报告中说：“预定在7月30日晚上进行的打枪（打碎卧室窗户的一种无害的行动）没有进行，因为它对公爵夫人产生的心理影响只会加强她离开的愿望。”

时间已经不多了。舍伦贝格在7月30日报告说，公爵的一位老朋友、英国政府的重要官员沃尔特·蒙克顿爵士，已到达里斯本。他的使命显然是使公爵夫妇尽快前往巴哈马群岛。同一天，德国驻马德里大使向里宾特洛甫拍发了一份“特急、绝密”的电报说，在里斯本的一名德国情报人员刚刚告诉他，公爵夫妇计划在8月1日（即两天以后）离开。由于这种情况，他问里宾特洛甫，“我们是否应当在某种程度上从我们所处的幕后地位走出来”。这位大使又说，根据德国的
789 情报，公爵已经向他的主人葡萄牙银行家里卡多·埃斯皮里托·圣席尔瓦表示“希望同元首接触”。为什么不安排温莎和希特勒之间的会晤呢？

第二天，7月31日，大使再次向里宾特洛甫发出一封“特急、绝密”的电报，内称：据在里斯本会见温莎夫妇后刚刚回来的西班牙密使说，公爵夫妇虽然“对于英国阴谋伤害他们的消息和他们个人的

安全很为关注”，但是显然仍计划在8月1日乘船启行，不过温莎企图“隐瞒实际的启行日期”。大使又说，西班牙内政部长即将对“防止公爵夫妇的离开做最后努力”。

温莎夫妇可能很快启行的消息，使里宾特洛甫感到吃惊，他在同一天即7月31日傍晚从他在富施尔的专车上向德国驻里斯本公使发出了一封“特急、绝密”的电报。他要求通过公爵的主人、葡萄牙银行家把下列情况通知公爵：

> 德国基本上希望同英国人民媾和。丘吉尔集团堵塞了这条和平道路。在元首上次发出的要求采取理智态度的呼吁遭到拒绝之后，德国现在决心以一切力量迫使英国媾和。如果公爵使自己对事态的进一步发展做好准备，那将是一件好事情。在这种情况下，德国将愿意同公爵进行最密切的合作，并为公爵和夫人所表示的任何愿望扫清道路……如果公爵和夫人抱有其他意图，但是愿意在建立德国和英国的良好关系方面进行合作，德国同样准备同公爵进行合作，并按照公爵夫妇的愿望为他们的前途做出安排。与公爵同住的葡萄牙密使应该做最认真的努力，来阻止他明天启程，因为据我们掌握的可靠消息，丘吉尔打算在巴哈马把公爵控制起来，以便使公爵永久住在那里，而且还因为我们在适当的时候同公爵在巴哈马群岛建立接触是十分困难的……

这位德国外长的紧急电报在午夜前不久送到了驻里斯本的公使馆。德国公使在夜间会见了埃斯皮里托·圣席尔瓦先生，竭力要求他把这个消息告诉他的贵宾。这位银行家在8月1日早晨照办了。据公使馆的电报说，公爵深受感动。

> 公爵赞扬了元首的和平愿望，这种愿望同他自己的观点是

> 完全一致的。他坚信，如果他是国王，绝不会进行战争。他欣然同意向他提出的在适当时候进行合作建立和平的要求。但是在目
> 790 前，他必须遵守他的政府的官方命令。不服从命令会过早地暴露他的意图，引起丑闻，并使他在英国威信扫地。他还深信，目前由他出面还为时过早，因为英国还没有要同德国进行商谈的意向。但是，一俟这种情绪改变，他就准备立即回去……英国早晚会要他回来（他认为这一点是完全可能的），德国也将表示愿意同他谈判。在这两种情况下，他都准备做出个人的任何牺牲，愿意效劳，而毫不带有个人野心。
>
> 他将同他以前的主人继续通讯，并同他定好一个暗号，他在接到这个暗号后将立即回来。

公爵夫妇在8月1日晚上乘美国邮船“亚瑟王之剑号”启程了，这使德国人大吃一惊。舍伦贝格在第二天给“外长［里宾特洛甫］亲收”的长电中提出的关于他的任务失败的最后报告中说，他直到最后一刻为止，做了可能做的一切事情来阻止公爵夫妇启程。佛朗哥的一个兄弟（他是西班牙驻里斯本大使）已被说服，同意向温莎夫妇发出最后一分钟的呼吁，要求他们不要走。舍伦贝格说，装载公爵夫妇的行李的汽车被“破坏了”，因此行李很晚才送到船上。德国人散布谣言说，有人在船上放了定时炸弹。葡萄牙官员推迟了开船的时间，在船上进行了彻底搜查。

但是，公爵夫妇还是在那天晚上启程了。纳粹的阴谋失败了。舍伦贝格在向里宾特洛甫提出的最后报告中，认为这种失败应归咎于蒙克顿的影响，归咎于“西班牙计划”的失败和“公爵的心理”。

在缴获的德国外长的档案中，关于这个阴谋，还有最后一项文件。8月15日，德国驻里斯本公使打电报给柏林说：“密使刚刚收到了公爵从百慕大发来的一份电报，要求他一俟宜于采取行动就发出通

知。是否应该作任何答复？”

在德国外交部的文件中没有找到答复。到8月中，希特勒决定用武力征服英国。为英国寻找一个新国王是不必要的。这个岛屿，将如其他一切被征服的领土一样，由柏林来直接治理。至少希特勒是这样想的。

德国的秘密文件所叙述的而且得到舍伦贝格补充的这个离奇的故事，就谈到这里。舍伦贝格是一个不可信的人，不过若说他在这个故事中所扮演的角色——他承认他所扮演的角色是可笑的——完全出于他的捏造，也是使人难以相信的。

在这些德国文件公布之后，公爵在1957年8月1日通过他在伦敦的律师发表了一项声明。他在声明中指责里宾特洛甫同德国驻西班牙 791
和葡萄牙的大使的通讯“完全是捏造，一部分则大大歪曲了真相”。温莎解释说，当他于1940年在里斯本候船前往巴哈马时，“某些人”（他发现这些人是纳粹的同情者）曾做过一定的努力劝他回到西班牙，不要去担任他的总督职务。

他说：“有人甚至向我暗示，如果公爵夫人和我前往巴哈马，我们甚至可能遇到人身的危险。在任何时候，我都从未有过要照这种暗示去做的想法，我待之以它应得的轻蔑。”

英国外交部发表了一项正式声明，说公爵在战争期间对英国的忠诚从来没有动摇过。[42] 792

注　释

1. 海军参谋部作战日记，1940年6月18日。罗纳德·惠特利著《海狮计划》第16页中加以引用。作者是英国方面负责编纂官方战争史的人之一。他不受限制地参看了缴获的德国海陆空三军的档案和外交档案。直到写该书时，联合保管这些文件的英国或美国当局都还未给予任何非官方美国作者以这样一种特权。因此，惠特利作为了解关于“海狮计划”的德国机密材料的一个向导，是非常有帮助的。

2. 海军总司令部记录。见惠特利：《海狮计划》，第26页。

3. 海军参谋部作战日记，1939年11月15日。惠特利：《海狮计划》，第4—7页。

4. 惠特利：《海狮计划》，第7—13页。

5.《海军事务元首会议记录》，第51页（1940年5月21日）；海军参谋部作战日记，同一日期，惠特利：《海狮计划》，第15页。

6. 全文，见《主要战犯的审讯》，第28卷，第301—303页（纽伦堡文件1776-PS）。不太好的英文译文载《纳粹的阴谋与侵略》，附件A，第404—406页。

7. 英国陆军部情报评论，1945年11月。舒尔曼引用过，见《西方的溃败》，第49—50页。

8. 李德·哈特：《德国将领谈话录》，第129页。

9. 摘自惠特利引用的陆军总司令部文件，见《海狮计划》，第40，152—155，158页。在后来的六个星期中，这个计划曾不断改变。

10. 雷德尔-布劳希奇会谈，见海军参谋部作战日记，7月17日，惠特利：《海狮计划》，第40页注。

11. 哈尔德日记，7月22日；《海军事务元首会议记录》，第71—73页（7月21日）。

12. 海军参谋部作战日记，7月30日，和备忘录，7月29日。惠特利：《海狮计划》，第45—46页。

13.《海军事务元首会议记录》，1940年8月1日。这是雷德尔关于会议的秘密报告。哈尔德在7月31日的一篇长篇日记中提供了他自己的报告。

14.《德国外交政策文件汇编》，第10卷，第390—391页。另见纽伦堡文件443-PS，这个文件在《纳粹的阴谋与侵略》或《主要战犯的审讯》中都没有刊载。

15.《海军事务元首会议记录》，第81—82页（1940年8月1日）。

16. 同上，第73—75页。

17. 引自约德尔和最高统帅部文件。惠特利：《海狮计划》，第68页。

18.《海军事务元首会议记录》，第82—83页（8月13日）。

19. 两项指令，同上，第81—82页（8月16日）。

20. 同上，第85—86页。惠特利：《海狮计划》，第161—162页，提供了引自德国军事记录的关于8月旅程的细节。

21. 引自陆军总司令部档案中的布劳希奇的指示全文。惠特利：《海狮计划》，第174—182页。

22.《海军事务元首会议记录》，1940年，第88页。

23. 同上，第91—97页。

24. 同日的哈尔德日记；阿斯曼：《决定德国命运的年代》，第189—190页；最高统帅部作战日记，惠特利《海狮计划》中加以援引，第82页。

25. 雷德尔的报告，《海军事务元首会议记录》，1940年，第98—101页。哈尔德日记，9月14日。

26.《海军事务元首会议记录》，1940年，第100—101页。

27. 海军参谋部作战日记，9月17日。惠特利：《海狮计划》，第88页。

28. 同上，9月18日，惠特利援引。

29.《海军事务元首会议记录》，1940年，第101页。

30.《齐亚诺日记》，第298页。

31.《海军事务元首会议记录》，1940年，第103页。

32.《空战史学习笔记，第11卷，进攻英国的空战，1940—1941年》，冯·赫斯勒中校著，惠特利援引，第59页。两周到四周的估计是哈尔德提出的，他记于7月11日的日记中。

33. 阿道夫·加兰：《最初一个和最后一个》，第26页。另见加兰的提审记录，威尔莫特在《争夺欧洲的斗争》第44页中援引过。

34. 空军参谋总部关于戈林在这次会议上发出的指令的记录。惠特利：《海狮计划》，第73页。

35.《齐亚诺日记》，第290页。

36. 见T. H. 奥布赖恩：《民防》。这是英国官方的第二次世界大战史中的一卷，由J. R. M.巴特勒教授主编，皇家出版局出版。

37. 戈林同空军首脑举行的会议的记录，9月16日。惠特利援引，第87页。

38. 丘吉尔：《他们最美好的时刻》，第279页。

39. 彼得·弗莱明：《海狮计划》，第293页。这是一部出色的书，但是弗莱明不能看到保密文件，虽然他说他获准在惠特利的著作出版之前不久花了一两个小时把它翻阅了一遍。

40.《德国外交政策文件汇编》，第10卷。

41. 舍伦贝格：《迷宫》，第2章。

42.《纽约时报》，1957年8月1日。

第二十三章
巴巴罗萨：轮到了俄国

当希特勒在1940年夏季忙于指挥征服西方的战事时，斯大林利用他无暇他顾的机会，进入波罗的海沿岸各国并南下到巴尔干各国。

这两个大独裁国家之间的关系，在表面上一切都是友好的。在德国采取每一次新的侵略行动或进行新的征服时，代表斯大林的莫洛托夫从不放过任何机会来赞扬和奉承德国人。当德国在1940年4月9日入侵挪威和丹麦的时候，这位苏联外交人民委员立即在当天早晨对德国驻莫斯科大使冯·德·舒伦堡说："苏联政府谅解德国被迫采取的措施。"莫洛托夫说："我们祝德国在它采取的防御措施中取得完全成功。"[1]

一个月以后，当德国大使拜访莫洛托夫，把德国军队在西方进行的攻击正式通知他的时候（里宾特洛甫曾指示他的大使解释说，这种攻击"是德国被迫进行的，因为英法即将取道比利时和荷兰向鲁尔推进"），这位苏联政治家再次表示感到高兴。舒伦堡打电报给柏林说："莫洛托夫抱着谅解的精神接受了这个通知，并说他认识到，德国必须保护自己不受英法的攻击。他毫不怀疑我们会获得胜利。"[2]

6月17日，即法国要求停战的那一天，莫洛托夫约请舒伦堡到他的办公室，"表示苏联政府对德国军队的光辉胜利致以最热烈的祝贺”。

这位外交人民委员还说了一些别的话，这些话在德国人听来并不是非常令人愉快的。正如德国大使发往柏林的“特急”电报所说，他把“苏联对波罗的海沿岸各国采取的行动”通知了德国大使，并说——人们几乎可以看到莫洛托夫眼中的兴奋神情——“现在有必要结束英法企图在波罗的海沿岸各国散布德苏之间的不和与不信任而进行的一切阴谋”。[3]莫洛托夫又说，为了结束这种“不和”，苏联政府已 793
经派“特使”到这三个波罗的海国家。事实上，他们是斯大林的三个最优秀的刽子手：杰卡诺索夫被派往立陶宛，维辛斯基被派往拉脱维亚，日丹诺夫被派往爱沙尼亚。

这三个人像人们预期的那样，彻底地执行了他们的任务，特别是后面这两个人。早在6月14日，德军进入巴黎的那一天，苏联政府已经向立陶宛发出了限九小时答复的最后通牒，要求它的政府辞职，逮捕它的一些主要官员，并且要求有权愿派多少红军就派多少红军去。虽然立陶宛政府接受了这个最后通牒，莫斯科还是认为它的接受“不能令人满意”。第二天，即6月15日，苏军占领了这个国家——与德国接壤的唯一波罗的海国家。在以后的两天中，苏联向拉脱维亚和爱沙尼亚提出了同样的最后通牒，接着它们也都被红军占领了。

在这些事情上，斯大林是能够和希特勒一样残酷无情的——甚至比希特勒更加无耻。报纸受到压制，政党领袖被捕，除了共产党以外的各个政党都被宣布为非法。俄国人7月14日在这三国举行了“选举”，在这样“选出的”各国议会通过把它们的国家并入苏联以后，俄国的最高苏维埃（议会）就“接纳”它们到祖国来：立陶宛在8月3日被接纳，拉脱维亚在8月5日，爱沙尼亚在8月6日。

阿道夫·希特勒丢了面子。但是他由于忙于设法组织对英国的入侵工作，对此无能为力。根据里宾特洛甫的命令，三个波罗的海国家驻柏林公使抗议俄国侵略的信件被退还给他们了。为了进一步使德国

1940年，苏联坦克开进拉脱维亚。

人丢脸，莫洛托夫在8月11日不客气地叫他们在两周内“清理”德国驻在考纳斯、里加和塔林的公使馆，并在9月1日以前，关闭在这些波罗的海国家的领事馆。

占领波罗的海国家并没有满足斯大林的贪欲。英法军队惊人迅速的崩溃促使他尽量趁火打劫。他显然觉得，时不再来，机不可失。6月23日，即法国正式投降，在贡比涅签订停战协定的第二天，莫洛托夫再次召见纳粹驻莫斯科大使，对他说：“比萨拉比亚问题的解决刻不容缓。如果罗马尼亚政府拒绝接受和平协定，苏联政府决心使用武力。”莫洛托夫又说，苏联希望德国“不要妨碍而要支持苏联的行动”。此外，“苏联的要求也同样扩大到布科维纳”。[4]比萨拉比亚是罗马尼亚在第一次世界大战结束时从俄国手中夺去的。但是布科维纳从来不是俄国的领土，罗马尼亚1919年占领布科维纳以前，它一直处在奥地利管辖之下。当《德苏条约》在莫斯科进行谈判的时候，里宾特洛甫曾被迫把比萨拉比亚划归俄国的利益范围。他现在向希特勒提醒这一点，因为希特勒向他询问此事。但是他从来没有放弃过布科

维纳。 794

柏林方面相当惊慌。这种惊慌情绪也传播到最高统帅部在西线的大本营。德军非常需要罗马尼亚的石油，德国也需要从这个巴尔干国家得到粮食和饲料。如果红军占领罗马尼亚，德国就会失去这些东西。若干时候以前，5月23日，当法兰西战役达到高潮的时候，罗马尼亚参谋总部曾向德国最高统帅部发出求援电报，通知它说，苏军正在边界集结。约德尔在第二天的日记中总括了希特勒大本营的反应。他说："由于俄国集中部队对付比萨拉比亚，东方局势日益逼人。"

6月26日晚上，俄国向罗马尼亚发出最后通牒，要求割让比萨拉比亚和北布科维纳，并且坚持要罗马尼亚在第二天答复。里宾特洛甫在专车上慌忙向德国驻布加勒斯特公使发出指示，要他劝告罗马尼亚政府屈服。6月27日，罗马尼亚屈服了。苏军在第二天开进新获得的领土。柏林松了一口气，由于俄国并未夺取整个罗马尼亚，至少保住了丰富的石油和粮食来源。

从斯大林的行动和德国的秘密文件可以清楚看出，在德国人被牵制在西线时，斯大林虽然力求在东欧能捞到多少就捞多少，但是，他并不希望也没有打算与希特勒决裂。

6月底，丘吉尔在一封私人信件中设法告诫斯大林，德国的征服除了对英国有危险外，对俄国也有危险。[5]这位苏联独裁者没有答复；他也许像几乎所有其他人一样，认为英国已经完蛋了。因此，他向德国人透露了英国政府的打算。原来英国首相曾赶派左翼工党领袖斯塔福·克里普斯爵士到莫斯科担任新的大使，希望能在布尔什维克那里引起比较有利的反应——他后来悲哀地承认，这是一个无望的希望。7月初，斯大林接见了克里普斯，丘吉尔称这次接见是"客套的和呆板的"。7月13日，莫洛托夫根据斯大林的指示向德国大使提交了关于这次秘密谈话的书面备忘录。

这是一个很有趣的文件。它透露了苏联独裁者在冷静估计外交事务方面的严重局限性，这是任何其他文件从来没有透露过的。舒伦堡用“特急”（当然也是“机密”）电报赶紧把它发往柏林。里宾特洛甫对于电报的内容非常感激，他对苏联政府说，他“非常重视这个情报”。备忘录说，克里普斯曾力促斯大林表示他对其中这样一个主要问题的态度：

> 英国政府确信德国正力图称霸欧洲……这对于英国和苏联都
> 795 是危险的。因此两国应当商定一个防御德国以自卫的共同政策，并且商定重建欧洲均势的办法……

备忘录说，斯大林的答复如下：

> 他看不出存在着任何一个国家称霸欧洲的危险，更看不出德国可能鲸吞欧洲的危险。斯大林曾观察了德国的政策，并且清楚了解德国的一些主要政治家。他没有发现他们有鲸吞欧洲各国的任何欲望。斯大林并不认为德国的军事胜利威胁了苏联以及它与德国的友好关系……[6]

这种令人吃惊的自满和这种极端的无知，真使人为之咋舌。当然，这位俄国暴君并不知道希特勒心中的秘密，但是，希特勒过去的行径、他的人所共知的野心以及纳粹的意外迅速的征服，应当足以使他看到苏联现在面临的严重危险。但是，不可理解的是，这些事情并不足以使他看到这种危险。

从缴获的纳粹文件中，从参加那一年在西欧广大舞台演出的伟大戏剧的许多主要德国人物所作的证词中，可以明显看出，正当斯大林表示极度心满意足的时候，希特勒心中事实上正在打着转而扑向苏联、毁灭苏联的主意。

他的基本思想少说早在15年前就在《我的奋斗》一书中表现出来了。

> [希特勒写道]因此我们民族社会主义者要接替我们在六百年以前中止了的事业，我们要停止德国向南欧和西欧的无休无止的移动，把我们的视线转向东方的土地……当我们今天谈到欧洲的新领土的时候，我们主要必须想到俄国和它周围的附庸国家，看来，命运本身希望在这里向我们指出道路……东方的这个巨大帝国解体的时候到了，犹太人在俄国的统治的终结也将是俄国作为一个国家的终结。[7]

这个思想在希特勒心中是根深蒂固的，他与斯大林缔结的协定根本没有改变他这种思想，只不过是推迟执行的时间罢了。但这也只是短暂的推迟。事实上，在这个协定缔结并被利用来毁灭波兰以后不到两个月，希特勒就指示陆军说，要把已被征服的波兰领土看作“德国未来的军事行动的集结地区”。作这个指示的日期是1939年10月18日，哈尔德在那一天的日记中记下了这一点。

五个星期以后，11月23日，当他向他的态度勉强的将领们大谈其西线进攻的问题时，他的心中绝没有忘记俄国。他说：“**只有我们在西线腾出手来的时候，才能够反对俄国**。”当时，希特勒心中很嘀咕两 796
条战线的战争——这是一百年来德国将领最害怕的事情。他当时详细地谈了这个问题。他说他不想重犯德国历届统治者的错误。他将继续努力保证使陆军一次只在一条战线上作战。

因此，法国既已沦亡，英军已被赶到海峡那边，英国即将崩溃，这时希特勒的思想再次转向俄国来，这就是很自然的事。因为他现在自认为在西线已腾出手来，因而取得了他为自己规定的“反对俄国”的一个条件。斯大林在6月间迅速占领波罗的海三国和罗马尼亚的两个省份，这一事实促使希特勒做出决定。

做出决定的时刻，现在终于可以弄清楚了。约德尔说，“基本决定”“早在西线战役期间”就做出了。[8]约德尔在最高统帅部的副手瓦尔特·瓦尔利蒙特上校记得，7月29日，约德尔在作战局参谋军官会议上宣布：“希特勒打算在1941年春进攻苏联。”约德尔说，在这次会议以前的某个时候，希特勒曾告诉凯特尔：“他打算在1940年秋对苏联发动进攻。”但是，甚至凯特尔也觉得吃不消。他使希特勒打消了这个计划，理由是，不但因为秋天天气不好，而且把大部分军队从西线调到东线来也有困难，使这种进攻无法进行。瓦尔利蒙特叙述道，到7月29日举行这次会议的时候，“打算［对俄国］发动进攻的日期已经推迟到1941年春”。[9]

我们现在从哈尔德的日记中[10]知道，仅仅在一周以前，希特勒仍然坚持可能于秋天在俄国作战，如果不进攻英国的话。7月21日，他在柏林的一次军事会议上，要布劳希奇赶紧为此进行准备。从布劳希奇对希特勒的答复中可以清楚看出，这位陆军总司令和他的参谋总部已经对这个问题做了一些考虑，但是考虑得并不充分。布劳希奇对领袖说，这次战役“将持续四周到六周”，目的将是“击败俄国军队或者至少占领足够的俄国领土，使苏联轰炸机不能够到达柏林或西里西亚工业地区，而另一方面，德国空军轰炸机却能够到达苏联境内的一切重要目标”。布劳希奇认为，德军80个师到100个师就能够完成这项任务；他估计俄国的兵力是“50到75个师”。哈尔德所记载的关于布劳希奇向他叙述的会议情况表明，希特勒因斯大林在东部夺取了一些地方而感到不快，他认为苏联独裁者“与英国勾搭”，鼓励英国坚持下去，但是他认为没有迹象表明俄国准备参加对德国的战争。

1940年7月最后一天在伯格霍夫举行的另一次会议上，入侵英国的前景的消失促使希特勒第一次向他的陆军首脑们宣布他关于俄国的决定。哈尔德本人出席了这次会议，他用速记确切地记下了希特勒所说的话。[11]这个记录不仅表明希特勒已确定在第二年春天进攻俄国，而且还表明他已经在心中想好了主要战略目的。 797

> ［希特勒说］英国的希望在于俄国和美国。如果对俄国的希望破灭，那么对美国的希望也将破灭，因为消灭俄国以后就会大大增加日本在远东的力量。

希特勒说，他越想到这一点就越相信，英国继续进行战争的顽强决心是由于它对苏联有所指望。

> ［他解释说］在英国发生了某种奇怪的事情！英国人原来已经完全倒下了。* 现在他们又站了起来。这时有别人插入谈话。俄国由于西欧事态的迅速发展而大为不安。
>
> 俄国只需向英国暗示，它不希望德国过分强大，那么像一个快要淹死的人一样，英国就会重新获得这种希望：局势在六个月到八个月之内就会完全改观。
>
> **但是如果俄国被摧毁，英国最后的希望就会被粉碎。**那时，德国就将成为欧洲和巴尔干的主人。
>
> **决定：由于考虑到这些情况，必须消灭俄国。时间定在1941年春天。**
>
> **越快消灭俄国越好。**†

然后这个纳粹统帅详细叙述了他的战略计划，将领们可以明显看出，这些计划若干时候以来就一直在他的思想中酝酿着，尽管他为西

* 哈尔德在德文原文中在这里使用了英文“down”这个词。

† 报告中的着重体是哈尔德用的。

线的战斗已忙得不可开交。他说，这次行动只有以一举摧毁苏联为目标才值得进行，占领俄国的大片领土是不够的。希特勒强调说：“要消灭俄国生存的力量！这才是目的！”最初将发动两个攻势：一个是在南方向基辅和第聂伯河进攻，第二个是在北方通过波罗的海国家，然后向莫斯科进攻。两支军队将在莫斯科会师。在这以后，必要时将进行一次特殊的作战，以获得巴库油田。希特勒一想到这种新的征服，就感到十分兴奋：他已经想到了怎样处理这些新征服的地方。他说，他将干脆吞并乌克兰、白俄罗斯和波罗的海沿岸各国，把芬兰的领土扩大到白海。他将拨出120个师来进行整个战争，留60个师保卫西线和斯堪的纳维亚。他规定，进攻将在1941年5月开始，用五个月的时间完成，在冬天结束。他说，他本来希望在今年这样做，但是这已经
798 证明是不可能的了。

第二天，8月1日，哈尔德同他的参谋总部人员开始制订计划。虽然他后来声称，他根本反对进攻俄国的主张，认为这是发疯，但是他这一天的日记透露，他在致力于这项富有挑战性的新任务时，是充满热情的。

制订计划的工作现在在三个方面以德国人典型的周密彻底作风进行着，这三个方面是陆军参谋总部、最高统帅部中瓦尔利蒙特领导的作战局和最高统帅部中托马斯将军领导的经济和军备局。戈林在8月14日指示托马斯说，希特勒希望“只有等到1941年春季”*才向俄国运交订购的货物。同时他的部门要详细调查俄国的工业、运输和石油中心的情况，这既可以作为轰炸目标的指南，同时也有助于以后管理俄国。

几天以前，8月9日，瓦尔利蒙特曾发出他的第一项指令，要求

---

* 托马斯在关于这一点的报告中强调，苏联这时向德国运交的货物多么准时。他说，事实上“一直到进攻开始的时候”，这种交货一直是准时的。他很高兴地说：“甚至在最后几天，［俄国人］还用快车完成了从远东运送印度橡胶的工作”——大概是通过横贯西伯利亚的铁路。[12]

在东方为出击俄国准备集结地区。执行这项计划的代号是“加强东方”。8月26日，希特勒下令从西线向波兰派遣十个步兵师和两个装甲师。他规定，装甲部队要集中在波兰东南部，以便他们可以出兵保护罗马尼亚油田。[13] 向东部调动大量部队*一事，如果为斯大林所获悉，一定会引起他的多疑，因此德国人做了很大的努力，保证不使他获悉此事。由于有些调动肯定会被发现，因此德国驻莫斯科武官恩斯特·科斯特林将军奉令通知苏联总参谋部说，这个调动只是派年轻的士兵代替要复员参加工业生产的年纪较大的士兵。9月6日，约德尔发出指示，相当详细地概述了进行伪装和掩蔽的方法。他规定：“要使这种集结的工作绝不能在俄国造成这样一种印象，好像我们准备在东方发动攻势。”[14]

为了使武装部队在取得夏天的伟大胜利以后不满足于自己的功劳，希特勒在1940年11月12日发出了一项详尽的绝密指令，概述在整个欧洲和欧洲以外的新的军事任务。我们将在以后再来谈其中的一些任务。我们这里所要谈的是关于苏联的那一部分。

> 政治会谈已经开始进行，以弄清俄国目前的态度。不管这种会谈的结果如何，已经在口头上下令进行的关于在东方的一切 799
> 准备工作应当继续进行。一俟陆军向我提出作战计划总纲并经批准，我就将发出关于这方面的指示。[15]

事实上，就在那一天，即11月12日，莫洛托夫到达柏林继续与希特勒本人进行这种政治会谈。

---

* 德国人在波兰只留了七个师，其中两个师在春季战役期间调到西线。哈尔德叫嚷说，那里的军队只足以维持海关工作。如果斯大林在1940年6月进攻德国，那么还没有能够组织任何认真的抵抗，红军也许就到达柏林了。

莫洛托夫在柏林

柏林和莫斯科之间的关系几个月来一直在趋于恶化。斯大林和希特勒欺骗第三者是一回事，但是当他们开始相互欺骗时，那就是另外一回事了。希特勒未能阻止俄国夺取波罗的海国家和罗马尼亚的两个省——比萨拉比亚和北布科维纳，他的失望只能加剧他日益增长的愤怒。必须制止俄国向西推进，首先要在罗马尼亚加以制止。罗马尼亚的石油资源对于德国至为重要，由于英国的封锁，德国已不再能够由海路输入石油了。

使希特勒的问题更加复杂的是，匈牙利和保加利亚也要求对罗马尼亚领土分一杯羹。事实上，1940年快到夏末的时候，匈牙利为了夺回罗马尼亚在第一次世界大战后从匈牙利夺去的特兰西瓦尼亚不惜一战。希特勒认识到，这样一场战争会把德国跟它的主要原油来源地切断，而且大概会使俄国人参加进来，占领整个罗马尼亚，使德国永远得不到罗马尼亚的石油。

到8月28日，局势已变得十分逼人，使得希特勒命令五个装甲师和三个摩托化师加上伞兵和空降部队准备在9月1日夺取罗马尼亚油田。[16]同一天，他在伯格霍夫同里宾特洛甫和齐亚诺会商，然后派他们到维也纳去，要他们在维也纳向匈牙利和罗马尼亚两国外长定下规矩，要它们接受轴心国的仲裁。在里宾特洛甫对双方进行恫吓以后，这个任务轻而易举地完成了。8月30日，在维也纳的贝尔维德宫，匈牙利和罗马尼亚接受了轴心国的解决办法。当罗马尼亚外交大臣米哈伊·马诺伊列斯库看到地图规定特兰西瓦尼亚的一半左右要划归匈牙利的时候，他晕过去了，趴在要签订协定的那张桌子上，只是在医生用樟脑对他施行急救以后，他才恢复知觉。* [17]德

---

* 这使卡罗尔国王失去了王位。他于9月6日逊位，由他18岁的儿子米哈伊继承王位，他带着他的红发爱姬玛格达·卢佩斯库乘一列10节车厢组成的专车，穿过南斯拉夫逃往瑞士，车中装满了可以称为“赃物”的财务。法西斯“铁卫队”头子、希特勒的朋友扬·安东内斯库将军成为独裁者。

国和意大利向罗马尼亚做出了关于罗马尼亚所剩下的领土的保证。* 这表面上是为了使罗马尼亚得到公平合理的待遇，而实际上是使希特勒在执行他的进一步计划时有合法的借口。 800

三周以后，希特勒的亲信了解了元首的进一步计划。9月20日，希特勒在一项绝密指令中下令派“军事代表团”到罗马尼亚。

> 对外界来说，代表团的任务是指导友邦罗马尼亚组织和训练它的部队。
>
> 真正的任务——绝不可使罗马尼亚军队或我们自己的军队看出这种任务——将是：
>
> 保护石油地区……
>
> 准备一旦我们被迫同苏俄作战时，以罗马尼亚为基地，部署德国和罗马尼亚部队。[18]

这将使他开始在心中计划的一条新战线的南翼得到保护。

维也纳的仲裁结果，特别是德国对罗马尼亚剩下的领土的保证，使莫斯科方面很不好受，因为事先没有同莫斯科商量。舒伦堡在9月1日拜访了莫洛托夫，把里宾特洛甫的一份空话满篇的备忘录交给他。这份备忘录企图对维也纳所发生的事情做解释和辩护。这位大使报告说，在他提交备忘录后，苏联外交人民委员“同他通常的态度相反，相当冷淡”。但是他并没有过分冷淡，还是提出了强硬的口头抗议。他指责德国政府违反了《德苏条约》的第三条，这一条规定要进行协商；他还指责德国政府向俄国提出“既成事实”，这同德国关于“共同关心的问题”[19]的保证是矛盾的。盗贼开始为赃物争吵起来了，这是在这种情况下几乎难以避免的。

---

* 其中还要减去多布罗加南部，罗马尼亚被迫把这块地方割让给了保加利亚。

在以后的几天中，双方相互进行的责骂变得更加激烈了。9月3日，里宾特洛甫用电报向莫斯科发出一份很长的备忘录，否认德国违反《莫斯科条约》，反而指责俄国违反了这个条约，因为它没有同柏林协商就并吞了波罗的海国家和罗马尼亚的两个省份。这个备忘录措辞强硬，俄国在9月21日用同样严厉的词句答复——到了这个时候，双方都通过书面提出了他们的论点。苏联的答复重申德国破坏了这个条约，并且警告说，俄国在罗马尼亚仍有许多权益，最后提出了一项讽刺性的建议说，如果规定进行协商的这一条为德国带来了“某些不便和限制”，苏联政府准备修改或取消条约中的这一条。[20]

克里姆林宫由于9月的两次事件对希特勒产生了进一步的怀疑。16日，里宾特洛甫打电报给舒伦堡，要他拜访莫洛托夫，并“随口”通知他说，德国将取道芬兰向挪威北部派遣援军。几天以后，9月25日，纳粹外长向驻莫斯科的大使馆发出了另一份电报，这次是发给代
801 办的，因为舒伦堡已回德国休假了。这是一封十分机密的电报，上面写有“绝密——国家机密”字样，电报指示说，只有在第二天代办通过电报或电话从柏林收到一个特别的暗号后才可以执行电报中的指示。[21]

他要通知莫洛托夫的是，“在今后几天中”，日本、意大利和德国将在柏林签订一个军事同盟条约。这个条约不是针对俄国的——一项具体的条款将说明这一点。

> ［里宾特洛甫说］这个同盟完全是针对美国战争贩子的。毫无疑问，像通常一样，在条约中不能明确地这样说，但是可以从条约的条款中明确无误地推断出这一点……它的唯一目的是使竭力要求美国参战的那些分子恢复理智，办法是确凿地向他们表明，如果他们参加目前的斗争，他们自然就得把这三个大国作为敌人来对付。[22]

这个冷冰冰的苏联外交人民委员对德国人已疑窦丛生，当代办维尔纳·冯·蒂佩尔斯基希在9月26日晚上告诉他这个消息的时候，他是极为怀疑的。他立即说，按照《莫斯科条约》的第四条，在这个三国军事同盟**签订之前**，苏联政府有权看到这个同盟条约的全文；他又说，这包括“任何秘密议定书”的全文在内。说这话时，他对于条约细节表现了学究式的追根问底的态度，这是使得跟他谈判的一切人，无论是朋友还是敌人，都感到讨厌的。

莫洛托夫还希望更多地了解德国同芬兰签订的关于通过该国调动军队的协定，他说，他主要是通过报纸，包括合众社从柏林发的一条电讯在内，得到这个消息的。莫洛托夫又说，在过去三天中，莫斯科收到了关于德国部队在至少三个芬兰港口登陆的消息，“而德国却没有把此事通知它”。

> ［莫洛托夫继续说］苏联政府希望得到关于军队在芬兰过境的协定的全文，包括协定的秘密部分在内……并希望得知协定的宗旨何在，针对何方，要达到什么目的。[23]

现在必须安一安俄国人的心了，即使愚钝的里宾特洛甫也能看出这一点。因此在10月2日，他把他所谓的同芬兰签订的协定全文用电报发给莫斯科。他还重申，这时已经签订的三国条约*并不是针对苏 802
联的，并且庄严宣布“没有任何秘密的议定书，也没有任何秘密的协

* 这项条约是1940年9月27日在柏林一种滑稽歌剧式的环境和仪式中签订的，我在别的地方（《柏林日记》，第532—537页）描述了这种场面。在第一条中，日本承认“德国和意大利在建立欧洲新秩序方面的领导”。在第二条中，德国和意大利则承认日本在建立大东亚新秩序方面的领导。第三条规定，如果三国中任何一国遭到美国的进攻，就进行互助，虽然没有具体提到美国的名字，不过从定义来看，指的是美国。在我看来，正像那天我在柏林的日记中所写的，关于这个条约的最重要的事情是，它意味着希特勒现在死心塌地只好进行一次长期的战争了。代表意大利签订这个条约的齐亚诺也得出了同样的结论（《齐亚诺日记》，第296页）。此外，这个条约是而且也有意是对苏联的一个警告，尽管他们否认这一点。

议”。[24] 10月7日，里宾特洛甫指示蒂佩尔斯基希“顺便”通知莫洛托夫，德国将要派遣一个“军事代表团”到罗马尼亚去。里宾特洛甫得到莫洛托夫对这个进一步消息的怀疑的反应（这位外交人民委员要求知道：“你们将要向罗马尼亚派遣多少军队？”）后，[25] 10月13日写了一封长信给斯大林，企图消除苏联对德国所抱的不安情绪。[26]

可以预料，这是一封既愚蠢又傲慢的信，它充满了胡言乱语、谎言遁词。它把这次战争和到现在为止的一切后果都归咎于英国，但是有一点是肯定的：“这场战争已被我们打赢了。现在只是英国还要多久才会……承认失败的问题。”德国在芬兰和罗马尼亚所采取的针对俄国的行动和三国条约都被说成是对俄国的真正的恩典。同时，英国外交人员和英国特务正在设法在俄德之间挑起纠纷。为了挫败他们的企图，里宾特洛甫问斯大林，为什么不派莫洛托夫到柏林来，以便元首可以“亲自说明他对于今后建立我们两国之间的关系的意见”。

里宾特洛甫狡猾地暗示了这些意见是什么：**就是在这四个极权国家之间瓜分世界。**

> ［他说］**看来四大国——苏联、意大利、日本和德国——的任务是采取一个长期的政策在世界规模上划分它们的利益。**

着重体是里宾特洛甫自己用的。

莫斯科的德国大使馆在投递这封信方面有一些拖延，这使里宾特洛甫大为震怒，他向舒伦堡发出了一封愤怒的电报，要求知道为什么这封信到17日才送出去，“鉴于信件内容的重要性”，为什么没有递交给斯大林本人——原来舒伦堡把它交给了莫洛托夫。[27] 斯大林在10月22日用异常亲切的口气做了答复。他写道：“莫洛托夫承认他有义务到柏林对你进行访问。他现在接受了你的邀请。”[28] 斯大林的亲切一定只是一种伪装。舒伦堡在几天以后打电报给柏林说，俄国人抗议德国拒绝向俄国人运交军用物资而同时却向芬兰运送武器。舒伦堡通知柏林说："这是苏联第一次提到我们向芬兰运送武器。"[29]

> 在一个阴暗的、下着毛毛细雨的日子，莫洛托夫到达了，他
> 所受到的接待是极其拘泥于形式的。他乘车沿菩提树下大街前往 803
> 苏联大使馆，在我看来，他很像一个勤苦的乡下小学校长。但是
> 为了在克里姆林宫的你死我活的竞争中生存下来，他一定有一套
> 办法。德国人夸夸地谈论让莫斯科得到俄国长期梦寐以求的博斯
> 普鲁斯海峡和达达尼尔海峡，而他们将占有巴尔干的其余地方：
> 罗马尼亚、南斯拉夫和保加利亚……

我于1940年11月12日那天在柏林写的日记就是这样开始的。德国人夸夸的谈论，仅就谈论而言，是一点也不含混的。今天，我们对于这一次奇怪的、后来证明是关系重大的会议了解了更多的情况，这是由于缴获了外交部的文件。我们在这些文件中找到了德国人所记载的这两天会议的秘密记录，除了一份以外，全是由无所不在的施密特博士所记的。[*30]

在11月12日上午两位外交部长举行的第一次会议上，里宾特洛甫的情绪像他一贯那样极为冷淡和傲慢，但是莫洛托夫很快就看穿了他，明白了德国玩的是什么把戏。里宾特洛甫首先说："英国已经被打败，它什么时候最后承认失败，现在只是时间问题了……大英帝国现在已经开始完蛋了。"不错，英国希望从美国得到援助，但是"美国参战对德国来说是无关紧要的。德国和意大利绝不会再允许一个盎格鲁-萨克逊人在欧洲大陆登陆……这根本不是军事问题……因此，轴

---

* 这个记录的精确性后来为斯大林所证实，虽然是无意中证实的。丘吉尔说，他在1942年8月从斯大林那里得到关于莫洛托夫在柏林会谈的情况，"与德国的记录没有实质的差别"，虽然它"比较简洁"（丘吉尔：《他们最美好的时刻》，第585—586页）。

1940年11月，里宾特洛甫在柏林迎接莫洛托夫。

心国现在并不考虑它们怎样能够赢得这次战争，而是考虑它们能够如何迅速地结束这场已经打赢了的战争”。

里宾特洛甫解释说，情况既然是这样，现在是俄、德、意、日四国来确定它们的“利益范围”的时候了。他说，元首已经得出结论，认为所有这四国都自然地要“向南”扩张。日本已经转向南方，意大利也是这样，而德国在西欧建立了“新秩序”以后，将在“中非”（竟在这里！）找到它的另外的生存空间。里宾特洛甫说，他“不知道”俄国是不是也要“转向南方，寻求通往海洋的天然出口，这种出口对它是十分重要的”。

“哪个海？”莫洛托夫冷淡地插言说。

这是一个令人为难然而却是关键性的问题，德国人在后来同这个态度顽固不化、言谈枯燥乏味、作风一丝不苟的布尔什维克进行36小时未中断的会谈中将会了解这一点。这个插言使里宾特洛甫瞠目结舌，他一时想不出一个答复。相反，他信口谈到“战后全世界将会发生巨大的变化”，并且啰啰嗦嗦地说，重要的是“德俄条约的两个伙伴已经一同做了一些好生意”，并且“将继续做一些生意”。但是当莫 804
洛托夫坚持要求答复他的简单的问题时，里宾特洛甫终于答复说："从长远来说，对俄国最有利的通往海洋的出路可以在波斯湾和阿拉伯海的方向找到。"

在场做记录的施密特博士说，莫洛托夫坐在那里，“显出一副捉摸不透的表情”。[31]他讲的话很少，只是在最后说，在确定利益范围，“特别是德俄之间”的利益范围时，需要“精确性和警惕性”。这个狡猾的苏联谈判代表把他精彩的一手留着对付希特勒，后者他在下午就见到了。对于这个集大权于一身的纳粹统帅来说，这次会见之伤透脑筋和难以对付，是他完全没有意想到的，甚至是他这辈子绝无仅有的一次。

希特勒像他的外长一样含糊其词，甚至吹得更加厉害。他首先说，一俟气候好转，德国就将“对英国进行最后的打击”。不错，存在着美国问题。但是美国“在1970年或1980年以前是不能危及其他国家的自由的……在欧洲、非洲或亚洲都没有它的事”——莫洛托夫插言说，他同意这个说法。但是他不同意希特勒所说的其他许多话。这个纳粹领袖讲了一大套笼统的好听的话，强调指出两国在追求各自的目的和共同努力取得“通往海洋的出口”方面没有基本的分歧。在他讲完以后，莫洛托夫回答说："元首的谈话是一般性的。"他说，他现在要提出斯大林的意见，斯大林在他离开莫斯科时对他做了确切的指示。于是他向这个德国独裁者提出质问。记录表明，希特勒对此是毫无准备的。

施密特后来追述："问题接二连三向希特勒提出来了。在有我参加的会谈中，我没有看到过任何外国客人曾经以这种方式向他谈话。"[32]

莫洛托夫想要知道：德国想在芬兰打什么主意？欧洲和亚洲的新秩序的意义是什么，苏联将在其中担任什么角色？三国条约的“意义”是什么？他继续说：“此外，关于俄国在巴尔干和黑海的利益，与保加利亚、罗马尼亚和土耳其有关的方面，有些问题需要澄清。”他说，他希望听到一些答复和“解释”。

希特勒惊讶得竟至答不上话来，这也许是他平生第一次。“鉴于可能有空袭警报”，他提议他们休会，他答应在第二天进行详细的讨论。

摊牌推迟了，但是没有避免。第二天上午，当希特勒和莫洛托夫继续会谈时，这位俄国外交人民委员是冷酷无情的。首先谈芬兰问题，在这个问题上，两人很快就发生了激烈的、辛辣的争执。莫洛托夫要求德国把军队撤出芬兰。希特勒否认“德军占领了芬兰”。德军只是**通过**芬兰开往挪威。但是他想要知道“俄国是否打算对芬兰进行
805 战争”。据德国的记录说，莫洛托夫“有点闪烁其词地回答了这个问题”，希特勒不满意。

希特勒坚持说：“在波罗的海绝不能发生战争。这会使德俄关系极度紧张起来。”这是一种威胁，一分钟以后，他又补充说，这种紧张可能带来“不可预见的后果”。希特勒想要知道，苏联还想在芬兰得到什么。他的客人回答说，它想要“像在比萨拉比亚那样规模的解决办法”——这意味着公开的吞并。希特勒对这一点的反应一定使得这位甚至不会感到不安的俄国人也感到不安了，他连忙要求元首“对这一点表示意见”。

这个独裁者也有点闪烁其词，他回答说，他只能重申：“绝不能同芬兰作战，因为这样一种冲突可能有深远的影响。”

莫洛托夫反驳说：“这样一种立场为讨论带来了一个新的因素。”

争执变得如此激烈，以致这时一定感到十分恐慌的里宾特洛甫插话说（据德国的记录）：“实际上根本没有理由使芬兰问题成为一个争端。或许这只是一个误解。”

希特勒利用了这个及时的插话，马上改变了话题。难道英帝国即

将垮台后出现的坐地分赃打动不了俄国？

他说："让我们来谈谈更重要的问题吧。"

> ［他说］在征服英国以后，英帝国散布于全世界的4 000万平方公里属地就像破产了的巨大产业一样将被瓜分。在这个破产了的产业中，俄国可以得到通往不冻的真正开放的海洋的出口。到现在为止，居于少数的4 500万英国人统治了英帝国的6亿居民。他即将粉碎这个少数……在这种情况下，将要出现世界范围的前景……可能对这个破产了的产业发生兴趣的各国必须停止它们之间的一切争论，而专心关注瓜分英帝国的问题。这一点适用于德国、法国、意大利、俄国和日本。

看来这位冷冰冰的、不动声色的俄国客人并没有为这样一个美好的"世界范围的前景"所动，他也不像德国人那样相信英帝国不久就可以拿到手——他后来反复地陈述了这一点。他说，他想要讨论"与欧洲更接近的"问题。例如，土耳其、保加利亚和罗马尼亚。

他说："苏联政府认为，德国对罗马尼亚的保证是针对苏俄的利益的——如果我们可以这样坦率地表示自己的意见的话。"其实他坦率地表示他的意见已有一整天了，这一点使他的主人越来越感到不安。他现在步步进逼。他要求德国"取消"这个保证。希特勒拒绝了。

莫洛托夫说，那么好吧，鉴于莫斯科在海峡的利益，"如果俄国 806
根据德国和意大利向罗马尼亚做出保证那样的条件向保加利亚做出保证"，德国会说什么呢？

可想而知，希特勒听了这话是大皱眉头的。他问莫洛托夫，保加利亚是否已经像罗马尼亚那样要求这样一个保证？德国的备忘录引述他的话说，"他［元首］并不知道保加利亚提出了任何要求"。无论如何，他必须首先同墨索里尼商量，然后才能对俄国人的问题给予一个

1940年11月，莫洛托夫与希特勒会谈。

比较肯定的答复。他又威胁地补充说，如果德国“不得不找碴同俄国发生摩擦，它无须用海峡问题来找碴”。

但是，通常很健谈的元首没有胃口再同这个无法忍受的俄国人谈下去了。

德国的记录说：“会谈到这个时候，元首提请注意时间已经很晚了，他说，鉴于英国可能进行空袭，最好现在中止会谈，因为主要问题大概已经充分地讨论了。”

那天晚上，莫洛托夫在菩提树下大街俄国大使馆为他的主人们举行了盛大的宴会。由于下午所受的罪，希特勒显然精疲力竭，并且仍然感到恼火，他根本没有露面。

英国人倒露面了。我曾感到奇怪，英国轰炸机最近差不多每天晚上都出现在这个首都上空，为什么没有在苏联外交人民委员到柏林的第一个晚上出现来提醒他，不管德国人对他说些什么，英国仍然在进行战争，并且正在反击。我承认，我们当中的一些人曾经满怀希望地等待飞机到来，但是它们没有来。曾经担心会发生最坏情况的威廉街官员显然感到松了一口气。但是这口气没有松很久。

11月13日晚上，英国人很早就来了。[*]在一年的这个时候，柏林在下午4点左右天就黑了。9点过后不久，空袭警报就开始响起来了，然后就可以听到隆隆的高射炮声，在炮声之间，可以听到轰炸机在上空嗡嗡作响。据参加苏联大使馆宴会的施密特博士说，在莫洛托夫刚刚提议为友谊干杯而里宾特洛甫刚刚站起来要作答时，空袭警报就响了，客人们纷纷奔向防空洞。我记得沿菩提树下大街和在威廉街转角的四散奔逃情况，当时德国人和俄国人纷纷奔向外交部的地下防空洞。有些官员，施密特博士是其中之一，跑进阿德隆饭店（我们当中一些人当时正在饭店门前观看），没有能够参加这两位外长现在在外交部很深的地下室举行的临时会议。由于施密特博士不在，因此这次会议不得不由德国驻莫斯科大使馆的参赞古斯塔夫·希尔格来做记
录，他在会议期间是译员之一。 807

当英国轰炸机在夜空飞行，高射炮不起作用地向它们开火时，狡猾的纳粹外长最后一次设法要使俄国人上他的圈套。他从口袋里拿出一个协定草案，这个草案实质上是把三国条约变为四国条约，以俄国作为第四个成员国。当里宾特洛甫宣读这个草案的时候，莫洛托夫耐心地听着。

协定的核心是第二条。在这一条中，德国、意大利、日本和苏联保证“尊重彼此的自然势力范围”。它们之间的任何争执都要“和睦地”解决。两个法西斯国家和日本同意“承认苏联目前拥有的领土范围并将尊重它”。所有这四国在第三条中同意不参加或支持“针对四国之一的”任何联合。

---

* 丘吉尔说，空袭是有意为这个场合进行的。他后来写道：“我们事先听说有这次会议，虽然未被邀请参加这次讨论，但我们并不希望完全被排斥在会议之外。”（丘吉尔：《他们最美好的时刻》，第584页）

里宾特洛甫建议，协定本身应予发表，但是当然不发表它的秘密议定书，他接着就读了这些秘密议定书。最重要的一个秘密议定书阐明了每一国的“领土要求”。俄国的要求要“集中于苏联国土以南，在印度洋的方向”。

莫洛托夫没有上钩。这个拟议中的条约显然是企图使俄国不再像它历来那样向西进逼，沿着波罗的海而进入巴尔干，通过海峡而入地中海，因为在那里，它必然会和德国和意大利的贪婪的野心发生冲突。苏联至少在目前对遥远的印度洋不感兴趣。莫洛托夫回答说，它目前感兴趣的是欧洲和土耳其的海峡。他又说：“因此，纸面的协定对苏联来说是不够的；它必须坚持使它的安全得到有效的保证。”

> ［他阐述说］苏联感兴趣的问题不仅关系到土耳其，而且还关系到保加利亚……但是，罗马尼亚和匈牙利的命运也是苏联所关心的，在任何情况下对它都不可能是不重要的。苏联政府还想要了解轴心国对南斯拉夫和希腊有什么打算，同样，还想了解德国对波兰有什么打算……苏联政府也对瑞典中立的问题产生兴趣……此外，还存在着从波罗的海向外的通道的问题……

这位毫不疲倦、面无表情的苏联外交人民委员把什么都说出来了，一个问题也不漏。里宾特洛甫被一大堆问题弄得没有招架之功——因为莫洛托夫这时说，如果里宾特洛甫答复这些问题，他将“甚为感激”——抗议说他被“逼问得太紧了”。

> ［他无力地回答说］他只能够再一次重申，决定性的问题是：苏
> 808 联是否准备和是否能够在消灭英帝国这一伟大事业中同我们合作。

莫洛托夫马上作了一个尖锐的反驳。希尔格在记录中据实记了

下来。

> 莫洛托夫在回答中说，德国人认为对英国的战争实际上已经打赢了，因此，如果［像希特勒所认为的那样］德国是在对英国进行一场生死斗争，他只能解释这句话是说德国在“为生”而战，英国是“为死”而战。

里宾特洛甫是一个极为愚钝的人，这句讽刺话也许还能为他所了解，但是莫洛托夫并不存侥幸之心。德国人一再声言英国已经完蛋了，对此，这位外交人民委员最后回答说：“如果情况是这样，为什么我们躲在这个防空洞里？落下的这些炸弹又是谁扔的？”*

由于这次与莫斯科的谈判能手打交道的吃力费劲的经验，也由于两周以后出现的说明斯大林的胃口越来越大的迹象，希特勒得出了他的最后结论。这里必须指出，苏联独裁者后来尽管矢口否认，当时却接受了希特勒要他参加法西斯阵营的建议，虽然代价比柏林提出的要高。11月26日，在莫洛托夫从德国回来不到两星期后，他通知德国驻莫斯科大使说，俄国愿意参加四国条约，但是须根据以下条件：

> 1. 德军要立即从芬兰撤退，芬兰……属于苏联的势力范围……
>
> 2. 在今后几个月内，苏联在海峡的安全要得到保证，办法是苏联同保加利亚缔结一项互助条约……并且苏联可以凭长期的租借权建立一个可以到达博斯普鲁斯海峡和达达尼尔海峡的陆海军基地。
>
> 3. 承认在波斯湾的总方向内，巴统和巴库以南的地区是苏联

---

* 莫洛托夫最后说的这句尖刻话是丘吉尔叙述的，斯大林在战争后期曾把莫洛托夫的这句话告诉丘吉尔（丘吉尔：《他们最美好的时刻》，第586页）。

的领土要求的中心。

4. 日本放弃它在库页岛北部开采煤炭和石油的权利。[33]

斯大林总共要求缔结五个秘密议定书来包含他的新建议，而不是两个，并且还额外要求，如果土耳其在关于俄国控制海峡的基地方面进行刁难，四国应对它采取**军事**措施。

这些建议所要的代价比希特勒甚至愿意考虑的还要高。他曾设法
809 把俄国排除在欧洲之外，但是现在斯大林要求得到芬兰、保加利亚、对海峡的控制权，而且实际上还要求得到阿拉伯和波斯的油田。欧洲的大部分石油通常是由这些油田供应的。俄国人甚至没有提到印度洋，而元首起先是想用印度洋作为苏联的“领土要求”中心来搪塞的。

希特勒对他的高级军事首脑说：“斯大林真是精明狡猾，他要求的东西越来越多了。他是一个冷酷无情的讹诈能手。德国的胜利已经是俄国所不能容忍的了。因此：必须尽快使它屈膝。”[34]

这个冷酷无情的纳粹讹诈能手如今碰到了敌手，这使他感到十分恼怒。12月初，他要哈尔德把陆军参谋总部关于进攻苏联的计划拿给他。12月5日，哈尔德和布劳希奇遵命把计划拿来给他，在四小时的会议结束后，他批准了这个计划。在缴获的最高统帅部的作战日志和哈尔德自己的秘密日记中都有关于这次重要会议的叙述。[35]纳粹统帅强调说，必须在普里佩特沼泽地以北和以南冲破红军的防线，“像在波兰那样”包围他们并加以消灭。他对哈尔德说，莫斯科“是不重要的”。重要的事情是消灭俄国的“有生力量”。罗马尼亚和芬兰将要参加攻击，但是匈牙利则不参加。迪特尔将军在纳尔维克的山地作战师将要通过瑞典北部运到芬兰去攻击苏联的北极地区。* 为了这次大战役一共拨出了大约“120个到130个师”。

---

* 在苏芬战争期间拒绝盟国过境的瑞典，已允许这个全副武装的师过境。当然，匈牙利后来也参加了对俄国的战争。

哈尔德将军的日记在记述这次会议的情况时，像以前提到攻击俄国的这个计划时一样，使用了“奥托”这个代号。不到两周以后，在1940年12月18日，这个计划在载入史册时所要用的代号被替换了。在这一天，希特勒下了最后的决心。他发出了第二十一号指令，它的题目是“巴巴罗萨计划”。它开始说：

绝　密

元首大本营

1940年12月18日

> 德国武装部队必须准备在对英国的战争结束以前**以一次快速的战役击溃苏俄**。* 为此目的，**陆军**必须动用一切可以调动的部队，但是有一个条件，就是必须保卫已被占领的领土以防突然袭击……
>
> 准备工作……必须在1941年5月15日以前完成。必须非常谨慎，以防泄露进攻的意图。 810

因此，预定的日期是第二年春季的5月月中。希特勒规定“巴巴罗萨计划”的“总目的”如下：

> 用装甲部队纵深楔入的大胆作战摧毁俄国西部的俄国**陆军**主力，并且要防止有战斗准备的俄军完整无损地撤退到俄国的广阔地区去。这次作战行动的最后目的是要建立一道从伏尔加河到阿尔汉格尔的防线，以对付俄国的亚洲部分。

---

* 着重体是希特勒用的。

希特勒的指令随后相当详细地叙述了主要的进攻路线。* 罗马尼亚和芬兰的任务也被规定下来。它们将充任在极北翼和极南翼的进攻的出击基地，并且提供军队援助进行这些战斗的德国部队。芬兰的地位特别重要。各种芬-德军队将要向列宁格勒和拉多加湖地区挺进，切断摩尔曼斯克铁路线，夺取贝柴摩镍矿，占领俄国在北冰洋的不冻港。希特勒承认，有许多事情取决于瑞典是否肯让德国军队从挪威通过它的领土，但是他预言瑞典会同意这一点。他的预言是正确的。

希特勒解释说，主要的作战行动将以普里佩特沼泽地来划分。主要的打击将在沼泽以北，用整整两个集团军进行。一个集团军将通过波罗的海国家向列宁格勒推进。在南边的另一个集团军将通过白俄罗斯进军，然后挥戈向北同第一个集团军会师，从而包围从波罗的海退却的苏军的残余部队。希特勒规定，只有到这时，才应当对莫斯科发动攻势。两周以前在希特勒看来是“不重要的”俄国首都，现在具有较大的重要性了。他写道：“占领这座城市除意味着这个国家最重要的铁路交叉点陷落以外，还意味着政治上和经济上的一个决定性的胜利。”他指出，莫斯科不仅是俄国的主要交通中心，而且还是它生产军备的主要地点。

第三个集团军将在沼泽以南通过乌克兰向基辅进攻，它的主要目的是包围和消灭在第聂伯河以西的苏联部队。再往南，德国-罗马尼亚部队将掩护主要作战行动的侧翼，并向敖德萨推进，再从那里沿黑海推进。在这以后，将要占领苏联60％的工业的集中地顿涅茨克盆地。

这就是希特勒的宏伟计划，它是在1940年圣诞节前不久制订完

---

* 许多历史学家说，希特勒在他关于“巴巴罗萨”的第一个指令中没有做详细的叙述，这是一个误解，这个误解的产生大概是由于在《纳粹的阴谋与侵略》的英文译文中做了极为简略的删节。但是在《主要战犯的审讯》第26卷第47—52页中的德文全文透露了全部的细节，从而可以看出德国的军事计划在这样早的时候就已经多么完善了。[36]

成的，这个计划制订得极其精密，不需再做任何实质的修改。为了保 811
密，这个指令只印了九份，三军各一份，其余的保存在最高统帅部。指令表明，甚至对高级战地指挥官也只能说，这个计划只是为了“预防俄国改变它以前对我们的态度”。希特勒指示，参与这个机密的军官的人数要“尽可能少。不然，我们的准备工作就有泄露的危险，因而在政治上和军事上产生最严重的不利后果”。

没有证据表明陆军总司令部的将领们曾反对过希特勒进攻苏联的决定，而苏联信守同德国缔结的条约曾使德国有可能在波兰和西线取得胜利。后来哈尔德在他的书中嘲弄地写到“希特勒的俄国冒险”，并声称陆军领导人从一开始就是反对这个冒险的。[37]但是在他1940年12月的长篇累牍的日记中没有片言只字足以证明他的这个说法。事实上，他给人的印象是，他对这个“冒险”是充满了真正的热情的，他本人作为参谋总长，对于策划这个冒险是负有主要责任的。

无论如何，对希特勒来说，决心既下，就无后退余地。他在1940年12月18日做出的这个决定，注定了他的最后命运，虽然他当时并不知道这一点。据他后来透露，他做出了决定以后，感到如释重负，于是他就去和驻在英吉利海峡——这是他能到的离俄国最远的地方——的军队和飞行员一起庆祝圣诞节了。他的心中一定也没有想到瑞典的查理十二世和拿破仑，他们在进行了许多次同他相似的光荣征服以后，在广阔的俄罗斯草原上碰到了灾难。但是，他们怎么可能在他的心中占很多的地位呢？因为到了现在，后来的事实很快就要表明，当年维也纳的流浪汉已经认为自己是世界上有史以来最伟大的征服者了。所有的征服者犯的致命毛病——自大狂，已在他身上扎了根。

六个月的挫折

但是，在1940年春和初夏取得了这一切显赫一时的胜利以后，这个纳粹征服者遭到了六个月的挫折。他不仅没有取得对英国的最后胜利，而且也丧失了在地中海给予英国以致命打击的机会。

圣诞节后两天，雷德尔海军元帅在柏林会见了希特勒，但是他没有在圣诞节带来什么令人愉快的消息。他对元首说："英国在整个东地中海、近东和北非所受到的威胁已经消除了……因此，我们曾经希望在地中海采取的决定性行动已经不再可能采取了。"[38]

由于佛朗哥的多变、墨索里尼的愚蠢，甚至由于贝当元帅的年
812 迈，阿道夫·希特勒的确在地中海坐失了大好的机会。意大利盟军在埃及的沙漠中遇到了灾难，现在到了12月，又在阿尔巴尼亚的雪山中面临着灾难。这些不顺心的事件也是战争中以及第三帝国的历史进程中的转折点。这些事件的发生不仅是由于德国的朋友和盟国的软弱，而且一部分也是因为这个纳粹统帅不能了解必须采取目光远大的洲际战略，而雷德尔，甚至戈林，倒曾经敦促他采取这种战略。

1940年9月间，这位海军元帅曾经两次——9月6日和26日——企图扩大元首思想上的视野，因为现在看来根本谈不到直接进攻英国的问题了。在第二次会议上，雷德尔曾与希特勒单独进行密谈。他在没有陆空军军官打扰他们会谈的情况下，向他的首脑详细叙述了海军的战略和在英吉利海峡以外的地方打击英国的重要性。

> [雷德尔说]英国人一贯认为地中海是他们的世界范围的帝国的中枢……为英国力量所包围的意大利正在迅速成为主要的进攻对象……意大利人拒绝我们的帮助，因为他们还没有认识到这个危险。但是德国必须趁在美国能够有效地进行干预以前，用它所拥有的一切手段毫不延迟地对英国进行战争。因此，地中海问题必须在冬季的几个月中予以澄清。

怎样澄清？这位海军元帅于是谈到了具体的措施。

> 必须占领直布罗陀。必须由空军占领加那利群岛。
>
> 必须占领苏伊士运河。

在占领苏伊士以后，雷德尔对于以后必然会发生的事情做了乐观的描述。

> 必须从苏伊士通过巴勒斯坦和叙利亚向前推进，远至土耳其。如果我们达到那一步，土耳其就将在我们的手掌之中。那时俄国问题就不同了……是否还有必要在北方向俄国推进，就有疑问了。

雷德尔心中想到的是把英国赶出地中海，把土耳其和俄国掌握在德国手中。他又继续描绘下去。他正确地预言，英国在美国和戴高乐部队的支持下，最后会设法在西北非洲获得一个立足点，作为以后对轴心国进行战争的一个基地。他主张德国和维希法国先占领这个在战略上重要的地区，以防止这一着。

据雷德尔说，希特勒同意他的“总的想法”，但是希特勒 813
说，他得先同墨索里尼、佛朗哥和贝当谈一谈这个问题。[39]关于这一点，他着手做了，不过是在丧失了许多时间以后才开始同他们会谈的。他安排在10月23日会见西班牙独裁者，在第二天会见贝当（贝当现在是在维希的投敌政府的首脑），几天以后再会见墨索里尼。

佛朗哥在西班牙内战中获胜是由于意大利和德国给了大规模的军事援助。他像其他一切独裁者一样，对于坐地分赃有很大的胃口，特别是如果能够以低廉的代价分得这些赃物的话。6月间，在法国沦亡的时候，他赶紧通知希特勒说，西班牙将参战，交换条件是把法国在非洲的广大属地的大部分地区（包括摩洛哥和阿尔及利亚西部）给它，另一个条件是德国向西班牙供应大量的武器、汽油和粮食。[40]希特勒在10月23日乘专车到达了法国–西班牙边界城市昂代，这是为了给佛朗哥一个履行这个诺言的机会。但是在这期间的几个月发生了许多情况（例如英国顽强地坚持下来了），希特勒碰到了一个不愉快的意外。

这个狡猾的西班牙人并没有为希特勒的“英国已被肯定地击败”的吹嘘所动，他对希特勒的保证也不满意，这个保证是让西班牙在法属北非得到领土补偿，“其程度要以有可能从英国殖民地弥补法国的损失为限”，而佛朗哥想要整个法属非洲，而不附任何条件。希特勒建议西班牙在1941年1月参战，但是佛朗哥指出这样仓促地采取行动是危险的。希特勒要西班牙人在1月10日在曾从空中占领了比利时埃本–埃美尔要塞的德国专家的帮助下进攻直布罗陀。佛朗哥以典型的西班牙自豪感回答说，直布罗陀必须由西班牙人“单独”占领。于是这两个独裁者进行了争论——争论了九个小时。据当时在场的施密特博士说，佛朗哥用单调的声音不断地往下讲，希特勒越听越恼火，并且一度像他过去对待张伯伦那样，一跃而起，宣布继续会谈下去没有用了。[41]

他后来对墨索里尼叙述他同佛朗哥进行的争吵时说：“我宁愿把牙齿拔掉三四个，也不愿再受这个罪了。”[42]

九个小时（其中包括在希特勒的特别餐车上吃饭的时间）以后，会谈在夜晚中断，而佛朗哥没有肯定答应参加战争。希特勒在那天晚上走后把里宾特洛甫留下来同西班牙外长塞拉诺·苏涅尔继续会谈，企图使西班牙人签署一个文件，至少是签订一个同意把英国人赶出直布罗陀并且不让英国人进入地中海西部的协议，但是他的这种努力没有成功。里宾特洛甫第二天早晨在施密特面前骂佛朗哥说：“这个

1940年10月，希特勒会见佛朗哥。

忘恩负义的懦夫！他的一切都是靠我们得来的，而现在却不愿同我们合作。”[43]

希特勒第二天在蒙图瓦尔与贝当会晤的情况较好，但是，这是因为这个年老的失败主义元帅、第一次世界大战中的凡尔登英雄、在第 814
二次世界大战中使法国投降的人，同意法国与它的征服者合作，以便做最后努力使从前的盟国英国屈膝。而且他同意把这个可耻的勾当写成书面的东西。

> 轴心国和法国在使英国尽快失败方面有着共同的利益。因此，法国政府将在它的能力范围内支持轴心国为达到这个目的而可能采取的措施。[44]

作为对这个背信弃义的行动的报答，法国将在“新欧洲”得到“它应得的地位”，而在非洲，它将从法西斯独裁者手中得到英帝国的领土，以补偿它被迫割让给其他国家的任何领土。双方同意这个协议要“严守秘密”。*

尽管贝当做了可耻的然而是重要的让步，希特勒却并不满足。据施密特博士说，他想要更多的东西——非要法国积极参加对英国的战争不可。在回慕尼黑的漫长的旅途上，这位翻译官发现元首对此行的结果感到失望和沮丧。10月28日上午他到达佛罗伦萨会晤墨索里尼后，这种情绪更是有增无已。

他们两人在仅仅三周以前，即10月4日，还曾在布伦纳山口会过面。像通常一样，当时讲话的主要是希特勒，他天花乱坠地说了一通美好的前途的话，其中丝毫不提他将要派遣军队到罗马尼亚一事，而罗马尼亚也是意大利所垂涎的。当墨索里尼在几天以后知道了这一点之后，大为气愤。

> [他向齐亚诺愤怒地说]希特勒总是把既成事实放在我的面前。这次我要用同样的办法来对待他了。他将从报纸上发现我已经占领了希腊。这样，平衡可以重新建立起来。[45]

墨索里尼在巴尔干的野心像希特勒的野心一样疯狂，而且妨害了希特勒的野心。因此，早在8月中旬，德国人就警告罗马不要在南斯拉夫和希腊采取冒险行动。齐亚诺在8月17日的日记上写道：“这完全是一个要我们在全线停下来的命令。”墨索里尼至少暂时放弃了在巴
815 尔干取得进一步军事胜利的计划，并且在8月27日写给希特勒的一封卑躬屈节的信中证实了这一点。但是，轻而易举地征服希腊——这至少在某种程度上可以抵消他的伙伴的光辉的胜利——这一前景对这个

* 虽然丘吉尔和罗斯福没有得知在蒙图瓦尔达成的这个秘密协议的内容，他们也怀疑到会发生最坏的情况。英王通过美国的途径亲自向贝当发出呼吁，要求他不要站在反对英国的方面。罗斯福总统给予贝当的信是严厉的，措辞强硬，并且警告他注意维希法国背叛英国后将会产生的可怕后果（见威廉·L. 朗格尔：《我们的维希赌博》[*Our Vichy Gamble*]，第97页。朗格尔教授为了写这本书，看到了英美政府在十一年以后还没有发表的德国文件）。

高傲的法西斯恺撒的诱惑力太大，他无法抗拒，虽然这种前景是不真实的。

10月22日，他决定意大利在10月28日对希腊进行突袭，他在同一天写信给希特勒（他把这封信的日期写为10月19日），暗示他打算采取的行动，但是对这个行动的确切性质和日期则含糊其词。齐亚诺在那一天的日记中写道，墨索里尼担心元首可能“命令”他住手。希特勒和里宾特洛甫在从法国各乘专车回国的时候，风闻墨索里尼的计划，纳粹外长根据元首的命令在进入德国以后的第一个车站就停下来，打电话给在罗马的齐亚诺，主张立即召开轴心国领导人会议。墨索里尼建议10月28日在佛罗伦萨开会，当他的德国客人在那一天上午从火车上走下来的时候，墨索里尼兴高采烈地欢迎他：“元首，我们在进军！胜利的意大利军队已经在今天黎明越过了希腊-阿尔巴尼亚边界了！”[46]

根据所有记述来看，墨索里尼由于能够对他的朋友进行报复，感到极为高兴，因为在以前，纳粹独裁者在每次开入一个国家时都没有预先告诉过他的意大利盟友。希特勒非常愤怒。在一年之中这个最坏不过的时候，对一个顽强的敌人采取这个轻率行动，有打乱在巴尔干的计划之势。正像在稍后一些时候写信给墨索里尼时所说的，希特勒赶往佛罗伦萨是希望能阻止这个行动，但是他来得太晚了。据在场的施密特说，纳粹领导人还是设法压住了心头的怒火。

> ［施密特后来写道］希特勒那天下午回国时心中极为气愤。他已失望了三次——一次在昂代，一次在蒙图瓦尔，这次是在意大利。在以后几年的漫长的冬夜，这些劳顿的长途旅行，是他气愤地责骂忘恩负义的不可靠的朋友、轴心伙伴和“骗人的”法国人时经常出现的话题。[47]

可是，入侵英国既已证明为不可能，他就必须采取某种行动来贯彻对英国的战争。元首刚刚回到柏林，墨索里尼的军队在希腊遭到挫败的消息就传来了，这进一步使他深切认识到采取行动的必要性。不到一周，意大利在那里的“胜利的”进攻就变成了一场溃败。

11月4日，希特勒在柏林的总理府召开了军事会议，他召集陆军的布劳希奇和哈尔德以及最高统帅部的凯特尔和约德尔参加了这次会议。由于哈尔德的日记和所缴获的一份约德尔向海军做的关于这次会议的报告，我们知道了希特勒的决定，这些决定包含在希特勒11月12日所发布的第十八号指令中，这项指令的全文收在纽伦堡的记录中。[48]

德国海军对希特勒的战略的影响变得很明显了，为摇摇欲坠的意大利盟国采取某种行动的必要性也是如此。哈尔德注意到元首对意大利领导层“缺乏信心”。因此决定**不**派任何德军到利比亚。原来鲁道
816 夫·格拉齐亚尼元帅的军队在9月已经深入埃及60英里而到达西地巴拉尼。希特勒决定要等到格拉齐亚尼到达马特鲁港时再派德军到利比亚去，而要到达这个地方还要沿海岸前进75英里。因此，如果到达的话，预料也不会在圣诞节前到达。同时希特勒决定要制订计划，派遣少数俯冲轰炸机前往埃及，袭击在亚历山大港的英国舰队和轰炸苏伊士运河。

至于希腊，希特勒向他的将领们承认，意大利在那里的进攻是一个“令人遗憾的错误”，并且不幸危及了德国在巴尔干的地位。英国人由于占领了克里特和利姆诺斯而获得了空军基地，他们从这些基地能够轻而易举地轰炸罗马尼亚油田，他们还由于派兵到希腊本土而威胁了德国在巴尔干的整个地位。为了对付这个危险，希特勒命令陆军立即制订计划，用至少十个师的兵力通过保加利亚入侵希腊，这十个师将首先派往罗马尼亚。他说：“预料俄国将继续保持中立。”

但是，11月4日所举行的会议以及接着发出的第十八号指令，大部分是关于摧毁英国在地中海西部的地位的。

> ［指令说］将占领直布罗陀，将封闭海峡。
>
> 应当防止英国人在伊比利亚半岛的另一个地点或在大西洋的岛屿上获得立足点。

为占领直布罗陀、西班牙的加那利群岛和葡萄牙的佛得角群岛所用的代号是“费利克斯”。海军还要研究占领葡萄牙的马德拉和亚速尔群岛的可能性。葡萄牙本土可能必须加以占领。这个行动的代号将是“伊莎贝拉计划”，德国三个师将要集结在西班牙-葡萄牙边界，以执行这个计划。

最后，法国海军的一些舰只和一些部队将要调出来，以便法国可以保卫它在西北非的属地以防英国和戴高乐的进攻。希特勒在他的指令中说：“从这个初步任务开始，法国参加反英战争的工作就可以充分地展开了。”

希特勒在11月4日向将领们叙述的以及在一周以后的指令中所规定的新计划，在军事细节方面是很详尽的，特别是关于怎样通过德国的大胆袭击而占领直布罗陀，这些新计划显然使他的陆军首脑有很深的印象，认为是大胆的和精明的。但是实际上这些计划是权宜措施，不可能达到它们的目的，而且这些计划一部分是以他欺骗自己的将领为基础的。哈尔德说，希特勒在11月4日向他们保证，他刚刚接到佛朗哥重新提出的关于与德国一起参加战争的保证，但是我们已经看到，这是不很真实的。把英国人赶出地中海这个目的是正确的，但是为执行这个任务而派出的部队非常不够，特别是因为意大利的软弱无能。 817

海军作战参谋部在一个措辞强硬的备忘录中指出了这一点，这个备忘录是雷德尔在11月14日交给希特勒的。[49]海军指出，意大利在希腊的惨败——墨索里尼的军队现在已被赶回阿尔巴尼亚，并且仍在退却中——不仅大大改善了英国在地中海的战略地位，而且提高了英国在全世界的威望。至于意大利对埃及的进攻，海军直率地对希特勒说："意大利**绝不可能进行**它的埃及攻势。* 意大利的领导是很糟的，他们对局势毫无了解。意大利武装部队**既没有**胜任的领导，也没有军事效能，以必要的速度和决心在地中海地区进行所要求的战斗，取得胜利的结果。"

海军最后说，因此这个任务必须由德国来执行。它警告希特勒说："**争夺非洲地区的战斗**是德国整个战争中的最重要的战略目标……它**对于战争的结局是具有决定性的重要意义的**。"

但是这个纳粹独裁者并不相信这一点。他一向认为在地中海和北非的战争只是从属于主要目标的。当雷德尔海军元帅在11月14日的会议上向希特勒详述海军的战略思想时，希特勒反驳说，他"仍然倾向于同俄国较量"。[50] 事实上，他比以前任何时候都更倾向于这一点，因为莫洛托夫刚刚在那天上午离开柏林，在这以前他惹得希特勒大为愤怒。当雷德尔下一次在圣诞节过后两天会见希特勒时报告在地中海已坐失了大好机会时，希特勒并不过分感到不安。雷德尔说，英国在埃及对意大利的胜利† 以及它正在从美国得到的越来越多的物质援助，使得德国有必要集中它的力量把英国打垮，"巴巴罗萨"应当推迟到

---

* 着重体是海军用的。

† 这时，英国由一个装甲师、一个印度步兵师、两个步兵旅、一个皇家坦克团（一共31 000人）组成的一支乌合之众的沙漠部队，已经把人数为三倍的意大利部队赶出了埃及并且捉了38 000名俘虏，而所付的代价是死133人，伤387人，失踪8人。英国在阿奇博尔德·韦弗尔将军的全面指挥下所进行的反攻是在12月7日开始的，在四天之中，格拉齐亚尼元帅的军队就被击溃了。作为五天的有限反攻而开始的这种攻势继续进行到2月7日，这时，英国已经越过了昔兰尼加（前进了500英里），消灭了意大利在利比亚的整整十个师的军队，俘虏了13万人，缴获了1 240门大炮，500辆坦克。英国方面死了500人，伤1 373人，失踪55人。这对于抱怀疑态度的英国军事作家J. F. 富勒将军来说，是"有史以来最大胆的战役之一"（富勒：《第二次世界大战》[*The Second World War*]，第98页）。

意大利海军也受到了致命的打击。11月11日的夜间，从德国空军声称已经炸沉的英国航空母舰"光辉号"起飞的轰炸机，袭击了停泊在塔兰托的意大利舰队，使三艘战斗舰和两艘巡洋舰在许多月内不能使用。齐亚诺在11月12日的日记的开头写道："这是一个'凶日'，英国人没有警告就击沉了无畏战舰'加富尔'号，重创战列舰'利托里奥'号和'杜里奥'号。"

“打倒英国”以后再进行。希特勒对这个论点几乎没有听进去。

希特勒说：“鉴于目前的政治发展，特别是俄国对巴尔干事务的 818
干涉，有必要不惜一切代价消灭在大陆上的最后的敌人，然后再打英国。”从现在一直到最后，他将要执迷不悟地坚持这个基本战略。

作为对他的海军首脑的让步，希特勒答应“再设法影响佛朗哥”，以便能够进攻直布罗陀，使英国舰队不能进入地中海。实际上，他已放弃了整个主意。12月11日，他悄悄地下令说：“‘费利克斯’将不执行，因为政治条件已不复存在了。”由于他自己的海军和意大利人一再要他催逼佛朗哥采取行动，希特勒做了最后一次努力，虽然这对他来说是痛苦的。1941年2月6日，他写了一封长信给西班牙独裁者。

> ……领袖，有一件事情必须澄清：我们正在进行一场生死斗争，目前不能够送任何礼物……
>
> 德国和意大利正在进行的战斗也将决定西班牙的命运。只有我们获胜，你目前的政权才会继续存在下去。[51]

对轴心国来说很不幸的是，佛朗哥收到这封信，正好是格拉齐亚尼元帅在昔兰尼加的残部于本加济以南被英军消灭的那一天。这就难怪，佛朗哥在1941年2月26日复信时，虽然声称他“绝对忠于”轴心国，但是他提醒纳粹领袖说，最近的事态发展已使“10月的情况大大改变”，他们在那个时候达成的谅解已经“过时了”。

阿道夫·希特勒在他充满剧烈变动的一生中少有几次承认失败，这次是其中之一。他写信给墨索里尼说：“这个西班牙人的乏味废话归结起来是，西班牙现在并不想参战，而且将来也不会参战。这是极端令人烦闷的，因为这意味着暂时已不可能以最简单的方式在英国的地中海属地打击英国了。”

但是，在地中海打败英国的关键是意大利而不是西班牙。而墨索里尼的脆弱的帝国并没有力量独力完成这个任务，希特勒也没有想到给予它完成这个任务的手段，其实希特勒是有这种手段的。他现在承认，直接越过英吉利海峡攻击英国或间接越过更广阔的地中海攻击它的可能性“暂时”已经消失了。虽然这是令人失望的，但是希特勒在认识到这一点后却感到宽慰。他现在可以转而处理他心中时刻想着的问题了。

1941年1月8日至9日，他在贝希特斯加登山上的伯格霍夫举行了一次军事会议。隆冬的积雪现在已深深地覆盖着这座高山，山上的空气看来已使他的头脑清醒过来。据雷德尔海军元帅和哈尔德将军关于会议的长篇秘密报告[52]所透露的，当希特勒向他的军事首脑们概述他的伟大战略时，他的思想又如脱缰之马一样驰骋起来。他又恢复了

819 乐观态度。

> ［雷德尔记道］元首坚信，即使我们失掉整个北非，欧洲的局势也不再可能对德国有不利的发展了。我们在欧洲的地位已十分巩固地确立起来，因此结果是不可能对我们不利的……英国只有在大陆上打败我们以后才有希望赢得战争。元首深信，在大陆上打败我们是办不到的。

他承认，直接入侵英国的确是“行不通的，除非使英国在很大程度上陷于瘫痪，除非德国拥有绝对的空中优势”。他说，海军和空军必须集中力量攻击英国的海上运输线，从而断绝它的供应。他认为，这种攻击“可能使得早在7月或8月就赢得胜利”。他说，同时，“德国必须使自己在大陆上变得十分强大，致使我们能够对英国（和美国）进一步进行战争”。括弧是希特勒加的，括弧内的字是意味深长的。在缴获的德国记录中，这是第一次提到希特勒——在1941年初——准备面临美国参加战争的可能性。

接着，这位纳粹统帅谈到了各个战略地区和各个战略问题，并概述了他打算怎么办。

［雷德尔写道］元首认为，使意大利不垮台，这一点对于战争的结局十分重要……他决心……不让意大利失掉北非……失掉北非会使轴心国的威信大大下降……［因此］他决心支持他们。

这时，他告诫他的军事领袖们不要泄露德国的计划。

他**不**愿把我们的计划告诉意大利人。意大利王室极有可能会把情报送给英国！！*

希特勒说，给予意大利的支持，是把一些反坦克部队和德国空军中队派往利比亚。更重要的是，他将派遣由两师半兵力组成的一个军去支援在阿尔巴尼亚退却的意大利人——希腊人现在已把意大利人逼进了阿尔巴尼亚。在这方面，“玛莉塔计划”†将加紧执行，他下令，必须立即开始把军队从罗马尼亚调到保加利亚，这样就能在3月26日开始“玛莉塔计划”。希特勒还相当详细地谈到有必要做好准备，以执行“阿提拉计划”（德国的代号看来几乎是取之不尽的），他在1940年 820
12月10日的指令中已概述了这个计划。这是要占领法国的残余地区并夺取法国在土伦的舰队的一个计划。他认为现在可能必须很快执行这个计划。他说：“如果法国不听话，就必须把它彻底粉碎。”如果这样，这是粗暴地违反贡比涅停战协定的行动，但是，至少从哈尔德和雷德尔的记录来看，没有一个陆军将领或海军将军提出这个问题。

---

* 着重体和双惊叹号是雷德尔用的。

†“玛莉塔计划”是在1940年12月13日的第二十号指令中下达的。这个计划规定在罗马尼亚集合一支由24个师组成的军队，一俟气候好转，就通过保加利亚向希腊进攻。这个指令是希特勒签字的。[53]

正是在这次军事会议上，希特勒称斯大林是“一个冷酷无情的讹诈能手”，并对他的司令官们说，必须“尽快”使俄国屈膝。

> ［希特勒说］如果美国［这是他第二次提到美国参加对德战争的可能性］和俄国参加对德战争，情况将变得非常复杂。因此，必须从一开始就消除出现这种威胁的任何可能性。如果消除了俄国的威胁，我们就能无限期地对英国进行战争。如果俄国垮台，日本就可大大松一口气，这一点则意味着美国所受到的威胁增加了。

这就是这个德国独裁者在1941年开始时对全球战略的想法。在军事会议之后的两天，即1月11日，他在第二十二号指令中体现了这种想法。他规定，根据“向日葵计划”调德国援军去的黎波里，根据“阿尔卑斯山紫罗兰计划”调德国援军去阿尔巴尼亚。[54]

“全世界将会大惊失色！”

希特勒约墨索里尼在1月19日和20日到伯格霍夫去见他。墨索里尼由于意大利在埃及和希腊的溃败而感到震惊和丢脸，并没有兴趣做这一次旅行。齐亚诺发现，当墨索里尼登上他的专车时，他“愁眉苦脸，神经紧张”，担心希特勒、里宾特洛甫和德国将领们会对他不客气。他带了助理参谋长阿尔弗雷多·古佐尼同行，这使事情更糟了。齐亚诺在他的日记中描绘古佐尼是一个大腹便便、头戴染色假发的庸才。齐亚诺认为，把这个人带到德国人面前，肯定是丢脸的。

墨索里尼感到又惊讶又放心的是，他发现希特勒亲自到普赫小火车站的覆盖着白雪的月台上来迎接，态度既客气又热诚，丝毫没有责备意大利在战场上的可悲表现。据齐亚诺的日记，他还发现希特勒当时的心情是非常反俄的。希特勒在第二天花了两个多小时向他的意大利客人和两国的一些将领做了讲话。据约德尔将军写的关于这次讲话的一项秘密报告[55]证实，虽然元首急于在阿尔巴尼亚和利比亚帮助意大利人，他的主要思想仍放在俄国方面。 821

> ［希特勒说］即使**美国**参战，我也不认为它会形成很大的危险，大得多的危险是俄国这个大家伙。虽然我们同俄国签订了非常有利的军事和经济协定，但我宁愿依靠我所拥有的强有力的手段。

虽然他对打算用他的“强有力的手段”干什么事这一点已做了暗示，但是他没有向他的伙伴透露他的计划。不过，这种暗示已足以使负责拟订细节的陆军参谋总长在两星期后于柏林举行的会议上能够向最高统帅提出这种计划。

有最高统帅部和陆军总司令部的高级将领参加的这次军事会议，从2月3日中午开到下午6点。哈尔德将军概述了陆军参谋总部的计划，虽然他后来在他的书[56]中说，他和布劳希奇怀疑他们自己对苏联的军事力量所做的估计，并且总的来说是反对“巴巴罗萨”的，认为这是一项“冒险”，但是在他同天晚上写的日记中或者在最高统帅部关于会议的极端秘密的备忘录[57]中，没有只言片语可以证实这个说法。的确，根据日记和记录透露，哈尔德最初对双方部队都做了认真的估计，估计敌方虽约有155个师，但德国的兵力也差不多一样，而且据哈尔德说，“质量要优越得多”。后来当灾难降临时，哈尔德和其他将领认识到，他们关于红军的情报是极其错误的。但是在1941年2月3日，他们并不怀疑他们的情报。而且事实上，哈尔德关于双方兵力和消灭红军的战略*的报告写得令人极其信服，因此希特勒在最后不仅

---

* 这个战略实质上就是在1940年12月18日第二十一号指令中规定的那个战略（见本书原文第810—811页）。希特勒在对布劳希奇和哈尔德发表意见时，再次强调“大批大批歼灭敌人”而不是迫使他们退却的重要性。他着重指出：“**主要目的**［着重体是他用的］是要占领波罗的海国家和列宁格勒。”

表示“基本上”同意，而且对于这位参谋总长提出的前景感到极为兴奋。他欢呼说：

“当‘巴巴罗萨’开始时，全世界将会大惊失色，难置一言！”

他迫不及待地要开始实行这个计划。他急躁地下令“尽快”把作战地图和部队的部署计划送给他。

巴尔干序曲

在“巴巴罗萨”能够在春天开始以前，必须把位于巴尔干的南翼掌握在手中，并加强那里的军事力量。到1941年2月的第三周，德国
822 人已在罗马尼亚集结了一支68万人的大军。罗马尼亚同乌克兰接壤，从波兰边境到黑海，共长300英里。[58]但是在南面，希腊人仍然使意大利人不能越雷池一步。柏林方面有理由相信，从利比亚开来的英国军队不久会在那里登陆。据希特勒在这段时期里举行的无数次会议的记录透露，他担心，盟国可能在萨洛尼卡以北形成一条战线，对于德国来说，这条战线会比第一次世界大战中的一条类似的战线更加麻烦，因为它将使英国人得到一个基地，从那里派飞机去轰炸罗马尼亚的油田。此外，这条战线还将危及“巴巴罗萨”。事实上，他们早在1940年12月就已预见到这个危险，当时发布了关于“玛莉塔计划”的第一道指令，规定德国用集结在罗马尼亚的军队，通过保加利亚大举进攻希腊。

保加利亚在第一次大战中，由于对谁是胜利者没有看准而吃了很大的亏，它现在又打错了算盘。保加利亚政府相信了希特勒所谓的他已经打赢这场战争的保证，并对得到南边的希腊领土从而获得一条通向爱琴海的通道的前景感到眼花缭乱，因此它同意参加“玛莉塔行动”——至少允许德军过境。利斯特陆军元帅和保加利亚的陆军参谋总部在1941年2月8日秘密达成了一项大意如此的协定。[59]2月28日晚

上，德国陆军部队从罗马尼亚渡过多瑙河，占领了保加利亚的战略阵地，保加利亚翌日参加了三国条约。

比较强悍的南斯拉夫人不是这么听话的。但是他们的顽强只有激使德国人把他们也拉进自己的阵营。3月4日到5日，元首非常秘密地把摄政王保罗亲王召到伯格霍夫，对他进行惯常的那一套威胁，然后是利诱，表示要把萨洛尼卡送给他。3月25日，南斯拉夫首相德拉吉沙·斯维特科维奇和外相亚历山大·辛卡尔-马科维奇到达维也纳，他们两人是在头天晚上为了躲避敌对的示威或者甚至绑架而偷偷溜出贝尔格莱德的。他们到达维也纳后，在希特勒和里宾特洛甫面前代表南斯拉夫签字参加三国条约。希特勒极为满意，他对齐亚诺说，这会有助于他对希腊的进攻。这两位南斯拉夫领导人在离开维也纳之前收到了里宾特洛甫的两封信，这两封信肯定德国"决心永远"尊重"南斯拉夫的主权和领土完整"，并保证轴心国"在这场战争中"不会要求让它的军队在南斯拉夫有过境权。[60] 这两项保证后来都被希特勒违反了，其速度之快，在他本人的纪录来看，也是破天荒的。

这两位南斯拉夫大臣回到贝尔格莱德不久，他们以及政府和摄政王就在3月26日夜里被由若干高级空军军官领导并得到陆军大多数人支持的一次群众起义推翻了。年轻的王太子彼得抱着雨水管滑下来，逃过了摄政官员的监视，被宣布为国王。虽然杜尚·西莫维奇将军的新政权立即表示愿意同德国签订互不侵犯条约，但是柏林可以清楚看
出，它不会接受元首要南斯拉夫担当的傀儡地位。在贝尔格莱德举行 823
的狂热的庆祝活动中，一批群众向德国公使的汽车吐唾沫，塞尔维亚人表明了他们是同情谁的。

贝尔格莱德的政变使阿道夫·希特勒勃然大怒，这是他一生中最愤怒的时刻之一。他认为这是对他个人的侮辱，一怒之下突然做出了后来证明对第三帝国的命运是灾难深重的决定。

他在3月27日急忙把他的军事首脑召到柏林的总理府，会议召开

得极其仓促，布劳希奇、里宾特洛甫和哈尔德都迟到了。希特勒大叫大嚷地声称要对南斯拉夫人进行报复。他说，贝尔格莱德政变危及了“玛莉塔”，甚至更严重的是危及了“巴巴罗萨”。因此，他决定“不等新政府有可能宣布效忠，就在军事上把南斯拉夫毁灭，使它不再是一个国家”。他下令说：“不要进行外交上的询问，不要提出最后通牒。”他又说，要以“无情的严厉行动”粉碎南斯拉夫。他命令戈林马上派轰炸机从匈牙利空军基地起飞“进行波状攻击，摧毁贝尔格莱德”。他发布了立即入侵南斯拉夫的第二十五号指令，[61]他要凯特尔和约德尔当晚就制订军事计划。他指示里宾特洛甫对匈牙利、罗马尼亚和意大利说，南斯拉夫将由它们瓜分，它们全都可以分到一片土地，一个小小的克罗地亚傀儡邦除外。*

然后，据最高统帅部的极端秘密的会议记录中画有着重线的一节说，[62]希特勒宣布了一切决定中关系最重大的一个决定。

他对他的将领们说：“**‘巴巴罗萨计划’不得不推迟开始，期限最多为四星期。**”†

纳粹统帅为了对一个胆敢不把他放在眼里的小小的巴尔干国家发泄个人的怒气而推迟对俄国的进攻，这可能是希特勒一生中导致最大灾难的一个决定。这样说并不过分：由于他在3月的那个下午在柏林的总理府大怒之下做出了那个决定，他失掉了在战争中获胜的最后良机，不能使他以如此惊人的（虽然是野蛮的）天才建立的第三帝国成为德国历史上最大的帝国，同时不能使自己成为欧洲的主宰。德国陆军总司令布劳希奇元帅和天才的陆军参谋总长哈尔德将军后来由于俄国的大雪和零下温度才发现，按照他们的估计，要取得最后胜利，所需要的时间尚差三四个星期。这时，他们才沉痛地想起了这个决定，

---

* 希特勒讥笑地说：“对南斯拉夫的战争在意大利、匈牙利和保加利亚应该是颇得人心的。”他说，他将把巴纳特分给匈牙利，马其顿分给保加利亚，亚得里亚海岸分给意大利。

† 在1940年12月18日发布的第一道“巴巴罗萨”指令中，本来规定在5月15日开始。

虽然这时他们对这个决定的后果的了解，要比在做出决定时深刻多了。他们和其他将领后来总是把接着产生的一切灾难都归咎于一个自负而激怒的人所仓促做出的这个不明智的决定。 824

最高统帅在散会之前向他的将领们发布的第二十五号军事指令是一项典型的希特勒式文件。

> 南斯拉夫的军事政变已经改变了巴尔干的政局。尽管南斯拉夫表示了忠诚，但是目前必须把它视为敌人，因此必须尽快予以摧毁。
>
> 我打算用武力打进南斯拉夫……歼灭南斯拉夫军队……

最高统帅部作战局局长约德尔奉命当晚就拟定计划。约德尔后来对纽伦堡法庭说："我在帝国总理府工作了一个通宵。我在3月28日凌晨4点，把一项备忘录交给了我们负责与意大利最高统帅部进行联络的冯·林特伦将军。"[63]

因为，必须立即将德国的作战计划通知墨索里尼，并要求他进行合作。墨索里尼在阿尔巴尼亚的士气不振的军队，当时正有可能遭受南斯拉夫人从后方袭击的危险。为了保证使墨索里尼了解对他的期望，希特勒不等约德尔将军拟就他的军事计划，就在27日半夜火速写了一封信，命令立即用电报发往罗马，以便使墨索里尼当夜收到此信。[64]

> 领袖，情况迫使我用这个最快的办法把我对局势以及对可能产生的后果所做的估计告诉你。
>
> 从一开始，我就认为南斯拉夫在同希腊的争端中是一个危险的因素……因此，我尽了一切正当努力来使南斯拉夫参加我们的大家庭……不幸，这种努力没有成功……今天的消息使人毫不怀

> 疑南斯拉夫的外交政策马上就要改变。
>
> 因此，我已在军事上安排了一切必要措施……现在，我真挚地要求你，领袖，在今后几天不要在阿尔巴尼亚采取任何进一步的行动。我认为你必须用现有的一切部队来掩护南斯拉夫–阿尔巴尼亚之间的最重要的关口。
>
> ……我还认为，领袖，你必须用现有的一切手段，极其迅速地增援你在意大利–南斯拉夫战线上的军队。
>
> 我还认为，领袖，对我们所采取的和下令要采取的一切行动
> 825 应该严守秘密……这些措施如果为人所知，就会毫无价值……领
> 袖，如果能保守秘密，那么我毫不怀疑，我们两人就可取得不下
> 于一年前在挪威取得的那种成就。这是我的不可动摇的信念。
>
> 请接受我的衷心的和友好的致意。
>
> 阿道夫·希特勒

就这个短期目标来说，纳粹统帅的预言又是正确的；但是看来他丝毫没有感到，从长远来说，他对南斯拉夫的成功的报复将使他付出多大的代价。4月6日黎明，他的军队以压倒优势的兵力全力扑向南斯拉夫和希腊，势如破竹地越过了保加利亚、匈牙利和德国本国的疆界，迅速地向那些被德国空军照例事先进行的轰炸炸得不知所措的、装备很差的守军进逼。

按照希特勒的命令，贝尔格莱德要被夷为平地。接连三天三夜，戈林的轰炸机在这个小小的首都掠过房顶、低飞肆虐——因为这个城市没有高射炮——炸死了17 000名平民，炸伤了更多的人，使这个地方成为硝烟迷漫的一堆瓦砾。希特勒称之为“惩罚计划”，他显然深信，他的命令已经非常有效地执行了。南斯拉夫人来不及动员他们的人数不多而精悍的军队，他们的陆军参谋总部犯了试图保卫整个国家的错误，他们被打垮了。4月13日，德国军队和匈牙利军队开进了残

被夷为平地的贝尔格莱德。

破的贝尔格莱德。17日，南斯拉夫陆军的残余部队（仍然有28个师）在萨拉热窝投降，国王和首相乘飞机逃到了希腊。

在六个月的战斗中使意大利人丢脸的希腊人，无法抵挡利斯特元帅的由15个师组成的第十二军团，其中4个师是装甲师。英国急忙从利比亚派遣大约4个师，共53 000人，开往希腊。但是，他们像希腊人一样，被德国的装甲部队和空军的猛烈轰炸打得一败涂地。北部的希腊军队在4月23日向德国人投降，并且也硬着头皮向意大利人投降了。四天后，纳粹的坦克隆隆地开入雅典，在卫城挂起了卐字旗。此时，英国人再次拼命设法从海路撤军——这是一次小规模的敦刻尔克撤军行动，差不多是同样成功的。

到4月底，在三周内，除克里特之外，一切都结束了。5月底，德国人在用伞兵进行的一次袭击中从英国人手里夺取了克里特。在墨索里尼在整个冬天遭到惨败的地方，希特勒在春天的几天之内就取得了成功。虽然墨索里尼由于摆脱了困境而感到宽慰，但是他丢了脸，因为是全靠德国人使他摆脱困境的。希特勒现在开始瓜分南斯拉夫了，而意大利得到的一份是令人失望的，这也并没有使墨索里尼感到好过
826 一些。*

元首并不只是在巴尔干使他的昏庸无能的小伙伴摆脱困境。当意大利在利比亚的军队被歼之后，希特勒虽然很勉强，但是终于同意派遣一个轻装甲师和一些空军部队前往北非，在那里，他安排由埃尔温·隆美尔将军全面指挥意大利-德国部队。隆美尔是一个大胆泼辣、足智多谋的坦克军官，他在法兰西战役中作为一个装甲师的师长而驰名一时。英国人以前在北非沙漠中从来没有碰到过像他那样的将领，有两年之久，他将使英国人伤透脑筋。但是他不是唯一的问题。英国人由于从利比亚向希腊派去相当多的陆军和空军，而使他们在沙漠里的地位大为削弱。最初，他们并不过分担心，甚至在他们的情报人员报告说德国装甲部队在2月底到达的黎波里塔尼亚之后都没有感到过分不安。他们是不该如此的。

在3月的最后一天，隆美尔用他的德国装甲师和两个意大利师（其中一个师是装甲师）突然攻击昔兰尼加。在十二天中，他收复了这个省，包围了图卜鲁格，并抵达了离埃及边境只有几英里的巴迪亚。英国在埃及和苏伊士的整个地位再次受到了威胁；事实上，由于德国人和意大利人到了希腊，英国在地中海东部的控制权已受到严重的威胁。

在这第二个春天，即这次战争的第二个春天，德国人又取得了一些辉煌胜利，现在单独坚持作战的英国的困境，由于国内德国空军夜间的轰炸，由于海外英军被赶出希腊和昔兰尼加，看来比以前更加严

---

* 1941年4月12日，在希特勒发动进攻后六天，他就发布了一道关于在德国、意大利、匈牙利和保加利亚之间瓜分南斯拉夫的秘密指令。克罗地亚被建立为一个自治的傀儡国家。元首是非常不讲谦让的，德国取得了同旧奥地利毗邻的地区，除了铜矿区和煤矿区以外，还占领了整个塞尔维亚。意大利应得的地区没有明确规定，但是这个地区是不大的。[65]

重、更加没有希望了。英国的威信降到了新的低点，而威信在一场生死斗争中是十分重要的，因为在这种斗争中，宣传是一个非常有力的武器，特别是在影响美国和俄国方面。*

希特勒于5月4日在柏林德国国会发表的胜利演说中很快利用了这一点。他的演说主要是对丘吉尔进行的恶毒的冷嘲热讽的人身攻击，说他（跟犹太人一起）是战争的鼓动者，说打输战争是他一手造成的。 827

> 他是历史上最嗜血成性，也是最外行的战略家……五年多来，这个人一直像疯子一样在欧洲到处追逐，寻求他能够放火焚烧的东西……作为一个军人，他是一个糟糕的政客；作为一个政客，他同样是一个糟糕的军人……丘吉尔先生的天才就是善于装成一副虔诚的样子说谎、歪曲事实，直到最后把惨败说成光荣的胜利。丘吉尔对战略是一窍不通的，因此，他一下子就在［南斯拉夫和希腊］两个战场上吃了败仗。在其他任何国家，他都是会受到军事法庭的审判的……他的不正常的心理状态只能表明他患了瘫痪病，或者表明他是一个说胡话的醉汉……

至于使他如此愤怒的南斯拉夫政变，希特勒没有试图掩饰他的真

---

* 飞行英雄查尔斯·A. 林德伯格在美国不止一次向一大批热情的听众发表演说时说，英国已战败了。在本书作者看来，他在访德期间已经惊人天真地听信了纳粹的宣传吹嘘。1941年4月23日，当纳粹在巴尔干和北非取得胜利之际，他在纽约新成立的美国第一委员会的第一次群众大会上向3万人发表演说。他说："英国政府有一项最后挣扎的计划：……说服我们再派一支美国远征军去欧洲，以便在军事上和财政上同英国分摊这场战争的失败。"他谴责英国"鼓动欧洲小国跟压倒的优势进行斗争"。显然，这个人没有想到，刚刚被希特勒打垮的南斯拉夫和希腊遭到了无端的残酷进攻，它们本能地设法进行了自卫，因为它们有荣誉感，因为它们甚至在压倒的优势面前也有勇气。罗斯福总统在4月25日公开谴责林德伯格是一个失败主义者和姑息者，于是林德伯格在28日放弃了他的美国陆军航空队后备役上校军衔。陆军部长接受了他的辞呈。

正感情。

> 一小撮被收买的阴谋分子进行的这次政变使我们全都大吃一惊……各位先生，你们知道，当我听到这个消息时，我立即下令进攻南斯拉夫。**这样对待德意志帝国是不行的。**

虽然希特勒由于他在春天取得的胜利，特别是由于他对英国人取得的胜利而狂妄自大，但他没有充分认识到这种胜利对英国是多么大的一个打击，他也没有充分认识到英帝国的困境多么严重。在他向德国国会发表演说的那天，丘吉尔正在写信给罗斯福总统，说明丢掉埃及和中东的严重后果，并要求美国参战。首相当时正处于他在整个战争中最阴郁的心境。

> ［他写道］总统先生，我请求你不要低估在中东的溃败可能产生的后果的严重性。[66]

德国海军力促元首充分利用这种局势。为了进一步改善轴心国的情况，新近被任命的伊拉克首相、亲德的拉希德·阿里领导了对巴格达城外哈巴尼亚英国空军基地的一次攻击，并呼吁希特勒协助把英国赶出这个国家。这是5月初的事情。随着克里特在5月27日被攻克，对“巴巴罗萨”一向不热情的雷德尔海军元帅在5月30日呼吁希特勒准备对埃及和苏伊士发动一次决定性的攻势。急于一俟得到援军
828 就继续推进的隆美尔从北非也发出了类似的呼吁。雷德尔对元首说：“这一打击要比占领伦敦对英帝国更为致命。”一星期以后，这位海军元帅把海军作战参谋部作战处草拟的备忘录交给了希特勒，备忘录警告说，虽然“巴巴罗萨”“在最高统帅部的领导方面当然占主要地位，但绝不可因此而放弃或推迟在地中海的作战”。[67]

但是元首已经下定决心；事实上，从他在圣诞节假日宣布“巴巴罗萨计划”并对雷德尔海军元帅说必须“首先消灭”俄国以来，他一直没有改变他的决心。他的思想局限于陆地，不理解海军所主张的目光更远大的战略。甚至在雷德尔和海军作战参谋部于5月底向他提出请求之前，他就在5月25日发布的第三十号指令中[68]做了最后规定。他下令把一个军事代表团、几架飞机和一些武器送到巴格达去帮助伊拉克。他说:“我已决定支持伊拉克以鼓励中东的局势发展。”但是他目光所见没有超过这个小小的、不充分的步骤。至于海军将领和隆美尔所主张的目光更远大的、大胆的战略，他说：

> 以后是否可能（如果可能，用什么办法）对苏伊士运河发动攻势并最后把英国人从他们在地中海和波斯湾之间的阵地赶出去，要到“巴巴罗萨计划”结束之后才能决定。

首先必须消灭苏联，其他一切必须等待。我们现在可以看到，这是一个极其重大的错误。在这个时刻，即1941年5月底，希特勒本来只要用他的一小部分部队就能给英帝国以毁灭性打击，也许是致命的打击。处境极为困难的丘吉尔比谁都更清楚地了解这一点。他在5月4日写给罗斯福总统的信中承认，如果失掉埃及和中东，那么，继续进行战争“将是一件艰巨、长期和前途黯淡的事情”，即使美国参战也是这样。但是希特勒不了解这一点。由于他的巴尔干战役已使“巴巴罗萨计划”的开始推迟了几周，从而危及了这个计划，他的盲目就更加不能理解了。必须在比原定计划更短的时间内完成征服俄国的工作，因为有一个冷酷无情的限期：曾经使查理十二世和拿破仑遭到失败的俄国的冬天。德国人要在冬天来临之前攻占一个从来没有被西方征服过的大国，只剩六个月的时间了。虽然6月已经来到，但仍必须在不平的公路和陈旧的单轨铁路上把那些已被派到东南方面南斯拉夫和希腊的大量军队千里迢迢地调至苏联边境，而这些公路和铁路要运输如此多的军队是极其不够的。

正如结果所证明的，这次延迟是致命的。为希特勒的军事天才辩
829 护的人们说，巴尔干战役并未使“巴巴罗萨”的时间表大大推迟，无论如何，推迟主要是由于那一年雪融化得晚，这使东欧的道路在6月中旬还是泥泞不堪。但是重要的德国将领的证词则不这样认为。名字将始终同斯大林格勒联系在一起的弗里德里希·保卢斯陆军元帅，这个时候是陆军参谋总部的俄国战役的主要策划人，他后来在纽伦堡证人席作证说，希特勒要毁灭南斯拉夫的决定使得“巴巴罗萨”的开始推迟了“大约五周”。[69]海军的作战日志也说推迟了这样长的时间。[70]在俄国带领南方集团军的冯·伦德施泰特陆军元帅在战后对盟军的审讯员说，由于巴尔干战役，“我们至少迟开始了四周”。他又说：“这是一次代价非常昂贵的推迟。”[71]

无论如何，在4月30日，当希特勒的军队完成了对南斯拉夫和希腊的征服时，他为“巴巴罗萨”规定了新的日期，在1941年6月22日开始。[72]

恐怖统治的策划

在占领俄国方面可以不受限制地采取任何手段。希特勒坚持要将领们非常清楚地了解这一点。1941年3月初，他召集了三军首脑和重要的陆军战地指挥官，定下了这个规定。哈尔德记下了希特勒的话。[73]

> ［希特勒说］由于对俄国的战争的实际情况，不能以侠义方式进行。这场斗争是一场意识形态和种族差别的斗争，必须以空前的、残酷无情的严厉方式进行。所有的军官必须抛弃过时的思想。我知道，用这种办法进行战争的必要性是你们各位将军所不

> 能理解的，但是……我绝对坚持，必须毫无违抗地执行我的命令。政治委员是跟民族社会主义背道而驰的意识形态的传播者。因此要消灭政治委员。破坏了国际法的德国士兵……应予以宽恕，俄国没有参加《海牙公约》，因此它不能根据这个公约而享受任何权利。

这样就发布了所谓的“政治委员命令”。德国将领们究竟是应当服从元首要他们犯战争罪行的命令呢，还是应当按照他们自己的良知行事？后来在纽伦堡的审讯中向他们提出这个重要的道德问题时，进行了不少的讨论。* 830

据哈尔德后来说，将领们对这道命令大为愤怒，会议一结束，他们就向他们的总司令布劳希奇提出抗议。这个没有骨气的陆军元帅†答应，他将“反对所发布的那种形式的命令”。哈尔德一口咬定说，后来，布劳希奇书面通知最高统帅部，陆军军官“绝不能执行这种命令”。但是他果真如此了吗？

布劳希奇在纽伦堡直接受审时所作的供词中承认，他没有向希特勒采取这种行动，“因为根本没有办法改变他的态度”。他对法庭说，陆军首脑所做的就是发布一道书面命令，“陆军的纪律必须按照过去实行的方针和规定严格遵守”。

语言辛辣的军事法庭庭长劳伦斯大法官问布劳希奇：“你没有发布直接提到‘政治委员命令’的任何命令吗？”

他回答说：“没有，我不能直接取消这道命令。”[75]

---

* 冯·曼施坦因陆军元帅在纽伦堡证人席谈到“政治委员命令”时说：“我第一次发现自己陷入了一个我的军人概念和我的服从天职之间的矛盾。实际上，我应该服从。但是我对自己说，作为一个军人，我万万不能在这种事情中进行合作。我对我当时所属的集团军司令说……我不愿执行有损一个军人的荣誉的这种命令。”[74]

事实上，这个命令当然大规模地执行了。

† 希特勒后来称他是“稻草人”（《希特勒秘密谈话录》，第153页）。

凯特尔将军于5月13日以元首的名义随后发布了几道指令，具有普鲁士传统的旧派陆军军官这时便又有了一个良心斗争的机会。主要的一个指令限制了德国军事法庭的职能。这种职能要由一种比较原始的法律取而代之。

> ［俄国的］敌方平民所犯的可惩罚的罪行不再受到军事法庭的审讯，直到发出进一步通知时为止……
>
> **凡有罪行嫌疑者应立即递交一位军官，由该军官决定是否把他们枪毙。**
>
> 关于**武装部队人员对敌方平民所犯的罪行，不一定予以起诉**，即使这个行为同时是一种军事罪行。*

陆军奉令可以从轻处理这种犯罪者，每一次都要记住“布尔什维克”自从1918年以来使德国遭受的一切损害。只有“为维护部队的纪律和安全而需要把德国兵送交军事法庭时”，才有理由采取这种措施。指令最后说：“无论如何，只有那些同最高统帅部的政治意图相符合的法庭判决才可予以批准。”[76]这项指令应“作为‘绝密’文件
831 处理”。†

凯特尔代表希特勒在同天签署的第二道指令责成希姆莱承担为俄国境内的政治管理进行准备的**“特别任务”**。指令说，“这种任务是

---

* 着重体是命令中原来用的。

† 1941年7月27日，凯特尔下令销毁5月13日关于军事法庭的指令的一切副本，不过他规定，“这项指令并不由于销毁副本而失效”。他又说，7月27日的命令“本身应予销毁”。但是使最高统帅部烦恼的是，这两道命令的副本都存了下来，并且在纽伦堡军事法庭上披露过。

四天前，在7月23日，凯特尔发布了另一道“绝密”命令：

> 7月22日，元首在接见了陆军司令［布劳希奇］之后发布了如下命令：
>
> 由于东方占领区幅员广阔，只有靠占领军广泛进行这种恐怖活动而不是靠对犯罪者提出起诉来惩罚一切抵抗行为，现有的部队才足以确保安全，因为只有占领军广泛进行这种恐怖活动才可消除居民中想要进行抵抗的一切倾向。[77]

由于必须在两个对立的政治制度之间进行斗争而产生的”。这个纳粹秘密警察虐待狂奉命“由他自己负责”“独立”行事，不受陆军干预。将领们清楚知道委派希姆莱执行“特别任务”意味着什么，虽然他们在纽伦堡军事法庭受审时否认他们知道这一点。此外，指令说，当希姆莱进行工作时，应封锁俄国的被占领区。希特勒规定，即使“政府和党的最高级人员”也不准观看。同一指令任命戈林“开发这个国家，获取它的经济资财，供德国工业使用”。附带说一句，希特勒在这道命令中还宣布，一俟军事行动结束，将把俄国“划分成各个国家，各国建立自己的政府”。[78]

这种工作进行的办法将由阿尔弗雷德·罗森贝格拟定，罗森贝格是一个头脑糊涂的波罗的海人，正式说来，他是纳粹的主要思想家，我们前已述及，在慕尼黑的日子里，他是希特勒的启蒙导师之一。4月20日，元首任命他担任“有关东欧地区问题的中央监督专员”。善于误解历史甚至误解他所出生和上学的俄国的历史的这个纳粹傻瓜，立即着手在他的故乡建造他的城堡。罗森贝格的长篇累牍的档案原封不动地被缴获了。他的档案像他的书一样，读起来枯燥无味。我们不让它们来妨碍本书的叙述，虽然必须偶尔提到它们，因为它们透露了希特勒关于俄国的一些计划。

到了5月初，罗森贝格为有希望成为德国历史上最大的一次征服拟就了他的第一个详尽的计划。首先，俄罗斯的欧洲部分将划分成一些所谓帝国专区，俄属波兰将成为一个叫作奥斯特兰的德国保护国，乌克兰成为“一个同德国联盟的独立国”，盛产石油的高加索将由一个德国“全权代表”统治，三个波罗的海国家和白俄罗斯将构成一个德国保护国，准备直接并入大德意志帝国。罗森贝格曾向希特勒和将 832
领们提出无数备忘录，据他说是为了说明他做出决定的“历史和种族条件”。他在其中一项备忘录中解释说，完成上面所说的最后一点的办法将是，把在种族上可以同化的波罗的海人德国化，并“把不良分子放逐出境”。他告诫说，在拉脱维亚和爱沙尼亚，“必须计划进行大规模的放逐”。这些被驱逐出境的人将由德国人，最好是由退伍军人来代替。他规定说：“波罗的海必须成为德国的内海。”[79]

在军队开始进攻之前两天，罗森贝格向他的一些将去接管俄国统治权的最亲密的合作者发表了演说。

> ［他说］养活德国人民这项工作，在德国对东方的要求的清单上居于首位。［俄国］南部领土必须……为养活德国人民……而服务。
>
> 我们认为绝对没有理由说明我们有义务也用这个富饶地区的产品来养活俄国人民。我们知道，这是一种严格的需要，而不是带任何感情的事情……俄国人今后的年头将是非常难过的。[80]

的确是非常难过的年头，因为德国人蓄意策划要把数以百万计的俄国人饿死！负责对苏联进行经济剥削的戈林甚至比罗森贝格更清楚地表明了这一点。他的东方经济工作处在1941年5月23日的一道冗长的指令中规定，绝不可把俄国南部黑土地带的剩余粮食运给工业地区的人民，反正那里的工业是要破坏的。这些地区的工人及其家属就只能等着饿死——或者，如果他们能够的活，就移居到西伯利亚去。必须把俄国生产的大量粮食运给德国人民。

> ［指令宣称］这些地区的德国行政机构可以缓和一下饥馑的后果，并加速恢复原始的农业状况。但是，这种措施不会避免无疑将发生的饥馑。如果企图从黑土地带输送剩余粮食来使那里的居民免于饿死，那就会使欧洲的供应受到影响，就会削弱德国在战争中的持久力，破坏德国和欧洲的抵抗封锁的力量。必须清楚而完全地了解这一点。[81]

德国蓄意采取这种政策会使俄国老百姓死掉多少？各部国务秘书们在5月2日举行的会议上做了一般的答复。会议的一项秘密备忘录说：“**无疑，如果我们从这个国家拿走我们所需的东西，那么就将有好几百万人饿死。**”[82]戈林说过，罗森贝格也说过，这种东西要拿走——必须“清楚而完全地了解”这一点。

是否有什么德国人，即使是一个德国人，曾经抗议过这个计划中 833
的残酷行动，这个经过深思熟虑的、要把成百万人饿死的计划？在有关德国掠夺俄国的指令的一切备忘录中，没有提到有什么人反对——像至少是一些将领反对“政治委员命令”那样。这种计划不仅仅是像希特勒、戈林、希姆莱和罗森贝格之流的神志错乱的人的狂妄和邪恶的空想。从一些记录中可以清楚看出，多少星期和多少月来，许多德国官员把风和日暖的春光消磨在写字台旁，忙着把一些数字加起来，撰写备忘录，冷酷地计划对几百万人的屠杀。这一次是用饿死的方法。在那些日子里，面貌温和、养鸡出身的海因里希·希姆莱也坐在他在柏林党卫军总部的写字台旁，戴着夹鼻眼镜，读着要用更快、更厉害的办法屠杀另外几百万人的计划。

希特勒对于他的忙碌的文武走卒在策划如何进攻苏联、毁灭苏联、剥削苏联、大肆屠杀百姓方面的劳动感到非常满意。他在4月30日规定了进攻的日期：6月22日，于5月4日在德国国会发表了他的胜利演说，然后回到他最喜欢去的地方贝希特斯加登山上的伯格霍夫，他在那里可以凝视山巅仍然覆盖着春雪的阿尔卑斯山的壮丽景色，并考虑他的下一次征服，最大的一次征服，据他对他的将领们说，全世界对这次征服将会大惊失色。

1941年5月10日是星期六，就在这天晚上，他在这里得到一个令人惊奇的出人意料的消息，使他大为震动，并迫使他不得不暂时把战争丢在脑后，正和西方世界的几乎任何其他人听到这个消息以后的反应一样。原来他最亲信的心腹、纳粹党的副领袖、仅次于戈林的第二号接班人、自从1921年以来最忠心耿耿的追随者、自从罗姆被谋害以来最接近的朋友，已经自己坐飞机溜了出去，同敌人进行谈判去了！

鲁道夫·赫斯的出走

据施密特博士追述，5月10日晚上鲁道夫·赫斯乘一架梅塞施密特-110战斗机独自飞往苏格兰的消息最初传来时，对希特勒的打击“好像一颗炸弹落在伯格霍夫一样”。[83] 凯特尔将军发现元首在他那宽敞的书房里走来走去，一个手指放在额角上，口中咕哝着说，赫斯一定是发疯了。[84] 希特勒喊道：“我必须立即同戈林谈话。”翌日早晨，他同戈林和纳粹党的所有首脑开了一次紧张的会议，他们要设法“想出”——用凯特尔的话来说——一个向德国公众和全世界公布这件令人难堪的事情的办法。凯特尔后来作证说，他们的任务并未
834 由于英国人最初闭口不谈他们这位不速之客而容易些，希特勒和当时的与会者曾一度希望，也许赫斯会用完汽油，掉在冰冷的北海中淹死了。

元首最初得到的情报来自赫斯的一封内容有点前言不搭后语的信件，这封信是由一位信使在赫斯于5月10日下午5点45分从奥格斯堡起飞之后几小时提交的。希特勒对凯特尔说：“我在这封信里认不出赫斯了。那是另外一个人。他一定出了什么毛病——神经有点错乱。”但是元首也很猜疑，他下令逮捕了梅塞施密特，因为赫斯是从他的公司的机场起飞的，同时还逮捕了这位副领袖的几十个幕僚。

如果说赫斯的突然离去使希特勒莫名其妙，那么他的出人意料的到来也使丘吉尔莫名其妙。* 斯大林则十分猜疑。在战争进行的整个期

---

* 丘吉尔生动地叙述了他于那个星期六傍晚在乡村中视察时接到这个消息时的心情，并叙述他最初如何认为这个消息荒诞得简直不能相信（《伟大的联盟》[*The Great Alliance*]，第50—55页）。

间，这件奇怪的事情一直是一个谜，只是在纽伦堡的审讯中才得到澄清，赫斯在那里是被告之一。事实可以简短地谈一谈。

赫斯一直是一个糊里糊涂的人，虽然他不像罗森贝格那样愚蠢。他自作主张飞往英国，幻想他能够安排一项和平协议。虽然他抱有幻想，但却是真诚的——看来没有理由怀疑这一点。他于1936年在柏林的奥林匹克运动会上同汉密尔顿公爵见过面。他从他的梅塞施密特飞机跳出来以后，用降落伞安全地着陆，离公爵在苏格兰的住宅不到12英里，可见他的导航是准确的。他要求一个农民带他去见这位苏格兰公爵。汉密尔顿是皇家空军的一个空军中校，那个星期六傍晚正在扇形站作战室值班，他在晚上10点过后不久在雷达屏上发现这架梅塞施

1940年5月10日，鲁道夫·赫斯乘坐的梅塞施密特飞机坠毁后，被运往苏格兰的火车站。

密特飞机从海岸飞进来降落。一小时后，有人向他报告，这架飞机已经坠落焚毁，驾驶员跳伞，驾驶员说他的名字叫阿尔弗雷德·霍恩，自称有“特别使命”要见汉密尔顿公爵。英国当局安排在翌日上午进行这次会晤。

赫斯向公爵解释说，他是在执行一项“人道使命，元首并不想打败英国，而希望停止战斗”。赫斯说，这是他第四次试图飞到英国来，他在另外三次曾由于气候关系而不得不折回。他说他毕竟是德国的一个内阁阁员。这些事实表明了“他的诚意以及德国希望和平的意愿”。在这次谈话中，正如以后跟其他人进行的谈话中一样，赫斯毫不迟疑地说：“德国将打赢这次战争，如果战争继续下去，英国人的处境将是可怕的。因此，他的主人最好利用他的到来，进行和谈。这个纳粹狂人充满自信，相信英国人会坐下来同他谈判，他请公爵要求“国王‘假释’他，因为他来英国没有带武器，并且是出于自己的自由意志前来的”。[85] 后来他又要求以一个内阁阁员应得的
835 尊重来对待他。

随后几次的会谈（除一次外），英国方面是由伊冯·柯克帕特里克进行的，他是了解德国情况的前英国驻柏林大使馆一等秘书，他的秘密报告后来在纽伦堡法庭曾被利用过。[86] 赫斯像鹦鹉学舌一般重复了希特勒对于纳粹的一切侵略行为（从奥地利到斯堪的纳维亚和低地国家）的解释，并且坚持说战争是英国造成的，如果英国现在不停止战斗，它肯定要失败。接着他就向这位研究纳粹德国问题的老手提出了他的和平建议。这些建议就是希特勒在进攻波兰前夕力促张伯伦接受而没有成功的那些建议，即英国应该让德国在欧洲自由行动，交换条件是德国让英国在“英帝国内完全自由地行动”。必须归还前德国殖民地，当然，英国还必须同意大利媾和。

> ［柯克帕特里克报告说］最后，当我们要离开房间时，赫斯

> 还补充说了一句。他说，他忘记强调，这个建议只能根据这样一个谅解予以考虑，即这项建议是由德国同一个非现任的英国政府进行谈判的。自从1936年以来就策划战争的丘吉尔先生以及他的一些支持其战争政策的同僚们并不是元首能够与之谈判的人物。

作为一个在纳粹党内和在第三帝国内经过勾心斗角的残酷斗争取得这样高的地位的德国人，鲁道夫·赫斯真是太天真了，这是了解他的一切人都能证明的。从这些谈话记录可以清楚看出，他满以为会立即受到——如果不是丘吉尔，那么也至少是“反对党”的——接见，把他当作一个认真的谈判代表。赫斯认为汉密尔顿公爵是反对党的领导人之一。当他同英国官员的接触继续仅限于同柯克帕特里克一人时，他的好战和威胁态度越发厉害了。在5月14日的一次谈话中，他对这位不信他那一套的外交官描绘了英国继续战争将会遇到的可怕后果。他说，不久将对不列颠群岛进行厉害的、彻底的封锁。

> ［赫斯对柯克帕特里克说］这里如果有人设想英国本土可以投降，战争可以由英帝国进行下去，那是无用的。希特勒的意图是，万一发生这种情况，就继续封锁英国本土……以至于我们不得不面临有意使这些岛上的人民饿死的情况。

赫斯极力主张立即进行他冒了极大的风险来进行的会谈。据他向柯克帕特里克解释：“他自己的出走是为了给我们一个在不丧失威信的情况下举行谈判的机会。如果我们拒绝这个机会，那就清楚地证明，我们无意同德国达成谅解，希特勒就有权——事实上他有责任——把
我们完全毁灭，并在战后使我们永远处于从属地位。”赫斯坚持，谈 836
判代表的人数要少一些。

作为德国的一个部长，他不能使自己处于这样一种地位，即他独自一个人要听一大批人纷纷提出意见和问题。

就柯克帕特里克而论，会谈就这样可笑地结束了。但是，据丘吉尔说，[87]英国内阁——令人惊讶地——“邀请”西蒙勋爵在6月10日会见赫斯。据这个纳粹副领袖的律师在纽伦堡说，西蒙答应他将把赫斯的和平建议提交英国政府。[*88]

赫斯的动机是清楚的。他真诚希望同英国媾和。他毫不怀疑，德国会在战争中获胜，并会毁灭联合王国，除非立即媾和。毫无疑问，他还有别的动机。战争使他个人黯然失色。在战争期间，作为希特勒的副手管理纳粹党是一种很无聊而且不再是非常重要的职务。目前，在德国的重要工作是处理战争和外交事务。元首所注意的就是这些事情，其他一切几乎全都顾不上了，这些事情使戈林、里宾特洛甫、希姆莱、戈培尔和将领们处于重要地位。赫斯感到既失望，又嫉妒。为了恢复他以前在他所爱戴的元首身边的地位和他在国内的地位，单枪匹马地安排德英两国之间的和平，这样一种大胆而显赫的政治成就，岂不是最好的办法？

最后，这个眉毛浓密的副领袖，像其他一些纳粹要人——如希特勒自己和希姆莱——一样，居然相信占星学。在纽伦堡，他向美国的监狱精神病学家道格拉斯·凯利博士说，在1940年底，他的一位占星学家在为他算命时说，他是注定会带来和平的。他还叙述他以前的导师、慕尼黑的地缘政治学家豪斯霍费尔教授如何在梦中看到他在英国城堡的饰以挂毯的大厅里阔步行走，给两个“北欧人的”大国带来了和平。[90]对于赫斯这样一个从未摆脱幼稚思想的人来说，这种话当然使他着迷，毫无疑问，他去英国执行这项不可思议的使命，是受了这种话的影响的。

在纽伦堡，一位英国检察官提出了另一个理由：赫斯飞往英国是设

---

* 赫斯在纽伦堡法庭上说，西蒙勋爵向他自我介绍是古特里爵士，并说：“我是奉政府之命来的，我愿意同你讨论你愿意提供政府参考的任何事情，只要看来有用处。”[89]

法安排一项和平协议，这样当德国进攻苏联时，它就可以只在一条战线上作战。俄国检察官对法庭说，他确信这一点。约瑟夫·斯大林也相信 837
这一点，他在这个危急时刻是极其猜疑的，但是他的猜疑看来不是集中在他应该猜疑的德国，而是集中在英国。赫斯到达苏格兰使他相信，在丘吉尔和希特勒之间正在策划某种阴谋，正如这个俄国独裁者让德国放手进攻波兰和西方一样，这项阴谋也会让德国放手进攻苏联。三年以后，英国首相在第二次赴莫斯科时，曾设法使斯大林相信真实情况，但是斯大林硬是不相信。柯克帕特里克曾设法使赫斯谈出希特勒对俄国的意图，从他进行的询问中可以清楚看出，赫斯根本不知道“巴巴罗萨”，或者，如果他知道的话，他也不知道马上就要执行这个计划。

赫斯突然离开之后的一些日子，是希特勒一生中最狼狈的日子。他认识到他的政权的威信由于他最亲密的合作者的出走而受到了严重损害。如何向德国人民和外界解释此事呢？对被捕的赫斯下属进行了讯问后，元首相信，没有人对他不忠诚，也肯定没有什么阴谋，他所信任的这个助手只是神经错乱了。在英国证实赫斯到达之后，伯格霍夫方面决定向公众以这个原因来作解释。不久，德国报纸忠实地刊载了简短的报道说，这个前纳粹党要人已成了“一个神志不清的、神经错乱的、头脑糊涂的理想主义者，充满了由于他在［第一次］世界大战中负伤而造成的幻觉”。

> ［官方的新闻公报说］这位赫斯同志看来是生活在幻觉之中，正由于此，他才认为他能够实现英国和德国之间的谅解……但是这不会影响德国人民被迫继续进行的战争。

希特勒暗中下令，如果赫斯回来，立即枪毙。* 他公开剥夺了他的

* 赫斯在纽伦堡是一个可怜的、垮了的人，他在一部分审讯中假装完全健忘（他的神经肯定受到了伤害）。但是他比希特勒活得长。他被国际法庭判处无期徒刑，主要由于他精神（转下页）

这位老同志的一切职务，派性格更为阴险和沉默的马丁·鲍曼来代替他担任党的副领袖。元首希望这个奇怪的插曲将尽快被人遗忘，他自
838 己的思想再次很快转向对俄国的进攻，这次进攻不久就要进行了。

克里姆林宫的困境

尽管有一切证据证明希特勒的意图——在波兰东部集结德国部队，100万纳粹军队驻在附近的巴尔干半岛，德国武装部队征服了南斯拉夫和希腊，占领了罗马尼亚、保加利亚和匈牙利——克里姆林宫中的人们，特别是斯大林，虽然的确不愧是赤裸裸的现实主义者，却仍然盲目地希望俄国会躲过这个纳粹暴君的暴怒。当然，赤裸裸的事实不能不使他们天然的疑心日益增长，希特勒在东南欧的行动也使他们的不满越来越难以遏制，但是在春天的这几个星期中，莫斯科和柏林的外交往来中却存在着某种不现实的、几乎难以置信的、十分奇怪的东西（详尽地记录在缴获的纳粹文件中）。在这些往来中，德国人笨拙地企图把克里姆林宫骗到底，而苏联领导人看来对现实还没有充分了解并据此及时采取行动。

虽然苏联对德军进入罗马尼亚和保加利亚，随后又进攻南斯拉夫和希腊，几次提出抗议，认为这违反了《纳粹-苏联条约》，是对俄国“安全利益”的威胁，但是，随着德国进攻日期的接近，苏联却格外努力去姑息讨好柏林。斯大林自己在这方面起了带头作用。1941年4月13日，冯·德·舒伦堡大使向柏林拍发了一封耐人寻味的电报，叙述日本外务相松冈洋右在那天晚上从莫斯科动身的时候，斯大林不仅

（接上页）失常而免受死刑。我在《柏林日记的终结》（*End of a Berlin Diary*）中描绘了他在那里的样子。

英国人把他当战俘对待，在1945年10月10日释放了他，以便他能够在纽伦堡受审。他在英国被囚禁期间，激愤地抱怨没有得到他经常要求得到的“充分的外交特权”。他的失常的神经开始恶化，他长时间健忘。但是他对凯利博士说，他在被拘留期间曾两次企图自杀。他说，他相信英国人正在企图毒死他。

向日本人而且向德国人表示了“一种异常友好的态度”。在火车站上

> ［舒伦堡的电报说］斯大林公开地寻找我……用手臂搂着我的肩膀说：“我们必须继续交朋友，你现在必须千方百计维持我们的友谊！”不一会儿，斯大林转向德国代理武官克雷布斯上校，在弄清楚他是一个德国人以后对他说：“我们将继续同你们做朋友——患难与共！”[91]

三天以后，德国驻莫斯科代办蒂佩尔斯基希打电报给柏林强调说，斯大林在车站上的表现表明了他对德国的友好态度，“鉴于一直流传的关于德苏即将发生冲突的谣言”，[92] 这种表现是特别重要的。一天以前，蒂佩尔斯基希曾经通知柏林说，克里姆林宫在进行了几个月的讨价还价以后已经“无条件地”接受了德国关于解决两国之间从伊戈尔卡河到波罗的海的边界的建议。他说：“苏联政府的殷勤态度看来是非常突出的。”[93] 鉴于柏林正在酝酿采取的行动，确实是这样的。

苏联政府向被封锁的德国供应重要的原料，也仍然是殷勤的。
1941年4月5日，负责同莫斯科进行贸易谈判的施努雷高兴地向他的 839
纳粹主子报告说，俄国在1941年1月和2月份的交货，由于“政治关系冷淡”而放慢速度以后，“在3月份已经飞速增加，特别是在谷物、石油、锰矿、非铁金属和贵重金属方面”。

> ［他又说］通过西伯利亚进行的过境运输正在像往常一样顺利地进行着。由于我们的要求，苏联政府甚至在“满洲”边界拨出一列运输橡胶的货车供我们支配。[94]

六个星期以后，在5月15日，施努雷报告说，有求必应的俄国人拨出了几列运货专车，以便4 000吨迫切需要的生胶可以通过西伯利

亚铁路运往德国。

> 俄国人正在按时依照合同所规定的数量运交原料，虽然这使他们负担很重……我的印象是，我们甚至可以向莫斯科提出超过1月10日条约的范围的经济要求，以使德国获得超过目前合同的范围的粮食和原料。[95]

施努雷说，德国没有按照计划如期向俄国送交机器。但是看来他并不介意，如果俄国人不介意的话。可是他在5月15日由于另外一个因素而感到不安。他抱怨说："关于德苏即将发生冲突的许多谣言造成很大的困难。"他把这种谣言归咎于德国的官方人士。令人惊奇的是，施努雷在向外交部发出的一份很长的备忘录中解释说，这种"困难"不是来自俄国，而是来自德国工业公司，他说，这些公司正在设法"取消"它们同俄国人缔结的合同。

必须在这里指出，希特勒正在尽他的最大力量否认这些谣言，另一方面，他正在忙于设法使他的将领和高级官员相信德国遭受俄国进攻的危险在日益增加。虽然这些将领通过他们自己的军事情报对情况了解得更清楚，但是希特勒对他们的魔力如此之大，甚至到了战后，哈尔德、布劳希奇、曼施坦因等人（不过没有保卢斯，看来他比较诚实）还争辩说，苏联在波兰边界的军事集结在夏初已变得具有很大的威胁性了。

冯·德·舒伦堡伯爵这时已从莫斯科回国作短期休假，他于4月28日在柏林会见了希特勒，并设法使希特勒相信俄国的意图是和平的。他试图解释说："俄国对于预言德国要进攻俄国的谣言很为担心。"他又说："我不能相信俄国会进攻德国……如果说斯大林在1939年英法仍然强大的时候没有能同这两国合作，他今天在法国被毁灭和英国遭受重创的时候肯定不会做出这样一个决定。我倒相信斯大林甚至会对我们做出进一步的让步。"

希特勒假装表示怀疑。他说，“塞尔维亚事件”使他“预先得到了警告”。他问道：“……俄国人到底着了什么魔要同南斯拉夫缔结友好条约？”* 他说，他并不相信“俄国会进攻德国”。这话倒说得不错。可是他最后说，他还是不得不“谨慎行事”。希特勒并没有告诉他的驻苏大使他计划对俄国采取什么行动，而舒伦堡这个旧派的诚实规矩的德国人直到最后一直是给蒙在鼓里的。 840

斯大林对于希特勒想要采取的行动也是毫无了解的，但是对于**迹象**或**警告**却不是一点也没有看到或听到。4月22日，苏联政府正式对于它所说的纳粹飞机从3月27日到4月18日侵犯边界80次提出抗议，并且详细叙述了每一次侵犯边界的情况。它说，有一次，4月15日在罗夫诺附近降落的一架德国侦察机中发现了一架照相机、几卷曝光胶卷和一幅撕破了的苏联西部地区地形图，“所有这一切都证明了这架飞机的人员的目的是什么”。俄国人甚至在抗议时态度也是和解的。照会说，他们正向边防军发出“命令，不得射击在苏联领土上空飞行的德国飞机，只要这种飞行不是经常发生的”。[97]

斯大林在5月初进一步采取了和解的行动。为了讨好希特勒，他驱逐了比利时、挪威、希腊甚至南斯拉夫驻莫斯科的外交代表，关闭了它们的公使馆。他承认了伊拉克的亲纳粹的拉希德·阿里政府。他极其严格地约束苏联的报纸，以免惹怒德国。

> [舒伦堡在5月12日打电报给柏林说] 斯大林政府是有意采取这些表明其意图的行动的……为的是缓和苏德之间的紧张局势，并为未来创造更好的气氛。我们必须记住，斯大林本人一向

---

* 4月5日，即德国进攻南斯拉夫的前一天，苏联政府赶忙同南斯拉夫新政府缔结了《友好互不侵犯条约》，显然是拼命企图遏止希特勒。莫洛托夫曾在前一天晚上把此事通知了舒伦堡，这位大使惊呼“这样做的时机是非常不幸的”，并且尽力同俄国人进行争辩，要使他们至少推迟签订这个条约，但是没有成功。[96]

主张德苏之间应有友好关系。[98]

虽然斯大林长期以来一直是苏联的绝对的独裁者，但这是舒伦堡在他的电报中第一次用“斯大林政府”一词。这是有充分的理由的。5月6日，斯大林取代莫洛托夫亲自担任人民委员会主席即总理的职务，莫洛托夫继续担任外交人民委员。这是大权独揽的苏共书记第一次接管政府职务。全世界的反应普遍认为，这意味着局势对苏联来说已经变得非常严重，特别是在它同纳粹德国的关系方面，因此只有斯
841 大林担任名义上的和实际上的政府首脑才能应付这种局势。这个道理是很明显的，但是还有另一个道理不是那么明显，而德国驻莫斯科的这位精明的大使马上向柏林指出了这个道理。

他报告说，斯大林对于德苏关系的恶化感到不快，把主要责任归咎于莫洛托夫的笨拙的外交手腕。

> ［舒伦堡说］我认为，可以有把握地假定，斯大林已为自己规定了一个极为重要的外交目标……他希望以他个人的努力来达到这个目标。我坚信，在斯大林认为是严重的国际局势中，他为自己规定的目标是不使苏联与德国发生冲突。[99]

这个狡猾的苏联独裁者难道在现在——1941年5月月中——还没有认识到这是一个不可能实现的目标？没有认识到除了卑躬屈膝地向希特勒投降以外，他没有别的办法达到这个目标？他肯定知道希特勒征服南斯拉夫和希腊的意义，知道大量德军驻在他的西南邻国罗马尼亚和匈牙利的意义，并且知道德国武装部队在他的西部边界上的波兰加强力量的意义。他一定听到过在莫斯科一直流传着的谣言。到5月初，舒伦堡在5月2日的第一封电报中所称的“德俄即将进行军事摊牌的谣言”在苏联首都已极为流传，他和德国大使馆的官员都很难否认。

> ［他通知柏林说］请记住，企图驳斥在莫斯科这里的谣言，肯定是徒劳的，如果这种谣言不断从德国传到这里，如果到莫斯科来的或者途经莫斯科的每一个旅客不仅带来了这些谣言，而且甚至还能列举事实证实这些谣言的话。[100]

这位老资格的大使自己也日益怀疑起来了。柏林指示他继续否认这些谣言，并且要他宣传，不仅德军没有在俄国的边界上集中，而且实际上有大量部队（为了供他“个人参考”而告诉他，部队数目是八个师）正在从“东部调到西部”。[101] 也许这些指示只能增加这位大使的不安，因为这时全世界的报纸正在开始宣传德国沿苏联边界集结军事力量。

但是在这以前很久，斯大林就接到了关于希特勒进攻计划的明确警告，他显然没有注意这些警告。最严重的警告是美国政府提出的。

早在1941年1月，美国驻柏林商务参赞山姆·伍兹就向国务院发出一份机密报告说，他从可靠的德国人士获悉，希特勒正在制订计划在春季进攻俄国，这是一份详尽的电报，它叙述了参谋总部的进攻计 842
划（这种叙述证明是十分正确的），以及在一旦征服苏联时对它进行经济剥削的准备工作。*

科德尔·赫尔国务卿最初认为伍兹上了德国“暗探”的当。他

---

* 山姆·伍兹是一个温和的性格外向的人，他对于世界政治和历史的了解并不突出，在我们当中那些了解他、喜欢他的人看来，他在柏林的美国大使馆中是最不可能得到这种重要情报的人。他在大使馆中的一些同事到现在仍然不相信他获得过这种情报。但是科德尔·赫尔在他的回忆录中证实了这一点，并且透露了详细情况。这位已故的前国务卿说，伍兹有一个德国朋友（一个反对纳粹的人），同各部、国家银行和纳粹党中的高级人士有接触。早在1940年8月，这位朋友就把在希特勒总部举行的关于准备进攻苏联的一些会议的情况通知了伍兹。自那以后，这位通报消息的人就把在参谋总部和在策划从经济上剥削俄国的那些人当中所进行的工作不断地详细通知了这位商务参赞。为了避免为别人发觉，伍兹在柏林的各电影院或者在夜幕的遮盖下和他的传递情报者会晤，以便从这个人手中收到字迹潦草的笔记（见《科德尔·赫尔回忆录》［*The Memoirs of Cordell Hull*］，第967—968页）。

我在1940年12月离开了柏林。大使馆的最出色的外交官员乔治·凯南（他仍留在那里）通知我说，大使馆从几个方面得知即将进攻俄国。他说，在进攻前两三周，我国驻柯尼斯堡的领事凯肯德尔发出过一份报告，正确地提到了进攻将要开始的确切日期。

召见了埃德加·胡佛，这位联邦调查局首脑看了这份报告，认为是真实的。伍兹提出了向他提供情报的人士的名字（他们在柏林的各个部以及在德国参谋总部工作），在进行核查之后，华盛顿方面认为这些人照理是应当知道将要发生什么事情的，他们也是非常反对纳粹而不会乱说的。尽管当时美苏政府之间的关系非常紧张，赫尔仍决定把情况通知俄国人，要副国务卿萨姆纳·威尔斯把报告的内容通知康斯坦丁·奥曼斯基大使。威尔斯在3月20日这么做了。

> ［威尔斯后来写道］奥曼斯基先生面色变得非常苍白。他沉默了一会儿，然后只是说："我完全认识到你向我提供的消息的严重性。对于你的情报，我的政府将不胜感激，我将立即把我们的谈话情况通知我的政府。"[102]

如果说他的政府是感激的，如果说它真的相信这个及时的情报，那么，它并没有向美国政府做过任何表示。事实上，正像赫尔国务卿在他的回忆录中所说的，莫斯科越来越怀敌意和挑剔了，因为美国对英国的支持使得美国不可能向俄国供应它所要求的全部物资。可是，据赫尔说，国务院在6月的第一周从它驻布加勒斯特和斯德哥尔摩的公使馆接到关于德国将在两周内进攻俄国的电报以后，就把电报的抄件发给驻莫斯科的斯坦哈特大使，这位大使把电报抄件转交给了莫洛托夫。

丘吉尔也曾设法警告斯大林。4月3日，他要求他的驻莫斯科大使斯塔福·克里普斯爵士向这个独裁者提交他本人写的一封信，指出
843 他从英国一名情报人员那里得悉的德军在波兰南部调动的消息对俄国的意义。克里普斯没有立即递交这封信。丘吉尔几年以后在他的回忆录中写到这次事件时[103]仍然对这种拖延感到恼火。

在4月底以前，克里普斯知道了德国所规定的进攻日期，德国人

也了解他知道了这个日期。4月24日，德国驻莫斯科海军武官向柏林海军总司令部发出了一份简单的电报：

英国大使预言6月22日是战争爆发的日期。[104]

这封电报是缴获的文件之一，德国海军日志同日记载了这封电报，并在末尾加上了一个惊叹号。[105]海军将领们对于英国大使的预言的准确性感到惊奇。这位可怜的海军武官像驻莫斯科大使一样，没有被告知这个秘密，他在电报中说，这“显然是荒谬的”。

莫洛托夫一定也是这样认为的。一个月后，5月22日，他接见舒伦堡，讨论了各种问题。大使向柏林报告说，“他像以往一样是和蔼的、自信的和消息灵通的”，并且再次强调“苏联的两位最有力人物”斯大林和莫洛托夫正在“特别”努力避免与德国发生冲突。[106]

这位通常是机灵的大使有一点是极为错误的。莫洛托夫在这个时候肯定不是“消息灵通的”。这位大使也不是消息灵通的。

俄国外交人民委员消息闭塞的程度在1941年6月14日，在德国进攻以前仅仅一周，公开表现出来。莫洛托夫在那天晚上召见了舒伦堡，把塔斯社一项声明的全文交给他，莫洛托夫说，这项声明将在当天晚上广播，并在第二天早上见报。[107]苏联政府的这项官方声明把“英国和外国报纸上普遍出现的关于‘苏德之间即将发生战争’的谣言”归咎于克里普斯本人，斥责这些谣言“显然是荒谬的……是反苏反德力量的笨拙的宣传伎俩”。它又说：

苏联人士认为，关于德国……想要对苏联发动进攻的谣言完全是无稽之谈。

声明甚至把最近德军从巴尔干调到苏联边界解释为“同苏德关

系无关”。至于俄国将要进攻德国的谣言，则是“不真实的和挑拨性的”。

844 塔斯社代表苏联政府所发表的声明，由于德国人所采取的两个行动而越发显得滑稽至极，一个行动是在声明发表的那一天即6月15日采取的，另一个行动是在第二天采取的。

里宾特洛甫在6月15日从威尼斯（他在那里同齐亚诺进行会谈）向布达佩斯发出了一封密电，要匈牙利政府“采取步骤，确保它的边界”。

> 鉴于俄国在德国的东部边界集结重兵，元首大概会至迟在7月初被迫澄清德俄关系，并在这方面提出某些要求。[108]

德国人向匈牙利人吹了风，但是却没有向他们的主要盟国这么做，当第二天在威尼斯的运河上泛舟游览时，齐亚诺向里宾特洛甫询问了关于德国进攻俄国的谣言。这个纳粹外长回答说：

> 亲爱的齐亚诺，由于每一个决定都藏在元首的不可捉摸的心中，我现在还不能向你提供任何情况。但是有一点是肯定的：如果我们进攻他们，斯大林的俄国将在八星期内从地图上被抹掉。*

当克里姆林宫正在满不在意地准备在1941年6月14日向全世界广播，宣布关于德国进攻俄国的谣言“显然是荒谬的”的时候，阿道夫·希特勒就在那天同德国武装部队的主要官员就“巴巴罗萨”举行

---

* 这是从齐亚诺最后一天的日记中摘引下来的，这篇日记是于1943年12月23日在他被处决以前的几天在维罗纳监狱的第二十七号牢房中写的。他又说，意大利政府在德国开始进攻俄国半小时以后才得知这次进攻（《齐亚诺日记》，第583页）。

了他的最后一次大规模军事会议。关于在东部集结军队和把他们部署到出击阵地的工作已按时间表在5月22日执行了。几天以后发出了一个修改了的时间表。[109] 这是一份详尽的文件，它表明，到6月初，不仅关于进攻俄国的全部计划都已完成，而且大规模调动军队、大炮、坦克、飞机、船只和供应品的复杂工作也已按计划开始进行了。海军在5月29日那一天的作战日志上有简短的一条说："为'巴巴罗萨'进行的预备性的军舰调动工作已经开始。"同罗马尼亚、匈牙利和芬兰（芬兰现在渴望夺回俄国人在冬季战争中从它那里拿走的东西）的参谋总部进行的会谈已经完成。6月9日，希特勒从贝希特斯加登发出命令，召集三军总司令和战地高级将领于6月14日在柏林就"巴巴罗萨"举行最后一次全日会议。

尽管任务艰巨，但不仅希特勒，而且还有他的将领，在检查历史
上最大的军事战役——从北冰洋的贝柴摩延伸到黑海的大约1 500英 845
里长的战线上发动的全面攻击——的最后细节时都是满怀信心的。前一天晚上，布劳希奇在东部视察军队集结情况后返回柏林。哈尔德在日记中写道，陆军总司令非常高兴。他说，官兵的情况极为良好，并且做好了准备。

6月14日举行的这次最后军事会议从上午11点一直开到下午6点半。会议在下午2点休会进午餐，希特勒在午餐时对他的将领们进行了另一次战斗前夕的激励士气的谈话。[110] 据哈尔德说，这是"一次全面的政治演说"，希特勒强调，他必须进攻俄国，因为俄国的沦亡会迫使英国"屈服"。但是，这个嗜血成性的元首一定甚至更多地强调了另外的某种东西。凯特尔在纽伦堡直接受审时叙述了这一点。

> 主要的问题在于，这是两种意识形态之间的决定性战斗，必须用完全不同的尺度来衡量我们作为军人所习知的惯例——根据国际法是唯一正确的惯例。

凯特尔说，希特勒于是发布了用“残暴手段”在俄国进行空前的恐怖统治的各种命令。

凯特尔自己的辩护律师问道：“你，或者任何其他将领，曾否对这些命令提出过异议？”

这个将领回答说：“没有，我本人没有提出过异议。”他又说，其他任何将领也没有提出过异议。*

尽管克里姆林宫的人们以多疑、狡猾和冷静著称，尽管在他们面前摆着一切证据和警告，但是他们直到最后一分钟还没有认识到他们将会受到进攻——而进攻的力量之大几乎会毁灭他们的国家。这几乎是不可想象的，然而却是事实。

在1941年6月21日令人愉快的夏晚9点半，即在德国预定开始进
846 攻以前的九小时，莫洛托夫在克里姆林宫的办公室接见了德国大使，表现了他的“最后的昏庸”。† 莫洛托夫提到德国飞机进一步侵犯边界的行动，他说，他已经指示苏联驻柏林大使提请里宾特洛甫注意这些行动。在这以后，他转而谈到另一个问题，舒伦堡在当天晚上向外交部发出的急电中叙述了这个问题：

---

* 哈塞尔证实了这一点。两天以后，即6月16日，他在日记中写道：“布劳希奇和哈尔德已经同意了希特勒［在俄国］的手段。因此，陆军必须对到目前为止只限于党卫军进行的屠杀和焚烧负责。”

最初，反纳粹的“密谋分子”天真地认为，希特勒关于在俄国采取恐怖行动的命令可能使将领们感到震惊而参加反纳粹的反叛。但是到6月16日，哈塞尔本人的幻想破灭了。他在那一天写的日记是这样开始的：

> 与波比茨、格德勒、贝克和奥斯特举行了一系列会议，讨论陆军指挥官接到的某些命令（但是他们还没有下达这些命令）是否足以使军事领导人睁开眼睛，看到他们为之作战的那个政权的性质。这些命令是关于军队在侵入俄国时要对布尔什维克采取的残暴……措施的。
>
> 我们得出结论，认为现在不能存什么希望……他们［将领们］欺骗了自己……毫无希望的班长们呀！（《冯·哈塞尔日记》［*The von Hassell Diaries*］，第198—199页）

† 丘吉尔语。

［莫洛托夫对他说］有若干迹象表明，德国政府对苏联政府不满。甚至有谣言说，德苏之间即将发生战争……苏联政府不能了解德国不满的原因……如果我能告诉他造成德苏关系目前的情况的原因，他将很感激。

［舒伦堡又说］我回答说，我不能答复这个问题，因为我没有有关的情报。[111]

他不久就要得到这种情报了。

因为里宾特洛甫正在从柏林向莫斯科发给他日期为1941年6月21日的一封密码长电，上面写有“特急，国家机密，大使亲收”字样。电报的开头说：

在接到这封电报以后，仍存在的一切密码文件要统统销毁。无线电机要加以破坏。

请立即通知莫洛托夫先生，你有紧急的事要通知他……然后请向他发表下列声明。

这是一个我们现已见惯的声明，其中充满了陈腐的谎言和捏造，希特勒和里宾特洛甫制造这种谎言和进行这种捏造已是十分熟练了，因为他们以前常常进行这种捏造以便为每一个新的无端侵略行动进行辩解。或许这一次在纯粹厚颜无耻和欺诈诡术方面多少超过了以前的几次，至少这是本书作者在重读之下所得到的印象。它说，德国信守《德苏条约》，而俄国一再破坏它，苏联对德国进行了“破坏、恐怖和间谍活动”。苏联“反对德国在欧洲建立稳定的秩序的努力”。它同英国一起阴谋“进攻罗马尼亚和保加利亚的德军”。由于集中“现有的全部俄国部队于从波罗的海到黑海的一条漫长的战线上”，它“威胁了”德国。

> ［它接着说］过去几天所接到的消息，使我们对俄军的这种
> 847 集中的侵略性质不再有任何怀疑……而且，还接到来自英国的消息，说到克里普斯大使为谋求英苏之间更密切的政治和军事合作在进行谈判。
>
> 因此概而言之，德国政府宣布，苏联政府已违反了它所承担的义务，
>
> 1. 不仅继续而且甚至加紧企图破坏德国和欧洲；
>
> 2. 采取了越来越反德的外交政策；
>
> 3. 把它的全部部队集中在德国边界并已做好了准备。这样，苏联政府就破坏了它与德国缔结的一些条约，并且即将在德国争取生存的斗争中从后方攻打德国。因此，元首命令德国的武装部队用他们所拥有的全部力量对付这个威胁。[112]

里宾特洛甫在最后通知他的大使说，“请不要就这项照会进行任何讨论”。舒伦堡曾用他一生的大部分时间致力于改善德苏关系，他知道对苏联的进攻是无端的和没有道理的。如今他除了感到震惊和幻灭之外，还有什么话可说呢？他在天刚黎明时到达克里姆林宫，宣读了德国的声明。* 莫洛托夫终于目瞪口呆，他一声不响地听完了，然后说：

“这是战争。你认为应该这么对待我们吗？”

就在同一天的黎明时刻，在柏林的威廉街出现了一个类似的场面。6月21日的整个下午，苏联大使弗拉季米尔·杰卡诺索夫一

---

* 这样，这位老资格的大使的外交生涯就结束了，他在返回德国后被迫退休。他参加了贝克将军、格德勒、哈塞尔等人领导的反对集团，并且一度被内定为反希特勒政权的外交部长。哈塞尔报告说，舒伦堡在1943年愿意越过俄国防线以便与斯大林会谈关于与德国的反纳粹政府谈和的问题（《冯·哈塞尔日记》，第321—322页）。1944年7月反希特勒的密谋失败以后，舒伦堡被捕下狱，11月10日被秘密警察处决。

直打电话给外交部，要求会见里宾特洛甫，以便提出他对德国飞机进一步侵犯边界一事的温和的抗议。他得到的答复是，纳粹外长“不在城里”。后来，在22日凌晨2点，他接到通知说，里宾特洛甫将在凌晨4点在外交部接见他。这位大使曾经是副外交人民委员，是斯大林手下的一名刽子手，是一个解决困难的能手，曾经主持过立陶宛的接管工作。他在外交部像莫洛托夫在莫斯科一样受到了他一生中最大的震动。当时在场的施密特博士描述了这个场面。

> 我从来没有看到里宾特洛甫在杰卡诺索夫到达以前的五分钟那样兴奋。他像一个囚在笼子里的野兽一样在房间里走来走去…… 848
>
> 杰卡诺索夫被请进房间里来，他显然没有猜到有什么不测之事，向里宾特洛甫伸出手来。我们坐下……杰卡诺索夫开始代表他的政府提出了需要加以澄清的某些问题。但是他刚一说话，毫无表情的里宾特洛甫就打断他的话说：“这不是现在要谈的问题。”……

这个傲慢的纳粹外长接着说明问题是什么，他给了这位大使一份舒伦堡当时正在向莫洛托夫宣读的备忘录的抄件，并且通知他说，德军当时正在苏联边界采取“军事反措施”。施密特说，这位吃惊的苏联大使“迅速地恢复了镇定”，并且对于这种事态发展“表示深切的遗憾”。他把这种事态发展归咎于德国。“他站起身来，敷衍地点了一下头，没有握手就走出了房间。”[113]

纳粹-苏联蜜月结束了。1941年6月22日凌晨3点半，在克里姆林宫和德国外交部最后的外交仪式结束之前半小时，希特勒沿几百英里长的战线发出的大炮轰隆声把这一蜜月轰得烟消云散。

在炮击以前还有另一个外交序曲。6月21日下午，希特勒在东普鲁士拉斯滕堡附近阴暗森林中的新的地下大本营“狼穴”中，坐在他的办公桌旁，口授了一封致墨索里尼的长信。正如在准备他的其他一切侵略行动时一样，他对他的好朋友和主要盟友并不推心置腹，总是到最后一分钟才把自己的秘密告诉他。现在，在最后一刻钟，他这样做了。他的信是我们所得到的最说明情况和最真实的证据，说明他之所以采取这个致命步骤的原因。这个步骤为他的末日和第三帝国的末日铺平了道路，长期以来曾使外界迷惑不解。这封信中当然也充满了希特勒惯用的谎言和遁词，他甚至企图用这些谎言和遁词来欺骗他自己的朋友。但是在这些谎言和遁词的背后和字里行间，我们可以看出他的基本想法以及他在1941年夏天（大战以后的第二个夏天）正式开始时对于世界局势真正的——虽然是错误的——估计。

> 领袖！
>
> 经过几个月的伤尽脑筋的考虑和令人不安的等待，我终于做出了我一生中最困难的决定，我正是在这个时候写这封信给你的。
>
> **局势：**[*]英国已在这场战争中打败了。它像一个快要淹死的人那样，抓住每一根稻草。可是，它的某些希望当然并不是没有一定道理的……法国的毁灭……已使英国战争贩子的眼光不断地转向他们曾经努力挑起战争的那个地方，即转向苏俄。
>
> 849 苏俄和英国两国都同样对于……由于长期的战争而筋疲力尽的欧洲发生兴趣。北美联邦则站在两国后面鼓励它们……

希特勒然后解释说，由于苏联的大量军事部队在他背后，他就绝

---

* 着重体是希特勒用的。

不可能集结力量——“特别是在空中”——对英国进行足以使它屈服的全面攻击。

实际上，俄国现有的一切部队都在我们的边界上……如果情况使我有理由运用德国空军对付英国，那也会产生这样一种危险：俄国将开始执行它的勒索战略，而我只是由于感到空军处于劣势就不得不默默地屈服于这种战略……英国将更加不愿意求和，因为它能把它的希望寄托在俄国伙伴身上。事实上，随着俄国武装部队备战活动的加强，这种希望自然会增长起来。此外，美国也将把他们希望在1942年获得的大量军用物资运送给他们……

因此，经过反复思量，我终于决定趁早下手，以免后患……我的总的看法如下：

1. **法国**像以往一样是不能信任的。

2. **北非**本身，领袖，就你的殖民地而论，大概在秋天以前没有什么危险。

3. **西班牙**是不坚决的，我担心它将只是在战争结果有定局时才会参加……

5. 在秋天以前进攻**埃及**是不可能的……

6. **美国**是否参战是无关重要的问题，因为它现在正在用它能够动员的一切力量支援我们的敌人。

7. 英国本国的局势是很坏的。粮食和原料的供应越来越困难。进行战争的斗志只是靠希望而存在，而这些希望完全以两个假定为基础：俄国和美国。我们没有消灭美国的可能，但是我们的确有力量排除俄国。消灭俄国也意味着使远东的日本大大松一口气，从而有可能通过日本的介入对美国的活动造成更大威胁。

在这种情况下，我已决定结束克里姆林宫的伪善行径。

1941年夏，希特勒在狼穴。

希特勒说，德国将不需要意大利的任何军队到俄国去。他不想让人分享征服俄国的光荣，就像他不让人分享征服法国的光荣一样。但是他说，意大利可以“提供决定性的援助”，那就是加强它在北非的部队，并且准备“在一旦法国违反条约时开进法国”。这对于渴望扩大领土的墨索里尼是一个很好的诱饵。

850 就对英国的空战而论，我们暂时将继续采取守势……

> 至于东线的战争，领袖，它将肯定是困难的，但是我对于它将获得伟大胜利这一点，没有一丝一毫的怀疑。我首先希望的是，那时，我们将有可能在乌克兰获得一个共同的粮食供应基地，它将向我们提供我们在将来可能需要的额外供应。

接着他谈到他所以没有较早地通知他的伙伴的借口。

领袖，我等到现在才告诉你这个消息，是因为最后的决定要到今晚7点才能做出……

领袖，不管可能发生什么情况，我们的形势不会由于采取这个步骤而恶化；它只会改善……如果英国不从严酷的事实得出任何结论，那么我们在我们的后方得到巩固以后，就能够用更大的力量迅速地消灭我们的敌人。

最后，希特勒描述了他在终于做出决定后感到大松一口气的快感。

……领袖，让我再谈一件事情。由于我在苦心思考以后做出了这个决定，我在精神上再次感到自由了。尽管我们完全有诚意努力实现最后的和解，可是同苏联的伙伴关系常常使我非常苦恼，因为在我看来，它总有点违反我的整个信念、我的思想和我以前的义务。我现在为我解脱了这些精神上的痛苦而感到高兴。

致以热烈的同志式的问候。

阿道夫·希特勒[114]

6月22日凌晨3点，在德军开始进攻以前半小时，冯·俾斯麦大使在罗马叫醒了齐亚诺，把希特勒的长信交给他。这位意大利外长随后打电话把这封信告诉了当时正在里乔内避暑地休养的墨索里尼。墨索里尼在半夜里由于他的轴心伙伴的来信而被从睡梦中叫醒，这不是第一次了，他对这一点很恼火。墨索里尼对齐亚诺焦躁地说："我在晚上也不大打扰我的仆人，但是德国人毫不体谅人，随便在什么时候都把我从床上叫起来。"[115]可是墨索里尼揉揉他的睡眼以后，马上下令立即对苏联宣战。他现在完全是德国人的俘虏了。他知道这一点，并且对此感到恼火。他对齐亚诺说："我只希望一件事情，那就是在东方进行的这场战争中，德国人会给煞一煞威风。”[116] 不过，他认识到，他自己的前途现在已完全依靠德国的武力了。他确信德国人将在俄国获胜，但是他希望至少德国人会被打得鼻青脸肿。

他没法知道，也没有想到，在西方的任何其他人也没有想到，德
851 国人会得到坏得多的结果。6月22日星期天，拿破仑就是在1812年的那一天前往莫斯科途中渡过涅曼河的，他的祖国法国也是在一年前的那一天在贡比涅投降的，阿道夫·希特勒所向无敌的机械化装甲部队就在那一天清晨大举渡过了涅曼河和其他一些河流，猛扑俄国。红军尽管得到了一切警告，但是正如哈尔德将军第一天在日记中所说，红军“在整个战线上，遭到战术上出其不意的袭击”。[*] 最初所遇到的一切桥梁都是完整无损地占领下来的。哈尔德说，事实上，在边界的大部分地方，俄国人甚至没有做好战斗部署，还未能组织抵抗就被打败了。数以百计的苏联飞机在机场遭到摧毁。[†] 几天以内，数以万计的俘虏开始源源而来；整军整军的军队被迅速包围了。看来这是波兰战役的重演。

一向谨慎的哈尔德看过参谋总部的最近报告以后在7月3日的日记上写道：“对俄国进行的战役在十四天内就获胜了。这么说是一点也
852 不过分的。”他又说，战争将在几周内全部结束。

---

* 在第一天中，哈尔德的日记中有一段奇怪的记载。他在提到德国人收听的俄国电台在中午重新进行广播以后写道：“他们已要求日本调解俄德之间的政治和经济分歧，并且仍在与德国外交部进行积极的联系。”难道斯大林相信——在进攻发动以后九小时——他可能设法停止这场战争吗？

† 第四军团参谋长君特·布鲁门特里特将军后来追述，21日午夜稍过，当德军大炮已向目标瞄准时，柏林-莫斯科快车穿过了在布格河的德国战线，越过了这条河进入布列斯特-立托夫斯克，“没有发生事件”。他认为这是“不可思议的”。对他来说，差不多同样不可思议的是，当进攻开始时，俄国大炮甚至没有回击。他后来写道：“俄国人在我们的战线上完全措手不及。”黎明时分，德国信号站收到红军电台发出的电报。布鲁门特里特引述俄国的一份电报说：“我们正在遭到射击，我们该怎么办？”总部发回了答复：“你们一定发疯了，你们的信号为什么不用密码？”（西摩·弗赖丁和威廉·理查逊编：《致命的决定》[*The Fatal Decisions*]）

1941年6月22日，德国士兵渡过涅曼河，“巴巴罗萨”计划开始。

注　释

1.《德国外交政策文件汇编》，第9卷，第108页。

2. 同上，第294，316页。

3. 同上，第599—600页。

4. 同上，第10卷，第3—4页。

5. 丘吉尔：《他们最美好的时刻》，第135—136页（他给斯大林的信件全文）。

6.《德国外交政策文件汇编》，第10卷，第207—208页。

7.《我的奋斗》，第654页。

8. 约德尔的讲话，1943年11月7日。《纳粹的阴谋与侵略》，第1卷，第795页（纽伦堡文件L-172）。

9. 瓦尔利蒙特的画押供词，1945年11月21日，《纳粹的阴谋与侵略》，第5卷，第741页；对瓦尔利蒙特的提审记录。1945年10月12日，同上，附件B，第1635—1637页。

10. 哈尔德日记，1940年7月22日。他记录了布劳希奇告诉他前一天在柏林同希特勒举行会谈的情况。

11. 哈尔德日记，1940年7月3日。

12.《纳粹的阴谋与侵略》，第4卷，第1083页（纽伦堡文件2353-PS）。

13. 最高统帅部作战局的作战日志，1940年8月26日。引自《德国外交政策文件汇编》，第10卷，第549—550页。

14. 见瓦尔利蒙特的两份供状，《纳粹的阴谋与侵略》，第5卷，第740—741页（纽伦堡文件3031，2-PS），和对他的提审记录，同上，附件B，第1536页。1940年9月6日的约德尔指令载第3卷，第849—850页（纽伦堡文件1229-PS）。

15. 1940年11月12日的指令，《纳粹的阴谋与侵略》，第3卷，第403—407页。有关俄国的一部分在第406页。

16. 最高统帅部的作战日志，8月28日。在《德国外交政策文件汇编》，第10卷，第566—567页注中援引。

17.《齐亚诺日记》，第289页。

18.《纳粹的阴谋与侵略》，第6卷，第873页（纽伦堡文件C-53）。

19.《纳粹-苏联关系》，第178—181页。

20. 德国备忘录，同上，第181—183页；9月21日的苏联备忘录，同上第190—194页。

21. 同上，第188—189页。

22. 同上，第195—196页。

23. 同上，第197—199页。

24. 同上，第201—203页。

25. 同上，第206—207页。

26. 里宾特洛甫致斯大林的信，1940年10月13日，同上，第207—213页。

27. 里宾特洛甫的愤怒的电报全文，同上，第214页。

28. 斯大林的复电全文，同上，第216页。

29. 同上，第217页。

30. 关于1940年11月12—13日莫洛托夫同里宾特洛甫和希特勒会谈的报告，同上，第217—254页。

31. 施密特：《希特勒的译员》，第212页。

32. 同上，第214页。

33. 舒伦堡的电报，1940年11月26日，《纳粹-苏联关系》，第258—259页。

34.《海军事务元首会议记录》，1941年，第13页；哈尔德日记，1941年1月16日。

35. 哈尔德日记，1940年12月5日；《纳粹的阴谋与侵略》，第4卷，第374—375页（纽伦堡文件1799-PS）。后者是以约德尔为领导人的最高统帅部作战局的作战日志的部分译文。

36. 德文全文载《主要战犯的审讯》，第26卷，第47—52页；简短的英文译文载《纳粹的阴谋与侵略》，第3卷，第407—409页（纽伦堡文件446-PS）。

37. 哈尔德：《统帅希特勒》，第22页。

38.《海军事务元首会议记录》，1940年，第135—136页（1940年12月27日的会议）。

39. 同上，第91—97，104—108页（1940年9月6日和26日的会议）。雷德尔签署了这两个报告。

40.《德国外交政策文件汇编》，第9卷，第620—621页。

41. 施密特：《希特勒的译员》，第196页。这位译员相当完整地叙述了会谈情况。在美国国务院的《西班牙政府和轴心》一书中的德文记录是零星的。当时也在场的埃里希·科尔特在他的没有发表的报告中做了较为详细的叙述，前面曾提到过这个报告。

42.《齐亚诺外交文件集》，第402页。

43. 施密特：《希特勒的译员》，第197页。

44.《蒙图瓦尔协定》的全文在缴获的德国外交部的文件中，但是在写本书时，美国国务院还没有发表。可是威廉·朗格尔在《我们的维希赌博》（第94—95页）中从国务院向他提供的德国文件中援引了这一文件。

45.《齐亚诺日记》，第300页。

46. 里宾特洛甫在纽伦堡受审时以及施密特在他的书中（第200页）追述了这些话。

47. 施密特：《希特勒的译员》，第200页。

48. 哈尔德日记，1940年11月4日；约德尔11月4日对施尼温德海军上将提出的报告，见《海军事务元首会议记录》，1940年，第112—117页；1940年11月12日，第十八号指令，见《纳粹的阴谋与侵略》，第3卷，第403—407页（纽伦堡文件444-PS）。

49.《海军事务元首会议记录》，1940年，第125页。

50. 同上，第124页。

51.《西班牙政府和轴心》，第28—33页。

52. 雷德尔的报告载《海军事务元首会议记录》中，1941年，第8—13页；哈尔德直到1941年1月16日为止并未在他的日记中记录这两天会议的情况。

53. 第二十号指令全文，见《纳粹的阴谋与侵略》，第4卷，第101—103页（纽伦堡文件1541-PS）。

54. 第二十二号指令的全文和说明代号的补充命令，见《纳粹的阴谋与侵略》，第3卷，第413—415页（纽伦堡文件448-PS）。

55.《纳粹的阴谋与侵略》，第6卷，第939—946页（纽伦堡文件C-134）。

56. 哈尔德：《统帅希特勒》，第22—24页。

57.《纳粹的阴谋与侵略》，第3卷，第626—633页（纽伦堡文件872-PS）。

58. 外交部提供的德国方面1941年2月21日为止的数字，《纳粹-苏联关系》，第275页。

59. 德国方面的会议记录，《纳粹的阴谋与侵略》，第4卷，第272—275页（纽伦堡文件1746-PS）。

60.《纳粹的阴谋与侵略》，第1卷，第783页（纽伦堡文件1450-PS）。

61. 第二十五号指令的部分文稿，见《纳粹的阴谋与侵略》，第6卷，第938—939页（纽伦堡文件C-127）。

62. 最高统帅部的会议记录，《纳粹的阴谋与侵略》，第4卷，第275—278页（纽伦堡文件1746-PS，第二部分）。

63. 约德尔的供词，见《主要战犯的审讯》，第15卷，第387页。他的“初步”作战计划，《纳粹的阴谋与侵略》，第4卷，第278—279页（纽伦堡文件1746-PS，第五部分）。

64. 希特勒致墨索里尼的信，全文，1941年3月28日，见《纳粹的阴谋与侵略》，第4卷，第475—477页（纽伦堡文件1835-PS）。

65. 细节见指令全文，载《纳粹的阴谋与侵略》，第3卷，第838—839页（纽伦堡文件1195-PS）。

66. 丘吉尔：《伟大的联盟》，第235—236页。

67. 摘自俄国方面的德国海军总司令部的档案，5月30日和6月6日，《纳粹的阴谋与侵略》，第6卷，第998—1000页（纽伦堡文件C-170）。

68.《海军事务元首会议记录》，1941年，第50—52页。

69.《主要战犯的审讯》，第7卷，第255—256页。

70.《纳粹的阴谋与侵略》，第6卷，第996页（纽伦堡文件C-170）。

71. 舒尔曼援引，见《西方的溃败》，第65页。

72. 绝密指令，1941年4月30日，《纳粹的阴谋与侵略》，第3卷，第633—634页（纽伦堡文件873-PS）。

73. 哈尔德在纽伦堡的供状，1945年11月22日，《纳粹的阴谋与侵略》，第8卷，第645—646页。

74.《主要战犯的审讯》，第20卷，第609页。

75. 布劳希奇在纽伦堡的供词，《主要战犯的审讯》，第20卷，第581—582，593页。

76. 凯特尔命令全文，1941年7月23日，《纳粹的阴谋与侵略》，第6卷，第876页（纽伦堡文件C-52）；7月27日命令，同上，第875—876页（纽伦堡文件C-51）。

77. 军事法庭指令全文，《纳粹的阴谋与侵略》，第3卷，第637—639页（纽伦堡文件886-PS）。在《纳粹的阴谋与侵略》，第6卷，第872—875页（纽伦堡文件C-50）中提供了略微不同的文本，这个文本是在南方集团军的记录中找到的，日期晚了一天，即5月14日。

78. 指令全文，日期也是1941年5月13日，《纳粹的阴谋与侵略》，第3卷，第409—413页

（纽伦堡文件447-PS）。

79. 罗森贝格的指示全文，见《纳粹的阴谋与侵略》，第3卷，第690—693页（纽伦堡文件1029，1030-PS）。

80. 全文，见《纳粹的阴谋与侵略》，第3卷，第716—717页（纽伦堡文件1058-PS）。

81. 指令全文，见《纳粹的阴谋与侵略》，第7卷，第300页（纽伦堡文件EC-126）。

82. 会议备忘录，见《纳粹的阴谋与侵略》，第5卷，第378页（纽伦堡文件2718-PS）。

83. 施密特：《希特勒的译员》，第233页。

84. 凯特尔提审记录，《纳粹的阴谋与侵略》，附件B，第1271—1273页。

85. 汉密尔顿公爵的个人报告，《纳粹的阴谋与侵略》，第8卷，第38—40页（纽伦堡文件M-116）。

86. 柯克帕特里克关于他在5月13日、14日、15日同赫斯会谈情况的报告，第40—46页（纽伦堡文件M-117，118，119）。

87. 丘吉尔：《伟大的联盟》，第54页。

88.《主要战犯的审讯》，第10卷，第7页。

89. 同上，第74页。

90. 道格拉斯·M.凯利：《纽伦堡的二十二号牢房》，第23—24页。

91.《纳粹-苏联关系》，第324页。

92. 同上，第326页。

93. 同上，第325页。

94. 同上，第318页。

95. 同上，第340—341页。

96. 同上，第316—318页。

97. 同上，第328页。

98. 同上，第338页。

99. 舒伦堡的电报，5月7日、12日，同上，第335—339页。

100. 同上，第334页。

101.《纳粹-苏联关系》，第334—335页。

102. 萨姆纳·威尔斯：《决定的时刻》，第170—171页。

103. 丘吉尔：《伟大的联盟》，第356—361页。

104.《纳粹-苏联关系》，第330页。

105.《纳粹的阴谋与侵略》，第6卷，第997页（纽伦堡文件C-170）。

106.《纳粹-苏联关系》，第344页。

107. 同上，第345—346页。

108. 同上，第346页。

109. 全文，《纳粹的阴谋与侵略》，第6卷，第852—867页（纽伦堡文件C-39）。

110. 就我所知，这次会议的记录从来没有出现过，但是哈尔德的1941年6月14日日记叙述了这个记录，凯特尔在纽伦堡受审时谈到了它（《主要战犯的审讯》，第10卷，第531—532页）。海军作战日志也简短地提到了它。

111.《纳粹-苏联关系》，第355—356页。

112. 同上，第347—349页。

113. 施密特关于这次会议的正式报告，同上，第356—357页，另见他的《希特勒的译员》，第234—235页。

114. 希特勒致墨索里尼的信，1941年6月21日，《纳粹-苏联关系》，第349—353页。

115.《齐亚诺日记》，第369，372页。

116. 同上，第372页。

第二十四章
形势的转变

到1941年初秋，希特勒认为俄国已经完蛋了。

战役开始后的头三个星期中，陆军元帅冯·博克的中央集团军，率有30个步兵师、15个装甲师或摩托化师，从比亚韦斯托克向前推进450英里，抵达斯摩棱斯克。莫斯科就在1812年拿破仑曾经经过的那条公路向东200英里。北面一路，陆军元帅冯·里布的集团军，兵力达21个步兵师和6个装甲师，往北穿过波罗的海沿岸国家迅速向列宁格勒推进。南面一路，陆军元帅冯·伦德施泰特的由25个步兵师、4个摩托化师、4个山地师和5个装甲师组成的集团军，向第聂伯河和基辅进军。基辅是希特勒垂涎已久的富饶的乌克兰的首府。

用最高统帅部的公报的话来说：德军是“按计划”沿着从波罗的海到黑海的1 000英里的战线上全面向前推进的。纳粹独裁者相信，随着苏军一个接着一个被包围或被击溃，德军必将以更快的速度前进。因此，到了7月14日，即入侵后刚满三个星期，希特勒竟发布一项指令，说陆军兵力可“在最近的将来大大减少”，军火生产将集中于海军舰只和空军飞机方面，尤其要以后者为重点，以便对最后的敌人英国作战，以及——他又说——“对美国作战，如果有此必要的话”。[1] 到了9月底，他指示最高统帅部准备解散40个步兵师，以便腾出这一部分人力用于工业生产方面。[2]

俄国的两座最大的城市，彼得大帝在波罗的海沿岸建立的都城列宁格勒和现在是布尔什维克首都的古城莫斯科，在希特勒看来，快要陷落了。9月18日，他发下严格命令："列宁格勒或莫斯科方面即使提
853 出投降，也不得予以接受。"[3] 他在9月29日的指令中对他的指挥官说明了应该怎样对待这两座城市：

> **元首已决定将圣彼得堡［列宁格勒］从地球上移除**。[*] 一旦苏俄被推翻，这个大城市的继续存在并无重要意义……
>
> 我军目的在于包围这个城市，用炮击和连续不断的空军轰炸，把它夷为平地……
>
> 把这个城市接管过来的任何要求，将不予考虑。因为**全市居民的生存和供应他们食物的问题，不能由我们也不应该由我们解决**。在这一场争取生存的战争中，我们对于这样一个大城市的人口连一部分也不想保留。[†4]

就在同一个星期，10月3日那一天，希特勒回到柏林，对德国人民做了一次讲话，宣称苏联已经崩溃。"今天我宣布，我毫无保留地宣布，"他说，"东方的敌人已被打垮，再也不能站起来了……在我们部队的后边，已经有了相当于我在1933年执政时德意志国家幅员两倍的土地。"

10月8日，莫斯科南面重镇奥廖尔陷落，希特勒派他的新闻发布

---

* 着重体是原来用的。

† 几个星期以后，戈林对齐亚诺说："今年俄国将会饿死两三千万人。情况如果真的如此，也许倒是件好事，因为有些民族就是得减少人口。即使这不算是件好事情，也没有什么办法可以阻止它发生。如果说人类该受饿死的处罚的话，最后死的显然是我们两个民族……在收容俄国战俘的集中营里，已经开始人吃人了。"(《齐亚诺外交文件集》[*Ciano's Diplomatic Papers*]，第464—465页)

官奥托·迪特里希乘飞机回到柏林。第二天，迪特里希对世界各大报纸的新闻记者宣布，守卫莫斯科的铁木辛哥元帅所率苏联最后一支完整的部队，已被围困在德军于莫斯科城下设下的两个钢铁包围圈中；布琼尼元帅的南方部队已经溃散；伏罗希洛夫元帅的六七十个师的部队已被包围在列宁格勒。

“从各种军事意义上看，”迪特里希最后扬扬得意地说，“苏俄已经被打垮了。英国的两线作战的迷梦已经破灭。”

希特勒和迪特里希的牛皮至少吹得太早了。* 俄国人尽管在6月22
日遭到了突然袭击，部队和装备遭到重大损失，在仓促后撤中，他们
的一些精锐部队陷入敌人包围，但是实际上，从7月份起，他们已开 854
始进行德军从来没有遇到过的日益顽强的抵抗。在哈尔德的日记中，以及在中路战线统率一支庞大的装甲部队的古德里安将军和像他那样的前线指挥官的报告中，都开始频繁地——后来则连篇累牍地——记载着顽强的战斗、俄国人的殊死抵抗和反攻，以及除了苏军以外德军也遭到惨重损失的情况。

布鲁门特里特将军后来写道：“即使在［争夺明斯克的］第一次战役中，俄国军队的表现也与波兰军队和西方盟军失败时迥然不同。俄国军队即使是在被包围的时候，也仍然坚守阵地，继续战斗。”[5]俄军的人数之多，他们的武器装备之好，都是希特勒做梦也想不到的。苏联的新的师源源投入战斗，德国的情报机构事前对此竟毫无所闻。哈尔德在8月11日的日记中写道：“现在已经越发清楚，我们不仅低估了俄国巨大的经济力量和运输力量，而且最重要的是，低估了他们的军事力量。我们最初计算敌人大约有200个师，现在已经查明番号的有360个师。一有十几个师被消灭，俄国人就又投入十几个师。我军战

---

* 美国参谋总部的警告比希特勒等人的牛皮来得还要早。7月初，它就秘密通知美国编辑人员和华盛顿的记者，说苏联的崩溃不过是几个星期之内的事。因此，希特勒和迪特里希博士在1941年10月说的话除了在德国以及其他地方以外，也在美国和英国受到普遍的相信，是不足为奇的。

线由于分布太广，显得过于单薄。我们的战线没有纵深度。结果，敌人在连续进攻之后，常常得到一些成功。”伦德施泰特在战后向盟军提审人员直率供认：“在发动进攻后不久，我便发现以前所写的关于俄国的一切都是满纸胡话。”

古德里安、布鲁门特里特和塞普·迪特里希等将军在他们的报告中，对初次碰到俄国T-34型坦克都表示惊讶不已。他们对T-34型坦克事前毫无所闻。这种坦克的装甲很厚，德国的反坦克炮弹打上去就被弹回来，坦克毫无损伤。布鲁门特里特后来说，这种装甲车的出现，标志着后来所谓“坦克恐怖”的开始。战争开始以来，德国人在以空军保护地面部队和进行战前侦察方面一直占有压倒优势，现在却第一次不能用这种优势占便宜了。苏联的战斗机，尽管在战争爆发的第一天在机场上遭到轰炸，在战争初期的战斗中也受到重大损失，但是，和那些新的师团一样，仍然不断出现，简直说不上是从哪儿来的。还有，德军进军过于迅速，加上俄国没有适宜的机场，都使德国空军基地距离太远，无法有效地掩护前线作战。冯·克莱斯特将军后来报告说：“在好几次挺进时，我的装甲部队由于没有飞机掩护，遇到很大困难。”[6]

德国人对俄国还有一个估计上的错误，克莱斯特曾对李德·哈特谈过这一点。不用说，那年夏天，绝大多数西方人士也有同样的错误估计。

克莱斯特说：“我们把胜利的希望主要寄托在入侵必然要使俄国发生政治混乱这种前途上……我们把过高的希望放在这样的信念上：斯大林一旦遭到重大失败，必然要被国内人民推翻。这种想法是元首的
855 政治顾问们制造的。”[7]

希特勒确实对约德尔说过：“我们只要在门上踢一脚，整个破房子就会倒下来。”

希特勒认为，到7月中旬，踢门的机会已经到来了。当时在德国

维修好的坦克开上列宁格勒前线。

最高统帅部中，发生了头一场战略上的大争论。结果是，元首不顾大多数高级将领的反对，做出了哈尔德认为已证明是“东线战役中最大战略上的错误”的决定。问题说来也简单，但是却极关重要。这就是，博克所率领的实力最强，也是迄今为止德国三路大军中成就最大的中央集团军，是要从7月16日已经到达的斯摩棱斯克向前推进200英里，拿下莫斯科，还是仍然坚持按照希特勒在12月18日指令中规定的计划行事，以北路和南路两翼为主攻？换句话说，是以莫斯科还是以列宁格勒和乌克兰作为最后目标？

以布劳希奇和哈尔德为首的陆军总司令部，坚决主张全力进攻苏联首都。支持这个意见的有博克，他所统率的中央集团军正沿着公路向莫斯科进军；还有古德里安，他的装甲部队正在前边打头阵。他们在辩论当中，除了强调攻占敌人首都的心理上的价值之外，还申述了更多的理由。他们向希特勒指出，莫斯科是军火生产的重要来源，而且更重要的，它是俄国交通运输的枢纽。拿下莫斯科，苏联不仅要失去一个主要的军火来源，而且后方的兵员、供应也不能运往遥远的各个前线，各个前线就要因此而削弱和崩溃。此外，将领们还向这位现在已成为他们最高统帅的前下士提出一个最后的、无可置辩的论点。他们说，种种情报表明，俄国的主力现在正集中在莫斯科前沿，以图全力保卫首都。在斯摩棱斯克正东，50万苏军突破了博克的双重包围，正在挖壕据守，以阻挡德军进一步向首都推进。

> ［哈尔德在战争结束后不久给盟军写的一份报告中说道］[8]这样一来，俄国兵力的重心就摆在中央集团军的面前……
>
> 参谋总部提出了这样一种看法：我军必须以击败敌人的军事力量为作战目标，因此，下一个最迫切的任务是，集中中央集团军的全部力量，击溃铁木辛哥的部队，进军莫斯科，拿下敌人的这个抗战神经中枢，并击溃敌人的新的部队。由于季节变换在即，准备这次进攻的部队的集结工作必须尽快完成。与此同时，北方集团军须执行既定任务，争取与芬兰人取得联系。南方集团军将继续向东推进，尽可能牵制敌人的力量。
>
> 856 ……参谋总部与最高统帅部经过多次讨论，没有取得任何结果，后来，陆军总司令［布劳希奇］把参谋总部的一份备忘录交给了希特勒。

我们从哈尔德的日记中了解到，提交这份备忘录的日期是8月18日。哈尔德写道："这事引起了爆炸性的后果。"希特勒对乌克兰的盛产粮食地区和工业地区以及高加索的俄国油田垂涎已久。而且，他认为他现在找到了一个诱歼仍在坚守中的基辅东面第聂伯河东岸的布琼尼部队的大好机会。另一方面，他也希望打下列宁格勒，与芬兰军队在北面会师。为了达到这两个目的，必须从中央集团军分出好几个步兵师和装甲师，调到北路去，更要到南路去。莫斯科可以等一等再说。

8月21日，希特勒向与他意见不合的参谋总部下达一项新的指令。哈尔德在第二天的日记中逐字逐句地把指令内容抄录下来。

> 陆军方面提出的关于东线作战如何继续的建议，不符我的意图。
>
> 在冬天到来以前要达到的最重要目标，不在于占领莫斯科，而是拿下克里米亚，拿下顿涅茨克盆地的工业和煤矿区，并切断俄国的高加索石油供应线。北路的任务在于围困列宁格勒和同芬兰军队会师。

希特勒在指令中规定，必须彻底摧毁南路的第聂伯河一带的苏联第五军团。这一支部队的顽强抵抗，使希特勒伤了好几天的脑筋。他还要求占领乌克兰和克里米亚，包围列宁格勒，与芬兰军队会师。他最后说："只有这样，才能创造进攻铁木辛哥部队、顺利地打败它的条件。"

> [哈尔德悻悻地说] 这样一来，原定要在莫斯科城门前给俄国军队以决定性打击的这一目标，就只得从属于想夺取一个有价值的工业区和向俄国油区方面进军的欲望了……希特勒现在已给同时攻占列宁格勒和斯大林格勒的主意迷住了，因为他自信这两个"共产主义圣地"一旦陷落，俄国就会土崩瓦解。

希特勒为了对那些不能赞赏他的战略天才的陆军元帅和将军进行侮辱，发出了一个哈尔德称之为"反备忘录"（针对陆军18日的备忘录）的文件。参谋总长说这个"反备忘录""通篇是骂人的话"，例如其中说到，陆军司令部中全是一批"脑袋已被过时理论弄得陈腐不堪"的人。

哈尔德在第二天的日记中大发牢骚："不能忍受！闻所未闻！莫此为甚！"这天整个下午和晚上，他都与陆军元帅冯·布劳希奇会商，

857 讨论元首对陆军总司令部和参谋总部事务进行的“不能被允许的”干涉，最后他建议陆军总司令和他本人辞职。“布劳希奇不同意，”哈尔德写道，“因为他认为这并不实际，而且也于事无补。”这个胆小怕事的陆军元帅这次仍和从前一样，向那位从前的下士屈服了。

第二天，8月23日，古德里安将军到达元首的大本营，哈尔德就怂恿他劝说希特勒放弃他那将会造成重大损失的决定。虽然这位性情倔强的装甲部队司令用不着怂恿也会这么做的。他一到大本营就碰上了布劳希奇。陆军总司令对他说：“我不许你跟元首谈莫斯科的问题。在南方作战的命令已经发下来了。当前只是如何执行的问题。讨论是没有用处的。”

但是，当古德里安晋见希特勒时——布劳希奇和哈尔德都没有和他一起进去——他还是拒绝服从命令，竭力主张立即进攻莫斯科。

> ［古德里安后来写道］希特勒让我把话说完，然后详细说明他之所以做出不同决定的种种理由。他说，将来继续进行战争，十分需要乌克兰的原料和农业。他谈到有必要使克里米亚半岛失去作用，他认为“克里米亚是苏联进攻罗马尼亚油田的航空母舰”。我头一回听到他说出这样的话：“我的将军们对于战争的经济方面的问题一窍不通。”他已经发布严格的命令，规定进攻基辅是当前的战略目标，进行一切军事行动时，必须牢记这一点。在最高统帅部这里，我头一回看到后来非常习见的一个现象：希特勒每说一句话，在场的凯特尔、约德尔等人莫不点头称是，只有我仍然坚持我自己的观点……[9]

但是哈尔德在以前历次讨论中，从来没有点头称是。第二天，古德里安看到他，把自己并没有能使希特勒回心转意的情况告诉了他。古德里安说参谋总长“精神完全失常，使我十分惊讶，他竟口出不逊，做了完全没有根据的指责和诋毁”。*

这是战争爆发以来德国最高统帅部中发生的最严重的一次危机。可是更严重的危机及其不利后果还在后头哩。

南路方面，伦德施泰特的部队由于得到从中路抽调出来的古德里安的装甲部队和步兵师的增援，终于发动了进攻。古德里安认为这个进攻从本身来说是一个重大的战术胜利。基辅于9月19日陷落——德国部队已越过基辅150英里——到26日，基辅战役便结束了。据德国 858
方面宣布，俄国军队被包围而投降的共达665 000人。在希特勒看来，这是一次“世界上史无前例的最大战役”。但是尽管这个成就非同小可，他的一些将领对于它的战略上的重大意义却更加怀疑了。在中路，博克的没有装甲部队的集团军，在斯摩棱斯克东面不远的杰斯纳河一带，两个月来一直按兵不前。秋雨季节快来了，到时候俄国的道路将是一片泥泞。随之而来的将是冰天雪地的严冬。

对莫斯科的大进攻

希特勒终于勉勉强强地对布劳希奇、哈尔德和博克的主张让了步，同意重新发动对莫斯科的进攻。但是太迟了！ 9月5日下午，哈尔德去看他，这时元首主意既定，就亟不可待地要进克里姆林宫了。最高统帅下了命令:“中路必须在八天到十天之内开始行动。”(“不可能！”哈尔德在日记中叫道。)“包围他们，击败他们，消灭他们。”希特勒同意把中央装甲集团军的古德里安装甲部队重新调回来，这时该部在乌克兰正打得难解难分；同时还同意从列宁格勒前线把莱因哈特的坦克军调过来。可是装甲部队要一直等到10月初才能调回来，经过

* 哈尔德在8月24日的日记中却另有一种说法。他指责古德里安见了希特勒以后“不负责任地”改了主意，并且觉得要改变一个人的性格是多么困难。如果照古德里安的说法，哈尔德果真是“精神完全失常”的话，那么，他那天的感慨系之的日记表明他已迅速恢复正常了。

1941年8月，德国虎II坦克开赴莫斯科。

休整，投入战斗。10月2日，大规模进攻终于开始了。进攻的代号是“台风”。一股强风，一股旋风，要猛袭俄国人，要在莫斯科前沿歼灭俄国人的最后的作战部队，要把苏联打垮。

但是在这里，纳粹独裁者又一次犯了自大狂的毛病。在冬季到来之前拿下俄国首都，他还认为不够。又下令北路的陆军元帅冯·里布同时占领列宁格勒，在北面与芬兰军队会师，继续向前推进，切断摩尔曼斯克铁路。他又下令伦德施泰特同时清扫黑海沿岸，拿下罗斯托夫，夺取迈科普油田，向伏尔加河岸的斯大林格勒进军，以切断斯大林与高加索地区的最后联系。伦德施泰特向希特勒解释，这样做意味着要越过第聂伯河作400多英里的大进军，队伍的左翼将危险地暴露在敌人面前，这时最高统帅对他说，南路的俄军现在已不可能进行什么了不起的抵抗了。伦德施泰特说他对于这个荒谬可笑的命令“纵声大笑”，他不久以后碰到的却是与希特勒的估计迥然相反的情况。

德军沿着拿破仑进军莫斯科的老路向前推进。一开始，来势汹汹，煞是像一股台风似的。10月上半月，德军打了一仗，布鲁门特里特后来称之为“教科书式的战役”。德军包围了在维亚济马和布良斯克之间的两支苏联部队，据称俘虏了65万人，还有5 000门大炮、1 200辆坦克。到了10月20日，德国装甲部队的前锋部队已进抵离莫斯科40英里的地方，苏联中央各部和外国使馆急忙撤退到伏尔加河上 859
的古比雪夫。这时，就连头脑清醒的哈尔德（他从马背上摔了一跤，折了一根锁骨，暂时住在医院里治疗）也相信，凭着元首的大胆的领导和有利的天时，在俄国的严冬到来之前拿下莫斯科是不成问题的。

但是，秋雨连绵，道路泥泞的季节来临了。这一路乘车行进的大军越走越慢，有时还不得不停止前进。正在打仗的坦克也得撤下来，去拖曳陷在泥坑里的大炮和弹药车。由于缺乏拖曳车辆用的钢链、挽钩，只得派空军运输机空投一捆捆绳子，其实这时十分需要飞机运送别种军需品。开始下雨是在10月中旬，古德里安后来回忆说：“以后几个星期就听烂泥的摆布了。”布鲁门特里特将军是在莫斯科战役中首当其冲的陆军元帅冯·克鲁格的第四军团的参谋长，他生动地描述了当时的狼狈情形。

> 步兵在泥泞中一步一滑，每门大炮得用许多马队来拉才能前进。所有车辆都陷在泥坑里，一直陷到车轴部分。甚至牵引机行动起来也十分困难。不上几天，很大一部分重炮就动弹不得了……这一切使得我们早已疲惫不堪的部队处于怎样的紧张状态，也许是不难想象的。[10]

在哈尔德的日记上，在古德里安、布鲁门特里特等德国将领的报告中，第一次出现了怀疑甚至绝望的迹象。这种情绪也传播到战地的下级军官和士兵中——也许可以说，这种情绪就是从他们中间产生出来的。布鲁门特里特回忆说：“现在，当莫斯科似乎已经在望的时候，官兵的心情却开始起了变化。敌军的抵抗坚决起来，战斗越来越激烈……许多连队得不到增补，只剩下六七十人。”可供使用的大炮和坦克也不够。他说：“冬天快到了，可是冬衣连影子还没有见到。……在遥远后方的广大的森林沼泽地带，开始出现游击队的活动。运输队常常遭到伏击……”

布鲁门特里特回忆道，从这时候起，曾经在这同一条路上走向莫斯科的拿破仑大军的鬼影和拿破仑全军覆没的事迹，就常常萦绕在纳粹征服者的睡梦中。德国将领们开始阅读或者重读科兰古侯爵所著的关于这个法国征服者1812年冬天在俄国惨败的可怕故事。

在遥远的南方，天气稍微和暖一些，但也是多雨，道路泥泞，战事同样进行得不顺利。克莱斯特的坦克已于11月21日开进顿河口的罗斯托夫。这时，戈培尔博士的宣传乐队大吹大擂地说，“通向高加索的大门”已经打开了，但是，这个大门并没有开上几天。克莱斯特和伦德施泰特都认识到，罗斯托夫是守不住的。五天以后，俄国军队
860 收复了罗斯托夫。德国军队在南北两翼受到夹攻，狼狈后撤50英里到米乌斯河一线。克莱斯特和伦德施泰特当初就是计划在这里建立一条冬季防线的。

罗斯托夫的撤退是第三帝国历史上的另一个小转折点。在这里，纳粹军队头一回遭受重大的挫折。古德里安后来评论说：“我们的灾难是在罗斯托夫开始的，那是危机迫近的预兆。”德国陆军的高级将领伦德施泰特陆军元帅因此丢了官职。在伦德施泰特撤退到米乌斯河的时候，

> [他后来答复盟军提审时说道]元首突然给我下了一道命令：“留驻原地，勿再后撤。”我立即复电：“要想坚守，简直是发疯。首先，部队固守不住；其次，若不撤退，将被歼灭。我再次请求撤销这项命令，否则请另派别人接替。”当晚，元首的复电来了：“同意所请，望即交出指挥权。”

德军在罗斯托夫陷入此前从未经历过的困境：在泥地中拖拽火炮，寸步难行。

“于是，”伦德施泰特说，“我便回家去了。”*11

像这样命令在远方的部队冒险死守阵地的一意孤行，曾遭到许多将领的反对，虽然在以后一些令人惊心动魄的月份中也许曾把德国军队从全军覆没中挽救出来，但是这种做法还是导致了在斯大林格勒和其他地方的惨重失败，并促成了希特勒的覆亡。

---

* 哈尔德在11月30日的日记中记述了伦德施泰特撤至米乌斯河和希特勒免去这位陆军元帅的职务的情况。“元首大发雷霆，他把布劳希奇叫进来，把他辱骂了一顿。”哈尔德这天的日记一开始记载的是截至11月26日的德军伤亡数字。“东线共计损失（病员未算在内）官兵743 112人，相当于全部兵力320万人的23%。”

12月1日，哈尔德记载说，赖歇瑙陆军元帅接替了伦德施泰特，同时仍兼任他在法国时便担任的第六军团司令一职。第六军团在克莱斯特的装甲部队之北，由于克莱斯特的装甲部队正从罗斯托夫后撤，处境甚为险恶。

“赖歇瑙给元首打了电话，”哈尔德写道，“请求批准他今晚撤退到米乌斯河一线。结果获得同意。这样我们就恰好回到昨天所在的地方。但是时间和兵力白白浪费了，还丢了一个伦德施泰特。”

“布劳希奇由于接二连三受到刺激，”他又写道，“健康状况颇令人担心。”哈尔德在11月10日的日记上写道，这位陆军首脑发作了一次严重的心脏病。

那一年冬天，俄国很早就大雪纷飞，气温降到零下。据古德里安记载，初雪是在10月6日的夜间下的，正是对莫斯科重新发动进攻的日子。这样的天气提醒他再一次要求大本营发来冬衣，尤其是厚靴和厚毛袜。10月12日，他记载说，雪还在下个不停。11月3日，第一次寒潮到来，气温降到了零度以下，而且还在继续下降。到11月7日，
861 古德里安报告说，部队开始发现“严重冻伤病员”。13日，气温降到零下22摄氏度，“越来越觉得”缺少冬衣了。枪炮和人一样受到了严寒的影响。

> ［古德里安写道］由于供坦克履带防滑用的尖铁没有运到，路上的冰引起了不少困难。天冷使得大炮上的瞄准镜失去了效用。发动坦克时，得先在底下点火烘烤一阵。燃料常常冻结，汽油也冻得黏糊糊的……［第一百一十二步兵师的］各团因冻伤都减少了500人左右。由于天气太冷，机枪打不响，我们的37毫米反坦克炮已证明对付不了［俄国的］T-34型坦克。[12]

古德里安后来说：“结果人心惶惶，甚至一直影响到后方的博戈罗茨克。自从俄国战役开始以来，还是第一次遇到这种情况。这是一个警告：我们的步兵战斗力已经到了尽头。”

而且，还不止步兵如此。11月21日，哈尔德在日记上潦草地写道，古德里安打电话来说，他的装甲部队“已经无能为力了”。这位素来悍勇善战的坦克兵司令明白表示，他决定于该天去见中央集团军司令博克，请求收回发给他的命令，因为他“实在无法执行”。他情绪消沉达于极点，在那天写道：

> 冰天雪地，无处避寒，无衣御寒，人员装备受到严重损失，

燃料供应也糟糕透顶——所有这一切使我难以履行司令官的职责，长此以往，我的重大责任要把我压垮了。[13]

古德里安在回溯这段往事时又说：

对此刻发生的事件真正能够做出评价的只有这样的人：在这悲惨的冬天，他曾目睹俄国的漫天大雪，他曾挨过那吹过俄国、把沿途一切都埋在雪中的凛冽寒风；他曾一小时又一小时地乘车走过荒无人烟的地方，好不容易见到一间不像样的房屋，里面住的是无衣少吃、饥寒交迫的士兵；他也曾遇到对比之下吃得较饱、穿得较暖、冬季作战的装备一应俱全的生气虎虎的西伯利亚人……[14]

这些事现在不去细说了，但是有一点需要首先强调一下：尽管俄国的冬天这样可怕，同时，即使苏联军队的冬天准备工作必然比德国军队做得好一些，但是现在应该指出的是，起决定作用的主要因素不是气候，而是红军的英勇战斗以及他们不屈不挠的顽强意志。哈尔 862
德的日记和战地指挥官的报告都证实了这一点。他们经常对俄国军队进攻和反击的规模和声势感到惊讶，而对德军的挫折和损失则感到灰心。纳粹将领们不能理解，有着暴政制度，在德军初次打击下又受到惨重损失的俄国人，为什么没有像法国和其他情况比俄国好的国家那样土崩瓦解。

布鲁门特里特写道："我们在10月底11月初惊讶而又失望地发现，俄国人虽然遭到打击，但看来并不认为自己已不再是一支战斗力量。"古德里安谈到他在进军莫斯科途中，在奥廖尔遇到一个年老退休的沙皇时代的将军。

1941年，古德里安在东线指挥作战。

你们要是早来二十年［他对这位装甲兵将领说］，我们一定会伸开双手欢迎你们。但是现在太晚啦，我们刚刚开始站起来，现在你们来了，把我们推回到二十年前去，这么一来我们又得从头开始。现在我们在为俄罗斯打仗，在这个事业中，我们是团结一致的。[15]

到了风雪交加、气温持续在零下的11月底，在希特勒和他的大部分将领看来，莫斯科似乎已在股掌之中了。德军在首都北、南、西三面，已到达距离目标二三十英里的地方。希特勒远在后方东普鲁士的大本营里，反复地端详着地图。在他看来，到莫斯科的这最后一程，根本算不了什么。他的军队已前进了500英里；他们只要再走二三十英里便行了。他在11月中旬对约德尔说："我们最后再用点力，就要胜利啦。" 陆军元帅冯·博克负责指挥中央集团军向莫斯科做最后攻击。他在11月22日打电话给哈尔德，以马恩河战役与现在的情况相比，他说:“那次战斗中，投入最后一个营就决定了战役的胜利。”尽管敌人加强抵抗，但博克对参谋总长说，他相信“一切都已不成问题”。到11月的最后一天，他果然投进了他的最后一个营。对苏联心脏的最后的总攻定在第二天，即1941年12月1日。

最后的总攻意外地遇到顽强抵抗。有史以来在一条战线上集中了最强大的坦克部队：在莫斯科正北，霍普纳将军的第四坦克集团军和霍特将军的第三坦克集团军向南进迫，在莫斯科正南的古德里安的第二装甲军团从图拉北上，克鲁格的庞大的第四军团居于中央，穿过市郊的森林向东杀开一条血路——希特勒的最大希望就寄托在这样声势浩大的军事部署上。到12月2日，第二百五十八步兵师的一个侦察营突入莫斯科城郊的希姆基，克里姆林宫的尖顶已经在望，但是第二天早晨就为几辆俄国坦克和从市内工厂紧急动员起来的工人队伍所击退。这是德国军队到达莫斯科最近的地方。这是他们第一次也是最后一次看到克里姆林宫。 863

12月1日晚上，正害着严重胃痉挛的博克已经打电话给哈尔德，说他的部队力量大为削弱，他再也不能用他们来“作战”了。参谋总长给他打气说:“应该不惜使出最后一把劲，打倒敌人。如果办不到，我们再另做决定。”第二天，哈尔德在日记上简短地写道:“敌军的抵抗已达到极点。”过了一天，12月3日，博克再打电话给参谋总长。哈尔德在日记上记下博克所谈的情况：

> 第四军团的先头部队又撤下来了，因为侧翼跟不上去……我军快要到山穷水尽的地步了。

博克第一次谈到要转攻为守时，哈尔德提醒他说:“最好的防守是坚持进攻。”

这话说来容易做来难，因为碰上的是俄国人和那样的天气。第二天，12月4日，古德里安的第二装甲军团从南面攻占莫斯科的企图已被制止，古德里安报告说气温已下降到零下35度。第二天，温度又下降了5度。他说，他的坦克“差不多动弹不得了”。同时，他的侧翼和在图拉北面的后卫都受到了威胁。

12月5日是关键性的一天。德军在环绕莫斯科周围200英里的半圆形阵地上，全线被制止住了。傍晚，古德里安通知博克，他不仅已经被止住，而且还得后撤。博克打电话给哈尔德说，“他已到了山穷水尽的地步了”。同时，布劳希奇也绝望地告诉他的参谋总长说，他要辞卸陆军总司令的职务。这一天是德国将领们黑暗、悲惨的一天。

> ［古德里安后来写道］这是我平生第一次必须做出这样一种决定，没有比这再困难的事了……我们对莫斯科的进攻已经失败。我们英勇的部队的一切牺牲和煎熬都已归于徒劳。我们遭到了可悲的失败。[16]

在克鲁格的第四军团司令部里，参谋长布鲁门特里特已看出形势到了转折点。他后来回忆道：“我们想在1941年打败俄国的希望，已在最后一分钟化为泡影了。”

第二天，12月6日，刚在六个星期以前继铁木辛哥元帅任中路战线司令的格奥尔基·朱可夫将军发动了攻势。在莫斯科前沿200英里长的战线上，他的七个军团和两个骑兵军——共计100个师——全线出击。这些部队中有新入伍的，也有久经沙场的，他们都得到很好的
864 装备和训练，能适应在严寒深雪中作战。这位不大闻名的将军有着由步兵、炮兵、坦克兵、骑兵、空军组成的这样一支强大兵力，是希特勒做梦也没有想到的。他们的突然而猛烈的攻击，使德国军队和第三帝国遭到永远不能完全恢复过来的损失。在严寒的12月和1月上旬

瓦西里·索科洛夫斯基、尼古拉·布尔加宁和格奥尔基·朱可夫在部署莫斯科保卫战。

的几个星期中，遭到打击、正在撤退的德军的防线遭到苏军的不断突破，正如130年前拿破仑的大军一样，看来就要瓦解和消灭在俄国的冰天雪地中了。在好几次严重关头，德军真的差一点儿就遭到这个命运。也许由于希特勒的顽强意志和决心，并且肯定由于德国士兵的坚忍不拔，才使第三帝国的军队免于完全的崩溃。

但是，失败还是惨重的。红军的力量虽然受了些损伤，但是并没有被摧毁。莫斯科没有被占领，列宁格勒、斯大林格勒、高加索的油田也没有失陷；苏联通往英、美，通往南面北面的生命线，仍然畅通无阻。希特勒的部队两年多来不断取得军事胜利，现在第一次在一个优势敌人面前大步后撤。

不仅如此，还有比这更大的失败。哈尔德至少在后来看到了这一点。他写道："德国陆军常胜不败的神话已经破灭了。"第二年夏天，德国军队在俄国继续取得了较多的胜利，但是这种胜利再也不能恢复这个神话了。这样，1941年12月6日就成了第三帝国短暂历史的又一个转折点，而且是最致命的转折点之一。希特勒的力量已到了顶峰，从此以后要走下坡路了。遭到他的侵略战争的祸害的那些国家，正在日益增强抵抗，这也促成了他的力量的削弱。

现在，德国最高统帅部人员和前线指挥官进行了大调动。当陆军遭遇到苏军的反攻在冰天雪地中后撤时，德国的高级将领也开始被开刀了。我们已经看到，伦德施泰特由于被迫撤出罗斯托夫，已被解除南路部队司令官的职务。陆军元帅冯·博克自从在12月间遭到失败以后，胃病转重，已于12月18日由冯·克鲁格元帅接替他的工作。克鲁格那被打得落花流水的第四军团被逐出莫斯科近郊，而且永远不能再推进到那里了，甚至英勇善战、首先采用大规模装甲战而革新了现代战争的古德里安将军，也在圣诞节被解除职务，因为他未得上级批准，擅自下了撤退命令。同样显赫一时的坦克部队司令霍普纳将军，也以同样的罪名被希特勒突然撤职，被夺了军阶，还被禁止穿着军服。他的第四装甲集团军曾到达莫斯科北面望得见城区的地方，但随即被逐退。汉斯·冯·施波内克将军，一年前曾以指挥空运部队在海牙登陆而得到骑士十字勋章，现在受到更严厉的处分。因为他在12月29日当俄国军队在其背后从海上登陆时，把他在克里米亚的一个军
865 中撤出一个师。他不仅被立即褫夺军阶，还被拘禁，送交军事法庭审讯，在希特勒的坚持下被判以死刑。*

甚至善于逢迎拍马的凯特尔也和最高统帅闹起纠纷。甚至像他那样的人在12月初也清楚看到：为了避免奇灾大祸，必须从莫斯科全面撤退。但是当他鼓足勇气向希特勒陈述这个意见时，希特勒对着他狠狠地训斥了一顿，大声骂他是个“木头人”。过后不久，约德尔看到

* 直到1944年7月反希特勒密谋发生以后，他的死刑才被执行。但他根本没有参加那次密谋。

这位最高统帅部长官哭丧着脸，坐在桌子旁写辞呈，旁边搁着一支左轮手枪。约德尔悄悄地挪开手枪，劝凯特尔——显然并不太费事——不要辞职，要对元首的侮辱继续忍受下去。凯特尔照办了，他以无比的耐心一直忍受到最后一刻。[17]

陆军元帅冯·布劳希奇要统率一支不能像最高统帅所要求的那样常胜不败的军队，这项吃力的差使使他的心脏病一再复发。到朱可夫开始发动反攻时，他已决意要辞去陆军总司令的职务。12月15日，他到新转移的防线做了视察以后回到总司令部，哈尔德见他“疲惫不堪”。他在日记上写道：“布劳希奇再也看不到有使陆军摆脱绝境的办法。”这位陆军首脑已智穷力尽。他在12月7日曾请求希特勒免去他的职务，12月17日又提出一次，两天以后得到正式批准。三个月以后，元首跟戈培尔谈起他对这位由他亲自提名统率陆军的人的真正看法。

> 元首谈到他［布劳希奇］时，用的尽是些轻蔑的字眼［戈培尔在1942年3月20日的日记上写道］，说他是一个爱好虚荣、懦弱无能的可怜虫……笨蛋一个。[18]

希特勒对他的亲信谈起布劳希奇：“他算不上是个军人。他是个稻草人。如果布劳希奇再留在他的职位上，哪怕是几个星期，就会酿成巨灾大祸。”[19]

由谁来接替布劳希奇，这个问题在陆军人士中曾引起种种猜测。但是这正如同当年由谁来接替兴登堡的猜测一样，都离谜底甚远。12月19日，希特勒召见哈尔德，对他说，他将亲自接任陆军总司令。哈尔德可以留任参谋总长，如果他愿意的话。哈尔德表示愿意。但是希特勒明白表示，从今以后，他将亲自掌管陆军事务，正如他掌管德国的几乎一切事务一样。

> ［希特勒对哈尔德说］担任作战指挥算不得什么，是谁都干得了的。陆军总司令的任务是按照民族社会主义的方式训练陆
> 866 军。我不知道有哪一位将军能按照我所要求的做到这一点。因此，我决定亲自接任统率陆军的任务。[20]

希特勒就这样取得了对普鲁士军官团的彻底胜利。这位曾在维也纳当过流浪汉的前下士现在成了国家元首、战争部长、武装部队最高统帅兼陆军总司令。哈尔德在日记中不满地说：将军们现在只不过是传送希特勒命令的信差，而他的这些命令是根据他的独特的战略思想制定出来的。

实际上，这个自大狂的独裁者不久又给自己带来更大的权力：通过法律使自己具有德国历史上任何人——不论帝王或总统——都没有得到过的权力。1942年4月26日，他让他的唯命是从的国会通过一条法律，赋予他对任何德国人有生杀予夺的绝对权力，同时明令废止与此相抵触的一切法律。为了让大家相信，有必要引一下这条法律的条文。

> ……在目前这场战争中，德国人民正面临着一场有关生死存亡的斗争，元首必须拥有他认为必要的一切权力，以便促进或赢得胜利。为此，元首作为国家领袖、武装部队最高统帅、政府首脑和最高行政首长、最高法官和党的领袖，得以——不受现行法律规定的约束——在必要的情况下，采取一切手段强使任何德国人履行自己的职责，不论他是普通士兵还是军官，是下级文官、高级文官还是法官，是党的领导干部还是下级干部，是工人还是厂主。若有人违背自己的职责，元首经过缜密调查以后，有权不必按规定程序，给予应得的惩罚，撤销其职务、官阶和地位，而不考虑其所谓完全应该享有的权利。[21]

阿道夫·希特勒真的已不仅是德国的领袖，而且成了法律的化身。甚至在中世纪或更早的野蛮部落时代，也从没有任何德国人像他这样，在名义上、法律上和实际上都独揽暴君威权于一身。

话又说回来，希特勒即使没有增添这份权力，也已是陆军的绝对领导，现在不过是直接掌握了陆军指挥权罢了。那年寒冬，他断然采取行动，煞住了他的残兵败卒的退却，使他们免于拿破仑军队沿同一条冰天雪地的道路从莫斯科退却的命运。他禁止部队继续后撤。长期以来，德国将军们对他的死守方针是否正确一直有着争论：它到底是把部队从全军覆没中挽救出来了，还是加重了不可避免的重大损失。大多数司令官争辩说，他们当初在阵地防守不住时如果有权退却，就可以挽救出许多人员和装备，并为进行休整甚至发动反 867
攻提供有利的条件。事实是，整师整师的部队常常被追上、被包围和被打得四分五裂，如果及时退却的话，本来是可以把这些部队救出来的。

但是，后来也有一些将领不得不承认，希特勒坚持要部队稳住阵脚、继续战斗的坚强意志，是他在战争中的最大成就；也许正由于此，部队才没有在冰天雪地中完全土崩瓦解。布鲁门特里特将军对这种见解有过很好的概括：

> 希特勒执意下令部队不论在任何形势下，不论在多么困难的条件下，都必须坚守阵地，这无疑是正确的。他本能地意识到，在冰天雪地中做任何撤退，必将使前线在几天之内土崩瓦解。他也意识到，如果出现了这样的情况，德国部队一定要遭到拿破仑大军同样的命运……由于冰雪封途，撤退只有通过空旷的田野。这样，用不了几夜，部队就会支持不住，他们就会情愿在半道上躺倒等死。而且，后方也没有准备好可供他们撤退到那里的阵地，也没有他们可以守得住的任何防线。[22]

一个军长冯·蒂佩尔斯基希将军同意这种看法。

> 这是希特勒的一个巨大成就。在那个危急的关头，部队都在回想拿破仑撤出莫斯科的故事，终日生活在这个阴影的笼罩之下。如果一经开始退却，就会仓皇四散，溃不成军。[23]

德国陆军，不论是前线部队还是远在后方的大本营，全都惶惶不可终日。哈尔德把这种情况生动地记在日记中。“非常困难的一天！”这是1941年圣诞节日记的开头一句话。一直到新年以后，他在日记中记述俄国军队的历次突破和德军所遇到的严重情况时，都用上了这一类词句。

> 12月29日。又是危急的一天！……元首和克鲁格在长途电话中做了紧张的谈话。元首禁止第四军团北翼继续后撤。第九军团情况岌岌可危，该军团的指挥官们显然已不知所措。中午，克鲁格慌慌张张地打来一个电话。第九军团请求撤退到勒热夫后面……
>
> 1942年1月2日。激战的一天！……第四军团和第九军团情况十分危急……俄国军队已突破小雅罗斯拉夫韦茨北面的阵地，把前线撕开一个大缺口，目前还看不出有重建防线的办法……由于这种情况，克鲁格要求批准撤出深陷在敌后的阵地。与元首展开激烈争辩，元首仍坚持他的意见：不论后果如何，必须保持现
> 868 有阵地……
>
> 1月3日。小雅罗斯拉夫韦茨和博罗夫斯克之间的防线已被突破，情况越发危险。屈布勒*和博克十分激动，要求批准撤出北

---

* 克鲁格任中央集团军司令以后，所遗第四军团司令一职由屈布勒将军于12月26日继任。屈布勒尽管是个强悍的军人，但也受不了这种紧张，在职只三个星期，便由海因里西将军接替了他的职务。

路正在崩溃的阵地。元首怀疑手下的将领是否有勇气做出困难的决定，发了一顿脾气。但是部队在零下30摄氏度的严寒中明明是无法守住阵地的。元首下令：他会亲自来决定是否有必要继续撤退……

但是到了这个时候，这种事情的决定权，已不在元首而在俄国军队手中了。希特勒能勒令德国军队拼死守住阵地，但是他再也阻挡不了苏联军队的前进，正跟克努特王不能阻挡潮水涌来一样。* 有一次，在惊慌之中，陆军总司令部有些军官建议，使用毒气也许可能扭转局势。哈尔德在1月7日的日记上写道："奥赫斯纳上校劝我对俄国人开始进行毒气战。"也许由于天气太冷了，总之这项建议没有下文。

1月8日是哈尔德在日记上记载的"万分危急的一天"。"苏希尼奇［在莫斯科西南］的突破，使克鲁格的处境更困难了。因此他坚持要求撤出第四军团。"这位陆军元帅给希特勒和哈尔德打了一整天的电话，坚持要求撤退。到了晚上，元首才勉强同意了。他批准克鲁格"逐步地"后撤，"以便保护部队的联络"。

原定要在莫斯科庆祝圣诞节的德国军队，现在在这一整个可怕的冬天，却被俄军逐步地，有时是迅速地击退，此外，也因为恐怕遭到俄军的包围和突破而退却。到2月底，德军已退到离莫斯科75英里到200英里的地方。哈尔德在2月将尽时，在日记中记下了这次冒险进攻俄国失败的兵员损失数字。他写道，到2月28日为止，兵员损失共计1 005 636人，相当于他的全部兵力的31%。其中死亡202 251人，受伤725 642人，失踪46 511人（冻伤112 627人）。这还不包括匈牙利、罗马尼亚和意大利部队在俄国的重大损失。

---

* 克努特王（约公元995—1035）是丹麦、英国和挪威的国王。据说有一次他坐在海边下令潮水不要向他涌来，这当然没有效果。于是他讽刺左右的佞臣说，他们虽口口声声称他大王，但他并不能阻挡住潮水。——译者

春天到来，冰雪消融，漫长的战线上平静了一个短暂时期。希特勒和哈尔德开始忙于筹划向前方调派生力军，调派更多的坦克、大炮，以便重新发动攻势——至少在前线的一部分地区发动攻势。德国军队在广大的战线上再也没有发动全面进攻的力量了。严寒的冬天所造成的损失，特别是朱可夫的反攻，使全面进攻的希望破灭了。

869 但是我们现在知道，希特勒早就意识到，他要想征服俄国的这一场赌博已经失败了，不仅在六个月的时间内办不到，而且永远办不到了。哈尔德在1941年11月19日的日记中记下了元首向最高统帅部几个军官所做的一次长篇“训话”。希特勒在德国军队离莫斯科只有几英里而且正在死命进攻这座城市时，便已经放弃了在年内打败俄国的希望，而在打第二年的主意了。哈尔德记下了元首的打算。

> 明年的目标。首先拿下高加索。目的：俄国南方边疆。时间：3到4月。北路方面，今年战事结束以后，沃洛格达或高尔基，* 时间只能在5月底。
>
> 明年还有什么目标，尚待决定。一切将看铁路运输的能力而定。关于将来要建立一堵“东壁”的问题也待以后决定。

如果苏联要被消灭的话，就用不着建立什么“东壁”。看来，哈尔德在听着最高统帅继续往下谈的时候，对这一点是动过脑筋的。

> 总的来说［他最后写道］，给人的印象是，希特勒现在已认识到任何一方都不能消灭对方，并认识到这种情况将导致和平谈判。

对这位纳粹征服者来说，这一点认识一定是起了当头棒喝的作用

---

* 沃洛格达在莫斯科东北300英里，为通往阿尔汉格尔铁路上的重镇。高尔基在莫斯科正东300英里。

的。六个星期以前，他还在柏林发表过广播演说，“毫无保留地”宣布俄国已被“打垮，再也不能站起来了”。他的计划已经给打得粉碎，他的希望已经化为泡影。两个星期以后，12月6日，当德国军队在莫斯科郊外给击退回来的时候，他的计划和希望更进一步破碎了。

次日，1941年12月7日是星期日，在地球的另一边，发生了一件事，把希特勒轻率地挑起的欧洲战争变成为一场世界大战。这场世界大战将要决定他和第三帝国的命运，尽管希特勒自己这时还不能意识到这一点。日本轰炸机袭击了珍珠港。第二天，*希特勒赶忙从他在“狼穴”的大本营乘火车回到柏林，他曾经对日本庄严地许下秘密的诺言，现在已到了履行这个诺言——或者是翻悔——的时候了。 870

注　释

1.《纳粹的阴谋与侵略》，第6卷，第905—906页（纽伦堡文件C-74）。德文全文，《主要战犯的审讯》，第34卷，第298—302页。

2. 哈尔德报告（油印稿，纽伦堡）。

3.《纳粹的阴谋与侵略》，第6卷，第929页（纽伦堡文件C-123）。

4. 同上，第931页（纽伦堡文件C-124）。

5. 布鲁门特里特将军在《致命的决定》一书中的文章，该书由西摩·弗赖丁和威廉·理查逊编辑，第57页。

6. 李德·哈特：《德国将领谈话录》，第147页。

7. 同上，第145页。

8. 哈尔德报告。

9. 海因茨·古德里安：《装甲部队的领导人》，第159—162页。本章和以后几章所提到的页数是白兰丁出版社平装本中的页数。

10. 布鲁门特里特文章，载《致命的决定》，第66页。

11. 伦德施泰特提审记录，1945年。由舒尔曼援引，见《西方的溃败》，第68—69页。

12. 古德里安：《装甲部队的领导人》，第189—190页。

13. 同上，第192页。

14. 同上，第194页。

15. 同上，第191页。

16. 同上，第199页。

---

* 希特勒的活动和行踪都记在他的记事日历上，这些记事日历也在缴获的文件中。

17. 戈利茨：《德军总参谋部》，第403页。
18.《戈培尔日记》，第135—136页。
19.《希特勒秘密谈话录》，第153页。
20. 哈尔德：《统帅希特勒》，第45页。
21.《纳粹的阴谋与侵略》，第4卷，第600页（纽伦堡文件1961-PS）。
22. 布鲁门特里特文章，见《致命的决定》，第78—79页。
23. 李德·哈特：《德国将领谈话录》，第158页。

第二十五章
轮到了美国

阿道夫·希特勒对日本的轻率的诺言，是他在柏林与亲轴心的日本外相松冈洋右经过一系列会谈之后做出的。时间是在1941年春天，正是德国对俄国发动进攻前不久。我们从缴获的德日会谈记录中，可以追溯出希特勒又一个重大的估计错误的来龙去脉。这份记录和纳粹在这段时期的其他文件表明，元首是多么无知，戈林是多么狂妄，里宾特洛甫是多么愚蠢，以至于他们不能了解美国的潜在军事力量——这是第一次世界大战期间威廉二世、兴登堡和鲁登道夫曾经犯过的错误。

希特勒对美国的政策从一开始就存在着一个基本的矛盾。虽然他根本瞧不起美国的军事力量，但在战争的头两年中，却仍然尽力使美国不卷入战争。正如前文所述，使美国不卷入战争，是德国驻华盛顿大使馆的主要任务。他们用尽一切手段，包括贿赂国会议员、试图津贴作家和资助“美国第一委员会”，来支持美国孤立主义者，使美国在战争中不参加到德国的敌人方面。

希特勒十分懂得，只要美国由罗斯福总统领导一天，希特勒的征服世界、与意大利和日本瓜分地球的狂妄计划就一天不得实现。他在私下谈话时把这一点说得很清楚。他认为，早晚要对付美国，而且用他的说法，要“狠狠地”对付。但是一次只能对付一个国家，这是他的战略迄今得到成功的秘诀。对付美国的时候一定会到来，但只有在打败英国和苏联之后才能这么做。到那时候，他将在日本和意大利的帮助之下，对付暴发户美国人。胜利了的轴心国家将轻而易举地使孤立无援的美国人屈服在它们的淫威之下。

希特勒尽力想在对美国下手的准备工作就绪之前，使美国不卷入
871 战争；要做到这一点，日本是关键所在。1940年3月11日，里宾特洛甫曾对墨索里尼指出，日本拥有牵制美国的力量，它可以阻止美国像在第一次世界大战那样出兵欧洲对德国作战。[1]

在战争期间，希特勒和里宾特洛甫与日本人打交道时，最初特别强调不要惹得美国放弃中立的重要意义。到1941年初，他们特别急切地想把日本拖进战争，不是去打美国，更不是打他们马上就要进攻的俄国，而是去打显然快要战败，但仍不肯屈服的英国。1941年初，德国加紧对日本施加压力。2月23日，里宾特洛甫在萨尔茨堡附近的富施尔霸占来的宅邸里，接见了日本大使大岛浩将军。这位大使性情暴躁，常常使作者认为他是一个比纳粹党人还要地道的纳粹分子。里宾特洛甫对客人说，战争虽已取得胜利，但是日本“为了自身利益”，应该“尽快”参战，占领大英帝国在亚洲的领土。

> ［他继续说道］日本的突然出兵，一定可以阻止美国参战。美国目前还没有武装起来，它不会愿意它的海军在夏威夷以西遭到危险。在日本出兵的情况下，美国参战的可能性更小。日本只要在其他方面尊重美国的利益，罗斯福即使拿什么丧失威望的论据来说服美国人打仗，也是不可能的。如果美国在日本进占菲律宾时也不得不袖手旁观，那么它就很不可能宣战。

里宾特洛甫又说，美国即使真的参战，“也绝不会对三国条约的

国家的最后胜利产生多大危险”。日本舰队一定会轻而易举地打败美国舰队，战争将以英国和美国的垮台而迅速结束。这样的话对这位性情暴躁的日本大使是十分动听的，所以里宾特洛甫大讲特讲。他劝日本在华盛顿正在举行的谈判中，态度要坚决，“说话要干脆”。

> 美国只有在认识到他们面对的是坚定不移的决心以后，才会后退。美国人民……不愿意牺牲自己的子弟，因此是反对参战的。美国人民本能地感到，罗斯福和幕后操纵的犹太人是在无缘无故地把他们拉进战争中去。因此，我们对美国的政策一定要干脆、坚定……

纳粹外交部长还提出一点警告。这个警告也曾对佛朗哥提过，但是可悲地没有产生作用。

> 德国一旦受到削弱，用不着多久，日本就将发现它自己处于全世界的围攻之中。我们坐的是一条船。现在是决定我们两国未来几世纪命运的时刻……德国的失败也就是日本帝国的理想的告终。[2] 872

1941年3月5日，希特勒发布了一项称作“关于与日本合作的第二十四号基本命令”的绝密指示，把他的对日新政策通知了军事将领和外交部的高级官员。[3]

> 在三国条约基础上的合作必须以尽早促使日本**在远东采取积极行动为目标**。若能做到这一步，英国的强大力量将受到牵制，美国利益的重心将转移到太平洋……
>
> 作战的**共同目标**主要在于迫使英国迅速屈服，从而使美国不能参战。

> **占领新加坡**这个英国在远东的战略重镇，肯定地意味着我们三大强国取得了整个作战中一项决定性胜利。*

希特勒还敦促日本占领英国的其他海军基地，甚至在“一旦不能阻止美国参战时”，占领美国的基地。希特勒在指示的最后部分命令：“千万别让日本得知‘巴巴罗萨’计划的消息。”盟国日本与盟国意大利一样，不过是德国实现野心的工具，它们的政府都不能使元首推心置腹地把他的进攻俄国的打算透露给它们。

两个星期以后，即3月18日，海军元帅雷德尔在同希特勒、凯特尔、约德尔开会时，强烈地要求迫使日本赶快进攻新加坡。雷德尔解释说，现在是千载难逢的大好时机，因为“整个英国舰队已受到牵制，美国对日本进行战争还没有准备好，美国舰队的力量也赶不上日本”。这位海军元帅说，攻下新加坡，就可以“解决涉及英美两国的其他一切亚洲问题”，同时，自然也可使日本得以避免与美国发生战争，如果日本希望避免的活。这位海军元帅认为，在这个问题上只有一个障碍，在他提起这一点时，希特勒一定是大皱眉头的。雷德尔警告说，根据海军情报，日本只有在“德国开始登陆英国以后”，才肯在东南亚对英国采取行动。在这次会议的海军方面的记录中，没有记载希特勒是如何回答这个问题的。雷德尔肯定知道最高统帅既没有在今年登陆英国的计划，也不存这种希望。雷德尔还提了另外一件事，元首未置可否。他“建议”“把对俄国的打算告诉”松冈洋右。[4]

日本外务相现在正在取道西伯利亚和莫斯科前往柏林途中。一路
873 上，如赫尔国务卿所说，† 他发表了好战的亲轴心的谈话。3月26日，

---

* 着重体是希特勒原来用的。

† 这句话是赫尔在3月14日对日本新任驻华盛顿大使野村海军上将说的。当时罗斯福先生也在场。野村回答说，松冈的“大声谈论是说给国内听的，因为他有政治野心”（《科德尔·赫尔回忆录》，第2卷，第900—901页）。

他到达德国首都。当时正是希特勒感到十分狼狈的时候，因为那天夜间贝尔格莱德发生政变，南斯拉夫的亲德政府被推翻了，元首正忙于制订镇压这个难以驾驭的巴尔干国家的新计划。因此他要等到27日下午才能接见日本客人。

第二天上午，里宾特洛甫与松冈会谈，他的谈话不过像放了一阵留声机旧唱片，这种唱片是专门用在这种场合，放给这类客人听的。只不过话说得比往常更愚蠢，而且还不让短小精悍的松冈插嘴。这在施密特博士记录的长篇会谈秘密记录中可以看得清清楚楚（这份记录现在是缴获的外交部文件之一）。[5]"这场战争，轴心国家是赢定了，"里宾特洛甫宣称，"英国认输只不过是时间问题。"接着他就催促日本"赶快进攻新加坡"，因为这将是"早日打倒英国的一个具有极大决定意义的因素"。面对着这样一个自相矛盾的说法，这位矮小的日本客人眼睛眨也没有眨一下。施密特回忆说："他不动声色地坐着，对这种奇怪的谈话究竟有什么印象，丝毫也没有透露。"[6]

谈到美国的问题，里宾特洛甫说道：

> 毫无疑问，若不是罗斯福总是给丘吉尔打气，英国早就不会打下去了……三国条约的一个首要目标就是威吓美国……阻止它参战……我们必须用尽一切办法，阻止美国积极参加到战争中来，并且阻止它过于有效地援助英国……一旦拿下新加坡，阻止美国参战也许就大有希望，因为美国是不能冒险把舰队派到日本海面去的……这样一来，罗斯福的处境就十分困难了……

尽管希特勒有过规定，不要把德国即将进攻俄国的事告诉松冈——为了防止泄露消息，这样做是必要的，但是我们就要看到，这给德国带来了灾难性的后果——里宾特洛甫还是做了若干泛泛的暗示。他告诉客人，德国和苏联的关系是没有毛病的，但是不大友好。

1941年，日本外务相松冈洋右访问德国。

而且，如果俄国威胁德国的话，“元首就要消灭俄国”。他又说，元首深信，如果打起来的话，“几个月之内，俄国就不存在了”。

施密特说，松冈听了这番话，眨一眨眼睛，满脸显出惊讶神情。里宾特洛甫这才赶忙叫他放心，说他不相信“斯大林会采取不明智的政策”。施密特说，在这当儿，里宾特洛甫被希特勒叫去讨论南斯拉夫危机问题，按说他应该举行正式午宴招待贵宾的，竟也忙得顾不上了。

874 下午，希特勒在下定了消灭另一个国家（南斯拉夫）的决心以后，对日本外务相做工作了。他开始说道：“英国已经输掉了战争，问题只在于英国能不能明智地输。”现在，英国还抓着两根救命草：俄国和美国。希特勒在谈到苏联问题时，比里宾特洛甫谨慎一些。他说，他不相信会发生与俄国打仗的危险。归根到底，德国有着大约160个师到170个师的兵力“可用于防备俄国”。至于美国，他说：

美国的面前摆着三条路：它可以武装自己，它可以支援英国，它也可以在另一条战线上作战。如果它援助英国，就不能武装自己。如果它抛开英国不管，英国就要被打垮，那时美国就会发现自己处于单独同三国条约国家作战的境地。但是，美国要想在另一条战线上作战，是绝对不可能的。

因此，元首最后说道，“任何人都不能想象得出”日本在太平洋动手有比现在更好的机会了。他竭力夸张地说：“这样的时机，一去难得再来。这是历史上千载难逢的机会。”松冈表示同意，但是提醒希特勒说，可惜他“做不了主。此刻他不能代表日本帝国做出肯定采取行动的保证”。

但是希特勒这个绝对的独裁者却能够做出保证，并真的在4月4日对日本做出了保证，这是在十分随便而且谁也没有要求他这么做的情况下做出的，是在松冈拜访了墨索里尼回到柏林以后。* 这第二次会谈，是在纳粹进攻另两个无辜的国家南斯拉夫和希腊的前夕举行的。这天，元首沉浸在一片好战的心情中，他急切地希望取得新的轻易的胜利，急切地希望对贝尔格莱德报仇。他说，虽然他认为与美国开战是“不合宜的”，但他已经把“它包括在他的估计之内”。不过他并不认为美国的军事力量有什么了不起。†

德国为了阻止美国人在欧洲登陆，已做了种种准备工作。它将用潜艇、飞机对美国进行一场激战，德国有丰富的战争经 875

* 松冈告诉希特勒，墨索里尼曾对他说，“美国是头号敌人，苏联只能算作二号敌人”。

† 他对美国的奇怪想法——希特勒到了这个时候对他自己的纳粹宣传也相信起来了——在1941年8月末他与墨索里尼在俄国前线的一次谈话中再次暴露出来。意大利方面的记录间接援引他的话道：“元首详细地叙述了那个包围罗斯福的剥削美国人民的犹太集团的情况。他说，在美国那样的国家，他无论如何一天也生活不下去。美国的生活概念浸透了最贪得无厌的商业主义，美国根本不喜欢像音乐之类表现人类最高尚情操的东西。”（《齐亚诺外交文件集》，第449—452页）

验……美国绝不是它的对手，且完全不说德国士兵显然远远胜过美国人这一事实。

这样的吹牛使他无法不做出致命的保证。施密特在会谈记录中记了下来：

如果日本与美国发生冲突，德国方面将立即采取必要的步骤。

从施密特的记录中可以清楚看到，松冈并没有充分体会到元首所做保证的重要意义，因此希特勒又说了一遍。

正如他已经说过的，一旦日美两国发生冲突，德国将立即参加。[*]

希特勒不仅对这个随便做出的保证付出了昂贵的代价，而且，还因为没有把他在占领巴尔干以后立即要进攻俄国的意图告诉日本而付出了昂贵的代价。松冈在3月28日的一次谈话中，转弯抹角地问里宾特洛甫，在他回国途中，要不要"在莫斯科停留，以便与俄国人就签订互不侵犯条约或中立条约的问题进行谈判"。呆头笨脑的纳粹外交部长满不在意地回答说，松冈"在莫斯科如果可能就不必提这个问题，因为这个问题也许和当前形势不完全适应"。他并没有十分了解未来事件的意义。可是在第二天，他的木头脑袋想明白了这一点，在这天的谈话中他一开头就谈起这个问题。跟希特勒即将于4月4日随便地做出保证一模一样，他在谈话开始时先提出了保证：一旦俄国

---

* 着重体是作者用的。

进攻日本，“德国将立即投入战斗”。他说，他之所以做出这项保证，“为的是让日本放心地向南进攻新加坡，而不必担心俄国的牵制”。松冈最后谈到他前来柏林路过莫斯科时，曾向苏联建议签订一个互不侵犯条约，并暗示说俄国人颇有赞同的意思。里宾特洛甫听了，又毫不在意，只是劝松冈对这个问题“表面上敷衍一下”。

但是日本外务相在返国途中一到莫斯科，就和斯大林签订了一个中立条约。预见到这个条约后果的德国驻苏大使冯·德·舒伦堡，曾把条约的内容用电报通知柏林。它规定如一方卷入战争，另一方将保持中立。这个条约是在4月13日签字的。这是日本一直信守到底的唯一条约，虽然后来德国方面劝告日本不要遵守这个条约。因为到了1941年夏末，纳粹就要央求日本进攻符拉迪沃斯托克，而不是进攻新加坡或马尼拉了！

尽管如此，希特勒最初并没有了解到《苏日中立条约》的意义。 876
4月20日，当雷德尔向希特勒问起这件事时，希特勒说，这项条约是“在德国默许之下”订立的，并说他欢迎这个条约，“因为这么一来日本就不能随意对符拉迪沃斯托克采取行动了，应该引它去进攻新加坡”。[*7]希特勒这时深信德国能在当年夏天消灭俄国。他不想让日本在这项盖世武功中与他平分秋色，正如他过去不愿意与意大利分享征服法国的果实一样。他也有绝对的自信，可以用不着日本的帮助就能打败苏联。里宾特洛甫道出了他的主子的这种思想。他在3月29日对松冈说，一旦俄国逼得德国“动手打起来”，“如果日本军队无法进攻俄国，他认为是恰当的”。

---

* 苏日两国在莫斯科签订中立条约的消息使华盛顿人士甚为震惊。罗斯福和赫尔的看法与希特勒的看法相似——他们也认为，这个条约签订以后，将使日本把原来准备用于对付俄国的部队调出来，到南方进攻英国的属地，说不定还要进攻美国的属地。舍伍德透露说，4月13日，当签订这项条约的消息传到华盛顿时，罗斯福总统放弃了原定在西大西洋用美国海军舰只进攻德国潜艇的计划。后来他发布的一项新的命令，只是要求美国军舰报告德国海军舰只在冰岛以西的动向，而不要进行攻击。这是由于考虑到日苏新签订的中立协定已使太平洋形势十分严重，而不能在大西洋上冒太多的风险（罗伯特·E. 舍伍德：《罗斯福与霍普金斯》[*Roosevelt and Hopkins*]，第291页）。

松冈洋右在结束与德国的会谈返日途中于莫斯科签订《苏日中立条约》。

但是，不到三个月，希特勒和里宾特洛甫对这个问题的看法却有了意想不到的、极大的转变。1941年6月28日，即纳粹军队大举进犯俄国之后的第六天，里宾特洛甫打电报给德国驻东京大使欧根·奥特将军，要他尽一切力量促使日本从背后迅速袭击俄国。电报指示奥特要利用日本人抢夺领土和财富的贪欲，同时力陈这是使美国保持中立的最好办法。

> ［里宾特洛甫解释说］我们可以希望，迅速打败苏俄——特别是如果日本在东方采取行动的话——最足以说服美国使其相信，跟完全孤立的英国站在一边、与世界上最强大的联盟相对抗，是徒劳无益的。[8]

松冈是赞成立即进攻俄国的，但是东京政府并不接受他的看法。政府的态度似乎是这样：如果德国果真像他们自己所说的那样能迅速打败俄国，他们就不会需要日本的帮助。可是，东京方面对纳粹能否取得闪电式的胜利尚难肯定，这就是他们所以采取上述态度的真正原因。

但是里宾特洛甫仍不死心。7月10日，正是德国对俄国的进攻势如破竹的时候（我们在前边谈过，甚至连哈尔德也认为胜利已经到手 877
了），纳粹外交部长在东线所乘的专车上给德国驻东京大使发去一份电报，重新提出更强烈的要求。

> 既然像日本驻莫斯科大使所报告的那样，俄国实际上已处于崩溃边缘……日本就绝不可能在完成军事准备工作之后不解决符拉迪沃斯托克和西伯利亚地区的问题……
>
> 我要求你用一切办法继续要求日本尽早参加对俄国的战争……日本参战越早越好，德日两国的目标当然仍是在冬季到来之前，在西伯利亚大铁路上会师。[9]

这样一个令人头晕目眩的大好前景，并没有能打动军国主义的日本政府。四天以后，奥特大使回答说，他仍在尽一切力量说服日本方面尽早进攻俄国。他说松冈是完全赞同的，但是东京的内阁中“障碍很大”，[10]奥特必须对之进行斗争。事实上，性情暴躁的松冈不久就给排挤出内阁。他的去职，使德国暂时失去了一个最好的友人。尽管我们不久将要看到，柏林和东京后来又恢复了比较密切的关系，但是无论如何也没有能密切到使日本人相信，帮助德国进攻俄国是明智的。希特勒又一次在自己擅长的惯技上，输给了一个狡猾的盟友。*

---

* 这年整个秋天（以后两年中还有好几次），里宾特洛甫一直努力劝诱日本夹攻俄国，但是东京政府都拒绝了，答复很彬彬有礼，实际上就是说：“实在对不起，请原谅。”

这年整个夏天，希特勒一直没有死心。8月26日，他对雷德尔说，他“相信日本在兵力一经集中以后，便将立即进攻符拉迪沃斯托克。日本人现在之所以不动声色，我看是为了便于顺利地集结兵力和突如其来地发起进攻”。[11]

（转下页）

“避免与美国发生事件！”

由于日本自己也有烤着的栗子取不出来，它坚决不肯为希特勒从俄国的火中取栗，因此对德国来说，在征服苏联以前，不让美国卷入战争，就成为更加重要的事情了。在1941年夏天，元首深信德国可以
878 在冬季到来以前把苏联征服。

很久以来，德国海军一直不满意希特勒限制他们的活动，不许他们破坏美国对英国的货运，对抗美国海军舰只在大西洋上对德国潜艇和海面舰只越来越厉害的敌对行动。纳粹的海军将领比心思局限在陆地上的希特勒看问题看得远。他们几乎从一开始便看到美国参战必不可免，并力劝最高统帅对此要早做准备。1940年6月法国战败以后，雷德尔在戈林的支持下，便立即敦促希特勒夺取法属西非，更重要的是占领大西洋上的冰岛、亚速尔群岛、加那利群岛等岛屿，以防止美国占领这些岛屿。希特勒表示颇有兴趣，但是他要先进攻英国和征服俄国，然后再对付已处于绝望境地的暴发户——美国人。参谋总部的男爵冯·法尔肯施坦因少校，在一份绝密的备忘录中透露了希特勒在1940年夏末的观点。

> 元首现在正在忙于考虑占领大西洋诸岛的问题，其目的在于日后对美国进行战争，此间也已开始考虑这个问题。[13]

由此可见，问题已不在于希特勒想不想对美国进行战争，而在于

（接上页）

日本档案文件透露了东京在这个令人为难的问题上是如何对德国虚与委蛇的。例如8月19日，当奥特大使向日本外务次官问起日本出兵俄国的问题时，外务次官回答说：“进攻俄国这类问题对日本来说是一个极端严重的问题，得三思而行。”8月30日，越来越不耐烦的奥特大使向外相丰田副武海军上将提出一个问题：“请问日本有没有参加苏德战争的可能性？”丰田回答说：“日本现在正做准备，完成准备工作还需一些时间。”[12]

选定什么时候发动战争。第二年春天，发动战争的日期在元首心里已经有点谱儿了。1941年5月22日，雷德尔海军元帅与最高统帅会商，悲哀地报告说，海军“不得不打消占领亚速尔群岛的计划”，原因很简单：力量不够。但是到了此刻，希特勒对这项计划的兴趣却大起来了。据雷德尔的秘密札记所载，[14] 希特勒的回答是这样的：

> 元首仍然赞成占领亚速尔群岛，以便远程轰炸机可以从那里起飞去轰炸美国，可能在秋天就会有这样的需要。*

这就是说，在击溃苏联以后，然后就轮到美国了。两个月以后，7月25日，正当对苏攻势进入高潮之时，希特勒对晋见他的雷德尔更明确地谈了这个问题。据雷德尔的笔记：希特勒对他说，“东方战事结束以后，他将保留对美国采取严厉行动的权利”。[15] 希特勒对这位海军首领又强调说，但是在此以前，他仍然希望“避免美国宣战……这是因为考虑到陆军正在进行紧张的战斗”。

雷德尔不满意这种主张，事实上，他的日记中（现在可以从缴获
的文件中看到）关于同希特勒会见的记载，都流露出他对元首抑制德 879
国海军的做法的日益不耐烦的情绪。每一次会见时，他都想改变希特
勒的看法。

这年年初，2月4日，雷德尔向希特勒呈送了一份备忘录。在这份备忘录中，海军方面表示十分怀疑让美国继续像现在这样中立下去对德国的价值。实际上，海军将领们都认为，美国参战如能促使日本成为轴心方面的一个交战国，反而“对于德国的战争努力是有利的”。[16] 但是纳粹独裁者并没有为这种论点所打动。

雷德尔泄气极了。这时“大西洋战役”正酣，德国没有占上风。

---

* 其实德国并没有远程轰炸机能从亚速尔群岛飞到美国海岸，更不用说能飞回来。从这点可以看出此时希特勒的反常心理：他幻想有并不存在的“远程轰炸机”。

美国根据《租借法案》提供的大批物资源源运到英国。“泛美中立巡逻”使德国潜艇越来越难以进行有效的活动。雷德尔把这些情况都向希特勒一一指出，但是没有收到多大效果。3月18日，他又晋见希特勒，报告说，开向英国的美国货船得到美国军舰护航，一直到冰岛。他请求授权让他不经警告而攻击美国军舰。他要求采取一定措施，以防止美国在法属西非获得立足点。他说，美国如果获得立足点，“是十分危险的”。希特勒听了回答说，他将与外交部（不是任何其他单位而是外交部！）磋商这些问题。这不过是搪塞推托海军将领们的一个办法。[17]

这年整个春天和初夏，他一直搪塞推托。4月20日，雷德尔又向他请求准予“按照海上截夺惯例，对美国商船开火”，[18] 希特勒也拒绝了。美德军舰的第一次正式有记录的冲突，是在4月10日发生的。这天美国驱逐舰“涅布拉克号”对一艘有进攻迹象的德国潜艇发射了深水炸弹。5月22日，雷德尔带着一份长篇备忘录回到了伯格霍夫，他建议对罗斯福总统的不友好行动采取反措施，但是没有能打动他的最高统帅。

> 元首认为［海军元帅写道］，美国总统的态度仍在未定之中。在任何情况下他都不希望发生会导致美国参战的事件。[19]

俄国战役爆发以后，避免与美国发生事件的理由就更多了。6月21日，对苏发动进攻前夕，希特勒又对雷德尔着重地谈了这个问题。这位海军元帅曾兴高采烈地对他报告，U-253号潜艇在北大西洋德国宣布的封锁区内发现了美国战斗舰“得克萨斯号”和随行的一艘驱逐舰之后，如何“跟踪前进，准备进攻”。他又说:“凡是涉及美国的事情，坚定的行动往往比明显的让步更为有效。”元首同意他所说的原
880 则，但是不同意这一具体行动，并且再次对海军提出告诫。

元首详细说明，他希望在“巴巴罗萨”计划有相当进展之前，避免与美国发生任何事件。几个星期以后，局势就会更加明朗起来，并且可望对美国和日本产生有利于我的影响。到那个时候，美国由于受到日本的威胁的增加，便会不那么想参战。因此，如果可能的话，今后几个星期内，必须停止在封锁区内对海军船只进行任何攻击。

雷德尔试图争辩说，在夜间是很难辨别出是敌舰还是中立国家的舰只的。希特勒没让他把话说完，便责成他发布避免与美国发生事件的新命令。于是，这位海军首领当晚便发布命令，停止对“封锁区内外”**任何**军舰进行攻击，除非确定是英国军舰。对空军也下达了同样的命令。[20]

7月9日，罗斯福总统宣布美国军队将接替英国对冰岛的占领。柏林方面迅速做出强烈的反应。里宾特洛甫致电东京指出：“美国军队帮助英国，侵入了我们已正式宣布为战区的地方，这本身就是对德国和欧洲的侵略行为。”[21]

雷德尔急忙赶到“狼穴”，元首正在那里指挥着他在俄国的部队。雷德尔要求希特勒对这样一个问题做出决定：“应该把美国占领冰岛看作参战，还是看作一种应该不予理睬的挑衅行为。”在德国海军看来，美国登陆冰岛是一种战争行为。海军在一份长达两页的备忘录中，请元首注意罗斯福政府对德国犯下的其他各种“侵略”行为。海军还要求有权在必要时可以在护航区内击沉美国货船和进攻美国军舰。* 希特勒没有同意。

［雷德尔在关于这次会见所写的报告中说道］元首详细解释

* 这里可以提一下：雷德尔海军元帅在纽伦堡法庭上坚持说，他当时是尽了一切办法避免刺激美国参战的。

说，他迫切希望美国的参战能再推迟一两个月。一方面因为东线战事需要投入空军的全部力量……他不希望分散空军力量，哪怕只是一部分；另一方面，在东线作战如能获胜，将对整个局势起巨大的影响，说不定还能对美国的态度起巨大的影响。因此，他暂时不希望改变现行命令，而是希望切实避免发生事件。

雷德尔又争辩说，他手下的海军指挥官们如果出于“误会”而袭击美国船只，不能要他们负责。希特勒反驳说，至少在遇到军舰时，
881 海军要先“确实判明”是敌舰以后才能进行攻击。为了使海军将领们正确领会他的意思，元首于7月19日发布了一项特别命令，规定“在扩大的作战区域内的美国商船，不论是单独航行还是在英美护航队中航行，如果在使用武力以前即已判明为美国商船者，不得进行攻击”。在美国也已承认是不可入内的封锁区中，可以袭击美国商船。但是希特勒在他的命令中又特别规定：这个作战区“**不**包括美国到冰岛之间的航路”。“不”字下面有希特勒自己画的着重线。[22]

但是正如雷德尔所说，“误会”是不可避免的。5月2日，一艘潜艇击沉了开往南非的美国货船“罗宾·莫尔号”，击沉的地点在德国封锁区外很远的地方。临近夏末时，又有两艘美国商船遭到鱼雷袭击。9月4日，一艘德国潜艇向美国驱逐舰“格利尔号”发射了两颗鱼雷，都未命中。一个星期以后，9月11日，罗斯福在一次演说中对这次攻击作出反应，他宣布已下令海军“一发现就开火”，同时警告说，轴心国家的舰只如进入美国防区，那就是“自冒风险”。

这篇演说把柏林惹火了。纳粹报刊把罗斯福骂作“头号战争贩子”，里宾特洛甫在纽伦堡回忆说，当时希特勒“非常激动”。但是，等到9月17日下午，雷德尔海军元帅到达东线大本营“狼穴”，力劝希特勒对“一发现就开火”的命令断然采取报复措施时，元首的怒气已经平息了。海军元帅向他请求说，现在应该对德国海军解除不得进

攻美国船只这一禁令了，但是最高统帅的回答仍然是斩钉截铁的一个“不”字。

> ［雷德尔在关于这次谈话的记录中写道］对俄国的战事看来到9月底可以定局了，因此元首要求谨慎从事，在10月中旬以前，在对商船航运的作战中，避免发生任何事件。

雷德尔忧伤地写道：“因此，海军总司令和潜艇舰队司令［邓尼茨海军上将］撤回了他们的建议。必须把暂时按照原先发布的命令行事的理由通知各潜艇。”[23]从当时形势来看，希特勒一定是用了非凡的克制能力才做到这一步的。但是，对于那些年轻的潜艇舰长来说，他们在北大西洋的惊涛骇浪中执行任务，不断遭到日益奏效的、美国海军舰艇也常常参加的英国反潜艇措施的骚扰，要他们这样进行自我克制显然是更加困难了。7月间，希特勒对雷德尔说，如果有一个潜艇舰长“出于误会”击沉了美国船只的话，他绝不会查究。11月9日，他在慕尼黑那个人所共知的啤酒馆里，对“纳粹党元老”做每年一次的讲话时，对罗斯福的演说做了回答。

> 罗斯福总统已经下令他的舰只，一经发现德国舰只立即开
> 火。我已命令德国舰只在遇到美国舰只时**不要**开火，但在遭到攻 882
> 击时进行自卫。任何德国军官如果没有采取自卫行动，我将把他送交军事法庭审判。

11月13日，他又发布一项新的指令，命令德国潜艇在尽力避免与美国海军交战的同时，在受到攻击时必须进行自卫。[24]

潜艇当然早已这样做了。10月16日夜间，美国驱逐舰“克尔纳号”在援助遭受德国潜艇袭击的护航队时发射了深水炸弹，德国潜艇

对它发射鱼雷作为报复。船员11名死亡。这是美国在对德国的不宣而战的战争中的第一批伤亡。* 紧接着就有了更多的伤亡。10月31日，美国驱逐舰“卢本·詹姆斯号”在执行护航任务中被鱼雷击沉，全舰145名人员中牺牲了100名，包括全部7名军官。这样，在最后正式宣战以前很久，一场真枪实弹的战争就已开始了。

日本自有打算

前边已经说过，希特勒给日本派定的任务，不是让美国参加到战争中来，而是使它置身于战争之外，至少要暂时做到这一点。他知道，如果日本拿下新加坡，威胁印度，这就不仅对英国是一个严重打击，而且也会把美国的注意力——以及一部分力量——从大西洋转移到太平洋去。甚至在他请求日本进攻符拉迪沃斯托克之后，他仍然认为日本这样做不仅可以帮助他打垮俄国，而且是可以进一步压迫美国继续保持中立的一种手段。说来奇怪得很，不论希特勒本人还是其他任何德国人，似乎从来没有想到过，日本另有它自己的一套打算。他们一直到很久以后才明白，日本在没有摧毁美国太平洋舰队、消除后顾之忧之前，是不敢在东南亚对英国、荷兰发动大规模进攻的，更不用说从背后进攻俄国了。不错，纳粹征服者对松冈做过保证，说一旦日本与美国交战，德国一定跟着参加，可是现在松冈已经下野了。此外，希特勒也曾经常不断地要求日本避免与美国发生直接冲突，集中力量对付英国和苏联，因为英国和苏联的抵抗使希特勒无法赢得这场战争。这些纳粹统治者不明白，日本可能首先考虑的是对美国进行直

---

* 10月27日罗斯福在海军节的演说中谈到这次事件时说道：“历史已经记录了到底是谁开的第一枪。”平心而论，从发射深水炸弹这一点说，似乎是美国首先开火的。据德国海军机密记录记载，这次事件还不算第一次。美国官方的海军历史学家证实，早在4月10日，“涅布拉克号”（见本书原文第880页）就以深水炸弹攻击了一艘德国潜艇（塞缪尔·E. 莫里森：《第二次世界大战中的美国海军作战史》〔*History of the United States Operations in World War II*〕，第1卷，第57页）。

接的挑战。 883

这并不是说，柏林方面希望日美达成谅解。那将使三国条约的主要目的——恐吓美国，使它不敢参加战争——遭到破坏。里宾特洛甫在纽伦堡回答提审人员时，把元首对这个问题的想法做了一个大概是诚实而确切的估计，不过也就是这一遭，

> 他［希特勒］害怕，美国和日本一旦达成某种协议，就意味着使美国免除了后顾之忧，美国将会更快地发动突然进攻或参战……他担心他们会达成协议，因为日本有某些集团是希望与美国取得和解的。[25]

野村吉三郎海军上将就是这样一个集团中的一员。他于1941年2月到华盛顿任日本驻美国大使，从3月份开始直到最后一刻，与科德尔·赫尔进行了一系列目的在于和平解决两国分歧的秘密会谈。这些会谈使柏林方面感到极为不安。*

老实说，德国为破坏华盛顿会谈做了最大努力。早在1941年5月15日，魏茨泽克就向里宾特洛甫提交了一份备忘录，指出“目前日美之间达成任何政治协议都是不可取的”。他力陈，除非能防止产生这样一种协议，否则日本将会脱离轴心。[26]纳粹德国驻东京大使奥特将军经常访问外务省，对赫尔-野村谈判提出过警告。当美日双方不顾这种警告继续进行谈判时，德国方面又改用一种新策略，竭力诱使日本把美国放弃对英国的援助和敌视德国的政策作为日美继续谈判的条件。[27]

那是5月间的事情。到了夏天，情况发生了变化。7月间，希特勒最关心的是唆使日本对苏联进攻，而在这同一个月中，由于日本侵

* 赫尔后来在他的回忆录中说：“我相信野村是真心诚意地企图避免日本与我国发生战争的。”（《科德尔·赫尔回忆录》，第2卷，第987页）

入法属印度支那，赫尔国务卿中断了与野村的谈判。到8月中旬，日本政府建议近卫文麿首相与罗斯福总统亲自举行会谈，以便和平解决两国的争端，这才恢复了赫尔-野村的谈判。柏林方面对日美恢复谈判十分不快，不知疲倦的奥特不久以后又到东京外务省表达了纳粹方面对这一发展的不快情绪。外务相丰田副武海军上将和外务次官天羽甜言蜜语地告诉他，计划中的近卫-罗斯福会谈，只会有助于实现三国条约的目标。他们提醒他说，三国条约的目标就在于“防止美国参战”。[28]

884 到秋天，正当赫尔-野村谈判继续进行时，威廉街又恢复了春天用过的老策略。它在东京坚决要求日本方面指示野村向美国提出警告：如果美国对欧洲轴心国家继续采取不友好行为，德意两国可能要宣战，在这种情况下，日本将要按照三国条约的规定站在德意一边。这时希特勒仍然不希望美国参战；他采取这种手段的用意实际上是为了恫吓华盛顿，使它不敢参战，同时缓和一下大西洋上的美国的敌意。

赫尔国务卿立即获悉德国施加的这种新压力。这是由于当时人们所称的“魔术”而获悉的。原来美国政府从1940年底开始，依靠这种“魔术”，把日本用绝密电码拍发的电报和无线电报都抄收下来和翻译出来了——不仅是来往于东京与华盛顿之间的电报，而且还有来往于东京与柏林以及其他各国首都之间的电报。德国的要求在1941年10月16日由丰田打电报告诉野村，还附有指示，要野村把德国的要求用一种大为缓和的口气转达给赫尔。[29]

这一天，近卫政府倒台，换上来的是以狂热好战的东条英机将军为首的军人内阁。在柏林，与东条一样好战成性的大岛将军，连忙跑到威廉街，向德国政府说明这个好消息的意义。大岛大使说，东条担任首相意味着日本将更加靠拢轴心伙伴，华盛顿的谈判将要告终。不知是否故意，他并没有向他的纳粹朋友们道出停止谈判将必然会导致怎样的结果，也没有谈到东条接任首相因而将有着比他们所设想的还要多得多的意义，那就是：除非华盛顿会谈以罗斯福总统接受日本得以自由行动——不是进攻俄国而是占领东南亚——的条件而迅速结束，否则日本新政府将决意与美国进行战争。这样一种可能性从来没有在里宾特洛甫和希特勒的头脑中出现过，他们仍然认为，日本只有进攻西伯利亚和新加坡并使美国担心太平洋的局势而不敢参战，才对德国有利。元首一直没有懂得，他的糊涂的外交部长更不用说了，他们所渴望的赫尔-野村的华盛顿会谈的失败，恰恰会带来他们力图在时机成熟以前要避免的结果：美国卷进世界冲突中来。*

现在，时间越来越紧了。

11月15日，来栖吉三郎作为帮助野村进行会谈的特使抵达华盛顿。来栖此人曾出使柏林，签订过三国条约，多少有些亲德倾向。赫 885
尔国务卿不久便发现这位日本外交使节没有带来什么新建议。赫尔认为，他此行的目的在于力图说服华盛顿立即接受日本的条件，如果不成，则以谈判来麻痹美国政府，等日本准备就绪，便发动一场迅雷不及掩耳的袭击。[30]11月19日，东京给野村发来不祥的“风向”暗号，赫尔的密码译电员立即翻译了出来。在日本大使馆每天收听的东京短波广播中，如果日本新闻广播员插进“东风，有雨”的字眼，那就意味着日本政府决定与美国作战。东京方面还通知野村，在收到“风向”的警报时，立即销毁所有密码和机密文件。

现在柏林方面才意识到要发生什么事了。在发出“风向”电报的前一天，11月18日，里宾特洛甫突然接到东京一项请求，希望德国与日本签订一项规定两国不与共同敌人单独媾和的条约。这使他颇为惊异。日本方面所指的共同敌人是哪些，并没有说清楚，但是很明显，

---

* 近卫文麿的战后回忆录透露，早在8月4日，他被迫同意军方一项要求：如果在计划中的与罗斯福的会谈中，美国总统不接受日本的条件，他必须退出会谈，“决心对美国进行战争”（赫尔：《回忆录》，第1025—1026页）。

纳粹外交部长是希望以俄国为第一号敌人的。他“原则上”同意了这项建议，显然是放心地认为日本这下子终于要履行它将在西伯利亚攻打苏联的含混诺言了。这是十分可喜而及时的，因为红军在辽阔的战线上的抵抗正日益猛烈，俄国的冬天又已到来，它比原先预计的要早得多。日本对符拉迪沃斯托克和太平洋滨海各省的进攻，可能会增添额外压力，促使苏联迅速崩溃。

但是里宾特洛甫的迷梦很快就破灭了。11月23日，奥特大使从东京发来电报，向他报告说，种种情况表明，日本将要南进，目的在于占领泰国和荷属婆罗洲的油田，并说日本政府希望知道，一旦日本发动战争，德国是否将与日本患难与共。这项情报清楚地意味着，日本不是要进攻俄国，而是打算在南太平洋对荷兰与英国“开战”，而这场战争很可能使日本卷进与美国的武装冲突中。但是里宾特洛甫和奥特并没有领会到最后这一点。他们在这段时间中来往的电报表明，尽管他们现在失望地了解到日本不愿意进攻俄国，但是却仍然相信，日本的南进将是进攻荷兰与英国的属地，而不会是美国的属地。像希特勒所希望的那样，山姆大叔将继续被放在一旁，等轮到它的时候再说。[31]

纳粹德国在这个问题上之所以产生种种误解，主要是由于在这个关键时刻，日本没有对德国推心置腹，把它有关美国的重大决定通知德国。赫尔国务卿由于得到密码译电“魔术”的帮助，消息灵通多了。早在11月5日，他便得悉新任外务相东乡茂德已打电报指示野村，以11月25日为根据日本方面的条件同美国政府签订协定的限期。日本方面于11月20日向华盛顿提出了最后建议。赫尔和罗斯福之所以知道这
886 些建议是最后建议，是因为两天以后“魔术”给他们译出的东乡发给野村和来栖的一份电报就是这样说的，只是限期延长至11月29日。

> ［东乡打电报给大使和特使说］我们之所以要求在25日以前解决日美关系，有种种为你们所猜测不到的理由。但假使能于29

日签字……我们决定等到那一天。这次我们已下定决心，限期绝对不再改变。到限期以后，事情就会发生。[32]

1941年11月25日是一个关系重大的日子。

这一天，日本航空母舰特遣舰队驶向珍珠港。在华盛顿方面，赫尔在这一天到白宫去，向国防会议提出警告说，国家面临着来自日本的危险，并向美国陆海军首脑着重指出日本进行突袭的可能性。同一天，柏林举行了一个有点奇特的仪式。在这个仪式上，三个轴心国以非常盛大而铺张的典礼延长了1936年签订的反共公约。正如有些德国人所说，这是个空洞的姿态，对于把日本拉进对俄战争没有起丝毫作用，只不过是给专门说大话的里宾特洛甫一个机会，攻击罗斯福是“头号战犯”，并为被这样一个不负责任的国家领导人出卖了的“忠实、虔诚……的美国人民”洒几滴鳄鱼之泪。

看来，纳粹外交部长已被他自己的话弄得飘飘然了。11月28日，里宾特洛甫参加了由希特勒主持的一次军事会议，会开得很久。当晚他召见大岛。这次会谈给日本大使的印象是：德国对美国的态度（用大岛随后拍给东京的电报所说的话）已经“大大强硬起来了”。希特勒原定在对付美国的准备工作没有完成以前尽一切力量使美国不卷入战争的政策，看来要放弃了。里宾特洛甫突然怂恿日本同时对英美进行战争，并且保证第三帝国给予支持。里宾特洛甫警告大岛说：“如果日本犹疑不定……英美的全部军事力量将集中起来对付日本。”——在欧洲战争还在进行的情况下，这是颇为愚蠢的论点。他接着说：

希特勒今天说过，在德国、日本同美国之间，在生存权利问题上有着根本的分歧。我们接到报告，日美谈判由于美国方面采取了强硬态度，实际上已无取得圆满结果的希望。

如果情况属实，如果日本决定要与英国和美国交战，我深信

> 这不仅有利于德日双方的共同利益，而且必将为日本自身带来有
> 887 利的结果。

这位短小精悍的日本大使听了又惊又喜，但是他还想核实一下自己是不是理解得不错。

他问道:“阁下的意思是不是说，德国与美国之间即将进入实际战争状态？”

里宾特洛甫迟疑了一下。也许他说得太过头了。“罗斯福是个狂人，”他回答说，“因此谁也说不上他会干出什么来。”

从这位外交部长刚刚说过的话来看，大岛觉得这个回答是奇怪而不能令人满意的，因此在谈话快要结束时，他坚持再回到主要问题上来。他问道：假如战争果真扩大到“一直在援助英国的那些国家身上”，德国将采取什么行动？

> ［里宾特洛甫回答道］一旦日本与美国交战，德国自然立即参战。在这种情况下，德国绝无可能单独与美国媾和。元首在这个问题上是下了决心的。[33]

这样干脆的保证正是日本政府一直在期待的。不错，这年春天希特勒曾对松冈做出过同样的保证。但是自从那时以来，希特勒为日本拒绝参加侵俄战争很不高兴，似乎早把这事忘得一干二净了。现在从日本方面说，剩下的唯一问题是让德国把它的保证写成书面文件。11月29日，大岛将军兴冲冲地给东京打了报告。第二天，发来了新的指示，通知他说，华盛顿谈判“现已破裂”。

> ［来电指示说］因此，请阁下立即会晤希特勒总理与里宾特洛甫外长，将事态发展的概况秘密地通知他们。告诉他们：英美

两国最近都采取了挑衅态度。告诉他们：英美正计划向东亚各地调集军事力量，我方必然也将调兵进行对抗。极端秘密地告诉他们：日本与盎格鲁-撒克逊国家之间存在着由某种武装冲突而突然爆发战争的极大危险。还要告诉他们：这场战争爆发的时间可能比任何人想象的还要来得快。*[34]

日本的航空母舰舰队现在正在驶往珍珠港的途中。东京迫不及待地希望德国签字。在大岛接到新指示的同一天，即11月30日，日本 888
外务相与德国大使在东京举行会谈。他对德国大使着重说明，由于日本拒绝对美国要它退出三国条约的要求让步，华盛顿谈判已告破裂。日本希望德国正确估计它为共同事业做出的这一牺牲。

“现在已到了做出严重决定的最后关头，”东乡对奥特将军说，“美国正在认真地准备战争……日本并不怕谈判破裂，它希望一旦发生那种情况，德国和意大利能按照三国条约站在它这一边。”

［奥特在向柏林拍发的电报中说］我回答他，德国未来的立场是毋庸置疑的。日本外务相于是说道，他从我的话中了解到，德国在这种情况下将会认为自己与日本的关系是共命运的关系。我回答说，照我的看法，德国当然愿意两国在这种形势下有共同的协议。[35]

珍珠港事件前夕

大岛将军是德奥古典音乐的热烈爱好者。尽管局势如此严重紧

---

* 赫尔说他通过“魔术”得到了这个电报的副本。因此，华盛顿和柏林一样，在11月的最后一天就已得知日本可能对美国发动“比任何人想象的还要来得快”的进攻（赫尔：《回忆录》，第1092页）。

张，他还是乘飞机到奥地利去参加了莫扎特音乐节。但是这位奥地利伟大作曲家的美妙音乐，他并没能欣赏多久。12月1日，他接到紧急通知，赶忙回到柏林。一到大使馆，便看到新发来的指示，要他加紧行动起来使德国在协定上签字。一点时间都不能耽误。

而现在，里宾特洛甫被逼到墙角里，却迟疑起来。这位纳粹外交部长显然开始充分意识到他对日本的轻率许诺所引起的后果了，因此态度变得十分冷淡，谈话也是闪烁其词。12月1日深夜，他对大岛说，他必须请示元首后才能做出任何明确的诺言。12月3日，星期三，日本大使再到威廉街催问，但是里宾特洛甫仍然借词推脱。尽管大岛告诉他情况万分紧急，外交部长的回答仍然是，他本人是赞成签订书面协定的，但必须等本星期晚些时候元首从大本营回来以后才成。正如齐亚诺在日记中颇为得意地写道的，希特勒实际上已飞往俄国南方前线去见冯·克莱斯特将军，因为“他的部队由于遭到一次意外的攻势，正在继续后撤中”。

这时日本方面也求助于墨索里尼，他并未到前线去。12月3日，日本驻罗马大使拜访墨索里尼，正式要求意大利根据三国条约的规
889 定，在日本与美国的冲突开始时，立即对美国宣战。大使还希望签订一个规定不单独媾和的条约。齐亚诺在日记中写道，那个日本译员“像片树叶似的发抖”，墨索里尼则声称，他是“乐于”同意的，不过要等与柏林方面磋商以后。

第二天，齐亚诺发现德国首都方面的态度极为审慎。

> 也许他们会同意的［他在12月4日的日记开头写道］，因为除此而外，也没有别的办法。但是德国人越来越不喜欢惹得美国出兵的主张。与此相反，墨索里尼倒是乐意的。

不论里宾特洛甫有怎样的意见——说来奇怪，希特勒仍有几分重

视他的意见——只有纳粹统帅自己，才能决定德国要不要向日本做出正式保证的问题。12月4日夜间，外交部长显然已得到元首同意签订条约的命令，在凌晨3点的时候，他给大岛将军送去一份条约草案。条约载明德国将与日本一同对美国作战，并同意不单独媾和。里宾特洛甫在毅然孤注一掷，跟着元首改变了两年来一直顽固坚持的政策之后，不由得希望他的盟国意大利也能迅速仿效行事。

> 昨晚被里宾特洛甫闹得通宵不安［齐亚诺在12月5日日记的开头写道］。他两天以来迟迟未给日本答复，现在却一分钟也不能等待了。凌晨3点钟，他派马肯森［大使］来访，送来一份关于日本参战和同意不单独媾和的三国条约的草案。他们要我叫醒领袖，但我没有照办。领袖很高兴。

日本人现在已得到一个希特勒和墨索里尼都已赞同的条约草案，但是两人都还没有签字，这使他们还是放心不下。日本人怀疑元首之所以拖延，是因为要求得到交换条件：若要德国参加日本对美国的战争，日本就必须参加德国对俄国的战争。日本外相在11月30日发给大岛的电报指示中，就一旦德国人和意大利人提出这个棘手的问题时该如何应付，发出了几点指示。

> 如果［他们］问起我们对苏联的态度，告诉他们：我国政府已在7月间发表的声明中澄清了我国对俄国的态度。告诉他们：我国现时的南进行动，并不意味着放松对苏联的压力；如果俄国与英美进一步携手合作，对我国采取敌对行动，我们准备倾全力对付。但在目前，集中力量用于南方对我有利，我们暂时不对北方采取任何直接行动。[36] 890

12月6日到了。这一天，朱可夫在莫斯科前线发动反攻。德军在风雪严寒中踉跄后退，这使希特勒有更多的理由要求接受他的交换条件。东京的外务省为这个问题感到十分不安。海军特遣舰队现在离珍珠港已不远，珍珠港已在航空母舰上的飞机的航距之内。迄今为止，美国军舰或飞机一直没有发现这支特遣舰队，这真是个奇迹。但是，它还是随时有被发现的可能。东京给在华盛顿的野村和来栖发去一份很长的电报，指示他们于第二天，即12月7日星期日午后1时整拜访赫尔国务卿，告诉他日本拒绝美国的最新建议，并着重说明，谈判“实际上已经破裂”。东京现在拼命要求柏林提供书面的支援保证。但是日本军阀对德国仍然没有推心置腹，没有把第二天即将对美国进行攻击的消息告诉他们。但是他们越来越担心，除非日本同意不仅对美国和英国作战而且也对苏联作战，否则希特勒可能不肯做出保证。东乡无计可施，只得再给大岛大使发出一份很长的电报，要求他尽力在俄国问题上拖延一下德国人，除非万不得已不要让步。日本的陆海军将领们尽管自欺欺人地认为自己有能力对付得了美国和英国，但总还算清醒地认识到，即使有德国的帮助，日本也不能同时再与俄国交战。东乡在那个决定命运的星期六（12月6日）发给大岛的指示和其他被截获的电报一样，被赫尔国务卿的译电专家翻译出来，使我们能够窥见在这最后关头日本对第三帝国所玩弄的外交手腕。

> 我们希望在战略上的条件成熟以前，避免……与俄国发生武装冲突；因此，要使德国政府了解我们的这种处境，并与他们进行商谈，使他们至少在目前不要坚持在这方面交换外交照会。
>
> 向他们详细解释：虽然美国在向苏联运送物资……这些物资的质量不好，数量也不大。一旦我们对美国发动战争，我们将截获美国开往苏联的一切船只。此点务望尽力取得谅解。
>
> 但是，如果里宾特洛甫仍坚持要求我方在这个问题上做出

> 保证，由于在这种情况下我们别无他法，只有发表一项……声明，大意为：我们在原则上将阻止美国通过日本海面向苏联运送作战物资；同时也使他们同意，允许发表补充声明，大意为：如果从战略上考虑，我们仍有必要避免苏联对日本作战（我的意思是，我们不能截夺苏联的船只），就不能彻底执行这项 891
> 保证。
>
> 如果德国政府拒不同意［上述办法］，并以我国参战并缔结一项不得单独媾和的条约为他们同意的绝对条件，那我们别无他法，只有暂缓签订这项条约。[37]

日本人其实无须这么担心。希特勒并不坚持要求日本在对美英两国作战的同时也对俄国作战。原因是为什么，不仅东京的军国主义者或其他任何人不明白，也是违反逻辑和难以理解的。虽然，如果希特勒坚持的话，可以想象，战争的进程也许就会不一样了。

不管怎样，日本方面在1941年12月6日（星期六）晚上，已下定决心要在太平洋上给美国一个沉重的打击。但华盛顿或柏林方面却没有人知道这次打击的确切的地点和时间。这天早晨，英国海军部告诉美国政府一个消息：发现一支庞大的日本入侵舰队正在穿过暹罗湾向克拉地峡方向驶去，这表明日本方面将首先进攻泰国或马来亚。晚上9点，罗斯福总统以个人名义给日本天皇发去一封电报，请他一同寻求“驱散乌云的办法”，同时警告说，日本军队侵入东南亚将会造成“难以想象的”局势。美国海军部的情报人员已就日本海军主要舰只的位置起草了最新报告。报告说，绝大部分军舰都在日本国内港口，其中包括此刻已开到离珍珠港不到300英里，正在把轰炸机发动起来，准备于黎明时起飞的特遣舰队的全部航空母舰和其他舰只。

也是在那一个星期六的夜间，海军部向罗斯福总统和赫尔先生报告说，日本大使馆正在销毁电报密码。海军方面首先要译出东乡的长篇电报，这份电报共有14个部分，陆陆续续拍发了整整一下午。海军译电员尽可能快地边收边译，到晚上9点30分，一位海军军官已把前13个部分的译文送到白宫。罗斯福先生正和哈里·霍普金斯在书房里，罗斯福读了电报后说道："这是说要爆发战争了。"但是究竟在什么时候，什么地方，电报上没有说，总统也不知道，就连野村海军上将也不知道。远在东欧的阿道夫·希特勒也不知道，而且比罗斯福知道得更少。

希特勒宣战

1941年12月7日（星期日）上午7点半（当地时间），日本对美国驻扎在珍珠港的太平洋舰队发动了突然袭击，使柏林和华盛顿方面都猝不及防。尽管希特勒曾对松冈许下口头诺言，德国将参加日本对
892 美国的战争，里宾特洛甫也曾对大岛大使做过保证；但是这种保证一直没有签字，日本方面也丝毫没有向德国人透露过一点关于袭击珍珠港的风声。* 而希特勒此刻又正为了重行整顿在俄国战场上丧魂落魄的将领和狼狈后撤的部队，忙得不可开交。

当外国广播收听台首先收到偷袭珍珠港的消息时，柏林已入夜了。外交部新闻司一个官员打电话给里宾特洛甫，把这个震撼世界的新闻告诉他，里宾特洛甫起初还不相信，并且责怪这个官员打扰了他，大发了一通脾气。他说，这个报告"很可能是敌人要的宣传花招"，下令天亮以前不许吵醒他。[38] 因此，里宾特洛甫在纽伦堡作证时也许说的是真话，不过也就是这一遭："这次袭击使我们完全感到意外。我们过去认为日本可能要进攻新加坡或香港，但我们从不认为，

* 不少人一直认为希特勒事前知道袭击珍珠港的确切时间，但我从德国的秘密文件中没有找到片言只字足以证实这种说法。

1941年12月7日，日军拍下的轰炸珍珠港内停泊美军舰只的照片。

进攻美国会对我们有利。"[39] 可是，同在法庭上所说的正好相反，他对日本进攻美国实际上是极为高兴的。或者说，他给齐亚诺的印象是这样的。

> 晚上，里宾特洛甫打电话来［齐亚诺在12月8日的日记这样开头］。他为日本进攻美国感到高兴。他既然这样高兴，我就不得不向他道贺，虽然我对这件事是否有利并不是很有把握……墨索里尼［也］很高兴。很久以来他就赞成澄清美国和轴心国家之间的关系了。

12月8日（星期一）下午1点，大岛将军到威廉街，请里宾特洛甫澄清德国的态度。他要求德国"立即"对美国正式宣战。

> ［大岛给东京发去的电报称］里宾特洛甫回答说，希特勒当

时正在大本营开会，讨论宣战该采用怎样的形式才能使德国人民有个好印象。他将把你的要求立即转达给希特勒，并尽一切力量促其迅速实现。

日本大使在给东京的电报中说，这位纳粹外交部长还告诉他，就在8日清早，“希特勒已下令德国海军，不论在何时何地与美国船只遭遇，即行攻击”。[40]但是这个独裁者在宣战问题上仍拖延不决。*

据元首的记事日历所载，他于12月8日夜间赶回柏林，第二天上
893 午11点钟到达。里宾特洛甫在纽伦堡国际法庭上声称，他曾向领袖指出：按照三国条约的条款，德国并不一定要对美国宣战，因为日本显然是侵略者。

三国条约的条文规定我们只有在日本自身受到进攻时，才给予援助。我晋见元首，将当前局势中有关的法律问题做了解释。我对他说，我们固然欢迎在对英国的战争中得到一个新盟友，但是如果对美国宣战……则又意味着增加一个必须对付的新敌手。

我对他说，根据三国条约的规定，既然发动进攻的是日本，我们就没有必要正式宣战。元首考虑了好一阵，然后给了我一个明确的决定。“如果我们不站在日本方面，”他说，“从政治上说，条约就不存在了。但这还不是主要的理由。主要的理由是，美国已经在向我们的舰只开火。他们在这场战争中一直是一个有力的因素。由于他们的行动，他们早已造成战争的局面了。”

元首当时认为，美国现在要对德国进行战争是明摆着的事情。因此他命令我把护照发给美国外交代表。[42]

---

* 与此同时，在东京，东乡外务相告诉奥特大使：“日本政府希望德国政府现在也迅速对美国宣战。”[41]

罗斯福和赫尔在华盛顿一直在充满信心地等待着希特勒做出这个决定。他们在12月8日对日本宣战以后，就受到相当大的压力，要他们让国会通过对德国和意大利宣战的决议。但是他们决定等等再说。珍珠港的轰炸已解除了他们进行宣战的一个束缚，现在，手头掌握的若干情报更使他们相信，一意孤行的纳粹独裁者将会解除他们的另一个束缚。* 他们曾经仔细研究了11月29日大岛大使从柏林发往东京而 894
被美国截抄的电报，† 其中谈到里宾特洛甫曾经对日本方面做出保证：一旦日本与美国“交战”，德国一定与日本站在一边。在这项保证中，并没有说明德国只有在确定了谁是侵略者之后才给予援助。这是一张空白支票。美国肯定认为，日本人此刻一定正在柏林嚷着要求兑现。

这张支票终于兑现了，但那是在希特勒再度犹豫之后才兑现的。12月9日，他回到柏林的当天，便下令召集国会开会，但是后来又把会议拖延了两天，一直到11日才开会。显然，正如里宾特洛甫后来所说，他已下定了决心。他受够了罗斯福对他本人和纳粹主义的种种攻

---

* 据我当时在华盛顿得到的印象，罗斯福总统要使国会通过对德宣战的决议，看来并不容易。在参众两院，同在陆军和海军方面一样，好像有着强烈的情绪，认为美国应该集中全力战败日本，而不要同时再承担对德作战的重任。

德国驻华盛顿代办汉斯·汤姆森把美国人的这种情绪向柏林做了报告。汤姆森和纳粹所有驻外使节一样，对希特勒和里宾特洛甫的种种阴谋诡计常常是蒙在鼓里的。12月8日上午，总统在国会作了要求对日本宣战的演说以后，汤姆森立即打电报给柏林：“他［罗斯福］在讲演中没有同时提到德国和意大利，这表明他想尽可能避免大西洋局势的尖锐化。”当晚，汤姆森又发去一封电报，谈的还是同一个问题。电报说：“罗斯福是否会要求对德宣战，尚在未定之天。从美国军事领导人的立场来看，避免发生任何足以导致两线作战的事情是合乎逻辑的。”德国代办在珍珠港事变前不久发回的几封电报也曾强调，美国完全没有进行两线作战的准备。12月4日，他曾把芝加哥《论坛报》上披露的“美国最高统帅部关于击败德国及其盟国的准备和前景的各项作战计划”用电报发到柏林。

> ［他说］报道证实，1943年7月以前，美国不可能全面参战。美国用以对付日本的军事措施是防御性的。

汤姆森12月8日夜间给柏林发去的电报中强调说，珍珠港事件肯定会减轻德国在大西洋所受到的美国战争活动的压力。

> ［他报告说］对日本作战，意味着美国的全部力量转移到自身的加强军备方面，美国依照《租借法案》给予外国的援助将相应地减少，而其全部活动将会转移到太平洋方面去。

承蒙美国国务院慨允本书作者阅读德国外交部与德国驻华盛顿大使馆之间在这期间交换的电报，特此表示谢意。这些文件将来要发表在《德国外交政策文件汇编》丛书中。

† 见本书原文第888页。

击；他不能再忍受美国海军在大西洋对德国潜艇的战争行动，雷德尔曾为此跟他唠叨了差不多一年。他日益仇恨美国和美国人，而且有一种日益增长的倾向——后患无穷地低估了美国的潜在力量，从长远来说，这一点对他更有不利的后果。*

与此同时，他又大大过高估计了日本的军事力量。看来他真的相信一旦有世界上最强海军的日本在太平洋上收拾了英美之后，便会掉过头来进攻俄国，帮助他完成征服东方的大业。几个月之后，他对一些部下确实说过这样的话：他认为日本的参战，“对我们有着非凡的价值，即使光是从它所选择的时间来看”。

> 日本人选择的时间事实上正是俄国寒冬的意外困难使我军士气遭到严重压力的时候，也正是德国人都十分担心美国早晚要参加冲
> 895 突的时候。因此从我们的立场看，日本的参战再及时也没有了。[43]

日本对美国在珍珠港的舰队发动突然而猛烈的袭击，无疑也受到希特勒的赞赏——他之所以赞赏，更由于这种“突袭”正是他自己最得意的拿手好戏。12月14日，他在给大岛大使颁发德国雄鹰大十字金质勋章时，表示了这种看法：

> 你们用这种办法宣战，做得对！这种办法是唯一正确的办法。

他说，这与他“自己的做法”是一致的。

---

* 一个月以后，1942年1月7日，他在大本营对他的亲信发表的一次独白中说：“我看不出美国人会有什么前途。那是一个腐朽的国家。他们有他们的种族问题，有社会不平等的问题……我对美国主义的反感情绪已到达深恶痛绝的程度……美国社会的一切行为莫不表明，那是一个半犹太化、半黑人化了的社会。人们怎么能期望，这样一个国家——一个一切都建立在美元之上的国家，会不分崩离析。”（《希特勒秘密谈话录》，第155页）

这种做法就是谈判尽可以谈下去。但如一方发现另一方只是为了进行拖延，为了欺骗和侮辱对方，而不愿意达成协议，一方则必须进行打击——自然越重越好——不必为宣战手续浪费时间。他听到日本头一批战役的消息时感到十分宽慰。他自己就常常以极大耐心进行谈判，例如与波兰和与俄国的谈判。但是当他看出对方不愿意达成协议时，便不通过任何手续，发动突然的进攻。他将来还要这样做。[44]

希特勒之所以这样仓促决定把美国列进他的死敌名单中，另外还有一个理由。在那一个星期中曾出入总理府和外交部的施密特博士明白地指出了这一点。他后来写道："我得到的印象是，希特勒虽然也估计到美国会宣战，但他有一种根深蒂固的威望欲，要由自己首先宣战。"[45]希特勒在12月11日向国会所做的演说也证实了这一点。

"我们将总是先动手，"他对那些欢呼的议员们说，"我们将总是先下手！"

真的，柏林在12月10日生怕美国先宣战，里宾特洛甫严令德国驻华盛顿代办汤姆森，丝毫不得有什么疏忽大意以致将希特勒第二天的行动计划泄露给美国国务院。12月10日纳粹外交部长通过一份长电给汤姆森发去了宣战声明全文。他自己一定要在12月11日下午2点半在柏林把这个声明交给美国代办。汤姆森奉令在一小时以后，即柏林时间3点半准时把宣战声明送交赫尔国务卿，要求发给他护照，并把德国的外交代表事务委托瑞士代理。里宾特洛甫在电报的末尾警告汤姆森，在递交这一照会以前，切勿与美国国务院进行任何接触。他说："我们希望在任何情况下不要让美国政府抢先这一步。"

不论希特勒为何犹豫不决，使国会会议延期了两天，但从缴获到的德国外交部与驻华盛顿大使馆之间的来往电文中以及外交部其他文件中可以清楚看出，元首实际上在12月9日，即他从俄国前线的大本

896 营回到首都的当天，即已做出要对美国宣战的重大决定。看来这个纳粹独裁者之所以要延迟两天，并不是为了作进一步的考虑，而是为了反复推敲他的国会演说，以便使向美国宣战一事能对德国人民产生应有的效果。希特勒深深了解，德国人民对第一次世界大战中美国所起的决定性作用是记忆犹新的。

12月9日，汉斯·迪克霍夫奉命起草一份关于罗斯福反德活动的长篇清单，以便元首的国会演说之用。* 迪克霍夫当时在名义上仍然是德国驻美大使，但自从1938年秋两国撤回主要外交使节以来，他一直在外交部无所事事。

也是在12月9日，汤姆森在华盛顿接到指示，要他焚毁电报密码和机密文件。这天午前11点30分他急电柏林："一切均已按指示采取了措施。"现在他才开始意识到柏林在搞什么鬼了。当夜，他密告德国外交部：美国政府显然也知道了。他说："此间相信，德国将于24小时以内对美国宣战，至少是断绝外交关系。"†

希特勒在国会里：12月11日

12月11日，希特勒在国会中对那些机器人似的议员们发表演说，为他的对美宣战进行辩护。这篇演说的主要内容是对富兰克林·D. 罗

---

* 迪克霍夫（哈塞尔认为他"性格驯顺"）刚在一个星期以前奉里宾特洛甫之命起草了一份长篇备忘录，题目叫作《影响美国舆论的若干原则》。在11条原则中有："美国的真正危险是罗斯福本人……犹太人对罗斯福的影响（法兰克福特、巴鲁克、本杰明·科恩、塞缪尔·罗森曼、小亨利·摩根索等人）……每一个美国母亲的口号应该是：'我把孩子养大不是为了去给英国送命！'"（引自尚未出版的德国外交部文件）美国国务院某些人士以及我国驻柏林某些外交官员对迪克霍夫估价颇高，认为他是反纳粹分子。我个人的感觉是，他没有那股勇气成为反纳粹分子。他为希特勒一直服务到底——从1943年到1945年任纳粹驻佛朗哥西班牙的大使。

† 汤姆森还建议柏林逮捕美国驻德国的新闻记者，作为对美国逮捕几名德国新闻记者的报复。12月10日由外交部副国务秘书恩斯特·韦尔曼签署的一项外交部备忘录宣布：已下令逮捕所有美国驻德新闻记者，以示"报复"。但《纽约时报》驻柏林首席记者吉多·昂德里斯则不在此列。韦尔曼写道："因为证实他对德国是友好的。"这种说法对已故的昂德里斯也许是不公平的，他当时正在卧病，可能主要是为了这个缘故才未被捕。

斯福进行人身攻击，指责这位美国总统为了掩盖“新政”的失败而挑起战争。他大声咆哮道，“只有”受到百万富翁和犹太人支持的“这个人”“应对第二次世界大战负责”。长期以来，他对这个人积累下来的满腔郁愤，如今一下子迸发成冲天怒火。这个人自始至终阻挡着他独霸世界的道路；这个人曾三番五次痛斥他；正当英伦三岛遭到沉重 897
打击而岌岌可危的时候，这个人却对它进行有力的援助；这个人的海军又在大西洋中使他屡遭挫折。

> 现在请允许我对那以这个人为代表的另一半世界明确表示我的态度。正当我国军队在冰天雪地中奋战的时候，这个人却狡猾地喜欢发表炉边谈话，这个人是这次战争中的头号罪犯……
>
> 这个称作总统的人对我进行的侮辱性攻击，我是不屑理会的。他把我叫作匪徒，实在是无聊透顶。归根到底，这个字眼，无疑不是在欧洲而是在美洲创造出来的，因为在欧洲这里没有这种匪徒。再说，我也不是罗斯福所能侮辱得了的，因为我认为他是狂人，和威尔逊一样的狂人……他始而煽动战争，继而颠倒是非，再用基督教的伪善外衣把自己可耻地掩盖起来，然后慢慢地、肯定地把人类引向战争，还赌咒发誓请上帝来证明他进攻别人是多么正当。——简直跟从前共济会会员惯用的那一套手法一模一样……
>
> 罗斯福犯下了一系列违反国际法的严重罪行。德国人和意大利人的船只及其他财产受到非法侵夺，被拘留而失去自由的人受到威胁和掠夺。罗斯福日益嚣张的挑衅最后竟发展到这般地步：他命令美国海军在任何地点袭击并击沉悬挂德国和意大利旗帜的船只，这是对国际法的粗暴违反。美国部长们对于用这种犯罪手段击沉德国潜艇竟还大肆吹嘘。德国、意大利的商船遭到美国巡洋舰的袭击和劫夺，船员遭到监禁。

> 多年以来，德国和意大利虽然受到罗斯福总统的令人无法忍受的挑衅，却仍一直进行真诚努力，以防止战争的扩大并保持与美国的关系，这种努力现在已因此归于失败了。

罗斯福要把“反德情绪煽到战争的高峰”的动机是什么？——希特勒问道。他解释有两个原因。

> 我深深了解，罗斯福的思想与我的思想有着天壤之别。罗斯福出身富家，他所属的那个阶级在民主国家中有一帆风顺的坦途。我只是一个穷人家的孩子，得靠勤勉工作才能打开一条出路。第一次世界大战爆发时，罗斯福的地位使他只知道战争的好处，这种好处是那些在别人流血时大做生意的人所享受的。我只是一个执行命令的普通士兵，战后复员归来，自然仍和1914年秋天一样穷困潦倒。我和千百万人共命运，而富兰克林·罗斯福则是和所谓“上层的一万家”的人共命运。
>
> 战后，罗斯福做起金融投机的买卖来。他从通货膨胀中，从
> 898 别人的不幸中谋利，而我呢……躺在病院里……

希特勒又花了一些篇幅继续做这种不伦不类的对比，然后才谈到他的第二点：罗斯福想利用战争来逃避他做总统失败的后果。

> 民族社会主义党开始在德国执政与罗斯福当选总统是在同一年……他接手的国家在经济上凋敝不堪，我接管的国家则由于民主制度而面临着全面崩溃……
>
> 当德国在民族社会主义党人的领导下，出现了史无前例的经济恢复和文化艺术的复兴时，罗斯福总统却没有使他的国家得到丝毫的进步……这是不足为奇的，只要我们记住，他所号召支

持他的那些人，或者不如说，把他叫来的那些人，都属于犹太分子，他们的利益只在瓦解而不在建立秩序……

罗斯福的“新政”立法是完全错误的。毫无疑问，继续执行这样的经济政策，即使是在和平年代，也会把这位总统搞得焦头烂额，尽管他有如簧之舌也是枉然。他如果是在一个欧洲国家搞这一套，迟早要被控犯有故意浪费国家财富的罪名，给送上国家法庭；恐怕还难免被控犯有非法牟利罪而被送上民事法庭。

希特勒以为美国孤立主义者和一大部分实业界人士对罗斯福的“新政”也有这样的评价，至少是也有一部分这样的评价。他竭力想利用这一点。他哪里知道自从珍珠港事变以后，这些集团的人士和全体美国人民一样，都已一致支持他们的国家了。

美国有许多人，其中还包括身份很高的人［他继续说，暗指上面谈到的那些集团的人士］，已经看出并完全认识到这个事实了。罗斯福已有渐成众矢之的之势。他设想解救的办法唯有一条，就是把公众的注意力从国内转移到对外政策方面……在这一点上，他周围的犹太人支持了他……犹太人的一切穷凶极恶的卑鄙手段都汇集到此人周围，他则伸出手来。

于是美国总统越来越致力于制造冲突……多少年来这个人只有一个希望：在世界上的某一个地方爆发一场冲突。

希特勒接着又历数了罗斯福在这方面的活动。他从1937年罗斯福在芝加哥发表“隔离演说”*说起。“现在他［罗斯福］害怕，”希特勒大声叫道，“如果欧洲实现和平，他在扩军方面浪费的千百万美元就

---

* 针对德意两国侵略所发表的演说。——译者

要被看作明显的欺骗，因为事实上并没有人想进攻美国——因此他一定要挑惹别人进攻他的国家。”

这个纳粹独裁者由于德美关系终于破裂似乎感到欣慰，他还要让
899 德国人民也同他一样感到欣慰。

> 我认为大家一定感到欣慰，现在总算有一个国家，为真理和正义遭到史无前例的无耻糟蹋而首先提出了抗议……日本政府在与这个人进行了多年的谈判以后，也终于再也不能容忍他的无耻欺骗了。这个事实使我们全体德国人民，我想还有全世界一切正直的人民，都深深感到满意……美国总统最后总该懂得——我这样说只是因为他智力有限——我们已看透了他孜孜以求的目标是一个接一个地摧毁别的国家……
>
> 至于德国，它不需要罗斯福先生或丘吉尔先生，更不用说艾登先生，大发慈悲。它只要求它自己的权利！它将为自己赢得这种生存的权利，哪怕有一千个，一万个丘吉尔和罗斯福合谋反对它……
>
> 因此我已安排好在今天把护照发给美国代办，以及下列……[46]

讲到这里，国会议员们一跃而起，大声欢呼，元首的话淹没在一片疯狂的喧闹声中。

没有多久，下午2点半，里宾特洛甫以极其冷淡的态度接见了美国驻柏林代办利兰·莫里斯。他让莫里斯站着，听他宣读德国的宣战声明，随后给他一份抄件，就打发他走了。

> ［声明说］尽管从这次战争爆发以来，德国方面在与美国的来往中一直严格遵守国际法的规定，美国政府还是对德国终于采取了明显的战争行为。这就在实际上造成了战争状态。

为此，德国政府决定与美国断绝一切外交关系，并且宣布，在罗斯福总统造成的这种情况下，德国也同样认为自即日起已与美国处在战争状态。[47]

这天上演的这出戏的最后一幕是签订德、意、日三国协定，协定宣布三国“在对美英联合作战取得胜利以前，绝不放下武器”，也不单独媾和的“不可动摇的决心”。

仅仅六个月以前，阿道夫·希特勒在一场在他看来胜利已经在握的战争中，面对的只是一个在围困之中的英国。可是现在，他出于有意的选择，使自己处于与世界上三个最大工业强国相对抗的斗争中。在这一场斗争中，归根到底，军事力量在很大程度上取决于经济力量。这三个敌国的人力合在一起，也大大超过了三个轴心国家。在1941年岁末12月这多事的一天，希特勒和他的陆海军将领们看来都没有头脑清醒地好好权衡一下这些事实。 900

聪明的德国参谋总长哈尔德将军在12月11日的日记中，竟没有把德国已对美国宣战的事情记载下来。他只提到那天晚上他听了一个海军上校所做的关于“日美海战的背景”的讲演。日记其余部分写的全是从俄国前线许多情况紧急的地方陆续传来的坏消息。这也许是可以理解的。因为他已无暇设想将来会有这么一天，他的力量日衰的部队可能还得和来自新世界的生力军交手。

雷德尔海军元帅对希特勒的这一行动确实是欢迎的。第二天，12月12日，他和元首谈话，宽慰后者说：“由于日本的有效干预，大西洋的局势将会有所缓和。”他谈到兴高采烈时说道：

已经得到情报：有些［美国］军舰正从大西洋调往太平洋。太平洋方面肯定需要更多的轻型军舰，特别是驱逐舰。运输船只会有大量需要，因此可以预料美国会从大西洋撤出商船。英国的航运任务将趋紧张。

希特勒在这样不顾前后做出孤注一掷的决定以后，现在却突然满腹狐疑起来，他有几个问题要向海军元帅提出。元帅“是否认为敌人在最近的将来会采取步骤，占领亚速尔群岛、佛得角，甚至进攻达喀尔，以挽回在太平洋遭到挫折而丧失的威信”？雷德尔认为不会。

> ［他回答道］在未来几个月中，美国将把它的全部力量集中到太平洋。英国由于巨型军舰已遭到惨重损失，也不愿再做任何冒险。* 他们看来也没有运输能力执行这种占领任务或提供补给。

希特勒要问的还有一个更重要的问题：“美国和英国有无可能暂时放弃东亚，以便首先击败德国和意大利？”海军元帅也请他不必担心。

> ［他回答道］敌人不可能放弃东亚，即使是暂时放弃也不可能；英国如果这样做，将严重危及印度，同时，只要日本舰队占
> 901 上风，美国也不可能从太平洋撤出舰队。

雷德尔为了鼓舞元首情绪起见，又报告说：六艘“巨大的”潜艇将“尽速”开往美国东海岸。[48] 德国侵俄的战局既已弄到那种地步，隆美尔的部队又在北非后撤，德国最高统帅和他的军事首脑的注意力很快便从新的敌人方面移开。他们肯定地认为，这个新的敌人在遥远的太平洋上已忙得无暇西顾了。直到过了一年之后，他们才回过来再去

---

* 两天前，12月10日，日本飞机在马来亚附近海面炸沉了两艘英国战列舰“威尔士亲王号”和“击退号”。这一打击，加上美国舰队于12月7日在珍珠港中被打得溃不成军，使日本舰队在太平洋、中国海和印度洋上占了绝对优势。丘吉尔后来写到这两艘巨型军舰的损失时说：“在整个战争期间我从来没有受到比这更直接的打击。”

考虑这个新敌人的问题。而这一年，将是战争期间最关紧要的一年，是出现伟大转折点的一年，它不仅将无可更改地决定这场冲突的结局（在整个1941年中，德国人都认为战事差不多已经结束，德国差不多已经胜利了），而且要决定第三帝国的命运。第三帝国由于初期获得了惊人胜利，地位扶摇直上，迅速地升到令人头晕目眩的高度，希特勒当真相信，而且宣称，他的这个帝国将会昌盛千秋。

随着1942年新年的临近，哈尔德日记中的记载也越来越有不祥的兆头了。

“又一个黑暗的日子！”他在1941年12月30日用这句话开始他的日记，这一年最后那天的日记也以此开头。这位德国参谋总长对就要发生的可怕的事情有了预感。 902

注　释

1.《德国外交政策文件汇编》，第8卷，第905—906页。

2.《纳粹的阴谋与侵略》，第4卷，第469—475页（纽伦堡文件1834-PS）。

3. 全文，《纳粹的阴谋与侵略》，第6卷，第906—908页（纽伦堡文件C-75）。

4. 雷德尔关于会议的报告，《海军事务元首会议记录》，1941年，第37页。另载《纳粹的阴谋与侵略》，第6卷，第966—967页中（纽伦堡文件C-152）。

5. 这些文件与后来的谈话，包括与希特勒的两次谈话，一起发表于《纳粹-苏联关系》中第281—316页。

6. 施密特：《希特勒的译员》，第224页。

7.《海军事务元首会议记录》，1941年，第47—48页。

8. 纽伦堡文件NG-3437，文件集第8卷B，《魏茨泽克案件》。H. L. 特莱福斯援引，见《德国与美国的中立（1939—1941）》，第124页及注。

9. 电报全文，《纳粹的阴谋与侵略》，第6卷，第564—565页（纽伦堡文件2896-PS）。

10. 同上，第566页（纽伦堡文件2897-PS）。

11.《海军事务元首会议记录》，1941年，第104页。

12.《纳粹的阴谋与侵略》，第6卷，第545—546页（纽伦堡文件3733-PS）。

13. 1940年10月29日法尔肯施坦因备忘录，《纳粹的阴谋与侵略》，第3卷，第289页（纽伦堡文件376-PS）。

14.《海军事务元首会议记录》，1941年，第57页。

15. 同上，第94页。

16. 同上，附录Ⅰ（雷德尔致元首报告，1941年2月4日）。

17. 同上，第32页（1941年3月18日）。

18. 同上，第47页（1941年4月20日）。

19. 同上，1941年5月22日。

20. 同上，第88—90页（1941年6月21日）。

21.《纳粹的阴谋与侵略》，第5卷，第565页（纽伦堡文件2896-PS）。

22. 德国海军作战日志，《主要战犯的审讯》，纽伦堡文件第34卷，第364页（纽伦堡文件C-118）。部分英文译本有许多地方译错，见《纳粹的阴谋与侵略》，第6卷，第916页。

23.《海军事务元首会议记录》，1941年9月17日，第108—110页。

24. 同上，1941年11月13日。

25.《纳粹的阴谋与侵略》，附件B，第1200页（在纽伦堡提审里宾特洛甫记录，1945年9月10日）。

26. 纽伦堡文件NG-4422E，文件集第9卷，《魏茨泽克案件》，特莱福斯援引，见《德国与美国的中立（1939—1941）》，第102页。

27. 同上，1941年5月间里宾特洛甫和奥特之间的许多电报，以及东京《远东审判》中奥特的口供，特莱福斯援引，见《德国与美国的中立（1939—1941）》，第103页。

28. 外务省次官天羽是8月29日告诉他的，外相丰田海军上将是8月30日告诉他的。日本方面关于这两次会议的记录载《纳粹的阴谋与侵略》，第6卷，第546—551页（纽伦堡文件3733-PS）。

29. 赫尔：《回忆录》，第1034页。1941年10月16日丰田致野村的电报文稿载《珍珠港袭击：珍珠港袭击事件联合调查委员会的审问录》，第12卷，第71—72页。

30. 赫尔：《回忆录》，第1062—1063页。

31.《远东审判》，文件4070和4070B。特莱福斯援引，见《德国与美国的中立（1939—1941）》，第140—141页。

32. 赫尔：《回忆录》，第1056，1074页。

33. 截获到的大岛发往东京的电报，1941年11月29日，《纳粹的阴谋与侵略》，第7卷，第160—163页（纽伦堡文件D-656）。

34.《珍珠港袭击》，第12卷，第204页。截获到的东京电报载《纳粹的阴谋与侵略》，第6卷，第308—310页（纽伦堡文件3598-PS）。

35.《纳粹的阴谋与侵略》，第5卷，第556—557页（纽伦堡文件2898-PS）。

36. 同上，第309页（纽伦堡文件3598-PS）。

37. 电报全文，同上，第312—313页（纽伦堡文 件3600-PS）。

38. 施密特：《希特勒的译员》，第236—237页。

39.《主要战犯的审讯》，第10卷，第297页。

40. 截获到的大岛发往东京的电报，1941年12月8日，《纳粹的阴谋与侵略》，第7卷，第163页（纽伦堡文件D-167）。

41. 纽伦堡文件NG-4424,1941年12月9日，文件集第9卷，《魏茨泽克案件》。

42. 这里我合并了在纽伦堡法庭上对质时里宾特洛甫的供词（载《主要战犯的审讯》，第10卷，第297—298页）和他在审判前提审时的声明（载《纳粹的阴谋与侵略》，附件B，第1199—1200页）。

43.《希特勒秘密谈话录》，第396页。

44.《纳粹的阴谋与侵略》，第5卷，第603页（纽伦堡文件2932-PS）。

45. 施密特：《希特勒的译员》，第237页。

46. 希特勒讲话的部分译文载戈登·W. 普伦吉（所编）的《希特勒言论集》，第97，367—377页。

47. 英文译本载《纳粹的阴谋与侵略》，第8卷，第432—433页（纽伦堡文件TC-62）。

48.《海军事务元首会议记录》，1941年，第128—130页（12月12日）。

第二十六章
伟大的转折点：
1942年——斯大林格勒和阿拉曼

密谋分子恢复了活动

希特勒的侵俄大军在1941年冬天受到严重的挫折，一批陆军元帅和高级将领受到撤职处分，这两件事重新燃起反纳粹密谋分子心头的希望。

只要军队以破竹之势取得节节胜利，只要德军和德国的荣耀直上云霄，密谋分子是无法使高级将领们对反叛产生兴趣的。但是现在，至今天下无敌、不可一世的德国军队碰上了堪与匹敌的强手，在风雪严寒中败退；半年以来死伤兵员已过百万大关；大批最著名的将领被不容分说地撤职，其中有些人，例如霍普纳和施波内克，当众受到凌辱，而大多数人也受到了侮辱并成为这个残暴独裁者的替罪羔羊。*

---

* 我们应当还记得，在已经退休的人中有陆军总司令冯·布劳希奇陆军元帅，有分别率领南方和中央集团军的冯·伦德施泰特陆军元帅和冯·博克陆军元帅，还有装甲军天才将领古德里安将军。不久以后，在1942年1月18日，北方集团军司令冯·里布陆军元帅也被解职。一天前，1月17日，接任伦德施泰特职务的冯·赖歇瑙陆军元帅中风身亡。空军的乌德特将军于1941年11月17日自杀。此外，在冬天撤退时，大约有35个军、师级指挥官被解除了职务。

这当然只不过是开始。冯·曼施坦因陆军元帅在纽伦堡国际法庭上概述了那些开始吃败仗或是终于鼓足勇气反对希特勒的将领们以后的遭遇。“在17名陆军元帅中，”他对法庭供称，“有10名在战时被遣送回籍，3名因1944年7月20日事件［密谋反对希特勒的事件——作者］送命。只有1名陆军元帅得以设法度过战争并保住职位。在36名陆军上将中，有18名被遣送回籍，5名因7月20日事件丧生或被不名誉地革除军籍。只有3名陆军上将得以在整个战争时期保住职位。”[1]

“时机看来差不多成熟了，”哈塞尔在1941年12月21日的日记中
903 满怀希望地说。他和他的同谋分子确信，普鲁士军官团不仅由于他们身受不体面的待遇，而且由于最高统帅在俄国严寒时节疯狂地把他们和他们的军队带到灾难边缘，一定会感到不满。前面已经谈过，密谋分子一直相信只有兵权在握的将军们才有推翻纳粹暴君的实际力量。现在正是他们还来得及动手的最后机会。最重要的是要抓紧时机。他们看到，在进攻俄国遭到失利、美国又已参战以后，战争已不再有胜利的希望了。但是也还不能说战争已经失败。他们认为，如果在柏林建立起一个反纳粹的政府并且讲和的话，还有可能得到有利的和平条款，使德国仍然成为一个主要强国，也许至少还可以保全希特勒获得的若干利益，例如奥地利、苏台德和波兰西部。

在1941年夏末击败苏联仍然大有希望的时候，他们就在反复盘算着这些念头了。8月19日，丘吉尔和罗斯福起草了《大西洋宪章》，这个宪章的内容给他们当头狠狠一棒，特别是其中第八条规定：在战后普遍裁军协定签订以前，德国必须解除武装。对哈塞尔、格德勒、贝克等反对派成员来说，这意味着盟国并不想将德国纳粹分子和非纳粹分子区别对待，并且，如哈塞尔所说，“证实了英美两国不仅是在对希特勒作战，而且要摧毁德国，使它失去防卫能力”。的确，对于这位现在正专心致力于反叛希特勒，却决心要为一个没有希特勒的德国获得尽量多的东西的贵族出身的前任大使来说，《大西洋宪章》的第八条，“破坏了取得和平的一切合理的机会”。[2] 他在日记中就是这么说的。

尽管《大西洋宪章》的条文使密谋分子大失所望，但是《大西洋宪章》的公布，看来又促使他们行动起来，哪怕只是因为它使他们感到，必须在还来得及的时候干掉希特勒，以便使反纳粹的政权能为仍然占有大半个欧洲的德国在讲和中有力地进行讨价还价。他们并不反对利用希特勒的战果来为德国争取最为有利的条款。8月底，哈塞尔、波比茨、奥斯特、多赫南伊和国内驻防军参谋长弗里德里希·奥尔布

里希特将军在柏林举行了一系列会谈。用哈塞尔的话来说，会谈的结果是，“德国爱国者”（他们这么自称）要向盟国提出“十分温和的要求”，但是“有一些权益则不能放弃”。这些要求和权益是什么，哈塞尔没有说；但我们从他的日记的其他部分可以看出：这等于是坚持德国1914年的东部边界，加上奥地利和苏台德区。

但是时间日益紧迫了。8月底，哈塞尔在与其同党开完最后一次会议之后在日记中写道：“他们一致认为，再拖下去就太晚了。等到我们获胜的机会显然已不复存在，或者说微不足道的时候，就没有办法了。”[3]

他们曾经做过一些努力，劝诱东线战场上的重要将领，在进攻俄国的夏季战役中把希特勒逮捕起来。这种做法肯定是得不到什么效果 904
的。因为这些将领们在战争初期获得惊人胜利的情况下，根本不会想到要推翻这个使他们能获得这样胜利的机会的人。不过这些努力在军方人士的心中也确实播下了一些种子，它们以后会萌芽成长起来。

这年夏天在陆军中策划密谋的核心是在冯·博克陆军元帅的司令部里，他的中央集团军正向莫斯科挺进。博克参谋部中的海宁·冯·特雷斯科少将是密谋集团的首脑人物，他早年对民族社会主义的一股热情已完全消失，使他终于成为密谋者队伍中的一员。协助他的有他的副官法比安·冯·施拉布伦多夫，还有他们安置在博克那里当副官的两个同党汉斯·冯·哈登贝格伯爵和海因里希·冯·伦多夫伯爵，这两人都是德国著名世家的子弟。* 他们为自己规定的任务之一是对陆军元帅博克进行工作，劝他在希特勒访问集团军司令部时把他逮捕起来。但是对博克做工作可不是一桩容易的事情。博克虽然口口声声说厌恶纳粹主义，但是他依靠它的庇荫官运亨通，而且他为人爱好虚荣，野心勃勃，根本不会在这场赌局的这个阶段干冒险的事

* 伦多夫于1944年9月4日被纳粹分子处决。

海宁·冯·特雷斯科（右四）将军官团中反希特勒密谋者召集在身边，他的左手边是海因里希·冯·克莱斯特，图片最右是法比安·冯·施拉布伦多夫。

情。有一次特雷斯科试图向他指出，元首正在把国家引向灾难，博克听了大声说道："我不许攻击元首！"[4]

特雷斯科和他的年轻副官给浇了一盆冷水，但是并没有气馁，他们决定自己动手干。1941年8月4日，元首巡视设在鲍里索夫的集团军司令部。他们计划当他从飞机场驱车到博克的住处时，把他逮捕起来。但是这些策划反叛的人这时还不是行家，他们没有考虑到元首的保安措施。希特勒左右前后密布着党卫军的警卫，而且他拒绝乘坐集团军方面派来的汽车，他预先调来了自己的车队，供从机场到市区之用。这就使那两名军官根本无法接近他。这次失败——类似这样的失败显然还有过几次——给了陆军中那些密谋分子不少教训。第一点教训是，要想抓到希特勒并不容易；他总是戒备森严的。另一点是，即使抓住他或逮捕了他也并不解决问题，因为重要将领一个个不是胆小怕事，就是由于做过忠诚宣誓，麻醉过深，不会帮助反对分子接着干下去。大概到了这个时候，即1941年秋天，陆军中有些年轻军官，其中大部分如施拉布伦多夫等都是部队的文职人员，不得不得出这样的结论：杀死希特勒是最干脆的，也许是唯一的解决办法。因为这样一来，那些胆小怕事的将军们就可以从他们对元首的忠诚宣誓中解放出来，拥护新政权并使陆军支持它。

但是在柏林的策划反叛的首脑仍然不打算把事情闹大到这样的地步。他们正在策划一个叫作“隔离行动”的愚蠢计划。由于某种理由，他们认为这个计划一方面可以使那些将军们不至于背弃自己效忠元首的誓言而在良心上得到安慰，同时又可以帮助他们为德国除掉希 905
特勒。他们的想法一直到今天还令人难以理解。不过他们的计划是这样：东线和西线的高级司令官按照预先约好的暗号，一齐拒绝服从作为总司令的希特勒的命令。这当然会使将领们破坏服从希特勒的誓言，但是柏林的诡辩家们却装作看不到这一点。他们解释说，不管怎么样，这个计划的真正目的在于制造混乱局势，这种局势一出现，贝克依靠国内驻防军在柏林的部队的帮助，就夺取政权，解除希特勒的职务，并宣布民族社会主义为非法。

但是国内驻防军并不成其为一支军事力量。它只不过是一批乌合之众组成的新兵，在作为补充兵员调往前线之前受一点基本的军事训练。这次冒险要想真正获得成功，必须把在俄国前线或占领区统率着老兵的若干高级将领争取过来才成。其中一位似乎是当然人选，他就是曾参加过哈尔德想在慕尼黑时代逮捕希特勒的密谋、现任西线总司令的冯·维茨勒本陆军元帅。1942年1月中旬，密谋分子派遣哈塞尔去与维茨勒本和驻比利时军事司令官亚历山大·冯·法尔肯豪森将军会谈，策动他们参加新的密谋计划。曾任大使的哈塞尔因已受秘密警察的监视，只得打着巡回讲学的幌子到处向德国军官和占领区的文官讲演，题目是《生存空间和帝国主义》。讲演期间，他先后在布鲁塞尔与法尔肯豪森、在巴黎与维茨勒本进行过秘密会谈。他对这两个人，特别是后者，获得了良好的印象。

当许多其他的陆军元帅在俄国大显身手的时候，维茨勒本被搁在法国这条次要的战线上，感到手痒难耐。他对哈塞尔说，“隔离行动”是不切实际的想法，只有采取直接行动推翻希特勒才是唯一的解决办法，他愿意担当领导的任务。他认为，1942年夏季德国军队重新在俄国发动进攻的时候，也许是采取行动的最好时机。为了准备这一天，他希望动点小手术，先把身体弄好。不幸得很，这项决定却给这位陆军元帅和那些同谋者带来了严重后果。维茨勒本和腓特烈大王等人一样患有痔疮。* 为了解除痔疮的病痛，动手术本来是平常的事。但是当这年春天维茨勒本请短期病假去动手术时，希特勒却乘机免去了他的现役职务，派伦德施泰特接替他的工作。而伦德施泰特尽管最近还遭到过元首的不客气的对待，却并不想参加反对希特勒的密谋。这么一来，密谋分子发现他们在陆军中寄予最大希望的人，成了一个没有一
906 兵一卒的陆军元帅。没有兵力是无论如何也建立不了新政权的。

密谋的领导人大失所望。他们接连举行秘密会议，筹划对策，但不能克服他们的沮丧情绪。哈塞尔于1942年2月底的一次会议之后写道：“看来目前对希特勒是没有什么办法可想了。”[5]

但是在下列两个方面要做的事情并不少：一是解决关于他们在废黜希特勒之后究竟要建立一个什么样的德国政府的问题；一是加强他们那临时拼凑、至今效率极低的组织，以便一旦时机到来时能够接管政府。

在抵抗运动的领导人中，绝大多数都是上了年纪的保守分子，他们的要求之一是恢复霍亨索伦皇朝的君主政体。但是在霍亨索伦皇室中由哪个亲王登上宝座，却一直未能取得一致意见。密谋分子中的一名文职领导人员波比茨希望由皇太子登位，但在其他人中，大多数都对皇太子深恶痛绝。沙赫特赞成皇太子的长子威廉亲王，格德勒赞成

---

* 普鲁士国王腓特烈大王因患痔疮，心神不宁，行动不便，常常为此叫苦连天。

威廉二世的幼子普鲁士的奥斯卡亲王。大家一致的是：都不考虑德皇的四子、绰号叫作“奥威”的奥古斯特·威廉亲王，因为他是狂热的纳粹分子，党卫军的分队长。

到了1941年夏天，大家大致同意帝位的最适当人选是皇太子的次子，也是当时在世的年龄最大的儿子路易-斐迪南亲王。* 当时他刚33岁，在迪尔伯恩的福特汽车工厂工作过五年，现在在汉莎航空公司当雇员，接近并同情密谋分子。这个风度翩翩的年轻人终于成了霍亨索伦皇室中最孚众望的人选。他跟得上20世纪的潮流，是个讲民主、有脑筋的人。而且他有一个美丽、聪慧而勇敢的夫人，即以前的俄国女大公基拉公主。还有，对密谋分子来说当时最为重要的一点，他还是罗斯福总统的私人朋友。1938年他们夫妇在美国度蜜月时，罗斯福曾邀请他们到白宫做过客。

哈塞尔和他的几个朋友并不完全认为路易-斐迪南是理想的人选。1941年圣诞节前后，哈塞尔在日记中无可奈何地写道:“他缺少许多非有不可的品质。”但他还是同意了别人的意见。

哈塞尔最感兴趣的是德国政府未来的政体和性质。早在上一年年初，他在与贝克将军、格德勒和波比茨商量以后，制定了一个过渡时期纲领，1941年末又做了进一步修改。[6] 这个纲领规定：恢复个人自由；在正式宪法通过以前，由一位摄政执掌国家最高权力；这个摄政作为国家元首，可以任命政府和国务委员会。格德勒和密谋分子中 907
的几个工会方面的代表不赞成这样使权力过于集中在一个人身上的做法，建议立即举行公民投票，使临时政权得到群众支持，而表明其民主性质。但是由于缺少更好的办法，大家这才把哈塞尔的方案作为一个原则性的声明接受下来。后来这个方案为1943年制定的一个自由而开明的纲领所代替，后者是在赫尔穆特·冯·毛奇伯爵所领导的克莱

---

* 长子威廉亲王已于1940年5月26日在法国的一次战役中负伤后死亡。

绍集团的压力下制定出来的。

1942年春，密谋分子终于正式选定了一个领袖。他们一致承认贝克将军为领导，不仅因为他的才智和品德，而且因为他在将领中的威信和在国内外的声望。但是由于他们没有加紧组织起来，因此实际上也就没有让他担当起领导的责任。哈塞尔等少数人尽管对这位前参谋总长十分敬佩，却并不完全信任。

1941年圣诞节前不久，哈塞尔在日记中写道："贝克的最大缺点在于空论太多，正如波比茨所说，他是一个战术家，却缺少意志力。"后来事实证明，这个评价并非毫无根据，将军的这种优柔寡断的性格和行动意志的严重缺乏，日后证明是极其不幸的。

虽然如此，到了1942年3月，密谋分子经过多次秘密会议以后还是决定"必须由贝克主持一切"（哈塞尔语）。到了月底，这位大使又写道："贝克已正式被接受为我们集团的领袖。"[7]

但是人们从他们遗留下来的记载可以看到，在这段时间，他们的密谋活动仍然茫无头绪。在他们的无休无止的会议上，甚至最积极的成员也一直笼罩在一种很不现实的气氛之中。到这年春天，他们知道希特勒正在计划，等俄国的地面干燥以后，立即重新发动进攻。他们认为，这只会使德国在无底洞中越陷越深。但是，尽管他们谈得很多，却未见有所动作。1942年3月28日，哈塞尔坐在他的埃本豪森乡村别墅中写下这样的日记：

> 临离开柏林的前几天，与耶森*、贝克和格德勒做了详谈。前景不甚美妙。[8]

---

* 延斯·彼得·耶森，柏林大学经济系教授，是这个集团的一个智囊人物。1931—1933年间，他曾是纳粹党的积极分子，并且是党内为数不多的真正的知识分子之一。从1933年开始，他很快对纳粹主义感到幻灭，一变而为狂热的反纳粹人物。他于1944年7月20日反希特勒密谋事败时被捕，同年11月在柏林的普洛岑湖监狱被处决。

前景怎能美妙得起来呢？连个行动计划都没有。得马上行动起来，趁现在还有时间。

在战争的第三个春天到来的时候，阿道夫·希特勒却有他的计划——而且他有实现这些计划的坚强意志。 908

德军在战争中的最后一次大攻势

由于希特勒愚蠢地不让德军在俄国及时撤退，造成了重大的伤亡和武器损失，使得许多指挥人员锐气大伤，也使1942年1月、2月间几个星期中的局面有几乎无法收拾的危险。尽管如此，希特勒死守活拼的疯狂决心却也无疑有助于抵挡来势汹涌的苏军。德国军人的勇敢和坚韧的传统精神也起了作用。

俄国军队在北起波罗的海、南至黑海的战线上发动的进攻，到了2月20日劲头已经过去了。3月底，又到了泥泞季节，血流成河的漫长战线相对地沉寂下来。双方都已筋疲力尽了。1942年3月30日德国陆军的一份报告透露了这一回冬季战役中遭到了多么惨重的损失。东线全部162个作战师中，只有8个师还有进攻的能力。16个装甲师中，只剩下140辆坦克可供使用——比1个师的正常数字还要少。[9]

当部队休整时，现在身兼武装部队最高统帅和陆军总司令的希特勒，就已在忙于制订夏季攻势的计划了。其实还要早得多，早在隆冬时期部队仍在冒着风雪后撤时，他就在这么做了。这些计划不如去年那样野心勃勃。现在他才开始明白，要经过一次战役就摧毁红军的全部力量是不可能的。这年夏天，他将把大部分力量集中在南线，征服高加索油田、顿涅茨克盆地工业区、库班的小麦产区，并拿下伏尔加河上的斯大林格勒。拿下这些地方，可以达到几个重要目标：使苏联失去为继续进行战争所迫切需要的石油、大量粮食和工业，另一方面却可使德国得到几乎同样急需的石油和粮食的来源。

希特勒在即将发动夏季攻势时，对倒霉的第六军团司令保卢斯将军说："如果我拿不到迈科普和格罗兹尼的石油，那么我就必须结束这场战争。"[10]

斯大林很可能也说过差不多同样的话。为了把战争坚持下去，他也必须保住高加索的油田。斯大林格勒之所以变得如此重要，原因就在于此。德国占领斯大林格勒，就可以封锁住通过黑海和伏尔加河向俄国中部运送石油的最后的主要路线，如果高加索油田还保持在俄国人手中的话。

希特勒不仅需要石油发动飞机、坦克、卡车，还需要人来补充他的兵员日减的部队。冬季作战结束时伤亡总数是1 167 835人，病员还不包括在内，后备兵员不足以弥补这样的损失。最高统帅部向德国的盟国——还不如说是仆从国家——要求提供更多的部队。早在冬天，凯特尔元帅匆忙赶到布达佩斯和布加勒斯特，为夏季攻势征募匈牙利和罗马尼亚的军队，整师整师地征募。戈林，最后甚至希特勒也亲自
909 出马，请求墨索里尼提供意大利军队。

1942年1月底，戈林到达罗马，点收意大利向俄国战线增援的部队。他向墨索里尼保证1942年可以打败苏联，1943年可以使英国放下武器。齐亚诺发现这位脑满肠肥、胸前挂满勋章的帝国元帅简直不堪忍受。

他在2月2日的日记上写道："此人还是那样趾高气扬，架子十足。"两天以后又写道：

> 戈林今天离开罗马。我们在艾克赛尔西奥饭店吃饭，吃饭的时候戈林别的话不说，只谈他的珠宝。他手上真的戴着几只漂亮戒指……在去火车站的路上，他穿着一件宽大的黑貂皮大衣，既像1906年汽车夫的穿着，又像一个高等妓女去看歌剧时的打扮。[11]

第三帝国的第二号人物的腐化堕落已日甚一日了。

墨索里尼向戈林表示，只要德国给大炮，就在3月份派两师意大利部队到俄国去。但是他对他的盟邦在东线的失败是如此忧心忡忡，以至于使希特勒认为有必要在这个时候举行一次会谈，以便说明德国仍然拥有多么强大的军事力量。

这次会谈于4月29日和30日在萨尔茨堡举行。墨索里尼、齐亚诺和随从人员被安顿在一座巴洛克式的克莱斯汉姆宫里，这座宫殿曾经是历代王公主教的故宫，现在又经过一番装饰，布置了从法国运来的帷帘、家具和地毯。意大利外交大臣猜想德国人得到这些东西大概“所费无几”。齐亚诺看到元首倦容满面。他在日记中写道：“去年冬天那几个月在俄国的生活在他身上留下了明显的痕迹，我第一次发现他添了许多白发。” *

会谈中，德国方面照例说了一通对总的形势的估计。里宾特洛甫和希特勒请两位意大利客人放心：在俄国、北非、西线和公海上，一切都很顺利。他们透露，东线即将发动的攻势，矛头所指是高加索油田。

> 一旦俄国石油来源告罄［里宾特洛甫说］，俄国便要屈膝投降了。然后英国……也将屈服，以求保全被打得支离破碎的英帝国的剩水残山……
>
> 美国完全是吹牛……

齐亚诺带着几分耐心听着他的对手的话。但他得到的印象是：不

---

* 一个月前，戈培尔到大本营去看希特勒，他在日记中对元首的衰老表示十分惊讶。“我注意到，他的头发已经花白……他告诉我，他曾经很厉害地晕过好几次……元首此刻的情况真使我担心。”戈培尔又说：“他对霜雪有一种生理上的反感……但是最使元首苦恼和痛苦的是，大地仍然为大雪所覆盖……”（《戈培尔日记》［*The Goebbels Diaries*］，第131—137页）

910 论美国最后采取什么行动，真正吹牛的却是德国。实际上，只要他们一想到这里，“他们就觉得凉了半截身子”。

像往常一样，话说得最多的是德国元首。

> 希特勒没完没了地说呀，说呀，说呀［齐亚诺在日记中写道］。墨索里尼在受罪——他也是惯于只管自己发言的，现在却不得不憋着不说话。第二天吃过午饭，在一切都谈过以后，希特勒又不住嘴地讲了1小时又40分钟。战争与和平，宗教和哲学，以至艺术和历史，什么问题都谈了，真是一项不漏。墨索里尼不由得看看手表……德国人，可怜的德国人，天天得耐着性子听希特勒讲话。我敢担保，他讲话时的每一种姿势，每一个字眼，每一处停顿，他们莫不记得烂熟。约德尔将军经过一番了不起的克制，最后在一张长沙发上睡着了。凯特尔也直打瞌睡，但他总算没让脑袋耷拉下来。他离希特勒太近，不能由着自己……[12]

虽然希特勒费了很多口舌，或者也可以说正是由于他费了这些口舌，总算使墨索里尼答应向俄国前线提供更多的意大利炮灰。希特勒和凯特尔从各个仆从国家得到了很大收获。据德国最高统帅部统计，“盟邦”将有52个师可供夏季作战之用——罗马尼亚27个师，匈牙利13个师，意大利9个师，斯洛伐克2个师，还有西班牙1个师。这52个师约占东线的轴心国家全部兵力的四分之一。在德军进攻重点所在的战线南部，将要增援41个师的生力军。其中一半，即21个师是匈牙利部队（10个师）、意大利部队（6个师）和罗马尼亚部队（5个师）。哈尔德等绝大多数将领并不赞成把太多的希望寄托在这么多的“外国”师上。他们认为，这些部队的作战素质往轻里说也是靠不住的。但是由于他们自己人力不足，也只得接受这些援兵。这一决定很快就对即将到来的灾难起了促成作用。

最初，在1942年夏天，轴心国方面还在大走红运。在进攻高加索和斯大林格勒的战役开始以前，北非战场上便已取得了轰动一时的胜利。1942年5月27日，隆美尔将军在沙漠地区重新展开攻势。[*]他率领有名的非洲军（有2个装甲师和1个摩托化步兵师）和8个意大利师（其中1个师是装甲部队），以迅雷不及掩耳的攻势把英国沙漠部队打得狼狈逃回离埃及边境不远的地方。6月21日，他攻陷英军防线上的重镇图卜鲁格，1941年英军曾在这里坚守九个月，直到德国撤围。两天以后，他进入埃及。6月底，到达离亚历山大港和尼罗河三角洲65英里的阿拉曼。盟国许多政界人士大为震惊，他们反复端详着地图，
认为现在几乎已无法阻挡隆美尔给予英国一次致命打击：征服埃及， 911
然后在得到增援的条件下，向东北推进，席卷中东的大油田，再与俄国境内的德军会师于高加索。俄国境内的德军这时已经开始从北面向高加索前进了。

这是盟国在战争中最黑暗的时刻之一，相对来说，也是轴心国方面最光明的时刻之一。但是正如前面所说，希特勒对全球战略是一窍不通的。他不知道如何利用隆美尔在非洲获得的惊人成就。他奖给这位非洲军的英勇领导人一根陆军元帅的节杖，却没有给他送去供应和援兵。[†] 由于雷德尔海军元帅和隆美尔的一再催促，希特勒才勉强同意

---

* 1941年11月和12月，在与英国军队经过一系列恶战之后，隆美尔的部队被完全逐出昔兰尼加省，一直退到该省西部边境的阿格拉一线。但是到了1942年1月，隆美尔以其惯有的弹性卷土重来，经过17天的快速战斗，收复了一半失地，回到加查拉，并于1942年5月末从加查拉发动了一场新的攻势。

† 希特勒在德军攻占图卜鲁格的第二天提升隆美尔为陆军元帅，这件事使墨索里尼感到“非常不快”。按齐亚诺的说法，因为这使“这次战役的德国色彩”更浓厚了。墨索里尼立即赶到利比亚，想为他自己挣些面子。据齐亚诺说，墨索里尼自信能在“15天内”进驻亚历山大港。7月2日，他打电报给希特勒，要求就“埃及将来的政治管理问题”进行磋商，并建议由隆美尔担任军事司令，由一个意大利人担任“民政代表”。希特勒回答说，他认为这个问题还不是“当务之急”（《齐亚诺日记》，第502—504页）。

隆美尔的参谋长弗里茨·拜尔莱因将军后来回忆道：“墨索里尼在德尔纳［在前线的后方］焦急不安地等待着这一天的到来：到时他可以向在金字塔下游行的轴心国坦克队伍答礼。”（弗赖丁和理查逊编：《致命的决定》，第103页）。

首先派非洲军和一小批空军到利比亚。他这样做只是为了防止北非意大利军队的溃散，而不是由于预见到征服埃及的重要性。

德国要征服埃及，关键实际上在于马耳他岛。这个小岛位于地中海中间，在西西里和利比亚的轴心基地之间。英国的轰炸机、潜艇和海面舰只就是从这个英国军事要塞出发，袭击德国和意大利向北非运送给养和兵员的船只的。1941年8月，准备运给隆美尔的给养和增援部队，大约有35%葬于海底；10月，这个数字达到63%。11月9日，齐亚诺在日记中悲哀地写道：

> 从9月19日以来，我们已放弃了向利比亚运送物资和人员的打算；每一次尝试都付出了很高的代价……今晚我们再作尝试，七艘轮船出发了，护航的有两艘万吨巡洋舰和十艘驱逐舰……我们的船只全部——我说的是**全部**——被击沉了……英国人在葬送我们的船只之后，返回他们［在马耳他］的港口。[13]

德国人过迟地从大西洋战场腾出几艘潜艇到地中海来，并给凯塞林元帅增加了若干中队的飞机，供西西里基地使用。德国决定要使马耳他岛失去作用；如果可能的话，还要摧毁英国在地中海东部的舰队。这个决定立即收到了效果。1941年底，英国损失了三艘战舰、一
912 艘航空母舰、两艘巡洋舰以及几艘驱逐舰和潜艇，余下的舰只被逐回埃及基地。几个星期之中，马耳他日夜遭到德国飞机的狂轰滥炸。这就使轴心国的供应顺利运出——1月间没有损失任何船只——使隆美尔得以重整旗鼓，大举进军埃及。

3月间，雷德尔海军元帅说服希特勒批准了隆美尔进攻尼罗河的计划（“阿伊达计划”），同时批准了用伞兵占领马耳他的计划（“大力神计划”）。从利比亚发动的进攻将于5月底开始，袭击马耳他预定在7月中。但是到了6月15日，正当隆美尔得到初步成功时，希特勒却

1942年，隆美尔指挥利比亚战役。

推迟了进攻马耳他的计划。他向雷德尔解释说，这是因为无法从俄国前线抽调出部队和飞机。一两个星期以后，他又一次推迟“大力神计划”，说不妨等到东线夏季攻势结束、隆美尔征服埃及之后。[14]他指示在此期间可用继续轰炸的办法使马耳他不能动弹。

但是马耳他并没有被制伏得不能动弹。由于没有能使马耳他失去作用，也没有能把它拿下来，德国即将付出昂贵的代价。6月16日，英国的一个大护航舰队开到这个被围困的海岛。尽管损失了几艘军舰和运输船，这次行动却使马耳他又恢复了基地的作用。美国航空母舰“黄蜂号”上的喷火式战斗机飞到马耳他，不久以后就使德国轰炸机再也不能轰炸这个岛屿了。隆美尔尝到了苦头。他的补给舰被击沉了四分之三。

隆美尔进驻阿拉曼时，只有13辆作战坦克。[*] 他在7月3日的日记中写道：“我军力量已日渐衰竭。”而这时金字塔已几乎在望，再往远处看，便是埃及和苏伊士运河这个大战利品！希特勒又失去了一个大好机会，又失去了一个由战运给他带来的最后的天赐良机。

德军在俄国的夏季攻势：1942年

到了1942年夏末，阿道夫·希特勒似乎又显得不可一世了。每个月，德国潜艇在大西洋击沉70万吨英美船只。美国、加拿大和苏格兰的造船厂虽在热火朝天地加紧生产，但也补不上这个损失。尽管元首为了早日结束俄国的战事，大大削减了西线的兵力，调出了大部分部队、坦克和飞机，但是这年夏天丝毫没有迹象表明，英美部队已强大得足以在英吉利海峡对岸进行哪怕是小规模的登陆。英美部队甚至也不敢冒险占领法属西北非，其实它们如果登陆的话，软弱的法国由于
913 派别分歧，即使企图抵抗，也是难以阻挡的，而德国在意大利和的黎波里除了有很少几艘潜艇和几架飞机以外，别无任何武装力量。

英国海空军也未能阻止从法国西部港口布列斯特开出的德国两艘巡洋战舰“沙恩霍斯特号”、“格奈泽瑙号”和重巡洋舰“欧根亲王号”在光天化日之下闯过英吉利海峡安全地驶回德国。[†] 希特勒曾经担心英美一定会占领挪威北部，因此他坚决主张这三艘重型军舰从布列

---

* 拜尔莱因将军的战后证词如是说。这也许是言过其词。据盟国情报，隆美尔尚有125辆坦克。

† 此事发生于1942年2月11日至12日，使英国猝不及防。英国海空军来得及拼凑起来攻击德国舰队的只是一支很单薄的力量。德方几乎未受损失。伦敦《泰晤士报》评论说：“西里亚克斯海军上将［他领导这次闯封锁线的行动］做成功了梅迪纳·西多尼亚公爵所没有做成功的事情……从17世纪以来，这个海军强国在自己的领海之内从来没有蒙受过如此的奇耻大辱。”

斯特闯过英吉利海峡，以便到那里去防卫挪威海面。他在1942年1月底对雷德尔说：“挪威是决定胜负的地区。”他认为必须不惜一切代价守住挪威。但事实表明这样做是多余的。英美在西线兵力有限，对于如何使用这些兵力另有它们的计划。

从地图上看，希特勒到1942年9月所占领的地区，是相当惊人的。地中海实际上已成为轴心国的内湖，德国和意大利在北岸拥有从西班牙直到土耳其的大部分地区，在南岸拥有从突尼斯到离尼罗河60英里的广大地区。事实上，德国部队现在守卫着北起北冰洋上的挪威的北角、南到埃及、西自大西洋上的布列斯特、东至中亚细亚边缘的伏尔加河南岸这一片广大地区。

8月23日，德国第六军团已抵达斯大林格勒正北的伏尔加河一带。两天以前，卐字旗已插上厄尔布鲁士山，这是高加索山脉最高的一座山峰（5 642米）。8月8日，德军占领了年产石油250万吨的迈科普油田，虽然德国人发现油田已几乎全部遭到破坏。8月25日，克莱斯特的坦克部队已进驻莫兹多克，距格罗兹尼四周的苏联最大产油中心只有50英里，距里海也只有100英里。31日，希特勒催促高加索方面的司令利斯特陆军元帅纠集所有可以调集的力量向格罗兹尼做最后进攻，以便他“能够拿到油田”。同一天，隆美尔也向阿拉曼发动进攻，力图向尼罗河突破。

希特勒对他的将领们的战绩从来没有满意的时候，他于7月13日撤去了指挥整个南线攻势的冯·博克陆军元帅的职务；又据哈尔德的日记透露，他还不断责骂大部分司令官和参谋总部进展迟缓。尽管如此，他现在仍然相信，决定性的胜利已经在握。他命令第六军团和第四装甲军团在攻占斯大林格勒以后，沿伏尔加河北进，形成一个大规
模的包围行动，从东西两面进逼俄罗斯中部和莫斯科。他认为俄国人 914
已经完了；据哈尔德说，他当时曾谈到分兵越过伊朗进驻波斯湾的问题。[15]他眼看便可以与日本在印度洋会师了。德国情报部门9月9日的

一份报告说：俄国在整个前线的后备力量都已消耗殆尽。希特勒对这份报告的正确性竟深信不疑。在8月底与雷德尔海军元帅举行会谈时，他的心思已从俄国转移到英美方面。他说，俄国现在在他的眼中已是一个“不怕封锁的生存空间”。他确信，不用多久便可迫使英美达到“可以谈和的程度了”。[16]

但是当年情况正如库尔特·蔡茨勒将军后来回忆时所说，尽管大可乐观，却如镜中幻影。差不多所有战地的将领都和参谋总部的将领们一样，看出了这幅美丽图画上的破绽。概括说来就是：德国根本缺乏人力、枪炮、坦克、飞机和运输手段等种种资源，来实现希特勒执意要达到的目的。当隆美尔试图就埃及情况向希特勒指出这一点时，希特勒命令他到塞默灵山中去养病。当哈尔德和利斯特陆军元帅也想就俄国前线情况指出这一点时，他们被撤了职。

苏军在高加索和斯大林格勒的抵抗日益顽强，秋雨季节又日益临近，这时就连最外行的战略家也会看出德国军队在俄国南部面临着日益严重的危险。第六军团的北翼战线极长，从斯大林格勒沿顿河上溯到沃罗涅日共长350英里，毫无掩护。希特勒在这一线部署了仆从国家的三个军团：匈牙利的第二军团在沃罗涅日的南面，意大利的第八军团在东南面更远一些位置，罗马尼亚的第三军团在斯大林格勒正西、顿河河曲的右侧。由于罗马尼亚人和匈牙利人有着很深的敌对情绪，因此得用意大利人把他们隔开。

在斯大林格勒南面的草原地带，还有第四支仆从军队，罗马尼亚的第四军团。这些军团的战斗力都不可靠自不用说，他们的装备也不充足，缺乏装甲、重炮和机动能力。还有，他们的兵力十分分散，罗马尼亚的第三军团只有69个营，却守卫着一条105英里长的战线。但这些“盟邦”的部队是希特勒所拥有的全部人马了。德国自己腾不出足够的兵力来填补这个缺口。同时，正如希特勒对哈尔德所说，由于他认为俄国人已经“完了”，因此他并不为顿河侧翼这条暴露在敌人面前的漫长战线过分操心。

但是这条战线却正是掩护斯大林格勒的第六军团和第四装甲军团以及高加索战线上的A集团军的关键。如果顿河侧翼垮下来，不仅斯大林格勒方面的德军要受到被包围的危险，而且高加索方面的德军也将被切断。这个纳粹统帅又进行了一次赌博。他在这年夏季战役中进行这样的赌博已不是第一次了。

7月23日，正当攻势进入高潮时，希特勒又在进行另一次赌博。 915
当时俄国军队正在顿涅茨克盆地和顿河上游之间全线后撤，一路迅速向东撤到斯大林格勒，一路向南退守顿河下游。德国必须当机立断：是集中力量拿下斯大林格勒、封锁伏尔加河，还是把主要矛头指向高加索，以夺取俄国的石油。早在月初，希特勒便已反复考虑了这个决定大局的问题，但他拿不定主意。最初，石油气味的引诱力很大。B集团军所属的第四装甲军团本来已经推进到顿河河曲一带，离斯大林格勒已经不远，但是希特勒却于7月13日把它从B集团军中抽调出来，派到南方去帮助克莱斯特的第一装甲军团越过罗斯托夫附近的顿河下游，继续向高加索油田推进。这时，第四装甲军团本来也许可以奔袭轻取几乎没有防卫的斯大林格勒。但是等到希特勒发觉自己犯了错误，为时已经太晚了。接着他一错再错。两个星期以后，当第四装甲军团回师北上，向斯大林格勒进发时，俄国人已经充分恢复过来，足以抵挡德军了；第四装甲军团撤离高加索前线，又使克莱斯特的力量大受削弱，无法完成向格罗兹尼油田进军的任务。*

这一支强大的装甲部队回师向斯大林格勒推进，是希特勒在7月

---

* 克莱斯特对李德·哈特证实了这一点："第四装甲军团……本来可以在7月兵不血刃拿下斯大林格勒，但却被调到南边来帮助我渡顿河。我并不需要它的支援，它来了反而使我正在使用的道路拥挤不堪。等过了两个星期，第四装甲军团回师北上，俄国人已经在斯大林格勒集结足够部队遏制它了。"而在这个时候，克莱斯特又需要增添坦克部队。他说："如果我的部队没有被调走……去配合进攻斯大林格勒的话，我们早已拿下目标［格罗兹尼油田］了。"（李德·哈特：《德国将领谈话录》，第169—171页）

23日所做的致命决定的结果之一。他不顾哈尔德和前线指挥官的劝告而做出的要求同时拿下斯大林格勒和高加索的狂妄决定，具体规定在德国陆军历史上著名的第四十五号指令中。这是希特勒在战争时期所做的最有决定命运意义的一项决定。因为要不了几天，这项决定便得到了两头落空的结果，从而导致德国军队有史以来最为丢脸的失败，它决定了希特勒永远不能赢得战争的胜利，千秋万代的第三帝国的日子已经屈指可数了。

哈尔德将军惊惶之至。在乌克兰文尼察附近的“狼人”大本营（7月16日，希特勒搬到这里，为的是离前线更近一些）出现了一场激烈的争吵。参谋总长哈尔德极力主张集中主要力量打下斯大林格勒，并试图解释，德国陆军根本没有力量能在两个不同方向同时进行两场强大的攻势。希特勒反驳说，俄国人已经“完了”。哈尔德便竭力使

916 他相信：根据陆军的情报，情况远非如此。

> ［这天晚上哈尔德在日记中忧郁地写道］对敌人的力量一直做过低的估计，达到了可笑的程度，并且越来越具有危险性。在这里要想认真地进行工作已经不可能了。凭着浮光掠影的印象作出病态的反应，对形势及其发展前景毫无估计的能力——这些使这个所谓的“领导”具有一种极其特别的性质。

哈尔德担任参谋总长职务的日子也已屈指可数了。后来他在回想当年的情况时写道：

> 希特勒的决定与自古以来公认的战略、战术原则不再有共同之处。他的决定是一种狂暴的天性在一时冲动下的产物，这种天性不承认可能性是有限度的，而只凭愿望和梦想行事……[17]

关于哈尔德所说的最高统帅“对自己的力量病态地估计过高，对敌人的力量有害地估计过低”的情况，他后来谈过这样一桩事情：

> 有一次，有人把一份非常客观的报告念给他听。报告上说，斯大林于1942年在斯大林格勒以北、伏尔加河以西地区仍能集结100万到125万生力军，在高加索的50万人还不包括在内。这份报告还证实了俄国为前线生产的坦克每月至少达1 200辆。希特勒未等听完，便攥着拳头、嘴角挂着白沫，把念报告的人大骂了一顿，不许他今后再念这种愚蠢的废话。[18]

哈尔德说：“用不着有未卜先知的天才，也能预见到一旦斯大林把这150万大军用于斯大林格勒和顿河侧翼，将会出现怎样的局面。* 我十分清楚地向希特勒指出这一点。但结果却是解除了我陆军参谋总长的职务。”

这事发生于9月24日，早在9月9日，哈尔德听凯特尔说，握有高加索方面军队最高指挥权的利斯特陆军元帅已被革职，他便料到下一个该轮到他下台了。凯特尔还告诉他，元首认为他“在精神上已不能胜任他所担任职务的要求”。关于这个问题，希特勒在哈尔德24日向他辞行时向他做了详细的解释。

“你我的神经都太紧张了。我有一半是为了你的缘故。我看不值得再这样拖下去了。我们现在需要的是民族社会主义的热情，而不是 917
专业的能力。在你这样的旧式军官身上，我是得不到这种热情的。”

哈尔德事后评论道：“这种话简直不像是一个负责的统帅说的，而

---

* 哈尔德曾谈起，大约在这个时候他在乌克兰“十分偶然地”看到一本书，书上写的是俄国内战时期斯大林在顿河河曲与斯大林格勒之间的地区击败邓尼金将军的事情。他说，当年的局面与1942年的局面颇为相似，斯大林“巧妙地”利用了邓尼金在顿河沿岸地区的防御弱点。“‘察里津’城的名字由此改成了‘斯大林格勒’。”

像是一个政治狂人说的。”[19]

弗朗茨·哈尔德就这样下了台。他并不是没有缺点的。和前任参谋总长贝克将军一样，他的思想常常混乱，缺乏行动的毅力。虽然他有时也反对希特勒的做法，尽管不起作用，但是仍然和第二次世界大战时德国其他的陆军高级将领一样，还是同希特勒合作，并且在一个长时期内助长了他的疯狂侵略和征服。不过他总算还保持着某些文明时代的德性。他是第三帝国陆军的最后一个旧派的参谋总长。*继他之后任参谋总长的是库尔特·蔡茨勒将军。他比哈尔德年轻，是属于另一类的军官，曾在西线的伦德施泰特手下当过参谋长。陆军参谋总长一职曾有一度，特别在第一次世界大战期间，在德国陆军中职位最高、权力最大。现在库尔特·蔡茨勒在任这个职务时，却比元首的一个听差好不了多少。他一直做到1944年7月发生谋刺希特勒的事件为止。†

调换一个参谋总长并不能改变德国陆军的处境。这时兵分两路进攻斯大林格勒和高加索的德军，受到苏军的顽强抵抗，阻滞不前。10月份一个月中，斯大林格勒一直进行着激烈的巷战。德军逐屋战斗，虽获得一些进展，但损失十分惊人。因为正如经历过现代战争的人都知道的，大城市中的断垣残壁，十分有利于顽强而持久的防守。俄国人充分利用这些障碍物，拼命争夺每一寸焦土废墟。尽管哈尔德及其继任者对希特勒做过警告：德国进攻斯大林格勒的部队已疲惫不堪，但是最高统帅仍然硬要他们继续前进。一批又一批新的师投入战斗，

---

* 哈尔德的去职不仅对陆军方面，而且对研究第三帝国的历史学家来说也是一个损失，因为他的宝贵的日记到1942年9月24日就终止了。他后来遭到逮捕，与著名的人物许士尼格、沙赫特等一同被关在达豪集中营里。1945年4月28日，他在南蒂罗尔的下多夫为美国军队救出。从那时起至作者写作本书时为止，他与美国陆军合作，从事第二次世界大战军事历史的多项研究工作。前文已说过，他曾慷慨地回答本书作者所提出的问题并提供了一些线索。

† 最高统帅部的作战局局长、忠实而狂热地忠于元首的约德尔将军，这时也失去了希特勒的宠爱。他曾反对撤销利斯特陆军元帅和哈尔德将军的职务。他对这两个人的维护，使希特勒气得有好几个月不愿同约德尔握手，或者同他或其他参谋人员一同进餐。1943年1月底，希特勒正想撤销约德尔的职务，由保卢斯将军接任，但是为时已经太晚。我们下面即将看到，这时保卢斯已不再能为他效劳了。

1942年，斯大林格勒战役中的苏军传奇狙击手瓦西里·扎伊采夫（左一）向新兵传达任务。

但转眼间就在这人间地狱中化为齑粉。

进攻斯大林格勒本来只是达到目的的一个手段，但是现在却成为目的本身了。当德国部队已到达斯大林格勒城郊的南北两面的伏尔加河西岸，切断了伏尔加河的交通时，这个目的实际上已经达到了。但现在对希特勒来说，能否占领斯大林格勒已成了一个关系到个人威信 918
的问题。有一次，蔡茨勒居然鼓足勇气向元首提出一个建议：由于沿顿河一带漫长的北翼战线情况危险，应将第六军团从斯大林格勒撤退到顿河河曲一带。希特勒听了勃然大怒，厉声说道："德国士兵到了哪里，就要守在哪里！"

虽然情况困难，损失惨重，第六军团司令保卢斯将军却于10月25日打电报向希特勒报告：他估计至迟可于11月10日完全占领斯大林格勒。希特勒听到这项保证兴奋极了，第二天便发下命令：第六军团和正在斯大林格勒南面作战的第四装甲军团应准备于斯大林格勒攻陷之后，立即沿伏尔加河向南北两面继续向前挺进。

希特勒并不是不知道顿河侧翼战线所受到的威胁。最高统帅部大事日记的记载表明，这种威胁曾引起过希特勒的相当不安。但是问题在于：他没有充分意识到这种威胁的严重性，结果是没有设法去应付这种威胁。他深信局势已在他掌握之中，于是在10月的最后一天，他和最高统帅部人员及陆军参谋总部撤出了在乌克兰文尼察的大本营，回到拉斯滕堡的“狼穴”。他确实相信，如果苏联果真会发动什么冬季攻势的话，也只能在中路和北路战线发动。那样他在东普鲁士的大本营可以更好地进行指挥。

他一回到拉斯滕堡，坏消息便从另一条战线也是更遥远的战线传来了。隆美尔陆军元帅的非洲军遇到了困难。

第一个打击：阿拉曼之役和英美军队的登陆

8月31日，被交战双方都称之为“沙漠之狐”的隆美尔，在阿拉曼重新发动进攻，企图包围英国第八军团，进逼亚历山大港和尼罗河。从地中海边到盖塔拉低地之间约40英里长的沙漠战线上，在酷热天气中进行了一场恶战。但是隆美尔没有达到目的，9月3日，他中止战斗，转攻为守。在埃及的英军好不容易得到了人员、枪炮、坦克、飞机的有力增援（坦克和飞机主要来自美国）。8月15日，还调来了两位新司令官：一位是脾气古怪却颇有天才的将军伯纳德·劳·蒙哥马利爵士，接任了第八军团司令；另一位是将军哈罗德·亚历山大爵士，后来证明他是一位出色的战略家和有才干的行政官，他担任了中东总司令的职务。

隆美尔在这次挫折后不久，请病假到维也纳南面山区的塞默灵医
919 治鼻疾和肝肿病。10月24日下午，他在那里接到希特勒打来的电话。“隆美尔，非洲的消息很不妙。情况一时好像还弄不清。看来没有人

知道施图姆将军的下落。*你觉得能回到非洲，重新接管那边的工作吗？”[20]隆美尔病虽未好，却同意立即回到非洲。

蒙哥马利于10月23日晚9点40分发动进攻。10月25日晚，隆美尔回到阿拉曼西面的司令部时，德军已被打败了。第八军团的大炮、坦克和飞机太多了，尽管意、德军战线仍在固守，尽管隆美尔仍在拼命调动他那些备受打击的师，以抵挡来自各方的进攻，或甚至还展开反攻，但是他已意识到形势毫无希望了。他没有人员、坦克、汽油的后备力量。英国皇家空军这时终于完全掌握了制空权，对德军的人员、装甲车辆和剩下来的军需物资进行了无情的轰炸。

11月2日，蒙哥马利的步兵和装甲部队突破了战线的南部，开始压倒守卫这一防线的意大利师。这天晚上，隆美尔向设在2 000英里以外的东普鲁士的希特勒大本营发去一封无线电报，报告说他再也守不住了，打算趁目前为时尚不算晚，向西撤退到40英里之外的富卡阵地。

第二天，当他已开始这样行动时，最高统帅打来了一份很长的无线电报。

致隆美尔陆军元帅：

我与德国人民怀着对你的领导能力和在你领导之下的德意部队的英勇精神的忠实信心，注视着在埃及进行的英勇防御战。在你现在所处的形势下，只有坚守阵地，绝不后退一步，把每一条步枪、每一个士兵投入战斗，舍此别无考虑……你可向你的部下指明，不是胜利就是死亡，别无其他道路。

阿道夫·希特勒[21]

---

* 隆美尔请假离职时由施图姆代理总司令。英军发动进攻的第一天晚上，一队英国侦察兵差一点俘虏了他。他徒步逃过沙漠，途中心脏病突发，当晚便去世了。

如果服从这项愚蠢的命令，德意军队将立即遭到歼灭。拜尔莱因将军说，隆美尔接到这项命令时，头一遭在非洲感到不知怎么办才好。经过一番内心斗争，他决定服从最高统帅的决定，而不理会实际指挥德国非洲军的冯·托马将军的反对。托马将军曾经表示，不管怎
920 么样，他也要撤退。[*]隆美尔后来在日记中写道："我终于强迫自己接受这个决定，因为我经常要求部下无条件服从，所以我希望自己也能接受这个原则。"后来，他才明白这是不对的。他后来的日记表明了这一点。

隆美尔一面勉强地下了一道停止退却的命令，一面派专人乘飞机回国向希特勒说明：除非同意他立即撤退，否则全军将要覆没。但是事态的发展已使得这次旅行成为多余的了。11月4日晚，隆美尔冒着因违抗命令而被送上军事法庭的危险，决定保全他的残兵败卒，撤退到富卡。但是能撤出来的也只是装甲部队和摩托化部队的残部。步兵（其中大部分是意大利部队）只得抛在后头听任他们投降，事实上多半已经投降了。[†] 11月5日，元首来了一份简略的回电："我同意将部队撤到富卡阵地。"但是富卡阵地早已被蒙哥马利的坦克越过了。隆美尔率领他的非洲军残部在15天中一气溃退了700英里，一直撤到班加西以西，但是到了那里还是没有驻足喘息的机会。残部中有意大利部队25 000人，德国部队10 000人，60辆坦克。

这是阿道夫·希特勒末日的开始，也是他的敌人迄今为止赢得的最有决定性的一场战役。虽然下面还有一场比这更具有决定性的战役即将在俄国南部冰雪覆盖的草原上开始，但是在它爆发以前，希特勒还将从北非听到更坏的消息，这个消息决定了轴心力量在世界这一地

---

* 第二天即11月4日，冯·托马将军对拜尔莱因说："希特勒的这项命令是空前荒谬的，我再也不能执行这种命令了。"说过这话之后，他穿起一身干净的制服，挂上勋章和军阶领章，站在他那辆正在燃烧着的坦克旁边，直到一队英国军队前来接受他的投降。当天晚上，蒙哥马利在他的司令部餐厅里与托马共进晚餐。

† 阿拉曼一役，隆美尔全军96 000人中，伤亡和被俘者达59 000人，其中德军34 000人。

区的命运。

早在11月3日，元首大本营在接到隆美尔惨败的初步报告时，便得悉发现有盟军舰队在直布罗陀集结的消息。最高统帅部中谁也猜不透这批舰队的动向如何。希特勒认为只不过是驶往马耳他的又一批由众多舰只护送的船队而已。这是很有趣味的事情，因为半个多月以前，即10月15日，最高统帅部的参谋人员就曾讨论过几份关于“盎格鲁-撒克逊”即将在西非登陆的报告。情报显然来自罗马。因为在一个星期之前，即10月9日，齐亚诺在与军事情报机关的领导人会谈以后，在日记中就写道：“‘盎格鲁-撒克逊’正准备在北非大举登陆。”这个消息使齐亚诺大为沮丧，他预见到这次登陆将不可避免地导致盟军对意大利本土进行直接的进攻。事实证明这个预见是正确的。

希特勒最初听到这个情报，并没有予以十分重视，因为这时他正为俄国人并未停止他们的拼死抵抗而操心，根本没有心思考虑别的问题。10月15日在最高统帅部的一次会议上，约德尔建议准许维希法国增援北非，以便使法国人能够击退英美的登陆部队。据最高统帅部的大事日记所载，元首没有同意这个建议，认为这可能引起意大利人的不满，意大利人对增强法国力量的任何措施都是嫉妒的。直到11月 921
3日为止，德国最高统帅部中似乎再没有人提起这件事。但是在那一天，尽管在直布罗陀的西班牙一边的德国情报人员已经报告说有大批英美舰队集结，但希特勒由于正在忙着为在阿拉曼的隆美尔打气，对于在他看来只是又一批开往马耳他的护航队的小事并没有关心。

11月5日，最高统帅部接到报告：一支英国海军部队正从直布罗陀向东开出。但是一直到11月7日早晨，美英部队在北非开始登陆的12个小时之前，希特勒才对来自直布罗陀的最新情报稍做了考虑。这天上午他在东普鲁士的大本营又接到报告：英国驻在直布罗陀的海军部队正与从大西洋调来的大批运输船只和军舰会合，向东驶往地中海。参谋人员和元首进行了长时间的讨论。这一切意味着什么？这一大批海军舰只的目标何在？希特勒说，他现在倾向于这样的看法，即西方盟国可能试图用四五个师的兵力在的黎波里或班加西做大规模登陆，以便从后方打击隆美尔。最高统帅部的海军联络官特奥多尔·克朗克海军上将宣布说，敌军部队最多不过两师人，就算两师人吧，也必须采取行动对付。希特勒要求地中海方面的空军立即加强力量，但得到的回答却是："目前"不可能办到。根据最高统帅部大事日记来判断，这天早晨希特勒只办了一件事情，那就是通知西线总司令伦德施泰特准备执行"安东计划"。这个计划是占领法国至今尚未被德国控制的地区的代号。

希特勒没有把这个预兆不妙的消息或隆美尔的困难处境放在心上——如果英美在他的后方登陆的话，隆美尔将成为瓮中之鳖。希特勒也没有把最近从俄国前线传来的一个情报放在心上，这个情报警告说，俄军即将在斯大林格勒的德国第六军团的背后顿河沿岸发动反攻。11月7日午饭以后，希特勒乘车到慕尼黑去了，因为第二天早晨，纳粹党的老党员将要在慕尼黑举行一年一度的庆祝"啤酒馆政变"的纪念集会，希特勒预定要在会上发表演说！[*]

正如哈尔德所说，在战争期间这一危急的关头，希特勒作为政客的本性压倒了他作为军人的本性。他把在东普鲁士的最高统帅部临时交由一个名叫冯·布特拉-勃兰登菲尔斯的上校负责。最高统帅部的负责军官凯特尔元帅和约德尔将军与希特勒一同去参加啤酒馆庆祝活动了。希特勒曾经坚持要亲自过问在辽阔的战线上的师、团以至营的行动，以指挥战事。但正当希特勒的纳粹大厦开始倾陷的关头，他却为了一桩并不重要的政治事务，到远离战线数千英里的地方做这一次
922 旅行，这种做法实在是奇特和疯狂的行动。希特勒开始变了，他开始

* 我从缴获到的希特勒记事日历中获悉，庆祝会已从当初举行政变的老酒馆贝格勃劳凯勒迁移到慕尼黑一家更为富丽堂皇的啤酒馆罗文勃劳凯勒。读者想必记得，1939年11月8日晚上，一颗定时炸弹把贝格勃劳凯勒啤酒馆炸毁了，但恰巧没有炸死元首。

腐朽衰退了。正如戈林早已如此一样。戈林的一度强大的空军在日趋衰微，但是他却日益迷恋他的珠宝和玩具火车，根本没有时间来考虑这一场旷日持久、日趋艰苦的战争的种种不愉快的现实问题。

艾森豪威尔将军统率的英美部队于1942年11月8日午夜1点30分在摩洛哥和阿尔及利亚的海滩登陆。凌晨5点30分，里宾特洛甫从慕尼黑打长途电话到罗马，把这个消息告诉了齐亚诺。

> ［齐亚诺在日记中写道］他颇为紧张不安，问我们准备如何应付。说老实话，我冷不防被他的电话叫醒，困得没法给他一个十分满意的回答。

这位意大利外交大臣从德国大使馆打听到，使馆人员都“给这个意外的消息真的吓坏了”。

希特勒从东普鲁士开出的专车直到下午3点40分才抵达慕尼黑。他接到的关于盟军在西北非洲登陆的最初报告是颇为乐观的。[22] 报告说，法军在各地奋勇顽抗，并在阿尔及尔和奥兰击退了试图登陆的敌军。在阿尔及利亚，亲德的达尔朗海军上将得到维希政权的批准，正在组织抵抗。希特勒做出的最初反应是很混乱的。他下令立即加强克里特的守军——克里特离新的战场十分遥远——他解释说，采取这项措施的重要性并不亚于向非洲运送增援部队。他命令秘密警察把魏刚将军和吉罗将军*带到维希那里监视起来。他要求冯·伦德施泰特元帅准备执行“安东计划”，但在他给予新的指示之前，不要越过在法国的分界线。他要求齐亚诺†和现任维希法国总理皮埃尔·赖伐尔第二天

* 这时吉罗将军正到达阿尔及尔。他曾被关在德国战俘营里，后来逃出，定居于法国南方。11月5日，他由一艘英国潜艇带到直布罗陀，赶在英美军队登陆北非前不久与艾森豪威尔举行了会谈。

† 齐亚诺在11月9日的日记中写道：“夜间，里宾特洛甫打电话来，要墨索里尼或我尽速去慕尼黑。赖伐尔也要到那儿去。我叫醒墨索里尼，他不怎么想走，特别是因为他身体不大舒服，这才决定由我去的。”

来慕尼黑见他。

希特勒在这24小时之中一直沉湎于这种想法：力求与法国结成联盟，使它参加对英美的战争，同时在眼前，尽力加强贝当政府反对盟军在北非登陆的决心。11月8日星期日早晨，贝当与美国断绝了外交
923 关系；这位高龄的法国元帅还对美国代办发表声明，表示法国部队将抵抗英美的入侵。贝当的这些行动，大概助长了希特勒的上述想法。最高统帅部在那个星期日的大事日记强调说，希特勒一心想达成“与法国的全面合作”。这天晚上，德国驻维希代表克鲁格·冯·尼达向贝当提出一项建议，要求德法结成紧密的联盟。[23]

但是第二天，元首在向老党员做了讲话（他在这次讲话中宣称斯大林格勒“牢牢掌握在德国手中”）以后，又改变了主意。他告诉齐亚诺，他毫不幻想法国会有什么作战的愿望，他已决定“全面占领法国，登陆科西嘉岛，在突尼斯建立一个桥头堡”。这一决定在赖伐尔乘汽车于11月10日抵达慕尼黑后就通知了他，虽然没有告诉他执行的时间。这个法国卖国贼连忙答应说服贝当接受元首的要求，但建议德国方面可先按计划行事，无须等待那位衰老昏聩的元帅的同意。这当然正中希特勒的下怀。齐亚诺在日记中对这个在战后以叛国罪被处决的维希总理有一段描写。

> 赖伐尔打着白领结，穿着法国农村中产阶级服装，在大厅中许许多多身着制服的人中间特别显眼。他极力用亲切的语调谈他这次旅行的情况，说他在车上睡了很久。但没有人理睬他这些话。希特勒对他保持了冷淡的有礼态度……
>
> 这个可怜虫想也没有想到德国人将把怎样的既成事实摆到他的面前。当赖伐尔在隔壁房间里抽着香烟和各式各样的人交谈时，德国方面正在发出占领法国的命令——关于即将采取的行动，一句话也没有对他讲。冯·里宾特洛甫告诉我，要到第二天

早晨8点钟才会这样通知赖伐尔：由于夜间接到的情报，希特勒迫不得已着手全部占领法国。[24]

希特勒完全违反停战协定占领法国非占领区的命令，是在11月10日晚8点半钟发下的，于第二天早晨执行。除了贝当表示无效的抗议以外，未发生任何事件。意大利人占领了科西嘉岛。在艾森豪威尔的部队来得及赶到之前，德国飞机开始空运部队，占领法属突尼斯。

这种希特勒式的欺骗行为还有一桩，而且是更典型的一桩。11月13日，元首向贝当保证，德国和意大利都不会占领土伦的海军基地。停战以后，法国舰队便被冻结在那里。11月25日，最高统帅部的大事日记记载说，希特勒已经决定尽速执行“利拉计划”，* 这是占领土伦并 924
夺取法国舰队的代号。27日早晨，德军进攻土伦军港，但法国水兵进行了抵抗，使得舰上人员能够按照德·拉波德海军上将的命令把这些舰只凿沉。法国的舰队因此没有落到在地中海迫切需要它的轴心国手中。但盟国也没有得到这批舰队，它们对盟国来说也是极有价值的。

希特勒赶在艾森豪威尔之前拿下了突尼斯，但这却是一个值得怀疑的胜利。在他的坚持之下，为了守住这个桥头堡，共投入了约25万德国和意大利军队。如果在几个月前，元首把这批部队和坦克的五分之一用于增援隆美尔，这头“沙漠之狐”现在很可能已越过尼罗河，英美在西北非的登陆就不可能发生，地中海也不会无可挽回地落到盟国手中，从而使轴心国的腹部还能得到保护。但如今的事实却是：希特勒在这年冬天迫不及待地送到突尼斯来的每一个士兵、每一辆坦

* 这里必须公平地指出，希特勒十分怀疑法国舰队可能驶往阿尔及利亚参加盟军，这也不是没有道理的。虽然达尔朗海军上将叛国投敌，并且极端仇恨英国，但艾森豪威尔在他到阿尔及尔探望生病的儿子的时候，迫使他担任北非法军总司令。这不仅是因为达尔朗是唯一能够促使法国陆海军停止抵抗英美登陆的法国军官；而且还因为希望他能够使突尼斯驻军司令阻止德国在那里登陆，并劝诱停泊在土伦的法国舰队冲到北非来。尽管达尔朗做了努力，艾森豪威尔的希望却并未能实现。达尔朗曾命令德·拉波德海军上将把舰队从土伦开到北非来，但得到的答复却是很说明问题——尽管粗俗不堪——的一句话：“放屁！”（见《贝当审判录》[*Procesdu M. Petain*]）

阿拉曼战役中的蒙哥马利。

克、每一门大炮以及非洲军的残部，到春末就要完全损失，德国部队被押进战俘营的人数，比在斯大林格勒被俘的还要多。* 现在我们必须回过头来谈谈斯大林格勒战役了。

在斯大林格勒的惨败

11月19日黎明，俄国军队在大风雪中向顿河展开了猛烈反攻。几小时以后，消息传到贝希特斯加登，这时希特勒和最高统帅部的主要将领们正在阿尔卑斯山上的胜地流连忘返。最高统帅部虽然也曾料到苏军可能在顿河地区发动进攻，但并不认为有什么了不起，非得要希

* 据艾森豪威尔将军说，轴心国部队被俘人数总共为24万人，其中德军12.5万人，余为意大利部队。这还只是从1943年5月5日到12日战役最后一周中投降的人数（见《欧洲十字军》[*Crusade in Europe*]，第156页）。

特勒于11月8日晚在慕尼黑向他的老党员同志发表了他的著名的啤酒馆演说之后，同他的主要军事顾问凯特尔和约德尔赶回东普鲁士大本营不可。因此，他们仍然在上萨尔茨山享受山间的清新空气。

留在拉斯滕堡的新任陆军参谋总长蔡茨勒将军打来的加急电话突
然打断了他们的宁静生活。蔡茨勒得到了最高统帅部的大事日记中所 925
称的“紧急消息”。进攻开始的最初几小时中，占压倒优势的一支俄国装甲部队，在斯大林格勒西北的顿河沿岸，在绥拉菲莫维奇和克列茨卡亚之间，全面突破罗马尼亚第三军团的阵线。在被围城市斯大林格勒的南面，另一支强大的苏联部队正在猛攻德国第四装甲军团和罗马尼亚第四军团，眼看就要突破他们的阵线了。

只要看一看地图，便可明显看出俄国的目标所在。蔡茨勒对此更是一清二楚，因为他从陆军情报部门获悉，敌人为了达到这个目标，在斯大林格勒南面集中了13个军团，几千辆坦克。俄国人显然正以大量兵力从南北两面夹击，企图切断斯大林格勒德军的退路，逼迫德国第六军团不是仓皇向西退却，就是束手就擒。蔡茨勒后来争辩说，他一看到这种形势，便建议希特勒同意第六军团从斯大林格勒撤退到顿河河曲一带，恢复被突破了的阵线。这么一个建议竟惹得元首大发了一顿脾气。

“我绝不离开伏尔加！我绝不从伏尔加后退！”他大声叫喊。事情就这样定了。他一时发疯做出的这个决定，很快就带来了灾难。他亲自下令第六军团坚守斯大林格勒周围阵地。[25]

希特勒及其随行人员于11月22日回到大本营，这天已是苏军发动进攻的第四天，前方传来的消息很坏。南北两面的苏军已在斯大林格勒西面40英里顿河河曲上的卡拉赫会师。当晚，第六军团司令保卢斯将军发来一份无线电报，证实他的部队已被包围。希特勒立即回电，指示保卢斯把他的司令部迁入城内，布置困守，部队解围前的给养将由空运解决。

但是这话等于白说。现在在斯大林格勒被切断了退路的德军共达20个师，还有罗马尼亚的两个师。按照保卢斯来电要求，每天空运的军需物资至少要750吨。德国空军缺少足够的运输机，远不能满足这种要求。即使有足够的运输机，在这样风雪交加的天气中，在苏联战斗机已占空中优势的地区，也并不是全都能完成任务的。虽然如此，戈林仍对希特勒保证，空军可以担负这项工作。可是始终没有开始这样做。

为第六军团解围是比空投更为切实可行和有希望的办法。11月25日，希特勒把最有天才的战地指挥官冯·曼施坦因元帅从列宁格勒前线调回来，委派他担任新建的顿河集团军司令。他的任务是从斯大林格勒西南向前推进，为第六军团解围。

但是元首现在对这位新任司令官的要求简直是办不到的。曼施坦
926 因竭力向他解释，唯一的成功机会在于第六军团从斯大林格勒向西突围，另一方面曼施坦因自己的部队以第四装甲军团为前锋，向东北进攻，夹击处于这两支德军之间的俄军。但是希特勒仍然不同意从伏尔加撤退。第六军团必须留在斯大林格勒，而曼施坦因必须杀开一条血路，打到斯大林格勒。

正如曼施坦因跟最高统帅争辩时所说，这种做法是行不通的。俄国人的力量太强了。尽管如此，曼施坦因还是不得不怀着沉重的心情，于12月12日发动了进攻。这次进攻称作“冬风计划”，倒是名副其实，因为这时俄国的严冬的寒风已猛袭南部草原，积雪成堆，气温降到零下。反攻起初颇为得手。霍特将军所率的第四装甲军团，沿科切耳尼科夫斯基到斯大林格勒的铁路线两旁，向东北推进到离斯大林格勒约有75英里的地方。到12月19日，该军离斯大林格勒南郊已不到40英里。21日，离城已不到30英里。夜晚时分，被围的第六军团部队已能看到在大雪覆盖的草原的那一边来救他们的援兵所发的信号弹了。

据德国将领们后来所作的证词，第六军团这时如果从斯大林格勒向第四装甲军团的前进阵地突围，可以说肯定会获得成功。可是希特

勒又一次禁止第六军团突围。12月21日，由于蔡茨勒的坚持，领袖总算同意保卢斯的部队突围，但以他们也能同时守住斯大林格勒**为条件**。参谋总长说，这种愚蠢的想法差不多把他气疯了。

“第二天晚上，”蔡茨勒后来说，“我请求希特勒批准突围。我指出，这肯定是我们解救保卢斯20万大军的最后机会了。”

> 希特勒一点也不肯让步。我把我们这个所谓堡垒的内部情况告诉他。士兵们饥饿沮丧，对最高统帅部失去信心，伤员得不到适当照顾而奄奄一息，还有成千人在冻死。但这也没有效果。对我所说的这些话，同对我过去所提的其他论点一样，他仍然无动于衷。

霍特将军在正面和两翼遭到俄国人日益坚强的抵抗，再也无力越过这最后的30英里，打到斯大林格勒。他认为，如果第六军团突围，他还是能够同它会师，然后两支部队便可以一起撤退到科切耳尼科夫斯基。这至少能挽救20万德军的生命。* 这在一两天内——12月21日
至23日——进行，也许能获得成功，但如果再晚的话，便无济于事 927
了。因为红军这时已在更北面的地方开始进攻，威胁着曼施坦因的整个顿河集团军的左翼，这是霍特所不知道的。12月22日夜间，曼施坦因打电话给霍特，要他准备按照即将颁发的完全不同的新命令行事。第二天，新命令发下来了。命令要求霍特应立即停止向斯大林格勒推进，派遣他所率的三个装甲师中的一个师到北面的顿河前线，他自己则率其余部队就地死守。

---

* 冯·曼施坦因陆军元帅在他的战后回忆录中写道，12月19日，他违背希特勒的命令，确曾指令第六军团开始从斯大林格勒向西南突围，与第四装甲军团会师。他现在已把这个指令的全文公之于世。但是指令中有些保留。当时仍然在希特勒的不得突围的命令支配之下的保卢斯，看到这样的指令，一定被弄得不知所从。曼施坦因说：“这是我们解救第六军团的唯一机会。”（曼施坦因：《失去的胜利》［*Lost Victories*］，第336—341，562—563页）

为斯大林格勒解围的努力失败了。

曼施坦因之所以给霍特发来这项新命令，是因为他在12月17日得到一个紧急的消息。这天早晨，一支苏联军队在顿河上游地区的博古恰尔突破了意大利第八军团的防线，入夜，已打开一道27英里宽的缺口。三天以后，缺口扩大到90英里，意大利部队仓皇溃逃。南边的罗马尼亚第三军团，在11月19日苏军发动攻势的第一天就已挨了严重的打击，现在正在瓦解。因此无怪乎曼施坦因必须调出霍特的一部分装甲部队来协助堵住这个缺口。于是一连串的连锁反应发生了。

不仅顿河方面的部队向后撤退，已经进到离斯大林格勒这样近的霍特的部队也后撤了。这些撤退又转过来使高加索方面的德军受到威胁。一旦俄国人打到亚速海附近的罗斯托夫，高加索方面的德军就将被切断。圣诞节后一两天，蔡茨勒向希特勒指出："如果你再不下令立即撤出高加索，我们就要碰到第二个斯大林格勒了。"最高统帅这才勉强于12月29日给克莱斯特的A集团军下了必要的指示。A集团军系由第一装甲军团和第十七军团组成，它们没有完成夺取盛产石油的格罗兹尼油田的任务。现在这支部队也在目标在望时开始大踏步后撤了。

德军在俄国受到的挫折和德意军队在北非受到的挫折，促使墨索里尼转起念头来。希特勒曾经邀请他于12月中旬到萨尔茨堡会谈。当时墨索里尼正患胃病，饮食受到严格限制。他接受了邀请，但对齐亚诺说，要去的话得有一个条件，即让他单独进餐，"因为他不愿意让一帮狼吞虎咽的德国人看到他不得不只吃大米和牛奶"。

墨索里尼认为，现在已经到了这样的时候：可以劝说希特勒为了避免在东线继续受到损失，与斯大林达成某种妥协，集中轴心国的力量用于防卫北非残余地区、巴尔干和西欧。他对齐亚诺说："1943年将是英美做出努力的一年。"希特勒由于离不开东线的大本营，不能同墨索里尼会晤，因此齐亚诺便代表墨索里尼经过长途跋涉，于12月18日到达拉斯滕堡，把墨索里尼的建议转达给希特勒。希特勒对这些建议嗤之以鼻。他向意大利外交大臣保证，他可以向北非派出增援部队而毫不削弱俄国前线的力量，他说北非是一定要守住的。尽管希特 928
勒做出这些信心十足的保证，齐亚诺却发现德国大本营中的士气十分低沉。

气氛是沉重的。除了消息不妙，也许还要加上潮湿不堪的森林中的凄凉景象和集体住在兵营中的沉闷生活……俄国前线被突破的消息给人们带来满腹忧愁，谁也不想对我隐瞒这种情绪。有人公然企图把失败归罪于我们。

这时，顿河一带的意大利第八军团残部正在四散逃命。齐亚诺的一个随员向最高统帅部一名军官问道，意大利部队是否遭到了重大损失。回答是："根本没有损失，他们都拔腿溜了。"[26]

高加索和顿河地区的德国部队，如果不说是在拔腿溜的话，也可以说是在尽快脱身以免被切断。1943年新年以后，他们天天后撤，越撤离斯大林格勒越远。现在是俄军消灭斯大林格勒的德军的时候了。但是他们首先给了第六军团已处绝境的士兵一个保全生命的机会。

1943年1月8日早晨，三名红军青年军官带着一面白旗，进入斯大林格勒北部的德军防线，把苏军顿河前线司令罗科索夫斯基将军的一份最后通牒送交保卢斯将军。最后通牒提醒保卢斯，他的部队已被切断，解围无望，空中接济也不能保持了，然后说道：

你军已陷入绝境。你们饥寒交迫、疾病丛生，俄罗斯的寒冬还只刚刚开始。严霜、寒流、暴风雪还在后头。你的士兵缺少冬衣，卫生条件又差到极点……你们的处境已一无希望，继续抵抗下去实在毫无意义。

有鉴于此，并为了避免无谓的流血牺牲，兹建议你们接受下列投降条件……

这些条件是体面的。所有被俘人员一概发给“通常标准的口粮”。伤病员和冻伤人员将得到医治。所有被俘人员可以保留他们的军阶领章、勋章和个人财物。通牒要求保卢斯于24小时之内答复。

他立即将最后通牒的全文以电报发给希特勒，并要求准予便宜行事。最高统帅立即驳回了他的请求。要求投降的期满之后，又过了24小时，即1月10日早晨，俄国以5 000门大炮狂轰猛炸，展开了斯大林格勒战役的最后阶段。

929 这一仗打得激烈而残酷。在瓦砾成堆、遍地冰冻的城内废墟上，双方都以令人难以置信的英勇，不顾一切地进行战斗。但是战斗并没有持续多久。六天之中，德军的袋形阵地已缩小了一半，只剩下15英里长、9英里宽的一块地方。1月24日，阵地又给一劈为二，最后一条小型的临时跑道也失去了。过去，飞机还运来些供应品（特别是治疗伤病员的药品），并运走了29 000名伤病员，现在再也不能降落了。

俄国方面又给了他们这些勇敢的敌人一次投降的机会。1月24日，苏联的使者带着一份新的建议来到德军阵地。保卢斯又一次感到左右为难：是向疯狂的元首尽服从的天则，还是尽责挽救残部使之免于灭亡，实在拿不定主意。他又向希特勒请示。

［他于24日去电］部队弹尽粮绝……已无法进行有效的指挥……伤员18 000人，无衣无食也无药品绷带……继续抵抗下去已无意义。崩溃在所难免。部队请求立即允予投降，以挽救残部生命。

希特勒的答复至今还保存着。

> 不许投降。第六军团必须死守阵地，直至最后一兵一卒一枪一弹。他们的英勇坚持对建立一条防线和拯救西方世界将是永志难忘的贡献。

西方世界！不久以前，第六军团的官兵刚刚在法国和弗拉芒对这个世界动过干戈。这对他们来说，真是哑巴吃黄连。

继续抵抗不仅无意义、无用处，而且是办不到的事。1943年1月底，这场史诗性的战役已近尾声，像一支点完了的蜡烛，就要噼啪几声油干火灭了。1月28日，这一支曾经显赫一时的军队的残兵余卒被分割在三小块袋形阵地之中，保卢斯将军的司令部在南面的一块，设在当初生意鼎盛、如今已成一片废墟的“万有”百货公司的地下室里。据一个目击者说，总司令坐在黑暗角落里的行军床上，样子万分颓丧。

向他们祝贺的无线电报开始如雪片涌来，保卢斯和他的部下根本没有心情欣赏这些。戈林曾在阳光充足的意大利消磨了大半个冬天，手上摆弄着珠宝，身上穿着皮大衣，到处大摇大摆。现在，在1月28日，他也打了一个电报来：

> 第六军团的英勇奋战将名垂青史，后世子孙将会骄傲地谈起朗厄马克战役的大胆、阿尔卡萨尔战役的顽强、纳尔维克战役的勇敢和斯大林格勒战役的自我牺牲精神。 930

1943年1月30日是纳粹党执政十周年，当晚，这位脑满肠肥的帝国元帅在无线电里大吹大擂。第六军团的将士们在这最后的一晚听了，也丝毫不感到欢欣鼓舞。

> 千年之后，德国人将怀着敬畏的心情谈起这次战役［斯大林格勒战役］。他们将会记得，德国之所以取得最后胜利虽有种种原因，但是起决定性作用的是这一仗……将来人们将会这样谈起伏尔加河上的英雄战役：你们到德国来的时候，别忘了说一声，你们已经看到我们长眠在斯大林格勒，为了德国的更大光荣，我们的荣誉和我们的领袖们要求我们必须这样做。

第六军团的光荣和可怕的痛苦现在都快要结束了。1月30日，保卢斯电告希特勒："最后崩溃不出24小时之内。"

最高统帅得到这个信息，赶忙对斯大林格勒的那些死在眼前的军官们封官晋爵，显然希望这种恩典能加强他们光荣殉职的决心。希特勒对约德尔说，"在德军历史上，从来没有一个陆军元帅是被生俘的"，随即给保卢斯发去一份电报，授予他令人羡慕的元帅节杖。117名军官也各升一级。这真是骷髅卖俏的把戏。

结局本身已经没有什么精彩场面了。1月31日晚，保卢斯向总部发出最后一封电报。

> 第六军团忠实于自己的誓言并认识到自己所负的极为重大的使命，为了元首和祖国，已坚守自己的岗位，打到最后一兵一卒、一枪一弹。

晚上7点45分，第六军团司令部的发报员自己决定发出了最后一封电报："俄国人已到了我们地下室的门口。他们正在捣毁器材。"最后写上"CL"——这是国际无线电码，表示"本台停止发报"。

在第六军团司令部并没有发生最后一分钟的战斗。保卢斯和他的参谋部并没有坚持到最后的一兵一卒。总司令的地下室的黑黝黝的洞口，有一名俄国下级军官率领一班士兵来探头伸脑窥看。俄国人叫里面的人投降，第六军团的参谋长施密特将军接受了要求。保卢斯瘫软无力地坐在行军床上。施密特问他：“请问陆军元帅，还有什么话要说吗？”——保卢斯连吭一声的力气都没有了。

北面的一个德军袋形阵地中是两个装甲师和四个步兵师的全部残兵余卒，坚守在一座拖拉机工厂的废墟中。2月1日夜间，部队接到希特勒总部发来的一封电报。

> 德国人民期望你们与守卫南面堡垒的部队一样，履行你们的职责，你们继续多坚持一天、多坚持一小时，都有利于建立一条新的战线。 931

2月2日快到中午时分，这支部队投降了。投降之前给最高统帅发去一封电报：“……已对占压倒优势的敌人战到最后一人。德国万岁！”

冰雪满地、血肉模糊的屠场似的战地，终于沉寂下来了。2月2日下午2点46分，一架德国侦察机在城市高空飞过，发回电报说：“斯大林格勒已无战斗迹象。”

这时，91 000名德军（其中包括24名将军），正在冰雪途中一步一拐地走向寒冷凄凉的西伯利亚战俘营。这批战俘都饥肠辘辘，身患冻伤，大部分还负了弹伤，人人迷茫颓丧。他们抓紧了裹在头上的满是血污的毛毯，以抵御零下30摄氏度的严寒。两个月以前，这一支远征部队共有285 000人，现在除了20 000名左右罗马尼亚士兵和29 000名伤员已空运回国外，残存的就尽在于此了。其余人员已全部战死。而在这年冬天正向战俘营做艰苦行军的这91 000人中，也只有5 000人有幸能回到祖国。[*]

---

* 根据波恩政府1958年发表的数字。许多战俘由于次年春天伤寒流行而病死。

投降后的弗里德里希·保卢斯、阿图尔·施密特和威廉·亚当（从左到右）。

这时，希特勒在东普鲁士的暖气烧得热乎乎的大本营里，正在责骂进攻斯大林格勒的将领们不懂得如何和何时杀身成仁。其实，该对这次巨大灾难负责的正是希特勒自己的固执和愚蠢。

2月1日，希特勒和他的将领们在最高统帅部举行会议。会议的记录尚在，它有助于我们了解这个德国独裁者在他一生中的最困难时刻，也是他的军队和国家的最困难时刻，所显示出来的性格。

> 他们已经在那儿投降了——正正式式、完完全全地投降了。他们本来应该团结一致，负隅顽抗，然后用最后一粒子弹自尽……那个人［保卢斯］应该举枪自戕，正像历来的司令官眼看大局已去便拔剑自刎一样……甚至瓦鲁斯*还对他的奴隶下命令说："现在杀死我吧！"

希特勒越说越对保卢斯的贪生怕死感到恨之入骨。

> 你们应该想象得到：他将被带到莫斯科——还可以想象到那里的陷阱。在那里，任何文件他都会签字。你们看吧，他会写自白书，发表声明。他们将从精神堕落的斜坡上一步步往下走，直到深渊的最底层……你们看吧，不出一个星期，赛德利茨、施密特甚至保卢斯就要上电台广播†……他们将被送到留布兰卡，在那里将被 932
> 老鼠啃掉。一个人怎会这样贪生怕死？我实在弄不明白……
>
> 生命是什么？生命就是民族。个人总是要死的。在个人生命之外，还有民族。任何人如果不是因为他的职责使他还离不开这

* 瓦鲁斯是罗马帝国奥古斯都王朝的将军，负责指挥驻日耳曼的罗马军队。公元9年，日耳曼的凯鲁斯奇人部落爆发起义，瓦鲁斯率兵征讨，在条顿堡森林中了埋伏，部队全部被歼，瓦鲁斯自杀。——译者

† 希特勒这个预言说中了，只是时间上有些出入。次年7月，保卢斯和赛德利茨做了所谓"自由德国全国委员会"的领导人，果然在莫斯科电台发表广播讲话，呼吁德国陆军除掉希特勒。

个痛苦的现世，他怎么能害怕使自己从苦难中解脱出来的这一死亡的瞬间？不能！

……许多人已不得不牺牲自己的生命，而现在却有这样一个人，在最后时刻玷污了许许多多人的英名。他本该以一死而摆脱一切痛苦，升入永生不朽和民族长存的天国，但他却偏爱去莫斯科！……

就我个人而言，使我最伤心的是，竟然提拔他这样的人当陆军元帅。我本来是想以此满足他最后的欲望的。在这次战争中，我将不再任命陆军元帅了。小鸡还没孵出来，就不该先数有多少个。[27]

希特勒和蔡茨勒将军接着就如何向德国人民公布投降消息的问题简单地交换了意见。2月3日，即保卢斯等投降后的第三天，最高统帅部发布了一项特别公报：

斯大林格勒战役已经结束。第六军团在保卢斯陆军元帅的卓越领导下，忠实地履行了他们打到最后一息的誓言，为优势的敌人和不利于我军的条件所压倒。

德国广播电台在宣读这项公报时，先放送低沉的鼓声，宣读之后放送了贝多芬第五交响乐的第二乐章。希特勒宣布全国志哀四天。四天之内各地剧院、电影院和一切娱乐场所停止营业。

德国历史学家瓦尔特·戈利茨在他所写的关于参谋总部的一本历史书中认为，斯大林格勒战役"是第二个耶拿*，肯定是德国军队所曾遭到的最大的一次失败"。[28]

---

* 1806年拿破仑在耶拿战役中打败过普鲁士军队。——译者

还不仅如此。斯大林格勒战役与阿拉曼战役、英美在北非登陆合在一起，标志着第二次世界大战到了伟大的转折点。纳粹德国的征服达到高潮时，曾席卷大半个欧洲，打到离亚洲不远的伏尔加河，在非洲也几乎打到尼罗河，现在退潮已经开始，而且一退就再也不能回涨了。纳粹进行大规模闪电攻势，以成千上万的坦克和飞机打得敌人胆战心惊、溃不成军的时刻，现在也已告终了。当然，德军在局部地区还会做拼死的进攻，例如1943年春在哈尔科夫、1944年圣诞节前后在阿登。但这些进攻也只是以后两年，也是最后两年的战争中德军拼命进行的防御战的一部分。希特勒手中已失去了主动权，而且一失而不能再得了。现在他的敌人已夺走了主动权，而且紧紧地掌握住了主动权。这种主动权不只是在地面，而且还在空中。 933
1942年5月30日晚间，英国第一次以1 000架飞机轰炸科隆，随后又在这多事的夏天对其他城市进行了更多的同样规模的轰炸。德国的平民也开始和在斯大林格勒、阿拉曼的德国士兵一样，尝到了战争的恐怖。而在此以前，只有他们的军队把这种恐怖加在别国人民的头上。

纳粹的可怕的大迷梦，终于在冰天雪地的斯大林格勒，在酷热如焚的北非沙漠破灭了。保卢斯和隆美尔的失败不仅决定了第三帝国的灭亡命运，而且决定了希特勒和他的党卫军刽子手们一直忙于在占领区内建立的荒诞不经、令人毛骨悚然的所谓新秩序的灭亡命运。在本书最后一章写到第三帝国覆亡之前，我们最好先来看看这种新秩序——它的理论和它的野蛮的实践——是什么样子，看看欧洲这个古老而文明的大陆在像做了一场噩梦一般经历了新秩序的初步恐怖之后，好容易逃脱幸免的究竟是什么。不论对本书来说也好，对亲身经历过这种新秩序的或者在新秩序结束之前已遭屠杀的善良的欧洲人来说也好，这都是第三帝国全部历史中最黑暗的一章。 934

注　释

1.《主要战犯的审讯》，第20卷，第625页。

2. 哈塞尔：《冯·哈塞尔日记》，第208页。

3. 同上，第209页。

4. 施拉布伦多夫：《他们几乎杀死了希特勒》，第36页。

5. 哈塞尔：《冯·哈塞尔日记》，第243页。

6. 1940年1—2月间起草的第一个草案全文，见哈塞尔：《冯·哈塞尔日记》，第368—372页；第二个草案，1941年底定稿，见惠勒-本内特：《权力的报应》，附录A，第705—715页。

7. 哈塞尔：《冯·哈塞尔日记》，第247—248页。

8. 同上，第247页。

9.《德军在俄国的战役——计划和行动，1940—1942年》（华盛顿陆军部出版，1955年），第120页。这项研究工作主要依靠缴获的德国陆军记录和专题论文，它们是由德国将领为美国陆军历史科提供的。这些文件到作者写本书时尚未为美国历史学者普遍利用。但是我必须指出，在我准备写本章及以后几章时，美国陆军部军事历史处处长办公室对于我阅读德国文件材料提供了很大的帮助。

10.《主要战犯的审讯》，第7卷，第260页（保卢斯在纽伦堡的证词）。希特勒的话是在1942年6月1日，即进攻开始前不到一个月时讲的。

11.《齐亚诺日记》，第442—443页。

12. 同上，第478—479页。

13. 同上，第403—404页。

14.《海军事务元首会议记录》，1942年，第47页（6月15日在伯格霍夫的一次会议）。另见第42页。

15. 哈尔德：《统帅希特勒》，第50—51页。

16.《海军事务元首会议记录》，1942年，第53页（8月16日在希特勒大本营的一次会议）。

17. 哈尔德：《统帅希特勒》，第50页。

18. 同上，第52页。

19. 这里所引用的希特勒和哈尔德的话载哈尔德的日记和书，另引自海因茨·施罗特：《斯大林格勒》，第53页。

20. 拜尔莱因将军引自隆美尔的文件，见《致命的决定》，弗赖丁和理查逊编辑，第110页。

21. 拜尔莱因引用了这项命令，同上，第120页。

22. 本章所述希特勒的最高统帅部会议的这个文件及其他许多文件的来源是出自所谓最高统帅部日记，在1943年春天以前是由赫尔穆特·格雷纳博士记的，从那以后直到战争结束系由波西·恩斯特·施拉姆博士记的。日记原稿已于1945年5月初在约德尔的副手温特将军的命令下销毁了。战后，格雷纳把他保存的那一部分札记和草稿重新整理出来，最后交给在华盛顿的陆军部的军事历史处。这个材料有一部分已刊载在格雷纳的《武装部队的最高领导，1939—1943》一书中。

23.《贝当审讯录》（巴黎，1945版），第202页——赖伐尔的证词。

24.《齐亚诺日记》，第541—542页。

25. 这一节材料引自弗赖丁所编的《致命的决定》一书刊载的蔡茨勒将军关于斯大林格勒的文章。其他来源有：最高统帅部作战日志（见注22）、哈尔德的书和海因茨·施罗特的《斯大林格勒》。施罗特是德国第六军团随军记者，有机会看到最高统帅部关于各项军事命令、作战指令的记录，用无线电打字电报机发出的电报、附有记号的地图以及在斯大林格勒的许多人员的私人文件。他在第六军团投降前脱身出来，被指派撰写第六军团在斯大林格勒时的官方历史书，所根据的材料是最高统帅部当时所拥有的文件，戈培尔博士禁止出版这本书。施罗特在战后找回了他的原稿，继续研究这次战役，重写了这本书。

26.《齐亚诺日记》，第556页。墨索里尼的建议载第555—556页，同时在德国方面，最高统帅部12月19日的作战日志也予以证实。

27. 费利克斯·吉尔伯特：《希特勒指挥他的战争》，第17—22页。这本书是根据希特勒在最高统帅部召开的军事会议的速记记录编成的。不幸的是，这些记录只找到很零碎的一部分。

28. 戈利茨：《德军总参谋部》，第431页。

第五编

末日的开始

第二十七章
新 秩 序

新秩序虽然从来没有画出过全面详尽的蓝图，但从缴获的文件和实际发生的情况中可以清楚看出，希特勒自己很明白他所要的是怎样的一种新秩序：一个由纳粹统治的欧洲，它的资源供德国利用，它的人民作为德意志主宰民族的奴隶，“不受欢迎的分子”必须灭绝——首先是犹太人，其次是东方的许多斯拉夫族，特别是他们之中的知识分子。

犹太人和斯拉夫人是Untermenschen——劣等民族。在希特勒看来，这些人根本无权活在世上。只有斯拉夫人中的一部分人，给德国主子做奴隶、耕耕地、开开矿，也许还有点用处。东方几个大城市：莫斯科、列宁格勒和华沙，必须永远从地球上消灭掉，* 而且俄国人、波兰人和其他斯拉夫人的文化也必须毁灭干净，也不许这些国家的人民得到正常的教育。他们的发达的工业设备要加以拆除，运到德国。这些国家的人民只许从事农业，以便生产粮食供应德国，而给他们自己留下的粮食，只够勉强维持生命。纳粹首领们认为，欧洲本身必须

---

* 早在1941年9月18日，希特勒便明确指示，要把列宁格勒“从地图上消除掉”。在包围了列宁格勒以后，要用炸弹和炮弹把这座城市“夷为平地”，全市人民（300万）也要随之消灭。见本书原文第853—854页。

成为“无犹太人”的欧洲。

“一个俄国人或捷克人的遭遇如何，丝毫不能使我感兴趣。”1943年10月4日，海因里希·希姆莱在波森对他的党卫军军官发表一篇机密讲话时这样说。希姆莱这时是党卫军和第三帝国整个警察系统的领导人，其地位仅次于希特勒。他不仅对8 000万德国人，而且还对两倍于此数的被征服人民掌握着生杀予夺的大权。

> 如果这些民族在改进我们的血脉方面有些优点可以利用［希
> 姆莱又说］，则利用之，必要时还可以把他们的儿童掳掠到德国
> 937 来，由我们抚养成人。这些民族是生活得富裕还是像牲畜一样饿
> 死，我全都不感兴趣；只有在我们需要他们为我们的文化做奴隶
> 的时候，我才对他们感兴趣。
>
> 我之所以关心10 000名俄国妇女在挖反坦克壕沟时是否累死，不是为了别的，只不过是想知道她们为德国建筑的反坦克壕沟完成了没有……[1]

1943年希姆莱在波森发表的这次讲话，下文还要谈到，因为它涉及新秩序的其他方面的情况。在他发表这次讲话以前很久，纳粹领导人对于如何奴役东方人民的问题，就已提出一套主张，并拟订了计划。

1940年10月15日，希特勒已经就捷克人——被他征服的第一个斯拉夫民族——的前途问题做出了决定。他们之中的半数将被“同化”，其主要办法是把他们送到德国去做奴隶劳工。另一半人，“特别是”知识分子，则干脆“消灭掉”，有一份秘密报告在谈到这个问题时，就是用的“消灭掉”这个字眼。[2]

两个星期以前，10月2日，元首对将要征服的第二个斯拉夫民族波兰人的命运，也已明确了思想。他的忠实秘书马丁·鲍曼遗下一份

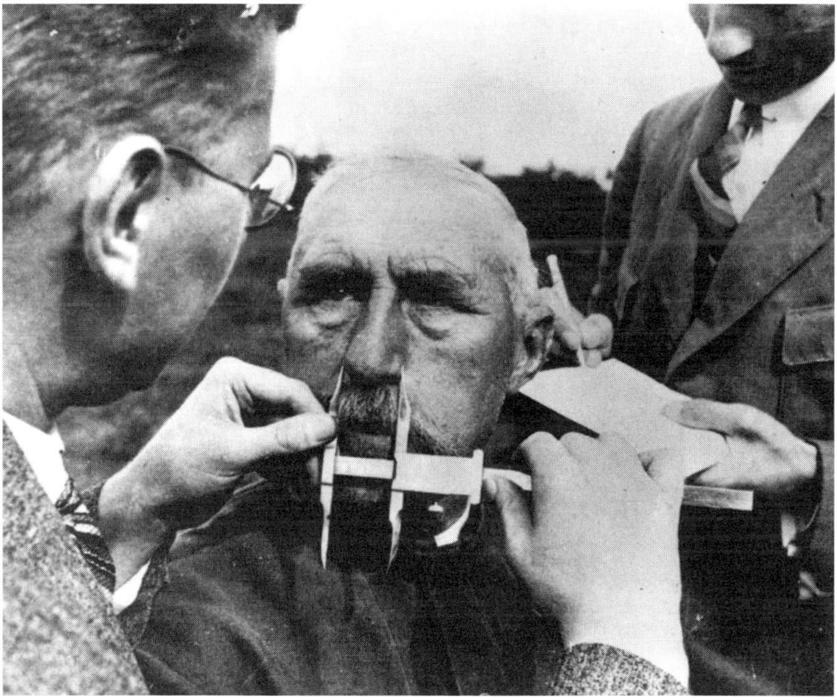

雅利安种族的测定。

载有纳粹计划的长篇备忘录。希特勒曾把这个计划的要点给波兰残存部分的总督汉斯·弗兰克以及其他官员做了概括。[3]

> 波兰人生来就该专门干下贱的劳动［希特勒强调说］……对于他们谈不上什么改善生活。波兰人的生活必须保持在最低的水平，不得有所提高……波兰人很懒，必须强迫他们从事劳动……［波兰的］总督辖区只是我们获得非熟练劳动力的来源……德国每年需要的劳工可以从那里获得。

至于波兰的教士：

> 他们应按照我们的要求传教。若有教士不按我们的要求行

事，就除掉他。教士的任务在于使波兰人安分守己、愚昧无知。

还有另外两个阶层的波兰人需要对付，这个纳粹独裁者也没有忘记谈起他们。

> 必须记住，不能让波兰绅士阶层生存下去；哪里有这种人，就必须把他们消灭掉，不论听起来多么残忍……
>
> 波兰人只应该有一个主人，就是德国人。同时存在两个主人，是不可能，也是绝不允许的。因此，必须把波兰的知识分子的一切代表人物都灭绝。这听起来虽然残忍，但生活的法则就是
> 938 如此。

德国人把自己当作主宰民族，而斯拉夫民族必须做他们的奴隶，这一套痴心妄想，在对待俄国人方面表现得尤其狠毒。德国驻乌克兰专员、残暴不仁的埃里希·科赫于1943年3月5日在基辅所做的演说中把这种狠毒用心暴露无遗。

> 我们是"主宰民族"，我们必须严厉而公正地进行统治……我要取走这个国家的一切财富。我到这儿来不是降福布祥的……这里的居民必须劳动、劳动、再劳动……我们来到这里绝不是给他们散发灵粮神食。我们来到这里为的是给胜利打基础。
>
> 我们是一个主宰民族，我们必须记住，即使最下贱的德国工人，从人种上和生物学的方面看，也比这里的居民高贵千倍。[4]

不到一年之前，1942年7月23日，当德军逼近俄国的伏尔加河和高加索油田时，希特勒的党务秘书和当时已成了他的得力助手的马丁·鲍曼给罗森贝格写了一封长信，重申希特勒关于这个问题的观点。罗森贝

格的德国东方占领区事务部有一个官员把这封信的要点概述如下：

> 斯拉夫人该为我们劳动。一旦我们用不着他们了，可以让他们死去。因此，强迫他们打预防针以及由德国为他们提供医药是多余的。斯拉夫人的繁殖是不需要的。他们可以避孕或人工流产——越多采用越好。让他们受教育是危险的。计数能数到100就够了……每多一个受教育的人就多一个未来的敌人。我们把宗教给他们留下来，作为他们消愁解闷的一种方法。至于粮食，除了绝对必要的数量之外，一点也不能多给。我们是主人，先得顾我们自己。[5]

德国军队进入俄国之初，在许多地方曾被那些长期受到斯大林暴政压迫和恐怖统治的人作为解放者来欢迎。战争初期，俄国军队还发生过成批开小差的事。特别是在被俄国占领不久的波罗的海地区，以及在独立运动始终未被完全扑灭的乌克兰，许多人由于能从苏联的统

位于捷克斯洛伐克的特雷津集中营入口，上面的标语是“劳动创造自由”。

治下获得自由——哪怕解放他们的是德国人——而感到欢欣鼓舞。

当时在柏林曾有少数人相信，如果希特勒注意策略，采取怀柔政策，答应把俄国人民从布尔什维克的虐政下解救出来（给他们宗教自由、经济自由，把集体农庄改为真正的合作社），最后建立一个自治政府，是能够把俄国人民争取过来的。当时不仅占领区的俄国人可能与德国人合作，而且非占领区的俄国人也会从斯大林的暴政下争取解放。抱有这种看法的人还说，如果做到这一点的话，布尔什维克政权将会崩溃，红军将会瓦解，正如1917年沙皇军队的瓦解一样。

但是，纳粹占领下的野蛮统治和德国征服者常常公开宣布的露骨意图很快就破坏了出现这种前途的一切可能。德国征服者的意图就
939 是：掠夺俄国土地，奴役俄国人民，并把德国人移民到东方来。

有一个德国人奥托·勃劳蒂加姆博士对于这种灾难性的政策以及它所破坏的一切良机，做了再透彻不过的说明。勃劳蒂加姆是职业外交家，又是罗森贝格新建立的东方占领区事务部的政治司副司长。他在1942年10月25日写给上级的一份颇有意见的绝密报告中，大胆指出了纳粹在俄国所犯的错误。

> 我们刚到俄国的时候就看出当地居民对布尔什维主义有厌恶情绪，他们急切地期待着一些能为他们的未来生活提出较好前景的新口号。德国人有责任提出这样的口号，但是这些口号却至今未提出来。当地人民把我们当作解放者，欢欣鼓舞地欢迎我们，他们是愿意为我们效劳的。

事实上，口号倒是提过一个，但是一下子就给俄国人识破是什么货色了。

> 未开化的人由于东方民族的天生本能立刻发现［勃劳蒂加

> 姆继续说]，“从布尔什维主义下解放出来”的口号，只不过是德国人用来按照他们自己的方式奴役东方民族的幌子……工人、农民很快便看出，德国并没有把他们当作具有平等权利的伙伴，而只是把他们看作实现他们政治、经济目标的对象……我们自以为是，毫不客气，把一切政治经验都置诸脑后……以“二等白人”的待遇对待东方占领区的民族，认为上帝赋予他们的任务只是替德国人当奴隶……

勃劳蒂加姆说，使俄国人反对德国人的还有另外两件事情：虐待俄国战俘和强征俄国男子和妇女做奴隶劳工。

> 几十万俄国战俘在我们的战俘营里饿死、冻死，这对我们的朋友和敌人来说都已不是什么秘密……现在我们又看到这样一种奇怪的现象：在战俘像苍蝇一样饿死之后，却又不得不从东方占领区招募几百万劳工到德国来……
>
> 我们到处肆无忌惮地糟蹋斯拉夫人，我们所使用的“招募”办法也许只能从最黑暗的贩卖奴隶时代找到渊源。经常抓丁的事情已经发生了，不论健康与否或年龄大小，一批批的劳工被运到
> 德国……* 940

这位官员在报告中总结说，德国在俄国的政策和措施已经“遭到东方民族的极大反抗”。

> 我们的政策已迫使布尔什维主义者和俄罗斯民族主义者结成

---

* 大批消灭俄国战俘和征用俄国奴隶劳工的事，对克里姆林宫已不是什么秘密。早在1941年11月，莫洛托夫就曾发出照会，对“消灭”俄国战俘正式提出外交抗议。1942年4月，他又对德国奴隶劳工计划提出抗议。

乌克兰人欢迎德国士兵。

了反对我们的联合阵线。俄国人今天之所以以无比英勇和自我牺牲精神进行战斗，正是为了争取使他们做人的尊严得到承认。

勃劳蒂加姆博士在结束他的长达13页的备忘录时，以肯定的语气要求彻底改变现行政策。他说："我们必须向俄国人具体说明他们的未来命运。"[6]但是这种呼声在纳粹德国是无人理睬的。我们在前边已经谈过，希特勒早在进攻俄国以前，就对如何对待俄国和俄国人的问题发过指示。*他这个人一经做出决定，所有德国人是谁也不能劝他改动分毫的。

1941年7月16日，希特勒召集戈林、凯特尔、罗森贝格、鲍曼和拉默斯（帝国总理府长官）到他的东普鲁士大本营开会，再次说明他对新征服区的计划。当时，德国对俄国发动进攻还不到一个月，但从德国的初期胜利中已明显看出，很大一块俄国领土即将沦入德国人手中。他在《我的奋斗》中曾清楚表明德国要从俄国取得广大的"生存空间"，现在这个目标终于实现在望了。从鲍曼起草的有关这次会议的秘密备忘录（已在纽伦堡披露）[7]中可以清楚看出，希特勒要求他的这几个得力副手都能清楚了解他在这方面的意图。他还告诫说，他的意图不得"外传"。

［希特勒说］外传是没有必要的，问题主要在于我们自己必须弄清我们所要求的是什么……不应该使任何人能够认识到，这是最后解决的开始。我们也不要因此而不采取一切必要的措施——枪杀、易地移殖等等——我们是要采取这些措施的。

希特勒接下去谈到，在原则上，

---

* 见本书原文第830—834页。

我们现在必须面对这样的任务，即按照我们的需要来切开这块蛋糕，以便能够：

第一，统治它；

第二，管理它；

第三，榨取它。

他说，他并不在乎俄国人已经下令在德国战线的后方进行游击战："他们进行游击战，我们就可以消灭任何反对我们的人了。"

941 希特勒解释说，总而言之，德国要统治远至乌拉尔为止的俄国领土。在这一大片土地上，除了德国人以外，任何人不得携带武器。接着，希特勒又逐个地谈到如何处置俄国每一片蛋糕的问题。

整个波罗的海地区必须与德国合并……克里米亚将成为德国领土，外国人必须全部从那里撤走，只留德国人在那里安家立业……科拉半岛将由德国占领，因为该地有大片镍矿。必须谨慎地进行准备工作，以便把芬兰归并到德国，使之成为联邦中的一个邦……元首将把列宁格勒夷为平地，然后交给芬兰人。

希特勒命令，要使巴库油田成为"德国的租借地"，把伏尔加河一带的日耳曼人聚居区归并过来。在讨论到将由哪些纳粹领导人管理这些新领土时，一场剧烈的争吵发生了。

罗森贝格表示，他想起用冯·彼得斯多夫上尉，因为他有特殊功绩；大家听了莫不惊讶，人人都表示反对。元首和帝国元帅［戈林］都着重指出，冯·彼得斯多夫肯定是个疯子。

在怎样最有效地统治被征服的俄国人的方法上，也有过一番争论。希特勒建议德国警察应配备装甲车。戈林认为没有必要。他说，他的飞机可以“在发生骚乱时投掷炸弹”。

> ［戈林又说］自然，必须尽快绥靖这一片广大地区。最好的解决办法是将一切不敢正眼看你的人统统枪毙。*

戈林是四年计划的负责人，又担任开发俄国经济的领导工作。† 其实说“掠夺”更恰当一些。1942年8月6日，他向派往占领区的纳粹官员讲话时就是那样说的。他说：“这过去常常称为掠夺。不过今天情况已变得人道多了，尽管如此，我还是要掠夺，彻底地掠夺。”[8]至少在这一点上，戈林是言出必行的。他不仅在俄国，而且在整个欧洲的纳粹占领区恣意进行掠夺。这可以说是新秩序的全部内容。 942

纳粹对欧洲的掠夺

纳粹掠夺的财富总数有多少，永远是个谜；要把它精确计算出来，没有人有这种能力。但有些数字是可以找到的，其中不少还是德国人自己统计出来的。这些数字表明，戈林发给他的部下的指示，是如何按照德国人办事彻底的作风贯彻执行的。

> 你一发现有什么东西可能是德国人民所需要的，就必须像警犬一样追逐。一定要把它弄到手……送到德国。[9]

---

* 读者当还记得，一年以前，戈林曾对齐亚诺说过，“今年俄国将会饿死两三千万人”，还说“情况如果真的如此，也许倒是件好事”。他说，俄国战俘已经开始“人吃人”了。见本书原文第854页注。

† 戈林的东方经济工作处于1941年5月23日颁布一项指令，命令破坏俄国的工业区，对这些地区的工人及其家属，听任他们挨饿而不必理会。指令说，禁止“任何人企图从［俄国］黑土地带运入余粮以把工业区居民从饥饿中拯救出来”。见本书原文第833页。

弄到手的东西可真不少，不仅有货物、劳役，还有钞票和黄金。希特勒每占领一个国家，他的财政人员马上便夺取这个国家的国家银行中的黄金和外国证券、外汇等。这还不过是头一步。接着便征收数字惊人的“占领费”。据纳粹财政部长什未林·冯·克罗西克伯爵计算，到1944年2月底，这种占领费共达480亿马克左右（约合120亿美元），法国比其他被征服国家遭受更大压榨，担负了其中的大部分。到战争快结束时，征收的占领费估计约为600亿马克（约合150亿美元）。

在这笔费用中，法国被迫支付350亿马克，平均每年负担70亿马克，约相当于第一次世界大战后德国按照道威斯计划和扬计划每年所付赔偿费的四倍以上。而当初要德国付出这笔赔偿费，希特勒曾认为是滔天大罪。此外，法兰西银行还被迫给德国“贷款”45亿马克，法国政府还被迫支付“罚金”5亿马克。据纽伦堡国际军事法庭估计，德国以占领费和“贷款”的名目向比利时榨取的钱约相当于比利时国民收入的三分之二，向荷兰榨取的钱也占该国国民收入同样的比例。据美国战略轰炸调查处的统计，德国向各被占领国家总共榨取了贡金1 040亿马克（约合260亿美元）。*

但是德国甚至连形式上的付款手续都不办而掠夺走的货物，则根本无法统计。纽伦堡国际法庭不断收到从各方面送来的数字，多到无法对付；但是据我所知，没有一个专家能把这笔账整理出来，计算出总数。例如，估计德国人从法国运走（以“征收实物”名义）900万吨谷物，以及全国所生产的燕麦的75%、油的80%、钢的74%等等，总值1 845亿法郎。

943 备受兵燹和德国野蛮统治的蹂躏的俄国，却不是那么容易榨取。在纳粹文件中有着许许多多关于苏联“交货”的报告。例如，德国人在1943年的“交货”清单中，就列有900万吨谷物、200万吨饲料、

---

* 按官价兑换率（2.5德国马克合1美元）约合400亿美元。但我是按照黑市兑换率4个德国马克换1美元计算的。按购买力说，这样换算比较精确。

300万吨马铃薯、66.2万吨肉类。此外，苏联调查委员会还有一笔账，在占领期间，德国从苏联运走900万头牛、1 200万口猪、1 300万只羊，这还是仅举少数几项。但是俄国的“交货”还远不够理想，德国人计算这些“交货”总值才不过40亿马克（约合10亿美元）。*

贪得无厌的德国征服者对波兰的压榨可说是无所不用其极。德国驻波兰总督弗兰克博士说：“只要这一地区还有什么东西能压榨，我就要不遗余力地压榨出来。”这番话是在1942年底说的，他不断吹嘘，在占领波兰的三年中已榨取了大量物资，特别是为德国的饥饿的人民榨取到了粮食。他还警告说：“如果在1943年执行了新的粮食计划，光是华沙城内及郊区就会有50万人无粮食可吃。”[10]

在波兰的新秩序的性质，是在这个国家被征服之初就确定下来的。1939年10月3日，弗兰克向陆军传达了希特勒的指示。

> 我们对波兰的统治，只能采用下列手段来利用这个国家的资源人力：进行无情的剥削；运走对德国战时经济至关重要的全部粮食、原料、机器、工厂设备等等；迫使所有波兰工人到德国去劳动；把波兰经济削减到仅够维持当地居民生存需要的最低限度；关闭一切教育机构，特别是技术学校和高等学校，以防止波兰新知识分子的成长。必须把波兰当作殖民地对待。波兰人应该是大德意志帝国的奴隶。[11]

纳粹副领袖鲁道夫·赫斯也说，希特勒决定“不再重建华沙，元首也不想在总督辖区恢复或重建任何工业”。[12]

弗兰克博士曾经发出公告：在波兰的一切财产，不论其为犹太人所有或为波兰人所有，一律无偿没收。纳粹从波兰人手中抢走了无数

---

* 亚历山大·达林对德国在俄国的统治情况曾做过详细研究，他认为，德国人如果通过正常贸易，从俄国取得的物资反而会比这更多（见达林：《德国在俄国的统治》［*German Rule in Russia*］）。

农场，交由德国移民接收。在并入德国的四个波兰地区（西普鲁士、波森、泽希瑙、西里西亚），到1943年5月31日为止，计“查封”了70万处地产，共合1 500万英亩土地，并“没收”了9 500个庄园，共合650万英亩土地。在德国“中央地产局”的精密表格中，[13]并没有解释“查封”与“没收”的区别何在，这对被剥夺了财产的波兰人来
944 说，根本没有什么区别。

甚至占领区中的贵重文物也遭到掠夺。后来从缴获的纳粹文件可以看出，这是在希特勒和戈林的明确指示下进行的。希特勒和戈林依靠这种掠夺，大大扩充他们的“私人”收藏。据肥胖的帝国元帅自己估计，他的藏品价值达5 000万德国马克。在掠夺艺术品这一特殊领域中，戈林是名副其实的策动者。征服波兰以后，他便立即下令掠夺波兰的文物。受他委派执行这项命令的专员，在半年之内就能做出这样报告:“这个国家的几乎全部文物”已被接收了。[14]

但是，欧洲的伟大的艺术珍品多半收藏在法国。这个国家被纳粹征服后不久，希特勒和戈林便下令进行劫夺。希特勒委派罗森贝格执行这项特别的劫夺任务。罗森贝格设立了一个称作“罗森贝格特别工作处”的机构，他不仅得到戈林而且还得到凯特尔将军的协助。凯特尔确曾向德国驻法陆军部队下过一道命令，说明罗森贝格“有权将他认为有价值的文物运到德国进行保护。至于这些文物的用途，将由元首亲自决定”。[15]

1940年11月5日，戈林为了分配巴黎卢浮宫所收藏的艺术品，特别发布了一道密令。这个命令道出了希特勒决定“这些文物的用途”的一套想法。这些艺术品将“按下列几类分别处理”：

> 1. 元首对其用途保留决定权者。
> 2. 对充实帝国元帅［即戈林］的收藏……有用者……
> 3. 适合于送交德国各博物馆者……[16]

法国政府抗议掠夺该国的文物，指出这种行为违背《海牙公约》。当罗森贝格手下的一个名叫本耶斯先生的德国艺术专家大胆提请戈林注意这个问题时，肥胖的艺术专家戈林回答说：

“亲爱的本耶斯，让我来操这份心吧。我是全国最高法律权威。我的命令就是决定，你遵照执行就是了。”

从缴获的文件来看，本耶斯在第三帝国历史中只在这里出现过一次。据他的报告说：

> 球艺厅中收藏的、准备归元首所有的文物，以及帝国元帅指定归己的文物，将用两个车厢装运，挂在帝国元帅的专车之后……送到柏林。[17]

以后还有更多的车厢装运文物。德国官方的一份秘密报告表明，

1945年5月，一名美军士兵在检查一座黄金雕像，这些是赫尔曼·戈林的私人藏品的一部分。

到1944年7月为止，从西欧运到德国的文物共装了137节车皮，计有
945 4 174箱，21 903件，其中绘画10 890幅。[18] 这些绘画中有伦勃朗、鲁本斯、哈尔斯、维米尔、委拉斯开兹、牟利罗、戈雅、韦基奥、华托、弗拉戈纳尔、雷诺兹、庚斯博罗的作品。罗森贝格早在1941年1月估计光从法国掳掠的文物就值10亿马克。[19]

德国人掠夺原料、制成品、粮食，尽管把占领区人民搞得山穷水尽，食不果腹，甚至造成饥荒，并且在战争行为方面违反了《海牙公约》，但是德国人总还可以借口全面战争的迫切需要来为自己开脱，即使这不是什么正当的理由。但是盗窃文物对希特勒的战争机器并没有什么帮助。这种事情之所以发生完全是由于贪欲，由于希特勒和戈林个人的贪得无厌所致。

被征服各国人民对以上种种掠夺还能忍受得了。因为战争和敌人的占领总不免要带来贫困，但这只不过是新秩序的一个方面，而且是最温和的一个方面。在幸而短命的新秩序中，最令人难忘的，并不是德国对物质财富的掠夺，而是对人的生命的掠夺。纳粹在这方面的道德堕落是人世间亘古少见的。千百万正直、善良的男女被强迫从事劳动；千百万的人在集中营里遭到严刑拷打；还有千百万的人，其中犹太人便有450万，遭到血腥屠杀或被活活饿死，死者的遗体被付诸一炬，为的是焚尸灭迹。

这些惊人的恐怖事件，如果不是有充分的文件作证和有凶手亲自供述的话，的确是令人难以置信的。下文所述是根据确凿的证据，其中有一些是根据少数生还者的亲身经历作为旁证写成的。这些记述只是一个概要，由于篇幅所限，无数骇人听闻的详细情节只得略而不谈了。

新秩序下的奴隶劳动

截至1944年9月底，为第三帝国做苦工的外国平民共约750万

人。这些人几乎都是用武力逮捕来的。他们被装在铁篷货车上运到德国，途中常常吃不上，喝不上，连拉屎撒尿的地方也没有。到了德国以后，就被派到工厂、田间、矿山从事劳动。不仅被强迫劳动，而且还遭到侮辱、殴打和挨饿，常常因为缺衣、缺食、没有住所以致冻馁而死。

此外，在这些外国劳动力之外还有200万战俘，其中至少有50万人被分配到兵工厂和军火厂劳动。这种做法是公然违反《海牙公约》和《日内瓦公约》的，这两个公约都规定了不能用战俘从事这些劳动。* 这个数字还不包括被强迫建筑工事、向前线运送军火，甚至被派 946
去操纵高射炮的几十万战俘。德国人强迫战俘干这些工作，是对德国签过字的各种国际条约的又一违反。†

德国人把大批劳工运来，害得许多人家妻离子散，一家人流落在德国，天各一方。少年儿童中年岁稍大能做点工的，也逃不掉这个命运。甚至德国高级陆军将领也参与劫夺儿童的工作，把他们运回国来从事奴隶劳动。罗森贝格的文件档案中有一份写于1944年6月12日的备忘录，透露了在俄国占领区劫夺儿童的情况。

> 中央集团军打算抓四五万10岁到14岁的少年……运到德国。这个方案原来是第九军团提出的……其目的在于将这批少年主要分配到德国各种行业当徒工……德国企业部门是十分欢迎这个办法的，因为它是解决徒工不足的重要措施。
>
> 这种办法不仅可以阻止敌人的兵力得到直接的增援，而且还可以削弱敌方人口增长的潜力。

---

* 德国军备和战时生产部部长阿尔伯特·施佩尔在纽伦堡供称，1944年有40%的战俘在兵工厂和军火厂以及附属工厂中从事劳动。[20]

† 据缴获到的一份记录所载，德国空军米尔希元帅于1943年要求再增加5万俄国战俘到原来已有3万战俘的高射炮部队服役。“俄国人必须开炮［打俄国人］，”米尔希大笑道，“确是一件怪有趣的事情。”[21]

劫夺少年的行动计划有一个代号:“干草行动”。这份备忘录还说，莫德尔陆军元帅率领的乌克兰-北方集团军也在执行这一计划。[22]

德国人抓劳工的办法最初还比较温和，后来却越来越恐怖。人们走出教堂或影院就被一把抓走了。特别在西欧，党卫军往往干脆把城市里的一段地区封锁起来，把身强力壮的男女全部抓走。为了同一目的，在乡村采用了包围全村进行搜捕的办法。在东欧，如果发生抗拒强迫劳动的命令的事情，就干脆烧掉整个村庄，把居民全都运走。在罗森贝格的被缴获的文件中，就充满了**德国方面的**载有这类事件的报告。在波兰，至少有一个德国官员认为事情做得有点过火了。

> ［他在给总督弗兰克的报告中说道］在城乡各处，在街道、广场、车站，甚至在教堂，夜晚到住户家中，残酷地滥抓人，使
> 947 得居民惶恐不安，达于极点。人人都处在危险中，不知何时何地会遭到警察突如其来的逮捕，被送到集中营，他们的家属谁都不知道他们的下落。[23]

但是，把奴隶劳工抓来还不过是第一步。* 把劳工送到德国去的运输条件是够恶劣的。1942年9月30日，某个古特凯尔希博士在给罗森贝格的东方占领区事务部的一份报告中叙述两列火车相遇时的情景：一列火车上满载着体力已经耗尽而遣送回国的东方劳工，在布列斯特-立托夫斯克附近遇到了岔道上另一列上面满载着“新招募来的”

---

* 负责执行全部奴隶劳工计划的是弗里茨·绍克尔，给他的名义是劳动分配全权总代表。他是纳粹的二流人物，曾任图林根党组织领袖和邦长。此人身材矮小，长得獐头鼠目，性格粗鲁凶暴。戈培尔在日记中形容他是“最笨的笨蛋”。本书作者看他站在纽伦堡被告席上，得到的印象是：一个其貌不扬的人物，活像在小市镇的肉市上当过屠夫的那一类德国人。他所发布的第一批指令中有一项规定，对外国工人“应按这样的方式对待：进行最大限度的剥削，而只花最低限度的费用”。[24]他在纽伦堡供认，到德国来的几百万外国劳工中，“自愿来的甚至连20万人还不到”。但是他在法庭上拒不承认虐待劳工的全部罪责。他被判有罪，处死刑，于1946年10月15日夜间在纽伦堡监狱中被绞决。

俄国工人的火车。他写道：

> 由于回国的劳工乘坐的车厢里的死尸，很可能惹出一场大祸来……在这列火车里，有些妇女生了孩子，孩子在半路上就被扔到窗口外面去了。有肺病和性病的人与大家坐在同一节车厢里。快要死的人躺在连稻草也没有铺的货车里。有一个死人被扔在铁路路基上。在其他开回去的火车上想必也发生过同样的情况。[25]

对东方劳工来说，这不是进入第三帝国的一个令人感到光明的前奏，但它至少使他们对即将面临的苦难的历程有所准备。等待着他们的是饥饿、鞭打、疾病、挨冻，住的是没有炉子的房子，穿的是单薄而破烂的衣服。等待着他们的是成日成夜的劳动，什么时候身子撑持不住了，什么时候劳动才算完。

德国制造枪炮、坦克、弹药的规模巨大的克虏伯工厂是使用奴隶劳工的典型场所。克虏伯用了大批奴隶劳工，其中也包括俄国战俘。战时有一个时期，布痕瓦尔德集中营中有600名犹太妇女被送到克虏伯工厂做工，她们“住在”被炸得一塌糊涂的劳动营里。原来收容在这所劳动营里的是意大利战俘，他们已经迁走了。克虏伯工厂中为奴隶劳工看病的“高级医生”威廉·耶格博士，在纽伦堡所写的一份供词中叙述了他接任这项职务时所看到的情况。

> 我头一次出诊时，看到这些妇女身上害着大块大块的脓疮和别的疾病。在我去以前她们至少已有两星期没有看到医生了……没有药品供应……她们没有鞋穿，光着脚走来走去。每人穿的仅有的一身衣服是麻袋缝成的，麻袋上开了几个口，让头和手臂伸出来。她们的头发都给剃了。营房四周围上铁丝网，由党卫军的警卫人员严密把守着。 948

> 劳动营中食物供应的数量很少，质量极坏。到营房走过一趟，没有不挨跳蚤咬的……我的两只手臂和别的地方就被咬起几块大疮……

耶格博士把这种情况报告克虏伯的董事们，甚至报告厂主古斯塔夫·克虏伯·冯·波伦-哈尔巴赫的私人医生，但是毫无效果。他所写的几份关于克虏伯工厂其他劳动营的报告，也没有能使情况得到丝毫改善。他在供词中提到，有几份报告，叙述的是住有俄国和波兰劳工的8个营房的情况：住的地方拥挤不堪，因而疾病丛生，而且缺少足以维持一个人活命的食物，缺少用水，缺少厕所。

> 东方工人的衣服也十分缺乏。他们不论劳动时或睡觉时穿的都是从东方来的时候穿的那一身衣服。他们几乎全都没有大衣，只得用毛毯当大衣御寒和挡雨。由于没有鞋穿，许多工人只得光着脚上工，甚至冬天也是如此……
>
> 卫生条件恶劣到了极点。在克拉默广场，1 200个人使用的厕所，是原来只供10个儿童用的……厕所的地面上到处是大小便……鞑靼人和吉尔吉斯人受的罪最大；由于居住条件太坏，食物粗劣，不能吃饱，加上劳动过度，得不到足够的休息，他们像苍蝇一样死去。
>
> 许多工人还害着斑疹伤寒。传染这种病的虱子以及无数的跳蚤、臭虫等害虫，折磨着住在这些营房中的人……营房中的供水时常中断，一断就是8天到14天……

一般地说，西方劳工比东方劳工生活得略好一筹——后者在德国人眼中不过是人类的渣滓。但是这种区别也只是相对的。耶格博士在克虏伯工厂设在埃森市诺格拉特街收容法国战俘的一个劳动营中的所见，可作例证。

> 他们在狗窝、小便池和原来的面包房里住了将近半年。狗窝高3英尺，长9英尺，宽6英尺，每间住上5个人。战俘必须四肢着地才能爬进去……劳动营里没有水。*[26] 949

被分配到德国农场劳动的奴隶劳工大约有250万人。其中绝大部分是斯拉夫人和意大利人。尽管由于环境不同，他们的生活比在城市工厂中劳动的人要好一些，但远不是理想的，甚至也谈不上是人道的。从缴获的一项关于“波兰籍的外国农场工人的待遇问题”的指令中，可以看到他们所受待遇的一斑。这项指令虽然适用于波兰人——签发的日期是1941年3月6日，那时还没有能用上俄国人——但后来被用作对待其他国籍的人的通则。

> 波兰籍的农场工人不再有申诉的权利，因此，任何官方机构均不得接其申诉……严禁到教堂去……严禁到剧院、电影院或其他文化娱乐场所……
>
> 严禁与妇女和姑娘性交。

---

* 克虏伯公司不仅为它在德国的工厂找到无数奴隶劳工，其中有平民也有战俘，而且还在奥斯维辛的灭绝营里建造了一个大型雷管工厂。犹太人在这个工厂里劳动到筋疲力尽以后，就被毒气处死。

古斯塔夫·克虏伯·冯·波伦-哈尔巴赫男爵是克虏伯公司董事长。他在纽伦堡国际军事法庭上与戈林等人一起被控为主要战争罪犯。但由于“身体和精神状况”（得过中风，年老昏聩），未受审讯。他死于1950年1月16日。检察官曾尽力想让他的儿子阿尔弗雷德替他受审，但是法庭没有同意。阿尔弗雷德是在1943年单独继承公司产权的。

阿尔弗雷德·克虏伯·冯·波伦-哈尔巴赫后来终于在“美国控告阿尔弗雷德·克虏伯等人”一案中受到纽伦堡军事法庭（清一色是美国法官）的审判，同案受审的还有该公司的9名董事。1948年7月31日，他被判12年徒刑，财产全部没收。由于美国高级专员约翰·J.麦克洛伊颁布的大赦令，他于1951年2月4日从兰茨贝格监狱（希特勒曾于1924年在这个监狱服过刑）中被释放出来。没收他的公司财产的命令取消了，而且还把没收他的大约1 000万美元私人财产退还给了他。盟国政府曾下过命令，要使庞大的克虏伯帝国解体。但是阿尔弗雷德·克虏伯从监狱中被释放出来后，实际掌握了公司的管理大权，规避了盟国政府的命令，并于本书撰稿时（1959年）在波恩政府的同意下公然宣布该公司不仅不会解体，而且还要增添新企业。

波兰籍的农场工人如与德国妇女性交，按照希姆莱于1942年颁发的布告，将被处以死刑。*

从事奴隶劳动的农场工人不得乘坐“火车、公共汽车或其他公共交通工具”。颁布这项指令显然为的是防止农场工人逃出他们不得离开的农场。

> ［指令规定］严禁任意调换工作。农场工人须按雇主要求长
> 950 期劳动。每天劳动时间的长短，不加限制。
>
> 雇主均有权对农场工人进行体罚……如果条件许可，可将农场工人从居处迁到马厩等处居住。在采取这样的措施时不能心善手软。[28]

甚至被抓到德国来做家务劳动的斯拉夫妇女，也被当作奴隶一般对待。早在1942年，希特勒便命令绍克尔找50万斯拉夫妇女到德国来，“以便减轻德国家庭妇女的负担”。这个奴隶劳工专员对她们在德国家庭中劳动的条件做了如下规定：

> 不许提出工余时间的要求。从东方来从事家庭劳动的妇女，只有为了办家务事才可离家上街……她们不得去饭馆、电影院、剧院，不得去其他类似的场所。也不得到教堂去……[29]

在纳粹的奴隶劳工计划中，妇女和男子显然是同样需要的。在德

---

* 希姆莱于1942年2月20日颁布的这项指令是专门针对俄国奴隶劳工的。为了对付“严重违反纪律，包括拒绝劳动或怠工”，指令还规定有“特别处置办法”。如有上述情事，

> 必须予以特别处置。特别处置指绞死。绞刑不必在劳动营近侧执行。［但是］必须让一定人数的工人到场观看。[27]

“特别处置”一词，是战争时期希姆莱所写的文件中和纳粹党人口头上常用的字眼。它的含义就是希姆莱在上述指示中所说的那个含义。

国人抓来劳动的300万左右俄国平民中，有半数以上是妇女。大部分妇女被分配在农场从事重劳动或在工厂做工。

奴役征服区的几百万男女，使他们为第三帝国干最低贱的劳动，并不只是战时的权宜措施。上面引述的希特勒、戈林、希姆莱等人的言论只不过是他们言论的很少一部分，但是也可以清楚看出，如果纳粹德国长久维持下去，新秩序将意味着德意志主宰民族统辖一个西起大西洋、东至乌拉尔山脉的庞大的奴隶帝国。在这个帝国中，东方的斯拉夫人受到的待遇肯定是最坏的。

1941年7月，当时希特勒进攻苏联还不到一个月，他便着重指出，他的占领苏联计划是“一种最后解决办法”。一年以后，征服俄国的战事进入高潮时，他教训部下说：

> 我们对于亿万愚蠢可笑的斯拉夫人，要采取这样的办法：把他们之中的最优秀的按照我们的要求加以改造，而把其余的人隔离在他们自己的猪圈里；谁要是妄谈什么该对当地居民慈悲为怀，该让他们得到教化，马上把他送进集中营！[30]

战　俘

尽管德国人严重违反了《海牙公约》和《日内瓦公约》，把战俘送到兵工厂或从事与前线作战有关的各种劳动，但是对于那些被第三帝国俘获的几百万战俘来说，这种规模庞大的劳动还不是他们最发愁的事情。

他们最关心的还是熬过战争，保全一命。如果他们是俄国人，那
么熬过战争保全性命的希望最少。苏联战俘的人数比其他各国战俘合 951
在一起的总数还要多，大约有575万人。1945年盟军解放战俘营中的被俘人员时，生还的苏联战俘只有近100万人。在战争时期被德国人

释放的或被批准到德军建立的伪军中服役的人大约也有100万。饿死、冻死、病死的俄国战俘达200万。其余的100多万人没有做出交代，纽伦堡国际军事法庭上证实这100多万人中的大部分，或者因上述原因而死亡，或者被党卫军保安处处死。据德国方面文件记载，处死的有67 000人，这肯定只是一部分数字。[31]

大部分俄国战俘，约380万人，是在德国发动侵俄战争的第一阶段，即从1941年6月21日到12月6日期间对俄国进行的几次大包围中被俘的。显然，在战事正在进行和迅速向前进军时，要求任何军队能很好地照顾这么一大批战俘是有困难的。但是问题在于德国人根本未做任何努力。我们从前面引述的纳粹文件中看到，德国人对苏联战俘确实是故意不给饭吃；在1941年漫天风雪的冬天，气温降到零下时，不给他们安身的地方，许多人因此活活饿死冻死了。

据罗森贝格这样有权威地位的人说，许多纳粹官员的态度是："这些战俘死得越多，对我们越好。"

愚蠢不堪的东方占领区事务部部长无论如何也算不上是个讲人道的纳粹分子，特别是对俄国人。而我们知道，他是在俄国人那里长大的。但是，即使连他这样的人，也曾心有不忍。1942年2月28日，他在致最高统帅部长官凯特尔元帅的一封长信中，曾对俄国战俘所受到的待遇提出抗议。他写这封信，正是那年冬天苏联军队在莫斯科和罗斯托夫击退德军，反攻之势有如破竹的时候；德国人这时已经看出，他们想一举消灭俄国的一场赌博已经输定了，说不定要一输到底了；他们也已看出，在美国已经参加到俄国和英国一边而与德国为敌的今天，德国人很可能在这一场战争中被打败。情况如果真的如此，胜利方面是要追究他们的战争罪行的。

> ［罗森贝格在致凯特尔的信中说］在德国的苏联战俘，遭到极为悲惨的命运。360万战俘中，全劳动力只有几十万人。许多

人不是饿死，就是由于气候的折磨而死。

罗森贝格继续说道，这种情况本来是可以避免的。俄国有足够的粮食供他们食用。

> 但是在多数情况下，战俘营长官都不许把这些粮食供战俘食用，而宁可让他们饿死。甚至在战俘被押送到战俘营的途中，也 952
> 不许老百姓给他们东西吃。许多战俘在途中由于饥饿劳累，跟不上队伍，就被枪决。枪杀战俘是当着饱受惊吓的老百姓的面进行的，尸体就弃在原地。许多战俘营根本没有住的房子。下雨下雪，战俘也睡在露天里……
>
> 最后还得提一下枪决战俘的事情。他们这样做……根本不从政治上考虑问题。例如各集中营里都把“亚洲人”一概枪决……[32]

岂止亚洲人。俄国战役开始后不久，最高统帅部和党卫军保安处便达成一项协议，由保安处“甄别”俄国战俘。保安处的大刽子手奥托·奥仑多夫在一份供词中透露了“甄别”的意图何在。奥仑多夫与希姆莱手下许多人一样，是个不务本业的知识分子，他曾得过两个大学学位（法学和经济学），并曾在应用经济科学学院当过教授。

> ［奥仑多夫说］所有犹太人和共产党干部都要调出战俘营，处以死刑。据我所知，在对俄国作战的整个期间，一直采用这种办法。[33]

但是这样做也不无困难。俄国战俘的身体往往衰弱得连上刑场都走不了。为此，秘密警察头子海因里希·米勒提出了抗议，此人短小精悍，也是个杀人不眨眼的刽子手。* 他说：

> 集中营长官不满地说，预定要被处决的苏联人在到达集中营时，已有5%到10%的人死亡或濒于死亡……特别值得注意的是，在前往集中营的途中，譬如从火车站走向集中营的途中，就有相当多的战俘由于疲惫不堪倒在路上，有死了的，也有半死的，因此护送时后边还得跟上一辆卡车装运这些人。要想不让德国人看到这种场面是不可能的。

秘密警察对俄国战俘饿死累死丝毫也不在乎，他们遗憾的只是每死一个战俘就使刽子手们少一个行刑的对象。但是他们不愿意德国人民看到倒毙于途的惨象，因此“秘密警察米勒”——他在德国以此著称——下令：

953 自即日起［1941年11月9日］，俄国战俘凡显然无活命希望因而连短途旅程也不能走动者，以后无须运到集中营处死。[34]

死了的战俘不能劳动自不必说，甚至饿坏累坏的战俘也都失去劳动能力了。到了1942年，德国人已清楚地意识到战争将长期拖下去，比他们原先设想的时间要长得多；同时也已看出，他们的后备劳动力十分缺乏，被俘苏军已成为德国后备劳动力的重要组成部分。因此纳粹放弃了屠杀战俘的政策，而采取利用他们从事劳动的办法。1943年，希姆莱在波森对党卫军人员做了一次讲话，解释了改变这项政策的原因。

---

* 战后米勒一直没有被缉捕归案。1945年4月29日，有人在柏林希特勒的地下避弹室还看到他，此后便不见了。他的有些幸免于死的同事认为，他现在在为苏联秘密警察效劳。他非常崇拜苏联的秘密警察。

1942年，希姆莱视察苏军战俘营。

> 当时［1941年］我们对这么一大批人没有像今天这样，把他们当作原料和工人。战俘饿死累死几万几十万，从几个世代那样长远的意义上看，是没有什么可遗憾的；但是在目前，由于丧失了劳动力，这种情况却是可惜的。[35]

现在必须让战俘们吃得足以使他们有力气干活了。到1944年12月，已有75万战俘在兵工厂、矿山（分配了20万人）和农场劳动，其中包括不少军官。他们的待遇是苛刻的，但是总算可以活命。甚至凯特尔元帅建议在战俘身上打烙印的办法也废除了。*

---

* 1942年7月20日，凯特尔起草了这个命令：

1. 苏联战俘得打上特殊的、永久性的烙印。

2. 烙印由一个45°左右的锐角组成，两边边长1厘米，角尖向下，打在左臀上离肛门约一掌宽的地方。[36]

德国人对待西方战俘，特别是英美战俘，比对待俄国人相对地来说好一些。虽然屠杀英美战俘的事也偶然发生过，但一般都是由于个别战俘营长官个人的极端残暴和虐待狂所致。1944年12月17日比利时凸出地带战役中，在马尔梅迪附近的田野中血腥屠杀71名美国战俘，便是一个例子。

希特勒也曾亲自下令杀害西方战俘。例如他曾下令屠杀50名英国飞行员，这些人于1944年春被俘，后来在萨冈的一个集中营逃跑未成。戈林在纽伦堡说，他“认为这是整个战争时期最严重的一次事件”，约德尔将军则称之为“不折不扣的谋杀”。

1943年英美对德国加紧轰炸以后，德国便有意鼓励杀害盟军在德国跳伞降落而被俘的飞行人员，上述事件实际上似乎是他们这个政策的一部分。德国鼓励一般平民在抓到跳伞降落的盟军飞行员后，立即私刑处死。战争结束以后，不少犯有这种罪行的德国人受到审判。
954 （1944年英美轰炸德国达到高潮时，里宾特洛甫主张对被击落的英美空军人员立即处死，但希特勒则采取比较温和的态度。）1944年5月21日，他在与戈林会商以后，只是发布这样一项命令：英美飞行人员凡曾扫射过客车、平民以及紧急着陆的德国飞机者，可不经军法审判即予枪决。

被俘的空军人员有时则被直接交由党卫军保安处进行“特别处置”。1944年9月，约有47名美英和荷兰的飞行人员（全都是军官）在毛特豪森集中营惨遭杀害。集中营中有一个法国战俘莫里斯·兰珀是目击者之一，他在纽伦堡叙述这次屠杀的情况时说：

> 47名军官光着脚，被带到石坑里……坑的最下一层阶梯上，警卫人员把石头放到这些可怜的人们背上，要他们扛到上边去。头一趟扛的石头约60磅重，一面扛着一面挨打……第二趟扛的更重，什么时候被石头压垮了，就遭到脚踢棒打……到了晚上，路

上已倒下21具尸体。另外26个人在第二天早晨也死了。[37]

这是毛特豪森集中营里常用的“处决”方式，也是杀害无数俄国战俘的若干方式之一。

毛特豪森集中营死难者纪念碑。

从1942年起，亦即战争的趋势开始对希特勒不利以后，他便下令杀害被俘的盟军突击队员，特别是在西线被俘的人员。（被俘的苏联游击队员被立即枪决，自不必说。）元首在1942年10月18日发布的“突击队绝密命令”，是被缴获的纳粹文件之一。

> 自即日起，在欧洲或非洲执行所谓突击任务的敌人一俟被德军发现，不论是否携带武器，也不论是在战斗中还是在逃跑中，应全部处死，即使他们身着军服也不赦免。[38]

同一天，希特勒又发布一项补充指示，将他之所以发布这个绝密指令的理由对司令官们做了解释。他说，由于盟军突击队获得成功，

> 我不得不严令消灭敌人从事破坏工作的部队，并宣布对不服从这些命令者予以严惩……必须晓谕敌人：从事破坏工作的突击队员将毫无例外地被全部消灭。
>
> 这就是说，他们要想死里逃生是绝对没有希望的……［他们］绝不要妄想会得到《日内瓦公约》规定的待遇……如果由
> 于审问上的需要而留下一个两个暂时不杀，审问过后也得立即 955

枪决。[39]

这种特殊罪行是严格保密的。约德尔将军在希特勒指令上又添加了补充说明，下边还打上重点：**“这项指令只供司令官阅读，切勿落入敌人手中。”**他们还得到指示，在及时记下内容后，全部文件即悉数销毁。

文件的内容想必已铭记在各级司令官的心中，因为他们都已贯彻执行了。有两个例子可以谈一下，当然事例还多得很。

1944年3月22日夜间，美国陆军第二六七特别侦察营的2名军官和13名士兵，乘一艘军舰在意大利境内距德国阵地后方很远的地方登陆，准备破坏拉斯佩齐亚到热那亚之间的一个铁路隧道。这批侦察人员一律身着军装，并没有携带便服。3月26日，即他们被俘后的第三天，一队行刑队人员就根据德国陆军第七十五军军长安东·多斯特勒将军亲自颁发的命令将他们处死，刑前未经审问。战争结束后不久，多斯特勒将军受到美国军事法庭的审判时，为自己的罪行辩解说，他只不过是遵照希特勒的突击队命令行事。他争辩说，他如不服从，自己将被元首送交军事法庭审判。*

1945年1月在斯洛伐克跳伞降落的15名英美军事人员，其中有一名美联社战地记者，全都身着军服，在毛特豪森集中营被处死刑。这是根据恩斯特·卡尔滕布伦纳博士的命令执行的。卡尔滕布伦纳博士继海德里希之后任党卫军保安处处长，是纽伦堡国际军事法庭的被告。†这个屠杀罪行如果不是集中营中目击他们被处死的一名副官招供出来，恐怕永远也无人知道，因为这个集中营中大规模处决战俘的文件大部分已经销毁了。[40]

---

* 1945年10月12日，罗马美国军事法庭宣判多斯特勒将军死刑。

† 卡尔滕布伦纳于1946年10月15日夜间在纽伦堡监狱被绞决。

纳粹在占领区的恐怖统治

1941年10月22日，法国《灯塔报》刊登了下列通告：

> 10月20日上午，受英国和莫斯科雇用的怯懦的罪犯暗杀了南特的战地司令。凶手至今尚未捕获。
>
> 我已下令先枪决50名人质，作为这个罪行的抵偿……如果从现在起至10月23日午夜，凶手仍未捕获归案，将再枪决50名人质。

这一类通告常常出现在法国、比利时、荷兰、挪威、波兰、俄国 956
的报纸上，或者写成红底黑框的海报张贴出来。德国人公然宣称，偿命的比率一律定为100 ∶ 1——每有一个德国人被枪杀，就枪决100名人质。

虽然抓人当人质是古代的习惯，例如罗马人就十分爱用这种办法，但是到了近代，一般已不采用这种办法了。只有德国人在第一次世界大战时，英国人在印度和布尔战争时在南非用过。第二次世界大战期间，希特勒指挥下的德国陆军却大规模地抓人当人质。凯特尔元帅和一些身份比他低的司令官都曾签署过逮捕人质和枪杀人质的密令，纽伦堡国际军事法庭曾提出许多这样的密令文件。1941年10月1日，凯特尔下令说："人质当中必须包括著名头面人物或者他们的家属，这一点至为重要。"一年以后，驻法德军司令冯·施蒂尔普纳格尔将军也强调指出："被枪决的人质的名气越大，对凶手所起的威慑作用也就越大。"

第二次世界大战期间，德国人一共处决了29 660名人质，这个数字还不包括"瘐死"在法国监狱中的40 000人。波兰是8 000人，荷兰是2 000人。在丹麦，他们用一种所谓“肃清暗杀”制度来代替公开宣布枪杀人质。希特勒明令，德国人在丹麦如遭杀害，要秘密采取“以五顶一”的报复办法。[41]由于德国人采取这种办法，斯堪的纳维亚半岛最孚众望的人士之一、丹麦牧师、诗人兼剧作家凯·蒙克被残酷地杀害了。他的尸体被抛弃在街头，身上挂着一块牌子，上面写着：“猪猡，你还是为德国效了劳。”

凯特尔元帅在纽伦堡供称，在他不得不遵照希特勒命令行事而犯下的所有战争罪行中，以根据Nacht und Nebel Erlass——“夜雾命令”所犯的罪行“最为严重”。这项奇怪的命令是希特勒专门用来对付西欧占领区的无辜居民于1941年12月7日亲自颁布的。正如这项命令的奇怪名称所显示，它的目的在于逮捕“危及德国安全”的人，逮捕以后并不立即枪决，而是丝毫不落痕迹地让他们消失在德国的茫茫夜雾之中。他们的下落不通知其家属，即使所谓下落常常只不过是他们在德国的埋葬地点。

1941年12月12日，凯特尔发布一个指令，对希特勒的命令做了解释。“在原则上，”他说，“对德国犯有罪行的人应处死刑。”但是，

> 如果给予这些罪犯监禁的处分，即使同时还罚做终身苦役，也将被认为是软弱的表现。只有对罪犯处以死刑，或者采用使罪犯家属及当地居民不知其下落的办法，才能收到极大的威吓
> 957 效果。[42]

1942年2月，凯特尔又对“夜雾命令”做了补充。如果一个人被捕后八天之内还没有被判死刑的话，

应将这些囚犯秘密送往德国……这些措施将起到威慑作用，因为

（1）这些囚犯将不留痕迹地消失，

（2）不说明他们的下落和命运。[43]

受命执行这个可怕任务的是党卫军保安处。在缴获到的保安处文件中充满了有关“NN”（代表“夜雾”两字）的各种指示，特别是关于要求对被害人埋葬地点严守秘密的指示。到底有多少西欧人士消失在“夜雾”之中，纽伦堡国际法庭根本无法确定这项数字，但是看来难得有人逃出虎口。

但是我们从党卫军保安处的文件中，可以得到一些能说明问题的数字，这是关于他们在占领区中用在俄国的另一种恐怖行动所杀害的人的数字。这种特别的恐怖行动是德国人所谓的特别行动队干的。从其活动情形看，称其为灭绝队更合适些。他们所杀害的人的头一批整数是在纽伦堡偶然查清楚的。

有一天，在开审前不久，美国检察官、年轻的海军军官惠特尼·R.哈里斯少校向奥托·奥仑多夫盘问他在战时的活动情况。人们知道，这个看上去年纪颇轻（38岁）而又漂亮的德国知识分子当过希姆莱的德国中央保安局的第三处处长，但在战争的最后几年的大部分时间中，他在经济部任对外贸易专家。他告诉哈里斯少校，战争时期他一直在柏林任公务员，只有一年是例外。当被问到这一年离开柏林时干了些什么时，他回答说：“当特别行动队D支队队长。”

哈里斯是律师出身，这时已是熟悉德国问题的有相当权威的情报专家，对特别行动队的情况有不少了解。因此他立即追问下去：

“在你任特别行动队D支队队长的那一年，你的那一队一共杀害

了多少男子、妇女和儿童？”

哈里斯事后回忆说，当时奥仑多夫耸了耸肩，稍微迟疑了一下回答道：

“9万！”[44]

特别行动队最初是希姆莱和海德里希于1939年组织起来的，其目的是跟随德军进驻波兰，搜捕犹太人，把他们集中到犹太人隔离
958 区。过了将近两年，在进攻俄国的战争开始以后，特别行动队才与德国陆军取得协议，受命随战斗部队之后执行“最后解决”的一部分任务。为了执行这项任务，组成了四个特别行动队：A支队、B支队、C支队和D支队。奥仑多夫于1941年6月到1942年6月之间领导的便是D支队，该支队在乌克兰南端地区活动，附属于第十一军团。约翰·哈兰·阿门上校在法庭上问奥仑多夫曾接受过什么指示，他回答说：

“指示要求我们清算犹太人和苏联政治委员。”

“你所说的‘清算’，是不是就是‘杀死’的意思？”阿门问他。

“是的，就是杀死。”奥仑多夫回答道，并解释说，杀掉的人中有男子，也有妇女和儿童。

“为什么要屠杀儿童呢？”俄国法官I. T.尼基琴科将军插口问道。

> 奥仑多夫：命令是必须全部消灭犹太居民。
>
> 法官：也包括儿童在内？
>
> 奥仑多夫：是的。
>
> 法官：犹太儿童全部杀死了吗？
>
> 奥仑多夫：是的。

奥仑多夫在回答阿门提出的其他问题时以及在他的供状中，叙述了一场典型的杀人情况。

特别行动队到了一个村庄或市镇以后，就命令当地犹太人中的头面人物把全体犹太人集合起来，说是要给他们“重新安置”。*他们被勒令交出自己的贵重物品，并且在临刑前脱下外衣。他们被装上卡车押往刑场，刑场通常是在反坦克战壕里——往往当场能杀死多少便装上多少。用这种办法是想使被害人从知道死到临头至真正被处决的这段时间越短越好。

不一会儿，摆出一副战斗姿态的行刑队人员就枪杀这些站着或跪着的人，然后把尸体扔到壕沟里。我不许执刑的人单独枪决人，而是叫他们几个人放排枪，以避免个人直接承担责任。别的支队的领导人要求让被害人平伏在地上，从后颈射进子弹。我不同意这种做法。

“为什么？”阿门问道。

“因为这样做会使被害人和行刑的人心理上的负担过重。”奥仑多夫回答说。

奥仑多夫又详细谈到他在1942年春天接到的希姆莱的一项命令， 959
要他们改变处决妇女和儿童的方法。†此后，妇女、儿童就被送到两家柏林公司专门为杀人建造的“毒气车”上去。这个党卫军保安处的军官向法庭供述了这种奇特的车辆进行工作的情况。

从外表上看不出这种囚车的实际用途。它们看起来跟密闭的货车差不多，但构造却不一样。车子一开动，就把［排出的］毒气送到车厢里，10分钟到15分钟便使人致命了。

“你们是怎样把被害人引上囚车的？”阿门上校要他说明白。

---

* 亦即通知犹太人，他们将迁到别的地方去。

† 这样做是有特别理由的。见本书原文第962页注。

“我们对他们说，要把他们送到另外一个地方。”奥仑多夫回答。* 接着他诉说，埋葬毒气囚车上的死难者是教特别行动队人员“受罪的苦差使”。在纽伦堡法庭上提出的一份文件中，有一个叫贝克尔博士的人证实了这一点。据奥仑多夫证明，贝克尔就是制造毒气囚车的人。他在给总部所写的一封信中，反对由特别行动队人员把毒气熏死的妇孺尸体卸下来。他提请注意：

> 该项工作可能对这些人员的身心健康起危害作用。他们向我诉说，每次卸下尸体都要感到头痛。

贝克尔博士还向上级指出：

> 毒气的使用方法往往不对头。司机为了尽快把工作办完了事，把加速器扳到最大限度。被处决的人是被闷死而不是按照我们原来的计划昏睡而死的。

贝克尔博士——在他自己的心目中——真是个人道主义者。他下令改进操作技术。

> 我的指示现在证明，正确调整操纵器，结果死亡来得更快，而且犯人是安安静静地睡着了的。再也看不到以前常见到的恶形怪状的死相和遗屎遗尿的现象了。[45]

但是据奥仑多夫证明，毒气囚车一次只能处死15到25个人，这

* 奥仑多夫和“特别行动队案件”的其他21名被告一起，在纽伦堡受到美国军事法庭的审判。被判处死刑者14人，但是只有4个人，即奥仑道夫和其他3个支队长于1951年6月8日在兰茨贝格监狱被处决，当时距判刑时已达三年半之久。其余被判死刑的人都得到减刑。

完全不能满足希特勒和希姆莱的大规模屠杀的要求。据特别行动队官 960
方报告，仅仅1941年9月29日、30日这两天中，在乌克兰的首府基辅就“处决”了33 771人，其中绝大部分是犹太人。要完成这样的任务，毒气囚车是不够的。[46]

英国首席检察官哈特莱·肖克罗斯爵士在纽伦堡国际军事法庭上宣读过一个德国人的报告，此人曾亲眼看到乌克兰的一次规模较小的集体屠杀。法庭在宣读这份报告时，全场吓得鸦雀无声。报告是赫尔曼·格雷贝经过宣誓画押的供词，他曾任一家德国建筑公司乌克兰分公司任经理兼工程师。1942年10月5日，他在乌克兰的杜布诺亲眼看到特别行动队的人员在乌克兰民团的配合下，在杀人坑旁杀人的情况。他报告说，这次共杀害了镇上的5 000名犹太人。

> ……我的工头和我直接走向坑那边去。我听到从一个小土堆后面传来一连串的枪声。手中拿着马鞭子或狗鞭子的党卫军人员命令从卡车上下来的男人、妇女和大大小小的儿童脱下衣服。他们被迫把衣服放在指定地点，按鞋子、外衣、内衣分类放着。我看到的一堆鞋子有800到1 000双，还有一大堆一大堆内衣和衣服。
>
> 这些人脱下衣服，一声也不叫喊，也没有哭泣。他们一家一家地聚在一起，互相吻别，等待着另一个党卫军人员打手势。这个党卫军人员站在离坑不远的地方，手里也拿着一根鞭子。我在近坑处站了15分钟，没有听到一个人叫怨或恳求饶命……
>
> 一个银白头发的老太太抱着一个周岁左右的孩子，唱歌给他听，还逗着他。孩子高兴得咯咯地笑着。孩子的父母噙着眼泪望着他们。父亲拉着一个约10岁的男孩子，温存地向他说话；孩子忍着满眶泪水。父亲又一手指着天空，一手抚着孩子的头，好像在给他解说些什么。
>
> 这时，站在坑边上的一个党卫军士兵向他的一个同志叫喊几

> 声，那人便点出二十来人，叫他们往土堆后面走去……我清楚地记得一个苗条的乌发姑娘从我身边走过时指着自己说："23岁。"
>
> 我绕过土堆走去，发现前边有一处很大的坟场。尸体紧紧地挨在一起，一个压着一个，只有脑袋露在上边。差不多所有的人头上都有血，淌到肩膀上。有人还在动弹，有人举起膀子，转动着脑袋，表示自己还没有死。坑里已装满三分之二，我估计里面有1 000人了。我探寻放枪的人。那是一个党卫军人员，他坐在狭窄的坑头的边沿上，双脚悬到坑里，手里拿着一支冲锋枪，抽着香烟。
>
> 961 赤身裸体的人们往坑里走下几步，从躺在坑里的人头上爬到这个党卫军人员指定的地方。他们躺在死人或受伤者的上边；有人还抚摩一下活着的人，轻声跟他们说些什么。一会儿，我就听到一阵连续的枪声。再往坑里一看，有人抽搐着身子；有人把头枕在别人身上，动也不动了。血从他们的脖子上流下来。
>
> 又一批人已经走过来了。他们走进坑里，一排排躺在前一批死难者身上被枪杀。

就这样杀了一批又一批。第二天早晨，这个德国工程师又到刑场去看了一下。

> 我看到大约30个赤身裸体的人躺在离坑不远的地方。有些人还活着……过后，这些还活着的犹太人被勒令把尸体拖到坑里。然后，他们自己也得躺到坑里，以便子弹从他们的脖子上射进去……我在上帝面前起誓，说的全是实情。[47]

在红军把德军逐出苏联领土以前，特别行动队到底屠杀了多少犹太人和俄国共产党干部（前者数字远远超过后者）？纽伦堡法庭一直没有统计出确实数字，但是我们从希姆莱的记载（虽然不完全对得起来）中可以得到一个粗略的概念。

奥仑多夫的D支队杀害了90 000人，还不如其他一些支队。例如在北方的A支队于1942年1月31日报告，它在波罗的海沿岸地区和白俄罗斯“处决了”229 052名犹太人。A支队队长弗朗茨·施塔勒克向希姆莱报告说，他在白俄罗斯遇到一些困难，因为“动手很晚，已是霜冻季节，使大规模行刑更加困难得多”。“但是，”他报告说，“到目前为止，已［在白俄罗斯］枪杀了41 000名犹太人。”施塔勒克后来在同年被苏联游击队杀死。他在报告中附了一纸相当详细的地图，上面标出在他指挥之下各地处死的人数——用棺材作为标志。地图表明，仅在立陶宛便屠杀了136 421名犹太人；另有34 000人“因为需要他们劳动”，暂时不杀。报告宣布，犹太人较少的爱沙尼亚已“没有犹太人”了。[48]

特别行动队的刽子手们在严冬暂停活动一段时间以后，到1942年夏天又忙得不可开交。到7月1日，在白俄罗斯已杀死55 000多犹太人。10月间，明斯克犹太人隔离区剩下来的16 200人在一天之内全被杀光。到了11月，希姆莱已经可以向希特勒报告，从8月到10月底在俄国已杀死363 211名犹太人，虽然为了博得嗜杀的元首的欢心，这个数字不免有些夸大。[49]* 962

据秘密警察的犹太处处长卡尔·阿道夫·艾希曼统计，特别行动队在东欧各国总共屠杀了200万人，差不多全部是犹太人。但是这个数字几乎肯定是浮夸的；党卫军的头目对他们的屠杀成就总是十分得意，他们往往填报加了码的数字，以博得希姆莱和希特勒的欢心。这事说来有点奇怪，但事实确是如此。1943年3月23日，希姆莱手下的统计专家里夏德·科赫尔博士向他报告，住在俄国的633 300名犹太人

---

* 8月31日，希姆莱命令特别行动队的一个支队处决明斯克监狱中的100名囚犯，说是要亲眼看看他们是怎样行刑的。据当时在场的党卫军高级军官巴赫-齐列夫斯基说，希姆莱看到行刑队打了第一排枪后的场面，几乎晕过去了。几分钟过后，当这个党卫军头子看到有两个犹太妇女没有立即被打死时，他变得歇斯底里起来。这次临场观看倒是起到一个效果：希姆莱下令今后对妇女儿童不用枪杀而是把他们装入毒气囚车处死（见本书原文第960页）。[50]

党卫军特别行动队在乌克兰集体屠杀犹太人。

已经“重新安置”——这是对特别行动队的屠杀的一种委婉说法。[51]令人惊异的是，这个数字与一些专家后来煞费苦心调查所得的结果正相吻合。加上战争最后两年中杀害的100 000人，这个数字大概是我们所能得到的最准确数字。*

以上这个数字虽然已经够大了，但是若与希姆莱的灭绝营在贯彻“最后解决”政策时杀害的人数相比，还是小巫见大巫哩。

“最后解决”

1946年6月晴朗的一天，纽伦堡的三名美国检察官在提审时盘问党卫军大队长奥斯瓦尔德·波尔。被告曾担任的工作之一是负责纳粹集中营中的囚犯所从事劳动的工程。他在参加党卫军以前是海军军官，德国崩溃以后隐藏了一阵，直到一年以后，在1946年5月才被逮

* 就我所知，特别行动队杀害的苏联共产党干部的数字甚至根本无法估计。党卫军保安处的大多数报告都把他们跟犹太人归在一起计算。A支队于1941年10月15日所写的一份报告载明，处决的121 817人中，有3 387名“共产党员”，余为犹太人。但是这个报告在别的地方往往把两者合并在一起计算。

捕归案，当时发现他乔装成雇工，在一个农场劳动。[*]

波尔在回答一个问题时用了一个名词。纽伦堡的检察官们当时已忙碌了好几个月，研究了几百万字的缴获文件，所以这个名词对他们来说已很熟悉。波尔当时说，有一个叫霍斯的同事被希姆莱派去搞“最后解决犹太人问题”。

“那是个什么问题？”检察官问波尔。

“灭绝犹太人。”他回答道。

随着战事的进展，纳粹高级领导人的词汇里和文件中日益频繁地 963
使用这个名词。因为从表面上看，这个名词好像并没有什么伤天害理的意思，显然可以使他们免得彼此提醒对方真实含义而感到内疚，而且他们也许认为，如果犯罪的文件一旦泄露出去，这个名词多少可以掩饰一下他们的罪行。绝大多数纳粹头子果然在纽伦堡受审时不承认他们了解这个名词的意思。戈林还争辩说，他从没有用过这个词儿。但是谎言不久就被揭穿了。法庭在审问这个肥胖的帝国元帅时，摆出他在1941年7月31日给党卫军保安处处长海德里希的一项指令。他发布这项指令正是特别行动队在俄国兴致勃勃地执行灭绝任务的时候。

> ［戈林指示海德里希］现在我委任你进行各项准备工作……以便**全面解决**德国统治下的欧洲各地的犹太人问题……
>
> 我还责成你尽快给我草拟一份文件，说明……为了贯彻我们打算进行的**最后解决**犹太人问题的工作，已经采取了哪些措施。[†52]

---

* 1947年11月3日，波尔在“集中营案件”中被美国军事法庭判以死刑，1951年6月8日在兰茨贝格监狱与奥仑多夫等人同时被绞决。

† 着重体是本书作者用的。文件最后一行译成英文时译错了，把德文Endlösung译成“可取的解决”。因此不懂德文的法官杰克逊被戈林钻了空子，戈林在对质时诡称自己从来没有用过这个罪恶名词（见注52）。戈林高声叫嚷说：“我是在纽伦堡，在这个法庭上，才头一次听说有这样恐怖的灭绝屠杀的。”

海德里希十分清楚戈林所说的**最后解决**一词的含义，因为早在快一年以前，在占领波兰之后的一次秘密会议上，他自己就曾用过这个名词。在那次会议上，他概述了“最后解决的第一步”，其中包括把犹太人全部集中到大城市里的犹太人隔离区，这样最后处理他们的命运就不费事了。*

就其实际执行情况来看，“最后解决”是阿道夫·希特勒老早就盘算过并且在战争爆发以前公开谈论过的。1939年1月30日，他在国会讲话时就说过：

> 如果国际犹太金融家……再一次把各国推进世界大战的深渊，结果将是……整个欧洲各地的犹太民族全被消灭。

他说，这是一个预言，他后来在其他公开讲话中又一字不易地把这句话重复了五次。其实，把欧洲推进武装冲突深渊的并不是“国际犹太金融家”，而正是他自己，不过这个问题对希特勒来说是无关紧要的。重要的是，现在已经爆发了世界大战，在这场战争中，他已征服了绝大多数欧洲犹太人居住的东欧广大地区，从而使他有机会执行他的“消灭”计划。到进攻俄国的战争开始时，他已经发布了必要的命令了。

纳粹高级领导人物所熟知的“元首关于最后解决的命令”，显然
964 一直没有写成明文——至少在缴获的纳粹文件中没有找到一份成文的东西。种种迹象表明，这项命令很可能是希特勒口头上告诉戈林、希姆莱和海德里希，再由他们在1941年夏秋时候往下传达的。不少证人在纽伦堡国际军事法庭上作证说，他们“听到过”这个命令，但是谁都说未见过文件。后来，德国总理府长官、顽固不化的汉斯·拉默斯

* 见本书原文第661页。

出庭作证时，在被追问之下回答说：

> 我知道元首有一项命令由戈林传达给海德里希……这项命令叫作“最后解决犹太人问题”。[53]

但是拉默斯跟许多被告一样声称，他在纽伦堡听到盟国律师向他说明这个情况以前，真的不了解这项命令到底是怎么回事。*

到1942年初，据海德里希的意见，应该是对“最后解决”的“各项根本问题”加以澄清的时候了，以便这项工作可以最后得到贯彻和结束。为此，海德里希于1942年1月20日在柏林郊区风景美丽的万湖召集政府各部和党卫军保安处各机构的代表举行了一次会议。会议的记录对后来纽伦堡的一些审判起了很重要的作用。[54]尽管当时德军在俄国正受到挫折，纳粹官员仍然认为胜利已经在望，德国眼看就要统治包括英格兰、爱尔兰在内的整个欧洲了。因此，海德里希对参加会议的15名高级官员说：“在最后解决欧洲犹太人的问题的过程中，牵涉到的犹太人近1 100万。”然后他就谈了各国犹太人的数字。在德国旧有版图上，只剩下131 800名犹太人（1939年有25万人）。他说，但是在俄国还有500万犹太人，在乌克兰还有300万，在波兰总督辖区还有225万，在法国还有75万，在英国还有30多万。言外之意显然是要全部消灭这1 100万犹太人。然后他又说明了如何来完成这项重大任务。

---

* 拉默斯于1949年4月被纽伦堡美国军事法庭判处20年监禁，主要罪名是，他应对制定反犹太人的各项法令负责。但是正如多数纳粹罪犯被美国当局大大减刑一样，他的刑期于1951年减为10年。这年年底，他服刑刚满6年（从监禁的第一天算起），便从兰茨贝格监狱被释放出来。这里不妨提一下，绝大多数德国人对于判处希特勒党羽哪怕是很轻的徒刑也是不赞成的，至少从西德议会中所反映的他们的情绪来看是如此。盟国交由德国看管的一些人犯，就根本没有被起诉，甚至对被控进行过大规模屠杀的罪犯也未起诉，其中有些人还很快在波恩政府中找到了工作。

> 现在，在“最后解决”的过程中，必须把犹太人送往东
> 965 方……作为劳动力使用。把有劳动力的犹太人按性别分开，编队送到这些地区去筑路。许多人在这样的劳动中肯定会受到自然淘汰。
>
> 剩下来终于能活下来的人，由于无疑是具有最坚强的抵抗力的部分，必须受到相应处理。之所以要这样做，是因为应该认为这些经过自然淘汰而剩下来的人是犹太人可能东山再起的祸根。

换句话说，欧洲的犹太人首先将被送到被征服的东方，然后劳动到死，活下来的少数体格特别强健的人则干脆处死。至于原来就住在东方、已在德国统治之下的几百万犹太人，又该怎样处理呢？代表波兰总督辖区的国务秘书约瑟夫·比勒博士提出了一项现成的处理方案。他说，波兰的犹太人将近250万，这些人“构成了极大的威胁”。他们是“疾病的传染者、黑市的经营者，而且不适宜于劳动”。这250万人不产生送走的问题，他们原来就住在那里。

> ［比勒博士最后说］我只有一个要求：必须尽快解决我的领土上的犹太人问题。

这个老实的国务秘书，情不自禁地道出了上自希特勒的纳粹高级领导人的急躁心情。在这个时候，他们谁也不懂得几百万犹太人对德国将是多么有价值的奴隶劳工。实际上，直到1942年快到年底的时候，他们才明白过来，但为时已太晚了。早先他们只懂得一点：在修筑向东通往俄国的道路的工程中，使几百万犹太人劳累致死，得费不少时间。因此，早在这些不幸的人们累死之前——大多数人还根本没有被叫去参加劳动——希特勒和希姆莱便决定采用更迅速的办法来处置他们。

办法主要有两种。一种办法我们在前边已经谈过，是在1941年夏天入侵俄国之初采用的。这就是特别行动队的行刑队大规模枪杀波兰和俄国的犹太人，死在他们手里的有75万人。

希姆莱于1943年10月4日在波森对党卫军将领们做报告。当时他心中盘算的就是这个实现“最后解决”的方法。

> ……我要很坦率地跟你们谈一个十分重大的问题。这个问题在我们自己人中间必须谈得非常坦率，但是绝不要向别人公开……
>
> 我说的是……灭绝犹太民族……**你们**当中绝大多数人一定了解，当100具、500具或1 000具死尸躺在一起的时候，这事情意味着什么。一方面要坚持这样做，另一方面又要保持自己成为正派人（除了由于人性弱点所造成的某些例外情况），这就是我们的艰苦所在。
> 这是我国历史上从未写过，将来也不会再写的光荣的一页……[55] 966

这个戴眼镜的党卫军领袖为了寻欢作乐，曾经要人枪杀包括妇女在内的100名东方的犹太人给他看，当场却几乎晕倒过去；因此，他在看到党卫军军官们在灭绝营的毒气室中有效率地工作时，想必把这种杀人法看作德国历史上更加光荣的一页。因为正是在这些死亡营中，“最后解决”获得了最骇人听闻的成就。

灭绝营

纳粹设立的30多个主要集中营全都是死亡营，几百万囚徒挨饿受刑，死在这些集中营里。*虽然集中营当局都有记录，每个集中营都

---

* 科贡估计782万囚徒中死了712.5万人，这个数字肯定是过高的（科贡：《地狱的理论和实践》[*The Theory and Practice of Hell*]，第227页）。

有正式的死亡登记簿，但并不完整，而且在胜利的盟军逼近时，许多登记簿都被销毁了。毛特豪森集中营有一本死亡登记簿保存下来一部分，那上面记载着从1939年1月到1945年4月死亡了35 318人。[*] 1942年底，对奴隶劳工的需要感到特别迫切时，希姆莱下令“务必降低”集中营中的死亡率。由于缺乏劳动力，他在办公室里接到下面这项报告时大不高兴：从1942年6月到11月，收容在集中营里的136 700名囚徒中，死亡者约70 610人，处决者9 267人，“转移”者27 846人。[57] 所谓“转移”就是送到毒气室的别名。这样，剩下来可以当劳工的人就没有多少了。

但是在实现“最后解决”方面，取得进展最大的正是在灭绝营中。最大的也是最出名的灭绝营是奥斯维辛，它有四个大毒气室和附设的火葬场，处死和焚化的能力远比特雷布林卡、贝乌热茨、索比布尔和海乌姆诺等其他集中营为高。它们都在波兰境内。在里加、维尔纽斯、明斯克、考纳斯和利沃夫附近，还有一些规模较小的灭绝营，它们与大的几个营有一点不同，就是用枪杀而不用毒气。

有一个时期，用何种毒气处死犹太人效率最高，在党卫军领导人之间曾有过不少竞争。速度是一个很重要的因素，特别是在奥斯维辛。这个灭绝营在快要完蛋的时候，曾创造一天毒死6 000人的新纪录。一度担任过该营长官的鲁道夫·霍斯本来是一个曾犯谋杀罪的罪
967 犯。他在纽伦堡法庭上供述了他所使用的毒气是优越的。[†]

---

* 集中营长官弗朗茨·齐赖斯说，死亡总数是65 000人。[56]

† 霍斯于1900年出生，是巴登-巴登一家小店主的儿子。他父亲是一个虔诚的天主教徒，曾逼他去当神父。但是他在1922年参加了纳粹党。1923年他因牵连进谋杀一个教师的案件，被判无期徒刑。据说这个教师曾告发在鲁尔搞破坏活动的德国人利奥·施拉格特。施拉格特因此被法国人处死而成为纳粹的烈士。

1928年大赦时霍斯被释放，两年后参加党卫军。1934年他成为党卫军“骷髅队”的一员，这支部队的主要任务是守卫集中营。他最初任职于达豪。他的差不多整个成年时代就是这样先当囚徒，后当看守度过的。他在纽伦堡受审时以及在为起诉方面所作的画押证词中，对自己的杀人罪行都供认不讳——甚至还夸大其词。他后来被移交给波兰，被判死刑，于1947年3月在他犯罪最严重的地方奥斯维辛绞决。

犹太人问题的“最后解决”意味着彻底灭绝欧洲的全部犹太人。1941年6月，我奉命在奥斯维辛建立灭绝设备。当时在波兰总督辖区已经有了其他三个灭绝营：贝乌热茨、特雷布林卡、沃尔泽克……

我访问特雷布林卡，以便了解他们是怎样进行灭绝工作的。特雷布林卡营长官告诉我，他在半年之中已经消灭了80 000人。他的主要任务就是消灭来自华沙犹太人隔离区的全部犹太人。*

他用的是一氧化物的毒气，我认为他的办法效率并不十分高。因此，我在奥斯维辛建立灭绝营时，用的是一种结晶的氢氰酸叫“齐克隆B”。我们把这种药品从一个小洞投到死亡室里去，这样杀死死亡室里的人，约需3分钟到15分钟，视天气情况而定。

我们知道里面的人是什么时候死的，因为他们一死就不再叫唤了。我们一般等待半个小时再把门打开，把尸体搬走。尸体搬走以后，我们的特别行动队人员就从尸体上取下戒指，挖出假牙上的金子。

我们还有一个地方也是比特雷布林卡有改进的：我们建造的毒气室同时可容2 000人，而特雷布林卡的10个毒气室每个只能装200人。

接着霍斯又说明送往毒气室去的死难者是怎样被“挑选”出来的。之所以要挑选，是因为并不是所有囚犯都要消灭——至少不是立刻消灭，因为要把其中一些人送到伊·格·法本化学厂和克虏伯工厂去做工，直到他们耗尽了精力，够上“最后解决”的条件时为止。

---

* 由于人数太多，又由于最后遇到了武装抵抗，所以这个任务直到1943年才完成（后面我们将要谈到这件事情）。

我们有两名党卫军医官在奥斯维辛专管检验运来的囚犯。一名医官叫囚犯列队行进，就在他们走过他面前时，当场做出决定。适合劳动的人被送进集中营，其余的人立刻被送到灭绝工
968 厂。未成年的儿童都被处死，因为他们年轻，做工还不行。

霍斯先生总是不断改进大规模杀人的艺术。

还有一个方面，我们也是比特雷布林卡有改进的：特雷布林卡的被害人往往事先就知道自己将被杀害，而我们在奥斯维辛则设法欺骗被害人，使他们相信他们是去消灭身上的虱子。当然，他们也常常看出我们的真正意图，我们有时也碰到一些骚乱和麻烦。妇女往往把孩子藏到衣服底下，不消说我们一发现就把孩子送去处死。

上级要求我们把这种灭绝屠杀干得不让人知道。但是继续不断地焚化尸体所发出来的令人作呕的臭气，不可避免地要充斥这整个地区，所有附近居民都知道奥斯维辛是在进行灭绝工作。

犹太人抵达奥斯维辛，在站台上等待被“挑选”。

霍斯解释说，有时候对少数“特别囚犯”——显然指的是俄国战俘——则干脆注射石脑油杀死。“我们的医生奉命要填写一般的死亡证明书，当然死亡原因一项随便怎么填上都可以。”*[58]

奥斯维辛幸存的囚犯和看守也叙述了当年集中营中人们被杀害和被处置的情景。他们的叙述可以补充霍斯的直率的供词。“挑选”哪些犹太人去劳动、哪些犹太人立即用毒气熏死的工作，是在被害人一下货车，在铁路的岔道上进行的。他们被锁在货车里，既没有饭吃又没有水喝，有的长达一星期——因为许多人是从法国、荷兰、希腊那样遥远的地方运来的。虽然在这时出现了夫妻、子女被强行拆散的悲惨情景，但是正如霍斯和幸存的人所说，他们谁也想不到自己将落到怎样的下场。事实上有些人还拿到印有标注着“瓦尔德湖”字样的美丽的风景明信片，要他们签上字寄给亲人。明信片上印有这样的话：

> 我们在这里过得很好。有工作做，待遇也不错。我们在等待你们的到来。

从近处看，毒气室以及附设的焚化场丝毫不是外表可怕的所在；怎么也看不出这会是这样一个地方。上面是修整得很好的草地，草地四周还种上花；入口处的牌子上写有“浴室”字样。毫不生疑的犹太人以为只是把他们带到浴室来消灭虱子，因为在所有集中营中，消灭虱子都是很普遍的事情。而且他们在进去时还有美妙的音乐伴奏哩！ 969

演奏的是轻音乐。据一个生还的人回忆，从囚犯中挑一些人组成了一个乐队，参加乐队的都是“年轻貌美的女郎，一律身穿白衬衫和

---

* 一般都填“心脏病”。曾在布痕瓦尔德待过八年的科冈举例说：“……病人长期患____病，于____点钟死亡。致死原因：心脏衰弱并发肺炎。”（科冈：《地狱的理论与实践》，第218页）开始大规模使用毒气杀人以后，奥斯维辛就取消这种手续了，甚至每天死亡人数也经常不做统计。

海军蓝的裙子”。在挑选送进毒气室的人时，这个独特的乐队就奏起《快乐的寡妇》和《霍夫曼故事》中的轻松曲调。她们不演奏庄严的、沉重的贝多芬作品。奥斯维辛的死亡进行曲直接选自维也纳或巴黎轻歌剧的轻快欢乐的曲调。

伴随着这些令人回忆起幸福和快乐年华的音乐，男女老幼被带进“浴室”，一到里面，就有人要他们脱下衣服准备洗“淋浴”。有时还领到毛巾。他们一走进“淋浴间”，这才开始看出有些不对头了，因为多至两千人像沙丁鱼似的被塞进了这个房间，根本无法洗澡。这时重实的大门马上推上了，加了锁，还密封起来。死亡室的顶上砌有蘑菇形通气孔，它们给修整得很好的草地和花坛掩盖得几乎一点也看不出来，勤务兵们站在这些气孔旁边，准备好一接到命令，就把紫蓝色的氢氰化物或称“齐克隆B”的结晶药物投下去。“齐克隆B”原本是作为强烈的消毒剂制造出来售卖的，而现在，如前所述，霍斯先生却自鸣得意地发现了它的新用途。

有些曾从附近房屋里目击当时情景的幸存的囚犯回忆说，有一个时期，向勤务兵们发出讯号，要他们把药物投下去的是一个莫尔中士。“好吧，给他们点东西尝尝。”他说完就会大笑一阵，药物就从气孔里倒进去，倒完马上把气孔封上。

刽子手们通过门上装着的厚玻璃的窥视孔可以看到里边的情况。下面那些赤身裸体的囚犯们有的仰头望着滴水不出的莲蓬头，有的望着地上在纳闷，为什么看不到下水道。毒气发生效果需要过一些时间，但是囚犯们不用多久就看出毒气是从上面的气孔放下来的。这时人人都吓慌了，一齐向离管子远的地方拥去，最后冲到巨大的铁门旁边。据赖特林格说，在大门附近，“他们堆成了一个金字塔，人人身上发青，血迹斑斑，到处湿漉漉的。他们互相抓着、掐着想爬过去，一直到死还不松手”。

二三十分钟以后，这一大堆裸露的肉体都不动弹了，抽气机把毒气抽掉，大门打开，“特别队”的人员进来接手工作了。这些人都是被囚禁的犹太男子，营部答应他们免于一死，并给以足够的食物，作为他们做这种人间最可怕的工作的报酬。* 他们工作时都戴上防毒面具，穿上胶皮靴，手拿水龙头。赖特林格叙述了当时的情况。 970

> 他们的第一项工作是，洗掉血迹和便污，然后再用绳套和铁钩把互相抓着、掐着的死尸分开来。这是令人毛骨悚然的搜寻黄金和拔除死者的牙齿和头发的前奏。德国人认为这些牙齿和头发都是战略物资。接着，便开始了这样的旅程：先用电梯或轨道货车将尸体运往焚尸炉，再将骨渣运到工厂磨成灰末，最后，用卡车把它们运到索瓦河，撒入河中。†

许多记载表明，德国商人为了争夺建造这种屠杀和处理尸体的新设备和供应这种致人死命的蓝色结晶药物，曾经展开了激烈的竞争。埃尔福特的制造加温设备的托普夫父子公司在投标建造奥斯维辛的火葬场时，获得了成功。在集中营的档案中找到的连篇累牍的信件，暴露出这家公司的商业经营情况。从该公司在1943年2月12日的一封信中可见其一斑：

> 致奥斯维辛党卫军和警察局中央建筑处：
>
> 事由：为集中营建造第二和第三个火葬场。
>
> 我们已收到你们要建造五座三层焚尸炉的订货单，其中还包括两部搬运尸体的电梯和一部紧急时用的电梯。另外还订造一套

---

* 这些人照例还是不免在毒气室被处死，另由一批新人代替，新来的人也得到同样的下场。党卫军是不希望任何人活着出去、泄露内情的。

† 纽伦堡审判中有的证词说，骨灰有时被当作肥料出售。根据俄国检察官所提供的一份材料，但泽有一家工厂建造了一个用电加热的大池，用人体脂肪制造肥皂。它的“配料单”是，“用12磅人体脂肪，加10夸脱水、8盎司到1磅苛性钠……一起煮两三个小时，然后冷却”。[59]

加煤设备和一套搬运骨灰的设备。[60]

但是，做这种骇人听闻的生意的，不只是托普夫父子公司这一家。在纽伦堡审判中，还提出另外两家公司的名称和它们的一些信件。其他许多集中营对死尸的处理，也曾引起商业竞争。例如，柏林的第迪尔工厂曾投标在贝尔格莱德一个纳粹集中营装置一座焚尸炉，并且自称这座炉子可以生产十分优良的产品。

> 将尸体送入焚尸炉，我们建议只要在滚动的圆筒上安装一个金属叉子。
>
> 每座焚尸炉的炉膛只需24英寸高、18英寸宽，因为棺材是不用的。从贮尸处将尸体运往焚尸炉，我们建议用轻便的有轮子货车。随函附上按比例绘制的设计图。[61]

另外一家钻营贝尔格莱德这种生意的公司是科里公司。它强调在这方面有极丰富的经验，因为它已为达豪建造了四座焚尸炉，为卢布林建造了五座，而且它说它们"在实际运用中都令人十分
971 满意"。

> 我们曾在口头上和你们谈过关于提供构造简单的焚尸设备，现再送上我们的已臻完善的焚尸炉的设计，这种焚尸炉用煤做燃料，使用情况迄今令人十分满意。
>
> 我们建议给你们计划中的建筑物装置两座焚尸炉，但请你们进一步研究，两座焚尸炉是否肯定能满足你们的需要。
>
> 我们保证这些焚尸炉效率高、耐用，并且用上等材料和精湛技术制造。
>
> 等待你们进一步的消息，我们将随时为你们效劳。

希特勒万岁！

C. H. 科里

科里公司总经理[62]

最后，即使德国的自由企业尽了极大努力，利用上等材料，提供精湛的技术，还是满足不了焚烧尸体的需要。在许多集中营，结构完善的焚尸炉远远赶不上需要，尤其是1944年在奥斯维辛集中营，当时它每天要焚毁6 000具尸体（据霍斯提出的数字则多达16 000具）。例如，1944年夏天的46天中，这个集中营杀死的匈牙利犹太人就达25万至30万名。甚至毒气杀人室也赶不上需要，而不得不用特别行动队的办法进行集体扫射。尸体干脆扔入壕沟焚烧，其中许多尸体只烧毁了一部分，然后就用推土机推上土埋起来。到最后，集中营长官都埋怨焚尸炉不仅不敷应用，而且"不经济"。

首选用来杀死受难者的"齐克隆B"结晶药物是由两家德国公司供应的，它们都从伊·格·法本化学公司取得了专利权。这两家公司就是汉堡的特施-施塔贝诺公司和德绍的达格奇公司；前者每月供应两吨氰化物结晶体，后者每月供应750千克。它们的提货单曾在纽伦堡拿出来作证过。

这两家公司的董事辩解说，他们出售这些产品只是供消毒用的，并不知道被用来杀人，但是，这种辩护是不能成立的。从已经发现的特施-施塔贝诺公司的一些信件来看，该公司不仅供应产生毒气的结晶药品，还供应灭绝室的换气和保温设备。而且，那个与众不同的霍斯一旦开始供认，就供认得相当彻底，他还证明，特施公司的董事们不可能不知道他们的产品的用途，因为他们提供的毒物足以杀害200万人。英国的一个军事法庭在审问这家公司的两个合伙人布鲁诺·特施和卡尔·魏因巴赫时确信这一点，这两个人都在1946年被判死罪并被绞

决。第二家公司，德绍的达格奇公司的董事格哈德·彼得斯博士受到
972 的惩罚较轻，德国法庭只判处了他五年徒刑。[63]

战后，在德国开始审判以前，人们普遍认为，大规模屠杀只是为数很少的一些狂热的党卫军头子的罪行。但是，法庭的记录毫无疑问地证明了许多德国企业家是同谋犯，其中不仅包括克虏伯和法本化学托拉斯的董事，而且还包括许多较小的企业家，这些人从外表上看一定是最平凡和正派的人，就像任何地方的规矩的企业家一样，是社会的栋梁。

仅仅在奥斯维辛一个集中营里，到底屠杀了多少不幸的、无辜的人？人们将永远无法知道它的确切数字。这些人中大多数是犹太人，但也有许多别的人，特别是俄国战俘。霍斯本人在他的供状中估计，有“250万人是在毒气室和焚尸炉中被消灭的，至少还有50万人死于饥饿和疾病，总数约为300万人”。后来，在华沙法庭审判他本人时，他将这个数字减少为113.5万人。1945年1月红军占领了这个集中营以后，苏联政府进行过一番调查，获得的数字是400万。赖特林格根据自己的详细研究，认为奥斯维辛用毒气处死的受难者的数字“连75万”也不到。他估计有60万人左右死于毒气室，此外还要加上大约30万或30万以上“失踪者”的“未知数”，这些人是被枪杀或病死饿死的。不过，不论根据哪一种估计，数字都是巨大的。[64]

特别队人员在一堆堆冰冷黏湿的尸体旁边工作着，死者如有假牙，他们就把镶的金子拔出来。未被拔掉的，尸体被焚毁后，假牙上镶的金子还留存，就从尸灰中拣出来。* 这些金子被熔化以后，同其他从罹难的犹太人身上搜到的贵重物品一起运给德国国家银行。根据

* 有时在死难者被杀害以前，就把他们的金牙拔掉了。明斯克监狱的德国典狱长在一份秘密报告中透露，在他征召一个犹太牙医来服役之后，所有犹太人“牙上的金钩、金套和金质填充物都被拔掉或挖掉了。这常常是在采取特别行动以前一两小时内干的”。这个典狱长指出，在1943年春为时六星期的一段时期内，有516个德国和俄国犹太人在他那个监狱被处死，其中336人的金牙被拔掉了。[65]

达豪集中营的焚尸炉。

希姆莱和银行总裁瓦尔特·冯克博士签订的一个秘密协定，这些东西都存在党卫军账上。账户用的一个假名字叫“马克斯·海利格”。从这些灭绝营中劫掠而来的贵重物品，除了牙齿上的黄金以外，还有金表、耳环、手镯、戒指、项链，甚至还有眼镜框——因为党卫军欺骗犹太人说要“重新安置”他们，鼓励他们把所有的贵重物品都带在身边。此外还有大量的珠宝，特别是钻石和银器，以及大叠大叠的钞票。

事实上，“马克斯·海利格”存放的财物在德国国家银行里几乎是满坑满谷。早在1942年，银行的保险库便堆不下了。唯利是图的董事们便设法将这些物品交给市政当局主办的当铺去处理，换成现钞。
德国国家银行于9月15日致柏林市营当铺的一封信谈到“第二批货 973
物”的事。它一开头便说：“我们将下列贵重物品交给你们，请尽可能予以最好的利用。”信中所附清单很长，并且分门别类，其中包括154只金表、1 601只金耳环、132只钻石戒指、784只银质怀表和“160枚各种镶金假牙”。到1944年初，这家柏林当铺已被这些源源不绝送来的赃物堆满。它通知德国国家银行，不能再继续接受了。盟军占领德国以后，在纳粹藏匿过部分档案和赃物的一些荒废的盐矿中，发现了许多在“马克斯·海利格”账上留下来的财物，它们足以堆满德国国家银行法兰克福分行的三个大保险库。[66]

银行家们知道不知道这些独特的“寄存物品”的来路呢？德国国家银行贵重金属物资部经理在纽伦堡供认，他和他的同事们注意到许多批货物都是从卢布林和奥斯维辛运来的。

> 我们都知道这些地方是集中营所在地。金牙是在1943年11月送来的第十批货物中出现的。金牙日渐增多，数量十分可观。[67]

臭名远扬的党卫军经济处处长奥斯瓦尔德·波尔曾经专门负责党卫军的这门交易工作。他在纽伦堡强调指出，冯克博士和德国国家银行的负责人与董事们都十分清楚他们要典当出去的这些货物的来路。他相当详细地说明了“冯克和党卫军之间进行的关于把犹太死人的贵重物品运给德国国家银行的交易”。他记得他和银行副总裁埃米尔·波尔博士曾经有过这样一次谈话。

> 在这次谈话中，对这一点不再存在任何怀疑：将要交付的物资都是从那些在集中营里被杀害的犹太人身上来的。所谈的物资包括戒指、表、眼镜、金条、结婚戒指、胸针、别针、金牙和其他贵重物品。

波尔谈到，有一次在视察了德国国家银行中存放“来自犹太死人”的贵重物品的那些保险库之后，冯克博士举行了一次愉快的宴会，招待前往视察的人员。在宴会中，他们的谈话的中心就是这些战利品的独特的来路。[68*]

---

* 冯克博士被纽伦堡法庭判处了无期徒刑。

达豪集中营的毒气室内部。

“华沙犹太人隔离区已不复存在”

不止一个目击者说过，许许多多犹太人是抱着听天由命的精神来迎接纳粹毒气室中或特别行动队的集体屠杀坑中的死亡的。但是，并非所有犹太人都是这么乖乖地听任处死的。1943年春天，被圈禁在华沙犹太人隔离区中的约6万犹太人就曾经对纳粹刽子手进行过反抗和 974
斗争。这6万人是1940年像牲畜一般被赶进这个区域的40万人中的残存者。

关于这次华沙犹太人隔离区的暴动，也许没有一个人留下的记载会比镇压暴动的那个扬扬得意的党卫军军官的记载更为可怕和具有权威性。* 这个德国人就是党卫军联队长、警察少将于尔根·施特鲁普。

* 约翰·赫西根据犹太人的记录写的一本小说《墙》（*The Wall*），就是描述这次暴动的史诗式作品。

他那本写得绘声绘色的官方报告书至今还留存着。*那份报告用皮面精装，有着丰富的插图，用75页精致的厚证书纸打字而成，题目是《华沙犹太人隔离区已不复存在》。[69]

在纳粹征服波兰一年以后，即1940年秋末，党卫军把约40万犹太人赶到一起，用一堵高墙把他们圈禁在那个中世纪的古老的犹太人隔离区周围将近2英里半长、1英里宽的地区之内，同华沙其他区域隔绝。在正常的情况下，这个地区只能住16万人，因此这时就拥挤异常。但这还只是最起码的困难。总督弗兰克甚至连仅够勉强维持一半人活命的食物也拒绝发给。犹太人还不准离开这个封锁区，违者一经发现，就当场格杀勿论。因此，他们只能在围墙内的几个军火工厂中工作，除此以外，再也找不到其他工作。而这几个军火工厂都是德国武装部队经营的，要不就是深知如何利用奴隶劳动来攫取大量利润的贪得无厌的德国商人经营的。至少有10万犹太人依靠别人每天施舍一碗常常是用草煮成的汤来苟延残喘。那是一场毫无希望的求生的挣扎。

但是，犹太人隔离区的居民并未按照希姆莱所期望的那样很快地饿死、病死，因此他在1942年夏天发布命令，以“治安的原因”为辞，迫使华沙犹太人隔离区中的犹太人全部迁出。7月22日，大规模的“重新安置”行动开始了。据施特鲁普的统计，自那天起到10月3日，一共有310 322名犹太人已被“重新安置”。那就是说，他们已被运往灭绝营（其中大多数被运往特雷布林卡灭绝营）用毒气杀害了。

希姆莱还是不满足。1943年1月，他突然到华沙进行了一次视察，发现犹太人隔离区中还有60 000人活着，就下令一定要在2月15日以前完成“重新安置”的行动。结果证明这是一项困难的任务。冬天的

---

* 但施特鲁普本人并没活下来。他于战后被捕，并于1947年3月22日在达豪的美国军事法庭上被判死刑，罪状是在希腊枪杀人质。后来，他被引渡给波兰，以屠杀华沙犹太人隔离区犹太人的罪行而受到审讯。他又一次被判处死刑，并于1951年9月8日在犯罪地点被绞死。

气候如此严寒，加之当时陆军在斯大林格勒遭到惨败，跟着又在俄国南部节节后退，迫切需要运输工具，因此党卫军很难找到必要的火车车皮来完成最后的“重新安置”计划。而且，据施特鲁普报告，犹太人也在“以各种各样的方式”抵制对他们的最后清洗。直到春天，希姆莱的命令才得以执行。当时决定采取连续三天的“特别行动”来清
除犹太人隔离区，但结果却花了四个星期。975

在上年30余万犹太人迁出以后，德国人得以缩小四周围着高墙的隔离区的范围。当1943年4月19日早晨，党卫军的施特鲁普将军指挥他的坦克、大炮、火焰喷射器和爆破队袭击这个地区时，它的面积已只有1 000码长、300码宽，然而，它却像一个蜂窝似的，布满了下水道、地洞和地窖，拼命挣扎的犹太人把这些地方变成了他们的防守据点。他们的武器很少，只有一些手枪和步枪、偷偷运来的一二十挺机枪和土制的手榴弹。但是，在这个4月的早晨，他们决心使用这些武器。在第三帝国历史上，犹太人用武力反抗他们的纳粹压迫者，这是第一次，也是最后一次。

施特鲁普率领了2 090名士兵，其中约有一半是正规军或武装党卫军，其余的则是党卫军的警察，加上335名立陶宛民团和一些波兰警察及消防队员。他们在第一天就遭到了意外的抵抗。

> ［施特鲁普曾用电传打字机每天发出报告，其中第一篇报告说］行动刚一开始，我们就遭到了犹太人和匪徒们的猛烈的集中射击。一辆坦克和两辆装甲车受到了莫洛托夫鸡尾酒*的猛击……由于遭到了敌人的这种反击，我们只得后撤。

德国人重新进行了攻击，但是遇到很大阻碍。

---

* 土制手榴弹的别名。——译者

约在17点30分，我们遭到一排建筑物中敌人的猛烈抵抗，包括机枪射击。有一个突击队击败了敌人，但是未能捉到抵抗者。犹太人和罪犯们从一个据点到另一个据点且战且退，进行抵抗，最后逃走了……在第一次攻击中，我们损失了12个人。

起初几天的情况一直是这样，在坦克、火焰喷射器和大炮的攻击下，武器少得可怜的守卫者节节败退，但仍然坚持抵抗。施特鲁普将军表示不能理解“这些废物和劣等民族”（这是他对那些被围困的犹太人的称呼）为什么不肯屈服和不甘心被清算。

［他报告道］在几天以内，事情已看得很清楚：犹太人不再心甘情愿地被重新安置，而是决心要反抗疏散……开头几天还能捉到相当数量天生是胆小鬼的犹太人，但是，在行动的后一阶段，要抓到匪徒和犹太人就越来越困难了。犹太人一而再，再而三地组成二三十人的新的战斗小组，组内还有数量相等的妇女，燃烧起新的反抗火焰。

施特鲁普写道，妇女们都是先锋队，惯会“双手开枪”和投掷手
976 榴弹，这些手榴弹藏在她们穿的灯笼裤里面。

战斗打到第五天，怒不可遏的希姆莱命令施特鲁普“用最严酷和无情的顽强手段”“扫荡”隔离区。

［施特鲁普在最后一份报告中说］因此我决定用烧光所有房子的办法把整个犹太区摧毁。

接着，他描述了随后发生的情况。

于尔根·施特鲁普提交给希姆莱的反映1943年华沙犹太人隔离区起义的照片。

> 犹太人留在大火燃烧着的屋子里，直到他们害怕被活活烧死，才从楼上跳下来……即使骨头已被摔断，他们还是尽力想爬到街道对面尚未着火的房子里去……尽管面临着被活活烧死的危险，犹太人和匪徒们往往还是宁愿回去葬身于烈火之中，也不愿冒被我们活捉的危险。

施特鲁普这一类人根本就无法理解，为什么这些男男女女宁愿在烈火中战死，也不愿在毒气室中平静地送命。此刻他正在把那些未被杀害的俘虏送到特雷布林卡去。4月25日，他打了一份电传打字电报给党卫军总部，报告他抓到了27 464名犹太人。他说：

> 我正在设法搞一列火车车皮，明天开往T2［特雷布林卡］。如搞不到的话，就只好明天在这里清算他们了。

清算常常是就地进行的。第二天，施特鲁普向上级汇报："有1 330名犹太人被拉出战壕，立即消灭；有362名犹太人死于战斗。"只有30名俘虏被"撤走"。

到暴动将近结束时，抵抗者躲到了下水道中去。施特鲁普想往下水道总管里灌水，把他们淹出来，但犹太人设法把水挡住了。有一天，德国人从183个下水道探洞往里投烟幕弹，但施特鲁普懊恼地报告说，他们未能获得"预期效果"。

最后的结局自然没有什么可怀疑的。陷入绝境的犹太人以奋不顾身的勇气斗争了整整一个月，虽然施特鲁普在一次每日汇报中是用另一种不同的口吻说的，他抱怨"犹太人和匪徒们使用种种狡猾的战斗方法和诡计"。到4月26日，他报告说，许多抵抗者被"热、烟和爆炸"弄得"快要发疯了"。

> 这一天，又有好几排房子被烧成焦土。这是迫使这些废物和劣等民族到地面上来的唯一的和最后的办法。

5月16日是最后一天。那天晚上，施特鲁普发出了最后一天的战
977 况报告。

> 180名犹太人、匪徒和劣等民族已被消灭，过去的华沙犹太区已不复存在。20点15分，炸毁华沙犹太会堂，这一场大规模行动至此结束……
>
> 总共处置了56 065名犹太人，其中包括抓到的和证实已被消灭的犹太人。

一星期以后，总部要他对这个数字做一说明。他回答道：

在这56 065人中，有7 000人在大规模行动期间在前犹太人隔离区中被消灭。6 929人被押送到特雷布林卡后消灭了。因此，被消灭的犹太人的总数是13 929人。此外，有5 000—6 000名犹太人是被炸死或在烈火中烧死的。

施特鲁普将军的算术做得不十分清楚，因为还有36 000名犹太人没有交代。但是，他在那本精装的最后报告中说的确是实情：他抓到了“总共56 065个犹太人，他们确实已被消灭”。毫无疑问，有36 000人是在毒气室里被毒死的。

据施特鲁普报告，德国人的损失是：16人被杀，90人受伤。从这个将军亲自描述的十分可怕的战斗细节和逐屋争夺战的残酷性质来看，真正的数字大概要大得多，但是为了不去刺激希姆莱的敏感的神经，他把数字报得很低。施特鲁普最后说：德国的军队和警察“本着忠诚的精神，毫不懈怠地完成了他们的任务，他们全都是士兵的好榜样”。

“最后解决”一直进行到战争结束时为止。它究竟屠杀了多少犹太人？这个数字一直在争论中。据两个党卫军中的目击者在纽伦堡供述，仅仅秘密警察犹太处处长卡尔·阿道夫·艾希曼就杀死了五六百万人。*艾希曼是从事这种罪行的纳粹大专家之一，在“最后解决”创导者海德里希的指使下进行这个工作。纽伦堡起诉书上的数字是570万，与世界犹太人大会的估计数字一致。赖特林格对“最后解决”曾做过详细调查，他推断的数字要少一点——在4 194 200人到4 581 200人

---

* 据艾希曼的一个部下说，就在德国将要崩溃之前，艾希曼说过：“他将笑着跳进坟墓，因为他欠着500万条人命，而这将使他感到心满意足。”[70]他大概根本没有跳进坟墓，不管是笑着还是没有笑着。1945年，他从一个美国拘留营中逃走了。（当本书付印时，以色列政府宣布艾希曼已被捕获。）［艾希曼被捕后已被处死。——译者］

之间。[71]

1939年住在希特勒军队占领区里的犹太人约有1 000万。不论根
978 据哪一种估计，他们肯定已被德国人消灭了将近一半。这就是纳粹独裁者的神经错乱所造成的最终结果和付出的惊人代价；这种神经错乱是他早在青年时代在维也纳过流浪生活时患上的，而且又传给了他的众多的德国信徒们，或者说，他们本来就患着这种病症。

医学实验

在寿命不长的新秩序时期，德国人的某些行为与其说是产生于大规模屠杀欲，不如说是出于纯粹的虐待狂。也许对精神病医生说来，这两者之间才有所区别，但它们的最后结果是完全一样的，只不过死亡的规模前者与后者有所不同罢了。

纳粹的医学实验便是这种虐待狂的一个例子，因为把集中营的囚犯和战俘当作豚鼠进行实验，在科学上得到的好处是极少的，如果说有任何好处的话。这是德国医学界不能引以为自豪的一个恐怖的故事。虽然进行“实验”的是不到200名的残忍的江湖医生——其中固然有些人在医学界的地位甚高——但是全国的成千上万名第一流医生是知道他们的罪行的，而从所有的文件来看，这些医生竟没有一个人提出过最轻微的公开抗议。*

在这种谋杀中罹难的不只是犹太人。纳粹医生也利用了俄国战俘、波兰集中营里的男女囚犯，甚至还有德国人。“实验”的方法各种各样。囚犯们被置于压力实验室，受“高度”实验，直至停止呼

* 甚至德国最有名的外科医生斐迪南·绍尔布鲁赫博士也从未提出过任何抗议，虽然后来他成为一个反纳粹的人，而且参加了抵抗运动。1943年5月，卡尔·格布哈特和弗里茨·菲舍尔这两个声名最为狼藉的杀人医生在柏林军医学院举行过一次讲演，论述利用囚犯进行毒气坏疽病实验，绍尔布鲁赫也在座。当时他的唯一论点只不过是动手术比用氨苯磺胺好一些！格布哈特教授在所谓“医生案件”中被判死罪，并于1948年6月2日被绞决。菲舍尔医生被判处无期徒刑。

吸。他们被注射致死剂量的斑疹伤寒和黄疸病毒。他们被浸在冰水中做“冷冻”实验，或者被脱光衣服放在户外雪地里直至冻死。他们还被用来进行毒药弹和糜烂性毒气的实验。在专门囚禁妇女的拉文斯布吕克集中营，被称为“兔子姑娘”的成百名波兰女犯受到毒气坏疽病的创伤，其余的女犯则被进行“接骨”实验。在达豪和布痕瓦尔德，吉卜赛人被挑选来实验靠喝盐水究竟能活多长时间，是怎样活的。在几个集中营，以各种不同的方法大规模地对男女犯人进行了绝育实验，因为正如一个党卫军医生阿道夫·波科尔尼有一次在给希姆莱的信中所说：“不仅要征服敌人，而且要使他们灭绝。”如果不能把他杀掉——如前所述，到战争快要结束时，对奴隶劳动的需要使这种做法成为疑问——可以使他不能生育。事实上，波科尔尼医生告诉希姆 979
莱，他认为他已找到了完全恰当的办法，就是用一种花叶芋属植物。他说这种植物有永远绝育的效果。

> ［这个高明的医生在写给党卫军头子的信中说］可以使目前囚禁在德国的300万布尔什维克绝育，这样，就可以使他们做工，而又不至于繁殖，仅仅这个想法就展示了远大的前景。[72]

另一个胸怀“远大前景”的德国医生是斯特拉斯堡大学解剖学研究所所长奥古斯特·希尔特教授。他的专业同其他人的专业有所不同。他在1941年圣诞节写给希姆莱的副官鲁道夫·勃兰特中将的信中，把自己这一专业做了以下的说明：

> 我们搜集了大量各个种族和民族的头盖骨。但犹太人种头盖骨标本很少……现在在东方进行的战争给我们提供了克服这个缺点的机会。由于获得了犹太族布尔什维克政治委员——他们是令人憎厌但却十分典型的劣等民族的标本——的头盖骨，我们现在

有机会得到科学材料了。

希尔特教授不要已经死掉的“犹太族布尔什维克政治委员”的头盖骨，他建议在这些人还活着的时候，先把他们的头量一量。然后——

> 在把这些犹太人弄死以后，不要损坏他们的头颅，应由医生割下他们的头，装入密封的白铁罐里送来。

希尔特博士答应，接到这些头颅以后他将进行工作，进一步做科学的测量。[73]希姆莱高兴极了。他指示为希尔特教授“提供他的研究工作所需要的一切东西”。

希尔特得到了充分的供应。他的供应者是一个名叫沃尔夫拉姆·西弗斯的有趣的纳粹分子。他在纽伦堡的主要案件和其后的“医生案件”中，花了许多时间充当见证人。在“医生案件”中，他也是一个被告。*西弗斯原来是一个书商，后来爬到党卫军上校和遗传研究所执行秘书的地位。这个研究所是希姆莱为追求他的许多疯狂想法之一而建立的一个荒谬绝伦的“文化”组织。据西弗斯说，它有55个“研究分支机构”，其中有一个称为“军事科学研究所”，由西弗斯兼任所长。此人目无定睛，表情阴险，还长着浓密的、漆黑的胡须。在
980 纽伦堡，人们给他取了个外号，叫“纳粹蓝胡子”——“蓝胡子”是一个著名的法国杀人犯。像本书中许多其他人物一样，他也保藏着一本小心记录的日记，这本日记和他的一些信件都留存下来，对他走上断头台的末路起了不小作用。

到1943年6月，西弗斯在奥斯维辛搜集到一些男人和女人，供斯

---

* 他在这次审讯中被判死罪，并被绞死。

特拉斯堡大学教授希尔特博士做“科学测量”的骨骼之用。西弗斯报告说:“总共处理了115人，其中有79名犹太男子，30名犹太妇女，4名‘亚洲人’和2名波兰人。”他要求柏林的党卫军总部把这些人从奥斯维辛运到斯特拉斯堡附近的纳茨维勒集中营去。纽伦堡的一位英国检察官曾经问到“处理”这个词究竟包含着什么意义。

西弗斯回答道:“人类学的测量。”

“在他们被杀害之前，他们要经过人类学的测量？这就是处理的全部过程，是吗？”

“还做了模型。”西弗斯补充道。

以后的情况是党卫军上尉约瑟夫·克拉默叙述的，他是奥斯维辛、毛特豪森、达豪和其他集中营的一名老刽子手，曾经以“贝尔森的野兽”之名而威震一时，后来被一个英国法庭在吕讷堡判处死刑。

> 斯特拉斯堡解剖学研究所的希尔特教授告诉我，有一批囚犯正从奥斯维辛运来。他说这批人将被送往纳茨维勒集中营的毒气室用毒气杀死，尸体将被送到解剖学研究所供他使用。他给我一个装着约半品脱盐——我想那是氰化盐——的瓶子，并且告诉我，大概应当用多少分量去毒死那些来自奥斯维辛的囚犯。
>
> 1943年8月初，我收到了80个囚犯，要我用希尔特给我的毒气杀死。第一次，我在晚上带着大约15个妇女乘坐一辆小汽车驶往毒气室。我告诉这些妇女，她们必须到室内进行消毒。我没有告诉她们将被毒死。

这时，纳粹的技术已经十分完善了。

> [克拉默接着叙述道]在几个党卫军人员的协助下，我把那些女人的衣服剥得精光，并把她们赤条条地推进毒气室。

门一关上，她们就开始尖声号叫起来。我通过一条管子把一定数量的毒盐送入室中……从一个窥视孔看室内发生的情况。这些女人只呼吸了大约半分钟便栽倒在地上。我开了通风机以后，把门打开。我发现那些女人都已死在地上，浑身都是粪便。

克拉默上尉作证说，他这样反复做了几次，直到80名囚犯都被杀
981 死，他们的尸体也都“按照要求”送给希尔特教授了。当检察官问他当时的感觉时，他说出了一个令人难忘的答案，这个答案揭露了第三帝国的一种极难为人理解的现象的本质。他说：

在做这些事情的时候，我毫无感觉，因为我是奉命用我已告诉过你的办法杀死这80个人的。

而且，我正是按照这种方式训练出来的。[74]

另一个证人亨利·赫里皮埃尔供出了下一步所发生的情况。他是一个法国人，在斯特拉斯堡解剖学研究所希尔特教授的实验室中当助理，一直到盟军进驻该地时为止。

我们收到的第一批材料是30个妇女的尸体……这30具女尸到达时，身上还没有完全冰凉。她们的眼睛睁得很大，而且还在发光。眼珠通红，充满血丝，而且都从眼窝里突了出来。鼻子和嘴巴周围有血迹。尸体还没有完全僵硬。

赫里皮埃尔怀疑她们是被人弄死的，偷偷地将刺在她们左臂上的囚犯号码抄了下来。他说，其后又运来了两批囚犯，共56具男尸，情况和第一批的完全一样。在希尔特博士的技术指导下，他们被浸在酒精里。但是，这位教授对这件事有点心神不安。他对赫里皮埃尔说：

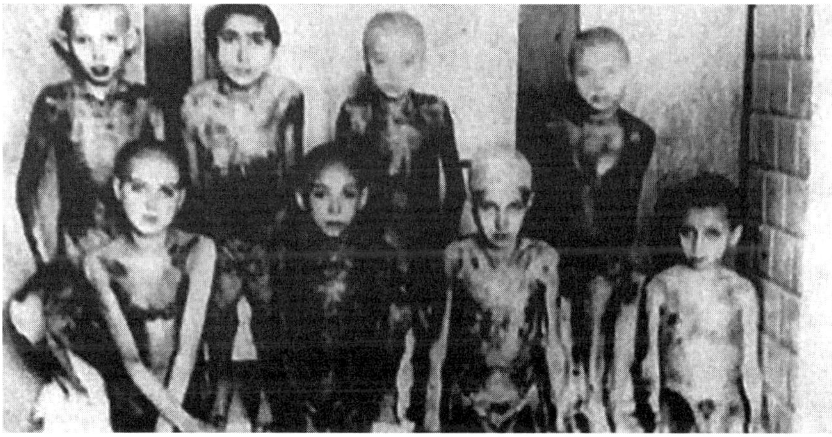

奥斯维辛集中营医学实验的受害儿童。

“彼得，如果你不能守口如瓶，你就会像他们一样。”

但希尔特教授还是进行了他的工作。根据西弗斯的信件，教授把死者的头割下来，并且，如他自己所写的，“把这些过去从未得到的骨骼收集在一起”。但是出现了一些困难。在听到希尔特博士申述这些困难以后，本人并没有医学或解剖学的专门知识，但是仍担任这个遗传学研究所领导的西弗斯，于1944年9月5日向希姆莱报告。他说：

> 由于科学研究的工作量很大，分解尸体的工作至今尚未做完。分解80具尸体需要一些时间。

而且时间不多了。正在挺进的美、法军队已逼近斯特拉斯堡。希尔特要求“对如何处理这些收藏予以指示”。

> ［西弗斯代表希尔特博士向总部汇报说］可以把尸体的肌肉剥掉，使人们辨认不出他们究竟是谁。但是，这就意味全部工作中至少有一部分是白做的，科学将失去这一批独特的收藏，因为剥掉肌肉以后，就不能再做石膏模型了。 982

这样的骨骼收藏是不会引人注意的。肌肉部分可以就说是在我们接管解剖学研究所时法国人留下来*并准备送去焚烧的。在以下三种建议中，应实行哪一种，请予指示：1. 全部收藏都保存下来；2. 销毁一部分；3. 全部销毁。

“你为什么要剥掉尸体的肌肉，证人？”在寂静无声的纽伦堡法庭上，英国检察官问道，“为什么你建议把责任推到法国人身上？”

“我是个门外汉，对这件事可说不出什么意见。”这个“纳粹蓝胡子”回答道，“我只不过是转达希尔特教授的一个问题。我和屠杀这些人的事情毫无关系。我只是起了邮差的作用。”

检察官反驳他说：“你仅仅是个邮差，一个杰出的纳粹邮差吗？”

许多纳粹分子在受审时总是拿这个漏洞百出的理由为自己辩护。这一次，也和其他多次一样，一下子就被检察官抓住了。[75]

缴获的党卫军档案透露，西弗斯于1944年10月26日曾经汇报：“斯特拉斯堡的收藏已按照指示全部销毁。从整个形势来看，这样处置最好。”[76]

后来，赫里皮埃尔描述了没有完全成功的焚尸灭迹的企图：

1944年9月，盟军向贝尔福挺进，希尔特教授命令邦和迈尔先生把这些尸体切成块，送到焚尸炉里烧毁……第二天我问迈尔先生，他把所有尸体都切掉了没有，但邦先生回答道：“我们没法把全部尸体都切掉，尸体太多，干不完。我们留了几具在储藏室里。”

一个月后，当美国第七军团的部队以法国第二装甲师为前锋进入

* 1940年法国沦陷后，德国吞并阿尔萨斯，并接管了斯特拉斯堡大学。

斯特拉斯堡时，一个盟军工作组在那儿发现了这几具尸体。[*][77]

新秩序的主子们不仅搜集骨骼，还搜集人皮。不过在后一种情况下不能用“为科学研究服务”作借口。集中营中囚犯的人皮，特别是专门为了这个残忍目的而处死的囚犯身上剥下来的人皮，只有装饰的价值。有人发现它们可以用来制造极其精美的灯罩，其中有几只是专门为布痕瓦尔德集中营长官的老婆伊尔莎·科赫夫人制造的；因犯们
给这个女人取了个外号叫“布痕瓦尔德的娼妇”。[†]文身的人皮似乎最 983
受欢迎。一个名叫安德里亚斯·法芬贝格的德国囚犯在纽伦堡谈到这个问题。

> ……所有文身的囚犯奉令须向医疗所报告……对囚犯们检查以后，其中刺得最好、最具有艺术价值的，就用注射毒药的办法杀死。然后将尸体送往病理学部门，把一片片符合要求的文身人皮从尸体上剥下来，并作进一步的处理。成品送给科赫的老婆，做灯罩和其他家具上的装饰品。[78]

有一片人皮显然最为科赫夫人所喜爱，上面刺着“汉塞尔和格丽特尔”字样。

在另一个集中营达豪，这种人皮常常供不应求。一个名叫弗兰克·布拉哈博士的捷克被囚医生，在纽伦堡为此作证时，就曾这样说过：

---

* 希尔特教授后来失踪了。他离开斯特拉斯堡时，有人听他大言不惭地说过，谁也无法将他活捉到手。到现在为止，显然还没有人抓到他，不论是活的还是死的。

† 科赫夫人完全掌握布痕瓦尔德囚犯们的生杀大权。她一时兴之所至，就能使一个囚犯遭到可怕的处罚。在“布痕瓦尔德案件”中，她被判处无期徒刑，但后来又减刑为4年徒刑，而且不久便被释放了。1951年1月15日，一个德国法庭以谋杀罪判处了她无期徒刑。她的丈夫在战争期间被党卫军法庭以“违法乱纪”罪判处死刑，但允许他到俄国战场服役抵罪。他还没来得及到俄国去，就被当地党卫军头子瓦尔德克亲王处决了。意大利国王的女儿、黑森的菲利普亲王的妻子玛法尔达公主，也是在布痕瓦尔德死去的。

> 有时我们得不到足够的有着好皮的尸首，拉舍尔博士就说：“没关系，你们将会得到尸体的。”第二天我们就会收到二三十具青年人的尸体。他们都是颈部中弹或头部被击碎致死的，这样可以不弄坏皮肤……这种人皮一定要从健康的囚犯身上剥下来，而且要完整无缺。[79]

正是这个西格蒙德·拉舍尔博士似乎应当首先对残忍已极的医学实验负责。由于在党卫军中流传拉舍尔夫人在48岁以后还生育了三个子女的新闻，这个可怕的江湖医生引起了希姆莱的注意。因为希姆莱一心要培育繁殖优秀北欧人的后代。事实上，这三个孩子却是拉舍尔夫妇每隔一个时期到孤儿院去拐骗来的。

1941年春，拉舍尔博士参加德国空军在慕尼黑举办的一个特种医学训练班时，突然异想天开。他在1941年5月15日写信给希姆莱，谈到他的这个狂想。他说他吃惊地发现，关于飞行高度对飞行员影响的研究工作已陷于停顿，因为“一直找不到人来进行实验，因为这种实
984 验非常危险，没有人自愿来做”。

> 你能否提供两三个职业罪犯来做这种实验……受实验者当然会死掉。这种实验将在我的合作下进行。[80]

党卫军头子在一个星期内就复信表示：“自将乐于提供囚犯供高空飞行研究之用。”

于是便拨来了一些囚犯，拉舍尔博士开始进行工作了。他的工作成果可以从他自己的以及别人的一些报告中看到，这些报告都在纽伦堡和其后审讯党卫军医生的法庭中出示过。

拉舍尔博士自己的研究报告，在乱用科学术语方面称得上是典范之作。为了进行高空实验，他把慕尼黑的空军减压室搬到达豪集中营

附近，那里有活人随时备用，当作实验的豚鼠。从这个装置里把空气抽掉，使其中的氧气和气压近似在高空中的状态。然后，拉舍尔博士就进行观察。下面是一个典型的观察情况。

> 第三个实验是实验人体在相当于29 400英尺高空时的失氧反应，受试者是一个37岁的健康的犹太人。呼吸继续了30分钟。4分钟以后，受试者开始出汗和扭动头颈。
>
> 5分钟以后，出现了痉挛状态；从第6分钟到第10分钟，呼吸急促，受试者失去知觉。从第11分钟到第30分钟，呼吸减慢，每分钟只吸气3次，到这段时间终了时，呼吸完全停止……停止呼吸后大约半个钟头，开始解剖尸体。[81]

在拉舍尔博士办公室内工作过的一个奥地利囚犯安东·巴霍莱格也描述了这些实验，不过不是那么有科学味道而已。

> 我曾亲自从减压室的观察窗中，看到里面的囚犯站在真空中，直到他的两肺破裂……他们会发狂，扯掉自己的头发，想努力减轻压力。他们在疯狂中用手指和指甲抓破自己的头和脸，伤害自己。他们用手和头撞墙，高声号叫，努力减轻耳膜上的压力。这些情况总以受试者死去告终。[82]

拉舍尔博士对200名左右的囚犯进行这种实验之后，才结束了他这个工作。从“医生案件”的证词来看，这200人中约有80人当时被害，其余人则是为了灭口而在后来被处死的。

这个特殊的研究计划于1942年5月结束。当时，德国空军元帅埃尔哈德·米尔希向希姆莱转致了戈林的“谢意”，感谢拉舍尔博士的首创性实验。不久以后，在1942年10月10日，空军军医督察希普克 985

中将为了“达豪的实验”以德国空军医务和研究部门的名义向希姆莱表示“由衷的感谢”。然而，他认为这些实验中遗漏了一项，他们没有把飞行员在高空所面临的严寒考虑在内。他告诉希姆莱，为了弥补这个缺陷，空军正在建造一间“有着全套冷却设备和相当于10万英尺高空条件”的减压室。他还说：“各种方式的冷冻实验仍在达豪继续进行。”[83]

实验确实在继续进行，而且又是拉舍尔博士带头的。但是，他的医生同行中，有些人已开始感到不安了。基督徒应当做拉舍尔博士正在做的事情吗？德国空军中的少数军医显然开始产生了怀疑。希姆莱听到这种情况，非常震怒，立即写信给米尔希空军元帅，抗议空军中的“基督教医学界”所引起的麻烦。他要求这位空军参谋长解除拉舍尔在空军医务队中的职务，以便把他调到党卫军去。他建议他们去找一个“应该有科学家的声望的非基督教徒的医生”来继续拉舍尔的有价值的工作。同时希姆莱强调指出，由他

> 亲自负责从集中营提供只配一死的社会渣滓和罪犯供这种实验。

拉舍尔博士的“冷冻实验”有两种：第一种是，观察一个人最大限度能忍受多冷的气温，超过这个限度才会冻死；第二种是，找寻经受了极端寒冷而尚未冻死的人重新回暖的最好办法。他选用了两种冻死人的方法：把人浸在一桶冰水里，或者在冬天将人脱得精光，赤条条地放在雪地里过夜。拉舍尔写给希姆莱的关于“受冻”和“回暖”实验的报告连篇累牍；这里只举一两个例子就可以说明其大概。最早的一次实验是在1942年9月10日进行的。

> 受试者穿上飞行员服装，被浸入水中……头上蒙了罩子。让

> 他们穿着救生衣以免下沉。实验时水的温度在摄氏2.5度至12度之间。在第一组实验中，脑后根留在水外。在第二组实验中，后颈和小脑淹在水里。胃部的温度低至26.4度，肠部低至26.5度，都由电表记录下来。只是当脊髓和小脑都冻得冰冷的时候才会死亡。
>
> 在解剖这种死尸时，总会发现脑壳内的空处充满了大量的、多至一品脱的淤血。心脏的情况总是右心室极度肿胀。受试者只
> 要体温降到28度，就不免要死亡，即使施以各种急救也无法复 986
> 活。这种解剖结果明显地证明，在目前正研究制作的泡沫护身服上有一个保温的头部和颈部保护装置是很重要的。[84]

拉舍尔博士的一个附件中包括六份“死亡病历”，它们注明了水温、受试者出水时的体温、死亡时的体温、在水中浸泡的时间和致死所需的时间，最强壮的人能在冰水中维持100分钟，最弱的只能维持53分钟。

集中营的囚犯瓦尔特·内夫曾在拉舍尔博士手下担任护士，他用外行话给“医生案件”提供了一份描述水冻实验的材料。

> 这是一次最残忍的实验。两个俄国军官从战俘营中被押解出来。拉舍尔把他们的衣服剥光，赤身浸入水桶。一个钟头又一个钟头地过去了，这一次，这两个人待了整整两个半钟头还能应声答话，而一般情况是，最多只待上60分钟就会失去知觉。他们恳求拉舍尔给他们注射安眠剂，但怎么恳求也不答应。在快满第三个钟头时，一个俄国人向另一个说道：“同志，请你跟那个军官说，开枪把我们打死吧！”另一个人回答道，他不期望这个法西斯豺狼会发善心。然后，两人就握手道别，彼此说了一句：“再见，同志。”……一个波兰青年把这几句话翻译给拉舍尔听，虽

然译得与原话稍有出入。拉舍尔走进他的办公室。那个波兰青年马上想给这两个受害者打麻药针，但拉舍尔立即又折回来，他用手枪威吓我们……实验至少延续了五个小时，那两个受试者才死去。[85]

初期冷冻实验的名义上的“主持人”是个叫霍尔茨勒纳博士的基尔大学医学教授。他有一个助手是芬克博士。他们和拉舍尔一起工作了两个月以后，认为他们已经用尽了一切可以实验的办法。于是这三个医生就给空军写了一份长达32页的绝密报告，题为《人体的冷冻实验》。1942年10月26日至27日还在纽伦堡召开了一次德国科学家会议来听取和讨论他们的实验报告。会议讨论的主题是《关于在海上和冬季紧急情况中的医学问题》。根据“医生案件”中的证词，当时有95名德国科学家出席了这次会议，其中包括医学界的一些最著名人物。虽然这三个医生使大家毫无疑问地知道实验杀害了许多人，却没有一个人对此提出任何问题，因而也没有提出任何抗议。

霍尔茨勒纳教授*和芬克博士这时退出了实验，但坚持不懈的拉舍

987 尔博士仍然独自坚持下去，从1942年10月一直进行到第二年的5月。除了其他实验以外，他还要进行一种他所谓的“干冻实验”。他在写给希姆莱的信中说，在奥斯维辛

进行这种实验要比在达豪适合得多，因为那里更冷，同时因为那里地方大，在集中营内引起的骚动可以少一点。（受试者在挨冻时要大喊大叫的。）

由于某些原因，改变地点一节未能实现，因此拉舍尔就在达豪继

* 霍尔茨勒纳教授可能良心感到内疚。他被英国人抓到，首次提审后就自杀了。

续他的研究工作，他巴望着来个真正的严冬天气。

> ［1943年初春，他写信给希姆莱说］感谢上帝，达豪又出现了一阵突然的严寒。一些人在户外零下6度的气温下待了14小时，他们的体温落到25度，身上出现冻伤……[86]

在“医生案件”中，证人内夫又用外行话描述了他的上司所进行的“干冻”实验。

> 晚上，一个囚犯被赤身放在营房外的一副担架上，身上盖着一条被单，每小时往他身上泼一桶冷水。这个受试者就这样躺在外面，一直到第二天早晨。他的体温都记录了下来。
>
> 后来拉舍尔博士说，给受试者盖被单和泼水是错误的……将来，受试者身上绝不要盖任何东西。下一次又用10个囚犯来依次进行实验，他们一个个都被脱得精光。

当囚犯们慢慢冻死的时候，拉舍尔博士或他的助手不断记录着他们的体温、心脏活动和呼吸状况等等，受难者的悲号不时划破夜晚的沉寂。

> ［内夫向法庭解释道］起初拉舍尔禁止在麻醉状态下进行这种实验。但是受试者的狂喊乱叫使拉舍尔不对他们施行麻醉就无法继续实验。[87]

冬夜，受试者被扔在达豪营房外的冰水桶里或赤身躺在地上冻死——希姆莱说，这些人只配死。即使没有冻死，他们马上也会被杀死。但是，如果是勇敢的德国飞行员和水兵们（这些实验表面上正是为了他们才进行的）掉进北冰洋的冰水里或者陷在挪威、芬兰或俄国北部北极圈内的冰天雪地之中，则只要可能一定要把他们救出来！于是，这个天下绝无仅有的拉舍尔博士便在达豪对那些“活人豚鼠”进
988 行所谓“回暖实验”。他想知道：要使冻僵了的人回暖起来，并能把他救活，究竟用什么办法最好？

海因里希·希姆莱在给他那伙忙忙碌碌的科学家提供“实际”解决办法方面，从来是不落后的。他向拉舍尔建议，可以试用“动物的体温”来回暖，但这个医生起初并没有重视这个想法。他写信给这个党卫军头子说：“用动物的体温——动物或女人的身体——来回暖太慢了。”可是，希姆莱坚持要说服他。

> ［他写信对拉舍尔说］我对用动物体温进行实验怀有很大的好奇心。我个人认为这种实验可以取得最好的、最有效的结果。

拉舍尔博士虽然有怀疑，但他不是一个敢漠视党卫军头子的建议的人。他立即动手进行所有实验中最荒诞的“实验”，并且为后代子孙留下了各种骇人听闻的详细记录。四个女犯从拉文斯布吕克的妇女集中营被送到达豪来给他。但是，在这些被列为妓女的女犯中，有一个使这个医生感到不安，因此他向上司汇报说：

> 在指派给我的女人中，有一人表现出她具有地道的北欧民族的特点……我问这个女孩子为什么情愿当妓女，她回答道：“为了脱离集中营。”当我表示反对，说自愿做妓女是可耻的事情时，她对我说：“在妓院里混半年总比在集中营里关半年强……”
>
> 当我想到一个外表看来纯系北欧民族的姑娘在劣等种族的集中营犯人面前裸露身子时，我的种族良心感到受了侮辱……为此，我拒绝用这个女孩子来进行我的实验。[88]

但是他用上了另外那些头发不那么金黄、眼睛不那么碧蓝的女人。他的研究结果于1942年2月12日写成一份“秘密”报告，送呈给希姆莱。[89]

> 受试者按照惯常的方式受冻——穿着衣服或是脱得精光——他们被浸入不同温度的冷水里……当他们肛门温度到30度时，就被从水中移出。
>
> 在八次实验中，我们把一个冻僵的男人放在一张宽大的床上，躺在两个裸体女人中间。指示这两个女人尽量紧挨着蜷伏在冻僵了的男人的身旁，然后用毯子把三个人盖起来……
>
> 受试者一旦苏醒过来，他们就再也不会失去知觉，他们很快就明白过来，贴近女人的裸体。然后，他们的体温逐渐上升，上升的速度和用毯子紧裹下的回暖速度几乎完全一样……有四个受试者发生了例外的情况，他们在体温达到30度至32度之间时，进行了性交。性交以后，他们的体温迅速上升，同用热水洗澡差不多。 989

拉舍尔博士发现，一个女人使冻僵者回暖的速度比两个女人还要快，他对这一发现颇感惊奇。

> 我认为这是因为用一个女人来回暖，就避免了那种个人的抑制，她会更紧地贴近冻僵的人。在这种情况下，完全恢复知觉特别迅速。只有一个人没有恢复知觉，只是稍稍有点回暖。这个受试者出现脑出血的症状后死去，解剖的结果证明确实是脑出血。

概括说来，这个嗜杀成性的刽子手得出结论说，用女人来使“冻僵了的”男人回暖，其“进程非常缓慢”，用热水洗澡的办法更有效些。

> ［他总结说］在受试者中，只有那些身体状态允许进行性交的人，才能以惊人的速度回暖，并以惊人的速度恢复健康。

从“医生案件”中的证词来看，有300人被用来进行了约400次“冷冻”实验，直接被冻死者有八九十人，其余的人（除极少数例外）后来都被杀害，有些人发了疯。拉舍尔博士本人没有出席这次审讯作证。他继续进行他的血腥的新实验，为数之多，不胜枚举，直至1944年5月同他老婆一起被党卫军逮捕时为止。他们被捕的原因似乎并不是为了他那些杀人的“实验”，而是因为他和他老婆被控在他们的子女的出生问题上进行了欺骗。这种欺骗行为是崇拜德国母亲的希姆莱所不能容忍的。他曾经真的相信，拉舍尔太太是在48岁那年开始先后生育三个孩子的，当他知道这些孩子是拐骗来的之后，他大为震怒。于是，拉舍尔被关进了他所熟悉的达豪集中营的政治犯牢房，他的老婆则被押往拉文斯布吕克集中营，这个医生曾经从那里得到许多妓女来进行“回暖”实验。夫妻两人都没有活下来，据信他们是希姆莱本人下令处死的——这是他一生中最后的行动之一。否则，他们可能成为尴尬的证人。

这样尴尬的证人，确实有一些活下来受审了。其中有七名被判死罪并已被绞决，他们直到最后还为自己辩护，说他们的杀人实验是为祖国服务的爱国行为。“医生案件”中唯一的一个女被告赫塔·奥伯霍伊泽博士被判20年徒刑。她承认曾给五六个被关在拉文斯布吕克的波兰妇女（一共有几百人）注射致命的毒针，使她们受到各种“实验”的折磨。有不少像臭名昭著的波科尔尼那样想使千百万敌人丧失生殖能力的医生
990 被宣告无罪。有几个人表示悔罪。在第二次审讯这些医界败类时，曾在哈佛医学院任教的埃德温·卡岑奈伦博根博士要求法庭判处他死刑。他大声说：“你已经在我的前额刻上了该隐的标记。任何一个医生如果犯了

我所被控的那些罪行，都应当处死。”他被判处了无期徒刑。[90]

海德里希之死和利迪策村的末日

战争进行到中途时，发生了一件报复行动：新秩序的匪首们因为屠杀被征服的人民而遭到了一次报复。保安警察和党卫军保安处处长、秘密警察的副首领、38岁的莱因哈德·海德里希遭到了暗杀。这个长着鹰钩鼻子和一对冷酷的眼睛的恶魔警官，是“最后解决”的创始人，在占领区中被称为“刽子手海德里希”。

日夜图谋取得更大权力并且阴谋取代他的上司希姆莱的海德里希，在他的其他许多职务之外，又谋到了波希米亚和摩拉维亚的“代理保护长官”的职位。前任“保护长官”，那个可怜的老牛赖特于1941年9月被希特勒用长期病假的名义赶走了，海德里希代替了他，占据了布拉格的赫拉德欣古堡——波希米亚国王的王宫所在地，但是，他在这个宝座上没有坐很久。

1942年5月29日的早晨，当他乘坐敞篷的梅赛德斯牌跑车，从乡村别墅驶往布拉格的古堡时，一颗英制炸弹向他投来，把他的汽车炸得粉碎，把他的脊椎骨也炸断了。这颗炸弹是两个捷克人投掷的，他们一个叫扬·库比斯，一个叫约瑟夫·盖布茨克，属于当时在英国的自由捷克斯洛伐克军队，是由英国皇家空军的飞机空投下来的。他们有执行这个任务的良好装备，在施放烟幕后逃走，并且得到了布拉格的卡尔·波洛梅斯教堂神父们的掩护。

海德里希于6月4日伤重身死，接着，德国人进行了野蛮的报复。为了他们的英雄之死，按照古老的条顿民族原始仪式，一场地地道道的大屠杀开始了。根据秘密警察的一份报告，有1 331名捷克人，其中包括201名妇女，被立即处死。[91]真正的刺客和120个隐藏在卡尔·波洛梅斯教堂的捷克抵抗运动成员一起，被党卫军包围起来，杀

刺杀海德里希的库比斯（左）与盖布茨克。

得一个不剩。* 然而，由于这个反抗主宰民族的行动而受害最深的，还是犹太人。他们之中有3 000人被赶出特莱西恩施塔特的“特殊照顾的”犹太人隔离区，运往东方被消灭。在爆炸的当天，戈培尔就在柏林的少数尚未被捕的犹太人中逮捕了500人；在海德里希死去的那天，枪决了其中的152人，以示“报复”。

但是，在海德里希之死所引起的后果中，离布拉格不远的克拉德
991 诺煤矿城附近的利迪策村的命运，也许是文明世界所最难忘却的。在这个和平的小村里，进行了一场可怕的野蛮屠杀，原因只不过是为了杀一儆百给被征服的人民看看，因为他们居然胆敢杀害一个征服者。

1942年6月9日晨，有10辆大卡车满载德国保安警察，在马克

* 据当时在那里的舍伦贝格报道，秘密警察一直不知道真正的刺客在教堂里的这些死难者之中（舍伦贝格：《迷宫》[*The Labyrinth*]，第292页）。

斯·罗斯托克上尉*的率领下，到达了利迪策，包围了这个村庄。任何人都不准离开这个村庄，只许外出的村民回来。有一个12岁的小男孩因为害怕，想偷偷逃走，当场被枪杀。有一个农妇跑向村外的田野里，背后中了一枪身死。全村的男子都被锁在村长霍拉克的谷仓、马厩和地窖里。

第二天从天亮时起一直到下午4点钟，他们被押到谷仓后的花园里，10人一排，被保安警察的行刑队枪决。在那里处决的共有172个男子和16岁以上的青年，此外还有19个男村民在大屠杀时正在克拉德诺矿场里工作，后来被抓到后在布拉格处决。

有7个妇女在利迪策被捕后，被押到布拉格枪决。这个村庄的所有其他妇女，一共195人，都被运往德国的拉文斯布吕克集中营，在那里，7人被毒气毒死，3人“失踪”，42人被虐待致死。有4个将要分娩的利迪策妇女，起初被送往布拉格的产科医院，她们的新生婴儿被杀害后，她们自己又被运往拉文斯布吕克。

留下来要德国人处理的只有利迪策村的儿童了。他们的父亲现在都死了，母亲都被囚禁起来了。必须说明，德国人并没有把他们也枪决掉，甚至男孩子也未枪决。他们都被送到格奈泽瑙的一个集中营。他们一共有90人，其中7个不满1周岁的孩子经过希姆莱的“种族专家”的适当检查以后，被纳粹挑选出来送往德国，取了德国名字，准备培养成德国人。后来，其他孩子也得到同样的处置。

捷克斯洛伐克政府在提交纽伦堡法庭的一份关于利迪策的官方报告中，得出了这样的结论:“他们已完全没有下落了。”

幸运的是，他们之中至少有一些人后来被找到了。我记得在1945年秋，我在当时盟军管制的德国报纸上看到一些侥幸没有死亡的利迪策村的母亲们所发出的可怜的呼吁，她们要求德国人民帮助她们寻找

---

* 他于1951年8月在布拉格被绞死。

利迪策村遇难儿童纪念碑。

她们的子女的下落，并把他们送回“老家”。*

实际上，利迪策这个村庄本身已经从地球表面上消失了。在屠杀
992 了男人、运走了妇女和儿童以后，保安警察立即烧毁了村庄，炸光了断垣残壁，并且把它夷为平地。

虽然利迪策村成为纳粹所犯的这类野蛮罪行中最著名的一个例子，但它并不是德占区中得到这种悲惨结局的唯一的村庄。在捷克斯洛伐克还有一个这样的村庄，勒扎基；在波兰、俄国、希腊和南斯拉夫也有几个。甚至在新秩序的屠杀罪行较少的西欧，德国人也曾一再重演利迪策这样的惨剧，虽然在许多情况下，例如在挪威的泰拉沃格，他们只不过是在将村中所有房屋夷成平地以后，把男子、妇女和

* 据1947年4月2日联合国善后救济总署报告，其中有17人已在巴伐利亚找到并被送还给在捷克斯洛伐克的他们的母亲。

儿童分别送往不同的集中营。

但是，在1944年6月10日，亦即利迪策大屠杀后两年零一天，法国里摩日附近的格拉讷河畔奥拉杜尔村，又发生了恐怖的屠杀惨案。以在俄国进行恐怖行动出名而不是以战斗出名的德国党卫军“帝国师”的一支特遣队，包围了这个法国市镇，勒令居民到市中心的广场集合。司令官在广场宣布，据报村子里藏着炸药，必须进行搜查和核对身份证。于是，全村的652名居民都被监禁起来。男人被赶入谷仓，妇女和儿童被赶入教堂。整个村庄都被纵火焚烧。然后，德国兵就来处置居民。关在谷仓里而尚未烧死的男子都被机枪扫射身死，关在教堂里的妇女和儿童也遭到机枪扫射，未中弹者也在德军纵火焚毁教堂时葬身于大火之中。三天以后，里摩日的主教在已被焚毁的讲坛后面发现有15具烧焦的儿童尸体堆在一起。

九年以后，1953年，一个法国军事法庭确定，在奥拉杜尔的大屠杀中，一共有642人罹难，其中妇女245人，儿童207人，男子190人。只有10个人幸免于死。尽管当时被烧伤得很厉害，但他们靠装死而逃脱了出来。*

同利迪策一样，奥拉杜尔也始终没有重建起来。它的断垣残壁成为希特勒的欧洲新秩序的一个纪念碑。内部全毁的那座教堂在一片和平景象的田野里十分令人注目，使人记起那个收获前夕的、美丽的6月的日子。那一天，整个村庄和它的所有居民突然消失了。在教堂原先的一扇窗户那儿，有一块小小的牌子，上面写着“洛芳西夫人，当年教堂内唯一生还者，从此窗户脱逃”。前面有一尊小小的、钉在生锈的铁十字架上的耶稣像。 993

* 在党卫军的这支特遣队中，有20人被这个法庭判以死刑，但只有两人执行，其余18人被减为5年至12年有期徒刑。“帝国师”师长、党卫军中将海因茨·拉默丁在缺席审判下被判死刑。就我所知，始终没有找到他。当时在奥拉杜尔具体担任这支特遣队指挥官的奥托·迪克曼少将于几天后在诺曼底战死。

本章所述，便是希特勒的新秩序的开端，便是“纳粹匪徒帝国”
在欧洲初显身手的情况。对人类来说，幸运的是，这个新秩序在婴孩
时代就被摧毁了——不是被德国人民反对这种野蛮倒退的起义所摧
毁，而是由于德军的战败和其后第三帝国的垮台。现在剩下要谈的就
994 是这个经过了。

注　释

1.《纳粹的阴谋与侵略》，第4卷，第559页（纽伦堡文件1919-PS）。

2. 同上，第3卷，第618—619页（纽伦堡文件862-PS），德国武装部队在这个保护国的副司令官海因里西将军的报告。

3. 鲍曼的备忘录，引自《主要战犯的审讯》，第7卷，第224—226页（纽伦堡文件，苏联172）。

4.《纳粹的阴谋与侵略》，第3卷，第798—799页（纽伦堡文件1130-PS）。

5. 同上，第8卷，第53页（纽伦堡文件R-36）。

6. 勃劳蒂加姆博士1942年10月25日备忘录。全文见《纳粹的阴谋与侵略》，第3卷，第242—251页；德文原文载《主要战犯的审讯》，第25卷，第331—342页（纽伦堡文件294-PS）。

7.《纳粹的阴谋与侵略》，第7卷，第1086—1093页（纽伦堡文件L-221）。

8.《主要战犯的审讯》，第9卷，第633页。

9. 同上，第634页。

10. 同上，第8卷，第9页。

11.《纳粹的阴谋与侵略》，第7卷，第420—421页（纽伦堡文件SEC-344-16和-17）。

12. 同上，第469页（纽伦堡文件EC-411）。

13. 同上，第8卷，第66—67页（纽伦堡文件R-92）。

14. 同上，第3卷，第850页（纽伦堡文件1233-PS）。

15. 同上，第186页（纽伦堡文件138-PS）。

16. 同上，第188—189页（纽伦堡文件141-PS）。

17. 同上，第5卷，第258—262页（纽伦堡文件2523-PS）。

18. 同上，第3卷，第666—670页（纽伦堡文件1015-B-PS）。

19. 同上，第1卷，第1105页（纽伦堡文件090-PS）。

20.《纳粹的阴谋与侵略》，第6卷，第456页（纽伦堡文件1720-PS）。

21. 同上，第8卷，第186页（纽伦堡文件R-124）。

22. 同上，第3卷，第71—73页（纽伦堡文件031-PS）。

23. 同上，第4卷，第80页（纽伦堡文件1526-PS）。

24. 同上，第3卷，第57页（纽伦堡文件016-PS）。

25. 同上，第3卷，第144页（纽伦堡文件084-PS）。

26. 同上，第7卷，第2—7页（纽伦堡文件D-188）。

27. 同上，第5卷，第744—754页（纽伦堡文件3040-PS）。

28. 同上，第7卷，第260—264页（纽伦堡文件EC-68）。

29. 同上，第5卷，第765页（纽伦堡文件3044-B-PS）。

30.《希特勒秘密谈话录》，第501页。

31. 根据亚历山大·达林所著《德国在俄国的统治》，第426—427页。这本书是详细研究了德国人的记录写成的，他所用的数字是最高统帅部武装部队总局所搜集的，载《根据1944年5月1日的情况寻找苏联战俘下落的材料》。

32.《纳粹的阴谋与侵略》，第126—130页（纽伦堡文件第081-PS）。

33. 同上，第5卷，第343页（纽伦堡文件2622-PS）。

34. 同上，第3卷，第823页（纽伦堡文件1165-PS）。

35. 同上，第4卷，第558页（纽伦堡文件1919-PS）。

36.《主要战犯的审讯》，第39卷，第48—49页。

37. 同上，第6卷，第185—186页。

38.《纳粹的阴谋与侵略》，第3卷，第416—417页（纽伦堡文件498-PS）。

39. 同上，第426—430页（纽伦堡文件503-PS）。

40.《纳粹的阴谋与侵略》，第7卷，第798—799页（纽伦堡文件L-51）。

41.《主要战犯的审讯》，第7卷，第47页。

42.《纳粹的阴谋与侵略》，第7卷，第873—874页（纽伦堡文件L-90）。

43. 同上，第871—872页（纽伦堡文件L-90）。

44. 哈里斯：《暴政受审记》，第349—350页。

45. 奥仑多夫在纽伦堡受审时的证词，见《主要战犯的审讯》，第4卷，第311—323页；他的供状，根据哈里斯的提审，载《纳粹的阴谋与侵略》，第5卷，第341—342页（纽伦堡文件2620-PS）。贝克尔博士的信，同上，第3卷，第418—419页（纽伦堡文件501-PS）。

46.《纳粹的阴谋与侵略》，第8卷，第103页（纽伦堡文件R-102）。

47. 同上，第5卷，第696—699页（纽伦堡文件2992-PS）。

48. 同上，第4卷，第944—949页（纽伦堡文件2273-PS）。

49.《战犯的审讯》，第9案（纽伦堡文件NO-511）。这就是所谓“特别行动队案件”，其名称是“美国对奥托·奥仑多夫等人案件”。

50. 同上（纽伦堡文件NO-2653）。

51. 赖特林格在《最后解决》一书中的引述，第499—500页，赖特林格在这本书中以及在他的《党卫军》一书中对这个问题所做的研究，就我所知是最精辟的。

52.《纳粹的阴谋与侵略》，第3卷，第525—526页（纽伦堡文件710-PS）。这里最后一行文字的英文翻译把意思完全弄错了。德文“Endlösung”（“最后解决”）译成了“可取的解决”。见德文本。

53.《主要战犯的审讯》，第11卷，第141页。

54.《战犯的审讯》，第13卷，第210—219页（纽伦堡文件NG-2586-G）。

55.《纳粹的阴谋与侵略》，第4卷，第563页（纽伦堡文件1919-PS）。

56. 同上，第6卷，第791页（纽伦堡文件3870-PS）。

57. 同上，第4卷，第812，832—835页（纽伦堡文件2171-PS）。

58. 霍斯供词，《纳粹的阴谋与侵略》，第6卷，第787—790页（纽伦堡文件3868-PS）。

59. 纽伦堡文件，苏联-8，第197页。译本。

60.《主要战犯的审讯》，第7卷，第584页。

61. 同上，第585页。

62. 同上，第585页（纽伦堡文件，苏联-225）。译本。

63.《战犯的审讯的法律报告》，第1卷，第28页，1946年伦敦出版。这是关于十二名次要战犯审讯记录的摘要，包括在《战犯的审讯》中。

64. 以上有关奥斯维辛这一节，除了说明来源者外，是根据瓦兰-古杜里尔夫人在纽伦堡的证词写成的，她是被囚禁在奥斯维辛集中营的一名法国妇女。见《主要战犯的审讯》，第6卷，第203—240页；另见所谓“集中营案件”的第四案，其名称是“美国对波尔等人的案件”，载《战犯的审讯》，《贝尔森审讯录》，1949年伦敦出版；G. M.吉尔伯特著上引《纽伦堡日记》；菲利普·弗里德曼：《这就是奥斯维辛》；以及赖特林格在《最后解决》和《党卫军》中所做的出色的研究。

65.《纳粹的阴谋与侵略》，第8卷，第208页（纽伦堡文件R-135）。

66.《纳粹的阴谋与侵略》，附件A，第675—682页（纽伦堡文件3945-PS，3948-PS，3951-PS）。

67. 同上，第682页（纽伦堡文件3951-PS）。

68. 同上，第805—807页（纽伦堡文件4045-PS）。

69. 全文，同上，第3卷，第719—775页（纽伦堡文件1061-PS）。

70.《主要战犯的审讯》，第4卷，第371页。

71. 赖特林格：《最后解决》，第489—501页。作者逐国分析了犹太人被消灭的情况。

72.《主要战犯的审讯》，第20卷，第548页。

73. 同上，第519页。

74. 约瑟夫·克拉默的提审记录，《战犯的审讯》第一案件——所谓“医生审判案”，其名称是“美国对勃兰特等人的案件”。

75. 西弗斯的证词，《主要战犯的审讯》，第20卷，第521—525页。

76. 同上，第526页。

77. 亨利·赫里皮埃尔的证词见“医生审判案”的译本。

78.《纳粹的阴谋与侵略》，第6卷，第122—123页（纽伦堡文件3249-PS）。

79. 同上，第5卷，第952页（纽伦堡文件3249-PS）。

80. 同上，第4卷，第132页（纽伦堡文件1602-PS）。

81. 拉舍尔博士致希姆莱的报告，1942年4月5日，载“医生审判案”第一案件《美国对勃兰特等人的案件》的译本。卡尔·勃兰特博士是希特勒的私人医生兼德国卫生局长。他在审讯中被定了罪，判处死刑，并已绞决。

82.《纳粹的阴谋与侵略》，附件A，第416—417页（纽伦堡文件2428-PS）。

83. 医生希普克教授致希姆莱的信件，1942年10月10日，见第一案件译本。

84.《纳粹的阴谋与侵略》，第135—136页（纽伦堡文件1618-PS）。

85. 瓦尔特·内夫的证词，第一案件译本。

86. 拉舍尔博士致希姆莱信件，1943年4月4日，第一案件译本。

87. 瓦尔特·内夫的证词，同上。

88. 希姆莱的信件及拉舍尔的抗议，同上。

89. 1616-PS，载第一案件译本。这个文件在《主要战犯的审讯》中未见刊载，在《纳粹的阴谋与侵略》中的英文译本很短，没有任何帮助。

90. 亚历山大·米切利希博士和弗雷德·米尔克：《丧尽廉耻的医生》，第146—170页。这是两名德国人所写的“医生审判案”出色的摘要。米切利希博士是这个审讯中的德国医学界委员会的主席。

91.《维纳图书馆公报》，1951年，第5卷，第1—2页。赖特林格在《党卫军》一书中曾引用过，见第216页。

第二十八章
墨索里尼的垮台

在大战初期，有连续三年之久，每当夏天到来，德国人就在欧洲大陆上发动大规模的攻势。现在，到了1943年，形势却倒转过来了。

那年5月初，曾经一度横行北非的一支轴心劲旅的残部在突尼斯被俘，艾森豪威尔将军指挥下的英美军队下一步显然就要进攻意大利本土了。正是这种噩梦，曾经在1939年9月使墨索里尼坐卧不安，也曾经使墨索里尼迟迟不敢让意大利参战，直等到毗邻的法国已被德国人征服，英国远征军又被赶到海峡对岸。现在，这个噩梦又来了，但这一次，它很快成为现实。

墨索里尼本人心力交瘁，幻想破灭，被这种噩梦吓得胆战心惊。在他的人民和军队中间，普遍存在着失败主义的情绪。工业城市米兰和都灵发生了大规模罢工，饥饿的工人为了“面包、和平、自由”而举行示威。威信扫地的、腐败的法西斯政权正在迅速瓦解中。当齐亚诺伯爵于这年年初被解除外交大臣的职务，而被派到梵蒂冈去做大使时，德国人就怀疑他到那里去是想与盟国单独议和，正如罗马尼亚的独裁者安东内斯库已经在怂恿的那样。

几个月来，墨索里尼不断向希特勒呼吁，要求他同斯大林议和，以便把德国军队调到西方，和意大利军队一起，共同防御在地中海上的英美军队日益增长的威胁，以及他认为正在英国集结、准备横跨海峡入侵大陆的英美军队的日益增长的威胁。希特勒认识到，此刻又是需要同墨索里尼举行会谈的时候了，应当给这个意志消沉的伙伴打打气，使他挺起腰杆来。这次会谈于1943年4月7日在萨尔茨堡举行，虽然意大利领袖到会时下定决心要实现自己的主张，或者至少要谈出自己的主张，但最后他却又一次屈服于希特勒的滔滔不绝的辞令之下。后来希特勒向戈培尔谈到了他取得成功的经过，戈培尔把这件事
995 写在了日记中。

> 由于做了一切可能的努力，他成功地把墨索里尼又推回到原来的轨道上……意大利领袖完全改变了主意……希特勒认为，当墨索里尼到达这里走下火车时，他看来很像一个心劳力竭的老人，而［在四天以后］离开这里时，又是精神奕奕，对于什么事情都有了准备。[1]

但是，实际上，墨索里尼对随后即将迅速地连续发生的事件，并未做好准备。5月间，盟军占领突尼斯，接着在7月10日，英美军队又在西西里胜利登陆。意大利人十分不愿意在自己的本土上发生战事。不久，希特勒获悉意大利军队已经处于他在最高统帅部向他的顾问们所说的“崩溃状态”。

> ［希特勒于7月17日在一次军事会议上说］只有采取像斯大林在1941年或法国人在1917年所采取过的那些野蛮的措施，才能拯救这个国家。必须在意大利成立某种法庭或军事法庭，来清除不良分子。[2]

他再一次把墨索里尼找来讨论这件事。这次会议于7月19日在意

大利北部的费尔特雷举行。这正好是两个独裁者的第十三次会谈，会谈的情况同不久前举行的几次一样。饭前三小时、饭后两小时，都是希特勒一个人在说话，墨索里尼在一旁恭听。这个狂热的德国领袖竭力想使他这位有病的朋友和同盟者的颓丧精神重新振作起来，但是并未收到很大效果。他说，他们必须在各个战场上继续作战。他们的任务不能留给“下一代”，“历史的声音”还在呼唤着他们。如果意大利人打下去，西西里和意大利本土是能够守住的。更多的德国军队会来增援他们。不久便会有一种新式的潜艇参加作战，它要给英国来一个“斯大林格勒”。

施密特博士觉得，尽管希特勒许了诺言，夸了海口，当时的气氛还是低沉已极。墨索里尼实在劳累过度，对他的朋友的长篇大论无法听进去，最后要求施密特把笔记给他看。会议正在进行期间，传来了盟军飞机第一次在白昼对罗马大肆轰炸的消息，意大利领袖的绝望心情更加深了。[3]

贝尼托·墨索里尼还不到60岁，却已非常疲惫衰老。他曾在欧洲舞台上昂首阔步了20年之久，这时已到了智穷力竭的地步。回到罗马时，他发现情况比第一次大轰炸所造成的结果严重得多。他面临着法西斯党统治阶层内部他的某些最亲信的追随者，甚至他自己的女婿齐亚诺的反叛。而且，在这种反叛的幕后，有着一个连国王也包括在内的更广泛阶层的人物所策划的企图推翻他的阴谋。

以迪诺·格兰迪、朱塞佩·博塔伊和齐亚诺为首的那些法西斯谋反头子，要求召开法西斯党最高委员会。自1939年12月以来，这个委员会一直没有召开过会议，而且它一直是一个完全听命于领袖个人 996
的有名无实的机构。委员会终于在1943年7月24日夜间召开了会议，墨索里尼在作为独裁者的生涯中第一次发现自己由于把国家引入灾难而成为猛烈抨击的目标。委员会以19票对8票通过了一项决议，要求恢复有一个民主议会的君主立宪制。决议还要求把军队的全部指挥权重新交还国王。

这些法西斯反叛者，看来并没有什么比这更进一步的打算，可能只有格兰迪例外。但是，某些将领和国王策划了第二个更大的阴谋，而且现在已发作了。墨索里尼本人显然觉得自己已经渡过了惊涛骇浪。意大利的事情毕竟不是由法西斯党最高委员会的多数票决定的，而是由领袖个人决定的。因此，当7月25日夜晚，他被国王召到宫中，立即被撤除全部职务并被一辆救护车押往一个警察局时，他感到完全出乎意料。*

当代罗马帝国的恺撒就这样不光采地垮台了。这个在20世纪中一贯进行好战叫嚣的人物，懂得如何从混乱和绝望中取利，但是，实在说来也是个金玉其外，败絮其中的人物。作为一个常人，他不是没有头脑的。他博览史书，自以为懂得历史的教训。但是，作为一个独裁者，他却犯了这样一个致命的错误：想把一个缺乏工业资源的国家变成一个强大的军事帝国，而且这个国家的人民和德国人不同，他们太文明，太世故，太讲实际，不是这种虚妄的野心所能迷惑得了的。意大利人民从来没有像德国人那样衷心拥护过法西斯主义，他们只是忍受着它，知道它不过是一个就要过去的阶段，墨索里尼到最后似乎也认识到了这一点。但是，像所有的独裁者一样，他被权力冲昏了头脑，而权力又必然骄纵了他，腐蚀了他的思想，毒化了他的判断力。这便导致他犯了第二个致命的错误：把他自己的和意大利的命运都同德意志第三帝国的命运联结在一起。当丧钟开始为希特勒的德国敲响的时候，也开始为墨索里尼的意大利敲响了。1943年的夏天来临时，

---

* 墨索里尼后来在描述他前往王宫时的思想状况时说："我事先一点预感也没有。"维托里奥·埃马努埃莱国王很快就让他面对现实了。

"我亲爱的领袖，"墨索里尼援引了国王一开始说的话，"再这样下去没有任何好处了。意大利已经分崩离析……士兵们都不愿再打下去……眼前，你是意大利最令人憎恨的人……"

墨索里尼说，当时他是这样回答的："你做的是一个十分严重的决定。"但是，即使按照他自己的叙述，他也没有做什么努力来促使君主改变主意。最后，他向他的继承者表示了"祝福"（墨索里尼：《回忆录，1942—1943年》[*Memoirs, 1942—1943*]，第80—81页）。

意大利领袖已听到这个钟声。但是，他无法逃脱他的命运。到了这时，他已成了希特勒的俘虏。

没有人放一枪来拯救他，甚至法西斯民团也没有这样做。没有一个人来替他作辩护。似乎没有一个人把他的屈辱的下台放在心上——他被装在一辆救护车里，从国王面前押走，送到监狱里。相反，大家 997
都对他的垮台额手称庆。法西斯主义也像他的创始人一样，轻易地瓦解了。彼得罗·巴多格利奥陆军元帅召集一些文官武将组成了一个无党派政府。法西斯党被解散，法西斯分子被撤除了重要的职位，反法西斯人士从监狱里被释放出来。

希特勒的大本营对墨索里尼垮台的消息的反应是可以想象的，虽然无须做这种想象，因为有连篇累牍的秘密记录记载了当时的情况。[4]这一次强烈的震惊，甚至使纳粹人士也立即清楚地意识到，可能会发生某些类似的情况。在罗马发生的事件也许开了一个可怕的先例，这种危险使戈培尔感到非常不安。7月26日，他应召急速前往拉斯滕堡大本营。我们从他的日记中获悉，这个宣传部长首先想到的是如何向德国人民解释墨索里尼被推翻这件事情。“我们到底该对他们说些什么呢？”他问着自己，后来，他决定暂时只能告诉他们，意大利领袖是因为“健康的原因”而辞职的。

> ［他在日记中写道］可以想象，德国某些颠覆分子知道了这些事件以后，他们可能更加认为，他们可以在这里重演巴多格利奥及其追随者们在罗马干过的同样的勾当。元首命令希姆莱，这种危险如在德国一触即发，就采取最严格的警察措施。

但是，戈培尔接着又说，希特勒并不觉得这种危险在德国已达到一触即发之势。宣传部长最后安慰自己说，德国人民不会把“罗马的危机看成一个先例”。

还不到两个星期以前，在双方会谈中，德国元首已经看到墨索里尼正在走向崩溃的一些迹象，但是，当7月25日下午大本营开始收到罗马的消息时，他还是感到完全出乎意料。第一个消息只不过是说法西斯最高委员会已经召开，希特勒不明白召开这个会议的原因。他问道：“召开这种会议究竟有什么用处？除了说些空话之外，他们还能做些什么呢？”

那天晚上他担心发生的最糟糕的事情得到了证实。在9点半开始的一次会议上，他向他那些吃惊得目瞪口呆的军事顾问们宣布：“意大利领袖已经辞职。我们的死敌巴多格利奥接管了政府。”

希特勒在战争末期曾数度以极其冷静的判断力对待意外的消息，这一次也是如此，正如他早先在比较顺利的时期遇到危机时所表现过的那样。当约德尔将军主张他们应当等待罗马的更全面的报告时，希特勒打断了他的话。

> ［他说］那是当然的，但是，我们仍应当预先做好计划。毫无疑问，为了叛卖，他们必定会宣称他们仍将忠于我们，但是，那是叛卖。他们肯定是不会继续忠于我们的……虽然那个人［指
> 998 巴多格利奥］立即宣布要把战争继续下去，但那没有什么意义。他们不能不那么说，可是叛卖终归是叛卖。我们也要采取同样的手段，同时做好一切准备，以便一下子把全部党羽都抓过来，把这些流氓一网打尽。

这就是希特勒的第一个念头：把推翻墨索里尼的那些人都抓起来，使意大利领袖复辟。

> ［他又说下去］明天我将派一个人去，命令第三装甲掷弹兵

师师长率领一支精选的部队开往罗马，立即将整个政府，连同国王和全班人马，都逮捕起来。首先要逮捕王储，并且把整个集团，特别是巴多格利奥和全部党羽都抓起来。然后，迫使他们屈服，两三天内就会发生另一次政变。

希特勒转身对最高统帅部作战局局长说：

希特勒：约德尔，起草命令……告诉他们带着进攻武器开进罗马……逮捕政府官员、国王和全班人马。我首先要的是王储。

凯特尔：他比那个老头更重要。

包登夏茨［空军的一名将领］：那要先布置好，以便把他们装进一架飞机运走。

希特勒：直接装进飞机就起飞。

包登夏茨：别让那个小孩子在飞机场上走失了。

在午夜过后不久召开的又一次会议上，提出了如何对付梵蒂冈的问题。希特勒做了这样的回答：

我立刻就到梵蒂冈去。你们以为梵蒂冈会使我有什么为难吗？我们马上会把这个地方接管过来。全部外交团都在那里……那些贱骨头……我们要从那里把那群猪猡抓出来……事后我们可以再道歉……

那天晚上，希特勒还下令占领意德边境和意法边境的阿尔卑斯山的所有山口。为了这个目的，从法国和德国南部迅速集结了大约八个德国师，编成B集团军，由精悍的隆美尔指挥。戈培尔在日记中写道，如果意大利人炸毁了阿尔卑斯山的隧道和桥梁，那么，驻扎在意大利的德军的给养来源就会被切断，其中有些部队在西西里同艾森豪威尔的部队已经在进行激战，他们将不能维持多久。

但是，意大利人不可能在一夜之间突然转过身来反对德国人。巴多格利奥必须首先和盟军取得联系，看看自己能否和他们签订停战协
999 定，得到盟军的支持来抵抗德军。希特勒正确地估计到这正是巴多格利奥所要做的事情。但是他丝毫也不知道这件事会拖那么久。的确，7月27日在元首大本营召开的一次军事会议的讨论就完全是在这种设想的支配下进行的；出席这次会议的有纳粹政府和军队的大多数显要人物，包括戈林、戈培尔、希姆莱、隆美尔和新任海军总司令卡尔·邓尼茨海军上将——他是在1月间雷德尔海军元帅失宠以后接任的。* 以隆美尔为首的大多数将领都力主谨慎从事，对意大利的任何行动计划都应进行周密准备，三思而行。希特勒想立即有所行动，甚至不惜从俄国人刚刚开始（7月15日）发动第一次夏季攻势的东方战场撤出一些主要的装甲师。将领们的想法这一回似乎总算占了上风，希特勒接受了他们的暂不采取行动的劝告。同时，把手头能集结起来的德军尽量派去，越过阿尔卑斯山，开进意大利。戈培尔对将领们的犹豫不决采取了一种不赞成的看法：

> ［在这次军事会议之后，他在日记中写道］他们不考虑敌人正在准备做什么。毫无疑问，在我们考虑和准备行动的时候，英国人是不会袖手旁观等待一星期的。

---

* 雷德尔自1928年以来，一直担任德国海军统帅，但这次希特勒却对他大发雷霆，因为海军未能摧毁盟军经北冰洋通向俄国的护航队，而且在那里遭到严重损失。1月1日，最高统帅在大本营歇斯底里地大叫大嚷，下令立即解散德国远洋舰队，全部船舰拆毁作废铁用。1月6日，希特勒和雷德尔在“狼穴”大本营摊牌，双方激烈争吵。元首谴责海军无能，缺乏战斗意志和冒险精神。于是，雷德尔要求解除他的司令职务。他的辞呈于1月30日被正式地、公开地接受。新任海军总司令邓尼茨原任潜艇舰队的司令，但他不懂海面舰只的事务，因此他还是集中注意力于潜艇战争。

他和希特勒其实用不着担心。盟国不但等了一个星期，而且等了六个星期。到了这个时候，希特勒的计划已经确定，执行计划的军队也已布置就绪了。

事实上，在7月27日召开军事会议时，他已经在自己忙碌不停的头脑里匆匆忙忙地想好了这些计划。计划分四个部分：一、“橡树计划”——如果墨索里尼是在一个岛上，就派海军去营救，如果墨索里尼是在大陆，就派空军伞兵去营救；二、“学生计划”——突然占领罗马，使墨索里尼的政府在那里复辟；三、“黑色计划”——这是对意大利全部领土进行军事占领的代号；四、“轴心计划”——用以掳获或破坏意大利舰队。后来，最后两个计划合起来称为“轴心计划”。

1943年9月初的两次事件使德国元首的计划付诸实行了。9月3
日，盟军在靴形的意大利南端登陆；9月8日，意大利和西方国家于9 1000
月3日秘密签订的停战协定公开宣布出来。

那天，希特勒飞往乌克兰的扎波罗热，企图使一蹶不振的德国战线重新振作起来。但是，据戈培尔说，希特勒突然觉得有一种“奇怪的不安情绪”，因此于当晚就回到了东普鲁士的拉斯滕堡大本营。他一到就听到了他的主要同盟国已经投敌的消息。虽然这是他意料之中的事，而且他也为此做了准备，但是实际发生的时间仍然使他感到意外。大本营有好几个钟头陷于一片混乱之中。德国人首先是从伦敦英国广播公司的广播中听到意大利签订停战协定的消息的。当约德尔从拉斯滕堡打电话询问当时驻在罗马附近弗拉斯卡蒂的凯塞林元帅这个消息是否属实时，这名在意大利南部的德军司令官承认这对他也是一个新闻。凯塞林的总部那天早上正被盟军炸毁，他也正忙于调集军队，以便去阻击在西岸某地新登陆的盟军，但他还是发出了“轴心”这个代号。解除意军武装和占领意大利的计划开始执行了。

那一两天内，意大利中部和南部的德军情况是十分危急的。意大利有五个师在罗马附近同德国的两个师对峙着。如果9月8日在那不勒斯港外出现的强大的盟军入侵舰队，像凯塞林及其幕僚当初所预料的那样开往北方，在首都附近登陆，再得到占领附近机场的伞兵的增援，那么，意大利的战局就会有不同的发展，第三帝国就可能提早一年遭到最后的灾难。凯塞林后来说，在9月8日晚上，希特勒和最高统帅部已经把他的八个师的全部兵力作为无可挽回的损失而“一笔勾销”了。[5]两天后，希特勒告诉戈培尔，意大利南部已经丢失了，必须在罗马以北的亚平宁山一带建立一条新防线。

但是，盟军司令部并没有利用它的完全制海权，而靠了这种制海权，它本来是可以在意大利东西两岸的几乎任何地点登陆的；它也没有利用它在空中的压倒优势，而这正是德国人所担心的。而且，艾森豪威尔的司令部似乎也没有做什么努力去利用大批意大利部队同自己的军队配合行动，特别是在罗马附近的五个师。如果艾森豪威尔那样做了，德国人就会陷入绝境。至少凯塞林和他的参谋长齐格菲·韦斯特法尔事后都有这样的看法。他们说，他们根本没有力量打退从意大利的“靴子”南端北上的蒙哥马利军队，击退在任何地点登陆的马克·克
1001 拉克将军的入侵部队，同时对付在他们阵地中间和后方的大批意军。*[6]

但是美国的第五军团不是在罗马附近，而是在那不勒斯南面的萨莱诺登陆的，盟军的伞兵部队没有在罗马机场上出现，这使这两名将

---

* 据艾森豪威尔的海军副官哈里·C.布彻海军上校说，美英方面的两位参谋总长乔治·C.马歇尔将军和约翰·G.迪尔陆军元帅都曾埋怨艾森豪威尔在意大利战场上的北进问题上没有表现足够的主动。布彻为他的上司辩护道，缺乏登陆艇使艾森豪威尔的计划难以进行：要向远在北方的罗马附近发动一次海上进攻，这种作战行动超出盟军战斗机的航程，因为它们必须从西西里起飞。艾森豪威尔自己指出，在攻陷了西西里以后，他奉令将七个师（其中美军四个师，英军三个师）调返英国，准备渡过英吉利海峡进攻西欧，这使他感到兵力十分不足。布彻也说，艾森豪威尔原来打算派遣空降部队到罗马机场去帮助意大利人保卫首都、抵御德国人，但是，到最后一刻，巴多格利奥提出了“暂缓执行”这个计划的请求。曾经冒着极大生命危险秘密到罗马去同巴多格利奥会谈的马克斯维尔·D.泰勒将军报告说，由于意大利人的失败主义情绪和德国人的力量，美国一个空降师如果在这里降落看来是自取灭亡（参看艾森豪威尔：《欧洲十字军》[*Crusade in Europe*]，第189页，以及布彻：《跟随艾森豪威尔三年》[*My Three Years with Eisenhower*]，第407—425页）。

军大大地松了一口气。当意大利的军队毫无抵抗地投降和缴械时，这两名将军就更觉得放心了。这意味着德国人可以轻而易举地占领罗马，甚至暂时占领那不勒斯。这样，他们就占领了意大利三分之二的地区，包括北部的工业区，那里的工厂都被开动起来为德国制造军火。希特勒近乎奇迹地又延长了一段寿命。*

意大利的退出战争，使他十分恼火。他再一次把戈培尔叫到拉斯滕堡，对他说，这是“一件极其不要脸的事”。此外，墨索里尼之被推翻也引起了他对自己的地位的担心。戈培尔在9月11日的日记中写道：“元首采取了最后的措施，以便一劳永逸地防止在我们这里发生类似的事情。”

戈培尔曾再三要求希特勒：“在这困难的关头，应该让人民从元首那里听到一两句鼓励和慰藉的话。”9月10日晚上，希特勒向全国做了广播。但他在那次广播中，却以毫不在乎的口气谈起下面的问题：

> 有人妄想在这里找到卖国贼，那是因为他们完全不懂得民族社会主义的国家的性质；他们以为他们能在德国制造一次“七·二五”事件，那是因为他们对我个人的地位、对我的政治合作者和我的元帅们和三军将领的态度有着根本的错觉。

实际上，正如下文将要叙述到的，有几个德国将领和一小撮过去的政治合作者，在军事上节节败退之际，开始再一次产生反叛的念头，这种念头到第二年7月就将发展成为一种比推翻墨索里尼一举更为猛烈、虽然不那么成功的行动。 1002

希特勒为了防止任何正在酝酿的叛变而采取的措施之一是下令撤

* 使希特勒十分震怒的是，国王、巴多格利奥和政府官员逃出了罗马，并且不久后就在盟军解放了的意大利南部建立了他们的政权。意大利舰队的大部分舰只也驶到了马耳他，尽管邓尼茨海军上将对俘获或破坏这个舰队做了精心策划。

除所有德国亲王在国防军中的职务。黑森的菲利普亲王过去一直在元首和墨索里尼之间做通信联络工作，常到大本营来，这时便被逮捕，交给秘密警察去发落了。他的妻子玛法尔达公主是意大利国王的女儿，也遭到逮捕，并且同她的丈夫一起关进集中营。意大利国王像挪威和希腊的国王一样，逃出了希特勒的魔掌，希特勒以逮捕他的女儿来泄愤。*

有好几个星期，元首每天召开的军事会议都以大量时间来讨论希特勒心中所关心的一个问题：营救墨索里尼。读者还记得“橡树计划”是这个计划的代号，在大本营的会议记录上，墨索里尼常常被称为“宝贵的对象”。绝大多数将领，甚至戈培尔都怀疑这位意大利前领袖是否还是一个非常宝贵的对象，但希特勒却仍然这样认为，而且坚决主张去营救他。

他不仅想为这个他仍然有着私人感情的老朋友帮一次忙，他还想让墨索里尼担任意大利北部的新法西斯政府的首脑，以减轻德国人管理这部分领土的负担，并且帮助他保卫那条很长的供应线和交通线，防止怀有敌意的意大利人民的破坏，因为人民中间现在已开始出现令人头疼的游击队了。

到8月1日，邓尼茨海军上将向希特勒报告，海军相信已查出墨索里尼被囚在文托泰内岛上。到8月中旬，希姆莱的密探肯定领袖是在另一个岛，即离撒丁岛北端不远的马达莱纳岛上。他们制订了周密的计划，准备派遣驱逐舰和伞兵进攻该岛，但是，这个计划还未执行，墨索里尼又被转移了。根据停战协定的一个秘密条款规定，应当

---

* 希特勒对她本人从来没有什么好感。他在那年5月大本营召开的一次军事会议上曾对他的将领们说：“我曾经迫不得已坐在玛法尔达旁边。玛法尔达有什么值得我注意的呢？……她没有能使人着迷的智慧，她的容貌更谈不上了。”（摘自费利克斯·吉尔伯特：《希特勒指挥他的战争》［*Hitler Directs His War*］中希特勒每日军事会议秘密记录。见该书第37页。）

把他交给盟军，但巴多格利奥由于某种原因迟迟没有执行这个规定。到9月初，这个“宝贵的对象”被偷偷地带到亚平宁山脉最高峰大萨索山山顶上的一家旅馆里去了，到这个地方只有一条缆索铁路可通。

德国人立刻获悉了他的下落，就派飞机到那座山顶上空侦察，并且判定用滑翔机运载军队大概可以登到那个顶峰，制服意大利宪兵警卫队，然后用一架小型费斯勒鹳式飞机把墨索里尼带走。这个大胆的计划于9月13日执行，领导者是希姆莱的党卫军里另一名知识分子出身的暴徒，一个叫奥托·斯科尔兹内的奥地利人。他还将在本书末 1003
尾的另一次天不怕地不怕的冒险行动中出现。[*]斯科尔兹内绑架了一名意大利将军，把他装进自己的滑翔机里。当他率领空运部队在距山顶旅馆100码的地方降落时，他发现领袖正在二楼的一个窗口满怀希望地往外看着。大部分意大利警卫一看见德国军队就逃入山中，少数没逃的也在斯科尔兹内和墨索里尼劝阻下没有动用他们的武器。这个党卫军头子把他抓来的将军推在自己队伍前面，大声叫警卫们别向这名意大利将军开枪。同时，据一名目击者回忆，意大利领袖也在窗口高呼：“谁都不要开枪！不要流一滴血！”果然一滴血也没有流。

那个法西斯首脑欣喜若狂。因为他曾经发誓宁可自杀，也不愿落到盟军手里，被送到纽约的麦迪逊广场公园去展览（这是他自己后来说的）。[†]几分钟以内，他就被塞进一架小型的费斯勒鹳式飞机，从旅馆下边一小块尽是石头的草坪上冒险起飞了。他们先飞到罗马，当晚又换乘一架德国空军运输机飞到维也纳。[7]

墨索里尼很感激希特勒营救了自己。当他们两天以后在拉斯滕堡会面时，他热烈地拥抱了希特勒。但是，他现在已是一个垮了的人

---

* 在墨索里尼垮台后的一天，斯科尔兹内有生以来第一次被召到元首大本营。当时希特勒亲自指派他去执行这个营救墨索里尼的计划。

† 哈里·布彻海军上校报告说，就在墨索里尼被解救出去之前，艾森豪威尔总部收到一封从开普敦剧院联营公司发来的电报，表示愿意捐助一万镑给慈善事业，“如果你能安排墨索里尼本人在我们开普敦的剧院戏台上出现三个星期的话”（布彻：《跟随艾森豪威尔三年》，第423页）。

被德国人解救的墨索里尼，他的右手边就是这次行动的执行者奥托·斯科尔兹内。

了，意气颓唐，以前在他心中燃烧过的火焰已变成灰烬。而且，使希特勒十分失望的是，他看来并不想在德国占领下的意大利恢复法西斯政权。将近9月底，德国元首在同戈培尔进行一次长谈时，毫不掩饰他对他的意大利老友的失望心情。

> ［这次谈话后，戈培尔在日记中写道］意大利领袖没有如元首所期望的那样，从意大利的灾祸中得到教训……元首希望意大利领袖做的第一件事应该是用一切报复手段惩处背叛他的人。但他没有做这种表示，因而就显出了他的真正无能。他不像元首或斯大林那样是一个革命家。他总是以意大利本国人民为念，这就缺乏做一个世界革命家和起义者的宽广胸襟。

还有一件使希特勒和戈培尔十分恼火的事情是，墨索里尼同齐亚诺取得了和解，而且似乎是完全在他的女儿、齐亚诺的妻子埃达的操

纵之下。当时齐亚诺夫妇正在慕尼黑避难。*希特勒和戈培尔认为，墨 1004
索里尼应当立即将齐亚诺处死，至于埃达，应该像戈培尔说的那样，狠狠地抽她一顿鞭子。†他们不同意墨索里尼把齐亚诺"那个毒蘑菇"（戈培尔这样称呼他）放在新的法西斯共和党的首要地位。

希特勒坚决主张意大利领袖立即建立这样一个党。墨索里尼9月15日在德国元首的怂恿下宣布成立新的意大利社会共和国。

这个新政府从来没有什么作为，墨索里尼根本没有把心放在上面。也许他还保有足够的现实感，看到自己现在只不过是希特勒的一个傀儡，他和他的"法西斯共和政府"除了德国元首为了德国的利益而授给他们的某些权力以外，并无任何真正的权力，而且意大利人民也永远不会再接受他和法西斯主义了。

他再也没有回到罗马。他住在意大利极北部一个很冷僻的地方——加尔达湖畔加尔加诺附近的加米纳特堡。他的住所周围由党卫军元首警卫队的一支特派部队严密守卫着。为了把墨索里尼的臭名昭著的情妇克拉拉·佩塔奇护送到这个幽美的湖畔胜地，特地把塞普·迪特里希这个党卫军老打手从俄国前线被打得屁滚尿流的党卫军第一装甲军调出来负责这项工作，在第三帝国，事情常常是这么办的。潦倒的独裁者由于情人又回到了自己的怀抱，对生活中的其他事情似乎都漠不关心了。情妇不止一个的戈培尔，说此事使他大为震惊。

> ［戈培尔在11月9日的日记中写道］意大利领袖和他那位由塞普·迪特里希奉命护送来的女友的私生活，引起了许多疑虑。

---

* 实际上，或者至少是根据齐亚诺后来写给国王维托里奥·埃马努埃莱的一封信上所说，他是在8月间被德国人骗到德国去的。德国人告诉他，他的孩子们有生命危险，德国政府很乐于让他和他的家庭取道德国到西班牙去（《齐亚诺日记》，第V页）。

† 戈培尔在日记中写道："埃达·墨索里尼在她的巴伐利亚别墅中的行为就像一只野猫。她动不动就摔瓷器，砸家具。"（《戈培尔日记》，第479页）

戈培尔在几天前就注意到，希特勒已经开始“在政治上勾销这个领袖了”。但是，应当补充说明，德国元首在勾销他之前，先已迫使他把的里雅斯特、伊斯特拉和南蒂罗尔“割让”给德国，双方还取得谅解，将来还要加上威尼斯。对这位曾经骄横一世的专制魔王，可以毫不留情地使他蒙受种种羞辱。希特勒竟然逼着他在11月逮捕了自己的女婿齐亚

1005 诺，并于1944年1月11日将齐亚诺在维罗纳的监狱中处死。*

到1943年初秋，阿道夫·希特勒很可以认为，他已度过了第三帝国所面临的最严重的危险。在关键性的几个星期里，希特勒和他的将领们曾经担心，墨索里尼的垮台和巴多格利奥政府的无条件投降，很可能使德国南部边界暴露在盟军的直接攻击之下，并为盟军开辟从意大利北部进入防御薄弱的巴尔干半岛的道路，而巴尔干恰恰位于正在俄国南部拼命作战的德军的后方。意大利领袖乖乖地离开了罗马的权力宝座，对德国元首在国内外的威信是一个严重打击，正如随之而来的轴心联盟的毁灭一样。然而，在两个月之内，希特勒以一次大胆的行动使墨索里尼复辟了——至少在世人眼里看来是如此。意大利在巴尔干半岛、希腊、南斯拉夫和阿尔巴尼亚的占领区，免除了遭受盟军攻击的危险。这样的攻击，德国最高统帅部曾经预计在夏末随时可能发生。但那里的好几个师的意军都乖乖地投降了，成了德国的战俘。元首满意地看到凯塞林的部队不但没有像德国元首当初设想的那样已

---

* 齐亚诺最后一天的日记是“1943年12月23日在维罗纳监狱第二十七号牢房”里写的。那是一篇很动人的记载。我不知道他是怎样把这篇日记和一封在同一天写给意大利国王的信偷偷送出他那死囚牢房的。但他说，在德国人抓到他之前，他已把其余的日记都藏起来了。它们是由埃达·齐亚诺偷运出意大利的德国占领区的。埃达·齐亚诺伪装成一个农妇，把这些日记藏在裙子里面，越过意大利的边界，逃到了瑞士。

凡是在法西斯最高委员会中投票反对过领袖而现在又能抓到手的所有其他的法西斯头子，都以卖国罪受到特别法庭的审讯，并被判以死刑，同齐亚诺一起遭到枪决，其中只有一人例外。被枪决的人中有埃米利奥·德·博诺元帅，他是墨索里尼昔日最忠诚的信徒之一，也是领导向罗马进军而使墨索里尼上台的四巨头之一。

被一笔勾销，不但没有撤退到意大利北部，这名元帅的部队反而在罗马以南布下了阵地，轻而易举地阻挡住英美法军队在半岛上的北进。不容否认，希特勒以他个人的胆识和他的军队的勇猛，已使他在南方的处境有了很大的好转。

但在其他地方，他的处境却继续在逆转。

1943年7月5日，他对俄国发动了后来证明是最后一次的大攻势。德国陆军的精华——将近50万人，加上配备有新式重型虎式坦克的17个装甲师，向库尔斯克西面俄国阵地的突出部分进攻。这就是所谓的"城堡计划"。希特勒认为这一攻势不仅能置俄国最精锐的百万大军于死地（就是这支大军曾在头年冬天将德国人从斯大林格勒和顿河赶出来），而且能使他再向顿河流域推进，也许甚至于能推进到伏尔加河流域，然后从东南迂回攻陷莫斯科。

这一攻势遭到了决定性的失败。俄国人对此已经早有准备。到7月22日，装甲部队的坦克已损失了一半，德军攻势已完全停顿，并开始溃退了。俄国人对自己的力量信心十足，他们不等德国的进攻结束，就在7月中旬向库尔斯克以北奥廖尔的德军阵地突出部分发动了他们自己的攻势，并且迅速地突破了德军阵地。这是俄国人在这次大战中的第一次夏季攻势，自此以后，红军再也没有失去过主动权。8月4日，他们把德国人赶出奥廖尔，这个地方是德国人在1941年12月攻打莫斯科时在南部的一个枢纽。

现在，苏军攻势已扩大到全线。8月23日，哈尔科夫失守。一个月后，9月25日，德国人被赶出了哈尔科夫西北300英里的斯摩棱斯
克。而在进攻俄国的初期，德国人曾经像拿破仑的大军那样，十分自 1006
信地从这个城市踏上通向莫斯科的大路。到9月底，希特勒在南路遭到步步进逼的军队退到第聂伯河一线和北自第聂伯河河曲的扎波罗热、南到亚速海一线。顿涅茨克盆地的工业区已经失守，克里米亚的德国第十七军团处于被切断的危险中。

希特勒相信他的军队能够守住第聂伯河和扎波罗热以南的要塞阵地，这两条防线联在一起，形成了所谓的“冬季防线”。但是俄国人甚至没有稍微停留一下进行休整。在10月份的第一周内，他们在基辅的北面和东南渡过第聂伯河。11月6日，基辅失守。到这个决定命运的1943年末，南部的苏军越过了希特勒部队1941年夏向俄国内地进军时轻而易举地取得初期胜利的那些战场，逼近波兰和罗马尼亚的边界。

事情还不止于此。

那一年，希特勒的命运遭受到另外两个挫折，它们也标志着形势的转变：其一是大西洋战役的失利，另一是盟军加紧对德国本土进行破坏力极大的、夜以继日的空袭。

正如上面说过的，德国潜艇在1942年击沉了盟军船只共计625万吨，其中大多数是开往英国或地中海的。要弥补这个损失，是远远超过西方各国造船厂的生产能力的。但是，到1943年初，由于利用了远程飞机和航空母舰，特别是由于有了新技术，在海面船只上装设雷达，可以在敌军潜艇尚未看到自己以前就发现它们，因此盟军在对付潜艇方面已占了上风。潜艇在尚未驶近盟军护航舰队之前就遭到伏击而被炸沉，数量之多，使新任海军总司令兼潜艇舰队司令邓尼茨起初怀疑是否有人叛国。但他很快就知道这并非有人叛国，而是雷达造成了如此惨重的损失。在2月、3月和4月这三个月内，被击沉的潜艇正好是50艘；而在5月份一个月内，就达37艘。这样迅速地损失下去，德国海军是受不了的，于是，还没到5月底，邓尼茨就自作主张下令将潜艇全部撤出北大西洋。

9月间，它们又回到北大西洋，但在这年的最后四个月内，它们只击沉了67艘盟国船只，自己却又损失了64艘潜艇。这个比例决定了潜艇战的末日，并且决定了大西洋战役的结局。在第一次世界大战期间的1917年，当德国陆军陷于困境时，它的潜艇曾经逼得英国几

乎屈膝投降。1942年，它们眼看要实现使英国屈膝的目的了；而这一
年，希特勒的军队在俄国和北非也已被阻，而美英为了一面要阻止日
军在东南亚的侵略，一面又要集中人力、武器和给养来攻打西方的希 1007
特勒欧洲帝国，也弄得焦头烂额。

1943年，他们在破坏北大西洋航运方面遭到了失败，虽然失败的确切消息使希特勒大本营的人们感到气馁，但他们并没有充分认识到它的灾难性后果。[*] 因为，正是在这决定战局一年的12个月中，大量武器和给养几乎毫无阻碍地运过了大西洋，这就使来年对“铜墙铁壁的欧洲”的进攻成为可能。

也正是在这一年中，德国人民尝到了现代战争的恐怖滋味，而且是在他们自己的家门口尝到的。公众都不知道潜艇的战况如何。虽然来自俄国、地中海和意大利的消息越来越坏，但它们涉及的毕竟是远离本土几百或几千英里以外的地方发生的事情。可是，夜里有英国飞机、白天有美国飞机来进行的空袭，现在已开始摧毁一个普通德国人的家、他工作的办公室或工厂了。

希特勒本人从来不肯去视察遭到轰炸的城市，看来这个任务对他简直是一种难以忍受的痛苦。戈培尔为此苦恼不堪。他抱怨说，他源源不绝地收到来信，“质问元首为什么不去视察那些遭受空袭的不幸的地区，为什么在任何地方都见不到戈林的面”。宣传部长的日记权威地描述了空袭给德国城市和工业区造成的日益惨重的损失。

> 1943年5月16日……美国轰炸机的白昼空袭正在造成异常重大的困难。在基尔……海军的军事与技术设施遭到非常严重的损

---

* 5月31日，当邓尼茨海军上将向希特勒报告他已从北大西洋上撤出了潜艇时，希特勒曾向他暴跳如雷地吼叫：“谁也不准谈论放松潜艇战的问题。”他还说：“大西洋是我保卫西方的第一线。”

这事说来容易做来难。11月12日，邓尼茨在日记中绝望地写道：“张张王牌都在敌人手里，他们用远程空中巡逻控制了所有地区，并且运用我们迄今无法预知的测定我方位置的办法……敌人对我们的一切秘密了如指掌，而我们对他们却一无所知。”[8]

失……如果这种情况继续下去，我们将面临到头来无法忍受的严重后果……

5月25日……英国飞机对多特蒙德的夜袭，是德国城市所遭受的空袭中特别严重的，也许是最严重的一次……来自多特蒙德的报道十分可怕……工厂和军火厂受到极惨重的破坏……有8万至10万居民无家可归……西方的居民开始逐渐丧失勇气。这样的地狱生活是难以忍受的……晚上我收到［又一篇］关于多特蒙德的报告。该城几乎全部被毁。几乎没有一间房子能住人了……

7月26日夜间，汉堡受到一次严重的空袭……给居民和军事生产都带来了十分惨重的后果……这是一场真正的灾难……

7月29日夜间，汉堡又遭到迄今最严重的一次空袭……来了
1008 800至1 000架轰炸机……考夫曼［当地纳粹党领袖］给我发来第一份报告……他谈的惨祸，规模令人难以想象。一个百万人口的城市被摧毁了，其毁坏情况是史无前例的。我们面临着几乎无可解决的种种问题。必须为这100万人解决吃住的问题。必须把人口疏散到尽可能远的地方去。必须给他们衣服穿。总之，我们在那儿面临的问题，在几星期以前是丝毫没有想到的……考夫曼谈到约有80万无家可归的人在街头流浪，无以为生……

虽然德国的某些军事工厂，特别是制造战斗机、轴承、海军舰只、钢和新式喷气飞机的燃料的工厂，遭到了很大的损失，虽然希特勒寄予极大希望的、设在佩内明德地方的那个十分重要的火箭实验站*

* 1943年5月，在波兰的地下工作者密告伦敦方面，说佩内明德那儿正在试制一种无人驾驶的喷气机（后来被称为V–1或嗡嗡飞弹）和一种火箭（后来被称为V–2）。根据这个线索，英国皇家空军的一架侦察机把佩内明德的设施都拍摄下来了。8月，英国轰炸机轰炸了佩内明德，使该地设施遭受严重破坏，使研究和试制工作推迟了好几个月。到11月，英美空军在英吉利海峡沿岸发现了63个V–1发射场。从12月至翌年2月，这种发射场增加到96个，其中73个被盟军炸毁。“V–1”和“V–2”这两个名称是从德语Vergeltungswaffen即“报复武器”这个词来的，在1944年那个黑暗的年头里，戈培尔博士的宣传曾对此大吹大擂了一番。

也遭到了很大的损失，虽然铁路和运河运输不断被切断，但是，在1943年英美加紧轰炸期间，德国整个军备生产实际上并没有减少。其部分原因是没有遭受轰炸的德国占领区，尤其是捷克斯洛伐克、法国、比利时和意大利北部的工厂增加了生产。

正如戈培尔在日记中所说明的，英美空军所造成的最大的损害，是在德国人民的家庭和精神方面。本书作者还记得，在战争的最初几年，关于德国空军轰炸对敌人，尤其是英国人所造成的可怖后果，有过许多报道，使德国人得意扬扬。他们当时相信，这种轰炸能使战争早日胜利结束。现在，在1943年，他们自己开始尝到空袭的充分滋味，这种空袭的破坏力远比德国空军对别人，甚至比1940至1941年对伦敦居民的任何空袭都要厉害得多。德国人民像英国人民曾经表现过的那样，勇敢地、艰苦地忍受了这一切。但是，在四年战争以后，频频遭到轰炸就越发使人感到是严重的负担了。这就难怪在快到1943年年底时，随着德国人在俄国、北非和意大利的希望的破灭，随着第
三帝国从南到北各处城市都被炸成一片焦土，德国人民已开始绝望， 1009
开始认识到败局已定，目前的遭遇就是这个败局的开始。

当时已经赋闲在家的哈尔德将军后来曾这样写道："至迟到1943年年底时，人们已明确无误地看出，这场战争在军事上已经失败了。"[9]

1943年11月7日，啤酒馆政变纪念日的前夕，约德尔将军在慕尼黑对纳粹党的各地领袖们发表了一篇不准公开的、调子低沉的演说。他虽然没有说得像哈尔德那样严重，但对战争第五个年头开始时形势的描述也够暗淡了。

> ［他说］今天，在国内战线最令人头痛，从而对前线有最严重影响的，是敌机对我们的家园和妻儿的恐怖空袭。在这一方面……战争具有了这种方式，完全是英国的过错。自从种族战

> 争和宗教战争以来，人们曾经认为不可能再发生这种战争的方式了。
>
> 这些恐怖空袭在心理、精神和物质上的影响十分重大，因此我们必须设法减轻——假若不能完全制止的话。

1943年的失败和轰炸给德国人的民心和士气所造成的影响，由这个代表元首发表演说的权威人士做了生动的描述。

> 颠覆的鬼影在全国各地徘徊着。所有的胆小鬼都在寻找出路，或者照他们的说法，寻找政治解决办法。他们说，我们应当趁手里还有点东西的时候进行谈判……*

不只是“胆小鬼”有这种想法。戈培尔博士本人，希特勒最忠实的和狂热的信徒，像他在日记中所透露的那样，也想在1943年年终之前寻求一条出路。他所苦心思索的不是德国应不应当谈判和平，而是应当同谁谈判的问题——同俄国，还是同西方？他不像某些其他人开始做的那样，背着希特勒谈论寻求和平的必要性。他勇气十足，毫无顾忌地直接向领袖倾吐自己的想法。1943年9月10日，戈培尔在日记中第一次提到可能进行和谈的问题。那天他正在拉斯滕堡元首大本
1010 营，他是在得到意大利投降的消息之后奉召去大本营的。

> 现在的问题是我们应当首先转向哪一边：是转向莫斯科方面，还是转向英美方面。无论如何，我们必须清楚地认识到，对

---

* 约德尔演说的题目是：《战争第五个年头开始时的战略形势》。关于希特勒及其将领在1943年底对德国困难形势的看法，这篇演说也许是我们所掌握的最详尽的第一手报告。它不仅仅是一篇向纳粹政治领袖们发表的秘密演说。它详细引用了几十篇盖有“元首大本营”印章的绝密备忘录和文件；把这些文件综合起来，就是元首心目中的一部战争真相史，因为这篇演说的草稿似乎是经过元首审阅的。约德尔对当前形势固然感到很暗淡，对将来则更加灰心丧气。他正确地预言，英美即将在西线发动的入侵，“将决定战争局势”，而且“我们所掌握的军队不足以”击退它们。[10]

这两方面同时作战，要取得胜利是非常困难的。

他发现希特勒对盟军在西线入侵的前景和俄国战场的“危急”局势“有些担忧”。

> 令人苦恼的是，我们丝毫不知道斯大林留作后备的力量究竟有多少。我非常怀疑，在这种情况下我们是否有可能从东方调出若干师兵力到其他欧洲战场上去。

戈培尔在他那机密的日记中写下了自己的一些想法，这些想法在几个月前肯定是会被他自己认为是叛国性质的失败主义的想法的。写了以后，他就开始对希特勒道出这些想法：

> 我问元首，我们迟早是否可以同斯大林打交道。他说暂时还不行……但元首认为，同英国人打交道要比同苏联人容易些。元首认为，到了一定时候，英国人会清醒过来的……我却比较倾向于斯大林更为容易接近，因为斯大林是一个比丘吉尔更为实际的政治家。丘吉尔是一个浪漫的冒险家，跟他谈话是谈不出什么道理来的。

当他们的事情搞得漆黑一团的时候，希特勒和他的助手们开始抓住这样一线希望：盟国内部会发生纠纷，英国和美国会害怕红军席卷欧洲，终于会和德国联合起来保卫旧大陆，使之不受布尔什维主义的统治。8月间，希特勒曾经在一次会议上和邓尼茨相当详细地谈过这个可能性。现在，在9月间，他又和戈培尔讨论了这个问题。

> ［戈培尔在日记中写道］英国人在任何情况下都不愿意有一

> 个布尔什维克的欧洲……一旦他们认识到……他们只能在布尔什维主义或者对民族社会主义放松一些这两者中选择其一，那么，他们无疑会对我们表示出愿意和解的意向……丘吉尔本人是反对布尔什维克的老手，他目前同莫斯科合作只不过是权宜之计。

希特勒和戈培尔似乎都忘记了，是谁首先同莫斯科合作的，是谁迫使俄国作战的。在同希特勒讨论了和平的可能性以后，戈培尔得出了这样的结论：

> 迟早我们就将面临倒向哪一边的敌人的问题。德国进行两线作战从来没有得过便宜，这一次我们也不可能把这样的战争长期
> 1011 坚持下去。

但是，到这时才考虑这个问题不是已经太迟了吗？戈培尔在9月23日回到大本营。他在早晨和希特勒散步时，发现元首对于同一方和谈以便在一条战线上作战的可能性，要比两星期前悲观得多了。

> 元首不相信目前进行谈判能够取得任何结果。英国还没有被打得晕头转向……在东方，目前的形势自然是相当不利的……斯大林正处于有利地位。

那天晚上，戈培尔单独和希特勒一起进餐。

> 我问元首，他是否准备和丘吉尔进行谈判……他不相信同丘吉尔谈判会取得任何结果，因为丘吉尔充满敌意，再说，他是受仇恨而不是受理智支配的。元首宁愿和斯大林谈判，但他不相信谈判会成功……

我告诉元首，不论形势如何，我们必须同这一方或那一方取得和解。德国从未在两线作战的战争中取得过胜利。因此我们必须设法使自己摆脱一场两线作战的战争。

这个任务远比他们似乎认识到的要困难得多，虽然十分轻率地把德国投进了一场两线作战的战争的正是他们自己。但在1943年9月的那天晚上，至少有一会儿，这个纳粹统帅终于流露出他的悲观心情，并且沉思着和平的味道该是多么甜蜜。据戈培尔的记录，希特勒甚至说他“渴望”和平。

他说他将很高兴再一次同艺术界人士进行接触，晚上去看看戏，去访问艺术家俱乐部。[11]

在战争进入第五年的时候，在德国，思考取得和平的机会和办法的人，并不止希特勒和戈培尔两个。那些遭到挫败、喜欢空谈的反纳粹的密谋分子，目前人数已有所增加，但还是少得可怜。现在他们看到希特勒的军队虽然还在国外作战，但败局已定，就又在考虑反叛的问题了。他们之中的大多数（绝不是全体）终于在克服了最严重的良心不安以后，勉强得出这样的结论：要使德国取得和平，从而使祖国有希望体面地生存下去，就必须用谋杀的办法搞掉希特勒，同时消灭民族社会主义。

1944年到来了。英美军队肯定会在这一年开始后不久的时间内发动横渡海峡的进攻，红军将会逼近帝国本土，德国许多古老的大城市很快便将被盟军炸成平地。* 密谋分子着急之下，开始积极准备起来， 1012

* 1943年7月，格德勒视察了西部被炸地区以后，致函克鲁格陆军元帅说：“千年的建设已成为一片瓦砾。”他在信里恳求这位动摇不定的将军参加密谋集团，以结束希特勒和他的“疯狂行为”。

企图在希特勒政权把德国投入彻底毁灭的深渊之前，采取谋杀这个纳粹独裁者和推翻他的政权的最后尝试。

1013 他们知道，时间已经不多了。

注 释

1.《戈培尔日记》，第352页。

2.《海军事务元首会议记录》，1943年，第61页。

3. 关于费尔特雷会见的意大利方面的会议记录载《希特勒和墨索里尼》，第165—190页；载国务院公报，1946年10月6日，第607—614页；施密特博士关于这次会见的叙述载他的《希特勒的译员》，第263页。

4. 主要来源是希特勒与他的助手们于7月25，26日在东普鲁士大本营举行会议的速记记录，载费利克斯·吉尔伯特的《希特勒指挥他的战争》，第39—71页；另见《戈培尔日记》，1943年7月，第403—421页；以及《海军事务元首会议记录》，1943年7月和8月，由新任德国海军司令邓尼茨海军上将所记。

5.《凯塞林元帅回忆录》（1953年伦敦出版），第177，184页。我曾用过英国版的凯塞林的这个回忆录；它曾在美国出版过，书名叫《一个军人的记录》。

6. 凯塞林：《凯塞林元帅回忆录》，以及齐格菲·维斯特法尔将军的《德国陆军在西线》，第149—152页。

7. 墨索里尼获救的第一手材料见奥托·斯科尔兹内著《斯科尔兹内的秘密使命》，另见墨索里尼自己的《回忆录（1942—1943年）》，以及帝国旅馆经理所写的一篇专文，刊载于英国版的墨索里尼《回忆录》中。

8. 希特勒的话引自《海军事务元首会议记录》，1943年，第46页；邓尼茨日记中的那一条是威尔莫特援引的，见《争夺欧洲的战争》，第152页。

9. 哈尔德：《统帅希特勒》，第57页。

10. 我在《柏林日记的终结》中详细引用了这篇讲话，第270—286页。全文（英文）见《纳粹的阴谋与侵略》，第7卷，第920—975页。

11. 上面这个戈培尔日记摘要引自《戈培尔日记》，第428—442，468，477—478页。希特勒于1943年8月与邓尼茨的谈话是由这位海军上将在《海军事务元首会议记录》1943年记载下来的，见第85—86页。

第二十九章
盟军对西欧的进攻和德国内部刺杀希特勒的尝试

1943年，密谋分子进行了不下六次暗杀希特勒的尝试，其中有一次，他们在元首乘飞机巡视俄国战线后方的时候，把一颗定时炸弹放在他的飞机里面，只是因为这颗炸弹没有爆炸，密谋才告失败。

这一年里，抵抗运动发生了同以前的情况大不相同的变化。密谋分子最后放弃了对陆军元帅们的期望。这些元帅们简直太怯懦了，或者太无能了，他们不敢利用他们的地位和兵权来推翻他们的最高统帅。1942年11月，在斯摩棱斯克森林中举行的一次秘密会议上，抵抗分子中的核心政治人物格德勒，曾经亲自劝请东线中央集团军司令克鲁格陆军元帅积极参加清除希特勒的活动。这位动摇不定的将军刚接受了元首的一笔厚礼。* 当时他倒是答应了格德勒的请求，但过了没有几天就又胆怯起来了。他写信给在柏林的贝克将军，要求别把他算在他们里面。

---

* 1942年10月30日是克鲁格60岁生日。他收到了元首给他的一张26万马克（按官价折合美元10万元）支票，并特许用半数添置产业。尽管这对他作为一个德国军官来说侮辱了他的人格和荣誉，但这位元帅还是照单全收了（施拉布伦多夫：《他们几乎杀死了希特勒》[*They Almost Killed Hitler*]，第40页）。后来，当克鲁格反对希特勒的时候，元首在大本营对他的部下说："我亲自提升他两次，给了他最高的勋章，给了他一笔很大的产业……以及陆军元帅薪俸之外的一大笔补贴……"（吉尔伯特：《希特勒指挥他的战争》，第101—102页，这是1944年8月31日希特勒在大本营召开的会议的一份速记记录。）

几个星期之后，密谋分子又想劝诱保卢斯将军。这位将军所率领的第六军团正被围在斯大林格勒，他们估计他对领袖一定极度失望，因为造成这样局面的正是领袖本人。他们想诱使他发表一个告全军官兵书，号召他们推翻这个把25万德国士兵置诸死地的专制魔王。贝克将军亲自写了一封呼吁他这样做的信，由一个空军军官乘飞机把信送
1014 进这个被围的城市。前面已经说过，保卢斯的回答是向他的元首发出了雪片似的表示效忠的无线电报。直到他成为俄国人的俘虏到了莫斯科之后，他才有所觉悟。

对保卢斯的希望破灭以后，密谋分子曾经有几天把希望寄托在克鲁格和曼施坦因身上。这两个人在斯大林格勒惨败之后，飞到拉斯滕堡，据说是去要求元首把俄国战线的指挥权交付给他们。这一步如果成功，就成为在柏林发动政变的一个讯号。但这些密谋分子的主观愿望再一次落空了。这两位陆军元帅确实飞到了希特勒的大本营，但只是去重申他们对最高统帅的忠诚。

“我们被抛弃了。”贝克愤恨地抱怨道。

对贝克和他的朋友们来说，这一点已很明显：他们不能期望从前方的高级指挥官那里得到实际的帮助。在绝望之余，他们转向唯一剩下的一个军事力量的来源——国内驻防军，或称补充军。国内驻防军根本不能说是一支军队，只是正在训练的新兵和在国内执行警卫任务的超龄部队的大杂烩。但那些人至少都有武装。在正规化的部队和武装党卫军远在前线的情况下，当希特勒遭到暗杀的时候，这支军队也许足以帮助密谋分子占领柏林和其他一些重要的城市。

但是，在暗杀希特勒这一致命行动是否必要，甚至于是否适宜的问题上，反对派内部仍然没有取得完全一致的意见。

例如，克莱绍集团就绝对反对任何这一类的暴力行动。这个集团是由一群各色各样的杰出青年知识分子和理想主义者组成的。他们聚集在德国两个最著名的、最贵族化的世家后裔的周围：一个是赫尔穆

特·詹姆斯·冯·毛奇伯爵，他是1870年率领普鲁士军队战胜法国的那位陆军元帅的曾侄孙；另一个是彼得·约克·冯·瓦滕堡伯爵，他是拿破仑时代那位著名将军瓦滕堡的嫡系子孙，这位将军曾同克劳塞维茨一起在和沙皇亚历山大一世缔结的《陶拉格条约》上签字；根据这个条约，普鲁士军队调转枪口，帮助推翻了拿破仑。

这个集团的名称来自毛奇在西里西亚的克莱绍的庄园。它不是一个阴谋团体，而是一个讨论小组，*它的成员代表了纳粹上台以前的德国社会的横断面，也可以说是他们希望在希特勒统治的这场噩梦消失之后将要出现的德国社会的横断面。它包括两个耶稣会神父、两个路德派牧师、若干保守分子、自由分子、社会民主党人、富裕的地主、前工会领导人、教授和外交官。虽然在出身和思想上各有不同，他们还是能找到广泛的共同点，使他们的反对希特勒的运动在思想方面、精神方面、伦理方面、哲学方面以及在某种程度上的政治方面有一定的基础。几乎所有这些人都在战争结束之前被绞死了，他们遗留的文件包括对未来的政府和对新社会的经济、社会和精神基础的规划。根 1015
据这些文件来判断，他们的目标是建立一种基督教社会主义的社会，在这个社会中，所有的人都要成为兄弟，现代社会的可怕病症、人类精神的败坏，将得到纠正。他们的理想是崇高的，高到像是在天空的白云之中，而且还染上了一点德国神秘主义的色彩。

但是，这些有崇高理想的年轻人却有着令人难以相信的耐心。他们痛恨希特勒，痛恨他给德国和欧洲带来堕落。但是，他们对于推翻希特勒并不感兴趣。他们认为德国即将遭到的失败会完成这个使命。他们只把注意力集中在希特勒倒台以后。毛奇当时曾这样写道："对我们来说……战后的欧洲是如何在我国人民心中重建人的形象的问题。"

杰出的美国新闻记者多萝西·汤普森长驻德国多年，对德国十分

* 毛奇在临刑之前给他的妻子的遗书上说："我们因为在一起思考，将被处绞刑了。"

了解。毛奇是她所接近的老朋友。她曾力劝他从山顶上走下来，正视现实。1942年夏天，在一系列从纽约发给“汉斯”的短波无线电广播中，她请求他和他的朋友们采取一定行动消除那个恶魔似的独裁者。她努力提醒他：“我们不是生活在一个圣者的世界里，而是在一个凡人的世界里。”

> “汉斯，上次我们见面，在临湖的那个美丽的阳台上一起喝茶……我说过，有一天你得用行动，剧烈的行动，来表明你的立场……而且我记得，我还问过你，你和你的朋友们究竟有没有勇气行动……”[1]

这是一个尖锐的问题。结果，答案看来是这样的：毛奇和他的朋友们有勇气议论——他们因此被杀害了——而无勇气行动。

这与其说是他们精神上的缺陷，倒不如说是理智上的缺陷，因为他们全部十分勇敢地面对残酷的死亡。这个缺陷是造成克莱绍集团同贝克-格德勒-哈塞尔密谋集团之间分歧的主要原因，虽然他们对于未来接管纳粹政权的政府的性质和结构也有争论。

1943年1月22日，他们在彼得·约克家里举行了一次正式会议，由贝克将军主持。据哈塞尔在日记里说，贝克“当时是比较软弱和沉默的”。[2]以后还开过几次会。在未来的经济和社会政策上，在“青年人”和“老年人”——用哈塞尔的话——之间，掀起了一场猛烈的争辩，毛奇同格德勒之间也冲突起来。哈塞尔认为，这位前任莱比锡市长十分“反动”，同时指出毛奇“倾向英美与和平主义”。秘密警察也注意到了这次会议，后来在对参加者的审讯中，对于这些讨论提出了一份详细得惊人的报告。

对密谋分子的活动，希姆莱已经掌握了比他们之中任何一个人所意识到的更多的线索。本书所叙述的历史中，有不少意想不到的转

赫尔穆特·詹姆斯·冯·毛奇在审判他的法庭上。

折，这里又出现了这样一个转折。在1943年的这个关头，因为胜利的前景已经消失、失败的前景已在眼前，举止温文而嗜血成性的党卫军领袖、第三帝国的警察头子，开始对抵抗运动产生了个人的而且并不完全是不怀好意的兴趣。他同抵抗运动进行了不止一次的友好接触。有一件事情可以说明这些密谋分子的心理状况：他们之中不止一个人——特别是波比茨——竟开始认为可以用希姆莱代替希特勒！这个看来狂热地效忠于希特勒的党卫军头子，自己也开始这样考虑，但是一直到最后，他始终耍两面派的手法，而在这个过程之中，许多英勇的密谋分子在他手里送了命。 1016

抵抗运动现在在三个方面进行工作。克莱绍集团为了拟订一个幻想中的太平盛世的规划，在进行着无休无止的讨论。比较现实一些的贝克集团在努力想办法杀掉希特勒，取得政权。它还在同西方进行接触，以便让民主的盟国得知将要发生的事情，并探询它们将会同一个新的反纳粹政府谈判什么样的和约。* 这些接触都是在斯德哥尔摩和瑞士进行的。

在瑞典首都，格德勒常常同银行家马库斯和雅各布·瓦伦贝格会晤。他们是他的老朋友，在伦敦有密切的商务关系和私人关系。在1942年4月，格德勒同雅各布·瓦伦贝格举行了一次会晤，格德勒催促他设法同丘吉尔接上头。密谋分子要求事先从这位首相那里得到保证：如果他们逮捕希特勒并推翻纳粹政府，盟国就同德国媾和。瓦伦贝格回答说，根据他对英国政府的了解，要它做出这样的保证是办不到的。

一个月之后，两个路德派教士在斯德哥尔摩同英国人进行了直接的接触。他们是德国福音派教会对外关系局成员之一汉斯·舍恩菲尔德博士和迪特里希·潘霍华牧师，后者是一位著名的神职人员和积极的密谋分子。他们听说英国圣公会奇切斯特主教乔治·贝尔博士正在斯德哥尔摩访问，就赶去见他。潘霍华是化了装，拿着谍报局奥斯特上校给他的伪造护照出国的。

两位牧师对主教谈了密谋分子的计划，而且同格德勒一样，提出了这个问题：一旦希特勒被推翻之后，西方盟国是否将同一个非纳粹政府谈判一个体面的和约。他们要求通过私下的通信或公开的宣言得到答复。为了使主教得到反希特勒的密谋是认乎其真的印象，潘霍
1017 华给了他一份领导人名单。这个不慎的行动后来使他付出了自己的生命，并且使得其他许多人不可避免地遭到杀害。

这是盟国所掌握的关于德国内部的反对派及其计划的最权威和最新的材料。6月间，贝尔主教回到伦敦之后，立即转给英国外交大臣

---

* 有些德国人写的回忆录说，在1942年和1943年，纳粹曾就可能举行的和平谈判同俄国人进行过接触。它们甚至说，斯大林曾经提出开始进行单独媾和的谈判。在纽伦堡审讯时，里宾特洛甫大谈他为了同俄国人进行接触而做的努力。他说，他确实曾同苏联在斯德哥尔摩的代表有过接触。在斯德哥尔摩代表里宾特洛甫进行活动的彼得·克莱斯特在他的书里曾说到这一点。[3]我想，在所有德国的秘密档案清理之后，这段情节的真相可能弄个水落石出。

安东尼·艾登。但是，1938年曾经为了抗议张伯伦对希特勒的姑息政策而辞去外交大臣职务的艾登，看了这份材料以后却心存怀疑。因为从慕尼黑事件以来，英国政府曾经从自称是德国密谋分子的人那里得到过类似的材料，但是一直没有发生过什么事情，结果就没有给予答复。[4]

德国地下组织和盟国方面在瑞士的接触，主要是通过艾伦·杜勒斯。他从1942年11月到战争结束，一直是在瑞士的美国战略服务处的负责人。他的主要客人是汉斯·吉斯维乌斯。吉斯维乌斯是德国谍报局的工作人员，派在德国驻苏黎世总领事馆当副领事。他经常从柏林到伯尔尼来旅行。前面已经提到，他也是谋反活动的积极分子。他的作用主要是从贝克和格德勒那里把消息传递给杜勒斯，让他随时了解各种反希特勒计划的发展情况。去访问杜勒斯的其他德国人中间还有舍恩菲尔德博士和特罗特·佐·佐尔茨，后者是克莱绍集团的成员之一，也是谋反活动的参加者之一。他有一次到瑞士去，像其他许多人做过的那样，对杜勒斯提出"警告"：如果西方民主国家拒绝考虑同一个反纳粹的德国政府签订一个体面的和约，密谋分子们就要转向苏俄。杜勒斯虽然本人表示同情，但无法给予任何保证。[5]

这些德国抵抗运动的领导人既如此坚持从西方取得有利的和平解决，在取得这一和平解决之前，对除掉希特勒却又如此踌躇不定，这不免使人们感到奇怪。人们可能以为，如果他们像经常所声称的那样——这无疑是真诚的——把纳粹主义看作一种滔天的罪恶，他们就应该集中力量努力去推翻它，而不管西方会怎样对待他们的新政权。人们得到这样的印象：这些"善良的德国人"中的许多人，太容易把自己的失败归咎于外部世界，正如他们之中的有些人，把第一次世界大战失败后德国的苦难，甚至于把希特勒本人的得势，都归咎于外部世界一样。

“闪电计划”

1943年2月，格德勒在斯德哥尔摩告诉雅各布·瓦伦贝格：“他们计划在3月份发动政变。”

他们确实有这样的计划。

这个计划称作“闪电计划”，是陆军办公厅主任弗里德里希·奥尔布里希特将军和克鲁格率领下在俄国作战的中央集团军参谋长
1018 冯·特雷斯科将军两人在1月和2月间筹划的。奥尔布里希特是一个十分虔诚的教徒，新近才参加密谋集团。但是他由于就任新职，很快就成为一个关键人物。作为补充军司令弗里德里希·弗洛姆将军的副手，他的地位使他能够集结柏林和德国其他大城市的卫戍部队来支持密谋分子。弗洛姆本人同克鲁格一样，现在对元首的幻想已经破灭了，但还被认为不是完全可以信任的，所以没有让他参与这个密谋。

2月末，奥尔布里希特对特雷斯科参谋部中一个低级军官、年轻的法比安·冯·施拉布伦多夫说：“我们已经准备好了。是‘闪电’的时候了。”3月初，密谋分子在中央集团军总部所在地斯摩棱斯克举行最后一次会议。谍报局局长卡纳里斯海军上将虽然没有参加行动，但他是知道这件事情的，还为这次会议做了安排。他同他手下的汉斯·冯·多赫南伊和埃尔温·拉豪森将军一起飞到斯摩棱斯克，表面上是去召开一次武装部队谍报军官会议。拉豪森随身带了几颗炸弹。他从前是奥地利陆军的一名谍报军官，在参与谋反活动的德国谍报局人员中，他是在大战结束时唯一的幸存者。

施拉布伦多夫和特雷斯科在经过多次实验之后，发现德国炸弹不适合他们行动的要求。据这个年轻军官后来解释，[6]这些德国炸弹要用一根信管引发，信管点燃时发出一种不大的嗞嗞的声音，这就会使他们露出马脚。他们发现英国炸弹好一些。施拉布伦多夫说：“在爆炸之

前，它们没有任何声响。”英国皇家空军曾经在欧洲的德国占领区空投过许多这样的武器，供盟国特务人员进行破坏之用，有一个曾被用来暗杀海德里希。谍报局收集到一些，后来转到密谋分子手中。

斯摩棱斯克会议订出的计划是诱使希特勒到这个集团军总部来，在那里把他干掉。这将是在柏林发动政变的讯号。

希特勒现在对绝大多数将领都有戒心，所以要诱使他进圈套不是一件容易的事情。但是特雷斯科说服了他的一个老朋友、希特勒的副官，现在成了将军的施蒙特，要他对希特勒做工作。在经过一阵犹疑和几次改期之后，元首终于同意在1943年3月13日到斯摩棱斯克来。施蒙特本人对这个阴谋是完全不知情的。

在这期间，特雷斯科又重新努力使他的上司克鲁格来领头杀死希特勒。他向这位陆军元帅建议，准许指挥集团军司令部骑兵部队的陆军中校冯·伯泽拉格尔男爵[*]在希特勒和他的卫队到达时，用这支部队把他们消灭。伯泽拉格尔是欣然同意的。他所需要的只是陆军元帅的一道命令。但是这位动摇不定的司令官没有敢下这道命令。特雷斯科和施拉布伦多夫于是决定亲自动手。

他们打算只是简单地在希特勒回去的时候在他的飞机里放一颗英国制的炸弹。施拉布伦多夫后来解释说：“把事情弄得像是飞机失事，
可以避免暗杀行动在政治上的不利后果。因为当时希特勒还有许多党 1019
徒，如果发生暗杀事件，他们将对我们的起事进行坚决的抵抗。”

在3月13日希特勒到达后的下午和晚上，这两个反纳粹的军官曾经两度准备改变计划。他们先想在希特勒同集团军高级将领开会的克鲁格私人寓所里让炸弹爆炸，后来又想在这群人吃晚饭的军官食堂里爆炸。[†]但是这样做将会炸死一些将领，而密谋分子正是指望着这些将

---

* 他后来被纳粹杀害。

† 施拉布伦多夫说，在第一次会议中，他有机会细看了一下希特勒的特大军帽。它的重量引起了他的注意。仔细一看，原来它里面衬着3.5磅重的钢板。

领，在他们一旦摆脱个人对元首效忠誓言的约束之后，帮助他们在德意志帝国接管权力的。

晚餐之后，元首的飞机立即就要起飞，但把炸弹偷运进飞机这个工作还未完成。施拉布伦多夫已经把他称作“两个爆炸包”的东西装置好，而且把它们扎在一起，像是两瓶白兰地酒。在进餐的时候，特雷斯科做出很自然的样子，问希特勒的随行人员之一、陆军参谋总部一个名叫海因茨·勃兰特的上校，能不能帮忙把他的一份礼物——两瓶白兰地酒，带给他的老朋友、陆军总司令部组织处处长赫尔穆特·施蒂夫将军*。勃兰特根本没有想到会有什么问题，就答应说，他乐于帮忙。

在飞机场上，施拉布伦多夫紧张地用手指从他那个包裹的一个小小的开口处伸进去，开动了定时炸弹的装置，然后在勃兰特走上元首座机的时候，把这个包裹交给他。这是一个构造精巧的武器。它没有那种使人生疑的钟表装置。当这个青年军官按了一个按钮之后，一个小瓶子就被打破，流出一种腐蚀性的化学品，把一根拉住弹簧的金属线慢慢腐蚀掉。这根线蚀尽之后，弹簧就把撞针一推，打着雷管，使炸弹爆炸。

施拉布伦多夫说，他们预计希特勒的飞机从斯摩棱斯克起飞之后约30分钟，刚过明斯克不久，就会出事。他兴奋至极，打电话给柏林，用密码通知那里的密谋分子，“闪电”已经开始。然后，他同特雷斯科怀着怦怦跳动的心，等待着惊人的消息。他们预期，最早的消息将来自护送元首座机的战斗机的无线电报告。他们一分钟一分钟地数着，20分、30分、40分，1个小时……还是没有消息。过了两个多小时，消息来了。那是一个例行公事的电报，报告希特勒已在拉斯滕堡降落了。

---

* 他后来被纳粹处决。

> ［施拉布伦多夫后来复述当时情况说］我们都怔住了，想不
> 出失败的原因。我马上给柏林打电话，用密码告诉他们，尝试失
> 败了。接着特雷斯科和我商量下一步怎么办。我们深受震动。这 1020
> 次尝试失败是十分严重的事情。但更糟糕的将是炸弹被发现，这
> 必然会引起对我们的侦查和一大批紧密合作者的送命。

炸弹永远没有被发现。当天夜里，特雷斯科打电话给勃兰特上校，随意地问起他是不是已经抽空把他的包裹送给了施蒂夫将军。勃兰特说，他还没有功夫办这件事情。特雷斯科就叫他别送去了，因为瓶子弄错了，施拉布伦多夫明天有点公事到那里去，将托他把想送给施蒂夫的真正好白兰地捎去。

施拉布伦多夫以令人难以置信的勇气飞到希特勒的大本营，用两瓶白兰地酒换出了那颗炸弹。

> ［他后来叙述说］我还能清楚地回忆起当时我的恐怖心情。勃兰特把炸弹递给我，不小心猛然一撞，使我担心它会来一个过时的爆炸。我装得很镇静，不去想我拿着的是个炸弹，立即上了汽车，开到邻近的科尔谢铁路交叉点。

他从那里搭夜车去柏林。在卧车车厢里，他关起门来，一个人把炸弹拆开。他很快就发现发生了什么事情——或者说，为什么没有发生什么事情。

> 炸弹的装置是灵的；小瓶子破了；腐蚀性的液体蚀尽了金属线；撞针也向前撞过了；但是，雷管没有发火。

柏林的密谋分子极度失望，但并不气馁。他们决定对暗害希特勒

再来一次新的尝试。很快就有了一个好机会。希特勒将由戈林、希姆莱和凯特尔陪同，出席3月21日在柏林军械库举行的阵亡将士纪念日的纪念仪式。这是一个不仅可以搞掉希特勒，而且还可以搞掉他的主要伙伴的机会。正如克鲁格的参谋部中的谍报科长冯·格斯多夫上校后来所说的那样："这是一个不可多得的机会。"特雷斯科选定格斯多夫男爵来掌握炸弹，这是一次要同归于尽的任务。计划是这样：上校把两颗炸弹藏在大衣口袋里，点上信管，在仪式中尽量靠近希特勒站着，把元首和他的随从以及上校自己都送上西天。格斯多夫以突出的勇敢精神，毫不踌躇地自愿牺牲自己的生命。

3月20日晚上，他在柏林艾登饭店他的房间里同施拉布伦多夫见面。施拉布伦多夫带来了两颗炸弹，用的都是点燃10分钟的信管。但因为军械库内玻璃顶的院子里气温接近零度，这些武器爆炸之前可能
1021 需要15分钟到20分钟时间。希特勒在发表演说之后，预定在这个院子里用半小时参观从俄国人那里缴获的战利品的展览。这个展览是格斯多夫的部下布置的。这是上校能够接近元首和杀害他的唯一的地方。

格斯多夫后来叙述了当年所发生的事情。[7]

> 第二天，我在大衣两边口袋里各装了一个带10分钟信管的炸弹。我打算尽可能靠近希特勒，这样至少可以把他炸得粉碎。当希特勒……走进展览厅的时候，施蒙特过来告诉我，希特勒准备只用8分钟或10分钟参观展览。因此，不可能实行这次暗杀了，因为即使在正常的温度下，信管至少也需要10分钟。这个最后一分钟的改变计划，是希特勒典型的保安诡计，又一次救了他的命。*

---

* 综合整理密谋分子事迹的困难之一是，为数极少的幸存者的回忆都很不完整，因此他们的叙述不但常常有出入，还常常互相矛盾。例如，把炸弹交给格斯多夫的施拉布伦多夫在他的著作中记述，他们因为找不到时间短的信管，军械库的暗杀尝试"不得不放弃"。他显然不知道，或者忘记了格斯多夫确实去了军械库想完成交付给他的任务，虽然格斯多夫上校说，他在前一天晚上曾告诉施拉布伦多夫，他"决心"用他手头的信管"来干这件事情"。

格斯多夫说，特雷斯科将军在斯摩棱斯克“手里拿着一只跑表”，焦急地、期待地听着仪式的实况广播。当广播员宣布，希特勒进了展览厅只停留了8分钟就离开时，这位将军知道，又一次尝试失败了。

后来至少又有三次密谋分子称之为“大衣”的行刺希特勒的尝试，但下面我们将会看到，每一次都遭到类似的挫折。

1943年初，在德国发生了一次自发性的事件。这次事件虽然规模不大，但有助于使抵抗运动萎靡不振的精神重新振作起来，而到那时为止，抵抗运动想除掉希特勒的所有尝试都告挫败了。这次事件又是一个警告，说明纳粹当局对于最起码的反对的表示，会采用多么残酷无情的手段。

我们在前面已经讲到过，德国的大学生在1930年代初期，曾经是最狂热的纳粹分子。但是，希特勒的十年统治使他们的幻想破灭了。德国不能赢得战争，特别是当1943年来临的时候，发生了斯大林格勒

1943年3月21日，希特勒在柏林军械库的展厅中参观缴获的苏军武器装备。从左至右：军械库主管、希姆莱、希特勒、戈林、邓尼茨、试图刺杀希特勒的格斯多夫（照片极远处）、凯特尔。

的灾难，这就使这种幻灭感更加尖锐起来。慕尼黑曾经是产生纳粹主义的城市。慕尼黑大学现在却成了学生反抗运动的温床。领头的人物是一个25岁的医科学生汉斯·朔尔和他的21岁的妹妹、学生物学的索菲。他们思想上的导师是一个哲学教授，名叫库尔特·胡贝尔。他们利用称为“白玫瑰通信”的方式，在其他大学里进行反纳粹的宣
1022 传，并且同柏林的密谋分子也取得了联系。

1943年2月里的一天，巴伐利亚纳粹党领袖保罗·吉斯勒在收到秘密警察送给他的一批这种信件之后，召集了学生开会。他在会上宣布，身体不合格的男生——身体合格的都已被征入陆军服役——将被分配去做某种更有用的战时工作。接着，他不怀好意地对大家瞟了一眼，提出要女生们为了祖国的利益每年生一个孩子。

他还说：“如果有些姑娘缺少足够的姿色去勾上男人，我可以把我的副官分配给她们……而且我能保证她们尝到妙不可言的滋味。”

巴伐利亚人虽然素以有点粗俗的幽默著称，但是学生们对这种下流话是受不了的。他们把这个党领袖轰下了台，又把来保护他的几个秘密警察和党卫军人员赶出会场。当天下午，反纳粹的学生在慕尼黑街道上举行示威，这在第三帝国还是破天荒第一次。学生们在朔尔兄妹领导下，开始散发小册子，公开号召德国青年行动起来。2月19日，一个宿舍管理员看到汉斯·朔尔和索菲·朔尔从大学的阳台上撒传单，就向秘密警察告了密。

他们送命的经过是迅速而野蛮的。他们被拉到可怕的“人民法庭”上，由庭长罗兰·弗莱斯勒主持审判。弗莱斯勒大概可以说是第三帝国中继海德里希之后最阴险和最嗜杀的纳粹分子，本书后面还要提到他。他们被判定犯了叛国罪，宣判死刑。在受讯时，索菲·朔尔被秘密警察拷打得十分厉害，她出庭的时候，有一条腿已经折断了。但是她的精神仍然不屈。面对弗莱斯勒的野蛮威吓，她平静地回答：“你同我们一样都知道，这场战争已经输定了。为什么你这样卑怯，

汉斯·朔尔与索菲·朔尔兄妹。

不敢承认这一点？”

她撑着拐杖，一步一拐地走向绞刑架，极其英勇地迎接了死亡。她的哥哥也是这样。胡贝尔教授和另外几个学生在几天之后也被处死刑。[8]

这一事件促使在柏林的密谋分子看到他们面临着的危险。这时，在密谋分子中间，某些领导人的轻举妄动，经常引起其他领导人的担心。格德勒本人嘴巴太不牢。波比茨在努力试探希姆莱和党卫军其他高级军官参加密谋集团的可能性，这是极端冒险的。为人十分独特的魏茨泽克在战后喜欢把他自己描绘成坚决的抵抗分子，但在当时他吓得同最亲密的朋友哈塞尔断绝一切来往。他指责哈塞尔（还有冯·哈塞尔夫人）“轻率得令人难以置信”，还警告说，秘密警察正在跟踪哈塞尔。* 1023

* 哈塞尔在日记里描写了这个不好过的场面。哈塞尔写道：“他要求我别去见他，免得使他为难。我一辩解，他就粗鲁地打断我的话。”（《冯·哈塞尔日记》[*The von Hassell Diaries*]，第256—257页）魏茨泽克直到后来作为德国驻梵蒂冈大使在梵蒂冈安全地住下来之后，才催促密谋分子们采取行动。哈塞尔评论道：“从梵蒂冈这样做当然是容易的。”魏茨泽克活到了战后，写了他那可以说有点不体面的回忆录。哈塞尔的日记是在他被处死后出版的。

秘密警察还在监视着其他许多人，特别是多嘴的、自信的格德勒。1943年3月，是密谋分子受挫折的月份，他们两次行刺希特勒的尝试都流产了。紧接着，秘密警察又给了他们一次打击。但是，很有讽刺意味的是，这一打击主要不是由于专门的追踪技术，而是两个情报机构，即武装部队谍报局和希姆莱的中央保安局倾轧的结果，中央保安局主管党卫军的情报机构还想把卡纳里斯海军上将撵走，接管他的谍报局。

1942年秋天，一个慕尼黑商人因为私运外币越境到瑞士而被捕。这个人实际上是谍报局的一个特务，但他长久以来运出国境的钱是给在瑞士的一群犹太难民的。在第三帝国，一个德国人的最大罪过莫过于此了，哪怕他是一个谍报局特务也罢。由于卡纳里斯没有营救，这个特务就开始向秘密警察供出他所了解的谍报局的情况。他攀出汉斯·冯·多赫南伊。多赫南伊同奥斯特上校一样，一直是密谋集团的核心分子。他告诉希姆莱手下的人，1940年约瑟夫·米勒博士到梵蒂冈去的任务，是通过教皇同英国人搭上关系。他透露了1942年潘霍华牧师用谍报局发的伪造护照到斯德哥尔摩去访问奇切斯特主教的事情。他还暗示出奥斯特想除掉希特勒的各种计划。

经过几个月的侦察，秘密警察行动了。1943年4月5日，多赫南伊、米勒和潘霍华被捕。奥斯特在这期间已经设法销毁了大部分罪证文件，在12月间被迫辞去谍报局职务，在莱比锡被软禁起来。*

这对密谋集团是一个沉重打击。施拉布伦多夫谈到奥斯特时说，他是“一个上帝要塑造的那种样子的人，头脑清楚而沉着，危险临头仍镇定如常”。从1938年试图搞掉希特勒以来，奥斯特一直是密谋集团中的关键人物之一。多赫南伊的职业是律师，他一直是一个足智多谋的助手。新教牧师潘霍华和天主教神父米勒，不但为抵抗运动带来

---

* 1945年4月9日，即德国投降前不到一个月，潘霍华、多赫南伊和奥斯特都被党卫军处决。消灭他们看来是希姆莱方面的一种复仇行为。只有米勒幸免一死。

巨大的精神力量，而且在历次国外活动中，表现出个人英勇不屈的典范。他们被捕之后备受酷刑，但仍拒绝出卖他们的同志。

但最严重的是，谍报局瓦解之后，密谋分子失去了“掩护”，也失去了他们相互之间、他们同犹豫观望的将军们之间、他们同西方的朋友们之间互通声气的主要途径。

希姆莱警犬的追踪又有了更多的发现，几个月之内谍报局和它的首脑卡纳里斯就完全完蛋了。 1024

有一个新发现是在1943年9月10日发生的，是在纳粹圈子里称为“佐尔夫夫人茶会”的事件引起的。安娜·佐尔夫夫人的已故丈夫曾在威廉二世手下做过殖民大臣，在魏玛共和国做过驻日本大使。她很久以来就是柏林一个反纳粹的沙龙的女主人。常到这个沙龙来的有许多高贵的客人，其中有：俾斯麦的孙女汉娜·冯·布雷多夫伯爵夫人、第一次世界大战时德国驻美大使的侄子阿尔布雷希特·冯·伯恩施托夫伯爵、著名的耶稣会神父埃克斯莱本，还有外交部一个高级官员奥托·基普和伊丽莎白·冯·塔登。奥托·基普曾因参加一次招待爱因斯坦教授的午宴，被免去德国驻纽约总领事的职务，但后来又设法复任外交官职。伊丽莎白·冯·塔登是一个有才华的、虔诚信教的妇女，在海德堡附近的魏布林根办着一所著名的女子学校。

9月10日在佐尔夫夫人家里的茶会上，冯·塔登小姐带来一位少年英俊的瑞士医生，名叫勒克西，在绍尔布鲁赫教授主持的柏林夏里特医院工作。同绝大多数瑞士人一样，勒克西博士表示了强烈的反纳粹情绪。在场的许多人都表示同感，特别是基普。茶会散场之前，这位好意的大夫自动提出，愿意为佐尔夫夫人或她的客人递送任何信件给他们在瑞士的朋友——德国反纳粹的流亡分子和英美外交官。在场的不止一个人很快接受了他的好意。

不幸的是，勒克西博士是秘密警察的特务。他把几封可以作为罪证的信件和关于这次茶会的报告一起交给了秘密警察当局。

冯·毛奇伯爵的一个在空军部工作的朋友偷听到了这个瑞士医生同秘密警察之间的几次电话。冯·毛奇伯爵从这一朋友那里得悉了这一情况，立即对他的朋友基普发出警告，基普又通知了佐尔夫圈子里的其他人。但是希姆莱已经掌握了证据。他也许是希望把网再拉得大些，所以等了四个月才下手。1月12日，所有参加那次茶会的人，除了佐尔夫夫人和她的女儿巴勒施特雷姆伯爵夫人以外，都被逮捕、审讯和处决了。* 她们母女俩关在拉文斯布吕克集中营，最后幸免一死，
1025 真是奇迹。† 冯·毛奇伯爵为他的朋友基普所牵连，这次也被捕了。但这还不是基普被捕的唯一后果。它的影响远及土耳其，并为最后解散谍报局、把它的工作转移给希姆莱铺平了道路。

在基普的亲密的反纳粹朋友中，有埃里希·费尔梅伦和他的美貌绝伦的妻子，娘家姓名为伊丽莎白·冯·普莱滕贝格女伯爵。同其他反对现政权的人一样，他们参加了谍报局，被派在伊斯坦布尔工作。秘密警察召令他们回柏林在基普案中受审。他们知道回去以后的命运会怎么样，所以拒绝了这个命令，在1944年2月初同英国特务机关取得联系，飞到开罗，又从那里飞到英国。

柏林方面认为，费尔梅伦夫妇带了谍报局的全部密码逃亡，把它们都交给了英国人。虽然后来发现这是不确实的，但这却成了希特勒搞掉谍报局的最后一个借口。在多赫南伊和谍报局的其他人员被捕之后，加上对卡纳里斯越来越怀疑，他就想这样做了。1944年2月18日，他下令解散谍报局，由中央保安局接管它的工作。这是希姆莱又

---

* 很明显，希姆莱在这四个月期间确实张大了他的网。据赖特林格说，由于勒克西博士的侦查而被捕的约有74人（赖特林格：《党卫军》[*The S. S.*]，第304页）。

† 起初日本大使出面说情，推迟了审讯。后来，在1945年2月3日，美国空军在一次白昼空袭中扔下的一颗炸弹，不但炸死了正在主持一次可怕的叛国案审讯的罗兰·弗莱斯勒，而且把“人民法庭”档案中关于佐尔夫母女的案卷也炸毁了。但这个法庭仍定于4月27日审讯她们，不过那时俄国人已经进了柏林。事实上，她们在4月23日就从莫阿比特监狱被释放了，这显然是由于差误所致（惠勒-本内特：《权力的报应》，第595页注；贝彻尔：《德国抵抗运动》[*Deutscher Widerstand*]，第88—93页）。

一件值得夸耀的事情。他同陆军军官团的斗争可以追溯到1938年诬告冯·弗里奇将军的事件。谍报局的解散，使武装部队完全失去了自己的情报机构，并且增加了希姆莱对将军们的权力。这也是对密谋分子的进一步打击，现在密谋分子已经没有任何可以利用的特务机构了。[*]

但是他们没有打消杀害希特勒的图谋。从1943年9月到1944年1月，又组织了六次尝试。8月间，雅各布·瓦伦贝格到柏林来看格德勒。格德勒向他保证，一切准备工作都已经完成，可以在9月间发动政变。到那时，施拉布伦多夫将去斯德哥尔摩会晤丘吉尔先生的代表，进行和谈。

“当时我怀着提心吊胆的心情，等待9月的来临。”这位瑞典银行家后来对艾伦·杜勒斯说，“9月过去了，什么事情也没有发生。”[9]

一个月之后，施蒂夫将军——就是特雷斯科送给两瓶“白兰地酒”和希姆莱后来称作“中了毒的小矮子”的那个说话刻薄的驼子——设法在拉斯滕堡希特勒的午间军事会议上放一颗定时炸弹。但到最后关头，他又胆怯了。几天之后，他从谍报局拿来藏在大本营一个瞭望楼下面的那些英国炸弹爆炸了。幸亏希特勒命令负责调查这个
案件的谍报局上校维尔纳·施拉德是参与密谋活动的人，密谋分子才 1026
没有暴露。

11月里，又组织了一次“大衣”行刺活动。密谋分子挑了24岁的步兵上尉阿克塞尔·冯·德·布舍试穿一种新的陆军大衣和一种新的作战背包，这两件装备都是希特勒下令设计的，现在他要亲自观看，以便批准生产。为了避免重蹈格斯多夫的覆辙，布舍决定在他试穿的大衣口袋里装上两颗点燃引线之后几秒钟就会爆炸的德国炸弹。他

---

* 卡纳里斯被任命为“商业和经济作战局”局长。挂上这个空衔之后，这位“小海军上将”就退出了德国历史舞台。他是一个不可捉摸的人物。他究竟是怎样一个人，如果他有信仰的话他究竟信仰什么，没有两个作者有一致的意见。他看透了一切，是个宿命论者。他仇恨魏玛共和国，秘密地进行反对活动，后来又同样地对待第三帝国。同谍报局所有其他显赫人物（只有拉豪森将军除外）一样，他的日子现在快到头了。下面我们就会看到。

的计划是趁希特勒检查新大衣的时候一把抓住他，这样两人就将同归于尽。

但在预定的试穿日期前一天，盟军的一颗炸弹把这些新式的大衣和作战背包炸毁了。布舍就返回了俄国前线他的连队。12月间，他又来到希特勒的大本营，打算仍旧利用试样子的机会进行谋害。但元首忽然决定到贝希特斯加登去度圣诞节假日。不久，布舍在前线受了重伤，于是另一个在前线作战的年轻步兵军官调来代替他。这个年轻军官就是海因里希·冯·克莱斯特，资格最老的密谋分子之一埃瓦尔德·冯·克莱斯特的儿子。试穿新大衣的日子定在1944年2月11日，但元首由于某种原因并没有来。据杜勒斯说是因为空袭。[*]

到了这时，密谋分子已经得出这样的结论：由于希特勒采取经常改变日程的手法，他们的计划必须大加修改。[†] 他们看到，希特勒肯定会出现的场合是每天两次同最高统帅部和陆军总司令部的将军们的军事会议。必须在这样的一次会议上杀掉他。1943年12月26日，一个名叫施陶芬贝格的青年军官，代表奥尔布里希特将军来到拉斯滕堡大
1027 本营，准备参加中午的会议，作关于陆军补充问题的报告。在他的皮包里，有一颗定时炸弹。这次会议临时取消了，因为希特勒到上萨尔

---

* 克莱斯特父子后来都被捕，其父于1945年4月16日被杀，其子幸免于难。

† 希特勒常同他的老党羽讨论这种手法。1942年5月3日他在大本营谈话，根据速记记录，他说："我完全懂得，为什么历史上的谋杀案件90%都能够成功。唯一能采取的预防办法就是不规则的生活——步行、乘车、旅行，都要在不规则的时间内进行，而且要出人意料……我尽量做到乘车外出时，出人意料地下车，并且事先不告诉警察。"（《希特勒秘密谈话录》，第366页）

前面曾经谈过，希特勒一直知道他可能遇刺。在1939年8月22日，即进攻波兰的前夕的一次军事会议上，他对他的将军们强调指出，虽然他个人是不可缺少的，但他"有可能随时遭到一个罪犯或白痴的杀害"。

1942年5月3日，在闲谈这个问题的时候，他又说："要防备狂热分子和理想主义者，是永远也不会有绝对的安全办法的……要是有什么狂热分子想开枪打死我或者用炸弹炸死我，那么我坐着不会比站着更安全些。"但他认为："为了某种理想而要谋害我的狂热分子，为数要比以前少得多了……唯一真正危险的分子，不是那些被卑怯的传教士煽惑起来的狂热分子，就是我们所占领的某一国家内有民族主义思想的爱国分子。即使对这些人，我多年的经验也会使他们的事情相当难办。"（同上书，第367页）

茨山度圣诞节去了。

这是这个少年英俊的中校第一次进行这样的暗杀行动，但不是最后一次。因为反纳粹的密谋分子终于找到了冯·施陶芬贝格伯爵这样一个他们所需要的人。从此以后，他不但担负起用现在看来唯一可能的办法亲手来刺杀希特勒的任务，并且把新的生命和光辉、希望和热情注入密谋集团。他成了密谋集团真正的领袖，尽管从来不是名义上的领袖。

冯·施陶芬贝格伯爵的使命

冯·施陶芬贝格伯爵是个具有职业军官所需要的惊人才能的人。他于1907年出生于德国南部一个著名世家。他的姓名是克劳斯·菲利普·申克。他的母亲是于克斯屈尔-吉伦布兰德女伯爵。他的外曾祖父是抵抗拿破仑的战争中的军事英雄之一格奈泽瑙，后者曾同沙恩霍斯特一起创建了普鲁士陆军参谋总部。在他母亲这方面，他又是另一个拿破仑时代名将约克·冯·瓦滕堡的后裔。他的父亲曾经做过符腾堡末代国王的枢密大臣。这个家庭是一个融洽的、虔诚地信仰罗马天主教、有很高文化教养的家庭。

克劳斯·冯·施陶芬贝格就是在这样的家庭背景和气氛中长大的。他体格健壮，所有见过他的人都说他十分英俊。他才气横溢，好学不倦，头脑冷静周密。他喜好驰骋养马和体育运动，也热爱文学和艺术，博览群书，涉猎颇广。他在青年时代接受了天才诗人斯特凡·格奥尔格的浪漫神秘主义的影响。这个年轻人一度想以音乐为职业，后来又想从事建筑，但在1926年19岁的时候，参加了陆军，在著名的第十七班贝格骑兵团当见习军官。

1936年，他进入柏林陆军大学。他的全面的才华引起了教官们和总司令部的注意。两年以后，他成为参谋总部的一名年轻军官。他虽然像许多同一阶级出身的人一样，思想深处是保皇派，但到那时为止，并不反对民族社会主义。显然是1938年的排犹行动使他第一次对希特勒产生了怀疑。1939年夏天，他看到元首正在把德国引向一场可能是长期的、伤亡惨重的、最后归于失败的战争，这时他的怀疑增长了。

尽管如此，当战争来临的时候，他仍以特有的精力投入了战争。在波兰和法国战役中，他在霍普纳将军的第六装甲师当参谋，声名卓著。看来是在到了俄国之后，他对第三帝国的幻想完全破灭了。1940
1028 年6月，即进攻敦刻尔克的前夕，他被调回陆军总司令部。在对俄国作战的最初18个月中，他的大部分时间是在苏维埃领土上，协助在俄国战俘中组织俄罗斯“志愿”部队和担任其他工作。据他的朋友说，施陶芬贝格这时认为，在德国人要推翻希特勒的暴政的时候，这些俄国人的军队可以用来推翻斯大林的暴政。也许这可以作为斯特凡·格奥尔格的糊涂思想给他的影响的一个例子。

党卫军在俄国的暴行，更不用说希特勒枪杀所有布尔什维克政治委员的命令，打开了施陶芬贝格的眼睛，使他清楚地看到他所为之服务的主子是个什么样的人。由于机缘巧合，他在俄国遇到了决心杀掉这个主子的两个主要的密谋分子——冯·特雷斯科将军和施拉布伦多夫。据后者说，他们后来碰了几次面，就使他们相信施陶芬贝格是他们的人。施陶芬贝格于是成了一个积极的密谋分子。

但他还只是一个低级军官。他很快发现，那些陆军元帅们不是胆子太小，就是太没有主意，不可能有什么作为来推倒希特勒或者停止后方对犹太人、俄国人和战俘的可怕的屠杀。斯大林格勒的不必要的灾祸也使他感到厌恶。1943年2月，这次灾祸结束之后，他请求派往前线，被调到在突尼斯的第十装甲师当作战参谋。他参加了凯塞林山口战役的最后阶段，在这次战役中，他所属的部队把美国人赶出了山口。

4月7日，他乘的汽车开进一处布雷的阵地，也有人说，还受到低飞的盟军飞机的扫射。施陶芬贝格受了重伤。他的左眼瞎了，左手的两个指头和整个右手都炸掉了，左耳和左膝盖也受了伤。有几个星期，看来情况是即使幸而能活下来的话，他的右眼好像也很可能瞎掉。他进了慕尼黑一所医院，多亏绍尔布鲁赫教授的精心治疗，他重获生命。人们会认为，任何人处在他的境地，一定会在伤愈之后退伍，从而也就退出了密谋集团。但到了仲夏时节，他在反复练习用左手剩下的三个包扎起来的指头拿笔之后，写了一封信给奥尔布里希特将军，说他希望在三个月之内回去重新服役。在长期疗养中，他有时间思考许多问题，最后得到了这样的结论：虽然成了残废，但他还有一个神圣的使命要完成。

有一天，他的妻子尼娜伯爵夫人（他们有四个年纪还小的孩子）到医院去看他。他对坐在床边的妻子说："我觉得我现在必须做一点事情来挽救德国。我们参谋总部的所有军官必须担起我们应负的责任。"[10]

1943年9月底，他回到柏林，升任中校，担任陆军办公厅主任奥尔布里希特将军的参谋长。很快他就开始练习用他那只还没有完全残废的手的三个指头，拿一把夹子引发谍报局收藏的英制炸弹。

他所做的工作远不止于此。他的勃勃的生气、清楚的头脑、宽阔的思路和杰出的组织才能，为密谋分子们注入了新的生命和决心。但也产生了一些分歧。因为施陶芬贝格对于密谋集团的老朽的领导人如贝克、格德勒和哈塞尔所拟议的，一旦推翻了民族社会主义之后所要 1029
建立的因循保守、无声无色的政权很不满意。他比他那些参加克莱绍集团的朋友们讲求实际多了。他要实行一种新的、充满活力的社会民主主义，并且坚持要在拟议的反纳粹政府成员名单中，加入他的新朋友尤利乌斯·莱贝尔和威廉·洛伊施纳，前者是一个卓越的社会民主党人，后者是前工会干部，两人都是密谋集团的核心和积极分子。在这个问题上经过了许多争论，但施陶芬贝格很快就在密谋集团的政治领导人中取得了左右一切的地位。

在密谋集团的绝大多数军人中间，他也同样取得了成功。他曾经认为贝克将军在声望上是这些军人的领袖，对这位前任参谋总长表示了很大的尊敬。但在回到柏林之后，他看到刚经过一次癌症大手术的贝克已经失去往日的精神，显得疲惫并且有点沮丧。在政治上，贝克完全受格德勒的影响，没有什么头脑。在实行起义时，利用贝克在军界的很高声望是有好处的，甚至是必要的。但在提供和指挥所需要的部队方面，必须找服现役的青年军官来帮忙。施陶芬贝格很快就找到了他所需要的大部分关键人物。

除奥尔布里希特外，这些人是：施陶芬贝格的上司、陆军总司令部组织处长施蒂夫将军，陆军军需总监爱德华·瓦格纳将军，最高统帅部通信处长埃里希·菲尔基贝尔将军，军械署长弗里茨·林德曼将军，柏林卫戍司令保罗·冯·哈泽将军（他可以为接管柏林提供部队），外籍军队科科长冯·伦纳男爵上校，还有他的参谋长冯·马图施卡伯爵上尉。

还有两三个处于关键地位的将军，其中主要的一个是弗里茨·弗洛姆。他是补充军实际上的总司令。同克鲁格一样，他忽冷忽热，不能完全算数。

密谋分子们也还没有吸收到一个现役的陆军元帅。冯·维茨勒本陆军元帅是最早参加的密谋分子之一，内定为将来的武装部队总司令。但他现在已退为后备役，手下没有军队。他们曾向现在指挥西线所有部队的冯·伦德施泰特陆军元帅进行游说，但伦德施泰特拒绝背弃他效忠元首的誓言，或者说，这至少是他的借口。才能卓越然而看风使舵的冯·曼施坦因陆军元帅也是如此。

在这个当儿——1944年初——一个十分活跃而且受人爱戴的陆军元帅对密谋分子表示了某种接近的倾向。施陶芬贝格起初不知道这件事情。这个陆军元帅就是隆美尔。他参加反希特勒的密谋计划，使抵抗运动的领导人感到十分惊异。他们中间多数人把这个“沙漠之狐”看作纳粹分子和机会主义分子，认为他过去无耻地对希特勒献媚、争宠，现在只是因为看到战争败局已定，才想背弃他。他们因而不同意要他。 1030

1944年1月，隆美尔就任西线B集团军司令，这支部队是用来抵御英美渡海进攻的主力的。在法国时，他开始同两个老朋友往来很密切，一个是比利时和法国北部的军事总督亚历山大·冯·法尔肯豪森将军，另一个是法国军事总督卡尔·海因里希·冯·施蒂尔普纳格尔将军。这两位将军都已经参加反希特勒的密谋集团，他们慢慢地把隆美尔也引进来。他们对隆美尔进行的工作，得到后者一个担任文职的老朋友卡尔·施特罗林博士的协助。施特罗林是斯图加特市长。同本书许多人物一样，他一度是一个热心的纳粹分子，但现在战争正走向失败，许多德国城市，包括他自己的城市，正在盟军轰炸下很快地成为一堆堆废墟，他就开始另作打算。他在这条道路上又得到了格德勒博士的帮助。1943年8月，格德勒曾劝他参加起草一个给内务部——现在由希姆莱担任部长——的备忘录，联名要求停止迫害犹太人和基督教会，恢复公民权利和重新建立一个不受党和党卫军-秘密警察干预的司法系统。施特罗林通过隆美尔夫人，把这个备忘录送给了这位陆军元帅，这个备忘录似乎对他产生了显著的影响。

1944年2月底，他们两个在乌尔姆附近赫林根的隆美尔家里促膝谈心。

> [这位市长后来叙述道]我告诉他，东方战线上某些高级陆军军官提议逮捕希特勒，强迫他在电台上宣布退位。隆美尔同意这个想法。
>
> 我又告诉他，他是我国最伟大、最得人心的将领，在国外比

> 任何其他将领都更受尊敬。我说："你是唯一能够使德国避免发生内战的人。你必须以你的大名来赞助这一运动。"[11]

隆美尔迟疑了一下，最后做了决定。

他对施特罗林说："我想，出来挽救德国是我的责任。"

在这次以及所有以后同密谋分子的会见中，他都反对谋杀希特勒——不是由于道德上的理由，而是由于实际考虑。他认为，这个独裁者如果被杀，就会成为一个烈士。他坚决主张由陆军逮捕希特勒，把他押上德国法庭，根据他对本国人民和占领区人民所犯的罪行加以惩治。[12]

这时，命运又为隆美尔带来另一个影响。这种影响来自汉斯·施派德尔将军。施派德尔在1944年4月15日担任这位陆军元帅的参谋长。他也是一个谋反分子，虽然与施陶芬贝格分属不同的密谋集团，但两人都是不同寻常的陆军军官。他不但是一个军人，还是一个哲学
1031 家，1925年以优异成绩得过蒂宾根大学哲学博士学位。他到任以后立即着手对他的上司做工作。只过了一个月，即5月15日，他就安排了隆美尔、施蒂尔普纳格尔以及他们的参谋长在巴黎附近的一所乡村别墅里开会。施派德尔说，会议的目的是拟定"停止西线的战争和推翻纳粹政权的必要措施"。[13]

这是一件大事情。施派德尔知道，在进行准备工作的时候，同国内反纳粹分子，特别是格德勒-贝克集团建立更紧密的联系，是迫切需要的。有几个星期，浮躁的格德勒一直要求设法让隆美尔同牛赖特举行一次会谈。不是别人，竟是牛赖特！我们知道牛赖特为希特勒的肮脏勾当尽过力，起初当外交部长，后来又当第三帝国驻波希米亚的保护长官。不过现在，由于可怕的灾难快要降临祖国了，他也开始清醒过来。隆美尔认为同牛赖特和施特罗林见面太危险，就决定派施派德尔将军去。5月27日，在弗罗伊登施塔特的施派德尔家里举行了会

议。出席的三个人——施派德尔、牛赖特和施特罗林都是施瓦本*人，这种亲密关系不仅使会议开得融洽，并且很容易就达成了协议。他们的协议是这样的：必须尽快推翻希特勒，隆美尔必须准备出任国家的临时首脑或武装部队总司令。应该说明，隆美尔自己从来也没有想当这两个职务。他们还拟定了许多细节，包括同西方盟国接洽停战的计划以及国内密谋分子同隆美尔总部的通信密码。

施派德尔将军着重声明，当时隆美尔已经把要做的事情坦白地告诉了他在西线的顶头上司冯·伦德施泰特陆军元帅，而且还说，后者也已“完全同意”。不过，这个陆军高级军官的性格是有缺陷的。

> ［施派德尔后来写道］在讨论起草联名给希特勒的要求的时候，伦德施泰特对隆美尔说：“你年轻。你了解和热爱人民。你干吧。”[14]

后来，在春末又举行了几次会议，拟订了下面的计划。在参与密谋的西线的陆军军人中，施派德尔几乎是唯一幸免于死的人。他这样叙述这个计划：

立即与西方盟国停战，但不是无条件投降。德国人从西线撤回本国。盟国立即停止对德国本土的轰炸。逮捕希特勒，由德国法庭进行审判。推翻纳粹统治。在贝克将军、格德勒和工会代表洛伊施纳领导下的各个阶层的抵抗力量暂时接管德国的行政权。不实行军事独裁
制度。在“欧洲合众国”的结构内，准备实行“建设性的和平”。在 1032
东方，继续战争。缩短战线，守住多瑙河口、喀尔巴阡山、维斯杜拉河、梅梅尔一线。[15]

将军们似乎毫不怀疑，在实行这个计划之后，英美就会同他们一起

* 施瓦本是中世纪时的一个大公国，现在巴伐利亚的一部分仍称施瓦本。——译者

进行反对俄国的战争，以防止——照他们的说法——欧洲布尔什维克化。

在柏林，贝克将军同意了这个计划，至少是在对东方继续进行战争这个限度以内。5月初，他通过吉斯维乌斯，给杜勒斯送去一个备忘录，提出了一个异想天开的计划。在英美进攻西欧之后，西线上的德国将军们将把他们的部队撤到德国边境。在这过程中，贝克要求西方盟国进行三项战术行动：派出三个空运师到柏林地区，协助密谋分子守住首都；在汉堡和不来梅附近的德国海岸，举行大规模海上登陆；派出相当大量的部队渡过英吉利海峡在法国登陆。与此同时，可靠的反纳粹的德国部队将占领慕尼黑地区，把希特勒包围在上萨尔茨山的山间别墅之中。对俄国的战争将继续进行。杜勒斯说，他毫不迟延地叫柏林的密谋分子别做梦了。他告诉他们，同西方单独媾和是不可能的。[16]

施陶芬贝格、他那些参加克莱绍集团的朋友以及像前驻莫斯科大使舒伦堡这样一些密谋分子，早已认识到了这一点。事实上，他们之中绝大多数人（包括施陶芬贝格在内）都是“东方派”——虽然反对布尔什维克，但是亲俄。有一个时期，他们认为同俄国达成较有利的和平协议，比同西方盟国还可能更容易一些。俄国通过斯大林本人的多次声明，在它的广播宣传中，曾经强调它不是对德国人民作战，而是对“希特勒分子”作战；而西方盟国却只是口口声声地讲“无条件投降”。* 但在1943年10月，苏联政府在盟国外长莫斯科会议上正式宣布完全赞同要求德国无条件投降的卡萨布兰卡宣言，这时密谋分子才放弃了这种主观愿望。

现在，当决定命运的1944年夏季快要来临的时候，他们认识到：由于红军迫近德国边境，英美军队也已经部署好大规模渡海进攻，而德

---

* 丘吉尔和罗斯福在卡萨布兰卡会议时，于1943年1月24日发表了要求德国无条件投降的宣言。戈培尔自然大大利用这一点来驱使德国人民进入全面抵抗的状态。但照本书作者的意见，为数多得令人惊异的西方作者，对于戈培尔在这方面所得到的成功，未免估计过高了。

国在意大利对亚历山大率领下的盟军的抵抗正在瓦解，他们必须赶快除掉希特勒和纳粹政权，才能够取得某种和议，以免德国被占领和消灭。

在柏林，施陶芬贝格和他的同伴终于拟就了他们的计划。这些计划总的代号是“瓦尔基里”。这是一个很恰当的名称，因为瓦尔基里是北欧-日耳曼神话中一些美丽而可怕的少女，据说她们飞翔在古战 1033
场上，寻找那些该杀死的人。这一次，要杀死的是阿道夫·希特勒。十分含有讽刺意味的是，卡纳里斯海军上将在垮台之前，使元首同意了这个“瓦尔基里”计划。原来他把“瓦尔基里”伪装成这样一个计划：一旦在柏林和其他大城市服劳役的千百万外国劳工暴动，国内驻防军就接管这些城市的治安工作。这样的暴动是很少可能发生的，简直是不可能发生的，因为那些外国工人既没有武器，也没有组织。但是好疑的希特勒这时已感到草木皆兵，而且当时几乎所有精壮的士兵都不在国内，有的在前线，有的在辽阔的占领区内镇压当地人民，因此他很容易地就接受了这个想法：国内驻防军应该有个防范这群心怀不满的奴隶劳工、保障国内治安的计划。这样，“瓦尔基里”计划成了军中密谋分子的一个绝好的掩护，使他们可以相当公开地拟订希特勒被暗杀后，国内驻防军接管首都和维也纳、慕尼黑、科隆等城市的计划。

在柏林，密谋分子主要的困难是手上的军队太少，人数不及党卫军部队。在城内和城外四周还有为数不小的空军防空部队。除非国内驻防军采取迅雷不及掩耳的行动，否则，即使希特勒死了，这些部队也将会继续忠于戈林，不惜为保持在他们的头目的领导下的纳粹政权而战。他们的高射炮可以当大炮用，来对付国内驻防军部队。另一方面，柏林的警察部队因为他们的头目冯·赫尔多夫伯爵参加了密谋集团，已为密谋分子所掌握。

鉴于党卫军和空军部队的实力，施陶芬贝格十分重视控制首都的行动时间。最初两小时将是最关键的时刻。在这短短的时间里，陆军部队必须夺占全国广播总局和两个本市电台、电报局、电话局、总理府、政府各部和党卫军-秘密警察总部。戈培尔是唯一很少离开柏林的纳粹显要人物。他和党卫军军官必须加以逮捕。在这时间里，希特勒一死，他在拉斯滕堡的大本营必须立刻同德国其他地方隔绝，使得不论是戈林或是希姆莱，或是凯特尔、约德尔这样的纳粹将领，都不能接管政府或试图纠集警察或军队来支持纳粹政权的继续存在。这项工作由长驻元首大本营的通信处长菲尔基贝尔将军负责。

只有到了这个时候，在政变发动后两小时内完成了这一切事情之后，才能够通过广播、电话和电报，把先期拟好的公报发给其他城市的国内驻防军部队指挥官、在前线和占领区指挥军队的最高级将领，宣布希特勒已死，一个新的反纳粹政府已在柏林成立。在24小时内，
1034 起义就应该结束——成功地结束，新政府巩固地建立起来。否则，那些摇摆不定的将军们就可能会反悔，戈林和希姆莱可能把他们争取过去，那就会发生内战。在这种情况下，前线就会溃退，而密谋分子希望防止的混乱和崩溃就将不可避免。

一切都在于密谋分子有没有能力在希特勒被暗杀之后——这件事情将由施陶芬贝格亲自负责——以最快的速度和最大的努力，运用柏林市内和四周的国内驻防军部队，为他们的目的服务。这是一个困难的问题。

在一般的情况下，只有国内驻防军即补充军总司令弗里茨·弗洛姆将军，才能下令执行“瓦尔基里”计划。而他的态度如何，直到最后还是一个问号。1943年的整整一年里，密谋分子都在对他做工作。他们最后的结论是，这个谨小慎微的军官只有等他看到起事已经成功之后才能完全算数。但他们对起事成功自以为是有把握的，所以就瞒着他，动手起草了一系列准备以他的名义发布的命令。如果他在关键时刻动摇，就用霍普纳将军代替弗洛姆。霍普纳就是那个卓越的坦克

部队指挥官，在1941年莫斯科战役之后被希特勒撤职，并且被禁止再着军服。

柏林的另外一个重要将领的问题也使密谋分子很伤脑筋。那就是冯·科茨弗莱施将军。他是一个彻头彻尾的纳粹分子，指挥着包括柏林和勃兰登堡在内的第三军区。密谋分子决定把他逮捕，由冯·廷根男爵将军代替。柏林卫戍司令保罗·冯·哈泽将军已经参加了这个密谋，可以指望他领导卫戍部队完成占领柏林的这个重要的第一步工作。

除了起草控制柏林的详细计划之外，施陶芬贝格和特雷斯科在格德勒、贝克、维茨勒本等人的合作下，起草了给各军区司令的命令，指示他们如何接管辖区的行政权、镇压党卫军、逮捕纳粹首要分子和占领集中营。此外，还写好了几个动人的文告，准备在适当时机发给武装部队、德国人民、报界和电台。这些文告有的由贝克以新的国家元首的名义签署，有的由冯·维茨勒本陆军元帅以武装部队总司令名义签署，有的由格德勒以新总理的名义签署。这些命令和文告都在班德勒街由两个参加密谋的勇敢的妇女在深夜里十分秘密地用打字机打出许多副本。这两个妇女，一个是对密谋活动贡献很大的特雷斯科将军的夫人埃里卡·冯·特雷斯科，另一个是玛格丽特·冯·奥芬，她是一位退休将军的女儿，多年担任两位前任陆军总司令冯·哈默施坦因将军和冯·弗里奇将军的忠实的秘书。这些文件准备好之后都藏在奥尔布里希特将军的保险柜里。

这样，计划都安排好了。事实上，这些计划在1943年底就已安排好了，但有好几个月，并没有为实现这些计划采取什么行动。然而形势的发展却不等待密谋分子。到1944年6月，他们意识到时间已经 1035
所余无几了。首先，秘密警察盯得很紧。参加密谋的人被逮捕，一星期比一星期多，其中有冯·毛奇伯爵和克莱绍集团成员，同时被处决的人也很多。密谋集团的核心分子贝克、格德勒、哈塞尔、维茨勒本等，因为希姆莱的秘密警察盯梢盯得太紧，连见面都越来越困难。这年春天，希姆莱曾警告已经下台的卡纳里斯说，他知道得很清楚，有些将军和他们的文职朋友正在图谋反叛。他提到正在监视贝克和格德勒。卡纳里斯把这个警告转达给了奥尔布里希特。[17]

对密谋分子来说，军事形势也同样有着不祥之兆。一般人都认为，俄国人就要在东线发动一次全面反攻。罗马已经放弃给盟军了。它是在6月4日失守的。在西线，英美登陆迫在眉睫。德国可能很快就要遭受军事失败——在还没有来得及推翻纳粹之前。也许是由于克莱绍集团的思想影响，确实有越来越多的密谋分子，开始认为还不如取消原定计划，让希特勒和纳粹分子去负担这场灾难的责任。现在推翻他们，可能只是重复“刀刺在背”的传说，第一次世界大战之后，“刀刺在背”的传说曾使许多德国人深信不疑。

英美的进攻：1944年6月6日

施陶芬贝格本人并不相信西方盟国会在那年夏天做登陆法国的尝试。从谍报局转到希姆莱的军事情报局工作的格奥尔格·汉森上校，曾经在5月初提醒过他，进攻可能在6月的任何一天发生，但他还是不相信。

德国陆军本身对于进犯的日期和地点也狐疑不定。在5月里，有18天工夫，不论气候或海洋、潮汐都适于登陆，但德国人注意到，艾森豪威尔将军没有利用这些有利条件。5月30日，西线总司令伦德施泰特向希特勒报告，没有迹象说明进犯已经“迫在眉睫”。6月4日，驻巴黎的空军气象站认为，由于气候恶劣，至少在半个月内盟军不会采取行动。

这时，德国空军已不能对英国南部海岸港口进行空中侦察，而艾森豪威尔的军队就是在这一时刻在这里大批登船的。德国海军也因为

海浪太大，撤回了在海峡中的巡逻舰艇。因此隆美尔只能根据他所得
的很少情报和驻巴黎的空军气象站的意见，在6月5日早晨起草了一
份形势报告，向伦德施泰特报告说，进犯不会立刻发生，接着就乘汽
车回到位于赫林根的家里，同家人一起过了夜，然后于第二天去贝希 1036
特斯加登，同希特勒会谈。

隆美尔的参谋长施派德尔将军后来回忆道，6月5日是“平静的一天”。看来隆美尔这么优哉游哉地回德国去一趟，并不是什么不应该做的事。虽然德国特工人员发回来的一些例行报告提到盟军登陆的可能性，这一次说是在6月6日到16日之间，但是自从4月份以来，这样的报告已经有过上百份了，所以没有人认真地看待。6月6日，驻防诺曼底的第七军团司令弗里德里希·多尔曼将军竟下令暂时解除持续警戒状态，召集高级将领在离盟军即将登陆的这些海滩南边约125英里的雷恩，进行“图上作业”。

德国人对英美进攻的日期既心中无数，对入侵的地点也完全蒙在鼓里。伦德施泰特和隆美尔都肯定地认为，进攻的地点将在海峡最狭处的加来地区。他们在这里集中了最强的部队第十五军团，它的实力在春天里已由原来的10个步兵师增加到15个步兵师。但到3月底，阿道夫·希特勒的不可思议的直觉，使他感到进犯的主要地点可能在诺曼底。在以后几个星期，他命令大量增援部队开进塞纳河和卢瓦尔河之间的地区。他不断告诫他的将军们：“注意诺曼底！”

但德军实力的绝大部分，不论是步兵师还是装甲师，仍然留在塞纳河以北，在勒阿弗尔和敦刻尔克之间。伦德施泰特和他的将军们首先注意的还是加来海峡而不是诺曼底。在4、5月间，英美最高司令部又在这里举行了一系列虚张声势的行动，使他们更加相信自己的估计是正确的。

6月5日这一天是在比较平静的情况下度过的——就德国人方面来说是如此。英美的猛烈空袭，继续破坏着德国的军需库、雷达站、

V-1飞弹发射场和交通运输线，但这样的空袭多少星期以来一直在日夜不停地进行，在这一天看来也不比以往更加紧张。

夜色初降，伦德施泰特的总部接到报告说，伦敦的英国广播公司正在给法国抵抗运动发出数量多得异乎寻常的密码电讯，从瑟堡到勒阿弗尔的德国雷达站遭到了干扰。夜间10点，第十五军团截获到英国广播公司发给法国抵抗运动的一份密码电讯，第十五军团相信内容是告诉他们进攻即将开始。该军团遂立即进入戒备状态，但伦德施泰特却认为不必对第七军团发出警报。而盟军在此刻——快到午夜时分——正在向这个军团防守的西端海岸（在卡昂和瑟堡之间）行进，千船齐发，蜂拥而来。

直到6月6日凌晨1点11分，第七军团才意识到正在发生什么事情。当时该军团司令在雷恩参加“图上作业”还没有回来。两个美国
1037 空降师和一个英国空降师已开始在他的防地着陆。1点30分发出了全面警报。

45分钟之后，第七军团参谋长马克斯·佩姆塞尔少将，用电话向隆美尔总部的施派德尔将军报告：这一次看来像是“大规模行动”。施派德尔不相信，但把情况转报给了伦德施泰特，后者也同样表示怀疑。这两名将军认为，空降伞兵只不过是盟军的一种声东击西的手法，它的主要登陆地点仍是在加来附近。他们在2点40分告诉佩姆塞尔，伦德施泰特“并不认为这是一次大规模行动”。[18] 6月6日拂晓后不久，在诺曼底海岸的维尔河口和奥恩河口之间的地区，在一个庞大舰队的猛烈炮火的掩护下，大批盟军部队正从无数船舰上登岸。当这一消息传到之后，这位德军西线总司令仍然认为，这不是盟军的一次主要攻击。施派德尔后来说，直到6月6日下午，情况才算判明。到了这时，美军已经在两处海滩、英军在一处海滩取得了立足点，并且向纵深推进了2到6英里。

施派德尔在早晨6点打电话到隆美尔的家中。这位陆军元帅立刻取消了谒见希特勒的计划，乘汽车从家里动身。但直到下午，他才回

到B集团军司令部。*在这段时间里，施派德尔、伦德施泰特和伦德施泰特的参谋长布鲁门特里特将军，都在用电话同当时在贝希特斯加登的最高统帅部联系。由于希特勒发布过一个愚蠢的命令，即使是西线的总司令非经元首特许也不能调用装甲师。这三名将军在6日清晨要求批准急调两个坦克师到诺曼底去，约德尔答复说，希特勒先要看一看形势的发展。然后希特勒就上床了，尽管西线将领的告急电话响个不停，但没人敢去打扰他。

当下午3点这个纳粹统帅醒来时，已经传到的坏消息使他立刻行动起来。他批准派遣装甲教导师和党卫军第十二装甲师到诺曼底去，但后来事实证明，这个命令已下得太迟了。他还发了一道著名的命令，这道命令一直保存在第七军团的作战日志里，传给了后代：

> 1944年6月6日16点55分
>
> 西线指挥部参谋长着重指出，最高统帅部要求在6月6日傍晚前，消灭桥头阵地的敌军，因为存在着敌方部队继续由海空登陆进行支援的危险……滩头阵地必须至迟在今晚肃清。

希特勒几个月来一直在说，德国的命运将在西线决定。现在，他想从上萨尔茨山来指挥这场迄今为止最有关键性的战役。在阴凉的山 1038
间气氛中，发出这个异想天开的命令看来是当作一件十分严肃的事情来做的，命令还由约德尔和凯特尔副署。隆美尔在从德国回到总部一小时之后，于当天下午5点前不久用电话转达这个命令时，他似乎也是严肃对待它的。因为他命令第七军团总部派第二十一装甲师，也就

* 由于盟军在西线的空中优势，希特勒禁止他的高级指挥官乘飞机旅行。

是这个地区唯一的德国装甲部队立即发动攻击，“不管增援部队已否到达”。

这个师早在隆美尔下令之前就已经发动攻击了。当隆美尔同第七军团总部通话时，接电话的佩姆塞尔将军，对希特勒要求“至迟在今晚肃清”盟军滩头阵地（现在已有了三处）的命令，直截了当地回答道：

“这是不可能办到的。”

希特勒大肆宣传的“大西洋壁垒”在几小时之内就被突破了。一度吹嘘得不可一世的德国空军已经完全从天空中被赶走了，德国海军从海洋上被赶走了，德国陆军也冷不防受到袭击。战事还远没有结束，但它的结局已经不再有什么疑问。施派德尔后来说：“6月9日以后，主动权已落在盟军手中了。”

伦德施泰特和隆美尔认为，现在是当面把真相告诉希特勒并且要求他承受一切后果的时候了。他们劝诱他在6月17日到苏瓦松北面的马尔吉瓦勒同他们开会。开会的地点是在一所建筑坚固的地下避弹室里。这座避弹室原来是准备在1940年夏天进攻英国时作为元首的大本营的，但一直没有使用。现在，过了四个夏天，这个纳粹统帅在这里第一次出现了。

> ［施派德尔后来写道］他脸色苍白而疲惫，神经质地弄着他的眼镜和夹在手指里的许多彩色铅笔。他弯着腰坐在一只凳子上，陆军元帅们站着。他原来那种使人跟着走的魔力似乎消失了。他简单地、冷冰冰地同大家打了个招呼，然后愤愤地大声说，他对盟军登陆成功十分气恼，想让战地指挥官们对这件事情负责。[19]

但是，想到再一次遭到大败的前景，将军们的胆子壮了起来，至少隆美尔是这样。在希特勒疾言厉色的责骂告一段落的时候，伦德施泰特让隆美尔作主要发言人，当时在场的施派德尔说：“隆美尔毫不容情地坦率指出……对［盟军的］空中、海上和陆上优势，死拼硬斗是 1039
没有希望的”。[*20] 真的，如果希特勒放弃他的寸土不让、驱敌下海的荒唐决定，那么形势也许不会那么没有希望。在伦德施泰特赞同下，隆美尔建议德军撤至敌军猛烈的海军炮火射程之外，把装甲部队暂时撤出战斗，加以整编，留作以后发动攻击之用。他认为，“在敌人海军炮火射程之外”进行一场战斗，可能会把盟军打败。

但是最高统帅对任何撤退的建议都听不进去。德国士兵必须坚持抵抗。他对后撤的问题显然感到不愉快，于是很快就转变了话题。施派德尔说希特勒当时的表现可谓是“犬儒主义和虚假直觉的奇怪混合”，他竟对将军们保证，新的V-1武器（或称嗡嗡飞弹）已在前一天第一次向伦敦发射，它“对大不列颠将起决定作用……使英国人愿意议和”。当这两名陆军元帅要希特勒注意德国空军在西线的惨败时，元首反驳说，“成群的喷气战斗机”——当时盟军还没有喷气机，而德国已在生产——很快就会把英美飞行员赶出天空。他说，那时英国就要垮台。谈到这里，盟军飞机来了，他们只好暂时停止会议，躲到元首的防空洞里。

进了钢筋水泥的地下室之后，谈话又继续进行。[†] 这时，隆美尔坚持要谈一谈政治问题。

---

* 在不到两个月之前，4月23日，隆美尔给约德尔将军的信上曾说：“尽管敌人拥有空中优势，如果我们能够在最初几小时内，把我们机动部队的大部分，在受威胁的海岸防区内投入战斗，我相信敌人对海岸的攻击在第一天就会彻底崩溃。”（李德·哈特编：《隆美尔文件集》［*The Rommel Papers*］，第468页）。希特勒的严格命令使得装甲师“在最初几小时内”，甚至最初几天内，不可能投入战斗。它们最后到达时，又被分散使用，终告失败。

† 会谈从上午9点一直延续到下午4点，中间只在吃午饭时中断了一下。施派德尔追述说：“午饭只是一盘连饭带菜的便餐。希特勒吃了满满一盘，吃之前先由别人尝过。他的面前摆满了各种药片和药水瓶子，他一样一样服下去。两个党卫军站在他椅子背后，担任警卫。”

> ［施派德尔说］他预言，德军在诺曼底的防线将要崩溃，盟军突入德境是难以阻止的……他对俄国方面的防线能否守住也表示怀疑。他指出德国在政治上的完全孤立地位……他最后……竭力主张结束战争。

在隆美尔说话的时候，希特勒打断了他好几次，最后索性不让他说下去:“你不用为战争的未来发展操心，还是为你自己受到进攻的防线操操心吧。”

不论在军事方面还是政治方面，这两名陆军元帅的意见都没有得到什么结果。约德尔将军后来在纽伦堡回忆说:“希特勒对他们的警告根本不加注意。”最后，两位将军请求最高统帅至少到隆美尔的B集团军总部去一次，同几个战地指挥官谈一谈他们在诺曼底的作战情况。希特勒勉强同意，日期定在两天之后，即6月19日。

但结果他并没有去。6月17日下午，两名陆军元帅从马尔吉瓦勒走后不久，一颗向伦敦发射的V-1飞弹因机件失灵，转过头来，掉在
1040 元首地下避弹室上面。没有人被炸死，甚至连受伤的人都没有，但是希特勒却吓坏了，他立刻动身向比较安全的地方转移，马不停蹄地一直奔进贝希特斯加登的山里。

在那里又接到更坏的消息。6月20日，期待已久的俄军攻势在中路开始了。攻势十分猛烈，希特勒集中了最精锐部队的德军中央集团军几天之内被完全击溃，防线被撕了一个很大的缺口，通往波兰的道路被打开了。7月4日，俄国人越过了1939年波兰东部边境，向东普鲁士推进。最高统帅部迅速调集所有可用的后备部队，赶去保卫祖国本土，在第二次世界大战中，这还是第一次。这使西线德军更加陷于无可挽救的命运，因为从现在起，他们不可能再指望得到任何为数较大的增援部队了。

6月29日，伦德施泰特和隆美尔再一次吁请希特勒面对东线和西

线的现实，趁很大一部分德军部队还存在的时候，设法结束战争。这次会议是在上萨尔茨山举行的。在会上，最高统帅对两名陆军元帅冷若冰霜，干脆地拒绝了他们的请求，然后就来了长篇大论的独白，说他将用新的“奇迹般的武器”赢得战争。施派德尔后来说，希特勒的谈话“越说越远，越说越离奇，最后不知说到哪里去了”。

两天之后，冯·克鲁格陆军元帅代替伦德施泰特任西线总司令。*7月15日，隆美尔写了一封长信给希特勒，用陆军电传打字机发出。他在信上写道：“部队正在各地英勇作战，但是这场寡不敌众的斗争即将结束。”他用亲笔写了一段附言：

> 我必须请求您毫不迟延地做出恰当的结论。我作为集团军的司令官，感到有责任清楚地说明这一点。[21]

隆美尔当时对施派德尔说：“我已经给了他最后的机会。如果他不利用这个机会，我们就要行动。”[22]

两天之后，7月17日下午，隆美尔在从诺曼底前线返回总部途
中，他的军官轿车受到低飞的盟军战斗机的扫射，他身受重伤，当初 1041
以为活不过当天。这对密谋分子是个不幸，因为隆美尔这时已经义无反顾地下定决心，要在以后几天里，尽他的力量推翻希特勒对德国的统治，尽管他仍然反对暗杀希特勒。施派德尔说他敢保证隆美尔确已下了决心。[23]事实证明，陆军军官中间极其缺少隆美尔的魄力和勇气。

---

* 伦德施泰特的被撤职，可能是前一天晚上他对凯特尔直率说话的结果。后者打电话问他前线情况。那时，德军四个党卫军装甲师对英军防线的一次全面进攻刚刚受挫，伦德施泰特心情很沉重。凯特尔大声问他：“我们怎么办？”伦德施泰特接口说：“议和，你们这些蠢材，你还能有什么别的办法？”绝大多数陆军战地指挥官都叫凯特尔为“搬弄是非的马屁精”，看来他马上把这些话告诉希特勒了。这时，元首正在同克鲁格谈话，克鲁格因翻车受伤，这几个月请了病假，他立即被命代替伦德施泰特。纳粹统帅就是这样更动高级指挥官的。布鲁门特里特将军把这次电话中的通话情形告诉了威尔莫特（《争夺欧洲的战争》[*The Struggle for Europe*]，第347页）和李德·哈特（《德国将领谈话录》，第205页）。

而这些陆军军官，当东西两线德军在1944年7月都告崩溃的时候，好不容易终于想要打倒希特勒和纳粹党了。

施派德尔说，密谋分子“痛感自己失去了力量的支柱”。*[24]

最后关头的密谋活动

盟军在诺曼底登陆成功，使柏林的密谋分子陷于极大的混乱。如前所述，施陶芬贝格并不认为盟军会在1944年登陆，即使登陆，成败的可能性也各居一半。他似乎希望登陆失败，因为美英政府在受到这样一次流血牺牲、代价重大的挫折之后，会更愿意在西线同他的反纳粹新政府议和，在这种情况下他的政府就可以取得更好的议和条件。

形势显示进攻已经成功，德国已经遭受又一次决定性的失败，在东线也有即将遭受一次新的失败之势。这个时候，施陶芬贝格、贝克和格德勒就开始考虑继续执行他们的计划还有没有用处。如果他们成功，他们只会受到促成最后的灾难的谴责。虽然他们明白这种灾难现在已经不可避免，但德国人民群众一般还没有认识到这一点。贝克的最后结论是，虽然反纳粹的起事成功，现在也不能使德国免遭敌人的占领，但至少可使战事结束，使祖国不再流血和受到摧毁。现在议和还可以防止俄国人打进德国和使它布尔什维化。议和还可以向全世界表明，除了纳粹德国以外，还有“另一个德国”。而且——谁知道呢？——说不定至少是西方盟国，会对被征服的德国不至于过分苛刻，尽管它们提出了无条件投降的条款。格德勒同意这种看法，他对西方民主国家甚至还寄予更大的希望。他说，他知道丘吉尔多么害怕

* 恩斯特·云格尔的作品曾在纳粹德国风行一时，但他最后转变了，而且参加了巴黎方面的密谋集团。施派德尔引述这个作家的话说：“7月17日使隆美尔在利瓦罗路上倒下的打击，使我们的计划失掉了唯一有足够力量能同时承担内外战争的可怕重担的人。”（施派德尔：《1944年的入侵》[*Invasion 1944*]，第119页）

“俄国的全面胜利”的危险。

以施陶芬贝格为首的年轻人却没有完全被说服。他们去征求特雷
斯科的意见。后者现在是驻防在崩溃中的俄国战线上的第二军团参谋 1042
长。他的答复使得那些踌躇不决的密谋分子重新走上正轨。

> 必须不惜任何代价进行刺杀的尝试。即使失败，在首都攫夺权力的尝试也必须进行。我们必须向全世界和我们的后代证明，德国抵抗运动的成员敢于走出决定性的一步，而且不惜为此冒生命的危险。同这个目标相比，其他任何事情都是无足轻重的。[25]

这个启发性的答复使问题得到了解决，使施陶芬贝格和他的青年朋友们的精神重新振作起来，怀疑也冰释了。俄国、法国和意大利战线的崩溃迫在眉睫，促使密谋分子立即行动。促使他们加紧执行计划的，还有另一个事件。

从一开始，贝克-格德勒-哈塞尔集团就拒绝同共产党地下组织发生任何关系，后者对前者也是如此。在共产党看来，密谋分子的反动性质不下于纳粹分子，如果他们获得成功，纳粹党德国虽然被推翻了，他们却会阻止一个共产党德国的出现。贝克和他的朋友们很明白这条共产党路线。他们也知道，共产党的地下活动是由莫斯科指挥
的，它的主要作用是为俄国人提供情报。*他们还知道，共产党的地下 1043

---

* 这是从1942年的“红色交响乐队”事件中透露出来的，当时谍报局发现大批居要害岗位的德国人，其中许多人出身于名门世家，参加了为俄国人服务的一个规模很大的谍报网。有一个时期，他们通过设在德国本土和西欧占领区的约100座秘密电台，把情报发给莫斯科。这个“红色交响乐队”的领袖是海军元帅冯·提尔皮茨的一个外孙哈罗德·舒尔策-博伊森。他是第一次世界大战后“迷失的一代”的一个不同凡俗的领袖，当年在柏林为人所熟悉的波希米亚式人物。他的黑色的运动衫、又浓又密的一头金发以及对革命诗歌和政治的热情，引起了人们的注意。当时他对纳粹主义和共产主义都表示反对，虽然他认为自己是左翼分子。战争爆发时，他通过母亲的关系，在空军里当一名中尉，钻进了戈林的“研究所”，这个机构如前面叙述德奥合并时所说，是专门偷听电话的。他很快就组织起一个为莫斯科服务的巨大谍报组织，在柏林各部和各军事机关都有可靠的同伙。在他的同伙中有：一个著名的神学家的侄子阿尔维德·哈纳克，（转下页）

组织中混进了不少秘密警察的特务。秘密警察头子海因里希·米勒把这种特务分子称作“V人”。米勒本人是苏联内务部特务机关的仿效者和崇拜者。

6月间，密谋分子违背格德勒和一批老人的劝告，决定同共产党人接触。这是出于社会民主党方面，特别是阿道夫·赖希魏恩的建议。赖希魏恩是社会民主党的哲学家，以“候鸟”著称，时任柏林民俗博物馆馆长。他同共产党人保持着暧昧的关系。虽然施陶芬贝格本人对共产党人是怀疑的，他的社会民主党朋友赖希魏恩和莱贝尔却说服了他。他们说，同共产党人保持某些联系现在是必要的，因为这样可以了解他们在干些什么，以及如果政变成功，他们打算怎么办，而且还可以在最后时刻，如果可能的话，利用他们来扩大反纳粹抵抗运动的基础。施陶芬贝格勉强同意莱贝尔和赖希魏恩在6月22日同共产党的地下领袖们会见。但他警告他们，尽量少告诉共产党人有关的情况。

会见在东柏林举行。莱贝尔和赖希魏恩代表社会民主党人，名叫弗朗茨·雅各布和安东·塞夫科夫的两个人，自称是——也可能确实是——共产党地下组织的领袖。他们还有另一个同志作伴，他们介绍这个人名叫“兰博”。这些共产党人对反对希特勒的密谋看来知道不少内情，他们还想做进一步的了解。他们要求在7月4日同密谋集团的军事方面负责人会见。施陶芬贝格拒绝了这个要求，但授权赖

（接上页）在经济部工作，是个年轻有为的经济学家，妻子是他在威斯康星大学结识的一个美国妇女米尔德丽德·菲什；还有外交部的弗朗茨·舍利亚；宣传部的霍尔斯特·海尔曼；劳工部的埃里卡·冯·布罗克多夫伯爵夫人。

两个在德国跳伞降落的苏联特工在被捕之后，供出了“红色交响乐队”，接着就发生了大规模的逮捕。

在被控犯叛国罪的75名领导人中，50人被判死刑，其中有舒尔策-博伊森和哈纳克。米尔德丽德·哈纳克夫人和冯·布罗克多夫伯爵夫人被判有期徒刑，但希特勒坚持要处死刑，因此也被杀害。为了警诫那些可能叛国的人，元首命令对被判死刑的人绞刑处死。但是柏林没有绞架，那里传统的处死办法是用斧砍。因此，就在牺牲者的颈上套好绳索，绳头结在一个从屠宰场借来的卖肉的钩子上，然后慢慢地吊起来，就这样把人勒死。从此以后，对于胆敢对元首大不敬的人，就用这种办法绞死，作为一种特殊的酷刑方式。

希魏恩代表他在那一天同他们继续会谈。赖希魏恩一到那里，就同雅各布、塞夫科夫一起被捕了。原来“兰博”是秘密警察的密探。第二天，莱贝尔也被捕了，而施陶芬贝格原来是指望他在新政府里成为主要政治力量的。*

施陶芬贝格对莱贝尔的被捕感到十分震动，因为他同莱贝尔已经建立了亲密的私人友谊，并且认为莱贝尔是拟议中的新政府所不可缺少的人物。不仅如此，他还立刻看到，现在希姆莱的部下已经紧紧跟踪，整个密谋组织已有随时败露的危险。他认为，莱贝尔和赖希魏恩是勇敢的人，可以期望他们即使在酷刑之下也不吐露任何机密。但他们到底能不能这样？有些密谋分子觉得并不能完全肯定。即使是最勇敢的人，当他们的身体被难以忍受的痛苦折磨的时候，他们能够保持沉默的时间或许也是有限度的。

莱贝尔和赖希魏恩的被捕是促使密谋分子立即采取行动的又一个动力。

1944年7月20日的政变

快到6月底时，密谋分子交上了一个好运。施陶芬贝格被提升为上校，而且被任命为国内驻防军总司令弗洛姆将军的参谋长。这个职 1044
位不但使他可以用弗洛姆的名义给国内驻防军发布命令，而且使他可以直接地和经常地见到希特勒。事实也确是如此，元首每星期总有两三次要召令国内驻防军司令或其代表到大本营去，要给在俄国伤亡惨重的师团补充兵员。施陶芬贝格想在一次这样的会议上放置炸弹。

施陶芬贝格现在成了密谋集团的中心人物。成功的唯一希望完全在他上。在密谋分子中，只有他能够进入警卫森严的元首大本营，因

* 所有这四个人——莱贝尔、赖希魏恩、雅各布和塞夫科夫，都被处决。

此杀掉希特勒非他莫属。由于弗洛姆还没有完全争取过来，不能肯定算数，所以在搞掉希特勒之后，指挥军队占领柏林也是他作为补充军参谋长的任务。他要在同一天里，在相距两三百英里的两个地方——元首在上萨尔茨山或拉斯滕堡的大本营和柏林——实现这两个目标。在第一个和第二个行动之间，他还须花两三个小时，乘飞机回首都，而他在飞机上的这段时间里，什么也不能做，只能指望他在柏林的同伙已经放手执行他的预定计划。我们在下面就会看到，这是困难之一。

还有其他的困难。其中之一是一种几乎完全不必要的考虑，但是在那些现在已决心豁出去的密谋分子心里却产生了这种考虑。他们得出了这样的结论，即仅仅把阿道夫·希特勒杀掉是不够的。他们必须同时杀掉戈林和希姆莱，以保证这两个人所掌握的兵力不会用来反对他们。他们还认为，如果把希特勒这两个主要的助手搞掉，在前线的那些还没有争取过来的高级将领会更快地响应他们。由于戈林和希姆莱常常在元首大本营参加每日军事会议，密谋分子觉得用一颗炸弹同时干掉这三个人也许并不是太困难的。这一愚蠢的决定，使施陶芬贝格丧失了两个宝贵的机会。

7月11日，他奉召到上萨尔茨山去向元首报告关于急需的补充兵员的供应的问题。他在到贝希特斯加登的飞机上带了一颗谍报局的英制炸弹。密谋分子前一天晚上在柏林举行的一次会议上决定趁这个机会杀掉希特勒——还有戈林和希姆莱。但希姆莱那天没有出席会议。施陶芬贝格抽出一会儿工夫，从会场出来，打电话给柏林的奥尔布里希特，告诉他这个情况，并强调说，他还是能把希特勒和戈林干掉的。但是这位奥尔布里希特将军却力劝他还是改日连希姆莱一起干掉。那天晚上，施陶芬贝格回到柏林，碰到贝克和奥尔布里希特，坚决主张下一次他一定要下手搞掉希特勒，不管戈林和希姆莱在场与否。贝克和奥尔布里希特都同意了。

下一次的机会很快就来了。7月14日，施陶芬贝格奉命在第二天向希特勒报告补充兵员的情况，因为俄国战线上的中央集团军在丧失了27个师之后，已经不成其为一支作战力量了，所以必须征调每一个能够征调的新兵去填充俄国战线上的缺口。那一天——14日——希特勒已经把他的大营迁回拉斯滕堡的“狼穴”，亲自负责恢复中路战线的阵地。在中路战线，红军已经到达离东普鲁士只有60英里的地方了。 1045

7月15日早晨，施陶芬贝格上校再度乘飞机到元首总部去[*]，皮包里装着一颗炸弹。这一次，密谋分子认为成功已有十分把握，所以一致同意第一个“瓦尔基里”信号——通知军队开始向柏林进军，坦克部队开始从克拉姆普尼茨装甲学校驰向首都——应在希特勒会议开始（预定下午1点）之前两小时发出。接管工作不得有丝毫延误。

7月15日星期六上午11点，奥尔布里希特将军对柏林发出“瓦尔基里”一号指示。中午以前，军队就向首都中心移动，奉命占领威廉街。下午1点，施陶芬贝格挟着皮包，来到元首的会议室，做了关于兵员补充的报告，然后离开会议室，去同柏林的奥尔布里希特将军通电话，用事先准备好的密语告诉后者说希特勒在场，他打算回到会场，让炸弹爆炸。奥尔布里希特通知他，柏林的军队已在移动。这件伟大事业的成功似乎终于就要到手了。但是，当施陶芬贝格回到会议室的时候，希特勒已经走了，而且没有再回来。闷闷不乐的施陶芬贝格赶快再打电话，告诉奥尔布里希特这一新的情况。这位将军马上撤销了“瓦尔基里”信号，命令军队尽快地、尽可能不引人注意地回到

---

* 关于施陶芬贝格是去拉斯滕堡还是去上萨尔茨山的问题，历史学家的说法不一。在这方面最有权威的两位德国作者埃伯哈德·策勒和格哈德·里特教授的叙述是矛盾的。策勒认为希特勒仍在贝希特斯加登，但里特认为这是错误的，元首已经回到拉斯滕堡了。不幸的是，本书作者在以上各章中赖以作为主要依据的希特勒的记事日历，在缴获时已残缺不全，没有这一时期的记载。但最好的材料，包括7月22日元首大本营所写的关于施陶芬贝格动态的一个报告，都确切地指明，7月15日希特勒是在拉斯滕堡，施陶芬贝格正是计划在那里谋杀他。当时柏林被炸得很厉害，希特勒是难得在那里的。他常在拉斯滕堡或贝希特斯加登指挥战事。这两个地方同柏林的距离都差不多远，但贝希特斯加登位置更适中一些，而且靠近慕尼黑。慕尼黑的陆军卫戍部队据信是忠于贝克的，所以贝希特斯加登对密谋分子来说，在某些方面比拉斯滕堡有利一些。

军营。

还有一个失败的消息也沉重地打击了密谋分子。施陶芬贝格回到柏林之后，他们集会商讨下一步怎么办。格德勒主张采取所谓“西方解决办法”。他向贝克建议，他们两人飞到巴黎去，同冯·克鲁格陆军元帅计议在西线停战，由西方盟国同意不再推进到德法边界线以
1046 东，这样就可以把西线的德军腾出来而开到东线去，使德国免于沦入俄国人和他们的布尔什维主义之手。贝克的脑筋比较清醒。他知道，现在还认为能同西方单独媾和的想法完全是白日做梦。贝克的意见是，即使从挽救德国的荣誉考虑，杀害希特勒和推翻纳粹主义的计划，也必须不计一切代价地实行。施陶芬贝格表示同意。他发誓说，下一次他绝不会失败。奥尔布里希特将军因为把军队调进柏林，受到了凯特尔的责备，所以表示他不能再干这样冒险的事情，这样做会使整个密谋暴露。他说，他用“这是一次实际演习”的话好不容易在凯特尔和弗洛姆面前才把上次的事情勉强搪塞过去。在确切知道希特勒已死的消息之前再也不敢下令调动军队，这种心理，将在下一个关键性的星期四造成灾难性的后果。

7月16日星期天晚上，施陶芬贝格邀请了一些知友和亲戚到他在万湖的家里去。其中有他的弟弟伯特霍尔德，一个不大说话的、内向的、有学者风度的年轻人，在海军总司令部任国际法顾问。有恺撒·冯·霍法克中校，他是施陶芬贝格的表兄弟，密谋集团同西线将领的联系人。有弗里茨·冯·德·舒伦堡伯爵，他是一个前纳粹分子，现在仍任柏林警察局副局长。还有特罗特·佐·佐尔茨。霍法克刚从西线回来，他曾在那里同法尔肯豪森、施蒂尔普纳格尔、施派德尔、隆美尔和克鲁格等许多将领进行过商谈。他报告说，德国在西线马上就要完全崩溃，但更重要的是，隆美尔虽然仍旧反对杀害希特勒，但不管克鲁格跳向哪一边，他都将支持密谋集团。经过长时间讨论之后，这些青年密谋分子一致同意，结束希特勒的生命现

1944年7月15日，施陶芬贝格（照片最左侧）在狼穴觐见希特勒，五天之后，他将在这里再次尝试行刺。最右为拿着文件袋的凯特尔。

在是唯一的出路。他们现在已经没有这样的幻想，即认为他们孤注一掷的行动会使德国免于无条件投降。他们甚至一致认为，德国不但要向西方民主国家也要向俄国人无条件投降。他们表示，重要的是，让德国人自己而不是他们的外国征服者把德国从希特勒的暴政下解放出来。[26]

但是他们已经太晚了。纳粹暴政已经存在了11年，到了德国在一次自己发动的战争中败局已定的形势下，他们才开始采取行动。而在这以前，他们并没有用实际行动来反对过这次战争的发动，在许多情况下，也根本没有表示反对。不过，晚行动总比不行动好。无论如何，他们的时间已经不多了。前线的将领告诉他们，在东线和西线的崩溃可能只是几星期里的事情。

对密谋分子来说，行动时间看来只有很少几天了。7月15日那次过早地往柏林调兵已经引起了最高统帅部的怀疑。在这一天，传来了密谋集团在西线的领袖之一冯·法尔肯豪森将军突然被免去比利时和法国北部地区军事总督的职务的消息。他们担心，一定有人出卖了他们。7月17日，他们听说隆美尔受伤甚重，他们得无限期地不能把他考虑在计划内了。第二天，格德勒在警察总部的朋友传消息给
1047 他，希姆莱已经下了逮捕他的命令。虽然格德勒不同意躲藏，但由于施陶芬贝格的坚持，他也只得躲藏起来。同一天，施陶芬贝格的一个在海军工作的朋友，也是极少几个参加密谋集团的海军军官之一阿尔弗雷德·克兰茨费尔德上校告诉他，柏林流传着谣言，说是元首的大本营将在以后几天内被炸毁。这再一次使人感到，密谋集团中一定有人泄露了风声。一切都显示出，秘密警察正在向密谋集团的核心进逼。

7月19日下午，施陶芬贝格再度奉召去拉斯滕堡，向希特勒报告关于编组新的“国民掷弹兵师”的进展情况。补充军正在匆忙地训练这些师，以便投入正在瓦解的东线。他要在第二天即7月20日的下午

1点，在元首大本营举行的第一次每日会议上提出报告。* 施陶芬贝格通知住在柏林远郊的冯·维茨勒本陆军元帅和霍普纳将军，必须及时进城。贝克将军做了最后的准备工作，以便在施陶芬贝格进行暗杀工作后飞回柏林前负责指挥政变。柏林城内和四周驻军的重要军官都接到了通知，7月20日是**那个日子**。

施陶芬贝格在班德勒街起草给希特勒的报告，直到黄昏时分。8点稍过，他离开办公室回到在万湖的家中。在回家途中，他在达勒姆的一座天主教堂做了祷告。† 他平静地在家中同他的弟弟伯特霍尔德一起度过了这个晚上，很早就休息了。每个在那天下午和晚上见过他的人都回忆道，他的态度和蔼可亲，心情平静镇定，看不出有什么不寻常的事情就要发生。

1944年7月20日

1944年7月20日早晨，阳光灿烂，天气很热。6点刚过，施陶芬贝格上校由他的副官维尔纳·冯·哈夫登中尉陪同，驱车经过柏林城里一排排被炸毁了的房屋，到朗斯多夫机场去。在他那鼓鼓的皮包里，装着有关新的“国民掷弹兵师”的文件。他将根据这些文件于下午1点在东普鲁士拉斯滕堡的“狼穴”向希特勒做报告。在这些文件 1048
中间，用一件衬衣裹着的是一颗定时炸弹。

这颗炸弹同去年特雷斯科和施拉布伦多夫放在元首飞机里、后来没有爆炸的那一颗是完全一样的。如前所述，这种英国制造的炸弹的

---

* 陆军总司令部作战处长阿道夫·豪辛格将军叙述道，7月19日，乌克兰战线的消息很坏，他询问最高统帅部，补充军有没有任何正在波兰训练的部队可以投入东线作战。凯特尔建议说，第二天把施陶芬贝格召来和他们商量（豪辛格：《互为矛盾的命令》[*Befehl im Widerstreit*]，第350页）。

† 菲兹吉朋说（《7月20日》[*20 July*]，第150页）：“据信他以前曾做过忏悔，但当然不能得到免罪。”作者叙述道，施陶芬贝格曾告诉柏林的普雷辛枢机主教他想做什么。主教回答说，他尊敬这位青年人的动机，并且觉得没有理由用宗教的立场去约束他（同上书，第152页）。

爆发装置是这样的：先打破一个玻璃管，让里面的药水流出来，把一根细的金属线腐蚀掉，于是撞针就弹出来，击发雷管。金属线的粗细决定从发动到爆炸所需时间的长短。这天早上，炸弹里装的是最细的线，腐蚀掉它最多只要10分钟。

在机场上，施陶芬贝格碰到了昨天晚上给他炸弹的施蒂夫将军。他们在机场上找到一架等候他们的飞机。这是陆军军需总监、密谋集团首脑分子之一爱德华·瓦格纳将军的私人座机。他特意安排好让他们使用这架飞机来担任这次极端重要的飞行。7点钟，飞机起飞，10点刚过就到了拉斯滕堡。哈夫登嘱咐驾驶员在过了中午12点钟之后，准备好随时起飞回去。

一辆军官轿车把他们从机场载往“狼穴”大本营。它位于东普鲁士一处阴暗、潮湿、林木茂密的地方。这地方要进去颇不容易，而且正如施陶芬贝格无疑曾经注意到的那样，要出来也是不容易的。它的建筑分成内外三层，每层都围以布雷的阵地、地堡群和通电的带刺铁丝网，日夜不停地由忠心的党卫军士兵巡逻。要进入防卫森严的希特勒起居和工作的内院，即使是最高级的将领也必须持有只能一次有效的特别通行证，并且要由党卫军大队长拉滕胡贝尔（希姆莱负责保安的头子兼党卫军队长）或他的副手之一亲自查验。但是由于施陶芬贝格是希特勒本人召见的，他和哈夫登虽然被挡住查验通行证，却没有什么困难就通过了三道检查哨。施陶芬贝格同大本营营地司令的副官冯·默伦多夫上尉共进早餐之后，就找到了最高统帅部通讯处长弗里茨·菲尔基贝尔将军。

菲尔基贝尔是密谋集团中的关键人物之一。施陶芬贝格同他约妥，他随时准备好把爆炸的消息很快传给柏林的密谋分子，以便他们立即开始行动。菲尔基贝尔随后就切断所有电话、电报和无线电交通，使元首大本营同外界隔绝。要做这些工作，再没有人比最高统帅部通信网主管人处在更有利地位的了，所以密谋分子都觉得把他争取了过来是十分幸运的。整个密谋计划的成功，没有他是不行的。

访晤了陆军驻最高统帅部代表布勒将军、讨论了补充军的事情之后，施陶芬贝格走到凯特尔的办公处，把他的帽子和皮带放在会客室，就走进这位最高统帅部长官的办公室。他在那里发现他必须比原定计划更急速地行动才行。现在是中午12点刚过。凯特尔告诉他，因为墨索里尼要在下午2点半坐火车到达，元首的第一次每日汇报会从下午1点提前到12点半举行。凯特尔叮嘱他，必须报告得简短一些。希特勒要求会议尽快结束。 1049

在炸弹爆炸之前就结束吗？施陶芬贝格心里一定感到纳闷：命运是不是要在他做可能是最后一次的尝试时，又一次把成功从他手上夺去。他原来显然还希望，这次会议会在元首的地下避弹室举行，在那里炸弹的爆炸力将会比在地面建筑中增加几倍效力。但是凯特尔告诉他，会议将在会议室举行。*这个会议室远不像一般所说的那样是一间简陋的木头结构的小屋。在上一年冬天，希特勒已下令在这座原来的木头结构房屋四周筑起了18英寸厚的钢筋水泥墙，以防止起火和防御可能落在近处的炸弹碎片。这些厚实的墙壁将会增加施陶芬贝格的炸弹的威力。

他必须马上就发动炸弹内的装置。他把准备向希特勒报告的内容先对凯特尔简述了一下。快说完的时候，他注意到这位最高统帅部长官在不耐烦地看表。离12点半还有几分钟，凯特尔说，他们必须马上去开会了，否则就会迟到。他们走出屋子没有几步，施陶芬贝格说他把帽子和皮带忘在会客室了，乘凯特尔还来不及要他的副官（一个名

---

* 许多作者都说，希特勒在拉斯滕堡的每日军事汇报会，一般是在他的地下室举行的，7月20日开会时因为地下室正在修理，而且天气又热又潮湿，所以搬到地上的屋子里举行。布洛克说："这一偶然的改换地点救了希特勒的命。"（《希特勒》[*Hitler*]，第681页）是否偶然改换了地点是可怀疑的。像它的名称所显示，会议室根据我所掌握的材料，是每日汇报会经常开会的地方。只有在空袭将临的时候，会议才移到地下室去举行。而且，在这炎热的日子，在地下室要比在地面房屋里还更凉快一些（见策勒：《自由魂》[*Geist der Freiheit*]，第360页注4）。

叫冯·约翰的中尉，这时正和他们在一起走着）替他去取，就马上转身跑回去。

在会客室里，施陶芬贝格很快地打开皮包，用他仅有的三个指头拿住镊子，打破玻璃管。除非再发生机械故障，这类炸弹只在10分钟之内就要爆炸。

惯于媚上欺下的凯特尔为这一耽误很生气。他转身回到房子外面，叫施陶芬贝格快一点。他喊道，我们要迟到了。施陶芬贝格为这一耽误表示歉意。凯特尔无疑是知道像上校这样肢体伤残的人束起皮带来会比别人要慢一点的。当他们走向希特勒的小屋的时候，施陶芬贝格看来情绪很好，凯特尔那点小小的不快也消散了。他还没有丝毫起疑心的迹象。

但是，正如凯特尔所担心的，他们迟到了。会议已经开始，当凯特尔和施陶芬贝格进屋的时候，施陶芬贝格在前厅停了一下，对管电
1050 话总机的上士说，他在等候他在柏林的办公室打来的紧急电话，电话里要告诉他最新的材料，补充他的报告（这是说给凯特尔听的），电话一来立刻去叫他。这也是很不寻常的，因为凡是希特勒在场的时候，即使是一个陆军元帅，除非是叫他离开或在会议结束、最高统帅已经退席之后，一般也是不敢随便走开的。但这也没有引起凯特尔的怀疑。

他们两人走进了会议室。从施陶芬贝格把手伸进皮包、拿镊子夹破玻璃管之后，已经过去4分钟了。还有6分钟。房间很小，大约30英尺长、15英尺宽，有10扇窗户，都敞开着，因为天气闷热，这样可以有点风吹进来。这么多的窗户开着，当然会减少任何炸弹爆炸的效力。房间正中有一张长方形桌子，18英尺长，5英尺宽，是用很厚的橡木板做的。这张桌子的构造很特别，它不是用几条腿支起来，而是在桌子的两头，用差不多和桌面同样的两块很大、很厚的底座支起来的。这个有趣的构造对往后的历史将起到它的作用。

当施陶芬贝格进去的时候，希特勒正坐在桌子一条长边的中央，背对着门。他的右首是陆军副参谋总长兼作战处长豪辛格将军、空军参谋总长科滕将军和豪辛格的参谋长海因茨·勃兰特上校。凯特尔马上站到元首的左边，他的旁边是约德尔将军。还有三军和党卫军的其他18个军官站在桌子四周，但戈林和希姆莱没有在场。只有希特勒和两个速记员坐着。希特勒在弄着他的放大镜。他现在需要用放大镜才能看清楚摊开在他面前的地图上印的细线条。

豪辛格正在做一个黯淡的报告。他谈到俄国中路战线被突破的最新情况，以及由此产生的在中路以及北路和南路战线上德军的危险处境。凯特尔插进去报告冯·施陶芬贝格到会和他今天来的任务。希特勒对这个只有一条肩膀、一只眼还蒙上罩子的上校看了一眼，冷淡地打了个招呼，接着说他要听完豪辛格的报告之后再听施陶芬贝格的。

施陶芬贝格于是站到桌子旁边，在科滕和勃兰特的中间，离希特勒右边约几英尺远。他把皮包放在地上，把它推到桌子下面，让它靠着那个坚实橡木底座的里面一边。它离希特勒的腿约6英尺远。时间现在是12点37分。还有5分钟。豪辛格继续讲，不时指着摊在桌上的作战形势地图。希特勒和军官们俯身在地图上仔细地看着。

没有人注意到施陶芬贝格这时已偷偷溜了出去，也许除了勃兰特上校之外。这位军官正在全神贯注地听他的将军讲话。他俯身到桌子上去，想更清楚地看一看地图，发现施陶芬贝格那只鼓鼓囊囊的皮包碍事，先用脚想踢到旁边去，最后还是用一只手把它捡起来放到桌
子那个厚厚的底座的**靠外**一边。这样一来，在炸弹和希特勒之间就隔 1051
着这个厚厚的底座了。* 也许就是这个看来无足轻重的举动救了元首的命，而送了勃兰特的命。这是难以解释的命运在作怪。读者当还记得，勃兰特上校就是1943年3月13日晚上，特雷斯科骗他在乘希特

* 据那时在场的库尔特·阿斯曼海军少将对盟军审讯人员的叙述，施陶芬贝格曾小声对勃兰特说："我要去打电话。留神我的皮包，那里面有机密文件。"

勒的飞机从斯摩棱斯克回拉斯滕堡时带两瓶"白兰地酒"的那个蒙在鼓里的军官。他当时那样做，丝毫没有怀疑这两瓶酒实际上是一颗炸弹，那颗炸弹同他现在随手在桌子底下挪得离最高统帅远一些的这颗炸弹有着同样的装置。它的化学药水此时已经快要蚀尽拉住撞针的金属线了。

最高统帅部长官凯特尔是负责召见施陶芬贝格这件事情的。他沿着桌子往这位上校原先站的地方看去，因为豪辛格的黯淡的汇报快讲完了，他要暗示施陶芬贝格，准备好接下去汇报。也许施陶芬贝格还要别人帮忙把文件从皮包里拿出来。但使他十分生气的是，年轻的上校并不在那里。凯特尔想起施陶芬贝格在进来的时候对电话接线员说过的话，就悄悄地退出房间，打算去把这个行动奇突的青年军官找回来。

施陶芬贝格并不是在打电话。管总机的上士说，他匆匆忙忙地走出大楼去了。凯特尔无可奈何地回到会议室。豪辛格正在结束他的关于当天的不利形势的汇报。他正在说：**"俄国人正以强大兵力在道加瓦河西面向北推进。他们的前锋已到杜纳堡西南。如果我们在佩普西湖周围的集团军不立即撤退，一场灾祸……"**[27]

这句话永远没有说完。

就在这一瞬间——中午12点42分，炸弹爆炸了。

施陶芬贝格看到了当时发生的情况。他正和菲尔基贝尔将军站在后者在第八十八号地下室的办公室前面，离会议室有200码远。他先是焦急地看看手上的表，秒针在一秒秒过去，然后抬头看会议室。他看到会议室在轰然一声中烟火大作。他后来说，当时的情景像是会议室中了一个155毫米的炮弹。人体从窗户里被抛出来，碎片飞到空中。在施陶芬贝格兴奋的心里，以为毫无疑问，会议室里每一个人都已经被炸死或者命在旦夕了。他匆忙地同菲尔基贝尔告别。现在暗杀已经成功，菲尔基贝尔要立即通知柏林的密谋分子，然后切断通信线路，

直到首都的密谋分子接管柏林，并且宣布新政府的成立。[*] 1052

施陶芬贝格的下一个任务是安全而迅速地走出拉斯滕堡大本营。检查哨的卫兵已经看到或者听到元首会议室的爆炸，立即封锁了所有出口。在离菲尔基贝尔的地下室几码远的第一道岗哨，施陶芬贝格的汽车被挡住了。他跳下车子，要求见哨所的值班军官。在后者的目击下，他给什么人——不知道是谁——打了个电话，简短地说了几句话，挂上电话，转身对那个军官说："尉官先生，我被批准通行了。"

这完全是蒙人的，但起了作用。这个尉官负责地在他的登记簿上记下了"12点44分，施陶芬贝格上校通过"之后，还通知了下一个检查哨，让汽车通过。到了第三个也是最后一个检查哨，困难就更大了。这里已经收到了警报，挡车的栏杆已经放下，卫兵加了双岗，不准任何人出入。施陶芬贝格和他的副官哈夫登中尉发现他们的汽车被一个名叫科尔勃的很顽固的上士挡住了。施陶芬贝格又要求打电话，向营地司令的副官默伦多夫上尉抱怨，"因为发生了爆炸"，卫兵不让他通过。"我有急事。弗洛姆将军正在飞机场等我。"这也是蒙人的。施陶芬贝格知道得很清楚，弗洛姆在柏林。

上校挂上电话，转身对上士说："上士，你听到了，批准我通行。"但上士不管他那一套，自己打电话给默伦多夫核对。默伦多夫上尉证实了施陶芬贝格的话。[28]

他们的汽车于是向飞机场飞驰而去。在路上，哈夫登中尉急急忙

---

* 许多作者说，菲尔基贝尔将军应该在这时把通信中心炸毁。他没有能这样做，因而给密谋集团带来了灾难性的后果。惠勒-本内特（在《权力的报应》一书第643页中）写道："菲尔基贝尔将军可悲地未能完成他的任务。"由于各种通信中心分别设置在几处地下室里，由党卫军严密戒备，施陶芬贝格的计划要求把它们炸毁，是十分不可能的——这是菲尔基贝尔不可能完成的任务。他答应做的是在他把爆炸的消息发给柏林之后，把大本营同外界的联络切断两三个小时。这一点他是做到了，除了有一两个难免的疏忽。

忙地把他带在自己皮包里的另一个炸弹拆开，把零件丢在路边（后来都被秘密警察找到）。机场场长还没有收到任何警报。当这两个人的汽车开进机场的时候，他们的飞机已经发动。一两分钟之内，飞机便腾空而去。

现在是1点刚过。后来这三个小时，在施陶芬贝格一生中一定是最长的三小时。当这架速度不高的亨格尔飞机在平坦多沙的德国平原上向西飞去的时候，他只能希望：菲尔基贝尔已经同柏林联系上并且传递了最重要的讯号；他在首都的同伙已经立即行动起来接管这座城市，并且正在发出早已准备好的给德国本土和西线的军事指挥官的文告；他的飞机不会被接到了警报的德国空军战斗机或者被在东普鲁士上空越来越活跃的四出巡弋的俄国飞机所迫降。除了这样希望以外，他什么也不能做。他自己的飞机没有长距离的无线电通信设备，如果有这种设备，也许能使他听到从柏林发出的最早的一些激动人心的广
1053 播。他预期在柏林降落之前，这样的广播一定已经播出。因为没有这种设备，他也不能亲自同首都的盟友们通信，把菲尔基贝尔将军也许没有能发出的讯号发给他们。

他的飞机在这个夏日的下午继续飞行。它在下午3点45分在朗斯多夫机场降落。施陶芬贝格兴高采烈地奔向机场上最近处的一个电话，打电话给奥尔布里希特将军，以便确切了解在这决定命运的三小时里（一切都靠这三小时）已经完成了哪些工作。当他一听说什么也没有完成时，不禁大惊失色。原来1点刚过，菲尔基贝尔的电话就来了，告诉了柏林的密谋分子关于爆炸的消息，但是因为线路不好，他们没听清楚，究竟希特勒被炸死了没有。因此，他们什么也没有做。“瓦尔基里”命令是从奥尔布里希特的保险箱里拿出来了，但是并没有发出去。在班德勒街，大家都无所事事地在等待施陶芬贝格回来。在新政府里将分别担任国家首脑和武装部队总司令的贝克将军和冯·维茨勒本陆军元帅，本来预定在得讯之后要立即开始发出准备好

的文告和命令，并且通过广播宣告德国新时代的开始的，但此时他们还没有露面。

施陶芬贝格在朗斯多夫机场上给奥尔布里希特打电话时表示肯定相信希特勒已被炸死了。但事实与此相反，希特勒并没有死。勃兰特上校把皮包推到结实的橡木桌子底座外面，这一几乎是无意识的行动救了希特勒一命。他受了极大的惊吓，但受的伤并不重。他的头发烧焦，两腿受伤，右臂拧伤后暂时不能动作，耳膜震坏，脊背也被落下来的一根椽子划破了。有一个目击者后来回忆道，当希特勒由凯特尔搀扶着从这所被炸坏了的、正在燃烧的屋子里走出来的时候，几乎认不出是他了——脸是黑的，头发在冒烟，裤子撕成碎片。凯特尔丝毫没有受伤，也真是奇迹。但在炸弹爆炸的桌子那一头的那些人，绝大多数不是已死或命在旦夕，就是受了重伤。*

在惊魂未定的最初时刻，大家对爆炸的来源有过几种猜测。希特勒起初认为可能是由一架敌方的战斗轰炸机偷袭而引起的。约德尔按着溅满了血的头——吊灯架子和别的东西正掉在他头上——说，他相信是些建筑工人在屋子地板下放了定时炸弹。施陶芬贝格的炸弹在地板上炸了个很深的窟窿，所以看起来颇有点像。过了一些时候，人们才怀疑到这个上校身上。希姆莱听见爆炸就奔到现场，他也被弄得完全莫名其妙。他的第一个行动就是在菲尔基贝尔关闭通信联络之前一 1054
两分钟打电话给柏林刑事警察头子阿图尔·内贝，要他派一批侦探乘飞机来进行侦查。

在惊惶和混乱之中，起初没有人记起施陶芬贝格刚在爆炸发生之前溜出会议室。起初人们以为他一定在房子里，一定是在那些受了重伤、急送医院的人里面。希特勒要求对医院进行检查，但当时他还没

---

* 速记员贝格尔当场炸死。勃兰特上校、希特勒的副官施蒙特将军和科滕将军伤重而死。其他人包括约德尔将军、戈林的参谋长包登夏茨将军和豪辛格都受了程度不等的重伤。

有怀疑到施陶芬贝格。

大约在爆炸发生之后两小时，渐渐有了线索。在会议室管理电话交换台的上士报告说，有一个曾经对他说在等柏林长途电话的“独眼上校”从会议室出来，不等电话就急急忙忙地出了房子。参加会议的有些人这时想起来，施陶芬贝格曾经把他的皮包放在桌子底下。检查哨的卫兵室报告，施陶芬贝格和他的副官在爆炸刚刚发生之后通过了这些岗哨。

希特勒对施陶芬贝格开始怀疑了。同拉斯滕堡机场通话后，他了解到这个十分有意思的情况：施陶芬贝格在下午1点刚过就从机场起飞，说是去朗斯多夫机场。希姆莱立即下令，等他在那里一降落就加以逮捕。但由于菲尔基贝尔关闭通信联络的勇敢行动，这个命令始终没有传到柏林。直到这时，大本营似乎还没有人怀疑到柏林会发生什么不幸的事情。大家都认为这是施陶芬贝格的单独行动。除非他像有人怀疑的那样在俄国敌后降落，抓到他是不难的。在当时那种情况下，希特勒看来是表现得够镇静的。他心上还有别的事情。他还要去迎接墨索里尼。墨索里尼乘的火车误点，下午4点才能到达。

1944年7月20日下午，这两个法西斯独裁者举行的最后一次会见是颇为怪诞可笑的。他们视察了已经成为瓦砾场的会议室，却还在欺骗他们自己，认为他们首创的、要统治欧洲大陆的轴心，并没有同样成为一片瓦砾。曾经趾高气扬、不可一世的意大利领袖现在只不过是被纳粹打手从监禁中救出来、由希特勒和党卫军支撑起来的一个伦巴底的地方领袖而已。但是元首对这个已经垮台的意大利暴君的友谊和尊敬从来没有动摇过。他尽自己身体条件所允许的限度热烈地接待他，带他看那还在冒烟的、几小时前他几乎在这里送命的会议室残迹，而且预言他们的共同事业，不管遭到多少挫折，将很快取得胜利。

当时在场当翻译的施密特博士回忆了这个场面：[29]

> 墨索里尼简直吓坏了。他不懂这种事情怎么能在大本营发生…… 1055
>
> ［希特勒追叙道］“我当时正站在这张桌子旁边；炸弹就在我脚前爆炸……很明显，我绝不会碰到什么不幸的意外。这无疑是命运要我继续前进，完成我的事业……今天在这里发生的事情是一个顶点！大难已经过了……我现在比过去更加确信，我所从事的伟大事业必然将渡过目前的危机，一切都会得到很好的结果。”

墨索里尼过去经常一听希特勒的话就像喝了迷魂汤，据施密特说，这一次也是这样，表示同意。

> ［他说］“我们的处境很坏，也许甚至于可以说是近乎绝望。但是今天在这里发生的事情给了我新的勇气。在［这一］奇迹之后，不能想象我们的事业会遭到不幸。”

这两个独裁者和他们的随从走去喝茶。这时大约是下午5点钟。跟着就出现了一个滑稽的场面，这个场面使我们看到了狼狈不堪的纳粹头子们在第三帝国发生最大危机时的一幅很有启发性的，如果说不是令人意想不到的景象。这时，根据希特勒的手令，拉斯滕堡的通信系统已经恢复，开始收到来自柏林的报告，说明在柏林，同时也可能在西线，已经爆发了军事叛变。元首手下高级将领之间爆发了压抑已久的互相埋怨。他们争吵的声音震动屋顶，而希特勒本人起初则沉默地坐着，心里在盘算，墨索里尼则不好意思地红着脸。

邓尼茨海军上将听到谋刺案的消息就乘飞机赶到拉斯滕堡。他到达的时候，茶会已经开始。他一来就大骂陆军的背叛行为。戈林代表空军对他表示支持。但邓尼茨接着又向戈林开火，责骂德国空军一败

7月20日事件后，希特勒带领墨索里尼视察已成瓦砾场的会议室。

涂地。那个肥胖的帝国元帅为自己辩护了一阵，转而攻击他的老政敌里宾特洛甫，说德国的外交政策完全破产。说到一个地方，他威胁说要用他那根元帅杖把这个妄自尊大的外交部长揍一顿。戈林大喊：“你这下流的卖香槟酒的小掮客！闭上你的臭嘴！”这是里宾特洛甫受不了的，他要求对他尊重一点，即使是帝国元帅也罢。他喊道：“我现在还是外交部长，我的姓名是**冯**·里宾特洛甫！”*

接着有人提起过去的一次反对纳粹政权的“叛乱”，就是1934年6月30日的罗姆“阴谋”案。希特勒本来愁眉不展地待着，吞服江湖医生特奥多尔·莫雷尔给他的各种颜色的药片，一听说这件事情，就火冒三丈。据当时在场的人说，他从椅子上跳起来，满嘴唾沫，尖 1056
声叫喊，大发雷霆。他说，同他这一次将要对付叛徒们的手段比较起来，他过去对付罗姆和其他叛国从犯的手段根本就不算什么。他要把他们全都连根铲除。他咆哮说：“我要把他们的老婆孩子都关进集中营，一点也不宽恕！”在这一点上，同在其他许多类似的情况中一样，他是说到做到的。

半是由于声嘶力竭，也由于柏林来的电话开始传来军事暴动的更多情况，希特勒中止了他那发狂的独白，但是怒气并未平息下去。他送墨索里尼上了火车，这是他们最后一次分别。然后他回到住处。大约6点钟的时候，据报告政变还没有平定。他抓起电话，尖声地命令柏林的党卫军，对任何可疑分子格杀勿论。“希姆莱在哪儿？他为什么不在那里！”他大喊着，忘记了刚刚一小时以前，当他们坐下来喝茶的时候，他才命令这个党卫军头子飞往柏林对叛乱进行无情镇压，此刻他的头号警察还没有赶到那里哩！[30]

---

* 里宾特洛甫曾经做过香槟酒推销员，后来娶了德国最大的酒厂老板的女儿。1925年，他32岁的时候，过继给姨母格特鲁德·冯·里宾特洛甫，因此在姓上有了“冯”字。（德国贵族的姓前面都有“冯”［von］字。——译者）

施陶芬贝格于下午3点45分在朗斯多夫降落时大为沮丧地获悉，经过长期周密准备的柏林起义迟迟没有开始。关系重大的宝贵的三个小时白白过去了，而在这段时间里，元首大本营同外界是隔绝的。

施陶芬贝格永远没有弄清楚这究竟是什么原因，任何历史学家也不能把这命运攸关的一天内发生的事件系统地整理出来。天气闷热，这也许起了一定影响。主要的密谋分子知道施陶芬贝格在当天早上去拉斯滕堡，参加下午1点的元首大本营汇报会，而且像有人告诉霍普纳将军的那样，施陶芬贝格“皮包沉重”。尽管如此，快到中午的时候，只有少数几个主要的密谋分子，而且大部分是低级军官，开始懒懒散散地跨进班德勒街上的补充军总部，也是密谋集团的总部。我们记得，在施陶芬贝格上次在7月15日打算谋害希特勒的时候，奥尔布里希特将军曾在预定炸弹爆炸时间之前两小时下令柏林卫戍部队开始进军。但在7月20日，也许是鉴于上次所冒的风险吧，他并没有发出同样的命令。在柏林以及在附近的德贝里茨、于特博格、克拉姆普尼茨和温斯多夫的训练中心的部队指挥员，曾在前一天晚上得到通知，他们很可能在20日会接到“瓦尔基里”命令。但是奥尔布里希特决定在收到拉斯滕堡的菲尔基贝尔发来的确凿消息之后，再让他的部队行动。霍普纳将军在皮包里带着希特勒禁止他穿着的制服，在12点半钟，正好是施陶芬贝格打破炸弹装置内的玻璃管的时候来到班德勒街。他和奥尔布里希特一同出去午餐，互相敬酒，祝贺他们的事业成功，一共喝了半瓶。

他们回到奥尔布里希特的办公室不久，陆军总司令部通信处长弗里茨·蒂勒将军冲了进来。他激动地说，他刚刚同菲尔基贝尔通了电话，虽然线路不好，加以菲尔基贝尔讲得非常含蓄，听来爆炸已经发
1057 生，但希特勒并没有被炸死。既然如此，蒂勒认为“瓦尔基里”命令不应该发。奥尔布里希特和霍普纳都表示同意。

因此，从下午1点15分到3点45分，即施陶芬贝格在朗斯多夫

降落并匆忙赶去打电话的时候，根本没有采取什么行动。部队没有集结，给其他城市军事司令部的命令没有发出，而且最奇怪的是，没有人想到要去占领无线电广播局或者电话局、电报局。两个主要的军事首领贝克和维茨勒本还没有露面。

施陶芬贝格的到达，终于推动密谋分子们行动起来。他在朗斯多夫打电话敦促奥尔布里希特将军立即按“瓦尔基里”行事，不必等他到达班德勒街再动手，因为从飞机场到那里要走三刻钟。密谋分子最后总算有了发号施令的人，开始行动了。而没有命令，一个德国军官，即使是一个反叛的德国军官，即使是处在这样关键性的日子，似乎也不知怎么才好。奥尔布里希特的参谋长、施陶芬贝格的密友梅尔茨·冯·基尔海姆上校取来“瓦尔基里”命令，开始用电传打字机和电话发出这些命令。这些命令都是好几个月之前准备好的。第一道命令要求柏林城内和四郊的部队立即戒备。第二道命令由维茨勒本以“武装部队总司令”名义签署、由冯·施陶芬贝格上校副署，宣布元首已经死亡，维茨勒本“把行政权力转移”给国内的各军区司令和前线的战斗部队司令。这时冯·维茨勒本陆军元帅还没有到达班德勒街。他到远在柏林西南20英里的措森去会晤军需总监瓦格纳了。于是派人去请他和贝克将军。密谋集团中这两个高级将领在这决定命运的一天，行动竟这么从容不迫。

命令发出去了。有些命令是在弗洛姆将军本人并不知情的情况下用他的名义发布的。奥尔布里希特接着就到这位补充军总司令的办公室去告诉他，据菲尔基贝尔报告，希特勒已经遇刺，劝他负责“瓦尔基里”行动，保证国内的治安。密谋分子认为，弗洛姆的命令会自动得到遵守。他此刻对他们是十分重要的。但弗洛姆同克鲁格一样，有骑墙的天才；他是那种骑在墙上先要看清楚自己将落在什么地方之后才跳下去的人。他要求得到希特勒已死的确切证明再决定行动。

在这关头，奥尔布里希特犯了密谋分子在这一天所犯的又一个灾难性错误。根据施陶芬贝格从朗斯多夫打来的电话，他认为元首已死无疑。他也知道，这天整个下午，菲尔基贝尔已经成功地切断了通往拉斯滕堡的电话线路。因此，他大胆地拿起电话，要总机给他接通一个“闪电”电话给凯特尔。使他大吃一惊的是，他不知道通信已经恢
1058 复，凯特尔几乎立刻就来听电话了。

弗洛姆：大本营出了什么事情？柏林流传着许多耸人听闻的谣言。

凯特尔：你问的是什么？这里一切如常。

弗洛姆：我刚收到报告，说元首被刺死了。

凯特尔：胡说八道。确实有人行刺，但幸运的是行刺失败了。元首安全，只是受了点轻伤。顺便问你，你的参谋长施陶芬贝格伯爵上校在哪儿？

弗洛姆：施陶芬贝格还没有回来。[31]

从这一刻起，密谋集团就失去了弗洛姆，由此而产生的后果很快就可看出是极其严重的。奥尔布里希特怔了一下，一言不发地溜出了办公室。这时，贝克将军到了。他穿着一身深色的便服来负责全局，也许这是为了使这次起事减少一些军事色彩。但是，正如大家很快所意识到的那样，真正负责大局的是冯·施陶芬贝格上校。他在下午4点半钟的时候，帽子也不戴，气喘吁吁地奔上前战争部的楼梯。他简短地报告了爆炸的情况，着重指出，他是在相距200码的地方亲眼看见爆炸的。奥尔布里希特插进来说，凯特尔本人刚刚接了电话，发誓说希特勒只受了轻伤。施陶芬贝格答道，这是凯特尔说谎，为的是借此争取时间。他说，最低限度希特勒一定受了重伤。他接着说，不论情况怎么样，他们现在能做的只有一件事情，那就是抓紧时间来推翻纳粹政权。贝克同意这个意见。他表示，这个专制魔王是死是活，对

他说来并没有什么两样。他们必须干下去，摧毁他的罪恶统治。

当前的困难在于：在使事情遭到致命的延误之后，目前又处于混乱之中，他们虽然计划周密，这时竟不知下一步应该如何进行是好。即使蒂勒将军带来了消息，说是希特勒遇刺无恙的新闻即将通过德国全国广播网广播，这些密谋分子竟仍然没有想到，他们该做的第一件事情就是立即占领广播电台，阻止纳粹广播他们的消息，而让他们自己的新政府文告响彻四方。要是他们手上没有部队来做这个工作，柏林的警察也能够干得了。密谋集团的核心人物之一、警察局长冯·赫尔多夫伯爵，从中午过后就不耐烦地等待着要带领他那支不小的、已经处于戒备状态的部队投入行动。但一直没有命令传来。最后在4点钟的时候，他乘车赶到班德勒街，去看看究竟是怎么一回事。奥尔布里希特告诉他，他的警察部队要听陆军的指挥。但是现在还没有一支反叛的军队——只有一些不知所措的军官们在总部里打转转，却没有兵士可以指挥。

这件事，施陶芬贝格该做而不做，反而忙于打紧急电话给他的表兄弟——在巴黎的冯·施蒂尔普纳格尔将军总部工作的恺撒·冯·霍法克中校，敦促那边的密谋分子行动起来。这一着无疑是重要的，因为密谋集团的工作在法国组织得比较好，并且得到柏林以外其他地方的 1059
更为重要的陆军军官的支持。施蒂尔普纳格尔确实比他在起事中心的同僚表现得更有魄力。在天黑之前，他已经逮捕和禁闭了巴黎的全部1 200名党卫军和党卫军保安处的官兵，包括他们的那个可怕的司令官、党卫军少将卡尔·奥贝格。如果这天下午柏林表现出同样的魄力，把这种魄力用在正确的方面，历史的发展可能会有所不同。

对巴黎发出警报之后，施陶芬贝格就把注意力转移到顽固的弗洛姆身上。他是弗洛姆的参谋长。自从弗洛姆从凯特尔那里听说希特勒还活着的消息之后，他就拒绝同叛乱分子合作。这样就使密谋计划的成功受到严重的危害。贝克不敢在这场赌局中这样早就同弗洛姆争吵，所以在施陶芬贝格和奥尔布里希特去看他的时候，托词不同他们一起去看弗洛姆。奥尔布里希特对弗洛姆说，施陶芬贝格能够证实希特勒的死亡。

“这是不可能的。”弗洛姆说得很干脆，“凯特尔对我证实的正相反。”

施陶芬贝格插进来说：“凯特尔是在撒谎，他向来是撒谎的。我亲眼看见希特勒的尸体抬出来的。”

这话是出自他的参谋长又是目击者之口，弗洛姆不能不想一想。他沉默了一阵。奥尔布里希特想利用他的犹豫不决，对他说，不管怎么样，“瓦尔基里”信号已经发出去了。弗洛姆一听就跳了起来，大声喊道：“这简直是犯上！谁发布这命令的？”听说是梅尔茨·冯·基尔海姆上校发的，他就把这个军官召来，宣布加以逮捕。

施陶芬贝格为争取他的上级做了最后一次努力。他说：“将军，是我自己在希特勒开会时爆炸这颗炸弹的。这次爆炸就像中了一颗150毫米炮弹一样。屋子里没有人能够幸免。”

但是，弗洛姆这样一个机灵的见风使舵的人是不会上当的。他答道：“施陶芬贝格伯爵，行刺已经失败了。你立即自杀吧。”施陶芬贝格冷然加以拒绝，弗洛姆这个红脸胖子立即宣布把他所有这三个客人——施陶芬贝格、奥尔布里希特和基尔海姆——逮捕。

奥尔布里希特答道：“你在欺骗自己。现在是我们要来逮捕你。”

袍泽之间接着发生了一场不合时宜的厮打。据一个说法，弗洛姆打了独臂的施陶芬贝格一记耳光。但这个将军很快就被制服，关在他的副官的房间里。路德维希·冯·莱昂罗德奉命看守。[*] 密谋分子采取
1060 了切断室内电话线的预防措施。

* 几星期之前，莱昂罗德曾经问他的朋友、随军神父赫尔曼·韦尔勒，天主教是不是宽恕杀戮暴君。他得到的答复是否定的。人民法庭审讯莱昂罗德时，他供出了这一情节。韦尔勒神父因没有向当局报告而被捕，同莱昂罗德一样被处决。

施陶芬贝格回到办公室，正碰上党卫军大队长庇弗雷德来逮捕他。庇弗雷德是一个党卫军流氓，最近在俄国人推进到波罗的海区域之前，特别行动队赶紧杀害了221 000名犹太人，他就是因为监督焚尸灭迹的工作而出了名的。庇弗雷德和他的两个党卫军保安处便衣特务被锁进了旁边一间空的办公室。接着，负责指挥柏林-勃兰登堡区（第三军区）军队的冯·科茨弗莱施将军来到，询问到底发生了什么事情。这个彻头彻尾的纳粹将军坚持要见弗洛姆。他被带去见奥尔布里希特，但拒绝同后者谈话。于是，贝克接见了他。他由于顽固不化，也被锁了起来。按照预定计划，冯·廷根将军奉派接替他的职位。

庇弗雷德的出现提醒了施陶芬贝格，密谋分子忘记在这座建筑物四周布置警卫。于是从大德意志警卫营（这时它应该担任警戒任务，但却没有值勤）调来了一个分遣队在大门口担任警卫。这样，下午5点多，密谋分子总算控制了他们的总部。但这是柏林城中他们唯一能够控制的地方。那些预定要占领首都并把它交给新的反纳粹政府的陆军部队，究竟遇到了什么事情呢？

下午4点刚过，当密谋分子终于在施陶芬贝格回来之后活跃起来的时候，柏林卫戍司令冯·哈泽将军打电话给驻在德贝里茨的精锐的大德意志警卫营营长，命令他下令全营戒备，并立即到菩提树下大街的司令部来报到。警卫营营长是新近任命的奥托·雷默少校。他在这一天要起关键作用，虽然他并不是密谋分子原来指靠的人。他们已对他进行过审查，因为该营被分派担任一项极端重要的任务。他们调查了以后，认为他是一个不问政治的军官，只知服从顶头上司的命令。他的勇敢是无可置疑的。他曾负伤八次，最近还得到希特勒亲手颁发的橡叶骑士十字勋章——这是难得的荣誉。

雷默遵命下令全营戒备，并且立即进城来接受哈泽的具体指示。

将军告诉他，希特勒遇刺，党卫军企图发动政变；命令他封锁威廉街的政府各部以及设在附近的安哈尔特车站的党卫军保安处总部。下午5点半钟，行动迅速的雷默已经完成了任务，回来向菩提树下大街报告，等候新的任务。

现在另一个次要人物挤到这个戏剧性事件中来，帮助雷默成为密谋集团的送命阎王。一个名叫汉斯·哈根博士的中尉，是一个容易激动和自视甚高的年轻人，担任着雷默的警卫营的纳粹党指导员。他
1061 也在宣传部的戈培尔博士手下担任工作。这时他实际上被宣传部派驻在拜罗伊特，协助希特勒的秘书马丁·鲍曼写一本名叫《民族社会主义文化史》的书。他在柏林出现是很偶然的。他是来为一个在前线牺牲的不知名作家发表纪念演说的，同时他想乘这个机会在下午给全营官兵作一个关于“民族社会主义指导问题”的报告。虽然这天天气闷热，但他十分喜欢在公共集会上讲演。

在去德贝里茨途中，这个容易激动的中尉确信自己从一辆驶过的陆军汽车里看到了身着全副军装的冯·布劳希奇陆军元帅。他立刻想到，这些老将军们一定在干什么叛国的勾当。布劳希奇很久以前就被希特勒一脚踢出了他的司令部，不管有没有穿军装，那一天其实并不在柏林，但是哈根发誓说他见到了布劳希奇。在雷默少校接到占领威廉街的命令的时候，他正同少校谈着话。这个命令引起了他的怀疑，他向雷默要了一辆带车斗的摩托车，上车立即赶到宣传部去向戈培尔报信。

部长刚接到希特勒打来的第一个电话。希特勒告诉他发生了谋刺的事情，命令他尽快把谋刺失败的消息在电台上广播。这似乎是一向警觉的宣传部长所得到的关于在拉斯滕堡发生的事情的最初消息。不一会儿，哈根给他带来了柏林即将发生的事情的最新消息。戈培尔起初还有点不信，他认为哈根有点无事生非。有一种说法是，正当他要把这个客人赶走的时候，中尉请他亲自看看窗外发生的事情。他见到的情景比哈

根那些歇斯底里的话更有说服力。陆军部队正在宣传部四围布哨。戈培尔虽然是个愚蠢的人，这次脑子却转得特别快。他要哈根通知雷默立刻来见他。哈根遵命办了。在这以后这个人就退出了历史舞台。

这样，当班德勒街的密谋分子正在同全欧洲的将军们联系，完全没有注意像雷默这样一个担负着重大任务的低级军官的时候，戈培尔却在同这个人联系，不管他的军阶多么低，在这个特定的时刻他却占了举足轻重的地位。

他们之间的接触是不可避免的，因为这时雷默奉命去逮捕这个宣传部长。这样，少校的手上既有抓戈培尔的命令，又有戈培尔邀请他去会见的通知。雷默带了20个人走进宣传部。他嘱咐他们，如果过了几分钟他不出来，他们就到部长办公室去接他。然后他同副官握着手枪，走进办公室，去逮捕当天在柏林的最重要的纳粹官员。

约瑟夫·戈培尔在德意志第三帝国之所以能够飞黄腾达，原因之一是他在困难局面下有快速讲话的天才，而现在正是他充满风浪的一生中最困难最危急的局面。他提醒这个青年少校对最高统帅的效忠宣 1062
誓。雷默干脆地答称：希特勒已经死了。戈培尔说，元首生龙活虎似的活着，他刚同元首通过电话。他可以证明这一点。他一面说一面就拿起电话同拉斯滕堡的最高统帅紧急通话。密谋分子没有占领柏林的电话总局或者至少切断它的线路，这个失误再一次加重了灾难。* 只有一两分钟时间，希特勒便在电话里说话了。戈培尔很快地把话筒递给雷默。少校听得出他的声音吗？最高统帅问道。在德国，人们千百次在无线电里听到他讲话，谁听不出他那嘶哑的声音呢？而且，在几星期之前受勋的时候，他还直接听到过元首讲话。据说，少校在电话里听到希特勒的声音立刻立正。希特勒命令他镇压叛乱，并且只服从戈

---

* 据说，戈培尔后来曾经这样叫喊过："这些革命党甚至于连切断电话线这点聪明都没有！我的小女儿也会想到这一点的。"（库尔特·里斯：《约瑟夫·戈培尔：魔鬼的辩护士》[*Joseph Göbbels: The Devil's Advocate*]，第280页）

培尔、希姆莱（他已被任命为补充军总司令，正乘飞机去柏林）和赖内克将军（他正巧在柏林，已奉命接管全市所有部队的指挥权）的命令。元首还立即提升少校为上校。

对雷默来说，这就够了。他已经接到了最高当局的命令，接着就要以班德勒街的人们所缺乏的魄力去执行这些命令。他从威廉街撤回全营部队，占领了菩提树下大街的卫戍司令部，派出巡逻队去阻挡任何其他可能正向柏林进发的部队，自己则出发侦查密谋集团的总部所在地，以便把首犯一网打尽。

反叛的将军们和上校们为什么把这样重大的任务交给雷默，他们为什么不在最后关头用一个全心全意支持密谋集团的军官去替代他的位置，他们为什么连派一个可靠的军官同警卫营一起行动以监视雷默是否执行命令这样的事情都没有做——这些问题都是7月20日事件中的谜。还有，为什么当时不立即逮捕在柏林的最重要、最危险的纳粹官员戈培尔？宣传部一个武装警卫也没有，只要冯·赫尔多夫手下的两名警察就可以在两分钟之内完成这个工作。还有，为什么密谋分子不占领位于阿尔布雷希特亲王街的秘密警察总部，这样不仅能镇压住秘密警察，还可把关在那里的他们的许多同伙（包括莱贝尔在内）释放出来？秘密警察总部事实上并没有武装警卫，党卫军和党卫军保安处的神经中枢——德国中央保安局的办公处也是这样。人们会认为，这些机关一定会被首先占领的，但却没有这样做。这些问题也都无法解释。

雷默的迅速转变，班德勒街的人们过了一些时间之后才知道。很
1063 显然，柏林发生的情况，他们知道得太少，也知道得太迟了。由于目击者的报道充满了令人莫名其妙的矛盾，即使今天也难以弄清一些问题的真相。例如：坦克部队到哪儿去了呢？在城外驻防的部队到哪儿去了呢？

下午6点半钟刚过，全欧洲都能听到的发报力很强的德意志广播电台播送了一则简短的公告，宣布有人行刺希特勒，但已失败。这

对班德勒街那些心神不定的人们是一个严重的打击，但这也是一个警告，使他们知道原定占领广播大厦的部队没有能完成任务。戈培尔在等待雷默的时候，已把公告的内容用电话通知了广播电台。7点45分，施陶芬贝格用电传打字机给陆军司令官们发出一个通报，告诉他们，广播的公告是假的，希特勒已经死了。但是这则广播对政变分子造成的损失是怎么也补救不了的。在布拉格和维也纳的司令官们本来已经着手逮捕党卫军和纳粹党的首领，现在又开始缩回去了。接着在晚8点20分，凯特尔设法通过陆军电传打字机，给陆军各部队的司令部发出一个元首大本营的通告，宣布希姆莱已被任命为补充军总司令，“只许服从他和我本人所发的命令”。凯特尔又加上一句：“由弗洛姆、维茨勒本或霍普纳所发的任何命令均属无效。”德意志广播电台宣布希特勒无恙的公告以及凯特尔要求只服从他的指挥而不是密谋分子指挥的干脆的命令，对于远在法国、正要投向密谋分子一边的冯·克鲁格陆军元帅起了决定性的作用。这一点下面就要谈到。*

就是反叛军官们寄予很大希望的坦克部队也没有能到达。有人可能以为，著名的装甲部队将军霍普纳会抓得住坦克，但他并没有做到 1064
这一点。密谋分子曾下令克拉姆普尼茨装甲兵学校校长沃尔夫冈·格莱泽默上校把他的坦克开进城，他本人也应到班德勒街报到待命，但这个坦克兵上校不愿意参加任何反纳粹的军事政变。奥尔布里希特劝

---

* 关于柏林电台为什么没有加以占领，有许多相互矛盾的说法。有一种说法是，指定担负这个任务的是在德贝里茨的步兵学校的一支队伍，由它的司令官、参加了密谋集团的希茨菲尔德将军负责。但密谋分子事前没有通知他在7月20日这天起事，因此他到巴登参加一个亲戚的葬仪去了。他的副司令官，一个名叫米勒的上校，也因为军事任务出差去了。当米勒终于在晚8点回来之后，他发现最精锐的一营人已经出发去做夜间演习了。等他把人集合起来，已是深夜，时间来不及了。另一种说法是，一个名叫雅各布的少校成功地带着步兵学校的士兵包围了广播大厦，但得不到奥尔布里希特关于具体行动的明确指示。当戈培尔打电话发来第一次文告全文的时候，雅各布让它广播出去，未加干涉。后来这个少校争辩说，如果奥尔布里希特给了他必要的命令，德国广播网可以轻而易举地不让纳粹使用，而由密谋分子掌握。第一种说法出自策勒（《自由魂》，第267—268页），此人是熟悉7月20日密谋的最权威的德国历史学家。第二种说法出自惠勒-本内特（《权力的报应》，第654—655页注）和鲁道夫·扎姆勒（《戈培尔：仅次于希特勒的人》[*Göbbels: The Man Next to Hitler*]，第138页），他们都说雅各布少校证实了上述说法。

说无效，只好把他也拘留在大厦里面。但格莱泽默还是有机会小声地指示他那没有被捕的副官去对柏林装甲兵总监部（它对坦克部队有管辖权）报告情况，并叫他只服从装甲兵总监部的指挥。

这样，迫切需要的坦克虽然有几辆开到了市中心动物园的胜利纪念柱附近，但大部分没有落入叛乱分子手中。格莱泽默后来用欺骗手段逃脱禁闭。他对卫兵说，他决定接受奥尔布里希特的命令，打算亲自去指挥坦克，于是就溜出了大厦。坦克很快从城里撤退了。

在那些因为拒不参加谋反而被马马虎虎、客客气气地看管起来的人中间，这个装甲兵上校并不是唯一溜走的军官。这种情况对叛乱的迅速平息也有影响。

冯·维茨勒本陆军元帅在快到8点钟的时候终于来了。他身着正式制服，挥动着元帅节杖，准备接受武装部队新任总司令的职务。但他似乎立即发觉，政变已经失败了。他对贝克和施陶芬贝格大发脾气，说他们把事情全都搞糟了。在被审讯的时候，他对法官说，当他听说连广播电台都未占领时，他已清楚看出，起事没有得手。其实，这时他以陆军元帅的权威本来是可以号召柏林和国外的更多的部队司令官的。但他并没有尽到力量，他在班德勒街那座大楼里只待了45分钟，就又大踏步地离开了——离开了现在看来败局已定的谋反。他乘着他的梅赛德斯牌汽车，回到他在这决定性的一天曾白白消磨掉7小时的措森。他对军需总监瓦格纳将军说，起事已经失败，然后又乘车回到30英里外他的乡村别墅。第二天，他在那里被一个名叫林纳茨的陆军将领逮捕了。

现在，最后一幕的幕布拉开了。

晚9点过后不久，德意志广播电台宣布，元首将在当天深夜向德国人民广播。到处碰壁的密谋分子听到这个消息，不禁呆若木鸡。几分钟之后，他们获悉柏林卫戍司令，也就是当初错派雷默少校——现在已是上校了——的冯·哈泽将军已被捕，纳粹将军赖内克在党卫军支持下已接管对柏林所有部队的指挥权，正在准备袭击班德勒街。 1065

党卫军终于集结起来了。这主要得归功于剽悍的党卫军头子奥托·斯科尔兹内，他曾把被俘的墨索里尼救出，由此可见他的勇敢。他根本不知道那天出了什么事情，所以在下午6点搭上了去维也纳的夜间快车。当火车在利希特费尔德郊区停靠的时候，他在党卫军保安处的第二号头子、党卫军将军舍伦贝格的敦促下下了车。斯科尔兹内发现毫无戒备的党卫军保安处总部正处在一种极其歇斯底里的状态。但他是一个头脑冷静的人，而且又是一个能干的组织者，很快就把他的武装队伍集合起来，着手工作。最先说服坦克学校的队伍仍旧效忠希特勒的就是他。

拉斯滕堡的有力对策、戈培尔争取雷默和利用无线电的迅速决定、党卫军在柏林的恢复活动，以及班德勒街方面密谋分子的令人难以置信的混乱和无所作为——这一切使得许多正要投向密谋分子一边或者甚至已经这样做了的军官踌躇起来。其中之一是奥托·赫尔福特将军，此人是已被逮捕的科茨弗莱施将军的参谋长。他开始时已同班德勒街合作，设法集合部队，后来看到风势不对，就改变了立场，于晚9点半左右打电话给希特勒大本营，说他正在镇压军事政变。[*]

弗洛姆将军的拒绝参加，曾使起义一开始就陷入危机，因此遭到拘禁。他现在却活跃起来了。约在晚8时，即当他在副官的房间里被拘禁了四小时之后，他请求允许他到楼下自己的房间里去休息。他以一个军官的荣誉保证绝不想法逃跑或同外界通消息。霍普纳将军不但同意了，而且由于弗洛姆说他又饥又渴，还给他送来了夹肉面包和一瓶酒。在此以前不久，弗洛姆的幕僚中有三个将军到了这里，他

---

* 他的变节并没有能救自己一命，仍然因参加谋反而被捕并被绞死。

们拒绝参加叛乱，并且要求把他们送到他们的上司那里去。令人费解的是，他们居然被送进弗洛姆的屋子里，虽然也是被拘禁起来。他们一到，弗洛姆就告诉他们，这屋子有一个很少使用的后门，他们可以从那里逃走。他背弃了对霍普纳的誓言，命令这些将军们出去组织力量，攻打这座大厦，把他救出来，并平定叛乱。这些将军们乘人不备，溜了出去。

奥尔布里希特手下的一群低级军官，起初有的附和了叛乱分子，有的留在班德勒街观看风色，到了这时已经开始看到，叛乱正在失败。他们还开始意识到，如果叛乱失败，而他们没有及时起来反对叛乱，他们就都会被作为叛徒绞死。他们之中就有一个人后来这么说。有一个弗朗茨·赫贝尔中校，原本是一个警官，又是一个真心实意的纳粹分子。他从施潘道军火库搞来了一些冲锋枪和弹药，秘密地放在
1066 二楼。大约10点半钟的时候，这些军官会见奥尔布里希特，要求他明确地告诉他们，他和他的朋友们究竟想达到什么目的。这位将军做了说明，他们也不争辩，就退了出来。

过了20分钟，他们又回来了。大约有六个或者八个人，由赫贝尔和博多·冯·德·海德中校带头，手里举着武器，要求奥尔布里希特做进一步的解释。施陶芬贝格听见声音，进来观看究竟，就被抓住了。当他夺门而逃，走下楼梯的时候，他那仅有的一条胳臂中了枪弹。这些反叛乱分子开始胡乱地开枪，虽然除了施陶芬贝格以外，他们并没有打着什么人。接着他们在曾经被密谋集团用作总部的那层楼上跑来跑去，搜捕谋反分子。贝克、霍普纳、奥尔布里希特、施陶芬贝格、哈夫登和梅尔茨都被赶进了弗洛姆那间空的办公室。一会儿，弗洛姆本人在他的办公室里出现了，手里拿着手枪。

“诸位先生，”他说，“我现在要以你们对待我的办法来对待你们。”但他并没有这样做。

“放下武器！”他命令说，并且告诉刚才逮捕他的这些人，他们已

经被捕了。

贝克平静地回答，伸手去摸手枪："我是你从前的司令官，你不能这样要求我。我自己对这个不幸局面的后果负责。"

"好，让枪对准你自己。"弗洛姆警告说。

这个才能出众、文雅有礼的前参谋总长非常缺乏行动的意志力。这使他在一生中最重大的考验面前最后归于灭亡。直到临死，他都是如此。

"在这一刻，我想起了从前……"他开始说，但弗洛姆不让他说下去。

"我们现在不想听你这一套。我要求你停止说话而采取行动。"

贝克采取了行动，他扣动扳机，但是子弹只擦伤了他的头。他倒在椅子上流了一点血。

"给这位老先生帮点忙。"弗洛姆命令两个青年军官。但当他们去拿武器的时候，贝克不让他们开枪，请求再给他一次机会。弗洛姆点头同意。

接着，弗洛姆转向其他谋反分子。"你们各位，如果想要写信的话，我给你们几分钟时间。"奥尔布里希特和霍普纳要了纸笔，坐下来给他们的妻子写封短短的诀别信。施陶芬贝格、梅尔茨、哈夫登和别人沉默地站着。弗洛姆大步走出了房间。

他很快下定决心要消灭这些人。他虽然拒绝积极参加谋反活动，但好几个月以来他对谋反活动一直是知情的，并且庇护了行刺的凶手，也没有上报他们的计划。因此他要消灭这些人，不但为了灭口，还要使自己成为铲平叛乱的人，向希特勒邀功。在纳粹匪徒世界里，要想这样做已经太迟了，但当时弗洛姆并没有意识到这一点。

过了五分钟，他又回来，宣布他已"以元首的名义"举行了一次"军法审判"（至今没有发现有什么证据证明他曾这样做过），判处以
下四名军官死刑："参谋总部上校梅尔茨·冯·基尔海姆、奥尔布里希 1067

特将军、这个我不再知道他姓名的上校［指施陶芬贝格］和这个中尉［指哈夫登］。”

那两位将军奥尔布里希特和霍普纳还在给妻子写信。贝克将军瘫在椅子上，子弹擦伤处流出来的血满脸都是。那四个“被判死刑”的军官像电线杆似的沉默地站着。

弗洛姆对奥尔布里希特和霍普纳说：“先生们，你们准备好了吗？我必须要求你们快一点，这样才不至于使别人太为难。”

霍普纳写完信，把信放在桌上。奥尔布里希特要了一个信封，把信放进去，封好口。贝克现在恢复了一点神智，要求再给他一支手枪。施陶芬贝格（他那只好胳臂的袖子浸透了枪伤流出来的血）和他的三个“被判死刑”的同伴被带了出去。弗洛姆叫霍普纳跟出去。

在楼下的院子里，一部陆军汽车用防空布罩罩上的车灯射出了微弱的光线。这四个军官很快被行刑队打死了。目击者说，当时人声嘈杂，主要是卫兵们的吆喝声。他们急急忙忙，因为怕空袭。那年夏天，英国飞机几乎每晚都飞临柏林上空。施陶芬贝格在临死时喊道：“我们神圣的德国万岁！”[32]

这时，弗洛姆给霍普纳将军自己选择。三星期之后，在绞刑架的阴影下，霍普纳对“人民法庭”说出了当时的经过。

> “［弗洛姆说］唉，霍普纳，这件事情真使我伤心。你知道，我们一直是好朋友和好同志。你让自己卷进了这件事情，不能不承担它的后果。你要同贝克走同样的路吗？要不，我就要立即逮捕你。”

霍普纳当时回答说，他并“不感到这样有罪”，他认为他能为自己“辩白”。

弗洛姆握一握他的手回答：“我理解。”霍普纳被送进了莫阿比特的军人监狱。

当他被带走的时候，他听见从隔壁房间门口传来贝克的疲惫的声音："这次要是不行，那就请帮忙吧。"接着传来手枪射击的声音。贝克第二次尝试自杀又告失败。弗洛姆从门口伸进头去，再一次要一个军官"给这位老先生帮一帮忙"。这个不知姓名的军官拒绝帮这个忙，而让一个上士去做。这个上士把第二次受伤后昏迷过去的贝克拉出房间，颈上加了一枪，结果了性命。[33]

这时已过午夜。在德意志第三帝国11年半的时间中，这仅有一次
的反希特勒严重叛乱，在11个半小时内就被平息了。斯科尔兹内带了
一队武装党卫军来到了班德勒街。他是一个警官，知道不应该杀掉那 1068
些人，因为他们如加以严刑拷打会供出关于谋反活动规模的十分有价值的证据。因此，他禁止再处决人，把另外的密谋分子加上手铐，送进了阿尔布雷希特亲王街的秘密警察监狱。他又命令侦探们收集那些谋反分子来不及毁掉的犯罪文件。希姆莱在这以前已经到了柏林，在戈培尔的宣传部里成立了一个临时总部，宣传部现在已由雷默的警卫营的一支部队保卫着。他打电话给希特勒，报告叛乱已经平定。在东普鲁士，一辆广播车正从柯尼斯堡向拉斯滕堡疾驰，以便元首发表预告已久的广播演说。德意志广播电台从晚9点起，每隔几分钟就预告一次元首即将发表广播演说。

快到深夜1点的时候，阿道夫·希特勒的嘶哑的声音在夏天夜空中响起来了。

> 我的德国同志们！
>
> 我今天对你们讲话，第一是为了使你们听到我的声音，知道我安然无恙；第二是为了使你们了解在德国历史上从未有过的一次罪行。
>
> 由一些野心勃勃的、不负责任的同时又是愚蠢无知的军官组

成的一个很小的集团，合谋杀害我，以及与我一起的武装部队最高统帅部的将领。

施陶芬贝格伯爵上校放置的炸弹在离我右边两米的地方爆炸。它使我的许多真正的、忠贞的合作者受了重伤，其中一人已经去世。我本人除了一些很轻微的碰伤、擦伤和烧伤之外，安然无恙。我把这看作是上天降大任于我的证明……

这些篡夺者的圈子是很小的。它同德国武装部队，特别是同德国人民的精神毫无共同之处。这是一个犯罪分子的匪帮。这个匪帮将被加以无情消灭。

因此，我现在命令，任何军事当局……都不得服从这群篡夺者的命令。我同时命令，人人都有义务逮捕任何散发或持有他们命令的人，如果遇到抵抗，可当场格杀勿论……

这一次，我们将以民族社会党人常用的方法来对他们实行清算。

血腥的报复

这一次，希特勒也是说到做到的。

纳粹对待自己的德国同胞的野蛮，这时达到了顶点。在疯狂的逮
捕之后，接着就是令人毛骨悚然的严刑拷打、草率的审判和死刑的宣
布。死刑的执行大多数是缓慢地绞死，把死难者用钢琴琴弦吊在从肉
1069 铺和屠场借来的肉钩子上。嫌疑犯的亲戚朋友成千上万地被抓起来送
进集中营，许多人就死在集中营里。少数有勇气掩护逃犯的人都被立
即处死。

希特勒在万分震怒和难以餍足的报复欲望支配之下，拼命督促希姆莱和卡尔滕布伦纳，更加努力去搜捕所有敢于谋害他的人。他亲自定下了处理这些人的办法。

路德维希·贝克（左）和埃尔温·维茨勒本。从1938年秋到1944年7月20日，这两位将军组织军官团反对希特勒。

在拉斯滕堡爆炸发生后举行的最初几次会议中，有一次他咆哮说："这回对罪犯要毫不客气地干掉。不用开军事法庭。我们要把他们送上人民法庭。别让他们发表长篇演说。法庭要用闪电速度进行审判。判决宣布两小时之后立即执行。要用绞刑——别讲什么慈悲。"[34]

这些来自上面的指示，都由"人民法庭"庭长罗兰·弗莱斯勒严格地执行了。弗莱斯勒是一个卑鄙恶毒的狂人。在第一次世界大战期间，他当了俄国的战俘，成了一个狂热的布尔什维克。后来，即使在1924年他成了一个同样狂热的纳粹分子以后，他还是苏联赤色恐怖的热烈崇拜者和这种恐怖统治方法的热心仿效者。在1930年代中，在莫斯科曾举行过多次审判，许多"老布尔什维克"和大部分高级将领都以"叛国罪"被清算。这些审判的总检察长是安德烈·维辛斯基。弗莱斯勒就曾专门研究过维辛斯基的技术，所以希特勒在上面提到的那次会议上曾赞叹道："弗莱斯勒是我们的维辛斯基。"

人民法庭的第一次审讯于8月7日、8日在柏林举行。受审判的7月20日事件的密谋分子有冯·维茨勒本陆军元帅、霍普纳将军、施蒂夫将军和冯·哈泽将军，还有一些同自己所崇拜的偶像施陶芬贝格密切合作的下级军官——哈根、克劳辛、伯纳第斯、彼得·约克·冯·瓦滕堡伯爵。由于在秘密警察的刑讯室里饱受折磨，他们已经不像样子了。又由于戈培尔下令把审判的每一个细节都拍摄下来，使这部电影在军队和社会上放映时可以作为一个教训——也作为一个警告——所以更是千方百计地把被告弄得狼狈不堪。他们穿着破烂的衣服，旧衣服和旧绒衫，走进法庭的时候胡子也没有刮，没有领子，不带领带，裤子上没有背带，也没有腰带，只好提着。特别是曾经威风凛凛的那位陆军元帅，看去像是一个精神颓丧、牙齿脱光的老头子。他的一口假牙被拿掉了。当他站在被告席上受尽恶毒的首席法官刻薄揶揄的时候，他一直用手抓着裤子，怕它掉下来。

弗莱斯勒对他喊道："你这不要脸的老家伙，为什么老弄着你的裤子？”

尽管他们知道自己的命运已定，这些被告在弗莱斯勒的不停侮辱前面，还是表现出了尊严和勇气。最勇敢的大概要算施陶芬贝格的表兄弟、年轻的彼得·约克。他冷静地回答那些最侮辱性的问题，而且从不掩饰他对民族社会主义的鄙视。 1070

弗莱斯勒问道：“你为什么没有入党？”

伯爵回答：“因为我不是而且永远不可能是一个纳粹分子。”

当弗莱斯勒怔了一阵之后又追问这个问题的时候，约克想做解释。“庭长先生，我在侦讯时已经说过，纳粹主义是这样一种思想，我——”

法官打断他。“——不能同意……你不同意民族社会主义关于根除犹太人的公正思想？”

约克答道：“重要的是，造成这一切问题的是国家对个人的集权主义要求，这种要求迫使个人放弃他在道德上和宗教上对上帝的责任。”

“废话！”弗莱斯勒大声叫道，他不让这个年轻人说下去。这样的话可能破坏戈培尔博士的电影，也可能让元首生气，因为元首已经下令：“别让他们发表长篇演说。”

法庭所指定的辩护律师简直可笑极了。从审判记录可以看到，他们的卑怯是令人难以置信的。例如，维茨勒本的律师，一个名叫魏斯曼的博士，比国家检察官还厉害，几乎同弗莱斯勒一样地申斥由他辩护的人是一个“谋杀的凶手”，完全有罪，应受极刑。

8月8日审判一结束，就宣判了极刑。希特勒曾经命令，“他们全都该像牲口那样被绞死”。他们确实这样被绞死了。在普洛岑湖监狱，这八个被判死刑的人被赶进一个小房间，房里天花板上挂着八个肉钩子。他们一个一个被剥光上衣，绑起来，用钢琴琴弦做成一个圈子套在他们脖子上，另一头挂在肉钩子上。当一台电影摄影机沙沙响起的时候这些人被吊起来绞死了。他们身上那没有腰带的裤子，在他们挣扎的时候终于掉了下来，使他们赤身裸体地现出临死时的痛苦。[35]审讯的照片和电影都奉命立即冲洗出来，赶送给希特勒，使他在当天晚上就可以看到。据说，戈培尔看这些影片时用双手按住眼睛，才没有晕过去。*[36]

这年的整个夏天、秋天和冬天，直到1945年初，狰狞的人民法庭一直在开庭，匆匆忙忙地进行阴风惨惨的审讯，罗织罪状，判处死刑。1945年2月3日早晨，正当施拉布伦多夫被带进法庭的时候，一颗美国炸弹炸死了弗莱斯勒法官，炸毁了当时还活着的被告中大多数
1071 人的案卷。这样审讯才算停止。施拉布伦多夫奇迹似的保住了性命。他是交上好运的极少几个密谋分子之一。最后美国军队在蒂罗尔把他从秘密警察的魔爪中解放了出来。

另外那些人的下落应该在这里做个交代。

在7月20日事件发生之前三天，准备在新政权中担任总理的格德勒由于得到警告，说秘密警察已经对他发出逮捕的命令，就躲起来了。他在柏林、波茨坦和东鲁普士之间流浪了三个星期，很少在同一个地方住上两夜。那时希特勒已悬赏100万马克通缉他，但总还有朋友或是亲戚冒着生命危险掩护他。8月12日早晨，他在东普鲁士日夜不停地步行了几天之后，已经筋疲力尽、饥肠辘辘，就撞进马林韦尔德尔附近康拉斯瓦德村的一家小客店里。当他正在等候给他端来早点的时候，他发现有一个穿着德国空军妇女辅助队制服的女人正在注意他，于是他也不等早点了，溜出店铺，走向近处的树林。这时已经太迟了。这个女人名叫海伦·施韦策尔，是格德勒家里的一个老相识。

---

* 虽然审讯的影片给盟军找到了（并在纽伦堡放映，作者也是在那里第一次看到这些影片的），但是行刑的影片却一直没有发现，据推测可能是希特勒怕它落入敌人手中，下令销毁了。据艾伦·杜勒斯说，戈培尔把这两部影片的胶片放在一起，原长30英里，压到8英里，拿到某些部队中去放映，作为教训和警告。但是士兵们不愿意看。在利希特费尔德士官学校，它一开演，观众就走出场。这些影片后来很快就停止放映了（杜勒斯：《德国的地下运动》［*Germany's Underground*］，第83页）。

她很容易地就认出了他，偷偷地告诉了同她坐在一起的几个空军人员。格德勒很快就在树林里被捕了。

人民法庭在1944年9月8日把他判处死刑，但直到第二年的2月2日，他才同波比茨同时被处死。* 希姆莱之所以迟迟没有绞死他们，显然是因为考虑到他们，特别是格德勒，通过瑞典和瑞士同西方盟国建立的联系，可能会对自己有帮助，如果他要来收拾国家残局的话——这个前景这时已开始在他心里滋长。[37]

前驻莫斯科大使弗里德里希·维尔纳·冯·德·舒伦堡伯爵和前驻罗马大使哈塞尔，原定在新的反纳粹政府中接管指导外交政策的权力，分别在11月10日和9月8日被处死。弗里茨·冯·德·舒伦堡伯爵在8月10日死于绞刑架下。最高统帅部通信处长菲尔基贝尔将军也在同一天被处决，7月20日他在拉斯滕堡所起的作用前面已经谈过。

死者的名单是很长的。有一个材料说，共处死了4 980人。[38]秘密警察的记录上是7 000人被捕。在本书提到过的抵抗运动领导人中，被处死的有弗里茨·林德曼将军、冯·伯泽拉格尔上校、迪特里希·潘霍华牧师、谍报局的格奥尔格·汉森上校、冯·赫尔多夫伯爵、冯·霍法克上校、延斯·彼得·耶森博士、奥托·基普、卡尔·朗本博士、尤利乌斯·莱贝尔、冯·莱昂罗德少校、威廉·洛伊施纳、阿图尔·内贝（刑事警察头子）、阿道夫·赖希魏恩教授、伯特霍尔德·冯·施陶芬贝格伯爵（克劳斯的兄弟）、蒂勒将军（陆军 1072
总司令部通信处长）和冯·廷根将军（在政变的那天贝克任命他继任冯·科茨弗莱施将军的职务）。

还有一批共20个被判死刑的人，希姆莱迟迟没有执行，显然是因为他认为，如果他接管政权并进行议和的话，这些人可能对他有用

---

* 克莱绍集团的成员、耶稣会神父阿尔弗雷德·德尔普和他们同时被处决。格德勒的兄弟弗里茨几天后被绞死。克莱绍集团的首脑冯·毛奇伯爵虽然同暗杀案无关，也在1945年1月23日被处死。这个集团和密谋集团的领袖人物之一特罗特·佐·佐尔茨于1944年8月2日被绞死。

处。但在4月22日夜间，当俄国人开始打到首都中心区的时候，他们都被匆匆枪毙了。这批罪犯们当时从利尔特街监狱被转移到阿尔布雷希特亲王街的秘密警察地牢中去——在第三帝国的末日期间，许多罪犯都在这时利用灯火管制的机会逃跑了——一队党卫军人员见到他们，就让他们排在一堵墙前面，开枪扫射了一阵。只有两个人逃出性命。事情的经过就是他们说出来的。这次被杀的有阿尔布雷希特·冯·伯恩施托夫伯爵、克劳斯·潘霍华（潘霍华牧师的兄弟）和阿尔布雷希特·豪斯霍费尔（赫斯的好友，他的父亲是一个著名的地缘政治学家，不久便自杀了）。

弗洛姆将军虽然在决定命运的7月20日晚上有那些表现，但还是没有逃掉一死。第二天，希姆莱接替弗洛姆的补充军总司令职务，下令逮捕了他。他于1945年2月间被押上人民法庭，以“怯懦”罪受审，并被判处死刑。*也许是作为对他协助挽救纳粹政权有功的一点小小的补偿，他没有像被他在7月20日晚上逮捕的那些人一样用肉钩子吊死，而是在1945年3月19日由行刑队枪毙。

被革职的谍报局局长卡纳里斯海军上将，对密谋分子有过许多帮助，但是并没有直接参加7月20日事件。他的神秘莫测的生涯，使他死亡的情况多年不明。人们只晓得，在谋杀希特勒的事情发生之后，他被捕了。但是凯特尔设法不让他被送上人民法庭。凯特尔在最高统帅部的工作中只做过很少几件好事，这是其中一件。元首对于这一延误大发雷霆，命令把卡纳里斯交给一个党卫军的即决法庭审判。这个程序也拖延了一个时期，直到1945年4月9日，即大战结束之前一个月，卡纳里斯和他从前的助手奥斯特上校以及其他四个人，才终于在弗洛森堡集中营受审，并被判处死刑。但是卡纳里斯是否已被处决则

---

* 施拉布伦多夫在阿尔布雷希特亲王街监狱里同弗洛姆常常见面。他后来叙述道：“这个判决使弗洛姆感触很深。他没有想到落得这样下场。”（施拉布伦多夫：《他们几乎杀死了希特勒》[*They Almost Killed Hitler*]，第121页）

不能肯定。十年之后，这个谜才被解开。1955年，处理这个案件的秘密警察检察官被捕受审，许多目击者出庭证明，他们看见卡纳里斯在1945年4月9日被绞死。有一个目击者丹麦人伦丁上校说，他看见卡纳里斯光着身子，从牢房里被拖到绞架上。奥斯特也同时被处决了。

有些被捕的人死里逃生，最后被盟军先头部队从秘密警察手中解
放出来。在这些人中有哈尔德将军和沙赫特博士。沙赫特同7月20日
的叛乱并没有关系，但他在纽伦堡法庭上说，他曾“加入过”。哈尔 1073
德被关在一个不见天日的单人牢房里几个月。这两个人以及一批著名的德国和外国犯人，包括许士尼格、莱昂·布鲁姆、施拉布伦多夫和冯·法尔肯豪森将军，都是1945年5月4日在南蒂罗尔的下多夫被美军解救出来的，当时看守他们的秘密警察正打算把他们全部处决。法尔肯豪森后来被比利时人作为战犯审讯，在监狱中候审，关了四年。1951年3月9日，他被判12年劳役，但两个星期之后就被释放回国。

许多牵涉进这次谋反事件中的陆军军官，为了不让自己被送上人民法庭受罪，都自杀了。海宁·冯·特雷斯科将军是密谋集团在东线军官中的灵魂，他在同他的朋友和副官施拉布伦多夫诀别时说了一些话。施拉布伦多夫记得最后几句话是：

> 现在，大家都会来攻击我们，咒骂我们。但是我的信心并没有动摇——我们做的事情是正当的。希特勒不但是德国的头号敌人，也是全世界的头号敌人。几小时之内，我将要在上帝面前，就我的行为和失责进行申辩。我认为，我能带着一颗无愧的良心，为我在反对希特勒的战斗中所做的一切进行辩护……
>
> 参加抵抗运动的人没有不穿上涅索斯的衬衫的。* 一个人只有

* 涅索斯（Nessus）是希腊神话中半人半马的怪物。它想诱拐赫拉克勒斯的妻子，被赫用毒箭射中。它谎告赫妻把它的衬衫给赫穿能保持爱情，赫因此中残余箭毒。此处喻无法逃避的命运。——译者

> 甘愿为他的信仰而牺牲自己的生命，他才是有价值的。[39]

那天早晨，特雷斯科乘车到第二十八步枪师的阵地，悄悄地到前沿无人地带，拉响了一颗手榴弹，炸掉了自己的脑袋。

五天之后，陆军军需总监瓦格纳也自尽了。

在西线的陆军高级将领中，有两个陆军元帅和一个将军自杀。前面已经叙述，在巴黎，当驻法军事总督海因里希·冯·施蒂尔普纳格尔将军逮捕了党卫军和党卫军保安处-秘密警察的全部人马时，起义开头进行得很好。现在一切都要看冯·克鲁格陆军元帅的动向了。克鲁格是新任西线总司令。特雷斯科在俄国战线工作时，曾对他做了两年工作，想努力使他成为一个积极的密谋分子。虽然克鲁格忽冷忽热，但最后总算同意——或者说，密谋分子这样认为——等希特勒一死，他将支持叛乱。

7月20日晚上，在拉罗什吉永的B集团军总部——隆美尔出事后，这个集团军也由克鲁格指挥——举行了一次决定命运的晚餐会。克鲁格想同他的一些主要的顾问讨论一下关于希特勒存亡的相互矛盾的消息。
1074 这些顾问是：他的参谋长君特·布鲁门特里特将军、B集团军参谋长施派德尔将军、施蒂尔普纳格尔将军和冯·霍法克上校。施陶芬贝格在下午稍早一些时候曾用电话通知霍法克关于爆炸和柏林起事的消息。当这些军官们齐集进晚餐的时候，至少其中有些人觉得，这位素来谨慎的陆军元帅眼看就要下决心和叛乱分子同命运了。晚餐快要开始的时候，贝克和他通了电话，恳求他的支持，不管希特勒是死是活。接着就接到了冯·维茨勒本陆军元帅签署的第一号通令。克鲁格深受震动。

但是，他还想得到有关形势发展的更多消息。对叛乱分子来说，不幸的是，新的消息来自施蒂夫将军。施蒂夫在当天早上同施陶芬贝格一起到拉斯滕堡，对他表示了祝福，还看到了爆炸，但他判定希特勒并没有被杀。现在，到了晚上，他正想法灭迹。布鲁门特里特接通了施蒂夫的电话，施蒂夫就告诉了他已经发生的事情或者说并没有发生的事情的真相。

“这样看来，已经失败了。”克鲁格对布鲁门特里特说。他似乎是真的很失望，因为他接着说，如果计划成功，他就要马上与艾森豪威尔接触，要求停战。

在晚餐的时候，气氛是阴森森的，施派德尔后来回忆说：“他们好像坐在一间死神降临的屋子里。”克鲁格听着施蒂尔普纳格尔和霍法克热烈地申述他们为什么认为即使希特勒还活着也必须要起事的理由。布鲁门特里特描写了当时的情况：

> 当他们申述了理由以后，克鲁格带着显然失望的语气说：“先生们，尝试已经失败了。一切全完了。”施蒂尔普纳格尔喊道：“元帅，我想你是知道原定计划的。必须要有所行动。”[40]

克鲁格否认他知道任何计划。他命令施蒂尔普纳格尔释放在巴黎被捕的党卫军保安处人员。然后，他又劝施蒂尔普纳格尔说：“我看你最好换上便服躲藏起来。”

但是有着像施蒂尔普纳格尔这样军阶的自尊的将军是不会选择这样的出路的。在巴黎的拉菲尔旅馆举行了令人不可思议的通宵的香槟酒会，会上由奥贝格将军率领的被释放的党卫军和保安处军官与曾经逮捕他们的陆军将领们握手言欢（如果叛变成功，这帮党卫军人员肯定要被枪决）。施蒂尔普纳格尔在酒会结束以后便坐车回德国去，因为他原已接到命令要他回柏林去报到。他在凡尔登停了下来，第一次世界大战时他曾在那里指挥过一个营，他打算再看一看这个著名的战场，但也是为了执行一个个人的决定。他的司机和警卫员听到一声枪响。他们发现他在一条运河里挣扎。子弹打穿了一只眼睛，另一只也受了重伤。他被送到凡尔登陆军医院，受伤的那只眼睛也被切除了。 1075

但这并没有使施蒂尔普纳格尔免于厄运。在希特勒的火急命令下，这位双目失明、处于绝望之中的将军被押解到柏林。他被押上人民法庭，躺在一张小床上听弗莱斯勒的辱骂。8月30日，他在普洛岑湖监狱被绞死了。

冯·克鲁格元帅拒绝参加叛变，这一决定性行动并没有能够使他得救，正如弗洛姆在柏林所采取的类似的行动不能使自己得救一样。施派德尔在评论这位迟疑不决的将军时说道："命运不会饶恕那些虽有信念但没有足够的决心把信念付诸实行的人。"现在已经得到证明，12月20日才被处决的冯·霍法克上校在严刑拷打之下招出克鲁格、隆美尔和施派德尔曾参与叛变计划。据布鲁门特里特说，奥贝格曾对他说过，霍法克在初次提审中"招出"了克鲁格。布鲁门特里特还说，这位元帅从奥贝格那里亲自听到这一消息后"开始显得越来越忧虑起来"。[41]

从前线来的消息也不能使他精神振奋起来。

7月26日，布莱德雷将军率领的美军已经突破在圣洛的德军阵地。四天以后，巴顿将军率领的新建立的第三军团越过这一缺口到达阿夫朗什，打开通往布列塔尼和南方的卢瓦尔河的道路。这是盟军进攻的转折点。7月30日，克鲁格报告希特勒大本营说："整个西线已被突破……左翼已经崩溃。"到8月中旬，所有留在诺曼底的德军都被围在法莱斯附近的狭小的袋形阵地内，希特勒下令不得再往后退。元首现在已十分讨厌克鲁格，责怪他使西线遭受挫败，并且疑心他想要带着队伍投降艾森豪威尔。

8月17日，瓦尔特·莫德尔元帅来接替克鲁格。克鲁格事先并不知道自己已被免职，只是到莫德尔突然出现后才知道的。希特勒通知克鲁格，要他报告在德国的行踪。这是一个警告，说明他已被怀疑与7月20日的叛变有关。第二天他写了一封长信给希特勒，然后就驱车回家了。他走到梅茨附近服了毒药。

在缴获的德国军事档案中发现了他致希特勒的遗书。

> 当您看到这封信的时候，我已不在人间了……生命对我已经失去了意义……隆美尔和我……早已预见到今天的形势。我们的话没有人听……
>
> 我不知道在各方面都受过考验的莫德尔元帅是否能控制目前的局势……如果他控制不住，如果您所期望的新武器不能成功，那么，我的元首，下定决心结束这一场战争吧。德国人民所遭受的苦难实在太大了，现在已经到了结束这种恐怖的时候了。
>
> 我一直敬佩您的伟大……如果说命运比您的意志和天才还要强大的话，那么上帝也是如此……希望您现在也表现足够的伟大，在必要时结束这一场毫无希望的斗争…… 1076

根据约德尔在纽伦堡的口供，希特勒一声不响地看完了这封信，然后未加评论地交给约德尔。几天以后，在8月31日的军事会议上，希特勒说："有充分的理由认为，克鲁格如果没有自杀的话，也无论如何要被逮捕的。"[42]

接着就轮到德国群众的偶像隆美尔陆军元帅。

当冯·施蒂尔普纳格尔将军自杀未遂，双目失明，神志不清地躺在凡尔登医院手术台上的时候，他喃喃地道出了隆美尔的名字。后来冯·霍法克上校在柏林阿尔布雷希特亲王街的秘密警察的监狱中受不了酷刑，也招认隆美尔曾参与7月20日密谋。霍法克引证隆美尔元帅曾经对他说过的话："告诉柏林的人，他们可以指望我。"希特勒听了这句话以后十分震惊，他因此做出决定：他所宠信的也是在德国最受欢迎的这位将军必须死去。

隆美尔当时住在贝尔奈的野战医院里。他的头盖骨、两个太阳穴和颧骨受了重伤，左眼也受了严重的损害，脑袋上尽是炸弹碎片。为了避免遭到进攻中的盟军的俘虏，他先从这个野战医院被迁至圣日尔曼，在8月8日那天又迁到乌尔姆附近赫林根的自己的住宅里。他从前的参谋长施派德尔到赫林根去拜访他。第二天，9月7日，施派德尔就被捕了。这对隆美尔是第一个警告，说明会有什么下场等待着他。

“那个病态的撒谎者现在已经完全疯了！”隆美尔在与施派德尔的谈话中谈到希特勒的时候这样说，“他正在对7月20日案件的密谋分子发泄他的虐待狂！他不会就此罢手的！”[43]

隆美尔现在注意到，保安处的人员正在监视他的住宅。他的15岁的儿子原来在高射炮中队服役，现在暂时告假回家来服侍他。当他和他的儿子一同在附近森林中散步的时候，他们两人都带着手枪。希特勒在拉斯滕堡大本营收到霍法克招出隆美尔的证词副本后，就下令处决隆美尔。但是办法与众不同。后来凯特尔对纽伦堡的提审人员解释说，元首认识到，“如果这个赫赫有名的元帅，德国最得人心的将军，被逮捕并押上人民法庭的话，这将是一件非常丢脸的事”。因此希特勒同凯特尔商量好，让隆美尔知道控告他的证据，让他选择要么自杀，要么以叛国罪在人民法庭受审。如果他选择自杀的话，他死后可以获得具有全副军事荣典的国葬仪式，而且可以保全他的家属。

于是在1944年10月14日中午，希特勒大本营有两名将军驱车来到被党卫军用五部装甲车团团围住的隆美尔的住宅。一名将军是威廉·布格多夫，一个长着酒糟鼻子、同凯特尔一样对希特勒唯命是从
1077 的酒鬼；另一名是与他有着同样性格的他的陆军人事处的助手恩斯特·迈赛尔将军。他们事先通知隆美尔，他们是从希特勒那里来的，准备同他谈一谈他“未来的职务”问题。

凯特尔后来作证说：“我在希特勒的指使下，叫布格多夫带着一份招出隆美尔的证词到他那里去。如果证词是真的，他要对后果负责；如果是假的，他会得到法庭的开释。”

“你还命令布格多夫带一点毒药给他，是不是？”检察官问凯特尔。

“是的。我告诉布格多夫带上毒药。假如有此需要，隆美尔也好使用它。”

在布格多夫和迈赛尔到达以后，事实真相就清楚了：他们不是前来商谈隆美尔的未来职务的。他们要求和这位元帅单独谈话，于是三人去了隆美尔的书房。

“几分钟以后，”曼弗雷德·隆美尔后来追述道，“我听见父亲上楼到母亲的房间去。”他接着说：

> 父亲同我走进我的房间。他开始缓慢地说：“我刚才不得不告诉你的母亲，我将在15分钟内死去……希特勒指控我犯了叛国大罪。鉴于我在非洲服役有功，给了我一个服毒自杀的机会。那两位将军带来了毒药。这种毒药在3秒钟之内就能置人于死命。如果我接受的话，对我的家庭将不会采用在这种情况下的例行措施……我还可以得到国葬待遇。一切都准备停当了。在15分钟内你将接到从乌尔姆的医院打来的一个电话，说我在赴会途中因脑病发作死去了。”

事情果然就是如此。

隆美尔穿着他那件旧的非洲团皮夹克，手里拿着元帅的节杖，跟着两位将军上了车。车行一二英里后在森林旁的路上停下来，迈赛尔将军和党卫军司机走下车来，隆美尔和布格多夫仍留在车上。一分钟以后，当下车的那两个人回来的时候，隆美尔已直挺挺地死在座位上。布格多夫不耐烦地走来走去，似乎担心会误了他的午间餐饮。隆美尔夫人在与丈夫告别15分钟以后，接到预期的从医院打来的电话。主治大夫报告说，两位将军带来了元帅的尸体，他是因大脑栓塞致死的，这显然是前次他头盖骨受伤的结果。实际上布格多夫横蛮地禁止解剖尸体。“不要动尸体，”他大叫道，“柏林已经把一切都安排好了！”

一切的确是已经安排好了。

莫德尔元帅发布了一道冠冕堂皇的命令，宣布隆美尔因“7月17日受伤”不治身死，对“我国最伟大的指挥官之一”的牺牲表示哀悼。

希特勒给隆美尔夫人的电报说：“您丈夫的死给您带来巨大的损失，请接受我最真挚的吊唁。隆美尔元帅的英名将永远和北非英勇的
1078 战役联系在一起。”戈林在电报中表示了“默哀”：

> 我们都希望您的丈夫能继续活在德国人民之中，但是他却因伤英勇地与世长辞了，这深深使我伤心。

希特勒下令举行国葬。德国陆军高级将领冯·伦德施泰特在举行国葬仪式时致悼词。他站在裹着卐字旗的隆美尔尸体面前说：“他的心是属于元首的。”[*]

施派德尔说：“在那些在场的人看来，这个老军人［指伦德施泰特］似乎精神颓丧，心情惶惑……在这里，命运给了他担当马克·安东尼这一角色的独特机会。他一直保持着他这种道义上的无动于衷的态度。”[†45]

---

* 应该公平地说明一下，伦德施泰特也许并不知道隆美尔死亡的情况，显然，直到凯特尔在纽伦堡法庭上作证时，他才有所了解。他在庭上作证说：“我当时没有听到这种谣传，否则我会拒绝在国葬时做希特勒的代表；那简直是无法形容的丧尽廉耻的行为。”[44]可是，隆美尔的家人注意到，这位旧派的绅士拒绝在追悼仪式之后像其他大多数将军一样去参加火葬典礼并且到隆美尔的家里去向他的夫人表示哀悼。

† 虽然施派德尔将军被监禁在柏林的阿尔布雷希特亲王街的秘密警察监狱的地牢里，而且受到不断的讯问，但他的精神却没有颓丧，心情也没有惶惑。也许，他是军人同时又是哲学家这一点对他有所帮助吧。他没有上保安处折磨他的人的当，既未招供，也没有出卖别人，只是在他和冯·霍法克上校对质时有点难过。因为他相信，霍法克不但受到严刑拷问，而且是用了迷药才开口的。但是这一次霍法克没有出卖他，并且否认了他以前说过的话。

施派德尔被关在秘密警察的监牢里达七个月之久，可是从来没有公审过。当美军即将到达德国南部康斯坦茨湖附近他被监禁的地方时，他同另外20个人设法逃出了监牢，躲在（转第1582页）

埃尔温·隆美尔的国葬。

隆美尔的遗孀和儿子在接受吊唁。

德国陆军骄矜自负的军官团所受到的耻辱是很大的。它的三个卓越的元帅——维茨勒本、克鲁格和隆美尔——牵连在试图推翻希特勒的阴谋里，一个被绞死，另外两个被逼自杀。它不得不眼看着它的数十名高级将领被押进秘密警察的监牢，在人民法庭上通过公审丑剧被合法地谋杀。军官团虽然有着自豪的传统，但在这史无前例的形势下，并不能团结一致。它力图要保持它的“荣誉”，但其方法，至少在一个外国观察家看来，只能使它丢脸和堕落。在那个奥地利下士出身的人
1079 的淫威下，惊慌失措的军官团领袖们只好摇尾乞怜，卑躬屈膝。

因此，冯·伦德施泰特元帅站在隆美尔尸体前面致悼词的时候精神颓丧、心情惶惑，就毫不足怪了。他同其他的将领一样，已经够低三下四了，但是希特勒现在还要逼着他们受尽一切屈辱。伦德施泰特亲自接受了所谓军事“荣誉法庭”执行法官的任务，希特勒设立这个法庭的目的是要把所有参与7月20日案件的军官嫌疑犯全部从陆军中开革出去，这样他们就不能受军事法庭的审问，而是作为平民不光彩地移交给草草审判的人民法庭。这个“荣誉法庭”不允许被控告的军官为自己辩护，它只是按秘密警察所提供的“证据”行事。伦德施泰特对于这种限制并没有提出过抗议，另一个法官古德里安将军也没有抗议过。古德里安在炸弹案发生以后被任命为陆军参谋总长，在他的回忆录中，他曾承认过这是一个“不愉快的任务”，法庭的审问是“凄惨的”，而且提出了“最困难的良心问题”。这无疑是实情，因为伦德施泰特、古德里安和其他法官——都是将军——把数以百计的军官从陆军中开革出去，这样侮辱他们不算，还要让他们去送死。

古德里安干的勾当还不止于此。他以参谋总长的名义发布过两道

（接第1580页）一个天主教神父那里，那个神父一直掩护他们到美军到达。施派德尔在其用第三者口吻所写的那本十分客观的书中略去了他的这一段经历，但是他却将这件事告诉了德斯蒙德·扬。扬所写的《隆美尔——沙漠之狐》（*Rommel–The Desert Fox*）一书中对此事有所描写（平装本，第251—252页）。

施派德尔的不凡经历的最高峰，是他在1950年代后期曾在北大西洋公约组织中担任要职。

堂皇的命令，向最高统帅保证全体军官对他永远效忠。第一道命令是7月23日发布的，它谴责谋反分子不过是“很少数的军官，其中有一些是已经退休了的。这些人丧失了一切勇气。他们由于怯懦和软弱，宁愿走耻辱的道路，而不走一个高尚军人应该走的唯一的道路——尽职和荣誉的道路”。因此他庄严地向元首保证“陆军中将军、军官和士兵的团结一致”。

同时，那个早已被黜的冯·布劳希奇元帅赶紧发表了一个强烈谴责这次政变的声明，保证继续向元首效忠，对一向瞧不起将军们、连布劳希奇也不放在眼中的希姆莱被任命为补充军司令表示欢迎。另一个失宠的人，退休了的雷德尔海军元帅，因为怕自己被人怀疑至少曾同情过这些密谋分子，也急急忙忙赶到拉斯滕堡当面向希特勒表示忠诚。7月24日，老式的军礼被强迫废除了，代之以纳粹式的敬礼，以“作为陆军对元首的不可动摇的效忠和陆军与纳粹党之间最紧密的团结的象征”。

7月29日古德里安警告参谋总部的所有军官，从此以后必须带头做效忠于元首的好纳粹分子。

> 参谋总部的每一个军官必须是一个民族社会主义的军官领袖……这不仅要表现在他对政治问题的模范态度上，而且要表现在根据元首的主义对年轻指挥官进行政治教育的积极合作上……
>
> 上级军官在评定和遴选参谋总部军官的时候，应该首先考虑他们性格和精神的特征，其次才是才智。一个坏蛋也许永远是非常狡猾的，但在患难时期，他就经不起考验，因为他是坏蛋。 1080
>
> 我希望参谋总部的每一个军官马上表示他自己已接受我的看法，并且当众宣布。凡是办不到这一点的人，应该申请辞去参谋总部的职务。*

---

* 古德里安在回忆录里经常强调他如何敢反抗希特勒并严厉地批评他，但对于自己所发布的这些命令却只字未提。

据现在知道的材料，并没有人申请辞职。

一个德国军事历史学家评论道，这样一来，“参谋总部作为一个独立自主的整体的历史，可以说就此结束了”。[46]参谋总部这个由优秀军事人才组成的组织，是由沙恩霍斯特和格奈泽瑙所创立并由毛奇发展成为国家支柱的。它曾经在第一次世界大战时统治德国，控制过魏玛共和国。它甚至逼使希特勒摧毁冲锋队，除掉其领袖，因为他们反对它。但是，到了1944年夏天，它却被贬低到成为一群摇尾乞怜的、吓破了胆的人的可怜团体。对于希特勒不会再有任何反抗，连批评也不会再有了。曾经不可一世的陆军，同第三帝国的所有其他机构一样，与希特勒同流合污了。陆军的将领们现在已麻木不仁，十分缺乏当时发动政变时的那几个人所具有的勇气，以至于连提高嗓子说话（更不必说采取行动）来拦住那个独夫的手都不敢。虽然他们现在完全认识到，这个独夫正在迅速地把他们和德国人民带到他们可爱的祖国有史以来最可怕的灾难道路上去。

这些人都是作为基督教徒培养成人的，受过旧道德的熏陶，以爱惜荣誉自豪，在战场上能视死如归，然而他们精神上和意志上的麻木不仁一至于此，实在令人惊异。不过，如果读者还记得本书最初几章扼要叙述过的德国历史的进程的话，这也许并不是难于理解的。这一进程把盲目服从尘世间的统治者看作日耳曼民族的最高道德，并且鼓励奴颜婢膝。现在这些将军们认识到他们对之匍匐在地的人的罪过了。古德里安后来回忆起希特勒在7月20日事件以后的情况。

> 在他身上，严厉已变成残酷，虚声恫吓已变成干脆撒谎。他常常毫无顾忌地撒谎，却一口咬定别人在撒谎。他再也不信任任何人。同他打交道一向是够麻烦的，现在简直成了一种痛苦，并且是越来越加剧的痛苦。他经常失去一切自我克制的能力，使用

> 的语言越来越粗暴。他周围的亲信中，现在已没有人能起约束的影响了。[47]

虽然如此，现在只有这个人，这个半疯癫的、在身心方面迅速堕落了的人，能够把败退中的军队振作起来，并且使这个被打得一塌糊涂的国家打起精神来，正如他在1941年大雪纷飞的冬天在莫斯科所做的那样。他运用了那种令人难以置信的、在德国任何其他人——陆军、政府和人民中间——都缺少的意志力量，几乎是匹马单枪地把这场痛苦的战争拖延了差不多一年之久。 1081

1944年7月20日叛变的失败，不仅是由于陆军中和文职人员中最能干的一些人的难以理解的愚蠢、弗洛姆和克鲁格性格上的致命弱点、这些叛变者在每一关头碰到的坏运气。它的失败还由于所有使这个伟大的国家得以继续维持的人：将军们和文官们，穿军服和穿便服的德国人民群众，没有进行革命的准备。事实上，尽管他们受尽苦难，有被击败和为外国占领的悲惨前景，但他们并不想革命。他们仍然接受并且支持民族社会主义，虽然它给德国和欧洲带来了堕落。他们仍然把希特勒看作是国家的救星。

> [古德里安后来写道]当时，无可驳辩的事实似乎是，大多数德国人民仍然相信阿道夫·希特勒。如果希特勒死了，他们会认为谋杀者杀害的是唯一能够使战争胜利结束的人。[48]

布鲁门特里特将军虽然没有参加叛变计划，但是如果他的上司克鲁格能够坚强些，他一定也会支持叛变的。他在战争结束之后还发现，至少“在平民中有一半人在听到德国的将军们参加了推翻希特勒的计划时大吃一惊，因此他们痛恨这些将军们。在陆军中间也表现出同样的情绪”。[49]

希特勒用一种无法解释的催眠术——至少在我这个非德国人看来是如此——始终得到这一伟大民族对他的忠诚和信任。不可避免地，德国人民像一群不会说话的牲畜一样，但是怀着一种使他们不同于牲畜的虔
1082 诚的信念，甚至热情，盲目地跟着他跳下悬崖，投向国家的灭亡。

注　释

1. 多萝西·汤普森：《听着吧，汉斯》，第137—138，283页。

2. 哈塞尔：《冯·哈塞尔日记》，第283页。

3.《希特勒和斯大林之间》。里宾特洛甫的证词，见《主要战犯的审讯》，第10卷，第299页。

4. 乔治·贝尔：《教会和人性》，第165—176页。另见惠勒-本内特：《权力的报应》，第553—557页。

5. 艾伦·杜勒斯：《德国的地下运动》，第125—146页。杜勒斯书中提供了雅各布·瓦伦贝格为他写的关于与格德勒会见情况的一份备忘录。

6. 所有这段插话主要是根据施拉布伦多夫的报告写的，见《他们几乎杀死了希特勒》，第51—61页。

7. 致鲁道夫·贝彻尔信件，他在他的《德国抵抗运动》一书中详细引用了他的话。

8. 关于学生暴动，有许多记载，有些是第一手的：英格·朔尔：《白玫瑰》（1952年法兰克福出版）；卡尔·伏斯勒：《致慕尼黑大学牺牲者的悼词》（1947年慕尼黑出版）；里卡达·胡赫在苏黎世出版的《新瑞士评论》月刊上所写的《慕尼黑大学中反希特勒的行动》一文，1948年9—10月；《现代报》上《2月18日：德国抵抗运动概况》一文，发表于1940年10月30日；贝彻尔：《德国抵抗运动》，第96—104页；惠勒-本内特：《权力的报应》，第539—541页；杜勒斯：《德国的地下运动》，第120—122页。

9. 杜勒斯：《德国的地下运动》，第144—145页。

10. 康斯坦丁·菲兹吉朋在《7月20日》一书中引用过，第39页。

11. 德斯蒙德·扬：《隆美尔》，第223—224页。施特罗林曾对扬亲自叙述了会议的情况。另见施特罗林在纽伦堡的证词，《主要战犯的审讯》，第10卷，第56页，以及他的《大战末期的斯图加特》一书。

12. 施派德尔在他的《1944年的入侵》一书中强调了这一点，见第68，73页。

13. 同上，第65页。

14. 同上，第71页。

15. 同上，第72—74页。

16. 杜勒斯：《德国的地下运动》，第139页。

17. 施拉布伦多夫：《他们几乎杀死了希特勒》，第97页。

18. 第七军团总部的电话日记。这个透露秘密的文件于1944年8月被完整无缺地缴获。关于在盟军进攻欧陆开始日和随后的诺曼底战役期间，德国人所叙述的希特勒陆军的情况，这是一个极有价值的来源。

19. 施派德尔：《1944年的入侵》，第93页。

20. 同上，第93—94页，这个情况主要就是根据这本书的材料写的。伦德施泰特的参谋长布

鲁门特里特将军也留下一些材料，另外，在李德·哈特所编的《隆美尔文件集》中也有材料，见该书第479页。

21. 这封信的全文见施派德尔：《1944年的入侵》，第115—117页。在《隆美尔文件集》一书中说法略有不同，见该书第486—487页。

22. 施派德尔：《1944年的入侵》，第117页。

23. 同上，第104—117页。

24. 同上，第119页。

25. 施拉布伦多夫：《他们几乎杀死了希特勒》，第103页。他当时仍然是特雷斯科的僚属。

26. 关于密谋分子在7月16日会议情况的材料，根据的是审讯维茨勒本、霍普纳等人的速记记录；卡尔滕布伦纳关于7月20日事件的报告；埃伯哈德·策勒：《自由魂》，第213—214页；格哈德·里特，《卡尔·格德勒和德国抵抗运动》，第401—403页。

27. 豪辛格：《矛盾的命令》，第352页，叙述了当天他最后一句话。

28. 策勒：《自由魂》，第221页。

29. 施密特：《希特勒的译员》，第275—277页。

30. 参加这次茶会的许多意大利和德国客人写下了当时他们目睹的情况。欧根·多尔曼是与墨索里尼联系的党卫军联络官，他在下列两个文件中对当时情况做了全面的叙述：一个是他所著的《罗马纳粹分子》一书，第393—400页；另一个是他在受盟国提审人员提审时所作的口供，这个口供已由杜勒斯扼要整理出来，见《德国的地下运动》，第9—11页。策勒：《自由魂》，第367页，注释69，以及惠勒-本内特：《权力的报应》，第644—646页。在这两本书中都有生动的描写，它们主要是根据多尔曼的材料写的。

31. 这次电话谈话的抄本，已在“人民法庭”上作为证据提出来。施拉布伦多夫在《他们几乎杀死了希特勒》的第11页上曾援引过。

32. 策勒在《自由魂》的第363页注中，引用了两个目击当时执行死刑情况的人的叙述，一个是陆军司机，他从附近的窗口看到当时情况，另一个是弗洛姆的女秘书。

33. 这里叙述的那天晚上在班德勒街发生的情况，主要材料来源是霍普纳将军、维茨勒本及其他六名军官在“人民法庭”上受审时霍普纳的坦率的供词，这些审讯是在1944年8月6日和7日举行的。“人民法庭”的记录已经在1945年2月3日美军一次轰炸中炸毁了。但是审讯庭上有一个速记员在这次轰炸前偷走了速记记录（他说他冒了生命危险），于战争结束以后交给了纽伦堡国际军事法庭。这些记录都逐字逐句地以德文刊载在《主要战犯的审讯》，第33卷，第299—530页。

关于7月20日密谋事件，有许许多多材料，很多材料互相矛盾，有些材料混淆不清。策勒曾对事件经过做了整理，他在《自由魂》中对材料来源开了一个很长的单子，见该书第381—388页。格哈德·里特的叙述格德勒情况的《卡尔·格德勒和德国抵抗运动》，虽然不免集中谈一个主题，但却是很有价值的贡献。惠勒-本内特的《权力的报应》是最有用的英文材料，这本书和策勒的书一样，都引用了奥托·约翰的未出版的备忘录。战后与波恩政府不合因而遭到囚禁的约翰，那天正在班德勒街，他大量记述了目睹的情况和施陶芬贝格对他讲的话。康斯坦丁·菲兹吉朋在《7月20日》中，曾对7月20日事件做过生动的叙述，他根据的大部分是德国材料，特别是策勒的材料。

党卫军保安处和秘密警察对这个阴谋进行调查的每日报告也有价值，只是阅读时要谨慎一点，报告的日期是从1944年7月21日到12月15日。这些报告由卡尔滕布伦纳签字后送给希特勒，用的是特大号字体，以便元首阅读时不必使用眼镜。它们是“1944年7月20日事件特别委员会”的努力成果，这个委员会有四百名党卫军保安处和秘密警察的官员，他们分成十一个调查小组。卡尔滕布伦纳的报告是缴获文件之一。它的显微胶卷副本藏于华盛顿的国家档案馆——T-84号，第39组，第19—21卷。另见第40组，第22卷。

34. 策勒：《自由魂》，第372页，注10，引用当时在场的一个军官的话。

35. 这些处决的情况是监狱看守汉斯·霍夫曼后来叙述的，他是副典狱长兼摄影员。另见惠勒-本内特所著《权力的报应》，第683—684页，以及其他等书。

36. 维尔弗莱德·冯·奥芬：《和戈培尔一起到最后》，第2卷，第118页。

37. 里特在《卡尔·格德勒和德国抵抗运动》第419—429页中，对这个有趣的侧面情况写得很详细。

38. 这个数字引自《海军事务元首会议记录》的注释（《海军事务元首会议记录》，1944年，第46页）。策勒在《自由魂》中采用了这个数字，见该书第283页。贝彻尔曾发现官方的“处决登记簿”，他在所著《德国抵抗运动》的第327页中说，据1944年记载，共处决了3426人，虽然其中少数人也许与7月20日密谋事件无关。

39. 施拉布伦多夫：《他们几乎杀死了希特勒》，第119—120页。我对这里引用的英文译文做了一些改动，以便与德文原文一致。

40. 这个情况是布鲁门特里特将军告诉李德·哈特的（《德国将领谈话录》，第217—223页）。

41. 同上，第222页。关于这次密谋在巴黎方面的结局，有很多材料来源，其中包括施派德尔的著作以及目击当时情况的人在德国杂志上发表的无数文章中的叙述。全面叙述以威廉·冯·施拉姆的最好，他是德国陆军驻西欧的档案保管员，书名叫《7月20日在巴黎》。

42. 费利克斯·吉尔伯特：《希特勒指挥他的战争》，第101页。

43. 施派德尔：《1944年的入侵》，第152页。我叙述的隆美尔的死亡情况，根据的是施派德尔的材料，他曾问过隆美尔夫人及其他目击当时情况的人。其他材料来源是：隆美尔的儿子曼弗雷德所写的两份报告，第一份报告是给英国情报部门写的，许尔曼引用过，见上引书，第138—139页，第二份报告是为《隆美尔文件集》写的，此书由李德·哈特编辑，见该书第495—505页；凯特尔将军于1945年9月28日在纽伦堡受约翰·H.阿门上校提审的记录（《纳粹的阴谋与侵略》，附件B，第1256—1271页）；德斯蒙德·扬在《隆美尔》中，也有全面叙述，所根据的材料得自与隆美尔家属和朋友的谈话以及迈赛尔将军的战后整肃纳粹分子的审讯记录。

44.《主要战犯的审讯》，第21卷，第47页。

45. 施派德尔：《1944年的入侵》，第155，172页。

46. 戈利茨：《德军总参谋部》，第477页。

47. 古德里安：《装甲部队的领导人》，第273页。

48. 同上，第276页。

49. 李德·哈特：《德国将领谈话录》，第222—223页。

第六编

第三帝国的覆亡

第三十章
征服德国

战争打到了德国本土。

希特勒还没有来得及从7月20日炸弹案的震动中恢复过来，便又面临着法国和比利时的丢失及东战场的巨大攻势。敌军以压倒优势兵力从四面八方向帝国进逼。

从1944年6月10日开始的俄国夏季攻势节节胜利，到8月中旬，红军打到了东普鲁士边境，在波罗的海地区包围了德国50个师，深入到芬兰的维堡，消灭了中央集团军，而且在六个星期内在这条战线上推进了400英里，到达维斯杜拉河与华沙隔河相望。同时，在南线从8月20日开始发动新攻势，月底就占领了罗马尼亚和供给德军天然汽油唯一重要来源的普洛耶什蒂油田。8月26日，保加利亚正式退出战争，德军开始从该国仓皇撤退。9月间，芬兰也退出战争，并向拒绝撤离其领土的德军开火。

在西线，法国迅速解放了。在新近成立的美国第三军团司令巴顿将军身上，美国人找到了一位坦克将军，与在非洲的隆美尔一样骁勇善战。7月30日他攻克了阿夫朗什之后，即让布列塔尼自生自灭，而开始向在诺曼底一线的德军进行大包抄，向东南推进到卢瓦尔河畔的奥尔良，然后转师向东推进到巴黎南面的塞纳河。8月23日盟军抵达

1944年7月17日，57 000名投降的德军士兵穿过莫斯科。

巴黎东南方和西北方的塞纳河，两天以后，雅克·勒克莱尔将军所率的法国第二装甲师和美国第四步兵师就攻进了巴黎。被德国占领了四年之久、有法兰西荣誉之称的这一伟大城市解放了。人们发现法国抵抗运动部队已经基本上控制了巴黎，还发现塞纳河上的桥梁——其中
1085 有许多都是艺术品——均未遭受破坏。*

在法国的德军残余部队现在正在全线撤退之中。在北非战胜隆美尔的蒙哥马利，于9月1日晋升为元帅，率领加拿大第一军团和英国第二军团在四天内挺进200英里，从塞纳河下游通过有历史意义的1914—1918年和1940年的战场进入比利时。9月3日攻陷布鲁塞尔，次日又攻克安特卫普。盟军进展神速，德军甚至来不及破坏安特卫普的港口设备。这对盟军来说是一件大喜事，因为该港障碍一旦扫清之

* 根据施派德尔的说法，8月23日希特勒下令毁坏所有巴黎的桥梁和其他重要设备，“即使艺术纪念物遭受破坏也在所不惜”。施派德尔拒绝执行这一命令。大巴黎市的新任卫戍司令冯·肖尔蒂茨将军也拒绝了这个命令，他放了几枪，满足了自己的荣誉感之后便投降了。为此肖尔蒂茨在1945年4月以叛国罪受到缺席审判，但是他的同僚把这一审判案一直拖到战争结束。施派德尔还揭露说，巴黎失守以后，希特勒马上命令用重炮和V-1飞弹摧毁该城，但是施派德尔也拒绝了这一命令（施派德尔：《1944年的入侵》，第143—145页）。

1944年8月26日，戴高乐将军与勒克莱尔将军在巴黎圣母院前。

后，即可成为英美军队的一个主要供应基地。

在英加军队的南面，考特尼·H.霍奇斯将军率领的美国第一军团以同样的速度攻入比利时的东南方，到达默兹河，（1940年5月，德军致命的突破就是从那里开始的），攻占那慕尔和列日的堡垒，使得德军没有时间进行防守。在第一军的南面，巴顿的第三军团攻占了凡尔登，包围梅茨，进抵摩泽尔河，并在贝尔福山峡与法美第七军团会师；该军团在亚历山大·派契将军指挥下于8月15日在法国南部海岸一带登陆，迅速挺进到罗讷河流域。

到8月底，西线德军已损失50万人，其中半数是被俘的；并且损失了几乎全部的坦克、重炮和载重汽车。已经没有什么东西能用来保卫祖国了。曾经大肆吹嘘过的齐格菲防线实际上已无人防守，也没有武器防守。西线绝大多数德军将领都认为大势已去。施派德尔说："地面部队已经不再存在了，更不要说空军。"[1]于9月4日重新被任命为西线总司令的伦德施泰特在战后对盟军提审人员说："就我个人来说，战争在9月间就结束了。"[2]

但对阿道夫·希特勒来说，却不是如此。8月31日，他在大本营对一些将军们训话，试图给他们灌输铁的意志并鼓舞士气。

> 我们在必要时将在莱茵河上作战。这没有什么了不起。我们在任何情况之下都要战斗下去，正如腓特烈大王所说，要一直打到那些该死的敌人之中有一个精疲力竭不能再战为止。我们要作战到底，一直打到赢得在今后50到100年内能够保障德国民族生命安全的一个和平局面为止，这个和平局面，首先不能像1918年那样再一次地玷污我们的荣誉……我活着就是为了领导这一战斗，因为我知道，如果在这一战斗的背后没有铁的意志，这场战
> 1086 斗是不能胜利的。

希特勒在严厉批评陆军参谋总部缺乏铁的意志之后，对他的将军们透露了他坚信前途有望的一些理由。

> 盟军之间的关系变得十分紧张的时候，他们决裂的日子就要到来了。历史上所有的联盟迟早都是要垮台的。不管怎样艰难，唯一的办法是等待恰当的时机。[3]

戈培尔受命组织“总动员”的工作。新被任命为补充军司令的希姆莱，动手建立了25个国民掷弹兵师以防守西线。在纳粹德国，关于“总体战”的计划和言论尽管很多，但是国家的资源却远远没有全部利用起来。由于希特勒的坚持，在整个战争时期日用品的生产仍然维持着庞大的数字，这显然是为了保持民心和士气。而且他仍然迟迟未实行战前制订的动员妇女进工厂工作的计划。1943年3月，当施佩尔打算要妇女进工厂时，他说:“牺牲我们最珍贵的理想，这个代价太高了！”[4]纳粹思想认为德国妇女应该待在家里，而不是在工厂里，因而她们就一直待在家里。在战争的头四年，当英国有225万妇女从事战时生产的时候，德国只有18.2万妇女干着同样的工作。德国在和平时期有150万人当家庭佣工，战时还始终保持这一数字。[5]

现在敌人已经打到大门口，纳粹首脑们慌起来了。15岁到18岁的孩子和50岁到60岁的男子都应召入伍。在大学、中学、机关和工厂里到处搜寻入伍者。1944年9月到10月有50万人参加了陆军，但是没有规定要妇女进机关、工厂去替代这些入伍者。军备和战时生产部部长阿尔伯特·施佩尔向希特勒抗议说，技术工人的应征入伍严重影响到军火生产。

自从拿破仑时代以来，德国士兵就从来没有需要去保卫祖国的神圣领土。自那时以后，普鲁士的和德国的战争都是在别国领土上进行的，受到破坏的也是别国的领土。现在军队已陷入困境，因此对他们进行了大张旗鼓的激励士气的工作。

西线战场的士兵们！

……我希望你们保卫德国的神圣领土……坚持到底！……

元首万岁！

陆军元帅

1087 冯·伦德施泰特

集团军的士兵们！

……只要我们一息尚存，就绝不放弃德国一寸土地……任何人不战而退，都是民族的叛徒……

士兵们！我们的家乡，我们的妻室儿女的生命系此一战！

我们的元首和我们的亲人对他们的士兵是有信心的！

我们的德国和亲爱的元首万岁！

陆军元帅

莫德尔

虽然如此，可是由于大势已去，逃兵的数目一天比一天多。希姆莱为了防止逃亡，采取了严厉措施，9月10日他下了一道命令。

某些不可靠的分子似乎相信，只要他们向敌人投降，战争对他们来说就结束了……

每一个逃兵……都将受到应得的惩罚。而且他的可耻的行为会给他的家属带来极其严重的后果……他们统统要被枪毙。

第十八步兵师的霍夫曼-舒恩福恩上校对部下说：

> 我们队伍里的叛徒逃到敌人那边去了……这些杂种泄露了重要军事秘密……骗人的犹太造谣者用小册子来哄骗你们，想要把你们都变成杂种！让这些犹太人放毒吧！……至于那些忘掉荣誉的可耻叛徒，他们的家庭必须为他们的叛国行为抵罪。[6]

9月间，发生了一件使德国将军大惑不解的、他们称之为“奇迹”的事情。在施派德尔看来，这是“1914年法国的‘马恩河奇迹’在德国的变相重演。盟军的猛烈进攻突然沉寂下来”。

盟军的司令官，上自艾森豪威尔将军开始，一直到今天还在争论为什么当时进攻会沉寂下来；而对德国的将领们来说，这是完全不可理解的。到9月的第二周，美军已经进到亚琛前面和摩泽尔河上的德国边境。德国已暴露在盟军面前。蒙哥马利在9月初已经催促艾森豪威尔把他的全部供应和储备物资交给英加军队、美国的第九军团和第一军团，以便在他的指挥下在北方发起猛烈攻势，急速插进鲁尔区，夺取德国的主要兵工厂，打开通往柏林的道路并结束战争。艾森豪威尔拒绝了这一建议。*他要求在一条“宽阔的战线上”向莱茵河推进。 1088

但是他的军队进展太快，供应不上。每一吨汽油和军火必须要从诺曼底海滩上运进来，或者从瑟堡的唯一的港口运进来，再由汽车运三四百英里才能到达前线。9月的第二周，艾森豪威尔的军队便因缺乏供应停足不前，同时又碰到出乎意料的德军的抵抗。伦德施泰特在两处重要据点集中了他能调动的兵力，因此在9月中旬能够至少暂时阻止巴顿第三军团在摩泽尔河的前进和霍奇斯第一军团在亚琛前面的前进。

在蒙哥马利的催促下，艾森豪威尔同意了一个大胆的计划：夺

---

* 艾森豪威尔在他的回忆录（《欧洲十字军》[*Crusade in Europe*]，第305页）中写道：“我确信蒙哥马利元帅会根据后来所发生的情况，同意这一意见是错误的。”但是读过蒙哥马利的回忆录的人都知道，情况完全不是这样。

取阿纳姆附近下莱茵河畔的桥头堡，从而取得从北面包抄齐格菲防线的阵地。这一计划和原来蒙哥马利挺进鲁尔区直捣柏林的意图相差很远，但它也可以提供一个战略基地，以备日后之用。这一进攻是9月17日开始的，第一步行动是把从英国基地起飞的两个美国空降师和一个英国空降师大批空投下来。但是由于气候不佳，由于空降部队恰恰降落在他们事先没弄清楚的两个党卫军装甲师之间，再加上没有充足的陆军从南面接应，进攻因此失败了。经过10天猛烈的战斗之后，盟军撤出阿纳姆。降落在这一城市附近的英国第一空降师约9 000人，只剩下2 163人。在艾森豪威尔看来，这次挫折“充分证明更加艰苦的战斗还在后面”。[7]

可是他仍然没有料到，在那年冬天圣诞节到来之前，德军力量已经充分恢复，可以在西线发动一次令人猛吃一惊的袭击了。

希特勒垂死的孤注一掷

1944年12月12日的晚上，一群西线战场上的德国高级指挥官被召到伦德施泰特的总部去，他们被搜走了腰间佩带的武器和手里的公事包，然后被装进一辆大汽车里，在没有亮光的乡野雪地里开了半个钟头，目的是弄得他们晕头转向，最后停在一个很深的地下室通道前，原来这是希特勒在法兰克福附近泽根贝格的大本营。在那儿，这些人第一次知道了少数最高参谋官和指挥官一个月前就已经知道的事：元首准备在四天内在西线发动一次强大的反攻。

自从9月中旬艾森豪威尔的军队在莱茵河以西德军前线受阻以来，希特勒的脑子里就盘算着反攻的念头。虽然美军第九、第一和第三军团在10月间就曾试图再度发起攻势，如艾森豪威尔所说，要“猛扑”莱茵河，但是遇到了阻碍，进展缓慢。10月24日，在一场苦战之后，
1089 一度是查理大帝的帝国古都的亚琛向盟军投降了，这是盟军占领的第

一座德国城市，但是美军还是不能突破，攻到莱茵河的防线。不过，在整条战线上，美军以及在北方的英军和加拿大军正以消耗战拖住越打越弱的德军。希特勒意识到继续这样保持守势只不过是拖延末日的到来。他那发热的脑子里涌现出一个大胆设想的计划：夺回主动权，发动攻势，切断美军第三和第一军团，深入安特卫普，夺取艾森豪威尔的主要供应基地，压迫英加军队沿比利时和荷兰边境撤退。他认为这一攻势不但会使英美联军遭受惨败，从而使德国西部边疆不再感受威胁，而且使他能转过来对付俄国军队。俄国军队虽然在巴尔干半岛方面仍在前进，但从10月以来已在波兰和东普鲁士的维斯杜拉河上受阻了。这一攻势还会很快地打通阿登森林，1940年德军的大突破就是从这里开始的；而且德国情报人员知道这里只有四个很弱的美军步兵师防守着。

这是一个大胆的计划。希特勒认为这个计划一定会使盟军措手不及，在他们有机会整顿以前击溃他们。* 但是有一个弱点。德军不但比1940年时削弱了，尤其是空军力量，而且它碰到的对手是一个资源雄厚得多、装备好得多的敌人。德国将军们赶紧提醒元首注意这种情况。

伦德施泰特后来说："当我在11月初得悉这一计划的时候，我大吃一惊。希特勒根本没有和我商量过……很显然，要执行这样一个野心勃勃的计划，现有的兵力实在太少了。"伦德施泰特和莫德尔知道同希特勒争论是毫无用处的，他们决定提出一个替代的计划，他们希望这个计划一方面能满足希特勒坚持发动进攻的愿望，另一方面能把

---

* 关于这个叫作"狮鹫计划"的计划，还有一个有趣的插曲，这似乎也是希特勒想出来的主意。元首委任奥托·斯科尔兹内来领导这件工作，此人曾经救出墨索里尼，后来于1944年7月20日夜晚又进行了果敢的行动，在这之后又再一次表现了他专长的才能，那就是在1944年10月匈牙利摄政者霍尔蒂海军上将准备向进攻的俄军投降时被他绑了票。斯科尔兹内的新任务是指挥一个有2 000人的会讲英语的德军特种旅，让他们穿上美军制服，驾驶缴获来的美军坦克和吉普车渗透到美国防线后面去切断交通线，杀死通信兵，搞乱交通运输，到处造成混乱。小型部队则深入到默兹河各个桥边，保护这些桥梁不受破坏，以便德国装甲部队主力能够通过。

进攻局限于除去美军在亚琛的突出地带。[8]然而，这位德军西线总司令对于改变元首的意图是不抱什么希望的，他甚至不愿参加12月2日在柏林举行的军事会议，而是派他的参谋长布鲁门特里特去。但是参加会议的布鲁门特里特、莫德尔陆军元帅、哈索·冯·曼陀菲尔将军和党卫军塞普·迪特里希将军（后两人将指挥两支担任突破任务的装甲
1090 大军）都不能改变希特勒的决定。深秋以来希特勒就为他最后的孤注一掷到处搜罗残兵余卒。11月间，他居然拼凑了近1 500辆新的或改装的坦克和重炮，12月又再拼凑了1 000辆。他还征调了28个师，包括9个装甲师，供突破阿登森林之用；此外还有6个师，准备在主要攻势发动之后进攻阿尔萨斯之用。戈林还答应凑3 000架战斗机。

这是一支相当可观的力量，虽然远比不上1940年伦德施泰特在同一战场上所使用的兵力。但是要拼凑这样一支兵力，意味着取消对东线德军的增援，东线的德军司令官们认为这种增援是击退俄国准备在1月发动的冬季攻势所必不可少的。当负责东线战场的参谋总长古德里安表示异议时，希特勒痛斥了他一顿。

> 用不着你来教训我！我已经在战场上指挥了五年德国陆军，在这一时期中我所获得的实际经验，参谋总部无论谁想比也比不了。我曾研究过克劳塞维茨和毛奇，而且把所有施利芬的文件都念过。我比你清楚得多！

当古德里安抗议说，俄国准备以压倒优势的兵力进攻并且列举了苏军兵力的数字后，希特勒大声说道:“这是自成吉思汗以来最大的虚张声势！这些胡话是谁说起来的？”[9]

12月12日晚上，被搜去公事包和武器的将军们聚集在泽根贝格元首大本营，他们发现这位纳粹统帅，正如曼陀菲尔后来回忆时所

说："背已驼了，面色苍白，有些浮肿。他弯着腰坐在椅子上，两手发颤，尽力隐藏那只随时要发抖的左臂。他是个病人……走路时一条腿拖在后面。"[10]

然而希特勒的精神却仍然同从前一样高涨。将军们原以为最高统帅会给他们讲一讲反攻的全面军事形势，而他却给他们谈了一通政治和历史的大道理。

> 历史上从来没有过像我们的敌人那样的联盟，成分那样复杂，而各自的目的又那样分歧……一方面是极端的资本主义国家，另一方面是极端的马克思主义国家。一方面是垂死的帝国，英国；另一方面是一心想取而代之的原先的殖民地，美国……
>
> 联盟中的每一个伙伴在参加时都抱有各自的政治野心……美国企图继承英国的衣钵；俄国想要取得巴尔干……英国打算保住它在……地中海的地盘……眼前这些国家就在争吵不休。谁能够像蜘蛛那样坐在网中央，注意形势的发展，他就可以观察到这些国家间越来越加深的矛盾。 1091
>
> 如果我们发动几次攻击，这个靠人为力量撑住的共同战线随时随地可能霹雳一声突然垮台……只要我们德国能保持不松劲……
>
> 要紧的是打破敌人认为胜利在握的信念……战争最后要看哪一方认输。我们在任何时候都要让敌人知道，不管他们怎样，他们绝不能叫我们投降。绝不能！绝不能！[11]

将军们散会时，这个动员演说还在他们的耳朵里嗡嗡地响着。他们谁也不相信——至少他们后来这样说——阿登攻势会成功，但是他们仍然决心尽最大的能力去执行命令。

他们这样做了。12月15日夜间，德军在亚琛以南的蒙绍和特里尔西北的埃希特纳赫之间的70英里的战线上进入他们的进攻阵地。这天晚上很黑，下着霜，浓雾笼罩着阿登森林附近崎岖的大雪覆盖着的群山。根据天气预报，会连着几天有这样的气候，估计盟军的飞机在这期间不能起飞，德国的供应线可以免遭诺曼底那样的浩劫。连着五天天气都帮了希特勒的忙，这个完全出乎盟军总司令部意料的德军行动，在12月16日早晨获得初步进展以后，接连几次突破盟军阵地。

12月17日夜间，一支德军装甲部队到达斯塔沃洛，它距美军第一军团总部驻扎地斯帕只有八英里，美军仓皇撤退。更重要的是，它距一个存有300万加仑汽油的巨大美国供应站只有一英里。假如这个供应站被德国装甲部队占领，它就会行进得更远更快，因为德军非常缺乏汽油。由于汽油供应不上，它的装甲部队不断放慢进军速度。斯科尔兹内的所谓第一五〇装甲旅，穿着美式军服，驾驶着缴获的美军坦克、卡车和吉普车推进得最远。约有40辆吉普车穿过被击溃的前
1092 线，其中有几辆一直进抵默兹河。[*]

但是在美军第一军团四个战斗力不强的师在阿登森林被击溃以后，其他零星部队坚强的临时抵抗却使德国的进展缓慢下来。同时，它们在蒙绍和巴斯通两处突破处的南北两翼坚守阵地，使德军只能通过狭长的突出地带前进。美军在巴斯通的这一场抵抗决定了德军的命运。

巴斯通这个公路交叉点，是防守阿登森林和其后面的默兹河的关

---

* 12月16日，一名携带几份“狮鹫计划”的德国军官被俘之后，美国人才了解到底发生了什么事。但这似乎并没有停止斯科尔兹内所率领的人所造成的初步混乱，其中有些人伪装成美国宪兵在公路交叉处站岗，胡乱地瞎指挥美国军事运输。这也没有使第一军团的谍报官员不相信被俘虏的身穿美军制服的德国人所制造的谎言，说什么有几个斯科尔兹内的敢死队正在到巴黎去刺杀艾森豪威尔。接连好几天，从前线一直到巴黎，有上万的美军被宪兵拦阻，他们必须回答哪一个棒球队赢得冠军、自己出生州的首府，以便证明自己确是美国人——虽然其中有些士兵忘记了或者根本不知道答案。很多身穿美军制服的德军在被俘之后被立即枪杀，其余的在受审后也被处决了。斯科尔兹内本人是1947年在达豪的美国军事法庭上受审的，但被释放了。此后他移居西班牙和南美，不久就在那里做起兴隆的水泥生意，并且写了回忆录。

键。如果防守坚固，不但能够阻止曼陀菲尔率领的第五装甲军沿主要公路向默兹河上的迪南进攻，而且能够牵制准备进一步推进的大批德军。12月18日早晨，曼陀菲尔的装甲部队的前哨离巴斯通只有15英里，而城内只有一些准备撤退的美军一个军的参谋人员。17日晚上，在兰斯休整的第一〇一空降师奉命以最大速度赶到100英里以外的巴斯通。卡车开着灯跑了整整一夜，在24小时内赶到该城，比德军到得稍早一点。这是一次有决定意义的行军比赛，德国人输了。德军虽然包围了巴斯通，但要把部队绕过它，继续向默兹河推进，是有困难的，他们不得不把强大的部队留下来牵制这个公路交叉点，试图把它拿下来。

12月22日，德国第四十七装甲军司令海因里希·冯·吕特维茨将军写信给美军第一〇一空降师师长A. C.麦考利夫将军，要求巴斯通守军投降。他收到一封后来传得很广的只有一个字的回信："呸！"

圣诞节的前一天是希特勒在阿登森林赌博的决定性的转折点。德国第二装甲师的一个侦察营在前一天到达默兹河上迪南以东三英里的高地，等候开坦克的汽油和援军，以便沿斜坡直冲默兹河。汽油和援军都没有到来。美国第二装甲师突然从北面打来。巴顿的第三军团的几个师已经从南面攻上来，其主要目的是解巴斯通之危。曼陀菲尔后来写道："在24日的晚上，已经看得很清楚，我们的行动已成强弩之末。我们现在知道我们的目标是绝对达不到了。"德国狭长的突出阵地两翼所受的压力实在太大了。圣诞节的前两天天气转晴，英美空军大显身手，大肆轰炸德国供应线和驶上狭窄崎岖的山间公路的军队和坦克。德军向巴斯通做最后一次尝试。德军在圣诞节整天——从凌晨3点开始——发动了一系列的攻击，但是麦考利夫的守军屹立不动。第二天，巴顿第三军团的装甲部队从南面突破，为守军解危。对德军来说，现在面临的问题是如何从狭长的走廊地带撤退，以免被切断和 1093
消灭。

阿登战役中被德军俘虏的一队美国士兵。

但是希特勒对于任何撤退的建议都是听不进去的。12月28日晚上，他召集了一个大规模的军事会议。他不但不听从伦德施泰特和曼陀菲尔的劝告，及时把德军从突出阵地撤出来，反而命令继续猛攻巴斯通，重新向默兹河推进。此外，他还坚持马上向南方阿尔萨斯发动进攻，那里的美军战线由于巴顿派了几个师北上进攻阿登森林而变得薄弱了。将军们声称，他们既没有足够的兵力向阿登森林继续发动进攻，也没有足够的兵力向阿尔萨斯发动进攻，对于这些话，希特勒充耳不闻。

先生们，这一行我已经干了11年了，而且……我从来没有听人向我报告过一切事情都已准备得完全好了的……准备永远不会完全。这是很明显的。

他滔滔不绝地说下去。* 将军们看得明白，他们的总司令说着说着，早已看不见现实而置身于云雾之中了。

> 问题在于……德国是否有意志继续生存下去和是否将遭到摧毁……这场战争若失败，德国人民就毁灭了。

他接下去又花了很多时间谈了罗马帝国的历史，谈了七年战争中普鲁士的历史。最后他又回到当前的迫切问题。尽管他承认阿登攻势“并没有获得预期的决定性胜利”，但是他声称这一战役已经带来了“整个形势的转变，在半月以前没有人相信这种转变是可能的”。

> 敌人不得不放弃所有的进攻计划……他们不得不把已经精疲力竭的部队拖上战场。他们的作战计划完全被打乱了。他们在国内受到严厉的批评。目前是敌人心理上很不利的时刻。敌人已经不得不承认在8月以前决定战局已没有希望，也许到明年年底也不能……

末了这句话是承认最后的失败吗？希特勒连忙想纠正这种印象。

> 先生们，我必须补充说……你们绝不能认为我会（哪怕是
> 极为遥远地）预计到战争将要失败……我从来不懂得什么叫“投
> 降”……在我看来，今天的形势并不新鲜。我经历过比这糟糕得 1094
> 多的形势。我提这些只是因为我要你们了解为什么我要这样狂热
> 地追求我的目标，为什么没有任何东西能够把我拖垮。虽然焦虑
> 使我苦恼，甚至损害我的健康，但没有东西能够丝毫改变我继续

---

* 从几乎完整无缺的会议速写记录的长度来看，他讲了有几个钟头。这份记录是元首会议记录第二十七号残稿。讲话的全文见吉尔伯特：《希特勒指挥他的战争》，第158—174页。

作战直到最后胜利为止的决心。

至此他呼吁他的将军们拿出“全部精力”来支持这次攻势。

那时候我们将……彻底打垮美军……那时候我们看吧。我不相信敌人能长期抵抗45个德国师……我们仍将掌握命运！

太晚了！德国缺少能把他的话兑现的兵力。

元旦那天，希特勒以八个师的兵力攻打萨尔地区，并且命令海因里希·希姆莱率领一个军团从上莱茵河的桥头堡发动猛攻。在德国将领们看来，让希姆莱带兵简直是在开玩笑。这两起攻势都没有获得进展。从1月3日起以两个军共九个师的兵力向巴斯通所发动的总攻，展开了阿登战役中最激烈的战斗，但也毫无所获。到1月5日，德军已放弃夺取这一重镇的希望。他们面临着被英美军队反攻切断的危险，这一反攻是1月3日从北面发动的。1月8日，莫德尔所率领的军队在巴斯通东北的乌法利兹有被包围的危险，这时他才接到准许撤退的命令。到1月16日为止，恰好是希特勒以他最后的兵力军火做赌注发动攻势的一个月之后，德军又回到他们开始攻击的战线。

德军死伤和失踪约12万人，损失了600辆坦克和重炮、1 600架飞机和6 000辆汽车。美国损失也很惨重：死亡8 000人，受伤48 000人，被俘或失踪21 000人，还损失了733辆坦克和反坦克炮。* 但是美

* 美军死亡人数中有一些俘虏是12月17日在马尔梅迪附近被约亨·派佩尔上校所率领的党卫军第一装甲师战斗部队惨杀的。根据在纽伦堡所提出的证据，有129个美国俘虏被害，后来在审判党卫军军官时被害人数减为71人。1946年春天，达豪美国军事法庭的审判引起了一个很奇怪的后果。43个党卫军军官，包括派佩尔在内，被判处死刑，23人判处无期徒刑，8人有期徒刑。曾经在突出地带北面作战的党卫军第六装甲军团司令塞普·迪特里希被判处25年徒刑，党卫军第一装甲军团司令克雷默被判处10年徒刑，党卫军第一装甲师师长赫尔曼·普里斯被判处18年徒刑。

于是美国参议院引起一阵大吵大闹，特别是已故参议员麦卡锡吵得厉害，说什么（转下页）

军能补充他们的损失，而德军却办不到。他们已经把最后的招数都使 1095
出来了。这是第二次世界大战中德军的最后一次大反攻。它的失败不仅使西线的失败成为不可避免，而且也葬送了东线的德军，因为希特勒将他最后的后备力量投入了阿登战役，这一行动的不利后果马上就显示了出来。

希特勒在圣诞节后第三天向他的西线将领发表的冗长训话中，对俄国战场仍然十分乐观。虽然巴尔干半岛已经丢失，但德军从10月以来仍然坚守着波兰和东普鲁士的维斯杜拉河的阵地。

> [希特勒说]很不幸，由于我们的宝贝同盟军的叛变，我们不得不逐步后撤……但尽管如此，我们大体上还能守住东战场。

但能守多久呢？古德里安在俄军包围布达佩斯之后，曾在圣诞节前夕和元旦早晨两度向希特勒乞求援兵，以便应付俄军在匈牙利的威胁和应付他预料苏联将于1月中旬在波兰发动的攻势，但是毫无结果。

> [古德里安说]我曾指出，由于西方盟军的轰炸，鲁尔地区已经陷于瘫痪……可是我又指出，另一方面，上西里西亚的工业区仍然能够全部开工，德国军人工业的中心已经移到东方了。如果上西里西亚失守，我们在几星期内就将遭到失败。但是这些话等于白说。我受到驳斥，在最没有基督教气氛的环境中度过了一

（接上页）为了逼口供，党卫军的军官受到虐待。1948年3月，有31个被判死刑的获得减刑；4月间，卢修斯·D.克莱将军把12名判处死刑的减为6名；1951年1月，美国高级专员约翰·麦克洛伊将全部死刑都大赦为无期徒刑。在作者写这本书时，全部犯人均已释放。在所谓党卫军军官受到虐待的吵闹声中，有一个无可辩驳的证据差不多被人遗忘了，这就是1944年12月17日在马尔梅迪附近的一个雪地里至少有71个手无寸铁的美军俘虏在数名党卫军军官的命令或煽动下被残酷屠杀了。

个十分惨淡的圣诞节前夜。

但是古德里安在1月9日第三次到希特勒的大本营去。他带着他的东线谍报处处长格伦将军。格伦企图用地图和其他图表向元首说明，在俄国即将于北方发动的攻势下，德国所面临的处境十分危急。

> ［古德里安说］希特勒大发雷霆……他说这些图表是“完全荒谬”的，并且命令我把制图表的人关到疯人院去。我当时也发了火说：“如果你要把格伦将军送进疯人院，最好让医生证明我也
> 1096 是疯子吧！”

希特勒硬说，东线战场“从来没有拥有像今天这样强大的后备力量”。古德里安反驳道：“东线战场是个空架子，只要突破一点，全线都会崩溃。”[12]

事情果然如此。1945年1月12日，科涅夫率领的集团军从华沙南面维斯杜拉河上游的巴拉诺夫的桥头堡出击，向西里西亚推进。在其北面，朱可夫率领的集团军跨过华沙南面和北面的维斯杜拉河，华沙在1月17日失守。再往北，俄国两个军团占领了半个东普鲁士，并且挺进到但泽湾。

这是大战以来俄国发动的最大攻势。仅仅在波兰和东普鲁士两地，斯大林就投入了180个师的兵力，其中很大一部分是装甲师。它们锐不可当，势如破竹。

古德里安说：“到1月27日［苏联发动攻势仅15天以后］，俄国的声势浩大的进攻很快就使我们有全军覆没的危险。”[13]那时东西普鲁士已经被切断。就在这一天，朱可夫从卢本跨过奥得河，在两星期内前进220英里到达德国本土，离柏林只有100英里了。最最严重的是，俄军已经占领了西里西亚的工业基地。

负责军火生产的施佩尔在1月30日，希特勒上台的十二周年纪念日，给希特勒打了一个报告，指出西里西亚失守的影响。“战争已经失败”，报告开头便这样说，接着他冷静而客观地做了说明。自从盟军大举轰炸鲁尔区以来，西里西亚的煤矿就为德国提供了60%的煤。现在铁路、发电厂和工厂所储存的煤只够用两星期。因此，施佩尔说，在西里西亚失守以后，德国所能生产的煤只等于1944年生产的四分之一，钢只等于1944年的六分之一。[14]这就预示出1945年是灾难的一年。

古德里安后来叙述说，元首晃眼看了一下报告，念了第一句之后便叫人把它收在保险柜里。他拒绝单独接见施佩尔。他向古德里安说：

> “……我拒绝再单独接见任何人……［他］总是说些使人不愉快的话。我受不了！”[15]

1月27日下午，在朱可夫的部队渡过奥得河，离柏林只有100英里的时候，希特勒大本营发生了饶有趣味的事。这时大本营已迁至柏林总理府，此后，一直到最后，大本营都没有再移动。25日那天急得团团转的古德里安去见里宾特洛甫，要他设法同西方马上接洽停战，以便使剩下来的德国军队能集中起来对付东线俄军。这位外交部长马
上到元首跟前告密，于是那天晚上希特勒把古德里安大骂了一顿，并 1097
且指控他犯了“叛国罪”。

但是在两个晚上以后，东线的灾难性的打击使得希特勒、戈林和约德尔反而认为没有必要向西方要求停战了。他们深信西方盟军由于害怕布尔什维克的胜利所带来的后果会自动找上门来。1月27日元首会议记录的片断还保存了这场戏的一部分。

希特勒：你们认为英国人对俄国的这一切进展会感到高兴吗？

戈林：他们当然不希望我们会挡住他们，而让俄国人占领整个德国……他们当初并不希望……我们会像疯子一样地抵挡他们，而让俄国人节节进逼，现在差不多占领了整个德国……

约德尔：他们一向对俄国人怀有戒心。

戈林：如果这种情势发展下去，几天之内我们就会［从英国人那里］收到电报。[16]

第三帝国的首脑们就这样把他们的最后希望系在一根游丝上。这些人曾经缔结了对付西方的《德苏条约》，但是到最后他们还是不能理解为什么英国人和美国人不跟他们一道去击退俄国的进犯。

德国军队的崩溃

1945年春天，第三帝国的末日很快地来到了。

垂死前的痛苦是在3月里开始的。到了2月，由于鲁尔区大部分已经成为一片废墟，上西里西亚又沦于敌手，煤的产量降到1944年的五分之一；而且由于英美轰炸使得铁路和航运瘫痪，这些煤很少能运出去。元首会议上的主要议题是缺煤问题。邓尼茨抱怨说，因为没有燃料，他的舰只有很多无法开动。施佩尔耐心地解释说，由于同样原因，发电厂和军火工厂也陷于停顿状态。罗马尼亚和匈牙利油田的丧失，加上德国合成油工厂遭到轰炸，使得汽油非常缺乏，以致迫切需要投入战斗的战斗机大部分不能起飞，被盟军的空军炸毁在飞机场上。由于坦克缺乏汽油，很多装甲师不能出动。

对“神奇武器”的指望最后也放弃了。不仅是人民大众和士兵，甚至于像古德里安这样讲求实际的将军们，都曾一度把他们的希望寄

佩内明德的V-2火箭发射场，在其被盟军炸毁之前。

托在这种武器上。当艾森豪威尔的军队重新占领法国和比利时的海岸时，用以袭击英国的V-1飞弹和V-2火箭发射场，除了在荷兰还保留 1098
了几处以外，其余差不多全部丧失了。当英美军队进抵德国边境以后，德国向安特卫普和其他军事目标发射了约有8 000枚这种飞弹，但造成的损失微不足道。

希特勒和戈林曾经想要依靠新的喷气机把盟军的空军赶跑。如果缺乏这种飞机的英美飞行员未能成功地采取对策的话，希特勒的想法是可能实现的，因为德国人已经制造了1 000多架这种飞机。盟军的老式战斗机是无法同德国喷气机在空中较量的，但是这种喷气机极少能够起飞。制造供喷气机使用的特殊汽油的炼油厂已经被炸毁了，为了使喷气机能够起飞而建造的加长跑道很容易被盟军飞行员发现，把停在机场上的喷气机炸毁。

海军元帅邓尼茨曾经向元首保证，新的用电力发动的潜艇能在海上创造奇迹，再度给北大西洋上的英美生命线以灾难性的打击。但是到1945年2月中旬为止，新制造的126艘这种潜艇，只有两艘下了水。

至于那曾使伦敦和华盛顿十分焦虑的德国原子弹计划，也没有什么进展，这是因为希特勒对它没有兴趣，同时希姆莱又逮捕了许多原子科学家，怀疑他们对国家不忠，或者把原子科学家派去从事他认为是更重要的一些无聊的“科学”实验。1944年底英美两国政府大大松了一口气，他们已探悉到德国人在这一次战争中不可能有原子弹。*

现在已有85个师兵力的艾森豪威尔的军队，于2月8日开始向莱茵河进逼。他们预计德国军队只能采取拖延战术，而且为了保持实力，会退到江面辽阔、水流甚急的极难强渡的莱茵河对岸去。伦德施泰特就曾提出过这样的主张。但是在这里，也像在其他的地方一样，希特勒在这些吃败仗的日子里总不愿听撤退的话。他对伦德施泰特说，这不过意味着“把灾难从一个地方转移到另一个地方而已”。因此，德军在希特勒的坚持下守住了阵脚，但是并没有能守多久。到2月底，英美军队在杜塞尔多夫以北好几处地方进抵莱茵河。两个星期以后，他们已经牢牢控制了摩泽尔河以北的莱茵河左岸。德军死伤和被俘的又有35万人，其中被俘的占29.3万人，大部分武器和装备均已损失。

希特勒又大发雷霆。3月10日，他最后一次把伦德施泰特革职，
1099 换上来的是在意大利长期苦战坚守的凯塞林元帅。2月间，元首在大怒之下已经打算宣布废除《日内瓦公约》。他在19日的会议上说：“让敌人知道我们决心用我们手头所有的一切手段为我们的生存而战。”不上火线却又嗜血成性的戈培尔博士怂恿希特勒采取这一步骤，他建议将所有被俘的飞行员一律立即枪毙，作为盟军猛烈轰炸德国城市的

---

* 他们怎样探听到这件事是十分有趣的，可惜故事很长，不能在这里叙述。塞缪尔·古德斯米特教授在他写的一本名叫《阿尔索斯》（*Alsos*）的书里讲得很清楚。“阿尔索斯”是这个教授所率领随艾森豪威尔的军队进入西欧的一个美国科学团体的代号。

报复。当有些在场的将领从法律的角度提出反对意见时，希特勒愤怒地反驳道：

> 见他的鬼！……如果我毫不含糊地表明：我不体恤俘虏，不管报复不报复，我根本不考虑敌军战俘的权利，那么，不少［德国］人在他们开小差以前就会好好想一想。[17]

这是希特勒的追随者第一次看到，在他的世界征服者的使命失败以后，他决心像奥丁在瓦尔哈拉那样，要投入一场血腥的大屠杀中，不仅要使敌人而且也要使德国人民同归于尽。在讨论结束时他要邓尼茨海军元帅“考虑这一步骤的利弊，并火速汇报”。

第二天邓尼茨带来了他的报告，这个报告典型地显示了邓尼茨的为人。

> 这件事如果实行，弊多利少……总而言之，最好还是维持一下表面，同时把我们认为必要的措施实行起来，但不必事先就宣布。[18]

希特勒勉强同意了这个报告。正如前面已经提到过的，* 虽然被俘飞行员和其他战俘（俄国人除外）没有普遍遭到屠杀，但有好些被杀害了，而且老百姓也被教唆用私刑打死用降落伞着陆的盟军飞行员。有一个被俘的法国将军名叫梅斯尼，是按照希特勒的命令蓄意加以谋杀的。盟军战俘被迫长途行军，在途中没吃没喝，同时又遭到盟军在空中的扫射，很多战俘断送了性命。德国的意图是想把这些战俘运到内地去，以免被进攻的盟军解放。

---

* 见本书第二十七章，“新秩序”。

希特勒要德国士兵“在开小差以前好好想一想”的问题不是没有根据的。在西线开小差的人，至少是在英美军队进攻前面尽快投降的人，正在急剧地增加。2月12日凯特尔以“元首的名义”下了一道命令说，任何士兵“骗取假条或用伪造证件旅行……将被处死刑”。3月
1100 5日，西线H集团军总司令布拉斯科维茨将军下令：

> 一切散兵游勇……以及自称掉队而在寻找其队伍者，就地审讯枪决。

4月12日，希姆莱更进了一步，他下命令说，对任何放弃市镇和重要交通中心的指挥官“均可处以死刑”。守卫莱茵河桥头的一些不幸的指挥官已经成了这道命令的牺牲者。

3月7日午后，美军第九装甲师到达雷马根附近的高地，距莱茵河上游的科布伦茨25英里。使美国坦克部队惊异的是，他们看到在莱茵河上的鲁登道夫铁路桥仍未遭受破坏。他们马上从斜坡冲到河边。工兵们急忙切断他们所能找到的一切爆炸物的引线。一个步兵排冲过大桥，当他们到达东岸时接连发生两起爆炸。大桥震动了一下，但仍屹立着。守在岸边的缺乏战斗力的德军很快就被击退了。坦克冲过桥去，傍晚在莱茵河东岸建立了坚强的桥头堡阵地。德国西部最后一个天堑就这样被越过了。*

几天以后，3月22日晚上，巴顿的第三军团在美国第七军团和法国第五军团的配合下，打了一个漂亮仗，拿下萨尔-普法尔茨三角地带以后，又在美因茨以南的奥本海姆渡过莱茵河。3月25日，英美军队已经完全控制了莱茵河西岸，并在两处地方渡河建立了坚强的桥头堡阵地。六周之内，希特勒在西线的兵力损失了三分之一，并且损失

* 希特勒下令枪决指挥雷马根大桥薄弱守军的八名军官。他们在希特勒设立的“西线飞行特别法庭”受审，主持这一审讯的是一个狂热的纳粹将军，名叫许布纳。

了差不多可以装备50万人的武器。

3月24日凌晨2点30分，希特勒在他的柏林大本营召集军事会议研究对策。

> 希特勒：我认为奥本海姆的第二个桥头堡是最大的危险。
>
> 赫维尔［外交部代表］：那儿的莱茵河河面并不宽。
>
> 希特勒：足有250米。在这样险要的河上，只要有一个人睡着了就会带来可怕的不幸事件。

最高统帅想要知道是否“能派一个旅或相当的兵力到那里去”。一个副官回答说： 1101

> 目前派不出到奥本海姆去的部队，在谐纳军营只有五门反坦克大炮，它们将在今天或者明天准备好，要在几天以后才能投入战斗。[19]

几天以后！就在他们开会的时候，巴顿已经在奥本海姆建立了一个7英里宽、6英里深的桥头堡阵地，而且他的坦克正向东面的法兰克福推进。当年一度强大的德国军队曾以其不可一世的装甲军在欧洲横冲直撞，而在目前这种危急的时刻，最高统帅所考虑的不过是拼凑五门“要在几天之后才能投入战斗”的破烂的反坦克大炮，去抵挡敌人强大的装甲部队的进攻，由此可见其所处困境之一斑。*

---

* 3月23日元首会议的记录是未遭焚毁并且仍然保存得相当完整的最后一次记录。从这个记录里可以清楚地看出元首癫狂的心理状态和他在大厦将倾的时刻只注意鸡毛蒜皮的琐事的情形。他花了大半个钟头讨论戈培尔提出的用穿过柏林动物园的一条宽广大街作为飞机跑道的计划。他大谈在轰炸下德国水泥的缺点。这次会议讨论的主要是拼凑军队的问题。一个将军提出了印度军团的问题。

> 希特勒：印度军团是开玩笑。有的印度人连虱子都不能捏死，宁愿让虱子咬死。他们也不会杀英国人。我们用他们去对付英国人是毫无意义的……如果我们用印度人去推动法轮之类的东西，他们将是世界上精力最充沛的军队……

就这样一直讨论到深夜。散会时已是凌晨3点43分。

到了3月的第三周，美军已渡过莱茵河。3月23日晚上，蒙哥马利所率领的英、加、美强大盟军开始强渡下莱茵河，分兵向德国北部平原和鲁尔区推进。这时候希特勒把他的仇恨从进逼的敌人那里转移到曾给他赢得德国历史上最大胜利的德国人民身上。现在在这失败的冬天里，他认为人民已经远远配不上他的伟大了。

希特勒在1944年8月对纳粹地方领袖的演讲中说：“如果德意志民族在这次斗争中被击败的话，它想必是太衰弱了：它在历史面前没有能够证明它的英勇气概，注定只能遭到毁灭。”[20]

他的身体很快地垮了下来，这也使得他的心理受到有害的影响。指挥作战的紧张，接二连三吃败仗所带来的震惊，久居地下室缺乏新鲜空气和活动的有损健康的生活，更加经常的大发脾气，以及他遵照江湖医生莫雷尔的劝告每天服用的有毒性的药品（这也是同样重要的因素）——这一切使他在1944年7月20日事件以前，健康已经受到损害。7月20日那天的爆炸震破了他两耳的鼓膜，常常引得他头晕目眩。
1102 在炸弹事件以后，他的医生们劝他去长期休假，但是他拒绝了。他对凯特尔说：“如果我离开东普鲁士，它就会沦于敌手。只要我在这里，它就保得住。”

1944年9月，他病倒了，不得不躺在床上。11月间，他回到柏林时恢复了健康。但是他再也没有能恢复对自己可怕的脾气的控制力。1945年，前线来的消息越发不妙，他暴跳如雷的时候就愈来愈多了。他发脾气时总是手脚发抖，无法控制。古德里安将军曾描写过好几次这种时刻的情况。1月底，当俄国人已经打到距离柏林100英里的奥得河时，这位参谋总长开始要求把在波罗的海地区被切断的几个德国师从海上撤出来。这时希特勒向他发作起来。

> 他站在我面前晃着拳头，我那好心肠的参谋长托马勒不得不抓住我的衣襟，把我向后拉了一把，他怕我会挨揍。

据古德里安说，几天以后，1945年2月13日，他们两人又就俄国战场形势大吵了两个钟头。

> 他站在我面前，举起拳头，脸上气得通红，全身发抖。狂怒使他变成了另一个人，完全丧失了控制自己的能力。在每一次发作之后，他就在地毯边上走来走去，然后猛地在我面前停下来，重新指着鼻子骂我。他几乎是放开嗓门嘶叫，两只眼睛鼓得要脱出来，额边的青筋也暴了起来。[21]

就是在这种精神状态和健康情况下，德国元首做出了他一生中最后的重大决定之一。3月19日，他下了一道总命令，要把所有德国的军事、工业、运输和交通设备以及所有的储备统统毁掉，以免它们完整地落入敌人之手。这些措施要在纳粹地方领袖和“民防委员们”的协助下由军事人员执行。命令最后说：“一切指示与本命令相抵触者均属无效。”[22]

这就是说，德国要变成一片荒漠般的不毛之地。可以使德国人民在战败后维持生存的任何东西都不能保留下来。

坦率的军备和战时生产部长施佩尔，从以前和希特勒的谈话中已经预料到他会发出这样野蛮的指示，因此在3月15日曾写了一个备忘录，坚决反对这种犯罪行为，并重申他认为战争已经失败的意见。3月18日晚上，他亲自将备忘录交与元首。

> ［施佩尔说］四到八个星期内，德国经济将要最后崩溃，这是可以料定的……经济崩溃以后，战争就再也不能继续下去了，
> 即使在军事上也是如此……我们必须尽力保持一个基础，哪怕是 1103
> 一种最原始的状态的基础，使这个民族能够继续生存下去……我们没有权力在战争的现阶段进行一种可以影响这个民族的生存的

破坏行动。如果我们的敌人要摧毁这个曾经无比英勇地作过战的民族，那么，这个历史的耻辱应完全由他们承担。我们有责任使这个民族有一切的可能在遥远的将来得到复兴……[23]

但是自己的命运已经注定的希特勒，对于他曾经表示过无限热爱的德意志民族的继续生存是毫无兴趣的。他对施佩尔说：

> 如果战争失败，这个民族也将灭亡。这种命运是不可避免的。没有必要考虑这个民族维持一个最原始的生存基础的问题。恰恰相反，最好由我们自己动手把这些基础破坏掉，因为这个民族将被证明是软弱的民族，而未来只属于强大的东方民族［俄国］。而且，在战争以后留下来的人不过都是劣等货，因为优秀的人已经战死了。

因此第二天，这位最高统帅公布了他那臭名昭著的“焦土”政策的指示。元首的秘书马丁·鲍曼在3月23日也发了一道同样野蛮的命令，这个胆小如鼠的人物现在在希特勒宫廷中的地位超过任何其他纳粹暴吏。施佩尔在纽伦堡法庭上叙述道：

> 鲍曼的命令旨在把德国东部和西部的人口，包括外国劳工和战俘在内，移至德国中部。数以百万计的人必须徒步旅行。对他们的生存没有准备任何条件，而且在当时的情况下，也没有办法准备。这势必要造成不可想象的饥荒。

假如希特勒和鲍曼的其他命令——他们还发出一系列的补充指示——都付诸执行的话，数以百万计的尚未在战争中死去的德国人也要送命了。施佩尔在纽伦堡法庭上总括各种“焦土”命令说，必须摧毁的有：

> 所有工厂、所有重要的电力设备、自来水厂、煤气厂、食品店、服装店；所有的桥梁、铁路和交通设备；所有的河道、船只；所有的机车和货车。

德国人民之所以能够幸免这一次最后的灾难，除了因为盟军的进展神速使得这次巨大的破坏无法执行之外，是由于施佩尔和一些军官尽了他们非凡的努力。他们（终于！）直接违抗希特勒的命令，在国 1104
内四处奔走，保证重要的交通、工厂和商店不被那些死心塌地服从命令的军官和纳粹党棍们炸毁。

德国陆军的末日现在来临了。

蒙哥马利元帅所率领的英加军队，在3月的最后一周渡过下莱茵河，向东北推进，直趋不来梅、汉堡和波罗的海边上的吕贝克。同时，辛普森将军率领的美国第九军团和霍奇斯将军率领的美国第一军团分别迅速地从北面和南面绕过鲁尔区。4月1日，他们在利普施塔特会师。莫德尔元帅的B集团军，包括第十五和第五十装甲军团，共计21个师，被包围在德国最大工业区的废墟之中。他们撑持了18天，在4月18日投降。德军325 000名官兵被俘，其中包括30名将官，但莫德尔不在其内。他不愿做俘虏，自杀身死。

莫德尔的部队在鲁尔的被围，使得德国西线出现了一个200英里宽的大缺口，美国第九军团和第一军团的部队已无须再牵制鲁尔区，现在正通过缺口直趋德国心脏易北河。通往柏林的道路已经大开，在美国这两个军团和德国首都之间只有几个零星溃散的德国师。4月11日晚，一天内挺进了大约60英里的美国第九军团先头部队到达马格德堡附近的易北河，第二天就在河岸建立了桥头堡。美国人离柏林只有

60英里了。

艾森豪威尔现在的目的是要在马格德堡与德累斯顿之间的易北河上与俄国人会师，把德国分裂为二。虽然艾森豪威尔遭到丘吉尔和英国军事首脑们的严厉抨击，责备他没有抢在俄国人前面到达柏林，因为对他来说这本是轻而易举的事，可是艾森豪威尔和他的盟国远征军最高统帅部的参谋们此时却急于想要同俄国人会合以后马上向东南进攻，以便夺取所谓的“民族碉堡”。据说希特勒正在那里聚集残部，打算在南巴伐利亚和西奥地利之间的几乎无法逾越的阿尔卑斯山中做最后抵抗。

“民族碉堡”其实只是一个幻影。它只存在于戈培尔博士的宣传中和中了这种宣传之计的艾森豪威尔总部的小心翼翼的人们的心上。早在3月11日，盟国远征军最高统帅部的情报就提醒艾森豪威尔说，纳粹正在策划在山区修建攻不破的堡垒，而且希特勒将要亲自从贝希特斯加登的巢窟中指挥防守。情报说，冰天雪地的山崖是“几乎攻不破”的。

> ［情报又说］在这里，迄今为止领导德国的那些力量，将
> 1105 能依靠天险和最有效的秘密武器，继续存在下去，准备东山再起。这里的轰炸不着的工厂将生产军火，粮食和设备将贮藏在巨大的地下崖洞里，经过特别选拔的年轻人将受游击战的训练，整个地下军队因此能得到装备和指导，以便从占领军手中解放德国。[24]

盟国远征军最高统帅部的情报处，看来几乎已经有英美侦探小说作家渗透进去了。总之，盟国远征军最高统帅部对这份异想天开的情报是认真对待的。艾森豪威尔的参谋长比德尔·史密斯将军为“在阿尔卑斯山中进行旷日持久的战争”的可怕的可能性大伤脑筋。他担心

美国与苏联军队会师易北河。

它会使美国人的生命遭受巨大损失而且使战争无限期拖延下去。*

这是诡计多端的戈培尔博士最后一次以他的恫吓宣传成功地影响了战争的战略过程。希特勒最初诚然考虑过退到奥地利–巴伐利亚深山中去进行最后的抵抗，因为他是在那儿附近诞生的，一生中大部分的私生活是在那里度过的，他喜爱那里，在贝希特斯加登山上的上萨尔茨山上又有那唯一可说是属于他自己的家，但是他迟疑不决，把事情耽误了。

4月16日美军进抵纳粹党召集大会的所在地纽伦堡，同时朱可夫率领的俄国军队从奥得河上的桥头堡出击，在4月21日进抵柏林郊区。维也纳已在4月13日失守。4月25日下午4点40分，美军第

---

* 奥马尔·布莱德雷将军后来写道："直到战事结束以后，我们才知道所谓碉堡多半是几个疯狂的纳粹党人的想象。这个计划言过其实，我真感到奇怪，为什么当时我们竟会那样天真地相信它。但当这个碉堡的神话一再流传的时候，它是一个很不祥的威胁，使人很难忽视它，这样一来，在战争临近结束的几个星期中，它就决定了我们的战术思想。"（布莱德雷：《一个军人的故事》[*A Soldier's Story*]，第536页）

凯塞林元帅在战后挖苦地评论道："关于阿尔卑斯山的堡垒写的许多东西，多半是无稽之谈。"（凯塞林：《一个军人的记录》[*A Soldier's Record*]，第276页）

六十九步兵师的巡逻部队与俄军第五十八近卫师的先遣部队在柏林以南75英里的易北河上的托尔高会师。德国南北被切断了。阿道夫·希
1106 特勒被孤立在柏林。第三帝国的末日已经到来。

注　释

1. 施派德尔:《1944年的入侵》,第147页。

2. 英国陆军部提审记录,许尔曼援引,见《西方的溃败》,第206页。

3. 元首会议,1944年8月31日。费利克斯·吉尔伯特:《希特勒指挥他的战争》,第106页。

4. 元首会议,1943年3月13日。

5. 美国战略轰炸调查处:《经济报告》,附录,表15。

6. 引自美国第一军团情报处的报告,许尔曼援引,见《西方的溃败》,第215—219页。

7. 艾森豪威尔:《欧洲十字军》,第312页。

8. 伦德施泰特致李德·哈特的信件,见《德国将领谈话录》,第229页。

9. 古德里安:《装甲部队的领导人》,第305—306页,第310页。

10. 根据曼陀菲尔,见弗赖丁和理查逊编辑:《致命的决定》,第266页。

11. 元首会议,1944年12月12日。

12. 古德里安:《装甲部队的领导人》,第315页。

13. 同上,第334页。

14. 阿尔伯特·施佩尔致希特勒信件,1945年1月30日,见《主要战犯的审讯》,第41卷。

15. 古德里安:《装甲部队的领导人》,第336页。

16. 元首会议,1945年1月27日。这个文件收录在费利克斯·吉尔伯特所著《希特勒指挥他的战争》中,第111—132页。我对原文的次序略做了更动。

17. 元首会议,无日期,也许是1945年2月19日,因为邓尼茨海军上将在他那天的记载中提到过这次讨论。见《海军事务元首会议记录》,1945年,第49页。吉尔伯特在《希特勒指挥他的战争》中援引了希特勒的话,见该书第179页。

18.《海军事务元首会议记录》,1945年,第50—51页。

19. 元首会议,1945年3月23日。这是保存下来的最后一份抄本。吉尔伯特在所著《希特勒指挥他的战争》中刊登了全文,见该书第141—174页。

20. 阿尔伯特·施佩尔在纽伦堡的供词,《主要战犯的审讯》,第16卷,第492页。

21. 古德里安:《装甲部队的领导人》,第341,343页。

22. 希特勒命令全文,《海军事务元首会议记录》,1945年,第90页。

23. 根据施佩尔,见《主要战犯的审讯》,第16卷,第497—498页。这一部分(包括引用的希特勒和施佩尔的话在内)引自施佩尔1946年6月20日在纽伦堡的证词,载《主要战犯的审讯》,第16页;另引自他为自己辩护而提出的文件,载第41卷。

24. 远东盟军统帅部情报摘要,1945年3月11日。威尔莫特援引,见《争夺欧洲的战争》,第690页。

第三十一章
诸神的黄昏：第三帝国的末日

希特勒原来打算在4月20日，即他56岁生日那天，离开柏林前往上萨尔茨山，在神话中巴巴罗萨的山间堡垒中指挥第三帝国的最后决战。政府各部大部分都已南迁，汽车上满载着政府文件和拼命要离开这注定要沦陷的柏林的疯狂的官员。十天以前，元首也把他的大部分侍从人员送往贝希斯特加登，去收拾他的山间别墅伯格霍夫，专候他的到来。

然而命运已经注定他再也看不到他那心爱的阿尔卑斯山上的山间别墅了。他没有想到末日会来得这样快。美军和俄军正神速地向前推进，以会师于易北河上。英军已兵临汉堡和不来梅城下，被占领的丹麦有被切断的危险。在意大利，博洛尼亚已经沦陷，亚历山大率领的盟军正在向波河流域推进。俄军在4月13日拿下维也纳以后，沿着多瑙河挺进，而美国第三军团也在顺河而下准备和俄国人在奥地利的希特勒家乡林茨会师。战争期间一直在修建宏伟的大礼堂和体育场以作纳粹党的首府的古老城市纽伦堡已被包围，美国第七军团的一部正绕过纽伦堡向纳粹运动的诞生地慕尼黑挺进。柏林已听到俄国重炮的隆隆声了。

办事糊涂的财政部长、曾经在牛津大学领过罗得奖学金的什未林·冯·克罗西克伯爵，一听到布尔什维克党人要来了，便离开柏林仓皇逃向北方去了。他在4月23日的日记中写道："整整一星期，噩耗不断传来。我国人民似乎正面临着最不幸的命运。"[1]

希特勒是在上年11月20日由于俄军的逼近，最后一次离开他在东普鲁士拉斯滕堡的大本营来到柏林的。自从东线战场战事爆发以
1107 来，他很少来柏林，如今他就一直待在柏林了。12月10日，他才离开那里，到巴特瑙海姆附近的泽根贝格的西线大本营去指挥那场冒险的阿登战役。阿登战役失败后，他在次年1月16日回到柏林。直到他的末日为止，他都在总理府。总理府的大理石大厅已被盟军炸成了废墟。他就在下面50英尺深的地下避弹室中指挥他的正在崩溃的军队。

他的健康在急剧恶化。2月间第一次见到他的一个年轻陆军上尉，后来在回忆当时他的容貌时说：

> 他的脑袋微微晃动。他的左臂松弛地垂着，手颤动得很厉害。他的眼里射出一种无法形容的闪烁的光辉，给人以恐惧的、极不自然的感觉。他的面色和眼圈使人感到他已经精疲力竭。他的一切动作都和衰老的人一样。[2]

自从7月20日炸弹事件以来，他对任何人都不信任，甚至党内老伙伴也不例外。"所有人都欺骗我"，3月里他向一名女秘书这样发火道：

> 我没有可以信赖的人。他们都背叛了我。这使我难过……假如我出了什么事，德国便没有领袖了。我没有继承者。赫斯疯了，戈林失去了人民的拥护，希姆莱不会得到党的赞同，而且他根本不讲艺术……你去想吧，有谁能做我的继承者……[3]

人们也许会认为，在这样一个历史关头还在大谈继承问题，未免不够实际，但在纳粹疯人国，人们却不这么想。不但元首为这个问题伤脑筋，而且我们不久将会看到，那些主要继承候选人，也为这个问题着了迷。

虽然希特勒身体已经垮了，而且由于俄国人打到了柏林和西方盟军占领了德国本土，可怕的末日已迫在眉睫，但是他和他的几个最疯狂的追随者却顽固地盼望能在最后一分钟出现奇迹，使他们得救。他们之中，戈培尔尤其如此。

4月初的一个夜晚，戈培尔向希特勒朗读元首喜爱的一本书：卡莱尔所著的《腓特烈大王史》。他所朗读的这一章叙述的是七年战争中最黑暗的日子，那时这位大王已感到日暮途穷，他对他的大臣们说，如果在2月15日以前他的运气仍不好转，他就要放弃战争，服毒自杀了。这一段历史的确很合时宜，戈培尔无疑是用极其戏剧化的方式朗诵的。 1108

> “英勇的国王！［戈培尔继续念道］请您再等一等，您那受难的日子就要过去了。您那交好运的太阳很快就要拨云雾而升起来照耀着您了。”2月12日，俄国女皇死了，勃兰登堡王室的奇迹就出现了。

戈培尔告诉克罗西克，希特勒的眼睛里“充满了泪水”。[4]这场动人的情景，我们就是从克罗西克的日记中看到的。

他们在这本英国人写的书的鼓励之下，从希姆莱的无奇不有的“研究”室的档案里调了两张预卜吉凶的星象图来研究。一张是在1933年1月30日元首就职时为他卜算的，另一张是一位无名星象学家在1918年11月9日魏玛共和国诞生之日为它卜算的。戈培尔把对这两个非凡的文件加以重新研究以后得出的结论告诉了克罗西克：

> 一个惊人的事实已经可以看得很清楚，两张星象图都预卜战争要在1939年爆发，并且预料到1941年以前的胜利和以后的节节失败，以及1945年初，特别是4月的前半月的最大的打击。4月下半月我们将要获得暂时胜利。然后是停滞状态，一直到8月，才会有和平。在今后三年内德国的处境很困难，但从1948年开始德国就会东山再起。[5]

用卡莱尔和星象图的“惊人”预言所武装起来的戈培尔，在4月6日对败退中的士兵发出了动听的呼吁：

> 元首宣称时来运转就在今年……天才的真正品质在于它能意识到和确知即将到来的转变。元首知道转变到来的确切时刻。命运给我们带来了这个人，因此在这内外交困的时刻，我们将要亲眼看到奇迹……[6]

不到一个星期，4月12日的晚上，戈培尔自信奇迹的“确切时刻”已经到来。这是情况进一步恶化的一天。美国人已经出现在德绍–柏林公路上，最高统帅部匆匆下令炸毁公路附近的两个最后剩下来的军火工厂。从此以后德军只能依靠手头现有的军火作战了。这一天，戈培尔住在布塞将军在奥得河前线的科斯琴的总部里。布塞对他保证说，俄国要突破防线是不可能的，又说他要坚守这道防线，“直到英国人踢我们屁股为止”。戈培尔在第二天将这些话告诉了克罗西克。

> ［戈培尔重述道］那天晚上他们一起坐在总部里，他发展了

> 他的理论，根据历史的逻辑和正义，情况肯定是要起变化的，正 1109
> 如七年战争中发生了勃兰登堡王室的奇迹一样。

“这一次又是哪一位俄国女皇要死掉呢？”一位军官问。

戈培尔也说不上来。但是，他回答道，命运“带来的可能性是多种多样的”。

当这位宣传部长那天深夜回到柏林的时候，皇家空军把这座都城的市中心又炸成一片火海。总理府和威廉街的阿德隆饭店的废墟在焚烧。在宣传部大楼的石阶上，一位秘书迎接戈培尔并告诉他一件紧急消息。“罗斯福，”他说，“死了！”

从总理府到威廉广场的大火的照耀中看得很清楚，部长面色忽然开朗，精神一振。

“把最好的香槟酒拿出来！”戈培尔喊道，“给我接元首的电话。”

希特勒在马路对面的地下避弹室里躲避轰炸。他拿起电话机。

“我的元首，”戈培尔说，“我向您祝贺！罗斯福死了！星象图里写得清清楚楚，4月下半月是我们的转折点。今天是星期五，4月13日。[其实已经过了午夜。] 转折点到了！”

希特勒的反应没有记录下来，但由于他从卡莱尔和星象图那里获得了鼓励，他的反应是可以想象得出的。不过戈培尔的反应是有记录的。他的秘书说：“他欣喜若狂！”[7]

那个昏庸的什未林·冯·克罗西克伯爵也高兴得要疯了。当戈培尔的国务秘书打电话告诉他罗斯福的死讯时，他叫了起来，至少是在他忠实记录的日记里是如此。

> 这真是历史的天使降临了！我们感到她在我们的房里鼓翼的声音。难道这不是我们引颈翘望的运气转变吗？

第二天早晨他打电话给戈培尔表示**他的**“祝贺”。他得意扬扬地把这件事记在日记里。打电话似乎还不够，他又写了一封信，欢呼罗斯福的死是“老天的惩罚……上帝的礼物”。

长期以来掌握大权并在古老的欧洲大学里受过教育的部长先生们，如克罗西克和戈培尔之流，竟然死抱住星象图的预言不放，在柏林的熊熊大火中为美国总统的死亡而兴高采烈，认为这是上帝在最后的刹那间把第三帝国从迫在眉睫的灾难中拯救出来的千真万确的迹象！柏林演出的最后一幕戏就是在这种疯人院的气氛中演到最后闭幕的。

4月15日，爱娃·布劳恩来到柏林与希特勒相会。德国人很少知
1110 道她，至于她和希特勒的关系，知道的人就更少了。她做他的情妇已有十二年以上。正如特雷弗-罗珀所说的，为了她的婚礼和葬礼，她在4月间来到了柏林。

她在本书最后一章里担当了一个有趣的角色，但她本人却不是令人感兴趣的；[*]她不是蓬巴杜伯爵夫人那样的人物，也不是一位罗拉·蒙特兹。[†]毫无疑问，希特勒非常喜欢她，而且同这个脾气随和的女人在一起感到轻松，但他总是不让她露面，不让她到他分设各地的大本营去，而他在战争年代中大部分时间是在大本营度过的，甚至极少允许她到柏林来。她总是幽居在上萨尔茨山的伯格霍夫，消磨时光的方法是游泳、滑雪、读廉价小说、看无聊电影、跳舞（这是希特勒所不赞成的）和没完没了的打扮，为了那远离的爱人而憔悴。

元首的司机埃里希·肯普卡说：“她是德国最不幸的女人。她一生中的大部分时间是在等候希特勒。”[8]

---

* 施佩尔告诉特雷弗-罗珀说：“对历史学家来说，爱娃·布劳恩是要令人失望的。”这位历史学家自己则加了一句：“对于阅读历史的人也是如此。”（特雷弗-罗珀：《希特勒的末日》[*The Last Days of Hitler*]，第92页）

† 蓬巴杜（1721—1764）是法国国王路易十五的情妇。罗拉·蒙特兹（1821—1861）是巴伐利亚国王路德维希一世的情妇。——译者

在纽伦堡一次提审中，凯特尔元帅描述了她的形象。

> 她身材苗条，容貌秀丽，大腿很美——人们可以看出——她沉默寡言，是一位非常、非常美丽的金发女人。她很少露面，人们很少看到她。[9]

她出身于中下层家庭，父母亲是巴伐利亚人。纵然希特勒是个独裁者，她的双亲当初也坚决反对她和希特勒的暧昧关系。她曾在海因里希·霍夫曼在慕尼黑开设的照相馆工作，霍夫曼将她介绍给希特勒。这件事是在吉莉·拉包尔自杀以后一两年发生的。我们知道，希特勒的这个外甥女曾经是他的一生中一次非常热烈的爱情的对象。爱娃·布劳恩看来也常常被她的爱人逼得要发狂，虽然她的情况与吉莉·拉包尔有所不同。爱娃住在希特勒阿尔卑斯山别墅的一套房间

希特勒与爱娃·布劳恩1942年在伯格霍夫。

里，但因为不能忍受长期别离之苦，她在他们相识后的最初几年曾两度想要自杀。但是她渐渐地习惯于那令人沮丧的既非妻子也非情妇的暧昧身份，满足于做一个伟大人物的唯一女伴，尽量享受极为难得的共同在一起的时光。

她现在下了决心要同他死在一道。同戈培尔博士夫妇一样，她也不愿意生活在一个没有阿道夫·希特勒的德国里。“那样的德国是不宜于一个真正的德国人活下去的。”她临死前在地下室里对著名的德国女试飞员汉娜·莱契这样说。[10] 爱娃·布劳恩头脑简单，在思想上对希特勒可以说毫无影响，这也许就是他愿意跟她在一起而不愿同一个聪明的女人在一起的原因。但是很显然，他对她的影响，就像对其
1111 他很多人的影响一样，是绝对全面的。

希特勒的最后重大决定

4月20日是希特勒的生日，这一天颇为平静地过去了，虽然在地下室里参加庆祝的空军参谋长卡尔·科勒将军在日记里写着，那是迅速崩溃的各个战线进一步遭受灾难的一天。所有纳粹元老戈林、戈培尔、希姆莱、里宾特洛甫和鲍曼都在座。此外还有仍然活着的将军们，如邓尼茨、凯特尔、约德尔和克雷布斯。最后一个人是新任，也是最后一任的陆军参谋总长。他们向元首祝贺生日。

尽管情况很不妙，但元首并不特别沮丧。正如在三天以前他曾对他的将军们所说，他仍然相信“俄国人在柏林城下要遭到最惨重的失败”。将军们比他更了解情况，他们在庆祝会后的例行军事会议上敦促他离开柏林到南方去。他们解释说，一两天内俄国人就要把通往南方的最后逃生之路切断了。希特勒迟疑不决，未置可否。他显然不能面对这样一个可怕的现实：第三帝国的首都马上就要被俄国人攻占了，而早在几年以前他就宣布这些俄国人的军队是已被打垮了的。为

了向这些将军们表示让步，他同意建立两个分开的司令部，如果美军和俄军在易北河上会师的话。他准备派邓尼茨海军元帅去指挥北方的司令部，至于南方的司令部也许会派凯塞林去；他对后者的任命还拿不定主意。

当天夜间，大批人员撤离柏林。元首最信任的两个老部下希姆莱和戈林也走了。戈林所带领的汽车大队满载着从他的豪华公馆卡琳宫运出的金银财宝。这两个纳粹元老在离开柏林时，都相信他们亲爱的领袖死期快到，都相信自己将是继承人。

他们都没有再见到他。当天晚上也溜到比较安全的地方去的里宾特洛甫也没有再见到他。

但是希特勒却还没有死心。在生日的第二天，他下令给党卫军将军费利克斯·施坦因纳，叫他向柏林南郊的俄国人发动全面反攻，柏林地区的所有一兵一卒，包括空军中的地面部队，都必须全部投入战斗。[11]

“所有按兵不动的司令官”，希特勒向留守柏林指挥空军的科勒将军喊道，“都要在五小时内被处决。你自己也必须拿你的脑袋保证最后一个人也要投入战斗。”

发命令那天和第二天，希特勒一直都在焦急地等待施坦因纳的反攻消息。这是他有多么脱离现实的又一例子。施坦因纳并没有反攻。他压根儿就没有这么做。这次反攻仅仅存在于这个穷途末路的独裁者的狂热的脑海中。当他最后被迫正视现实时，风暴就大作了。

4月22日，希特勒走向毁灭途中的最后转折点到了。从早晨开始 1112
一直到下午3点钟，他都在打电话，就像前一天那样，试图从各个指挥站了解施坦因纳的反攻情况。没有人知道。科勒将军的飞机找不到反攻的影子，地面指挥官也找不到，虽然反攻应该是在柏林以南两三英里的地区进行的。甚至连施坦因纳本人，虽然他还活在人间，也无影无踪，更不要说他的部队了。

希特勒在下午3点例行的军事会议上大发雷霆。他怒气冲天地要

1945年4月20日，希特勒接见青年团的娃娃兵。

求知道施坦因纳的消息。凯特尔、约德尔等人都毫无所知。但是将军们却带来了其他消息。由于把军队从柏林北面撤退下来支援施坦因纳，这样就大大削弱了北面阵地，俄军已经突破阵地，它的坦克部队已经到达城内。

最高统帅听到这样的消息实在受不了。所有还活着的见证人都说他已经完全丧失了控制力。他一生中从来没有发过这样大的火，这就是末日了，他尖叫道。每个人都背叛了他。除了背叛、撒谎、腐化和怯懦之外，没有别的。一切都完啦！好吧，他愿意留在柏林。他愿意亲自保卫第三帝国首都。谁愿意走，就可以走。他愿意在这里以身殉国。

别人表示不同意。他们说，如果元首退到南方去，还是有希望的，在南方，斐迪南·舍尔纳元帅在捷克的集团军和凯塞林所率领的大量军队仍然完整。已离开柏林到西北去指挥军队的邓尼茨和希姆莱（我们将要看到他正在为自己打算）都打电话来敦促元首离开柏林。甚至里宾特洛甫也打电话来说，他要搞一次拯救全局的“外交妙计”。但是希特勒对他们已经没有信心了，甚至于对他的“俾斯麦第二”也失掉信心了——这是他以前在一时兴之所至的时候称呼他那外交部长的名字。他对大家说，他已经做出了决定。为了向他们表明他的决定是不能收回的，他叫了一个秘书来当场面授了指示，并命令马上广播出去。这个指示宣称，元首将要留在柏林，保卫它到底。

随后希特勒把戈培尔叫来，他邀请他、他的妻子和六个孩子从他们在威廉街花园那被炸得一塌糊涂的公馆中迁到“元首地下室”来。他知道，至少这个狂热的忠实的追随者和他的家属是愿意同他坚持到最后的。接着，他翻阅文件，把他认为应该毁掉的拣出来交给一名叫尤利乌斯·绍布的副官带到上面的花园中去烧掉。

最后到了那天晚上，他把凯特尔和约德尔叫来，命令他们到南方去指挥残余军队。在战争期间一直在希特勒身边的这两位将军和最高统帅最后告别时的情况都留下了很生动的记载。[12]

当凯特尔说他不愿意离开元首而去的时候，希特勒回答说：“你要
服从我的命令。”一生中从未违抗过元首命令，甚至叫他去搞罪恶滔 1113
天的战争犯罪行为时也唯命是从的凯特尔没有再讲下去，但不那么俯首帖耳的约德尔却憋不住了。虽然他对元首忠心耿耿，替他卖了不少力气，但仍保留了一点军人传统。在他这个军人看来，最高统帅是在放弃他对军队的指挥，在大难临头之时推卸自己对他们的责任。

“你在这里没有办法指挥，”约德尔说，“你身边没有进行领导的参谋部，怎样进行领导？”

“那么，戈林能够在南方把领导责任负起来。”希特勒反驳道。

当有人指出没有一个士兵愿为那位帝国元帅作战时，希特勒打断他的话：“你说的作战是什么意思？还有什么仗好打的！”甚至疯狂的征服者眼睛里的阴翳也终于消失了，或者说上天至少在他平生最可怕的最后几天中使他清醒了一阵子。

希特勒在4月22日的大发雷霆以及他留守柏林的最后决定引起了一些反响。在柏林西北的霍亨利兴的希姆莱从党卫军派驻大本营联络官赫尔曼·菲格莱因打来的电话中获得了第一手消息，他对部下大喊

道:“在柏林的人全都疯了！我现在怎么办？”

“你马上到柏林去。”希姆莱的重要部下之一、党卫军办公厅主任戈特洛布·贝格尔说。贝格尔是那些真诚相信民族社会主义的头脑简单的德国人之一。他哪里知道他的可敬的首长希姆莱，在党卫军瓦尔特·舍伦贝格将军的鼓动下，已经与瑞典的福尔克·伯纳多特伯爵联系，商洽西线德军的投降问题了。“我要到柏林去，”贝格尔对希姆来说，“你也有责任去。”

那天晚上到柏林去的是贝格尔而不是希姆莱。他的柏林之行是一件有意义的事，因为他第一手描绘了希特勒在重大决定之夜的情况。当贝格尔到来时，俄国炮弹已经在总理府附近爆炸起来。他发现元首“沮丧不堪，完全垮了”，不禁大为震惊。他对希特勒决定留在柏林表示敬意，他说:“在人民赤胆忠心地长期作战之后，谁也不能抛弃他们。”可是这句话却引得元首又发了一顿脾气。

> [贝格尔后来追述说]元首一直一言不发，这时忽然尖叫起来:“大家都欺骗了我！没有人告诉我真实情况！军队欺骗了我！”……他继续不断地大声喊叫。他的脸色又青又紫。我想他随时会晕倒下来……

贝格尔也是希姆莱战俘管理处的处长。在元首恢复平静以后，他
1114 们讨论了有关一批重要的英、美、法战俘，哈尔德和沙赫特等德国犯人以及前任奥地利总理许士尼格等人的命运问题。这些人正被运往东南，以免落入进犯德国的美军之手。贝格尔那天晚上要飞到巴伐利亚去主持此事。他们两人还谈到在奥地利和巴伐利亚已经有分裂主义者暴动的消息。一想到在他的原籍奥地利和第二故乡巴伐利亚竟会发生叛变，希特勒又痉挛起来了。

［贝格尔写道］他的手、腿和脑袋都在颤抖；他继续不断地喊："把他们统统枪毙！把他们统统枪毙！"[13]

到底这个命令是枪毙所有的分裂主义者，还是所有的重要囚犯，还是一起都在内，贝格尔并没有搞清楚，但是这个头脑简单的人显然认为应该包括所有的人在内。

戈林和希姆莱试图取而代之

科勒将军没有参加4月22日的元首军事会议。他要照顾空军。"除此之外，"他在日记里写道，"一天到晚受侮辱，我也受不了。"

科勒在地下避弹室的联络官埃卡德·克里斯蒂安将军于下午6点15分慌慌张张地打电话给他说："这里正在发生历史性的、对战争最有决定意义的事情！"两小时以后，克里斯蒂安来到柏林郊外维德帕克-维尔德的空军司令部，亲自向科勒报告："元首已经垮了！"克里斯蒂安，这个和希特勒的一名女秘书结婚的忠诚纳粹分子急得喘不过气来，除了断断续续告诉科勒，元首决定以身殉国并焚毁文件外，别的什么也说不出来。于是空军参谋总长不顾英国空军刚刚开始的大规模轰炸，即刻动身去见约德尔，想弄清楚那天地下避弹室中到底发生了什么事情。

科勒在柏林与波茨坦之间的克拉姆普尼茨（没有最高统帅的最高统帅部的临时大本营现在设在这里）见到约德尔，约德尔把全部悲剧告诉了他。同时他还对科勒透露了一件还没有人告诉过科勒的事情。这件事在以后几大疯狂的日子中还产生了一个戏剧尾声般的发展。

"至于说到［和平］谈判，"希特勒对凯特尔和约德尔说，"戈林比我能搞得更好些。戈林是精于此道的。他很会和对方打交道。"约德尔现在把这些话重复给科勒听。[14]

这位空军将军认为他有责任马上飞到戈林那里去。由于敌人有监听站，用无线电通话说明新发生的情况是既困难又危险的。戈林在几
1115 年以前就被希特勒正式任命为他的继承人，现在元首又有意叫他去担任和平谈判的事，这是丝毫不能耽搁的。约德尔同意这种看法。4月23日凌晨3点30分，科勒坐了一架战斗机飞往慕尼黑。

中午时分他到了上萨尔茨山，把这个消息告诉了戈林。这位（说得好听一点）正在期待继承之日到来的帝国元帅竟出乎意料地小心谨慎起来。他说，他不想上他的“死敌”鲍曼的圈套；从事情的发展来看，他的谨慎是有根据的。他已陷于进退两难的困境。“如果我现在行动起来，”他对他的顾问们说，“我可能被斥为卖国贼；如果不采取行动，就要被指责为在危急存亡关头没有尽到责任。”

戈林把住在贝希斯特加登的总理府国务秘书汉斯·拉默斯召来，征求他在法律上的意见；他又从保险柜里拿出一份1941年6月29日希特勒的命令。这道命令规定得明明白白，如果希特勒死去，戈林将是他的继承人；如果元首不能视事，戈林将代表他。大家一致认为既然希特勒留在柏林等死，在最后时刻与各个军事指挥部和政府机构割断了联系，他已不能视事，那么戈林根据这道命令有明确的责任把权力接管过来。

但是戈林小心翼翼地给希特勒打了一个电报。他要把这一权力的委托肯定下来。

我的元首！

有鉴于您已决定留守在柏林堡垒内，请问您是否同意我根据您1941年6月29日的命令，马上接管帝国全部领导权，代表您在国内外充分自由地采取行动？如果在今晚10点钟还没有从您那里得到回音，我将认为您已经失去行动自由，并且认为执行您的命令的条件已经具备。我将为了国家和人民的最大利益采取行动。

您知道在我一生这最严重的时刻我对您的感情，非语言所能表达。愿上帝保护您，使您能克服一切困难迅速来此。

您的忠诚的

赫尔曼·戈林

就在当天晚上，希姆莱与伯纳多特伯爵正在几百英里之外的波罗的海边吕贝克的瑞典领事馆内进行会谈。忠诚的海因里希——这是希特勒对希姆莱的昵称——并没有要求继承权力；他已经在行使这种权力了。

他告诉这位瑞典伯爵："元首的伟大生命快要结束了。"他说，一两天之内，希特勒就会与世长辞。因此希姆莱催促伯纳多特马上告诉艾森豪威尔：德国愿意向西方投降。希姆莱又说，在东方，战争仍将继续打下去，直到西方国家来接替这一抗俄战线为止。现在这个自揽 1116
第三帝国独裁权力的党卫军头目竟是这样的天真，或者说竟是这样的愚蠢，或者说竟是这样的天真和愚蠢！当伯纳多特要求希姆莱将他的投降请求写下来的时候，他匆匆地在烛光下起草了一封信——因为那天夜里英国空军前来轰炸，吕贝克的电灯全灭了，他们两人是在地下室商议的。希姆莱在信上签了字。[15]

戈林与希姆莱很快地发现，他们的行动都失之过早了。虽然希特勒与他的部队和政府部长们的联系，除了无线电之外，都被切断了（因为到23日夜间，俄国人差不多已完成了对柏林的包围），但是现在他仍要表明，只靠他的人格力量和威信仍能够控制德国，而且只要他通过悬在地下避弹室上空的气球里的叽叽作响的无线电发报机讲一句话，就能够敉平"叛国阴谋"，即使是他最重要的追随者所发起的"叛变"。

施佩尔和另一名出色的女性目击者（关于她在柏林最后一幕戏的动人表现，下文即将述及）曾详细地记述了希特勒收到戈林电报时的反应。施佩尔是在4月23日晚上坐了一架小飞机到被围的首都来的，飞机降落在离总理府只有一个街区的横贯动物园的东西轴心大街东头的勃兰登堡门附近。施佩尔获悉希特勒决定留在即将被攻陷的柏林不走的消息之后，特地前来与元首告别并向他坦白承认，由于“对个人的忠诚与对国家的责任之间的矛盾”（这是他自己的话），他不能不违背元首的焦土政策。他完全相信他会以“叛国罪”被捕，而且可能被枪毙，毫无疑问，如果独裁者知道施佩尔在两月以前曾试图要杀害他以及其他没有被施陶芬贝格炸死的人时，他一定会把他枪毙的。

原来这位杰出的建筑师出身的军备部长虽然常常以超政治自豪，但也同其他的德国人一样，终于觉悟了，虽然为时已晚。当他最后知道他的亲爱的元首决定要通过焦土政策毁灭德意志民族时，他下定决心要刺杀他，他的计划是在柏林地下室召开全体军事会议时将毒气送进通风设备。因为不只是将领们，而且戈林、希姆莱和戈培尔等人一定会参加会议，他希望将第三帝国的全部纳粹领导和最高统帅部彻底消灭掉。他弄到了毒气，查看了空气调节系统之后发现花园里的进气口管子上装上了一个12英尺高的烟囱，这是希特勒为了防止破坏亲自下命令安装的。他发觉将毒气注入烟囱而不被花园里的党卫军卫兵发现是不可能的。因此他放弃了他的计划，希特勒又一次免遭暗算。

现在，在4月23日那天晚上，施佩尔向希特勒全部坦白了他拒绝
1117 执行盲目破坏德国残余设备的经过。使他大吃一惊的是，希特勒竟未表示愤恨，也没有发脾气。也许希特勒为他的年轻朋友——施佩尔刚过40岁——的坦率和勇气感动了吧。他对施佩尔一向具有深厚感情，并且认为他是一个“艺术家同行”。根据凯特尔的记载，希特勒那天晚上显得异常镇静，他下定决心数天之内在这里死去这件事，好像给他带来了精神上和心情上的平静。但是这是前一天大风暴以后的平静，也是另一个大风暴前夕的平静。

因为戈林的电报这时已经送到总理府。鲍曼终于找到了一个机

会。他先把它扣压起来，然后这个阴谋能手将它作为“最后通牒”和“窃取”领袖权力的一种叛逆企图递交给元首。

“希特勒怒不可遏，”施佩尔写道，“他大骂戈林，他说他早已知道戈林已经完蛋了，他腐化、吸毒。”这句话使这位年轻的建筑师“大吃一惊”，他奇怪为什么希特勒会让这样一个人物身居高位如此之久呢？希特勒平静下来后又说：“让戈林去谈判投降罢，反正谁去谈判都没有关系。”[16]这句话也使施佩尔迷惑不解。但是希特勒的这种心情不过维持了一会儿工夫。

在讨论结束以前，希特勒在鲍曼的怂恿下口授了一道命令，用电报通知戈林，说他犯了“叛国罪”，理应处以死刑，姑念其长期效劳党和帝国，如果马上辞去全部职务，可免一死。电报饬令戈林即刻回电是否辞职。这还未能使这个蛆虫一样的鲍曼得到满足。他私自打了一个无线电报给驻在贝希斯特加登的党卫军总部，命令即刻将戈林及其部下和拉默斯以“叛国罪”加以逮捕。第二天黎明之前这位第三帝国的第二号人物，纳粹头目中最傲慢、最富有的角色，德国历史上唯一的帝国元帅和空军总司令，成了党卫军的阶下囚。

三天以后，在4月26日的晚上，希特勒谈起戈林时所讲的话，比在施佩尔面前所讲的强烈得多。

到地下避弹室来的最后两位客人

又有两位有趣的客人这时来到元首地下避弹室的疯人院。他们是憎恨成性而且特别憎恨戈林的著名女试飞员汉娜·莱契和冯·格莱姆将军。他们在4月24日接到命令，要他们从慕尼黑动身回到柏林，听最高统帅面授机宜。但是他们的飞机在4月26日晚上降落在动物园机场时，被俄国的高射炮的炮弹击伤，格莱姆的脚被炸坏了。 1118

希特勒走进手术室，医生正在给将军包扎伤口。

希特勒：你知道为什么我召你来?

格莱姆：不知道，元首。

希特勒：因为赫尔曼·戈林已经背叛了我和祖国。他背着我和敌人建立了联系。他的行为是懦弱的表现。他违抗我的命令逃到贝希特斯加登，从那里他给我打了一封可耻的电报。它是……

当时在场的汉娜·莱契说，元首的脸开始抽筋，呼吸急促得像要爆炸似的。

希特勒：……一个最后通牒！一个愚蠢的最后通牒！现在什么都完了！我一切都没有了！没有人效忠，没有人看重荣誉，我什么失望都尝到过，我什么背叛都碰到过！现在又加上这个！一切全完啦！什么对不起我的事都对我干了！

我已立即下令把戈林作为帝国叛徒逮捕了，革掉他所有的职务，把他从所有机构中赶出去。这就是我召你来的原因。[17]

希特勒就这样在地下室里任命躺在床上治伤的受宠若惊的将军为空军总司令，其实他完全可以通过无线电提升格莱姆，那样也可以不致使他成为瘸子，并且可以使他能够留在总部里，那是唯一能够指挥残余空军的地方。同莱契小姐一样，格莱姆原来是打算并且十分愿意同元首一起死在地下避弹室里的。但是三天以后，希特勒命令格莱姆离开柏林去处理一件新的“叛国”案件，因为，正如我们所看到的，犯“叛国”罪的在第三帝国的领导人中已不止戈林一个了。

在这三天中，汉娜·莱契有足够的机会目睹地下避弹室疯人院里的疯子生活，其实她自己也参加了这种生活。由于她同希特勒一样容易感情冲动，她所留下来的记载是阴惨可怕、惊险多变的，但是大体上是真实可靠的（本书作者把这个记载与其他目睹者的报告核对过），因此它在这部历史书的最后一章中占有重要的地位。

4月26日，她同冯·格莱姆将军到达的那天深夜里，俄国开始炮轰总理府，炮弹的轰隆声和墙壁的倒塌声增加了地下室的紧张气氛。希特勒把这位女飞行家叫到一旁。

“我的元首，为什么你要留在这儿？”她说，“为什么要使德国失掉你？元首必须活下去，德国才能活下去。人民要求你活下去。” 1119

“不，汉娜，”她说元首这样回答她，“如果我死去，这是为了我们国家的荣誉，这是因为我作为一个军人，必须服从自己的命令，保卫柏林到底。”

> ［他继续说］我的好姑娘，我原来并没有打算这样做。我曾经坚信在奥得河的岸边可以保卫住柏林……当我们尽了最大的努力仍旧失败以后，我比别人都感到惊慌。在柏林被围以后……我相信我的留守会使全国军队效法我的行动前来解救柏林之围……不过，我的汉娜，我仍抱有希望。温克将军的军队正从南面打过来。他必须而且一定会把俄国人击退，以便解救我们。那时我们将举行反攻并守住阵地。[18]

这是那天晚上希特勒所表现的一种情绪；他仍对温克将军的解围抱有希望。但是不到一会儿工夫，当俄国对总理府的炮轰变得十分猛烈的时候，他又陷入绝望中了。他给了莱契一瓶毒药，另一瓶给了格莱姆。

“汉娜，”他说，“你是那些准备与我同归于尽的人中的一个……我不希望我们当中任何人被俄国人活捉，也不希望我们的尸体被他们发现……爱娃同我决心把我们的尸体烧掉。你们想自己的办法吧。”

汉娜将毒药交给格莱姆，他们两人决定在“最后时刻真正到来时”将毒药吞下去，而且为了万无一失，在服毒之后将紧绑在他们身上的重型手榴弹上的引线拉掉。

一天半以后的28日，希特勒的希望，至少是他的幻想，又复燃了。他在无线电话上对凯特尔说：

“亟盼柏林解围。海因里西的军队在干什么？温克在什么地方？第九军团怎么样了？温克什么时候能与第九军团会师？”[19]

莱契描写那天希特勒的情形时候说：

> 他在地下室里踱来踱去，手里摇晃着被手汗浸湿得快要破碎的公路地图，只要有人在场，他就同他策划温克的战役。

但是温克的“战役”，正如一周以前施坦因纳的“反攻”一样，不过是元首的幻想而已。温克的军队和第九军团一样已被消灭了。在柏林北面的海因里西的军队正仓皇向西撤退，为的是宁可当西方盟军的俘虏而不当俄军俘虏。

4月28日，地下避弹室这些走投无路的人整天都在守候着这三支军队，特别是温克的军队的反攻消息。俄国先头部队距总理府只有几条街，他们在从东面和北面以及从西面通过毗邻的柏林动物园逐步向总理府推进。当援兵毫无消息时，希特勒听了鲍曼的谗言，又认为发
1120 生新的叛国阴谋了。晚上8点钟，鲍曼打了一个无线电报给邓尼茨。

> 掌握军权的人不但不督促军队前来解围，反而保持沉默。叛变似乎已代替了忠诚。我们仍守在这里。总理府已成了废墟。

不久以后鲍曼又给邓尼茨打了一个电报。

> 舍尔纳、温克等人必须火速前来解围，以证明他们对元首的忠诚。[20]

柏林战役中的苏联火箭炮。

现在鲍曼是在为自己讲话。希特勒已经下了决心在一两天内死去，可是鲍曼却想活下去。他也许不能继承元首，但是不管谁做继承人，他都希望在幕后进行操纵。

那天夜间，福斯海军少将终于给邓尼茨打了一个电报，说一切与陆军的无线电联系都已断了。他迫切要求海军的无线电能够提供一些外界的消息。不久消息果然来了一些，不是从海军部来的，而是从宣传部的收听站发来的。这消息使阿道夫·希特勒大惊失色。

原来地下避弹室中除了鲍曼之外，还有一个纳粹官员想活下去。这人就是希姆莱在总理府的代表赫尔曼·菲格莱因，一个在希特勒统治时代爬上高位的典型人物。他系马夫出身，做过赛马的骑师，识字不多，后来成为臭名昭著的克里斯蒂安·韦伯的部下。韦伯是希特勒最老的党徒之一，喜欢养马。1933年以后，他靠营私舞弊发了一笔横财，养了很多赛马。菲格莱因受到韦伯的帮助，在第三帝国内爬到很高的地位，成了武装党卫军的将军。1944年，他被任命为希姆莱在元首大本营的联络官后不久，同爱娃·布劳恩的妹妹格蕾特结了婚，这就进一步提高了他在大本营的地位。所有后来还活着的党卫军的头子们都一致认为，他同鲍曼联成一气之后，就迫不及待地在希特勒面前出卖他的党卫军主子希姆莱。菲格莱因虽然声名狼藉、愚昧无知，但似乎仍具有贪图活命的本能。当船快要下沉的时候，他是看得出来的。

4月26日那天，他悄悄地离开了地下避弹室。第二天下午希特勒才发现他失踪了。这引起了多疑的元首的猜疑，他派了一支武装的党卫军搜查队去寻查。他们发现他身穿便服藏在俄国即将占领的夏洛滕堡区他的家里。他被押回总理府，被褫夺党卫军的大队长官衔，并且被拘留起来。菲格莱因的逃跑企图马上引起了希特勒对希姆莱的怀疑。这个党卫军首领有意离开了柏林，到底打的是什么主意呢？在他的联络官菲格莱因擅离职守以后，他一直没有消息。现在消息来了。

我们已经知道，4月28日是地下避弹室中十分难熬的一天。俄国
1121 人在日益逼近。温克的反攻或其他任何反攻都音讯全无。被围的人们通过海军的无线电千方百计探询柏林以外的事态发展。

宣传部的无线电收听站收到伦敦英国广播公司的一则发生在柏林以外的事情的消息。这是路透社从斯德哥尔摩发出的新闻，它极其耸人听闻，令人难以置信，因此戈培尔的一位助手海因茨·洛伦茨在4月28日深夜仓皇跑过遍地弹坑的广场，来到地下避弹室，将收抄下来的这一消息交给他的部长和元首。

莱契写道，这则消息“给全体在场的人一个致命的打击。群情哗然，男男女女都因震怒、恐惧和绝望而齐声号叫起来”。以希特勒最为厉害。女飞行家写道:“他像一个疯子似的大发雷霆。”

海因里希·希姆莱，这个忠诚的海因里希也遗弃了这条即将沉没

的船。路透社的电讯谈到他和伯纳多特伯爵的秘密谈判以及他的使西线德军向艾森豪威尔投降的打算。

希特勒对希姆莱的绝对忠诚从不怀疑，这个打击实在不能再大了。莱契说："他的面孔通红，变得几乎认不出来……希特勒在一阵狂怒之后失去了知觉，整个地下室一时鸦雀无声。"戈林至少还曾请求元首许可他接管。但是这个"忠诚"的党卫军全国领袖连请求都不屑于提出；他一点招呼不打便叛了国，和敌人进行了联系。希特勒在稍稍清醒以后对他的部下说，他所遇到的所有叛国行为莫此为甚。

几分钟以后收到的消息说，俄军已经逼近离总理府只有一条街的波茨坦广场，可能在30小时以后，即4月30日的早晨，就会攻打总理府。这个打击和这个消息标志着末日的来临。这逼使希特勒马上做出他一生中最后的决定。他在黎明时同爱娃·布劳恩结了婚，立下遗嘱，派遣格莱姆和汉娜·莱契去出动全部空军轰炸逼近总理府的俄国军队，并且命令他们将希姆莱作为卖国贼加以逮捕。

"一个卖国贼绝不能继承我为元首！"汉娜说他当时对大家这样说，"你们必须出去，确保他绝不能继承我。"

希特勒已等不及对希姆莱进行报复了。不过这个党卫军首领的联络官菲格莱因现在却在他的掌握中。他从禁闭室里将马夫出身的党卫军将军提出来，严加审问关于希姆莱的"叛国"情况并指控他与希姆莱同谋。在元首的命令下，菲格莱因被拖到总理府花园里枪决了。他娶了爱娃·布劳恩的妹妹做妻子这件事也帮不了他的忙。爱娃也没有出力去搭救她妹夫的性命。

"可怜的、可怜的阿道夫，"她对汉娜·莱契低声说，"所有人都抛弃了他，出卖了他。宁肯死一万个人，也不能让德国失掉他。" 1122

德国虽然失掉了他，但爱娃在那最后的时刻里却赢得了他。4月29日凌晨1点到3点之间，希特勒为了酬劳他的情妇的忠诚不贰，满足了她的愿望，正式同她结婚。他一直认为婚姻会阻碍他把全部精力献身于领导他的党获得政权，领导他的国家称霸世界。现在已经没有什么要他领导的了，而且他的生命也要结束了，他可以安全地同爱娃做几小时的夫妻。

戈培尔找来一个名叫瓦尔特·瓦格纳的市议员，他当时正在离总理府几排房子不到的一支人民冲锋队的队伍里作战。这个感到惊奇的议员在地下避弹室的一间小会议室里主持了结婚仪式。从现在仍保存着的结婚证件中可以看出元首的一个秘书称为“死婚”的部分情况。希特勒要求：“由于战事的发展，结婚预告只能口头宣布，其他一切拖延婚事的事情均须避免。”男女双方宣誓他们是“纯雅利安人种”，而且“没有使他们不能结婚的遗传病症”。死到临头，这个独裁者仍坚持要遵守形式，只有在填写他父亲的名字（出生名为施克尔格鲁勃）、母亲的名字和他们的婚期时他留下了空白。他的妻子签名时先用“爱娃·布劳恩”，写到“布”字，就画掉了重签上“爱娃·希特勒，原姓布劳恩”。戈培尔和鲍曼作为证婚人也签了名。

在简短的仪式之后，元首的私室里摆下了阴森森的婚礼早餐。席上有香槟酒。除了他的秘书们、留下来的将领克雷布斯和布格多夫、鲍曼和戈培尔夫妇外，他连素食厨师曼齐阿里小姐也请来参加婚礼宴会。有一阵子谈话集中在过去的黄金时代，以及鼎盛时期党的同志们。希特勒怀念地谈到他在戈培尔结婚时做傧相的情景。即使到了最后的时刻，这位新郎还免不了老习惯，要说个不停，回顾他这戏剧性的一生中的各个高潮时期。他说，现在全完了，民族社会主义也完了。死对于他倒是一种解脱，因为他的相交最久的朋友和支持者都出卖了他。结婚宴会上笼罩着阴郁的气氛，有些客人噙着眼泪溜掉了。希特勒最后也溜掉了。他在隔壁房间里，把一位名叫格特鲁德·容格夫人的女秘书找来，开始口述他的遗嘱。

希特勒的遗嘱

他的遗嘱是两个文件。正如希特勒所希望的，遗嘱已被保存下来。它们同其他的文件一样，对于本书是很有意义的。它们证实了这个曾经以他的铁腕统治德国十二年多、统治大部欧洲达四年之久的人物没有从他的经验中学习到任何教训。即使是从多次挫败和毁灭性的 1123
最后失败中，他也没有能够吸取任何教训。不错，他在生命的最后时刻曾回想起他年轻时在维也纳街头流浪的时代，曾回想起他早期在慕尼黑的喧闹的啤酒馆时代。他咒骂世界上一切的坏事都是犹太人干的，不断吹嘘他那半瓶子醋的宇宙理论，叹息命运再度击败德国，使它不能得到胜利和征服的机会。他把他对德意志民族和全世界的遗言看作是对历史的最后的呼吁。希特勒在这个遗言中，重弹他在《我的奋斗》一书中的空洞的老调，又加上了些最后的谎话。作为一个已无可救药地被绝对权力完全腐化了的醉心权势的暴君的墓志铭，这个遗言再恰当不过了。

希特勒称之为“政治遗嘱”的东西分为两部分，第一部分是他对后代的呼吁，第二部分是他对未来的具体指示。

> 自从我竭尽绵薄，在德国被迫参加的第一次世界大战中充当一名志愿兵以来，已经有三十多年了。
>
> 在这三十多年中唯一指导着我全部思想、行动和生活的，是我对人民的热爱和忠诚。这种热爱和忠诚给了我力量，使我能够做出人世间最艰难的决定……
>
> 说我或者任何其他德国人在1939年要战争，是不真实的。需要和煽动战争的，完全是那些犹太血统的或为犹太人的利益服务的国际政客。

> 我曾经为限制和控制军备提出过无数次建议，这是后代任何时候也抹杀不了的，也不能把战争爆发的责任推到我的头上。我也从来没有希望在可怕的第一次世界大战之后，还会再有一次以英国或美国为敌的世界战争。时光会飞逝，但是在我们城市和建筑物的废墟上，对最终要负责任的人的仇恨将永远不会消失。他们就是对眼前这一切负有责任的人：国际犹太人集团和他们的支持者。

接着，希特勒重复了他的谎言：他在对波兰发动进攻的前三天，曾向英国政府提出合理解决波德问题的办法。

> 仅仅由于英国统治集团需要战争，这才遭到拒绝。他们之所以需要发动战争，一方面是由于商业上的原因，一方面是他们受到国际犹太人集团的宣传影响。

其次，他不仅把千百万人死于战场和轰炸的“全部责任”，而且把他大肆屠杀犹太人的“全部责任”，都推到犹太人的身上。然后，他就谈起他决定留下来与柏林共存亡的理由。

> 这六年的战争尽管遭受种种挫败，但终有一天会被认为是
> 1124 一个民族争取生存的最光荣、最英勇的表现而载入青史。在六年后的今天，我不能抛弃这个国家的首都……我要与千百万留守在这个城市里的人们生死与共。而且，我不会落到敌人手中。我知道他们正需要由犹太人导演一场新戏，来取悦他们歇斯底里的群众。
>
> 因此我决定留在柏林，在我认为元首与总理职位已经不能维持下去的时刻，以身殉国。看到我们农民和工人的无比功勋和业

绩，看到以我的名字命名的年轻一代所做的史无前例的贡献，我将含笑与世长辞。

遗嘱再往下是号召全体德国人“绝不放弃斗争”。他终于不得不承认，民族社会主义目前已经完蛋了，但是他向同胞们保证，由于士兵和他本人的牺牲：

种子已经撒了下去，有朝一日会生长起来……在一个真正团结一致的民族中，民族社会主义运动将要获得光荣的再生。

希特勒在临死以前还要对陆军，特别是军官团，进行最后一次侮辱，他认为他们对这次惨败负有主要责任。虽然他承认纳粹主义已经完蛋，至少是暂时完蛋了，他仍然命令三军将领：

以各种手段加强士兵们对民族社会主义的信仰，以便提高他们的抵抗精神，并特别强调这一事实：我，作为民族社会主义运动的创建者，宁愿牺牲而不愿怯懦地辞职或者投降。

接着他就讽刺陆军的军官团：

希望我们的陆军军官将来像我们的海军那样，把绝不放弃一城一地看作荣誉攸关的问题；尤其重要的是，指挥官们必须至死也要忠诚地恪尽职守，做出光辉的榜样。

其实恰恰是希特勒的坚持要坚守“一城一地”“至死”（如斯大林格勒），才造成了军事上的灾难。但是在这方面，也正如在其他方面一样，他没有吸取到教训。

他的“政治遗嘱”的第二部分涉及继承问题。尽管第三帝国已在烈焰和爆炸中化为废墟，希特勒在没有指定继承人、决定继承人所必
1125 须任命的政府组成人员以前是不肯死去的。首先他不得不将以前指定的继承人除掉。

在我去世以前，我将前帝国元帅赫尔曼·戈林开除出党，并剥夺1941年6月20日*命令中授予他的一切权力……我任命邓尼茨海军元帅为德国总统和武装部队最高统帅。

在我去世以前，我将前党卫军全国领袖兼内政部长海因里希·希姆莱开除出党并革除他的一切职务。

他认为陆军、空军和党卫军的将领们都背叛了他，使他不能获得胜利。因此他能够选择的继承人只能是在他的征服战争中不能起大作用的小小海军的首领了。这一选择也是对陆军的最后嘲笑，因为陆军在战争中出力最大，死人最多。他还最后一次谴责了自从建党以来除戈培尔以外两个最亲密的合作者。

戈林与希姆莱不仅对我不忠，还瞒着我，违背我的意志私自与敌人谈判，并非法地企图夺取国家控制权，从而给整个国家带来了无法弥补的耻辱。

在开除了叛国者和指定了继承人以后，希特勒又指定了邓尼茨的新政府的组成人选。他们都是“诚实的人”，他说，“他们会以一切手段完成继续作战的任务”。戈培尔将出任总理，鲍曼为“党务部长”——这是一个新职务。赛斯-英夸特，这个奥地利的卖国贼和新

* 原文如此，按本书边码第1116页为6月29日。——译者

近担任荷兰总督的刽子手，被任命为外交部长。施佩尔，同里宾特洛甫一样，被丢弃了。但是自从1932年被巴本任命为财政部长一直蝉联到现在的什未林·冯·克罗西史伯爵仍将继续保持他的职位。此人是一个傻瓜，但必须承认，他在尽力保全自己方面却是个天才。

希特勒不仅任命了他的继承人的政府，他还给它下了一道最后的典型的指令。

> 最重要的是，我命令政府和人民要竭尽全力拥护种族法律，无情地打击一切民族的毒害者：国际犹太人。[21]

交代了这一点之后，这位德国最高统帅就完了。时间是4月29日，星期日，凌晨4点钟。希特勒把戈培尔、鲍曼、克雷布斯将军和布格多夫将军召来做见证人，他在“政治遗嘱”上签了字，然后他们也在这个文件上签了字。随后他又迅速地口述了他的私人遗嘱。在这一部分遗嘱中，他回顾了他的奥地利下层中产阶级的出身，解释了他为什么要结婚，为什么要同他的新妇一道自杀；他还处理了他的财产，他希望这笔财产足够使他的遗族维持温饱的生活。希特勒倒是没 1126
有像戈林那样利用他的权势为自己捞一笔大财。

> 在斗争的年代中，我曾认为我不能承担结婚所给我带来的责任，但是现在，当我生命行将结束之际，我决定与我有过多年真诚友谊并自愿在柏林已遭围困之时来到这里与我同生共死的女人结婚。
>
> 她自愿作为我的妻子同我一道死去。这就弥补了由于我服务于人民而进行工作给我们两人所带来的损失。
>
> 我的所有财物，不论其价值多少，都属于党，如果党不存在了，就归国家。假如国家也灭亡了，那我就用不着再交代了。我

这些年来所收集的绘画从来没有打算作为私藏，而完全是为了在我的故乡多瑙河畔的林茨建立画廊之用。

他指示遗嘱执行人鲍曼

把所有值得作为私人纪念品的东西交给我的亲属，并给他们一笔足够维持一个小资产阶级生活水平的费用……[*]

我的妻子同我决定死去，以免遭受被推翻或者投降的耻辱。我们希望我们的遗体将在我服务于人民十二年来进行大部分日常工作的地方立即火化。

希特勒在口述两份遗嘱之后已经精疲力竭，回到室内睡了。这时天已破晓，曙光照到他生命中最后一个安息日的柏林。全城被浓烟笼罩着。俄国人的大炮的射程之内的房屋在倒塌、焚烧。他们离威廉街和总理府已经不远了！

希特勒睡觉以后，戈培尔和鲍曼就马上忙碌起来。希特勒在他们作为见证人签过字的“政治遗嘱”中，曾明确指示他们两人离开柏林参加新政府。鲍曼十分乐意服从这一指示。尽管他对元首忠诚，但是如果能够避免的话，他是不想同元首一道同归于尽的。他一生中唯一希望的是在幕后指挥的权力，也许邓尼茨仍会给他这种权力。这是说，如果戈林在得悉元首去世的消息后不篡夺宝座的话。为了确保戈林不
1127 致篡夺，鲍曼马上给在贝希斯特加登的党卫军打了一个无线电报。

……如果柏林和我们沦于敌手的话，必须将4月23日的卖国贼消灭。战士们，负起你们的责任！这关系到你们的生命和名誉！[22]

---

* 希特勒没有交代这些亲属是谁，但从他对秘书们的谈话中可以看出他指的是他的姐姐保拉和他的岳母。

这是一道要谋杀戈林和他的空军将领的命令，鲍曼早已使党卫军将他们逮捕了。

戈培尔博士与鲍曼相反，但与爱娃·布劳恩一样，是不愿意在他们敬爱的元首已经逝世的德国活下去的。他早已把命运交给了希特勒。只是由于希特勒，他才得以飞黄腾达。他一直是纳粹运动的主要预言家和宣传家，而且在制造纳粹神话方面仅次于希特勒。为了使这些神话能够流传下去，不但元首应当壮烈牺牲，作为元首最忠实的追随者、唯一没有背叛元首的党内元老，他也必须壮烈地死去，给后世留个榜样，有朝一日能够使民族社会主义的火苗重新燃烧起来。

在希特勒休息之后，戈培尔似乎就是怀着这样的心情回到他那地下室的小房间里去写自己对当代和后代的遗言的。他把他的遗言叫作“元首政治遗嘱的附录”。

> 元首已经命令我离开柏林……到他所任命的政府里去担任一员领导。
>
> 我一生中还是第一次必须坚决拒绝服从元首的命令。我的妻子和孩子们也同我一起拒绝服从。在最危急的时刻抛弃元首，实为人情和忠贞所不许；何况在今后余生中，世人将把我看作一个可耻的卖国贼和下贱的无赖，我不仅将会失掉同胞们对我的尊敬，也会失掉自尊心……
>
> 在元首被叛逆的梦魇缠绕着的战时这些最危急的日子中，少不得要有一个人无条件地陪着他直到最后牺牲……
>
> 因此我相信我正在为德国人民的前途做一件最好的事情。在今后艰苦的岁月里，树立榜样比活着更重要……
>
> 基于这种理由，我同我的妻子一起，并代表我们的儿女（他们太小了，还不能表达他们的意见，如果他们的年龄比现在大一些，也会毫无保留地同意我们的决定）表示坚定的决心：即使帝

国首都沦于敌手也不离开它，而要在元首的身边结束我的生命。因为如果我不能生活在元首的身边并为他服务，生命对我个人来说是没有任何价值的。[23]

4月29日早晨5点半钟，戈培尔写完了他的遗言。柏林已经破晓，但战争的烟火遮住了太阳。在地下避弹室的电灯光下还有许多事情要做。头一件事情是如何通过附近的俄国防线将元首的遗嘱带给邓尼茨
1128 等人，以便为后代永远保存下来。

为了带出这个文件的副本选择了三名信使：希特勒的军事副官维利·约翰迈尔少校，党卫军军官和鲍曼的顾问威廉·灿德尔，以及前一天晚上带来希姆莱叛变噩耗的宣传部官员海因茨·洛伦茨。多次获得奖章的约翰迈尔负责领导这一小组，设法通过红军防线。他要把这个遗嘱的一份副本交给斐迪南·舍尔纳元帅，后者的集团军仍完整地坚守在波希米亚山中，而且希特勒已任命他为新的陆军总司令。布格多夫将军在递交舍尔纳的文件里附了一封信说，希特勒是在“今天收到希姆莱叛变的骇人听闻的消息之后”写了他的遗嘱的，“这是他的不可变更的决定”。灿德尔和洛伦茨要把他们的副本带给邓尼茨。灿德尔的副本中也附了一封鲍曼的信。

亲爱的海军元帅：

因为所有的师团都未能前来解围，看来我们已经没有希望，元首昨晚口述了这份政治遗嘱。希特勒万岁！

当天中午，这三名信使出发去执行他们的危险的使命。他们经柏林动物园和夏洛滕堡迂回西行，到达哈弗尔湖前面的皮彻尔斯多夫。该地驻扎了希特勒青年团的一个营，还在等待不见踪影的温克大军的到来。为了到达这里，这三个人已经成功地溜过了三重俄军封锁线：

柏林动物园中央的胜利纪念柱，动物园前面的动物园车站，以及皮彻尔斯多夫的外围。他们还必须通过很多条俄军防线，还得经历很多冒险。*虽然最后他们都一一通过了这些防线，但是已经太晚了，他们携带的文件对邓尼茨和舍尔纳已经没有用处，后者根本没有见到这些送信人。

那天离开地下避弹室的还不止这三个送信人。4月29日中午，希特勒又恢复了暂时的平静，召开例行军事会议讨论战争形势，跟快六年来他每天都在这个时候召开会议一样，就好像路还没有走到尽头似的。克雷布斯将军报告说，昨夜和今晨俄军已进一步逼近总理府。剩
下的可怜的一点点守军的军火供应越来越少。温克的援军仍无消息。 1129
有三个军事副官感到无事可做，又不愿同元首一道自杀，于是他们请问元首是否可以离开地下避弹室去打听温克的下落。希特勒批准了这个请求，并命令他们催促温克马上行动。当天下午这三个军官便离开了。

不久，又有第四人离开了，此人是希特勒的空军副官，战争开始以来成为核心组织中的下级人物的尼古拉斯·冯·贝洛上校。贝洛也是不想自杀的，他也感到在总理府的地下避弹室里已再没有什么有用的事可做。他要求元首准许他离开，也得到了批准。希特勒这天真是十分通情达理。他也想到他可以利用这位空军上校给他带出一封最后的信。这封信是写给凯特尔将军的。鲍曼已怀疑他有叛国之嫌。希特勒在这封信中对陆军进行了最后一次谴责，他认为陆军辜负了他的期望。

* 特雷弗-罗珀所著的《希特勒的末日》一书生动地描写了他们的冒险。如果不是由于海因茨·洛伦茨泄露了机密，希特勒和戈培尔的遗嘱也许永远不会公之于世。约翰迈尔少校最后将他那一份副本埋在威斯特伐利亚的伊瑟隆家中的花园里。灿德尔的那份副本则藏在他留在巴伐利亚的泰根湖村的一只箱子里。灿德尔伪装起来，改名威廉·保斯丁，企图开始过新的生活。但是新闻记者出身的洛伦茨很喜欢说话，不能很好地保守机密。有一次偶然说溜了嘴，泄露了机密，因此他的那一份副本被发现，从而也暴露了其他两个送信人的副本。

毫无疑问，那天夜里10点钟举行的情况汇报会上所获得的消息更加深了元首对陆军的切齿痛恨。魏德林将军负责指挥勇敢但装备简陋而又超龄的人民冲锋队和不足年龄的希特勒青年团队伍，正在被围的柏林牺牲自己，以便使希特勒多活几天。据他报告说，俄军已沿萨尔兰街和威廉街推进到空军部附近，距总理府只有咫尺之遥。他说敌人至迟于5月1日，也就是说在一两天内，将打到总理府。

末日终于来临。甚至一直在指挥着即将前来为首都解围的纸上军队的希特勒，也终于认识到这一点。他口述了最后一封信，命令贝洛带给凯特尔。他在信上告诉这位最高统帅部长官：柏林保卫战现在已结束；他将自杀，绝不投降；戈林和希姆莱已经背叛了他；他已任命邓尼茨作为他的继承人。

他对于纵然是由他领导的但仍给德国带来失败的武装部队还有最后一句话要讲。他说海军战斗得非常出色。空军也很勇敢，只有戈林应对空军丧失战时初期的优势负责。至于陆军，一般士兵打得很好而且很勇敢，但是将领们辜负了他们，也辜负了他。

> ［他接着说］人民和武装部队在这次长期艰苦的斗争中，贡献了他们全部的一切。牺牲是巨大的。但是很多人滥用了我对他们的信任。在整个战争时期，不忠和背叛使抵抗遭到破坏。
>
> 这就使我无法领导人民获得胜利。陆军参谋总部与第一次世界大战的陆军参谋总部是不能相比的。它的成就远远比不上前线
> 1130 将士们的成就。

从这里至少可以看到一点：这个纳粹最高统帅的性格至死也没有改变。全部伟大的胜利都归功于他。失败和最后的倒台则归咎于别人，归咎于他们的“不忠和背叛”。

接下去是他的临别赠言，这是这个疯狂的天才人物一生中最后留

下的有记录可查的文字：

> 这次战争中德国人民所做的努力和牺牲十分巨大，使我不能相信会是白费的。目标仍然必须是为德国人民赢得东方的领土。*

最后这句话是直接从《我的奋斗》一书中引来的。希特勒的政治生命是从为优越的德国人民赢得“东方的领土”这一着迷的妄想开始的，现在他又抱着这一妄想结束了他的生命。千百万德国人民的死亡，千百万德国家园的被炸毁，甚至于德国的灭亡，都不能使他相信，从东方斯拉夫民族那里夺取土地，是绝无实现可能的条顿式的梦想，且不谈道义问题。

希特勒和他的新妇之死

4月29日下午，地下避弹室收到了从外面世界传来的最后一批消息。法西斯独裁者、希特勒的侵略伙伴墨索里尼已经命丧黄泉，陪着他死去的还有他的情妇克拉拉·佩塔奇。

他们是在4月26日企图从科莫逃往瑞士时，被意大利游击队捕获，于两天以后处决的。4月28日（星期六）晚上，他们的尸体被装上卡车，运到米兰，抛弃在广场上。第二天，他们被倒吊在路灯杆子上，后来又被放下来扔到路旁的明沟里，让复仇的意大利人能够在那个安息日尽情地糟蹋他们。劳动节那天，贝尼托·墨索里尼与他的情妇合葬在米兰的马焦雷公墓的贫民墓地里。意大利领袖和法西斯主义就在这样悲惨的可耻下场下成为历史陈迹。

墨索里尼不体面的下场到底有多少详细情况传到了希特勒耳中，

---

* 贝洛上校在听到希特勒死讯时毁掉了这封信，当时他正在投奔西方盟军部队的途中。信中的话是他凭记忆写下来的。见特雷弗-罗珀：《希特勒的末日》，第194—195页。

现在还不清楚。人们只能猜测，如果他知道得很多，那不过更加强了他的决心，不让他和他的新妇或他们的尸体，如他在遗嘱中所写的那样，成为“犹太人导演的一场戏，来取悦他们歇斯底里的群众”。

希特勒在获悉墨索里尼的死讯以后，马上进行他的最后准备。他
1131 毒死了他心爱的名叫布朗迪的法国阿尔萨斯种名狗，又枪杀了家里的另两条狗。他将剩下的两名女秘书叫来，把毒药交给她们。当野蛮的俄国人打进来的时候，如果她们想要使用的话，可以使用。他说，他很抱歉在诀别时不能送更好的礼物给她们，他对她们长期忠诚的服务表示感谢。

夜已降临，阿道夫·希特勒的生命到了尽头。他命令他的秘书容格夫人焚毁档案中的残余文件，并且命令所有地下避弹室的人在没有得到通知以前不能入睡。大家解释这个命令的意思是希特勒认为他向大家告别的时候到了。但是，据几位在场人的回忆，一直到半夜以后很久，大约是4月30日凌晨2点30分，元首才走出他的私人房间，来到作为饭厅的过道上，在那里等候他的约有20人，多半是他的女部下。他同在场的人一一握手，嘴里叽叽咕咕，也听不清说的是什么。他眼里含着泪水，据容格夫人回忆，“他的视线好像越过地下避弹室的墙，看着很远的地方”。

在他退回私室以后，一件奇特的事情发生了。地下避弹室里已经达到令人不能忍耐的紧张气氛松弛下来了，有几个人到饭厅来跳舞。这个不可思议的舞会发出的喧嚣声音很大，以至元首那边下了命令叫他们安静一点。俄国人可能在几个小时以后就打进来，把他们都杀光。虽然他们当中大多数人一直在考虑如何逃命的问题，但是由于元首对他们生命的严格控制已经结束了，在这短暂的片刻，只要可能，他们也想寻欢作乐一番。这些人看来真是如释重负，因为他们竟跳了个通宵。

鲍曼却不是这样。这个阴险人物还有事情要办哩。他企图逃命

的机会似乎愈来愈少了。从元首自杀到俄军来到之前的这一段时间恐怕太短，很难逃到邓尼茨那里去。如果逃不了，在希特勒尚未死去之前，他还能假借名义发号施令的时候，他至少可以进一步拿“卖国者”来报仇雪恨。在最后一天夜间，他还给邓尼茨打了一个电报。

> 邓尼茨！
>
> 我们愈来愈感到，这几天来，柏林战场上的各个师团一直在闲着。我们所获得的情报全受凯特尔的控制，扣压，或者篡改……元首命令你火速对所有卖国者进行无情的打击。

虽然他知道希特勒在几小时内就要死去，但他在电报中还附加了一句：“元首仍然活着，正在指挥柏林的保卫战。”

但是柏林已经保不住了。俄军几乎已经占领整个城市。现在仅仅是如何保卫总理府的问题了。总理府已成了瓮中之鳖，希特勒和鲍曼 1132
在4月30日中午的最后一次情况汇报会议上已经了解到这一点。俄国人已经打到柏林动物园的东边，进入波茨坦广场。他们离总理府只有一条街了。阿道夫·希特勒实现他的决心的时候已经到了。

他的新妇这一天显然没有心思吃午饭，希特勒同他的两位秘书和素食女厨一道进餐，她也许还没有意识到这是她替他做的最后一餐饭。大约在下午2点30分，他们快要用完午饭的时候，管理总理府车房的元首司机埃里希·肯普卡接到命令，叫他立刻运200公升汽油到总理府花园来。要弄这许多汽油是有困难的，但肯普卡终于搞到大约180公升，找了三个人帮忙把汽油运到地下避弹室的紧急出口处。[24]

为维京式火葬收集汽油还在进行的时候，希特勒已用毕最后一餐。他把爱娃·布劳恩叫来，与他一道同他最亲密的伙伴们诀别。这些人是戈培尔博士、克雷布斯将军和布格多夫将军、他的秘书们和女厨曼齐阿里小姐。戈培尔夫人没有在场。这位刚强而美丽的金发女人，同爱娃·布劳恩一样，觉得下决心同丈夫一道死去是容易的，但一想到要杀死她那六个年幼的孩子，她就感到缺乏勇气了。这些天来这些孩子整天在地下避弹室嬉戏，丝毫不知有什么可怕的下场在等待着他们。

“亲爱的汉娜，”两三天以前的一个晚上，她曾对莱契小姐说，“当最后一天来到的时候，如果我对孩子们缺乏勇气，你必须帮助我……他们是属于第三帝国和元首的。如果第三帝国和元首不存在了，他们也就没有地方可以生存了。我最害怕的是在最后一刹那变得太软弱。”她现在一个人待在她那小房间里，正在努力克服她那最大的恐惧。*

希特勒和爱娃·布劳恩没有这样的问题。他们要结束的只是自己的生命。与大家告别之后，他们回到自己的寝室。戈培尔、鲍曼和其他几个人在外面的走廊里等候着。过了一会儿，他们听到一声枪响，他们等待着第二次枪声，但是却没有声音了。他们等了一会儿，轻轻地走进元首的房间。他们看到阿道夫·希特勒的尸体趴在沙发上，还在淌血。他是对着自己的嘴放的枪。爱娃·布劳恩躺在他的身旁。两支手枪滚落在地板上，但是新娘子并没有用她的手枪。她服了毒药。

时间是1945年4月30日，星期一，下午3点30分。这是阿道夫·希特勒56岁生日后的第十天，是他担任德国总理、建立第三帝国以来的整整十二年零三个月。第三帝国的寿命只不过比他多一个星期。

接着就进行维京式火葬。没有人讲话，唯一的声音是俄国的炮弹
1133 落在总理府花园里和打在四周弹痕累累的墙壁上的爆炸声。希特勒的侍从、党卫军中队长海因茨·林格和一个勤务兵将元首的尸体抬了出来，尸体是用军用灰绿色毛毯包裹的，以便遮住那张血肉模糊的脸。

* 这些孩子们的名字和年龄是：赫拉，12岁；希尔达，11岁；赫尔穆特，9岁；霍尔德，7岁；赫达，5岁；海德，3岁。

肯普卡从露在毯子外面的黑色裤子和皮鞋认定这是元首的尸体，因为希特勒总是穿着这样的裤子和灰绿色上衣的。爱娃·布劳恩死得干净一些，身上没有血。鲍曼将她的没有包裹的尸体抬出来，到了过道之后交给肯普卡。

> 希特勒夫人［这位司机回忆道］穿着一件黑色衣服……我看不出身上有什么伤口。

尸体被抬到花园里，在一阵轰炸之后，他们趁机将尸体放在一个弹坑中，然后点燃汽油。以戈培尔和鲍曼为首的送葬人退回地下避弹室的紧急出口处，在火焰上升时全体肃立，举起右手行纳粹告别礼。仪式很短，因为红军炮弹又开始轰击花园，这些人赶紧退回地下室的安全处所，让汽油引起的熊熊烈火去完成消灭阿道夫·希特勒及其夫人的遗体的工作。* 对于鲍曼和戈培尔来说，他们在失却了元首和独裁者的第三帝国中仍有任务要完成，虽然各人要完成的任务是不同的。

任命邓尼茨为继承人的元首遗嘱，现在还来不及由送信人送到他的手里。必须用无线电通知这位海军将领。但是眼前已经丧失权力的鲍曼，甚至到了这个时刻仍在迟疑不决。尝到过权力滋味的人要突然放弃权力是困难的。最后他终于发了一个电报。

> 海军元帅邓尼茨：
>
> 元首任命你为继承人，以代替前帝国元帅戈林。任命状现在途中。你必须采取适应形势需要的一切措施。

---

* 由于骨灰没有找到，在战后就引起了希特勒仍在人间的谣言。但是英美情报官员对目击者的分别审问的结果证明，火葬是千真万确的。肯普卡对于为什么找不到骨灰给了一个似乎可信的解释。他说："俄国人不断的炮火把所有的痕迹都扫光了。"

美军士兵在检查德国总理府内据信是希特勒曾经住过的房间。

关于希特勒的死，他只字未提。

指挥德国北部军队并将他的总部移至石勒苏益格邦的普伦的邓尼茨，接到这个消息大吃一惊。他和纳粹党的首领们不一样，并不想做希特勒的继承人。在他的水手的脑瓜里也从来没有想过这件事。两天以前他认为希姆莱会做继承人，还跑到这个党卫军首领那里去向他表
1134 示支持。但是他由于从来没有想到过违抗元首的命令，仍然相信希特勒还在人间，他发了下面的回电。

我的元首！

我对您的忠诚是无条件的。我将尽一切力量解除柏林之围。然而如果命运一定要我作为您的继承人统治德国的话，我将把战争打到底，无愧于德国人民的史无前例的、英勇的斗争。

海军元帅邓尼茨

那天夜间，鲍曼和戈培尔有了一个新的打算。他们决定尝试与俄国人进行谈判。仍待在地下避弹室里的陆军参谋总长克雷布斯将军曾经在莫斯科做过助理武官，会讲俄语，他在莫斯科火车站曾受到过斯大林的拥抱，这事曾轰动一时。也许他能够从布尔什维克那里得到一点东西。戈培尔和鲍曼特别想要获得的是让他们安全通行，以便他们能够到邓尼茨的新政府那里去担任新职。作为交换条件，他们准备放弃柏林。

克雷布斯将军在4月30日子夜以后不久出发去见苏联指挥进攻柏林部队的崔可夫将军。[*] 陪同克雷布斯前往的一位德国军官所记录的谈话是这样开始的。

> 克雷布斯：今天是5月1日，我们两个国家的伟大的节日。[†]
>
> 崔可夫：我们今天欢庆伟大的节日。你们那边的情形如何则很难讲。[25]

这位俄国将军要求在元首地下避弹室里的人以及在柏林的德国守军全部无条件投降。

克雷布斯的使命执行起来是要花时间的。5月1日上午11点钟，他还没有回来，已经等得很不耐烦的鲍曼又给邓尼茨打了一个电报。

> 遗嘱已经生效。我将尽快到你那里去。在我到来以前，我建议你不要发表这一消息。

这封电报的措辞是含糊的。鲍曼就是不愿意直截了当地说元首已

---

* 并不是如很多文章所报道的朱可夫元帅。

† 在欧洲，传统的劳动节是5月1日。

1135 经死了。他打算离开柏林之后争取头一个将这件大事告诉邓尼茨，以便赢得新任总司令的欢心；但是即将与他的妻子和儿女一道死去的戈培尔则没有什么个人的原因不将那个简单的事实告诉邓尼茨。下午3点15分，他给邓尼茨打了一个电报——这是柏林被围的地下避弹室发出的最后一封无线电报。

海军元帅邓尼茨

绝　密

昨天下午3点30分，元首去世了。4月29日的遗嘱任命你为德国总统……［以下是内阁主要人员的任命名单。］

已遵照元首的命令，派人将遗嘱给你送去……鲍曼打算今天到你那里去，并将情况报告你。关于向报界和军队宣布此事的时间和方式由你决定。请复电。

戈培尔

戈培尔认为没有必要将自己的意图告诉新的领袖。在5月1日傍晚，他执行了自己的意图。第一件事是毒死六个孩子。他们的游戏终止了，每人打了一针毒药，显然是头一天毒死希特勒的几条狗的那个医生干的。然后戈培尔将他的副官、党卫军小队长君特·施韦格曼叫来，要他去取汽油。

"施韦格曼，"他说，"这是最可恶的背叛。将军们都出卖了元首。一切全都完了。我将同我的妻子和家人一道死去。"他甚至对他的副官也没有说，他已叫人将他的孩子们谋杀了。"你必须烧掉我们的尸体。你能做到吗？"

施韦格曼向他保证，他能做到，于是叫两个勤务兵去弄汽油。几分钟以后，大约8点30分，天快要黑下来的时候，戈培尔博士夫妇走出地下室，与正好在走廊里碰到的那些人告别，然后走上花园。在他们的请求下，一个党卫军勤务兵对准他们的后脑勺放了两枪。四桶汽油泼在他们的尸体上，然后燃起火来，但这次的火葬搞得并不太好。[26]地下室里还活着的人都急着要参加马上就要开始的大逃亡，没有时间花费在焚烧已经死去的人的尸体上。俄国人第二天就发现了两具焦黑的尸体，马上就认出那是宣传部长和他的妻子的尸体。

5月1日晚上9点钟，元首的地下避弹室已经是大火熊熊，元首的侍从人员约五六百人，大半是党卫军，在总理府的地下避弹室里窜
来窜去准备逃亡，据逃亡人中希特勒的裁缝后来回忆，他们就像一群 1136
砍了脑袋的母鸡。逃亡的计划是徒步由总理府对面的威廉广场的地铁站出发，沿地铁道走到弗里德里希街的车站，然后渡过施普雷河，穿过俄军防线立即向北。有许多人逃脱了，另一些人却没有，鲍曼也在其内。

当克雷布斯将军那天下午带着崔可夫将军无条件投降的要求回到地下避弹室的时候，鲍曼认定唯一活命的机会是跟着大伙一齐逃跑。他这一伙人企图尾随一辆德国坦克，但据同他在一起的肯普卡说，一颗俄国炮弹正击中这辆坦克，鲍曼几乎肯定已被打死了。在皮彻尔斯多夫大桥抛下他的一营年轻战士、只顾自己逃命的希特勒青年团的首领阿克斯曼当时也在场，他后来供述，鲍曼的尸体躺在因瓦利登街与铁轨交叉的桥的下面。月光照在鲍曼脸上，阿克斯曼看不出他有什么伤痕。据他估计，鲍曼在看到自己逃出俄国防线的可能性已等于零的时候，吞下了胶囊毒药。

克雷布斯将军和布格多夫将军没有参加集体逃亡。人们相信他们是在总理府的地下室里用手枪自杀的。

第三帝国的终结

第三帝国比它的创造者多活了七天。

5月1日晚上10点钟刚过，当戈培尔博士夫妇的尸体在总理府花园中正在焚烧，地下避弹室里的人们集结在一起准备从柏林地铁逃亡的时候，汉堡广播电台突然终止播送布鲁克纳的庄严的《第七交响曲》。一阵军鼓声之后，一个广播员说道：

> 我们的元首阿道夫·希特勒同布尔什维主义战斗到最后一息，今天下午在德国总理府的作战大本营里为祖国牺牲了。4月30日，元首任命海军元帅邓尼茨为他的继承人。现在由元首的继承人海军元帅对德国人民讲话。

第三帝国在弥留之际还在撒谎，就像它在建立之初一样。除了希特勒不是在那天下午而是在前一天下午死去这一无关宏旨的事实以外，他也不是打到“最后一息”时牺牲的。但是继承希特勒衣钵的人为了保持神话，为了控制仍在进行抵抗的军队，广播这个谎言是必要的，
1137 因为如果士兵们知道事实真相，一定会感到他们被出卖了。

邓尼茨在晚上10点20分进行广播的时候也重复了这个谎言，并大谈元首的“壮烈牺牲”。实际上他当时也不知道希特勒是怎样死的。戈培尔的电报中只说他在头一天下午“死”了。但是这并不妨碍邓尼茨在德国人民灾难临头的时刻，在这个问题上或者在其他问题上，把他们已经糊涂的头脑弄得更糊涂。

> ［他说］我的任务是拯救德国，使它不致遭受向我们进攻的布尔什维克敌人的破坏。正是为了这个目的，才要继续把军事斗争进行下去。只要英国人和美国人阻挠这个目的的实现，我们也就不得不继续进行抵抗他们的防御战。但是，在这样的情况下，英美两国的作战不是为了他们人民的利益，而只是为了在欧洲散布布尔什维主义。

这是一个拙劣的歪曲。这个海军元帅并不曾对希特勒在1939年与这个布尔什维克国家结盟的决定提出过抗议，正是由于这一决定，德国才得以同英国以及后来同美国作战。他在广播结束时抚慰德国人民说：“在我们做了这样重大的牺牲之后，上帝是不会抛弃我们的。”

这些都是空话。邓尼茨知道德国的抵抗已经到头了。4月29日，希特勒自杀的前一天，在意大利的德军已经无条件投降。由于通信设备受到破坏，元首未能获悉这项消息，这就使得他的最后几小时能够舒服一点，不然的话，他就更加不能忍受了。5月4日，德军最高统帅部命令所有在德国西北部、丹麦和荷兰的德军向蒙哥马利元帅投降。第二天凯塞林的G集团军，包括驻在阿尔卑斯山北部的德国第一军团和第九军团在内，都投降了。

同一天，即5月5日，新任德国海军总司令汉斯·冯·弗里德堡海军上将来到设在兰斯的艾森豪威尔的总部接洽投降。从最高统帅部的最后文件中可以清楚看出，[27]德国的目的是想拖延几天，以便争取时间尽量把德国军队和难民从俄国进军的道路上撤出，使他们能够向西方盟军投降。约德尔将军第二天也来到兰斯，帮助他的海军同僚进行策划。但这是徒劳的，艾森豪威尔看穿了这个诡计。

> ［他后来写道］我命令史密斯将军通知约德尔，除非他们立即停止一切的借口和拖延，否则我将封锁整个盟军战线，并用武力阻止任何德国难民进入我们的防线。我不容许进一步的拖延。[28]

5月7日凌晨1点30分，邓尼茨接到约德尔向他报告的艾森豪威
尔的要求后，从丹麦边境的弗伦斯堡新成立的总部打电报给约德尔， 1138
授以全权在无条件投降文件上签字。他们的花招失败了。

1945年5月7日凌晨2点41分，在艾森豪威尔总部——兰斯的一所学校里，举行了德国无条件投降的签字仪式。这个学校不大，房子

是红色的。代表盟军在文件上签字的是沃尔特·比德尔·史密斯将军，代表俄国作为见证人签字的是伊万·苏斯洛巴罗夫将军，代表法国作为见证人签字的是弗朗索瓦·塞维斯将军。代表德国签字的是海军上将弗里德堡和约德尔将军。

约德尔要求讲话，得到了允许。[29]

> 这次签字以后，德国人民和德国武装部队的祸福吉凶，已交由胜利者决定了……在这个时刻，我只能表示希望胜利者会宽大地对待他们。

盟军方面对此没有反应。但是约德尔也许回忆起五年前双方所演的角色与这次正好相反的另一个场合。当年一位法国将军在贡比涅签署无条件投降书后，也曾发出类似的呼吁——结果毫无用处。

1945年5月8日午夜，欧洲的炮火和轰炸停止了。自从1939年9月1日以来，欧洲整个大陆上第一次出现令人感到有点异样，但受到欢迎的平静。在这五年八个月零七天中，在一百个战场上，在一千个被轰炸的城镇中，有千百万的男女被屠杀；更多的人在纳粹毒气室里和党卫军特别行动队在俄国和波兰的死人坑的边沿上被杀害——这一切都是阿道夫·希特勒的征服野心所造成的结果。绝大多数的欧洲古城都遭到破坏。天气暖和以后，无数没有葬埋的尸体从瓦砾堆中发出了令人恶心的臭味。

在德国的大街上，再也没有穿长筒靴的冲锋队齐步前进的声音了，再也没有成群结队、身穿褐衫的人们的喧闹声了，再也没有元首从扩音器里发出的尖叫声了。

经过十二年四个月零八天之后，这个“千秋帝国”已寿终正寝了。除了一伙德国人之外，这段时期对于所有的人都是黑暗时代，而现在这个黑暗时代也在凄凉的暮色中结束了。这个“千秋帝国”，正如我们所见到的，曾将这个伟大的民族，这些富有才智但又极易被引上歧途的人民，带到他们从来没有经历过的权力和征服的高峰，现在它却土崩瓦解了，其突然和彻底，在历史上是极其罕见的。

1918年德国在最后的败北以后，德皇逃跑，帝制崩溃，但支撑这个国家的其他传统机构依然保留了下来。一个人民选出的政府、一支德国军队的核心和参谋总部仍继续起着作用。但是1945年的春天，第三帝国却根本不存在了。无论哪一级的德国政权都不存在了，千百万三军将士在本土变成了战俘。千百万居民，一直到乡村的农民，全被占领军统治，他们不但要依靠占领军维持法律和秩序，而且 1139
从1945年的夏季到严冬都要依靠占领军所供给的粮食和燃料过活。这就是阿道夫·希特勒的愚蠢给他们带来的结果，也是他们自己那样盲目、那样死心塌地地追随他的结果，虽然在1945年秋天我回到德国的时候，发现人们对希特勒并不怎么痛恨。

人民还活着，土地也还在。但人民却茫茫然，流着血，挨着饿。当冬天到来时，他们在轰炸的劫后残垣中，穿着破烂的衣服不停地打着哆嗦；土地也一片荒芜，到处是瓦砾成堆。曾经企图毁灭其他许多民族的希特勒，在战争最后失败的时候也想要毁灭德国人民，但与他的愿望相反，德国人民并没有被毁灭。

只有第三帝国成了历史陈迹。 1140

注　释

1. 卢茨·什未林·冯·克罗西克伯爵的未发表日记。我在《柏林日记的终结》一书中选录了其中主要部分，见第190—205页。

特雷弗-罗珀在《希特勒的末日》一书中也从那本书援引了材料。特雷弗-罗珀是历史学家，战时曾任英国情报官员。他受命调查希特勒末日的情况。结果见他那本杰出的著作，所有要写第三帝国最后一章的人都会从这本书得到帮助。我自己还利用了其他材料来源，特别是目击当时情况的人的第一手叙述，这些人有施佩尔、凯特尔、约德尔、卡尔·科勒将军、邓尼茨、克罗西克、汉娜·莱契、格尔哈德·波尔特上尉和约阿希姆·舒尔茨上尉，以及希特勒的一个女秘书和他的汽车司机。

2. 格尔哈德·波尔特：《与希特勒一起在掩蔽部里》，第1章。波尔特上尉先是古德里安、后是最后一任陆军参谋总长克雷布斯将军的副官，在战争的最后几天一直在地下避弹室里。

3. 艾伯特·佐勒：《希特勒私生活》，第203—205页。根据这本书的法文本（书名叫《跟随希特勒十二年》）。佐勒是法国陆军上尉，派到美国第七军团任侦讯军官，因此有权提审希特勒四个女秘书中的一个；后来，在1947年，他与她合作写了这本回忆希特勒的书。她大概就是从1933年起给希特勒当速记员的克里斯塔·施罗德，一直到他死前一个星期才离职。

4. 克罗西克日记。

5. 同上。

6. 威尔莫特援引，见《争夺欧洲的战争》，第699页。

7. 特雷弗-罗珀：《希特勒的末日》，第100页。这个情况是戈培尔的一个秘书英格·哈伯尔齐特尔夫人提供的。

8. 迈克尔·A.莫斯曼诺：《死前十天》，第92页。莫斯曼诺法官，战时任美国海军情报官员，曾亲自提审在希特勒临死前几天与他在一起的人。

9. 凯特尔提审记录，《纳粹的阴谋与侵略》，附件B，第1294页。

10.《纳粹的阴谋与侵略》，第6卷，第561页（纽伦堡文件3734-PS）。这是美国陆军向汉娜·莱契提审希特勒在地下避弹室的最后几天情况的长篇摘要。她后来否认了自己所谈的一部分情况，但是陆军当局证实它大体上是正确的，包含了她在1945年10月8日受提审时所说的情况。虽然莱契小姐是一个神经很不正常的人，或者说，虽然她在地下避弹室度过这一段黯淡生活之后那几月中神经很不正常，但是她的叙述，经与别人的证据核对，证明是关于希特勒临死前几天的有价值的材料。

11. 卡尔·科勒将军：《最后一月》，第23页。这是科勒的1945年4月14日至5月27日期间的日记。它是关于第三帝国末日的一个有价值的材料来源。

12. 凯特尔在纽伦堡的提审记录，《纳粹的阴谋与侵略》，附件B，第1275—1279页。约德尔谈的情况是当天晚上告诉科勒将军的，后者记在4月22日和23日的日记中。见科勒：《最后一月》，第30—32页。

13. 特雷弗-罗珀：《希特勒的末日》，第124，126—127页。该书作者说，他在叙述贝格尔所说的情况时"有些保留"。

14. 凯特尔是在提审时想起这段话的。见《纳粹的阴谋与侵略》，附件B，第1277页。约德尔的说法见科勒日记，《最后一月》，第31页。

15. 见伯纳多特：《幕落》，第114页；另见舍伦贝格：《迷宫》，第399—400页。他们关于这次会议的说法大体上是一致的。

16. 施佩尔在纽伦堡的证词，见《主要战犯的审讯》，第16卷，第554—555页。

17. 汉娜·莱契提审记录，同上，第554—555页。

18. 同上，第556页。所有后边这些汉娜·莱契引述的话和叙述的情况都摘引自汉娜·莱契提审记录，载《纳粹的阴谋与侵略》，第6卷，第551—571页（纽伦堡文件3734-PS）。因此这些材料就不一一引证了。

19. 根据凯特尔，他的提审记录，见《纳粹的阴谋与侵略》，第1281—1282页，这封电报是根据回忆的。德国海军的记录也提供了一封措辞相同的希特勒致约德尔的电报，署的时间是4月29日下午6点52分（《海军事务元首会议记录》，1945年，第120页），舒尔茨的《最高统帅部日记》（第51页）提供了内容相同的电文，据记载，约德尔收到电报的时间是4月29日晚上11点。这恐怕错了，因为从希特勒的活动看，他在那天晚上那个时间已不会再关心任何部队所在的地点了。

20. 特雷弗-罗珀在《希特勒的末日》的第163页提供了第一封电报的内容。第二封是我在海军记录中找到的，见《海军事务元首会议记录》，1945年，第120页。海军联络官福斯海军少将在地下避弹室发出的另一封电报也见《海军事务元首会议记录》，第120页。

21. 希特勒的政治遗嘱和个人遗嘱的全文载纽伦堡文件3569-PS。他的结婚证书也在纽伦堡提出过。这三个文件我在《柏林日记的终结》一书中都引述了全文，第177—183页注。遗嘱的一个比较粗糙的英文译本载《纳粹的阴谋与侵略》，第6卷，第259—263页。德文原文载《主要战犯的审讯》，第41卷，列在施佩尔文件项下。

22. 科勒将军（见《最后一月》，第79页）提出了鲍曼无线电报的全文。

23. 戈培尔附录文稿在纽伦堡审讯中提出过。我在《柏林日记的终结》一书中引用过，第183页注。

24. 肯普卡关于希特勒及其新妇之死的叙述，见他的两份经过宣誓的声明，载《纳粹的阴谋与侵略》，第6卷，第571—586页（纽伦堡文件3735-PS）。

25. 于尔根·托瓦尔德：《在易北河旁的结局》，第224页。

26. 关于戈培尔一家之死的这段叙述是特雷弗-罗珀提供的，见《希特勒的末日》，第212—214页，它主要是根据施韦格曼、阿克斯曼和肯普卡后来的证词。

27. 约阿希姆·舒尔茨：《最后三十日》，第81—85页。这些记载是根据最高统帅部在战争最后一个月的日记。我在这章中的许多文字都得助于这些材料。这本书是在托尔瓦德指导下以《现代史文件》为总书名出版的几本书中的一本。

28. 艾森豪威尔：《欧洲十字军》，第426页。

29.《柏林日记的终结》。

简短的尾声

那年秋天，我回到那曾经不可一世的国家，在第三帝国的短短的年代中，我曾在那里待过很久。一切都难以辨认出来了。我曾在另一本书中谈到这次见闻。这里还要做的只是把这本书中出现过的其他突出人物的命运交代一下。

在丹麦边境弗伦斯堡成立的邓尼茨残余政府1945年5月23日被盟军解散，全体成员均被逮捕。5月6日，在兰斯投降的前夕，邓尼茨解除了希姆莱的职务，打算借此来赢得盟军的好感。这个曾对千百万欧洲人民长期操生杀大权并经常行使这项大权的党卫军头子，在弗伦斯堡附近流浪了一段时期，5月21日，他同11名党卫军军官企图通过英美防线回到他的故乡巴伐利亚去。希姆莱剃去了短胡子——这一定使他很苦恼——左眼上贴着一个黑眼罩，换上了陆军士兵制服。这帮人头一天就在汉堡与不来梅港之间英国的一个哨所上被抓住了。经过盘问之后，希姆莱向一位英国陆军上尉承认了自己的身份，于是他就被押到在吕讷堡的第二军团总部。他在那里被剥去衣服进行搜查，然后给他换上一套英国陆军制服，以免他可能在他的衣服里暗藏毒药。但是搜查得不够彻底。希姆莱将氰化钾胶囊藏在他牙龈上的一个小洞里。当5月23日从蒙哥马利总部来的另一位英国情报官员命令军医官检查犯人口腔时，希姆莱咬破了胶囊，在12分钟内便一命呜呼了。虽然用洗胃和灌呕吐剂的办法尽力想使他活命，但这一切都无济于事。

希特勒的其余亲密伙伴的寿命比较长一些。我到纽伦堡去看过他们。在他们赫赫不可一世的时候，我常在这个城市里举行的纳粹党 1141
年会上看到他们。现在在国际军事法庭的被告席上，他们的样子大不相同了。他们完全变了样。他们穿着敝旧的衣服，心神不宁地坐在位子上，再也没有从前做领导人物时的那种傲慢神气了。他们看起来像一群碌碌的庸才。似乎很难想象，这些人在我上次看到的时候曾经掌握过那样巨大的权力，居然能够征服一个伟大的民族和绝大部分的欧洲。

在被告席上共有21个人。* 戈林比我上次看见他时体重减少了80磅，他穿着一套褪了色的没有肩章的德国空军制服。他由于坐在被告席的首位上显然很高兴，这是在希特勒死后对戈林在纳粹政权中的地位的一种为时已晚的承认。在飞往伦敦以前曾经是第三号人物的鲁道夫·赫斯现在形容憔悴，凹下去的眼睛失神地瞪着前方。他装作健忘的样子，但是一望而知是个垮了的人。里宾特洛甫的傲慢自大的神气终于完全消失了，低垂着头，面色苍白，神情沮丧。凯特尔的趾高气扬也不见了。那位头脑糊涂的纳粹“哲学家”罗森贝格，看来也终于对现实有所醒悟了，这是把他带到这个地方来的客观事件的功劳。

纽伦堡的犹太人陷害者尤利乌斯·施特莱彻也在那里。我曾看见他从前在这个古城的大街上挥舞着鞭子昂首阔步，这个有虐待狂和色情狂的人看来颇为颓丧。现在他已是一个衰弱的秃顶老头，满头大汗地坐着，眼睛瞪着那些法官，心想这班人一定都是犹太人（这是一个警卫后来告诉我的）。第三帝国负责奴隶劳动的头子弗里茨·绍克尔也在被告席上，眼睛眯成一条缝，活像一头猪。他显得很紧张，身

---

* 劳工阵线的首领罗伯特·莱伊博士如果不是在开审以前就在牢里自缢的话，也会成为被告人的。他用从毛巾上撕下来的破片做了一个圈套，吊死在抽水马桶的管子上。

1945年5月23日，弗伦斯堡临时政府成员阿尔伯特·施佩尔、卡尔·邓尼茨、阿尔弗雷德·约德尔被捕。

子不停地前后摇摆。坐在他旁边的是巴尔杜尔·冯·席拉赫，他先是希特勒青年团的头子，后来又成为维也纳的党领袖。他的美国血统比德国的还多，看上去很像一个因为犯了某种过失而被学校开除的大学生。在被告席上还有沙赫特的继任者，目无定睛、其貌不扬的瓦尔特·冯克。沙赫特博士也在那里，在第三帝国最后的几个月中，他曾被他所敬重过的元首关进集中营，随时都在担心被处死刑。现在他非常气恼的是，盟军竟会把他也当作战犯审问。弗朗茨·冯·巴本对希特勒的上台比其他任何德国人都要负更大的责任，现在也被抓来当被告。他似乎老多了，不过他那曾经多次侥幸脱险的老狐狸的神情，仍然刻画在他那干瘪的老脸上。

希特勒的第一任外交部长、旧派的德国人牛赖特是一个没有什么信仰和原则的人，现在显得十分颓丧。施佩尔却不然，在这一伙人中间，他给人以最直率的印象。在长期的审问中，他的讲话很老实，无 1142
意逃避他的责任和罪过。在被告席上，还有奥地利的卖国贼赛斯-英夸特、约德尔和两位海军元帅雷德尔和邓尼茨。希特勒的继承人穿着一身服装店做的现成衣服，活像一个鞋店小职员。“刽子手海德里希”的继承人卡尔滕布伦纳是双手沾满鲜血的人，在受审时将会抵赖他的一切罪行。曾驻波兰的纳粹刽子手汉斯·弗兰克也许会承认他所干的一些罪行，因为他最后终于有点悔悟，按照他自己说的，重新发现了上帝并恳求他的饶恕。死到临头也同平时一样毫无特色的弗里克也在那里。最后一名是汉斯·弗里切。由于他的声音很像戈培尔，他曾当过广播评论员，戈培尔曾将他安插在宣传部当一名官员。看来法庭上所有的人，连他本人在内，都不明白为什么他也成了被告——因为他的职位太小了——除非把他看作戈培尔的幽灵。后来他被开释了。

被开释的还有沙赫特和巴本。后面这三个人后来在德国整肃纳粹法庭上被判处很重的徒刑，但结果只服了很短的刑期。

纽伦堡法庭上被判处徒刑的有七人：赫斯、雷德尔和冯克被判无期徒刑，施佩尔和席拉赫被判20年徒刑，牛赖特被判15年徒刑，邓尼茨被判10年徒刑。其余的被判死刑。

1946年10月16日凌晨1点11分，里宾特洛甫走上了纽伦堡监狱死刑室的绞刑架。接着一个一个相隔不久上绞刑架的有凯特尔、卡尔滕布伦纳、罗森贝格、弗兰克、弗里克、施特莱彻、赛斯-英夸特、绍克尔和约德尔。

但是赫尔曼·戈林并没有上绞刑架。他骗过了刽子手。在轮到他以前两小时，他吞下了偷偷带入监狱里的毒药。他同他的元首阿道夫·希特勒和与他争夺继承权的劲敌希姆莱一样，最后也成功地选择了他自己的与世长辞的道路；而给这个世界，他也同他们两人一样，曾带来那样惨无人道的灾难。 1143

后 记

本书所受到的欢迎出人意料。

在我的出版商、编辑、代理人以及众多的朋友们当中，没有一个人相信公众会买这样一部书——部头如此之大，注释如此之多，价格如此昂贵，所叙述的又是这样一个题目。我的演讲代理人曾告诉我，人们对希特勒和第三帝国已不再有任何兴趣，我的演讲必须换个话题。我的出版商事先仅印了12 500册书。

因此，本书一经出版便吸引了相当一部分读者这一事实，对于我们大家都是一个意外的惊喜。我本人从未掌握过销售情况，无论是西蒙-舒斯特所出的精装本还是福西特所出的平装本。三年前，我惊奇地获悉，《第三帝国的兴亡》在“当月图书俱乐部”的销售册数超过了其历史上的任何其他书籍。但究竟售出了多少册，我不清楚。本书在海外也颇受欢迎，这包括英国、法国和意大利，尽管在德国情况稍差一些。

本书的书评文章，其分析之透彻，远远超出我的期望，德国的这类书评不在此列。尽管从整体来说，学术界的历史学家们对本书及我本人态度冷淡（似乎我是一个无权闯入其禁脔，但却擅自闯进去的家伙，他们说，只有教授历史的人才能写出好的史书），但也有显著的例外。

H. R.特雷弗-罗珀就是这样一个例外。当初获悉星期日的《纽约时报书评》已将本书交给他去评论时，我感到诚惶诚恐。他是牛津大学一位颇受尊敬的历史学家，我对他也极为尊崇——我认为他的《希特勒的最后日子》一书很有价值。但在当时，英国的书评家们对美国作家极为苛刻，除此之外，我还认为，作为一位知名学者，特雷弗-罗珀很可能与他的美国同行一样，对试图撰写历史的记者不屑一顾。因此我得出结论，我可能会在这份出版物上受到猛烈抨击，而该出版物对于美国作家及其著作来说，是极其重要的。 1145

但特雷弗-罗珀亦有惊人之举。他的书评的标题明确提示了他要说些什么。

我们这一世纪最黑暗之夜中的光明

希特勒德国令人战栗的故事

杰出的研究成果　生动感人的叙述

“通常情况下，”特雷弗-罗珀在文章开头写道，“在事件过后仅仅半代人的时间……便去撰写这段历史是根本不可能的。但就第三帝国而言，一切都极不寻常，甚至连它的最后覆灭也是如此。随着它的彻底崩溃，（希特勒）统治的全部秘密也大白于天下，所有的档案文件都被缴获……

“现在，活着的证人能够与史实结为一体，这在以往是从未有过的。人们所缺少的只是一位历史学家。威廉·夏伊勒正是这样一位历史学家……”

这些令人陶醉的评论出现在文章的开头。它令我受宠若惊。结论部分同样令我激动不已：“这是一部出色的作品，记述客观，论断公正，结论无可辩驳。”

同样知名的《纽约先驱论坛报书评》的头版评论文章又使我的头脑清醒过来。文章作者戈登·克雷格当时是普林斯顿大学的历史学家。他的牛津同行断言撰写第三帝国的历史我正当其人，他对此却完全不能同意。绝不是！他认为本书过于冗长且“不平衡”。他对我未曾读过一位默默无闻的德国史学家的著作表示遗憾。事实上，我的书并非基于其他史学家的著作，而是基于原始资料——缴获的德国秘密文件。如果说他注意到了这一点的话，他对此也没有太深的印象。

在德国，说得温和一点，本书没有得到评论家们的多少好评。德国人根本没有正视他们的过去。在西德总理康拉德·阿登纳的率领下，本书受到狂暴的攻击，作者本人也受到中伤。“一名仇德分子！”阿登纳这样称呼我。由于本书是如实记叙纳粹德国的历史以及德国人违背人类精神、侵害邻国、侵害欧洲犹太人的种种罪行，而我又是让文件所记录的事实自己说话的，因此，我对德国人的强烈反应有些吃惊，但也并非完全意外。

现在，在《第三帝国的兴亡》出版30周年之际，世界突然面对着一个新的重新统一的德国。不久之后，统一的德国将在经济上再次强大起来，如果它愿意的话，也将在军事上强大起来，正如它在威廉二世和阿道夫·希特勒时代那样。欧洲将再次面对德国问题。如果历史还有些借鉴意义的话，那么德国邻国的前景并不十分乐观，在我的有生之年，它们曾两次遭受日耳曼军队的入侵。后一次是由希特勒领导
1146 的，本书的读者当会记得，德国的行为是一种野蛮的恐怖。

人们现在会问：德国人变了吗？许多西方人显然认为德国人变了。我本人对此则没有把握，我曾在纳粹时代的德国生活和工作，我的观点无疑因个人的这段经历而蒙上了阴影。事实上没有人真正知道这一关键问题的答案。完全可以理解的是，以前曾深受德国征服之苦的国家，已不想再心存侥幸了。

德国问题有解决的办法吗？或许，这有赖于以一个欧洲安全体系

束缚重新统一的德国。它将永远无法挣脱这一束缚去推行昔日的侵略政策。

从根本的意义上讲，自第三帝国覆灭以来，形势已经发生了变化。正如我在1959年撰写的前言的结尾部分所述，氢弹的出现已使阿道夫·希特勒这类传统的征服者成为过去。如果真有一个新的希特勒式的冒险家试图领导德国进行新的征服，那么，他将被原子武器所击退。这将迅速地制止德国的侵略。然而，不幸的是，那也将是整个世界的末日。

因此，尽管氢弹以及准备用来发射氢弹的火箭、飞机和潜艇对这一星球的生存构成了可怕的威胁，但具有讽刺意味的是，它们却至少有助于解决德国问题。由德国人，或由任何其他人进行的血腥征服不会重演了。

这个世界上的那些走入歧途的政府和无所适从的人们如果能记住纳粹恐怖下的黑暗和几乎席卷了全球的种族大屠杀，可能也将是有益的，而这正是本书的宗旨。记住过去有助于我们理解现在。

威廉·夏伊勒

1990年5月 1147

致 谢

虽然这本书的研究和计划工作，同我所写的别的书一样，是由我自己进行的，但在这本书的五年写作过程中，我曾得到许多人和机构的慷慨协助。

推动我写这本书的是西蒙-舒斯特出版公司已故的杰克·古德曼和该公司负责本书的编辑约瑟夫·巴恩斯。和我同时在欧洲做记者的老朋友巴恩斯，不论在我顺利或遭到困难的时候都一直支持我，给了我有益的批评。研究战争中所缴获的德国文件的权威学者、美国国会图书馆的弗里茨·T. 爱泼斯坦博士在使用那些汗牛充栋的文件上给了我很多指导。其他很多人也在这方面给我许多帮助。其中有纽伦堡战犯审判检察官的首席顾问特尔福德·泰勒，他曾写过两本关于第三帝国军事史的书。他将他私人收藏的文件和书籍借给我，并提供了许多很好的意见。

属于美国历史协会的美国战争文件研究委员会主席、弗吉尼亚大学教授奥龙·J. 黑尔给我提供了很多有用的材料，其中包括他自己研究的某些成果在内。1956年一个炎热的夏日，他帮了我很大的忙，从国会图书馆的文稿室里把我拉出来，严厉地劝告我回到我写作本书的工作上去，否则我就会很容易像某些人那样将我的后半生陷在德国文件中。国务院历史处处长G. 伯纳德・诺布尔博士和国务院的外交官员、《德国外交政策文件汇编》美国编辑之一的保罗・R. 斯威特也帮助我走出纳粹文件的迷津。斯坦福大学的希尔德加德・R. 伯宁格夫人在通信中和阿格尼丝・F. 彼得森夫人在交谈中都给我很多帮助。在陆军部，军事历史处代理处长W. 胡佛上校和他的属员德特马・芬克告诉了我怎样研究该部收藏最多的德国军事文件。

《外交季刊》的主编汉密尔顿・菲什・阿姆斯特朗对本书的写作很关怀，外交学会当时的执行理事长瓦尔特・H. 马洛里也很关心。我很感谢外交学会弗兰克・阿尔特舒尔和奥佛尔布鲁克基金会，他们给了我的一笔慷慨的赠款，使我能够在这本书的最后一年写作中得以全力以赴。我还必须感谢外交学会藏书丰富的图书馆的职员，我曾多次麻烦他们。纽约社会图书馆的职员也同样被我打扰过，但他们非常耐心，十分合作。

刘易斯・加朗捷和赫伯特・克里德曼耐心地读过大部分稿件，并且提出很多宝贵的批评。在1920年代初期阿道夫・希特勒开始他的政治生涯以及后来他上了台的这一段时间都在柏林美国大使馆做武官的杜鲁门・史密斯上校，让我研究了他的笔记和报告，这对民族社会主义的兴起及其日后某些方面的发展提供了线索。纽伦堡法庭的美国检察官之一、现在在纽约做律师的萨姆・哈里斯提供给我《主要战犯的审讯》（纽伦堡的文件和证词）和其他许多未公布的资料。在大战头三年中担任德国陆军参谋总长的弗朗茨・哈尔德将军对于我提出的问题做了最详尽的回答，并且给我提供了德国原始资料。我曾在别处提到过他那本未出版的日记对我的帮助，在本书的大部分写作过程中，这本日记的副本一直搁在我的身边。战争初期在柏林美国大使馆工作的乔治・凯南曾经提醒我某些有历史价值的东西。我在欧洲时的几位老朋友和老同事，如约翰・根室、M. W. 福多尔、凯・博伊尔、西格丽德・舒尔茨、多萝西・汤普森、惠特・伯内特和纽厄尔・罗杰斯，都同我讨论过这本书，使我得到教益，我的著作代理人保罗·R. 雷诺兹在我最需要鼓励的时候鼓励了我。

最后，我十分感谢我的妻子，她的外文知识、对于欧洲背景的了解以及在德国和奥地利的经验，对我的研究、写作和核对工作帮助很大。我们的两个女儿，因加和琳达，在学校放假的时候也帮我做了许多必要的工作。

我对以上提到的人以及其他对我帮助过的人，在此表示感谢。这本书的缺点和错误自然完全由我自己负责。

参考资料

本书的主要依据是缴获的德国文件、德国军官和文官的审讯记录和证词、幸存下来的日记和回忆录以及我在第三帝国的亲身经历。

数百万字的德国档案材料已经以多个系列分卷出版，另有数百万字已被收集或制成微缩胶片，收藏于各图书馆（在美国主要收藏于国会图书馆和斯坦福大学的胡佛图书馆）和华盛顿的国家档案馆。此外，华盛顿的陆军部军史局也保存着大量的德国军事记录。

在已出版的大量档案中，对于我的创作最有用的有三种。首先是《德国外交政策文件汇编》D部，它包括大量已被译为英文的德国外交部1937年至1940年夏的文件。承蒙国务院的好意，我获准接触德国外交部的其他一些文件，这些文件主要与德国对美国宣战有关，尚未翻译和出版。

已出版的关于纽伦堡审判的两个文件集对于了解第三帝国内幕具有无可估量的价值。第一种是42卷本的《主要战犯的审讯》，其中前23卷为审讯证词，其余是作为证据的文件，后者是以原文出版的，多数为德文。为这次审判而加以收集并被仓促译为英文的其他文件、审讯记录和宣誓词以《纳粹的阴谋与侵略》为题分10卷出版。不幸的是，在国际军事法庭的委员们面前所做的最有价值的证词大多没有编入该书，这些证词仅能在几家大图书馆看到油印件。

美国军事法庭其后在纽伦堡又进行了12轮审判，审判的证词和文件出版了厚厚的15卷材料，标题为《纽伦堡军事法庭对战争罪犯的审判》，这还不到原材料的十分之一，但其余的材料可以在一些图书馆看到油印件或影印件。伦敦的皇家文书局于1947—1949年出版了《审判战争罪犯的法律报告》，对其他审判做了概述，该书对了解第三帝国很有帮助。

胡佛图书馆藏有极为丰富的未出版的德国文件，国会图书馆和国家档案馆的这类文件也有相当数量。另外，国家档案馆还藏有希姆莱的档案和希特勒的一些私人文件——最有价值的发现之一便是所谓的“亚历山德里亚文件”，其中很大一部分已被制成微缩胶片收藏。其他一些缴获文件的有关情况，可参见本书注释。顺便说一句，未出版的德国材料中有哈尔德将军的日记，共为7卷打印稿，并附有这位将军在战后为澄清事件所做的注解，我发现这是有关第三帝国的最有价值的记录之一。

现将对我有所助益的著作开列如下。这些著作共有三种类型：第一，本书所叙及的一些领导人物的回忆录和日记；第二，基于新的文件材料的著作，例如，英国的约翰·W.惠勒-本内特、艾伦·布洛克、H. R.特雷弗-罗珀和杰拉尔德·赖特林格，美国的特尔福德·泰勒，德国的埃伯哈德·策勒、格哈德·里特、鲁道夫·佩歇尔和沃尔特·戈利茨的著作；第三，提供背景情况的著作。

在当代史研究所的赞助下，《当代史季刊》在慕尼黑出版了一期特刊，详细开列了有关第三帝国的参考书目。伦敦维纳图书馆的目录中也包括一些极为出色的参考书目。

已出版的文献资料

Der Hitler Prozess. Munich: Deutscher Volksverlag, 1924. (The record of the court proceedings of

Hitler's trial in Munich.)
Documents and Materials relating to the Eve of the Second World War, 1937–1939. 2 vols. Moscow: Foreign Language Publishing House, 1948.
Documents concerning German-Polish Relations and the Outbreak of Hostilities between Great Britain and Germany. London: His Majesty's Stationery Office, 1939. (The *British Blue Book.*)
Documents on British Foreign Policy, 1919–1939. London: H. M. Stationery Office, 1947– . (Referred to in the notes as *DBrFP.*)
Documents on German Foreign Policy, 1918–1945. Series D, 1937–1945. 10 vols, (as of 1957). Washington: U.S. Department of State. (Referred to as *DGFP.*)
Dokumente der deutschen Politik, 1933–1940. Berlin, 1935–1943.
Fuehrer Conferences on Naval Affairs (mimeographed). London: British Admiralty, 1947. (Referred to as *FCNA.*)
Hitler e Mussolini—Lettere e documenti. Milan: Rizzoli, 1946.
I Documenti diplomatica italiani. Ottavo series, 1935–1939. Rome: Libreria della Stato, 1952–1953. (Referred to as *DDI.*)
Le Livre Jaune Français. Documents diplomatiques, 1938–1939. Paris: Ministère des Affaires Étrangères. (The *French Yellow Book.*)
Nazi Conspiracy and Aggression. 10 vols. Washington: U.S. Government Printing Office, 1946. (Referred to as *NCA.*)
Nazi-Soviet Relations, 1939–1941. Documents from the Archives of the German Foreign Office. Washington: U.S. Department of State, 1948. (Referred to as *NSR.*)
Official Documents concerning Polish-German and Polish-Soviet Relations, 1933–1939. London, 1939. (The *Polish White Book.*)
Pearl Harbor Attack. Hearings before the Joint Committee on the Investigation of the Pearl Harbor Attack. 39 vols. Washington: U.S. Government Printing Office, 1946.
Soviet Documents on Foreign Policy. 3vols. London: Royal Institute of International Affairs, 1951–1953.
Spanish Government and the Axis, The. Washington: U.S. State Department, 1946. (From the German Foreign Office papers.)
Trial of the Major War Criminals before the International Military Tribunal. 42 vols. Published at Nuremberg. (Referred to as *TMWC.*)
Trials of War Criminals before the Nuremberg Military Tribunals. 15 vols. Washington: U.S. Government Printing Office, 1951–1952. (Referred to as *TWC.*)

希特勒的讲演

Adolf Hitlers Reden. Munich, 1934.
BAYNES, NORMAN H., ed.: *The Speeches of Adolf Hitler, April 1922–August 1939.* 2vols. New York, 1942.
PRANGE, GORDON W., ed.: *Hitler's Words.* Washington, 1944.
ROUSSY DE SALES, COUNT RAOUL DE, ed.: *My New Order.* New York, 1941. (The speeches of Hitler, 1922–1941.)

综合性作品

ABSHAGEN, K. H.: *Canaris.* Stuttgart, 1949.
AMBRUSTER, HOWARD WATSON: *Treason's Peace.* New York, 1947.
ANDERS, WLADYSLAW: *Hitler's Defeat in Russia.* Chicago, 1953.
ANONYMOUS: *De Weimar au Chaos — Journal politique d'un Général de la Reichswehr.* Paris, 1934.
ARMSTRONG, HAMILTON FISH: *Hitler's Reich.* New York, 1933.
ASSMANN, KURT: *Deutsche Schicksalsjahre.* Wiesbaden, 1950.

BADOGLIO, MARSHAL PIETRO: *Italy in the Second World War*. London, 1948.
BARRACLOUGH, S.: *The Origins of Modern Germany*. Oxford, 1946.
BARTZ, KARL: *Als der Himmel brannte*. Hanover, 1955.
BAUMONT, FRIED AND VERMEIL, eds.: *The Third Reich*. New York, 1955.
BAYLE, FRANÇOIS: *Croix gammée ou caducée*. Freiburg, 1950. (A documented account of the Nazi medical experiments.)
BELGIAN MINISTRY OF FOREIGN AFFAIRS: *Belgium: The Official Account of What Happened, 1939—1940*. New York, 1941.
BENEŠ, EDUARD: *Memoirs of Dr. Eduard Beneš. From Munich to New War and New Victory*. London, 1954.
BÉNOIST-MÉCHIN, JACQUES: *Histoire de l'Armée allemande depuis l'Armistice*. Paris, 1936—1938.
BERNADOTTE, FOLKE: *The Curtain Falls*. New York, 1945.
BEST, CAPTAIN S. PAYNE: *The Venlo Incident*. London, 1950.
Bewegung, Staat und Volk in ihren Organisationen. Berlin, 1934.
BLUMENTRITT. GUENTHER: *Von Rundstedt*. London, 1952.
BOLDT, GERHARD: *In the Shelter with Hitler*. London, 1948.
BONNET, GEORGES: *Fin d'une Europe*. Geneva, 1948.
BOOTHBY, ROBERT: *I Fight to Live*. London, 1947.
BORMANN, MARTIN: *The Bormann Letters: the Private Correspondence between Martin Bormann and his Wife, from Jan. 1943 to April 1945*. London, 1954.
BRADLEY, GENERAL OMAR N.: *A Soldier's Story*. New York, 1951.
BRADY, ROBERT K.: *The Spirit and Structure of German Fascism*. London, 1937.
BRYANS, J. LONSDALE: *Blind Victory*. London, 1951.
BRYANT, SIR ARTHUR: *The Turn of the Tide—A History of the War Years Based on the Diaries of Field Marshal Lord Alanbrooke, Chief of the Imperial General Staff*. New York, 1957.
BULLOCK, ALAN: *Hitler — A Study in Tyranny*. New York, 1952.
BUTCHER, HARRY C.: *My Three Years with Eisenhower*. New York, 1946.

CARR, EDWARD HALLETT: *German-Soviet Relations between the Two World Wars, 1919—1939*. Baltimore, 1951.
——, *The Soviet Impact on the Western World*. New York, 1947.
CHURCHILL, SIR WINSTON S.: *The Second World War*. 6 vols. New York, 1948-1953.
CIANO, COUNT GALEAZZO: *Ciano's Diplomatic Papers*, edited by Malcolm Muggeridge. London, 1948.
——, *Ciano's Hidden Diary, 1937-1938*, New York, 1953.
——, *The Ciano Diaries, 1939-1943*, edited by Hugh Wilson. New York, 1946.
CLAUSEWITZ, KARL VON: *On War*. New York, 1943.
COOLE, W. W., AND POTTER, M. F.: *Thus Speaks Germany*. New York, 1941.
CRAIG, GORDON A.: *The Politics of the Prussian Army, 1940-1945*. New York, 1955.
CROCE, BENEDETTO: *Germany and Europe*. New York, 1944.
Czechoslovakia Fights Back. Washington: American Council on Public Affairs, 1943.

DAHLERUS, BIRGER: *The Last Attempt*. London, 1947.
DALLIN, ALEXANDER: *German Rule in Russia, 1941-1944*. New York, 1957.
DALUCES, JEAN: *Le Troisième Reich*. Paris, 1950.
DAVIES, JOSEPH E.: *Mission to Moscow*. New York, 1941.
DERRY, T. K.: *The Campaign in Norway*. London, 1952.
DEUEL, WALLACE: *People under Hitler*. New York, 1943.
DEWEY, JOHN: *German Philosophy and Politics*. New York, 1952.
DIELS, RUDOLF: *Lucifer ante Portas*. Stuttgart, 1950.
DIETRICH, OTTO: *Mit Hitler in die Macht*. Munich, 1934.

DOLLMANN, EUGEN: *Roma Nazista*. Milan, 1951.
DRAPER, THEODORE: *The Six Weeks' War*. New York, 1944.
DUBOIS, JOSIAH E., JR.: *The Devil's Chemists*. Boston, 1952.
DULLES, ALLEN: *Germany's Underground*. New York, 1947.

EBENSTEIN, WILLIAM: *The Nazi State*. New York, 1943.
EISENHOWER, DWIGHT D.: *Crusade in Europe*. New York, 1948.
ELLIS, MAJOR L. F.: *The War in France and Flanders, 1939–1950*. London, 1953.
EYCK, E.: *Bismarck and the German Empire*. London, 1950.

FEILING, KEITH: *The Life of Neville Chamberlain*. London, 1946.
FEUCHTER, GEORG W.: *Geschichte des Luftkriegs*. Bonn, 1951.
FISHER, H. A. L.: *A History of Europe*. London, 1936.
FISHMAN, JACK: *The Seven Men of Spandau*. New York, 1954.
FITZGIBBON. CONSTANTINE: *20 July*. New York, 1956.
FLEMING, PETER: *Operation Sea Lion*. New York, 1957.
FLENLEY, RALPH: *Modern German History*. New York, 1953.
FOERSTER, WOLFGANG: *Ein General kaempft gegen den Krieg*. Munich, 1949. (The papers of General Beck.)
FRANÇOIS-PONCET, ANDRÉ: *The Fateful Years*. New York, 1949.
FREIDIN, SEYMOUR, AND RICHARDSON, WILLIAM, eds.: *The Fatal Decisions*. New York, 1956.
FRIEDMAN, FILIP: *This Was Oswiecim* [Auschwitz]. London, 1946.
FRISCHAUER, WILLY: *The Rise and Fall of Hermann Goering*. Boston, 1951.
FULLER, MAJOR-GENERAL J. F. C: *The Second World War*. New York, 1949.

GALLAND, ADOLF: *The First and the Last. The Rise and Fall of the Luftwaffe Fighter Forces, 1938–1945*. New York, 1954.
GAMELIN, GENERAL MAURICE GUSTAVE: *Servir*. 3vols. Paris, 1949.
GAY, JEAN: *Carnets Secrets de Jean Gay*. Paris, 1940.
Germany: A Self-Portrait. Harland R. Crippen, ed. New York, 1944.
GILBERT, FELIX: *Hitler Directs His War*. New York, 1950. (The partial text of Hitler's daily military conferences.)
GILBERT, G. M.: *Nuremberg Diary*. New York, 1947.
GISEVIUS, BERND: *To the Bitter End*. Boston, 1947.
Glaubenskrise im Dritten Reich. Stuttgart, 1953.
GOEBBELS, JOSEPH: *Vom Kaiserhof zur Reichskanzlei*. Munich, 1936.
——, *The Goebbels Diaries, 1942–1943*, edited by Louis P. Lochner. New York, 1948.
GOERLITZ, WALTER: *History of the German General Staff, 1657–1945*. New York, 1953.
——, *Der zweite Weltkrieg, 1939–1945*.2 vols. Stuttgart, 1951.
GOUDIMA, CONSTANTIN: *L'Armée Rouge dans la Paix et la Guerre*. Paris, 1947.
GREINER, HELMUTH: *Die Oberste Wehrmachtfuehrung, 1939–1945*. Wiesbaden, 1951.
GREINER, JOSEF: *Das Ende des Hitler-Mythos*. Vienna, 1947.
GUDERIAN, GENERAL HEINZ: *Panzer Leader*. New York, 1952.
GUILLAUME, GENERAL A.: *La Guerre Germano-Soviétique, 1941*. Paris, 1949.

HABATSCH, WALTHER: *Die deutsche Besetzung von Daenemark und Norwegen, 1940*, 2nd ed. Goettingen, 1952.
HALDER, FRANZ: *Hitler als Feldherr.* Munich, 1949.
HALIFAX, LORD: *Fullness of Days*. New York, 1957.
HALLGARTEN, GEORGE W. F.: *Hitler, Reichswehr und Industrie*. Frankfurt, 1955.
HANFSTAENGL, ERNST: *Unheard Witness*. New York, 1957.
HARRIS, WHITNEY R.: *Tyranny on Trial—The Evidence at Nuremberg*. Dallas, 1954. (A selection of the German documents at Nuremberg from the *TMWC* and *NCA* volumes.)

HASSELL, ULRICH VON: *The Von Hassell Diaries, 1938–1944*. New York, 1947.
HEGEL: *Lectures on the Philosophy of History*. London, 1902.
HEIDEN, KONRAD: *A History of National Socialism*. New York, 1935.
——, *Hitler — A Biography*. New York, 1936.
——, *Der Fuehrer*. Boston, 1944.
HENDERSON, NEVILE: *The Failure of a Mission*. New York, 1940.
HERMAN, STEWART W., JR.: *It's Your Souls We Want*. New York, 1943.
HEUSINGER, GENERAL ADOLF: *Befehl im Widerstreit — Schicksalsstunden der deutschen Armee, 1923–1925*. Stuttgart, 1950.
HINDENBURG, FIELD MARSHAL PAUL VON BENECKENDORF UND VON: *Aus meinem Leben*. Leipzig, 1934.
HITLER, ADOLF: *Mein Kampf*. Boston, 1943. This is the unexpurgated edition in English translation published by Houghton Mifflin. (The German original: Munich, 1925, 1927. The first volume, *Eine Albrechnung*, was published in 1925; the second, *Die Nationalsozialistische Bewegung*, in 1927. Thereafter the two were published in one volume.)
Hitler's Secret Conversations, 1941–1944. New York, 1953.
Les Lettres Sécrètes Echangées par Hitler et Mussolini. Paris, 1946.
HOETTL, WILHELM (WALTER HAGEN): *The Secret Front: The Story of Nazi Political Espionage*. New York, 1954.
HOFER, WALTHER: *War Premeditated, 1939*. London, 1955. (English translation from *Die Entfesselung des zweiten Weltkrieges*.)
HOSSBACH, GENERAL FRIEDRICH: *Zwischen Wehrmacht und Hitler*. Hanover, 1949.
HULL, CORDELL: *The Memoirs of Cordell Hull*. 2 vols. New York, 1948.

JACOBSEN, HANS-ADOLF: *Dokumente zur Vorgeschichte des Westfeldzuges, 1939–1940*. Goettingen, 1956.
JARMAN, T. L.: *The Rise and Fall of Nazi Germany*. London, 1955.
JASPER, KARL: *The Question of German Guilt*. New York, 1947.

KELLEY, DOUGLAS M.: *22 Cells in Nuremberg*. New York, 1947.
KESSELRING, ALBERT: *A Soldier's Record*. New York, 1954.
KIELMANNSEGG, GRAF: *Der Fritsch Prozess*. Hamburg, 1949.
KLEE, CAPTAIN KARL: *Das Unternehmen Seeloewe*. Goettingen, 1949.
KLEIN, BURTON: *Germany's Economic Preparations for War*. Cambridge, 1959.
KLEIST, PETER: *Zwischen Hitler und Stalin*. Bonn, 1950.
KNELLER, GEORGE FREDERICK: *The Educational Philosophy of National Socialism*. New Haven, 1941.
KOGON, EUGEN: *The Theory and Practice of Hell*. New York, 1951. (The German original: *Der SS Staat und das System der deutschen Konzentrationslager*. Munich, 1946.)
KOHN, HANS, ed.: *German History: Some New German Views*. Boston, 1954.
KOLLER, GENERAL KARL: *Der letzte Monat*. Mannheim, 1949. (The diary of the last Chief of the Luftwaffe General Staff.)
KORDT, ERICH: *Nicht aus den Akten. (Die Wilhelmstrasse in Frieden Und Krieg, 1928–1945.)* Stuttgart, 1950.
——, *Wahn und Wirklichkeit*. Stuttgart, 1947.
KREIS, ERNST, AND SPEIER, HANS: *German Radio Propaganda*. New York, 1946.
KROSIGK, COUNT LUTZ SCHWERIN VON: *Es geschah in Deutschland*. Tuebingen, 1951.
KUBIZEK, AUGUST: *The Young Hitler I Knew*. Boston, 1955.

LANGER, WILLIAM L.: *Our Vichy Gamble*. New York, 1947.
LANGER AND GLEASON: *The Undeclared War, 1940–1941*. New York, 1953.
LAVAL, PIERRE: *The Diary of Pierre Laval*. New York, 1948.

LENARD, PHILIPP: *Deutsche Physik*, 2nd ed. Munich-Berlin, 1938.
LICHTENBERGER, HENRI: *L'Allemagne Nouvelle*. Paris, 1936.
LIDDELL HART, B. H.: *The German Generals Talk*. New York, 1948.
——(ed.): *The Rommel Papers*. New York, 1953.
LILGE, FREDERIC: *The Abuse of Learning: The Failure of the German University*. New York, 1948.
LITVINOV, MAXIM: *Notes for a Journal*. New York, 1955.
LORIMER, E. O.: *What Hitler Wants*. London, 1939.
LOSSBERG, GENERAL BERNHARD VON: *Im Wehrmacht Fuehrungsstab*. Hamburg, 1950.
LUDECKE, KURT: *I Knew Hitler*. London, 1938.
LUDENDORFF, GENERAL ERIC: *Auf dem Weg zur Feldherrnhalle*. Munich, 1937.
LUDENDORFF, MARGARITTE: *Als ich Ludendorffs Frau war*. Munich, 1929.
LUEDDE-NEURATH, WALTER: *Die letzten Tage des Dritten Reiches*. Goettingen, 1951.

MANSTEIN, FIELD MARSHAL ERIC VON: *Verlorene Siege*. Bonn, 1955. (English translation: *Lost Victories*. Chicago, 1958.)
MARTIENSEN, ANTHONY K.: *Hitler and His Admirals*. New York, 1949.
MEINECKE, FRIEDRICH: *The German Catastrophe*. Cambridge, 1950.
MEISSNER, OTTO: *Staatssekretaer unter Ebert-Hindenburg-Hitler*. Hamburg, 1950.
MELZER, WALTHER: *Albert Kanal und Eben-Emael*. Heidelberg, 1957.
MITSCHERLICH, ALEXANDER, M.D., and MIELKE, FRED: *Doctors of Infamy*. New York, 1949.
MONZIE, ANATOLE DE: *Ci-Devant*. Paris, 1942.
MORISON, SAMUEL ELIOT: *History of the United States Naval Operations in World War II*. Vol. I, *The Battle of the Atlantic, September 1939–May 1943*. Boston, 1948.
MOURIN, MAXIME: *Les Complots contre Hitler*. Paris, 1948.
MUSMANNO, MICHAEL A.: *Ten Days to Die*. New York, 1950.
MUSSOLINI, BENITO: *Memoirs 1942–1943*. London, 1949.

NAMIER, SIR LEWIS B.: *In the Nazi Era*. London, 1952.
——, *Diplomatic Prelude, 1938–1939*. London, 1948.
NATHAN, OTTO: *The Nazi Economic System: Germany's Mobilization for War*. Durham, N.C., 1944.
NEUMANN, FRANZ L.: *Behemoth*. New York, 1942.

O'BRIEN, T. H.: *Civil Defence*. London, 1955. (A volume in the official British history of the Second World War, edited by J. R. M. Butler.)
OLDEN, RUDOLF: *Hitler, the Pawn*. London, 1936.
OUTZE, BØRGE, ed.: *Denmark during the Occupation*. Copenhagen, 1946.
OVEN, WILFRED VON: *Mit Goebbels bis zum Ende*. Buenos Aires, 1949.
OVERSTRAETEN, GENERAL VAN: *Albert I-Leopold III*. Brussels, 1946.

PAPEN, FRANZ VON: *Memoirs*. New York, 1953.
PECHEL, RUDOLF: *Deutscher Widerstand*. Zurich, 1947.
PERTINAX: *The Grave Diggers of France*. New York, 1944.
PINNOW, HERMANN: *History of Germany*. London, 1936.
POLIAKOV, LEON, AND WULF, JOSEF: *Das Dritte Reich und die Juden*. Berlin, 1955.
POTEMKIN, V. V., ed.: *Histoire de la Diplomatie. Paris, 1946–1947*. (A French edition of a Soviet Russian work.)

RABENAU, LIEUTENANT GENERAL FRIEDRICH VON: *Seeckt, aus seinem Leben*. Leipzig, 1940.
RAUSCHNING, HERMANN: *Time of Delirium*. New York, 1946.
——, *The Revolution of Nihilism*. New York, 1939.
——, *The Conservative Revolution*. New York, 1941.

——, The Voice of Destruction. New York, 1940.
REED, DOUGLAS: *The Burning of the Reichstag*. New York, 1934.
REITLINGER, GERALD: *The Final Solution—The Attempt to Exterminate the Jews of Europe, 1939–1945*. New York, 1953.
——, *The SS—Alibi of a Nation*. New York, 1957.
REYNAUD, PAUL: *In the Thick of the Fight*. New York, 1955.
RIBBENTROP, JOACHIM VON: *Zwischen London und Moskau. Erinnerungen und letzte Aufzeichnungen*. Leone am Starnberger See, 1953.
RIESS, CURT: *Joseph Goebbels: The Devil's Advocate*. New York, 1948.
RITTER, GERHARD: *Carl Goerdeler und die deutsche Widerstandsbewegung*. Stuttgart, 1955.
ROEPKE, WILHELM: *The Solution of the German Problem*. New York, 1946.
ROSINSKI, HERBERT: *The German Army*. Washington, 1944.
ROTHFELS, HANS: *The German Opposition to Hitler.* Hinsdale, III., 1948.
ROUSSET, DAVID: *The Other Kingdom*. New York, 1947.
RUSSELL, BERTRAND: *A History of Western Philosophy*. New York, 1945.

SAMMLER, RUDOLF: *Goebbels: The Man Next to Hitler*. London, 1947.
SASULY, RICHARD: *I. G. Farben*. New York, 1947.
SCHACHT, HJALMAR: *Account Settled*. London, 1949.
SCHAUMBURG-LIPPE, PRINZ FRIEDRICH CHRISTIAN zu: *Zwischen Krone und Kerker*. Wiesbaden, 1952.
SCHELLENBERG, WALTER: *The Labyrinth*. New York, 1956.
SCHLABRENDORFF, FABIAN VON: *They Almost Killed Hitler*. New York, 1947.
SCHMIDT, PAUL: *Hitler's Interpreter*. New York, 1951. (This English translation omits about one half of the original, *Statist auf diplomatischer Buehne, 1923–1945*, Bonn, 1949, which covered the pre-Hitlerian period.)
SCHOLL, INGE: *Die weisse Rose*. Frankfurt, 1952.
SCHRAMM, WILHELM VON: *Der 20. Juli in Paris*. Bad Woerishorn, 1953.
SCHROETER, HEINZ: *Stalingrad*. New York, 1958.
SCHUETZ, WILLIAM WOLFGANG: *Pens under the Swastika, a Study in Recent German Writing*. London, 1946.
SCHULTZ, JOACHIM: *Die letzten 30 Tage—aus dem Kriegstagebuch des O.K.W.* Stuttgart, 1951.
SCHULTZ, SIGRID: *Germany Will Try It Again*. New York, 1944.
SCHUMANN, FREDERICK L.: *The Nazi Dictatorship*. New York, 1939.
——, *Europe on the Eve*. New York, 1939.
——, *Night Over Europe*. New York, 1941.
SCHUSCHNIGG, KURT VON: *Austrian Requiem*. New York, 1946. (This is an English translation of the original: *Ein Requiem in Rot-Weiss-Rot*. Zurich, 1946.)
——, *Farewell, Austria*. London, 1938.
SCOLEZY, MAXINE S.: *The Structure of the Nazi Economy*. Cambridge, 1941.
SEABURY, PAUL: *The Wilhelmstrasse: A Study of German Diplomats under the Nazi Regime*. Berkeley, 1954.
SHERWOOD, ROBERT E.: *Roosevelt and Hopkins*. New York, 1948.
SHIRER, WILLIAM L.: *Berlin Diary*. New York, 1941.
——, *End of a Berlin Diary*. New York, 1947.
——, *The Challenge of Scandinavia*. Boston, 1955.
SHULMAN, MILTON: *Defeat in the West*. New York, 1948.
SKORZENY, OTTO: *Skorzeny's Secret Memoirs*. New York, 1950.
SNYDER, LOUIS L.: *The Tragedy of a People*. Harrisburg, 1952.
SPEIDEL, GENERAL HANS: *Invasion 1944*. Chicago, 1950.
SPENGLER, OSWALD: *Jahre der Entscheidung*. Munich, 1935.
STEED, HENRY WICKHAM: *The Hapsburg Monarchy*. London, 1919.
STEIN, LEO: *I Was in Hell with Niemoeller*. New York, 1942.

STIPP, JOHN L.: *Devil's Diary*. Yellow Springs, Ohio, 1955. (A selection of German documents from the *NCA* volumes.)
STROELIN, KARL: *Stuttgart im Endstadium des Krieges*. Stuttgart, 1950.
SUAREZ, GEORGES, AND LABORDE, GUY: *Agonie de la Paix*. Paris, 1942.

TANSILL, CHARLES C: *Back Door to War*. New York, 1952.
TAYLOR, A. J. P.: *The Course of German History*. New York, 1946.
TAYLOR, TELFORD: *Sword and Swastika*. New York, 1952.
——, *The March of Conquest*. New York, 1958.
THOMAS, GENERAL GEORG: *Basic Facts for a History of German War and Armament Economy* (mimeographed). Nuremberg, 1945.
THOMPSON, DOROTHY: *Listen, Hans*. Boston, 1942.
THORWALD, JUERGEN: *Das Ende an der Elbe*. Stuttgart, 1950.
——, *Flight in Winter: Russia, January to May 1945*. New York, 1951.
THYSSEN, FRITZ: *I Paid Hitler*. New York, 1941.
TOLISCHUS, OTTO D.: *They Wanted War*. New York, 1940.
TOYNBEE, ARNOLD, ed.: *Hitler's Europe*. London, 1954.
TOYNBEE, ARNOLD AND VERONICA M., eds.: *The Eve of the War*. London, 1958.
TREFOUSSE, H. L.: *Germany and American Neutrality, 1939–1941*. New York, 1951.
TREVOR-ROPER, H. R.: *The Last Days of Hitler.* New York, 1947.

VERMEIL, EDMOND: *L'Allemagne Contemporaine, Sociale, Politique et Culturale, 1890–1950.*2 vols. Paris, 1952–1953.
VOSSLER, KARL: *Gedenkrede fuer die Opfer an der Universitaet Muenchen*. Munich, 1947.
VOWINCKEL, KURT: *Die Wehrmacht im Kampf*, Vols. 1, 3, 4, 7, 8, 9, 10, 11. Heidelberg, 1954.

WAGNER, FRIEDELIND: *Heritage of Fire*. New York, 1945.
WEISENBORN, GUENTHER: *Der lautlose Aufstand*. Hamburg, 1953.
WEIZSAECKER, ERNST VON: *The Memoirs of Ernst von Weizsaecker*. London, 1951.
WELLES, SUMNER: *The Time for Decision*. New York, 1944.
WESTPHAL, GENERAL SIEGFRIED: *The German Army in the West*. London, 1951.
WEYGAND, GENERAL MAXIME: *Rappelé au Service*. Paris, 1947.
WHEATLEY, RONALD: *Operation Sea Lion*. London, 1958.
WHEELER-BENNETT, JOHN W.: *Wooden Titan: Hindenburg*. New York, 1936.
——, *Munich: Prologue to Tragedy*. New York, 1948.
——, *The Nemesis of Power: The German Army in Politics, 1918–1945*. New York, 1953.
WICHERT, ERWIN: *Dramatische Tage in Hitlers Reich*. Stuttgart, 1952.
WILMOT, CHESTER: *The Struggle for Europe*. New York, 1952.
WRENCH, JOHN EVELYN: *Geoffrey Dawson and Our Times*. London, 1955.

YOUNG, DESMOND: *Rommel—The Desert Fox*. New York, 1950.

ZELLER, EBERHARD: *Geist der Freiheit*. Munich, 1954.
ZIEMER, GREGOR: *Education for Death*. New York, 1941.
ZOLLER, A., ed.: *Hitler Privat*. Duesseldorf, 1949. (French edition: *Douze Ans auprès d'Hitler*. Paris, 1949.)
ZWEIG, STEFAN: *The World of Yesterday*. New York, 1943.

期　刊

HALE, PROFESSOR ORON JAMES: "Adolf Hitler: Taxpayer." *The American Historical Review*, LX, No.4(July 1955).

HUCH, RICARDA: "Die Aktion der Muenchner Studenten gegen Hitler." *Neue Schweizer Rundschau*, Zurich, September–October 1948.

HUCH, RICARDA: "Der 18. Februar: Umriss einer deutschen Widerstandsbewegung." *Die Gegenwart*, October 30, 1946.

KEMPNER, ROBERT M. W.: "Blueprint of the Nazi Underground." *Research Studies of the State College of Washington*, June 1945.

THOMAS, GENERAL GEORG: "Gedanken und Ereignisse." *Schweizerische Monatshefte*, December 1945.

WITZIG, RUDOLF: "Die Einnahme von Eben-Emael." *Wehrkunde*, May 1945.

索 引

（条目后数字为原文页码，见本书边码）

附　录*

德意志第三帝国大事年表

1889年4月20日	阿道夫·希特勒出生于德奥边境的茵河畔布劳瑙。
1903年1月3日	阿道夫的父亲阿洛伊斯·希特勒去世。
1907年10月	希特勒报考维也纳美术学院，但因成绩不佳未被录取。
1908年12月21日	阿道夫的母亲克拉拉·希特勒去世。
1909—1913年	阿道夫·希特勒浪迹维也纳。
1913年5月	希特勒离开维也纳，移居慕尼黑。
1914年7月28日	第一次世界大战爆发。
8月3日	希特勒申请参加巴伐利亚步兵团并获准。
10月	希特勒随军到达前线，参加第一次伊普尔战役。
12月	希特勒获得二级铁十字勋章。
1916年10月7日	希特勒在索姆河战役中腿部受伤。
1917年3月	希特勒伤愈归队。
1918年8月	希特勒获得一级铁十字勋章。
10月13日	希特勒眼部受伤，暂时失明。
11月9日	德皇威廉二世退位，社会民主党人菲利普·谢德

* 附录部分为中文版编者所加。

	曼宣布成立共和国。
11月11日	德国同协约国签订《贡比涅停战协定》。
11月底	希特勒回到慕尼黑。
1919年5月7日	《凡尔赛和约》条款公布，德国民众表示抗议。
6月28日	《凡尔赛和约》签字。
7月31日	国民议会通过魏玛宪法，一个月后宪法获得总统批准。
9月	希特勒受命调查德国工人党，随后加入。
1920年初	希特勒接管党的宣传工作。
2月24日	希特勒第一次组织党大会并发表演说，阐明二十五点纲领。
4月1日	德国工人党改组为民族社会主义德国工人党，简称纳粹党，希特勒正式脱离军队。
12月	纳粹党买下《人民观察家报》，以之作为喉舌。
1921年4月	协约国向德国提出战争赔偿要求。
夏	希特勒到柏林演讲，意图扩大纳粹运动的影响力。
7月	纳粹党确立“领袖原则”。
10月5日	冲锋队正式成立。
1923年2月	“祖国战斗团体工作联盟”成立，以希特勒为政治领导。
9月2日	纽伦堡举行群众大会，“德意志战斗联盟”成立。
11月8日	希特勒在慕尼黑发动啤酒馆政变。
11月9日	政变失败，希特勒等人被捕。
1924年2月26日	对啤酒馆政变参与者的叛国罪审判开始。
4月1日	希特勒被判五年监禁。
12月20日	希特勒获释出狱。
1925年2月26日	《人民观察家报》复刊，希特勒发表长篇社论。

2月27日	纳粹党举行集会，进行重组，希特勒发表演讲。
4月7日	希特勒放弃奥地利国籍。
秋	《我的奋斗》第一卷出版。
11月22日	纳粹党北方领导人会议在汉诺威召开，施特拉塞尔兄弟和戈培尔意图废除希特勒的二十五点纲领。
1926年2月14日	纳粹党在班贝格召开会议，施特拉塞尔被迫放弃纲领。
4月7日	戈培尔到达慕尼黑，在希特勒的安排下在发生政变的啤酒馆发表讲话。
4月17日	戈培尔离开慕尼黑，倒向希特勒。
8月	戈培尔在《人民观察家报》上与施特拉塞尔公开决裂。
10月底	希特勒任命戈培尔为柏林党区领袖。
1929年3月15日	希特勒在慕尼黑发表演说，争取陆军的支持。
10月24日	华尔街股市暴跌，世界性大萧条开始。
1930年3月	最后一任社会民主党总理赫尔曼·米勒辞职，天主教中央党的海因里希·布吕宁继任总理。
9月14日	纳粹党在国会选举中成为第二大党。
9月下旬	三名宣扬纳粹主义的军官在莱比锡受审，希特勒出庭作证，在庭上的发言进一步争取到陆军的好感。
1931年夏	希特勒开始有步骤地交好工业界巨头。
9月17日	希特勒的外甥女兼情人吉莉·拉包尔自杀。
10月10日	希特勒第一次得到总统兴登堡的接见。
1932年2月22日	希特勒宣布参加总统竞选。
2月25日	希特勒获得德国国籍。
3月	冲锋队酝酿政变。
4月5日	德国诸邦政府要求取缔冲锋队。

4月10日	兴登堡在总统选举中战胜希特勒，获得连任。内阁决定取缔冲锋队，该命令于四日后公布。
5月8日	施莱谢尔同希特勒等人会谈，密谋逼迫总理布吕宁下台。
5月13日	国防部长格勒纳因取缔冲锋队行动与戈林在国会冲突后辞职。
5月29日	布吕宁总理被兴登堡要求辞职。
6月1日	弗朗茨·冯·巴本就任总理。
6月4日	巴本解散国会。
6月9日	巴本第一次会见希特勒。
6月15日	巴本取消对冲锋队的禁令。
7月20日	巴本撤销普鲁士政府，自任普鲁士国家长官。
7月31日	国会重新选举，纳粹党成为第一大党。
8月5日	希特勒会见施莱谢尔，谋求总理职位。
8月30日	戈林当选为国会议长。
9月12日	戈林发动国会通过对巴本政府的弹劾程序。
11月17日	巴本内阁辞职。
12月2日	库尔特·冯·施莱谢尔出任魏玛共和国最后一任总理。
12月7日	施特拉塞尔与希特勒决裂，辞去纳粹党内一切职务。
1933年1月4日	施特拉塞尔晋见兴登堡，数日后表示愿意加入施莱谢尔内阁。
1月22日	国务秘书迈斯纳与兴登堡总统之子奥斯卡在里宾特洛甫家密会希特勒。
1月28日	施莱谢尔总理辞职。
1月29日	柏林工人举行反希特勒游行。

1月30日　兴登堡任命希特勒为德国总理，第三帝国诞生。

2月20日　德国企业界人士在国会议长府密会希特勒，同意资助纳粹党。

2月27日　德国国会大厦被纵火烧毁。

2月28日　希特勒利用国会纵火案，使兴登堡总统签署保护法令，限制个人自由并授权全国政府接管各邦的全部权力。

3月5日　最后一次国会大选，纳粹党虽然是第一大党，但并未获得绝对多数。

3月21日　第三帝国第一届国会开幕。

3月23日　国会通过授权法，将立法权等移交给内阁。希特勒成为全德国的独裁者。

3月31日　希特勒第一次援用授权法，解散普鲁士以外各邦的议会。

4月1日　希特勒下令全德国抵制犹太人的商店。

5月2日　全德国各地工会组织被解散。

5月10日　柏林学生开始焚书，后扩散到多个城市。

5月17日　希特勒在国会发表“和平演说”，号称响应美国总统罗斯福的裁军倡议。

6月22日　社会民主党被解散。

7月2日　希特勒颁布新的陆军法，恢复军官团的军事特权。

7月14日　纳粹党成为德国唯一合法政党。

10月14日　希特勒宣布德国退出裁军会议和国际联盟，并解散国会。

11月12日　德国举行全民公投，德国退出日内瓦会议。

1934年1月26日　德国和波兰签订互不侵犯条约。

1月30日　希特勒颁布国家重建法，将各邦主权移交国家。

2月12日　奥地利陶尔斐斯政府屠杀国内社会民主党人。

4月1日　戈林任命希姆莱为普鲁士秘密警察头目。

4月11日　希特勒参加春季军演，与陆军密谋继任总统职位。

6月14日　希特勒赴威尼斯同意大利独裁者墨索里尼举行第一次会谈。

6月17日　副总理巴本在马尔堡大学发表演讲，要求结束纳粹恐怖，恢复正常秩序。

6月21日　国防部长勃洛姆堡告知希特勒，除非结束紧张状态，否则总统将把权力移交陆军。

6月25日　陆军总司令弗里奇宣布陆军处于戒备状态。

6月28日　冲锋队参谋长罗姆被开除出德国军官联合会。

6月30日　长刀之夜，冲锋队高级领袖自罗姆以下被清洗，许多反对希特勒的人一并被杀害。

7月2日　兴登堡对希特勒和戈林扑灭"叛国案"表示祝贺。

7月25日　党卫军暗杀奥地利总理陶尔斐斯。

7月26日　党卫军因镇压有功，脱离冲锋队而独立，由希姆莱担任全国领袖。

8月1日　希特勒在内阁颁布法律，授予自己总统权力。

8月2日　德国总统兴登堡逝世。

8月19日　德国全民公投赞成希特勒接管总统职务。

1935年1月13日　萨尔的公民投票同意重归德国。

3月16日　德国实施普遍军役制并扩军，《凡尔赛和约》的军事限制宣告终结。

4月11日　英国、法国、意大利举行斯特雷萨会谈，谴责德国的军备行动。

5月2日　勃洛姆堡命令军队准备拟定占领莱茵兰计划。

5月21日　希特勒在国会重申"和平"。

6月16日　德国国防会议确定进一步讨论莱茵兰计划。

9月15日　实施纽伦堡法律，剥夺犹太人的公民权。

10月3日　意大利入侵埃塞俄比亚。

1936年3月2日　勃洛姆堡正式下令占领莱茵兰。

3月7日　德军进入莱茵兰非军事区。

3月11日　法国外长弗朗丹飞抵伦敦请求英国政府支持莱茵兰军事对抗，但被拒绝。

5月2日　意大利占领埃塞俄比亚首都亚的斯亚贝巴。

7月4日　国际联盟屈服，取消对意大利的制裁。

7月11日　德奥签订协定，德国重申尊重奥地利的主权，奥地利对国内的纳粹党让步。

7月16日　佛朗哥在西班牙发动叛乱，西班牙内战爆发。

7月22日　希特勒同意援助西班牙叛乱。

8月　柏林举行第十一届夏季奥运会。

10月21日　德意签订秘密议定书，规定在外交方面的共同政策。

10月24日　意大利外长齐亚诺在贝希特斯加登第一次谒见希特勒。

11月1日　墨索里尼在米兰发表演说，第一次公开使用"轴心"这个词。

11月25日　德国同日本签订反共公约。

1937年1月2日　意大利同英国签订协定，承认彼此在地中海的利益。

1月30日　希特勒在国会宣布撤销《凡尔赛和约》上的

	签字。
5月28日	内维尔·张伯伦出任英国首相。
9月25日	墨索里尼应邀第一次访问纳粹德国。
11月5日	希特勒在总理府同军方首脑会谈，传达进行战争的决定。
11月9日	陆军总司令弗里奇会见希特勒，反对其军事计划。
1938年1月25日	武装部队总司令勃洛姆堡被免去一切职务。
1月底	弗里奇受丑闻牵连被免职。
2月4日	德国内阁举行最后一次会议，希特勒宣布亲自接掌武装部队的统率权。外交部长牛赖特被免职，里宾特洛甫继任。
2月12日	奥地利总理许士尼格会见希特勒，被迫接受德奥合并的最后通牒。
3月10日	法国总理肖当辞职。
3月11日	德国军队开进奥地利。
3月13日	德奥合并法颁布，规定奥地利成为德国的一个省。
3月14日	希特勒重回维也纳。
4月10日	德奥举行公投，赞成合并决定。
4月21日	希特勒召见凯特尔将军，讨论进攻捷克斯洛伐克的绿色方案。
5月5日	陆军参谋总长贝克向陆军总司令布劳希奇上书反对进攻捷克斯洛伐克。
5月7日	英法驻布拉格公使要求捷克政府对苏台德日耳曼人让步。
5月20日	凯特尔提出绿色方案新草案，强调宣传战和经济战的价值。捷克外长对德军动向提出反对意见，捷克开始部分军事动员。

5月23日　德国告知捷克没有侵略意图。

5月28日　希特勒对高级将领宣布，要准备对捷克的军事行动并加强西线防御工事。

6月3日　贝克重申对绿色方案的反对。

7月16日　贝克最后一次上书要求停止备战。

8月10日　希特勒召集少壮派军官进行动员。

8月15日　希特勒阅兵，重申以武力解决捷克问题。

8月18日　贝克请辞陆军参谋总长职务。

9月15日　英国首相张伯伦到贝希特斯加登与希特勒会谈。

9月16日　张伯伦召集内阁会议，主张满足希特勒将苏台德移交德国的要求。

9月18日　法国总理达拉第到访英国，同意将苏台德划分德国。

9月21日　捷克政府被迫接受英法要求。

9月22日　张伯伦再次会见希特勒，被告知德国不再满足于英法的苏台德计划。

9月24日　英国内阁和法国政府拒绝张伯伦带回的纳粹新要求。

9月27日　希特勒命令突袭部队进驻捷克边境，准备发动“绿色方案”。

9月28日　“黑色星期三”。张伯伦与达拉第同意参加慕尼黑会议。

9月29日至30日　慕尼黑会议。《慕尼黑协定》签署。捷克斯洛伐克被分割。

10月5日　捷克斯洛伐克总统贝奈斯辞职。

11月9日至10日　水晶之夜。犹太人的住宅和店铺受到袭击。大批犹太人被杀或被捕。

11月24日	希特勒命令军队准备占领波兰的但泽。
11月30日	哈查就任捷克斯洛伐克总统。
12月6日	德法在巴黎签订条约，德国保证维持现有边界。
1939年3月14日	斯洛伐克宣布从捷克独立。
3月15日	德军进入波希米亚和摩拉维亚。
3月23日	德国占领梅梅尔地区。
3月31日	张伯伦在下院发表演说，宣布如果波兰受到进攻，英法将予以支持。
4月3日	希特勒发布占领波兰的“白色方案”密令。
5月22日	德国与意大利签署《钢铁条约》。
5月23日	希特勒对军方首脑宣布要进行战争。
8月14日	希特勒在上萨尔茨山召开军事会议。
8月15日至21日	纳粹德国与苏联进行谈判。与此同时，盟国与苏联的谈判陷入僵局。
8月23日	里宾特洛甫抵达莫斯科，《苏德互不侵犯条约》签订。
8月25日	由于墨索里尼的反对和退缩，希特勒紧急暂停“白色方案”。
8月31日	希特勒正式用书面下达对波兰的进攻令。
9月1日	德国进攻波兰。
9月3日	英法对德国宣战。德国U-30号潜艇击沉英国邮轮“雅典娜号”。
9月6日	波兰第二大城市克拉科夫陷落。
9月8日	德军到达华沙外围。
9月9日至17日	德军包围布列斯特-立托夫斯克。
9月17日	苏联入侵波兰。

9月18日　苏军与德军在布列斯特-立托夫斯克会师。

9月27日　华沙陷落。

9月28日　《德苏边界友好条约》签订。

10月6日　希特勒在国会发表和平演说。

10月7日　希特勒任命希姆莱负责“加强德意志民族委员会”，任务是驱逐犹太人。

10月9日　希姆莱宣布将犹太人和波兰人迁往波兰总督辖区。

10月10日　希特勒召集军事会议，下令准备进攻荷比卢三国。

10月11日　英国向法国派兵。

11月8日　在希特勒发表讲话的啤酒馆发生爆炸案。

11月9日　德国绑架两名英国特工。

11月23日　希特勒在总理府召集陆军方面开会，斥责军方的退缩情绪。德国陆军最终臣服于希特勒。

11月30日　苏联进攻芬兰。

12月12日　希特勒发布密令，推迟进攻西线。

12月14日　希特勒召见挪威卖国贼维德孔·吉斯林。

1940年1月10日　一家德国军用飞机在比利时迫降。德国进攻西线的“黄色方案”泄露。

1月13日　希特勒再次推迟对西线的进攻。

2月11日　苏德签订贸易协定。苏联用粮食和石油换取德国的工业和军事设备。

2月21日　筹划建立奥斯维辛集中营。

3月1日　美国副国务卿萨姆纳·威尔斯访德。

3月12日　芬兰接受苏联的媾和条件，苏芬战争停止。

3月18日　希特勒与墨索里尼在阿尔卑斯山的布伦纳隘口举行会议。意大利承诺参战。

4月9日　“威悉演习”开始。德军进攻丹麦和挪威。丹麦投降，挪威发起抵抗。

5月10日　丘吉尔就任英国首相。德国宣布进攻比利时与荷兰，法兰西战役爆发。

5月11日　德军袭击埃本-埃美尔要塞。

5月14日　德军轰炸鹿特丹。鹿特丹投降。

5月15日　荷兰投降。法国总理雷诺告知丘吉尔，法国战败。

5月16日　丘吉尔抵达巴黎。

5月20日　德军抵达索姆河口，向英吉利海峡推进。

5月24日　德军即将抵达敦刻尔克，但收到停止前进的命令。

5月26日　希特勒同意继续进军。英国开始执行“发电机计划”，从敦刻尔克撤退。

5月28日　比利时国王利奥波德三世不顾政府反对，向德国投降。

5月30日　德军意识到敦刻尔克大撤退的意义。

6月1日　德国空军加紧空中轰炸。

6月4日　盟军撤退完成。英法联军共33万多人撤退至英国本土。

6月7日　挪威国王哈康七世流亡英国。

6月10日　法国政府逃离巴黎。墨索里尼宣布意大利参战。

6月14日　巴黎沦陷。奥斯维辛集中营正式投入使用。

6月15日　苏联占领立陶宛。

6月16日　雷诺总理辞职。贝当继任法国总理。苏联占领爱沙尼亚和拉脱维亚。

6月17日　贝当政府向德国求和。

6月21日　德法在贡比涅森林举行停战会谈。

6月22日　法国在德国人的停战协定上签字。

6月24日　法国与意大利签署停战协定。

6月27日　苏军开进罗马尼亚领土。

7月2日　德军最高统帅部下达继续对英国作战的指令。

7月14日　苏联在波罗的海三国举行“选举”。

7月16日　希特勒发布“海狮计划”指令，决定登陆英国本土作战。

8月1日　希特勒发布对英进行海空作战的指令。德军参谋总部开始制订东线作战计划。

8月3日至6日　波罗的海三国并入苏联。

8月15日　德国战斗机开始对英国本土进行大规模空袭。“鹰计划”发动。

8月24日　德国轰炸机误炸伦敦市中心。

8月25日　英国空军轰炸柏林作为报复。

8月26日　希特勒下令从西线向波兰方向调兵。

8月30日　在轴心国的恫吓下，罗马尼亚向匈牙利割地。

9月4日　德国开始冬赈运动，希特勒对民众发表讲话。

9月7日　德国轰炸机开始对伦敦进行大规模轰炸。轰炸一直持续到11月3日。

9月27日　德国、意大利、日本在柏林签署三国同盟条约，轴心三国的同盟关系正式确立。

10月12日　希特勒取消陆海军对英国的入侵。“海狮计划”暂停。

10月23日　希特勒会见西班牙独裁者佛朗哥，建议西班牙人参战。

10月24日　希特勒会见贝当，维希法国答应与德国合作对抗英国，以换取未来的欧洲地位和英国在非洲的殖民地。

10月28日　希特勒在佛罗伦萨会晤墨索里尼，被告知意大利正在进攻希腊。

11月9日　内维尔·张伯伦去世。

11月12日　苏联外交人民委员莫洛托夫抵达柏林，与希特勒进行政治会谈。德国外长里宾特洛甫提议将三国条约变成四国条约。

11月26日　苏联同意参加四国条约，但提出对芬兰、保加利亚、土耳其和波斯湾的要求。

12月5日　德国陆军参谋总部提交进攻苏联计划。

12月18日　希特勒下发“巴巴罗萨计划”指令，对进攻苏联发起动员。

1941年1月8日　希特勒在伯格霍夫召开军事会议，宣布要在北非支持意大利。

2月28日　德国军队从罗马尼亚渡过多瑙河占领保加利亚。

3月26日　南斯拉夫发生政变。希特勒决定入侵南斯拉夫，推迟“巴巴罗萨”计划。日本外务相松冈洋右抵达柏林进行访问。

4月4日　希特勒许诺松冈洋右，将在可能的日美冲突中支持日方。

4月13日　松冈洋右返国途中路过莫斯科，与苏联签订《苏日中立条约》。

4月6日　德军进攻南斯拉夫和希腊。贝尔格莱德遭到空袭。

4月13日　德国和匈牙利陆军开进贝尔格莱德。

4月17日　南斯拉夫军队投降，国王和首相逃到希腊。

4月23日　北部的希腊军队向德国和意大利投降。

4月27日　德国陆军进入雅典。

4月30日	希特勒宣布“巴巴罗萨计划”的开始时间为6月22日。
5月4日	希特勒在国会发布胜利演说。
5月10日	纳粹副领袖鲁道夫·赫斯独自驾驶飞机出走英国，希望与英国人谈判和平。
5月底	德国夺取克里特岛。
5月25日	希特勒派出军事代表团驰援伊拉克。
6月21日	希特勒告诫海军不得对美国轻启战端，但允许德国军舰“自卫”。
6月22日	“巴巴罗萨计划”发动，德国对苏联发动进攻。苏联仓促应战，损失惨重。
6月28日	里宾特洛甫敦促日本进攻苏联，但遭到东京反对。
8月19日	丘吉尔与罗斯福签署《大西洋宪章》。
9月19日	基辅陷落。
10月2日	德军对莫斯科发动大规模进攻，代号“台风”。
10月6日	苏联开始下雪。道路泥泞，德军装甲车移动受限。
11月18日	日本请求与德国签订不单独与共同敌人媾和的条约。
11月21日	德军装甲部队开进罗斯托夫。
11月25日	日本航空母舰特遣舰队驶向珍珠港。
11月26日	苏军收复罗斯托夫，德军两翼受敌，仓皇撤退。纳粹军队第一次遭受重大挫折。
12月1日	德军对莫斯科发起总攻。
12月3日	日本要求意大利在日美冲突开始时向美国宣战。
12月5日	德军全线受挫。
12月6日	苏军在朱可夫带领下在莫斯科前线开始反攻。
12月7日	日本轰炸机偷袭珍珠港。太平洋战争开启。

12月8日	美国对日本正式宣战。
12月11日	希特勒在国会发表演讲。德国对美国宣战。
12月19日	德国陆军总司令布劳希奇辞职。希特勒自任陆军总司令。
1942年1月8日	希特勒批准德军逐步从莫斯科后撤。
1月20日	万湖会议召开。德国决定对犹太人进行“最后解决”。
1月底	戈林到达罗马，接收意大利向苏联战场增援的军队。
4月26日	德国国会通过法律，赋予希特勒绝对权力。
4月29日	希特勒与墨索里尼在萨尔茨堡会谈。意大利答应提供更多援军。
5月27日	隆美尔在北非重新展开攻势。
5月29日	波希米亚和摩拉维亚保护国代理保护长官莱因哈德·海德里希在布拉格遇刺。
6月4日	海德里希伤重身死，德国展开报复。
6月9日	德国血洗利布拉格附近的利迪策村。
6月15日	希特勒推迟进攻马耳他的“大力神计划”。马耳他作为英军基地使北非德军损失惨重。
6月23日	德军进入埃及。
6月底	隆美尔进驻阿拉曼，仅余13辆作战坦克。
7月13日	希特勒撤去指挥南线攻势的陆军元帅冯·博克的职务。
8月8日	德军占领高加索地区的迈科普油田，发现设施全部遭到破坏。
8月15日	新任英国第八军团司令蒙哥马利抵达北非战场。
8月23日	德军抵达斯大林格勒正北的伏尔加河一带。
8月31日	隆美尔在阿拉曼重新发动进攻。
9月3日	北非德军转攻为守。

9月13日　德军攻入斯大林格勒，与苏军展开巷战。

9月24日　德军陆军参谋总长哈尔德被解职。

10月15日　希特勒驳回参谋总部关于让维希法国军队增援北非的建议。

10月23日　北非英军对德军发起反攻。

11月2日　蒙哥马利的军队突破意大利守军。

11月8日　艾森豪威尔率领英美军队开始登陆北非。维希法国宣布与美国断绝外交关系。

11月10日　希特勒下令占领法国全境。

11月11日　意大利占领科西嘉岛。德军占领法属突尼斯。

11月19日　苏军对顿河地区发动进攻。

11月25日　希特勒任命曼施坦因陆军元帅为顿河集团军司令。

11月27日　德军进攻法国土伦军港，法国水兵进行抵抗，并把舰只凿沉。

12月12日　曼施坦因发动“冬风计划”，对苏军发起反攻。

12月18日　苏军在顿河上游突破意军防线。

12月21日　希特勒允许被围困的第六军团突围，但不许放弃斯大林格勒。

1943年1月10日　苏军对斯大林格勒展开最后的总攻。

1月31日　德军第六军团向苏联投降。

2月2日　斯大林格勒的德军其余部队投降。

2月3日　德军最高统帅部宣布斯大林格勒战役失败。

2月19日　慕尼黑地下抵抗运动的领导人朔尔兄妹遇害。

3月13日　反对派军官试图谋杀希特勒，但运上飞机的定时炸弹没有爆炸。

3月21日　第二次刺杀希特勒尝试，但因其提前离开军械库

	而失败。
4月19日	党卫军开始对波兰华沙犹太人隔离区进行清除。犹太人爆发起义。
5月16日	华沙起义被彻底镇压。
5月30日	英国空军大规模轰炸科隆。战火烧到德国本土。
7月5日	德国对苏联发动最后一次大攻势。
7月10日	英美军队成功登陆西西里。
7月24日	意大利法西斯党最高委员会召开，要求恢复君主立宪制。墨索里尼受到猛烈抨击。
7月25日	墨索里尼被意大利国王解除全部职务，押往警察局。
8月23日	苏联解放哈尔科夫。
9月3日	盟军在意大利本土南端登陆。
9月8日	意大利公开宣布与盟国签订的停战协定。
9月13日	希特勒派遣斯科尔兹内成功营救墨索里尼。
9月15日	墨索里尼在希特勒的怂恿下宣布成立意大利社会共和国。
9月25日	苏联解放斯摩棱斯克。
11月6日	苏联解放基辅。
12月26日	克劳斯·冯·施陶芬贝格第一次尝试刺杀希特勒，因会议临时取消而失败。
1944年1月11日	希特勒逼迫墨索里尼处死他的女婿、意大利前外相齐亚诺。
2月	隆美尔同意参加推翻希特勒的政变。
6月6日	盟军进攻诺曼底。
6月10日	党卫军帝国师屠杀法国奥拉杜尔村。苏联在东线开启夏季攻势。

7月4日	苏联军队越过1939年波兰东部边境，进攻东普鲁士。
7月20日	施陶芬贝格在狼穴安置定时炸弹，但希特勒逃过一劫。密谋行动彻底失败。前陆军参谋总长贝克以下的大批参与行动的高级军官被杀。
7月30日	盟军突破整条西线。
8月底	苏联占领罗马尼亚。
8月25日	盟军解放巴黎。
8月26日	保加利亚退出战争，德军从该国撤退。
9月	芬兰退出战争，并向拒绝撤离的德军开火。
9月1日	蒙哥马利晋升元帅，率军进入比利时。
9月3日	盟军解放布鲁塞尔。
9月4日	盟军解放安特卫普。
10月14日	隆美尔被迫自杀。
10月24日	亚琛向盟军投降。
12月15日	德军开启阿登森林战役，希特勒投入最后的后备力量。
1945年1月16日	德军退回最初战线，阿登森林战役宣告失败。
1月17日	苏联解放华沙。
1月27日	朱可夫的军队渡过奥得河，进逼柏林。
2月8日	盟军进逼莱茵河。
3月19日	希特勒下达焦土命令，要毁掉德国所有军事、工业、交通运输设备。
3月23日	盟军强渡下莱茵河，向德国北部平原和鲁尔区推进。
3月25日	英美军队完全控制莱茵河西岸。
4月13日	维也纳失守。希特勒得知美国总统罗斯福去世。
4月15日	希特勒的情妇爱娃·布劳恩来到柏林。

4月16日　盟军进抵纽伦堡。苏军从奥得河出击。

4月21日　苏军到达柏林郊区。

4月23日　戈林在慕尼黑要求接管权力。希姆莱则单独通过瑞典与西方媾和。希特勒宣布戈林叛国，命令党卫军将他逮捕。

4月25日　美军与苏军在易北河会师。

4月26日　希特勒任命冯·格莱姆为空军总司令。苏军开始炮轰总理府。墨索里尼被意大利游击队捕获。

4月28日　墨索里尼被处决。

4月29日　希特勒与爱娃·布劳恩结婚并立下遗嘱，任命邓尼茨为继承人。戈培尔写下遗言。

4月30日　希特勒与妻子自杀。

5月1日　戈培尔携妻儿自杀。

5月4日　德军最高统帅部命令德军向蒙哥马利投降。

5月6日　邓尼茨解除希姆莱的职务，向盟军示好。

5月7日　德国代表在无条件投降文件上签字。

5月8日　德意志第三帝国灭亡。

5月21日　希姆莱被捕。

5月23日　盟军解散邓尼茨残余政府，全体成员被捕。希姆莱自杀。

11月20日　纽伦堡国际军事法庭开启审判程序。

1946年10月16日　里宾特洛甫、凯特尔、罗森贝格等被执行死刑。戈林自杀。

纳粹德国政府架构

内阁与国务部门

党务办公厅（马丁·鲍曼）

国务办公厅（汉斯·兰马斯）

元首办公厅（菲利普·鲍赫勒）

总统办公厅（奥托·迈斯纳）

内阁会议（康斯坦丁·冯·牛赖特）

政府办公室

四年计划办公室（赫尔曼·戈林）

青年事务办公室（巴尔杜尔·冯·席拉赫，阿图尔·阿克斯曼）

财政办公室（弗朗茨·萨克维尔·施瓦茨）

高速公路监察主任（弗里茨·托特）

帝国银行主席（亚马尔·沙赫特，瓦尔特·冯克）

资产监察委员会（阿尔伯特·施佩尔）

政府部门

外交部（康斯坦丁·冯·牛赖特，约阿希姆·冯·里宾特洛甫）

内政部（威廉·弗里克，海因里希·希姆莱）

国民教育与宣传部（约瑟夫·戈培尔）

航空部（赫尔曼·戈林）

财政部（卢茨·什未林·冯·克罗西克伯爵）

司法部（弗朗茨·居尔特纳，弗朗茨·施雷格尔贝格尔，奥托·蒂拉克）

经济部（亚马尔·沙赫特，赫尔曼·戈林，瓦尔特·冯克）

养殖与农业部（里夏德·瓦尔特·达雷，赫伯特·巴克）

劳工部（弗朗茨·塞尔特）

科学、教育与文化部（伯恩哈德·鲁斯特）

宗教事务部（汉斯·克尔）

交通部（尤利乌斯·多普米勒）

邮政部（威廉·奥尼佐格）

军备部（弗里茨·托特，阿尔伯特·施佩尔）

不管部部长（康斯坦丁·冯·牛赖特，汉斯·弗兰克，亚马尔·沙赫特，阿图尔·赛斯-英夸特，马丁·鲍曼）

占领当局

东部占领区（阿尔弗雷德·罗森贝格）

波兰总督府（汉斯·弗兰克）

波希米亚与摩拉维亚保护国总督府（康斯坦丁·冯·牛赖特，威廉·弗里克）

代理总督（莱因哈德·海德里希，库尔特·达吕格）

法国军政府办公室（奥托·冯·施蒂尔普纳格尔，卡尔-海因里希·冯·施蒂尔普纳格尔）

纳粹德国武装部队领导结构

武装部队最高统帅部（OKW）

总长：威廉·凯特尔陆军元帅（1938—1945）

作战局：局长阿尔弗雷德·约德尔大将（1938—1945）

一般事务局：局长赫尔曼·赖内克步兵上将（1939—1945）

外国军事情报局：局长威廉·卡纳里斯海军上将（1935.1—1944.2）、格奥尔格·亚历山大·汉森上校（1944.2—1944.5）（后为党卫军保安处接管）

中央局

国防经济与装备局

司法局

陆军总司令部（OKH）

历任陆军总司令：

1. 维尔纳·冯·弗里奇大将（1934.1.1—1938.2.4）
2. 瓦尔特·冯·布劳希奇元帅（1938.2.4—1941.12.19）
3. 阿道夫·希特勒（1941.12.19—1945.4.30，元首兼任）
4. 费迪南·舍尔纳元帅（1945.4.30—1945.5.8）

历任陆军参谋总长：

1. 路德维希·贝克炮兵上将（1933.10.1—1938.10.31）
2. 弗朗茨·哈尔德大将（1938.10.31—1942.9.24）
3. 库尔特·蔡茨勒大将（1942.9.24—1944.7.10）
4. 阿道夫·豪辛格中将（1944.7.21—1945.3.28，代理）
5. 海因茨·古德里安大将（1944.7.21—1945.3.28，代理）
6. 汉斯·克雷布斯步兵上将（1945.3.29—1945.5.1，代理）
7. 威廉·凯特尔元帅（1945.5.1—1945.5.13，代理）
8. 阿尔弗雷德·约德尔大将（1945.5.13—1945.5.23，代理）

海军总司令部（OKM）

历任海军总司令：

1. 埃里希·雷德尔海军元帅（1935.6.1—1943.1.30）
2. 卡尔·邓尼茨海军元帅（1943.1.30—1945.4.30）
3. 汉斯-格奥尔格·冯·弗里德堡海军大将（1945.5.1—1945.5.23）
4. 瓦尔特·瓦热哈海军大将（1945.5.23—1945.7.22）

历任海军参谋总长：

1. 君特·古泽海军上将（1937.4.1—1938.10.31）
2. 奥托·施尼温德海军大将（1938.10.31—1941.6.12）
3. 库尔特·弗里克海军上将（1941.6.13—1943.2.20）
4. 威廉·迈泽尔海军上将（1943.2.21—1944.4.30，后转为海战指挥部部长，直到无条件投降）

空军总司令部（OKL）

历任空军总司令：

1. 赫尔曼·戈林帝国元帅（1935.5—1945.4.23）
2. 罗伯特·冯·格莱姆元帅（1945.4.26—1945.5.8）

3. 汉斯-于尔根·施通普夫大将（1945.5.8）

历任空军参谋总长：

1. 瓦尔特·韦弗中将（1935.3.1—1936.6.3）

2. 阿尔贝特·凯塞林元帅（1936.6.3—1937.5.31）

3. 汉斯-于尔根·施通普夫大将（1937.6.1—1939.1.31）

4. 汉斯·耶顺内克大将（1939.2.1—1943.8.18）

5. 君特·科尔滕大将（1943.9.3—1944.7.22）

6. 维尔纳·克赖珀飞行上将（1944.8.2—1944.10.28）

7. 卡尔·科勒（1944.11.1—1945.5.8）

纳粹德国主要人物小传

路德维希·贝克（Ludwig Beck，1880—1944），陆军大将，第一次世界大战时作为参谋军官在西线作战，战后任职于重组的参谋部门。1933年出任陆军参谋总长，后因与希特勒在战略思想上的冲突被免职，转而加入并领导推翻希特勒的密谋集团，在密谋分子计划成立的新政府中被规划为德国总统，因1944年7月20日刺杀希特勒行动失败被捕，自杀未遂后被杀。

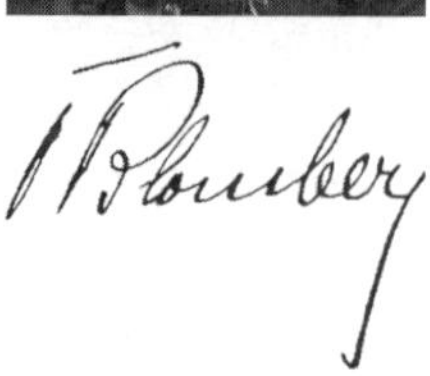

维尔纳·冯·勃洛姆堡（Werner von Blomberg，1878—1946），陆军元帅，曾任纳粹政府国防部长、武装部队总司令，任内协助希特勒扩军。1934年，他向希特勒施压整肃冲锋队，希特勒发动长刀之夜清洗罗姆等冲锋队高层成员。1938年1月，他与小他二十多岁的秘书再婚，却被人向戈林告密说新娘以前做过妓女，希特勒要求他离婚，被他拒绝，勃洛姆堡因此事被迫辞职。以此为契机，国防部被改组为最高统帅部，直接听命于希特勒。此后勃洛姆堡再未被启用。1945年，勃洛姆堡被盟军拘捕，1946年3月死于纽伦堡监狱。

马丁·鲍曼（Martin Bormann, 1900—1945），纳粹德国党务办公厅主任。1918年加入军队，没有参加过第一次世界大战的战斗。战后，他加入自由军团，参加右翼极端主义活动被控谋杀，与后来的奥斯维辛指挥官鲁道夫·胡斯一起被捕，1928年遇大赦被释放。同年，鲍曼加入纳粹党，负责党内保险机构，后成为鲁道夫·赫斯的助手，直到赫斯1941年独自飞往英国媾和。随后他被希特勒任命为办公厅主任，被称为“元首的个人秘书”，一直陪伴着希特勒。希特勒在遗嘱中称他为“最忠实的同志”。他在希特勒结婚时任证婚人。希特勒死后，他在从柏林突围时身死。纽伦堡审判时被缺席判处死刑。

瓦尔特·冯·布劳希奇（Walther von Brauchitsch，1881—1948），陆军元帅，出身于西里西亚的贵族家庭，其父为普鲁士战争学院院长。1895年，布劳希奇加入军队，成为奥古斯特·维多利亚皇后的卫士。在第一次世界大战期间，他在各处参谋部任职，战后也留任军中。1938年，在勃洛姆堡-弗里奇危机后，布劳希奇出任纳粹德国陆军总司令，晋升上将军衔。第二次世界大战爆发后，他与陆军参谋总长哈尔德一起领导了波兰战役和西线战役。他们曾策划推翻并逮捕希特勒的“措森密谋”，但未能付诸实施，后切断与反抗分子的联系。1941年12月莫斯科战役失败后，布劳希奇成为替罪羊，后因健康状况提出辞职。随后希特勒自任陆军总司令。战后，布劳希奇被纽伦堡军事法庭作为证人羁押，于1948年10月18日因心脏病死于汉堡英军监狱。

卡尔·邓尼茨（Karl Dönitz，1891—1980），海军元帅，1910年加入德国海军，成为基尔的海军学校学生。第一次世界大战之中，他所在的“布雷斯劳号”巡洋舰突破法国和英国海军的封锁逃至君士坦丁堡，被编入奥斯曼土耳其海军，邓尼茨随舰参加对俄作战。1916年10月，他转入潜艇部队，成为艇长。1918年，他在一次对英作战中被俘，于次年获释。魏玛时代他继续在波罗的海服役，创造出潜艇战的“集结战术”。1939年10月，邓尼茨成为潜艇舰队司令，先后对英国和美国船只展开攻击，取得成效。1943年，邓尼茨继雷德尔任海军总司令。1945年4月，希特勒在遗嘱中任命邓尼茨为德国总统、戈培尔为总理。戈培尔也自杀后，邓尼茨指挥德军向盟国投降，在纽伦堡审判中被判10年监禁。

维尔纳·冯·弗里奇（Werner von Fritsch，1880—1939），陆军大将，军官家庭出身的他深受父亲影响，重视爱国主义、职责、忠诚。1898年中学毕业后加入军队，1907年进入柏林军事学院培训。第一次世界大战期间在多个单位任职参谋，魏玛时期留任国防部。希特勒上台后，弗里奇被任命为武装部队陆军总司令，他是旧式普鲁士军官的代表，因此与勃洛姆堡和纳粹党人产生矛盾。因受勃洛姆堡丑闻牵连，他被指控为同性恋，被迫去职，由布劳希奇继任。但在随后的诉讼中，并无指控的确切证据。他恢复了名誉，但并未恢复职位。第二次世界大战爆发后，他随军参加波兰战役，在前线战死。

约瑟夫·戈培尔（Joseph Goebbels，1897—1945），纳粹德国宣传部长，擅长演讲。他因幼时的骨髓炎导致右腿萎缩、身材矮小，因此在第一次时间大战中未能如愿参军入伍。戈培尔先后在多所大学中学习文学和历史，最终在海德堡大学获得哲学博士学位。此时他并未表露出明显的反犹主义倾向。经济危机使他频繁失业，导致对社会的仇恨。1924年，他在纳粹主义运动中找到了自己的归属。他先是支持施特拉塞尔，后转投希特勒，开始为希特勒和纳粹党宣传造势。希特勒上台后，成立宣传部，任命戈培尔为部长，主导纳粹党对文化事务的极权控制，在全国宣传反犹主义、鼓吹战争。在第三帝国末期，希特勒曾在遗嘱中任命其为继任的德国总理，但在希特勒死后，他也在杀死六名子女后与妻子自杀。

赫尔曼·戈林（Hermann Goering，1893—1946），帝国元帅，德国空军总司令，国会议长，经济部长，普鲁士邦总理。戈林自小热爱登山与狩猎，在任职骑兵军官的父亲的推动下，于1905年进入军校就读，后考入普鲁士军官学校。第一次世界大战爆发后，他随所属的步兵团开赴法国作战，不久后因病退出战场。住院期间，戈林从步兵转至航空队，在弗赖堡进行飞行训练。他先是作为观测员进行飞行侦查任务，后成为战斗机飞行员，并被誉为最优秀的飞行员之一，被任命为“里希特霍芬联队”的指挥官。德国战败后，戈林无视投降命令，故意将飞机着陆失败摔成废铁作为报复。战后，他进入慕尼黑大学攻读经济和历史，倒向纳粹主义，结识希特勒。1923年11月，他与希特勒一起发动啤酒馆政变，失败后逃去奥地利，受到纳粹支持者欢迎，1927年遇赦回国。1928年，戈林当选国会议员，在上层社会为纳粹党打开门路。1932年7月的大选中，纳粹党成为第一大党，戈林成为国会议长。掌权后，戈林成为普鲁士总理、国家空运专员，成立被称为“盖世太保”的秘密警察，后将秘密警察的指挥权移交给希姆莱。他与希特勒、希姆莱、海德里希等人一起主导了清洗罗姆的长刀之夜。1935年，德国重整军备，戈林正式被任命为空军总司令，1938年晋升元帅。1936年，戈林成为四年计划总负责人，掌握国家经济大权。第二次世界大战爆发后，因指挥西线空战有功，晋升为绝无仅有的“帝国元帅”。希特勒曾指定戈林为继承人，但在战事末尾，他因对希特勒逼宫而被捕并开除党籍。战后被盟军逮捕，判处死刑，于行刑前自杀。

海因茨·古德里安（Heinz Guderian，1888—1954），陆军大将，坦克与机械化战术的推动者，在战争中出任装甲部队指挥官，参与闪击波兰，在西线指挥军队极速穿越阿登森林直达英吉利海峡。苏德战争中被免职，斯大林格勒惨败后重整装甲军，后出任陆军参谋总长。战败后，古德里安向美军投降，因战时并未虐待俘虏和屠杀平民而没有被列为战犯，关押三年后被释放，1954年因病去世。

弗朗茨·哈尔德（Franz Halder，1884—1972），陆军大将，1902年加入巴伐利亚炮兵团，后就读于巴伐利亚参谋学校。第一次世界大战中，他在各集团军参谋部任职，战后担任战术教官，因公认的计划和组织能力于1936年晋升中将，1938年晋升炮兵上将，继贝克任陆军参谋总长，参与策划了第二次世界大战第一阶段的全部战事，获骑士铁十字勋章。1939年11月，试图联合布劳希奇阻止希特勒扩大战争失败。1939年底，他负责策划针对法国和低地国家的军事行动，1940年开始策划巴巴罗萨计划，但希特勒开始干涉东线的指挥权，哈尔德受到排挤。后因频繁地与希特勒产生战略冲突，他在苏德战争中被解职。哈尔德长期同情反纳粹分子，但从未参加政变行动。7月20日刺杀希特勒失败后，他被囚禁于集中营，战后被美军所俘。1950年代，哈尔德在美国陆军中担任顾问。

鲁道夫·赫斯（Rudolf Hess，1894—1987），纳粹党副元首，生于埃及亚历山大港的德国商人家庭，后回到德国在慕尼黑大学就读，受到地缘政治学家豪斯霍费尔的极大影响。第一次世界大战中入伍，因伤获得铁十字勋章，后转入空军成为战斗机飞行员。赫斯于1920年加入纳粹党，1923年参与啤酒馆暴动，失败后与希特勒一同被监禁，笔录下希特勒口述的《我的奋斗》，还对该书的结构和内容提出过自己的建议。纳粹上台后，赫斯被任命为副元首。1941年5月10日，他私下独自驾驶飞机飞往英国媾和，被扣押至战争结束。纽伦堡法庭判处他无期徒刑，关押在柏

林施潘道监狱，在狱中曾进行过多次自杀尝试。1987年8月17日，赫斯在监狱中上吊身亡，时年93岁。

莱因哈德·海德里希（Reinhard Heydrich，1904—1942），出身于音乐世家，从小热爱击剑和游泳，传说他有犹太血统，在学校经常受到欺凌。第一次世界大战结束后，海德里希开始接触右翼和反犹主义思想，战后的通货膨胀使其一家陷入经济危机。1922年，海德里希加入德国海军，因风流韵事传出丑闻，于1931年4月被海军元帅雷德尔除名。同年，他投奔希姆莱麾下，为党卫军筹建情报部门，先后被任命为保安局局长和盖世太保首领。在长刀之夜中，海德里希协助决定了被清洗人员的名单。1936年，他协助组织了柏林奥运会。1942年，海德里希组织万湖会议，制定了对犹太人问题的最后解决方案。自1941年起，海德里希任波希米亚和摩拉维亚保护国代理总督，于1942年5月27日被捷克斯洛伐克流亡政府派人刺杀身亡。纳粹政府为他举行了豪华的葬礼，希特勒出席。作为报复，纳粹制造了利迪策惨案。

海因里希·希姆莱（Heinrich Himmler，1900—1945），出生于慕尼黑，其父与巴伐利亚王室关系良好，根据海因里希亲王的名字给小希姆莱起了名。第一次世界大战中，他强烈要求上战场，虽然还不满服役年龄。战后，希姆莱进入慕尼黑大学学习农业，积极参加右翼活动。1923年，希姆莱加入纳粹党，以旗手身份参加了失败的啤酒馆政变，但他未被逮捕监禁。1925年，希姆莱加入党卫军，1927年被任命为党卫军全国副领袖，1929年成为全国领袖。因薪水微薄，希姆莱曾开办养鸡场补贴家用，但不久就因经营不善而破产关门。纳粹掌权后，希姆莱逐渐掌握了全国的警察权力，戈林也借他的党卫军来打击罗姆的冲锋队。在长刀之夜行动中，他与戈林、海德里希一起策划了清除人员名单并罗织了罗姆的罪名和证据。此后，希姆莱统管全德国所有的集中营，主导了种族灭绝的大屠杀。自1934年起，希姆莱开始扩大党卫军规模和提高军事化程度，后来成立武装党卫军，随着战争的不断失利，希特勒逐渐将对国防军的希望放在武装党卫军身上。1944年7月20日刺杀希特勒失败后，希姆莱命令帝国保安部对参与人员进行大规模清洗，数千人被杀。随后，希姆莱被任命为集团军司令。希特勒曾将希姆莱称作“忠诚的海因里希”，但在1945年春，希姆莱看到大势已去，便试图通过中间人联络蒙哥马利或艾森豪威尔单独媾和，希特勒下令解除希姆莱所有职务后自杀。为躲避盟军追捕，希姆莱化装逃亡，因伪装证件可疑被英军拘留，咬破嘴中藏的氰化钾胶囊自杀。

保罗·冯·兴登堡（Paul von Hindenburg，1847—1934），陆军元帅，政治家，魏玛共和国第二任联邦总统（1925—1934）。他出身于普鲁士军官家庭，曾参加普奥战争、普法战争，并参加1871年1月18日普鲁士国王威廉一世在法国凡尔赛宫镜厅的称帝仪式，目睹德意志第二帝国的诞生。1905年6月，兴登堡晋升步兵上将，1911年5月获得普鲁士最高级别的黑鹰勋章并退休。第一次世界大战爆发后，兴登堡重新入役，1914年8月指挥军队在东线大败俄国，取得著名的坦嫩贝格战役的胜利，之后晋升元帅。1916年8月，兴登堡成为陆军最高指挥官，与埃里希·鲁登道夫共同执掌最高统帅部。1918年战败后，他劝德皇威廉二世逃离德国。《凡尔赛和约》签署后，兴登堡辞职，散布“刀刺在背”传说，声称德国军队在战场上并未失败，只是被十一月革命党人所背叛。魏玛共和国第一任总统弗里德里希·埃伯特于1925年去世后，兴登堡代表右翼政党竞选总统，并成功当选。1933年1月30日，兴登堡任命希特勒为德国总理，并在其影响下签署授权法案，为希特勒的独裁统治铺平了道路。晚年，兴登堡的健康和智力状况持续恶化，对希特勒发动的清洗罗姆的“长刀之夜”无所作为。1934年8月2日，兴登堡逝世于东普鲁士，后被希特勒葬在坦嫩贝格。在他死后，希特勒宣布德国总理和总统职位合并，归于希特勒一人。

阿道夫·希特勒（Adolf Hitler，1889—1945），德国纳粹党领袖，德国总理、帝国元首。他生于奥地利，热爱绘画，曾两度报考维也纳美术学院，但都被拒绝录取。后来，他浪迹维也纳，靠卖画与杂工为生。他不想为多民族的奥地利服兵役，向往心目中的德意志帝国，从而逃到慕尼黑。第一次世界大战爆发时，希特勒加入巴伐利亚步兵团，因作战勇敢两次获得铁十字勋章，在养伤期间得知德国已战败投降。战后，希特勒加入陆军的调查局，在监视德国工人党期间表明反犹主义态度，被邀请入党。1921年，他出任党魁，并将该党名称改为民族社会主义德国工人党。1923年，希特勒试图利用鲁登道夫的影响力发动啤酒馆政变，失败被捕，被关押在兰茨贝格监狱，在这里，他向鲁道夫·赫斯口授了《我的奋斗》。1924年他提前获释后，重新组织起纳粹党，不再进行武装政变，转而走上议会政治的道路。在德国的内忧外患之中，纳粹党获得越来越多的支持，于1932年的两次大选中两度成为国会最大党。1933年1月30

日，兴登堡总统任命希特勒为德国总理。借助2月底的国会纵火案，希特勒提出授权法案，得以绕过国会而行使权力。1934年6月30日，希特勒发动长刀之夜，清洗了一直叫嚣二次革命的罗姆。8月2日，兴登堡去世，所有权力集中于希特勒一人之手。希特勒扩军备战，利用外交加武力威胁的手段逐步吞并奥地利和捷克斯洛伐克，与意大利、日本结成反共条约。1939年9月1日，希特勒制造借口闪击波兰，拉开第二次世界大战的序幕。战争初期，德国迅速在东西两线取得大规模胜利，但随着苏德战争的进展和盟军的登陆作战，德军迅速溃败。1945年4月30日，在与多年情人爱娃·布劳恩举行婚礼后，希特勒自杀身亡。

阿尔弗雷德·约德尔（Alfred Jodl，1890—1946），陆军大将，出生于巴伐利亚的军官家庭，于第一次世界大战期间担任炮兵军官。在《凡尔赛和约》签订后的大裁军中，约德尔并未被裁撤，而是继续留在军队中。1932年，他进入国防部作战局，隶属于路德维希·贝克。1938年，他成为新成立的最高统帅部作战局局长，直接隶属于威廉·凯特尔陆军元帅。1940年，约德尔参与策划指挥了入侵丹麦和挪威的威悉演习计划。法国投降后，约德尔越级升为炮兵上将。在1942年针对苏联的夏季攻势中，约德尔与希特勒之间屡屡出现矛盾，他强烈批评希特勒对行动计划的干涉，但无济于事。当希特勒指责德军在高加索地区进攻不利时，约德尔却提出他们只是在执行希特勒的命令。这使得希特勒打算在拿下斯大林格勒后用弗里德里希·保卢斯换掉约德尔，但保卢斯却兵败投降苏联。1944年1月，约德尔晋升大将。他也曾参与对欧洲犹太人的驱逐，并曾下令摧毁挪威平民的住所，这些导致他在纽伦堡法庭上被控犯下战争罪。在战败前夕的1945年5月6日，约德尔获得海军元帅邓尼茨授予的铁十字勋章，并于次日代表邓尼茨在无条件投降书上签字，后被英军逮捕。纽伦堡军事法庭判决他死刑，并于1946年10月16日执行。他曾要求法庭执行枪决而非绞刑，但被拒绝。

威廉·凯特尔（Wilhelm Keitel，1882—1946），陆军元帅，出生于萨克森的地主家庭，中学毕业后按惯例进入普鲁士军队，成为炮兵，并在第一次世界大战期间受伤。凯特尔同情民族社会主义，希特勒的演讲给他留下了深刻的印象。1939年他获得纳粹党金质徽章，这使得他自动成为纳粹党员。在勃洛姆堡-弗里奇危机后，凯特尔成为武装部队最高统帅部总长，直接听命于希特勒。传递希特勒的命令是他的主要工作，此后他一直担任着希特勒和军方之间的协调人的角色。1940年，凯特尔晋升元帅。在征服荷比卢三国和法国之后，他称希特勒为“史上最伟大的将军”。由于对希特勒的命令不加选择的接受，他被同僚称为“应声虫”，希特勒则以巨额的财产赏赐回报了他的忠诚。在1944年7月20日的刺杀行动中，是他在无意中将刺客施陶芬贝格带入希特勒的会议室，并在事后领导“人民法庭”，处死了一批反对希特勒的中高级将领。1945年5月8日夜间，凯特尔向苏联投降。纽伦堡军事法庭判处凯特尔死刑，并于1946年10月16日执行。

埃里希·鲁登道夫（Erich Ludendorff，1865—1937），步兵上将，第一次世界大战期间曾参与计划实施著名的施利芬计划，后调到东线，与兴登堡一起取得坦嫩贝格战役的胜利。在兴登堡执掌陆军最高指挥权后，鲁登道夫成为德军重要领导人。他主张对英国展开无限制潜艇战，这最终导致美国参战。他与兴登堡的所谓第三最高陆军指挥实际上掌握了德国的军政大权，他们特意放列宁回俄国，结果一如所愿，俄国 爆发十月革命，德国的东线战事得到缓和。1918年，鲁登道夫与列宁签订了有利于德国的《布列斯特-立托夫斯克条约》。他还重视宣传的作用，主张要利用传统媒体，更要利用新兴的电影进行心理战。1918年，鲁登道夫被授予大铁十字勋章。西线溃败、共和国成立后，他逃亡瑞典，后重返德国，宣扬“刀刺在背”传说，积极参加卡普政变，并于1923年和希特勒一起发动了啤酒馆政变，在政变失败后的审判中，他因第一次世界大战中的功绩被宣告无罪。1925年，他曾尝试参加总统竞选，但败于前上司兴登堡。晚年，鲁登道夫与纳粹党决裂并退出政坛。1937年，他死于肝癌。

弗朗茨·冯·巴本（Franz von Papen，1879—1969），德国政治家、外交家，出生于威斯特法伦的贵族家庭。他曾担任德国驻美国大使馆武官，在那时结交了一批日后的军政要人如富兰克林·D. 罗斯福和道格拉斯·麦克阿瑟等，并曾在墨西哥革命期间帮助后者逃亡。第一次世界大战爆发后，他因从事间谍活动被驱逐出境。回国后，他被授予铁十字勋章，并进入军队服役，首先在西线，后转往中东。战后，巴本离开军队，加入天主教中央党，但在1925年的大选中却支持右翼的兴登堡当选总统。1932年，在施莱谢尔的鼓动下，巴本被兴登堡

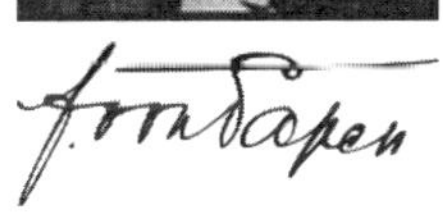

任命为德国总理。由于他的内阁成员大部分都是贵族，因此这届内阁被称为“男爵内阁”。在1932年的两次大选中，纳粹党两度取得最多议席，巴本被迫辞职，由施莱谢尔接任。1933年1月，施莱谢尔也未能获得议会多数，请求总统解散议会并赋予他紧急权力。但巴本向兴登堡保证他能控制希特勒，因而兴登堡令施莱谢尔辞职并任命希特勒为总理、巴本为副总理。他很快在纳粹政府中受到排挤和孤立，他于马尔堡大学发表的恢复自由、停止冲锋队的二次革命的演说激怒了希特勒，但由于与兴登堡关系密切，希特勒不敢贸然对他下手，得以逃过“长刀之夜”的屠杀清洗。他的一些下属被送进集中营，他本人则被软禁，辞去副总理职务。纳粹党刺杀奥地利总理陶尔斐斯后，巴本被任命为驻奥地利公使，任务是维持与奥地利的关系进而协助希特勒吞并奥地利，但他并不知道纳粹曾策划刺杀自己并栽赃给奥地利人，以此为发动军事入侵的借口。1938年2月，巴本被免职，但仍依令安排奥地利总理许士尼格与希特勒会面，这次会面造就了德奥合并。第二次世界大战后，巴本成为纽伦堡法庭的被告，但未被定罪。他曾于1950年代尝试重拾政治事业，但未成功。

约阿希姆·冯·里宾特洛甫（Joachim von Ribbentrop，1893—1946），纳粹德国的外交部长。他出生于莱茵州的一个军官家庭，经常受到父亲的打骂。幼时举家搬到阿尔萨斯-洛林，这使里宾特洛甫学会了流利的法语。后全家搬去瑞士，他在那里学了英语。1910年，里宾特洛甫前往加拿大，先后做过建筑工人、银行职员、自由记者等工作，也尝试利用母亲的遗产做生意，主要是从德国运酒去加拿大售卖。第一次世界大战爆发后，他回国参战，绕过英军的封锁回到欧洲，通过父亲的关系进入骑兵团，战争期间获得晋升，被授予铁十字勋章。他后来受伤，转任驻土耳其武官，在那里结识弗朗茨·冯·巴本。战后，里宾特洛甫移居柏林，在国防部工作了一段时间，后来他离开军队，开了自己的酒业公司。1925年，他以15年的年金换得一个远房姑妈收养，得以在姓名中冠上梦寐已久的贵族标记“冯”，但这一举动经常受到老贵族的嘲讽。他于1928年结识希特勒，1932年加入纳粹党，凭借对希特勒的谄媚、对反犹主义的高调提倡和对外国的了解深受希特勒信任，1936年出任驻英国大使，1938年任外交部长，主导签署了《反共公约》《德苏条约》《德苏边境友好条约》等。战后被纽伦堡军事法庭判处死刑，于1946年10月16日执行。

恩斯特·罗姆（Ernst Röhm，1887—1934），纳粹党早期高层人物，冲锋队的组织者，有同性恋倾向。他生于巴伐利亚的平民家庭，中学毕业后加入陆军，在第一次世界大战初期，因面部受伤而毁容，换了一只新鼻子，终生饱受困扰。1914年，罗姆获得铁十字勋章。1916年在凡尔登战役中，他又负重伤。战后，罗姆加入“自由军团”，1919年继希特勒之后加入德国工人党，1920年加入纳粹党，成为第一批党员之一。在他的帮助下，希特勒得以说服巴伐利亚军政两界的许多人物加入纳粹党。1923年啤酒馆政变失败后，罗姆被判入狱，随即获释。出狱后，他着力于将冲锋队发展为准军事组织。1928年12月，政治不得意的罗姆远赴玻利维亚担任军事顾问，1930年10月回国，出任冲锋队参谋长，将其迅速扩大，在各地掀起暴力事件。罗姆以“革命先锋”自居，主张“二次革命”，这使支持希特勒上台的商界人物感到不安，希特勒随即保证不会出现二次革命，导致罗姆公开批评他的不坚定立场。1934年2月，罗姆要求冲锋队与国防军合并，陆军以总统名义向希特勒发出最后通牒，促使其下定决心整肃冲锋队。6月30日，希特勒声称罗姆将要叛乱，发起被称为“长刀之夜”的清洗运动，约有数百人被谋杀。罗姆本人未经审判被处死，尸体被挖掘并焚烧。

埃尔温·隆美尔（Erwin Rommel，1891—1944），陆军元帅，出生于巴登-符腾堡的有教养的平民家庭，幼时曾想成为飞机工程师，但最终遵照父亲的意愿加入军队。第一次世界大战时，他在西线参加对法作战功勋卓著，于1915年获得铁十字勋章。德国战败后，隆美尔免于被裁撤，继续留在军中服役。纳粹上台后，隆美尔对希特勒的扩军计划非常欢迎。1934年9月30日，希特勒对隆美尔麾下部队进行阅兵，这是他们的初次见面。1936年9月，他担任纽伦堡纳粹党大会护卫部队指挥官。1937年，隆美尔任希特勒青年团的联络军官，尝试对青年团进行军事培训，此举惹恼了青年团领导人巴尔杜尔·冯·席拉赫，但并未影响他与希特勒的关系。德国吞并捷克斯洛伐克后，隆美尔作为卫队指挥官陪同希特勒进入布拉格。第二次世界大战爆发后，他主动要求参加对法作战并要求指挥装甲部队，得到希特勒的特许。他指挥的军队因行动迅速、难以定位而被盟军称为“幽灵师”，而同僚则称他不听命令、脑子发疯。法国投降后，隆美尔配合宣传部长戈培尔拍摄了电影《西线的胜利》，称为明星将军。1941年2月，为支援崩溃的意大利军队，他被任命为非洲军司令，在北非的沙漠中战斗到1943年，因多次击退优势英军的进攻而晋升元帅，但随着补给状况的每况愈下最终撤离北非，与希特勒产生矛盾。撤回德国后，隆美尔负责在西线抵挡盟军的登陆。1944年2月，隆美尔加入反对纳粹的阵营，但他反对刺杀希特勒。7月20日刺杀失败后，希特勒下令逮捕所有反抗分子，隆美尔也遭到暴露，被逼服毒自尽，以换取家人的安全。纳粹政府对外宣称他是因伤势恶化而死，为他举行了国葬，真相直到纽伦堡法庭审判凯特尔时才大白于天下。

图书在版编目（CIP）数据

第三帝国的兴亡：纳粹德国史：增订版 /（美）威廉·夏伊勒（William L. Shirer）著；董乐山等译．— 南京：译林出版社，2020.5（2025.10 重印）
书名原文：The Rise and Fall of the Third Reich
ISBN 978-7-5447-7983-8

Ⅰ. ①第… Ⅱ.①威… ②董… Ⅲ.①德意志第三帝国 – 史料 Ⅳ.①K516.44

中国版本图书馆CIP数据核字(2019)第262192号

著作权合同登记号 图字：10-2019-573 号

第三帝国的兴亡：纳粹德国史（增订版）［美国］威廉·夏伊勒／著
董乐山 李天爵 郑 强 陈廷祐 沈苏儒
李奈西 周家骖 程祁昌 赵师传／译

责任编辑 王 蕾 王 维
装帧设计 韦 枫
校 对 戴小娥 蒋 燕 孙玉兰 王 敏
责任印制 董 虎

原文出版 Simon & Schuster, 2011
出版发行 译林出版社
地 址 南京市湖南路 1 号 A 楼
邮 箱 yilin@yilin.com
网 址 www.yilin.com
市场热线 025-86633278
排 版 南京展望文化发展有限公司
印 刷 南京爱德印刷有限公司
开 本 652 毫米 ×960 毫米 1/16
印 张 115.25
插 页 4
版 次 2020 年5月第1版
印 次 2025 年10月第8次印刷
书 号 ISBN 978-7-5447-7983-8
定 价 238.00 元

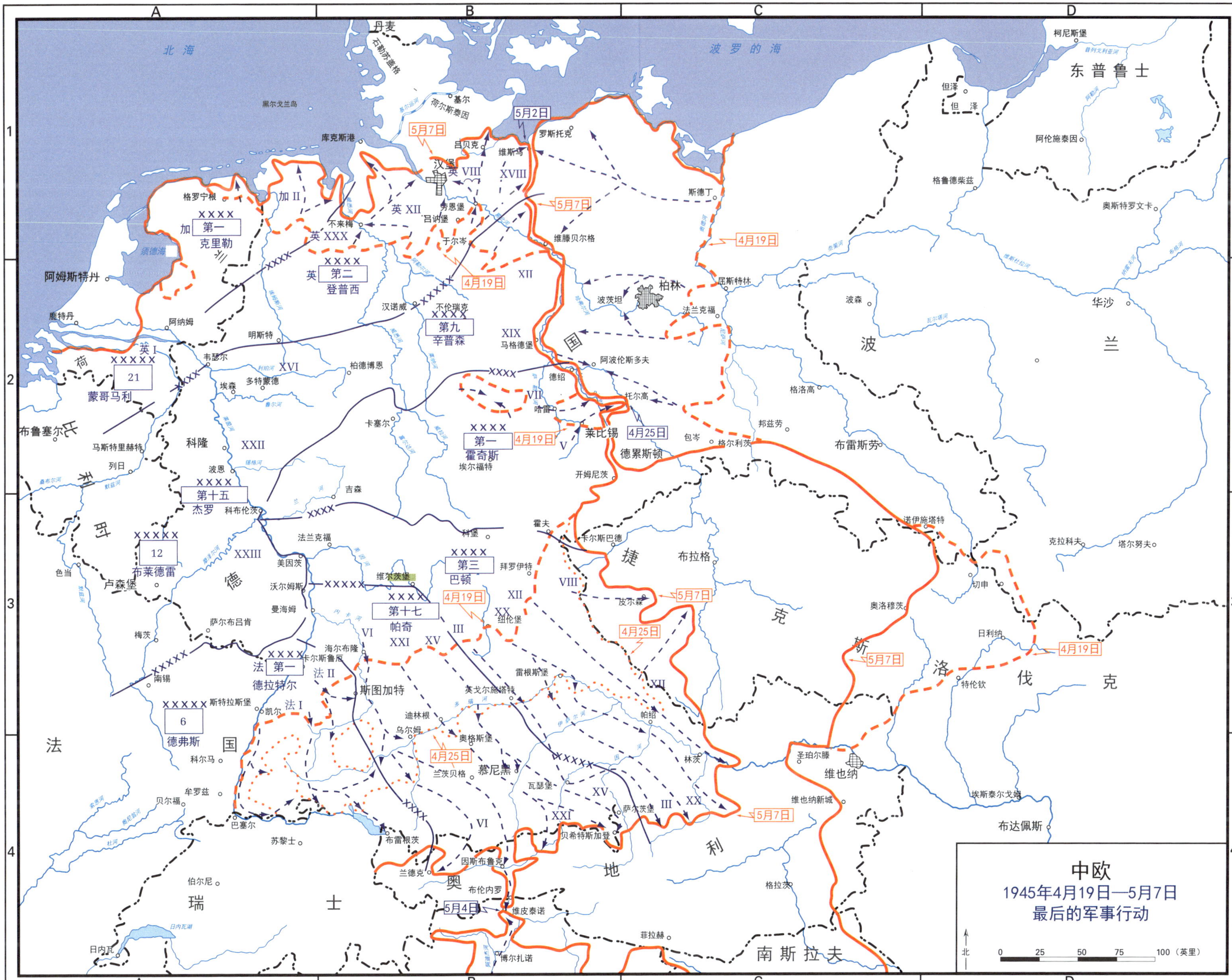

中欧
1945年4月19日—5月7日
最后的军事行动

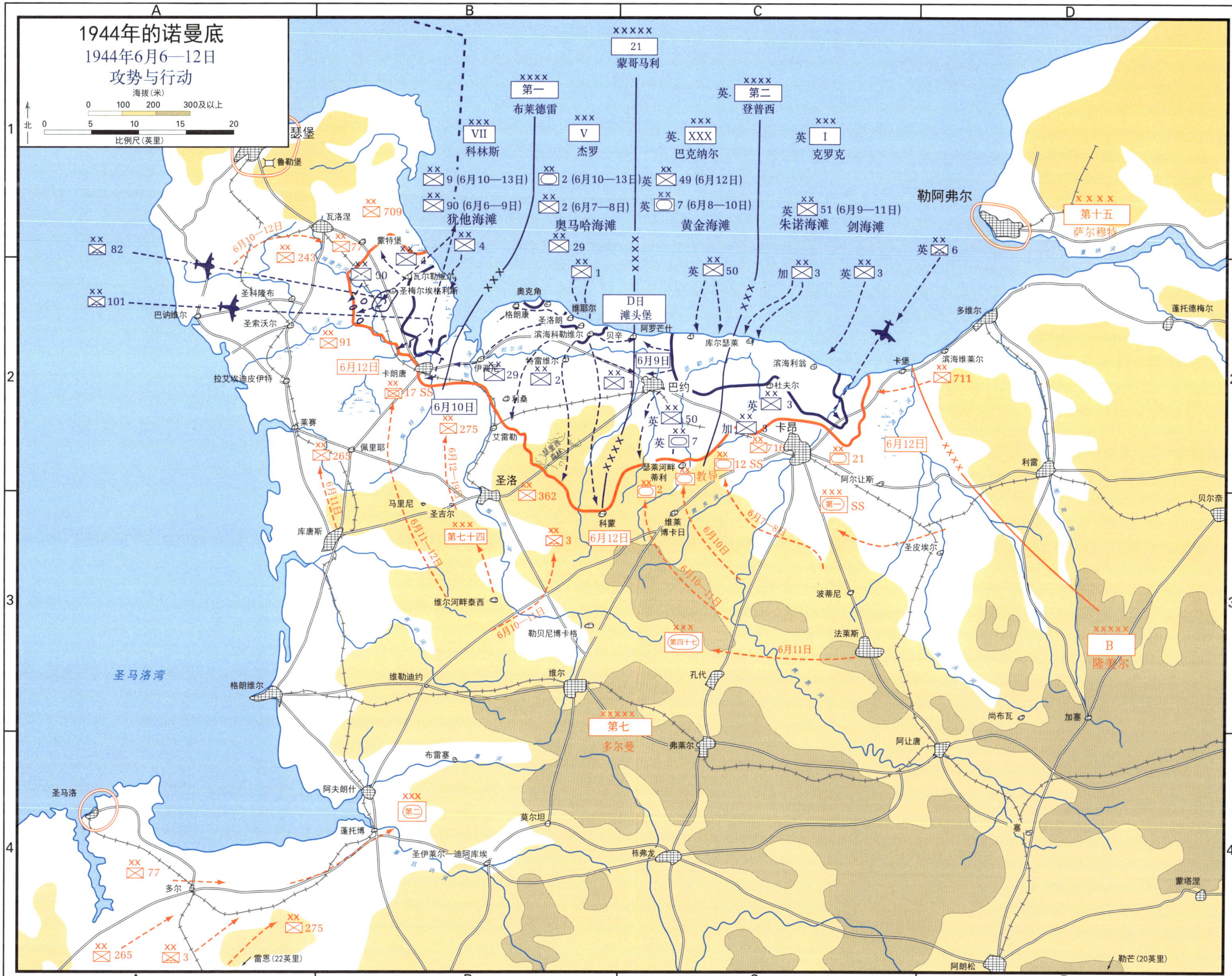

1944年的诺曼底
1944年6月6—12日
攻势与行动
海拔（米）
0 100 200 300及以上
北
0 5 10 15 20
比例尺（英里）
A B C D
1 2 3 4
21
蒙哥马利
第一
布莱德雷
英. 第二
登普西
VII
科林斯
V
杰罗
英. XXX
巴克纳尔
英 I
克罗克
9 (6月10—13日)
90 (6月6—9日)
2 (6月10—13日)
2 (6月7—8日)
英 49 (6月12日)
英 7 (6月8—10日)
英 51 (6月9—11日)
犹他海滩
奥马哈海滩
黄金海滩
朱诺海滩
剑海滩
勒阿弗尔
第十五
萨尔穆特
瑟堡
鲁勒堡
瓦洛涅
709
蒙特堡
243
77
82
101
91
6月10—12日
圣科隆布
巴讷维尔
圣索沃尔
圣梅尔埃格利斯
瓦尔勒维尔
奥克角
格朗康
维耶尔
圣洛朗
滨海科勒维尔
D日
滩头堡
阿罗芒什
贝辛
库尔瑟莱
滨海利翁
杜夫尔
卡堡
滨海维莱尔
多维尔
蓬托德梅尔
711
6月12日
6月9日
巴约
卡朗唐
拉艾埃迪皮伊特
伊西尼
特雷维尔
利桑
17 SS
6月10日
275
艾雷勒
莱赛
佩里耶
265
6月11日
圣洛
362
马里尼
圣吉尔
6月12—19日
第七十四
库唐斯
6月11—12日
维尔河畔泰西
3
科蒙
6月12日
瑟莱河畔蒂利
维莱博卡日
教导
12 SS
716
卡昂
21
阿尔让斯
第一 SS
6月7—8日
6月10日
6月10—11日
圣皮埃尔
利雷
贝尔奈
波蒂尼
第四十七
6月11日
法莱斯
B
隆美尔
勒贝尼博卡格
孔代
格朗维尔
维勒迪约
维尔
第七
多尔曼
弗莱尔
尚布瓦
加塞
阿让唐
布雷塞
阿夫朗什
第二
圣马洛湾
圣马洛
蓬托博
圣伊莱尔—迪阿库埃
莫尔坦
栋弗龙
塞
77
多尔
265
3
275
雷恩（22英里）
阿朗松
勒芒（20英里）
蒙塔涅
英 6
英 50
加 3
英 3
4
29
1
英 3
加 3
英 50
英 7